Georg F. Schoemann

Griechische Altertümer - Das Staatswesen

Georg F. Schoemann

Griechische Altertümer - Das Staatswesen

ISBN/EAN: 9783742893918

Hergestellt in Europa, USA, Kanada, Australien, Japan

Cover: Foto ©ninafisch / pixelio.de

Manufactured and distributed by brebook publishing software (www.brebook.com)

Georg F. Schoemann

Griechische Altertümer - Das Staatswesen

INHALT.

	Seite
Einleitung	1
Das homerische Griechenland	20
Das geschichtliche Griechenland	88
I. Allgemeine Charakteristik des griechischen Staatswesens	—
1. Die Stammesunterschiede des griechischen Volkes	—
2. Der griechische Staat nach seiner Idee und seinen Bedingungen	96
3. Die Hauptformen der Verfassung	105
4. Der Bürgerstand und die Arbeiterclasse	108
5. Die öffentliche Zucht	113
6. Die Staatsidee und die Parteibestrebungen	120
II. Geschichtliche Angaben über die Verfassungen einzelner Staaten	122
1. Das Königthum	122
2. Verfall des Königthums: dessen Ursachen und Folgen	128
3. Die Oligarchie	133
4. Stämme und Volksclassen	137
5. Organisation der Staatsgewalt	146
6. Veranstaltungen zur Erhaltung des Bestehenden	159
7. Verfall der Oligarchie	164
8. Aesymneten und Gesetzgeber	166
9. Die Tyrannen	169
10. Theoretische Reformatoren	174
11. Emporkommen der Demokratie	180
12. Charakteristik der Demokratie	184
13. Reactionen und Parteikämpfe	195
III. Specielle Darstellung der Hauptstaaten	201
1. Der spartanische Staat	—
a. Die Heloten	205

		Seite
b.	Die Periöken	212
c.	Die Spartiaten	218
d.	Die lykurgische Gesetzgebung	233
e.	Die Könige	237
f.	Die Gerusia	242
g.	Die Volksversammlungen	246
h.	Die Ephoren	249
i.	Andere Beamte	260
k.	Die Rechtspflege	264
l.	Die bürgerliche Zucht	269
m.	Die Wehrverfassung	294
n.	Hellenische Politik Sparta's	303
o.	Entartung und Verfall	306

2. Der kretische Staat 312
3. Der athenische Staat 329
   a. Geschichtlicher Ueberblick . . . . —
      aa. Land und Volk 329
      bb. Aelteste Verfassung 333
      cc. Verfassungsänderungen vor Solon 340
      dd. Die Solonische Verfassung 346
      ee. Entwickelung der Demokratie 354
      ff. Entartung und Verfall 362
   b. Specielle Darstellung des athenischen Staates . . 367
      aa. Der Sklavenstand 368
      bb. Die Schutzverwandten 373
      cc. Die Bürgerschaft 375
      dd. Volksabtheilungen und Genossenschaften . . 382
      ee. Der Rath der Fünfhundert 394
      ff. Die Volksversammlung 402
      gg. Die Beamten 425
      hh. Das Finanzwesen 455
      ii. Das Gerichtswesen 492
      kk. Der Areopag als Oberaufsichtsbehörde . . 522
      ll. Bürgerliche Zucht und Lebensweise . . . 529
      mm. Spätere Verhältnisse bis auf die Römerherrschaft 564
      Anhang 573

EINLEITUNG.

Unsere Kunde der gesellschaftlichen Zustände und Verhältnisse des griechischen Volkes reicht nicht über die Zeit hinauf, die uns in den homerischen Gedichten, wenn auch nicht mit historischer Treue, doch mit poetischer Wahrheit und Anschaulichkeit geschildert wird; alles aber, was vor dieser Zeit liegt, ist in ein Dunkel gehüllt, welches zu erhellen unsere Mittel nicht ausreichen, sondern höchstens über Einzelnes mehr oder weniger wahrscheinliche Vermuthungen aufzustellen gestatten. Die Alten, welchen das Menschengeschlecht, wie anderswo, so auch in Griechenland, durch die zeugende Kraft der belebenden Himmelswärme aus dem Schofs der allgebärenden Erde hervorgerufen schien, dachten sich natürlich die autochthonischen Bewohner Griechenlands in einem Zustande vollkommenster Roheit, aus dem sie dann allmählig entweder durch die Unterweisung freundlicher Götter, oder durch höher begabte Geister unter ihnen selbst, oder durch Einwirkungen von andern bereits weiter vorgeschrittenen Völkern zu höherer Bildung gelangt seien [1]). Die heutige Wissenschaft, die eine autochthonische Bevölkerung Griechenlands, im Sinne der Alten, nicht anerkennen kann, belehrt uns, dass das Land seine Bewohner aus Asien erhalten habe, der frühsten Heimath, wenn auch vielleicht nicht des ganzen Menschengeschlechts, so doch gewifs desjenigen Stammes, dem Griechenlands und des gesammten Europa's Bewohner angehören, des kaukasischen. Zu welcher Zeit aber und auf welchem Wege die ersten Wanderungen von dorther nach Griechenland

---

[1]) Die Belegstellen hiefür sind in den Antiquitt. iur. publ. Graec. p. 53 angegeben.

erfolgt sein mögen, darüber auch nur Vermuthungen vorzutragen scheint nicht rathsam [1]). Dass sowohl auf dem Landwege, um den Pontus über Thracien und Macedonien, als auch zur See, über die Inseln, die gleichsam eine Verbindungskette zwischen Europa und Asien bilden, Einwanderer nach Griechenland haben gelangen können, ist freilich klar genug; aber nicht weniger ist es gewifs, dafs die gegenwärtige Gestaltung dieser Gegenden nicht die ursprüngliche, sondern erst durch gewaltsame Revolutionen hervorgebracht sei, welche die einst zusammenhängende Ländermasse zerrissen und, wo früher Festland war, den Pontus, das ägäische Meer und die Inseln geschaffen haben: Revolutionen, von denen auch die Alten reden, sei es dass der Anblick der Länder und ihrer Gestaltung selbst sie auf die Vermuthung geführt, sei es dafs eine Erinnerung aus der Vorzeit sich erhalten hatte. Denn dafs das Land zur Zeit jener Revolution nicht auch schon ein Wohnplatz von Menschen gewesen sein sollte, sind wir zu leugnen durch nichts berechtigt. Auch darüber läfst sich unmöglich etwas Sicheres ermitteln, ob die frühesten Bewohner Griechenlands demselben Zweige des kaukasischen Stammes angehört haben, zu dem die uns geschichtlich bekannten gehören, oder ob ein anderer Zweig, etwa ein celtischer oder illyrischer, diesen vorangegangen und von ihnen verdrängt worden sei. Derjenige Zweig aber, dem die griechische Nation angehört, erscheint uns als am nächsten verwandt einerseits mit den weiter westlich wohnenden Völkern Italiens umbrischer, oscischer und latinischer Zunge, andererseits mit den Völkern Kleinasiens, den Karern, Lelegern, Mäoniern, Phrygiern, von deren Sprachen uns freilich sehr wenig bekannt ist, aber doch genug, um uns die Ueberzeugung zu gewähren, dafs sie der griechischen weit näher gestanden, als denen des Semitischen Volksstammes [2]). Was aber den Culturzustand der diesem Zweige angehörigen Einwanderer betrifft, so giebt es keinen er-

---

1) Nachweisungen über die Vermuthungen der Neueren s. Ant. i. p. Gr. p. 54, 4. Dazu Pott in d. Allg. Encyclop. d. W. u. K. II, 18 S. 22 ff.

2) Die Karer sind freilich von manchen neueren Gelehrten für ein Volk semitischen Stammes erklärt worden, aber ohne überzeugende Gründe und im Widerspruch mit den Angaben der Alten, die sie und die von ihnen unterjochten Leleger als Völker desselben Stammes bezeichnen, z. B. Herodot I, 171. VII, 2, 4 u. Aa. in den Ant. i. p. Gr. p. 40, 13 angef. Dafs sie $\beta\alpha\rho$-$\beta\alpha\rho\delta\varphi\omega\nu\omicron\iota$ heifsen, Il. II, 867, kann man nicht ohne Weiteres als Beweis von Stammverschiedenheit zwischen ihnen und den übrigen dort aufgeführten Hülfsvölkern der Troer gelten lassen, und dafs die Leleger zu den pelasgischen Völkerschaften zu zählen seien, scheint kaum bezweifelt werden

denklichen Grund, sie uns bei ihrer Einwanderung als rohe Wilde vorzustellen, die alles, was zur menschlichen Gesittung gehört, erst später nach und nach sich erworben oder von auswärts her überkommen hätten. Es kann vielmehr keinem Zweifel unterliegen, dafs sie wenigstens die Anfänge der Bildung schon mitgebracht, dafs ihnen die nothwendigsten Kenntnisse und Künste, eine gewifse gesellschaftliche Ordnung, eine gewifse Summe religiösen Glaubens und sagenhafter Ueberlieferungen nicht gefehlt haben, die dann in ihren neuen Wohnsitzen, den hier obwaltenden Bedingungen und Einflüssen gemäfs, sich eigenthümlich weiter entwickelten und umgestalteten, wobei jedoch nothwendig die an die ursprüngliche Heimath erinnernden Züge nicht so ganz verwischt werden konnten, dafs nicht aufmerksame Forschung gar manches den Griechen mit den Völkern Asiens Gemeinsame entdecken sollte, wobei es denn freilich oft nicht leicht wird zu entscheiden, wie viel davon auf Rechnung der ursprünglichen Verwandtschaft komme, wie viel späteren Mittheilungen zuzuschreiben sei.

Die Griechen selbst nennen die frühesten Bewohner ihres Landes Pelasger: wenigstens ist keine andere Benennung so ausgedehnt als diese. Es giebt kaum irgend eine Landschaft in Griechenland, irgend eine Insel des ägäischen Meeres, wo uns nicht Pelasger als frühere Bewohner genannt würden; und auch weiterhin, westwärts in Italien, ostwärts an der Küste Vorderasiens treten sie uns entgegen. Welche Bewandtnifs es aber eigentlich mit diesen Pelasgern habe, und ob in Wahrheit alle, die so genannt werden, zu einer und derselben Nation gehören, ist schwer zu ermitteln, und die Angaben der Alten über sie sind mehr geeignet uns zu verwirren, als uns aufzuklären. Einigen gelten sie für Barbaren, also für eine mit den Hellenen entweder gar nicht, oder doch nur entfernter verwandte Nation; Andere erklären sie für die Stammväter der Hellenen, ja nennen sie selbst geradezu ein hellenisches Volk [1]). Dafs eine so weit verbreitete Nation, als die Pelasger nach den Angaben über ihre Wohnsitze gewesen sein müssen, sich selbst überall mit Einem Namen be-

---

zu dürfen. Am rathsamsten dürfte es sein, die Karer für einen mit Phönitiern stark gemischten und ihnen assimilirten Theil des Lelegerstammes zu erklären: und so war denn auch ihre Sprache zwar theils griechisch oder der griechischen ähnlich, theils aber semitisch. Vgl. Strab. XIV, 2, p. 662. Ueber die Sprache der Karer handelt Jablonsky, Opusc. III p. 94. u. Lassen in d. Zeitschr. d. morgenl. Gesellsch. X p. 368.

[1]) Ueber dies alles vgl. Antiqu. i. p. Gr. p. 36 ff.

nannt haben sollte, ist schwer zu glauben. Die Geschichte lehrt, dafs Gesammtnamen der Völker in der Regel zu Anfang nur Benennungen eines einzelnen Theiles waren, die oft nicht einmal bei diesem selbst, sondern bei Ausländern, die mit ihm in Berührung standen, aufkamen und dann allmählig weiter ausgedehnt wurden. Wo aber der Pelasgername zuerst aufgekommen und wem er zuerst beigelegt worden sein möge, fragen wir vergebens; ja selbst welcher Sprache er eigentlich angehöre ist nicht mit Sicherheit zu entscheiden. Die Versuche, ihn aus dem Griechischen zu erklären[1]), haben so wenig Ueberzeugendes, dafs es Keinem zu verdenken ist, wenn er sich lieber in einer andern Sprache nach einer annehmbaren Deutung umsieht, wobei denn, wie sich von selbst versteht, das Sanskrit, die Sprache des mystischen *Konx om pax* vor allen angegangen worden ist[2]). Andere versichern uns mit freudiger Zuversicht, der Name sei semitisch, er bedeute Ausgewanderte, und gehe auf die aus Aegypten vertriebenen und weit und breit über die Inseln und Küsten des ägäischen Meeres zerstreuten Philister oder Phönicier[3]). Wir gönnen Jedem gern woran er Freude findet: der nüchterne und gewissenhafte Forscher aber wird sich nicht schämen zu bekennen, dafs er den Namen genügend zu erklären ausser Stande sei. Mag er auch mit $\pi\acute{\epsilon}\lambda o\psi$ oder $\pi\epsilon\lambda\alpha\gamma\acute{\omega}\nu$ verwandt sein; damit ist wenig gewonnen, weil auch diese Namen

1) Z. B. von $\pi\acute{\epsilon}\lambda\omega$ und $\mathring{\alpha}\rho\gamma o\varsigma$, Bewohner der Ebene (Müller Orchom. S. 125), oder von $\pi\acute{\epsilon}\lambda o\varsigma$, was = $\mathring{\epsilon}\lambda o\varsigma$ sein soll, und $\mathring{\alpha}\rho\gamma o\varsigma$ (Völcker Myth. d. Jap. S. 350 ff.), oder von $\pi\acute{\epsilon}\lambda\alpha$ = $\pi\acute{\epsilon}\tau\rho\alpha$ (?) also Felsgeborene (Pott, Etym. Forsch. [erste Ausg.] 1 p. XL.), oder $\pi\acute{\epsilon}\lambda\alpha\varsigma$ = $\pi\acute{\alpha}\rho o\varsigma$ also $\pi\acute{\alpha}\rho o\varsigma\ \gamma\epsilon\gamma\alpha\tilde{\omega}\tau\epsilon\varsigma$, die Altvorderen (Id. ib.), — man könnte auch auf Strabo Fr. lib. VII: $\pi\epsilon\lambda\iota\gamma\acute{o}\nu\alpha\varsigma\ \varkappa\alpha\lambda o\tilde{\upsilon}\sigma\iota\nu\ o\acute{\iota}\ Mo\lambda o\tau\tau o\acute{\iota}\ \tau o\grave{\upsilon}\varsigma\ \dot{\epsilon}\nu\ \tau\iota\mu\alpha\tilde{\iota}\varsigma$, $\H{\omega}\sigma\pi\epsilon\rho\ \dot{\epsilon}\nu\ \varLambda\alpha\varkappa\epsilon\delta\alpha\acute{\iota}\mu o\nu\iota\ \tau o\grave{\upsilon}\varsigma\ \gamma\acute{\epsilon}\rho o\nu\tau\alpha\varsigma$, eine Vermuthung zu bauen versuchen. Andere Einfälle s. bei Pott a. a. O. S. 132, um nicht von denen zu reden, denen der Name mit $\pi\acute{\epsilon}\lambda\alpha\gamma o\varsigma$ zusammenzuhängen und übers Meer gekommene oder, nach einer andern Erklärung, Waldmenschen zu bedeuten schien, oder gar von der jüngsten bewundernswürdigen Deutung aus $\pi\acute{\iota}o\varsigma$ und $\lambda\tilde{\alpha}\varsigma$. Bachofen, Gräbersymb. S. 357.
2) Nach Hitzig, Urgesch. und Myth. der Philister S. 44 sind Pelasger die Weissen, vom Skr. *balaxa*, den rothen Phöniciern und schwarzen Aethiopiern entgegengesetzt.
3) Röth, abendländ. Philosophie S. 91 und Anm. S. 8 no. 25: *Pelischti*, urspr. *Pelaschi*: Auswanderer. So auch Mauróphrydes im Philistor 1 p. 5. Vgl. dagegen K. B. Stark, Gaza und die philistäische Küste, S. 116 ff. — Uebrigens hatte schon lange vorher I. Swinton die Pelasger für aus Aegypten vertriebene Phönicier erklärt, wogegen sein Recensent in d. Nov. Act. erud. Lips. 1774 p. 395 sie lieber für Wälsche (Walisci, Welasci) also für Celten halten will.

nichts weniger als sicher zu erklären sind. Begnügen wir uns also zu sagen, was uns klar und unzweifelhaft scheint: der Name Pelasger, ursprünglich Benennung irgend eines einzelnen der Griechenland vor Alters bewohnenden Völker, wurde späterhin, da das Volk der Hellenen sich über das ganze Land verbreitet hatte und ihr Name zum Gesammtnamen geworden war, als die allgemeinste Benennung für alle vorhellenischen Völker gebraucht, ohne Rücksicht auf ihr wahres ethnographisches Verhältnifs, so dass immerhin auch Philistern oder Phöniciern ein Platz unter ihnen gegönnt sein mag, während manche, die unter besonderen Namen aufgeführt, wohl auch von den Pelasgern unterschieden zu werden pflegen, wie Leleger, Kaukonen, Thraker, darum nicht für weniger pelasgisch gehalten werden dürfen, als andere unter diesem Namen mitbefafste [1]).

Die Hellenen aber, die wir so den Pelasgern entgegensetzen, waren ohne Zweifel selbst nichts anders als ein einzelnes Glied in der Reihe verwandter Völkerschaften, die unter dem gemeinsamen Pelasgernamen begriffen sind. Bei Homer ist der Name nur Sondername des Volkes, oder eines Theils des Volkes, welches Achilleus gegen Troia führte, Hellas aber eine Stadt oder Landschaft im südlichen Thessalien, und wird öfters neben Phthia genannt, von welchem späterhin dieser Theil Thessaliens den Namen Phthiotis trug. Aber als Gesammtname für Thessalien erscheint bei Homer die Pelasgische Ebene (τό πελασγικὸν Ἄργος), und dass hier die eigentliche und früheste Heimath der Pelasger gewesen sei, war die Meinung vieler Forscher unter den Alten, wogegen die Hellenen von Einigen als Einwanderer aus westlicher Gegend angesehen wurden. Aristoteles, dem wir zutrauen dürfen, dass seinen Angaben sorgfältige Forschungen zu Grunde liegen, weifs von einem alten Hellas in Epirus um Dodona und den Achelous, der einst ein anderes Bett als späterhin gehabt habe [2]). Hier war, ebenfalls nach Aristoteles, die sogenannte Deukalionische Fluth, und obgleich er selbst nicht ausdrücklich sagt, dass diese die Hellenen zur Auswanderung veranlafst habe, so läfst sich doch kaum bezweifeln, dafs dies seine Meinung gewesen sei. Denn Deukalion gilt ja durch seinen Sohn Hellen für den Stammvater des hellenischen Volkes, und

---

1) Z. B. die Tyrrhener oder Tyrsener, deren Namen man mit grosser Wahrscheinlichkeit von τύρσις, Burg, ableitet (vgl. Tzetz. zu Lycophr. v. 717.), und also mit dem der germanischen Burguadionen vergleichen kann, über welche m. s. Zeuss, die Deutschen und ihre Nachbarstämme S. 133. 2) Aristot. Meteorol. I c. 14.

wenn Andere[1]) ihn mit einer Schaar von Kureten, Lelegern und Umwohnern des Parnass in Thessalien einfallen lassen, so können wir dies mit Aristoteles Angabe ungezwungen so vereinigen, dafs wir die Hellenen zuerst nach den südlich von Epirus gelegenen Ländern, Akarnanien und Aetolien, wo auch Aristoteles Leleger und Kureten anerkennt[2]), und von hier aus, mit Schaaren von diesen verstärkt, über den Parnass und weiter hinauf nach Thessalien vordringen lassen.

Dass nun der Hellenische Stamm sich von Thessalien aus im Laufe der Zeit allmählig weiter verbreitet habe, ist nicht zu bezweifeln; in welcher Weise aber und in welcher Ausdehnung dies geschehen sei, läfst sich nicht mehr bestimmt angeben. Wir dürfen muthmafsen, dafs die in Thessalien eingedrungenen Schaaren hier nicht alle Raum und bleibende Wohnsitze fanden: die in Phthiotis unter Peleus' Herrschaft mit Myrmidonen und Achäern zusammen genannten Hellenen[3]) waren offenbar nur ein kleiner Ueberrest des Volkschwarmes, auf welchen die Deukalionische Sage deutet; andere waren weiter zu ziehen genöthigt worden, und zu diesen mag die Schaar gerechnet werden, welche einst unter einem Führer, den die Fabel Xuthos nennt, nach Attika gelangte, und hier in dem nördlichen Theil des Landes in der sogenannten Tetrapolis sich niederliefs, angeblich von den pelasgischen oder aïonischen Ureinwohnern bereitwillig aufgenommen als Bundesgenossen im Kriege gegen die Chalkodontiden von Euboea[4]). Für eine andere hellenische Schaar dürfen wir die Dorier halten, welche, nach Herodot's Angabe, lange Zeit aus einem Theil Thessaliens in den andern umherzogen, und endlich, vereinigt mit einem in früherer Zeit aus dem Peloponnes geflüchteten Haufen achäischen Volkes, unter Anführung von Häuptlingen, die sich von dem achäischen Helden Herakles abzustammen rühmten, in jene Halbinsel eindrangen und einen grossen Theil derselben ihrer Herrschaft unterwarfen[5]). Da dieser Einfall achtzig Jahre nach dem troianischen Kriege erfolgt sein soll, d. h. etwa 1104 vor unserer Zeitrechnung, so liegt es nahe ihn mit der kurz zuvor erfolgten Einwanderung der Thessalier in Verbindung zu bringen, eines ursprünglich epirotischen Volkes, welches sich des seitdem nach ihm benannten Landes bemächtigte und die früheren Bewohner theils verdrängte theils unter-

---

1) Dionys. Ant. Rom. I c. 17.   2) Bei Strab. VII, 7 p. 321 extr.
3) Homer. Il. II, 684.   4) Vgl. Antiqu. i. p. Gr. p. 163 u. Opusc. acad.
I p. 159. 163.   5) Antiqu. p. 104.

warf. Als verdrängt von ihnen werden zwar namentlich nur die äolischen Böoter genannt, die sich jetzt nach dem Lande wandten, das fortan nach ihnen benannt ward, weil sie in ihm zwar nicht das einzige, aber doch das mächtigste Volk waren; es ist aber wenigstens keine unwahrscheinliche Vermuthung, dass auch die Dorische Wanderung ebenfalls eine Folge jenes Einbruchs der Thessaler gewesen sein möge. Wie durch die Dorische Wanderung die Verhältnisse des Peloponnes umgestaltet worden, und wie in Folge dessen mehrere Auswanderungen nach den Inseln und der Küste von Kleinasien stattgefunden haben, dürfen wir wohl als allgemein bekannt voraussetzen, und werden, soweit es unser Zweck erfordert, später darauf zurückkommen. Für jetzt genügt es zu bemerken, daſs seit dieser Zeit die Völkerschaften Griechenlands ihre einmal eingenommenen Wohnsitze ohne bedeutende Veränderung behaupteten, und nach den Wanderungen, die nothwendig überall mehr oder weniger Umwälzungen des früher Bestehenden zur Folge haben mufsten, eine Zeit der Ruhe eintrat, in welcher die neugegründeten Zustände sich befestigen und entwickeln konnten. Wir irren schwerlich, wenn wir das Vorwalten des hellenischen Wesens von dieser Zeit an datiren. Herodot (I, 56) nennt die Dorier ein hellenisches Volk im Gegensatz zu den pelasgischen Ioniern, und die Homerischen Gedichte, in denen, wie oben bemerkt ist, die Hellenen nur in einer Landschaft des südlichen Thessaliens vorkommen, gebrauchen als gemeinsame Benennung der gesammten Nation vorzugsweise den Namen der Achäer[1]). Die Achäer aber dürfen wir unbedenklich ein pelasgisches Volk nennen, insofern nämlich als wir diesen Namen blos als Gegensatz zu dem später vorwaltenden hellenischen fassen, obgleich freilich die Hellenen selbst in Wahrheit auch wieder nichts anders als ein besonderer Zweig des pelasgischen Stammes sind; und wenn, nachdem einmal der hellenische Name seine vorherrschende Geltung erlangt hatte, auch den Achäern eine hellenische Abstammung angedichtet ward, so ist darauf natürlich ebensowenig Gewicht zu legen, als wenn die Ionier zu Abkömmlingen der Hellenen gemacht werden, zumal da neben diesen durch hesiodische Gedichte vorzugsweise in Umlauf gekommenen Genealogien sich genug Spuren von andern

---

1) Der Name bedeutet nach einer nicht unwahrscheinlichen Deutung die Trefflichen, Edlen. Vgl. Müller Dor. II S. 528 und Prolegg. z. Myth. S. 291. Pott, Indogerm. Sprachst. in Ersch. u. Gruber's Encyclop. S. 65 Anm. 44. Gladstone, Homer. Stud. S. 80 d. Uebers. v. Schuster.

ganz abweichenden Ansichten erhalten haben, die dem wahren Sachverhältnifs weniger widersprechen. Dafs die Achäer in jener vorhellenischen Zeit einst in ähnlicher Weise ein Uebergewicht über die andern pelasgischen Völker gewonnen haben, wie es später die Hellenen gewannen, ist höchst wahrscheinlich; doch nähere Nachweisungen darüber zu geben ist unmöglich. Die Hellenen aber erscheinen uns als ein kräftiges kriegerisches Volk, welches, nachdem es aus dem rauhen und gebirgigen Epirus hervorgebrochen war, unter den weniger kriegerischen Pelasgern sich bald das Uebergewicht verschaffte, so dafs an vielen Orten seine Anführer die Herrschaft gewannen und die früheren Herrscher ihnen weichen mufsten. Dafs die Völker, an deren Spitze hellenische Fürsten getreten waren, sich selbst nun auch hellenische nannten ist begreiflich, und dafs, wenn diese Völker die mächtigsten und bedeutendsten wurden, jener Name als der geeignetste erscheinen mufste, die eines gemeinsamen Namens noch ermangelnde Gesammtheit zu bezeichnen, ist ebenso natürlich, als dafs wir in den homerischen Gedichten den Namen der Achäer in gleicher Weise gebraucht finden. Und so liefsen ihn denn auch diejenigen Völker sich gefallen, die in der That gar keine Hellenen im eigentlichen Sinne waren, wie Arkader, Epeer, Ionier und eine Menge der unter der weitschichtigen Benennung der Aeolier begriffenen. Als Sondername eines einzelnen Volkes aber verschwindet er ganz, während der Name der Achäer, nachdem er seine frühere allgemeinere Anwendung verloren, sich als Sondername einer Völkerschaft im Norden des Peloponnes und im Süden Thessaliens behauptete. Die eigentlichen und echten Hellenen dagegen nannten sich überall nach dem Namen der Länder, in welchen sie herrschend geworden und mit deren früheren Bewohnern sie verschmolzen waren, und jene Benennung, die sie früher von Andern unterschieden hatte, diente fortan nur um mit ihnen alle übrigen Völker Griechenlands als Glieder eines grofsen nationalen Ganzen zu bezeichnen.

Aus der vorhellenischen Zeit stammen einige Werke in verschiedenen Theilen Griechenlands, die einen nicht geringen Grad von Cultur verrathen, und zum Theil wegen ihrer Grofsartigkeit wahrhaft Bewunderung erregen: Anlagen, von der Sage den Heroen der Vorzeit, vor allen dem Herakles zugeschrieben, zur Entwässerung und Urbarmachung des Landes, welches in manchen Gegenden ohne dergleichen gar nicht des Anbaues und der Bewohnung fähig sein würde; Strafsen, welche den Verkehr zwischen den durch unwegsame Gebirge getrennten Theilen des Landes vermittelten, in Gegenden, wo heutzutage, da jene verfallen sind, nur Saumpfade einen schwierigen Verkehr gestatten, wo aber schon Homer's achäische Helden ohne Beschwerde zu Wagen hin und her fuhren;[1]) endlich grofsartige Gebäude aus polygonen Steinen, zum Theil von kolossaler Dimension, theils Mauern und Thore, theils, wie es scheint, Gräber und Schatzhäuser zur Aufbewahrung von Kostbarkeiten bestimmt, und nach der Sage auf Veranstaltung dieses oder jenes Königes der Vorzeit von den fabelhaften Kyklopen erbaut. Pausanias gedenkt mit Bewunderung des Schatzhauses des Minyas zu Orchomenos und der Mauern von Tirynth als Bauten, die sich wohl mit denen der Aegypter messen dürften; und wenn auch dies allerdings sehr übertrieben ist, so sind doch die noch jetzt vorhandenen Ueberreste kyklopischer Bauten, wie aufser den tirynthischen Festungsmauern die von Mykene mit dem Löwenthor, das sogenannte Schatzhaus des Atreus, und andere anderswo, wohl geeignet uns zu überzeugen, dafs in einer Zeit, die uns jetzt ganz und gar in ein undurchdringliches Dunkel gehüllt ist, mächtige Herrscher über bedeutende Kräfte eines arbeitsamen Volkes zu gebieten gehabt, und Werke auszuführen vermocht haben, die zwar keine höhere Kunstentwickelung, wohl aber eine beharrliche Ausdauer vereinigter Anstrengungen zahlreicher Arbeiter verrathen, deren Leistungen uns um so bewunderungswürdiger erscheinen müssen, wenn wir bedenken, dafs noch keine künstlichen Maschinen die Arbeit erleichterten.

Nicht weniger räthselhaft aber, als diese aus uralter Zeit stammenden Werke, ist ein anderes Vermächtnifs jener Vorzeit, welches der Nachwelt überliefert in mannichfach wechselnder Gestaltung und Umbildung bis in viel spätere Zeiten hin sich lebendig erhalten hat, ein reicher Strom fabelhafter Sagen von Thaten der Götter und Männer, von riesigen später untergegangenen Geschlechtern, wie Giganten und Kyklopen, von Kämpfen der Helden mit wunderbaren Ungeheuern, von Heerfahrten in weiter Ferne über unbekannte Meere, reich an Abenteuern und Heldenthaten zur Gewinnung kostbarer Schätze oder zur Rache widerfahrener Unbilden, von grausigen Verschuldungen, mit denen sich einzelne der alten Fürstenhäuser befleckt und Unheil über sich und ihr Geschlecht gebracht haben: Fabeln, die der Poesie

---

1) Gegen die Fahrt des Telemach von Pylos nach Lakedämon sind freilich von Hercher, im Hermes I S. 265, nicht zu verachtende Zweifel erhoben worden.

der Nachkommen einen unerschöpflichen Stoff darboten, den sie in lebensvollen Gestalten auszuprägen und zur Einkleidung der mannichfaltigsten Ideen zu gebrauchen nicht müde wurden. Was aber diesen Fabeln ursprünglich zu Grunde liege, welche Gedanken, in Bilder und Symbole gekleidet, durch sie angedeutet, welche Erinnerungen an Thatsachen und Ereignisse in ihnen niedergelegt sein mögen, das ist mit Sicherheit zu ermitteln nur in wenigen Fällen möglich. Soviel aber ist gewifs, dafs schon die ältesten Dichter, aus deren Liedern uns von diesen Fabeln Kunde zukommt, Homer und seine Nachfolger, ihren Stoff aus einer weit vorausliegenden Vergangenheit überkommen haben, und so sehr Homer es auch verstanden hat, seinen Erzählungen Gestalt und Farbe der Wahrheit und Wirklichkeit zu geben, so deutet er doch an manchen Stellen klar genug an, dafs die Dinge, von denen er singt, einer weit entfernten Vorzeit, und die Helden, die er uns vorführt, einem früheren weit kräftigeren Geschlechte angehört haben, als die Menschen seiner Zeit. Manche jener Fabeln scheinen deutliche Spuren an sich zu tragen, aus denen sich schliefsen läfst, dafs sie gar nicht ursprünglich auf griechischem Boden entstanden seien, sondern dafs die Griechen sie entweder durch Mittheilungen aus dem Orient empfangen und sich angeeignet, oder aber dafs sie wenigstens die Wurzeln und Keime aus ihrer früheren Heimath, aus Asien, mitgebracht haben, aus denen dann dieser reiche und mannichfaltige Bau ihrer Götter- und Heldensage erwachsen ist. Und dies letztere dürfte von dem bei weitem grösseren, jenes andere nur von einem kleineren Theile der Fabeln anzunehmen sein. Derer, die sich mit Sicherheit als entlehnt aus den Sagen der Orientalen, der Phönicier oder der Aegypter erweisen lassen, sind verhältnifsmäfsig nicht viele; die grofse Mehrzahl verräth dem unbefangenen und vorurtheilsfreien Forscher nichts von phönicischem oder ägyptischem Ursprung, sondern scheint vielmehr des Volkes eigenes Erzeugnifs zu sein, wenn auch, wie gesagt, die Wurzeln und Keime einer Zeit angehören, wo es noch in seiner asiatischen Heimath unter stammverwandten Völkern lebte, von denen es nachher mehr und mehr entfremdet wurde, ja die es zum Theil als Barbaren sich entgegensetzte.

Dafs übrigens orientalische und namentlich phoenicische Einflüsse auf Griechenland in der vorhellenischen Zeit zahlreich und grofs gewesen, dafs die Griechen jener Periode ihnen manche Mittheilungen von Kenntnissen und Künsten zu verdanken gehabt haben, ist unleugbar. Die Phönicier, das wissen wir aus voll-

kommen sicheren Zeugnissen, hatten Ansiedelungen auf vielen
Inseln des ägäischen Meeres und an manchen Küsten des griechischen Festlandes. Auf Cypern waren Kittion und viele andere
Städte von ihnen gegründet; auf Kreta hatten sich flüchtige
Schaaren der zu ihnen gehörenden Philister niedergelassen, nachdem sie aus Aegypten, wo sie unter dem Namen der Hyksos
fünftehalb Jahrhunderte einen Theil des Landes besessen hatten,
von den einheimischen Königen vertrieben waren. Phönicier siedelten sich an auf Rhodos, Thera, Melos, weiterhin auf Lemnos,
auf Samothrake, auf Thasos, wo sie zuerst die damals reichhaltigen Goldbergwerke eröffneten, und dafs die Insel Kythera im
Lakonischen Meerbusen einst von ihnen besetzt gewesen und
hier Purpurfischerei und Färberei von ihnen betrieben sei, gehört
zu den gewissesten historischen Thatsachen.[1]) Wie nun aber
die kythereische Göttin, Aphrodite Urania, und ihre Verehrung,
die sich allmählig über ganz Griechenland verbreitete, den augenscheinlichsten Beweis giebt, dafs die Griechen von den Phöniciern nicht blofs Waaren, sondern auch religiöse Ideen und Culte
angenommen haben, so dürfte zu diesen von ihnen angenommenen Culten auch wohl der Kabirendienst auf Lemnos und Samothrake zu rechnen sein. Schon der Name der Kabiren scheint
mit gröfserem Recht für phönicisch als für griechisch gehalten
werden zu müssen.[2]) Nur ist nicht zu verkennen, dafs in diesem Culte, ebenso wie in dem der Aphrodite, sich fremde und
einheimische Elemente begegnet und vermischt haben, und sowie
die Vorstellung und die Verehrung der kythereischen Göttin sich

---

1) Dafs auch an der Küste von Argolis, zu Nauplia, einst Phönicier
gesessen haben, ist von E. Curtius im Rhein. Museum v. 1850 S. 455 ff.
scharfsinnig erwiesen. Ueber andere Spuren derselben in der Halbinsel
s. dens. Peloponnes Th. II, S. 10, 47, 170 und an vielen andern Stellen, im
allgemeinen aber über die Verbreitung der Phönicier in den griechischen
Landschaften und Inseln ausser Movers allbekanntem Werke auch Knobel,
die Völkertafel der Genesis S. 96 ff., sowie über die Ortsnamen, die von
ihrem Dasein Zeugnifs geben, J. Olshausen im Rhein. Mus. VIII (1853) S.
321 ff. Den von diesem S. 340 ausgesprochenen Satz, dafs mit den Phöniciern gemeinschaftlich auch andere nicht sprachverwandte Völker, besonders Leleger und Karer, unter phönicischer Führung aufgetreten seien, hat
später E. Curtius weiter ausgeführt, nur dafs dieser jenen nicht phönicischen Schaaren den Gesammtnamen Ionier vindicirt, was man sich immerhin gefallen lassen mag, sobald man dabei nur nicht ausschliefslich an den
späterhin speciell so genannten ionischen Stamm denkt. Vgl. Opusc. ac. 1
p. 168 u. A. v. Gutschmidt Beitr. z. Gesch. d. alt. Orients S. 124.
2) Von *kebir*, d. h. Grofs. Die grofsen Götter heifsen sie auch
bei den Griechen oft.

an die Vorstellung und Verehrung einer einheimischen griechischen Gottheit verwandter Bedeutung anschloss, so wurden auch den phönicischen Kabiren solche Götter zugesellt, die man für altgriechische zu halten durchaus nicht anstehen darf, und sich deswegen vor dem Trugschlufs hüten mufs, den freilich auch schon die Alten selbst nicht vermieden haben, alles was kabirisch ist deswegen auch für ungriechisch und phönicisch zu halten. — Wie zahlreich übrigens die phönicischen Ansiedler auf jenen Inseln und Küsten gewesen sein mögen, können wir nicht ermitteln. An manchen Orten haben sie gewifs nur Factoreien zum Handelsbetriebe eingerichtet, ohne sich in den Besitz ausgedehnterer Gebiete zu setzen und förmliche Colonien zu gründen; anderswo werden sie auch dies versucht und durchgesetzt haben. Soviel aber ist gewifs, dafs nach den Ansichten der Griechen schon in der vorhellenischen Zeit der Meerherrschaft der Phönicier ein Ziel gesetzt worden sein mufs. Wenn auch Minos, der fabelhafte König von Kreta, dessen Herrschaft drei Menschenalter vor dem trojanischen Kriege gerechnet wird, und der, den Angaben der Griechen zufolge, die Inseln des ägäischen Meeres, die damals im Besitz von Karern und Phöniciern waren, in seine Gewalt brachte und mit Colonisten besetzte,[1]) in der That selbst vielleicht für eine Personification der phönicischen Herrschaft anzusehen sein mag, so lassen doch die ältesten Urkunden, die uns über griechische Verhältnisse einiges Licht geben, die homerischen Gedichte, von phönicischen Ansiedelungen auf den griechischen Inseln und Küsten auch nicht die mindeste Spur erkennen, sondern wissen nur von phönicischen Handelsleuten, die diese Länder mit ihren Waaren besuchten, und nebenbei auch Seeräuberei trieben und Menschen entführten.

Was aber bei späteren Schriftstellern von einzelnen namhaften Ansiedelungen aus Phönicien oder aus Aegypten in Böotien, Argolis und Attika verlautet, stellt sich bei gründlicher Prüfung deutlich genug als gänzlich ungeschichtlich dar.[2]) Von Kadmus,

---

1) Vgl. Hoeck, Kreta II, S. 205 ff. und über Minos als Phönicier, Thirlwall hist. of Gr. 1 p. 150 und Duncker, Alte Gesch. I, S. 302 der zweiten Aufl. Dagegen erklärt sich Curtius, Gr. Gesch. 1[3] S. 607.
2) Vgl. besonders die gründliche Kritik bei Thirlwall chap. III. vol. 1 p. 71—89 u. vor ihm bei O. Müller Orchom. S. 99 ff. u. Proleg. zur Myth. S. 175 ff. — Unter den Alten schon hielten Einige die aus Aegypten gekommenen Ansiedler wenigstens nicht für Aegypter, sondern für Eindringlinge semitischen Stammes, die aus Aegypten vertrieben sich zum Theil nach Griechenland gewandt hätten. S. Diodor XL, 3. C. Müller, fr. hist. II p. 392.

dem angeblichen Gründer der thebanischen Burg Kadmeia, glaubt zwar schon Herodot, dafs er ein tyrischer Königssohn gewesen sei, den sein Vater Agenor ausgesandt um die entführte Schwester Europa aufzusuchen, und der nach manchen Irren endlich nach Böotien gelangt sei und dort die nach ihm benannte Feste Kadmeia angelegt habe. Dagegen aber sprechen unverächtliche Gründe für die Ansicht, dafs in echten Religionssagen pelasgischer Völker unter jenem Namen vielmehr ein zu Anfang der Welt als Ordner und Gesetzgeber wirkender Gott gedacht worden, der dann, als diese zurückgedrängt und verdunkelt waren, zum Heros umgestaltet, aber auch als solcher durchaus nur Griechenland angehörend, für einen phönicischen Ankömmling erst in einer Zeit erklärt ward, wo überhaupt unter den Griechen die Neigung, die dunkeln Anfänge ihrer Geschiche und Cultur aus dem Orient herzuleiten, erwacht war, veranlafst zunächst im allgemeinen durch die sich aufdrängende Erkenntnifs, dafs die Cultur des Orients die ältere, die ihrige jünger sei, wobei es denn nahe lag, das Jüngere auch von dem Aelteren abzuleiten, theils im besondern durch manche ihnen selbst unverständlich gewordene religiöse Institute, die mit denen des Orients einige Aehnlichkeit hatten, und deswegen als von dorther entlehnt angesehen werden konnten. Seitdem nach der Gründung der griechischen Colonien ein lebhafterer Verkehr mit Asien stattfand und nicht blofs mehr phönicische Kaufleute Griechenland besuchten, sondern eben so häufig auch Griechen nach Phönicien kamen, und manche unter diesen nicht blofs von Handelsinteressen geleitet, sondern auch wifsbegierige Forscher, seitdem geschah es gewifs oft genug, dafs man sich zu dergleichen Trugschlüssen aus schwachen Gründen verleiten liefs. Dazu kam noch die Kunde von phönicischen Sagen über alte Auswanderungen aus ihrem Lande nach dem Westen, und aus Vermischung solcher Sagen mit einheimischen Elementen entstand schliefslich jener bunte und verwirrende Complex von Fabeln, der sich an den Namen des Kadmos anschliefst. Diesen aber für einen Phönicier zu nehmen konnte auch der Name selbst verleiten, der an das semitische Kedem d. h. Morgenländer, erinnerte, zumal da im Griechischen der Name aus dem alltäglichen Gebrauch verschwunden und seine Bedeutung (Ordner, wie $\varkappa\acute{o}\sigma\mu o\varsigma$) in Vergessenheit gerathen war. Er ist offenbar ebenso echt griechisch als der seiner Gattin Harmonia, deren Namen freilich einige Neuere unbegreiflicher Weise auch für einen aus der

Fremde entlehnten erklärt haben.[1] — Nicht besser begründet ist die Meinung von der Herkunft des Danaus aus Aegypten. Auch sein Name ist ohne Zwang aus dem Griechischen zu erklären,[2] und deutet, wie die von ihm und seinen Töchtern den Danaiden erzählte Fabel, auf die Bewässerung des Landes. Da aber der Heros Danaus in der Sage für einen Abkömmling der Io, einer altargivischen Mond- und Luftgöttin galt, reisende Griechen aber diese in der ägyptischen Isis wiederzufinden glaubten, so lag es nahe, auch ihren Nachkömmling Danaus zu einem Aegyptier zu machen und von dorther nach Griechenland kommen zu lassen.[3] Die ältesten Zeugen jener Meinung gehören aber alle ebenfalls in die Zeit, da Aegypten dem Zutritt der Griechen mehr als früher geöffnet und ein häufiger Besuch des Landes von Griechenland aus eingetreten war.[4] — Kekrops endlich wird durchaus von keinem älteren Schriftsteller für einen Aegyptier erklärt, sondern erscheint nur als ein autochthonischer attischer und böotischer Heros, bis auf die Zeiten der alexandrinischen Studien. Von der Platonischen Dichtung über eine uralte Verbindung zwischen Athen und Aegypten, und dem Kampf gegen die untergegangene Insel Atlantis, kann vernünftiger Weise nicht angenommen werden, dafs sie wirklich auf alten aegyptischen Urkunden beruhe, ebensowenig als man sich bewogen finden kann, die saitische Göttin Neith wegen einer entfernten Namensähnlichkeit, bei gänzlicher Verschiedenheit der Bedeutung, für die griechische Athene zu nehmen. Dies aber, die Vergleichung der Athene mit der Neith und jene Platonische Dichtung,

---

1) Da auch Niebuhr, Vorles. über alte Gesch. I, S. 96, als Beweis für die phönicische Ansiedlung in Böotien auch das nach ihm offenbar semitische $\beta\alpha\nu\acute{\alpha}$, wie die Böoter für $\gamma\nu\nu\acute{\eta}$ sagten, anführt, so mag wegen dieses Wortes der Leser auf Ahrens, de dialecto Aeol. p. 172 verwiesen werden. Auch Ὄγκα, Beiname der Athene, ist vielen als ein semitisches Wort vorgekommen, während Andere ihn mit ὄγκος; zusammenstellen und als Göttin auf der Auhöhe deuten wie anderswo ἀκραία. Die Thatsache übrigens, dafs einst auch in Böotien Phönicier sich angesiedelt haben, kann und muss wohl zugegeben werden, auch wenn man solcherlei Beweise nicht gelten lässt.
2) Mit G. Hermann, Opusc. VII, p. 280, von νάω, mit der inseparabeln Präpos. δα. Vgl. Pott, Jahrb. f. Phil. Suppl. III S. 336 u. Kuhn, Zeitschr. f. vergl. Spr. VII 5. 109.
3) Ueber die Deutung der Fabel mag es jetzt genügen auf Göttling, gesamm. Abhdl. S. 38 und Preller's Mythologie II², S. 45 zu verweisen.
4) Die Herleitung des Danaus aus Aegypten wird zuerst in dem Epos Danais vorgekommen sein, welches dem Solonischen Zeitalter anzugehören scheint. S. Welcker, Ep. Cycl. S. 326.

sind die ersten Fäden, aus welchen zuerst Theopomp, ein Zeitgenosse Alexanders des Grofsen und der beiden ersten Ptolemäer, das Märchen von einer ägyptischen Colonie in Attika, und darauf Spätere von dem Saïten Kekrops als Führer derselben ausgesponnen haben. Wenn Neuere diesen Hirngespinsten einen Werth beigelegt haben, so war das verzeihlich in einer starkgläubigeren Zeit, wo die historische Kritik noch wenig geübt wurde; wenn sich aber jetzt, nachdem die vermeintlichen Zeugnisse für jene aegyptische Colonisation von der Fackel der Kritik beleuchtet und in ihrer Werthlosigkeit dargestellt worden sind, dennoch Manche zu Vertheidigern derselben aufwerfen, und wenn man sich dabei auch auf Aehnlichkeiten beruft, die zwischen Werken der ältesten griechischen und der ägyptischen Kunst wahrgenommen werden können, oder die vereinzelt irgendwo in Griechenland vorkommenden kleinen pyramidenförmigen Bauten ungewifsen Alters als sichere Beweise alter ägyptischer Colonien ansieht, so lassen sich dergleichen Verirrungen kaum anders als aus einer gewifsen Idiosynkrasie erklären, der es nun einmal Bedürfnifs ist, in Griechenland den Orient wiederzufinden.[1])
Solcher Idiosynkrasie dürfen wir denn auch die wahrhaft staunenswerthe Behauptung zuschreiben, dafs nicht blofs einzelne Institute, Kenntnisse, Erfindungen den Griechen aus dem Orient zugekommen, was Niemand leugnet, sondern dafs überhaupt die gesammte Bildung der Griechen den Mittheilungen der früher gebildeten Orientalen zu verdanken sei. Namentlich die Religionsvorstellungen sollen sämmtlich aus dem Orient, und zwar besonders aus Aegypten zu den Griechen gekommen sein; die griechische Mythologie soll nichts anders als die entstellte Fratze eines von der ägyptischen Priesterweisheit ausgebildeten Systems sein, wovon jedoch den Griechen nur Bruchstücke bekannt geworden, die, unverstanden und aus ihrem rechten Zusammenhange gerissen, endlich zu einem verworrenen Gewebe widerspruchsvoller und bedeutungsloser Fabeln geworden, in dem sich kaum noch eine Spur jener tiefsinnigen und consequenten Priesterlehre entdecken lasse, die man jetzt endlich wieder aufgefunden zu haben sich einbildet, und in der man nicht nur die wahre und ursprüngliche Bedeutung der mythologischen Gebilde, sondern auch die speculativen Ideen späterer griechischer Denker

---

1) Vgl. dagegen Meiners Gesch. aller Relig. 1 S. 309. II. S. 742, auch Urlichs im N. Schweizer Mus. 1861 S. 150, dafür Vischer, Erinner. u. Eindrücke aus Griechenl. S. 328. Pyramidale Grabmonumente wurden auf Sicilien in der Zeit des jüngern Hiero errichtet. Diodor. XVI, 83.

über Götter und göttliche Dinge schon niedergelegt sieht, so dafs Aegypten als das Mutterland aller griechischen und somit aller abendländischen Philosophie überhaupt anzuerkennen sei.[1]) Aber jenes angebliche System altägyptischer Priesterweisheit erweist sich bei kritischer Prüfung nur als ein modernes Product übelangewandter Gelehrsamkeit im Dienst einer vorgefafsten Meinung, die aus theils unzuverläfsigen theils unverständlichen Andeutungen der verschiedensten Arten und Zeiten herausdeutet was ihr beliebt und hinzudichtet was ihr gefällt, und das Einzige, was sich mit Wahrheit behaupten läfst, ist nur dieses, dafs, nachdem Aegypten und der Orient den Griechen zugänglicher und bekannter geworden, manches aus der Religion, dem Cultus, der Mythologie der Orientalen Einzelnen so bedeutsam und beachtenswerth erschienen sei, dafs sie es auch in die griechische Religion einzuführen und mit den einheimischen Vorstellungen, Culten und Mythen zu amalgamiren unternahmen, ein Unternehmen, welches namentlich die sogenannten Orphiker sich angelegen sein liefsen. Orphiker heifsen sie, weil sie ihren neuen Lehren das Ansehen ehrwürdigen Alterthums dadurch zu geben suchten, dafs sie sie als bisher verborgene und nur wenigen Eingeweihten bekannte Offenbarungen aus dem Nachlafs eines verschollenen Dichters der frühesten Vorzeit, des thrakischen Orpheus vortrugen.[2]) Aristoteles erklärte, ein Dichter Namens Orpheus habe niemals existirt, und das Hauptgedicht, welches man ihm beilegte, ward von kundigen Forschern für das Machwerk eines Pythagoreers Kerkops, also frühestens aus der zweiten Hälfte des sechsten Jahrhunderts vor Chr., anderes für Machwerk des Onomakritus aus demselben Zeitalter erkannt. Eine durchaus mythische Person ist Orpheus ganz offenbar, ebenso wie die aufser ihm noch genannten angeblichen Sänger und Propheten der Vorzeit Musäus, Eumolpus, Linus, Thamyris, von denen sich mit gleicher Zuversicht behaupten läfst, dafs sie rein

---

1) Dies ist die Behauptung, die E. Röth in seiner Geschichte unserer abendländischen Philosophie, Th. I, Mannheim 1846, durchzuführen unternommen hat. Eine gerechte und billige Charakteristik seiner verfehlten Bestrebungen hat Spiegel gegeben, München, gel. Anz. 1860 no. 65. Hier begnügen wir uns wegen der angeblichen ägyptischen Priesterweisheit auf Dunckers besonnenes Urtheil, Alt. Gesch. 1 S. 83, und wegen der Ableitung der griechischen Religion aus Aegypten auf Welcker, Götterl. 1 S. 10, u. Gerhard, Myth. 1 S. 31, zu verweisen.
2) Ueber die Orphiker genügt es, auf Lobeck's Aglaophamus zu verweisen.

erdichtete Persönlichkeiten sind, veranlafst durch den Ruf von alten Cultstiftungen eines vorhellenischen Volkes, der Thraker, welches einst auch in verschiedenen Theilen Griechenlands sich niedergelassen haben soll, und dem namentlich die Stiftung des Musendienstes am Helikon und der Cult des Dionysos zugeschrieben ward. Mit den Thrakern der geschichtlichen Zeit haben übrigens diese alten nichts als den Namen gemein, und dieser Name scheint auf jene Barbaren deswegen übertragen zu sein, weil sie in die nördlich von Griechenland gelegenen Gegenden eingedrungen waren, wo einst die andern ihren Hauptsitz gehabt hatten.[1]) Dafs aber zu diesen alten Thrakern jemals etwas von ägyptischer Weisheit gedrungen und durch sie nach Griechenland gebracht worden sei, werden wohl nur diejenigen zu glauben geneigt sein, die sich mit der Hoffnung schmeicheln, auch in Thracien noch wohl Spuren von den Eroberungszügen eines Rhamses oder Sesostris zu entdecken, welche denn natürlich auch ägyptische Religion und Weisheit dorthin gebracht haben werden.

Solcher Verkehrtheit gegenüber, die der griechischen Cultur alle Originalität abspricht, und das geistreichste Volk der Welt, statt selbständig zur Bildung gelangen, nur Ueberkommenes umbilden, entstellen und verfälschen läfst, darf es verzeihlich scheinen, wenn Andre die Einflüsse des Orients auf Griechenland ganz und gar zu leugnen unternommen haben. Es ist dies ein Extrem dem andern entgegengesetzt; aber es ist doch von der Wahrheit nicht so weit entfernt als jenes. Denn alles, was sich von solchen Einflüssen und Mittheilungen wirklich erweisen läfst, beschränkt sich auf Einzelheiten und meist Aeufserlichkeiten, die für den eigentlichen Kern und das Wesen der Bildung von untergeordneter Wichtigkeit sind, und es läfst sich behaupten, dafs die Griechen, was sie geworden sind, sicherlich auch ohne sie geworden sein würden, sowie dafs alles, was sie wirklich von den Barbaren angenommen haben, von ihnen zu ihrem Eigenthum gemacht und selbständig ihrer Nationalität und ihrem Genius gemäfs ausgebildet worden sei. Unter allem aber, was sie erweislich aus dem Orient bekommen haben, ist nichts wichtiger als die Buchstabenschrift. Der Ursprung des griechischen Alphabets aus dem phönicischen wird schon durch die Namen und die Gestalt der Buchstaben bezeugt; dafs es aber, um die Griechen die Buchstaben kennen zu lehren, keines Ansiedlers, wie Kad-

---

1) Vgl. O. Abel, Makedonien S. 38 ff. Deimling, d. Leleger, S. 44. 66.

mus gewesen sein soll, bedurft habe, springt in die Augen. Wie früh die Kenntnifs zu ihnen gelangt sei, ist nicht mit Sicherheit zu ermitteln;[1]) gewifs und augenscheinlich aber ist es, dafs die Schreibkunst als ein wirksames Agens in der griechischen Cultur nicht vor dem siebenten Jahrhundert v. Chr. auftritt. Denn mag man auch immer die Anwendung der Schrift für kürzere Aufzeichnungen wahrscheinlich finden, einen ausgedehnteren Gebrauch derselben, Anfänge von Litteratur, gab es nicht vor dem genannten Zeitraum. Selbst geschriebene Gesetze hatte man, nach den Zeugnissen der Alten, nicht vor Zaleukos, der um 664 den epizephyrischen Lokrern den ersten Gesetzcodex gegeben haben soll.[2]) Die Frage, ob die ältesten der auf die Nachwelt gekommenen Erzeugnisse der griechischen Poesie, die homerischen Gedichte, mit Hülfe der Schrift componirt und überliefert seien, oder ob ihre schriftliche Aufzeichnung erst einige Jahrhunderte nach ihrer Entstehung erfolgt sei, können wir hier unerörtert lassen, da selbst diejenigen, welche sich zu der ersteren Ansicht bekennen, doch nur auf wenige Einzelne beschränkten Gebrauch der Schrift verlangen, Einige auch nicht die ganzen Gedichte, sondern nur gewisse einzelne Partien aufgeschrieben haben wollen.[3]) Mag man immerhin einige wenige schriftliche Exemplare, sei es der ganzen Ilias und Odyssee, sei es einzelner Theile, schon im achten oder neunten Jahrhundert zugeben; zwischen dieser so beschränkten Anwendung der Schreibkunst und zwischen schriftstellerischen Compositionen, wie sie seit Pherekydes von Syros um 600, zuerst begannen, ist immer noch ein grofser Unterschied, und allgemeiner verbreitete Kunde der Schrift, Aufnahme derselben in den Jugendunterricht, läfst sich nicht vor dem sechsten Jahrhundert nachweisen.[4]) In dem Staate aber, der am längsten allen Neuerungen widerstrebte und am hartnäckigsten am Alten festhielt, in Sparta, war auch noch in der späteren Zeit, da längst im übrigen Griechenlande jeder-

---

1) Die auf die Geschichte der Schreibkunst unter den Gr. bezüglichen Angaben findet man am vollständigsten bei W. Mure, History of the lang. and litt. of ant. Greece, vol. III S. 397 ff.
2) Strab. VI, 1 p. 259, Serv. zu Verg. Aen. I, 507, und die in den Antiqu. i. p. Gr. p. 69, 8 angeführten, unter denen Einige freilich das Zeugnifs durch Deutung zu entkräften suchen, denen sich auch Nutzhorn, d. Entsteh. d. Hom. Ged. S. 76 anzuschliefsen geneigt ist.
3) Wie z. B. L. Hug, die Erfindung der Buchstabenschrift, S. 93.
4) Dahin gehört die Erwähnung einer Leseschule zu Chios bei Herod. VI, 27, kurz vor 500 a. C.

mann, wenigstens jeder Freie, lesen und schreiben lernte, die
grofse Mehrzahl der Herrn vom dorischen Adel dieser Kunst
nicht kundiger, als die Heroen des trojanischen Krieges, wie
Homer sie uns darstellt. Wie die Buchstabenschrift, so war auch das Mafs- und Gewichtssystem, dessen die Griechen sich in den Zeiten bedienten, von denen wir genauere Kunde haben, orientalischen Ursprungs: selbst der Name des Pfundes, $\mu\nu\tilde{\alpha}$, ist nicht griechisch, sondern semitisch. Die Einführung dieses Systems erfolgte nicht vor der Mitte des achten oder wahrscheinlicher des siebenten Jahrhunderts durch den argivischen König Pheidon.[1]) Doch wird nicht leicht Jemand so thöricht sein sich einzubilden, dafs die Griechen vorher gar keine Mafse und Gewichte gehabt hätten; und thäte es wirklich Einer, so könnte er leicht aus Homer widerlegt werden. Dafs nun Pheidon jenes allgemein im Orient verbreitete System, welches übrigens ursprünglich babylonisch war, auch in Griechenland einführte, geschah ohne Zweifel im Interesse des Handelsverkehrs mit dem Orient; aber eben dafs dies erst so spät geschah, scheint dafür zu sprechen, dafs vorher das Bedürfnifs dazu sich noch nicht besonders fühlbar gemacht habe. Und so würde denn auch dieser Umstand wohl geeignet sein, die Vorstellungen, die sich Manche von dem frühen lebendigen Verkehr zwischen Griechenland und dem Orient machen, etwas zu ermäfsigen.[2])

---

1) S. Böckh, Metrolog. Untersuchungen S. 42 u. wegen der Zeitbestimmung H. Weissenborn, Hellen. bes. S. 77 ff.
2) Vgl. O. Müller in d. Götting. Anz. 1839 no. 94 S. 935.

Das homerische Griechenland.

Der troianische Krieg und die damit zusammenhängenden Ereignisse, die den Inhalt der homerischen Gedichte ausmachen, gehören augenscheinlich vielmehr dem Bereich der Fabel als dem der Geschichte an; ja selbst dies, ob überhaupt der Sage von ihnen etwas Geschichtliches zu Grunde liege, ist von Manchen in Zweifel gezogen worden. Wir theilen nun zwar diesen Zweifel nicht: wir glauben in der Sage von einem den Griechen stammverwandten Volke in Mysien, dessen blühender Staat nach langem Kampfe von Griechen zerstört worden, nicht ein blofses Phantasiegebilde, sondern die Erinnerung an ein wirkliches Ereignifs erkennen zu dürfen; aber dies Ereignifs gehörte der grauen Vorzeit an, aus welcher gar keine genauere Kunde sich erhalten hatte, so dafs es gänzlich der Poesie anheimfallen und von ihr in jeder zusagenden Gestalt ausgemalt werden konnte. Diese Poesie ist weit älter als die homerischen Gedichte: die Sänger, deren Lieder uns in der Ilias und Odyssee erhalten sind, hatten einen durch viele Vorgänger besungenen und in eine gewisse Gestalt gebrachten Stoff vor sich, den sie nun in ihrer Weise weiter bildeten. Wie lange vorher schon ältere Sänger denselben Stoff behandelt haben mögen, ist zu ermitteln ebenso unmöglich, als wie weit das Ereignifs selbst, auf welches ihre Lieder sich bezogen, von ihrer eigenen Zeit entfernt gewesen sei. Die Versuche der Alten, die Epoche des troianischen Krieges zu bestimmen, beruhen auf Genealogien, durch welche spätere Fürsten- und Adelsgeschlechter als Nachkommen der homerischen Helden dargestellt wurden,[1] und gehen also von zwei gleich unsicheren Voraussetzungen aus, erstens, dafs jene Helden wirklich zur Zeit des troianischen Krieges gelebt haben, und zweitens,

---

[1] Vgl. J. Brandis, Comm. de temporum Graecor. antiqu. ratione. Bonn 1857.

dafs jene Genealogien Glauben verdienten. Dafs übrigens die Resultate der auf diesen Voraussetzungen gegründeten Berechnungen sehr wenig mit einander übereinstimmten, ist nicht zu verwundern. Sie differirten um etwa zwei Jahrhunderte;[1]) am allgemeinsten angenommen aber wurde von den späteren Gelehrten die Berechnung des Eratosthenes und des Apollodor, wonach die Zerstörung Troias in d. J. 1183 oder 1184 fiel. Gesetzt nun auch, diese Berechnung sei wirklich richtig, — was in Wahrheit nimmermehr wird zugegeben werden dürfen, — so liegen auch so noch zwischen dem troianischen Kriege und der homerischen Zeit zwei bis drei Jahrhunderte, insofern man nämlich jene Zeit in den Anfang des neunten Jahrhunderts setzt, was freilich nichts weniger als gewifs ist. Die homerischen Gedichte selbst aber, wie wir schon früher bemerkt haben, reden von dem troianischen Kriege als einer Begebenheit weit entfernter Vorzeit, aus welcher keine Kunde, sondern nur sagenhafter Ruf dem Sänger zugekommen,[2]) und schildern die Helden des Krieges als eine andere, das gegenwärtige Geschlecht weit überragende Generation,[3]) die noch im unmittelbarsten und nächsten Verkehr mit den Göttern gelebt, zum Theil von den Göttern selbst gezeugt worden sei. Wenn sie nun dennoch Alles so genau darzustellen wissen, als seien sie selbst mitlebende Zeugen der Dinge gewesen, und wenn ihre Schilderungen uns ganz den Eindruck eines unmittelbar aus dem Leben gegriffenen Bildes machen, so können wir darin vernünftiger Weise nicht das Ergebnifs einer getreu bewahrten Ueberlieferung, sondern nur einen Beweis ihrer dichterischen Begabung erkennen. Denn die Poesie verlangt individuell und lebendig geschilderte Gestalten und kümmert sich wenig um historische Treue, und so sehr wir auch überzeugt sein mögen, dafs jene heroische Vorzeit, welcher der Zug gegen Troia angehört, in vielen und wesentlichen Stücken anders beschaffen gewesen sei, als sie in den homerischen Gedichten geschildert wird, so sind wir doch nicht im Stande eine andere Darstellung von ihr geben zu können. Einzelne Züge, welche auf wesentlich ver-

---

1) S. Böckh Corp. Inscr. II p. 329 ff. und Clinton Fasti Hellen. vol. III p. 123 ff.   2) II. II, 486.
3) S. z. B. II. V, 302, XII, 380, 447. XX, 285, und das verständige Urtheil über dergleichen Stellen bei Velleius Pat. I c. 5. Von neuern Kritikern, oder von Einem wenigstens, sind alle jene Stellen für interpolirt erklärt worden. — Dafs auch die heutigen Griechen zum Theil ihre hellenischen Vorfahren für ein gewaltiges Riesengeschlecht ansehn, berichtet Heuzey, Le mont Olympe (Paris 1860) S. 264.

schiedene Zustände deuten, haben zwar auch jene Sänger nicht völlig verwischt; im Ganzen jedoch dürfte das Bild, welches sie uns geben, mehr den Zuständen, unter denen sie selbst lebten, als denen jener weit entlegenen Vorzeit zu entsprechen scheinen. Demnach ist, was wir aus den homerischen Gedichten gewinnen können, nicht eine geschichtlich sichere Darstellung, sondern eine poetische Schilderung der alten Heroenzeit, wie sie sich im Geiste der Dichter spiegelte;[1]) aber da wir uns ohne ausreichende Mittel finden, ein anderes Bild mit mehr Anspruch auf Wahrheit zu entwerfen, so müssen wir uns an diesem genügen lassen.

Wir finden nun zuvörderst das griechische Volk jetzt sowenig als in irgend einer späteren Zeit zu einem staatlichen Ganzen vereinigt. Zwar ist eine gemeinsame Unternehmung, ein Rachekrieg gegen Troia, zu Stande gekommen, und Agamemnon, der König von Mykene, steht als allgemein anerkannter Oberanführer an der Spitze des aus den verschiedensten Theilen Griechenlands gesammelten Heeres; er beherrscht aber doch nur einen grofsen Theil der Halbinsel, die späterhin nach seinem Ahnen Pelops ihren Namen trug,[2]) und viele Inseln,[3]) und die Fürsten des übrigen Griechenlandes sind, jeder in seinem Gebiete, unabhängige Könige, nicht durch irgend ein Abhängigkeitsverhältnifs zur Heeresfolge verpflichtet, sondern nur in Folge eines besondern Vertrages und eidlichen Gelöbnisses grade zu diesem Rachekriege verbunden:[4]) obgleich uns Homer über die eigentliche Beschaffenheit dieses Vertrages und über die Motive, durch die so viele Fürsten bewogen worden seien ihn einzugehen, nicht genauer unterrichtet, sondern uns nur ahnen läfst, dafs die Entführung der Helena durch den troischen Königssohn und ihre

---

1) Es ist mit Recht schon von Andern, z. B. Curtius gr. Gesch. 1³ S. 128, bemerkt worden, dafs das Bild beschränkter Fürstenmacht, wie es uns bei Homer selbst im Agamemnon entgegentritt, nicht recht zu den grofsartigen Denkmalen stimmt, deren wir oben gedacht haben, und die offenbar auf einen Zustand der Dinge deuten, der in dem Zeitalter, dem die Hom. Gedichte angehören, schon ganz aus der Erinnerung entschwunden war.

2) Bei Homer kommt dieser Name noch nicht vor, aber in dem homeridischen Hymnus auf den Pythischen Apollon. Er deutet übrigens wohl auf einen Volksnamen Polopes, als andere Form für Pelasger, sowie die Fabeln von Pelops, dem Sohn des Tantalus, auf einen frühen Zusammenhang dieses Volkes mit Vorderasien hinweisen, worüber ich jetzt nur auf Preller, Mythol. II², 379 ff. u. Gerhard II, 179 verweisen will.

3) Il II, 108. vgl. Thukyd. I, 9. und Usteri zu Wolf's Vorles. über die Ilias Th. II S. 108.

4) Il. II. 286 u. 339.

verweigerte Zurückgabe, nach der sie doch selbst sich sehnte, als eine schwere Unbilde angesehen sei, die nicht blofs den zunächst gekränkten Gatten der Entführten, sondern das gesammte Griechenvolk zur Rache aufforderte.¹) Die zu dem Kriege verbundenen Fürsten und Völker werden in einem der Ilias eingefügten Stücke, dem sogenannten Schiffskatalog, namentlich aufgezählt, und dabei auch die Zahl der Schiffe, die jeder geführt, und zum Theil auch der Mannschaft angegeben. Die Zahl der Schiffe beträgt nach dem jetzt vorhandenen Text²) 1186, die Zahl der Mannschaft würde sich, wenn man einer von Thukydides 1, 10 vorgeschlagenen Berechnung folgt, auf beinahe 102000 belaufen. Aber dieser Schiffskatalog darf nicht als ein Zeugnifs angesehen werden, wie sich die alten Sänger des troischen Krieges die Vertheilung Griechenlands und die Gröfse des vereinigten Heeres zur Zeit jenes Krieges vorgestellt haben: denn er widerspricht mehrmals den in der Ilias selbst hierüber vorkommenden Andeutungen, und ist augenscheinlich von späterer Hand eingefügt, so dafs er uns höchstens die Meinung seines Verfassers, nicht aber die Vorstellung jener alten Sänger erkennen läfst. Ja wir können ihn nicht einmal Einem Verfasser zuschreiben, da er in einigen Stellen auch sich selbst widerspricht; wir müssen vielmehr annehmen, dafs vor der Redaction, der wir die Ilias in ihrer gegenwärtigen Gestalt verdanken, der Schiffskatalog von Rhapsoden hier so, dort anders, mit Rücksicht auf die jedesmaligen Zuhörer, vorgetragen sei, und seine jetzige Gestalt durch eine nicht allzu sorgfältige Redaction verschiedener Versionen erhalten habe.³)

Als die allgemeine Regierungsform aller einzelnen Staaten erscheint in den homerischen Gedichten die königliche. Wenn auch ein Staat sich geraume Zeit ohne König behelfen mag, wie es in Ithaka während der zwanzigjährigen Abwesenheit des Odysseus der Fall ist, so wird er doch als von Gott und Rechtswegen dem Könige unterworfen gedacht: das Königthum gilt als göttliche Stiftung, Zeus hat die Könige ursprünglich eingesetzt,

---

1) Nur ahnen lässt sich das Motiv; bestimmt ausgesprochen wird es nirgends, ja es wird verschwiegen an manchen Stellen, wo man wohl erwarten könnte, seiner gedacht zu finden.
2) Vgl. Sengebusch Dissert. Hom. I p. 142.
3) Gegen die Vertheidigung des Kataloges, die Mure in seiner *History of the language and literature of ancient Greece*, vol. 1 p. 508 versucht hat, liefsen sich manche von ihm ganz übersehene Momente geltend machen, wenn hier zu dergleichen Erörterungen der schickliche Platz wäre.

sie stehen unter seiner besonderen Obhut und Fürsorge, sie stammen selbst von ihm oder von andern Göttern ab, weswegen sie διοτρεφέες, διογενέες heifsen, und ihre Würde geht regelmäfsig vom Vater auf den Sohn über. Aber es giebt neben dem Könige in jedem Staat auch eine Anzahl anderer Häuptlinge, denen selbst der Name βασιλῆες ebenfalls zukommt, und deren Stellung über der Masse des Volkes gleichermafsen als eine von den Göttern verliehene und beschirmte Auszeichnung betrachtet, und durch dieselben Beiwörter bezeichnet wird.[1]) Geschichtlich nachweisbar ist freilich die Entstehung wie des Königthums so des ihm zur Seite stehenden Adels nicht; dafs aber überall Erhebungen Einzelner über die Menge aus mancherlei Gründen und Anlässen erfolgen, dafs Einzelne durch persönliche Tüchtigkeit und günstige Umstände gehoben zu gröfserem Ansehn und grösserem Reichthum gelangen mufsten, begreift sich leicht auch ohne ausdrückliche Zeugnisse, ebenso wie es natürlich war, dafs solche Auszeichnung sich dann auch auf ihre Kinder vererbte. Die Aristotelische Definition vom Adel, dafs er auf Abstammung von ausgezeichneten und reichen Vorfahren beruhe, oder dafs er in ererbtem Ansehn und Reichthum bestehe,[2]) ist nothwendig auch für den Adel der heroischen Zeit gültig. Aber die Absonderung des Adelstandes vom Stande der Gemeinen oder des δῆμος erscheint uns in den homerischen Gedichten nicht so schroff und verletzend, als sie späterhin in manchen Staaten wurde. Schon allein die Bemerkung, dafs ähnliche ehrende Beiwörter wie jenem nicht selten auch Leuten niederen Standes beigelegt,[3]) dafs der Name ἥρως, wenn auch vorzugsweise den Fürsten und Edlen, doch daneben auch jedem Ehrenmanne aus dem Volke gegeben,[4]) dafs selbst persönlich Unfreie, wie der Sauhirt Eumäos und der Rinderhirt Philoitios, δῖοι und θεῖοι d. h. mit gottbegabter Trefflichkeit versehene genannt werden,[5]) kann zum Beweise dienen, dafs die persönliche Tüchtigkeit auch in dem Geringeren der Anerkennung und Ehre werth geachtet worden sei. Ebenso läfst sich in dem Verkehr der Niederen mit den

---

1) Vgl. Nitzsch zur Odyssee III, 265 u. IV, 25.
2) Aristot. Polit. IV, 6, 5. V, 1, 3. Rhet. II, 15.
3) Doch nie διογενεῖς oder διοτρεφεῖς, welche ausschliefslich nur von den Edlen gebraucht werden.
4) Z. B. dem Herolde Mulios, Od. XVIII, 423 u. dem blinden Sänger Demodokos, VIII. 483.
5) Od. XIV, 48. 401. 413 u. sonst an vielen Stellen. vgl. auch XVI, 1 u. XXI, 240 u. Nitzsch zu III, 265.

Höheren nichts von vornehmer Herablassung auf der einen, von
scheuer. Unterwürfigkeit auf der andern Seite, sondern überall
ein ungezwungenes, natürliches und menschliches Betragen
wahrnehmen, und nirgends ist eine feste Scheidewand zu erkennen, durch die sich der Stand der Edlen von dem Stande
der Gemeinen abgeschlossen hätte, wie z. B. durch verweigertes
Connubium, obgleich freilich auch keine Beispiele des Gegentheils erwähnt werden.[1])

Ueber die Stellung des Königs den Edlen und dem Volke
gegenüber sind der specielleren Angaben aus leicht zu erkennen-
den Gründen nicht viele: in der Ilias nicht, weil diese uns den
König nur von e i n e r Seite darstellt, als Obersten an der Spitze
des Heeres. in der Odyssee nicht, weil sie uns gerade den Staat,
dessen Verhältnisse am meisten zur Sprache kommen, den Staat
des Odysseus, in einem aufserordentlichen Zustande vorführt, da
der König seit vielen Jahren abwesend und der Thron unbesetzt
ist. Was sich aber von Angaben darüber findet, läfst uns den
König überall nur als den Ersten unter seines Gleichen erkennen.
Die Häupter der edlen Häuser bilden des Königs Rath, seine
βουλή, und heifsen deswegen βουληφόροι oder βουλευταί. Auch
γέροντες werden sie genannt, welcher Name keineswegs nur die
Bejahrten, sondern allgemein auch die Geehrten und Angesehenen
bedeutet. Mit dem Rath der Geronten werden alle wichtigeren
Angelegenheiten verhandelt. Als die Aetolier von den Kureten
bedrängt den Meleager um Hülfe angehen, sind es die Geronten,
die die Botschaft an diesen absenden.[2]) ebenso wie im Heere
vor Troia ein von dem Oberanführer berufener Rath der Geronten die ähnliche Botschaft an den Achilleus sendet.[3]) Als die
Messenier aus Ithaka Heerden und Hirten geraubt hatten, schickt
der König Laertes mit den Geronten den Odysseus ab, um Er-
stattung zu fordern.[4]) Auch die ἡγήτορες, welche in Pylos die
den Eliern zur Vergeltung wegen erlittener Plünderung abge-
nommene Beute an die zum Ersatz Berechtigten vertheilen, können wir nur als die Geronten betrachten,[5]) und der gerusische
Eid, welcher von den Troern geleistet werden soll, dafs jeder

---

1) Od. XIV. 202 wird ein Bastard, zwar eines angesehenen Herrn
Sohn, aber von einer Sklavin, den die Stiefbrüder nach des Vaters Tode
mit einem Geringen abgefunden, dennoch Eidam eines reichen Hauses, seiner Tüchtigkeit wegen.
2) Il. IX, 574 ff.   3) Ib. 70. 89.   4) Od. XXI, 21.
5) Il. XI, 677.

nach seinem Vermögen zu der den Achäern zu zahlenden Bufse seinen Theil beitrage,[1]) ist wahrscheinlich auch von einem Eide zu verstehn, den die Geronten für das ihnen untergebene Volk zu schwören haben. Die gewöhnliche Form der Berathung des Königs mit den Geronten scheint diese zu sein, dafs die Angelegenheiten beim gemeinschaftlichen Mahle an des Königs Tisch verhandelt werden. „Lade die Geronten zum Mahle", sagt Nestor zum Agamemnon, als er ihm empfiehlt, einen Rath der Edlen zu berufen um zu berathen, was in der dringenden Gefahr zu thun sei;[2]) und als der König der Phäaken, Alkinoos, über die Heimsendung des Odysseus einen Beschluss veranlassen will, sagt er zu den auch jetzt bei ihm versammelten Geronten: „morgen wollen wir mehrere Geronten berufen, den Fremdling bewirthen und den Göttern opfern" — wobei sich ein Mahl von selbst versteht, — „und dann Rath halten." Und so geschieht es denn auch am folgenden Tage;[3]) und überhaupt wird es von ihm als etwas Gewöhnliches ausgesprochen,[4]) dafs die Geronten bei ihm zu Gaste sind, obgleich gewifs nicht ausschliefslich nur bei ihm. Denn in Scheria stellt uns die Odyssee eine Theilregierung dar: zwölf Könige herrschen im Lande, Alkinoos ist der dreizehnte,[5]) und wahrscheinlich der oberste; aber wir finden doch, dafs auch er von den übrigen zum Rathe geladen,[6]) also natürlich auch bewirthet wird. Wie übrigens beim Opfer ein Mahl, so versteht sich auch beim Mahle ein Opfer von selbst,[7]) und wir dürfen deswegen wohl mit Recht sagen, dafs diese Form der Berathung in zwiefacher Hinsicht geeignet scheinen mochte, die Berathenden durch die Gemeinsamkeit wie des Mahles so der Gottesverehrung zu freundlicher und einträchtiger Verhandlung der Angelegenheiten zu stimmen, wie wir aus ähnlichem Grunde auch später in den Staaten gemeinschaftliche Mahlzeiten der Beamtencollegien und Räthe angeordnet finden werden.

Auch Versammlungen des gesammten Volkes kommen öfters vor, doch nicht sowohl um dasselbe über eine Angelegenheit zu befragen und einen Volksbeschlufs durch Abstimmung fassen zu lassen, als vielmehr um ihm den von den Geronten gefafsten Beschlufs bekannt zu machen, wie Agamemnon in der Ilias das

---

1) Il. XXII, 119. Auch der γερούσιος οἶνος, Il. IV, 259, Od. XIII, 8, ist wohl nicht alter Wein, wie Einige wollen, sondern Wein der den Geronten vorgesetzt wird.
2) Il. IX, 70.   3) Od. VII, 189. VIII, 42 ff.   4) Od. XIII, 8.
5) Od. VIII, 390.   6) Od. VI, 54.   7) Vgl. Athenae. V, 19 p. 192.

Heer zur Versammlung beruft, um ihm den angeblich beschlossenen Rückzug anzukündigen.[1]) Oder es wird das Volk berufen, damit in seinem Beisein über eine wichtige Angelegenheit, z. B. über Abwehr eines feindlichen Einfalls,[2]) oder über ein Abhülfe forderndes Unheil Rath gepflogen werde, wie in der von Achilleus im ersten Gesange der Ilias wegen der Seuche berufenen Heeresversammlung. In der Odyssee beruft Telemachos die Versammlung blofs, um sich, nach dem Rathe des Mentes, über die Unbilden der Freier vor dem gasammten Volke zu beschweren und jene zum Abzuge aus seinem Hause aufzufordern. Es erhebt sich Halitherses, spricht seine Theilnahme für den Telemach aus und giebt den Freiern den Rath, von ihrem frevlen Treiben abzulassen: Mentor schilt das Volk, dafs es diesem so ruhig zusehe, ohne ihm Einhalt zu thun: Leokritos, einer der Freier, antwortet trotzig und drohend, und fordert die Versammlung auf, auseinander zu gehn, was denn auch geschieht, ohne dafs irgend ein Resultat herausgekommen wäre. Wir sehen also offenbar hier nur einen Versuch des Telemach, das Volk zu Hülfe zu rufen, aber einen erfolglosen.[3]) Ein Beschlufs wird gar nicht gefafst, und selbst die Bitte des Telemach, dafs ihm ein Schiff ausgerüstet werden möge, damit er nach Pylos fahren könne, hat nur bei Mentor Erfolg, der es dann auch nachher unternimmt, Gefährten für ihn zu sammeln. Anderswo[4]) ist von einer Versammlung die Rede, zu der die beiden Atriden das Heer berufen haben, jeder um seine Meinung hinsichtlich des Abzuges nach der Eroberung Troja's vorzutragen, worüber sie uneinig waren: einige fallen diesem, andere jenem zu, und so geht die Versammlung getheilt auseinander. Bei den Phäaken wird eine Versammlung berufen,[5]) damit ihr der Fremdling Odysseus vorgestellt und empfohlen werde: Alkinoos fordert die Fürsten und Häupter ($\eta\gamma\eta\tau o\varrho\alpha\varsigma$ $\eta\delta\grave{\epsilon}$ $\mu\acute{\epsilon}\delta o\nu\tau\alpha\varsigma$) auf, das Nöthige zu seiner Heimsendung zu beschaffen; von Berathung und Beschlufsnahme ist weiter nicht die Rede. Nach der Ermordung der Freier veranstalten die Angehörigen derselben eine Versammlung:[6]) Einer fordert zur Rache auf, ein Anderer ermahnt zur Ruhe, weil jenen nur Recht geschehen sei. Diesem stimmen viele zu, mehr als die Hälfte, und gehen nach Hause; die andern greifen zu den Waffen, Odysseus mit den Seinigen geht ihnen entgegen, es kommt

---

1) Il. II, 50.   2) Od. II, 30.
3) Vgl. Od. XVI, 376, wo Antinoous die Besorgnifs ausspricht, dafs ein zweiter Versuch mehr Erfolg haben möge.
4) Od. III, 137.   5) Od. VIII, 5 ff.   6) Od. XXIV, 420.

zum Gefecht, mehrere fallen, bis Athene dazwischen tritt und Frieden stiftet.

Die Berufung des Volkes zur Versammlung geht natürlich in der Regel vom Könige aus, nach vorheriger Berathung mit den Geronten. Doch sehen wir in der Ilias, wie Achilleus, ohne deswegen vorher mit dem Oberanführer Rücksprache genommen zu haben, eine Versammlung des Heeres beruft, was vom Agamemnon wenigstens nicht als ein Eingriff in seine Rechte gerügt wird, obgleich gewifs anzunehmen ist, dafs das Verhältnifs der einzelnen Anführer zum Oberfeldherrn nicht wesentlich von dem der Geronten verschieden sei. Wie man sich also in dieser Hinsicht die Befugnisse zu denken habe, läfst Homer unentschieden. Dafs auf Ithaka während der Abwesenheit des Königs, für den auch nicht einmal ein Stellvertreter da ist, auch Andere das Volk berufen, wenn sie dazu triftige Veranlassung haben, kann nicht befremden. Die Berufung geschieht durch umhergesandte Herolde. Der Versammlungsplatz ist entweder in der Nähe der Königswohnung, wie zu Ilios auf der Burg, oder sonst an einer schicklichen Stelle, wie zu Scheria am Hafen; und er ist auch wohl mit Plätzen zum Sitzen versehen, wenn auch wohl nicht für alle, doch für die Fürsten und Edlen.[1]) Wer vor dem Volke reden will, steht auf und läfst sich vom Herolde den Stab, das Scepter in die Hand geben, wohl als Zeichen, dafs er als Redner eine Art von amtlicher Function ausübe.[2]) Eine Rednerbühne findet sich nicht; der Redende tritt hin, wo er meint am besten von Allen gehört zu werden. Es ist nicht wahrscheinlich, dafs das Recht das Scepter zu empfangen und zum Volke zu reden Andern als den Edlen zukomme; wenigstens giebt es kein Beispiel dafür im Homer. Denn Thersites, in der von Agamemnon berufenen Versammlung, tritt nicht als Redner mit dem Stabe in der Hand, sondern als petulanter Schreier auf, und wird deswegen von Odysseus mit Worten und Schlägen gezüchtigt, zur Zufriedenheit der ganzen Versammlung. Ob es aber auch als ungebührliche Anmafsung gerügt sein würde, wenn er seine Meinung ohne Schmähung des Anführers bescheiden freimüthig vorgebracht hätte, ist aus der Erzählung nicht zu ersehen. Auch

---

1) Od. I, 372. II, 14. VIII, 6. 16. In II, 56, wo ἀγορή und θόωκος unterschieden werden, ist unter dem letzteren wol nur an eine Sitzung der Häuptlinge zu denken. Die ἀγοραὶ des Heeres vor Troia, wo die Menge ebenfalls sitzt (Il. II, 96 ff. VII, 414. XVII, 247), boten natürlich Platz zum Sitzen nur auf dem Boden dar.

2) Il. I, 234. XXIII, 567. Vgl. Nitzsch zu Od. II, 35.

was anderswo Polydamas zum Hektor sagt, es geziemt sich nicht, dafs ein Mann aus dem Volke Gegenrede führe, kann keinen sichern Schluss begründen. Als Regel aber ist es ohne Zweifel anzusehen, dafs nur die Edlen das Wort nehmen, das Volk nur als Masse in Betracht kommt, in welcher der Einzelne als nichts bedeutend angesehen wird, „weder im Kriege zu rechnen noch im Rathe", wie Odysseus sich ausdrückt.[1]) Von förmlicher Abstimmung des Volkes ist nirgends die Rede: nur durch lautes Geschrei giebt die Versammlung ihren Beifall oder ihr Mifsfallen über das Vorgetragene zu erkennen, und wenn es sich um eine Sache handelt, zu deren Ausführung die Mitwirkung des Volkes erforderlich ist, so verräth uns Homer kein Mittel, wie dasselbe gegen seinen Willen dazu gezwungen werden könne.

Die zweite Function der Könige ist die richterliche, und wie sie wegen des Rathpflegens $βουληφόροι$ heifsen, so werden sie wegen der Rechtspflege $δικασπόλοι$ genannt. Auch hier aber sind die Geronten Theilnehmer an dem königlichen Amte, und die Frage, welche Rechtshändel etwa der König für sich allein, welche in Gemeinschaft mit den Geronten zu entscheiden habe, ist aus Homer ebenso wenig zu beantworten, als die andere, ob nicht auch aus der Zahl der Geronten Einzelrichter entweder vom Könige bestellt oder von den Parteien gewählt werden können. Wie sehr aber gerade die Rechtspflege als dasjenige Amt des Fürsten betrachtet werde, wodurch er sich am meisten um das Volk verdient machen könne, beweisen viele Stellen. Odysseus weifs keinen höheren Ruhm zu nennen, als den eines untadelichen Königs, welcher gottesfürchtig unter den Seinen waltend das gute Recht erhält und sichert: da bringt die Erde reichen Ertrag, die Bäume sind voll von Früchten, die Heerden gedeihen und das Meer wimmelt von Fischen.[2]) Denn der gerecht regierende König ist den Göttern wohlgefällig, weil er das Amt, was er von ihnen überkommen, nach ihrem Willen verwaltet.

Von der Form des gerichtlichen Verfahrens mag uns die Darstellung auf dem Schilde des Achilleus, die einzige dieser Art, ein Bild geben.[3]) Zwei Männer streiten dort über die Bufse für einen erschlagenen Mann: der eine behauptet alles bezahlt, der andere leugnet etwas empfangen zu haben. Die Geronten sitzen als Richter in dem geweiheten Ringe, den wir uns als einen abgesonderten Raum auf dem gewöhnlichen Volksversammlungsplatze, der Agora, zu denken haben. Eine zahlreiche Menge steht

---

1) Il. II, 202.   2) Od. XIX, 108.   3) Il. XVIII, 497 ff.

umher, die, obwohl sie selbst nicht zu richten hat, doch an den Verhandlungen lebhaften Antheil nimmt. Deswegen wenden sich auch die Streitenden in ihren Reden nicht blofs an die Richter, sondern auch an die umherstehenden Zuhörer, und diese bezeugen durch lauten Zuruf, wie sie für den Einen oder den Andern Partei nehmen und seine Sache für die gerechte halten, so dafs die Rufenden auch ἀρωγοί oder Helfer der Streitenden genannt werden,[1]) und man dabei an die sogenannten Eideshelfer im altgermanischen Procefs erinnert werden mag,[2]) nur dafs freilich die Helfer in diesem homerischen Vorgange keinen Eid leisten und überhaupt ihre Theilnahme nur eine formlose, nicht, wie dort, eine bestimmt geregelte ist. Beide Parteien wollen die Entscheidung auf eine Zeugenaussage (ἐπὶ ἴστορι) ankommen lassen. Die Richter halten Stäbe der Herolde in den Händen und erheben sich, um ihren Spruch zu thun, nach der Reihe von ihren Sitzen. Zwei Talente Goldes sind niedergelegt, welche demjenigen zufallen sollen, der die Rechtssache vor ihnen am geradesten dargelegt, d. h. ohne Zweifel dem, der sein Recht am besten dargethan, und also obgesiegt haben wird.[3]) Wir haben also hier etwas der Parakatabole im attischen Processe Entsprechendes, eine Summe, die jede von beiden Parteien beim Anfange des Rechtsstreites niederlegte, und die der Unterliegende aufser dem Verlust seiner Sache noch obendrein verwirkte, als eine *poena temere litigandi*. Dafs zwei Talente Goldes genannt werden, ist freilich auffallend genug, und läfst sich nur als eine poetische Fiction ansehn. Denn die epische Poesie hat der heroischen Vorzeit einen Reichthum an edlen Metallen gegeben, wie er in der Wirklichkeit gewifs nicht vorhanden gewesen ist. Wie man sich aber den Werth dieser poetischen Goldtalente zu deuten habe, weifs uns Niemand zu sagen.[4])

Eine dritte Function des Königthums ist die Anführung des Heeres, welche, wie Einige meinen, auch durch den Namen βασιλεύς von βάσις und λεώς, angedeutet sein soll, was wir uns

---

1) Anderswo, Il. XXIII, 574, wird ἀρωγή von der Parteinahme der Richtenden selbst gesagt.
2) Ueber diese genügt es auf Eichhorns D. Staats- u. Rechtsgeschichte zu verweisen, I, §. 78.
3) Die Rechtfertigung dieser Erklärung andern abweichenden Ansichten gegenüber habe ich in den Antiqu. i. p. Gr. p. 73 zwar kurz, aber hoffentlich doch genügend gegeben. Auch Naegelsbach, Hom. Theol. S. 291 (2. Aufl.) stimmt damit überein.
4) Vgl. Böckh, Metrolog. Unters. S. 33.

wohl gefallen lassen können.¹) In der Ilias sehen wir überall an der Spitze der Krieger die Könige als Anführer, jeden über die Mannschaft seines Volkes: nur wo ein König durch Krankheit oder hohes Alter zurückgehalten ist, ersetzt ihn ein Anderer. Den alten Peleus vertritt sein Sohn Achilleus, für den krank auf Lemnos zurückgelassenen Philoktetes ist einstweilen Medon, der Sohn des Oileus, eingetreten. Manche Völker aber stehen unter mehr als einem Anführer, von welchen denn entweder Einer, der König, als Oberster, die übrigen als dessen Unterbefehlshaber zu denken sind, wie das Verhältnifs bei Diomedes, Sthenelos und Euryalos ausdrücklich angegeben wird,²) bei Idomeneus und Meriones aus vielen Stellen klar ist, oder es wird das Volk von mehreren Königen beherrscht, wie es die Sage von den Epeern ziemlich deutlich erkennen läfst,³) und wie es auch wohl von den Minyern in Orchomenos und Aspledon, der Thessalischen Völkerschaft unter Podalirios und Machaon, den kleinen Inseln unter Pheidippos und Antiphos die Meinung des Schiffskataloges ist. Bei den fünf Befehlshabern der Böoter aber haben wir an die, wohl aus den Kyklikern berichtete, Sage ⁴) zu denken, dafs nach dem Tode des in Mysien gefallenen Königs Thersandros sein Nachfolger Tisamenos als unmündiges Kind zurückgeblieben sei, so dass jene fünf nicht Könige, sondern nur Stellvertreter des Königs sind. Dafs übrigens solche Stellvertreter oder Unterbefehlshaber immer nur aus der Zahl der Häuptlinge oder der Edlen, die ja selbst auch βασιλῆες heifsen, zu denken sind, versteht sich von selbst. Auch was Aristoteles angiebt,⁵) dafs die Gewalt des Königs über seine Untergebenen im Kriege unbeschränkter als im Frieden gewesen sei, liegt in der Natur der Sache, und wenn auch die Worte, die er aus Homer dafür anführt, πὰρ γὰρ ἐμοὶ θάνατος, sich in unserem Texte der Ilias nicht finden, so giebt es dafür doch andere Stellen, die im Wesentlichen dasselbe aussagen.⁶) Die Verpflichtung, dem Könige Heeresfolge zu leisten, wird als eine unweigerliche dargestellt, der man sich nicht entziehen könne, ohne schwerer Strafe zu verfallen und Schimpf auf sich zu laden.⁷) Jedes Haus, wie es

---

1) Andere Erklärungsversuche sind von Kuhn in Webers Indischen Studien I. S. 334 Pott, Et. Forsch. II, S. 250. Bergk im N. Rhein. Mus. XIX S. 604 vorgetragen.   2) Il. II, 567.
3) S. Eustath. zu Il. II, 615 und Pausan. V, 3, 4.
4) Bei Pausan. IX, 5, 7, 8.   5) Polit. III, 9, 2.
6) S. die Drohung Agamemnons, Il. II, 391 ff. u. die des Hektor, XV, 348 ff.
7) Il. XIII, 669. Od. XIV, 238.

scheint, mufs einen seiner Söhne als Krieger stellen, und unter mehreren entscheidet das Loos;[1]) doch ist es auch möglich, dafs die Verpflichtung abgekauft werde.[2])

Zu den bisher besprochenen Functionen des Königthums müssen wir, nach Aristoteles,[3]) auch noch die Verrichtung von Staatsopfern hinzufügen, so viele derselben nicht priesterliche sind. Was unter diesen priesterlichen Opfern zu verstehen sei, wird später angegeben werden: von Opfern der Könige ist bei Homer öfters die Rede, aber sie sind nicht alle von gleicher Art. Das Ernteopfer ($\vartheta\alpha\lambda\acute{v}\sigma\iota\alpha$), welches der König Oineus zu Kalydon darbringt,[4]) darf man wohl als ein öffentliches Festopfer ansehn. Ebenso ist es eine Volksfeier, wenn zu Pylos viertausend und fünfhundert Menschen um den König versammelt sind, und dem Poseidon nicht weniger als neunmal neun Stiere geopfert werden:[5]) in welcher Weise aber der König dabei als Opferer thätig gewesen, ist nicht zu ersehen. Auch das Opfer, welches bei den Phäaken Alkinous veranstaltet wissen will, um den Zorn des Poseidon abzuwenden,[6]) ist ein Staatsopfer. Selbstthätig sehen wir aber den Oberkönig beim Heere vor Ilios theils bei dem Opfer vor dem Beginn der ersten Schlacht,[7]) theils besonders bei demjenigen, welches nachher zur Bekräftigung des zwischen Achäern und Troern geschlossenen Vertrages angestellt wird, wo er mit eigener Hand den Opferthieren die Haare abschneidet und sie dann schlachtet.[8]) Andere Opfer der Könige, wie das des Peleus, als er seinen Sohn zum Heere entläfst,[9]) und das des Nestor in seiner Wohnung, wo er selbst mit seinen Söhnen sich in die Verrichtungen theilt,[10]) haben, das letztere wenigstens gewifs, nur den Charakter eines häuslichen Gottesdienstes, welcher überall, und also auch die dabei vorkommenden Opfer, von dem Hausherrn besorgt wird, ohne dafs es dazu der Mitwirkung eines Priesters bedarf. Ja jedes Schlachten eines Thieres für den Haushalt ist mit einem Opfer, gleichsam einer Abgabe an die Gottheit verbunden, und für $\sigma\varphi\acute{\alpha}\tau\tau\epsilon\iota\nu$ wird daher auch $\acute{\iota}\varrho\epsilon\acute{\nu}\epsilon\iota\nu$ gesagt.[11]) Wenn also der König für das Volk opfert, so ist dies nicht so anzusehen, als ob mit dem Königthum auch ein Priesterthum verbunden wäre, sondern er thut das, weil er

---

1) Il. XXIV, 400.   2) Il. XXIII, 297.   3) Polit. III, 9, 7.
4) Il. IX, 530 ff.   5) Od. III, 5 ff.   6) Od. XIII, 179 ff.
7) Il. II, 402.   8) Il. III, 271 ff.   9) Il. XI, 772.
10) Od. III, 443.
11) Il. XXIV, 125. Od. II, 55. XIV, 74. XVII, 180. XXIV, 215 u. sonst häufig.

als Haupt der Staatsgenossenschaft in dem gleichen Verhältnifs
zu dieser steht, wie der Hausherr zu den Hausgenossen, und ein
priesterliches Königthum ist in der Staatsform wenigstens, die
die homerischen Gedichte uns darstellen, durchaus nicht anzuerkennen, womit indessen nicht geleugnet werden soll, dafs sich
anderweitig in der mythischen Ueberlieferung einzelne, aber freilich dunkle und zweifelhafte Spuren eines solchen entdecken
lassen.[1]) Erscheint nichts desto weniger die königliche Würde
auch bei Homer als eine geheiligte, so beruht diese Heiligkeit
lediglich auf der Anerkennung, wie auch der Staat eine göttliche
Ordnung sei, und die ihm vorstehen durch den Willen der Götter dazu erwählt und berufen seien. Daher kommt auch die Erblichkeit der königlichen Würde, die dem Hause, welches die Götter einmal erkoren haben, nicht entzogen werden darf. Dafs der
Sohn dem Vater in der Regierung folgen müsse, wird als allgemein anerkannter Grundsatz ausgesprochen:[2]) sind mehrere
Söhne, so folgt natürlich der Erstgeborene; doch kommen in
alten Sagen auch Theilungen unter mehrere Brüder vor, von denen dann aber wohl einer als Oberkönig den übrigen vorgeht:[3])
denn mehrere gleichberechtigte nebeneinander sah man gewifs
immer als einen Uebelstand an, wie es auch Homer ausspricht:
οὐκ ἀγαθὸν πολυκοιρανίη. Sind keine Söhne vorhanden, so
geht das Reich auch wohl durch eine Tochter auf den Eidam
über, wie Menelaus durch die Vermählung mit der Helena Nachfolger des Tyndareos in Lakedämon geworden ist.[4]) Verdrängung des Sohnes als rechtmäfsigen Erben des Thrones ist freilich nicht unmöglich; aber sie gilt als ein bedenklicher Eingriff
in die rechte Ordnung, und mag nur da gelingen, wo das Volk
jenem abgeneigt ist, und die Götter selbst durch Zeichen zu erkennen geben, dafs sie ihm das Königthum nicht erhalten wissen
wollen.[5]) Der König aber, der einmal im Besitz des von den
Göttern ihm verliehenen Scepters ist, wird dann auch selbst wie
ein Gott geehrt, wenn er mild und väterlich waltet, als ein Hirte

---

1) Vgl. Antiqu. i. p. Gr. p. 62, 2. — Ob Chryses im 1. B. d. Ilias nur
Priester oder zugleich auch Beherrscher von Chryse sei, ist aus Homer
nicht zu erkennen.
2) Il. XX, 182 f.
3) Z. B. in Attika, wo die vier Söhne des Pandion regieren, aber
Aegeus als der oberste. Strab. IX p. 392.
4) Nach den Worten der Helena in der Teichoskopie, Il. III, 236 ff.,
müssen freilich ihre Brüder noch gelebt haben, als sie vom Alexandros sich
entführen liefs; aber dergleichen Widersprüche sind leicht erklärlich.
5) Vgl. d. Worte d. Nestor z. Telem., Od. III, 214. 15. (auch XVI, 95.)

der Völker,¹) und manche Unbilden, die er sich in Worten und Werken gegen Niedere erlauben mag, werden ertragen,²) wenn er im Allgemeinen nur seines Amtes tüchtig und kräftig wartet. Aber persönliche Tüchtigkeit ist ihm freilich unentbehrlich, und wem diese abgeht, der thut wohl, dem Thron zu entsagen, wie es der altersschwache König Laertes auf Ithaka gethan, und seinem Sohne die Regierung überlassen hat, die er auch während der Abwesenheit desselben nicht wieder übernimmt, sondern in nichts weniger als königlichen Umständen auf dem Lande lebt. Auch vom Peleus besorgt sein Sohn, dafs er, als ein schwacher Greis, nicht mehr im Stande sein möge, die königliche Würde zu behaupten.³)

Aber wie sich die Häuptlinge überhaupt nicht ohne bedeutenden Reichthum in ihrer vorragenden Stellung über dem Volke erhalten können, so bedarf auch das Königthum einer beträchtlichen Ausstattung mit Besitz und Einkünften, um seine Würde zu behaupten und den Anforderungen seines Amtes zu genügen. Dazu gewährten ihm aber, neben seinem Privatvermögen, auch das Krongut, dessen Ertrag ihm zukam, und mancherlei Abgaben und Darbringungen des Volkes die nöthigen Mittel. Das Krongut heifst τέμενος, ein Name, welcher eigentlich nur einen abgegrenzten Bezirk überhaupt bezeichnet, und wird von dem Privatgut deutlich unterschieden.⁴) Als Attribut des Königthums bezeichnet Sarpedon das Temenos, welches er und Glaukos geniefsen,⁵) und als Bellerophontes in Lykien vom Iobates seine Tochter zum Weibe erhält, und zum König über die Hälfte des Reiches eingesetzt wird, weisen ihm die Lykier auch ein Temenos an.⁶) In der Ilias erbietet sich Agamemnon, dem Achilleus sieben Städte seines Gebietes zu schenken, deren Einwohner ihm Gaben und Gebühren entrichten sollen,⁷) und in der Odyssee erklärt Menelaos, er wolle dem Odysseus, wenn er sich entschlösse zu ihm überzusiedeln, gern eine von den Städten, die er selber beherrsche, zum Wohnsitz für ihn und die Seinigen einräumen, und die bisherigen Bewohner auswandern heifsen:⁸) an beiden Stellen scheinen also Privatbesitzungen der Könige verstanden werden zu müssen, über welche sie nach Gefallen verfügen konnten, und es ist immer möglich, dafs den Dichtern

---

1) Il. X, 33. XIII, 218. Od. II, 230. V, 8. XIX, 109—113.
2) Od. IV, 690.   3) Od. XI, 497.
4) Od. I, 397. XI, 185.   5) Il. XII, 313.   6) Il. VI, 19.
7) Il. IX, 149.   8) Od. IV, 175.

eine Kunde zugekommen sei von einem solchen Verhältnifs im Peloponnes, wo die Pelopidenkönige mit ihren Achäern über eine unterjochte frühere Bevölkerung herrschten und bedeutende Landstriche als Privateigenthum besafsen. Wenn aber Iobates dem Bellerophontes die Hälfte seines Reiches übergiebt, wo dann diesem von den Lykiern ein Temenos eingeräumt wird, so können wir uns denken, dafs Bellerophontes mit Zustimmung der Geronten zum Unterkönige eingesetzt worden sei; und ein gleiches Verhältnifs mag bei dem Phönix angenommen werden, welchen Peleus zum Regenten über einen Theil seines Landes macht.[1]) Auch in Menelaos' Reiche finden wir einen Unterkönig zu Pherä, den Diokles, S. des Orsilochos.[2])

Die Abgaben, welche das Volk dem Könige entrichtet, heissen Gaben und Gebühren ($\delta\omega\tau\tilde{\iota}\nu\alpha\iota$, $\vartheta\acute{\epsilon}\mu\iota\sigma\tau\epsilon\varsigma$), und es läfst sich annehmen, dafs der letztere Name bestimmte und festgesetzte, der andere mehr freiwillige und gelegentliche bedeute,[3]) wie z. B. nach der Fabel der König Polydektes auf der Insel Seriphus von seinen Mannen Geschenke einforderte zu seiner Vermählung mit der Danae.[4]) Nach einem spätern Schriftsteller sollen die Könige von ihren Unterthanen einen Zehnten bezogen haben,[5]) und wir dürfen wohl annehmen, dafs, wenn wirklich ganze Städte und gröfsere Landstriche Privateigenthum von Königen waren, die Einwohner derselben einen Theil ihres Ertrages als Steuer entrichteten, wogegen anderswo die Einwohner von solcher Steuer frei waren, und nur gelegentliche Abgaben zahlen mochten. — Noch mag erwähnt werden, dafs im Kriege dem Könige ein vorzüglicher Theil der gemachten Beute als sein Ehrentheil ($\gamma\acute{\epsilon}\rho\alpha\varsigma$) zukommt, und dafs bei gemeinsamen Mahlzeiten ihm aufser dem Ehrenplatz auch gröfsere Portionen und vollere Becher gebühren.[6])

Aeufserliche Abzeichen der königlichen Würde in Kleidung

---

1) Il. IX, 479. 2) Od. III, 489 u. XV, 186 vgl. mit Il. V, 546. S. auch Pausan. II, 4, 1 u. 6, 4.
3) Nitzsch, zu Od. I, 117 hält $\vartheta\acute{\epsilon}\mu\iota\sigma\tau\alpha\varsigma$ für Gerichtsgebühren, was mir zu eng scheint. Richtiger Doederl. zu II. IX, 156. Der Gegensatz ist wie zwischen $\varphi\acute{o}\rho o\varsigma$ und $\delta\tilde{\omega}\rho\alpha$ bei Herod. III, 89. 97 u. Thucyd. II, 97, 3.
4) Vgl. Tzetz. zu Lycophr. v. 838 p. 823 u. Welcker, Trilog. S. 381.
5) Dem Vf. eines angebl. Briefes des Pisistratus (bei Meurs. Pisistr. c. 7), der die $\dot{\rho}\eta\tau\grave{\alpha}$ $\gamma\acute{\epsilon}\rho\alpha$, von denen Thukyd. I, 13 redet, auf diesen Zehnten bezieht. Aber $\gamma\acute{\epsilon}\rho\alpha$ sind alle Ehren, Auszeichnungen, Emolumente überhaupt.
6) Il. VIII, 161. XII, 311.

oder Schmuck werden nirgends erwähnt. Zwar ist häufig genug von purpurnen Zeugen, Teppichen und Geräthen die Rede: Telemach und Odysseus erscheinen in purpurnen Gewändern,[1] dem Odysseus wird auf Kreta ein Purpurkleid als Gastgeschenk verehrt,[2] Helena läfst in Sparta ihren Gästen purpurne Decken über ihre Betten legen,[3] ebenso Achilleus dem alten Priamos, da er als Flehender zu ihm gekommen ist,[4] und auch die Sessel werden im Zelte des Achilleus wie im Palast der Kirke und in Odysseus' Hause mit Purpurteppichen bedeckt,[5] die Königin Arete in Scheria spinnt mit einer Purpurspindel, die phäakischen Jünglinge spielen mit einem purpurnen Balle,[6] und die Nymphen weben purpurne Gewänder;[7] aber aus allem diesem ist nichts weiter zu entnehmen, als dafs die Purpurfarbe für die schönste und köstlichste, und darum den Fürsten wie den Göttern vorzugsweise geziemend angesehn werde: als eine besondere Auszeichnung der Könige aber, deren nur sie, und nicht auch Andere, denen ihre Mittel es erlaubten, sich hätten bedienen dürfen, finden wir sie nirgends bezeichnet. Noch weniger kommen Diademe, Kronen oder ähnlicher Kopfschmuck vor, und es ist auch hinlänglich bekannt, dafs in der historischen Zeit vor Alexander d. Gr. und seinen Diadochen griechische Fürsten dergleichen nicht getragen haben.[8] Nur allein das Scepter läfst sich als ein der königlichen Würde besonders zugehöriges Zeichen erkennen, schon aus dem ihnen davon gewöhnlich gegebenen Beiworte σκηπτοῦχοι, sceptertragende, oder aus Ausdrücken, in welchen Scepter als gleichbedeutend für Herrschaft des Königs gesetzt wird: die Völker sind seinem Scepter unterworfen, zollen unter seinem Scepter ihre Steuern. Und so sehen wir denn den König mit seinem Scepter überall, auch wo er gar nicht seines königlichen Amtes wartet, z. B. auf der Darstellung des Achilleischen Schildes, wo ein König abgebildet ist, wie er auf dem Felde den arbeitenden Schnittern zuschaut. Da aber das Wort eigentlich blofs einen Stab bedeutet, auf den man sich stützt, wie das Lat. *scipio,* und einen solchen zu führen Keinem verwehrt sein konnte, wie ja auch des Bettlers Stab ebensowohl als der des Königs ein σκῆπτρον heifst,[9] so

---

1) Od. IV, 115. 154. XIX, 225.   2) Od. XIX, 242.   3) Od. IV, 298.   4) Il. XXIV, 645.   5) Il. IX, 200. Od. X, 352. XX 151.   6) Od. VI, 53. 306. VIII, 373.   7) Od. XIII, 108.
8) Vgl. Justin. XII, 3, 8 u. Eckhel, Doctrin. numm. I p. 235.
9) Od. XIII, 437. XIV, 31. XVII, 199.

haben wir uns das den König auszeichnende Scepter nur als ein besonders geformtes und verziertes zu denken. Es heifst gol-den, womit aber, wie aus einer Stelle hervorzugehen scheint, nur ein mit goldenen Nägeln oder Buckeln beschlagener Stab gemeint ist.[1]) Da nun auch Priester, Seher und Herolde Scepter tragen, (die ersteren auch goldverzierte), so ist klar, dafs das Scepter als ein allgemeines Zeichen einer gewissen Würde oder einer amtlichen Stellung anzusehen sei. Die Frage, wie es dazu gekommen, ist ziemlich überflüssig, und läfst sich auch schwerlich mit voller Sicherheit beantworten.[2]) Weil Odysseus einmal das Scepter auch als Prügel gebraucht, so hat man es als ein Zeichen der Strafgewalt ansehen wollen, was aber doch von dem Scepter der Herolde schwerlich, und noch weniger von dem der Priester und Wahrsager gelten kann. Andere denken an den Hirtenstab, da ja die Könige auch Hirten der Völker heifsen. Am richtigsten sagen wir wohl, weil überhaupt einen Stab zu tragen namentlich nur bejahrtere Männer gewohnt waren, und den Bejahrten ihr Alter schon eine gewisse Würde giebt, so habe sich deswegen mit dem Scepter auch die Idee der Würde verbunden; dazu kommt aber auch, dafs bei Gelegenheiten, wo man öffentlich mit einer Menge zu verhandeln und zu reden hat, nichts bequemer ist, als ein Stab, sei es um damit dies oder jenes Zeichen zu geben, sei es auch nur um beim Reden nicht mit leerer Hand dazustehen. — Es war übrigens das alte Scepter ein ziemlich langer Stab, einem Speerschaft nicht unähnlich, weswegen es auch wie dieser *δόρυ*, und bei den Römern *hasta pura* heifst.[3])

Einer Dienerschaft, die dem Könige als solchem beigegeben gewesen, wird nirgends erwähnt. Er hat seine Sklaven, wie jeder wohlhabende Privatmann, von denen er bedient wird; und so war es auch noch lange nachher, selbst in Rom unter den früheren Kaisern waren nur *modesta servitia*.[4]) Nur allein die Herolde dürfen wir als öffentliche, amtlich bestellte Diener der Könige betrachten. Sie werden den *δημιουργοῖς*, d. h. denen zugezählt, die dem gemeinen Wesen nützliche Verrichtungen ausüben,[5]) und sind freie, bisweilen selbst reich begüterte Leute,

---

1) Il. 1, 246.
2) Vgl. C. F. Hermann, de sceptri regii antiquitate et origine. Gotting. 1851.
3) Justin. XLIII, 3. Das zu Chäronea als Reliquie gezeigte Scepter Agamemnons hiefs dort *δόρυ*. Pausan. IX, 40, 6.
4) Tacit. Ann. IV, 7.   5) Od. XIX, 134.

wie Eumedes, der Vater des Dolon, in Troia,[1]) und leben also auch nicht mit dem Gesinde des Königs in dessen Hause, sondern in ihrem eigenen.[2]) Da zu dem Amte verständige und erfahrene Leute erfordert werden, — wie denn auch mehrere mit solchem Lobe ausgezeichnet zu werden pflegen,[3]) — so ist anzunehmen, dafs das Amt durch Wahl, und dann natürlich wohl des Königs, solchen Leuten übertragen sei, die dazu tüchtig schienen. Was alte Erklärer von Erblichkeit des Heroldamtes sagen,[4]) findet in den homerischen Gedichten selbst keine Bestätigung, obgleich wir allerdings in der späteren Zeit hier und da gewisse Geschlechter im erblichen Besitze solches Amtes finden. Es wird aber der Herold ebensogut wie der König als ein solcher betrachtet, dessen Beruf und Verrichtungen unter besonderer Aufsicht und Obhut der Götter stehen. Er ist dem Zeus lieb, heifst ein Bote des Zeus,[5]) und wird darum selbst unter Feinden als unverletzlich angesehen,[6]) weshalb man ihn auch als Abgesandten an Feinde schickt oder andern Gesandten zugesellt. Herolde sind es, durch welche die Versammlungen berufen werden; sie sehen in denselben auf Ruhe und Ordnung, und von ihnen empfängt, wer zum Reden aufsteht, seinen Stab. Ebenso sind sie bei den Gerichten gegenwärtig, und die Richter empfangen ihre Stäbe von ihnen. Sie fungiren ferner bei den Opfern der Fürsten, holen z. B. die Opferthiere herbei, und thuen sonst allerlei Handreichung. Aber nicht weniger übernehmen sie auch mancherlei dienerische Verrichtungen in den Häusern der Könige, besonders bei den Mahlen, die ja in der Regel auch von einer Anzahl Gästen aus den Geronten getheilt werden: kurz sie erscheinen als die Theraponten des Königs in sehr weitem Umfange.[7])

Mit demselben Ausdruck, Theraponten, werden aber auch Männer aus dem Adel und Fürstenstande selbst bezeichnet, welche dem Könige als nähere Freunde zugethan sind und sich ihm zu

---

1) Il. X, 315. 378 ff.   2) Od. XV, 95.   3) Il. VII, 276. 278. XXIV, 282. 325. 673.
4) Vgl. Eustath. zu Il. X, 314 p. 808, 15. XVII, 323 p. 1108, 40 u. zu Od. II, 22 p. 1431, 61.
5) Il. VIII, 517. I, 334. VII, 274.
6) Vgl. Eustath. zu Il. I p. 83.
7) Vgl. die vollständige Zusammenstellung bei Kostka, de praeconibus apud Homerum, Progr. des Gymn. zu Lyck. 1844. — Ein Unterschied zwischen öffentlichen und Privatherolden, wie Ameis zu Od. XIX, 135 annimmt, ist unerweislich, und wird auch von Hermann, Staatsalterth. § 8, 16, auf den A. sich beruft, nicht behauptet.

allerlei Dienst und Hülfe willig erweisen. Im Kriege, wo zu Wagen gestritten wird, pflegen sie das Gespann zu lenken, während der König die Waffen führt; so dient Meriones, obgleich selbst ein Anführer, dem Idomeneus als Wagenlenker und Therapon, so Patroklos und Automedon dem Achilleus, Thrasydemus dem Sarpedon.[1]) Im Frieden und daheim werden sie ihm also ebenfalls in den Obliegenheiten seines Amtes behülflich sein. Ein organisirtes Beamtenwesen giebt es noch nicht; der König mit den Geronten ist der Inhaber auch der administrativen und executiven Gewalt, und von ihnen wird jedesmal das Erforderliche, wie berathen, so auch besorgt und zur Ausführung gebracht.

Nur zur Besorgung des Cultus sind besondere von den Königen und ihren Räthen verschiedene Personen vorhanden, die sich gewissermafsen als Beamte betrachten lassen, nämlich die Priester, die des Dienstes einer bestimmten Gottheit in ihrem Heiligthume zu warten haben. Solche Heiligthümer sind entweder Tempel oder im Freien stehende Altäre, gewöhnlich wohl mit einem Haine umgeben, immer aber mit einem abgegrenzten Stück Landes (τέμενος), welches als Eigenthum des Gottes betrachtet wird. Tempel erwähnen die homerischen Gedichte namentlich zwar nur zu Athen, den der Athene, und zu Pytho oder Delphi, den des Apollon;[2]) aber dafs gewifs keine Stadt ohne Tempel zu denken sei, läfst sich aus einer Stelle der Odyssee schliefsen, wo die Gründung der Phäakenstadt durch Nausithoos beschrieben wird. „Er führte eine Ringmauer auf," heifst es, „baute Häuser und Tempel, und vertheilte die Aecker."[3]) So geloben auch die Gefährten des Odysseus dem Helios, zur Sühnung der ihm angethanen Verletzung, nach ihrer Heimkehr einen reichen Tempel zu stiften;[4]) und die mythische Geschichte setzt die Gründung mehrerer berühmter Tempel in die Heroenzeit. — Altäre mit einem geweihten Bezirk haben, — um auch hier nur der in Griechenland selbst befindlichen zu erwähnen, — der Flufsgott Spercheios in Phthiotis, die Nymphen auf Ithaka, und Apollon ebendort.[5]) Solchen Heiligthümern nun stehen die Priester vor und besorgen in ihnen den Gottesdienst, und zu den Culthandlungen, die hier von irgend Jemand anders verrichtet werden, ist ohne Zweifel die Mitwirkung der Priester erforderlich. Hierauf aber beschränkt sich auch ihr eigentliches priesterliches Amt;

---

1) Il. XIII, 256. XVI, 165. 244. 464. 865.
2) Il. II, 149. IX, 404. Od. VIII, 80.   3) Od. VI, 9 ff.
4) Od. XI, 345.   5) Il. XXIII, 148. Od. XVII, 210. XX, 278.

bei Culthandlungen, die anderswo begangen werden, wie z. B. bei häuslichen Opfern, und selbst bei denen, welche die Könige als Staatshäupter für das Volk verrichten, wird keiner Priester erwähnt. Das Amt ist also lediglich an das Heiligthum geknüpft, dem sie vorstehn, und ihre gröfsere oder geringere Bedeutung hängt von der gröfseren oder geringeren Verehrung ab, die dieses geniefst. Von irgend einer politischen Macht, von einem Einflufs, den sie im Rathe der Könige oder in den Versammlungen des Volkes ausgeübt hätten, findet sich keine Spur: auf Ithaka kommen sie gar nicht zum Vorschein, und ob sich einer oder der andere beim Heere vor Troia befunden haben möge, ist nicht klar.[1]) Wenigstens würde ein solcher dort nur als Mitstreiter, nicht als Priester haben fungiren können, da die priesterliche Function, wie gesagt, an das Heiligthum gebunden war. Aber eben deswegen ist es wahrscheinlich, was auch die Alten angeben,[2]) dafs die Priester von der Heeresfolge befreit gewesen seien. Uebrigens ist es leicht begreiflich, dafs der Priester zu der Gottheit, welcher er dient und in oder neben deren Heiligthum er wohnt und täglich verkehrt, auch in einer näheren Beziehung als andere Menschen gedacht wird. Deswegen wird er auch wohl vorzugsweise göttlicher Offenbarungen gewürdigt, man wendet sich an ihn, um durch seine Vermittelung entweder die Ursachen göttlichen Zornes zu erfahren oder die Huld der Götter zu erbitten,[3]) wozu er, der vom Beten auch den Namen $\dot{\alpha}\varrho\eta\tau\acute{\eta}\varrho$ führt, vor Andern geeignet ist. Und so geniefst denn der Priester eines angesehenen Heiligthums, wenngleich ohne politische Macht, doch auch selbst grofses Ansehn und wird „wie ein Gott" im Volke geehrt.[4]) Von den Erfordernissen zum priesterlichen Amte ist in den homerischen Gedichten nirgends die Rede; wir dürfen aber annehmen, dafs, wie in späterer Zeit, so auch im Heroenalter körperliche Makellosigkeit als unerläfslich angesehen sei. Dafs manches Priesterthum durch Wahl besetzt wurde, zeigt das Beispiel der Theano, der troischen Priesterin der Athene, und gewifs wählte man nur Personen aus angesehenen Häusern. Es ist aber kein Grund zu bezweifeln, dafs es nicht auch damals schon erb-

---

1) Denn es ist keinesweges nothwendig, bei Il. 1, 62 gerade an griechische Priester zu denken, wie Nägelsbach, Hom. Theol. S. 201 bemerkt.
2) Vgl. Strab. IX p. 413. Es versteht sich, dafs dies nur von Feldzügen aufser Landes gilt. Im troischen Heere kämpft auch ein Priester des Idäischen Zeus, Il. XVI, 604.
3) Il. I, 62. 4) Il. V, 78. XVI, 605.

liche Priesterthümer gegeben habe, d. h. solche, die nur von den Angehörigen einer bestimmten Familie oder eines bestimmten Geschlechts bekleidet werden konnten: denn die Gründe, durch welche diese Erblichkeit herbeigeführt wurde, fanden gewifs in jenen Zeiten noch häufiger statt, als späterhin. Wenn z. B. ein Heiligthum von Einzelnen gegründet war, oder ein Cult gewisser Familien oder Geschlechter aus irgend einer Ursache gröfseres Ansehen erlangte und zum Cult des ganzen Volkes erhoben wurde, so war es natürlich, dafs die betreffenden Familien oder Geschlechter auch als die berechtigten Besitzer des Priesterthums angesehn wurden.[1]) Dafs aber dergleichen Geschlechter im Uebrigen auf keine Weise von andern Ständen geschieden waren, ist gewifs. Eine priesterliche Kaste gab es nicht.

Neben der oben besprochenen Scheidung des Volkes in Adel oder Herrenstand und Gemeine finden sich Andeutungen einer andern Abtheilung desselben nach Phylen und Phratrien ($\varkappa\alpha\tau\grave{\alpha}\ \varphi\bar{v}\lambda\alpha,\ \varkappa\alpha\tau\grave{\alpha}\ \varphi\varrho\dot{\eta}\tau\varrho\alpha\varsigma$), ohne dafs jedoch über deren eigentliche Beschaffenheit und politische Bedeutung sich etwas Sicheres erkennen liefse. Zu der Stelle der Ilias (II, 362), wo Nestor dem Agamemnon den Rath giebt, das Heer nach Phylen und Phratrien zu sondern, tragen alte Erklärer die Meinung vor, dafs unter dem ersteren Namen ganze Völkerschaften, wie z. B. Kreter, Böoter u. s. w., unter den Phratrien aber Unterabtheilungen dieser zu verstehen seien.[2]) Das ist schwerlich richtig: wenigstens stimmt es nicht mit einer andern Stelle überein, wo von den Rhodiern, die doch eine Völkerschaft unter einem Anführer, dem Tlepolemos, ausmachen, und also, jenen Erklärern gemäfs, ein $\varphi\bar{v}\lambda ov$ sein würden, gesagt wird, dafs sie dreifach getheilt nach Phylen ($\varkappa\alpha\tau\alpha\varphi\nu\lambda\alpha\delta\acute{o}v$) wohnten, nämlich die einen zu Lindos, die andern zu Jalysos, die dritten zu Kameiros.[3]) Ferner wenn auf Kreta, nach einer Stelle der Odyssee, Achäer, Eteokreter, Kydonier, Dorier und Pelasger wohnen,[4]) so sind doch diese schwerlich alle als ein $\varphi\bar{v}\lambda ov$ anzusehen, vielmehr mindestens fünf Phylen anzunehmen, wahrscheinlich aber noch mehrere, insofern das Beiwort, welches den Doriern dort gegeben wird, $\tau\varrho\iota\chi\acute{\alpha}\ddot{\iota}\varkappa\epsilon\varsigma$, richtig auf die späterhin zu besprechende Theilung dieses Stammes in drei Phylen gedeutet wird, was allerdings nicht ganz sicher ist. Wenn ferner die Unterthanen des Peleus

---

1) Vgl. z. B. Herod. III, 142. VII, 153. Schol. Pind. Pyth. III, 137.
2) Apollon. lex. Hom. u. d. W. $\varphi\varrho\dot{\eta}\tau\varrho\eta$, und Eustath. zu der Stelle.
3) Il. II, 668. 655.   4) Od. XIX, 175.

in dem pelasgischen Argos drei Namen führen, Myrmidonen, Hellenen und Achäer,¹) sollten da nicht wenigstens ebensoviele Phylen gewesen sein? Und endlich auf der, freilich wohl nur der mythischen Geographie angehörigen Insel Syrie²) sind zwei Städte unter e i n e m Könige, und wir dürfen also nach der Analogie von Rhodos auch hier zwei Phylen annehmen. Demnach also werden wir sagen, dafs Phylen die grösseren Abtheilungen der Völkerschaften, Phratrien aber Unterabtheilungen der Phylen seien, und die Namen bei Homer keine andere Bedeutung haben, als die entsprechenden ($\varphi v \lambda \acute{\eta}$ und $\varphi \varrho \alpha \tau \varrho \acute{\iota} \alpha$) in der späteren Zeit.

Eine Andeutung von Beisassen, die als Fremdlinge im Lande wohnen, ohne dem Volke selbst anzugehören, findet sich in den Worten des Achilleus, wo er schilt, Agamemnon habe ihn behandelt wie einen v e r a c h t e t e n B e i s a s s e n.³) Der griechische Ausdruck $\mu \varepsilon \tau \alpha \nu \acute{\alpha} \sigma \tau \eta \varsigma$ entspricht ganz dem später üblichen $\mu \acute{\varepsilon} \tau$-$o \iota \varkappa o \varsigma$, und das Beiwort wie die ganze Vergleichung läfst erkennen, dafs solche Beisassen, ausgeschlossen von der Rechtsgemeinschaft der Landeskinder, leichter als andere allerlei Kränkungen ausgesetzt waren.

Ob es in der Heroenzeit eine Klasse von Leibeigenen, den späteren Heloten der Spartaner oder Penesten der Thessaler ähnlich, in irgend einem Theile von Griechenland gegeben habe, müssen wir dahin gestellt sein lassen. Einige haben es gemeint, Homer aber deutet nichts dergleichen an, obgleich sich freilich auch kein Beweis des Gegentheils aus ihm führen läfst. Die Benennungen der Unfreien bei ihm sind $\delta \mu \tilde{\omega} \varepsilon \varsigma$, $o \iota \varkappa \tilde{\eta} \varepsilon \varsigma$, $\delta o \tilde{v} \lambda o \iota$,⁴) von

---

1) Il. II, 684.
2) Od. XV, 412. — Dafs die Insel Syrie, das Vaterland des Eumäus, nur mythisch sei, hoffe ich anderswo zu beweisen. Dafs an die Insel Syros nicht gedacht werden dürfe, hat schon W. G. Clark, Peloponnesus etc. Lond. 1858, bemerkt, wie ich aus Curtius' Anzeige des mir nicht zugänglichen Buches ersehe, Gütting. Anz. 1859 St. 201 S. 2002.
3) Il. IX, 644 u. XVI, 59.
4) Dafs sich nur die Femininform $\delta o \acute{v} \lambda \eta$ findet, möchte ich für zufällig halten, und auch dafs jene nur zweimal vorkommt, nämlich Il. III, 409. Od. IV, 12, nicht aus dem Unterschiede der Bedeutung zwischen $\delta o \tilde{v} \lambda o \varsigma$ und $\delta \mu \omega \varsigma$ erklären, den Nitzsch zur Od. a. a. O. annimmt. Denn dafs keinesweges der Uebergang aus der Freiheit in die Knechtschaft durch $\delta o \tilde{v} \lambda o \varsigma$ angedeutet werde, wie N. wegen des Ausdruckes $\delta o \acute{v} \lambda \iota o \nu \tilde{\eta} \mu \alpha \varrho$ meint, erhellt wohl aus dem $\delta o v \lambda o \sigma \acute{v} \nu \eta \nu$ $\dot{\alpha} \nu \acute{\varepsilon} \chi \varepsilon \sigma \vartheta \alpha \iota$ der $\delta \mu \omega \alpha \iota$ des Odyss. in Od. XXII, 423, die doch schwerlich als Freigeborne bezeichnet werden sollen; und Od. XXIV, 252 ist $\delta o \acute{v} \lambda \varepsilon \iota o \nu$ $\varepsilon \tilde{\iota} \delta o \varsigma$ gewifs nicht das Ansehn eines in Knechtschaft gerathenen Freigebornen, sondern das eines recht echten Knechtes.

denen jedoch der letzte nur selten erscheint. Der erste bedeutet ursprünglich wohl eigentlich nur den im Kriege oder sonst mit Gewalt unterworfenen, und würde also ganz passend sein, um einen Sklavenstand aus einer früheren unterjochten Bevölkerung des Landes zu bezeichnen, wie die Heloten und Penesten waren; aber als Beweis dafür kann er nicht dienen. *Οἰκῆες*, wie das spätere *οἰκέται*, bedeutet im Allgemeinen nur Hausleute, Hausgenossen, und kann daher auch von Freien gesagt werden. Dafs die Sklaven so genannt werden,[1]) darf man wohl mit Recht als eine mildernde, gleichsam euphemistische Bezeichnung des Verhältnisses betrachten, womit denn auch die einzelnen Andeutungen über dieses in Einklang stehen. Denn von harter, drückender, geringschätziger Behandlung der Sklaven, dergleichen in späteren Zeiten wohl öfters vorkam, findet sich kein Beweis, der Abstand zwischen ihnen und den Freien ist keine weite Kluft, der persönliche Werth wird auch in ihnen vielfach anerkannt, wie denn einigen selbst das ehrende Beiwort **der göttliche** nicht versagt wird.[2]) Eumaios, der freilich nicht als Sklave geboren, sondern ein durch phönicische Menschenräuber in Knechtschaft gerathener Königssohn ist,[3]) erscheint gegen Telemachos vielmehr in dem Lichte eines väterlichen Freundes als eines Knechtes, und schaltet in seinem Dienste, als Oberhirt der Sauheerden, wie ein Männergebieter (*ὄρχαμος ἀνδρῶν*),[4]) besitzt auch ein *peculium*, und darunter einen eigenen Sklaven,[5]) und konnte, wenn Odysseus daheim geblieben wäre, darauf rechnen, dafs ihm dieser ein eigenes Haus und Gut und eine **vielumfreite** Gattin geben würde, wobei doch wahrscheinlich wohl auch die Freilassung mitzuverstehn ist,[6]) ebenso wie an einer andern Stelle, wo Odysseus den Sklaven, die ihm treu geblieben sind, verspricht, dafs er ihnen Gattinnen und Besitzthum und Häuser neben dem seinigen geben werde, und dafs sie dem Telemachos gleichwie Brüder sein sollen.[7]) Uebrigens deutet nichts darauf, dafs es

---

1) Od. IV, 245. XIV, 4 u. 63.   2) S. oben S. 24.   3) Od. XV, 413 ff.
4) Od. XV, 350. 388. XVI, 36.   Derselbe Ausdruck von dem Rinderhirten Philoitios, XX, 185. 254.
5) Od. XIV, 449.
6) Od. XIV, 62. Dafs sonst Freilassung von Sklaven nirgends ausdrücklich erwähnt wird, darf man schwerlich als triftigen Grund gegen jene Auffassung ansehn. Auch die späteren Dichter liefsen die treuen Sklaven des Odysseus befreit und unter die Bürger aufgenommen werden, und leiteten ein Paar Geschlechter zu Ithaka von ihnen ab. Plutarch. quaest. gr. no. 14.
7) Od. XXI, 214.

einen zahlreichen Sklavenstand gegeben habe. Nur Fürsten und Häuptlinge besitzen viele Sklaven, die sie entweder auf Kriegszügen erbeutet oder von menschenraubenden Phöniciern oder Taphiern gekauft haben.[1)] Freie Leute der niederen Classe, welche einem Andern um Lohn dienen, heifsen *θῆτες*. So fragt einer der Freier den als Bettler auftretenden Odysseus, ob er nicht Lust habe, als *θής* auf seinem Gute zu dienen: er solle genügenden Lohn bekommen:[2)] und aus der Fabel vom Poseidon und Apollon, die sich auf Zeus' Befehl beim Laomedon auf ein Jahr um bestimmten Lohn verdingen mufsten,[3)] läfst sich schliefsen, dafs ein solches Verhältnifs gewöhnlich auf einen gewissen längeren oder kürzeren Zeitraum abgeschlossen sei, woraus denn mitunter auch wohl ein lebenslänglich dauerndes werden und auch auf die Kinder übergehen konnte. Theten und Sklaven im Hauswesen des Odysseus werden nebeneinander genannt,[4)] und unter den Fremden, die mit Sklaven zusammen die Heerden desselben auf dem gegenüber liegenden Festlande hüten,[5)] sind natürlich auch gemiethete, also Theten, zu verstehen. Dagegen die an ein paar Stellen erwähnten *ἔριθοι* scheinen ganz allgemein solche Arbeiter zu sein, die ein bestimmtes Geschäft gemeinschaftlich auszuführen haben, z. B. ein Feld abzumähen, eine Zeugwäsche zu beschaffen, eine Quantität Wolle zu verarbeiten, wobei sie sich wetteifernd bemühen fertig zu werden.[6)] Sie können Freie, sie können aber auch Sklaven sein.

Die gemeineren Arbeiten beim Feldbau, der Viehzucht und dgl. überlassen die Wohlhabenden natürlich meist ihren Sklaven, und führen selbst nur die Oberaufsicht, wie der Fürst auf dem Schilde des Achilleus bei der Ernte. Der alte Laertes läfst es zwar sich selbst im Garten sauer werden;[7)] aber er thut das offenbar nur, weil er nicht unbeschäftigt sein mag und nichts besseres zu thun hat. Die Fürsten bei den Rindern oder Schaaf-

---

1) Od. I, 398. XV, 427, 483. XVII, 422.
2) Od. XVIII, 356.   3) Il. XXI, 441 ff.   4) Od. IV, 644.
5) Od. XIV, 102.
6) Il. XVIII, 560. Od. VI, 32. — Die Ableitung des Wortes von *ἔρις*, Wetteifer, (vgl. Od. VI, 92. XVIII, 365. dazu Quint. Sm. VIII, 280. Anth. Palat. VI, 286, 6) ist gewifs richtiger als die von *ἔριον*, Wolle. Die *ἔριθοι* in der ersten der beiden ang. Stellen, die die Ernte auf dem *τέμενος* des Königs beschaffen, sind gewifs auch Sklaven, die sonst ganz mit Stillschweigen übergangen sein würden, da sich doch sicher nicht annehmen läfst, dafs der König keine andere als gemiethete Arbeiter habe.
7) Od. XXIV, 226 ff.

heerden, wie Anchises, Aeneas, Antiphos, die Brüder der Andromache,[1]) sind offenbar als Aufseher und im Nothfall Beschützer zu denken. Die weiblichen Geschäfte des Spinnens und Webens verrichten aber selbst die Königinnen gemeinschaftlich mit den Sklavinnen, und die Königstochter Nausikaa fährt mit ihren Mägden zur Wäsche, wenn sie auch die gröbere Arbeit dabei diesen überlassen mag. Ja Nestor's jüngste Tochter bedient sogar den Gast beim Bade.[2]) — Dafs dem Priamos seine Söhne den Wagen anspannen und die Brüder der Nausikaa ihn ihr abschirren,[3]) wird um so weniger auffallen, da mit Pferden und Wagen umzugehen nie für unedel gehalten worden, und selbst heutzutage zu den junkerlichen *sports* gehört. Ebensowenig kann es befremden, wenn auch beim Schlachten der Thiere und der Zubereitung des Fleisches die Fürsten und Edlen Hand anlegen,[4]) da das Schlachten ja auch zugleich ein Opfer ist und das Mahl für ihres Gleichen bereitet wird. Handarbeiten ferner, zu denen Kunst und Geschicklichkeit gehört, sind auch den Fürsten wohlanständig. Odysseus hat sich ein künstlich eingerichtetes Bettgestell selbst und allein gezimmert, und zeigt sich auch des Schiffbaues kundig,[5]) und an dem Hause des Paris hat dieser selbst mitgearbeitet mit andern, soviel zu Ilios trefflicher Baukünstler waren.[6]) Es giebt also auch Leute, die Künstler und Handwerker von Profession sind: und diese werden, weil sie sich durch ihre Kunst gemeinnützig machen, zu den Demiurgen, d. h. wörtlich Volksarbeiter, gezählt, gleich den Herolden, den Sängern und den Aerzten,[7]) unter welchen letztern wir übrigens vorzugsweise nur Wundärzte zu verstehen haben, (da sich von der Therapie innerer Krankheiten durch Arzneien keine sichere Spuren finden,[8]) und ausgezeichnet geschickte Demiurgen gelten als besonders begnadigt von den Göttern, die den Künsten vorstehen, wie namentlich Athene und Hephaistos.[9]) Wer also einer Arbeit

---

1) Il. V, 313. VI, 429. 4. XI, 106. XX, 188.
2) Od. III, 464. 3) Il. XXIV, 263 ff. Od. VII, 4. 5. 4) Il. IX, 206 ff. 5) Od. XXIII, 189. V, 225. 6) Il. VI, 314. 7) Od. XVII, 382. XIX, 135.

8) Die heilsamen oder verderblichen Zaubermittel, wie das kummerstillende Nepenthes (Od. IV, 221) oder diejenigen, durch welche Kirke Menschen in Schweine verwandelt, scheinen allerdings auf Kunde von innerlich wirkenden Mitteln zu deuten; aber dafs man dergleichen gegen Krankheiten angewendet habe, ist wenigstens nirgends zu erkennen. Eine Art von Zauber ist auch die Besprechung, ἐπαοιδή, durch welche das Blut gestillt wird. Od. XIX, 457.

9) Il. V, 60 ff. XV, 411. Od. VI, 233.

bedarf, die er nicht selbst machen oder durch seine Sklaven machen lassen kann, der mufs einen Demiurgen darum angehen und dafür bezahlen.¹) Von Geringschätzung des Handwerkes findet sich keine Spur. Künstliche Sachen, zu deren Verfertigung die Geschicklichkeit der einheimischen Arbeiter nicht ausreicht, werden vom Auslande bezogen, und die theuersten Besitzthümer in den Schatzkammern der Helden, Gefäfse von Gold und Silber und köstliche bunte Prachtgewänder heifsen Werke sidonischer Künstler.²) Die Frage, ob nur phönicische Kaufleute ihre Waaren nach Griechenland gebracht, oder ob auch griechische Handelsfahrten nach Phönicien anzunehmen seien, werden wir später berühren; für jetzt aber ist es zweckmäfsiger, jener andern Frage zu gedenken, die in der Odyssee Nestor an den Telemachus und der Kyklop an den Odysseus richtet, ob sie in Geschäften das Meer befahren, oder ob sie Seeräuber seien, welche ihr Leben auf's Spiel setzend umherschweifen und Andern Uebles zufügen.³)

Thucydides fand in dieser Frage den Beweis, dafs Seeraub, oder genauer gesprochen Räubereien von Anlandenden an fremden Küsten verübt, in jener Zeit nicht für unrecht und unehrenhaft gehalten seien, sondern eher wohl Ruhm gebracht hätten. Indessen wird diese Meinung, die von Neueren vielfach wiederholt und zum Theil noch überboten wird, indem sie von einer völligen Rechtlosigkeit in Beziehung auf Ausheimische reden, durch die homerischen Gedichte keinesweges bestätigt, und schon Aristarch, nicht nur der schärfste Kritiker, sondern auch der gründlichste Kenner und Erklärer Homer's, hat ihr widersprochen.⁴) Zunächst wäre sie wenigstens dahin zu ermäfsigen, dafs dergleichen Räubereien nur gegen solche Ausländer nicht unerlaubt geschienen, mit denen das Volk des Räubers nicht befreundet war: denn in der Odyssee lesen wir, wie der Vater des Antinous, eines der Freier der Penelope, von dem Volke zu Ithaka

---

1) „Solche Leute scheint man gewöhnlich dadurch gelohnt zu haben, dafs man ihnen zu essen gab", meint Nitzsch zu Od. III, 425, mit Berufung auf Il. XVIII, 560 und Od. XV, 316 (wo aber gar nicht von demiurgischen Arbeitern die Rede ist,) und auf Od. XVII, 383, wo καλεῖν heifsen soll zu Tische laden, was erstens nicht nöthig ist anzunehmen, und zweitens doch auch anderweitige Bezahlung nicht ausschliefst, wie sie selbst die Wollarbeiterin, Il. XII, 435, erhalten mufs, die ihre Kinder davon zu ernähren hat.
2) Il. VI, 289. XXIII, 741.   3) Od. III, 72. IX, 254.
4) S. Schol. ad. Od. III, 71. Eustath. p. 1453. Sengebusch Diss. Hom. I p. 142.

beinahe getödtet worden wäre, weil er sich mit den Taphiern zu einem Raubzuge gegen die Thesproter verbunden hatte, die den Ithakesiern befreundet (ἄρθμιοι) waren.[1]) Ob dabei an eine durch bestimmten Vertrag gestiftete Befreundung zu denken, oder nur an ein solches freundliches Verhältnifs, wie es im Allgemeinen zwischen Völkern stattfand, die nicht in Fehde mit einander lebten, mufs freilich dahingestellt bleiben; aber dafs die Benachbarten unter sich in der Regel doch befreundet gewesen seien, ist wohl nicht zu bezweifeln. Dafs aber im Allgemeinen die Räuberei nicht als rühmlich, sondern vielmehr als ein Frevel, eine ὕβρις angesehen werde, welche auch die Ahndung der Götter zu fürchten habe, dafür giebt es ausdrückliche Zeugnisse.[2]) Dafs Odysseus die Küsten der Kikonen plündert, darf nicht hiergegen geltend gemacht werden; denn die Kikonen gehörten zu den Bundesgenossen der Troer, waren also Feinde.[3]) Und wie sollte man auch solche Unbilden gegen friedliche Ausländer, in deren Gebiet man einfiel, für ehrenhaft und erlaubt gehalten haben, da man ja die in der eigenen Heimath gegen Ausländer begangenen Unbilden als ein Vergehen gegen die Gottheiten betrachtete, die das Gast- und Fremdenrecht schirmten?[4])

Unter den Staatsgenossen wird der Rechtszustand ebenfalls nicht durch bestimmte gesetzliche Anordnungen, sondern durch die Sitte und das sittliche Bewufstsein aufrecht erhalten, welches eine herkömmliche Ordnung geschaffen, zu deren Handhabung die Könige und Fürsten da sind, und welches wesentlich einen religiösen Charakter annimmt, insofern der Staat und seine Ordnung als eine von den Göttern herrührende Einrichtung und unter ihrer Obhut stehend betrachtet wird. Zeus straft jeden, welcher sich dagegen versündigt, er ahndet durch Landplagen die Kränkung des Rehts in Gerichten, der Meineid bleibt nicht ungerochen von den Göttern, wer in übermüthigem Vertrauen auf seine Macht sich über das Recht hinwegsetzt, der erkennt,

---
1) Od. XVI, 427.
2) Od. XIV, 83—88, wo ὄπις nach anerkannter Bedeutung nur von der göttlichen Ahndung verstanden werden kann. S. Nitzsch. z. Odyss. V, 146. Doederl. Gloss. II, S. 256. Auch das μαψιδίως, Od. III, 72. IX, 253, ist zu beachten.
3) Il. II, 846. XVII, 73. — Die Sklaven, welche Odysseus erbeutet, Od. I, 397, hätte man gar nicht anführen sollen, da es nichts weniger als gewifs ist, dafs er sie auf Raubzügen und nicht in ehrlichem Kriege erbeutet habe.
4) Vgl. einstweilen d. Antiqu. i. p. Gr. p. 374.

wenn ihn Unglück trifft, darin reuig die verdiente Strafe des
Himmels, von dem auch die Unsterblichen selbst oft herabsteigen und in Menschengestalt als Fremdlinge umherwandeln, um
die Frevelthaten oder das Rechtthun der Sterblichen zu beobachten.[1]) Von Aeufserungen dieser und ähnlicher Gattung sind die
homerischen Gedichte voll, und wenn man die Art und Weise,
wie sie uns das Leben der Menschen schildern, prüfend betrachtet, so wird man schwerlich behaupten können, dafs diese Heroenzeit sich im Ganzen weniger sittlich darstelle, als die späteren
unter specieller Gesetzgebung lebenden Nachkommen, wenn auch
in mancher Beziehung die Sitten sich im Laufe der Zeit gemildert und die Ansichten über Recht und Unrecht berichtigt haben.
Roh und zügellos ist das Leben der Griechen nirgends: Beobachtung des Rechts und der Sitte sind die Regel, Ueberschreitungen
sind Ausnahmen, wie sie in späteren Zeiten wohl nicht seltener
als damals vorkamen.

Am meisten kann man geneigt sein, in der Art und Weise,
wie der Todtschlag behandelt wird, einen Beweis gröfserer
Rohheit zu erkennen. Es kommen mehrere Beispiele davon vor,
aber sie sind doch nicht geeignet, uns über alle sich dabei aufdrängenden Fragen vollständig zu vergewissern. Soviel indessen
ist deutlich, dafs die Bestrafung des Todtschlägers lediglich als
etwas den Blutsverwandten des Erschlagenen Obliegendes angesehen wird, ohne dafs jemals von einem Einschreiten der Staatsgewalt die Rede wäre. „Schande ja wär' es fürwahr auch
späterm Geschlecht zu vernehmen, straften wir
nicht die Mörder der Söhne und leiblichen Brüder",
sagen die Angehörigen der vom Odysseus getödteten Freier;[2])
aber der Ansicht des mosaischen wie des späteren griechischen
Rechts: „wer blutschuldig ist, schändet das Land, und
das Land kann vom Blute nicht versöhnt werden, das
darin vergossen wird, ohne durch das Blut dessen,
der es vergossen hat",[3]) begegnen wir noch nicht, vielmehr
findet, wie bei unsern germanischen Vorfahren, so auch bei den
homerischen Griechen, eine Blutsühne statt: der Mörder mufs
den Angehörigen des Ermordeten eine Bufse zahlen, und kauft
sich dadurch von weiterer Verfolgung los, mufs aber im entgegengesetzten Falle, wenn er die Angehörigen nicht auf solche
Weise versöhnt, landflüchtig werden. „Selbst ja auch vom

---

1) Od. XIII, 213. II. XVI: 384. III, 279. Od. XVIII, 139 ff. XVII, 485.
2) Od. XXIV, 433.   3) V. Mos. 35, 33.

Mörder des Bruders oder des Sohnes, welcher erschlagen, empfängt man ja die sühnende Bufse, und er bleibt im Lande daheim um reichliches Sühngeld; Jenem besänftigt das Herz sich und die gewaltige Zornswuth, wenn er die Bufse empfing", sagt der den Achilleus zur Versöhnlichkeit ermahnende Aias,[1]) und über den entgegengesetzten Fall heifst es an einer andern Stelle: „Denn wer auch einen Mann nur tödtete unter dem Volke, einen dem gar nicht viele Vertheidiger hinterblieben, flüchtet sich doch und verläfst sein eignes Geschlecht und die Heimath".[2]) Indessen scheint diese Stelle denn doch die Vermuthung zu rechtfertigen, dafs der Flucht des Todtschlägers nicht lediglich die Furcht vor der Blutrache der Anverwandten, sondern noch ein anderes Motiv zu Grunde liegen müsse. Denn über jene Furcht würde sich ein Mächtiger geringen und schwachen Gegnern gegenüber vielleicht haben hinwegsetzen können; und doch heifst es ausdrücklich, der Todtschläger fliehe, auch wenn gar nicht viele Rächer da seien. Dafs in solchen Fällen die Staatsgewalt den Angehörigen des Erschlagenen zu Hülfe gekommen sei, davon findet sich nirgends die mindeste Andeutung, ebensowenig auch davon, dafs ein religiöses Motiv wirksam gewesen, der Mörder für unrein gehalten sei, der, wenn er das Land, in dem er das Blut eines Landeskindes vergossen, nicht miede, die Strafe der Götter wie auf sich selbst, so auch auf diejenigen herabriefe, die mit ihm verkehrten. Ja der Begriff solcher Art von Unreinheit scheint überall dem homerischen Zeitalter fremd, und die Ausdrücke dafür, welche später so häufig vorkommen, ἄγος, μίσος, μίασμα, finden sich in Ilias und Odyssee gar nicht. Die Ansicht Einiger also,[3]) welche das Bedürfnifs einer religiösen Reinigung des Mörders durch gewisse Ceremonien auch schon in diesem Zeitalter annehmen, und die Nothwendigkeit der Flucht auch geringen und schwachen Gegnern gegenüber daraus erklären wollen, dafs ohne Aussöhnung mit den Angehörigen des Erschlagenen der Mörder nicht habe der Reinigung im Lande theilhaftig werden können, diese Ansicht ist als unhaltbar aufzugeben, und so scheint allerdings nichts übrig zu bleiben, als zu sagen, dafs die Gefahr, in welcher das Leben des Mörders, den zur Blutrache berechtigten, ja ver-

---

1) Il. IX, 631. 2) Od. XXIII, 118.
3) Zu denen z. B. ich selbst gehört habe, Antiquit. i. p. Gr. p. 73, 2. u. zu Aeschylus Eumenid. S. 66.

pflichteten Angehörigen gegenüber, auch wenn ihrer nur wenige waren, doch immer schwebte, grofs genug gewesen sein müsse, um ihn zur Flucht zu nöthigen. Sie war aber ohne Zweifel ganz besonders deswegen so grofs, weil den rächenden Angehörigen die öffentliche Meinung zur Seite stand, und die Tödtung eines ohne Aussöhnung mit diesen im Lande weilenden Mörders als eine gerechte Strafe ansah, für welche nicht wieder Rache genommen werden dürfte. Und darin ist denn doch auch ein gewisses religiöses Motiv wohl zu erkennen, zwar nicht jenes specifische, dafs der Mord eine besonders verunreinigende und deswegen auch durch besondere Reinigungsgebräuche zu sühnende Verschuldung gegen die Götter sei, aber doch das allgemeine, dafs überhaupt jede Verschuldung von den Göttern gemifsbilligt werde. Dies aber ist ohne Frage immer anzunehmen, auch wenn es nicht gerade ausdrücklich erwähnt wird.[1] Wenn es z. B. vom Phoenix heist, er sei vom Vatermorde abgestanden, weil er die Rede des Volkes und die vielen Vorwürfe der Menschen gescheut, und nicht habe Vatermörder heifsen wollen,[2] so wird da freilich der göttlichen Mifsbilligung gar nicht gedacht; aber schwerlich wird irgend Jemand so thöricht sein, daraus den absurden Schlufs ziehen zu wollen, der Vatermord sei nicht für ein gottverhafstes Verbrechen gehalten worden, ein Schlufs der gar nicht verdienen würde, durch Gegenbeweise widerlegt zu werden. — Sehr zu bedauern ist es, dafs uns die homerischen Beispiele flüchtiger Mörder keine Aufklärung darüber geben, ob man einen Unterschied zwischen absichtlicher und unvorsätzlicher, erlaubter und unerlaubter Tödtung gemacht habe, wie ihn sowohl das Mosaische als das spätere griechische Recht macht, und ebensowenig ob es lediglich der Willkür der Angehörigen des Ermordeten überlassen gewesen, sich durch ein Sühnegeld abfinden zu lassen und von der Verfolgung des Mörders abzustehn, oder ob für verschiedene Fälle ein verschiedenes Verfahren stattgefunden habe. Unter sechs Beispielen von flüchtigen Mördern sind vier,[3] wo der Mörder selbst ein Anverwandter des Erschlagenen ist, und man könnte annehmen, dafs in solchen Fällen Loskaufung durch ein Blutgeld nicht statthaft gewesen sei. Ob in diesen vier Beispielen absichtlicher Mord oder unabsichtlicher Todtschlag begangen, wird nicht angegeben. In

---

1) Vgl. Curtius, gr. Gesch. I³ S. 126, der noch etwas weiter geht, als ich zu gehen gewagt habe.
2) Il. IX, 457 ff.   3) Il. II, 665. XIII, 696. XV, 335. XVI, 573.

dem fünften Beispiele,[1]) wo Patroklos als Knabe im Spiel einen andern Knaben, mit dem er sich erzürnt, unabsichtlich erschlagen, ist es nicht klar, ob der Erschlagene nicht vielleicht auch ein Anverwandter gewesen sei. In dem sechsten Beispiel endlich [2]) ist der Mörder Theoklymenos allerdings wohl nicht für einen Anverwandten des Ermordeten zu halten; ob er aber deswegen geflohen sei, weil die Anverwandten die Aussöhnung verweigert haben, oder weil er nicht im Stande oder nicht Willens gewesen, die geforderte Bufse zu zahlen, bleibt ungewifs. Dafs aber hartnäckige Unversöhnlichkeit der Anverwandten gemifsbilligt worden sei, ergiebt sich deutlich aus der schon oben angeführten Ermahnung des Aias an den übermäfsig grollenden Achilleus.[3]) Die Bufse wurde wahrscheinlich durch Uebereinkunft in jedem einzelnen Falle festgesetzt: bestimmter Strafsätze, wie im altgermanischen Rechte, geschieht nirgends Erwähnung. Der Rechtsstreit, von dem in der Beschreibung des Achilleischen Schildes die Rede ist, betrifft nicht die Summe der zu zahlenden Bufse, sondern es handelt sich nur darum, ob der Schuldige sie wirklich gezahlt habe, was er behauptet, sein Gegner aber in Abrede stellt. Wir haben also hier nur eine Schuldklage, einen Privatrechtshandel vor uns.

Andere dem Privatrecht angehörige Rechtshändel und Rechtsgeschäfte, wie Kauf und Verkauf, Miethe und Aehnliches, die natürlich auch im Heroenalter nicht fehlen konnten, werden von Homer nur selten und beiläufig erwähnt. Die Hesiodische Regel, selbst mit einem Bruder nicht ohne Zeugen ein Rechtsgeschäft vorzunehmen,[4]) dürfen wir immerhin als auch für jene Zeiten gültig ansehen: sie lehrt, dafs man bei solchen Geschäften sich vorsichtig eines Beweismittels zu versichern habe, um sich dessen im Falle eines entstandenen Streites vor Gericht bedienen zu können. Eine Provocation vor Gericht, die Entscheidung von einer Zeugenaussage abhängen zu lassen, finden wir in dem schon vorher angeführten Rechtshandel auf dem Schilde des Achilleus,[5]) und eine freilich aufsergerichtliche Provocation zum Eide an einer andern Stelle, wo Menelaus den Antilochus auffordert zu schwören wie es recht sei ($\tilde{\eta}$ $\vartheta \acute{\varepsilon} \mu \iota \varsigma$ $\grave{\varepsilon} \sigma \tau \acute{\iota}$), dafs er

---

1) Il. XXIII, 85 ff.
2) Od. XV, 224. — Ein anderes von Einigen angeführtes Beispiel aus der Odyssee, XIII, 259 ff., gehört gar nicht hieher, wie man sich bei genauerer Erwägung leicht selbst überzeugen wird.
3) Vgl. auch die Stelle von den Liten, Il. IX, 498—508.
4) Hesiod Werke und Tage v. 371.   5) Il. XVIII, 501.

bei der Wettfahrt ihm nicht absichtlich Schaden zugefügt habe.¹) Ebendort kommt auch eine Provocation auf schiedsrichterliche Entscheidung vor: Agamemnon soll entscheiden, wessen Wagen, der des Idomeneus oder der des lokrischen Aias; der vordere gewesen sei.²) Der Ausdruck für den Schiedsrichter ist ἴστωρ, der Wissende, wie auch der Zeuge genannt wird, statt des sonst gewöhnlichen μάρτυς oder μάρτυρος, und die Anwendung des Wortes in beiden Bedeutungen ist leicht zu erklären.³) Auch eine Wette kommt vor, bei der die Götter als Zeugen angerufen werden: wenn Odysseus innerhalb einer bestimmten Frist zurückkehre, so soll Eumaeus den Bettler — der übrigens kein anderer als der verkappte Odysseus selber ist — mit neuen Kleidern versehen und nach Dulichion schaffen; im entgegengesetzten Fall soll er ihn tödten dürfen.⁴)

Auch die Ehestiftung ist als ein Rechtsgeschäft zu betrachten, welche der Vater der Braut, oder wer sonst diese in seiner Macht hat, und der Bewerber mit einander abschliefsen. Die Wahl der Gattin pflegt der Sohn seinem Vater zu überlassen: „Peleus," sagt Achilleus, als er die ihm angetragene Tochter Agamemnon's ausschlägt, „wird selbst mir eine Frau aussuchen";⁵) und Menelaus führt seinem Sohn Megapenthes eine Gattin zu.⁶) Die Fabelgeschichte enthält mehrere Beispiele, dafs ein Vater die Hand seiner Tochter als Preis aussetzt für den Sieg in einem darum anzustellenden Wettkampf oder für eine sonstige That, und ein solches erwähnt auch die Odyssee: Neleus hat seine Tochter Pero demjenigen zugesagt, der ihm die Rinder des Iphikles aus Phylake bringen werde.⁷) Die Regel aber ist, dafs der Freier dem Vater des Mädchens einen Preis anbietet, aus Vieh oder sonstigen werthvollen Dingen bestehend. Der Name dafür ist ἔδνα.⁸) Der Fall dafs eine Gattin ohne solchen Preis erlangt wird, gehört zu den Ausnahmen, wozu immer besondere Veranlassungen sein müssen, wie z. B. Agamemnon dem Achilleus eine seiner Töchter ohne ἔδνα anbietet und noch reiche Geschenke dazu geben will, um ihn nur zu versöhnen.⁹) Aber der Vater, dem dieser Preis gezahlt worden, stattet dafür

---

1) Il. XXIII, 584.   2) Ebend. v. 486.
3) Auch in den Solonischen Gesetzen hiefsen die Zeugen *Ἴδυιοι*, Wissende. Auch im Friesischen ist der Zeuge Wita. S. Richthof. Fr. WB. S. 1153.
4) Od. XIV, 393.   5) Il. IX, 394.   6) Od. IV, 10.   7) Od. XI, 287.
8) Vgl. Il. XVI, 178. 190. XXII, 472. Od. VI, 159. XI, 282. XX, 161.
9) Il. IX, 146. 288.

nun auch seinerseits die Tochter mehr oder weniger reichlich aus, und diese Aussteuer wird ebenfalls mit demselben Namen ἕδνα genannt: ¹) denn der später dafür gebräuchliche, προίξ, kommt bei Homer in diesem Sinne noch nicht vor, wie er auch φέρνη nicht kennt. Für die Gaben, die Agamemnon dem Achilleus zu geben verheifst, wenn er sein Eidam werden wolle, wird der Ausdruck μείλια gebraucht, ²) welchen man mit Unrecht als einen üblichen Namen für die Mitgift angesehen hat; ³) er ist hier nur deswegen gebraucht, weil jene Gaben die besondere Bestimmung haben, den Zürnenden zu besänftigen, weshalb sie auch ganz aufserordentlich grofs sind. Aber ohne eine stattliche Aussteuer liefs gewifs kein angesehener und reicher Mann seine Tochter freien, und die von den Bewerbern gebotenen Gaben (ἕδνα) haben demnach nicht sowohl die Bedeutung eines Kaufpreises, — wenn dies auch wohl ursprünglich ihr Sinn gewesen war,⁴) — als vielmehr eines Ersatzes für die zu erwartende Aussteuer, wo denn freilich bei vielumworbenen Bräuten, wo ein Bewerber den andern zu überbieten suchte, es oft kommen konnte, dafs der Vater viel mehr erhielt, als er selbst nachher seiner Tochter zur Aussteuer mitgab. Wenn nach dem Tode des Mannes die Frau von den Erben nicht im Hause gelassen wurde, so mufste ihr Eingebrachtes zurückgegeben werden: ⁵) wurde aber die Frau vom Manne wegen Ehebruchs verstofsen, so konnte jener die ἕδνα, die er gegeben hatte, zurückverlangen. ⁶)

Die vermählte rechtmäfsige Gattin heifst κουριδίη ἄλοχος, und dafs rechtmäfsige, vollkommen gültige Ehen nicht blofs zwischen Angehörigen desselben Staates, sondern auch verschiedener, stattfinden, beweisen zahlreiche Beispiele. Durfte doch selbst die im troischen Lande erbeutete Briseïs sich Hoffnung machen, die κουριδίη ἄλοχος ihres Gebieters zu werden.⁷)

---

1) Od. I, 277. II, 196. denn an beiden Stellen sind unter οἱ δέ nothwendig die Eltern zu verstehen. Daher ἐδνοῦσθαι θύγατρα, die Tochter aussteuern, Od. II, 53. und ἐεδνωτής von dem Aussteuernden, Il. XIII, 382. Auch bei Lyrikern und Tragikern kommen ἕδνα u. s. w. in derselben Bedeutung vor, z. B. Pindar. Ol. IX, 11. Eur. Andr. 2. 153. 942.
2) Il. IX, 147. 289.
3) So auch Nitzsch zu Od. I. S. 50 und Doederl. zu Il. IX, 147. Dafs Spätere das Wort so verstanden, wie z. B. Lucian in d. Anthol. Palat. IX, 367, 6, kann nichts beweisen.   4) S. Arist. Polit. II, 5, 11.
5) Dies ist aus Od. II, 132 sicher zu schliefsen, und die dagegen erhobenen Bedenken sind von keinem Gewicht.
6) Od. VIII, 318.   7) Il. XIX, 297.

Standesmäfsige Ehen sind natürlich in der Regel, weil nur ein reicher Eidam entsprechende ἕδνα bieten kann; aber so wenig als es unerhört scheinen darf, dafs auch bisweilen ein Reicher die Tochter eines Armen freit, so geben wohl auch reiche Eltern ihre Tochter einem unbegüterten Manne, wenn er sich durch besondere Trefflichkeit auszeichnet, wie es der in einen fahrenden Kreter verstellte Odysseus von sich sagt, dafs er, obwohl ein unehelicher Sohn und nur mit einem sehr geringen Antheil aus seines Vaters Erbschaft abgefunden, doch ein Weib aus einem reichen Hause bekommen habe seiner Tüchtigkeit wegen.[1] — Von verbotenen Verwandtschaftgraden ist nirgends ausdrücklich die Rede: dafs indessen die Ehe zwischen Ascendenten und Descendenten als ein Gräuel angesehen sei, lehrt die Art wie der Oedipusfabel erwähnt wird.[2] Auf der Insel des Wundermannes Aeolus sind die Brüder und Schwestern alle miteinander vermählt,[3] was sich aber aus dem besondern Verhältnifs, indem sie dort abgeschieden von der übrigen Welt leben, erklären läfst. Dafs aber Ehen zwischen Halbgeschwistern von verschiedenen Müttern im späteren Griechenlande nicht als Blutschande gegolten, ist bekannt. Homer hat kein Beispiel dieser Art; aber eine Ehe mit der Mutterschwester kommt vor.[4] — Monogamie ist durchaus Regel: nur Eine Ausnahme davon findet sich, aber nicht unter den Griechen, sondern in Troia, wo Priamos neben der Hekabe auch noch die Laothoe, die Tochter des Lelegerfürsten Altes, zum Weibe hat, und zwar, was aus der Art und Weise, wie ihrer erwähnt wird, unzweifelhaft hervorgeht, als rechtmäfsige Ehegattin. Wenn aber der Mann sich etwa aus der Zahl der Sklavinnen noch ein Kebsweib beilegt, so gilt das nicht für unerlaubt, obgleich allerdings die rechtmäfsige Gattin, zumal wenn sie selbst ihrem Manne Kinder geboren hat, es übel empfindet, wie z. B. die Gattin des Amyntor um solches Grundes willen unheilvollen Hader zwischen ihrem Sohne Phoenix und ihrem Gatten erregt:[5] weswegen denn auch Laertes, der Vater des Odysseus, sich der Eurykleia, obgleich er sie lieb hatte, dennoch enthalten hat, um seine rechtmäfsige Frau nicht zu kränken.[6] Kinderlose Frauen mögen ihren Gatten eher dergleichen nachsehen.

---

1) Od. XIV, 210. 2) Od. XI, 271. 3) Od. X, 5 ff.
4) Il. XI, 221—216. Hier ist von einem Thraker die Rede; die alten Erklärer erinnern aber dabei an den Diomedes, der ebenfalls mit seiner Mutterschwester, Aegialea, der Tochter des Adrastos, vermählt gewesen sei. Vgl. Il. V, 412 u. XIV, 121. 5) Il. IX, 448 ff. 6) Od. I, 433.

Zur Feier der Vermählung gehört ein hochzeitliches Mahl, welches der Brautvater auszurichten hat.[1]) Da aber ein Festmahl ohne Opfer gar nicht zu denken ist, so versteht es sich von selbst, dafs bei dieser Gelegenheit die Götter namentlich um ihren Segen für die Ehe der Neuvermählten angerufen werden, und Niemand wird erst ausdrückliche Zeugnisse dafür haben wollen. Die Beschreibung eines hochzeitlichen Zuges, der auf dem Schilde des Achilleus dargestellt war, lehrt nur, dafs die Braut im festlichen Zuge unter Fackelglanz dem Hause des Mannes zugeführt werde, und zwar wohl zu Wagen, wie es auch später Sitte war, und dafs dabei ein Brautlied ($\dot{v}\mu\acute{e}v\alpha\iota\sigma\varsigma$) gesungen und von begleitenden Jünglingen dazu getanzt wird.[2]) Anderswo erfahren wir noch, wie es Sitte sei, dafs die Braut den Geleitenden die Festkleider gebe.[3]) Welche gute Wünsche und Gebete aber an die Götter gerichtet werden, können uns die Worte vergegenwärtigen, welche Odysseus zur Nausikaa spricht, indem er von ihrer dereinstigen Vermählung redet. „Mögen dir die Götter gewähren," sagt er, „was dein Herz begehrt, Gatten und Haus, und erfreuliches, einträchtiges Zusammenleben; denn nichts ist ja besser und erspriefslicher, als wenn einträchtigen Sinnes Mann und Weib ihr Haus bewohnen, den Widersachern zum Verdrufs, den Freunden zur Freude, und ihnen selber zum Ruhme."[4]) Nehmen wir hiezu noch Wohlstand und Kindersegen, der ja auch eine Gabe der Götter heifst, so haben wir in der That alles, was vernünftiger Weise, als zum Glück der Ehe gehörig, von den Göttern erbeten werden konnte. Ja auch der Gedanke, dafs die Ehen im Himmel geschlossen werden, ist den homerischen Menschen nicht fremd: der Gatte und die Gattin sind vom Schicksal, d. h. durch höhere Fügung für einander bestimmt.[5]) Das rechte Verhalten des Mannes gegen seine Frau spricht Achilleus aus: jeder wackere und verständige Mann hält sein Weib werth und sorgt für sie;[6]) und dafs die homerische Poesie die schönsten Beispiele ehelicher Liebe und Treue des Weibes enthalte, eine Andromache und Penelope, braucht kaum erinnert zu werden. Aus Allem aber, was wir sonst von Andeutungen über das Verhältnifs der Ehe

---

1) Od. IV, 3.   2) Il. XVIII, 491 ff.   3) Od. VI, 28.
4) Od. VI, 181 ff.
5) Od. XXI, 162. Vgl. XX, 74, wo Zeus es ist, von dem die Bestimmung hierüber abhängt, weil ihm bewufst ist, was jedes Menschen zukommendes Geschick sei.
6) Il. IX, 341.

finden, läfst sich erkennen, dafs die Hausfrau dem Manne nicht als blofs unterwürlige Dienerin und Bettgenossin, sondern als gleiche Lebensgefährtin gegenübersteht, in dem von der Natur dem Weibe angewiesenen Wirkungskreise vollkommen ebenso geachtet, als der Mann in dem seinigen. Guter Verstand und Geschicklichkeit in weiblichen Arbeiten werden, neben der Schönheit, als die schätzbaren Vorzüge gerühmt, wodurch die Frau ihrem Manne zu einer geehrten Gemahlin (αἰδοίη) wird.[1])

Ueberhaupt ist das Verhältnifs der beiden Geschlechter zu einander ein durchaus gesundes und naturgemäfses, ebensoweit von Rohheit als von Verzärtelung und Ueberfeinerung entfernt. Das Natürliche wird als solches, ohne Lüsternheit, aber auch ohne falsche Scham behandelt. Was bei uns wahrscheinlich als im höchsten Grade unsittlich gescholten werden würde, dafs nicht blos Sklavinnen, sondern selbst jungfräuliche Königstöchter einem Manne beim Baden allerlei Handreichung leisten,[2]) scheint bei Homer ganz unverfänglich, und giebt wenigstens keinen Beweis für die Sittenlosigkeit, sondern eher wohl für die Sittenfestigkeit der beiden. Dafs Töchter edler Häuser sich aufser der Ehe einem Manne hingeben, davon kommt kein Beispiel vor, wenn man nicht die zur Mythologie gehörigen, wo sterbliche Weiber von Göttern umarmt werden, hieher zieht, mit denen es aber eine ganz aufserhalb des Kreises des wirklichen Lebens liegende Bewandtnifs hat, und die nur grober Unverstand als Beweise der Sittenlosigkeit des homerischen Zeitalters hat ansehen können. Auch die Töchter des Tyndareos, Helena und Klytämnestra, die einzigen Beispiele übrigens von Weibern, die durch fremde Männer zum Ehebruch verführt sind, können nicht als Beweise der Unsittlichkeit des Zeitalters gelten.

Die Kinder der rechtmäfsigen Gattin, γνήσιοι oder ἰθαγενεῖς, haben vor den unehelichen von dem Kebsweibe geborenen, νόθοις, ein bevorzugtes Erbrecht. Die ehelichen Söhne theilen sich des Vaters Erbe und jeder bekommt seinen Antheil nach dem Loose; die Töchter werden durch die Aussteuer abgefunden, ausgenommen wenn sie als Erbtöchter das Ganze erhalten. Den unehelichen Söhnen wird ein geringer Antheil, als νοθεῖα, zu

---

1) Il. XXI, 460. Od. III, 380. 451.
2) Od. IV, 49. XVII, 88. u. III, 464. Vgl. Athenae I, 18. Dazu auch Naegelsbach, Hom. Theol. S. 152 d. Zweit. Ausg., und über ähnliche Beispiele in deutschen Gedichten des Mittelalters Scherr, Gesch. d. deutschen Frauenwellt I² S. 227.

Theil.¹) Sonst scheint in der Regel kein Unterschied zwischen ihnen und den ehelichen stattzufinden, vielmehr beide gemeinschaftlich im väterlichen Hause erzogen zu werden. Von der Theano, der Gattin des Troers Antenor, wird gerühmt, dafs sie den Bastard ihres Mannes, den Meges, aus Liebe zu jenem, gleich ihren eigenen Kindern aufgenährt habe;²) und von stiefmütterlichem Hafs, der freilich in der Fabelgeschichte oft genug ein Motiv abgiebt, und bei den Griechen ebenso wie bei den Römern sprichwörtlich geworden ist, kommt wenigstens kein Beispiel in den homerischen Gedichten vor. Auch die mit einer Unfreien erzeugten Söhne gelten als Freigeborene, wie der von einer erkauften Sklavin geborne Sohn des Kastor beweist, für den Odysseus sich ausgiebt,³) und der Telamonische Teukros, der unter den Helden von Troia einen ehrenvollen Platz einnimmt, obgleich er nicht von Telamon's Gattin, sondern von einer im Kriege erbeuteten Sklavin geboren ist, die aber freilich eine Königstochter war. So hat denn auch die Benennung νόθος nichts Beschimpfendes;⁴) wie auch im Mittelalter die unehelichen Söhne fürstlicher Eltern sich nicht geschämt haben Bastarde zu heifsen, ja sich selbst so zu nennen, wie der berühmte Bastard von Orleans.

Die Auferziehung der Heroenkinder ist, wie sich denken läfst, im höchsten Grade einfach und natürlich. Ihre erste Nahrung gewährt ihnen nur die Mutterbrust; selbst die Königinnen säugen ihre Kinder selbst,⁵) und die Stellen, aus denen man auf Säugammen geschlossen hat, sind nicht beweisend.⁶) — Die

---

1) Od. XIV, 203. 2) Il. V, 70. 3) Od. XIV, 199 ff.
4) Vgl. Eustath. zu Il. VIII, 284. 5) Il. XXII, 83.
6) Dafs τροφός nicht die Säugamme, sondern nur die Wärterin und Pflegerin bedeute, ist bekannt; aber auch τιθήνη bedeutet nichts anders, wie schon allein daraus hervorgeht, dafs es auch ein Masculinum τιθηνός und τιθηνητήρ giebt. Der eigentliche Name der Säugamme, τίτθη, kommt bei Homer gar nicht vor (Eustath. zu Il. VI, 399 p. 650, 21), τιθήνη, Wärterin, wird ausdrücklich von τίτθη, Säugamme unterschieden (Etymol. Gud. p. 529, 10), und dafs in dem Hymnus auf Demeter v. 141 die Göttin, wenn sie sagt καλά τιθηνοίμην, sich nicht zur Säugamme anbiete, ist von selbst klar. Der Ausdruck τρέφειν ἐπὶ μαζῷ, Od. XIX, 482, kann auch von der Wärterin verstanden werden, die das ihr zur Pflege übergebene Kind in den Armen, folglich auch an der Brust trägt, auch wenn sie es nicht säugt. (Vgl. Apoll. Rh. III, 734, und dazu Theocr. III, 48, wo es von der Aphrodite heifst, dafs sie den Adonis οὐδὲ φθίμενον ἄτερ μασδοῖο τίθητι.) Und dafs Euryklein, von der er gebraucht wird, als Säugamme des Odysseus zu denken sei, ist schon deswegen nicht recht glaublich, weil Laertes, der sich selbst ihrer enthielt, sie schwerlich einem Andern überlassen haben wird. Sie ist vielmehr wohl Jungfrau geblieben.

weitere Erziehung macht sich, in einem Zustande der Gesellschaft, wie ihn die homerischen Gedichte darstellen, gröfstentheils von selbst. Das Kind wächst auf in der Sitte des Hauses und des Volkes, und bildet sich nach ihr. Wenn ein Fürst, wie Peleus, seinen Sohn dem Phönix anvertraut, dafs er ihn lehre, wie er zu reden und zu handeln habe, so thut er das, um dem Jünglinge, den er in den Krieg sendet, einen erfahrenen Rathgeber für vorkommende Fälle zuzugesellen;[1]) an eigentliche Unterweisung und zusammenhängenden Unterricht wird nicht leicht Jemand denken wollen. Nur die kriegerischen Uebungen, ritterliche Künste und sonstige Geschicklichkeiten, die auch den Fürsten und Edlen wohl anstanden, brauchten durch eigentlichen Unterricht mitgetheilt zu werden. So hat Chiron Fürstensöhne theils in der Musik unterwiesen, theils in der Heilkunst, die auch Achilleus von ihm gelernt und sie seinerseits wieder seinem Freunde Patroklos mitgetheilt hat.[2]) Auch der Tanz ist ein Gegenstand künstlerischer Uebung, dem die Söhne und Töchter der Fürsten und Edlen nicht fremd bleiben, theils um bei den Festen der Götter in Reigen auftreten zu können, theils um sich gesellig zu vergnügen, obgleich freilich so eifrige Tänzer, wie die Phäaken waren, unter den achäischen Helden nicht gefunden werden. Doch vergnügen sich auch die Freier in Odysseus Hause am Tanze,[3]) Telemachos tanzt mit dem Eumaios, dem Philoitios und den Mägden nach der Ermordung der Freier, damit die Nachbarn glauben mögen, es werde etwa ein hochzeitliches Fest begangen,[4]) und anderswo wird der Tanz zu den angenehmen Dingen gezählt, deren man nicht leicht überdrüssig werde.[5])

Den tapfersten der Helden, Achilleus, stellt uns die Ilias einmal dar, wie er die Laute schlägt, und dazu singt von den rühmlichen Thaten der Männer.[6]) Der Dichter dieser Stelle, welche freilich nicht zu den älteren Theilen der Ilias gehört, mufs also auch Saitenspiel und Gesang als eine den achäischen Helden nicht fremde Kunstübung betrachtet haben, und es ist wohl möglich, dass er darin älteren Liedern gefolgt sei, wie ja auch die altdeutsche Heldensage uns manche ihrer Recken nicht weniger als Sänger denn als Kämpfer ausgezeichnet darstellt. Sonst aber kommt bei Homer von den achäischen Helden nichts der Art vor; nur der troische Paris wird auch als Kitharspieler be-

---

1) Il. IX, 442. 2) Il. XI, 830. 3) Od. XVIII, 304.
4) Od. XXIII, 134. 298. 5) Il. XIII, 637. 6) Il. IX, 186. 9.

zeichnet. Dagegen wird Saitenspiel und Gesang von besondern, freilich hochgeschätzten, aber doch nicht zum Herrenstande gehörigen Künstlern, den Aöden, ausgeübt. Solche Aöden finden wir an den Höfen der Fürsten zu Scheria und auf Ithaka, wo sie zu den täglichen Gästen gehören; aber auch fremde Sänger werden berufen, wie man Baukünstler, Wahrsager und Aerzte beruft:[1]) sie ziehen umher, wie der thrakische Thamyris, der von Oechalia, vom Hofe des Eurytos, auf der Reise durch das pylische Land begriffen zu Dorion von den Musen geblendet wird, weil er sich vermessen hatte, auch sie selbst im Gesange zu übertreffen.[2]) Wegen ihrer Kunst werden sie überall geachtet und geehrt, und die Gabe des Gesanges gilt als eine von den Musen verliehene, denen sie auch die Kunde der Sagen zu verdanken haben, die den Inhalt ihrer Lieder bilden.[3]) Wenn aber ein Sänger ausdrücklich sich rühmt nur Autodidakt und allein von der Gottheit begabt zu sein,[4]) so deutet dies wohl unverkennbar darauf hin, dafs in der Regel Unterweisung von Schülern durch Meister stattgefunden habe, was sich ohne dies eigentlich schon von selbst versteht. Und so darf man sich denn auch nicht allzusehr gegen die Annahme von Sängerschulen sträuben, wenn gleich ausdrückliche Zeugnisse dafür fehlen. — Ihren Vortrag begleiten die Sänger mit der Phorminx, einer gröfsern Art von Kithara, die an einem Bande über der Schulter getragen wird. Auf ihr stimmen sie zuerst ein Vorspiel an, und greifen auch während des Vortrags hin und wieder an schicklichen Stellen in die Saiten, um ihre Worte zu begleiten oder Pausen auszufüllen.[5]) Den Vortrag selbst aber haben wir als Mittelding zwischen Sprechen und Singen zu denken:[6]) der Inhalt ist genommen aus den Sagen von Thaten der Götter und Menschen. So wird z. B. die Argonautenfahrt als ein zur Zeit des troischen Krieges Allen im Sinne liegender, also vielbesungener Gegenstand genannt.[7]) Aber auch die Thaten der Gegenwart werden alsbald von den Liedern der Sänger gefeiert; denn der Gesang ist den Zuhörern der liebste, welcher als neuester ihnen zukommt.[8]) Die Begebenheiten des troischen Krieges und der Rückkehr der Helden werden schon wenige Jahre nachdem sie sich zugetragen von Phemios auf Ithaka und vom Demodokos

---

1) Od. XVII, 386.   2) Il. II, 595.
3) Od. VIII, 479. XIII, 28. XVII, 518.   4) Od. XXII, 347.
5) Od. VIII, 266. XVIII, 262.   6) Eustath. ad. Il. p. 9, 5.
7) Od. XII, 70.   8) Od. I, 352.

in Scheria besungen,[1]) und von allem, was sich Denkwürdiges ereignet, heifst es, dafs es ein Gesang werde für die Nachkommen.[2]) So sind denn die Sänger, indem sie die Zuhörer ergötzen, zugleich auch als ihre Lehrer zu betrachten. Sie überliefern die Sagen der Vorzeit, und damit den gröfsten Theil alles dessen, was als Inhalt des Glaubens und Wissens jener Zeit angesehen werden darf, und sie erwecken zugleich in edlen Seelen den Gedanken an den Ruf bei den Zeitgenossen und bei der Nachwelt, der sie mit dem Eifer erfüllen mag, ein ehrenvolles Andenken sich zu verdienen, und zu streben, dafs auch der Späterlebenden mancher rühmend ihrer gedenke, wie Athene unter Mentor's Gestalt den Telemachos ermahnt mit Hinweisung auf das Beispiel des Orestes.[3]) Es mag hier zugleich bemerkt werden, dafs die Odyssee an einer Stelle schon auf gröfsere zusammenhängende Reihen von Liedern über einen reichhaltigen Stoff, wie der troianische Krieg war, hindeutet, aus welchen gelegentlich bald die eine bald die andere Partie vorgetragen wird,[4]) vor Zuhörern natürlich, denen der Gegenstand im Ganzen nicht so unbekannt ist, dafs nicht auch der Vortrag jedes einzelnen Theiles ihnen leicht verständlich gewesen wäre.

Die Lieder der Sänger beim gesellschaftlichen Mahle scheinen immer nur von der bezeichneten Art zu sein, d. h. Sagen von den Thaten der Götter und Menschen zu enthalten. Es giebt aber Gesänge auch bei manchen andern Gelegenheiten. Ein Hymenäos ertönt bei dem hochzeitlichen Zuge auf dem Schilde des Achilleus unter Flöten- und Seitenklang, und Jünglinge tanzen dazu:[5]) einen Threnos oder ein Klagelied stimmen die Sänger an bei Hector's Bestattung, und die Weiber mischen ihre Wehklagen hinein:[6]) ein Päan wird gesungen, als nach Hektor's Tode die Achäer siegesfroh in das Schiffslager zurückkehren,[7]) und ebenfalls ein Päan, als bei der Rückgabe der Chryseis Apollon angerufen wird, die Seuche, die er dem Heere gesendet hat, wieder abzuwenden:[8]) Kalypso und Kirke singen bei ihren Arbeiten am Webstuhle,[9]) und bei der Weinlese singt ein Knabe zur Phorminx das Linoslied, und dazu wird von andern gejubelt und getanzt.[10])

---

1) Od. I, 326. VIII. 75 u. 492.
2) Od. VIII, 579. III, 204. XXIV, 198.   3) Od. I, 301, vgl. III, 200.
4) Od. VIII, 73. 74. u. 492. 499.   5) Il. XVIII, 493.
6) Il. XXIV, 720.   7) Il. XXII. 391.   8) Il. I, 472.
9) Od. V, 61. X, 220.   10) Il. XVIII, 569.

Gesänge religiösen Inhalts bei gottesdienstlichen Handlungen werden in den homerischen Gedichten nicht ausdrücklich erwähnt, mit Ausnahme des Päan an den Apollon um Abwendung der Seuche, welchem ein Opfer vorangegangen ist, und den wir uns offenbar als einen Bittgesang zu denken haben. Auch in dem Päan nach dem Siege wird Ausdruck des Dankes gegen die Götter, und in dem Hymenäos Anrufung derselben um Segen der Ehe nicht gefehlt haben. Und so hat es ohne Zweifel auch mancherlei andere Cultusgesänge gegeben, obgleich alles, was von alten Dichtern solcher Gesänge, einem Pamphus, Orpheus, Musäus, Linos vorkommt, der nachhomerischen Zeit angehört. Doch darf dem in der Ilias erwähnten Linosliede auch wohl ein gewisser religiöser Inhalt zugeschrieben werden, insofern es ohne Zweifel das Absterben des Naturlebens im Herbste, und sein Wiedererwachen im Frühlinge feierte, bildlich dargestellt unter dem Tode und Wiederaufleben des Linos, einer verschollenen Naturgottheit alten Cultes und vielleicht orientalischen Ursprungs, wie der später auch von den Griechen gefeierte Adonis. Aber auch von jenen andern Liedern, welche die Aöden beim Mahle ihren Zuhörern vortrugen, läfst sich sagen, dafs sie, wenn gleich keineswegs eigentlich religiösen Inhalts, doch nicht ohne Bedeutung für die religiösen Vorstellungen sein konnten. Es ist keinem Zweifel unterworfen, dafs Belehrungen über die Götter und göttlichen Dinge vorzutragen in Griechenland zu keiner Zeit das Geschäft der Priester gewesen sei, deren Amtsverrichtungen sich lediglich auf das Liturgische, Gebete zu sprechen und heilige Gebräuche zu vollziehen, beschränkten. Der religiöse Glaube wurde nothwendig gröfstentheils durch die Art und Weise bestimmt, wie die Aöden in ihren Liedern von den Göttern redeten, und sie handelnd und in die menschlichen Verhältnisse eingreifend darstellten, worüber wir an einem andern Orte mehr zu reden haben werden. Daneben freilich enthielt auch der Cultus manches, wenn gleich nicht geradezu und in Worten belehrendes, doch symbolisch andeutendes, über die Gottheiten denen er galt; aber wir erfahren über die speciellen Cultusformen des heroischen Zeitalters von Homer zu wenig, als dafs wir uns über seine Beschaffenheit in dieser Hinsicht eine genügende Vorstellung bilden könnten. Von Festen namentlich und festlichen Gebräuchen, bei denen sich am meisten eine symbolische Bedeutsamkeit voraussetzen liefse, ist nirgends bei ihm die Rede; nur der jährlich dem Erechtheus in Attika zu Ehren stattfindenden Feiern und der Thalysien oder des Erntefestes geschieht beiläufig Erwähnung,[1]) woraus wir aber nichts weiter lernen, als dafs bei diesem Feste nicht blofs der Demeter und andern agrarischen Gottheiten, sondern noch vielen oder allen andern Göttern aufserdem geopfert worden sei, weshalb Artemis dem Oeneus zürnt, dafs er sie allein übergangen hat. — Eine Symbolik kann man aber bei dem Opfer finden, welches zur Bekräftigung des zwischen den Griechen und Troern am ersten Schlachttage geschlossenen Vertrages angestellt wird.[2]) Drei Gottheiten sind es, denen man opfert, Zeus, Helios und die Erde: geopfert werden Lämmer: eines, für den Zeus, stellen die Griechen, die beiden andern die Troer, und zwar ein weifses männliches für den Helios, als männlichen und glänzenden Gott, ein schwarzes weibliches für die Erde, als weibliche und aus der dunkeln Tiefe her wirkende Gottheit. Diesen beiden aber opfern die Troer, weil es ihr Land ist, auf welches Helios jetzt herabschaut, dem Zeus aber die Griechen, weil er der Gott des Gastrechts ist, welches Paris verletzt hat und dessen Verletzung zu rächen sie den Krieg unternommen haben. Das Gebet, welches Agamemnon bei dem Opfer spricht, ist aber nicht blofs an jene drei Götter gerichtet, sondern auch an die Flüsse, und an die Unterirdischen, welche den Meineid rächen. Die Umstehenden giefsen Trankopfer aus von dem im Mischkruge zusammengegossenen griechischen und troischen Weine, und sprechen dabei die Verwünschung: **Zeus und ihr andern Götter, wer den Vertrag verletzt, möge dessen Gehirn und das Gehirn seiner Kinder ebenso auf den Boden versprützt werden, als jetzt dieser Wein.**

Was sonst von Opfern vorkommt, gehört meist dem Privatgottesdienst an. Schon oben ist bemerkt worden, dafs jedes Schlachten eines Thieres auch mit einem Opfer an die Götter verbunden sei, denen man damit gleichsam eine Abgabe entrichtet, wie auch das Trinken beim Mahle mit einer Libation, einem Trankopfer, begonnen und beschlossen wird.[3]) Es ist dies offenbar ein Zeichen der Anerkennung, dafs man den Göttern alles verdanke, was man habe und geniefse, und dafs man ihnen zum Danke verpflichtet, ihrer Huld immerdar bedürftig sei.[4]) Denn auch die Götter lassen sich gewinnen, oder wenn

---

1) Il. II, 550. IX, 530. Eine Andeutung der Helikonischen Poseidonien kann man Il. XX, 404 finden. — Der Name ἑορτή findet sich nur in zwei Versen der Odyssee, XX, 156. XXI, 258.
2) Il. III, 103 ff. u. 276 ff. 3) Vgl. nur Il. IX, 653. 70S.
4) Od. III, 48.

sie erzürnt sind, versöhnen durch Opfer und Gaben. Die Troerinnen verheifsen der Athene zwölf einjährige noch nicht in's Joch gespannte Kühe zu opfern, wenn sie sich ihrer Stadt erbarme und den gefährlichen Diomedes unschädlich mache. Diomedes gelobt ihr ein jähriges ungejochtes Rind mit vergoldeten Hörnern, um sich ihres Beistandes zu versichern, und ein gleiches verheifst ihr Nestor, auf dafs sie ihm und den Seinigen ferner hold sein möge.[1]) Nicht erfüllte Gelübde oder versäumte Opfer werden als Ursachen göttlichen Zornes betrachtet, wie Artemis dem Oeneus zürnt, dafs er ihr allein beim Erntefest zu opfern versäumt hat, und zur Strafe dafür sein Land durch einen wilden Eber verwüsten läfst.[2]) Umgekehrt aber darf man sich auch gegen die Götter wohl auf die ihnen dargebrachten Opfer und Gaben berufen und einen Anspruch auf ihre Huld darauf gründen.[3])

Die Ehrerbietung gegen die Götter verlangt, dafs man, ehe man sich ihnen naht, zuvor alle Unsauberkeit von sich abthue. Deswegen, wenn es irgend möglich ist, badet man sich vorher und legt rein gewaschene Kleider an oder wäscht zum wenigsten die Hände.[4]) Den Achilleus sehen wir selbst den Becher, aus dem er dem Zeus eine Spende darbringen will, zuvor mit reinigendem Schwefel durchräuchern und dann mit Wasser ausspülen.[5]) Auch Odysseus reinigt nach dem Morde der Freier sein Haus mit Schwefel vom Blute,[6]) um wieder darin den Göttern libiren zu können, was ja bei jeder Mahlzeit geschehen mufs. Und aus ähnlichem Gesichtspunkt dürfte auch die Waschung und Reinigung des Heeres nach der Seuche zu betrachten sein,[7]) da während derselben alle in Trauer sich weder gewaschen noch die Kleider gewechselt, vielmehr das Haupt mit Staub und Asche bestreut haben werden, wie es bei solchen Leiden gewöhnlich war.[8])

Die Opfer sind fast ohne Ausnahme Thiere, von welchen ein Theil den Göttern verbrannt, das Uebrige von den Menschen verzehrt wird. Die Thiere, welche geopfert werden, sind Rinder, Schafe und Lämmer, Ziegen und Schweine, also lauter Hausthiere und solche, die auch den Menschen zur Nahrung dienen. Nur dem Flufsgotte Skamandros werden Pferde zum Opfer dar-

---

1) Il. VI, 305 ff. X, 291. Od. III, 382.   2) Il. IX, 529 ff. Vgl. auch I, 65.   3) Il. I, 39.   4) Od. IV, 750. Il. VI, 230.
5) Il. XVI, 228.   6) Od. XXII, 481.   7) Il. I, 313.
8) Il. XVIII, 23. Od. XXIV, 316.

gebracht, die aber nicht geschlachtet, sondern lebend in den Strom gestürzt werden.¹) Ob sonst gewissen Göttern diese oder jene Thiere vorzugsweise geopfert zu werden pflegen, oder nicht geopfert werden dürfen, ist aus Homer nicht zu erkennen. Da der Athene an mehreren Stellen jährige noch nicht zur Zucht oder zur Arbeit gebrauchte Kühe geopfert werden,²) so läfst sich wohl annehmen, dafs dieser Göttin gerade diese Art von Opfern als besonders angemessen erachtet sei. Eine gewisse Symbolik in der Wahl der Opferthiere ist oben bei dem Vertragsopfer bemerkt worden, und wir können hieher auch das ziehen, dafs beim Todtenopfer dem Tiresias ein schwarzes Schaf, den übrigen Todten eine unfruchtbare Kuh gebührt. Als allgemeine Regel aber dürfen wir es ansehen, dafs das Opferthier vollkommen und fehlerlos sein mufste.³)

Dafs nicht blofs in den Tempeln oder gottgeweihten Bezirken, denen Priester vorstehen, geopfert werde, haben wir schon früher gesehn. Doch bedarf es natürlich zum Opfer immer eines Altares, den man indessen für den jedesmaligen Fall leicht herrichten mag, oder der auch bei den Wohnungen für diesen Zweck schon vorhanden ist. Die Griechen haben Opferaltäre im Lager vor Troia, wie früher zu Aulis.⁴) Von häuslichen Altären wird namentlich der des Zeus ἑρκεῖος (des Beschützers von Haus und Hof) im Vorhofe erwähnt;⁵) aber andern Göttern, als dem Zeus, wird an diesem wohl schwerlich geopfert. — Vor dem Beginn des Opfers wird Andachtstille, εὐφημία, geboten.⁶) Die Opfernden waschen ihre Hände aus einem zu diesem Zwecke gefüllten Wassergefäfse, und streuen aus einem Korbe geröstete und geschrotete Gerste (οὐλοχύτας) auf den Kopf des Opferthieres und den Altar.⁷) Dann schneidet man dem Thiere einige Haare vom Kopf, und vertheilt sie unter die umherstehenden Theilnehmer des Opfers, von denen sie, wie es scheint, ins Feuer geworfen werden. Dies gilt als der Beginn des Opfers, und wird daher durch ἀπάρχεσθαι bezeichnet.⁸) Dabei wird das Gebet

---

1) Il. XXI, 132. 2) Il. VI, 94. 275. 309. X, 292. Od. III, 382.
3) Vgl. Il. I, 66 u. d. Schol. 4) Il. XI, 807. II, 305.
5) Il. XI, 774. Od. XXII, 334. 6) Il. IX, 171.
7) Buttmann's Erklärung von οὐλοχύται (Lexil. I p. 191) ist durch die von Sverdsjö, de verb. οὐλαί et οὐλοχύται signif. Riga 1834. und in Jahrb. f. Philol. Suppl. IV. p. 439 dagegen erhobenen Einwendungen zweifelhaft geworden, ohne jedoch eigentlich widerlegt zu sein. Vgl. Bd. II S. 229.
8) Il. XIX, 254. Od. III, 446. XIV, 422. vgl. Heyne zu Il. III, 273.

an die Götter gerichtet, denen das Opfer bestimmt ist. Nun folgt die Schlachtung des Opferthiers. Ist dies ein Rind, so wird zuerst mit einem Beil der Nacken durchhauen, dafs das Thier zu Boden fällt; dann wird es wieder aufgerichtet und ihm die Kehle durchschnitten. Das Schwein, und ebenso wohl auch andere kleine Thiere, wird mit einer Keule niedergeschlagen, oder es wird auch ohne dies sogleich abgestochen.[1]) Beim Abstechen wird der Kopf nach oben hinübergezogen, das Blut in ein Gefäfs aufgefangen und der Altar damit begossen; nur bei den Opfern der Unterirdischen wird der Kopf niederwärts gehalten und das Blut in eine zu diesem Zweck gemachte Grube gegossen, die statt des Altars dient.[2]) Dann wird das Thier enthäutet, es werden Hüftstücke ausgeschnitten, mit der fetten Netzhaut doppelt umwickelt, Stücke der Eingeweide und anderer Glieder darauf gelegt, und dies alles dann als der den Göttern gehörige Theil auf dem Altare verbrannt. Von den Eingeweiden wird einiges im Feuer am Spiefse gebraten und von den Theilnehmern gekostet, nachdem sie vorher eine Libation ausgegossen haben.[3]) Das übrige Thier wird zerlegt und dient zum Opferschmause. Nur in gewissen Fällen wird das Opferthier weder verspeist noch etwas davon verbrannt, wie z. B. bei dem zur feierlichen Bekräftigung eines Vertrages und Eides angestellten Opfer, wo das Thier entweder, von Einheimischen, vergraben, oder, von Fremden, ins Meer geworfen sein soll.[4]) Dafs man Holokausten angestellt, d. h. das ganze Thier verbrannt habe, ohne etwas zum Genufs der Menschen zurückzubehalten, kommt bei Homer nicht vor. Grofse Opfer, wo Thiere in grofser Anzahl geschlachtet werden, heifsen Hetakomben. Der Name deutet zwar eigentlich auf hundert Rinder, wird aber ganz allgemein auch von Opfern anderer Thiere und auch von solchen gebraucht, wo die Zahl weit unter hundert ist.[5])

Unblutige Opfer, wie Backwerk oder Früchte, werden in den homerischen Gedichten nicht erwähnt, woraus indessen keineswegs folgt, dafs dergleichen erst nach dem homerischen Zeitalter gebräuchlich geworden seien. Vielmehr meinen die Alten, dafs diese Art von Opfern gerade die älteste gewesen, Thieropfer aber erst später eingeführt worden, was freilich auch nur als Meinung, nicht als geschichtliche Ueberlieferung zu

---

1) Il. I, 459. Od. III, 449. XIX, 425.   2) Od. X, 517. vgl. Nitzsch Th. 3 S. 161.   3) Il. I, 462 ff.   4) Schol. Il. III, 310.
5) Vgl. Il, I, 316. VI, 115. XXIII. 146. 864. Od. I, 25.

nehmen ist. Rauchopfer (θύεα), wo man wohlriechende Sachen anzündete, kommen mehrmals vor,[1]) wobei es indessen ungewifs bleibt, ob sie als Opfer für sich allein zu denken seien, oder nur als Begleitung der Thieropfer, bei denen allerdings Wohlgerüche sehr zu wünschen sein mufsten. Auch das häufige Beiwort der Tempel und Altäre, wohlduftend (θυώδης, θυήεις) deutet auf ihre vielfache Anwendung.

Eine andere Art von Darbringungen an die Götter sind die Weihgeschenke, die in ihren Heiligthümern, als ἀγάλματα, aufgestellt oder aufgehängt, oder zum Schmuck der Götterbilder gebraucht werden. Dahin gehören zum Beispiel Gewänder, wie die troischen Weiber der Athene einen Peplos darbringen, welchen die Priesterin Theano in Empfang nimmt und der Göttin auf den Schofs legt.[2]) Auch Aegisthos hat den Göttern zum Dank dafür, dafs sie ihn die Klytämnestra haben gewinnen lassen, aufser reichlichen Opfern viele köstliche Gaben, Gewänder und Goldgeräthe geweiht.[3]) Häufig werden Waffen der besiegten Feinde als Weihgeschenke dargebracht. Auch das Haupthaar der Kinder gehört hieher, welches die Eltern den Göttern, besonders den Flufsgöttern des Landes, zu geloben pflegen, dafs es, wenn jene erwachsen, ihnen abgeschnitten und der Gottheit geweiht werden solle.[4])

Dafs auch ohne Opfer und ohne Darbringung oder Gelöbnifs von Weihgeschenken die Götter vielfältig mit Gebeten angerufen werden, versteht sich von selbst. Blofse Dankgebete indessen kommen in den homerischen Gedichten nicht vor, sondern nur Bitten um Abwendung einer Noth oder Erfüllung eines Wunsches. Dafs ein solches oft plötzlich und im Drange des Augenblicks gesprochenes Gebet auch ohne besondere Vorbereitung an die Götter gerichtet werden konnte, liegt in der Natur der Sache, und man durfte darum nicht weniger auf Erhörung hoffen. Hektor sagt zwar zur Hekabe, die ihn auffordert, sich mit einem Trunk Weines zu erquicken und dem Zeus und den andern Göttern zu spenden, dafs er nicht mit Blut und Staub bedeckt zum Zeus beten dürfe[5]); aber da ist offenbar von einem mit einer Spende verbundenen, nicht von einem plötzlichen und unvorbereiteten Gebete die Rede. Ein förmliches und gehörig vorbereitetes Gebet aber wird nicht gesprochen,

---

1) Il. VI, 270. IX, 495. Od. XV, 261.   2) Il. VI, 288.
3) Od. III, 274.   4) Il. XXIII, 146.
5) Il. VI, 268.

ohne dafs man vorher wenigstens die Hände wäscht, Andachtsstille gebietet und ein Trankopfer ausgiefst.¹)

Wie das Gebet, das Gelübde, das Opfer auf der Ueberzeugung beruhen, dafs von der Huld und Güte der Götter dem Menschen Erwünschtes und Heilvolles, von ihrem Zorn Unheil und Leid zu Theil werde, so beruht auf ähnlichem Grunde auch das Verlangen, sich Kunde über ihre Gesinnung und ihren Willen zu verschaffen, um entweder bevorstehendes Geschick zu erfahren, oder wenn Unglück eingetroffen, was als Wirkung göttlichen Zornes betrachtet wird, über die Ursachen desselben und über die Mittel, durch die er versöhnt werden möge, Auskunft zu erhalten. Aus solchem Verlangen ist der Glaube entsprungen, dafs die Götter dem Menschen dergleichen für ihn so wichtiges auch wohl zu offenbaren geneigt sein würden, sei es durch bedeutsame Zeichen, sei es auf andere Art. Wer sich auf Deutung solcher Zeichen versteht, oder wem unmittelbare Offenbarung von den Göttern zu Theil wird, der heifst $\mu\acute{\alpha}\nu\tau\iota\varsigma$, ein Name, dessen ursprünglich engere Bedeutung sich zu diesem allgemeinen Umfang erweitert hat. Denn ursprünglich und seiner Abstammung nach ist $\mu\acute{\alpha}\nu\tau\iota\varsigma$ wohl nur der von der Gottheit erregte, begeisterte, in eine gehobene ekstatische Stimmung versetzte Prophet, welcher verkündet was der Gott ihm eingiebt. Diese Ekstasis oder $\mu\alpha\nu\acute{\iota}\alpha$ thut sich freilich bei Homer nirgends auf eine auffallende Weise durch äufserliches Gebahren des Sehers kund, sondern ist nur ein innerer Vorgang in seiner Seele; aber dafs ein Gott, und zwar besonders Apollon, ihm eingebe was er verkündigt, wird doch deutlich ausgesprochen. Des Kalchas Weissagungen werden mit seinen Anrufungen Apollons in Causalverbindung gebracht, und heifsen Göttersprüche Apollons.²) Solche Eingebung ist eine unmittelbare, durch keine äufserliche Zeichen vermittelte. Der Seher vernimmt nur mit geistigem Ohr die Stimme der Gottheit, wie es vom Helenos heifst:³) er vernahm im Geiste die Rede der Götter, nämlich des Apollon und der Athene, als sie, andern Menschen unhörbar, über den Zweikampf zwischen Hektor und einem griechischen Helden sich besprachen, und er selbst sagt es: ich hörte die Stimme der ewigen Götter. Daher heifst der Seher auch $\vartheta\epsilon o\pi\rho\acute{o}\pi o\varsigma$, seine Weissagung $\vartheta\epsilon o\pi\rho\acute{o}\pi\iota o\nu$ oder $\vartheta\epsilon o\pi\rho o\pi\acute{\iota}\eta$. Aber diese Ausdrücke werden dann auch ebenso

---

1) Il. IX, 171. XVI, 230. Od. II, 261. XIII, 355.
2) Il. I, 86. 87. 385.   3) Il. VII, 44. vgl. 53.

wie μάντις in weiterem Sinne gebraucht, wo der Weissagende aus der Beobachtung und Deutung gewisser Zeichen seine Schlüsse zieht. Solche Zeichen sind τέραα, σήματα, von mancherlei Art. Das Begegnifs zu Aulis, wo eine Schlange den Sperling sammt seinen acht Jungen verschlingt und dann versteinert wird, deutet Kalchas auf die Eroberung Troia's nach neun Jahren, und ein ähnliches Zeichen während der Schlacht, den Kampf eines Adlers und einer Schlange, deutet Polydamas auf den Ausgang der Schlacht.[1]) Ferner sind bedeutsame Zeichen die verschiedenen meteorischen Erscheinungen, wie Donner und Blitz, Regenbogen, Sternschnuppen, Blutregen und dergl.[2]) ganz besonders aber der Flug der Vögel; und die Bedeutung solcher Zeichen ist zum Theil so bekannt oder so klar, dafs es um sie zu verstehen gar keiner besondern Wissenschaft oder Begabung bedarf, wie der μάντις sie besitzt, sondern dafs jeder Kluge dazu im Stande ist. Ebendahin gehören auch ominöse Vorkommnisse, wie das Niesen,[3]) oder Worte, beziehungslos ausgesprochen, aber von dem Hörenden zu dem, was er im Sinne hat, in Beziehung gesetzt, wie z. B., als eine der mit Arbeit für die Freier geplagten Sklavinnen ihrem Unmuth durch eine Verwünschung gegen diese Luft macht, dies vom Odysseus als ein weissagendes Wort (φήμη) für den Erfolg des Angriffes aufgefafst wird, den er am nächsten Tage zu unternehmen gedenkt.[4]) — Die verschiedenen Arten der Mantik werden nun auch durch verschiedene Ausdrücke bezeichnet. Μάντις und θεοπρόπος sind, wie gesagt, allgemeinerer Bedeutung; dagegen ist οἰωνοπόλος oder οἰωνιστής derjenige, der aus dem Vögelfluge weissagt. Der Traumdeuter, der entweder selbst im Traume Offenbarungen erhält, oder auch Andern ihre Träume auszulegen weifs, heifst ὀνειροπόλος.[5]) Aufser diesen werden noch θυοσκόοι (Opferschauer) und ἱερῆες als solche genannt, an die man sich als an weissagekundige zu wenden habe, und es würde am nächsten liegen, dabei an Weissagung aus den Eingeweiden der Opferthiere, die sogenannte Hieroskopie, zu denken, wenn sich sonst nur irgend eine Spur von dieser in den homerischen Gedichten fände. Dies ist aber nicht der Fall; und so wird denn wohl an Weissagung aus irgend welchen anderen beim Opfer vorkommenden Zeichen, wie dem Brennen

---

1) Il. Π, 308 ff. u. XII, 200 ff.   2) Il. XI, 28, 53. XVII, 548.
3) Od. XVII, 547.   4) Od. XX, 98 ff.   5) Il. I, 63 mit den Schol. V, 150. Od. XIX, 535.

des Feuers, dem Verbrennen der Opferstücke, dem Benehmen der Opferthiere u. dergl. zu denken sein, deren Deutung theils von den Priestern, wegen ihres vielfachen Verkehrs mit Opfern, theils auch von besonderen Kundigen ertheilt werden mochte, die, wie es scheint, auch bei den häuslichen Opfern zugezogen zu werden pflegten.¹) — Von den späterhin so berühmten Orakeln zu Delphi und Dodona findet sich bei Homer nichts als gelegentliche Andeutungen. Pytho, den alten Namen für Delphi, nennt er als reichbegütertes Heiligthum, wo Apollon Orakel ertheile:²) von Dodona wird gesagt, dafs Odysseus dorthin gegangen sei, um aus der hochbelaubten Eiche den Rathschlufs des Zeus zu vernehmen, und anderswo, dafs dort die Selloi seien, die Hypopheten des Zeus, die ihre Füfse nicht waschen, und deren Lagerstätte ber Erdboden sei.³) In der Odyssee aber ist auch von einer eigenthümlichen Weissagung die Rede, die, an die späteren Todtenorakel ($\nu\varepsilon\varkappa\varrho o\mu\alpha\nu\tau\varepsilon\tilde{\iota}\alpha$ oder $\psi\upsilon\chi o\mu\alpha\nu\tau\varepsilon\tilde{\iota}\alpha$) erinnert. Es wird nämlich erzählt, wie Odysseus auf den Rath der Kirke zum Reich des Hades geschickt sei, um die Seele des Tiresias wegen seiner Rückkehr in die Heimath zu befragen: denn, heifst es, unter allen Todten hat dieser allein noch sein volles Bewufstsein und die Erkenntnifs, die er im Leben besafs, durch besondere Gunst der Persephone; die übrigen aber flattern nur schattengleich umher. Odysseus nun, als er, dieser Weisung gemäfs, an den Eingang des Hadesreichs gelangt ist, gräbt zuerst eine Grube, und giefst umher eine Spende aus für alle Todten, bestehend aus Milch und Honig, dann Wein und drittens Wasser, streuet Mehl dazu, und ruft darauf die Todten an, indem er verheifst, wenn er nach Ithaka zurückgekehrt sei, ihnen eine unfruchtbare Kuh zu opfern, die beste der Heerde, und einen Scheiterhaufen zu verbrennen angefüllt mit guten Dingen, dem Tiresias aber insbesondere ein schwarzes Schaf zu opfern. Dann schlachtet er zwei Schafe, ein männliches und ein weibliches, in die Grube, und die Schatten kommen herbei, um von dem Blute zu trinken, er aber wehrt sie alle ab, bevor Tiresias getrunken und ihm die begehrte Weissagung ertheilt hat: dann läfst er auch die übrigen trinken, und unterredet sich mit mehreren unter ihnen, indem das getrunkene Blut ihnen auf eine Zeitlang wenigstens das Bewufstsein und die Erinnerung wie-

---

1) Od. XXI, 144. XXII, 321.   2) Il. IX, 404. Od. VIII, 79.
3) Od. XIV, 327. XIX, 296. Il. XVI, 235.

dergiebt.¹) Indessen ist doch was von ihrer früheren Bewufstlosigkeit gesagt wird nicht allzu buchstäblich zu verstehen, denn sonst würde weder das Blut der geschlachteten Schafe sie anlocken, noch Odysseus Abwehr sie zurückscheuchen können, und die Verheifsung der Opfer, die Bitten, die dabei ausgesprochen werden, hätten gar keinen Sinn, wenn diejenigen, an welche sie gerichtet werden, nicht wenigstens so viel Bewufstsein hätten, um sie hören und verstehen zu können.²) Aber freilich ist ihr Bewufstsein nur ein dunkles, gleichsam nur ein Schatten des Bewufstseins der Lebenden, wie auch ihre ganze Existenz in der Unterwelt nur ein Schattenbild des Lebens auf der Erde ist. Die Erinnerung ist ihnen geschwunden, und wenn sie, was sie im Leben getrieben, auch in der Unterwelt noch forttreiben, so ist das nur als eine gleichsam instinctartige Fortsetzung ehemaliger Gewohnheiten zu betrachten. Nur wenn sie vom Blute der geschlachteten Opfer getrunken haben, erwacht in ihnen der Geist wieder; dann vermögen sie sich deutlich auch ihres früheren Lebens zu erinnern und den vormaligen Bekannten wieder zu erkennen. Uebrigens aber ist jene Stelle der Odyssee allerdings die einzige, nicht nur welche eine Andeutung von Todtenorakeln sondern auch von irgend einer den Verstorbenen durch Spenden und Opfer erwiesenen Verehrung enthält, wovon sonst die homerischen Gedichte nicht die mindeste Spur erkennen lassen, und wir dürfen also wohl annehmen, der Dichter habe hier etwas aus seiner Zeit in das Heroenalter hineingetragen, was diesem noch fremd gewesen sei. Dasselbe ist, wenngleich weniger sichtbar, ohne Zweifel vielfältig auch in anderen Stücken geschehen; es ist aber für uns unmöglich, mit Sicherheit zu unterscheiden, welche einzelne Züge in dem Bilde, welches wir bisher, den homerischen Andeutungen folgend, zu zeichnen versucht haben, wirklich etwa alter Ueberlieferung aus früherer Vorzeit, welche dagegen der eigenen Zeit des Dichters oder der Dichter angehören mögen. Und eben dieses gilt auch von demjenigen, was wir jetzt noch zur Vervollständigung des Bildes hinzuzufügen haben, und zwar zunächst über die materiellen Grundlagen des Lebens und was in den Bereich der ökonomischen Verhältnisse gehört.

---

1) Od. X, 490 ff. XI, 23 ff. 147. 8. 153. 390.
2) Auch in der Ilias verbieten die Stellen, wo von der Bestrafung die Rede ist, welche die Meineidigen in der Unterwelt leiden werden, an gänzliche Bewufstlosigkeit zu denken. Il. III, 278. XIX, 260.

Das Landgebiet der Staaten heifst gewöhnlich *δῆμος*, mit welchem Namen dann aber auch das Volk selbst benannt wird, welches auf solchem Gebiete wohnt; doch ist diese letztere Bedeutung, wenn auch die vorherrschende, gewifs nicht die ursprüngliche.[1]) Jeder *δῆμος* hat eine oder einige Städte, *πόλεις*, weswegen zur vollständigen Bezeichnung des Landes, wie die epische Sprache sie liebt, gewöhnlich beide Ausdrücke (*δῆμός τε πόλις τε*) verbunden werden. Die Stadt ist der politische Mittelpunkt einer Gemeinde, mag nun diese ein selbständiges und für sich bestehendes Ganze, oder mag sie ein Theil eines gröfseren Ganzen sein. In der Stadt wohnen also die Könige und die übrigen Edlen, welche mit ihnen das Gemeinwesen regieren. Den Gegensatz zur Stadt bildet der *ἀγρός*,[2]) oder das platte Land, mit einzeln liegenden Gehöften oder kleinen Weilern. Dafs manche Städte wohl befestigt, mit starken Mauern umgeben sind, bezeugen die davon hergenommenen Beiwörter, wie *εὐτείχεος* oder *τειχιόεσσα*, und die zum Theil noch heute vorhandenen Ueberreste aus uralter Zeit. Ob aber jede *πόλις* als befestigt zu denken sei, ist doch sehr zweifelhaft; vielmehr bezeugen alte Schriftsteller ausdrücklich, dafs die Städte des ältesten Griechenlandes grofsentheils offene Orte gewesen,[3]) und der eigertliche Name für eine befestigte Stadt scheint *ἄστυ* zu sein. Wenn, wie es bisweilen der Fall ist, beide Ausdrücke neben einander gestellt werden, so ist *πόλις* entweder für die zur Stadt gehörige Landschaft oder auch für die Einwohnerschaft, *ἄστυ* aber für die Stadt selbst zu nehmen.[4])

Die Lebensweise und Beschäftigung der Völker wird durchgehends vielmehr als eine ländliche denn als eine städtische dargestellt. Ackerbau und Viehzucht betreibt auch der Edle, und führt wenigstens die Aufsicht über die Wirthschaft, wenn auch die Arbeit seinen Leuten überlassen bleibt. So haben wir schon oben den König auf seinem Temenos gefunden, wo er die Schnitter beaufsichtigt, und Königssöhne bei den Heerden.

---

1) Die Ableitung *δῆμος* von *δαμάω* ist gewifs irrig: richtiger wohl die von *δέμω*, wie man auch pagus von pango abgeleitet hat.
2) Od. I, 185. XVII, 182. XXIV, 308.
3) Thucyd. I, 5: *πόλεσιν ἀτειχίστοις καὶ κατὰ κώμας οἰκουμέναις*.
4) Das erstere z. B. Od. VI, 177: *ἀνθρώπων οἳ τήνδε πόλιν καὶ δῆμον ἔχουσιν· ἄστυ δέ μοι δεῖξον*. Das andere Il. XVI, 69: *Τρώων δὲ πόλις ἐπὶ πᾶσα βέβηκε θάρσυνος*. Zu Il. XVII, 144: *φράζεο νῦν ὅπως κε πόλιν καὶ ἄστυ σαώσῃς*, bemerkt Eustathius: *ζητητέον εἰ πόλιν μὲν λέγει τὸ κατώτερον, ἄστυ δὲ τὴν ἀκρόπολιν. — οἱ δὲ παλαιοί φασι πόλιν μὲν τὴν πολιτείαν, ἄστυ δὲ τὸ τεῖχος*.

Zum Besitzthum der Reichen gehören zwar auch viele kostbare Dinge, in Schatzkammern und Vorrathshäusern aufbewahrt,[1]) aber gewöhnlich wird doch der Reichthum nach der Gröfse der Aecker und der Zahl der Heerden bemessen. Als Eumäos die Güter des Odysseus beschreibt, zählt er nur die Heerden auf, die theils auf dem Festlande theils auf Ithaka selbst geweidet werden, und vom Tydeus heifst es, dafs er vieles Ackerland, viele Baumpflanzungen und viele Heerden besessen habe.[2]) Die Gaben, welche von Freiern dem Vater eines Mädchens geboten werden, bestehen vorzugsweise in Rindern; wenigstens deutet hierauf das Beiwort, welches einem umworbenen Mädchen gegeben zu werden pflegt, $ἀλφεσίβοια$, die **Rinder erwerbende**. Auch die Preise der Dinge werden nach Rindern angegeben: Eurykleia, die Wärterin des Odysseus, hatte zwanzig Rinder gekostet, eine andere Sklavin, in weiblichen Arbeiten erfahren, wird zu vier, ein grofser Tripus zu zwölf Rindern geschätzt, die goldverzierten Waffen des lykischen Fürsten Glaukos sind hundert, die schlichten des Diomedes dagegen nur neun Rinder werth.[3]) — Arten der Heerden sind aufser den Rindern namentlich Pferde, — dem Erichthonios, der vor dem troischen Kriege und vor Troias Gründung über Dardanien herrschte, weideten dreitausend Stuten auf seinen Triften,[4]) — ferner Schafe, Ziegen und Schweine, je nach der Gelegenheit des Landes. Als Menelaos dem Telemachos Pferde zu schenken anbietet, lehnt dieser sie ab, weil Ithaka kein Land für Pferdezucht sei.[5]) Dann kommen Esel und Maulthiere vor, welche letztere zum Ackerbau vorzüglich gebraucht werden.[6]) Von Federvieh wird nichts erwähnt, als nur Gänse zu Lakedämon im Hofe des Menelaos, und auf Ithaka, wo sie von der Penelope mehr zum Vergnügen als zum wirthschaftlichen Nutzen gehalten zu werden scheinen.[7]) Endlich dafs Homer dem Heroenalter auch Bienenzucht zugeschrieben habe, ist nach den vielen Erwähnungen von Wachs und Honig nicht zu bezweifeln. — Von Getraidearten wird Weizen, Gerste und Spelt genannt, letzterer jedoch nur als Viehfutter.[8]) Die Bearbeitung des Feldes wird mit Rindern oder mit Maulthieren betrieben; der Pflug heifst

---

1) Il. VI, 47.   2) Od. XIV, 99. Il. XIV, 122.   3) Od. I, 341. Il. XXIII, 702. 705. VI, 236.   4) Il. XX, 220.   5) Od. IV, 602.
6) Il. X, 352.   7) Od. XIV, 160. 174. XIX, 536.
8) Ὄλυρα in der Ilias V, 196. VIII, 560. ζέα in der Odyssee IV, 39. 604. Dafs beides nicht verschieden, sagt Herod. II, 36.

ein zusammengefügter, πηκτὸν ἄροτρον,[1]) und ist also ohne Zweifel ebenso zu denken, wie in den hesiodischen Tagewerken der zusammengesetzte Pflug beschrieben wird, im Gegensatz zu dem einfachen (αὐτόγυον), der nur aus einem Holze besteht.[2]) Eine nähere Beschreibung wird man aber wohl hier nicht verlangen. Gemäht wird das Getraide mit Sicheln, das gemähte dann auf einer offenen Tenne (ἀλωῇ) von Ochsen ausgedroschen und durch Wurfschaufeln das Korn von der Spreu gereinigt.[3]) Zum Mahlen dienen Handmühlen, die von Sklavinnen getrieben werden, und worauf sowohl Graupe oder Grütze als Mehl bereitet wird.[4]) — Nächst dem Ackerbau wird häufig des Weinbaues gedacht. Von Ithaka rühmt Telemachos, dafs es wie Getraide so auch Wein reichlich hervorbringe, eine weintragende Flur gehört zu dem Gute, auf welches sich der alte Laertes zurückgezogen hat, ein Temenos, Ackerland und Weinland zu gleichen Theilen, wird dem Meleagros von den Kalydoniern angeboten, und die fröhliche Weinlese, wo neben der Arbeit auch gesungen und getanzt wird, ist auf dem Schilde des Achilleus dargestellt.[5]) Aufbewahrt wird der Wein in grofsen irdenen Krügen (πίθοις), transportirt theils in Amphoren theils in Schläuchen von Ziegenfellen.[6]) Auf verschiedene Weinsorten deuten wohl die Beinamen, roth, schwarz, d. h. dunkelfarben, funkelnd und honigsüfs; was aber der pramneïsche Wein eigentlich für eine Sorte sei und woher er seinen Namen habe, war schon den alten Erklärern nicht sicher bekannt, und darf auch jetzt wohl ohne grofsen Nachtheil dahingestellt bleiben. Dafs ein gewisses Alter den Werth des Weines erhöhe, wissen auch die homerischen Heroen: darum spart die Schaffnerin für die Rückkehr des Odysseus alten Wein auf, und an der Tafel des Nestor wird dem Telemachos ein Eilfjähriger vorgesetzt.[7]) — Auch der Obstarten mag hier erwähnt werden, die neben den Reben in dem Garten des Laertes gezogen werden, Feigen, Oliven und Birnen, und in dem gepriesenen Garten des Alkinoos aufser diesen noch Granaten und Aepfel.[8]) — Von Gemüsen nennt Homer Kichererbsen und Saubohnen, Zwiebeln und Mohn, den letzten jedoch nur in einem Gleichnisse und ohne Andeutung, ob er auch gegessen werde.[9]) Futterkräuter sind

---

1) Il. X, 353. XIII, 703. Od. XIII, 32. 2) Hesiod. Op. et D. v. 433.
3) Il. XVIII, 551. XX, 495. V, 499. 4) Od. VII, 103. XX, 106. 8.
5) Od. XIII, 244. I, 193. XI, 192. Il. IX, 575. XVIII, 561.
6) Od. II. 369. V, 265. IX, 196. 7) Od. II, 340. III, 390.
8) Od. XXIV, 245. VII, 115. 9) Il. VIII, 306.

Klee, eine Eppichart (σέλινον) und eine nicht mit Sicherheit zu bestimmende Wiesenpflanze, die κύπειρον genannt wird. — Dafs Blumen als Zierpflanzen in Gärten gezogen werden, kommt nicht vor, so häufig ihrer auch sonst Erwähnung geschieht.

Neben der Besorgung ihrer Wirthschaft liegen die homerischen Helden auch dem edlen Waidwerk fleifsig ob. Den tüchtigen Jäger lehrt Artemis selbst das Wild zu erlegen, soviel auf den Bergen der Wald nährt,[1]) in den Beschreibungen der Schlachten werden die Gleichnisse häufig von der Jagd entlehnt, und manche Jagden haben eine mythische Berühmtheit, wie die des kalydonischen Ebers. Des Fischfanges dagegen wird zwar in einem Gleichnisse gedacht,[2]) doch die Edlen scheinen sich nicht damit zu befassen, wie denn auch Fische niemals als eine Kost derselben erwähnt werden,[3]) sondern lediglich Fleischspeisen auf ihren Tisch kommen, neben dem Brode, was wohl immer, wenn auch nicht ausdrücklich genannt, hinzuzudenken ist.[4]) Dafs aber den Geringeren die Fische, an denen die griechischen Meere so reich sind, ein wichtiger Nahrungsartikel sind, erhellt schon allein aus den Worten des Odysseus, wo er unter den Segnungen, die dem Lande des gerechten Königs zu Theil werden, namentlich auch dies aufführt, dafs das Meer Fische gewähre.[5]) Der Fischfang wird theils mit Angeln theils mit Netzen betrieben,[6]) und wir mögen uns wohl vorstellen, dafs die Fischer mit ihren Fahrzeugen sich ziemlich weit ins Meer hinausgewagt haben. Das Meer zu befahren wurden die Griechen nothwendig auch im Heroenalter schon durch die Beschaffenheit ihres Landes genöthigt, da der Verkehr zwischen den Inseln und Küstenländern nur zur See möglich war: und so hat denn auch die Zahl der Schiffe, welche alle Völker zu dem Zuge gegen Troia stellen, nichts Unwahrscheinliches. Aber entferntere Meere als das zwischen Griechenland und Vorderasien mit seinen dichtgesäeten Inseln befahren die homerischen Griechen nicht, selbst das nahe Italien ist ihnen ein unbekanntes Land, und eine Fahrt nach Phönicien oder Aegypten von Griechenland aus unternommen ist undenkbar. Werden den-

---

1) Il. V, 51.   2) Od. XXII, 384.
3) Nur in der Noth fangen die Gefährten des Odysseus auf der Insel des Helios Fische und Vögel, Od. XII, 330, wie die des Menelaos in Aegypten. IV, 369.
4) Od. IX, 9. XVIII, 120. XVII, 343.   5) Od. XIX, 113.
6) Od. IV, 368. XVII, 384. Auch Muschelfischerei kommt vor in einem Gleichnifs, Il. XVI, 747.

noch nicht selten phönicische Waaren erwähnt, so sind diese nicht von Griechen geholt, sondern auf andere Weise ihnen zugekommen, entweder durch Phönicier selbst, oder durch irgend welche Vermittelung. Nur ein kretischer Abenteurer unternimmt eine Fahrt nach Aegypten, wohin er bei günstigem Nordwind am fünften Tage gelangt, dem Nestor aber scheint das Meer zwischen Griechenland und Libyen so grofs, dafs selbst ein Vogel nicht in einem Jahre es überfliegen möge, und eine Tagesfahrt heifst ein langer und beschwerlicher Weg.[1]) Von einem überseeischen Handel also, den griechische Seefahrer mit dem Orient getrieben hätten, kann in dem Heroenalter, wie Homer es schildert, nicht die Rede sein; aber auch der Seehandel des Orients nach Griechenland hin darf nicht als sehr lebhaft betrachtet werden, weil die Griechen weder Landesproducte noch Kunsterzeugnisse zu bieten hatten, wodurch viele Ausländer angelockt werden konnten. Niemand sollte so unverständig sein, den Reichthum an edlen Metallen, von dem die homerischen Gedichte reden, als einen Beweis gelten zu lassen, dafs die Griechen, deren Land selbst deren wenig oder gar nicht hatte,[2]) durch Handelsverkehr mit dem Auslande damit versehen worden seien. Jener Reichthum ist zu grofs, um, selbst wenn Griechenlands Produkte so reich und so gesucht als die Indiens gewesen wären, daraus erklärt werden zu können. Im Hause des Menelaos ist des Goldes, des Silbers, des Elektrons soviel, dafs Telemachos es staunend bewundert und meint, selbst der Palast des Zeus könne nicht herrlicher sein.[3]) Und doch mufs auch seines Vaters Haus auf Ithaka nicht schlecht versehen sein, da goldene Giefskannen und Becken zum Waschen der Hände da sind, bei den Mahlen nur aus goldenen Pokalen getrunken wird, und selbst die Bettstelle des Odysseus mit Gold, Silber und

---

1) Od. XIV, 245—257. III, 321. IV, 483. vgl. mit 356. — Wo das Temese liegen mag, wohin der Taphier Mentes fährt um Kupfer für Eisen einzutauschen (Od. I, 184), in Italien oder auf Kypros, oder sonstwo, kann hier wohl unerörtert bleiben. — Ueber Schiffahrt u. Handel der Griechen in der homerischen Zeit hat W. Pierson im N. Rhein. Mus. XVI (1861) S. 82 eine lesenswerthe Abhandlung gegeben. Uns kommt es aber jetzt lediglich auf die Homerische Schilderung an: in wiefern diese der Zeit des Dichters selbst entsprechend sei oder nicht, ist eine Frage für sich.
2) Vergl. Böckh Staatsh. I S. 6. 7 über die grofse Seltenheit des Goldes noch zu Krösus' Zeit. Auch Hüllmann, Handelsgesch. d. Gr. S. 31. 32.
3) Od. IV, 72 ff.

Elfenbein verziert ist.¹) Goldene Spangen an den Kleidern der Männer wie der Frauen und mancherlii anderer Goldschmuck sind etwas Gewöhnliches, auch die Waffen bekommen goldene Verzierungen, ja Nestor's berühmter Schild ist ganz und gar von Gold.²) Aber sollte wirklich Jemand im Ernste bezweifeln können, dafs dies alles nur poetisches Gold sei, mit welchem ihre Heroen auszustatten den griechischen Sängern ebensowenig schwer wurde, als den mittelalterlichen Dichtern die Helden der germanischen Sage, wo es auch des **rothen Goldes** die Fülle giebt? Auch die Vergoldung der Hörner des Opferthiers, die einige Male vorkommt, ist doch wohl gewifs nur eine poetische, und ein Goldschmid, der zu diesem Behuf hätte herbeigeholt werden können, hat in Pylos, wo Homer ihn uns zeigt,³) ebensowenig existirt, als der Schmid des Nestorischen Goldschildes.

Was die sonstige industrielle Betriebsamkeit des Heroenalters betrifft, so finden wir bei Homer eine beträchtliche Zahl von Stellen, wo mancherlei Handwerker und Künstler erwähnt werden, als Zeug- und Waffenschmiede, Lederarbeiter, Horndreher, Töpfer, Wagner, Stellmacher, Maurer, Zimmerleute und Baukünstler;⁴) aber dafs es einen **zahlreichen** Handwerkerstand, d. h. von Professionisten gegeben, die als Demiurgen ihr Geschäft betrieben, geht doch daraus nicht hervor. Gewifs waren solcher überall nur wenige, so dafs man, wenn man ihrer bedurfte, sie bisweilen auch von auswärts her berufen mufste:⁵) und da, wie wir oben gesehen haben, selbst die Edlen es nicht verschmähen, mancherlei Handarbeit zu verrichten, so ist umsomehr anzunehmen, dafs der geringe Mann sich die meisten und unentbehrlichsten seiner Geräthschaften wohl selbst verfertigt, und nur wo er das nicht kann, sich an einen Handwerker von Profession wendet, den er dann entweder in sein Haus ruft, und mit ihm gemeinschaftlich arbeitet, oder zu dem er hingeht, um was er braucht zu bestellen oder zu kaufen, wie z. B. der

---

1) Od. I, 137. XVIII, 120. XX, 261. XXII, 9. XXIII, 200. Dagegen vgl. Duris bei Athenae. VI, p. 231, wo vom König Philippos, Alexander's Vater, erzählt wird, dafs er eine goldene Phiala, als etwas ungemein Kostbares, selbst mit zu Bette genommen habe. Vgl. C. Müller fr. hist. Gr. II, p. 470.
2) Il. VIII, 193.   3) Od. III, 425.
4) Il. IV, 187. XII, 295. Od. IX, 391. — Il. VII, 220. — Il. IV, 110. — Il. XVIII, 601. — Il. IV, 485. — Od. XIX, 56. — Il. XVI, 212, — Il. XXIII, 712. — Od. XVII, 340. XXI, 43 u. a. a. O.
5) Od. XVII, 382.

Ackersmann, wenn er Eisengeräth bedarf, in die Stadt zum Hause des Schmiedes gehen mufs.¹) Namentlich aber was zur Kleidung gehört wird im Hause selbst verfertigt. Spinnen und Weben ist selbst der fürstlichen Frauen tägliche Beschäftigung, und Homer, kraft seines Dichterrechts, stattet einige von ihnen mit bewunderungswürdiger Geschicklichkeit aus, so dafs sie nicht nur allerlei bunte Verzierungen, sondern selbst Darstellungen von Schlachtscenen in ihre Gewebe hineinzuwirken verstehen.²) Es werden übrigens theils wollene, theils aber auch leinene Zeuge gewebt.³)

Eine genaue Aufzählung und Beschreibung aller zum vollständigen Anzug gehörigen Kleidungsstücke werden meine Leser wohl nicht begehren: ich wenigstens habe keine Lust mich darauf einzulassen, theils weil eine Beschreibung doch nicht hinreichen würde, um ein anschauliches Bild zu gewähren, theils weil über manche Stücke gar nicht zur vollen Gewifsheit zu gelangen, überhaupt aber der Gegenstand von untergeordneter Bedeutung und ohne eigentliches wissenschaftliches Interesse ist. Daher nur soviel: zur Männerkleidung gehört zunächst der Chiton oder das Untergewand, einem Hemde nicht unähnlich, doch ohne Aermel, um die Hüften mit einem Gürtel zusammengehalten und bis ans Knie herabreichend. Nur die Athener werden an einer Stelle der Ilias als Ἰάονες ἑλκεχίτωνες, d. h, mit langen schleppenden Chitonen bekleidete bezeichnet,⁴) was, wenn auch sonst die Stelle verdächtig ist, doch als Zeugnifs alter auch anderweitig bezeugter ionischer Sitte angesehen werden kann. Das Obergewand heist bald φᾶρος bald χλαῖνα, und zwar ist der letztere Name der gewöhnlichere. Die Chlaina tragen Vornehme und Geringe, Reiche und Arme, sie ist bisweilen doppelt, d. h. man kann sie doppelt umlegen, bisweilen einfach, bald dick und wollicht, bald leicht, bei den Edlen oder Fürsten auch wohl purpurfarben, bei Armen natürlich von geringer Farbe oder ungefärbt: das Pharos dagegen ist nur ein Staatskleid, welches Fürsten und Edle, nie Geringe tragen. Beide sind ohne Zweifel mantelartig, doch von verschiedenem Schnitt; bei der Chlaina werden Spangen oder Hefteln erwähnt, die beim Pharos nicht vorkommen. Als Fufsbekleidung werden πέδιλα genannt, d. h. lederne Sohlen mit schmalem Rande, die mit Riemen festgebunden werden. Dergleichen macht der geringe

---

1) Il. XXIII, 834. vgl. Od. XVIII, 327.
2) Il. XXII, 441. III, 126.   3) Od. VII, 107.   4) Il. XIII, 685.

Mann sich selbst, wie Eumäos in der Odyssee:[1]) für den Vornehmeren arbeitet vielleicht der σκυτοτόμος, der auch andere Lederarbeiten verfertigt. Man pflegt aber die Schuhe nur zu tragen, wenn man ausgeht: im Hause legt man sie ab. Der Kopf bleibt unbedeckt; nur auf dem Lande oder auf Reisen trägt man eine Mütze von Filz oder von Leder. — Als Kleidung der Frauen wird namentlich nur der Peplos genannt, über dessen Schnitt und Gestalt ich hier nichts weiter sagen kann, als daſs er mit mehreren Spangen (περόναις) befestigt wird, deren Zahl einmal zwölf ist.[2]) Es ist aber, wenn auch nicht mit homerischen Zeugnissen zu belegen,[3]) so doch aus andern Gründen unzweifelhaft, daſs unter dem Peplos auch ein Chiton von den Weibern getragen wird, den wir uns bei den Frauen der Fürsten und Edlen nur als lang herabreichend denken dürfen. Statt des Peplos wird an einigen Stellen auch ein Pharos genannt.[4]) Die Weiberschuhe heiſsen ebenfalls πέδιλα und scheinen von denen der Männer nicht verschieden zu sein. Dagegen aber gehört zum vollständigen Frauenanzuge mancherlei Kopfbedeckung, worunter die hauptsächlichsten das κρήδεμνον oder ein Kopftuch, welches auch schleierartig vor das Gesicht gezogen werden konnte und hinten bis zu den Schultern hinabfiel, und die καλύπτρη, wahrscheinlich eine Art von Haube; dazu Bänder oder Binden um die Haare zusammenzuhalten, wie die ἄμπυξ oder das Stirnband, und vielleicht auch etwas den Haarnadeln Aehnliches.[5]) Auſserdem Ohrgehänge, Halsbänder oder Halsketten, Armbänder und dgl. Zierrathen, von Gold mit Edelgestein oder Elektron verbunden.[6])

Was von der Einrichtung der Wohnungen vorkommt, bezieht sich fast allein auf die der Fürsten: von denen des niederen Volkes ist nur beiläufig die Rede, und wie das städtische Haus eines geringen Mannes beschaffen gewesen sein möge, darüber findet sich nirgends die mindeste Andeutung. Wohl aber hören wir von Leschen in der Stadt, d. h. von einer Art

---

1) Od. XIV, 23.   2) Od. XVIII, 292.
3) Denn der Chiton, den Athene anlegte, Il. V, 736 u. VIII, 387, ist nicht der ihrige, sondern des Zeus.
4) Od. V, 230. X. 544.   5) Eustath. zu Il. XVIII, 401.
6) Od. XV, 460. XVIII, 296. Was Elektron bei Homer eigentlich sei, ist bis heute noch unausgemacht. Die Meisten nehmen es für Bernstein, was an den a. Stellen allerdings wohl paſst, und als spätere Bedeutung bekannt ist; aber an anderen Stellen paſst es durchaus nicht, und ich finde die Meinung, daſs es überhaupt glänzendes Edelgestein bedeute, am wahrscheinlichsten. S. Hüllmann, Handelsgesch. d. Gr. S. 70—72.

Gesellschaftshäuser, wo die Leute in müfsigen Stunden zusammen kommen und mit einander plaudern, — was auch der Name besagt, — und Fremde, die keinen Gastfreund haben, der sie beherbergt, auch für die Nacht ein Unterkommen finden können.[1]) Die ländlichen Wohnungen sind theils Herrenhäuser mit einer Anzahl geringer Behausungen oder Schoppen umher für die Sklaven, wie auf dem Gute, wohin der alte Laertes sich zurückgezogen hat,[2]) theils nur Hütten, wie die des Eumäos, bei der jedoch ein hochummauerter Hof ist, den eine unten aus Steinen, darüber aus einer lebendigen Dornhecke bestehende Einfriedigung umgiebt, und auf dem sich die Ställe für die Schweine befinden.[3]) — Unter den fürstlichen Wohnungen werden in der Ilias die des Priamos, in der Odyssee die des Nestor, des Menelaos und des Alkinoos, diese beiden als besonders prachtvoll, am häufigsten aber natürlich die des Odysseus erwähnt, jedoch so, dafs es kaum möglich ist, sich aus den verschiedenen Andeutungen eine deutliche und in allen Einzelheiten bestimmte Vorstellung zu bilden. Wir begnügen uns deswegen mit der Angabe der Hauptsachen, ohne überall für die Richtigkeit einzustehen.[4]) Zunächst also erblicken wir eine hohe mit Zinnen versehene Mauer, mit einem zweiflügeligen Thore.[5]) Eingetreten durch dieses befinden wir uns auf einem geräumigen Hofe, dessen vorderer Theil keinen besonders saubern Anblick bietet: denn es liegt hier eine Menge von Dung aufgehäuft,[6]) der später wohl auf den Acker gefahren werden wird, und wir dürfen hier also auch die Ställe für Rinder und Maulthiere suchen, soviel deren in der Stadt gehalten werden müssen, denn die meisten befinden sich natürlich auf den Landgehöften oder auf den Weiden. Eine Scheidewand trennt diesen Hof von einem zweiten,[7]) der sich sauber und stattlich genug ausnimmt. Denn der Boden ist nicht nur reinlich gehalten, sondern auch gepflastert oder wenigstens festgeschlagen, und umher läuft eine Säulenhalle, hinter welcher wir zu beiden Seiten Eingänge zu einer Anzahl von Gemächern erblicken, die zu verschiedenen Zwecken, als Schlafzimmer für Hausgenossen und Gäste, als

---

1) Od. XVIII, 329, die einzige hom. Stelle, wo der $λέσχη$ erwähnt wird.   2) Od. XXIV, 208 ff.   3) Od. XIV, 5 ff.
4) Genaueres über alle Einzelheiten giebt Rumpf, de aedibus Hom. Giss. 1844 u. 1858.   5) Od. XVII, 266.   6) Ebend. v. 297 ff.
7) Od. XVIII, 102, wo ich mir die Thür der Halle, zu der Odysseus den Irus schleift, als die aus dem innern von Säulen umgebenen Hofe in den äufsern Hof führende Thür vorstelle.

Badezimmer u. dergl. zu benutzen sind.¹) Uns gegenüber aber zeigt sich das Hauptgebäude, und beim Eintritt in dasselbe befinden wir uns alsbald auch in dem Hauptgemach, dem sogen. Megaron, d. h. einem grofsen von Säulen getragenen Saale. Hier pflegen, während Odysseus abwesend ist, die zudringlichen Freier der Penelope sich zu versammeln und zu schmausen. Ist der Hausherr daheim, so sitzt er dort und oft auch seine Gattin neben ihm:²) es ist das allgemeine Versammlungszimmer für die Angehörigen des Hauses, zugleich aber auch der Speisesaal, da Raum für viele Gäste vorhanden ist. Es fehlt also auch nicht an zahlreichen Tischen und Sesseln; denn dafs Alle an einer grofsen gemeinschaftlichen Tafel speisen, ist nicht Sitte: es pflegen vielmehr die Speisenden entweder paarweise oder einzeln ihre besonderen Tische zu haben. ³) Die Sessel sind entweder hohe Lehnstühle mit einer Fufsbank versehen, oder leichtere und niedrigere Stühle, und sie pflegen mit Tüchern und Teppichen, zum Theil mit köstlichen Purpurdecken belegt zu werden. Auch ein grofser Mischkrug ist vorhanden, aus welchem der mit Wasser gemischte Wein von den Aufwärtern geschöpft und den Gästen umhergereicht wird, und zwar regelmäfsig rechts herum. — Natürlich fehlte es auch nicht an mancherlei Gestellen und Behältnissen um dies und jenes wegsetzen oder hervorlangen zu können. Namentlich bemerken wir ein Speerbehältnifs, wo die eintretenden Männer ihre Speere hinsetzen,⁴) ohne die man damals so wenig auszugehen pflegte, als späterhin an manchen Orten ohne Stock. Aus dem Megaron führt eine Stiege in das Oberhaus, ὑπερώϊον, in welchem sich das Frauenzimmer befindet, d. h. das Gemach, wo die Hausfrau mit ihren Dienerinnen von den Männern abgesondert sitzen und arbeiten kann. ⁵) Es giebt aber aufserdem im Oberhause noch manche andere Gemächer, zu welchen Seitentreppen führen, und die zu mancherlei Zwecken dienen: unter ihnen eines, in welchem der Waffenvorrath des Odysseus aufbewahrt wird. ⁶) Das nöthige Licht bekommen die Gemächer theils durch die geöffneten Thüren, theils durch Fensteröffnungen, die mit Läden verschlossen werden können. Solche Fensteröffnungen hat auch

---

1) Od. I, 425. IV, 625—7. vgl. II. VI, 243 ff.
2) Wie zu Scheria Arete neben dem Alkinoos. Od. VI, 304—308. Auch ein Heerd ist hier im Megaron.
3) Vgl. Nitzsch zu Od. I p. 27. 4) Od. I, 128.
5) Od. IV, 751. 760. 781. XVI, 449 u. öfter.
6) Od. XXI, 5—12. XXII, 123 ff.

das Megaron, und zwar in ziemlicher Höhe, so dafs man auf Stufen hinansteigen mufs:[1]) und es scheint, dafs eine schmale an den Wänden des Megaron umherlaufende Galerie diese Stufen und die in das Oberhaus führenden Stiegen miteinander verbindet. Das Dach des Hauses ist flach.

Das tägliche Leben der homerischen Helden müssen wir uns aber offenbar weniger im Hause als draufsen geführt vorstellen. Die Aelteren und Angeseheneren, die Geronten, werden vielfältig vom Könige entboten, um über allgemeine Angelegenheiten mit ihm zu berathen; in wichtigen Fällen werden auch wohl Volksversammlungen berufen, was jedoch nur selten vorkommt. Häufiger sind sie als Richter beschäftigt, Streitigkeiten zu schlichten. Wer aber auch durch dergleichen Obliegenheiten nicht in Anspruch genommen wird, den veranlafst doch die Sorge für eine grofse Wirthschaft und ausgedehntes Besitzthum zu öfteren Abwesenheiten, indem er die ländlichen Gehöfte oder die Heerden auf ihren Weiden besuchen mufs, bei denen sich, wie wir gesehen haben, auch Königssöhne mitunter lange Zeit aufhalten. Auch die Jagd, die, wo dazu Gelegenheit ist, eifrig geübt wird, mufs manche längere Abwesenheit vom Hause veranlassen. Ist man aber in der Stadt, so wird die Zeit, da man nichts zu thun hat, — und deren ist gewifs immer sehr viele, — mit geselligen Vergnügungen und Unterhaltungen ausgefüllt. Dahin gehören allerlei gymnastische Uebungen und Wettspiele, wie das Werfen mit dem Wurfspiefs oder mit dem Diskus, aber auch Tanz und Ballspiel, welches beides wenigstens die Freier der Penelope und die Phäaken eifrig treiben.[2]) Daneben kommt auch Würfelspiel und Brettspiel vor.[3]) Odysseus, an der Tafel des Alkinoos, erklärt, dafs er nichts Angenehmeres kenne, als wenn Fröhlichkeit im Lande walte, überall in den Häusern Schmausende sitzen dem Sänger zuhörend, indem die Tische voll Brod und Fleisch sind und lieblichen Wein aus dem Mischkruge schöpfend der Schenk umträgt und in die Becher eingiefst:[4]) und diese Art von Annehmlichkeiten des Lebens wissen denn auch überall die homerischen Helden gebührend zu schätzen. Sie essen und trinken gut und reichlich, und zwar regelmäfsig dreimal des Tages, früh Morgens das $ἄριστον$, um

---

1) Od. XXII, 126 mit Eustath.
2) Od. IV, 626. VII, 260. 372. XVII, 605.
3) Od. I, 107. II. XXIII, 88.   4) Od. IX, 5.

Mittag das δεῖπνον, Abends das δόρπον. ¹) Kommt ein Fremder, so wird ihm alsbald zu essen und zu trinken vorgesetzt, und es gilt für unschicklich, ihn eher um Namen und Anliegen zu befragen, als bis er gespeist hat. Gastereien sind häufig, und kommen unter mancherlei, freilich nicht sicher zu deutenden Benennungen vor: εἰλαπίνη, was eine Trinkgesellschaft bezeichnen mag, wie das bei Homer noch nicht übliche συμπόσιον, ferner ἔρανος, eine Mahlzeit, zu der die einzelnen Gäste selbst ihre Beiträge liefern, θοίνη, was vielleicht ein Mahl beim Opfer bedeuten mag:²) um nicht von Hochzeitschmaus und Leichenmahl zu reden. Als die eigentliche Zierde des Mahles indessen wird nicht das Essen und Trinken angesehen, sondern die Unterhaltung, wie auch Odysseus in seinem Ausspruch den Sänger nicht vergessen hat. Gesang und Saitenspiel verschönern die Freuden der Tafel,³) und die Gäste sitzen noch lange und lauschen dem Sänger auch nachdem die Begierde des Tranks und der Speise gestillt ist, und bisweilen, wie bei dem Hochzeitschmause im Hause des Menelaus, treten auch Tänzer auf und ergötzen die Gesellschaft mit ihren Künsten.⁴)

Wir dürfen aber diese homerische Heroenwelt nicht verlassen, ohne auch noch einen Blick auf diejenige Seite geworfen zu haben, die uns das Epos vorzugsweise schildert, nämlich den Krieg. Ein solcher Krieg freilich wie der troianische, über dessen Realität ein Jeder urtheilen mag, wie er will und kann, ist weder vorher noch nachher jemals vorgekommen, und was andere alte Lieder über die Argonautenkämpfe, über den Krieg der sieben Helden gegen Theben und über den der Epigonen gesungen haben, ist nicht mehr vorhanden. Wir hören aber Manches von kleinen Fehden, welche die Völker untereinander führen wegen streitiger Gebiete, räuberischer Einfälle, Entführung von Heerden und dergl., und es ist wohl zu glauben, dafs dergleichen in jenem Zeitalter häufig genug vorgekommen seien,

---

1) Dafs ἄριστον nicht das Neutrum des Superl. ἄριστος sei, wie Mehrere meinten, etwa weil ein gutes Frühstück das Beste sei, womit man sein Tagewerk beginnen könne, ist jetzt wohl allgemein anerkannt. Es ist von gleichem Stamme wie ἔαρ, die Frühe: die Endung mag aus ἐστόν, gegessen, erklärt werden. Vgl. Pott, etym. Forsch. I p. 101 u. Benfey, Wurzellex. I, 28, wo aber die Behauptung, dafs das ā bei Homer kurz sei, zu berichtigen ist.
2) Das Subst. kommt zwar bei Homer nicht vor, aber doch das Verbum θοινηθῆναι Od. IV, 36.
3) Ἀναθήματα δαιτός, Od. I, 152, wo auch der Tanz dazu gehört, u. XVI, 430.   4) Od. IV, 18.

wenn wir auch den Beweis eines so rechtlosen Zustandes, eines beständigen Krieges Aller gegen Alle, wie Manche ihn aus ihrem Homer herausgelesen haben, nicht darin zu erkennen vermögen. Da indessen alle solche Fehden nur kurz erwähnt, nicht ausführlich beschrieben werden, so müssen wir uns an die Schilderungen halten, die uns die Ilias vom troianischen Kriege giebt. Hier sehen wir nun das auf 1186 Schiffen aus fast allen Theilen Griechenlands herübergefahrene Heer, dessen Gesammtzahl auf mehr als 100000 anzuschlagen ist, der feindlichen Stadt gegenüber, doch in beträchtlicher Entfernung von ihr, am Ufer gelagert. Die Schiffe sind ans Land gezogen und stehen reihenweise hintereinander im Lager.¹) Dieses aber gleicht einer grofsen Stadt, hat einen Markt zu Versammlungen und Gerichten, mit Altären zu gottesdienstlichen Handlungen,²) und die Zelte der Fürsten sind geräumigen ansehnlichen Häusern gleich, so dafs ihnen auch ein Vorhof mit einer Säulenhalle nicht fehlt.³) Umgeben ist das Lager mit einem Graben und einem stellenweise auch mit Thürmen versehenen Wall, den unsere Ilias in ihrer gegenwärtigen Gestalt erst im zehnten Jahre des Krieges erbaut werden läfst, während jedoch die Spuren einer anderen Erzählung, wonach das Lager schon gleich nach der Landung so befestigt worden, nicht ganz verwischt sind.⁴) Die Belagerung besteht lediglich darin, dafs von Zeit zu Zeit Versuche gemacht werden, die Mauern der Stadt zu erstürmen. Mitunter rücken auch die Troer hinaus und stellen sich den Belagerern zur offenen Feldschlacht entgegen; doch scheint es, nach unserer Ilias, zu einer solchen vor dem zehnten Kriegsjahre noch nicht gekommen zu sein.⁵) Die Griechen dagegen haben aufser jenen wiederholten Angriffen auf die Mauern auch vielfältige Streifzüge in die benachbarte Gegend und selbst auf die nächsten Inseln unternommen, um Lebensmittel und andere Beute zu gewinnen, und der Hauptheld, Achilleus, rühmt sich einmal, nicht weniger als dreiundzwanzig Städte auf solchen theils zu Lande theils zur See unternommenen Streifzügen zerstört zu haben.⁶) Aufser den auf solche Weise erbeuteten Lebensmitteln erhalten aber die Griechen auch Zufuhr von be-

---

1) Il. XIV, 32 ff.   2) Il. XI, 807.
3) So Il. XXIV, 644. 673 das Zelt des Achilleus, welches auch οἶκος und δόμος genannt wird, v. 471. 572.
4) Vgl. was hierüber in den Jahrbüchern f. Philologie u. Pädagogik Bd. 69 (1854) S. 20 von mir bemerkt ist.
5) Vgl. ebend. S. 16.   6) Il. IX, 328.

freundeten Inseln, z. B. von Lemnos.¹) — In den Schlachten kämpfen theils Reisige theils Fufsvolk. Unter den Reisigen sind aber nicht Reiter zu verstehen, sondern Kämpfer auf Wagen, eine Kampfesart, von der das geschichtliche Griechenland nichts weifs, und von der sich schwerlich wird ermitteln lassen, mit welchem Rechte das Epos sie seinen Helden zugeschrieben habe. Die Fürsten und Edlen kämpfen fast immer zu Wagen und nur ausnahmsweise zu Fufs. Eine Beschreibung des Streitwagens zu geben halte ich für überflüssig: es genügt zu sagen, dafs er zwei Räder hat und von zwei Pferden gezogen wird, denen aber oft noch ein drittes als Handpferd zur Reserve angekoppelt ist. Er trägt zwei Männer, den Kämpfer und den Wagenlenker: auch dieser aber ist immer einer der Edlen, ein Freund und Waffengefährte des Kämpfers, und bisweilen wechseln auch beide die Rollen, so dafs dieser die Zügel ergreift, jener aber die Waffen führt. Oft auch steigt der Kämpfer vom Wagen herab und streitet zu Fufs, wo denn der Wagenlenker sich immer möglichst in seiner Nähe hält, um ihn sobald es erforderlich ist wieder aufnehmen zu können. Die Waffenrüstung der Helden, wenigstens die Hauptstücke derselben, lehrt uns am besten die Beschreibung kennen, die im eilften Gesange der Ilias von Agamemnons Bewaffnung gegeben wird. Zuerst legt er die Beinschienen an, d. h. Platten von Metall²) der Gestalt des Beines angepafst, die wir uns mit Leder oder ähnlichem Stoffe gefüttert und mit Spangen oder Schnallen befestigt zu denken haben, und die das Bein vom Knöchel bis zum Knie schützen. Dann den chernen Panzer, aus einem Bruststück und einem Rückenstück bestehend, und nicht nur mit Streifen verschiedenfarbigen Metalls sondern auch mit Figuren verziert. Hierauf wirft er das Schwert über die Schultern, d. h. er hängt sich das Schwertgehänge über, welches das am Griff mit goldenen Buckeln verzierte und in einer ebenfalls goldverzierten Scheide steckende Schwert trägt. Dann nimmt er den Schild, grofs genug um den ganzen Leib zu schützen, und reichgeschmückt mit mehreren Kreisen verschiedenen Metalls, mit einer Anzahl

---

1) Il. VII, 467.
2) Das Metall, aus welchem Hephästos die Beinschienen für den Achilleus verfertigt, heifst κασσίτερος (Il. XVIII, 613 und XXI, 592), welcher Name bei den Spätern bekanntlich Zinn bedeutet: ob auch bei Homer, ist streitig. Manche erklären es für das beim ersten Schmelzen des Silbererzes erhaltene sog. Werk, wo das Silber noch nicht rein, sondern mit Blei gemischt ist. Das Wort ist übrigens semitischer Herkunft.

vorstehender Buckeln und mit einer schrecklichblickenden
Gorgo, und hängt ihn mittels des daran befindlichen Trag-
riemens an die Seite. Zuletzt setzt er den Helm auf, den ein
Rofsschweif und oben ein hoher Helmbusch schmückt, und
nimmt nicht einen sondern zwei Speere.[1]) Nebentheile der
Rüstung, die hier unerwähnt geblieben sind, werden anderswo
genannt, wie z. B. ein Gürtel, welcher dazu dienen mag, die
beiden Stücke des Panzers unten zusammenzuhalten, und ein
Schurz, etwa von Leder, mit Metallplatten belegt, um den Unter-
leib und die Schenkel zu bedecken.[2]) Dafs aber nicht überall
die Helden auf ganz gleiche Weise gerüstet sind, zeigen mehrere
Stellen. Oefters wird als Kriegskleid ein Chiton erwähnt, welcher ein Waffenrock zu sein scheint, vielleicht von Leder mit
Metallplatten belegt oder auch ein Ketten- oder Ringpanzer.
Der lokrische Aias tragt nach dem Schiffsverzeichnifs einen lin-
nenen Panzer, wie der troische Amphios aus Perkote; aber in
den übrigen Theilen der Ilias wird dergleichen nicht erwähnt.
Als Angriffswaffen finden wir, aufser den zum Kampf in der
Nähe dienenden, dem Schwerte und dem Speere, auch Schleu-
dern und Bogengeschofs, mit welchem unter den griechischen
Helden namentlich der salaminische Teukros, unter den Troern
Alexandros und der lykische Pandaros kämpfen, und Wurfspiefse, kürzer und leichter als der Speer, welcher übrigens
ebenfalls nicht blofs zum Stofs, sondern auch zum Wurf in
geringer Entfernung gebraucht wird. Ferner Streitäxte und
Streitkolben oder Keulen, doch diese nicht in den Kämpfen vor
Troja. Sehr häufig aber wird auch mit Steinen geworfen, und
zwar von den Helden mit gar gewaltigen Stücken, wie nicht

---

1) Ohne Zweifel hat es, wie anderswo so auch in Griechenland eine
Zeit gegeben, wo man nur kupferne oder eherne Waffen führte, und in
den Hesiodischen Tagewerken v. 150 wird auch der Name des ehernen
Zeitalters darauf bezogen. Dafs aber Homers Helden nicht blofs eherne
Waffen hatten, — obgleich unter den Alten Einige sich das eingebildet
haben, wie Paosan. III, 3, 6, — beweist die häufige Erwähnung des Eisens:
ciserne Pfeilspitzen, Il. IV, 123, Schlachtmesser XXIII, 30. XVIII, 34.
und dgl., und der Ausdruck $\alpha\mathrm{\dot{v}}\tau\grave{o}\varsigma\ \gamma\grave{\alpha}\rho\ \dot{\epsilon}\varphi\acute{\epsilon}\lambda\kappa\epsilon\tau\alpha\iota\ \ddot{\alpha}\nu\delta\rho\alpha\ \sigma\acute{\iota}\delta\eta\rho o\varsigma$, Od.
XVI, 294. XIX, 13. Wird $\chi\alpha\lambda\kappa\acute{o}\varsigma$ und $\chi\acute{\alpha}\lambda\kappa\epsilon o\varsigma$ von Angriffswaffen
gesagt, so ist ohne Zweifel immer an Eisen zu denken, da $\chi\alpha\lambda\kappa\acute{o}\varsigma$ als
allgemeiner Name von jedem Metall gebraucht wird, daher $\chi\alpha\lambda\kappa\epsilon\acute{v}\varsigma$ sowohl vom Goldschmiede, Od. III, 425. 432, als vom Eisenschmiede, Od·
IX, 391. 393.

2) Vgl. Rüstow und Köchly, Gesch. des griech. Kriegswesens S. 12,
ein Buch, in welchem freilich oft die Phantasie der Vf. mehr gegeben hat,
als sich aus den Quellen erkennen läfst.

leicht zwei Männer sie heben möchten, so wie jetzt die Sterblichen sind.[1]) Die grofse Masse des Heeres ist natürlich als meistentheils nur leichtgerüstet zu denken. Einige Völkerschaften werden als Nahekämpfer bezeichnet, wie die Arkader, und für die Dardaner ist dies ein stehendes Beiwort, andere als Bogenschützen, wie die thessalischen Mannen des Philoktetes, andere als Lanzenkämpfer, wie die Abanten von Euböa, manche mögen aufser Helm und einem kleinem Schilde gar keine Schutzwaffen führen, und von den Lokrern heifst es, dafs sie zum Kampfe in der Nähe und in geschlossenen Gliedern nicht taugen, weil sie keine Helme, keine Schilde noch Lanzen, sondern nur Bogen und Schleudern haben. — Zum Gefechte ordnen sich die Streiter, — die Schützen und Schleuderer wohl ausgenommen, — in Glieder und Colonnen (Phalangen) zusammen und rücken gegeneinander: sie werden mit Schnittern verglichen, die in zwei Abtheilungen das Kornfeld von entgegengesetzten Seiten durchschreiten bis sie aneinander kommen; dann werden sie handgemein, Schild drängt sich an Schild, die Lanzen kreuzen sich, und bald schwimmt die Erde von dem Blute der Verwundeten und Gefallenen.[2]) Aber meistens bleiben sie in Wurfesweite von einander, es fliegen von beiden Seiten die Geschosse, Wurfspiefse, Pfeile und Steine, nur die vorkämpfenden Helden, meist zu Wagen, oft aber auch zu Fufs, rücken vor in den Zwischenraum zwischen beide Heere, die Brücke des Kampfes, wie ihn die Ilias bezeichnet, sie rufen den Ihrigen ermuthigend zu, daher heifsen sie auch die Rufer im Streite, sie dringen ein auf die Schaaren der Feinde, und wenn es ihnen gelingt, einen der Tüchtigsten zu erlegen, so fliehen die Uebrigen und ihre Reihen lösen sich. Nicht selten aber entspinnen sich Einzelkämpfe der Helden, während welcher die Scharen vielmehr zuzuschauen als selbst zu kämpfen scheinen. Die Einzelkämpfe sind theils vom Wagen aus, oft aber auch zu Fufs. Die Kämpfer schleudern zuerst die Speere gegen einander, und greifen dann zum Schwerte. Dem Gefallenen zieht der Sieger die Waffen ab, sucht sich oft auch des Leichnams selbst zu bemächtigen, um ihn hinzuwerfen den Hunden und Vögeln zum Raube, weswegen sich dann um die Leiche die heftigsten Kämpfe erheben; die Mehrzahl der Todten aber bleibt liegen bis ein Stillstand geschlossen wird, damit sie

---

1) Il. V, 304. XII, 449. XX, 287.
2) Il. XI, 67. IV, 446. VIII, 60.

fortgeschafft und verbrannt werden können.[1]) Gefallene Helden werden von den Ihrigen durch ein ausgezeichnetes Begräbnifs geehrt, wie Patroklos vom Achilleus, Hektor von den Troern. Patroklos' Leichnam, nachdem es endlich gelungen ist, ihn dem Hektor zu entreifsen, wird ins Lager und zum Zelte des Achilleus gebracht, hier wird er mit warmem Wasser gewaschen und mit Oel gesalbt, dann auf ein Bett gelegt, mit Linnen verhüllt und ein weifses Gewand darüber gebreitet. Die ganze Nacht hindurch umgeben ihn die Myrmidonen trauernd und klagend, Achilleus verschmäht Speise und Trank bis er seinen Tod gerächt habe, und eher will er auch den Leichnam nicht bestatten. Als ihm die Rache gelungen und Hektor erlegt ist, wird zur Bestattung geschritten: es wird ein Scheiterhaufen erbaut, der Leichnam hingetragen, von den Myrmidonen allen in voller Rüstung zu Wagen und zu Fufse geleitet. Alle scheeren ihr Hauptbaar und werfen es auf den Scheiterhaufen: es werden Schafe und Rinder geschlachtet, in das Fett wird der Leichnam eingehüllt, die Leiber auf den Scheiterhaufen gelegt; Krüge mit Honig und Oel werden neben das Leichenbett gestellt; auch vier Rosse, neun Hunde und zwölf gefangene Troer werden getödtet, um mit verbrannt zu werden. Dann wird der Scheiterhaufen angezündet, und nachdem er heruntergebrannt, die Glut mit Wein gelöscht, die Gebeine des Patroklos gesammelt und in eine goldene Urne gelegt, in der sie aufbewahrt werden sollen, um einst mit denen des Achilleus zugleich in einem Grabe bestattet zu werden. — Hektors Leichnam, nachdem ihn Achilleus zurückgegeben, wird in Troia mit Jammer und Wehklagen empfangen, und nachdem er auf das Leichenbette gelegt ist, wird von Sängern die Todtenklage angestimmt und von den Frauen, der Mutter, der Gattin und der Helena, werden dem Todten die letzten Liebes- und Abschiedsworte zugerufen. Dann wird der Scheiterhaufen errichtet, angezündet, mit Wein gelöscht, die Gebeine von den klagenden Brüdern und Freunden gesammelt, in ein goldenes Gefäfs gelegt und dies mit purpurnen Tüchern umwickelt. So werden sie in ein Grab gesetzt, darüber eine Decke von Steinen gelegt und ein Grabhügel aufgeschüttet, und endlich dann ein Leichenmahl gehalten.

„Also feierten sie das Begräbnifs des reisigen Hektor": mit diesem Verse schliefst die Ilias, und damit mag auch diese Schilderung der Heroenwelt geschlossen sein.

---

1) Il. VII, 376. 394. 408 ff.

Das geschichtliche Griechenland.

I. Allgemeine Charakteristik des griechischen Staatswesens.

1. Die Stammesunterschiede des griechischen Volkes.

In der obigen Schilderung des Heroenalters ist von Stammesverschiedenheit unter den Griechen und von unterscheidenden Eigenthümlichkeiten der Stämme nichts gesagt worden, aus dem einfachen Grunde, weil die homerischen Gedichte, ein Paar auf Tracht und Kampfesweise bezügliche Andeutungen abgerechnet, gar nichts dergleichen erkennen lassen. Dafs die Ionier einmal als ἑλκεχίτωνες, d. h. lange bis auf die Fersen herabreichende Chitonen tragende bezeichnet werden, ist nicht unerwähnt geblieben: und es deutet dieses Beiwort allerdings auf eine diesem Stamme eigenthümliche bei den übrigen Griechen nicht übliche Kleidertracht; aber die Stelle, wo die Ionier vorkommen, wird gewifs mit Recht für eine spätere Interpolation gehalten, und kann daher für die homerische Vorstellung von der Heroenzeit nichts beweisen. Der Schiffskatalog nennt die Abanten am Hinterhaupt behaarte (ὄπιθεν κομόωντες), als solche, die das Haar vorne kurz zu verschneiden, hinten lang wachsen zu lassen pflegten, im Gegensatz gegen die hauptumlockten Achäer, die es rings am Haupte unverschnitten trugen; aber auch der Schiffskatalog ist kein zuverlässiger Zeuge für das echte alte Epos, und jener Unterschied in der Haartracht an sich von keiner sonderlichen Bedeutung. Ebensowenig ist darauf

Gewicht zu legen, was von den Lokrern gesagt wird,[1]) dafs sie nur Bogen und Schleuder geführt, aber weder Speere noch Schilde noch Helme gehabt hätten. Von eigentlich charakteristischen und auf Stammverschiedenheit deutenden Unterschieden ist nirgends die Rede, was übrigens um so weniger befremden darf, da dergleichen auch zwischen den Griechen und ihren Gegnern den Troern sammt den Hülfsvölkern derselben kaum wahrzunehmen sind. Ob die alten Sänger, wenn sie diese alle sich ohne Dollmetscher mit einander unterreden lassen, wirklich geglaubt, dafs ihre Sprachen nicht verschieden gewesen seien, oder ob sie sich nur derselben Freiheit bedient haben, der wir alle Späteren sich in gleicher Weise mit Recht bedienen sehen, können wir dahingestellt sein lassen; soviel aber ist gewifs, dafs aus jenem Umtande gar nichts in Betreff des wahren ethnographischen Verhältnisses gefolgert werden darf. Läfst doch der Dichter den Odysseus sich auch mit dem Kyklopen, den Lästrygonen, den Phäaken ohne Schwierigkeit in griechischer Rede verständigen, obgleich er anderswo zu erkennen giebt, dafs er auch wohl von **andersredenden** Menschen wisse.[2]) Wenn die Karer **barbarischredende** genannt werden, so beweist das, wie wir schon früher bemerkt haben, zwar keinesweges, dafs sie vorzugsweise vor den anderen troischen Bundesgenossen als ungriechisch redende, als Barbaren im späteren Sinne zu denken seien[3]); indessen wenn ihre Sprache, wie es wahrscheinlich ist, aus griechischen oder dem Griechischen verwandten und aus semitischen Elementen gemischt war, so konnte dies allerdings als ein absonderliches Kauderwelsch durch jenen Beinamen bezeichnet werden. Und ähnlich mag es sich auch mit den **rauhredenden** Sintiern auf Lemnos verhalten, die von alten Forschern für ein halbgriechisches Volk

---

1) Il. XIII, 714. — Pausanias I, 23, 4 bemerkt, dafs die Lokrer zur Zeit der Perserkriege auch Hopliten gewesen seien.
2) Od. I, 183: Der Taphier Mentes schifft nach Temese ἐπ' ἀλλοθρόους ἀνθρώπους. III, 302. Menelaos und Odysseus sind weit umhergeirrt ἐπ' ἀλλοθρ. ἀνθρ. XIV, 43. XV, 453. Die Phönicier führen Sklaven in die Fremde ἐπ' ἀλλοθρ. ἀνθρ. — In dem ziemlich jungen Hymnus auf Aphrodite findet die Göttin, die in der Gestalt einer phrygischem Jungfrau zum Anchises kommt, es nöthig zu erklären, woher sie zweier Sprachen kundig geworden sei, v. 113.
3) Dafs die Bundesgenossen der Troer verschieden geredet, bemerkt die Ilias an zwei Stellen, II, 804 und IV, 437. 8: wie grofs aber die Verschiedenheit zu denken sei, bleibt dem Ermessen eines Jeden überlassen.

thrakischen oder tyrrhenischen Stammes erklärt werden.[1]) Auf Kreta endlich nennt uns die Odyssee (XIX, 175) Völker verschiedener Zungen; doch ob einige von ihnen, und welche, den andern unverständlich gewesen, wird nichts gesagt. Begeben wir uns nun aus der idealen Welt der homerischen Poesie in das Gebiet der geschichtlichen Ueberlieferung, so tritt uns statt der dort herrschenden Gleichförmigkeit des Griechenthums alsbald grofse Mannichfaltigkeit und Verschiedenheit entgegen, und die Gesammtheit der griechischen Völkerschaften scheidet sich, nach der Ansicht derjenigen unter den Alten, die sich um die ethnographischen Verhältnisse genauer bekümmert haben, in drei Hauptabtheilungen, Aeolier, Dorier und Ionier.[2]) Zu den Ioniern gehören die Bewohner von Attika, der bedeutendere Theil der Bevölkerung von Euböa sammt den unter dem Gesammtnamen der Kykladen begriffenen Inseln des ägäischen Meeres und die Kolonisten auf der lydischen und karischen Küste von Kleinasien und den diesen zunächst liegenden beiden gröfseren Inseln Chios und Samos. Zu den Doriern gehören im Peloponnes die Spartiaten, die herrschende Bevölkerung von Argos, Sikyon, Phlius, Korinth, Trözen, Epidauros sammt der Insel Aegina, aufserhalb des Peloponnes zunächst Megaris, und die kleine dorische Tetrapolis (auch Pentapolis und Tripolis) am Parnafs, ferner die Mehrzahl der sporadischen Inseln und ein grofser Theil der karischen Küste von Kleinasien mit den benachbarten Inseln, unter denen Kos und Rhodos die bedeutendsten; endlich bildeten sie auch den vorherrschenden Theil der Bevölkerung auf Kreta. Die sämmtlichen übrigen Bewohner Griechenlands und der dazu gehörigen Inseln werden unter dem Gesammtnamen der Aeolier befafst, einem Namen, von dem

---

1) Ἀγριόφωνοι heifsen die Sintier Od. VIII, 294: μιξέλληνες sind sie nach Hellanicus bei dem Schol., thrakisch nach Strab. VII p. 331, tyrrhenisch nach Schol. Apollon. Rh. I, 608, pelasgisch nach Philochorus bei dem Schol. zu Il. I, 954.

2) Die Aelteren scheinen Ionier und Achäer als Zweige eines Stammes angesehen zu haben, der in einem Hesiodischen Gedicht (Tzetz. zu Lycophr. v. 284) unter dem Namen Xuthos personificirt und dem äolischen und dorischen zur Seite gestellt ward, wogegen von Späteren, wie Strab. VIII, 1 p. 333, die Achäer den Aeoliern zugezählt werden. Jene hat wohl die Wahrnehmung oder Meinung von einer näheren Verwandtschaft zwischen Ioniern und Achäern bestimmt: die spätere Ansicht mag daher rühren, dafs die äolischen Colonien in Kleinasien Achäer aus dem Peloponnes mit Aeoliern aus Böotien gemischt enthielten. Schon Pindar. Nem. XI, 34 (43) nennt die aus Lakonien unter Orestes und Peisandros Ausgewanderten eine äolische Schaar.

Homer noch nichts weifs,[1]) und der unverkennbar einer grofsen Mannichfaltigkeit von Völkerschaften beigelegt ist, zwischen denen eine Stammesgleichheit, wie sie bei den Ioniern und bei den Doriern stattfand, gewifs nicht anzunehmen ist. Denn wenn auch jene beiden schwerlich irgendwo ganz unvermischt waren, so war doch unverkennbar bei ihnen ein einiger Grundstock vorhanden, dem sich Andere nur angeschlossen und gleichsam eingeimpft hatten, wogegen bei den zu den Aeoliern gerechneten Völkerschaften ein solcher Grundstock nicht zu erkennen ist, sondern vielmehr zwischen einzelnen derselben eine nicht geringere Stammesverschiedenheit stattfand, als zwischen Doriern und Ioniern, und einige der sogenannten Aeolier diesen, andere jenen näher standen. Von den Achäern, die auch zu den Aeoliern gezählt werden, ist es höchst wahrscheinlich, dafs sie näher mit den Ioniern,[2]) von der Mehrzahl der im mittleren und nördlichen Griechenlande wohnenden, dafs sie näher mit den Doriern verwandt gewesen seien, und eine gründliche und umsichtige Untersuchung dürfte wohl zu dem Ergebnifs führen, dafs das griechische Volk nicht in drei, sondern in zwei Hauptstämme zerfalle, deren einen wir den Ionischen, den anderen den Dorischen nennen mögen, und dafs von den sogenannten Aeoliern die einen, und zwar die Mehrzahl, diesem, die andern jenem angehören.

Der charakteristische Unterschied der beiden Hauptstämme, von den Alten häufig genug angedeutet, tritt für uns am sichtbarsten zunächst in den Mundarten hervor. Die dorische, worunter wir jetzt auch die äolische mitbegreifen, stellt sich unverkennbar als die alterthümlichere dar, d. h. als diejenige, welche dem Typus der gemeinsamen Stammsprache, wie ihn uns die vergleichende Sprachwissenschaft kennen lehrt, sowohl was die Laute als was die Flexionsformen betrifft, treuer geblieben ist,[3]) wogegen die ionische uns eine von jenem Typus mehrfach abweichende Entwickelungsstufe darstellt, die wir aber

---

1) Auch die Ionier kommen bei Homer nur in jener einen Stelle der Ilias, XIII, 685, und die Dorier in einer Stelle der Odyssee, XIX, 177, auf Kreta vor.

2) Nach Pausan. II, 37. 3 redeten die (achäischen) Argiver vor der Heraklidenwanderung die gleiche Sprache wie die Athener.

3) Dabei dürfte zu bemerken sein, dafs der Aeolismus auf dem Festlande des eigentlichen Hellas, z. B. in Böotien conservativer erscheint, als der freilich nur aus den Ueberresten der lesbischen Dichter zu erkennende Dialekt der von dort Ausgewanderten. Jener z. B. hat den gewifs uralten Dualis bewahrt, dieser hat ihn aufgegeben.

darum für eine jüngere zu halten doch wohl nicht berechtigt sind.
Vielmehr läfst sich annehmen, dafs die Ionier sich bereits früher
von dem Urstamme abgelöst und deswegen auch in der Sprache
mehr von dem Urtypus entfernt haben. Für das Ohr macht das
Dorische den Eindruck gröfserer Härte und Rauhigkeit; unter
den Vocalen herrscht das *a*, unter den Consonanten das *r* mehr
vor, die Labialaspiration bildet den Anlaut vieler Sylben sowohl
zu Anfang als in der Mitte der Wörter, was zwar auch der ionischen Mundart ursprünglich nicht fremd war, jedoch früh aufgegeben wurde. Diese zeichnet sich, jener gegenüber, durch
gröfsere Weiche und Biegsamkeit, eine vielfachere Vocalisation,
eine gröfsere Fülle und Mannichfaltigkeit der Formen aus. Nicht
weniger sichtbar ist der Unterschied in dem Gebiete des geistigen Lebens, in welchem der eigenthümliche Geist eines Volkes
sich am meisten zu offenbaren pflegt, in dem Gebiete der Kunst,
zunächst der Architectur und der Musik. Der dorische Baustil
wird einstimmig als ein solcher bezeichnet, der einerseits in
Zweckmäfsigkeit, Festigkeit und Solidität, andrerseits in edler
Einfachheit und Harmonie seinen unterscheidenden Charakter
habe, und ihm gegenüber der ionische als durch heitere An-
muth, Zierlichkeit und gröfsere Mannichfaltigkeit verschönern-
den Beiwerkes charakterisirt. In der Musik, gleichsam einer
Architektur in Tönen, wie jene eine Musik in körperlichen
Formen, wird der dorischen Gattung ein ernster und würdiger
Charakter beigelegt, die Fähigkeit erregte Leidenschaft zu beruhigen und feste männliche Stimmung der Seele zu bewirken,
was sowohl von der Harmonie, über die wir nur von Hören-
sagen urtheilen können, als von den Rhythmen gilt; der ionischen
dagegen wird der Charakter der Weichheit und ein aufgelöstes
Wesen zugeschrieben, wodurch sie einerseits für den Ton fröh-
licher Geselligkeit, andrerseits aber auch für den der Wehmuth
und Klage geeignet gewesen sei. Auch in der Poesie läfst sich
der Unterschied beider Stämme wohl bemerken. Die älteste
Gattung derselben, — insofern wir uns an dasjenige halten,
worüber wir entweder aus vorhandenen Ueberresten oder aus
bestimmten Ueberlieferungen urtheilen können, — das Epos
reicht mit seinen Anfängen ohne Zweifel in eine Zeit hinein,
welche der Ausbreitung des dorischen Stammes voraufgeht und
in welcher der den Ioniern näher stehende achäische Stamm
vorherrschte; darum trug es, auch nachdem es Gemeingut aller
Stämme geworden war und von allen gepflegt wurde, doch
immer ein ionisch zu nennendes Gepräge, nicht nur in der

Sprache, sondern auch in der ganzen Weise der Darstellung, und wenn auch Homer, nach dessen Namen herkömmlich die beiden grofsen Epopöien benannt werden, seiner Abkunft und seinem Lebenslaufe nach beiden Stämmen gemeinsam angehörig erscheint, und es auch späterhin nicht an epischen Dichtern unter den Doriern gefehlt hat, so überwiegen doch sowohl an Zahl als an Bedeutung die ionischen, wie denn auch die ionische Insel Chios ein Geschlecht der Homeriden aufweist, wogegen bei dem andern Stamme das Epos sich von dem homerischen Charakter entfernte und mehr den Zweck einer belehrenden umfassenden Ueberlieferung alter Sagen, als den einer Gemüth und Phantasie anregenden und befriedigenden Schilderung bedeutender Menschen und Thaten verfolgte. Ueberhaupt herrscht bei dem dorischen Stamme auch in der Poesie eine gewisse praktische und den naheliegenden Interessen des Lebens zugewandte Richtung vor, indem der Dichter theils Belehrung ertheilt, theils Stimmungen und Zustände ausspricht, wogegen jene andere Gattung, welche in den Gestalten, die sie darstellt, höhere allgemeinere Ideen veranschaulicht, ihre Blüthe unter dem ionischen Stamme entfaltete. — Auch in den mehr vom allgemeinen Volksleben und allgemeiner Theilnahme entfernten Gebieten des geistigen Lebens kann ein Unterschied zwischen beiden Stämmen verfolgt werden. Die philosophische Speculation begann unter den Ioniern, und beschäftigte sich hier vorzugsweise mit den naturphilosophischen Problemen von der Welt und den weltschaffenden und regierenden Kräften, verrieth also ein regeres Interesse des Geistes für die Natur und die uns umgebenden Dinge, wogegen die Speculation der Italischen Philosophen, die, aufser dem ersten in dieser Reihe, dem Pythagoras, der wenigstens seinem Geburtsort nach ein Ionier war, meist dem dorischen Stamme angehörten, vorzüglich den Geist und die geistigen Verhältnisse zum Gegenstand nahm, auch die Natur von dieser Seite betrachtete, daneben aber sich auch auf das menschliche Leben richtete und die Ethik oder die praktische Philosophie anzubauen begann, welche bei den Ioniern ganz im Hintergrunde geblieben war. — Ferner die Kunden der Vorzeit und die merkwürdigen Dinge und Ereignisse in Nähe und Ferne zu erforschen und zu berichten waren die Ionier mehr als die Dorier beflissen, und unter den Logographen, die vor Herodot Geschichte schrieben, sind, mit Ausnahme des Hellanicus aus Mitylene und des Akusilaus aus Argos, die übrigen Ionier, und selbst die Nichtionier bedienten sich, soviel wir urtheilen können, der ionischen Mundart. Endlich die kunstmäfsige Form des prosaischen Vortrages ist alleiniges Eigenthum des ionischen Stammes geblieben, und von den Doriern, die sich nur auf das Nothwendige beschränkten und nichts weiter als Bestimmtheit und Deutlichkeit, Präcision und Kürze des Ausdrucks erstrebten,[1] niemals ausgebildet worden.

Ist nun in solchen Zügen ein allgemeiner Unterschied des ionischen und dorischen Wesens gewifs und unverkennbar, so ist auf der andern Seite nicht weniger zuzugeben, dafs bei der nähern Betrachtung der einzelnen dem einen oder dem andern Stamme zugehörigen Völker der Stammescharakter in Folge natürlicher und geschichtlicher Bedingungen und Verhältnisse gar vielfältig modificirt und alterirt erscheint. Denn wie vielfach die Angehörigen beider Stämme unter einander gemischt, überall dicht neben einander und in regem Verkehr und gegenseitiger Mittheilung waren, so mischten sich nothwendig auch ihre Eigenthümlichkeiten, und die charakteristischen Unterschiede wurden mehr oder weniger verwischt. So ward z. B. dorische Musik, dorische Baukunst auch bei ionischen Völkern eingebürgert, und selbst die alterthümliche Tracht des ionischen Stammes, das lange bis auf die Füfse herabreichende Gewand, ward mit der kurzen und knappen dorischen vertauscht. Daher ist es bei einer Musterung der Völkerschaften Griechenlands leicht möglich, an dem unterscheidenden Stammescharakter überhaupt irre zu werden.[2] Namentlich unter denen, welche dem dorischen Stamme zugezählt werden müssen, wurde das echtdorische Gepräge oft bis zur Unkenntlichkeit vertilgt, und es traten Abweichungen und Ausartungen ein, die vielmehr eine Entgegensetzung gegen den Stammescharakter als eine Entwickelung desselben heifsen müssen. Die dorischen Korinthier, die Argiver, die Ansiedler dieses Stammes auf Korkyra, in Tarent, in Syrakus sind der Vorstellung, welche die Alten selbst uns vom dorischen Wesen gegeben haben, in der That gar wenig entsprechend, und besonders in der Masse der sogenannten äolischen Völkerschaften begegnet uns bei einem beträchtlichen

---

1) Vgl. Müller, Dor. II p. 386. — Hippokrates aus Kos, also Dorier, schrieb doch nicht in dorischer, sondern in ionischer Mundart: wie Aelian. V. H. IV, 20 meint, dem Demokrit zu Gefallen.
2) Wie es z. B. mit Grote, Gesch. v. Gr. Th. II p. 139 d. Uebers. der Fall gewesen zu sein scheint.

Theile ein sehr undorisches Wesen, welches, wie in sonstiger Sitte und Lebensweise, so namentlich auch in der Musik sich aussprach, die in geradem Gegensatze zu der dorischen Einfachheit, Mäfsigung und Strenge als üppig, überladen und weichlich gescholten wird, übereinstimmend, sagt ein alter Kenner,[1]) mit dem Hange zum Wohlleben, zu Gelagen und zur Liebeslust. Als diejenigen aber, welche das dorische Wesen am reinsten bewahrt haben, werden allgemein die Spartaner bezeichnet, und bei diesen erscheint es in einer Gestalt, der man eine achtende Anerkennung nicht versagen kann, wenn auch freilich einestheils der Gegensatz gegen die dem spartanischen Staatsprincip Gefahr drohenden freieren Regungen des Auslandes eine einseitige Abschliefsung und übermäfsige Spannung der dem dorischen Charakter beiwohnenden Festigkeit und Beharrlichkeit herbeiführte, anderntheils der Gegensatz zwischen einer herrschenden und einer unterjochten Bevölkerung einen inhumanen Egoismus nährte, der späterhin, als die Spartaner, um den Principat in Griechenland zu behaupten, sich auf Unternehmungen und Eroberungen in der Ferne einliefsen, noch greller hervortritt, während zugleich die Tugenden altdorischer Sinnesart durch die immer häufiger werdende ansteckende Berührung des Fremden untergraben und vernichtet wurden. Der ionische Charakter auf der andern Seite entfaltete sich am frühesten in den asiatischen Colonien, wo die vielfältigen Berührungen mit anderen zum Theil in der Bildung bedeutend vorgeschrittenen Völkern die geistigen Anlagen des reichbegabten Volkes und vielfältige Entwickelung förderten, während im Mutterlande, wo solche Einflüsse weniger wirksam waren, die Keime länger schlummerten, aber nur um sich dann, als ihre Zeit gekommen war, zu desto reicherer und schönerer Blüthe zu entfalten. Den Athenern war es vorbehalten, alles was von höherer und edlerer Bildung unter den Griechen beider Stämme vorhanden war, nicht nur bei sich aufzunehmen, zu hegen und zu pflegen, sondern auch weiter zu führen und zum höchsten Gipfel zu erheben, den zu erreichen überhaupt dem griechischen Volke beschieden war.

---

1) Heraclides Pont. bei Athenaeus XIV p. 624.

2. Der griechische Staat nach seiner Idee und seinen Bedingungen.

Als ein gemeinsamer Charakterzug des gesammten Griechenvolkes begegnet uns gleich beim Eintritt in die geschichtliche Zeit die entschiedene Tendenz zur Republik, d. h. zu einer Staatsform, die nicht einen Einzelnen an die Spitze der Regierung und Verwaltung des Gemeinwesens stellt, sondern diese in die Hände einer gröfseren oder kleineren Mehrheit legt. Auch hier übrigens deuten die alten Schriftsteller nicht selten auf einen Unterschied des Stammcharakters, wenn sie den Doriern vorzugsweise die Tendenz zur Aristokratie zuschreiben,[1]) worunter aber keinesweges das zu verstehen ist, was mifsbräuchlich mit diesem Namen geehrt zu werden pflegt, die Herrschaft eines bevorrechteten Standes, sondern nur eine gemäfsigte Volksherrschaft, in welcher durch zweckmäfsige Institutionen dafür gesorgt ist, dafs nur Würdigen und Bewährten die Leitung der öffentlichen Angelegenheiten überlassen werde, worüber später mehr zu sagen sein wird.

Bei der Menge von Staaten, in welche Griechenland getheilt war, und bei der Mannichfaltigkeit der Institutionen in diesen würde es eine gar weitschichtige und umfassende Arbeit sein, sie alle einzeln vorzuführen, selbst wenn uns unsere Quellen ein ausreichendes Material dazu darböten. Dies ist aber nicht der Fall, unsere Kunde ist durchaus fragmentarisch und lückenhaft; nur über Athen, über Sparta und zum Theil über Kreta erfahren wir soviel, als hinreicht um uns ein nicht ganz ungenügendes Bild ihrer Verfassungs- und Verwaltungsformen daraus zusammenzusetzen; von allen übrigen giebt es nichts als gelegentliche vereinzelte und zusammenhanglose Erwähnungen, aus denen sich höchstens im Allgemeinen die Art ihres Staatswesens entnehmen, Genaueres aber nicht erkennen läfst. Die meisten Notizen, die sich bei Grammatikern, Scholiasten und Lexikographen finden, scheinen mittelbar oder unmittelbar aus jenem umfassenden Werke des Aristoteles geschöpft zu sein, in welchem dieser mehr als hundert und funfzig Staatsverfassungen, und zwar nicht blofs griechische sondern auch barbarische beschrieben hatte, ein Werk, dessen Verlust unersetzlich ist.

---

1) Z. B. Plutarch, Arat. c. 2.: *ἐκ τῆς ἀκράτου καὶ δωρικῆς ἀριστοκρατίας.*

Das vorhandene Werk, acht Bücher über den Staat, enthält eine Theorie der Politik, in welcher zwar vielfältig der hier oder da bestehenden Formen und Einrichtungen Erwähnung geschieht, aber meistens nur in kurzen Andeutungen, die für uns, in Ermangelung anderweitiger Kunde, oft dunkel und unverständlich bleiben müssen. Um so wichtiger aber ist jene Theorie selbst, und es ist unerläfslich bei der Betrachtung des griechischen Staatswesens von ihr auszugehen. Denn wir haben es bei Aristoteles nicht mit einer blofs speculativen Construction zu thun, sondern mit einer echt philosophischen, d. h. einer immer Hand in Hand mit der Geschichte gehenden Erörterung, welche niemals den Boden der Wirklichkeit verläfst. Die politische Praxis der Griechen wird von ihm mit tiefstem Verständnifs erklärt und beurtheilt, und was er als die Idee und das Wesen des Staates aufstellt, ist kein selbstgeschaffenes Ideal, sondern es ist aus der denkenden Betrachtung der bestehenden Staaten abgezogen; es ist die Wahrheit, von der in ihnen allen etwas ist, so wenig es auch sein, so sehr es auch mit Unwahrem gemischt und verdunkelt sein mag: denn dafs auch in den griechischen Staaten die gegebenen Verhältnisse und Bedürfnisse sich geltend machen und den Staat der Wirklichkeit von dem Staate der Idee gar sehr verschieden gestalten mufsten, ist klar.

Was von neueren Theoretikern häufig als der höchste oder als der allein erreichbare Zweck des Staates angesehen worden ist, die Rechtssicherheit seiner Angehörigen,[1] das ist nach Aristoteles vielmehr nur Bedingung und Mittel zum Zweck. Der Zweck ist das εὖ ζῆν, gut leben, das heifst soviel als glücklich und würdig leben, τὸ ζῆν εὐδαιμόνως καὶ καλῶς, welches besteht in der Freiheit des tugendgemäfsen, d. h. des vernünftigen und sittlichen Handelns.[2] Dazu die innere Befähigung wie die äufseren Bedingungen zu gewinnen ist nur im Staate, und aufser dem Staate nirgends möglich. Deswegen, da in vernünftigem und sittlichem Handeln der unterscheidende Charakter der Menschlichkeit besteht, kann der Mensch auch nur im Staate wahrhaft zum Menschen werden.

---

1) S. Fr. Murhard, der Zweck des Staats S. 83, wo die Vertreter dieser Ansicht aufgeführt werden. Vgl. auch Schleiermacher, Reden u. Abhdl. (Werke III, 3) S. 232 f. Trendelenburg, Naturrecht S. 41.

2) Der Staat ist, nach Polit. III, 5, 13, ἡ τοῦ εὖ ζῆν κοινωνία, das heifst, nach §. 14, τοῦ ζῆν εὐδαιμόνως καὶ καλῶς. Die εὐδαιμονία aber ist nach Ethic. Nic. X, 7, ἐνέργεια κατ᾽ ἀρετήν. Vgl. ib. I, 6: τὸ ἀνθρώπινον ἀγαθὸν ψυχῆς ἐνέργεια γίνεται κατ᾽ ἀρετήν.

Er ist von Natur auf den Staat angewiesen, und jeder Einzelne verhält sich zum Staate nicht anders, als wie ein Theil zu dem Ganzen zu dem er gehört. Gleichwie im organischen Leibe kein Theil für sich und um seiner selbst willen, sondern nur für die Verbindung mit allen übrigen Theilen zum Ganzen geschaffen ist, so auch der Mensch für den Staat, und wenn es überhaupt wahr ist, dafs der Idee nach das Ganze dem Theile vorangehe, so geht auch der Staat dem Einzelnen voran.¹) Die Natur hat den Einzelnen nicht hervorgebracht, dafs er ein für sich bestehendes Wesen, sondern dafs er ein Theil jenes Ganzen sei. Darum ist dem Menschen auch der Trieb der Geselligkeit eingeboren, und dieser allein, auch wenn gar kein äufserlicher Grund, wie das Bedürfnifs gegenseitiger Hülfen, vorhanden wäre, würde unwiderstehlich die Menschen zur Vereinigung mit ihres Gleichen und zur Bildung des Staates drängen: denn die Theile müssen naturgemäfs sich zum Ganzen an einander schliefsen, weil sie für sich allein Nichts, und nur im Ganzen Etwas sind.

So nun freilich wie der philosophirende Theoretiker hat das Volksbewufstsein der Griechen die Entstehung des Staates nicht aufgefafst, aber das Gefühl und die Ueberzeugung, dafs der Einzelne nicht für sich, sondern nur für den Staat da sei, war doch mehr oder weniger in Allen lebendig und wirksam, und bestimmte das Mafs dessen, was der Bürger dem Staat zu leisten und was er von ihm zu fordern habe, ganz anders, als es in dem modernen Rechtsstaate bestimmt werden kann. Was aber dem Philosophen das Naturgesetz, das war dem religiösen Volksbewufstsein göttliche Anordnung. Der Staat war ihm kein Naturproduct aus instinctartigem Triebe erwachsen, sondern die Götter hatten ihn gestiftet, und die Gründer und Gesetzgeber der Vorzeit, welche staatliche Verfassungen und Ordnungen eingerichtet, waren dazu von den Göttern bestellt und belehrt worden.²) Dafs ferner der Zweck des Staates so wie Aristoteles

---

1) Polit. I, 1, 9: φανερὸν ὅτι τῶν φύσει ἡ πόλις ἐστὶ καὶ ὅτι ἄνθρωπος φύσει πολιτικὸν ζῷον. §. 11: καὶ πρότερον δὴ φύσει πόλις ἢ ἕκαστος ἡμῶν ἐστίν. τὸ γὰρ ὅλον πρότερον ἀναγκαῖον εἶναι τοῦ μέρους· ἀναιρουμένου γὰρ τοῦ ὅλου οὐκ ἔσται πούς οὐδὲ χείρ. De part. anim. II, c. 1.: τὰ γὰρ ὕστερα τῇ γενέσει πρότερα τὴν φύσιν ἐστί, καὶ πρῶτον τὸ τῇ γενέσει τελευταῖον.
2) Vgl. Demosth. in Aristocr. §. 70. in Aristogit. I §. 16. Antiph. d. venef. I, 3. Aristid. Panath. p. 313. Diodor. I, 94. Strab. X p. 482. Clem. Alex. Strom. I, 26, 170.

ihn auffafst auch vom Volksbewufstsein klar und bestimmt aufgefafst worden sei, wird Niemand so thöricht sein zu behaupten: aber das ist doch unverkennbar, für etwas mehr galt den Griechen der Staat, als für eine blofse Sicherungsanstalt, und etwas mehr erwarteten sie von ihm als blofsen Rechtsschutz: er sollte ihnen auch Befriedigung der höheren geistigen und sittlichen Forderungen, Entwickelung menschlicher Anlagen und Kräfte, Raum und Mittel zu würdigem Handeln und würdigem Lebensgenufs gewähren. Nur freilich worin dieser würdige Genufs und dieses würdige Handeln bestände, welcher Art die Entwickelung der Anlagen und Kräfte sein müsse, in welchem Mafs und Umfange der Staat seinen Angehörigen die Befriedigung der geistigen und sittlichen Bedürfnisse gewähren solle oder könne, wie weit sich mit der objectiven Idee des Staates die individuelle Freiheit der Einzelnen vereinigen lasse, diese Fragen wurden in den verschiedenen Staaten und zu verschiedenen Zeiten auch verschieden aufgefafst, und die Lösung der Aufgabe auf verschiedenen Wegen gesucht. Dafs kein Staat sie gefunden, wird auch der wärmste Freund und Bewunderer des griechischen Alterthums einzugestehen sich nicht weigern; aber er wird es nicht für gerecht halten, wenn man den Griechen einen Vorwurf daraus macht, dafs sie nicht erreicht haben, was auch nach ihnen von keinem Volke und in keinem Staate erreicht worden ist.

Wie nun auch immer der Staatszweck aufgefafst werden und wie weit auch darin die Ansichten in verschiedenen Zeiten und Staaten auseinander gehen mochten, immer gab es doch gewisse Stücke, welche als nothwendige und unerläfsliche Forderungen und Voraussetzungen für jeden Staat ohne Ausnahme gelten mufsten. Der Staat sollte ein Verein von Menschen sein, der zur Erreichung seines Zweckes sich selbst genügte und alles, was zu seinem Bestehen und seiner Erhaltung nothwendig wäre, sich selbst zu verschaffen vermöchte:[1]) das stand fest, und ohne das liefs sich ein Staat in Wahrheit gar nicht denken. Zu dieser Selbstgenügsamkeit oder Zulänglichkeit ($α\dot{υ}τάρκεια$) bedurfte es in Griechenland und überall, wo Griechen wohnten, keines ausgedehnten Landbesitzes. Selbst die gröfsten ihrer Staaten hatten ein Territorium von wenigen Quadratmeilen mit einer einzigen mäfsig grofsen Hauptstadt und einer Anzahl klei-

---

1) Vgl. Arist. Oecon. I, 1. Polit. III, 5, 14. VIII. 4, 7. Plat. republ. II p. 369 B.

nerer Orte, und es galt eben dies für das einem Staat im griechischen Sinne angemessenste Mafs, wenn seine Bürger weder so zahlreich wären noch soweit auseinander wohnten, dafs ihre Vereinigung zu allgemeinen Versammlungen und ein gegenseitiger persönlicher Verkehr dadurch unmöglich gemacht würde. Ein gröfserer Staat, sagt Aristoteles, ist nicht leicht in guter gesetzlicher Ordnung zu erhalten, und die Staaten, die im Rufe stehen, am besten geordnet zu sein, sind in Hinsicht der Bevölkerung und des Gebietes nicht über das Mittelmafs hinausgegangen, wogegen denn freilich auch ein Staat nicht so klein sein darf, dafs er nicht im Stande ist, sich selbst zu genügen.[1] Dergleichen gab es allerdings in Griechenland wohl auch hier und da, z. B. auf den kleineren Inseln, die deswegen auch mit Geringschätzung genannt zu werden pflegen, als solche die kaum noch Staaten zu heifsen verdienen.[2] Hinsichtlich der Beschaffenheit des Landes gilt natürlich dasjenige für das beste, was die meisten Bedürfnisse selbst zu erzeugen vermag, ferner was von solchen natürlichen Grenzen umschlossen ist, dafs es seinen Bewohnern die Vertheidigung gegen Feinde, und, wenn es nöthig ist, den Angriff erleichtert: zwei Bedingungen, welche in Griechenland natürlich nicht überall gleich leicht und in gleichem Mafse erfüllt wurden. Doch war im Ganzen jedes Gebiet von naturgemäfsen Grenzen umgeben, und die Beschaffenheit des Landes von der Art, dafs es wenigstens das Unentbehrliche lieferte, und dafs auch auf sich allein beschränkt die Einwohner nicht leicht Gefahr liefen, in solche Hungersnoth zu gerathen, als die ist, worüber Aristophanes in den Acharnern den Megarenser mit komischer Uebertreibung klagen läfst. Den meisten erleichterte aber die Nähe des Meeres die Herbeischaffung dessen, was fehlen mochte, aus dem Auslande, sobald nur die freie Schifffahrt nicht gehemmt wurde. Ein allzulebhafter Handelsverkehr erschien übrigens den alten Politikern nicht wünschenswürdig, sondern eher nachtheilig für die Erreichung des höchsten Staatszweckes, weil dadurch eine grofse Menschenmenge erzeugt und zahlreiche Fremde herbeigezogen würden, was dem Bestehen guter gesetzlicher Ordnung leicht Eintrag thäte.[3] Die Stadt, der eigentliche Mittelpunkt und das Herz des

---

1) Arist. Polit. VII, 4, 3—8.
2) Stellen s. bei Dorvill zu Charit. p. 558 und Müller, Aeginet. p. 193, 1.
3) Aristot. Polit. VII, 5, 3.

Staates, soll nach Aristoteles wohl gelegen sein nicht nur für den nothwendigen Verkehr zu Lande und zu Wasser, sondern auch für die Vertheidigung gegen Feinde, für die verschiedenen Geschäfte der Bürger, und für ihre Gesundheit. In welchem Mafse die einzelnen griechischen Städte diesen Forderungen entsprochen haben, ist schwer nachzuweisen. In alten Zeiten, sagt Thukydides, wurden die Städte wegen der damals noch häufigeren Seeräuberei meist in einiger Entfernung vom Meere angelegt, wogegen man später, bei gröfserer Sicherheit von dieser Seite, die Lage an der Küste vorzog.[1]) Im Allgemeinen aber wird bezeugt, dafs die Städte Griechenlands wohlgelegen gewesen seien. Es fehlte nicht an guten Häfen für die Schifffahrt, und in Landschaften, wo es nöthig war, an Anstalten um die Stadt mit gutem Trinkwasser zu versorgen, wie wir dergleichen namentlich von Athen, Megara, Sikyon, Samos bezeugt finden.[2]) Doch war nicht soviel von den Griechen hierfür gethan, als in Italien von den Römern.[3]) Zu den nothwendigen Erfordernissen einer Stadt gehören ferner geräumige Plätze für öffentliches Leben und Verkehr, also für Volksversammlungen und Märkte, und zwar dienten solche Plätze entweder für beiderlei Zwecke, oder es gab besondere für jeden.[4]) Sodann Gebäude als Geschäftslokale für die verschiedenen Beamten, Uebungsplätze für die Jugend, Gesellschaftshäuser oder Leschen für die Männer,[5]) Tempel der Götter: und diese öffentlichen Gebäude liebte der Sinn der Griechen nicht blofs dem nothwendigen Bedürfnifs entsprechend, sondern stattlich und schön herzustellen, während die Wohnhäuser der Privaten, wenigstens in den besseren Zeiten, gering und schmucklos zu sein pflegten.[6]) Auch in der Richtung der städtischen Strafsen war man vormals weniger auf Regelmäfsigkeit als auf Sicherheit bedacht gewesen, und unregelmäfsige Strafsen galten besonders deswegen für zweckmäfsig, weil sie bei etwaigem Eindringen von Feinden den Einwohnern die Vertheidigung erleichterten und jenen es schwer machten sich zurecht zu finden. Regelmäfsige Anlagen, wie sie namentlich der milesische Baumeister Hippodamus empfohlen und in einigen von ihm geleiteten Bauten, wie im Piräeus und

---

1) Thucyd. I, 7.
2) Vgl. Curtius in Gerhard's Archaeol. Zeit. 1847 p. 19 ff.
3) Strab. V p. 360.   4) Arist. Pol. VII, 11, 2.
5) Pausan. X, 25, 1. Perizon. ad Aelian. V. H. II, 24.
6) Demosth. Olynth. III, p. 35. Vgl. Dicaearch. vit. Gr. z. Auf.

auf Rhodos, durchgeführt hatte, gehören erst der späteren Zeit an, seit der zweiten Hälfte des fünften Jahrhunderts.[1])

Die umgebende Landschaft, mit kleinern oder gröfsern zum Theil auch befestigten Ortschaften angefüllt, mufste die ersten Lebensbedürfnisse durch Ackerbau und Viehzucht gewähren. Das zum Ackerbau erforderliche Land hatte in manchen Gegenden nur durch mühsame Arbeit und Anlagen gewonnen und vor Ueberschwemmungen der benachbarten Gewässer geschützt werden können, wie in Böotien und Arkadien, wo dergleichen Anlagen schon in der frühsten vorgeschichtlichen Zeit gemacht waren und späterhin nur erhalten zu werden brauchten. Anderswo bedurfte es sorgfältiger Anstalten zur Bewässerung des im Sommer wasserarmen Bodens, wie in Argolis. Bei gehöriger Sorgfalt aber und fleifsigem Anbau versagte das Land nirgends seinen Dank in mannichfaltigen Erzeugnissen, so verschieden auch die Grade der Fruchtbarkeit in den einzelnen Theilen waren. Landbesitz, wie Grundbesitz überhaupt, war überall regelmäfsig nur in den Händen der Bürger, und ward Nichtbürgern nur ausnahmsweise durch besondere Vergünstigung gestattet. Die alten Politiker betrachteten eine landbesitzende und ackerbauende Bevölkerung als die wünschenswürdigste, den Ackerbau als die solideste Grundlage des Staatslebens, nicht nur weil er die unentbehrlichsten Bedürfnisse gewährte, sondern auch weil er auf Gesinnung und Sitte den wohlthätigsten Einflufs ausübte.[2]) Deswegen ward für die Erhaltung dieses Standes vielfältig auch durch die Gesetzgebung Sorge getragen, und die Zahl der Landbesitzer erscheint auch in solchen Staaten, die vorzugsweise See- und Handelsstaaten waren, über Erwarten grofs, von welchen dann freilich die meisten nur kleine Güter hatten. Solche Latifundien der Reichen aber, wie sie in den späteren Zeiten der römischen Republik in Italien vorkamen und den kleinen Besitz verschlangen, finden wir in Griechenland nicht. Dem Ackerbau zunächst geachtet ward die Viehzucht, auf die in manchen Landschaften die Bewohner durch die Natur ihres Bodens vorzugsweise angewiesen waren, wie in einem grofsen Theil von Arkadien. Auch der mannichfaltigsten Handwerke konnte natürlich der Staat in Griechenland ebensowenig als heutzutage entbehren, und es mufste überall einen Theil der

---

1) C. F. Hermann, de Hippodamo Milesio. Marburg. 1841.
2) Aristot. Polit. VI, 2, 1. Xenoph. Oecon. c. 6, 9. Vgl. den Ausspruch des Cato de R. R. c. 4.

Bevölkerung geben, der sich damit beschäftigte; aber diese Beschäftigung, so sehr man ihre Unentbehrlichkeit anerkannte, galt doch Vielen für eine solche, welche sich eigentlich mit den zum Staatsbürgerthum erforderlichen Eigenschaften nicht recht vertrüge, und deswegen besser dem nichtbürgerlichen Theil der Bevölkerung überlassen bliebe, was denn freilich die in der Wirklichkeit vorhandenen Bedingungen vielfältig ganz unmöglich machten. Dafs aber Leute dieser Classe vielmehr zum gehorchenden als zum regierenden Theil der Bürgerschaft gehören, also nicht Staatsbürger in vollem Umfange des Begriffes sein können, schien unzweifelhaft.[1]) Ebensowenig zu entbehren war der Handelsverkehr, theils um im Lande selbst den erforderlichen Austausch der Bedürfnisse zu vermitteln, theils um das hier fehlende vom Auslande zu beziehen. Der Binnenhandel innerhalb jeder Landschaft war von geringem Umfange und erhob sich nicht über das Mafs des Kleinhandels, der $\kappa\alpha\pi\eta\lambda\epsilon\iota\alpha$; der Grofshandel war durch die Lage des Landes auf den Seeweg gewiesen, und in vielen Theilen Griechenlands sehr lebhaft, und die damit verbundenen Thätigkeiten beschäftigten und nährten eine zahlreiche Classe der Bevölkerung, die aber allgemein als wenig geeignet zu einem wohlgeordneten Staatsleben betrachtet ward. — Um endlich in feindlichen Berührungen mit andern Staaten sich vertheidigen oder seine Interessen mit Gewalt geltend machen zu können, bedarf der Staat einer streitbaren Kriegsmacht. Die Pflicht oder das Recht, die Waffen zu führen, scheint aber allen Landeseinwohnern ohne Unterschied nur in solchen Staaten beigelegt werden zu können, wo sich voraussetzen läfst, dafs alle auch ein gemeinsames Interesse am Staat haben; wo aber das nicht der Fall ist, — und in Griechenland war es nicht der Fall, — da mufs es gefährlich scheinen, die Waffen denen in die Hände zu geben, von welchen zu besorgen ist, dafs sie sie auch wohl gegen das Interesse des Staats gebrauchen könnten. Nichtbürger wurden daher gar nicht oder nur in besondern Fällen zum Kriegsdienst gelassen: dies kann als Regel ausgesprochen werden; dafs es in einzelnen Staaten, wo ganz specielle Verhältnisse bestanden, anders war, werden wir später sehen. Als wenig tauglich galten ferner solche, die durch die Art ihrer täglichen Beschäftigungen an tüchtiger Ausbildung ihres Körpers gehindert wurden, wie die zu sitzender Lebensart genöthigten Handwerker. Wo deren eine grofse Menge

---

1) **Aristot. Polit.** III, 3, 2. 3.

ist, sagt Aristoteles, da kann der Staat volkreich und doch seine Kriegsmacht schwach sein. Bringen die Verhältnisse des Staates es mit sich, dafs er auch eine Seemacht habe, so können die Matrosen und das Rudervolk unbedenklich auch aus den Nichtbürgern genommen werden, wogegen die Seesoldaten nur aus der Bürgerschaft zu nehmen rathsam scheint.[1]

Diese Stücke nun, ein den nothwendigen Erfordernissen genügendes Landgebiet mit einer zweckmäfsig eingerichteten Stadt, Gewerbsbetrieb und Handelsverkehr, und eine zur Vertheidigung wie zum Angriff taugliche Kriegsmacht, mögen wir als Bedingungen materieller Art bezeichnen, ohne welche ein Staat nicht sein kann: aufser ihnen aber giebt es noch andere, die wir dagegen ethische nennen müssen. Als ein Verein von Menschen, die hinsichtlich ihres Besitzes, ihrer Interessen und Handlungen unaufhörlich mit einander in Berührung kommen, bedarf der Staat gewisser Festsetzungen, um jedem die rechtliche Sphäre, innerhalb deren er sich zu halten hat, zu bestimmen, und Ueberschreitungen zu verhüten und zu ahnden. Da es ferner für die Angehörigen dieses Vereins aufser ihren besonderen Interessen auch ein gemeinsames giebt, so bedarf es einer Festsetzung darüber, wie und auf welche Weise jeder dem gemeinsamen Interesse zu dienen habe. Und endlich da die Wahrnehmung des gemeinsamen Interesses und die Mafsregeln für dessen Verwirklichung eine eigens hierauf gerichtete Thätigkeit erfordern, so bedarf es einer gewissen Anordnung, wie und durch welche Organe diese Thätigkeit ausgeübt werden soll. Aristoteles[2] unterscheidet vollkommen sachgemäfs drei Richtungen dieser Thätigkeit: die eine, dafs die gemeinsamen Interessen berathen und die erforderlichen Anordnungen und Mafsregeln beschlossen werden, sei es für einzelne besondere Fälle, sei es für feste und bleibende Verhältnisse: die zweite, dafs die Vollziehung des Beschlossenen und Angeordneten ins Werk gesetzt werde: die dritte, dafs Uebertretungen der bestehenden Rechtsordnung, Ungehorsam gegen die gefafsten Beschlüsse, Widerstreben gegen die Vollziehung des Angeordneten gestraft, oder Streitigkeiten über Rechte, Befugnisse und Verpflichtungen geschlichtet werden. Wir können die erste als die Thätigkeit der berathenden und gesetzgebenden Gewalt, die zweite als die der Beamten, die dritte als die der richterlichen Behörden bezeichnen, und demgemäfs drei Gewalten im Staate unter-

---

[1] Aristot. Polit. VII, 4, 4 u. 5, 7. [2] Polit. IV, 11, 1.

scheiden; nur müssen wir dabei nicht aufser Acht lassen, dafs weder in der Wirklichkeit diese drei immer streng von einander gesondert sind, noch auch der Natur der Sache nach gesondert werden können. Vielmehr mufs nothwendig den ausführenden Beamten auch eine gewisse berathende und beschliefsende Gewalt eingeräumt werden, da es unmöglich ist, sie für alles einzelne in ihrer Verwaltung an bestimmte Vorschriften zu binden, und ebenso mufs ihnen auch eine gewisse richterliche Gewalt zugestanden werden, damit sie die in den Bereich ihrer Verwaltung fallenden Streitigkeiten im Nothfall entscheiden und die ihren Mafsregeln Widerstrebenden zwingen und strafen können. Nicht weniger mufs der richterlichen Gewalt auch die Befugnifs zustehn, wo die bestehenden Gesetze nicht ohne Weiteres Anwendung leiden, sie durch Interpretation für den vorliegenden Fall zu accomodiren, auch wo gar keine anwendbaren Gesetze vorhanden sind, den Mangel selbst nach bestem Wissen und Gewissen zu ergänzen. Beides aber, die Gewalt der Beamten und der Richter, mufste in den griechischen Staaten in der früheren Zeit um so gröfser sein, je weniger es noch bestimmte und ins Einzelne gehende Gesetze gab, sondern statt ihrer nur Ueberlieferung und Herkommen.

Die Anordnungen über den Organismus und die Wirksamkeit dieser drei Gewalten sind dasjenige, was wir die Verfassung des Staates nennen. Sie fallen natürlich auch unter die allgemeine Kategorie der Gesetze, wie wir ja auch von Verfassungsgesetzen zu reden pflegen, aber die Alten unterscheiden zwischen Gesetzen (νόμοι) im engeren Sinne und Verfassung (πολιτεία) so, dafs der erstere Name speciell die den Behörden in ihrem Verfahren gegen die Einzelnen in Fällen, wo Ungehorsam oder Uebertretung zu ahnden, oder streitige Rechte zu schlichten sind, zur Norm dienenden Festsetzungen bezeichnet.[1]

3. Die Hauptformen der Verfassung.

Die Theilnahme an der Ausübung der drei politischen Gewalten kann nun auf verschiedene Weise geordnet sein, und es ergeben sich demgemäfs verschiedene Verfassungsformen, die sich aber alle auf drei Hauptgattungen zurückführen lassen,

---

1) Aristot. Polit. IV, 1, 5. vgl. II, 3, 2. 9, 1 u. 9. Ueber die häufige Verbindung beider Ausdrücke vgl. meine Anm. zu Plut. Cleom. p. 219.

Monarchie, Oligarchie und Demokratie. Monarchie heifst die Verfassung, wo ein Einziger an der Spitze des Staates steht und alle drei Gewalten in sich vereinigt. Zu ihrer Ausübung im ganzen Umfange ist freilich ein Einzelner unmöglich im Stande, sondern er braucht dazu Gehülfen und Diener, er beruft sich Räthe, die mit ihm das Erforderliche berathen und anordnen, er stellt Beamte an, die für die Ausführung der Geschäfte zu sorgen haben, er setzt Gerichte ein, um Streitigkeiten zu schlichten und Uebertretungen zu bestrafen; aber wenn alle diese nur seine Beauftragte sind und alle Gewalt nur als eine von ihm übertragene üben und ihm dafür verantwortlich sind, so ist doch der Einzelne mit Recht der alleinige Regent des Staates zu nennen. Diese Monarchie oder Alleinherrschaft im strengsten Sinne des Wortes[1]) war bei den Griechen nicht vorhanden, sie fand sich nur in den despotisch regierten Staaten des Orients und später im römischen Kaiserthum. Das griechische Königthum, sowohl wie Homer es uns schildert, als wie wir es geschichtlich bezeugt finden, war ein vielfach beschränktes, dem Könige standen überall noch andere Berechtigte zur Seite, die die Gewalt mit ihm theilten, und sein Königthum bestand nur darin, dafs er unter den Berechtigten der Oberste war, und dafs gewisse Functionen, wie Oberanführung des Heeres und Verrichtung von Staatsopfern, ihm ausschliefslich vorbehalten waren. Wirkliche absolute Alleinherrschaft fand nur vorübergehend statt, indem bei Parteikämpfen und Zerrüttungen in den Staaten Einzelne entweder mit List und Gewalt, oder bisweilen auch mit freiem Willen des Volkes dazu gelangten, wovon wir die Beispiele später vorzuführen haben werden. — Oligarchie heifst die Verfassung, wo ein bevorrechteter Theil der Staatsgenossen entweder ausschliefslich oder doch vorzugsweise im Besitze der Gewalt ist. Der Name bedeutet **Herrschaft Weniger**, weil die Zahl der Bevorrechteten geringer als die der Minderberechtigten ist. Denn die Bevorrechtung beruht entweder auf Geburtsadel oder auf Reichthum oder auf beidem: Adeliche und Reiche giebt es aber natürlich in der Regel weniger als Unadeliche und Minderbegüterte. — Demokratie endlich heifst die Verfassung, wo es keine solche Bevorrechtung giebt, sondern das Recht der Theilnahme an der öffentlichen Gewalt allen Bürgern zusteht.

---

1) *Παμβασιλεία* nennt sie Aristoteles III, 10, 2.

Diese beiden Hauptgattungen der Verfassung sind nun wieder gar mannichfaltiger Modificationen fähig,[1]) und es giebt gemischte Formen, bei denen man zweifelhaft sein kann, zu welcher von beiden Gattungen man sie zu zählen habe. Z. B. die Oligarchie, d. h. die bevorrechtete Klasse, ist zwar im ausschliefslichen Besitz der obrigkeitlichen Aemter, das Volk aber hat das Recht, die Obrigkeiten aus der Zahl der Bevorrechteten zu wählen, oder es ist ihm auch die Theilnahme an der Berathung und Beschlufsnahme über öffentliche Angelegenheiten gewährt, wobei die Oligarchie sich nur die Initiative, die Leitung der berathenden Versammlungen und die Bestätigung der Beschlüsse vorbehält, oder es wird auch die Rechtspflege, zum Theil wenigstens, solchen, die nicht zur bevorrechteten Klasse gehören, überlassen. Ebenso in der Demokratie steht zwar die Berechtigung zur Theilnahme an der öffentlichen Gewalt allen zu, aber doch nicht ohne Unterschied, sondern es giebt gewisse Abstufungen und Classen, von denen die eine mehr die andere weniger berechtigt, keine aber ganz ausgeschlossen ist, und diese Abstufungen und Classen selbst sind von der Art, dafs Keinem die Möglichkeit abgeschnitten ist, sich aus der einen in die andere emporzuschwingen; oder zu den obrigkeitlichen Aemtern, in die Regierungs- und Verwaltungscollegien, zu den Richterstellen kann zwar Jeder ohne Unterschied der Geburt und des Vermögens gelangen, aber es ist Fürsorge getroffen, dafs nur solche wirklich dazu gelangen, die sich ihren Mitbürgern als tüchtig und würdig bewährt haben. Diese Mannichfaltigkeit der Modificationen veranlafst denn auch eine Mannichfaltigkeit der Benennungen, die aber immer etwas Schwankendes und Unbestimmtes haben. Eine solche Benennung ist Aristokratie (Herrschaft der Besten), welche nicht selten auch von der zuletzt angegebenen Modification der Demokratie, noch häufiger aber von der Oligarchie gebraucht wird, weil die bevorrechteten Adelichen und Reichen darauf Anspruch machen, auch die würdigsten und besten zu sein. Aristoteles selbst[2]) gesteht ihr diesen Namen unter der Bedingung zu, dafs sie wirklich die

---

1) Vgl. darüber Aristot. Polit. IV, 11 u. VI, 1, 2. — Eine Oligarchie, wo wenige Bevorrechtete eine willkürliche Herrschaft ausüben und die Aemter von den Vätern auf die Söhne übergehen, heifst nach IV, 5, 1 u. 8 vorzugsweise δυναστεία. Vgl. V, 5, 9.
2) Polit. III, 5, 2. IV, 5, 10. Ethic. Nic. VIII, 12. Vergl. Luzac, de Socrate cive p. 66—74. — Heutzutage ist der Mifsbrauch des Namens so herrschend, dafs man die wahre Bedeutung ganz vergessen hat.

Bevorrechtung nur zum allgemeinen Besten, nicht in einseitigem Standesinteresse ausübe, eine Bedingung, die in der Wirklichkeit wohl selten in Erfüllung gegangen sein mag. Ist die Berechtigung nach gewissen Abstufungen des Vermögens bemessen, so nennt man dies Timokratie, und wenn die gröfsere Berechtigung an einen hohen Census geknüpft ist, auch wohl Plutokratie.[1]) Ist sie aber an keine dergleichen Abstufungen geknüpft, und ist keine Fürsorge dafür getroffen, dafs nur der als tüchtig und würdig bewährte, sondern eher dafür, dafs Jeder ohne Unterschied zu Allem gelangen könne, so nennt man solche schrankenlose Demokratie auch wohl Ochlokratie,[2]) weil sie in der That die öffentlichen Angelegenheiten dem $\H{o}\chi\lambda o\varsigma$, d. h. der Masse oder dem Pöbel preisgiebt, wogegen die gemäfsigte Demokratie, mit timokratischen Abstufungen und heilsamen Vorkehrungen gegen das Pöbelregiment, öfters als $\pi o\lambda\iota\tau\varepsilon\acute{\iota}\alpha$, Bürgerstaat, vorsugsweise bezeichnet wird.[3]) Welcher von diesen Classen nun aber jede Verfassung zuzuzählen sei, das ist theils wegen der mangelhaften Nachrichten, theils wegen der vielfältigen Modificationen und Uebergänge im Einzelnen selten mit Sicherheit zu erkennen.

4. Der Bürgerstand und die Arbeiterclasse.

Als Bürger im vollen Sinne des Wortes soll, nach Aristoteles, eigentlich nur derjenige gelten, welcher zur Theilnahme an der öffentlichen Gewalt berechtigt ist:[4]) und hielte man

---

1) Xenoph. Memor. IV, 6, 12. Es versteht sich von selbst, dafs es in derartigen Verfassungen nothwendig war, periodische Vermögensschätzungen, auch wohl Aenderungen in den Bestimmungen der Censussätze vorzunehmen, da bei bedeutender Zunahme oder Abnahme des allgemeinen Wohlstandes geschehen konnte, dafs ohne solche Mafsregeln das Verhältnifs der bürgerlichen Berechtigung ganz gegen die Absicht der ursprünglichen Gesetzgebung alterirt wurde. An bestimmten Zeugnissen aus einzelnen Staaten darüber fehlt es zwar: doch die Nothwendigkeit der Sache wird von Aristot. Pol. V, 5, 11 u. 7, 6 anerkannt. Vgl. auch Plato Legg. VI p. 754 E. XII p. 955 E.
2) Der Name kommt zuerst bei Polybius vor, VI, 4, 6. 57, 9. $\H{O}\chi\lambda o\varsigma$ im Gegensatz gegen $\delta\tilde{\eta}\mu o\varsigma$ freilich von jeher. Vgl. Thucyd. VI, 89, 3. 4.
3) Aristot. Polit. IV, 7, 1. Ethic. VIII, 12. IX, 10. Wesseling. ad Diodor. XVIII, 74.
4) Polit. III, 1, 4. $\mu\varepsilon\tau\acute{\varepsilon}\chi\varepsilon\iota\nu\ \chi\varrho\acute{\iota}\sigma\varepsilon\omega\varsigma\ \varkappa\alpha\grave{\iota}\ \mathring{\alpha}\varrho\chi\tilde{\eta}\varsigma$, wo man sich hüten mufs, $\chi\varrho\acute{\iota}\sigma\iota\varsigma$ nur auf Rechtsprechen zu beziehen. Es bedeutet allgemein, über öffentliche Angelegenheiten berathen und beschliefsen.

diese Begriffsbestimmung in aller Strenge fest, so würden in der absoluten Monarchie, wo jene Theilnahme nicht in Folge eines Rechtes, sondern nur in Folge eines Auftrages und Befehls des Alleinherrschers ausgeübt wird, eigentlich Alle aufser diesem Einen, und in einer strenge geschlossenen Oligarchie, wo die Mehrzahl von jener Theilnahme ganz ausgeschlossen ist, Alle aufser dem herrschenden Stande vielmehr Unterthanen als Bürger genannt werden müssen.[1]) Indessen wird doch im gewöhnlichen Sprachgebrauch der Begriff des Bürgers nicht immer so scharf gefafst, sondern es werden auch solche Staatsgenossen noch als Bürger bezeichnet, die, wenngleich von der Theilnahme an der Regierung in Rathscollegien, obrigkeitlichen Aemtern, Volksversammlungen[2]) und Gerichten ausgeschlossen, doch durch gewisse privatrechtliche oder sacrale Verhältnisse von den Nichtbürgern unterschieden sind. Dahin gehört vor Allem die ἔγκτησις oder des Recht des Grundbesitzes, welches, wie schon oben bemerkt ist, den Nichtbürgern in der Regel versagt war, ferner ein selbständiger Gerichtsstand oder das Recht, Processe vor den einheimischen Gerichten zu führen, ohne der Vermittelung eines Patrons, wie die Nichtbürger, zu bedürfen, sodann die Theilnahme an gewissen Culten, theils allgemeinen, theils genossenschaftlichen, wie der Stämme und deren Unterabtheilungen, in welchen, zwar wohl nicht überall, aber doch gewifs in vielen Staaten, die Angehörigen der bevorrechteten und der minderberechtigten Classe mit einander vereinigt waren, endlich die Epigamie, vermöge welcher die unter ihnen geschlossenen Ehen in Beziehung auf Erbrecht und Sacralrechte, zum Theil auch auf politische Rechte, gewisse gesetzliche Wirkungen hatten, deren die Ehen mit Nichtbürgern entbehrten. Ob in den Oligarchien Ehen zwischen dem bevorrechteten und dem minderberechtigten Stande irgendwo durch ein bestimmtes Gesetz ausdrücklich untersagt gewesen seien, darüber belehren uns unsere Quellen nicht: thatsächlich fanden sie gewifs höchst selten statt. — In

---

1) In diesem Sinne spricht auch wirklich Isokrates, Panegyr. §. 105 von der Oligarchie: τοὺς πολλοὺς ὑπὸ τοῖς ὀλίγοις εἶναι, — τοὺς μὲν τυραννεῖν τοὺς δὲ μετοικεῖν, καὶ φύσει πολίτας ὄντας νόμῳ τῆς πολιτείας ἀποστερεῖσθαι.
2) Dafs es Bürger ohne Stimmrecht in den Volksversammlungen, also eine *civitas sine suffragio*, auch in Griechenland gegeben, zeigt unter andern eine Inschrift von Amorgos, bei Rofs Inscr. fasc. III no. 314, und Rangabé Ant. Hell. II p. 343. no. 750 A. 3, wo einem Fremden neben der πολιτεία auch noch ausdrücklich ἐκκλησία ertheilt wird.

den gemischten Verfassungen, wie in der Timokratie, hat das Bürgerthum der verschiedenen Classen, obgleich es in keiner ganz von der Theilnahme an der öffentlichen Gewalt ausgeschlossen ist, doch einen verschieden abgestuften Werth: es ist wirkliches Staatsbürgerthum, nur nicht in gleichem Umfange für Alle. Nur in der Demokratie sind alle Bürger auch Vollbürger oder Staatsbürger in aristotelischem Sinne.[1])

Ein Staatsbürgerthum in diesem Sinne bedurfte nun aber nothwendig einer gewissen Unterlage von Nichtbürgern, ohne die es seiner eigentlichen Aufgabe nicht wohl zu entsprechen im Stande war. Die thätige Theilnahme an den öffentlichen Angelegenheiten, wie sie in den Volksversammlungen, in Rathscollegien, in obrigkeitlichen Aemtern und in Gerichten auszuüben war, verlangte einen Grad von Unabhängigkeit und von richtiger Beurtheilung, der sich bei Solchen, deren Zeit und Kraft ganz von der Arbeit um die tägliche Existenz und die materiellen Lebensbedürfnisse in Anspruch genommen wurde, unmöglich voraussetzen liefs. Diese konnten weder die Bildung erwerben, welche zur Verwaltung jener Geschäfte erforderlich war, noch hatten sie Mufse genug um sich viel um die allgemeinen Angelegenheiten zu bekümmern oder selbst sich ihrer Verwaltung zu unterziehen; es war vielmehr zu besorgen dafs sie leicht, aus Mangel an Bildung, der Täuschung, oder auch, aus Armuth, der Bestechung zugänglich sein würden. Die blofs mechanischen Arbeiten, meinten die Griechen, drückten den Geist nieder, und die nur auf Erwerb gerichteten Thätigkeiten verdürben leicht die Gesinnung und pflegten Selbstsucht und Eigennutz anstatt des Gemeinsinnes und der Fürsorge für das öffentliche Wohl.[2]) Der beste Staat, sagt Aristoteles,[3]) wird den Banausos, d. h. den der sich nur mit niedrigen Arbeiten beschäftigt, nicht zum Bürger machen. Deswegen schien es wünschenswürdig, dafs dergleichen, wenn nicht ausschliefslich, doch vorzugsweise nur von Nichtbürgern betrieben würden, die Bürger dagegen ihrer möglichst überhoben wären, wozu denn natürlich ein gewisser Wohlstand gehörte, der es ihnen möglich machte, Andere für sich arbeiten zu lassen. Im Alterthum

---

1) Aristot. l. l. §. 6. τὸν πολίτην ἕτερον ἀναγκαῖον εἶναι τὸν καθ᾽ ἑκάστην πολιτείαν. διόπερ ὁ λεχθεὶς ἐν μὲν δημοκρατίᾳ μάλιστ᾽ ἐστὶ πολίτης, ἐν δὲ ταῖς ἄλλαις ἐνδέχεται μέν, οὐ μὴν ἀναγκαῖον.
2) Xenoph. Oecon. c. 4, 2. 3. 6, 5. Der Ackerbau wird aber ausdrücklich ausgenommen.
3) Polit. III, 3, 2. 3.

war der Stand der niederen Arbeiter grofsentheils auch persönlich unfrei, es waren Leibeigene oder, und zwar in den meisten Staaten, Kaufsklaven, und wenn auch angegeben wird, dafs man sich in einigen Landschaften, wo es keine Leibeigene gab, wie in Phokis und Lokris, vor Alters auch ohne Sklaven beholfen habe, so scheint doch erstens diese Angabe sich vorzüglich nur auf die zur persönlichen Bedienung und Aufwartung bestimmten Sklaven zu beziehen, und gilt zweitens auch so wohl nur für frühe Zeiten.[1]) Später gab es schwerlich einen Staat, in dem nicht auch der ärmere Bürger einen Sklaven oder eine Sklavin besessen hätte. — Die Nothwendigkeit einer Classe von Menschen, die, vorzugsweise auf die niederen Arbeiten angewiesen, es allein möglich macht, dafs Andere solcher Arbeiten überhoben sich mit edleren Dingen beschäftigen können, läfst sich, wie nun einmal die Bedingungen des menschlichen Lebens sind, nicht wegleugnen, und eine solche Classe giebt es ja überall, auch wo es keine Sklaven giebt. Freilich, die Sklaverei dieser Classe ist nicht nothwendig, und läfst sich auch vom sittlichen Standpunkte beurtheilt nicht rechtfertigen, und wer deswegen sich berufen fühlt, das heidnische Alterthum gegen die neuere Zeit, die sich die christliche nennt, herabzusetzen, dem bietet namentlich die Sklaverei ein willkommenes Argument. Die kitzliche Frage, wieviel Antheil an der Abschaffung der Sklaverei in neueren Zeiten wirklich christliche Motive gehabt haben, oder wieviel davon auf Rechnung anderer Umstände zu schreiben sei,[2]) bleibt in der Regel unberührt und kann auch hier nicht besprochen werden, ebensowenig als die andere, wie viel denn eigentlich die arbeitenden Classen dadurch, dafs sie aufgehört haben Sklaven zu sein, in der Wirklichkeit gewonnen haben. Uebrigens ist auch den Griechen selbst das Unrecht, welches in der Sklaverei liegt, keineswegs so ganz verborgen geblieben: sie erkannten,

---

1) Polyb. XII, 6, 7. u. Athenae. VI, 86 p. 264 u. 103 p. 272 B. Beide beziehen sich auf Timaeus, doch was dieser eigentlich behauptet habe, ist nicht recht deutlich zu ersehen. Von Bestellung der Aecker der Wohlhabenden durch freie Tagelöhner, was Grote, Gr. Gesch. Th. I S. 622 d. Uebers. heraus gelesen hat, sagt Keiner etwas; und bei Timaeus hiefs es ausdrücklich nur ὑπὸ ἀργυρωνήτων διακονεῖσθαι, welches Verbum bekanntlich in specieller Bedeutung von persönlicher Bedienung gesagt wird. Auf uralte Zeiten geht auch Herodot's Aeufserung VI, 137. Vgl. auch Curtius, Gr. Gesch. III S. 432.

2) z. B. auf die Einsicht, dafs man mit freien Arbeitern bessere Arbeit erziele und wohlfeiler abkomme, als mit Sklaven, da man jene, sobald man sie nicht mehr braucht, ihrem Schicksal überlassen kann.

dafs der Mensch nicht berechtigt sei, seines Gleichen zu Sklaven zu machen, aber sie griffen nun zu der Rechtfertigung, dafs sie behaupteten, es seien eben nicht alle Menschen wirklich ihres Gleichen, es gebe unter den Nichtgriechen solche, die von Natur zur Dienstbarkeit geschaffen seien, wie die Griechen zur Freiheit.[1]) Und es bestand in der That auch die Sklavenzahl in Griechenland bei weitem zum gröfsten Theile nur aus Menschen barbarischer Abkunft, und jene Rechtfertigung mag vielleicht nicht viel schlechter sein, als die ähnliche, mit welcher heutzutage jenseits des Oceans die Sklaverei der Farbigen, oder diesseits das nicht viel bessere Loos des niederen Volkes in Irland vertheidigt zu werden pflegt. Aristoteles,[2]) indem er Griechen und Barbaren vergleichend charakterisirt, erklärt die nördlichen Völkerstämme von Europa für muthig, aber geistiger Regsamkeit ermangelnd, die östlichen in Asien zwar für geistig begabter und zu Reflexion und Kunst aufgelegt, aber für muthlos: die Griechen, in der Mitte zwischen beiden, besitzen ebensowohl Muth und Energie als geistige Regsamkeit, und deswegen sind sie zur Freiheit geschickt, wogegen die Asiaten sich ohne Widerstreben der Dienstbarkeit unterwerfen, und zum wohlgeordneten Staatsleben und Herrschaft über Andere fähig, wozu die nördlichen Völker nicht taugen. Wieviel hiervon wahr und zur Rechtfertigung der Sklaverei tauglich sein möge, wollen wir hier nicht untersuchen; seine Charakteristik der Barbaren den Griechen gegenüber dürfte aber kaum als unrichtig angefochten werden, und auch darin werden wir ihm wohl Recht geben müssen, dafs ein Staatsleben nach seiner Idee nur unter den Griechen möglich gewesen sei. Dafs es auch unter diesen nicht überall wirklich gewesen, dafs kein Staat der Idee vollkommen entsprochen, viele gar weit davon entfernt geblieben, und auch die ihr am nächsten kamen sich nicht lange unverdorben gehalten haben, erkennt er selbst so gut wie Einer. Ein freier, niederdrückender Sorge und ermattender Arbeit um des Lebens Nothdurft überhobener Bürgerstand war aber unstreitig nicht blofs für den besten Staat, sondern überhaupt für jeden Staat unerläfslich.

---

1) Arist. Polit. I, 2, 18. Plat. republ. V p. 469 C. Dagegen Alcidamas (in O. G. ed. Bait. et Saupp. II p. 154): Ἐλευθέρους ἀφῆκε πάντας θεός· οὐδένα δοῦλον ἡ φύσις πεποίηκεν.
2) Polit. VII, 6, 1.

5. Die öffentliche Zucht.

Welche Veranstaltungen man getroffen habe, um die materiellen Bedingungen eines tüchtigen Bürgerstandes zu sichern, werden wir später im Einzelnen betrachten müssen, insofern sich Angaben darüber finden. Für jetzt bemerken wir nur im Allgemeinen, dafs man namentlich wohl die Nothwendigkeit erkannte, die Zersplitterung des Besitzthums zu verhüten, die Familien im Besitz ihres angestammten Erbes zu erhalten, der Verarmung entgegen zu wirken, die Gefahr der Uebervölkerung zu vermeiden. Aristoteles[1]) erwähnt der von dem Chalkedonier Phaleas, in einer theoretischen Schrift, vorgeschlagenen Mafsregel, dafs Aussteuern bei Verheirathungen die Reichen zwar geben, aber nicht bekommen, die Armen zwar bekommen, aber nicht geben sollten, und der Platonischen Bestimmung über ein geringstes und ein gröfstes Mafs des Besitzthums, welches letztere nicht über das vierfache des ersteren betragen dürfe. Er selbst bemerkt, dafs es zur Erhaltung des Vermögens zweckmäfsig sein würde, auch die Zahl der Kinder zu bestimmen, damit nicht, wenn gar viele sich darin zu theilen hätten, die Theile allzuklein ausfielen; ja er hält sogar die Abtreibung der Leibesfrucht, bevor sie Leben und Empfindung habe, nicht für verwerflich,[2]) und Aussetzung der Kinder war wenigstens in den meisten Staaten nicht gesetzlich untersagt. Auch die Knabenliebe soll, so meinte man,[3]) von manchen Gesetzgebern geduldet worden sein als ein Mittel gegen Uebervölkerung, und dafs aufserehelicbe Befriedigung des Geschlechtstriebes dem Manne überall nachgesehen wurde, hat seinen Grund gewifs nicht blofs darin, dafs man das weibliche Geschlecht und somit das Recht der Gattin in der Ehe weniger achtete, sondern auch wohl darin, dafs man eine grofse Zahl von ehelichen Kindern nicht immer für wünschenswürdig ansah. — Auch die ethischen Bedingungen, die neben jenen materiellen zur Sicherung und Erhaltung eines tüchtigen Bürgerthums vorhanden sein müssen, wurden in den Staaten keinesweges aufser Acht gelassen, und

---

1) Polit. II, 4, 1.
2) Ibid. VII, 14, 10. Dafs aber nicht Alle so gedacht haben, beweist Stobae. Flor. tit. 74, 61 u. 75, 15. Vgl. auch Att. Proc. S. 310 u. Hermann, Privatalterth. §. 11, 6.
3) Aristot. Polit. II, 7, 5.

es gab überall manche hierauf bezügliche Anordnungen und Veranstaltungen, die wir alle unter die allgemeine Kategorie der öffentlichen Zucht begreifen können. Was zunächst die Jugenderziehung betrifft, so gab es freilich eine öffentliche Erziehung in dem Sinne, wie neuere Staaten sie haben, in den Staaten der Griechen schwerlich. Schulen zur Unterweisung sei es in den elementaren Kenntnissen sei es zur höheren wissenschaftlichen Ausbildung durch von Staatswegen geprüfte und angestellte Lehrer lassen sich nirgends mit Sicherheit nachweisen.[1]) Es war vielmehr vollkommene Unterrichtsfreiheit, das Lehrgeschäft konnte Jeder unternehmen, der sich dazu befähigt glaubte und dem seine Mitbürger genug Vertrauen schenkten, um ihm ihre Kinder zu übergeben; und dafs die Eltern ihre Kinder nicht würden ohne Unterricht in den nothwendigen Kenntnissen aufwachsen lassen wollen, nahm man wohl als selbstverstanden an, so dafs es überflüssig schien, sie durch besondere Anordnungen dazu anzuhalten. Obgleich gänzlich fehlte es doch auch an dergleichen nicht: indessen ist uns Einzelnes dieser Art nur von Athen näher bekannt, und wird also bei der Darstellung dieses Staates näher zu erwähnen sein. Mehr war überall die körperliche Ausbildung ein Gegenstand der öffentlichen Fürsorge, und wenn wir auch von Staatswegen angestellte Lehrer der Gymnastik nicht erwähnt finden, so fehlte es doch in keiner Stadt an wohleingerichteten, zum Theil schön und stattlich gebauten Gymnasien, in welchen die Aelteren den Jüngeren, die Geübteren den Anfängern Anleitung gaben, was denn natürlich auch nicht zufälliger regelloser Willkür überlassen blieb, sondern in eine bestimmte Ordnung gebracht wurde, welche zu veranlassen und auf deren Beobachtung zu halten den Aufsehern oblag, die zu diesem Zweck vom Staat verordnet wurden, und Pädonomen, Gymnasiarchen, auch Sophronisten oder Kosmeten hiefsen. Und die Theilnahme an den Uebungen war wenigstens insofern auch gesetzlich vorgeschrieben, als vor dem Eintritt in das kriegspflichtige Alter ein gymnastischer Cursus durchzumachen war als Vorbereitung zu den kriegerischen Obliegenheiten, zu denen jeder Bürger verpflichtet war.[2])

Erscheint hiernach die Betheiligung des Staates bei den Veranstaltungen für den Jugendunterricht allerdings nur sehr

---

1) Denn was Diodor XII, 12 über die Gesetze des Charondas und den durch sie angeordneten öffentlichen Unterricht angiebt, ist apokryphisch.
2) Vgl. z. B. Pausan. VII, 27, 3.

gering in Vergleich zu demjenigen, was in den neueren Staaten und namentlich in dem classischen Lande der Schulen geschieht, so dürfte es doch nicht gerechtfertigt sein, wenn man darin den Beweis finden wollte, dafs den Griechen der Gegenstand gleichgültiger gewesen sei: man könnte vielmehr umgekehrt einen Beweis darin finden, dafs er ihnen als ein solcher erschienen sei, der Jedem von selbst so nah am Herzen liege, dafs es gar keiner besonderen Verordnungen und keines Schulzwanges bedürfe, um Eltern und Kinder anzuhalten, die dargebotenen Gelegenheiten zur Ausbildung zu benutzen. Dabei ist ferner zu bedenken, dafs gerade die zahlreiche Classe von Einwohnern, für deren Unterricht unsere Staaten am meisten durch Schulen und Schulgesetze zu sorgen sich verpflichtet fühlen müssen, in den griechischen Staaten gar nicht eigentlich Staatsgenossen waren, sondern aus Sklaven bestanden, für die eine Bildung gleich der des Bürgers oder gleich derjenigen, die bei uns die Volksschulen gewähren, gar nicht im Interesse des Staates zu liegen schien. War doch gymnastische Bildung der Sklaven geradezu durch Gesetze untersagt;[1]) und wenn eine elementare Kenntnifs im Lesen, Schreiben u. dergl. in den Zeiten, wo diese Fertigkeiten im täglichen Lebensverkehr schon unentbehrlich waren, auch manchem Sklaven beigebracht wurde, den sein Herr dadurch um so brauchbarer zu manchen Diensten machen wollte, ja wenn mancher selbst auch zu höherer musischer und wissenschaftlicher oder künstlerischer Bildung gelangte, so war doch die Mehrzahl nur auf diejenigen Kenntnisse und Fertigkeiten beschränkt, die zur Betreibung der Ackerarbeiten oder der Handwerke gehörten, durch welche allein sie ihren Herren nützlich wurden, und ihre Unterweisung war lediglich Sache des Haushalts und wurde lediglich im Interesse und nach dem Ermessen der Herren betrieben, die dann ebenfalls aus gleichem Grunde auch für Zucht und Ordnung unter ihnen zu sorgen hatten, wozu sie durch die Gesetze mit hinreichend ausgedehntem Zwangs- und Strafrecht ausgestattet waren. Welche Ansichten im Allgemeinen über die zweckmäfsige Behandlung der Sklaven herrschten, können wir aus der Aristotelischen oder Theophrastischen Oekonomik lernen, wo es als Regel aufgestellt wird, dafs man nicht allzuviele Sklaven von gleichem Volksstamme

---

[1]) Vgl. Aeschin. g. Timarch. § 138. Plutarch. Sol. c. 1 u. C. F. Hermann zu Becker's Charikles, II S. 187. — Plin. H. N. XXXV, 10 sagt auch von den zeichnenden Künsten: Interdictum ne servi docerentur.

haben müsse, weil diese leichter miteinander conspirirten, dafs man sie nicht durch verächtliche und erniedrigende Behandlung erbittern, aber auch nicht durch gar zu grofse Nachsicht ausgelassen und zügellos werden lassen müsse, dafs man ihnen nicht übermäfsige Arbeit aufbürden noch auch sie müfsig gehen lassen dürfe, dafs man endlich dem Arbeitssklaven durch ausreichende Nahrung, dem Höherstehenden durch rücksichtsvollere Behandlung gerecht werden müsse. Auch an die mancherlei Festtage wird erinnert, die den Sklaven zur Erholung und Erheiterung dienten, die aber auch wohl dazu beitragen konnten, durch die Gemeinsamkeit der Feier ein gewisses Band der Zuneigung zwischen Herrn und Sklaven zu bilden. Dazu kommt endlich auch noch die Aussicht auf Freilassung als ein Mittel, sich der guten Führung der Sklaven zu versichern, und wir wissen, dafs Freilassungen häufig genug waren, ohne dafs jedoch, wie bei den Römern, die förmlich Freigelassenen ohne Weiteres unter die Bürgerschaft aufgenommen wurden, welcher durch Aufnahme solcher Elemente ein Proletariat zugewachsen sein würde, vor dem sie zu bewahren die Sorge verständiger Staatsmänner sein mufste.

Abgesehen also von dieser Arbeiterclasse, die gar nicht eigentlich als Bestandtheil, sondern nur als nothwendige Unterlage zu betrachten ist, fehlte es den wirklichen Staatsgenossen, d. h. den Bürgern, nicht an Gelegenheit und Mitteln sowohl zur tüchtigen gymnastischen Bildung als zur Erwerbung der nothwendigen Kenntnisse; und auch für die höhere Ausbildung des Geistes bot sich, ohne dafs es dafür besonderer Staatsanstalten bedurft hätte, Gelegenheit genug dar. Ueber die Art und Weise des ersten Jugendunterrichtes zu reden versparen wir, bis wir zum athenischen Staate gelangt sein werden, weil unsere Nachrichten sich vorzugsweise auf diesen beziehen: wir dürfen aber annehmen, dafs es im Wesentlichen überall nicht anders als dort gewesen sei. Auch daran wollen wir jetzt nur vorläufig erinnern, dafs überall den Griechen auch die Musik als ein vorzüglich wichtiges Bildungsmittel galt, dem sie, in einem Mafse, worüber neuere Musiker und Liebhaber sich verwundern mögen, eine ethische Wirksamkeit zuschrieben und danach die für den Jugendunterricht tauglichen Gattungen bestimmten.[1]) Weitere Bildung gewährten in den Zeiten, wo schon ein wissen-

---

1) Vgl. A. Boger, die Würde der Musik im griechischen Alterthum. Dresden, 1839.

schaftliches Treiben begonnen hatte, die Vorträge der Rhetoren und Sophisten, die denn freilich, da sie sich in der Regel theuer bezahlen liefsen, nur von den Wohlhabenderen benutzt werden konnten, von solchen aber auch vielfältig mit grofsem Eifer und längere Zeit hindurch benutzt wurden, als ein Triennium lang, in welchem heutzutage die Meisten ihr sogenanntes Brodstudium absolviren, um nachher in der Routine einer oft geistlosen und mechanischen Beamtenthätigkeit der Wissenschaft auf immer den Rücken zu kehren. Die griechische Jugend, die es auf öffentliche Wirksamkeit abgesehen hatte, lernte gern und lange, und war sich bewufst, dafs, um in das thätige Leben einzutreten und an der Leitung der öffentlichen Angelegenheiten theilzunehmen, sorgfältige Vorbereitung und Reife des Geistes erforderlich sei. In unreifen Jahren sich um die Angelegenheiten des Staats zu bekümmern galt für ungebührlich, und wohlgesittete Jünglinge sah man nicht leicht auf dem Markte oder in den Gerichtslocalen. Trat nun aber der junge Bürger in das öffentliche Leben, so eröffnete sich ihm ein Feld der Thätigkeit, auf welchem er sich als würdiges Mitglied einer sich selbst regierenden Gesellschaft zu bewähren hatte, an der Berathung der allgemeinen Angelegenheiten, an der Verwaltung der Staatsgeschäfte, an der Rechtspflege selbstthätig Antheil nehmen konnte oder mufste, und indem er seine Kräfte dem allgemeinen Besten weihte, und im Gehorsam gegen die Gesetze und die Vorgesetzten sich selbst einst Vorgesetzter zu werden befähigte,[1]) die Anerkennung und das Lob seiner Mitbürger verdiente. Nicht alle freilich widmeten sich so dem öffentlichen Leben; es gab Viele, die aus Neigung oder ihrer besonderen Verhältnisse wegen sich mehr nur auf die Betreibung ihrer eigenen Angelegenheiten beschränkten und den öffentlichen eine geringere Theilnahme zuwandten; aber ganz sich dieser zu entschlagen, war kaum möglich. Die Verhältnisse, unter denen sie standen, das ganze Leben, was sich um sie her bewegte, die Luft, möchte ich sagen, die sie athmeten, mufsten sie unablässig daran mahnen, wie sie als Einzelne und für sich allein eigentlich Nichts seien und bedeuteten, sondern nur als Glieder des Ganzen in Betracht kämen, dem sie angehörten, und das des-

---

1) Nam et qui bene imperat, paruerit aliquando necesse est, et qui modeste paret, videtur qui aliquando imperet dignus esse. Cic. Legg. III, 2, 5, nach Aristot. Polit. VII, 13, 4 und Solon bei Stobae. Floril. tit. 46, 22 p. 308.

wegen auch jeden Anspruch an sie machen könnte, der durch das Wohl des Ganzen geboten würde. — In wohlgeordneten Staaten mit aristokratischem Charakter wurde überdies das Leben des Einzelnen, auch wenn er sich von der selbstthätigen Betheiligung am Oeffentlichen entfernt hielt, dennoch im Interesse des Staates von dazu eingesetzten Behörden beaufsichtigt und überwacht, und so eine öffentliche Disciplin gehandhabt, die weit über den Kreis der Jugenderziehung hinausreichte. Unsittlichkeiten, die öffentlichen Anstofs erregen und böses Beispiel geben konnten, Vergehen, wenn auch kein Einzelner durch sie verletzt, sondern nur die schlechte Gesinnung des Thäters beurkundet wurde, fanden Rüge und Strafe. Die Handhabung solcher sittenrichterlichen Disciplin, mit Umsicht und Nachdruck geübt, mufste wenigstens die Wirkung haben, äufserliche Sittlichkeit zu wahren, wenn sie auch, wie alle polizeilichen Mafsregeln, für sich allein nicht vermochten, eine wahrhaft sittliche Gesinnung da wo sie fehlte hervorzubringen. Die Alten sprechen aber öfters die Ueberzeugung aus, dafs eben der Staat selbst und das Leben im Staate den Menschen zur Sittlichkeit bilde. Der Staat, sagt Plato, erzieht den Menschen gut, wenn er gut, schlecht, wenn er schlecht ist, und der Pythagoreer Xenophilus gab einem Vater, der ihn fragte, wie er seinen Sohn am besten erziehen könnte, zur Antwort: wenn er ihn in einen wohlgeordneten Staat brächte.[1]) Dieser Ansicht gemäfs kann man sagen, dafs die Alten dem Staate zugeschrieben haben, was, nach der Ansicht Vieler unter uns, gar nicht Aufgabe des Staates, sondern lediglich der Kirche sein soll, die als das Höhere und Göttliche jenem, als dem Niederen und Weltlichen, entgegengestellt oder vielmehr übergeordnet wird. Eine solche Entgegensetzung konnte den Alten nicht in den Sinn kommen, auch wenn sie etwas der Kirche Analoges in ihrem Staate gehabt hätten; sie würde ihnen als ein Frevel gegen die Würde des Staates vorgekommen sein. Was bei ihnen sich etwa als Kirchliches bezeichnen läfst, der Cultus und die religiösen Institutionen, das war eben auch im Wesen des Staates mit begriffen, es war nur ein Theil des Staates, ein Glied in seinem Organismus, und diesen ganzen Organismus, nicht das eine Glied vorzugsweise vor den andern, sah der religiöse Sinn der Alten als eine göttliche Stiftung an, um die Menschen zur Menschlichkeit zu bilden. Inwiefern der Cultus und was sonst unter den Begriff der Religion

---

1) Diog. L. VIII, 16.

gehört, wirklich einen wohlthätigen Einfluß auf die Sittlichkeit auszuüben vermocht habe, ist eine Frage, die hier nur berührt werden kann und deren genauere Beantwortung einem andern Orte vorbehalten bleiben muß. Für jetzt nur soviel: Es ist klar und unverkennbar, daß die Religion der Griechen, als wesentlich und ursprünglich nur Naturreligion, sehr viele Elemente enthielt, die nicht nur im negativen Sinne unsittlich waren, d. h. nicht auf sittlichem Grunde ruhten, sondern auch positiv Unsittlichkeit erregen und fördern konnten oder selbst mußten. Dagegen läßt sich aber auch das nicht verkennen, daß in den Griechen durchaus der Glaube lebendig war, wie der Mensch in allen Beziehungen abhängig von höheren Wesen sei, deren Walten, wenn auch nicht alle in gleicher sittlicher Erhabenheit und dem Begriffe göttlicher Heiligkeit entsprechend gedacht wurden, doch im Ganzen ein rechtes und sittliches, durch Weisheit, Gerechtigkeit und Güte bestimmtes sei. Die Götter waren menschenähnlich, und eben deswegen nicht vollkommen, sondern in verschiedenen Abstufungen göttlich. Handelten sie aber auch nicht immer nach sittlichen und wahrhaft göttlichen Motiven, so waren das doch nur Ausnahmen von der Regel, einzelne vorübergehende Störungen des rechten Verhältnisses, und selbst diejenigen, die sich von den Göttern am wenigsten würdige Vorstellungen gebildet hatten, waren doch nicht weniger fest überzeugt, daß das Verhältniß derselben zur Welt und zur Menschheit wesentlich nur auf der Grundlage der Weisheit, Gerechtigkeit und Güte beruhe, und daß man ihrer Huld dauernd und allgemein nicht theilhaftig werden könne, wenn man nicht in frommer Gesinnung vor ihnen wandle, und thue was den Geboten des Rechtes und der Sittlichkeit gemäß sei, die von ihnen dem Menschen verkündigt und ins Herz geschrieben seien. Aber freilich, es gab im Staate keine öffentliche Religionslehre, welche solchen Glauben zu unterhalten und zu nähren bestimmt gewesen wäre, es gab nur Cultusgebräuche, die zum größten Theile gar nicht auf sittlichen Ideen beruhten und deswegen auch dergleichen hervorzurufen nicht geeignet waren. Nähere Belehrung über die Götter und die göttlichen Dinge mochte, wie jeden andern Unterricht, sich Jeder bei denen suchen, bei denen er dergleichen zu finden hoffte, und dies waren vorzugsweise die Dichter und diejenigen, die sie den Zuhörern erklärten, oder die sonstigen Lehrer der Weisheit. Ist es nun auch allerdings anzuerkennen, daß manche unter diesen in wahrhaft religiösem Sinne dachten und lehrten, und den Glauben, von verfänglichen und irreleitenden

Vorstellungen gereinigt, auf den echten Kern sittlicher Gottesfurcht und Frömmigkeit zurückzuführen bestrebt waren, so ist doch auch ersichtlich genug, dafs solchen gegenüber Andere in entgegengesetzter Weise wirkten, und dafs am Ende alle Bemühungen besserer und erleuchteter Geister nicht vermocht haben, den tiefsten sittlichen Verfall des Heidenthums zu verhindern.

6. Die Staatsidee und die Parteibestrebungen.

Wenn nun die Religion wenig im Stande war, eine wahrhaft sittliche Haltung der Bürger kräftig zu fördern und zu stützen, so müssen wir gestehen, dafs ebenso auch die eigentlich politischen Institutionen sich wenig geeignet erwiesen haben, der Idee jener Politiker, nach welcher der Staat den Menschen zur Tugend, d. h. zur wahrhaft menschlichen Ausbildung verhelfen soll, wirklich zu entsprechen. Plato verzweifelte daran, dafs ein Freund der Weisheit überhaupt nur sich entschliefsen könne, sich mit dem Staatsleben zu befassen, obgleich er selbst überzeugt war, dafs der Mensch für den Staat geschaffen sei und seine wahre Bestimmung nur in dem recht geordneten Staate sich erfüllen könne. Aber kein einziger der vorhandenen Staaten schien ihm diesem Zwecke auch nur im entferntesten zu entsprechen, und der Freund der Weisheit müsse daher sich lieber von ihnen zurückziehen, als ohne Hoffnung auf Erfolg sich in ihr Treiben einlassen. Ob er in diesem Punkte recht habe, oder, nach Niebuhr's Urtheil, als ein nicht guter Bürger gescholten zu werden verdiene, mag dahin gestellt bleiben;[1]) und dafs das Staatsideal, welches er selbst aufstellt, ein solches sei, dessen Verwirklichung unter den Verhältnissen und Bedingungen, unter denen die Menschen nun einmal stehen und von denen nicht loszukommen ist, vollkommen unmöglich sei, ist ebenso wahr, wie auf der andern Seite sein Urtheil über die wirklich bestehenden Verfassungen Griechenlands für wohlbegründet erklärt werden mufs. Sehen wir auch davon ab, dafs die eigentliche Staatsgenossenschaft, das Bürgerthum, überall auf einen geringen Theil der Bevölkerung beschränkt war, eine Beschränkung, welche durch den griechischen Staatsbegriff nothwendig bedingt war, die aber unsern modernen Freunden demokratischer Verfassungen auch in den am meisten demokratischen Staaten Griechenlands noch als die unerträglichste Oligarchie erscheinen müfste, — abgesehen also hiervon können

---

1) Vgl. Delbrück, Vertheidigung Plato's. Bonn. 1828.

wir auch in jener eng begrenzten Staatsgenossenschaft selbst überall sehr wenig von dem, was das eigentliche Wesen und den Zweck des Staates ausmachen soll, verwirklicht finden. Wir erblicken vielmehr fast immer das Vorherrschen von solchen Tendenzen, die nicht auf das wahre Gemeinwohl, sondern nur auf das besondere Interesse derer gerichtet sind, die jedesmal die Gewalt in Händen haben. Das Gemeinwohl, die Gerechtigkeit fordert, dafs allen Staatsgenossen das Mafs der Freiheit und der Rechte zu Theil werde, dessen sie fähig und würdig sind, und da dieses Mafs zu verschiedenen Zeiten nach den verschiedenen Bildungsstufen des Volkes ein verschiedenes ist, so ergiebt sich daraus die Forderung, dafs auch die Verfassung dem Fortschritt der Zeit entsprechend umgestaltet werde. Aber gegen diese Forderung sträubt sich das Interesse derer, die bei der bisherigen Ordnung der Dinge im Vortheil vor ihren Mitbürgern sind, und sie bilden eine geschlossene Partei, der nicht Verbesserung des Staates sondern Erhaltung des einmal Bestehenden als das Höchste gilt. Zu Concessionen gegen berechtigte Ansprüche ist man selten geneigt, und während man auf der einen Seite hartnäckig verweigert, was auf der andern Seite dringend gefordert wird, entstehen innere Kämpfe, in denen die aufgeregten Leidenschaften auf beiden Seiten nur allzuleicht das Mafs überschreiten. Die Geschichte Griechenlands bietet uns eine fast ununterbrochene Reihe solcher Kämpfe dar, und in Folge derselben einen fortwährenden Wechsel von Verfassungen, die nicht selten aus einem Extrem gerade in das entgegengesetzte umschlugen. Auch wohlgeordnete, möglichst Allen gerechte Verfassungen gingen aus diesen Kämpfen hervor, aber wenn sie dies auch für die Zeit und für das Geschlecht waren, für welches sie gemacht wurden, so mufste doch eine andere Zeit und ein anderes Geschlecht kommen, für welches sie nicht mehr gerecht waren, und so konnte nothwendig auch der verhältnifsmäfsig beste Staat nicht immer bleiben was er gewesen war, und ihn für alle Zeiten festhalten zu wollen war dann nichts anders, als der naturgemäfsen Entwicklung Widerstand entgegen zu setzen. Wir mögen also sagen, dafs die Griechen dem Ideal einer guten Verfassung mit mehr oder weniger klarem Bewufstsein nachgestrebt, und ihm bisweilen auch nahe gekommen sind, aber dafs dies immer nur für kurze Zeiten gelte, und dafs bei weitem der gröfste Theil ihrer Geschichte mit Kämpfen angefüllt sei, wo es weniger darauf ankam, den wahren Staatszweck zu erreichen, als die Interessen der Parteien zu befriedigen.

II. Geschichtliche Angaben über die Verfassungen einzelner Staaten.

Der allgemeinen Schilderung des griechischen Staates lasse ich jetzt eine Zusammenstellung geschichtlicher Angaben über die Verfassungen der einzelnen Staaten folgen, die uns aber, wie ich schon früher bemerkt habe, alle, mit Ausnahme von zweien oder dreien, nur sehr unvollständig bekannt sind. Die historische Zeit Griechenlands beginnt freilich seit der Heraklidenwanderung oder der Besitznahme des Peloponnes durch die Dorier, aber die historischen Berichte beginnen erst seit den Perserkriegen zusammenhängend und einigermafsen vollständig zu werden, und auch dann betreffen sie immer nur die Hauptstaaten, neben welchen der übrigen nur kurz und beiläufig Erwähnung gethan wird. Was der Zeit der Perserkriege voraufliegt, ist selbst hinsichtlich der Hauptstaaten sehr in Dunkel gehüllt, und trägt überdies, je früheren Zeiten es angehört, desto mehr noch mythischen Charakter an sich. Indessen reicht, was wir aus allen jenen vereinzelten und gelegentlichen Angaben entnehmen können, doch hin, um uns erkennen zu lassen, wie im Ganzen der Entwickelungsgang in allen griechischen Staaten derselbe gewesen, auf das Königthum Oligarchie, auf diese, meist nach einer Uebergangsperiode usurpirter oder übertragener Alleinherrschaft, eine demokratische Verfassung gefolgt sei, die zuletzt mit Ochlokratie und gänzlicher Zerrüttung endigte. Auf Vollständigkeit ist es bei der folgenden Zusammenstellung nicht abgesehen, da Manches von dem, was sich hätte anführen lassen, für unsere Erkenntnifs ganz ohne Werth und Bedeutung ist; ja ich mufs besorgen, dafs auch unter dem angeführten mehreres sei, von dem meine Leser urtheilen werden, dafs es ohne Schaden hätte wegbleiben können.

1. Das Königthum.

Dafs in der Zeit der dorischen Wanderung und in den nächstfolgenden Jahrhunderten das Königthum die allgemeine Staatsform in Griechenland gewesen sei, dürfen wir als Thatsache annehmen, wenn auch, was von einzelnen Königen berichtet wird, ebenso unzuverlässig als unvollständig ist. Dies gilt zunächst von denjenigen, welche in Folge jener Wanderung neue Staaten im Peloponnes gründeten. Hier hatte vormals das mythische Geschlecht der Pelopiden seine Herrschaft über einen grofsen Theil der Halbinsel ausgedehnt; nicht blofs das spätere Argolis, oder wenigstens das westliche Stück dieser Landschaft,[1]) sondern auch die ganze Nordküste, das spätere korinthische Gebiet, Sikyon, Achaia bis Elis, eine Zeitlang auch dieses, und im Süden nicht blofs Lakonien sondern auch der gröfsere Theil von Messenien standen unter Königen dieses Geschlechtes, und nur Arkadien, das westliche Messenien und Elis wurden von Fürsten aus andern Häusern beherrscht. Die dorische Wanderung machte der Pelopidenherrschaft ein Ende und setzte Herakliden an ihre Stelle. Von den drei Brüdern aus diesem Geschlechte gewann der erste, Temenos, die Herrschaft von Argos, und seine Nachkommen blieben Könige, wenn gleich mit sehr beschränkter Gewalt. Der letzte aus diesem Hause war Meltas, dessen Zeit sich aber nicht sicher bestimmen läfst:[2]) nach diesem ward ein anderes Haus erhoben,[3]) und wir finden Könige, d. h. wenigstens Beamte die diesen Titel führten, noch zur Zeit des zweiten persischen Krieges in Argos erwähnt.[4]) Temeniden gewannen von Argos aus auch über Epidauros, Trözen, Kleonä, Phlius und Sikyon die Herrschaft;[5]) wie lange aber in diesen Landschaften das Königthum bestanden haben möge, darüber fehlt es an allen Angaben. Von Korinth hören wir, dafs ein Anführer aus dem Heraklidengeschlechte, Namens Aletes, die Herrschaft erlangt habe, und dafs seine Nachkommen bis in die Mitte des achten Jahrhunderts im Besitz des Königthums geblieben seien, worauf dann eine Oligarchie eingeführt wurde, indem die Gewalt an die sämmtlichen Häuser des Heraklidengeschlechts überging, die sich aber, nach einem der früheren Könige, Bakchis, dem fünften nach Aletes, Bakchiaden nannten.[6]) — Von Lakonien und der hier eingerichteten Diarchie wird später besonders die Rede sein. Messenien, von dem, wie gesagt, ein Theil bis dahin zu Lakonien gehört hatte, der andere Theil aber sammt

---

1) Denn das übrige, wie die Stadt Argos selbst, soll Diomedes beherrscht haben. Il. II, 559 ff.
2) Pausan. II, 19, 1. 2.
3) Plut. de Alex. M. virt. II, 8.
4) Herodot. VII, 149. Zur Zeit des peloponnesischen Krieges aber scheint das Amt nicht mehr bestanden zu haben. S. Thucyd. V, 27. 29. 37.
5) Pausan. II, 28, 3. 19, 1. 30, 9. 16, 5. 12, 6. 13, 1. 6, 4.
6) Pausan. II, 4, 3. vgl. Diodor. Fr. lib. VII p. 7 Tauchn. u. Strab. VIII p. 378.

dem angrenzenden Triphylien das Königreich des Nelidenhauses bildete, fiel dem Herakliden Kresphontes, dem Bruder des Temenos zu, und stand unter Königen bis zu der Zeit, wo es von den Spartanern unterjocht ward.[1]) Elis ward von einer ätolischen Schaar besetzt, die sich den Doriern angeschlossen hatte, und deren Stammesgenossen schon vorher in Elis safsen. Der Führer, Oxylus, ward König, und nach ihm sein Sohn Laïas. Von späteren Königen haben wir keine Kunde: Iphitus, der zur Zeit des Lykurgus oder in der ersten Hälfte des neunten Jahrhunderts an der Spitze des Staates gestanden haben mufs, und Nachkomme des Oxylus genannt wird, scheint doch nicht König gewesen zu sein.[2]) Dagegen in Pisatis, einer meist von Elis abhängigen, bisweilen aber sich losreifsenden Landschaft, finden wir einen König, Pantaleon, in der Mitte des siebenten Jahrhunderts genannt.[3]) Achaia war von den Doriern nicht erobert worden; es hatten vielmehr die in Argolis und Lakonien besiegten Achäer sich grofsentheils hierher zurückgezogen, — weswegen auch diese Küste, früher Aegialos, seitdem nach ihnen benannt ward, — und es regierten hier Könige aus dem Pelopidengeschlechte, deren letzter, Ogyges, uns zwar genannt, über dessen Zeit aber nichts angegeben wird.[4]) Endlich in Arkadien, welches weder früher der Herrschaft der Pelopiden unterworfen gewesen war, noch von den Doriern erobert wurde, finden wir Könige zu Tegea, Lykorea, Orchomenos, Kleitor, Stymphalos, Gortyn und anderswo. Sie heifsen Nachkömmlinge des Lykaon, eines Sohnes des erdgebornen Pelasgos, oder des Arkas, eines Sohnes des Zeus und der Kallisto, und spätere Genealogen haben sich die Mühe gegeben, einen allumfassenden Stammbaum zu entwerfen, der bis zum Aristokrates, zur Zeit des zweiten messenischen Krieges, hinunter geführt wird.[5]) Aristokrates aber war nach ganz zuverlässigen Angaben nicht König von ganz Arkadien, sondern von Orchomenos,[6]) und dafs in früheren Zeiten jemals das ganze von der Natur selbst so vielfach getheilte Land unter Einer Herrschaft sollte vereinigt gewesen sein,

---

1) Pausan. IV, 3, 3 ff.
2) Id. V, 4, 2—4. Doch heifst er König bei Phlegon p. 207 West.
3) Id. VI, 22, 2. Doch c. 21, 1 heifst es Πανταλέοντι — τυραννοῦντι, worauf indessen, wer die Manier des Pausanias kennt, kein besonderes Gewicht legen wird.
4) Pausan. VII, 6, 2. Polyb. II, 41, 5. Strab. VIII p. 384.
5) Pausan. VIII, 1, 2. 3. 4, 1 ff. und Clinton. Fast. Hell. I p. 90.
6) Strab. VIII p. 362.

ist schwerlich zu glauben, obgleich in jenem Stammbaum die meisten als Könige des ganzen Arkadiens erscheinen, und auch der homerische Schiffskatalog hier nur Einen König zu nennen weifs. Soviel ist gewifs, dafs nach dem orchomenischen Aristokrates von Königen in Arkadien nirgends weiter die Rede ist:[1]) dieser aber soll sammt seinem Sohne Aristodemus und dem ganzen Königshause vom Volke ermordet worden sein, wegen des Verrathes den er an den verbündeten Messeniern im Kriege gegen die Spartaner verübt hatte.[2])

Im mittleren Griechenlande finden wir, um jetzt von Attika noch nicht zu reden, das Königthum zunächst in Böotien, und zwar in Theben, wo dasselbe, nach der Auswanderung des früheren Königshauses der Labdakiden, an die Nachkommen des homerischen Peneleos gekommen, nicht lange nachher aber, als der König Xanthus im Zweikampf gegen den nach Attika geflüchteten Neliden Melanthus gefallen war, abgeschafft worden sein soll.[3]) Von andern böotischen Städten fehlt es uns an Angaben: nur dafs der askräische Dichter Hesiod von Königen, in der Mehrzahl, als zu seiner Zeit bestehend redet.[4]) Askra gehörte zum Gebiete von Thespiä, und wir dürfen also annehmen, dafs damals, als jener Dichter lebte, — die Zeit ist freilich sehr ungewifs, — die Häupter des Staates von Thespiä jenen Titel führten, wenn er auch vielleicht keinem Einzelnen, als Obersten, vorzugsweise zukommen mochte. In Megara soll das Königthum schon vor der Herakliden wanderung abgeschafft und Wahl der Oberhäupter eingeführt sein.[5]) Bei den Lokrern, und zwar bei denen von Opus, nennt uns Pindar[6]) ein Geschlecht alter Könige von Deukalions Stamm; aber wie lange die königliche Würde hier gedauert habe, ist nicht zu sagen. In Phokis finden wir wenig-

---

1) Denn auf den Vf. der pseudoplutarchischen Parallelen, c. 32, der einen orchomenischen König Pisistratus noch im peloponnesischen Kriege nennt, ist schwerlich zu bauen.
2) Polyb. IV, 33. Aus Heraclid. bei Diog. Laert. I, 94 ist zu entnehmen, dafs der Sohn, Aristodemus, Mitregent seines Vaters, aber nicht dafs er sein Nachfolger gewesen sei, und die Schwester, die an den Epidaurischen Tyrannen Prokles vermählt war, und deren Tochter nachher Gemahlin des Periander von Korinth wurde, ist wohl schon vor der Ermordung des Bruders und Vaters vermählt gewesen, wogegen sich chronologisch nichts einwenden läfst. So erledigen sich die Bedenken, die von Müller, Aegin. p. 64 u. Grote, Gesch. v. Griechenl. Th. I p. 740 d. deutsch. Uebers. gegen jene Ermordung des Ar. und der Seinigen erhoben sind.
3) Pausan. IX, 5, 8.   4) Werke u. T. v. 38. 262.
5) Pausan. I, 43, 3.   6) Olymp. IX, 56 (84).

stens zu Delphi den Königstitel noch in spätester Zeit,[1]) damals freilich bloſs als Titel einer priesterlichen Würde, aber doch ein Zeugniſs, daſs einst auch hier Könige die Häupter des Staates gewesen. Von den übrigen Landschaften des mittleren Griechenlandes fehlt uns alle Kunde. Im nördlichen Theile ist Epirus fortwährend, bis zum Tode der Deidamia, der Tochter des Pyrrhus, von Königen aus dem Aeakidenstamme beherrscht worden:[2]) Könige und Volk verpflichteten sich gegenseitig durch Eide, jene, den Gesetzen gemäſs zu regieren, dieses, ihnen dann die Regierung zu erhalten.[3]) Die thessalischen Städte standen unter adlichen Geschlechtern, von denen die Aleuaden und die Skopaden die namhaftesten waren, und die sich der Abkunft vom Herakles rühmten. Wenn Pindar und Herodot von Königen und Königsherrschaft unter ihnen reden,[4]) so ist doch daraus nicht mit Sicherheit zu schlieſsen, daſs damals wirklich Regenten mit dem Königstitel in den thessalischen Städten gewesen seien, obgleich es auch nicht mit Zuversicht geleugnet werden kann. Wo Ein König über das ganze Thessalien erwähnt wird, ist an kein beständiges und erbliches Königthum zu denken, sondern an ein auſserordentliches unter Umständen beliebtes Wahlkönigthum. Die früheste Wahl, von der wir Kunde haben, geschah auf eigenthümliche Weise: es wurde eine Anzahl von Losen, mit Namen der vorgeschlagenen Candidaten, nach Delphi geschickt, und die Pythia griff eines von diesen heraus.[5]) Dies mag indessen ausnahmsweise geschehen sein, weil man sich anders über die Wahl nicht einigen konnte. Später finden wir den Namen Tagos für ein solches Wahloberhaupt, sei es daſs dies der echte alte und eigenthümliche war, und die Schriftsteller nur ungenau $\beta\alpha\sigma\iota\lambda\epsilon\acute{\upsilon}\varsigma$ als gleichbedeutend dafür gesetzt, sei es daſs die Thessaler selbst den einen Titel später mit dem andern vertauscht haben.

Wenden wir uns jetzt zu den griechischen Colonien auſserhalb des Mutterlandes, so ist nicht zu bezweifeln, daſs zunächst die auf den Inseln und der Küste von Kleinasien angesiedelten, da sie zu einer Zeit auszogen, wo im Mutterland noch überall königliche Regierung war, ebenfalls zu Anfang alle unter Königen gestanden haben. Diese waren in den äolischen Colonien aus dem Geschlechte der Penthiliden, den Nachkommen des Penthilus, Soh-

---

1) Plutarch. quaest. gr. c. 12.   2) Pausan. IV, 35, 3.
3) Plutarch. Pyrrh. c. 5.   4) Pindar. Pyth. X, 4. Herod. VII, 6.
5) Plutarch. de frat. am. c. 21.

nes des Orestes, welcher als der erste Anführer jener Auswanderung genannt wird. Aber schon früh, — ungewifs, seit wann, — scheint das Königthum einer Oligarchie Platz gemacht zu haben, die jedoch im Besitz jenes Geschlechtes blieb.[1]) Ebenso gab es ein königliches Geschlecht, das der Neliden oder Kodriden, in den ionischen Colonien, aus welchem Anfangs ohne Zweifel Erbfürsten in den Städten regierten. Später finden wir statt ihrer Prytanen, z. B. in Milet,[2]) ohne dafs sich angeben liefse, zu welcher Zeit diese Aenderung eingetreten sei, und es bleibt ungewifs, ob die in Erzählungen aus alter Zeit[3]) bald unbestimmt und mit allgemeinem Ausdruck als Herrscher oder Regenten, bald auch als Könige vorkommenden Männer nicht als Prytanen gedacht werden müssen, denen die Schriftsteller nur ungenau den Königstitel beigelegt haben. Denn es ist ausgemacht, dafs dieser Titel nicht selten auch solchen beigelegt wird, die eigentlich einen andern führten. In Ephesus bestand der Titel noch zu Strabo's Zeit, bezeichnete aber nur eine priesterliche Würde, die jedoch dem Geschlechte der alten Könige eigen verblieb.[4]) Die Regierung aber war, wie es scheint schon in sehr früher Zeit, zu einer Oligarchie der Geschlechtsgenossen, die sich Basilidä nannten, geworden, deren Herrschaft bis in die erste Hälfte des sechsten Jahrhunderts dauerte, wo sie gebrochen ward.[5]) Eine Oligarchie der Basiliden finden wir auch zu Erythrä, vielleicht schon kurz nach der Stiftung der Stadt.[6]) Auf Samos wird aufser den beiden ersten Königen, dem Stifter und seinem Sohne, noch ein dritter aus späterer Zeit genannt, doch ohne dafs die Zeit bestimmt zu ermitteln wäre.[7]) Und nicht anders verhält es sich mit dem Könige von Chios, Namens Hippokles, von dem eine Geschichte, aber ebenfalls ohne Zeitbestimmung erzählt wird.[8]) Unter den Königen der Ionier endlich, von denen der Dichter Bakchylides in der Mitte des fünften Jahrhunderts als Zeitgenossen redet,[9]) haben wir uns wohl nur herr-

---

1) Arist. Polit. V, 8, 13 mit Schneider's Anmerk., u. Plehn, Lesbiac. p. 46 ff.   2) Arist. Polit. V, 4, 5.
3) Z. B. bei Parthenius, amat. narr. c. 14. Conon. narr. 44 p. 451 Hoesch.   4) Strab. XIV p. 633.
5) Suidas s. v. Πυθαγόρας.
6) Arist. Polit. V, 5, 4. Dazu Athenae. VI p. 259 vgl. mit Strab. XIV p. 633.   7) Pausan. VII, 4, 3. Herod. III, 59.
8) Plutarch. de mul. virt. c. 3.
9) Angef. bei Joann. Sicel. in Walz. Rhet. VI, 241. Schneidewin. Delect. p. 449.

schenden Adel zu denken. — Unter den dorischen Colonien[1] finden wir zu Ialysos auf Rhodos noch gegen die Mitte des siebenten Jahrhunderts einen König genannt, aus heraklidischem Geschlechte: später kommen Prytanen aus demselben Geschlechte vor.[2] Eben dieses war ohne Zweifel auch das königliche Geschlecht zu Halikarnassos, wo uns gleichfalls Einer aus demselben als König, aber in unbestimmter Zeit begegnet.[3] Auf der kleinen Insel Thera bestand das Königthum zu der Zeit, als Kyrene von hieraus gegründet wurde, d. h. in der letzten Hälfte des siebenten Jahrhunderts.[4] — In den italiotischen Colonien finden wir dagegen kaum Spuren, die mit Sicherheit auf ein verfassungsmäfsiges Königthum deuteten,[5] was uns auch nicht wundern darf, da diese Regierungsform zur Zeit der Gründung jener Colonien auch im Mutterlande nicht mehr bestand. Dasselbe gilt von den sikeliotischen, obgleich hier die sich später erhebenden Usurpatoren der Regierung sehr häufig auch mit dem Königstitel geehrt wurden. Dagegen in Kyrene, auf der libyschen Küste, ward gleich bei der Stiftung ein König an die Spitze des Staates gestellt, und vererbte die Regierung auf seine Nachkommen, deren letzter, Arkesilas IV., ein Zeitgenosse des Pindaros war.[6] Endlich auf Kypros standen die griechischen Städte, soviel wir wissen, fortwährend unter Königen.

2. **Verfall des Königthums: dessen Ursachen und Folgen.**

Ueber die Ursachen, die im Mutterlande und in der Mehrzahl der Colonien wirksam waren, um die Vertauschung der königlichen Regierungsform mit einer republikanischen herbeizuführen, fehlt es uns so gut wie gänzlich an specielleren Nachrichten. Die alten Schriftsteller geben im Allgemeinen nur dies an: das Königthum sei allmählig zur Tyrannis ausgeartet, die Könige, im Vertrauen auf ihren ererbten Machtbesitz, haben

---

1) Kreta ist hier übergangen, weil später besonders davon zu reden sein wird.
2) Pausan. IV, 24, 1. Böckh explic. Pind. Ol. VII p. 165. 169.
3) Parthenius, amat. narr. c. 14. 4) Herodot. IV, 150.
5) Zu Tarent nennt Herodot III, 136 einen König zur Zeit des Darius Hystasp. — Zu Rhegion nennt Strab. VI. p. 257 ἡγεμόνες, die bis auf den Tyrannen Anaxilas immer aus Messenischem Geschlechte gewählt worden, καθίσταντο: ob sie Könige genannt seien, ist nicht zu ersehen.
6) Herodot. IV, 153. 161 ff. Heraclid. Pont. no. 4 p. 10, 14 Schneidew. u. Böckh. explic. Pind. p. 266.

sich Ungerechtigkeiten und Gewaltthätigkeiten erlaubt oder üppigem und ausgelassenem Leben hingegeben, und dadurch seien denn Unzufriedenheit und Anfstände erregt, die am Ende zur gänzlichen Abschaffung des Königthums geführt haben.[1]) In manchen Orten mag es allerdings so zugegangen sein, doch gewifs nicht überall; es gab auch andere Ursachen genug, welche das Königthum, auch wenn es nicht in solcher Weise entartete, nicht auf die Länge bestehen liefsen. Dem Charakter des griechischen Volkes ist es eigen, die bevorzugte Stellung Einzelner ungern zu ertragen und nach gleichem Rechte für Alle zu streben: ein Streben, welches natürlich nicht zu allen Zeiten und in allen Schichten des Volkes gleich früh sich geltend machen konnte, am frühesten aber unter denen erwachen mufste, welche den Königen an Geburt, Ansehn und Macht am nächsten standen. Vergegenwärtigen wir uns das Bild des alten Königthums, wie wir es früher nach Homer entworfen haben: die Gewalt getheilt zwischen dem Könige und den Häuptern der edlen Familien, die nicht selten auch selbst Könige genannt werden; jener nur der Erste unter seines Gleichen, sein Vorrecht beschränkt auf die Berufung und Leitung der gemeinsamen Versammlungen und Berathungen, auf Oberanführung im Kriege, auf Darbringung von Landesopfern für die Gesammtheit, und dazu den Genufs eines reichen Krongutes, so kann der Uebergang von diesem Königthum zu einer Oligarchie des Adels uns nur als ein kleiner und leichter Schritt erscheinen. Wie man auf Ithaka sich viele Jahre hindurch ohne König behalf, so konnte, wenn irgendwo das Königshaus ausstarb und kein herkömmlich berechtigter Thronerbe vorhanden war, ohne wesentlichen Schaden der Thron auch unbesetzt bleiben, und eine wechselnde Magistratur von denen, die schon vorher die Gewalt mit dem Könige getheilt hatten, eingesetzt werden. Erinnern wir uns ferner an die häufigen Wanderungen der Völker, die in Griechenland früher stattfanden und hier erst seit der dorischen Besitznahme des Peloponnes aufhörten, so können wir auch hieraus wohl manche Veranlassung zur Abschaffung des alten Erbkönigthums ableiten. In neugegründeten Staaten, wo es darauf ankam, dafs das eingewanderte Volk sich gegen eine besiegte Bevölkerung im Besitz des Gewonnenen behauptete, bedurfte es weit mehr einer ausgezeichneten persönlichen Thätigkeit der Könige, als in altge-

---

1) Polyb. VI, 4, 6 u. 7, 6—9. Vgl. Plat. Legg. III p. 690 D. u. Arist. Polit. V, 8, 22. 23.

wohnten, friedlichen und ruhigen Zuständen, und wo sich ein König nicht wirklich auch in Klugheit und Tüchtigkeit seiner Stellung gewachsen erwies, da mufste es den Klugen und Tüchtigen unter seinen Grofsen ganz natürlich scheinen, ihm auch den Vorrang an Ehre und Macht nicht länger zuzugestehn. Auch Spaltungen und Parteiungen konnten nicht ausbleiben, wenn das Verhalten der Könige gegen das besiegte Volk in solchen Staaten den Wünschen und Interessen der Eroberer nicht zusagte, wie uns in den Sagen über die frühste Geschichte von Messenien einige Spuren solcher Spaltungen erhalten sind, die Königsmord und Flucht der königlichen Kinder ins Ausland zur Folge hatten, obgleich das Königthum selbst hier noch nicht abgeschafft wurde.[1]) Auch in den Colonien aufserhalb des Mutterlandes mufsten ähnliche Verhältnisse eintreten und ähnliche Wirkung haben. Endlich kam es auch wohl vor, dafs in solchen Staaten, wo Fremde nicht als Eroberer sich festsetzten, sondern als Befreundete aufgenommen wurden, ein Führer solcher Aufgenommenen den einheimischen König so sehr durch Tüchtigkeit verdunkelte, dafs es ihm gelang, jenen vom Thron zu verdrängen und sich selbst an seine Stelle zu setzen, wie es in Attika dem Neliden Melanthus gegen den Thesiden Thymätes [2]) gelungen sein soll. Ein solches usurpirtes Königthum wurzelte natürlich weniger fest im Volke als ein altherkömmliches, ererbtes, und war deswegen um so eher zu beschränken oder zu beseitigen.

Wenn den sagenhaften Ueberlieferungen zu trauen ist, so umfafsten die alten Königreiche meistentheils ein gröfseres Gebiet, als die einzelnen Staaten der späteren Zeit, und wir dürfen auch diese Zertheilung in eine Menge kleiner selbständiger Staaten als eine Folge der Abschaffung des Königthums betrachten. In den alten Zeiten haben wir uns in jeder von einem Könige, als gemeinschaftlichem Oberhaupte, beherrschten gröfseren Landschaft eine Anzahl ummauerter und befestigter Burgen zu denken, deren eine der Sitz des Königs war, die andern von den Adelsgeschlechtern besessen wurden, während das niedere Volk auf dem Lande zerstreut in einzelnen Gehöften oder kleinen Weilern wohnte. Jene festen Orte oder Burgen sind es, die Homer uns als πόλεις nennt, und deren der Schiffskatalog in

---
1) Vergl. Pausan. IV, 3. 3. Apollodor. II, 8, 5, 7. Strab. VIII p. 361. Nicol. Damasc. in C. Müller, Fragm. hist. gr. III p. 377.
2) Nicht Thymoetes. S. Böckh. C. J. I p. 229 u. 904.

jeder Landschaft eine ziemliche Anzahl namhaft macht, obgleich manche dieser Namen nicht sowohl Städte als Distrikte bezeichnen mögen.[1]) Nur in ganz kleinen Landschaften, wie z. B. auf der Insel Ithaka oder auf Syme, dem Reiche des Nireus, mag es nicht mehr als eine πόλις gegeben haben. Die Beiwörter τειχιόεσσα oder ἐϋτείχεος deuten auf die Befestigung; durch andere, wie εὐρυάγυια, εὐρύχορος, darf man sich nicht verleiten lassen, an grofse Städte zu denken: auch Mykenä, der stattliche Königssitz Agamemnons, war nur ein kleiner Ort.[2]) Mit dem Aufhören des gemeinsamen Königthums ward nun aber auch das Band gelockert, welches früher die ganze Landschaft und die Innehaber der verschiedenen darin gelegenen Burgen zu einer staatlichen Einheit verbunden hatte. Die ehemalige Königsburg war nicht mehr der gemeinschaftliche Mittelpunkt für alle, sie fingen an sich mehr abzusondern, und das Land zerfiel in verschiedene gleich berechtigte und von einander unabhängige Gebiete, deren jedes eine πόλις als seinen Mittelpunkt hatte. So bekam nun πόλις die Bedeutung einer selbständigen Stadt mit ihrem Gebiete, und die keinem Könige mehr untergeordneten Adelsgeschlechter, deren Glieder sich unter einander als gleichberechtigte ansahen, führten ein oligarchisches Regiment. Das Streben nach gröfserer Concentration und Sicherheit veranlafste dann aber auch meistens eine Erweiterung und Vergröfserung der Stadt. Um die Burg siedelte sich ein grofser Theil der Bevölkerung des offenen Landes an, und es entstand neben jener, als der ἀκρόπολις oder Oberstadt, — denn ohne Zweifel waren alle jene Burgen auch möglichst auf naturfesten Höhen angelegt, — eine Unterstadt, die dann ebenfalls der Sicherheit wegen mit Mauern umgeben zu werden pflegte. Die andern in dem Gebiete der πόλις belegenen Ortschaften, mochten sie offene Flecken und Dörfer, oder mochten sie auch ummauert sein, was wenigstens bei einigen der Fall war, gehörten nun als Glieder zu dem politischen Körper, dessen Herz und Mittelpunkt die Stadt war, und hiefsen im Gegensatz zu ihr κῶμαι oder δῆμοι, und wenn sie auch in lokalen Angelegenheiten selbständig waren, so waren sie doch in allem, was die Gesammtheit anging, den Centralbehörden untergeordnet, die ihren Sitz in der Stadt hatten, in welche auch, wenn etwa gröfsere berathende Versammlungen stattfanden, die Bewohner jener Ortschaften sich zu versammeln hatten. Dieser organische Zusammenhang zwischen Stadt und

---

1) Vgl. Strabo VIII, 336.   2) Thucyd. I, 10.

Land ist denn auch der Grund, weswegen nach der Stadt (πόλις) auch diejenigen Staatsgenossen, die nicht in ihr wohnen, dennoch πολῖται oder, wo für jene der Name ἄστυ gebräuchlich ist, auch ἀστοί genannt werden. Solche Gestaltung des staatlichen Lebens erfolgte übrigens in den verschiedenen Theilen Griechenlands zu verschiedenen Zeiten und in verschiedenem Mafse. Am frühsten und zugleich im weitesten Umfange mag sie in Attika eingetreten sein, wo schon zur Zeit des Königthums unter dem mythischen Theseus die Stadt Athen zur alleinigen Hauptstadt und alle übrigen Orte zu Demen geworden sein sollen, weshalb denn hier die staatliche Einheit des ganzen Landes auch durch den Abgang des Königthums nicht zerrissen wurde. Dagegen in Böotien finden wir statt der zwei Königreiche, die früher dort bestanden hatten, des Thebanischen und des Orchomenischen,[1]) eine Anzahl von Städten, wahrscheinlich vierzehn, die nicht einen Gesammtstaat, sondern höchstens einen Staatenbund bildeten. Die Kreter werden uns in dem Schiffskatalog der Ilias als alle zu einem Gesammtstaat unter Einem Könige verbunden dargestellt, wogegen wir sie später in viele unabhängige Staaten getheilt finden, was freilich weit weniger dem Aufhören des Gesammtkönigthums, — wenn ein solches dort jemals bestanden hat, — als anderen später zu erwähnenden Ursachen zuzuschreiben ist. Von Achaia aber hören wir, dafs vor Zeiten dort die Ionier in Komen (κωμηδόν) gewohnt, die Achäer aber nachher Städte gestiftet haben,[2]) was offenbar nichts anders bedeutet, als dafs unter den Ioniern die Ortschaften des Landes, deren zwölf gewesen sein sollen,[3]) sich nur als Komen zu dem Gesammtstaate verhalten haben, dessen Mittelpunkt und Königssitz vielleicht Helike war,[4]) wogegen, als die Achäer das Land in Besitz genommen hatten, die früheren Komen zu selbständigen Städten wurden, was denn wahrscheinlich wohl mit dem Aufhören des Königthums zusammenhing, über dessen Zeit uns aber, wie schon oben bemerkt

---

1) So stellt wenigstens der Schiffskatalog, Il. II, 494—516 es dar, wo Platää zum Thebanischen Königreich gehört. Die Oedipusfabel redete von einem Könige von Platää zur Zeit des Oedipus. Pausan. X, 5, 2.
2) Strab. VIII p. 386.
3) Es ist nicht anzunehmen, dafs es überhaupt nicht mehr als zwölf Ortschaften in Achaia gegeben habe, sondern es waren nur zwölf gröfsere, zu denen dann wieder mehrere kleine in demselben Verhältnifs standen, wie sie selbst zu dem Hauptorte, wo der Sitz des Gesammtkönigthums war.
4) Pausan. VII, 1 u. 7.

worden, nichts genaues bekannt ist. Noch weniger bestimmte Nachrichten haben wir über die Art und Weise, wie anderswo die Zerfällung des früher zur Einheit verbundenen Landes in mehrere Staaten erfolgt sei; in manchen Gegenden aber entstanden Städte in der angegebenen Bedeutung erst viel später, wie z. B. in einem grofsen Theile Arkadiens. Wenn hier von Komen die Rede ist, so sind sie nicht als untergeordnete Glieder eines politischen Körpers mit einer Hauptstadt, sondern als Ortschaften zu denken, die mit gleicher Selbständigkeit neben einander bestanden, ohne einen Centralpunkt, der sie zu einem staatlichen Organismus vereinigte, wobei jedoch immerhin ein gewisses, wenn auch lockeres Zusammenhalten mehrerer benachbarter stattfinden konnte.[1]) In der Regel waren alle diese Komen nur offene unbefestigte Orte; denn auch dies wird als Unterscheidendes der $\varkappa\acute{\omega}\mu\eta$ von der $\pi\acute{o}\lambda\iota\varsigma$ angegeben; nur darf es nicht als das constant und allein Unterscheidende angesehen werden. Wir müssen vielmehr zweierlei Arten von Komen annehmen, erstens solche, die sich als untergeordnete Glieder eines gröfseren Staatskörpers mit einer Hauptstadt als Centralpunkt verhalten, und zweitens solche, die, wenn auch locker mit einander zusammenhaltend, doch ohne eigentlichen Staatsverband bestehen, vielmehr in selbständiger Unverbundenheit verharren. Eine einzelne anomale Erscheinung wird sich uns später in Sparta darbieten, wo fünf neben einander belegene offene Orte, die deswegen Komen heifsen, doch so eng mit einander zusammenhängen, dafs sie als eine $\pi\acute{o}\lambda\iota\varsigma$ der übrigen Landschaft gegenüber bezeichnet werden.

3. Die Oligarchie.

Dafs nach der Abschaffung des Königthums die Staatsgewalt zunächst lediglich in den Händen derer verblieb, die schon unter der königlichen Regierungsform in ihrem Mitbesitz gewesen waren, lag in der Natur der Sache. Dies waren aber die adelichen Geschlechter, dergleichen es sicherlich in jedem auch dem kleinsten Staat mehrere gab, und die ihre vorragende Stellung über dem übrigen Volke der Abstammung von erlauchten Ahnen verbunden mit gröfserem Besitzthum verdankten. Die Stammbäume solcher Geschlechter reichten gewöhnlich in die vorge-

---

1) Vgl. E. Kuhn, die griech. Komenverfassung als Moment der Entwickelung des Städtewesens. N. Rhein. Mus. XV (1860) S. 1—38.

schichtliche Zeit hinein, und nannten als ersten Ahnherrn irgend einen aus göttlichem Samen erzeugten Heros, ihre Benennungen aber trugen sie theils nach diesem Ahnherrn, theils auch nach irgend einem Andern in der Reihe ihrer Vorfahren, der durch Thaten und Verdienste hervorragte, oder sonst aus irgend einem Grunde vorzugsweise im Gedächtnifs der Nachkommen fortlebte. Mein Geschlecht, sagt Alkibiades zum Sokrates,[1]) stammt vom Eurysakes, Eurysakes aber vom Zeus ab. Das Geschlecht hiefs nämlich Eurysakidä, weil Eurysakes, der Sohn des Aias, zuerst in Attika eingebürgert sein sollte; sonst hätten sie sich auch Aiakiden nennen können, weil ihr erster sterblicher Ahnherr Aiakos, der Sohn des Zeus, war. Die Penthiliden zu Mitylene hätten auch Atriden oder Pelopiden oder Tantaliden heifsen können, da Atreus, Pelops, Tantalus ihre Ahnen waren; aber sie wurden Penthiliden genannt, weil Penthilus, der Sohn des Orestes, sie aus der früheren Heimath in ihre neuen Wohnsitze hinübergeführt hatte. Die korinthischen Bakchiaden stammten vom Herakles, nannten sich aber nach einem jüngeren Vorfahren, dem Bakchis, weil dieser sich vor Andern hervorgethan, und weil der Name Herakliden allzuvielen Geschlechtern zukam, so dafs er kein einzelnes unterscheidend genug bezeichnen konnte. Auf ähnliche Weise verhält es sich mit vielen andern Namen altadlicher Geschlechter, deren sich eine grofse Menge aufzählen liefse, wenn das irgend einen Nutzen haben könnte.[2]) Es genügt zu sagen, dafs es an solchen Geschlechtern in keiner griechischen Landschaft fehlte; und wie sorgfältig man auch noch in der späteren Zeit, als längst die Adelsvorrechte geschwunden waren, doch die Stammbäume fortzuführen pflegte, kann unter andern eine Inschrift zeigen, etwa aus dem zweiten Jahrhundert v. Chr., wo ein Mann, dem von den Gytheaten gewisse Ehren decretirt werden, als neununddreifsigster Nachkomme der Dioskuren und einundvierzigster des Herakles bezeichnet wird.[3]) Dafs

---

1) Bei Plato, Alcib. I p. 121.
2) Wer sich dafür interessirt, der findet einige in den Antiquitt. i. p. Gr. p. 77, u. mehrere in der dort angeführten Griech. Alterthumskunde v. Wachsmuth.
3) Die Inschrift ist, nach Lebas, von K. Keil herausgegeben: Zwei Inschriften aus Sparta und Gythion, u. die betr. Stelle ist S. 26. Eine kretische Inschr. bei Böckh, C. I, II p. 421 no. 2563 enthält ein Stück einer Genealogie, die mit einem Zeitgenossen der Gründung von Hierapytna beginnt, und eine komische Parodie solcher Geschlechtsregister giebt Aristophanes, Acharn. v. 47. Wie aber Verständige über die Thorheit urtheilten, sich auf seine Ahnen ($\pi\acute{\alpha}\pi\pi oi$) etwas einzubilden, kann man aus vielen

aber in der früheren Zeit und so lange die Oligarchie bestand, der Adel sich durch verweigertes Connubium streng von dem niederen Volke gesondert hielt, läfst sich auch ohne ausdrückliche Zeugnisse kaum bezweifeln.[1]) Wenn Aristoteles sagt,[2]) nach dem Aufhören des Königthums hätten zu Anfange die Ritter oder die Reisigen an der Spitze der Staaten gestanden, weil damals die Kriegsmacht vorzugsweise auf der Reiterei beruhte, so mufs man sich erinnern, dafs nur die Reichen als Reiter zu dienen im Stande waren, der Reichthum aber sich in den früheren Zeiten wohl allein in den Händen des Adels befand. Indessen gab es doch gewifs manche Landschaften, wo schwerlich Reiterei, sondern nur Fufsvolk die Hauptstärke der Heere bilden konnte; allein auch der Dienst zu Fufs, in voller Rüstung und mit einem oder mehreren Knappen unter sich, war ebenfalls nur eine Sache der Reichen, also des Adels, wenn auch weniger ausschliefslich, weil er ein nicht so bedeutendes Vermögen erforderte, und das Bedürfnifs wohl dazu nöthigen konnte, auch begüterte Unadeliche zu Hopliten zu nehmen, wodurch dann freilich, sobald es in gröfserem Mafse geschah, die Adelsherrschaft gefährdet werden mufste. Ja wir hören, dafs man auch zu Reitern Nichtadeliche genommen habe, die dann aber in Folge dessen auch in die Oligarchie aufgenommen werden mufsten.[3]) Da aber der Reichthum unmöglich immer und allein beim Adel bleiben konnte, da es auch unter den Unadelichen Reiche, und unter den Adelichen Arme gab, die des Reichthums wegen sich mit jenen zu verschwägern nicht verschmähten, worüber der megarische Dichter Theognis, in der zweiten Hälfte des sechsten Jahrhunderts, bittere Klage führt, so entstand unvermerkt aus der geschlossenen Adelsoligarchie eine Oligarchie des Reichthums. Unter den Benennungen, mit welchen der bevorrechtete Stand in den einzelnen Staaten bezeichnet zu werden pflegt, deutet nur die eine *εὐπατρίδαι*

---

der von Joannes von Stobi in dem Titel περὶ εὐγενείας gesammelten Stellen sehn.
1) Vgl. Welcker, Prolegg. ad Theogn. p. XXXVII. Dafs indessen bestimmte gesetzliche Verbote das Connubium untersagt haben glaube ich nicht. Theognis, so sehr er die Verschwägerung von Adlichen mit Unadlichen bedauert, stellt sie doch nicht als widergesetzlich dar, und wenn wir hören, dafs einst zu Samos der siegreiche Demos das Connubium zwischen beiden Ständen verboten habe (Thucyd. VIII, 21), so dürfen wir schliefsen, dafs es früher erlaubt gewesen sei.
2) Polit. IV, 10, 9.
3) Dies geschah in der äolischen Stadt Kyme, nach Heraclid. Pont. c. 11, worüber Schneidewin's Anmk. S. 80 zu vergleichen ist.

unverkennbar auf Geschlechtsadel; werden dagegen die Ritter genannt, wie z. B. zu Orchomenos in Böotien, zu Magnesia am Mäander, auf Kreta,[1]) so können darunter nicht allein Adelsgeschlechter sondern auch Leute mit ritterlichem Census verstanden sein, und von den Hippoboten auf Euböa sagt Strabo, dafs ihre Berechtigung auf dem Census beruht habe, ohne dabei des Adels zu gedenken, wie denn auch Herodot sie nur die Fetten d. h. die Reichen nennt.[2]) Anderswo finden wir den Namen Geomoroi, oder dorisch Gamoroi, wie auf Samos und zu Syrakusä zur Zeit des peloponnesischen Krieges und später;[3]) aber dieser Name deutet nur auf reichen Landbesitz. Oft auch werden die Bevorrechteten blofs die Reichen (οἱ πλούσιοι), die Bemittelten (οἱ εὔποροι), die Vermögen besitzenden (οἱ τὰ χρήματα ἔχοντες) genannt, wobei es denn ungewifs bleibt, ob an Landbesitzer oder auch an Capitalisten zu denken sei. Nach dem ohne Zweifel auf Erfahrung gegründeten Urtheil der alten Politiker gebührt dem Landbesitz der Vorzug, und weise Gesetzgeber ertheilten deswegen auch diesem eine gröfsere politische Berechtigung als dem Capitalbesitz; dafs aber namentlich in Handelsstaaten auch dieser sich geltend zu machen gewufst haben wird, ist wohl nicht zu bezweifeln. Endlich Benennungen wie die Besten, die Gebildeten, die anständigen Leute, und ähnliche,[4]) deuten nur auf höhere Bildung und bessere oder feinere Sitten, wie sie aus natürlichen Gründen sich eher bei den wohlhabenden als bei den ärmeren Classen finden, und bezeichnen keinesweges einen wirklich politisch bevorrechteten Stand, sondern werden auch in den demokratischen Staaten als Parteibenennungen gebraucht für diejenigen, welche aus sehr erklärlichen Gründen dem herrschenden Gleichheitsprincipe abgeneigt sind. Und dafs ebenso die übrigen angeführten Benennungen, die auf Reichthum oder Adel gehen, auch da noch vorkommen müssen, wo mit Reichthum und Adel keine bevorrechtete politische Stellung mehr verbunden ist, versteht sich von selbst. Dagegen scheint der freilich nur vereinzelt vor-

---

1) Diodor. XV, 79. Arist. Polit. IV, 3, 2. Strab. X p. 481.
2) Strab. X p. 447. Herodot. V, 77. Denselben Ausdruck gebraucht H. von der bevorrechteten Classe auf Naxos, auf Aegina und zu Megara auf Sicilien. V, 30. VI, 91. VII, 156.
3) Thucyd. VIII, 21. Plut. quaest. gr. 57. Herodot. VII, 155. Wesseling zu Diodor. IV p. 297 Bip. Böckh. C. I. II p. 317.
4) Οἱ ἄριστοι, οἱ καλοὶ κἀγαθοί, οἱ χαρίεντες, οἱ ἐπιεικεῖς, οἱ γνώριμοι.

kommende Name der Gleichen (οἱ ὅμοιοι) eine bevorrechtete Classe zu bezeichnen, die sich so, als unter sich gleich, von der nicht gleichen sondern geringeren und minder berechtigten Menge unterschied.[1]) Die Benennung der Wohlgebornen endlich oder Leute von guter Geburt[2]) bezeichnet keinesweges immer einen Adelstand den unadelichen Bürgern gegenüber, sondern ebenso häufig heifsen auch in der Demokratie alle diejenigen so, die von echtbürgerlicher Abkunft sind, im Gegensatz gegen Halbbürtige, Eingebürgerte oder Schutzverwandte, während unterscheidende Adelsprädicate, wie bei den neueren Völkern Graf, Baron u. dgl. oder das Wörtchen von vor dem Namen, unbekannt waren, ein Umstand der immerhin dazu beitragen mochte, die Verschmelzung der Stände zu erleichtern. — Dafs übrigens das der Adelsoligarchie entgegenstehende timokratische Princip, welches die Berechtigung ohne Ansehn der Geburt an den Census knüpft, vorzugsweise und am frühesten in den Colonien zur Geltung gelangen mufste, erklärt sich leicht, erstens deswegen, weil hier, bei einer grofsentheils aus verschiedenen Gegenden gemischten Bevölkerung das auf altgewohnter Anerkennung beruhende Vorrecht adelicher Geschlechter weit weniger respectirt ward, und zweitens, weil in der Mehrzahl der Colonien der Handel, durch den sie blühten, eine Quelle des Reichthums für Viele auch aus dem Stande der Unadlichen ward, die mit dem Reichthum auch Anspruch auf gröfsere politische Geltung erhoben und durchsetzten. In manchen Colonien finden wir, dafs die Nachkommen der frühesten Ansiedler sich als eine bevorrechtete Classe gegen später Hinzugekommene zu behaupten gesucht haben, was dann aber leicht innere Streitigkeiten veranlafste und auf die Länge schwerlich durchgeführt werden konnte.[3]) Etwas Analoges aber, nämlich eine auf Stammesverschiedenheit gegründete Verschiedenheit der politischen Stellung, finden wir auch im Mutterlande, und müssen darüber etwas sagen, bevor wir den Organismus der Regierung und Verwaltung in Betracht ziehn.

4. Stämme und Volksclassen.

In allen griechischen Staaten ohne Ausnahme war das Volk in Stämme oder Phylen, und diese wieder in kleinere Unter-

---

1) Arist. Polit. V, 7, 4. Von den spartanischen Homöen wird später geredet werden.
2) Οἱ εὐγενεῖς, εὖ od. καλῶς γεγονότες.
3) Aristot. Polit. IV, 3, 8. V, 2, 10. 11.

abtheilungen, in Phratrien und Geschlechter getheilt, und diese Eintheilung mehr oder weniger auch maſsgebend für die gesammte Staatsordnung. Es ist aber hierbei ein zwiefaches Verhältniſs zu unterscheiden. Entweder nämlich besteht die Bevölkerung eines Landes aus ursprünglich verschiedenen Bestandtheilen, wie dort, wo zu einer älteren Einwohnerschaft eine erobernde Schaar eingedrungen ist und sich zu Herren gemacht hat, oder in den Colonien, wo einerseits die Ansiedler selbst aus verschiedenen Staaten zusammengeflossen sind, andererseits eine vorgefundene frühere Bevölkerung neben den Ansiedlern wohnend geblieben ist. Oder aber es besteht die Bevölkerung nicht aus so verschiedenen Bestandtheilen, sondern gehört, so weit wenigstens die Erinnerung reicht, einer und derselben ureinheimischen Nationalität an, die vielleicht einzelne von auswärts hinzugekommene Fremde aufgenommen, aber auch so mit sich verschmolzen hat, daſs alle zusammen nur ein homogenes Ganzes bilden, wie es z. B. nach dem allgemeinen Glauben der Alten, dem ohne triftige Gründe von Neueren widersprochen worden ist, in Attika der Fall war. In Staaten mit solcher Bevölkerung nun finden sich zwar auch Standesunterschiede, es giebt Adliche und Gemeine, Bevorrechtete und Minderberechtigte, und ebenso ist auch in ihnen das Volk in Stämme und deren kleinere Theile zerfällt: aber diese Stammestheilung und jene Unterschiede des Standes und der Berechtigung fallen keinesweges mit einander zusammen. Es sind vielmehr die verschiedenen Stände durch alle Stämme vertheilt, jeder Stamm enthält Adliche und Gemeine, und nur darin mag etwa ein Unterschied stattfinden, daſs der eine Stand in diesem, der andere in jenem Stamm zahlreicher ist. Dagegen in Staaten mit einer gemischten und nicht zu einem homogenen Ganzen verschmolzenen Bevölkerung dürfen wir die verschiedenen Stämme auch politisch ungleich berechtigt, also als verschiedene Stände einander entgegengesetzt zu finden erwarten. Es fehlt uns indessen allzusehr an Nachrichten über die specielleren Verhältnisse einzelner Staaten, als daſs wir mehr als Vermuthungen zu geben im Stande wären. So läſst sich z. B. mit der gröſsten Wahrscheinlichkeit annehmen, daſs von den vier Phylen zu Sikyon, deren drei, Hylleis, Dymanes, Pamphyli, sich durch ihre Namen als dorische zu erkennen geben, die vierte, Aigialeis, aus den früheren Bewohnern des Landes, also aus Achäern, bestanden habe; und wenn wir nun hören, daſs der Tyrann Klisthenes, der aus dieser vierten war, jene drei andern herabzusetzen beflissen gewesen sei,[1]) so läfst sich darin wohl eine Rache wegen früher behaupteter Vorzüge derselben nicht verkennen. Auch zu Argos war neben den drei dorischen Phylen eine vierte, Hyrnethia oder Hyrnathia, die aus Achäern bestanden haben wird, und bevor Argos demokratisch wurde gewifs nicht mit jenen gleichberechtigt war. In dem böotischen Orchomenos finden wir zwei Phylen, Eteokleïs und Kaphisias, die eine nach einem mythischen Könige, die andere nach dem Flufs im Lande benannt,[2]) und nichts ist wahrscheinlicher, als dafs jene das herrschende Volk, die Minyer, diese das untergeordnete Landvolk enthalten habe. So waren auch in Kyzikos, der milesischen Pflanzstadt an der Küste der Propontis, zwei Stämme, Boreis und Oinopes, deren Namen, Pflüger und Winzer, einen Bauernstand erkennen lassen, während die vier andern, Geleontes, Hopletes, Argadeis, Aigikoreis, die ionischen Einwanderer begriffen, die sich zu Herren des Landes gemacht hatten.[3]) — Anderswo, scheint es, wurde in den durch Einwanderer und Eroberer gestifteten Staaten die frühere auf Abstammung beruhende Phyleneintheilung aufgegeben, und statt ihrer eine neue auf Wohnsitzen und Theilen der Stadt und der Landschaft gegründete eingeführt, also topische statt der Geschlechtsstämme. Als solche sind wohl die acht Phylen der Korinthier anzusehen,[4]) von deren politischem Verhältnifs wir zwar nichts angegeben finden, aber vermuthen dürfen, dafs sie die Dorier und die früheren achäischen Einwohner gleichmäfsig umfafsten, und dafs ein Unterschied in ihrer politischen Stellung nicht stattfand. Indessen ist die Stiftung dieser acht Phylen wohl einer späteren Zeit, etwa der Kypselidenherrschaft, zuzuschreiben, und früher in Korinth ein ähnliches Verhältnifs wie in Argos und Sikyon anzunehmen.[5]) Topische Phylen waren wahrscheinlich auch die drei Abtheilungen der Malier in Thessalien, von deren Namen wenigstens zwei, Paralier und Trachinier, auf Wohnsitze deuten, und vermuthlich also auch wohl der dritte, Hiereis, nicht von

---

1) Herodot. V, 68. 2) Pausan. IX, 34, 5.
3) S. Böckh. C. I. II p. 928 ff. Marquardt, Cyzicus u. sein Gebiet p. 52.
4) Suid. s. v. πάντα ὀκτώ.
5) Nach Suidas freilich richtete schon Aletes, der erste herakildische König, die acht Phylen ein. — Aus der Zahl derselben sind auch die Oktaden, d. h. Abtheilungen zu acht Personen, zu erklären in dem nach dem Sturz der Kypselidenherrschaft eingerichteten Senat. Nicol. Damasc. in Müller. Fr. hist. Gr. III p. 394. Jede Phyle war in der Oktas durch einen Senator vertreten: eine Oktas hatte den Vorsitz, als Probulen: wieviel die Gesammtheit der übrigen betragen, ist nicht sicher.

irgend einer priesterlichen Würde sondern von einem Lokale hergenommen ist.[1]) Ferner erscheinen uns topische Phylen in Elis, weswegen hier mit der Verminderung des Gebietes auch eine Verminderung der Phylenzahl verbunden war.[2]) Zu Samos waren zwei Phylen mit localen Benennungen, Astypaläa, nach der alten Stadt, und Schesia, nach dem Flusse Schesios; der Name der dritten, Aischrionia, ist dunkel.[3]) Zu Ephesus wurden fünf Phylen gestiftet, nachdem die Ansiedler sich durch herbeigerufene Teier und Karenäer verstärkt hatten. Zwei derselben bestanden aus diesen; von den drei andern umfafste die der Ephesier die alten vorgefundenen Einwohner, die der Euonymer d e aus Attika gekommenen Ionier, die dritte, Bennäer, nach i nem Orte, Benna, genannt, vielleicht die nichtionischen Ansiedler.[4]) Zu Teos finden wir eine Phyle der Geleonten,[5]) die wir als ionisch kennen; andere Phylennamen sind uns nicht bekannt. Dagegen bezeugen mehrere Inschriften von Teos[6]) eine Volksabtheilung nach Burgen ($\pi\acute{v}\varrho\gamma o\iota\varsigma$), d. h. ohne Zweifel nach Districten, deren jeder nach einem in ihm belegenen festen Orte benannt war, und die Benennungen dieser Burgen sind nach Personen und zum Theil offenbar ungriechisch, also wohl karisch oder lydisch. Wie aber das Verhältnifs der Burgen oder Burgdistricte zu den Phylen gewesen sein möge, ist nicht zu erkennen. Ebenso dunkel ist das Verhältnifs der Symmorien, die in zwei Inschriften vorkommen, ebenfalls nach einer Person benannt, die Symmorie des Echinos, während anderswo die gentilitische Namensform Echinadā vorkommt. Das Wahrscheinlichste ist, dafs Symmorie und Geschlecht ($\gamma\acute{\epsilon}\nu o\varsigma$) gleichbedeutend sei, und dafs dieselben Personen, nach deren Namen die Burgen benannt sind, auch als die Ahnen und Eponymen ge-

---

1) Thucyd. III, 92. Die im Text bezweifelte Ansicht hegt Th. Arnold in seiner Anmerkung zu dieser Stelle. Vgl. dagegen Steph. Byz. unt. 'Ιρά und Kriegk, de Maliensibus (Francof. 1833) p. 12.
2) Pausan. V, 9, 5.
3) Etymol. M. s. v. Ἀστυπαλαία. Herodot. III, 26.
4) Steph. Byz. s. v. Βέννα. Ueber eine sechste wahrscheinlich vom Lysimachus um d. J. 295 hinzugefügte Phyle s. C. Curtius im Hermes IV S. 221. — Als Unterabtheilung der Phyle lernen wir aus ephesischen Inschriften der römischen Zeit die χιλιαστύς kennen. Denselben Namen finden wir in Samos, wo aufserdem auch ἑκατοστύς und γένος als kleinere Theile der χιλιαστύς vorkommen. S. aufser Curtius auch W. Vischer im N. Rhein. Mus. XXII S. 313.
5) Corp. Inscr. II, p. 670. no. 3078. 79.
6) Ib. no. 3064—66, mit Böckh's Commentar. Vgl. auch Grote, gr. Gesch. Th. 2 S. 146 d. Uebers.

wisser Geschlechter gegolten haben. Sonst finden wir die Geschlechterphylen gewöhnlich in Unterabtheilungen unter dem Namen Phratrien, und diese wieder in Geschlechter, die Geschlechter aber in Häuser oder Familien (οἶκοι) getheilt; die Unterabtheilungen der topischen Phylen aber sind Gaue (δῆμοι) oder Ortschaften (κῶμαι). Es ist jedoch dabei nicht zu übersehen, dafs ursprünglich, auch wo Geschlechterphylen waren, die Genossen eines Stammes auch zusammen in demselben Theile des Landes wohnten, und ebenso die Genossen einer Phratrie und eines Geschlechtes, so dafs auch hier mit der Eintheilung des Volkes zugleich eine Eintheilung des Landes in gröfsere und kleinere Districte verbunden war. Der Unterschied zwischen geschlechtlichen und topischen Phylen liegt also nur in dem verschiedenen Eintheilungsprincipe, welches bei jenen die wirkliche oder vermeintliche Stammesverwandtschaft war, während bei Einrichtung topischer Phylen, ohne Rücksicht auf diese, lediglich die Wohnsitze in Betracht kamen. Im spätern Verlauf wurde aber hieran doch nicht mit solcher Strenge festgehalten, dafs der Einzelne, der etwa seinen Wohnsitz aus einem Phylendistrikt in einen andern verlegte, deswegen nothwendig auch aus einer Phyle in die andere versetzt worden wäre.

Einer Phyle, und in derselben einer Phratria oder einem Demos (Gau) anzugehören, war überall wesentliches Merkmal und Bedingung des Bürgerthums, und begründete auch da, wo in Beziehung auf Theilnahme an der Staatsverwaltung sehr ungleiche Berechtigung stattfand, doch wenigstens Theilnahme an anderweitigen Befugnissen privatrechtlicher oder sacraler Art, von welchen die nicht in jenen Abtheilungen begriffenen Landeseinwohner ausgeschlossen waren. Das Verhältnifs dieser letzteren war nun in verschiedenen Ländern ein verschiedenes, und verschieden abgestuft. Zum Theil waren sie persönlich frei, und politisch auch nur insofern unfrei, dafs ihnen die Theilnahme an der Regierung des Gesammtstaates, dem sie zugehörten, versagt war. Uebrigens aber mochten sie unter sich in gröfsern oder kleinern Communen vereinigt sein, und die Angelegenheiten derselben mit einer gewissen Selbständigkeit, wenn auch unter Beaufsichtigung und Ueberwachung der Regierung des Gesammtstaates, verwalten. Dazu waren sie zu Abgaben an diesen und zu sonstigen Leistungen verpflichtet, wozu namentlich auch die Heeresfolge gehört. Wir werden eine solche Classe der Bevölkerung im spartanischen Staate näher kennen lernen, wo sie Perioken genannt werden. In gleichem Verhältnifs scheinen im argivischen Staate die Bewohner der Districte von Tirynth, Mykenä, Orneä und anderer gestanden zu haben, welche theils Periöken theils Orneaten genannt werden,[1]) indem dieser Name, der eigentlich nur die Einwohner von Orneä bedeutet, späterhin zur allgemeinen Bezeichnung der ganzen Classe diente, die in dem gleichen Abhängigkeitsverhältnisse zu Argos stand, welches indessen doch bei den verschiedenen Periöken auch verschieden modificirt sein mochte. Gewifs waren Sparta und Argos nicht die einzigen Staaten, in welchen es eine in solchem Verhältnifs stehende Bevölkerung gab, wir sind aber darüber nicht näher unterrichtet. Denn der Name Periöken, den wir öfters finden, bezeichnet nicht immer dieses, sondern auch ein anderes in einem späteren Abschnitt zu besprechendes Verhältnifs. Nur von den thessalischen Völkerschaften, die von dem herrschenden Volke der Thessaler abhängig waren, den Perrhäbern, Magneten, phthiotischen Achäern, Maliern, Oetäern, Aenianen, Dolopern mag schon jetzt bemerkt werden, dafs ihr Verhältnifs zum Theil nicht unähnlich war, indem sie ebenfalls den Thessalern zu Abgaben und Leistungen verpflichtet, von der Theilnahme an der Verwaltung des thessalischen Gemeinwesens aber ausgeschlossen waren.[2]) Doch war die Herrschaft der Thessaler über sie weit weniger fest und wurde nicht zu allen Zeiten gleichmäfsig gehandhabt, so dafs die Unterworfenen eine viel gröfsere Selbständigkeit genossen, als die spartanischen Periöken, und z. B. selbst Kriege für sich führten und Bündnisse mit Auswärtigen eingingen.

Aufser solchen nur politisch, nicht persönlich Unfreien gab es aber in manchen Staaten einen leibeigenen an die Scholle gebundenen Bauernstand. Das bekannteste Beispiel dieser Art sind die lakedämonischen Heloten, mit welchen gewöhnlich die Mnoïten, Klaroten, Aphamioten auf Kreta und die thessalischen Penesten verglichen zu werden pflegen. Auf jene werden wir am gehörigen Orte zurückkommen. Die Penesten aber, deren Name, wie ich glaube, nichts anders als Arbeiter bedeutet,[3]) waren in den von den Thessalern selbst besessenen,

---
1) Herodot. VIII, 73. Vgl. Müller Aegin. p. 48. Dor. I. S. 160.
2) Vgl. Antiquitt. i. p. Gr. p. 401 not. 2. u. 402 not. 5.
3) Nach der homerischen Bedeutung von πένεσθαι = ποιεῖν: les laboureurs. Vgl. Ast. ad Plat. Leg. p. 322 u. G. Curtius, gr. Etymol. I, 5. 136. Wer an der andern Bed. arm sein festhält, könnte sich etwa auf Dionys. A. R. II, 9 und auf die vor Zeiten auch in Deutschland übliche Benennung der Bauern als armer Leute berufen, wenn gleich auch unter

nicht blofs von ihnen abhängigen Theilen Thessaliens die Nachkommen der unterjochten älteren Bevölkerung vorzüglich perrhäbischen und magnetischen Stammes. Sie hiefsen auch Thessalikten,[1]) mit welchem Namen wahrscheinlich angedeutet werden sollte, dafs sie sich bei der Eroberung des Landes mit den Thessalern verglichen hatten, statt, wie Andere, namentlich die äolischen Böoter, auszuwandern. Die Vergleichsbedingungen waren, dafs sie ihren Siegern eine bestimmte Abgabe von dem Lande, was sie bebauten und an dessen Scholle sie gebunden waren, zu entrichten und wenn sie aufgeboten würden auch Kriegsdienst zu leisten hatten, dagegen aber weder aus dem Lande geschafft noch von ihren Grundherrn getödtet werden sollten.[2]) Es hatte also jeder thessalische Herr auf seinen Besitzungen eine Anzahl solcher unterthäniger Bauern, und die Abgabe, die diese entrichteten, war nicht so grofs, dafs sie nicht noch für sich selbst genug übrig behalten hätten; ja manche unter ihnen, wird uns versichert, waren reicher als ihre Gutsherren. Ihre Lage war also nicht eben drückend zu nennen, obgleich der Zustand der Unfreiheit, in dem sie lebten, und manche Unbilden ihrer Herrn, gegen die es schwerlich Schutz und Abhülfe geben mochte, sie mitunter zu Aufständen veranlafsten, die ihnen jedoch nicht zur Freiheit verhalfen. — Einen ähnlichen unterthänigen Bauernstand gab es einst auch in Argos, die sogenannten Gymnesier, wohl weil sie als Leichtbewaffnete (γυμνῆτες) mit ihren Herren ins Feld zogen, und in Sikyon die Korynephoren, weil sie mit Keulen, statt mit Schwertern und Lanzen, bewaffnet waren, oder auch Katonakophoren, weil die Tracht dieser Bauern aus einem Rock mit einem Vorstofs von Schaffell bestand.[3]) Die Griechen in Unteritalien hatten zum Theil die früheren zu den Pelasgern gezählten Bewohner der von ihnen eingenommenen Landschaften in diesen Zustand von Leibeigenschaft versetzt. In Syrakus gab es Leibeigene unter dem Namen Killikyrier, einem dunkeln und vielleicht ungriechi-

---

diesen nicht alle arm waren. Die Meinung, dafs πενέσται soviel als μενέσται sei, und die im Lande Zurückgebliebenen bedeute, ist die allerunwahrscheinlichste.
1) Dies, nicht Θεσσαλοικέται, wie an einigen Stellen geschrieben wird, ist der richtige Name. S. Bernhardy zu Suid. II p. 176 u. Dindorf zu Harpocrat. p. 245. Οἰκέται der thessalischen Herrn konnten die Penesten unmöglich genannt werden.
2) Athenae. VI p. 264 A. B.
3) Vgl. die reiche Sammlung von Zeugnissen bei Ruhnken zu Timae. p. 213 ff.

schen Worte, wie denn sie selbst ohne Zweifel wohl aus unterworfenen Sikelern bestanden. Wir hören von ihnen, dafs sie einst mit der niederen Bürgerschaft, dem Demos, gemeinschaftliche Sache gemacht und die Geomoren verjagt haben, bis Gelon von Agrigent diese unterstützte und jene wieder unterwarf, dafür aber auch sich selbst zum Herrn von Syrakus machte.[1]) Von den Byzantiern, einer megarischen Colonie, waren die umwohnenden Bithyner in dasselbe Verhältnifs gebracht, und ebenso von den Ansiedlern zu Heraklea am Pontus die Mariandynen, die von den Abgaben, die sie ihren Herren entrichteten, auch Dorophoren genannt wurden.[2]) Endlich werden auch die Sklaven auf Chios, die hier Theraponten hiefsen, mit den Heloten verglichen. Es beruht aber diese Vergleichung wohl nur darauf, dafs auch hier der Landbau ganz oder fast ganz von Sklaven betrieben wurde, die zum Theil in Dorfschaften vereinigt wohnen mochten und ihren städtischen Herrn eine gewisse Abgabe entrichteten, wie es anderswo von ihren Herrn abgesondert wohnende oder in Fabriken vereinigte Handwerkssklaven gab, die ihren Herrn eine gewisse Abgabe zahlten, und was sie aufserdem verdienten zu ihrem Unterhalte behielten. Wesentlich unterschieden von den Heloten waren jene Theraponten aber dadurch, dafs sie für Geld gekaufte Sklaven aus Barbarenländern waren, und also ein auf alter Unterwerfung und Verträgen beruhendes Verhältnifs zwischen ihnen und ihren Herrn nicht stattfand.[3]) Dafs aber die Chioten vor Aufständen ihrer landbauenden Sklaven ebenso besorgt zu sein Ursache hatten, als die Spartaner vor Aufständen der Heloten, die syrakusanischen Geomoren vor denen ihrer Killikyrier, beweist die Erzählung vom Iphikrates, der durch die Drohung, den Sklaven Waffen zu geben, jene dahin brachte, dafs sie ihm eine bedeutende Geldsumme zahlten und einen Vertrag nach seinem Willen mit ihm schlossen.[4])

Anhangsweise mag hier auch der sogenannten Hierodulen oder Dienstleute der Götter gedacht werden, d. h. einer Classe von Leuten, die zu gewissen Diensten, Frohnden und Abgaben an den Tempel eines Gottes verpflichtet waren und zum Theil auch als eine Art von Leibeigenen auf dem Gebiete desselben wohnten. In gröfserer Anzahl, als eine namhafte Bevölkerung,

---

1) Herodot. VII, 155, wo aber die Hdschr. *Κιλλυρίων* oder *Κυλλυρίων* geben. Vgl. Welcker Prolegg. z. Theogn. p. XIX.
2) Athenae. VI p. 263 E. u. 271 C., Strab. XII, p. 542.
3) Theopomp. bei Athenae. VI, 88, p. 265.
4) Polyaen. Strat. III, 9. 23 p. 243.

kommen dergleichen nur in Asien vor, z. B. zu Komana in Kappadocien, wo ihrer zu Strabo's Zeit mehr als sechstausend waren, die dem Tempel der Göttin Ma, von den Griechen Enyo, von den Römern Bellona genannt, zugehörten.¹) Auch auf Sicilien hatte die erycinische Aphrodite zahlreiche Dienstleute, die Cicero Venerios nennt, und mit den Dienstleuten des Mars (Martiales) zu Larinum in Unteritalien zusammenstellt.²) In Griechenland dürfen wir die Kraugalliden als Hierodulen des delphischen Apollo betrachten. Sie gehörten, wie es scheint, zum Stamme der Dryoper, von welchen erzählt wurde, dafs Herakles sie einst besiegt und dem Gotte geweiht habe: die meisten sollen auf Geheifs des Gottes nach dem Peloponnes ausgesandt sein, die Kraugalliden aber blieben zurück und werden noch zur Zeit des ersten heiligen Krieges, also gegen Ende des sechsten Jahrhunderts, neben den Krissäern erwähnt.³) Ihre Dienstbarkeit wird zunächst darin bestanden haben, dafs sie von dem Lande, welches sie bebauten und welches Eigenthum des Gottes war, eine bestimmte Abgabe an den Tempel entrichten mufsten; gewifs aber standen den Priestern auch wohl noch andere Rechte über sie zu. In späteren Zeiten finden wir viele Beispiele von einzelnen Menschen, die dem delphischen Gotte durch Schenkung oder Kauf überlassen werden, ohne dafs dabei von besonderen Verpflichtungen, die sie gegen ihn zu erfüllen hätten, die Rede wäre. Es war dies nichts als eine Form der Freilassung, wodurch der Freigelassene nur den Gott zum Patron bekam.⁴) — Zahlreiche Hierodulen gab es auch zu Korinth, der Aphrodite angehörig, und unter ihnen auch Frauenzimmer, die als Hetären lebten, und von ihrem Erwerbe der Göttin eine Steuer entrichteten.⁵) Aufserdem kommen Hierodulen nur vereinzelt vor. Dafs übrigens alle, auch diejenigen, deren persönliche Abhängigkeit von dem Gotte, an den sie geschenkt oder verkauft waren, für gar nichts zu achten ist, doch in politischer Hinsicht nicht als Freigeborene sondern als Freigelassene gelten und also in der Regel nur zu den Schutzverwandten gehören konnten, versteht sich von selbst.

---

1) Strab. XII p. 535.   2) Cic. pr. Cluent. 15, 44.
3) Vgl. Müller. Dor. I S. 43 u. 255. Eine andere Ansicht über die Kraugalliden trägt Soldan vor im Rhein. Mus. VI (1839) S. 438 f.; dafs sie besser begründet sei kann ich nicht finden.
4) Vgl. E. Curtius, Anecdota Delphica, u. Meier's Recens. in der Allg. Lit. Zeit. 1843 Dec. S. 612 ff. Auch Rangabé, Ant. Hell. II p. 608 f. Dazu Wescher et Foucart, Inscr. recueill. à Delphes. Paris 1863. Curtius in d. Götting. Nachr. 1864 no. 8.
5) Strab. VIII p. 378.

Schömann, gr. Alterth. I. 3. Aufl.   10

5. Organisation der Staatsgewalt.

Dafs die bürgerlichen Rechte in jedem Staate nur denjenigen zukommen, welche in dem Verbande der Phylen und ihrer Unterabtheilungen begriffen sind, ist schon oben bemerkt worden: ebenso haben wir auch schon bemerkt, dafs die bürgerlichen Rechte selbst von verschiedener Art sind, und dafs namentlich diejenigen unter ihnen, welche als die eigentlich politischen oder staatsbürgerlichen, im Gegensatz zu den blofs privatrechtlichen und sacralen Befugnissen, bezeichnet werden mögen, sehr ungleich unter den Stämmen oder auch innerhalb dieser selbst vertheilt, ja manchen der in diesen Begriffenen ganz oder grofsentheils vorenthalten sein können, je nachdem die Verfassung des Staates mehr oder weniger oligarchisch ist. Betrachten wir nun den Organismus der Staatsgewalt mit Unterscheidung der oben nach Aristoteles aufgestellten drei politischen Thätigkeiten näher, so finden wir zunächst für die berathende und beschliefsende Gewalt überall mehr oder weniger zahlreiche, theils ständige, theils wechselnde, theils zu geschlossenen Collegien mit amtlichem Charakter verbundene, theils zu jeder einzelnen Berathung für alle Berechtigte zugängliche Versammlungen angeordnet. Gröfsere Versammlungen sind der Demokratie, kleinere der Oligarchie gemäfs, in welcher es allgemeine Bürgerversammlungen entweder gar nicht, oder doch nur mit höchst eingeschränkter Befugnifs giebt. Die kleinere Versammlung, welche hier, wenn nicht das einzige, doch das bedeutendste und wirksamste Organ der berathenden und beschliefsenden Gewalt ist, heifst gewöhnlich Gerusia d. i. Rath der Alten, seltener Bule. Als charakteristische Eigenthümlichkeit eines solchen oligarchischen hohen Rathes ist es anzusehn, theils dafs nur Bejahrtere, wie schon der Name besagt, in ihn aufgenommen wurden, theils dafs seine Mitglieder ihren Platz lebenslänglich behielten, wogegen ein jährlich wechselndes Rathscollegium mehr der Demokratie gemäfs ist.[1]) Die Mitglieder der Gerusia wurden wohl überall durch Wahl bestellt, wenigstens giebt es kein Beispiel erblicher Geronten; aber die Wählbarkeit war natürlich auf einen engeren Kreis beschränkt, in Korinth z. B. während der Bakchiadenherrschaft wohl nur auf die Angehörigen dieses Geschlechtes, anderswo

---
1) Arist. Polit. VI, 5, 13.

wenigstens auf den bevorrechteten Stand. So die Gerusia der Neunzig zu Elis,[1]) der Sechzig zu Knidos, die, weil sie aller Controlle und Rechenschaft ledig waren, Amnamones hiefsen,[2]) in Epidaurus ein Rath der Artynen, die als ein engerer Ausschufs aus einem gröfseren Collegium von hundert und achtzig Männern ernannt wurden,[3]) in Massalia ein Ausschufs von funfzehn aus einer Anzahl von sechshundert sogenannten Timuchen, unter welche keiner aufgenommen wurde, wenn er nicht durch drei Generationen von bürgerlicher Abkunft war und Kinder hatte.[4]) Eine Gesammtheit von Sechshundert wird auch in Elis erwähnt,[5]) aus welcher die obigen Neunzig ein Ausschufs sein mochten, und in dem pontischen Heraklea, wo sie statt einer früheren geringeren Anzahl eingetreten waren.[6]) In andern Orten finden wir dagegen eine Gesammtheit von Tausend, wie zu Kolophon, zu Rhegion, zu Kroton, bei den epizephyrischen Lokrern, zu Kyme, zu Agrigent,[7]) und was uns von einigen derselben ausdrücklich bezeugt wird, nämlich dafs sie aus den Reichsten bestanden haben, das darf wohl von allen angenommen werden, und ebenso auch, dafs es über solchem grofsen Rath noch ein kleineres Collegium, einen engeren Rath gegeben habe, der als vorberathende Behörde die Gegenstände für die Verhandlungen im grofsen Rathe vorbereitete, und gewisse laufende Geschäfte allein und selbständig besorgte. Dergleichen sind die an mehreren Orten vorkommenden Probuloi und Nomophylakes,[8]) obgleich dieser letztere Name auch gewissen Beamten mit speciellerer Funktion zukam, wie wir später sehen werden. Der ebenfalls häufig vorkommende Name Synedroi[9]) läfst nicht erkennen, ob ein oligarchisches oder demokratisches Collegium zu denken sei. Die Art und Weise ferner, wie die Mitglieder dieser grofsen und kleinen Räthe ernannt wurden, wird uns nirgends bestimmt angegeben, auch das läfst sich nicht sagen, ob die Mitgliedschaft im grofsen Rathe lebenslänglich oder auf gewisse Zeiten beschränkt gewesen sei, so dafs nach deren Ablauf Andere, natürlich aus der Zahl der Berechtigten, eintraten: nur von Agri-

---

1) Ib. V, 5, 8.   2) Plutarch. quaest. gr. no. 4.
3) Plut. ib. no. 1.   4) Strab. IV, 1 p. 179. Caesar. Civil. I, 35, 1.
5) Thucyd. V, 47.   6) Aristot. Polit. V, 5, 2.
7) Theopomp. bei Athenae. XII, 526 c. Heraclid. Pont. 25. Jamblich. vit. Pythag. §. 45. Polyb. XII, 16, 11. Heraclid. Pont. 11. Diog. L. VIII, 66.
8) Aristot. Polit. IV, 11, 9.
9) Z. B. Liv. XLV, 32. C. Inscr. I p. 730. Vgl. no. 1543, 3. 1625, 41. 47. 2140 a. 2, 23. Rangabé n. 689, 28.

gent hören wir, dafs hier zur Zeit des Empedokles die Gesammtheit der Tausend auf einen dreijährigen Zeitraum ernannt gewesen sei. In einigen Staaten gab es aber neben dem kleinen und dem grofsen Rathe auch allgemeine Bürgerversammlungen, doch, wie sich nicht zweifeln läfst, mit sehr beschränkter Gewalt, und nur befugt, das, was der grofse Rath vor sie zu bringen für zweckmäfsig fand, anzunehmen oder zu verwerfen. Solche allgemeine Versammlung finden wir z. B. in Kroton, und auf der Stellung der Tausend zu ihr mag es beruhen, dafs diese letzteren von einem späteren Schriftsteller[1]) als eine Gerusia bezeichnet werden, was gewifs nicht ihr eigentlicher Name war. Aehnlich wird es sich in Massalia verhalten haben, wo die sechshundert Timuchen von einem lateinischen Schriftsteller *Senatus* genannt werden.[2]) In manchen Staaten aber gab es zwar keine allgemeine Volksversammlung, aber auch keinen grofsen Rath von einer geschlossenen Zahl, sondern es wurden nur gewisse Kategorien der Bürgerschaft berufen, wie bei den Maliern diejenigen, welche als Hopliten gedient hatten.[3]) Endlich finden wir mitunter auch eine Gerusia und eine Bule neben einander, d. h. einen lebenslänglichen und einen jährlich wechselnden Rath. So dürfen wir zu Argos im peloponnesischen Kriege das neben der Bule genannte Collegium der Achtzig[4]) als eine Gerusia betrachten. Ueber deren gegenseitiges Verhältnifs erfahren wir jedoch nichts. Auch in Athen trägt der areopagitische Rath den Charakter einer Gerusia, gegenüber dem demokratischen Rath der Fünfhundert.

Die zweite politische Thätigkeit ist die amtliche Verwaltung gewisser Zweige der öffentlichen Geschäfte, deren in jedem, namentlich in einem gröfsern und volkreichern Staate gar viele und mannichfaltige sind. Es bedarf, sagt Aristoteles,[5]) der Staat zunächst gewisser Beamten zur Beaufsichtigung des Handels und Verkehrs, besonders des Marktverkehrs, für welche der herkömmliche Name A g o r a n o m e n ist; ferner zur Beaufsichtigung der öffentlichen Gebäude und zur Handhabung der Bau- und Strafsenpolizei, dergleichen man meistens A s t y n o m e n zu nennen pflegt. Eine ähnliche Beaufsichtigung und Polizeihandhabung ist aber auch auf dem Lande nöthig, und zu den dafür angestellten Beamten gehören die sogenannten A g r o n o m e n und H y l o r e n (Feldaufseher und Forstaufseher). Sodann müssen

---
1) Jamblich. a. a. O.   2) Valer. Max. II. 6.
3) Aristot. Polit. IV, 10, 10.   4) Thucyd. V, 47.
4) Polit. VI, 5, 2 ff.

Beamte da sein zur Einnahme, Aufbewahrung und Auszahlung der öffentlichen Gelder, die man **Einnehmer und Schatzmeister** (ἀποδέκτας καὶ ταμίας) nennt. Ferner solche, bei welchen Dokumente über Rechtsgeschäfte und richterliche Entscheidungen ausgefertigt, auch wohl Klagen und Anhängigmachung von Rechtshändeln angezeigt werden, dergleichen die sogenannten **Hieromnemones, Epistatä, Mnemones** und ähnliche sind. Sodann andere für die Eintreibung der Zahlungen von Verurtheilten, die Vollziehung der erkannten Strafen, die Bewachung der Verhafteten. Aufser diesen müssen militairische Beamte da sein, welche die streitbare Mannschaft mustern, sie in die Heeresabtheilungen einstellen, kurz die für den Krieg erforderlichen Geschäfte besorgen, welche man **Polemarchen, Strategen, Nauarchen, Hipparchen** u. s. w. nennt. Sodann Behörden, welche denen, die öffentliche Gelder in Händen haben, Rechnung abnehmen und sie zur Verantwortung ziehen. Ferner Beamte, die für den Cultus und was damit zusammenhängt zu sorgen haben, theils Priester, theils solche, welche die nicht priesterlichen Staatsopfer vollziehen, welche man bald **Archonten,** bald **Könige,** bald **Prytanen** nennt. Endlich aber, die wichtigsten und einflufsreichsten von allen, Beamte, welche die berathenden und beschliefsenden Collegien und Versammlungen berufen und ihre Versammlungen leiten. In kleineren Staaten, wo man nur wenige Beamte hat, ist jedes Amt nicht mit einem Geschäftszweige allein, sondern mit mehreren zugleich beauftragt, in gröfseren dagegen sind viele Beamte und specieller vertheilte Geschäftszweige, auch mehrere Beamte für einen und denselben. In Staaten aber, wo besondere Sorgfalt auf Ordnung und gute Sitte gewandt wird, giebt es auch aufser den angeführten noch mancherlei Beamte zur Handhabung der öffentlichen Zucht, Aufseher über die Weiber, über die Jugenderziehung, die Uebungsplätze, Festspiele und dergleichen. — Eine solche Classification der Beamten und Vertheilung der Geschäftszweige, wie sie hier nach Aristoteles gegeben ist, hat nun gewifs in keinem griechischen Staate ihr ganz entsprechendes Gegenbild gehabt, und es sind überall vielfach andere Modificationen und Combinationen gewesen; aber nachweisen können wir darüber, wenn wir von Athen allein absehen, so gut wie gar nichts.

Als die wichtigsten und für die Verfassung bedeutendsten Beamten sind ohne Zweifel mit Aristoteles diejenigen anzusehen, welche als Vorsitzende und Leiter an der Spitze der berathenden und beschliefsenden Räthe und Versammlungen stehen, zumal wenn ihnen zugleich auch eine executive Gewalt übertragen ist, um das Beschlossene in Ausführung zu bringen, was in den früheren Zeiten, da die Staaten alle mehr oder weniger oligarchische Verfassung hatten, wohl überall der Fall war, während später die Demokratie es für sicherer hielt, die Gewalt der Beamten möglichst zu theilen und zu zersplittern. In einigen Oligarchien bestand die oberste berathende und beschliefsende Behörde selbst nur aus einer Versammlung von obrigkeitlichen Beamten, welche zu gemeinschaftlicher Beschlufsnahme zusammentraten, und die Ausführung jeder in seinem Geschäftskreise betrieben. Ein solches Collegium war vermuthlich das der Artynen zu Epidaurus, welche Buleuten d. h. Rathsherrn genannt und, wie wir oben gesehen, als ein engerer Ausschufs aus einem gröfseren Collegio bezeichnet werden, deren anderer Titel aber auch auf ein obrigkeitliches Amt zu deuten scheint. Aus Megara ferner haben wir Kunde von Synarchien, d. h. Magistratscollegien, welche als eine vorberathende Behörde, also ein engerer Rath, ihre Beschlüsse an die Aesymneten, die Bule und die Volksversammlung bringen.[1]) Auch in dem durch Epaminondas wiederhergestellten Staat von Messene werden die Synarchien als ein berathendes und beschliefsendes Collegium genannt.[2]) Wie wir aber hierüber etwas Genaueres anzugeben nicht im Stande sind, so ist überhaupt alles, was wir sonst von Beamten in verschiedenen Staaten hören, gar wenig geeignet, uns über die wesentlichen Fragen Belehrung zu gewähren. Es sind fast nur Namen, die wir erfahren, aus denen sich aber über die Funktionen und die politische Wichtigkeit der Genannten kein sicherer Schlufs ziehen läfst, da es gewifs ist, dafs oft Aemter von ganz verschiedener Bestimmung und Bedeutung doch dieselben Namen hatten. Obgleich nun ein Verzeichnifs von Namen, bei denen sich eigentlich nichts Bestimmtes denken läfst, in Wahrheit wenig nützen kann, so mögen hier doch einige aufgeführt werden, theils weil sie am häufigsten vorkommen, theils weil sich wenigstens soviel von ihnen sagen läfst, dafs die so be-

---

1) Dies lehrt eine Inschrift in Gerhard's Archäol. Zeit. (Denkm. u. Forsch.) 1853 p. 582.
2) Polyb. IV, 4, 2. — Aufserdem werden Synarchien hier und da bei Schriftstellern und in Inschriften genannt. Vgl. Böckh, C. I. I p. 610. III. p. 93. Vischer, epigr. u. archäol. Beitr. p. 14. Rangabé Ant. Hell. no. 704 p. 299.

nannten Aemter zu den angesehensten und geehrtesten gehörten, auch wenn sie ohne grofse politische Bedeutung waren. Häufig ist zunächst der Königstitel auch in der Zeit, wo die königliche Regierungsform längst nicht mehr bestand.[1]) Da den alten Königen überall gewisse nicht priesterliche Staatsopfer darzubringen obgelegen hatte, so besorgte man das Mifsfallen der Götter zu erregen, wenn man ihnen dergleichen Opfer nicht mehr durch Könige darbringen liefs. Man ernannte deswegen auch ferner noch einen König der königlichen Opfer wegen, und übertrug diesem daneben auch wohl noch andere auf das Religionswesen bezügliche Functionen, selbst die Oberaufsicht über den Cultus und die Priesterthümer mit der dazu erforderlichen Auctorität, aber ohne anderweitige politische Macht. Beiweitem die meisten der in den späteren Zeiten vorkommenden Könige sind als solche Cultusbeamte anzusehn: wie viel oder wie wenig sie sonst bedeutet haben mögen, ist, wenn nicht andere Anzeichen hinzukommen, aus dem Titel allein nirgends zu erkennen, auch da nicht, wo, wie zu Megara, die Jahre nach ihnen bezeichnet werden,[2]) was übrigens auf einen jährlichen Wechsel des Amtes deutet.

Ein zweiter sehr oft vorkommender Titel ist Prytanis, ohne Zweifel mit $\pi\varrho\acute{o}$, $\pi\varrho\tilde{\omega}\tau o\varsigma$ zusammenhängend[3]) und den Fürsten, Obersten bedeutend, wie denn z. B. auch der syrakusische König oder Tyrann Hieron vom Pindar als Prytanis angeredet wird.[4]) Als oberster Magistrat ward nach Abschaffung des Königtums zu Korinth ein Prytanis aus dem alten Königsgeschlecht der Bakchiaden jährlich ernannt, bis zum Sturz dieser Oligarchie durch Kypselos. Denselben Titel führte der oberste Magistrat in der korinthischen Colonie Kerkyra, wo jedoch später, als die Verfassung demokratisch geworden, nicht Einer, sondern ein aus vier oder fünf Prytanen bestehendes Collegium war, aus welchem einer als Eponymos zur Jahresbezeichnung diente.[5]) Auf Rhodos finden wir zu Polybius' Zeit eine sechsmonatliche

---

1) Einige Beispiele sind oben S. 125 angegeben.
2) Z. B. zu Megara in Inschriften aus dem vierten oder dritten Jahrh. C. I. no. 1052. 1057. zu Chalcedon ib. no. 3794. auf Samothrake ib. no. 2157—2159. Hier war übrigens der König wirklich oberster Magistrat, nach Liv. XLV, 5, 6.
3) Auch findet sich die Nebenform $\pi\varrho\acute{o}\tau\alpha\nu\iota\varsigma$ in lesbischen Inschriften. S. Franz. elem. epigr. p. 199. 200.
4) Pind. Pyth. II, 58.
5) Vgl. C. Müller, de Corcyr. republ. p. 31 u. 45 f.

Prytanie, was auf zwei jährlich gewählte und halbjährlich im Vorsitz wechselnde Prytanen gedeutet werden kann; früherhin waren die Prytanen wohl nur jährlich einer, und zwar aus dem heraklidischen Geschlechte der Eratiden.[1]) Aufserdem werden Prytanen auf den dorischen Inseln Kos und Astypaläa genannt. Nicht weniger gebräuchlich war der Titel in den äolischen Colonien, z. B. zu Mytilene, wo Ein Prytanis und daneben Könige in der Mehrzahl in einer auf Pittakos' Zeit bezüglichen Erwähnung, auf deren Genauigkeit freilich nicht zu bauen ist, vorkommen,[2]) und späterhin in der Zeit Alexanders und unter der Römerherrschaft der Prytanis als Eponymos des Jahres erscheint. Ebenso sind Prytanen zu Eresos bezeugt, über welche es eine eigene Schrift des Eresiers Phanias gab, eines Schülers des Aristoteles. Tenedische Prytanen kennen wir aus Pindar, und eine das Jahr bezeichnende, vom Königthum herstammende, einem bestimmten Geschlecht zukommende Prytanenwürde zu Pergamos bezeugt eine Inschrift aus römischer Zeit. Ebenfalls noch in römischer Zeit finden wir Prytanen in den ionischen Städten, wie zu Ephesus, Phokäa, Teos, Smyrna, Milet u. a., und von den milesischen sagt uns Aristoteles,[3]) dafs sie in den älteren Zeiten eine sehr grofse Macht besessen haben, die den Weg zur Tyrannis bahnen konnte. In der römischen Zeit gab es hier ein Collegium von sechs Prytanen, mit einem Archiprytanis an der Spitze; und auch ein Prytanis des Gesammtverbandes der ionischen Städte kommt vor.[4]) Im Mutterstaate der Ionier, Athen, gab es einst Prytanen der Naukrarien, oder Vorsteher der Verwaltungsbezirke, in welche das Land getheilt war; sodann aber hiefsen Prytanen auch die im Vorsitz wechselnden Abtheilungen des Rathes der Fünfhundert, die also nicht Magistrate waren; und ebensolche finden sich auch in andern ionischen Staaten.[5]) Ueberall aber, wo die Prytanen Magistrate waren, hatten sie ohne Zweifel auch die sacralen Functionen des früheren Königthums zu besorgen, insofern man nicht zu diesem Zweck noch einen besonderen Beamten mit dem Königstitel hatte bestehen lassen, wie es z. B. in Delphi der Fall gewesen

---

1) Müller, Dor. II S. 136.
2) Theophrast. bei Joannes Stob. Flor. tit. 44, 22 p. 201 Gaisf.
3) Polit. V, 4, 5.
4) Die Belegstellen aus den Inschriften über die einzelnen Staaten hat Westermann zusammengetragen, in der Pauly'schen Real-Encyklop. VI, 1 p. 166. Vgl. Tittmann, gr. Staatsverf. S. 483 ff. u. Franz. elem. epigr. p. 322 ff.
5) Vgl. Corp. Inscr. II no. 2264 a. Rofs, Inscr. II p. 12 u. 28.

sein mag, wo wir einen priesterlichen König noch in Plutarch's Zeit fanden, während ein Prytanis als Eponymos des Jahres zur Zeit des Philipp von Makedonien erwähnt wird.[1]) Seltener vorkommende Titel der obersten Magistrate sind **Kosmos** oder **Kosmios** und **Tagos** (Ordner und Befehlshaber), von denen wir jenen in den kretischen, diesen in den thessalischen Städten finden.[2]) Mit jenem läfst sich der Titel **Kosmopolis** vergleichen, der bei den epizephyrischen Lokrern üblich war.[3] — Häufiger dagegen finden wir **Demiurgen**, deren Name eine nicht mehr oligarchische, sondern schon dem Demos Rechte verleihende Verfassungsform anzudeuten scheint. Zur Zeit des peloponnesischen Krieges waren solche in Elis und in dem arkadischen Mantinea, und sie beschworen im Namen ihrer Staaten den Vertrag den diese damals mit Athen und Argos eingingen,[4]) woraus sich schliefsen läfst, dafs sie Magistrate von Bedeutung waren. Ein freilich verdächtiger Brief des Philipp von Makedonien[5]) ist an die Demiurgen der verbundenen peloponnesischen Staaten gerichtet, und Grammatiker erklären den Titel für einen bei den Doriern überhaupt gewöhnlichen, wie wir ihn denn auch zu Hermione in Argolis urkundlich bezeugt finden,[6]) und in Korinth vermuthen dürfen, da von hier aus ein **Epidamiurgos**, wohl als oberster Magistrat, in die korinthische Pflanzstadt Potidäa geschickt wurde. Auch zu Aegium in Achaia waren Demiurgen, und gewifs ebenso in den übrigen achäischen Städten, da die Verfassung in allen wohl ziemlich übereinstimmte, und wir später auch ein Collegium von Demiurgen als hohe Bundesbehörde hier kennen lernen. Endlich auch in Thessalien, — ungewifs freilich in welchen Städten[7]) — und daher auch in der von Thessalien aus gegründeten Pflanzstadt Petilia in Unteritalien, wo eine alte Inschrift einen **Damiorgos** als Eponymos des Jahres erkennen läfst. — Ein ähnlicher Titel ist **Demuchos**, welchen zu Thespiä in Böotien die obersten Magistrate, die aus einigen angeblich heraklidischen Häusern ernannt wurden, geführt zu haben scheinen.[8]) — Der **Artynen** zu Epidaurus und zu Argos ist schon oben gedacht: sie für Magistrate zu halten berechtigt der Umstand, dafs in dem erwähnten Vertrage im

---

1) Pausan. X, 2, 2.
2) Vgl. C Inscr. I no. 1770. Leake It. vol. III p. 169. IV p. 216. Heuzey, le mont Olympe, p. 467 Inscr. no. 4 v. 10. 19. 26. 32 u. no. 18, 1.
3) Polyb. XII, 16.   4) Thucyd. V, 47.
5) Demosth. pr. coron. §. 157.   6) Vgl. Böckh, C. I. I p. 11.
7) Zu Larissa nach Aristot. Pol. III, 1, 9.   8) Diodor. IV, 29.

peloponnesischen Kriege, den alle übrigen betheiligten Staaten durch Magistrate neben den Rathscollegien beschwören lassen, von Seiten der Argiver neben der Bule und den Achtzigmännern nur die Artynen die Schwörenden sind. Aber auch der Name, welcher Ordner bedeutet, spricht dafür. — Ephoren gab es, aufser Sparta, wo wir sie später zu betrachten haben, in vielen, namentlich in dorischen Städten.¹) Der Name bedeutet ganz allgemein Aufseher, und kann daher sowohl von Beamten, welche den Marktverkehr beaufsichtigen, wie die Grammatiker angeben, also von einer den Agoranomen ähnlichen Behörde, als auch von solchen Magistraten gebraucht sein, welche eine Aufsicht über das Ganze des Staates ausübten. Aufsichtsbehörden waren auch die Katoptä in dem böotischen Orchomenos, und zwar, wie es scheint, besonders in Beziehung auf die Finanzverwaltung.²) Zu Kerkyra erscheinen uns die Nomophylakes als diejenigen, vor welchen von verwalteten öffentlichen Geldern Rechenschaft abgelegt wird, wie anderswo vor Logisten und Euthynen.³) Sonst bezeichnet dieser Name vielmehr eine Behörde, die auf Befolgung der gesetzlichen Vorschriften, und zwar besonders in den berathenden Versammlungen zu sehen hat, und deswegen auch wohl die zur Verhandlung zu bringenden Gegenstände vorher ihrer Prüfung unterwirft, gleich den Probulen, mit denen sie deswegen Aristoteles zusammenstellt.⁴) Ein ähnlicher Name ist Thesmophylakes: so heifsen die Beamten von Elis, welche in der Urkunde über den mehrerwähnten Vertrag neben den Demiurgen beauftragt werden, den Eid abzunehmen. Zu Larissa in Thessalien nennt uns Aristoteles die Politophylakes als Beamte, die ungeachtet der sonst oligarchischen Verfassung von dem gesammten Volke gewählt und deswegen zur Demagogie geneigt gewesen seien.⁵) — Die Timuchen haben wir früher als eine geschlossene Zahl bevorrechteter Bürger, einen grofsen Rath, zu Massalia gefunden; anderswo aber scheinen auch gewisse obrigkeitliche Beamte so genannt zu sein, wie zu Teos und nach einem Grammatiker auch in Arkadien.⁶) — Häufiger als die meisten der zuletzt erwähnten kommen die Theoren vor, ein Name, welcher, aufser den bekannten Bedeutungen, Zuschauer bei Schauspielen und Gesandte zu auswärtigen Heiligthümern und Feiern, auch specieller von Staats-

---

1) Müller, Dor. II S. 112.   2) Corp. Inscr. I no. 1569.
3) Ib. II no. 1845 I. 104.   4) Polit. IV, 11, 9.   5) Polit. V, 5, 5.
6) Corp. Inscr. II no. 3044. Suid. s. v. Ἐπίκουρος.

beamten gebraucht ward, welche die gottesdienstlichen Angelegenheiten zu beaufsichtigen und zu besorgen hatten, daneben aber auch öfters eine ausgedehntere politische Macht besafsen, weswegen Aristoteles sagt, dafs dies Amt vormals, da es auf längere Zeitdauer verliehen worden, seinen Inhabern den Weg zur Tyrannis gebahnt habe.[1]) Wir finden sie zunächst in Mantinea in derselben Vertragsurkunde, aus der wir von den dortigen Demiurgen Kunde haben. Auch auf Aegina gab es Theoren, oder dorisch Thearen, die als Archonten bezeichnet werden, also gewifs nicht blofs sacrale Functionen hatten, und ihr Versammlungshaus, das Thearion, war im Tempelbezirk des pythischen Apollon, wo sie gemeinschaftlich speisten.[2]) Als Eponymen des Jahres werden sie in Inschriften z. B. von Naupaktos genannt.[3]) Auch die Hieromnemones, deren Name gleichfalls auf eine religiöse Function deutet, kommen als Eponymen des Jahres vor, z. B. in Byzantion.[4]) Ob irgendwo mit den priesterlichen Functionen derselben auch noch andere Geschäftsverwaltung verbunden sei, können wir nicht erkennen, müssen es aber aus der oben angeführten aristotelischen Aufzählung der verschiedenen Arten von Beamten schliefsen. Priesterlich war auch das Amt des Stephanephoros, welches Themistokles einst zu Magnesia am Sipylos bekleidete und in Folge dessen der Athene Opfer und Feiern anstellte,[5]) und eine bedeutende Anzahl von Inschriften ionischer Städte aus späterer Zeit nennt einen Stephanephoros als Eponymos; es kommt selbst vor, dafs Frauen diese Würde, sowie die einer Prytanis, bekleideten.[6]) Endlich mag noch erwähnt werden, dafs nicht selten die militairischen Oberbefehlshaber, Strategen und Polemarchen, auch in der Civilverwaltung als oberste Beamte erscheinen, und als Eponymen in Urkunden genannt werden. — Dafs übrigens für alle Magistrate die gemeinschaftliche Benennung Archon ist, öfters aber auch speciell der oberste Magistrat so genannt wird, darf ich wohl als allgemein bekannt voraussetzen.

Die Dauer der Magistratur war in der Regel auf ein Jahr beschränkt, wenigstens seitdem die alte Adelsoligarchie verdrängt war. Doch wurden in früherer Zeit auch die vom Volke bestellten Magistrate bisweilen für längere Zeit mit der Gewalt

---

1) Aristot. Polit. V, 8, 3.   2) Müller. Aeginet. p. 134 f.
3) Corp. Inscr. I no. 1758. II no. 2351.
4) Psephisma d. Byz. bei Demosth. pr. cor. §. 90. Polyb. IV, 52, 4.
5) Athenae. XII p. 533 D.
6) Corp. Inscr. II no. 2714. 2771. 2826. 2829. 2835. u. sonst öfter.

bekleidet,¹) wogegen mitunter, und zwar auch in oligarchischen Staaten, die Amtsdauer auf kürzere z. B. auf sechsmonatliche Zeit beschränkt wurde, damit um so leichter alle Gleichberechtigte an die Reihe kämen. Dafs dasselbe Motiv die gleiche Mafsregel auch in der Demokratie veranlafste, versteht sich von selbst.²) Lebenslängliche oberste Magistrate waren in der ältern Zeit nicht selten, wo sie als eine Verwandlung des früheren Königthums in eine beschränkte und rechenschaftspflichtige Obrigkeit erscheinen; später kamen sie hier und da einzeln vor, wie, nach Aristoteles,³) bei den opuntischen Lokrern und zu Epidamnus. Wählbar waren in der Oligarchie natürlich nur die Mitglieder der bevorrechteten Classe, bisweilen nur einzelne Geschlechter, wie zu Korinth unter der Bakchiadenherrschaft. Auch gab es Oligarchien, wo die Stellen erblich waren, so dafs nach Abgang des Vaters der Sohn eintrat.⁴) Die Timokratie knüpfte die Wählbarkeit an den Census. Ueberall aber wurde ohne Zweifel ein gewisses reiferes Alter, wohl mindestens ein dreifsigjähriges erfordert: bei den Chalcidensern auf Euböa ein funfzigjähriges.⁵) Das Wahlrecht übte nicht immer nur die Classe der Wählbaren, sondern auch Andere, z. B. alle, die als Hopliten dienten, auch wenn sie nicht die zur Wählbarkeit erforderliche Qualification besafsen, oder es wurde aus der gesammten Bürgerschaft eine Anzahl von Wählern nach einer gewissen Reihenfolge ausgesondert, oder endlich es wählte auch die allgemeine Volksversammlung.⁶) In manchen Staaten aber, und zwar, wie ausdrücklich bezeugt wird,⁷) auch in Oligarchien wurde statt der Wahl das Loos angewandt. Man dachte so am besten den Rivalitäten und Wahlumtrieben zuvorzukommen, und sah in dem Loose auch wohl eine Art von Gottesurtheil.⁸) Ja es ist nicht unwahrscheinlich, dafs gerade in den älteren Zeiten diese Besetzungsart am meisten beliebt gewesen sei, und zwar eben in den Oligarchien um so mehr, je mehr in dem engeren Kreise der Berechtigten jeder Einzelne Anspruch machte, für gleich befähigt zu gelten. — Verantwortlichkeit der Magistrate war allgemein, und es

---

1) Aristot. Polit. V, 8, 3.
2) Id. ib. IV, 12, 1. vgl. V, 7, 4. Beispiele s. m. im Corp. Inscr. I no. 202—206. Ussing. Inscr. no. 4. 8. 10. Rofs, Inscr. II p. 12.
3) Polit. III, 11, 1.   4) Id. ib. IV, 5, 1.   5) Heraclid. Pont. c. 31.
6) Aristot. Polit. VI, 2, 2 u. V, 5, 5.
7) Anax. Rhetor. ad Alex. c. 2 p. 14.
8) Vgl. Spr. Salom. c. 16, 33: Loos wird geworfen in den Schoofs, aber es fällt wie der Herr will. Plat. Leg. V p. 741: ὁ νείμας κλῆρον ὢν θεός.

mufste deswegen überall gewisse Behörden geben, vor welchen sie Rechenschaft abzulegen hatten, die, wenn sie eigens zu diesem Zwecke angeordnet waren, Logisten, Euthynen, Exetasten genannt zu werden pflegten. Doch waren es keinesweges diese allein, sondern die Magistrate wurden auch vor dem Staatsrath,[1]) und in der Demokratie vor der Volksversammlung oder den Volksgerichten zur Verantwortung gezogen. Bekleidung mehrerer Aemter zugleich, oder desselben Amtes ohne Unterbrechung mehrmals nach einander, war gewifs überall untersagt, und kam sowohl in demokratischen, als in oligarchischen Staaten wohl nur selten und ausnahmsweise vor. — Ob in den ältern Oligarchien die Einkünfte des Königthums, dergleichen wir theils bei Homer gefunden haben, theils in Sparta finden werden, den Magistraten, die an die Stelle der Könige traten, ganz oder theilweise verblieben seien, darüber fehlt es an Nachrichten. Soweit unsere Kenntnifs reicht, waren die Magistraturen unbesoldet; die Ehre und der Einflufs, den sie gewährten, waren genügende Triebfedern, dafs es nie an Candidaten fehlte, und je bedeutendere Macht dem Amte verliehen war, desto mehr war es auch Gegenstand der Bewerbung. Aristoteles[2]) empfiehlt es, den wichtigsten Staatsämtern, welche in den Händen der bevorrechteten Classe bleiben sollen, auch kostspielige Leistungen für das Gemeinwesen aufzuerlegen, damit der gemeine Mann froh sei, nichts damit zu thun zu haben, und diejenigen, welche die Aemter bekleideten, nicht beneide, weil sie ja ihre Macht theuer genug bezahlten. Aber, setzt er hinzu, in den heutigen Oligarchien trachten die Gewalthaber ebensosehr nach Bereicherung als nach Ehre. Auch in der Demokratie fehlt es indessen nicht an Klagen, dafs die Aemter möglichst zum Vortheile der Beamten ausgebeutet werden,[3]) und wenn sie auch keine Besoldung abwarfen, so gewährten sie doch wohl anderweitig Mittel und Gelegenheit, Gewinn von ihnen zu ziehen. Besoldet wurden nur Unterbeamte und Diener, die zum Theil selbst Sklaven zu sein pflegten. Dagegen finden wir mehrmals erwähnt, dafs die Magistrate auf öffentliche Kosten gespeist worden seien, entweder die verschiedenen Collegien an besonderen Tafeln, oder auch alle gemein-

---

1) Zu Kyme safs der Rath in nächtlicher Sitzung über die Könige zu Gericht, und diese selbst wurden bis zur Entscheidung von dem Phylaktes, dem Aufseher der Gefängnisse, überwacht. Plut. qu. gr. no. 2.
2) Polit. VI, 4, 6.
3) Vgl. Isocr. Areop. c. 9 §. 24. 25.

schaftlich.¹) Daraus erklärt sich auch, dafs die Gehülfen, die sich die Beamten zur Unterstützung in ihren Geschäften zu wählen befugt waren, an manchen Orten ihre Parasiten d. h. Tischgenossen hiefsen.²)

Schliefslich ist noch die dritte politische Thätigkeit, die Rechtspflege zu betrachten. In der Oligarchie war es gewöhnlich, dafs die Civilgerichtsbarkeit, d. h. die Rechtspflege in Privatprocessen, allein von den Magistraten ausgeübt wurde;³) auch finden wir dafs die Gerichte nicht blofs in der Stadt, sondern auch auf dem Lande in den einzelnen Gauen gehalten wurden, wie in Elis, wo von manchen ländlichen Familien zwei oder drei Generationen hindurch kein Einziger in die Stadt kam, weil ihnen an Ort und Stelle Recht gesprochen wurde.⁴) Die Criminalgerichtsbarkeit über Verbrechen, die mit schweren Strafen, Tod, Verbannung, Vermögensconfiscation oder bedeutenden Geldbufsen zu ahnden waren, übten auch in der Oligarchie wohl nirgends die einzelnen Beamten, sondern nur dieselben Collegien aus, die auch die oberste berathende und beschliefsende Behörde bildeten.⁵) Besonders aber war die Gerichtsbarkeit über Mord und ähnliche Verbrechen, welche als Versündigungen gegen die Götter aus einem religiösen Gesichtspunkt behandelt wurden, gewifs in den meisten Staaten entweder eben diesen Collegien, oder auch eigenen besonders hiefür bestimmten Gerichten überlassen. Zahlreiche Geschwornengerichte dürfen wir nur in solchen Staaten annehmen, wo schon ein demokratisches Element zur Geltung gelangt war, und wo dann die bevorrechtete Classe dem Volke wenigstens dies Zugeständnifs einzuräumen bewogen war. Aristoteles⁶) führt als einen der Umstände, die den Fall der Oligarchie herbeizuführen geeignet wären, auch dies an, wenn die Gerichte nicht mehr ausschliefslich aus den Bevorrechteten besetzt würden, indem dies Veranlassung gäbe, dafs man sich durch Demagogie und Erweiterung der Volksrechte bei den Gerichten in Gunst zu setzen suchte. — Die Gerichte über die Beamten wegen Amtsvergehen waren nur in der Oligarchie ausschliefslich den aus der Classe der Bevorrechteten gebildeten Behörden an-

---

1) S. Plutarch. Cim. c. 1. Schol. Il. IX, 70. Xenoph. Hell. V, 4, 4. Corn. Nep. Pelopid. c. 2, 2. Von Athen wird später die Rede sein. Im Allg. vgl. Aristot. Polit. VI, 1, 9.
2) Athenae. VI p. 234.
3) So z. B. in Sparta. Aristot. Polit. III, 1, 7 u. vor Solon auch in Athen.
4) Polyb. IV, 73, 7. 8.   5) Aristot. Polit. IV, 12, 1.
6) Ib. V, 5, 5.

heim gegeben; wo aber dem Volke nicht mehr alle Theilnahme an der Staatsgewalt vorenthalten werden konnte, da schien es vor allen Dingen wesentlich, dafs ihm, wie die Wahl seiner Obrigkeiten, so auch das Recht, über ihre Amtsführung zu richten, zugestanden würde: denn, heifst es in der aristotelischen Politik,[1]) wenn das Volk auch nicht einmal diese Macht hat, so ist es entweder Sklave oder Feind der Obrigkeiten. — Endlich mag hier auch noch der in manchen Staaten vorkommenden Mafsregel gedacht werden, zur Entscheidung von Streitigkeiten zwischen Bürgern Richter aus einem fremden Staate zu berufen, von denen man unparteiischere Rechtspflege erwartete.[2]) Indessen geschah dies doch wohl nur, wenn in einem Staate die Bürgerschaft durch Parteiungen gespalten war, was sich freilich in Griechenland oft genug ereignete.[3])

6. Veranstaltungen zur Erhaltung des Bestehenden.

Den Bestand des Staates im Innern zu sichern und Störungen der Ordnung, auf der er beruhte, zu verhüten oder zu unterdrücken mufste man zwar bei jeder Verfassungsform bedacht sein, vor allen aber mufste die Oligarchie sich aufgefordert finden, ihre bevorrechtete Stellung dadurch zu befestigen, dafs sie immer nicht blofs ein materielles, sondern auch ein ethisches Uebergewicht über das von ihr beherrschte Volk behauptete. Die Gesetzgebungen von Kreta und Sparta sorgten dafür in ihrer Art durch Ausbildung aller derjenigen männlichen Eigenschaften, welche die Mitglieder des herrschenden Standes in den Augen der Beherrschten als die Tüchtigsten und zur Herrschaft am meisten Geeigneten erscheinen lassen konnten, und unterwarfen deswegen sowohl die Erziehung der Jugend als das Leben der Erwachsenen einer strengen Regel und Ordnung: von andern Oligarchien der älteren Zeit fehlt es uns an Nachrichten, von den späteren aber sagt Aristoteles, dafs in ihnen eine zweckmäfsige Erziehung und Zucht thörichter Weise vernachlässigt zu werden pflegte: die Söhne der Oligarchen lasse man üppig und weichlich aufwachsen, während die der Armen durch kör-

---

1) Ib. II, 9, 4.   2) Vgl. Meier, Schiedsrichter S. 31.
3) Die italienischen Städte im Mittelalter beriefen Fremde zu Richtern, *per levar via le cagioni delle inimicizie, che dai giudici nascono* (Macchiavelli stor. Fior. III. c. 5.) und zwar geschah dies lange Zeit hindurch regelmäfsig. Vgl. auch Congreve zu Aristot. Polit. p. 361.

perliche Uebung und Arbeit abgehärtet und kräftig würden, wovon denn die natürliche Folge sei, dafs sie Lust und Muth bekämen, die Herrschaft abzuschütteln.[1]) Es war also die Jugenderziehung vielmehr dem Belieben der Eltern anheim gegeben, als von Staatswegen geordnet, und sie wurde nothwendig in gleichem Grade schlaffer und schlechter, als die Sitten der Erwachsenen sich verschlechterten. Zwar gab es in vielen, und wohl in den meisten, auch in demokratischen Staaten Behörden, welchen die Handhabung einer gewissen Sittenpolizei sowohl über die Jugend als über die Erwachsenen anbefohlen war, unter dem Titel von Pädonomen und Gynäkonomen; aber dafs die Bevorrechteten sich über die Beschränkungen, die diese ihnen zumuthen mochten, leicht hinwegsetzten, deutet ebenfalls Aristoteles an, indem er solche Behörden vielmehr aristokratisch als oligarchisch oder demokratisch nennt,[2]) d. h. nur in solchen Staaten wirksam, wo weder eine bevorrechtete Minderzahl noch der grofse Haufe unterschiedslos die Gewalt in Händen hat, sondern wo Tugend und Verdienste gelten: und in diesem Sinne kann die Aristokratie, die an keine Form der Verfassung ausschliefslich gebunden ist, immer nur da bestehn, wo im Ganzen gute Sitten herrschen, und hat überall, soviel sich erkennen läfst, nur selten und auf kurze Zeit bestanden. Denn was sich Aristokratie nannte, war meist nur Oligarchie, und hat in der Regel wenig gethan, um jenen andern Namen auch wirklich zu verdienen. In der Demokratie aber mufste die Handhabung solcher Sittenpolizei, auch wenn Gesetze und Behörden dafür vorhanden waren, noch leichter als in der Oligarchie in Abnahme kommen, weil eine derartige Beschränkung der Freiheit dem demokratischen Wesen zu widersprechen schien. Schon der mit wenigen Ausnahmen allgemein herrschende Grundsatz, dafs gegen Uebertretungen die Behörden nicht von Amtswegen, sondern nur auf Anzeigen oder Klagen einschritten, wenn er auch in Hinsicht auf die sittenpolizeilichen Vorschriften galt, — und wir sind nicht veranlafst das Gegentheil anzunehmen, — mufste bewirken, dafs Uebertretungen in der Regel ungeahndet blieben, und nur in aufsergewöhnlichen Fällen und auf besondere Veranlassungen zur Strafe gezogen wurden. Und endlich bezieht sich auch was wir von gesetzlichen Anordnungen dieser Art hören nur auf die äufsere Sitte, auf den Luxus in der Kleidertracht, der Ausstattung der Wohnungen, dem Aufwande bei Gastmählern, Leichen-

---

1) Aristot. Polit. V, 7, 20. 21.   2) Ib. IV, 12, 9.

begängnissen u. dgl., oder auf das Betragen der Frauen, wo sie aufser dem Hause zu erscheinen hatten,[1]) und wenn auch der Name der Gynäkonomen uns keinesweges zu dem Glauben verleiten darf, dafs nicht auch die Männer ihrer Aufsicht unterworfen gewesen seien, so ist doch klar, dafs durch alle solche Behörden und Gesetze im besten Falle nur eine äufserliche Zucht bewirkt werden konnte, und dafs, wenn die innere Zucht und ethische Haltung des Lebens einmal verloren war, auch jene bald unwirksam werden mufsten.

Dagegen hat es die Oligarchie an der Fürsorge, ihr materielles Uebergewicht festzuhalten, allerdings nicht fehlen lassen, soweit dies auf gröfserem gesicherten Besitzthum und dem damit verbundenen Vortheil der Unabhängigkeit, des Ansehns und des Einflusses auf die Aermeren beruhte. Dahin gehören die Gesetze über die Unveräufserlichkeit der Grundstücke sowie über die Untheilbarkeit derselben, wodurch verhütet werden sollte, dafs nicht die Familien der Besitzer verarmten, wie man in neuerer Zeit zu diesem Zwecke Fideicommisse zu stiften pflegt. So hören wir, dafs zu Elis die Grundstücke nur bis zu einem bestimmten Theil ihres Werthes mit Schulden belastet werden durften,[2]) und zu Korinth versuchte Pheidon, einer der ältesten Gesetzgeber, es zu bewirken, dafs nicht blofs die Güter unvermindert blieben, sondern auch die Zahl der Bürger nicht vermehrt würde,[3]) weil, wenn zahlreiche Erben sich in die Einkünfte eines Gutes zu theilen haben, die Antheile der Einzelnen allzugering ausfallen. Philolaos, ebenfalls ein Korinthier, aus dem Geschlecht der Bakchiaden, der aber nach Theben ausgewandert und dort zum Gesetzgeber bestellt worden war, gab in solcher Absicht besondere Gesetze über Adoptionen,[4]) von denen uns freilich nichts Näheres überliefert ist, die aber wohl angeordnet haben müssen, dafs, wenn mehrere Erben zu einem Gute vorhanden wären, von diesen soviele als möglich durch Adoptionen in kin-

---

1) Als ein Beispiel solcher sittenpolizeilichen Gesetze mag dienen, was Phylarch bei Athenae. XII p. 521 B. von Syrakus berichtet: Die Weiber sollten keinen Goldschmuck und keine bunte oder mit Purpur besetzte Kleider tragen, wenn sie sich nicht zur Classe der Lustdirnen bekannten; die Männer sollten sich nicht herausputzen und keine ausgesuchte und ungemeine Kleidung tragen, wenn sie nicht als Ehebrecher und Cinäden gelten wollten, eine freie Frau nicht nach Sonnenuntergang sich auf der Strafse sehen lassen, oder für eine Ehebrecherin angesehen werden, auch am Tage nicht ausgehn ohne Erlaubnifs der Gynäkonomen, und nur in Begleitung einer Dienerin.
2) Aristot. Polit. VI, 2, 5.   3) Ibid. II, 3, 7.   4) Ib. II, 9, 6. 7.

derlose Häuser versorgt werden sollten. Wie Aristoteles es nicht unglaublich finde, dafs in manchen Staaten auch die Knabenliebe deswegen begünstigt sei, damit nicht allzuviele Kinder geboren würden, haben wir schon oben bemerkt, und wenn auch dies nur blofse Vermuthung, kein vollgültiges Zeugnifs ist, so ist es doch allerdings nicht ganz unwahrscheinlich, und soviel ist gewifs, dafs im Allgemeinen viele Erben zu einem Gute zu hinterlassen nicht für rathsam angesehn wurde. Schon in den hesiodischen Werken und Tagen (v. 376) wird es als wünschenswerth bezeichnet, nur Einen Sohn zu haben, der das Haus erhalte und fortsetze: hinzugefügt wird, vielleicht von anderer Hand,[1]) dafs auch ein zweiter, später geborener noch annehmlich sei, der beim Tode des Vaters im Erbe sitzen bleibe, wobei natürlich vorausgesetzt ist, dafs der Erstgeborne sich schon während des Lebens des Vaters einen eigenen Hausstand gegründet habe. Diese Regel ist zwar nicht für den Herrenstand allein, sondern für Jedermann aufgestellt, aber es ist klar, dafs der Grund, auf dem sie beruht, für jenen vorzugsweise ins Gewicht fallen mufste. Sich der Kinder, zu deren standesmäfsiger Versorgung das Vermögen nicht hinreichte, durch Aussetzung zu entledigen, war schwerlich irgendwo durch die Gesetze untersagt, wie ebenfalls schon erwähnt worden ist. Nur von Theben hören wir, dafs hier das Gesetz gewesen sei, dafs der Vater das Kind, welches er aufzuziehen nicht im Stande wäre, den Behörden bringen sollte, von denen es dann einem Andern, der es annehmen wollte, übergeben wurde, dafür aber auch diesem als Knecht anheimfiel.[2]) Dies bezieht sich, wie man sieht, nur auf die Armen. Auch in Ephesus war Kinderaussetzung nur bei äufserster klar erwiesener Nahrungslosigkeit gestattet.[3]) Die Reichen konnten dem Uebelstande, zu viele Erben zu zeugen, dadurch entgehen, wenn sie die eheliche Zeugung auf eine geringe Zahl beschränkten, und ihr geschlechtliches Bedürfnifs aufser der Ehe befriedigten, wozu Sklavinnen und öffentliche Frauenzimmer genug Gelegenheit boten, und was die öffentliche Meinung nicht für unerlaubt ansah. — Zu den Mitteln, die Oligarchie zu stützen, gehört es ferner, dafs die niedere Classe der Staatsangehörigen, mögen sie nun als Bürger oder nur als Unterthanen gelten, möglichst in einem Zustande gehalten wird, der sie der Oligarchie weniger gefährlich macht. Es dürfen ihr keine Waffen anvertraut werden,

---

1) Vgl. Opusc. ac. III p. 61 oder comm. crit. vor m. Ausg. des Hes. p. 39.
2) Aelian. V. H. II, 7.   3) Procl. ad Hesiod. O. et D. v. 494.

es darf keine grofse Anzahl in der Stadt zusammen wohnen, sondern sie mufs auf dem Lande oder in kleinen Ortschaften zerstreut leben,[1]) und man mufs, wenn die Menge zu grofs wird, sich ihrer durch Aussendungen in Colonien zu entledigen suchen, was denn freilich nur unter günstigen Umständen möglich ist. In den Staaten, die durch Lage und Verhältnisse auf Seefahrt und Handel angewiesen waren, liefs sich eine zahlreiche städtische Bevölkerung nicht vermeiden: deswegen konnte sich auch hier am wenigsten eine geschlossene Adelsoligarchie behaupten, sondern mufste der Plutokratie Platz machen, d. h. der Bevorrechtung des Reichthums, zu welchem Betriebsamkeit und Glück auch den Unadelichen verhelfen konnte. Von den Korinthiern wird uns gesagt,[2]) dafs sie unter allen am wenigsten die Handwerker verachtet haben, und es ist anzunehmen, dafs hier auch dem Gewerbetreibenden, insofern er den erforderlichen Census besafs, der Zutritt zu öffentlichen Aemtern oder zum Rathe nicht verschlossen gewesen sei. Anderswo dagegen galt diese Classe zur Theilnahme an der Staatsgewalt nicht geeignet. In Theben war es Gesetz, dafs Keiner ein Amt bekleiden dürfe, der sich nicht wenigstens zehn Jahre lang jedes Handwerkes und jedes Marktgeschäftes enthalten habe, und dasselbe fand vor Alters an vielen Orten statt, bis die absolute Demokratie einrifs.[3]) Aristoteles betrachtet dies nicht als eine tadelnswürdige oligarchische, sondern als eine aristokratische Mafsregel, und mag darin auch wohl nicht Unrecht haben. Aber oligarchisch war es, wenn der herrschende Stand die Minderberechtigten nicht blofs von der Staatsverwaltung ausschlofs, sondern auch das Connubium unter den Mitgliedern der beiden Stände vermied, aus Besorgnifs, dafs vornehme Verschwägerungen leicht auch Ansprüche bei den Geringeren erwecken und befördern möchten. Dafs das Connubium zwischen beiden Ständen ausdrücklich durch Gesetze verboten gewesen sei, läfst sich, wie wir schon früher bemerkt haben, nicht durch bestimmte Zeugnisse darthun, wenn es auch nicht gerade unwahrscheinlich ist. Wenn aber der Demos zu Samos, als er die Oberhand über die Geomoren gewonnen hatte, seinem Stande das Connubium mit diesen ausdrücklich untersagte,[4]) so dürfen wir daraus wohl schliefsen, dafs es früher erlaubt gewesen sei. Von den Bakchiaden in Korinth aber wissen wir, dafs sie

---
1) Aristot. Polit. V, 8, 7. Rhet. ad Alex. c. 2.   2) Herodot. II, 167.
3) Aristot. Polit. III, 3, 2. 4 u. 2, 8.
4) Thucyd. VIII, 21. Die florentinische Geschichte bietet ein ähnliches Beispiel dar.

sich nur unter einander, also nicht einmal mit andern Adelsgeschlechtern verschwägert haben,[1]) deren es doch auch aufser ihnen in Korinth einige gab: und es ward eine Mitursache ihres Sturzes, dafs sie einmal diesem Grundsatz untreu wurden, und die Tochter eines der Ihrigen sich mit einem Manne des minderberechtigten Adels verheirathen liefsen. Denn der aus dieser Ehe entsprossene Sohn, Kypselos, den seine Ausschliefsung von der Staatsgewalt nun doppelt verdrofs, weil er sich denen, die ihn ausschlossen, wenigstens von mütterlicher Seite ebenbürtig fand, brachte es Anfangs, vielleicht eben durch Unterstützung seiner mütterlichen Familie, dahin, dafs ihm eine Befehlshaberstelle anvertraut wurde, und benutzte dies dann, um sich durch demagogische Mittel[2]) einen zahlreichen Anhang im Volke zu verschaffen, durch dessen Hülfe es ihm gelang, die Bakchiaden zu stürzen, und die Herrschaft sich selbst zuzueignen.[3]) Freilich konnte ihm das nur gelingen, wenn im Volke schon ohnehin Unzufriedenheit mit jenen vorhanden war, und daran fehlte es gewifs nicht, wie wir denn überhaupt um jene Zeit, d. h. im siebenten Jahrhundert v. Chr., überall in Griechenland eine Auflehnung des Volkes gegen die Oligarchie wahrnehmen.

7. Verfall der Oligarchie.

Die Ursachen dieser Erscheinung sind im Allgemeinen unschwer zu errathen. Die Oligarchie ist ihrer Natur nach leicht der Verschlechterung unterworfen. Der altgewohnte Besitz von Macht und Vorrechten macht die Mitglieder des herrschenden Standes üppig und übermüthig, sie verscherzen das Vertrauen und die Achtung des Volkes durch ausgelassene Sitten, sie kränken es durch Gewaltthätigkeiten und Verletzungen auch in solchen Verhältnissen, in denen verletzt zu werden kein Mann geduldig erträgt, wie wenn die Ehrbarkeit der Weiber, die Keuschheit der Kinder angetastet wird, sie zeigen überall, dafs ihnen nicht das Wohl des Ganzen, sondern nur ihr Standesinteresse und die Befriedigung ihrer Gelüste am Herzen liege, kurz sie verleugnen immer mehr den Charakter der Aristokratie, welcher allein vermag, dem Volke die Herrschaft einer Minderzahl annehmlich zu machen. Dies wird uns von einem alten Geschicht-

---

1) Herodot. V, 92. 2) Aristot. Pol. V, 9, 22.
3) Nicol. Damasc. in C. Müller. Fragm. hist. gr. III p. 392.

schreiber¹) als die am allgemeinsten wirksame Ursache des Verfalls der Oligarchie angegeben, und ihr Sturz mufste um so gewisser erfolgen, wenn sie der sich regenden Unzufriedenheit mit roher Gewalt begegnen zu können meinte, wie es von den Penthiliden zu Mytilene gesagt wird, dafs sie umhergegangen seien und wer ihnen mifsliebig war mit Keulen niedergeschlagen haben.²) Es versteht sich aber, dafs auch noch andere speciellere Ursachen hier und da eintreten konnten. Eine derselben war, wenn die Oligarchen unter sich selbst nicht einmüthig zusammenhielten, sondern Spaltungen unter ihnen entstanden, wie etwa wenn ein Theil der Bevorrechteten sich über seine Standesgenossen erhob, und dadurch diese bewogen wurden, sich dem Volke zuzuwenden. In einigen Oligarchien war es gesetzlich, dafs nicht Vater und Sohn, nicht Bruder und Bruder zusammen in einem Amte oder in einem regierenden Collegio sein durften, wie zu Knidos, zu Istros und zu Heraklea,³) wodurch leicht eine Zahl von Unzufriedenen in dem herrschenden Stande selbst entstehen konnte, die mit Hülfe des Volkes die Verfassung über den Haufen warf. Ferner wenn etwa besondere Unfälle den herrschenden Stand schwächten, wie zu Tarent, wo in einem Kriege gegen die Japyger, und zu Argos, wo in einem Kriege gegen die Spartaner viele gefallen waren, und in Folge dessen auch die Minderberechtigten zur Theilnahme an der Regierung gelangten.⁴) Ebenso wenn die Umstände es nöthig machen, dem Volke Waffen in die Hände zu geben, um im Kriege gegen auswärtige Feinde bestehen zu können: denn wenn das Volk die Waffen führt, so verlangt es auch gröfsere Rechte. Oder wenn viele des bevorrechteten Standes in ihren Vermögensverhältnissen herunter kommen: denn ein verarmter Herrenstand ist dem Volke kein Gegenstand der Achtung und Furcht mehr. Oder wenn das Volk an Wohlstand und, was damit verbunden ist, an Bildung und Selbstgefühl zugenommen hat, so macht es auch gröfsere Ansprüche und erträgt es nicht mehr, sich von der Staatsverwaltung ausgeschlossen zu sehen. — In timokratisch eingerichteten Verfassungen kann die Vermehrung des Wohlstandes allein, ohne gewaltsame Erschütterungen, die Umwandelung der Oligarchie zur Demokratie herbeiführen, wenn die Censussumme, welche

---
1) Polyb. VI, 8, 4. 5.   2) Aristot. Polit. V, 8, 13.
3) Id. ib. V, 5, 2. Da die Namen Istros und Heraklea mehreren Städten gemein waren, so ist nicht zu sagen, welche von ihnen A. im Sinne gehabt habe.
4) Id. ib. V, 2, 8.

zur Theilnahme berechtigt, und welche in älterer Zeit als Reichthum galt, den nur Wenige besafsen, im Laufe der Zeit von Vielen erworben ist, die Berechtigung aber an dieselbe, ohne Erhöhung, geknüpft bleibt. Denn periodische Erhöhungen der Censussummen, wodurch die Bevorrechtung auf eine geringe Zahl beschränkt geblieben wäre, fanden wohl nicht überall statt.[1])

8. Aesymneten und Gesetzgeber.

Jene seit dem siebenten Jahrhundert wahrnehmbare Auflehnung des Volkes gegen die Oligarchie hatte nun freilich nicht überall gleich vollständigen Erfolg, am wenigsten entstanden schon jetzt wirklich demokratische Verfassungen, aber zu mehrfachen Concessionen sahen sich doch die bisher unbeschränkten Gewalthaber genöthigt. In manchen Staaten kam es zu einer friedlichen Verständigung der streitenden Parteien, indem man durch gegenseitige Uebereinkunft einzelnen Männern, welche des Vertrauens beider genossen, die Aufgabe anvertraute, durch zweckmäfsige Anordnungen den Frieden herzustellen. Das berühmteste und ruhmwürdigste Beispiel dieser Art giebt uns die athenische Geschichte, da nach heftigen Kämpfen die Parteien sich einigten, den Solon als Friedensstifter und Gesetzgeber zu bevollmächtigen. Auch die Gesetzgebung des Zaleukos bei den italischen Lokrern gegen die Mitte des siebenten Jahrhunderts, sowie die etwas spätere des Charondas bei den Katanäern auf Sicilien sind höchst wahrscheinlich in Folge ähnlicher aus ähnlichen Gründen ertheilter Bevollmächtigung hervorgegangen, doch ist die Geschichte beider sehr dunkel und voll von Widersprüchen, so dafs man sieht, wie selbst die Gelehrtesten im Alterthume nur höchst ungenügende Kunde von ihnen hatten.[2]) Auch ihre Gesetze waren mehr berühmt als bekannt, und wenn auch in den Staaten, für die sie gegeben waren, sich manches von ihnen erhalten haben mag, so waren sie doch im Laufe der Zeit so vielfach modificirt und alterirt, dafs von ihrer echten und ursprünglichen Gestalt sich wenig mit Sicherheit erkennen liefs. Ihre Berühmtheit veranlafste aber schon früh den einen oder den anderen Theoretiker, Mustergesetzgebungen unter dem Namen

---

1) Ib. V, 7, 6. Vgl. oben S. 108.
2) Einige bezweifelten oder leugneten selbst die Existenz des Zaleukos, wie z. B. Timäus. S. Cic. de legg. II, 6, 15. — Vgl. übrigens die in den Antiqu. i. p. Gr. p. 89, S Angeführten.

jener zu verfertigen, wobei sie denn mitunter ohne Zweifel wohl wirklich Ueberliefertes aufgenommen, grofsentheils jedoch Selbstersonnenes vorgebracht haben.[1]) Aus solchen Schriftstellerarbeiten, von denen schon Cicero sich täuschen liefs, sind nicht nur die Proömien oder Einleitungsermahnungen beider Gesetzgebungen bei Johannes von Stobi, sondern auch die Proben der Gesetze bei dem unkritischen Diodor geflossen, und verdienen durchaus kein Vertrauen. Mehr zu trauen aber ist der Angabe, dafs Zaleukos zuerst die Gesetze schriftlich abgefafst habe, etwa zweihundert Jahre nach der Zeit, da Lykurg den Spartanern seine Rhetren gegeben haben soll. Solons Zeitgenosse aber war Pittakos zu Mytilene, welchem, nachdem der Staat eine Zeit lang durch heftige Parteikämpfe zerrissen, auch ein Tyrann, Melanchrus, in der Verwirrung zur Herrschaft gelangt aber bald wieder verjagt worden war, die Zügel der Regierung und die Vollmacht zur Gesetzgebung anvertraut wurden. Eine ähnliche Stellung hatte kurz vor Solon ein gewisser Tynnondas auf Euböa eingenommen,[2]) und dafs überhaupt bei inneren Zwistigkeiten dieser Ausweg, Einzelnen die höchste Gewalt freiwillig zu übertragen, öfters eingeschlagen worden sei, bezeugen Aristoteles und Andere. Man nannte, sagt jener,[3]) diese Art von Herrschern A e s y m n e t e n, das ist soviel als erwählte Alleinherrscher, und es bekleideten Einige dies Amt lebenslänglich, Andere nur auf bestimmte Zeit oder bis zur Vollziehung ihres Auftrages.[4]) Dionysius von Halikarnafs[5]) vergleicht sie mit den römischen Dictatoren, die allerdings bisweilen auch auf Veranlassung innerer Zwistigkeiten ernannt, jedoch nicht, wie jene, auf unbestimmte Zeit oder auf Lebenslang, und nicht mit gesetzgeberischer Macht bekleidet wurden.[6]) Die Thessaler pflegten bei inneren Parteikämpfen

---

1) Athenaeus XIV, 10 p. 619 berichtet nach Hermippus, dafs man in Athen die Gesetze des Charondas auch gesungen habe. Es gab also wohl Sittensprüche und Lebensregeln, die man dem Ch. beilegte, in Liederform.
2) Plutarch. Sol. c. 14.
3) Polit. III, 9, 5. Eigentlich ist $\alpha i \sigma v \mu v \acute{\eta} \tau \eta \varsigma$, der Jedem seine $\alpha \tilde{\imath} \sigma \alpha$, was ihm recht und gebührend ist, zuerkennt. In Od. VIII, 258 bedeutet das Wort einen Kampfrichter; Il. XXIV, 347, wo dafür die von Aristarch verworfene Form $\alpha i \sigma v \eta \tau \acute{\eta} \rho$ stand, ist es $= \check{\alpha} \gamma \alpha \xi$.
4) Hier und da scheinen auch ständige Beamte den Titel geführt zu haben. S. Etym. M. p. 39, 16. Curtius in Gerhards Denkm. u. Forsch. 1853 p. 382. 3. Auch die Form $\alpha i \sigma \iota \mu \nu \acute{\eta} \tau \eta \varsigma$ findet sich. Vischer. epigr. archaeol. Beitr. S. 43.
5) Ant. Rom. V, 73.
6) Dafs Sulla's und Cäsar's Dictatur etwas ganz anderes war, als die ältere echtrömische, braucht kaum erinnert zu werden.

einen sogenannten Vermittler (ἄρχων μεσίδιος) zu ernennen, und ihm eine bewaffnete Schaar zur Verfügung zu stellen, um seine Auctorität aufrecht zu erhalten,[1]) und wir dürfen auch solche Vermittler mit den Aesymneten vergleichen, von denen ebenfalls manche ein bewaffnetes Corps unter ihrem Befehle hatten. Die Aufgabe der Aesymneten war nun grofsentheils wohl diese, eine neue Verfassung zu entwerfen, die beiden Parteien gerecht wäre, eine Aufgabe, wie sie namentlich von Solon auf das trefflichste erfüllt worden ist. Oft aber schien es zu genügen, nur der willkürlichen Ausübung der obrigkeitlichen Gewalt dadurch Schranken zu setzen, dafs man sie an bestimmte gesetzliche Vorschriften band, ohne die Verfassung selbst wesentlich umzugestalten. Wenigstens vom Pittakos versichert uns Aristoteles, oder wer der Verfasser des neunten Kapitels im zweiten Buche der Politik sein mag, dafs er zwar Gesetze, aber keine neue Verfassung gegeben habe, und eben damit hatte auch in Athen Drakon, der Vorgänger des Solon, sich begnügt. Auch Zaleukos und Charondas werden nicht als Urheber von Verfassungen dargestellt, sondern man rühmt nur die Genauigkeit und Trefflichkeit ihrer Gesetze. In der That durfte es schon ein wesentlicher Fortschritt zum Bessern scheinen, wenn die Gewalthaber ihre Macht nicht mehr nach Willkür und einem nothwendig meist schwankenden und unbestimmten Herkommen ausübten, wobei, namentlich in der Rechtspflege, das Recht gar häufig den Standesrücksichten nachstehen mufste, sondern wenn eine bestimmte und feste Norm aufgestellt wurde, die sie zu befolgen hatten.[2]) Dabei war denn freilich auch eine Gewalt nothwendig, die sie zur Befolgung dieser Norm nöthigen und Uebertretungen ahnden, und also dem Volke die Wohlthat einer gesetzlichen und unparteiischen Handhabung des Rechtes sichern konnte; aber in welcher Weise hiefür gesorgt worden sei, können wir nicht nachweisen.

---

1) Aristot. Polit. V, 5, 9.
2) Auch in Rom war es, wenigstens nach der Darstellung der Alten, nur das Verlangen nach einer solchen die Willkür der Magistrate beschränkenden Norm, was die Zwölftafelgesetzgebung befriedigen sollte, nicht nach einer Umgestaltung der Verfassung, und alles, was von einer solchen durch die Decemvirn vorgenommenen Umgestaltung von Neuern zum Theil mit grofsem Scharfsinn und nicht ohne Wahrscheinlichkeit vermuthet worden ist, entbehrt der Bestätigung durch Zeugnisse der Alten, sei es weil es in Vergessenheit gerathen war, oder weil es für weniger wichtig gehalten wurde, oder — weil in der That die Zwölf Tafeln nichts dergleichen enthielten.

9. Die Tyrannen.

Eine noch häufigere Erscheinung als die Aesymnetie ist in dieser Periode der Reaction gegen die Oligarchie das Auftreten von Tyrannen. Mit diesem Namen bezeichnen die Griechen alle diejenigen, welche eine verfassungswidrige Alleinherrschaft ausüben, und gebrauchen ihn daher bisweilen auch von legitimen Königen wenn sie ihre Gewalt über die verfassungsmäfsigen Schranken erweitern, wie zum Beispiel aus diesem Grunde der argivische König Pheidon, im siebenten Jahrhunderte, obgleich er den Thron durch Erbrecht besafs, und ebenso später im dritten Jahrhundert der spartanische König Kleomenes zu den Tyrannen gezählt wurden.[1]) Ueberhaupt aber setzt Aristoteles das Wesen der Tyrannis darin, dafs der Herrscher seine Macht vielmehr in persönlichem Interesse als zum Besten des Gemeinwesens ausübe, — wogegen sich vielleicht Einiges einwenden liefse, — und dafs er unumschränkt oder, wie er sich ausdrückt, unverantwortlich regiere.[2]) Solche unumschränkte und verfassungswidrige Alleinherrschaft ging nun, wie gesagt, bisweilen auch aus dem legitimen Königthum oder, in den Republiken, aus der obersten Magistratur hervor, wenn dieselbe von langer Dauer und mit grofser Macht ausgestattet war, aber am häufigsten entstand sie in den oligarchischen Staaten, wenn die Unzufriedenheit des Volkes mit der Oligarchie von klugen und muthigen Parteihäuptern benutzt wurde, um sich Popularität zu erwerben und einen Anhang zu verschaffen, mit dessen Hülfe es ihnen gelang, jene zu stürzen und die Regierung an sich zu reifsen, womit in der Regel das Volk gar nicht unzufrieden sein mochte, weil es sich so wenigstens von dem verhafsten Druck der früheren Gewalthaber befreit fand. Wir kennen nun zwar die Namen nicht weniger Tyrannen dieser Periode, aber nur von wenigen wissen wir etwas Näheres über die Art und Weise, wie sie zur Herrschaft gelangt seien. Des korinthischen Kypselos ist schon oben Erwähnung gethan: früher als dieser, und der früheste von allen, soviel bekannt, war Orthagoras oder Andreas in Sikyon,

---

1) Ueber Pheidon s. Herod. VI, 127. Arist. Pol. V, 8, 4. Paus. VI, 22, 2. H. Weifsenborn, Hellen 5. 19. L. Schiller, Stämme und Staaten Griechenl. III, 19. über Kleomenes Polyb. II, 47, 3. Plutarch. Arat. c. 38.
2) Polit. IV, 8, 3. vgl. III, 5, 4.

zu Anfang des siebenten Jahrhunderts.[1]) Da er der minderberechtigten Phyle der Aegialeer angehörte,[2]) so erhellt schon hieraus, dafs er nicht zu denen gezählt werden könne, die eine verfassungsmäfsige Amtsgewalt zur Erlangung der Alleinherrschaft benutzten, sondern dafs er ein aus der Classe der Unzufriedenen selbst hervorgegangener Parteiführer gewesen, der die Kräfte seiner Partei geschickt zu benutzen verstand.[3]) Das Geschlecht der Orthagoriden behauptete sich etwa hundert Jahre lang im Besitz der Herrschaft, und das Volk befand sich wohl unter ihnen. — Des Kypselos, der kurz nach der Erhebung des Orthagoras die Oligarchie der Bakchiaden in Korinth stürzte, ist schon oben (S. 164) gedacht worden. Sein Nachfolger war Periandros, der von Vielen unter die sieben Weisen gerechnet worden ist. Wie unerläfslich diesem die Schwächung des Adels zum Schutz der Tyrannis erschienen sei, erhellt aus dem Bescheide, welchen er dem dieserhalb bei ihm anfragenden Thrasybulos zukommen liefs.[4]) Dieser hatte sich damals zum Tyrannen von Milet erhoben, und zwar, wie eben aus dem ihm ertheilten Rathe zu schliefsen ist, dadurch dafs er die Sache des mit dem herrschenden Stande unzufriedenen Volkes zu der seinigen gemacht hatte.[5]) — In dieselbe Zeit, doch etwas früher, fällt die Erhebung des Theagenes zu Megara, dem ebenfalls der Hafs des Volkes gegen die Reichen die Mittel zur Erlangung der Herrschaft gewährte: unter den Reichen sind aber ohne Zweifel die Adlichen zu verstehn. Es gelang ihm zuerst vom Volke zu einer

---

1) Ueber den Namen s. Müller, Dor. 1, 162. Grote III p. 43. Zeitgenosse des Orthagoras war der parische Dichter Archilochus, von dem zuerst der Name τύραννος in die Sprache, oder wenigstens in die Litteratur der Griechen eingebürgert sein soll. Die Versuche, das Wort aus dem Griechischen zu erklären, sind nicht befriedigend, höchst wahrscheinlich dagegen ist Böckh's Meinung, Corp. Inscr. II p. 808, dafs es zuerst von den asiatischen Griechen gebraucht und aus der Sprache der benachbarten Lydier oder Phrygier entlehnt sei.
2) Das erhellt aus Herodot's Angabe über den Orthagoriden Klisthenes, V, 67.
3) Nach Einigen soll er früher ein Koch gewesen sein. Liban. tom. III p. 251 Reisk.
4) Aristot. Polit. III, 8, 3. — Herodot V, 92 kehrt die Sache um, indem er den Periander beim Thrasybul anfragen läfst. Dafs dies verkehrt sei, hat Duncker IV S. 18 gezeigt.
5) Dafs die Stelle Aristot. Polit. V, 4, 5, wo es heifst, dafs in Milet die Tyrannis vermittelst der grofsen Amtsgewalt des Prytanis gewonnen worden sei, auf Thrasybul gehe, ist wenigstens sehr wahrscheinlich. S. Duncker IV S. 93.

Stellung erhoben zu werden, die eine Anzahl von Bewaffneten, eine Leibwache, zu seiner Verfügung stellte, die er dann benutzte um die Gegenpartei zu unterdrücken und sich in der Gewalt zu behaupten.[1]) Die gleiche Stimmung des Volkes gegen die Adlichen in Attika verschaffte dem Pisistratus eine Leibwache und mit ihr die Mittel sich der Herrschaft zu bemächtigen. Ein Zeitgenosse des Pisistratus war Lygdamis auf Naxos, der, ebenso, wie jener, von Geburt dem Adel angehörte, aber sich auf die Seite des über die Ungerechtigkeiten der Machthaber empörten Volkes gestellt hatte.[2]) Mehrere Jahrzehnde vor diesem hatte sich auf Samos ein gewisser Syloson der Herrschaft bemächtigt, der ebenfalls der bevorrechteten Classe angehört zu haben scheint, denn er wurde als Befehlshaber der Flotte zum Kriege gegen die Aeolier (ungewifs, welche,) ausgesandt, benutzte aber dies um mit Hülfe der Schiffsmannschaft sich während eines Festes der Stadt zu bemächtigen, die Geomoren zu verdrängen und sich selbst zum Herrn zu machen.[3]) Indessen gewannen die Geomoren die Herrschaft bald wieder, bis sie ihnen Polykrates, vielleicht ein Enkel jenes Syloson, aufs neue entrifs, indem er, ebenfalls bei Gelegenheit eines Festes, mit seinen bewaffneten Anhängern die waffenlosen Geomoren überfiel und erschlug, sich der Stadt und Burg bemächtigte, und, durch Hülfstruppen vom Lygdamis auf Naxos unterstützt, die Tyrannis behauptete.[4]) Etwas später, aber unter ähnlichen Verhältnissen, erhoben sich mehrere Tyrannen in den italiotischen Städten. In Sybaris, dem nachherigen Thurii, stand das Volk, unter Anführung des Demagogen Telys, gegen die Oligarchie auf, verjagte dreihundert der Angesehensten und Reichsten, zog ihre Güter ein und überliefs die Regierung dem Demagogen, der sie indefs nicht lange behielt, da die Verbannten Beistand bei den Krotoniaten fanden, von denen die Sybariten besiegt, ihre Stadt erobert und zerstört wurde.[5]) Zu Kyme (Cumā) rifs Aristodemus, mit dem Beinamen Malakos, die Herrschaft an sich. Er gehörte einem angesehenen Geschlechte an, hatte sich im Kriege gegen die Gallier rühmlichst hervorgethan, war aber nicht so belohnt worden, wie er es verdient zu haben meinte, und hatte sich deswegen der Partei des unzu-

---
1) Aristot. Polit. V, 4, 5. Rhet. I, 2, 7.   2) Id. Polit. V, 5, 1.
3) Polyaen. VI, 44. Die Erzählung bei Plutarch. quaestt. gr. no. 47 gehört aber gar nicht hieher, wie Einige gemeint haben.
4) Herod. III, 39. Polyaen. I, 23, 1.
5) Diodor. XII, 9. 10. Bei Herodot V, 44 heifst Telys βασιλεύς und τύραννος.

friedenen Volkes zugesellt, ohne jedoch sogleich die Oligarchie zu stürzen, was erst zwanzig Jahre später geschah, als er den Aricinern gegen Porsenna zu Hülfe geschickt war, und statt, wie die Oligarchen gehofft hatten, in dem mifslichen Kampfe umzukommen, das Heer für sich gewann, den Staatsrath und dessen Anhang tödtete, dem Volke Schuldentilgung und Ackervertheilung zusagte, und sich zum obersten Magistrat mit unbeschränkter Vollmacht ernennen liefs. Doch wurde er nach Verlauf mehrerer Jahre von den Nachkommen der durch ihn unterdrückten und auf alle Weise erniedrigten Oligarchen besiegt und ermordet.[1] Auch in Rhegium wurde die Oligarchie von einem durch seine Geburt ihr selbst angehörigen Volksführer, Anaxilas, gestürzt, der sich zum Tyrannen machte;[2] doch wissen wir über die Art und Weise nichts Näheres. Auf Sicilien wird ein Tyrann Namens Panätios zu Leontini erwähnt, der schon zu Anfang des sechsten Jahrhunderts lebte.[3] Auch in vielen andern sikeliotischen Städten erhoben sich Tyrannen, von denen wir jedoch wenig Genaueres erfahren. Der verrufene Phalaris von Agrigent, als er die Erbauung eines Tempels des Zeus Atabyrios zu leiten hatte, benutzte die zahlreiche Schaar von Arbeitern, die ihm untergeben waren, sich der Herrschaft zu bemächtigen.[4] Aristoteles erwähnt namentlich den Kleandros zu Gela, der zu Ende des sechsten Jahrhunderts lebte, und nach dessen Ermordung die Herrschaft an seinen Bruder Hippokrates, dann aber an den Gelon, aus einem andern Hause, gelangte, der sich durch seine kriegerische und politische Tüchtigkeit bald zum mächtigsten Fürsten der Insel machte, auch Syrakus sich unterwarf, welches dann Sitz der Regierung wurde, in welcher sein Bruder Hieron ihm nachfolgte.[5] Alle diese Tyrannen nun, sowohl in den Pflanzstädten als im Mutterlande, hatten dies mit einander gemein, dafs sie die Möglichkeit ihrer Erhebung der Unzufriedenheit des Volkes mit der bisher bestandenen Oligarchie verdankten. Deswegen waren sie vorzugsweise darauf bedacht, die oligarchische Partei niederzuhalten und unschädlich zu machen: das Volk, solange die Tyrannen es nicht zu fürchten hatten, befand sich unter der neuen Herrschaft in der Regel besser als unter der alten. Auch haben sich unter den Tyrannen, die wir uns nothwendig als Männer denken müssen, denen es an ausgezeichneten persön-

---

1) Dionys. Ant. Rom. VII, 2—11.
2) Aristot. Polit. V, 10, 4. Strab. VI p. 257.
3) Aristot. Polit. V, 8, 4 u. 10, 4. Clinton Fast. Hell. I p. 218.
4) Polyaen. V, 21.   5) Herodot. VII, 154 ff.

lichen Eigenschaften nicht fehlte, manche durch die Mäfsigung, mit der sie sich ihrer Gewalt bedienten, wie die Orthagoriden in Sikyon, Kypselos in Korinth, Pisistratos in Athen, durch Anstalten für das allgemeine Beste, durch Sorge für Zucht und gute Sitte, manche auch durch Beförderung von Kunst und Wissenschaft Anspruch auf die Achtung ihrer Zeitgenossen erworben, wie es denn auch edle Geister, ein Pindar, ein Aeschylos nicht verschmähten, an Tyrannenhöfen als gerngesehene Gäste freundlich zu verkehren, und eine freilich usurpirte, aber schwachen oder unwürdigen Händen entrissene und würdig geführte Gewalt nicht als ein hassenswürdiges Verbrechen betrachteten. Dagegen wo die Tyrannen auch im Volke schon ein Streben wahrnahmen, was über die Befreiung von dem Drucke der Oligarchie hinausging und auf eigene Betheiligung an der Regierung des Gemeinwesens gerichtet war, trieb sie die Sorge für die Erhaltung ihrer Herrschaft zu Mafsregeln, wodurch sie dies niederzuhalten gedachten. Eine zahlreiche städtische Bevölkerung schien ihnen nicht weniger als der Oligarchie gefährlich, und sie suchten deswegen der Anhäufung der Menge in den Städten entgegenzuwirken und das Volk vielmehr zum Landbau anzuhalten, was man freilich auch aus einem besseren Gesichtspunkte betrachten kann.[1]) Aber wenn sie sich ihrer Sicherheit wegen mit einer zahlreichen besoldeten Leibwache umgaben, wenn sie, um diese besolden zu können, dem Volke schwere Steuern auflegten, wenn sie jenen, von deren Schutz sie ihre Sicherheit hofften, manchen Frevel nachsahen, um sie sich geneigt zu erhalten, wenn sie ein System geheimer Polizei einführten[2]) und alle Verdächtigen aus dem Wege räumten, so waren dies alles Mafsregeln, welche ihre Macht zwar eine Zeitlang stützen konnten, am Ende aber sie um so sicherer untergraben mufsten. Es waren indessen meistens nicht die ersten Begründer der Tyrannis, welche dergleichen Mafsregeln für nöthig hielten, sondern mehr die Nachfolger, die die Herrschaft von ihnen geerbt hatten, ohne die Eigenschaften und Verdienste zu besitzen, durch welche jene sie erworben, und denen deswegen, da ihnen ebensosehr der Anspruch auf persönliche Achtung und Dankbarkeit als das Recht altherkömmlicher Legitimität abging, nur die Gewalt Sicherheit zu versprechen schien. Manche waren überdiefs sehr entartete Söhne ihrer Väter,

---

1) Vom Periander heifst es bei Suidas u. d. W., dafs er den Bürgern Sklaven zu halten verwehrt habe, damit sie selbst arbeiten müfsten, und dafs er müfsiges Verweilen auf dem Markte nicht geduldet.
2) Aristot. Polit. V, 9, 3.

und ergaben sich, in ungezügeltem Mifsbrauch ihrer Gewalt, einem üppigen und ausgelassenen Lüstlingsleben, durch welches sie sich Verachtung und Hafs zuzogen. Aus solchen Gründen geschah es, dafs keine Tyrannenherrschaft feste Wurzeln schlug, sondern alle nach längerer oder kürzerer Dauer wieder gestürzt wurden. Am längsten, sagt Aristoteles,[1]) erhielt sich die der Orthagoriden in Sikyon; sie dauerte hundert Jahre: demnächst die der Kypseliden in Korinth, dreiundsiebenzig Jahre, die der Pisistratiden in Athen, im Ganzen fünfunddreifsig Jahre, doch nicht ohne Unterbrechungen: die der sikeliotischen Tyrannen von Gela und Syrakus zusammen etwa achtzehn Jahre; die übrigen alle noch kürzere Zeit. Ueber die Art und Weise, wie sie gestürzt wurden, ist uns das Nähere nur von wenigen bekannt, und wir müssen uns mit der allgemeinen Angabe begnügen, dafs sie sich und ihre Regierung im hohen Grade verhafst gemacht haben, wie denn auch das Andenken daran fortwährend im Geiste des Volkes lebendig blieb, und Tyrannenherrschaft für die unerträglichste und hassenswürdigste aller Regierungen galt. Dieser Hafs gab denn bald den noch vorhandenen Oligarchen, bald dem Volke die Waffen gegen sie in die Hand, und viele sollen namentlich durch die Hülfe der Spartaner gestürzt sein. Wo dies der Fall war, geschah es gewifs vorzugsweise im Interesse der Oligarchie, die dann, wenn auch nicht ohne zweckmäfsige Modificationen und Concessionen gegen billige Ansprüche des Volkes, wiederhergestellt wurde; anderswo aber gewann jetzt schon das demokratische Element ein bedeutendes Uebergewicht. Bevor wir jedoch die Demokratie näher betrachten, fordert noch eine andere in eben dieser Periode hervortretende Erscheinung unsere Aufmerksamkeit.

10. Theoretische Reformatoren.

Dieselbe Zeit, die uns im Staatsleben der Griechen überall das Streben nach Emancipation von der Herrschaft eines bevorrechteten Adels erblicken läfst, giebt sich auch in anderer und allgemeinerer Beziehung als die Zeit erwachenden Selbstbewufstseins des griechischen Geistes zu erkennen, von dem wir jenes Streben als ein einzelnes Symptom betrachten dürfen. Es ist die Zeit, wo man überhaupt die Bahn des Herkömmlichen zu ver-

---

1) Polit. V, 9, 21 ff.

lassen, neue Richtungen nach verschiedenen Seiten hin einzuschlagen unternahm, und wo an die Stelle des Festhaltens am Ueberlieferten die Reflexion über Dinge und Verhältnisse und der Versuch trat, sie dem Gedanken und der Erkenntnifs gemäfs zu bestimmen. Nach jener Völkerwanderung, die im Mutterlande mit der Ansiedelung der Dorier im Peloponnes abschlofs, und zahlreiche Uebersiedelungen nach den Inseln und Küsten von Kleinasien zur Folge hatte, war eine Zeit der Ruhe eingetreten, in welcher der Wohlstand und die Bildung der Völker stetig zunahm. Der friedliche Verkehr unter ihnen wurde lebhafter und ausgebreiteter, die Colonien, in nächster Berührung mit vorgeschrittenen Ausländern, eilten voran in rascher und vielseitiger Entwickelung, aber das Mutterland, in beständiger Wechselwirkung mit ihnen stehend, konnte dabei nicht unbetheiligt bleiben. Der Gesichtskreis erweiterte, die Kenntnisse vermehrten sich, das Nachdenken ward angeregt, verglich und prüfte, und überall zog das neue Leben mit seinen Verhältnissen den Blick von der Vergangenheit ab, die durch eine weite Kluft von der Jetztwelt geschieden war. Die Poesie, deren Gegenstand bis dahin vorzugsweise die Sagen der Vorzeit gewesen waren, wandte sich nun vielmehr zum Ausdruck der Betrachtungen, Gedanken und Stimmungen, zu welchen die unmittelbare Gegenwart den Geist und das Gemüth anregte. Statt des Epos, dessen letzte Klänge wohl weniger das Volk, als die edlen Herren ansprachen, von denen manche in den gefeierten Helden ihre Ahnen sahen, und Einer oder der Andere auch wohl selbst als epischer Dichter sich versuchte,[1]) trat die didaktische (oder gnomische) und lyrische Poesie in den Vordergrund. Statt der Thaten der in das Heldenleben hineingezogenen Götter fing man an, nach ihrem Wesen und nach der Natur der Dinge zu fragen, und statt sich bei der herkömmlichen Uebung eines überlieferten Cultus zu beruhigen, dachte man auf wirksamere Mittel und Wege, um von den Göttern Offenbarungen ihres Willens zu erlangen, und ihre Gunst zu gewinnen oder zu erhalten. Die Orakel bekamen einen Einflufs, von welchem bei Homer noch nichts zu erkennen ist, neue Religionsgebräuche wurden eingeführt, und einzelne Männer traten als erleuchtete der Gottheit näher stehende Seher auf, und fanden Achtung und Gehör. Ein solcher war Epimenides von Kreta, von welchem sich aus den freilich sehr fabelhaften

---

1) Von dem Korinthier Eumelos, einem Epiker um die Mitte des achten Jahrh., wissen wir aus Pausan. II, 1, 1, dafs er ein Bakchiade war.

Berichten doch soviel mit Gewifsheit erkennen läfst, dafs er theosophische Lehren vorgetragen, den Cultus reformirt, aber auch das ethische Verhalten der Menschen zu regeln und die staatlichen Zustände zu bessern gesucht habe. Er ward nach Athen berufen, als das Volk, von religiösen Besorgnissen wegen begangener Versündigungen erfüllt, nach kräftiger und wirksamer Reinigung verlangte, um den Zorn der Götter zu sühnen, und sein Einflufs soll dem Solon behülflich gewesen sein, die aufgeregten Parteien zu beruhigen und Eintracht herzustellen.[1]) Auch in Sparta wufste man von seiner Anwesenheit, Sprüche von ihm auf Häuten aufgezeichnet wurden im Amtshause der Ephoren bewahrt, und es ist anzunehmen, dafs er nicht ohne bedeutende Einwirkung auf die staatlichen Verhältnisse, namentlich auf die Stellung des Ephorates dem Königthum gegenüber gewesen sei.[2]) Später schrieb man ihm auch ein politisches Werk zu über die kretische Verfassung und über die mythischen Gesetzgeber Minos und Rhadamanthys.[3]) Eine ähnliche Wirksamkeit soll noch früher ein anderer Kreter Thaletas ausgeübt haben, den man zum Schüler eines sonst unbekannten lokrischen Onomakritos, eines Propheten und Gesetzgebers, und zum Lehrer nicht nur des spartanischen Lykurg sondern auch des Zaleukos machte.[4]) Wenn dies auch falsch ist, so beweist es doch, wie man politisches und gesetzgeberisches Wirken mit dem religiösen eng verbunden dachte, und von eben denselben Männern, die man als Reformatoren der Religion und des Cultus ansah, auch Reformen der Staaten herleitete; und nicht zu übersehen ist dabei, dafs es gerade ein Paar Kreter sind, denen man vor Andern solche Wirksamkeit zuschrieb, also Angehörige einer Insel, die vermöge ihrer Lage mit dem Orient und Aegypten in näherer Berührung stand, und sicherlich nicht ohne Einflufs von dorther bleiben konnte. —

Dem Epimenides übrigens ist von Manchen auch ein Platz unter den sieben Weisen angewiesen worden, also neben den schon oben als Aesymneten und Gesetzgebern erwähnten Solon und Pittakos. Aufser diesen gehören zu der Zahl namentlich noch der Spartaner Chilon, auf den wir später zurück kommen werden, Kleobulos, der in dieser Zeit zu Lindos auf Rhodos

---

1) Plutarch. Sol. c. 12.
2) Vgl. bes. Urlichs im N. Rh. Mus. VI S. 222.
3) Diog. L. I. 112.
4) Plutarch. Lycurg. c. 4. Strab. X p. 482. Aristot. Polit. II, 9, 5. Vgl. Hoeck. Kreta III, 318 und dagegen Schöll im Philolog. X p. 63.

wahrscheinlich auch als Aesymnet und Gesetzgeber wirksam war, und Bias zu Priene, der wegen der Trefflichkeit seiner politischen Thätigkeit und besonders auch als Rechtsanwalt gerühmt wird. Dafs auch der Korinthische Periandros zu den sieben Weisen gezählt worden sei, ist schon oben erwähnt. Aufserdem aber wurden noch andere von Andern dazu gerechnet, deren Namen aufzuzählen ganz nutzlos sein würde. Im Allgemeinen aber ist klar, dafs die Männer, die man zu den Weisen zählte, diese Auszeichnung vorzugsweise oder ausschliefslich nur ihrer staatsmännischen Einsicht und Wirksamkeit verdankten. Philosophen im späteren Sinne des Wortes waren sie nicht, sagt ein Alter,[1] sondern nur einsichtsvolle und zur Gesetzgebung befähigte Männer, und wir wissen, dafs auch Thales, der einzige, welcher in der Geschichte der eigentlich sogenannten Philosophie einen Platz behauptet, keinesweges der Betheiligung an den Angelegenheiten des Staates fremd gewesen.[2] Die Weisheit, um die es sich handelte, war eine aus verständiger Auffassung der thatsächlichen Verhältnisse und Bedingungen gewonnene Erkenntnifs von dem, was zum Gedeihen des Gemeinwesens erforderlich und zweckmäfsig sei, eine Erkenntnifs, die sie dann nicht blofs in ihrer staatsmännischen Wirksamkeit bewährten, sondern zum Theil auch als Lehre in Schriften vortrugen.

Eine ganz besondere Stellung aber nimmt im sechsten Jahrhundert Pythagoras ein, den wir als philosophischen (oder theosophischen) und theoretischen Reformator bezeichnen dürfen, und dessen Einflufs eine Zeitlang in den Staaten Grofsgriechenlands von nicht geringer Bedeutung war. Sein Geburtsort war Samos: nach langen Reisen in den Orient und nach Aegypten liefs er sich zu Kroton nieder, welche Stadt nun der Mittelpunkt seiner Wirksamkeit wurde. Hier gelang es ihm durch den Gehalt seiner Lehren und durch die imponirende Gewalt einer aufserordentlichen Persönlichkeit bald einen Kreis von Schülern und Verehrern um sich zu versammeln, nicht nur aus Kroton sondern auch aus den benachbarten Städten. Seine Schüler bildeten eine geschlossene Gesellschaft, in welche Niemand ohne sorgfältige Prüfung und Vorbereitung aufgenommen ward, und die Lehren des Pythagoras, so wenig wir auch vollständig darüber unterrichtet sind, hatten doch offenbar Alles zum Gegenstande,

---

1) Dicaearch. bei Diog. L. 1, 40. vgl. Cicer. d. re publ. I, 7.
2) Herodot. 1, 170. Diog. L. 1, 22.

was in jener Zeit als Kenntnifs der göttlichen und menschlichen Dinge oder als Philosophie gelten konnte, mit vorherrschender religiöser Färbung, und verbunden mit strengen fast ascetischen Vorschriften, um das Leben den Göttern wohlgefällig einzurichten. Da seine Schüler alle dem Stande der Vornehmen und Bevorrechteten angehörten, so lag es sehr nahe, dafs sie ihrer Verbindung auch im Staate eine solche Geltung zu geben versuchten, wie sie ihnen ihrer Meinung nach gebührte. Sie betrachteten sich als die Besten und Würdigsten unter ihren Mitbürgern, und deswegen zur Herrschaft berufen, welche dann in Wahrheit und nicht blofs dem Namen nach eine Aristokratie sein würde. Inwiefern Pythagoras selbst politische Plane gehabt und verfolgt haben möge, können wir nicht entscheiden: von seinen Anhängern ist es gewifs, dafs sie sie hatten, und dafs sie ihre Verbindungen in den verschiedenen Städten zu politischen Klubs machten, denen es in der That auch gelang eine Zeitlang überwiegenden Einflufs auf die Regierung und Verwaltung der öffentlichen Angelegenheiten zu gewinnen. Aber bei der strengen Ausschliefsung aller nicht zu ihrer Verbindung Gehörenden, gegen die sie vielmehr die gründlichste Verachtung zu erkennen gaben, konnte ihre Macht nicht von langer Dauer sein. Weil sie gar zu viele Ansprüche Anderer verletzten brach bald eine allgemeine Reaction gegen sie aus, ihre Klubs wurden nicht ohne Gewalt und Blutvergiefsen gesprengt, und diejenigen von ihnen, welche nicht umkamen, zur Flucht ins Ausland genöthigt.
— Ob und in welchem Mafse übrigens die Theorie der Politik bei diesen Pythagoreern eigentlich ausgebildet gewesen sei, läfst sich um so weniger bestimmen, da alles dahin Einschlagende, was unter dem Namen Einiger von ihnen auf uns gekommen ist, sich unverkennbar als Machwerk viel späterer Zeit verräth.[1]) Ebenso erdichtet wie diese angeblich pythagoreischen Schriften ist auch der Zusammenhang, in welchen die Lehre des Pythagoras von Einigen mit der Gesetzgebung des Zaleukus oder Charondas, ja selbst mit dem Numa Pompilius gesetzt worden ist. Gewissermafsen aber darf der Agrigentiner Empedokles, der freilich fast ein Jahrhundert später lebte, in einiger Hinsicht mit Pythagoras verglichen werden, obgleich er keine solche Genossenschaft wie jener stiftete, und überhaupt seine Wirksamkeit weniger bedeutend und nicht sowohl aristokratisch als der De-

---

1) Vgl. Gruppe, über die Fragmente des Archytas u. der ältern Pythagoreer. Berl. 1840

mokratie zugewandt war. Denn dass er sich nicht auf naturphilosophische Speculationen beschränkt, sondern auch politische Thätigkeit geübt habe, ist gewifs,[1]) und da er der erste gewesen ist, der theoretische Grundsätze öffentlicher Beredsamkeit aufstellte,[2]) so dürfen wir mit Zuversicht annehmen, dafs auch eine gewisse politische Theorie ihm nicht fremd geblieben sei. Ebendasselbe ist von dem etwas älteren Eleaten Parmenides zu vermuthen, der ebenso wie sein Schüler Zenon seinen Mitbürgern Gesetze geschrieben haben soll.[3]) Umfassendere Gesetzgebungen und Verfassungen, im Auftrage des Staats entworfen, und bestimmt eingeführt zu werden, waren das schwerlich; es ist nur anzunehmen, dafs sie ihre Ansichten über den Staat und über die besten Gesetze in Schriften vorgetragen haben, sowie ich mich überzeugt halte, dafs auch bei der Angabe, nach welcher der Sophist Protagoras von Abdera Gesetze für Thurii geschrieben haben soll[4]) nicht an ein wirklich eingeführtes Gesetzbuch, sondern nur an eine schriftstellerische Arbeit zu denken sei, ähnlich den platonischen Büchern von den Gesetzen,[5]) zu welcher er durch die damals erfolgte Stiftung jener Stadt, an der Stelle des alten Sybaris, sich veranlafst finden mochte. Die praktisch verständigen Griechen haben gewifs nicht allzuviel Vertrauen zu einem Theoretiker wie Protagoras gehabt. Als nach Vertreibung der Pythagoreer die italiotischen Städte weise Männer beriefen, um ihre Verhältnisse zu ordnen, so wandten sie sich an praktisch bewährte Staatsmänner aus Achaia,[6]) welches Land in dem Rufe stand, sich guter Verfassungen und verständiger Verwaltung zu erfreuen, und wenn wir auch in späterer Zeit Manche, die wir als Philosophen oder Schüler von Philosophen kennen, und also für Theoretiker zu halten veranlasst sind, als Gesetzgeber dieses oder jenes Staates genannt finden,[7])

---

1) Diog. L. VIII, 66, vgl. 63, wo es heisst, dass er die ihm angebotene Regierung abgelehnt haben solle.
2) Sext. Empir. p. 370. Quintil. III, 1, 8. Diog. L. VIII, 57.
3) Strab. VI p. 252. Diog. L. IX, 23.
4) Heracl. Pont. bei Diog. L. IX, 50.
5) Τοῖς νόμοις καὶ ταῖς πολιτείαις ταῖς ὑπὸ τῶν σοφιστῶν γεγραμμέναις. Isocr. ad. Philipp. §. 12.   6) Polyb. II, 39, 4.
7) Z. B. Platon's Schüler Phormion für Elis, Menedemos für Pyrrha, Aristonymos für Arkadien. Plut. adv. Colot. c. 32. Auch Plato selbst soll, wie einige seiner Verehrer versicherten, aufgefordert sein, Gesetze für die damals gegründete Stadt Megalopolis in Arkadien zu entwerfen. Diog. L. III, 23. Eine gleiche von Cyrene an ihn gerichtete Aufforderung, die er aber weislich abgelehnt, wird von Plutarch in d. Schr. ad princ. indoct. c. 1 erwähnt. Vgl. noch Droysen Gesch. des Hellenism. II, S. 302 f.

so sind doch die Angaben über diese alle theils unzuverläfsig, theils zu wenig genau, als dafs wir unterscheiden könnten, wie viel sie bei dem ihnen gewordenen Auftrage ihrer schon praktisch bewährten Tüchtigkeit, wieviel ihrer theoretischen Staatsweisheit verdankt und selbst eingeräumt haben mögen.

11. Emporkommen der Demokratie.

Bei den Achäern, deren Beistand die Italioten zur Ordnung ihrer Verhältnisse anriefen, war die Verfassung nach Polybius' und Strabon's Angaben [1]) eine demokratische, und zwar schon seit der Abschaffung des Königthums, deren Zeit übrigens nicht zu ermitteln ist. Dafs an keine absolute Demokratie zu denken sei, ergiebt sich schon aus dem guten Rufe, den die Achäer wegen ihres Staatswesens genossen, und den eine absolute Demokratie sich nie zu erwerben vermocht hätte. Die Wohlhabenden müssen das gebührende Uebergewicht über den grofsen Haufen gehabt haben, die Verfassung also timokratisch temperirt gewesen sein, bis in den Zeiten des Epaminondas auswärtige Einflüsse das Volk aufwiegelten, und nun, auf eine Zeitlang wenigstens, volle Demokratie eintrat.[2]) Von Adelsherrschaft und drückender Oligarchie ist in Achaia keine Spur zu finden. Das übrige Griechenland bot im sechsten Jahrhundert gewifs einen nicht weniger mannichfaltigen Anblick dar, als späterhin, und im Allgemeinen ist anzunehmen, dafs in denjenigen Staaten, wo Tyrannen geherrscht hatten, die alte Oligarchie durch sie in dem Grade gebrochen war, dafs auch nach ihrem Sturze die früheren Verhältnisse nirgends so, wie sie gewesen waren, wiederhergestellt werden konnten, sondern überall dem Volke Concessionen gemacht werden mufsten. Aber über die einzelnen Staaten bleiben wir im Dunkel, was erst seit der Zeit der Perserkriege und der aus ihnen hervorgegangenen Rivalität Athens und Spartas einigermafsen gelichtet wird.[3]) Verhältnisse, wie sie in Athen die De-

---

1) Polyb. II, 41, 5. Strab. VIII p. 384.
2) Xenoph. Hellen. VII, 1, 43 ff.
3) In Korinth war nach dem Sturz der Tyrannis wieder Oligarchie eingetreten, doch ohne Zweifel jetzt vielmehr auf Reichthum als auf Geburtsadel basirt: das Volk wurde durch einträgliche Gewerbthätigkeit und Sorge der Regierung für materiellen Wohlstand in Ruhe gehalten. Ueber den Senat s. oben S. 139 Anm. 4. — Megara scheint nach dem Sturz der Tyrannis eine Zeitlang einem wilden Pöbelregiment anheimgefallen zu sein (Aristot. Polit. V, 4, 3. Plutarch. quaest. gr. 59), nach welchem wieder Oligarchie eintrat (Aristot. IV, 12, 10). Nachher wurde es durch Beschwerden gegen Korinth

mokratie emporbrachten, mufsten auch anderswo ähnliche Wirkung haben. Das Seewesen und der Kriegsdienst zur See ist wesentlich demokratisch, sagt Aristoteles; in starkbevölkerten Städten, wie der Seehandel sie schafft, ist nicht leicht eine andere Verfassung als Demokratie zu behaupten: die Menge lehnt sich gegen verhältnifsmäfsige, nach Vermögen und Leistungen abgestufte Berechtigung auf und verlangt unterschiedslose Gleichheit.[1]) Als Athen an der Spitze eines grofsen Theiles der griechischen Staaten, und zwar beinahe lauter Küsten- und Inselstaaten stand, wurde nothwendig auch dadurch die Verfassung, die in Athen beliebt war, in allen von ihm abhängigen Staaten gefördert, während auf der andern Seite die Spartaner überall, wo ihr Einflufs mächtig war, die Oligarchie stützten, und wenigstens das Uebergewicht des demokratischen Elements hinderten.[2]) Indessen wenn es auch im Allgemeinen wahr ist, dafs in den athenischen Bundesstaaten Demokratie, in den spartanischen eine mehr oder weniger gemäfsigte Oligarchie stattfand, so fehlt es doch auf beiden Seiten nicht an Ausnahmen. Auf Lesbos z. B. war in Mytilene noch zu Anfang des peloponnesischen Krieges die oligarchische Partei mächtig genug, um alle Mafsregeln zur Losreifsung der Insel von Athen vorzubereiten, die ihr auch gelungen sein möchte, wenn nicht auf Veranlassung eines Privatzwistes Einer der Ihrigen ihre Plane den Athenern verrathen hätte.[3]) Auf Samos hatte Oligarchie bis zum neunten Jahre vor dem peloponnesischen Kriege bestanden, wo die Athener die Demokratie einführten, doch erst nach einem zehnmonatlichen Kampfe:[4]) und auch späterhin müssen die Geomoren hier noch eine Stellung eingenommen und sich Handlungen erlaubt haben, die das Volk gegen sie erbitterten, da im J. 412, dem zwanzigsten des peloponnesischen Krieges, zweihundert von ihnen getödtet, vierhundert verbannt, ihre Güter vertheilt, und die Uebrigbleibenden aller Theilnahme an den staatsbürgerlichen Rechten und selbst der Epigamie mit dem

---

bewogen sich an Athen anzuschliefsen (Thucyd. I, 103), wodurch die Demokratie das Uebergewicht bekam, die dann im pelop. Kriege wieder der Oligarchie weichen mufste (Id. IV, 74). — Auf Aegina, wo aber keine Tyrannis erwähnt wird, machte vor den Perserkriegen das Volk einen Versuch, die Oligarchie zu stürzen, der aber mifslang (Herodot. VI, 91). Auf Naxos wurde kurz vor den Perserkriegen, also nach dem Sturz der Tyrannis, eine oligarchische Partei vom Volke vertrieben (Id. V, 30).
1) Aristot. Polit. III, 10, 8. VI, 3, 5. 4, 3. 2) Thucyd. I, 19.
3) Thucyd. III, 3. Aristot. Polit. V, 3, 3. 4) Thucyd. I, 115.

Volke beraubt wurden.¹) Auf Rhodos, wo der Diagoride Dorieus, wohl das Haupt der Oligarchen, um das Jahr 444 der Gegenpartei hatte weichen müssen, war die antidemokratische Partei doch wenigstens noch stark genug, um, nach dem Unglück der Athener in Sicilien, den Abfall der Insel zu den Spartanern zu bewirken.²) Eine bedeutende den Athenern abgeneigte und mit den Spartanern sich leicht verständigende oligarchische Partei gab es auch in vielen andern Städten, wie z. B. an der thrakischen Küste in Torone, Mende, Skione, Potidäa, weswegen diese alle leicht zum Brasidas abfielen.³) Auf der andern Seite aber war auch in den Städten der spartanischen Symmachie nicht überall die Oligarchie herrschend. Mantinea behauptete eine demokratische Verfassung, die aber gemäfsigt war und als wohleingerichtet gerühmt wird.⁴) Erst im J. 385 verschafften die Spartaner der Oligarchie die Oberhand, indem sie die Stadt eroberten und die städtische Bevölkerung in mehrere offene Orte (oder Komen) in der Umgegend zerstreuten, was bis zum J. 370 dauerte, wo die Stadt wieder hergestellt wurde.⁵) Auch Tegea erscheint mehr demokratisch als oligarchisch;⁶) ebenso Phlius;⁷) und zu Sikyon ward eine strengere Oligarchie wenigstens nicht vor dem peloponnesischen Kriege eingeführt.⁸)

Unter den keiner von beiden Symmachien bleibend angehörigen Staaten war Argos entschieden demokratisch, seitdem es, in Folge einer schweren Niederlage gegen den spartanischen König Kleomenes, um 500, den gröfsten Theil seines Herrenstandes verloren hatte, und es den leibeigenen Bauern, den sogenannten Gymnesiern, gelungen war, sich auf eine Zeitlang der Herrschaft zu bemächtigen.⁹) Diese wurden zwar nachher wieder überwältigt; aber um sich zu verstärken griffen die Argiver zu der Mafsregel, ihre Periöken, d. h. die Bewohner der abhängigen Städte, Tiryntb, Hysiä, Orneä, Mykenä, Midea und anderer, nach Argos zu versetzen,¹⁰) wovon die natürliche Folge Demokratie war, die wir denn auch fortan hier herrschen,¹¹) und nur vorübergehend auf kurze Zeit unterbrochen sehen. Elis dagegen, obgleich die Stadt um das J. 469 aus der Vereinigung mehrerer klei-

---

1) Id. VIII, 21.   2) Diodor. XIII, 38. 45. Thucyd. VIII, 44.
3) Thucyd. IV, 121. 123.   4) Thucyd. V, 29. Aelian. V. H. II, 22.
5) Xenoph. Hell. V, 2, 1—7. Diod. XV, 5. Ephor. ap. Harpocr. s. v. Μάντιν. Xen. Hell. VI, 5, 3. Pausan. VIII, 8, 6.
6) Polyaen. II, 10, 3.   7) Xen. Hell. IV, 4, 15.
8) Thucyd. V, 81.   9) Herodot. VI, 83.
10) Pausan. VIII, 27, 1.   11) Thucyd. V, 29. 44. 81. 82.

ner Ortschaften erwachsen war, enthielt doch eine überwiegend ländliche und ackerbauende Bevölkerung, die von demokratischen Ansprüchen wenig bewegt wurde, und die städtischen Behörden, der Rath der Sechshundert und die Demiurgen, scheinen, nachdem die früher bestandene Oligarchie der neunzig lebenslänglichen aus gewissen Familien ausschließlich ernannten Geronten abgeschafft war, nach einem weniger oligarchischen, wenn auch keineswegs rein demokratischen Modus ernannt zu sein.[1] — Aufserhalb des Peloponnes rühmte sich Theben einer gemäfsigten Oligarchie, die zur Zeit der Perserkriege in eine Herrschaft weniger Familien ausgeartet, nachher aber wieder hergestellt worden war.[2] Als Charakter dieser Oligarchie ist Timokratie, nicht Adelsherrschaft erkennbar: denn das Gesetz schlofs von obrigkeitlichen Aemtern auch diejenigen nicht aus, die durch Handel, Gewerbe und Marktverkehr Vermögen erworben hatten, sondern verlangte nur, dafs sie sich solcher Geschäfte mindestens zehn Jahre lang enthalten haben müfsten.[3] Vorübergehend kam aber auch in Theben unbeschränkte Demokratie auf. — In Orchomenos gab es einen bevorrechteten Ritterstand noch zu der Zeit, als die Stadt von Theben zerstört wurde, d. h. gegen die Mitte des vierten Jahrhunderts.[4] In Thespiä wird ein herrschender Adel erwähnt, der das Amt der Demuchen ausschliefslich bekleidete:[5] das gewerbtreibende und ackerbauende Volk war von Ehrenstellen ausgeschlossen:[6] ein Aufstand gegen die Bevorrechteten, im peloponnesischen Kriege, ward mit Thebens Hülfe unterdrückt.[7] — In Thessalien war bei dem herrschenden Volke entschieden Adelsoligarchie; doch finden sich Anzeigen, dafs hier und da auch dem Volke Concessionen gemacht worden sein müssen, über deren Beschaffenheit sich jedoch nichts sagen läfst. — Von den italiotischen Städten haben wir oben angeführt, wie sie sich achäischen Beistandes zur Ordnung ihrer Verfassungen bedient, also diese auch wohl nach achäischem Vorbilde gemäfsigt demokratisch eingerichtet haben: von den sikeliotischen können wir uns mit der Bemerkung begnügen, dafs Tyrannis und demokratisches Regiment mit einander abwechselten, jedoch die erstere vorherrschend blieb.

Diese freilich sehr unvollständigen und dürftigen Angaben

---

1) Diodor. XI, 54. Thucyd. V, 47. Aristot. Polit. V, 5, 6.
2) Thucyd. III, 62.   3) S. oben S. 163.   4) Ol. 104, 1. Diodor. XV, 79.   5) Diodor. IV, 29.   6) Heraclid. Pont. no. 43.
7) Thucyd. VI, 95.

sind alles, was wir uns über die Verfassungen der einzelnen griechischen Staaten aufser Athen und Sparta mit einiger Sicherheit vorzutragen im Stande finden. Was wir sonst hier und da von Behörden und Einrichtungen hören, ist wenig geeignet, uns zu belehren, und aus den Amtsnamen wie Demiurgen, Demuchen, Nomophylakes, Thesmophylakes und dergleichen auf Demokratie oder Oligarchie zu schliefsen ist mifslich. Von einem nicht selten vorkommenden Ausdruck Volksvorstand ($\delta\acute{\eta}\mu o v$ $\pi\varrho o$-$\sigma\tau\acute{\alpha}\tau\eta\varsigma$) ist selbst dies nicht sicher zu entscheiden, ob er wirklich ein Amt bezeichne, oder nicht vielmehr nur einen angesehenen Führer der Volkspartei, woran es ohne Zweifel in keinem griechischen Staate fehlte.[1]) Es bleibt uns nur übrig, die allgemeinen Hauptzüge zur Schilderung der griechischen Demokratie, vorzüglich nach den Andeutungen des Aristoteles, zusammenzustellen.

12. Charakteristik der Demokratie.

Das Princip, welches der Demokratie zu Grunde liegt, ist das Streben nach einer gerechten Gleichheit, wie sie durch die Ausdrücke Isonomie (Gleichheit des Gesetzes für Alle), Isotimie (gleichmäfsige Schätzung Aller), Isegorie (gleiche Redefreiheit, namentlich vor Gericht und in Volksversammlungen), bezeichnet zu werden pflegt; aber der Begriff dieser gerechten Gleichheit wird auf sehr verschiedene Weise aufgefafst. Die vernünftige Auffassung ist, wenn die gerechte Gleichheit darin gesetzt wird, dafs Jedem gewährt werde, was ihm in Gemäfsheit seiner Würdigkeit und Tüchtigkeit zukomme, die unvernünftige dagegen, wenn Alle ohne Unterschied als berechtigt zu Allem angesehen werden.[2]) Zu dieser Unvernunft verirrten sich die Griechen allerdings auch, jedoch erst späterhin; die ältere Demokratie erkannte an, dafs es Unterschiede gebe, und dafs gerechter Weise Jeder nur nach Mafsgabe dessen, wozu er tauge und was er leiste, an der Regierung und Verwaltung des Gemeinwesens theilzunehmen berechtigt werden dürfe. Die Schwierigkeit lag nur darin, wie dieser Grundsatz praktisch durchzuführen sei. Eine gewisse

---

1) Stellen, wo unzweifelhaft die zweite Bedeutung stattfindet, sind viele; solcher dagegen, wo man an ein Amt zu denken genöthigt wäre, giebt es keine einzige, und nur die Möglichkeit dieser Bedeutung ist hier und da zuzugeben.
2) Aristot. Polit. V, 1, 7.

Art von Leistungen und Leistungsfähigkeit war leicht zu erkennen, nämlich diejenige, wozu Vermögensbesitz erforderlich war und genügte: deswegen lag es nahe, diesen zum Mafsstabe zu nehmen, die Bürger nach der Gröfse ihres Vermögens in verschiedene Classen zu theilen, und nach diesen einerseits ihre Leistungen, andererseits ihre Berechtigung zu bestimmen. Dies ist das timokratische Princip. Aber es giebt Leistungen, zu denen aufser dem Vermögensbesitz auch noch etwas anderes gehört, und zwar etwas, was nicht nothwendig mit diesem zusammenhängt, was auch ohne ihn bestehen kann, und worin öfters der Arme den Vermögenden übertreffen mag, nämlich richtige Einsicht, wackere Gesinnung und sonstige persönliche Eigenschaften, welches alles sich unter dem gemeinsamen Begriff der Tüchtigkeit oder Tugend ($\dot{\alpha}\varrho\epsilon\tau\acute{\eta}$) im Sinne der Griechen zusammenfassen läfst. Den Tugendhaften nun blofs seiner Armuth wegen auszuschliefsen, den weniger Tugendhaften blofs seines Reichthums wegen vorzuziehen widerspricht offenbar dem vernünftigen Princip der Demokratie. Eine rein und ausschliefslich timokratische Verfassung ist also nicht die gerechteste, ja sie ist der Entartung in eine höchst ungerechte Oligarchie um so mehr ausgesetzt, je mehr sie den Reichen die Mittel gewährt, sich in den ausschliefslichen Besitz der Gewalt zu setzen und das Gemeinwesen nicht im Interesse des allgemeinen Wohles, sondern im einseitigen Interesse ihrer Classe zu verwalten. Deswegen machten weise Gesetzgeber einen Unterschied zwischen solcher Betheiligung an der Regierung und Verwaltung des Staates, wozu ein gewisser Vermögensbesitz und eine in der Regel mit diesem verbundene Befähigung erforderlich war, und solcher, wo dies nicht stattfand, und gewährten jene nur den Bürgern der höheren Vermögensclassen, diese auch denen der unteren, indem sie nur diejenigen ausschlossen, von denen sich wegen gar zu geringen Vermögens vernünftiger Weise nicht erwarten liefs, dass sie ein solches Mafs von Bildung und persönlicher Tüchtigkeit erwerben könnten, um zur Theilnahme an der Regierung und Verwaltung befähigt zu sein. Dafs es Ausnahmen geben könnte, welche dieser Voraussetzung widersprächen, verkannten sie gewifs nicht, aber sie erkannten, dafs der verständige Gesetzgeber sich nach der Regel und nicht nach den Ausnahmen zu richten habe. — Wie aber sollten nun diejenigen ausfindig gemacht werden, welche die erforderlichen Eigenschaften besäfsen? Die alten Gesetzgeber waren der Meinung, dafs hier nichts anderes zu thun wäre, als dem Volke selbst das Urtheil zu überlassen, welche von seinen Mitbürgern es für die würdigsten und tüchtigsten hielte, die Angelegenheiten des Gemeinwesens zu verwalten; denn sie setzten voraus, dafs das Gesammturtheil der Gemeinde sich darüber nicht so leicht irren würde.[1]) Ueberdies schien ihnen, dafs das Volk, wenn es selbst sich seine Obrigkeiten erwählte, ihnen auch bereitwillig gehorchen, wenn sie ihm aber von Anderen vorgesetzt würden, sich geknechtet achten und die Vorgesetzten mit Mifstrauen und Uebelwollen betrachten würde.[2]) Hatten sie nun auch hierin wohl nicht Unrecht, so konnte doch jene Voraussetzung nur solange zutreffen, als das Volk im Ganzen ein gutgeartetes und wohlgesinntes war, bei dem Besonnenheit und verständige Ueberlegung mehr als Leichtsinn und Leidenschaften walteten. Traf aber die Voraussetzung nicht mehr zu, so war die Folge, dafs durch die Volkswahl auch nicht mehr diejenigen vorgezogen wurden, welche die würdigsten waren, sondern diejenigen, welche der Gesinnung und den Gelüsten des leichtsinnigen und leidenschaftlichen Volkes am meisten zusagten, und dafs es Leuten, die sich darauf verstanden, das Volk für sich zu gewinnen und sein Urtheil zu bestimmen, den sogenannten Demagogen, leicht wurde, sich einen Einflufs auf die Angelegenheiten des Gemeinwesens zu verschaffen, dessen sie durch wirkliche Tüchtigkeit und Verdienst keinesweges würdig waren, den sie dann aber dazu mifsbrauchten, um alle Schranken, welche ihnen und ihres Gleichen die Verfassung etwa entgegensetzte, niederzureifsen, und so diejenige Art von Demokratie einzuführen, welche Polybius richtig als Ochlokratie bezeichnet, d. h. eine solche, in der ohne verhältnifsmäfsig abgestufte Unterschiede der Berechtigung alles ohne Ausnahme allen zustand und über alles lediglich nach den jedesmaligen Beschlüssen der Menge entschieden ward, eine Verfassung die Alkibiades als baare Unvernunft bezeichnet,[3]) und über welche alle verständigen Beurtheiler im Alterthume einstimmig das verdiente Verdammungsurtheil ausgesprochen haben.

So ungleich nun jene gemäfsigte und vernünftige und diese absolute und unvernünftige Demokratie einander auch sind, indem jene in der That die Aristokratie im wahren Sinne des Wortes zu verwirklichen strebt, diese dagegen in Kakistokratie umschlägt, so giebt es doch nicht wenige Formen und Institutionen, die beide mit einander gemein haben, nur dafs sie hier so, dort anders modificirt und angewandt werden. Zur genaueren Charakteristik

---

1) Ib. III, 10, 5.   2) Ib. II, 9, 4.
3) ‘Ομολογουμένη ἄνοια, bei Thucyd. VI, 89.

beider ist es daher zweckmäfsig, die hauptsächlichsten derselben einzeln anzuführen, und zu zeigen, wie es sich mit ihnen in der gemäfsigten, wie in der absoluten Demokratie verhalte. Zuvörderst also die souveräne gesetzgebende, in höchster Instanz über die wichtigsten Angelegenheiten des Staates berathende und beschliefsende Gewalt wird in beiden der allgemeinen Volksversammlung beigelegt, welcher jedoch eine kleinere vorberathende Versammlung, ein Staatsrath ($βουλή$) vorsteht und sie dirigirt.[1]) Stimmrecht in der Volksversammlung hat jeder mündige und nicht zur Strafe wegen eines Vergehens mit Verlust seines Vollbürgerrechts bestrafte Bürger. Dafs die Abstimmung nach Classen oder sonstigen Abtheilungen geschehen sei, wie es in Rom der Fall war, davon finden wir in Griechenland kein Beispiel, sondern es scheinen vielmehr überall die Stimmen Aller ohne Unterschied zusammengezählt zu sein.[2]) Die Form der Abstimmung war in der Regel Cheirotonie, d. h. Aufheben der Hände; nur in besonderen Fällen wurden Stimmsteine oder Täfelchen u. dgl. angewandt. Der Abstimmung gingen Debatten voran: ein Unterschied, wie zu Rom zwischen Contionen und Comitien, fand nicht statt, nur dafs über manche Gegenstände nicht in derselben Versammlung, in welcher darüber debattirt war, auch schon abgestimmt wurde. Auch das wird von Cicero[3]) als eine charakteristische Eigenheit der griechischen Volksversammlungen hervorgehoben, dafs das Volk in ihnen nicht stand, wie in Rom, sondern safs. Nachdem die Gegenstände von dem die Versammlung dirigirenden Rathe zur Debatte gestellt waren, konnte jeder Bürger das Wort fordern; doch wurden in der gemäfsigten Demokratie zuerst die Aelteren, nach ihnen erst die Jüngeren zum Reden zugelassen. An die Versammlung durfte nichts gebracht werden, worüber nicht vorher der Rath Beschlufs gefasst hatte, der dem Volke zunächst zur Annahme oder Verwerfung vorgelegt wurde, und worauf dann Amendements und Zusätze oder auch ganz entgegengesetzte Anträge vorgebracht werden konnten. Anträge dieser Art, die durch den vom Rathe an's Volk gebrachten Beschlufs hervorgerufen wurden, konnte ohne Zweifel Jeder ohne Weiteres stellen: Anträge anderer Art mufsten in der gemäfsigten Demo-

---
1) Aristot. Polit. VI, 5, 10.
2) Niebuhr, Vortr. III S. 338, läfst in Athen das Volk nach Phylen, wie in Rom nach Tribus abstimmen. Unseres Wissens geschah das nur beim Ostracismus; sonst finden wir keine Spur davon.
3) Or. pr. Flacco c. 7 §. 16.

kratie zuvor dem Rathe vorgelegt werden, der sie dann entweder mit seinem die Annahme empfehlenden oder verwerfenden Gutachten, oder auch ohne solches, an's Volk brachte; in der absoluten Demokratie setzte man sich aber hierüber hinweg und stellte Anträge an die Volksversammlung ohne alle vorausgegangene Prüfung des Rathes. Die Gegenstände, über welche der Volksversammlung die Entscheidung zusteht,[1]) sind hauptsächlich Wahlen von Beamten und Beurtheilung ihrer Amtsführung, ohne welche beide Stücke das Volk, nach Aristoteles Urtheil, entweder geknechtet oder feindselig gegen seine Obrigkeiten gestimmt ist: ferner Beschlüsse über Krieg und Frieden, und legislative Maßregeln von allgemeiner Wichtigkeit; es unterscheiden sich aber die gemäßigte und die absolute Demokratie darin, daß in jener die specielleren Einzelheiten der in jedem Verwaltungszweige erforderlichen Maßregeln dem Rathe oder den Beamten selbständig abzumachen überlassen werden, in dieser dagegen alles mögliche vor die allgemeine Volksversammlung gezogen wird.[2]) Während daher in jener solche allgemeine Versammlungen nicht oft gehalten werden, sind sie in dieser häufig, und damit das Volk sich möglichst zahlreich und oft versammeln könne, wird den Anwesenden als Lohn oder Entschädigung ein Sold gezahlt, was in der gemäßigten Demokratie nicht stattfindet, weswegen auch hier die Versammlungen von der niederen und armen Classe nicht allzuzahlreich besucht zu werden pflegen.[3]) In manchen Staaten gab es auch Verzeichnisse, in welche sich Jeder, der zum Besuch der Volksversammlungen berechtigt war und von diesem Rechte Gebrauch machen wollte, einschreiben lassen konnte, dann aber auch verpflichtet war, sich einzufinden, und wenn er das versäumte in Strafe genommen ward.[4]) Hiedurch erreichte man, daß, solange kein Sold gegeben wurde, also in der gemäßigten Demokratie, die Aermeren, denen der erforderliche Zeitaufwand nicht leicht ward, es unterließen, sich einschreiben zu lassen, und so ihr Recht selbst aufgaben, wogegen in der absoluten Demokratie, wo der Sold die Menge anlockte, die Reicheren, für die dieser keine Lockung war,

---

1) Aristot. Polit. IV, 11, 14.
2) Ib. IV, 12, 9. VI, 1, 9.   3) Ib. IV, 5, 5.
4) Ib. IV, 10, 7. 8. Eine ähnliche Anordnung schreibt auch Plato, Legg. VI p. 764 für seinen Musterstaat vor. Von einem Lohn für den Besuch der Volksversammlung ist natürlich bei ihm nicht die Rede: der gehört zum „Kitt der Demokratie", wie Demades (Plutarch. quaest. Plat. X, 4) auch das Theorikon nannte.

sich der Versammlungen, in denen sie doch nichts zu vermögen voraussahen, oft ganz enthalten mochten, um so mehr, da sie für ihr Ausbleiben keine Strafe traf. — Hinsichtlich der vorberathenden Behörde, der Bule, ist beiden Arten der Demokratie gemein, dafs sie nicht, wie der Rath oder die Gerusia in der Oligarchie, lebenslänglich sondern auf eine bestimmte Zeit ernannt ist. Dies ist in der gemäfsigten Demokratie mindestens ein Jahr, in der absoluten auch weniger, z. B. sechs Monate.[1]) Die Ernennung geschieht in jener durch Wahl, oder, wenn durch's Loos, dann doch so, dafs nur gewisse Kategorien der Bürger nach dem Census zugelassen werden, wogegen in der absoluten Demokratie jeder unbescholtene Bürger Mitglied werden kann. Die Competenz der Bule ist in jener ausgedehnter als in dieser, indem dort nicht nur strenge darauf gehalten wird, dafs nichts ohne Vorberathung der Bule an die Volksversammlung gebracht werde, sondern auch manche Verwaltungszweige ihr ganz überlassen werden, wogegen in der absoluten Demokratie der Bule wenig oder nichts zur selbständigen Verwaltung anheim gegeben, und auch ihre Vorberathung oft umgangen wird. Verantwortlichkeit der Bule wegen ihrer Amtsführung findet in beiden, Besoldung aber nur in der absoluten Demokratie statt. — Hinsichtlich der Magistrate unterscheidet sich die absolute Demokratie von der gemäfsigten zunächst durch die Art der Ernennung, indem sie, wenn auch nicht bei allen, doch bei möglichst vielen statt der Wahl das Loos eintreten läfst, damit um so sicherer Jeder ohne Unterschied dazu gelangen könne.[2]) Indessen wurde hier und da das Loos auch in der Absicht eingeführt, um den Wahlumtrieben der Bewerber ein Ende zu machen, wie es Aristoteles von Heräa in Arkadien angiebt,[3]) und dies konnte also auch geschehen wo keine absolute Demokratie war oder beabsichtigt wurde, wie z. B. der syrakusanische Gesetzgeber Diokles, der nach allem, was wir sonst über ihn wissen, jene nicht wollte, dennoch das Loos einführte.[4]) Auch durfte dies weniger bedenklich scheinen, wenn erstens nicht Jeder ohne Unterschied zur Loosung zugelassen wurde, sondern nur gewisse Classen oder sonstige Kategorien, und zweitens auch nach der Loosung eine Prüfung stattfand, wodurch es möglich wurde, unwürdige oder untaugliche Subjecte zu beseitigen.

---

1) Vgl. Böckh Corp. Inscr. I p. 337.
2) Plat. Republ. VIII p. 557 A. Aristot. Polit. VI, 1, 8. — Dafs auch in oligarchischen Staaten diese Besetzungsart vorkam, ist oben S.156 bemerkt worden.
3) Polit. V, 2, 9.   4) Diodor. XIII, 45.

Solche Prüfungen waren gewifs auch in der absoluten Demokratie angeordnet, mochten aber freilich hier nicht leicht mit Strenge gehandhabt werden. Beschränkung der Amtsdauer auf kürzere Zeit als ein Jahr ist ebenfalls wohl meistens als ein Zeichen gesteigerter Demokratie anzusehen,[1]) welche einerseits möglichst vielen den Zutritt gewähren, andererseits die Gewalt nicht lange in denselben Händen lassen will. Aus ähnlichem Grunde stellt sie gern zahlreiche Collegien zur Verwaltung eines und desselben Geschäftskreises an, damit die Gewalt unter viele getheilt werde. Die Amtsgewalt der Magistrate ist freilich überall durch die Gesetze bestimmt und an sie gebunden, innerhalb der gesetzlichen Sphäre aber wird ihnen in der gemäfsigten Demokratie eine selbständige und freie Wirksamkeit gelassen, wogegen sie in der absoluten auch hier vielfältig beschränkt werden, indem das Volk sich auch in die Einzelheiten der Verwaltung einmischt, die erforderlichen Anordnungen nicht den Magistraten überläfst, sondern selbst verfügt und sich dabei an die Gesetze nicht bindet. Verantwortlichkeit der Magistrate findet natürlich in beiden Arten der Demokratie statt, Besoldung aber schwerlich anders als in der absoluten. — Die richterliche Gewalt üben in beiden Geschworene aus, die in gröfserer Anzahl aus der gesammten Bürgerschaft ernannt werden. Ein bestimmter Census scheint nirgends erfordert zu sein; wenigstens ist uns kein Beispiel davon bekannt. Es genügte unbescholtener Ruf und ein gereiftes Alter, und zwar, wie wir nach Athens Beispiel wohl annehmen dürfen, das dreifsigste Jahr. Ob die Ernennung irgendwo durch Wahl, oder überall, auch in der gemäfsigten Demokratie, durch's Loos geschehen sei, ist nicht zu ermitteln, wohl aber hören wir, wie man zu verhüten gesucht habe, dafs das Richteramt nicht vorzugsweise in die Hände der Menge, d. h. der armen und ungebildeten Volksclasse geriethe. Dahin gehört, dafs die Richter für ihre Mühwaltung nicht bezahlt wurden, wodurch jene von selbst abgeschreckt wurden sich dazu zu drängen, und dafs man, wie für die Volksversammlungen, so auch für die Gerichte Verzeichnisse anfertigte, in welche zwar jeder Berechtigte sich einschreiben lassen konnte, dafür aber auch die Verpflichtung hatte, sich dem Geschäfte, wenn er dazu aufgefordert wurde, nicht zu entziehen, eine Verpflichtung welche die Armen, da kein Sold gezahlt wurde, zu übernehmen scheuten und defswegen sich lieber gar nicht einschreiben liefsen.[2]) Vom

---
1) Sie kam indessen auch in der Oligarchie vor.
2) Aristot. Polit. IV, 10, 6. 7.

Charondas sagt Aristoteles, er habe den Reichen, wenn sie sich der richterlichen Function entzogen, grofse Strafen auferlegt, den Aermeren nur eine geringe; anderswo habe man diese gar nicht gestraft. Ob dabei auch an Einschreibungen der gedachten Art zu denken sei, müssen wir dahin gestellt sein lassen. Als allgemeinen Grundsatz aber dürfen wir es betrachten, dafs die Geschwornengerichte zwar unter der Leitung von Magistraten standen, diesen selbst aber aufserdem wenig anders als die vorbereitende Thätigkeit oder die Instruction des Processes, die Entscheidung dagegen und die Straferkenntnifs lediglich den Geschwornen zukam. Nur in der gemäfsigten Demokratie war den Magistraten auch die Entscheidung und die Befugnifs, Strafen zuzuerkennen, in einem gewissen Umfange überlassen, doch so, dafs von ihrem Spruch an die Geschwornen appellirt werden konnte. Der Kreis von Gegenständen übrigens, welche der Beurtheilung der Gerichte unterliegen, ist sehr grofs, und erstreckt sich nicht blofs auf Privatstreitigkeiten oder Verbrechen der Privaten, sondern auch auf die Amtsverwaltung der Beamten, die vor ihnen zur Verantwortung gezogen werden, ja in Athen, wie wir unten sehen werden, und so wahrscheinlich auch anderswo, auf die Beschlüsse der Volksversammlung, die vor ihnen als gesetzwidrig angefochten und durch ihren Spruch cassirt werden konnten, wogegen denn auch umgekehrt in der absoluten Demokratie es häufig geschah, dafs die Volksversammlung die Cognition über Verbrechen, statt sie den Gerichten zu überlassen, selbst übernahm.

Da alle Demokratie nach gerechter Gleichheit strebt, mag sie diese nun als unterschiedslose oder als verhältnifsmäfsige fassen, so folgt aus ihrem Princip, dafs sie auch der Ungleichheit in den äufsern Verhältnissen, welche zu gröfseren Ansprüchen reizen und Mittel zu ihrer Befriedigung auf Kosten der rechtlichen Gleichheit gewähren könnte, möglichst entgegen wirken mufs. Auch die gemäfsigte Demokratie sucht deswegen Vorkehrungen zu treffen, dafs nicht Einige allzureich werden mögen, was sich freilich nur hinsichtlich der sogenannten $\varphi\alpha\nu\varepsilon\rho\grave{\alpha}$ $o\dot{v}\sigma\acute{\iota}\alpha$, d. h. des Besitzes von liegenden Gütern,[1]) durchführen liefs. Einzelne Gesetzgeber setzten ein gewisses Mafs von Landbesitz fest, über welches hinaus Niemand besitzen durfte, wie, nach Aristoteles,[2])

---

1) Dies ist wenigstens die vorherrschende Bedeutung des Ausdruckes, obwohl er bisweilen auch in allgemeinerem Sinne von allem nicht verborgenem Vermögen jeder Art gebraucht wird. Vgl. Isocr. Trapez §. 7.
2) Polit. II, 4, 4. vgl. VI, 2, 5.

auch Solon in Athen that, und wir hören dafs zu Thurii die Vernachlässigung eines solchen Gesetzes, da die Reichen grofse Güterzusammenkauften, einen Aufstand des Volkes veranlafst habe, wodurch jene gezwungen worden, sich dessen, was sie über das gesetzliche Mafs besafsen, wieder zu entäufsern.[1]) Dagegen von Vorkehrungen gegen Veräufserung oder allzugrofse Zerstückelung der Güter, wie sie in der Oligarchie zweckmäfsig gefunden wurden, hören wir in der Demokratie nichts, ohne Zweifel weil solche Beschränkung des Dispositionsrechts über das Eigenthum der Freiheit nicht zu entsprechen schien. Wohl aber finden wir öfters Bevorzugungen des Landbesitzes vor anderem Vermögen in der timokratischen Abstufung der Berechtigungen, wodurch es bezweckt wurde, dafs Keiner leicht sich jener Art des Besitzes gänzlich entäuserte, weil ihm dadurch auch ein Theil seiner staatsbürgerlichen Geltung verloren ging.[2]) Dafs aber eine ackerbauende Bevölkerung den alten Politikern als die beste, und Landbesitz als die zuverlässigste Grundlage eines soliden Bürgerthums erschienen sei, haben wir schon früher bemerkt, und jene Begünstigung desselben ist deshalb der gemäfsigten Demokratie durchaus angemessen. Die absolute Demokratie ihrerseits hat sich nicht gescheut, wo sie die Oberhand gewann, die Reichen ihres Besitzthums geradezu zu berauben, die Aecker derselben unter das Volk zu vertheilen, die Schuldner von der Verbindlichkeit gegen ihre Gläubiger loszusprechen, ja zu Megara sind einst die Gläubiger sogar genöthigt worden, ihren Schuldnern auch die gezahlten Zinsen wieder herauszugeben.[3]) Aber auch ohne dergleichen Gewaltthätigkeiten gab es Mittel genug die Reichen herunterzubringen, indem man die öffentlichenAusgaben, und zwar nicht blofs für wirkliche Staatsbedürfnisse, sondern auch viele überflüssige für Ergötzung und Unterhaltung des Volkes, auf ihre Schultern wälzte, wogegen die Aermeren einen grofsen Theil der Staatseinnahmen unter allerlei Titeln für sich persönlich in Anspruch nahmen.[4] — Als ein ferneres aus dem Gleichheitsprincip hervorgehendes Ergebnifs sind die Mafsregeln zu betrachten, wodurch Einzelne, die aus irgend einem Grunde zu sehr über die Uebrigen hervorragten und deswegen der auf Gleichheit beruhenden Freiheit gefährlich werden zu können

---

1) Ib. V, 6, 6.   2) Ib. VI, 2, 5. 6.
3) Plutarch. quaest. gr. no. 18. Vgl. im Allgem. Isocr. Panath. §. 259. Plat. Legg. III p. 684.
4) Vgl. (Xenophon) Staat v. Athen. 1, 13.

schienen, auf eine Zeitlang aus dem Staate entfernt wurden, solange als es nöthig schien um ihren Einfluſs zu vernichten und dadurch die Gefahr zu beseitigen.[1]) Dergleichen Maſsregeln wurden zu Argos, Megara, Syrakus, Milet, Ephesus und, was am allgemeinsten bekannt ist, zu Athen angewandt, wovon später zu reden sein wird. Hier mag nur bemerkt werden, daſs nicht bloſs in der Demokratie, sondern in jeder Staatsform Maſsregeln ergriffen zu werden pflegen, um Solche, die der bestehenden Ordnung der Dinge gefährlich zu werden drohen, unschädlich zu machen. Der Tyrann beseitigt, wer seiner Herrschaft im Wege steht, die Oligarchie, wer die Verfassung gefährdet:[2]) das demokratische Institut unterscheidet sich zunächst nur dadurch, daſs hier das Volk, als der Souverän, die Maſsregel verfügt, daſs also die Verhandlung darüber eine öffentliche ist, daſs der Beschluſs nur gefaſst werden kann, wenn eine überwiegende Mehrheit sich von der Nothwendigkeit oder Zweckmäſsigkeit der Sache überzeugt hat, und, was besonders zu beachten, daſs das Verfahren für den Betroffenen schonender ist, als es in der Tyrannis oder der Oligarchie zu sein pflegt. Denn während diese den Gefährlichen am liebsten ganz aus dem Wege räumen, begnügt sich die Demokratie mit seiner zeitweiligen Entfernung, ohne ihm weiter Uebeles zuzufügen. Die Stifter des demokratischen Institutes erkannten ohne Zweifel, daſs in Freistaaten wie die ihrigen, deren Bestehen wesentlich auf dem freien Gehorsam der Bürger gegen Gesetz und Obrigkeit beruhte, es Männern von überwiegendem Einfluſs leicht werden könnte, sich eine Partei zu verschaffen, durch deren Hülfe sie sich auch über die Gesetze zu erheben vermöchten, und sie fanden, um dieser Gefahr zu entgehen und den sonst unvermeidlichen zerrüttenden Parteikämpfen zuvorzukommen, kein besseres Mittel, als die Männer, von denen solche Gefahr drohte, bei Zeiten, solange es noch ohne gewaltsamen Widerstand thunlich war, auf eine gewisse Zeit aus dem Staate zu verweisen. Daſs dies der leitende Gedanke bei der Stiftung des Institutes gewesen sei, ist ebensowenig zu bezweifeln, als es zu leugnen ist, daſs dasselbe, einmal eingeführt, nicht immer jenem Gedanken gemäſs angewandt, sondern nicht selten auch als Werkzeug der Chikane gemiſsbraucht worden sei, und daſs solcher Miſsbrauch in der absoluten Demokratie viel leichter als in der gemäſsigten eintreten konnte.[3]) Aber auch zu eludiren

---

1) Aristot. Polit. V, 2, 4.   2) Aristot. Polit. III, 8, 2—4.
3) Vgl. was Diodor XI, 87 über den nur kurze Zeit bestehenden Petalismus in Syrakus sagt.

war es hier leicht, wie das bekannte Beispiel des Hyperbolus zu Athen zeigt, und da es sich also seinem eigentlichen Zwecke nicht mehr entsprechend erwies, so kann man sich nicht wundern, dafs es nun auch ganz aufgegeben wurde, zumal es nicht an andern Mitteln fehlte, eine gefahrdrohende Gröfse im Staate nicht aufkommen zu lassen. Zu diesen Mitteln gehört vor allem die in die Hände des grofsen Haufens gelegte Gerichtsbarkeit mit der durch die Rechtsverfassung gewährten Leichtigkeit, jeden Verdächtigen unter rechtlichen Formen vor Gericht zu ziehn und durch Verurtheilung in schwere Bufsen, Vermögensconfiscation, Landesverweisung oder auch Todesstrafen unschädlich zu machen. Und an eifrigen Dienern, um dieses Mittel fleifsig in Wirksamkeit zu setzen, war ebenfalls kein Mangel: es gab Leute mehr als genug, die sich selbst wohl als die Hunde des Volkes zu bezeichnen liebten,[1]) weil sie für seine Sicherheit wachten, solche nämlich, die sich unter dieser Volksherrschaft gefielen, weil sie selbst nur durch sie getragen und gehoben wurden, und sich eines Ansehns und Einflusses erfreuten, den sie unter einer andern Verfassung zu gewinnen nicht vermocht haben würden. Ansehn und Einflufs wird dem wirklichen Verdienste nur in einer solchen Verfassung zu Theil, die einen aristokratischen Charakter hat, also in der Demokratie nur solange, als eine verständige und sittlich gesunde Bürgerschaft ihre Freiheit recht zu gebrauchen versteht. Die absolute Demokratie ist von solchem aristokratischem Charakter weit entfernt, weil sie in der Regel nur da zu entstehen pflegt, wo eine zahlreiche städtische Bevölkerung, oder, um den Ausdruck der Alten selbst zu gebrauchen, ein banausischer und nautischer, d. h. aus niederen Handwerkern und Schiffsvolk bestehender Pöbel die Oberhand hat, bei welchem nur ausnahmsweise das wahre Verdienst gewürdigt wird, desto mehr aber solche Eigenschaften und Künste gelten, welche geeignet sind den Leidenschaften zu schmeicheln und das Urtheil zu bestechen. Die Volksberedsamkeit in der griechischen Demokratie bestand zum grofsen Theil aus solchen Künsten, die seit dem Anfange des fünften Jahrhunderts von den Sophisten in ein förmliches System gebracht waren, und fortan ein so unentbehrliches Erfordernifs wurden, dafs auch die gute und gerechte Sache, um beim Volke Eingang zu finden, ihrer nicht ganz entrathen konnte, nur

---

1) (Demosth.) g. Aristogit. I §. 40. Theophr. Charact. 31, 3 p. 35 Ast. — Mit Hunden werden die Ankläger auch von Cicero verglichen, pr. S. Rosc. §. 56.

allzuoft aber der schlechten und ungerechten durch sie der Sieg verschafft wurde. Nächst den Volksversammlungen, in welchen redefertige Demagogen die Entschliefsungen der Menge leiteten, boten die Gerichte der Rednerei den einflufsreichsten Wirkungskreis dar, und es erhob sich das Geschlecht der Sykophanten, eben jener Hunde des Volkes, die sich ein Geschäft daraus machten, Leute, deren Stellung und Verhalten geeignet war, dem Volke Argwohn einzuflöfsen, also namentlich die Reichen, mit Anklagen zu verfolgen; und die Richter, Leute aus dem Volke, waren meist nur allzugeneigt, solche Angeklagte schuldig zu finden und sie zu Bufsen zu verurtheilen, die ihnen und ihres Gleichen zu Gute kamen.[1]) Wufste doch selbst der weise Sokrates einst einem Reichen, der, ohne sich auf Staatsangelegenheiten einzulassen, nur ruhig für sich zu leben suchte, dem aber nichtsdestoweniger die Sykophanten zusetzten, um Geld von ihm zu erpressen, keinen bessern Rath zu geben, als dafs er sich einen redefertigen Mann zur Hand halten möchte, der seinerseits auch den Sykophanten zu Leibe ginge und sie durch Aufdeckung ihrer eigenen Unredlichkeiten von ferneren Angriffen gegen jenen abschreckte.[2])

13. Reactionen und Parteikämpfe.

Dafs gegen einen solchen Zustand der Dinge sich eine Opposition aller derjenigen bilden mufste, die darunter litten, ist begreiflich. Es litten aber mehr oder weniger alle darunter, die durch Vermögen und höhere Bildung über der Masse des souveränen Volkes hervorragten, und abgesehen von den Unbilden und Kränkungen, denen sie ausgesetzt waren, schon dies allein als eine Ungerechtigkeit empfinden mufsten, dafs sie Leuten, nicht blofs gleichstehn, sondern untergeordnet sein sollten, denen sie sich in allem, was Anspruch auf Theilnahme an der Regierung und Verwaltung des Gemeinwesens begründen konnte, überlegen fühlten. Daher entstanden in allen diesen Demokratien naturgemäfs Parteien von Gegnern, nicht des Staates, sondern der Verfassung. Von Geschlechtsadel und darauf gegründeten Ansprüchen ist nirgends mehr die Rede; was von solchem Adel noch vorhanden war, verlor sich in der Anzahl derer, die sich als die zurückgesetzte Minderzahl (οἱ ὀλίγοι, τὸ ἔλασσον), die Wohlhabenden (οἱ εὔποροι, οἱ πλουσιώτεροι), die Gebil-

---

1) Vgl. Lys. g. Nikomach. §. 22. Epikrat. §. 1.
2) Xenoph. Memorab. II, 9.

deten und Wohlgesitteten (οἱ ἐπιεικεῖς, οἱ καλοὶ κἀγαθοί), dem Demos oder der Menge (τὸ πλῆθος, οἱ πολλοί) entgegensetzten. Ihr Wunsch dem Volksregiment, in der Gestalt wie es sich entwickelt hatte, ein Ende zu machen ist wohl erklärlich und verzeihlich, und ebenso dafs sie, da sie vereinzelt nichts auszurichten im Stande waren, sich vereinigten, in Klubs oder Hetärien zusammentraten, und durch ein zweckmäfsig organisirtes Zusammenwirken ihre Interessen verfolgten. Dergleichen Verbindungen sind freilich in jedem Staate, wo sich die Bürger für die öffentlichen Angelegenheiten lebhaft interessiren und darin einzugreifen Gelegenheit haben, natürlich, und finden überall statt, wo nicht etwa der Argwohn einer despotischen Staatspolizei sie hindert, sie waren in Griechenland so alt, als die Freistaaten selbst, und sie verfolgten ebensooft demokratische als antidemokratische Tendenzen, sie waren oft auch gar nicht gegen die bestehende Verfassung gerichtet, sondern nur darauf, ihre Mitglieder in allen Wegen und durch alle Mittel, welche die Verfassung darbot, zu unterstützen, z. B. bei Bewerbung um Aemter, in Rechtshändeln vor den Gerichten;[1]) aber eine bestimmt auf den Umsturz der Verfassung hinarbeitende Richtung und den Charakter geheimer Verschwörungen und Machinationen nahmen sie unter Verhältnissen an, wie die geschilderten in der absoluten Demokratie waren. Und wenn die Sachen einmal auf diesen Punkt gekommen waren, so wurde man bald auch in der Wahl der Mittel wenig bedenklich und gewissenhaft, der Hafs gegen den unerträglichen Zustand der Dinge im Staate war stärker als die Liebe zum Vaterlande, und man scheute sich nicht auch bei Fremden und Feinden Hülfe zu suchen, selbst um den Preis der Unabhängigkeit des Staates, weil es immer noch erträglicher schien, in dem abhängigen Staate die oberste Stelle einzunehmen, als in dem freien von der regierenden Menge unterdrückt zu werden. Diese aber und die Führer derselben überwachten um so argwöhnischer Alle, in denen sie Gegner ihres Regiments vermuthen konnten, ergriffen jede Gelegenheit, um sie durch Verurtheilungen aus dem Wege zu räumen oder unschädlich zu machen, und suchten dagegen sich selbst durch Vermehrung der Masse zu stärken, weil eben auf der Masse allein ihre Macht beruhte. Daher ist es charakteristisch, dafs, während in der gemäfsigten Demokratie das Bürgerrecht als eine Ehre gilt, die nur

---

1) Συνωμοσίαι ἐπὶ δίκαις καὶ ἀρχαῖς. Thucyd. VIII, 54.

den echten Kindern des Vaterlandes zukommt, und die man sorgfältig vor Verunreinigung durch unechtes oder fremdes Blut zu wahren sucht, in der absoluten dagegen das Bürgerrecht freigebig ertheilt wird, indem man z. B. alle Söhne von Bürgerinnen als Bürger gelten läfst, auch wenn die Väter Fremde sind, oder alle Söhne von Bürgern, auch wenn sie nicht in legitimer bürgerlicher Ehe geboren sind,[1]) und bereitwillig Schutzverwandte und Freigelassene in die Bürgerschaft aufnimmt.

Diesen Anblick einer schrankenlosen Demokratie und einer dagegen ankämpfenden Reaction der Minderzahl bietet uns die Geschichte fast jedes griechischen Staates seit den unheilvollen Zeiten des peloponnesischen Krieges dar. Es lag in den gegebenen Verhältnissen, dafs in diesem Kampfe, der beinahe das gesammte Griechenvolk in zwei feindliche Parteien spaltete, die demokratisch Gesinnten es mit den Athenern hielten, als den Hauptvertretern des demokratischen Princips, wogegen die Oligarchen sich auf Sparta verwiesen sahen, welches überall der Demokratie entgegenzuwirken in seinem Interesse fand. Dafs mitunter auch Ausnahmen vorkamen ist nicht zu leugnen; aber sie entsprangen aus vorübergehenden Verhältnissen, zum Theil selbst aus persönlichen Motiven, wie des spartanischen Königs Pausanias Begünstigung der demokratischen Partei Athens gegen die vom Lysander gestützte Oligarchie, nach dem Ende des peloponnesischen Krieges;[2]) dergleichen einzelne Ausnahmen stofsen die Regel nicht um, und der Verfasser des Büchleins vom athenischen Staate bemerkt mit Recht, dafs, so oft etwa die Athener sich haben verleiten lassen, die Oligarchie irgendwo zu unterstützen, sie bald Ursache gefunden haben es zu bereuen.[3]) — Der während des Krieges bei jedem Glückswechsel auflodernde Parteienkampf bewirkte ein fortwährendes Schwanken der Staaten von einer Verfassungsart zur andern, je nachdem die Oligarchen oder die Demokraten die Oberhand gewannen, und die jedesmal obsiegende Partei benutzte dann ihre Obermacht auf die rücksichtsloseste Weise, um wo möglich ihre Gegner auf immer unschädlich zu machen. Der Parteigeist war mächtiger als jedes andere menschliche Gefühl und jede sittliche Regung. Niedermetzelungen der Gegner in Masse, zum Theil mit der empörend-

---

1) Aristot. Polit. III, 3, 4. VI, 2, 9.
2) Xenoph. Hellen. II, 4, 29. Dies war später Mitursache seiner Verurtheilung in Sparta. Ib. III, 5, 25.
3) X. de rep. Ath. 3, 11.

sten Roheit, waren gewöhnliche Erscheinungen, und die Entsittlichung, wie sie Thukydides, nachdem er die haarsträubenden Gräuelthaten der obsiegenden Demokraten zu Kerkyra beschrieben,[1]) als die allgemeine Folge dieser Kämpfe schildert, erreichte einen solchen Grad, dafs man wohl eingestehen mufs, ein Geschlecht der Menschen, unter dem es soweit gekommen war, entbehrte aller Grundlagen eines wahrhaft freien, gerechten und wohlgeordneten Staatslebens. — Der endliche Sieg in jenem Kriege ward den Spartanern zu Theil, und in Folge dessen wurde in allen Staaten die unter Athens Vorstandschaft herrschende Demokratie unterdrückt, und ein oligarchisches Regiment eingesetzt, und zwar oligarchisch im schlimmsten Sinne des Wortes: Regierungscollegien aus wenigen Personen, in der Regel aus zehn bestehend, — daher Dekadarchien genannt, — nicht aus den Angesehensten und Würdigsten, sondern aus den eifrigsten Parteimännern, Anhängern und Günstlingen des Siegers,[2]) die keine andere Rücksicht kannten, als das Interesse ihrer Partei, und keine andere Stütze ihrer Gewalt hatten, als eine militärische Besatzung unter dem Befehle eines von Sparta eingesetzten Harmosten, unter deren Schutz sie sich alles mögliche erlaubten. Als ein Beispiel solcher oligarchischen Zügellosigkeit mag dienen, was Theopomp[3]) von den Gewalthabern zu Rhodos berichtet: sie schändeten viele edle Frauen aus den ersten Familien und mifsbrauchten Knaben und Jünglinge zu unnatürlicher Lust, ja sie gingen soweit, dafs sie um freie Frauen Würfel spielten, und der Verlierende sich verpflichtete, dem Gewinnenden jede Frau, die ihm beliebte, unter jeder Bedingung sei es mit Zwang sei es durch Ueberredung zuzuführen. — Ein Zustand der Dinge, wie dieser vom Lysander eingesetzte, konnte unmöglich dauernd sein. Wenn nun aber auch später unter Agesilaus dem Unwesen der von jenem erhobenen Gewalthaber gesteuert wurde, so blieb doch die Oligarchie herrschend, und die Unzufriedenheit der Völker ergriff begierig jede Gelegenheit, sich ihrer zu entledigen. Mit dem Wiedererstarken Athens begann dann alsbald der alte Parteienkampf aufs neue und mit gleicher Erbitterung. Als Beispiel, wie das Volk seine Gegner behandelte, mag dienen was zu Korinth geschah, wo bei Gelegenheit eines Festes, als eine zahlreiche Menge

---

1) Thucyd. III, 81 ff. IV, 47. 48.   2) Plut. Lysand. c. 13.
3) Bei Athenae. X p. 444. E. C. Müller. Fragm. hist. gr. I p. 300.
Die Erzählung bezieht sich übrigens ohne Zweifel auf eine etwas spätere Zeit, kann aber nichts desto weniger auch hier angeführt werden.

auf dem Markt und im Theater versammelt war, auf ein gegebenes Zeichen Bewaffnete die Verdächtigen überfielen, und sie selbst bei den Altären und den Götterbildern, zu denen sie sich flüchteten, niedermetzelten,[1]) oder zu Argos, wo auf die Denunciation der Demagogen das Volk, statt die Angeschuldigten im Rechtswege zu verurtheilen, sie und aufser ihnen eine Menge Verdächtiger, über zwölfhundert der reichsten und angesehensten Leute, nach Weise der pariser Septembriseurs in Masse mordete, und zwar mit Keulen niederschlug, weswegen dies Blutbad der Skytalismos genannt wurde.[2]) Doch ward freilich dem Volke nachher selbst diese Gräuelthat leid, und es bestrafte die Anstifter derselben mit dem Tode, worauf denn eine Zeitlang Ruhe eintrat. Von der Gesinnung der Oligarchen aber kann einen Beweis geben was Aristoteles berichtet,[3]) dafs sie in ihren Hetärien sich eidlich verpflichteten, dem Demos Feind zu sein und Schaden zu thun soviel sie vermöchten, oder was wir anderswo von dem Grabdenkmal lesen, welches dem Athener Kritias von seinen Freunden errichtet wurde, eine die Oligarchie darstellende Figur, die mit einer Fackel in der Hand die Demokratie verbrannte, und dazu die Inschrift:

Denkmal trefflicher Männer, die einst zu Athen dem verfluchten
Demos auf einige Zeit sein frevelndes Schalten verwehrten.[4])

Bei solcher Stimmung der Parteien, und bei dem unaufhörlichen Wechsel, wo bald die eine bald die andere emporkam oder unterlag, war es noch ein glückliches Loos für die Besiegten, wenn es ihnen gelang sich der Rache ihrer Sieger durch die Flucht zu entziehen, oder wenn diese sich begnügten sie zu verjagen statt sie zu ermorden. In welchem Mafse dergleichen Verbannungen stattfanden ist kaum zu glauben. Schon in einer früheren Zeit hatte Isagoras in Athen siebenhundert Familien ausgetrieben.[5]) Nach dem peloponnesischen Kriege wurde von Lysander zu Samos der ganze Demos, der bis dahin den Staat in seiner Gewalt gehabt hatte, zum Auswandern genöthigt und die Insel den früher verbannten Oligarchen eingeräumt[6]), und einige Jahre nachher, klagt Isokrates, gab es mehr Verbannte und Flüchtige aus einer einzigen Stadt, als in alten Zeiten aus dem ganzen Peloponnes.[7]) Solche Verbannte versuchten wohl, wenn es möglich war, sich

---

1) Xenoph. Hell. IV, 4, 2. 3.
2) Diodor. XV, 57. 58.   3) Polit. V, 7, 19.
4) Schol. zu Aeschin. in Timarch. §. 39 S. 15 d. Zürich. Ausg.
5) Herodot. V, 72.   6) Xenoph. Hell. II, 3, 6. Plut. Lysand. 14.
7) Isocr. Archidam. §. 68.

gesammelt und durch auswärtige Hülfe unterstützt die Rückkehr in die Heimath mit Gewalt zu erkämpfen, aber zum gröfsten Theil blieb ihnen kein anderes Mittel sich zu erhalten, als dafs sie sich unter Anführung irgend eines Condottiere zusammenschaarten, und um Sold in den Kriegsdienst irgend eines Staates traten, der gerade einer Kriegsmacht bedurfte und im Stande war sie zu bezahlen. Die Bürgerschaften der griechischen Staaten aber waren in diesem Zeitraum immer mehr geneigt, statt selbst die Waffen zu führen, ihre Kriege durch gemiethete Söldner ausfechten zu lassen, und es war viel leichter, ein grofses und tüchtiges Heer aus den Heimathlosen als aus den Bürgern zusammenzubringen.[1]) Was früher in einzelnen Fällen und ausnahmsweise geschehen war, das wurde jetzt zur Regel: Söldner bildeten nicht ein Hülfscorps neben den Bürgersoldaten, sondern die Hauptmacht der Staaten beruhte auf ihnen. Manchem kühnen und klugen Parteiführer gelang es, sich selbst der Herrschaft durch den Beistand solcher Söldner zu bemächtigen, die er für sich zu gewinnen wufste. Auf solche Weise mafste sich z. B. in Korinth Timophanes die Herrschaft an, der jedoch nach wenigen Tagen von seinem eigenen Bruder Timoleon und einigen Freunden desselben aus dem Wege geräumt wurde.[2]) Um dieselbe Zeit bemächtigte sich auf gleiche Weise zu Sikyon der Demagoge Euphron der Regierung, der indessen auch bald wieder gestürzt wurde.[3]) Andere Tyrannen, ohne speciellere Nachrichten, finden wir in vielen Staaten, so dafs, wie einst auf die Periode der Oligarchie, so jetzt nach der Demokratie, da sie ihr äufserstes Mafs erreicht hatte, eine Zeit der Tyrannenherrschaft folgte. Aber diese Tyrannis verhält sich zu jener älteren wie eine bösartige Seuche zu einer natürlichen Entwickelungskrankheit, und während jene aus einem gewissen Bedürfnifs hervorgegangen war, und überall dahin gewirkt hatte überlebte Zustände zu beseitigen und neuen Entwikkelungen Raum zu schaffen, ging diese nur aus allgemeiner Auflösung und Entartung hervor, und diente, ohne irgend welche gedeihliche Wirkung für den Staat, lediglich den Gelüsten und Interessen der Gewaltherrscher und ihrer Helfershelfer. Auch vermochten wenige derselben die Gewalt, die sie durch Kühnheit, List und Glück erlangt hatten, auf die Dauer zu behaupten. Nur auf Sicilien gelang es dem Dionysius durch die Anhänglichkeit seiner Soldaten, durch rücksichtslose aber zweckdienliche Gewalt-

---

1) Id. epist. ad Philipp. §. 96. 2) Plutarch. Timol. c. 4.
3) Xenoph. Hell. VII, 1, 44—46.

mafsregeln und durch kriegerische Tüchtigkeit sich nicht nur selbst achtunddreifsig Jahre lang zu halten, sondern die Herrschaft auch auf seinen Sohn zu vererben, der, weil es ihm an den Eigenschaften fehlte, die jenen gehalten hatten, nach kurzer Zeit gestürzt ward, worauf dann, nach einer kurzen Zwischenzeit der Freiheit, das dieser unfähige Volk einen neuen Zwingherrn am Agathokles erhielt, dem ebenfalls nach kurzer Unterbrechung noch mehrere andere folgten. In Griechenland dauerte keine Tyrannis so lange. Die, welche hier aufstanden, zum Theil durch Verbindung mit auswärtigen Mächten, wie mit Persien oder mit Makedonien, unterstützt und so lange gehalten, als es deren Interesse dienlich schien, fielen alle bald wieder. Aber von Freiheit und Selbständigkeit der Staaten kann, mit Ausnahme der kurzen Blüthe des achäischen und des ätolischen Bundes, nicht mehr die Rede sein. Auch diejenigen, die nicht geradezu auswärtigen Fürsten unterthänig waren, unterlagen doch ihrem mächtigen Einflufs, bis endlich Rom auch Griechenland in seinen Kreis zog, und nun wenigstens eine Zeit der Ruhe eintrat, die den erschöpften und gealterten Völkern, wenn auch nicht zu frischem kräftigem Leben zu erstehen, doch unter einem im Allgemeinen nicht drückenden Regiment fortzuvegetiren gestattete, und selbst noch hier und da einige herbstliche Nachblüthen auf dem Gebiete der Wissenschaft und Kunst zu zeitigen vergönnte.

Nach dieser allgemeinen Schilderung des griechischen Staatswesens wenden wir uns nun zur specielleren Betrachtung derjenigen Staaten, von welchen uns ausführlichere Angaben vorliegen, die es möglich machen ein etwas ausgeführteres Bild von ihnen wenigstens für die Hauptperioden ihrer Existenz zu geben. Es sind aber diese der spartanische, der kretische und der athenische Staat, die beiden ersten dem dorischen, der dritte dem ionischen Stamme zugehörig, und den oben besprochenen Stammescharakter am entschiedensten und schärfsten auch in der Form und Haltung des Staatslebens darstellend.

II. Specielle Darstellung der Hauptstaaten.

1. Der spartanische Staat.

Die Stiftung des spartanischen Staates fällt in die nächste Zeit nach der dorischen Wanderung. Nachdem, so berichtet die

Sage, es den Doriern gelungen war, sich im Peloponnes festzusetzen, so wurde unter den Führern, den drei heraklidischen Brüdern Temenos, Kresphontes und Aristodemos über die Herrschaft der einzelnen Länder geloost: dem Temenos fiel Argolis, dem Kresphontes Messenien, dem Aristodemos Lakonien zu.[1]) Niemand wird sich durch diese Sage zu der Vorstellung verleiten lassen, als seien die drei später unter jenen Namen begriffenen Landschaften gleich anfangs schon ganz erobert worden. Dies geschah vielmehr erst allmählig im Laufe mehrerer Jahrhunderte, und auch die Grenzen dieser Landschaften wurden erst später so bestimmt, wie wir sie in der historischen Zeit finden. Von Lakonien wissen wir gewifs, dafs lange Zeit hindurch die ganze östliche Küste bis zum Vorgebirge Malea hinunter nicht dazu gehört habe, sondern im Besitze der argivischen Dorier gewesen sei, von denen die Spartaner sie stückweise eroberten und nicht viel vor der Mitte des sechsten Jahrhunderts in bleibendem Besitz derselben gewesen zu sein scheinen.[2]) Eine Landschaft Namens Messenien gab es wahrscheinlich zur Zeit der dorischen Einwanderung noch gar nicht, wenigstens gewifs nicht in der späteren Ausdehnung.[3]) Denn der westliche Theil gehörte mit dem südlichen Elis oder Triphylien zusammen zu dem pylischen Reiche der Neliden, der gröfsere östliche zu dem lakedämonischen Reiche der Pelopiden, denen er aber gerade um die Zeit der dorischen Wanderung von einem nelidischen Fürsten Melanthus entrissen worden war:[4]) ein Umstand der ohne Zweifel den Doriern, als sie hier auftraten, zu Statten kam, und ihnen unter den Landeseinwohnern selbst Verbündete verschaffte, die ihnen die nelidische Herrschaft stützen halfen. Die Dorier des Aristodemos aber drangen in den weiter östlich, jenseits des Taygetos gelegenen Theil des Pelopidenreiches ein, dem Laufe des Eurotas folgend, und setzten sich zu Sparta fest, welches zwar

---

1) Dafs Aristodemos selbst Lakonien in Besitz genommen habe, war die einheimische lakonische Sage. Herodot. VI, 52. Andere liefsen ihn vor der Ankunft in den Peloponnes sterben, mit Hinterlassung zweier unmündiger Söhne, denen Lakonien bei der Theilung zugefallen sei. Apollod. II, 8. Pausan. III, 1, 5.
2) Herodot. I, 82. Vgl. indessen L. Schiller, Stämme u. Städte Gr. II S. 22. u. III, 9. — Um den Besitz von Kynuria, dem nördlichsten Theil jenes Küstenstrichs, wurde noch später zwischen Sparta und Argos gestritten.
3) Od. XXI, 15 ist Messene die Umgegend von Pherae, wie III, 488 zeigt. Vgl. Strab. VIII, 5 p. 367.   4) Strab. VIII p. 359.

nicht der Hauptort des pelopidischen Reiches, wofür vielmehr Amyklä anzusehen sein dürfte,¹) doch diesem sehr nahe gelegen war: denn die Entfernung beider Orte von einander beträgt nur zwanzig Stadien, d. h. etwa eine halbe Meile. Von hier aus gelang es ihnen allmählig, das ganze Land von sich abhängig zu machen, wobei ihnen wahrscheinlich die politischen Verhältnisse zu Hülfe kamen. Denn es ist wohl mit Zuversicht anzunehmen, dafs unter den Pelopiden nicht das Ganze zu einem einheitlich geschlossenen Staate verbunden war, sondern dafs unter jenen, als den Oberkönigen, andere Fürsten, als eine Art von Vasallen, der eine in diesem der andere in jenem Theil des Landes geherrscht haben,²) ähnlich wie es vor Theseus in Attika der Fall gewesen sein soll. Gelang es nun den Doriern, den pelopidischen Oberkönig, — es soll dies damals Tisamenos, der Sohn des Orestes, gewesen sein, — zu überwältigen, so mochten die übrigen, statt es auf einen mifslichen Kampf ankommen zu lassen, es vorziehn, sich friedlich mit ihnen zu vergleichen und zu den heraklidischen Königen in ein ähnliches Verhältnifs zu treten, wie sie bisher zu den pelopidischen gestanden hatten. Ich finde keinen triftigen Grund, die Angabe des Ephorus,³) dafs damals das Land in sechs Gebiete zerfallen sei, mit den Hauptorten Sparta, Amyklä, Las, Aigys, Pharis und einem sechsten, dessen Name verloren gegangen ist,⁴) für eine reine Erdichtung anzusehn: nur das glaube ich nicht, dafs diese Eintheilung erst von den dorischen Eroberern gemacht, und von ihnen die Fürsten in den einzelnen Gebieten eingesetzt worden seien. Sie fanden sie vielmehr vor, und liefsen die Fürsten in ihrer Herrschaft unter der Bedingung, die heraklidischen Könige von Sparta als ihre Oberen anzuerkennen. Der erste der in dies Verhältnifs zu ihnen trat, soll Philonomos zu Amyklä gewesen sein, derselbe, der durch Verrath ihnen die Ueberwältigung oder Verdrängung des pelopidischen Königs erleichtert hatte, und zum Lohne dafür die Herrschaft zu Amyklä bekam.⁵) Der geschichtliche Kern der Sage ist wohl, dafs im amykläischen Gebiete eine zahlreiche Partei sich von dem pelopidischen Fürsten losgesagt habe und den Doriern zugefallen sei: wir dürfen dabei nament-

---
1) Vgl. Müller, Dor. 1, 94.   2) Vgl. oben S. 35.
3) Bei Strab. VIII p. 364.
4) Curtius Gr. Gesch. 1 S. 160 räth auf Böä an der Ostküste. Andere ziehen Geronthrae vor.
5) Strab. VIII p. 365. Conon. narr. n. 36. Nicol. Damasc. in C. Müller. Fragm. hist. gr. III p. 375.

lich an die Minyer denken, die, nach sicheren geschichtlichen Spuren,[1]) einen beträchtlichen Theil der dortigen Bevölkerung ausmachten, und zu denen Philonomos selbst gehören mochte. Aufserdem aber gab es hier kadmeische Aegiden aus Böotien,[2]) vielleicht in Folge der Eroberung dieses Landes durch die von den Thessalern aus Arne verdrängten Böoter dorthin ausgewandert. Den Aegiden sollen nun aber auch die heraklidischen Fürsten verschwägert gewesen sein: Aristodemus' Gattin, Argeia, wird eine Tochter des Autesion genannt, Autesion aber war ein Sprößling des kadmeischen Königshauses, von dem auch die Aegiden ein Zweig waren.[3]) In diesen Angaben, deren buchstäbliche Wahrheit allerdings nicht leicht Jemand behaupten wird, ist doch unverkennbar die Erinnerung an eine alte, durch Epigamie befestigte Vereinigung der Herakliden mit den Aegiden enthalten. — Die Dorier nun, nachdem sie sich einmal in einem Theile des Landes festgesetzt hatten, begannen, im Vertrauen auf ihre größere Kriegstüchtigkeit, allmählig den ihren Königen zugestandenen Principat über die übrigen Fürstenthümer in eine drückende Herrschaft zu verwandeln, und Ansprüche auf Leistungen zu machen, denen jene sich ohne Kampf zu fügen nicht geneigt waren. Ohne Zweifel erhoben aber die Dorier jene Ansprüche nicht gegen alle auf einmal, sondern wie sich Anlaß und Gelegenheit dazu bot, zuerst etwa gegen diejenigen, die ihnen zunächst waren oder am leichtesten zu bezwingen schienen; und so geschah es, daß in einer Reihe von Kämpfen sie alle einzeln unterwarfen, und endlich entschieden die alleinigen Beherrscher des Landes, die übrigen alle ihre Unterthanen wurden.[4]) Den letzten Kampf um ihre Unabhängigkeit bestanden die Achäer in Helos, und die hier besiegten erfuhren ein härteres Loos als ihre früher bezwungenen Stammesgenossen. Denn während diese, unter dem Namen von Periöken, nur ihre politische Selbständigkeit einbüßten und dem herrschenden Volke zu gewissen Lei-

---

1) Vgl. Müller, Orchom. S. 307? 315. 2) Id. ib. S. 329.
3) Herodot. VI, 52. Pausan. IV, 3. 3.
4) Nach Pausanias III, 2, 5 ff. unterjochten die Spartaner zuerst Aigys, unter der Regierung der Könige Archelaus und Charilaus, 884—827, dann Pharis, Amyklä, Geronthrä, unter Teleklos, 827—787, endlich Helos, unter Alkamenes, dem Sohn des Teleklos. Er meint aber ohne Zweifel, daß die genannten Städte nicht damals zuerst in Abhängigkeit von Sparta gerathen seien, sondern daß sie sich empört haben, und nach ihrer Besiegung die Einwohner aus dem Periökenverhältniß entweder alle oder theilweise in Leibeigenschaft versetzt seien. Darauf deutet auch der Ausdruck ἠνδραποδίσαντο.

stungen verpflichtet wurden. verloren jene auch ihre persönliche Freiheit und wurden zu leibeigenen Bauern gemacht, woher denn auch der Name Heloten (Εἵλωτες) auf alle diejenigen, die, sei es früher sei es später, in dasselbe Verhältnifs der Leibeigenschaft versetzt wurden, übertragen sein soll, obgleich freilich diese Erklärung des Namens nicht ohne allen Zweifel ist.[1]) So bestand denn nun die Bevölkerung des spartanischen Staates aus drei verschiedenen Classen, den dorischen Vollbürgern, den abhängigen Periöken, den leibeigenen Heloten. Wir lassen der Schilderung des Staates die Betrachtung der beiden letzteren Classen, die gleichsam die Unterlage des dorischen Bürgerthums bilden, voraufgehen, und zuerst die der Heloten.

a) *Die Heloten.*

Dafs die Dorier einen leibeigenen Bauernstand, aus den früheren von den Achäern unterjochten Bewohnern des Landes, den Lelegern bestehend, schon vorgefunden haben sollten, wie es einigen neueren Forschern wahrscheinlich vorgekommen ist,[2]) läfst sich zwar nicht als undenkbar verwerfen, aber es widerspricht wenigstens den ausdrücklichsten Angaben des Alterthums, nach denen die Entstehung dieser Art von Leibeigenschaft erst von der thessalischen und der dorischen Eroberung abgeleitet wird.[3]) Auch haben wir schon früher bemerkt, dafs in der homerischen Schilderung des Heroenalters sich keine Spur davon findet.[4]) Im spartanischen Staate aber, seitdem er ganz Lakonien unterworfen hatte, bildeten die Leibeigenen oder Heloten die Mehrzahl der Landeseinwohner, und als auch Messenien erobert und die Einwohner, soviele nicht auswanderten, mit wenigen Ausnahmen alle zu Heloten gemacht worden waren, kann man ihre Anzahl auf mindestens 175000, wahrscheinlicher aber auf 224000 anschlagen,[5]) während die gesammte Bevölkerung sich auf etwa 380000 bis höchstens 400000 Seelen belaufen mochte. Als nach der Schlacht bei Leuktra Messenien den Spartanern zum gröfsten Theile wieder entrissen und alle dort wohnenden Heloten frei geworden waren, führten dennoch einst, um das

---

1) Vgl. Antiquitt. i. p. Gr. p. 108 sq. u. Schiller II S. 19.
2) Z. B. Müller, Dor. II, S. 34.   3) S. Athenae. VI p. 265. Plin. H. N. VII, 56 p. 478 Gr.   4) Oben S. 42.
5) Vgl. die Berechnungen bei Clinton, Fast. Hell. II, 413 (421 Krüg.) und Müller, Dor. II S. 41. Dazu Büchsenschütz Besitz und Erwerb im Gr. Alterth. S. 139.

J. 241, die Aetolier bei einem Einfall in Lakonien nicht weniger als 50000 Menschen mit sich hinweg, unter denen wir uns, wenn auch manche Periöken sein mochten, doch wohl die meisten als Heloten zu denken haben,[1]) und zwar weniger gewaltsam entführte, als vielmehr Ueberläufer, die die Gelegenheit gern benutzten, ihre Leibeigenschaft mit dem Söldnerdienst bei den Aetoliern zu vertauschen. Da soll einer der alten Spartaner gesagt haben, die Feinde hätten eigentlich dem Staate einen guten Dienst gethan und ihn einer beschwerlichen Last erleichtert. Und in der That war diese grofse Menge von Unterdrückten, die nicht durch Zuneigung, sondern nur durch Furcht und durch die Schwierigkeit, sich zu erfolgreichen Unternehmungen zu vereinigen, in Gehorsam gehalten wurden, den Spartanern immer ein Gegenstand argwöhnischer Besorgnifs und genauer Beaufsichtigung. Wir hören, dafs eine Anzahl junger Spartaner jährlich von den Ephoren gleich nach ihrem Amtsantritt in die verschiedenen Theile des Landes ausgesandt wurde, um sich möglichst unbemerkt an gelegenen Orten zu postiren, von hier aus die Umgegend zu durchstreifen und zu beobachten, und was sie Verdächtiges fanden entweder anzuzeigen oder auch gleich selbst zu unterdrücken, wobei es natürlich vorzugsweise auf die Heloten abgesehen war, und wohl nicht selten vorkommen mochte, dafs solche, die gefährlich zu sein schienen, ohne weiteres aus dem Wege geräumt wurden, was denn spätere Schriftsteller veranlafst hat, die Sache — sie hiefs $\varkappa\varrho\upsilon\pi\tau\varepsilon\iota\alpha$, — so darzustellen, als sei alljährlich eine förmliche Helotenjagd oder vielmehr ein meuchlerisches Morden der Heloten angestellt worden: eine Uebertreibung, die in der That allzuabgeschmackt ist, um eine ernste Widerlegung zu verdienen.[2]) Die Kryptie läfst sich gewissermafsen als eine Art von Gensdarmendienst betrachten, und die jungen Leute, die zu diesem Dienste aufgeboten wurden, scheinen auch beim Heere ein besonderes Corps gebildet zu haben: wenigstens finden wir in der späteren Zeit, unter dem König

---

1) Polyb. IV, 34, 3 sagt freilich $\hat{\varepsilon}\xi\eta\nu\delta\varrho\alpha\pi o\delta\hat{\iota}\sigma\alpha\nu\tau o$ $\tauο\grave{\upsilon}\varsigma$ $\pi\varepsilon\varrho\iotaο\hat{\iota}\varkappa o\upsilon\varsigma$, ohne übrigens eine Zahl anzugeben, Plutarch aber, Cleom. c. 18, der hier andere Quellen vor sich hatte, sagt $\pi\varepsilon\nu\tau\varepsilon$ $\mu\upsilon\varrho\iota\alpha\delta\alpha\varsigma$ $\alpha\nu\delta\varrho\alpha\pi o\delta\omega\nu$ $\alpha\pi\eta\gamma\alpha\gamma o\nu$. So dürften sich Droysen's Bedenken, Hellenism. II S. 388, wohl heben. Ueber die Zeit s. Prolegg. ad. Plut. Ag. et. Cleom. p. XXXI.

2) Schon Barthelemy, in einer Anmerkung zum 47. Capitel des Anacharsis, hat jener verkehrten Darstellung der $\varkappa\varrho\upsilon\pi\tau\varepsilon\iota\alpha$ widersprochen, und später namentlich Müller, Dor. II S. 37 f. sie so schlagend widerlegt, dafs es genügt, nur auf ihn zu verweisen.

Kleomenes III., einen Befehlshaber der Krypteia in der Schlacht bei Sellasia erwähnt.[1]) Aber weit schlimmer als diese Art von Sicherheitspolizei waren einzelne Mafsregeln, zu denen öfters die Furcht vor den Heloten veranlafste, wie z. B. im peloponnesischen Kriege, da immer eine beträchtliche Anzahl derselben auch beim Heere diente, einmal eine Aufforderung erlassen ward, dafs alle diejenigen, die sich besonders hervorgethan zu haben glaubten, sich melden möchten, um zur Belohnung die Freiheit zu erhalten, und als sich gegen zweitausend gemeldet hatten, diese zwar mit Kränzen geschmückt, zu den Tempeln umhergeführt und für frei erklärt, bald nachher aber alle auf heimliche Weise aus dem Wege geräumt wurden, so dafs Keiner wufste, was aus ihnen geworden sei.[2]) Dergleichen, wenn auch nicht in solchem Mafse, mochte wohl nicht gar selten vorkommen. Um die Herrschaft einer kleinen Minderzahl über die an Zahl weit überlegenen Unterdrückten aufrecht zu erhalten, hielt man kein Mittel für unerlaubt: man wufste, wessen man sich von ihnen zu versehen hätte, wenn die Gelegenheit ihnen günstig wäre: sie lagen, sagt Aristoteles,[3]) gleichsam fortwährend auf der Lauer, um etwaige Unglücksfälle abzupassen, und wer Pläne zum Umsturz der bestehenden Verfassung hegte, wie zur Zeit der Perserkriege der König Pausanias, und späterhin, kurz nach dem peloponnesischen Kriege, ein gewisser Kinadon, der konnte mit Gewifsheit auf den Beistand der Heloten rechnen.[4]) Uebrigens war durch die Gesetze das Verhältnifs dieser Classe in einer Weise bestimmt, dafs es für Menschen, denen Leibeigenschaft und Dienstbarkeit nicht an und für sich selbst schon ein unerträgliches Loos schien, leidlich genug gewesen sein würde, wenn es nicht durch anderweitige Unbilden erschwert worden wäre. Sie hatten als Bauern die Aecker zu bestellen, die zwar nicht ihnen, sondern den spartanischen Herren gehörten, aber sie lieferten von dem Ertrage nur einen gesetzlich bestimmten Theil ab, und zwar, wie es scheint, zweiundachtzig Medimnen Gerste[5]) und eine nicht näher anzugebende Quantität von flüssigen Früchten, d. h. Wein und Oel. Ueber dies bestimmte Mafs ihnen abzufordern war verboten und mit einem Fluche belegt, so dafs alles, was sie dar-

---

1) Plutarch. Cleom. c. 28. — Einen Gensdarmendienst der jüngeren Bürger werden wir auch bei den Athenern kennen lernen.
2) Thucyd. IV, 80.   3) Polit. II, 6, 2.
4) Corn. Nep. Pausan. c. 3, 6. Xenoph. Hellen. III, 3, 6.
5) Ein Medimnus ist um ein Geringes kleiner, als ein Scheffel unsers preufsischen Mafses.

über gewannen, ihnen zu ihrem Unterhalte verblieb.[1]) Wir können nun zwar nicht angeben, wie grofs die Güter, von welchen jene Abgabe zu entrichten war, und wie grofs etwa die Zahl der auf jedem Gute lebenden Heloten gewesen sei;[2]) aber die Absicht der Gesetzgebung war offenbar, dafs die Heloten durch jene Abgabe nicht gedrückt werden und selbst Mangel leiden, sondern dafs sie sich gut stehen sollten, und wie wir oben von den thessalischen Penesten gehört haben, dafs einzelne von ihnen wohlhabender als ihre Herren gewesen seien, so giebt es auch von den Heloten Beweise, dafs manche von ihnen einiges Vermögen besessen haben. Als z B. der König Kleomenes III. allen denen die Freiheit versprach, welche fünf Minen, d. h. etwa 125 Thlr. zahlten, so fanden sich nicht weniger als sechstausend, welche diese Summe entrichteten.[3]) So wenig aber der spartanische Herr gesetzlich befugt war, den Heloten mehr Abgaben abzufordern als ihm zukamen, sowenig sollte er auch anderweitig nach Willkür über sie, wie über Sklaven, disponiren. Er konnte sie allerdings auch zu persönlichen Dienstleistungen benutzen, ja es stand jedem Spartaner frei, auch von den nicht auf seinem Gute wohnenden Heloten im Nothfalle dergleichen zu fordern,[4]) indessen gab es doch über diesen Punkt ohne Zweifel gewisse nähere Bestimmungen, obgleich wir darüber keine Zeugnisse beibringen können. Tödten, verkaufen, freilassen oder sonst veräufsern durfte Keiner seine Heloten: sie waren eben als ein Zubehör mit dem Gute verbunden, welches sie bebauten.[5]) Nur der Staatsgewalt stand es zu, sie freizulassen oder sie auf eine Weise zu verwenden, wodurch sie von dem Gute getrennt wurden, und sie werden in dieser Hinsicht nicht mit Unrecht von alten Schriftstellern als Eigenthum des Staates oder Staatssklaven bezeichnet.[6]) In recht eigentlichem Sinne aber wird diese Bezeichnung solchen Heloten zukommen, welche gar nicht auf den Gütern Einzelner sondern auf den dem Staate selbst zugehörigen Grund-

---

1) Plutarch. Instit. Lacon. c. 40.
2) Müller, Dor. II S. 36, versucht eine Berechnung, die ich aber, als auf sehr unsichern Grundlagen beruhend, hier nicht wiederholen will.
3) Plutarch. Cleom. c. 23. Metropulos (Untersuch. üb. das Laced. Heerwesen S. 34) bestreitet Plutarchs Angabe ohne sehr triftige Gründe.
4) Plutarch. Comp. Lyc. c. Num. c. 2. Instit. Lacon. c. 10. Xenoph. de republ. Lac. c. 6, 3. Aristot. Polit. II, 2, 5.
5) Ephor. bei Strab. VIII p. 365.
6) Ephor. a. a. O. Pausan. III, 20, 6. Andere nennen sie eine Mittelclasse zwischen Freien und Sklaven. Jul. Pollux III, 83.

stücken safsen: denn dafs es auch solche gegeben habe, ist, wenn auch nirgends bezeugt, doch nichts desto weniger mit Zuversicht zu behaupten. Der Staat aber bediente sich der Heloten auch im Kriege: und zwar waren sie hier den spartanischen Hopliten theils als Schildknappen zugeordnet, die auch im Gefechte sich in ihrer Nähe halten mufsten, um die gefallenen oder verwundeten fortzubringen,[1]) auch wohl in die entstandenen Lücken der Linie einzutreten,[2]) theils fochten sie als Leichtbewaffnete mit Schleudern und Wurfspiefsen, theils endlich wurden sie zu den mancherlei nicht eigentlich militärischen Verrichtungen, zum Herbeischaffen von Bedürfnissen, zum Schanzen und dergleichen gebraucht. Als die Spartaner im peloponnesischen Kriege auch eine beträchtliche Flotte unterhielten, so dienten auf dieser die Heloten als Ruderer oder auch als Seesoldaten ($\dot{\epsilon}\pi\iota\beta\acute{\alpha}\tau\alpha\iota$);[3]) und in demselben Kriege mufste man sich entschliefsen, sie auch als Hopliten ins Feld ziehen zu lassen. So führte Brasidas ihrer siebenhundert nach der chalkidischen Halbinsel, Agis nach Dekeleia etwa dreihundert, und später, im Kriege gegen Theben, erging eine Aufforderung an die Heloten, wer als Hoplit zu dienen bereit sei, sollte sich melden, wobei ihnen zugleich zur Belohnung die Freiheit verheifsen wurde.[4]) Und dasselbe war wohl immer der Fall: wer als Hoplit gedient hatte, wurde freigelassen.

Aus solchen wegen geleisteter Kriegsdienste freigelassenen Heloten erwuchs eine besondere Volksclasse, die sogenannten Neodamoden, deren früheste Erwähnung in die Zeiten des peloponnesischen Krieges fällt. Im J. 421, dem eilften des Krieges, scheinen ihrer noch nicht viele gewesen zu sein: denn sie wurden damals sämmtlich im Verein mit den Heloten, welche Brasidas befehligt hatte, abgeschickt, um Lepreon gegen die Eleër zu besetzen.[5]) Neun Jahre später, im J. 413, führte Ekkri-

---

1) Daher die Benennungen $\dot{\alpha}\mu\pi\acute{\iota}\tau\tau\alpha\rho\epsilon\varsigma$ d. i. ($\dot{\alpha}\mu\varphi\acute{\iota}\sigma\tau\alpha\nu\tau\epsilon\varsigma$) und $\dot{\epsilon}\rho\nu$-
$\chi\tau\tilde{\eta}\rho\epsilon\varsigma$. Hesych. s. v. $\dot{\alpha}\mu\pi\acute{\iota}\tau\tau$. u. Athenae. VI p. 271.
2) Pausan. IV, 16, 3, dessen Angabe offenbar aus Tyrtäus geflossen ist.
3) Xenoph. Hell. VII, 1, 12. Sie wurden $\delta\epsilon\sigma\pi\sigma\sigma\iota\sigma\nu\alpha\tilde{\upsilon}\tau\alpha\iota$ genannt, nach Myron bei Athenae. a. a. O. und Eustath. zu Il. XV, 431. Dafs sie dort als Freigelassene erscheinen, ist wohl nur ungenauer Ausdruck; aber sie mochten in der Regel für ihre Dienste freigelassen werden.
4) Thucyd. IV, 80. VII, 19. Xenoph. Hell. VI, 5, 28.
5) Thucyd. V, 34. Dafs die abgesandten sämmtliche Neodamoden gewesen seien, deutet der Artikel an, $\mu\epsilon\tau\dot{\alpha}$ $\tau\tilde{\omega}\nu$ $\nu\epsilon\sigma\delta\alpha\mu\omega\delta\tilde{\omega}\nu$, der, da vorher gar keiner Neodamoden Erwähnung gethan worden ist, nur diese Erklärung zuläfst.

tos Heloten und Neodamoden, zusammen sechshundert, nach Sicilien. Auch nach Syrakus führte Gylippos im J. 414 nur Heloten und Neodamoden: die Zahl wird nicht angegeben. Im J. 400 fochten unter Thimbron gegen tausend Neodamoden in Asien, und Agesilaus unternahm es, mit dreifsig Spartiaten, zweitausend Neodamoden und sechstausend Bundesgenossen den Krieg gegen Persien zu führen.[1]) Nach der von Xenophon beschriebenen Geschichtsperiode kommen sie aber nicht mehr vor, und es läfst sich denken, dafs die Spartaner eine Menschenclasse, die ihre Entstehung nur dem dringenden Bedürfnisse des Krieges verdankte, nicht weiter zu vermehren rathsam gefunden haben. Ob übrigens die wegen geleisteten Kriegsdienstes freigelassenen alle sogleich in die Classe der Neodamoden übergegangen seien, oder, wie Einige gemeint haben,[2]) erst ihre Kinder, ist freilich mit Sicherheit nicht zu entscheiden; doch ist die letztere Meinung wenigstens sehr schwach begründet. Sie beruht nämlich allein auf zwei Stellen des Thukydides,[3]) wo Neodamoden und die freigesprochenen Brasideer neben einander genannt werden. Daraus läfst sich jedoch nichts weiter schliefsen, als dafs die blofse Freisprechung allein noch nicht genügte um den Heloten zum Neodamoden zu machen, aber es ist sehr möglich, dafs hiezu nun auch weiter nichts gehörte, als dafs der Freigelassene sich irgendwo ansiedelte und einer Gemeinde oder Genossenschaft zugeordnet wurde. Den Brasideern wurde ausdrücklich freigestellt, sie sollten wohnen dürfen wo sie wollten. Daraus scheint zu folgen, dafs andern dies nicht freigestellt sondern ein bestimmter Wohnort angewiesen sei, entweder in den Periökenstädten oder in Dorfschaften auf den Staatsländereien. Der Staat trug gewifs Sorge, dafs ihrer nirgends zuviele zusammenwohnten. Sie mochten nun, wie die Perioken, Gewerbe treiben, oder als Lohnarbeiter oder Pächter das Land bauen, vielleicht im Periökenlande selbst Grundbesitz erwerben können, oder der Staat mochte auf irgend eine Weise für ihr Unterkommen und ihre Subsistenz sorgen: über alles dies können wir nichts sagen, weil sich in den Quellen nichts darüber findet. Nur soviel ist wohl gewifs, dafs sie nicht unter die spartanische Bürgerschaft, auch nicht als

---

1) Thucyd. VII, 19 u. 48. Xenoph. Hellen. III, 1, 4. 4, 2. Agesil. c. 1, 7. Plut. Ages. c. 6.
2) Th. Arnold zu Thucyd. V, 34 bei Poppo III, 3 p. 529.
3) V, 34 u. 67.

minderberechtigte, aufgenommen wurden.¹) Sie standen ohne Zweifel den Periöken am nächsten, unter denen sie auch bei weitem zum gröfsten Theil wohnen mochten, wenn nicht als eigentliche Mitglieder der Periökengemeinden, so doch als Beisassen. Andere Freilassungen von Heloten kamen gewifs nur selten vor, da es, wie schon bemerkt ist, nicht dem Einzelnen zustand, einem Heloten seines Gutes die Freiheit zu gewähren, sondern nur der Staatsgewalt. Am häufigsten wurden die sogenannten Mothakes befreit, d. h. Helotenkinder, welche mit Kindern der Spartaner zusammen auferzogen waren. Ohne Zweifel waren dies meistens oder immer uneheliche Söhne spartanischer Herren mit helotischen Weibern, und wir hören, dafs ihnen nicht blofs die Freiheit, sondern manchen auch Bürgerrecht gewährt worden sei.²) Dies wird namentlich dann geschehen sein, wenn sie von ihren Vätern durch Adoption gleichsam legitimirt und mit einem Erbe ausgestattet wurden, welches hinreichte sie als Bürger zu unterhalten. Dafs es aber hiezu doch einer Genehmigung der competenten Behörde bedurft habe, ist wohl von selbst klar: auch wissen wir, dafs überhaupt Adoptionen nur von den Königen, also auch nicht ohne öffentliche Auctorität, vorgenommen werden konnten. Solche legitimirte Mothakes waren z. B. Lysander, ein Sohn des Herakliden Aristokritus, und Gylippus, Sohn eines angesehenen Spartiaten Kleandridas: und beide erscheinen durchaus als vollberechtigte Bürger. Ueber die nicht legitimirten, also auch nicht in die Bürgerschaft aufgenommenen Mothakes und ihre Stellung im Staate fehlt es durchaus an Nachrichten.

Ein ganz singulärer Fall von Freilassungen soll im ersten messenischen Kriege vorgekommen sein, zwischen 743—723, da wegen des grofsen Verlustes an Männern eine grofse Anzahl von Häusern einzugehen drohten. Man gesellte, heifst es, deswegen den kinderlosen Wittwen und unverheiratheten Töchtern Heloten zu, um Kinder mit ihnen zu erzeugen. Sie hiefsen daher Epeunakten d. h. Bettgenossen, und wurden nun nicht mehr

---

1) Alle Stellen der Alten über sie reden nur von Freiheit, keine einzige von Bürgerrecht; und auch der Name neue Damoden berechtigt keinesweges an das spartanische Bürgerrecht zu denken. Vgl. meine Abhandl. de Spartanis Homoeis (Gryph. 1855) p. 20. od. Opusc. ac. I p. 131.
2) Phylarch bei Athenae. VI p. 271 (in C. Müller Fragm. hist. gr. I p. 347), gegen den das Zeugnifs des Aelian. V. H. XII, 43, der alle Mothakes zu Bürgern macht, nicht gehört zu werden verdient. — Aeufserungen wie die der Thebaner bei Xenoph. Hell. III, 5, 12, dafs die Spartaner Heloten als Harmosten über die Städte setzten, womit Isokrat. Paneg. §. 111

als Heloten, sondern als Freie, ja selbst als Bürger, wenn auch wohl schwerlich als Vollbürger behandelt.¹) Indessen stellen Andere die Sache etwas anders dar,²) wenn auch die Sage, dafs damals viele Kinder aus nicht legitimen Ehen geboren seien, allgemein ist. Diese sollen Parthenier genannt sein, und da man ihnen nicht die vollen Rechte des Bürgerthums zugestand, soll Unzufriedenheit unter ihnen entstanden sein, und ihre Aussendung als Colonisten nach Tarent veranlafst haben.

Freigelassene, die nicht zur Classe der Neodamoden gehörten, kommen unter den Benennungen **Entlassener** oder **Herrenloser** (ἀφέται, ἀδέσποτοι) vor,³) sie sind aber gewifs nicht sowohl aus der Helotie, als aus der Zahl der eigentlichen Sklaven hervorgegangen, deren es, wenn auch nicht viele, doch einige auch bei den Spartanern gab, durch Kriegsgefangenschaft oder durch Kauf erworben.

b) *Die Periöken.*

Die zweite Classe der spartanischen Unterthanen sind die Periöken, d. h. diejenigen Bewohner der Landschaft, welche allmählig aus dem Verhältnifs gleichberechtigter Verbündeten, deren Fürsten nur die spartanischen Könige als Oberkönige anzuerkennen hatten, in den Zustand politischer Abhängigkeit gerathen waren, und dem spartanischen Staate, ohne an seiner Verwaltung theilzunehmen, nur zu gehorchen und gewisse theils persönliche theils sachliche Leistungen zu prästiren hatten. Auch sie überwogen, nachdem die Unterwerfung des gesammten Gebietes vollendet war, die Spartaner um ein bedeutendes an Zahl, und wenn aus der angeblich lykurgischen Aeckervertheilung ein Schlufs gezogen werden darf, so mufs zu einer gewissen Zeit das Verhältnifs beider wie dreifsig zu neun gewesen sein. Alte Schriftsteller reden von hundert lakonischen Städten,⁴) wohl nur in runder Zahl, die wir uns nothwendig alle als Periökenstädte denken

---

zu vergleichen, sind offenbar invidiös, und wohl von Leuten aus der Classe der Mothakes zu verstehen.
1) Theopomp. bei Athenae. VI p. 271 C. (Müller Fr. h. gr. I p. 310). Justin. III, 5, 4.
2) Antioch. bei Strab. VI p. 278 (Müller p. 184). Ephor. bei dems. VI, 279 (Müller p. 247).
3) Athenae. VI p. 271.
4) Die Stellen sind vollständig gesammelt bei Clinton Fast. Hell. II p. 401 ff. (410 Kr.).

müssen. Es gehören aber zu diesen hundert Städten auch mehrere aufserhalb des eigentlichen Lakoniens belegene, wie z. B. Thuria und Aethäa in Messenien und Anthana in dem Ländchen der Kynurier, welches die Spartaner, wie oben schon bemerkt ist, nicht vor der Mitte des sechsten Jahrhunderts in bleibendem Besitz hatten. Einige Andeutungen berechtigen uns zu der Vermuthung, dafs die Dorier bei der Unterwerfung des Landes ein ähnliches Verfahren beobachteten, wie es von den Römern in gröfserem Mafsstabe bei der Unterwerfung Italiens beobachtet wurde. Sie schickten nämlich eine Anzahl der Ihrigen als Colonisten in die Städte der Besiegten, um diese in Gehorsam zu erhalten und als Präsidium zu dienen. Von Geronthrä z. B., welches die Spartaner unter dem Könige Teleklos (um d. J. 700) unterworfen haben sollen, heifst es, dafs die früheren Bewohner ausgetrieben und Colonisten von den Siegern hingeschickt seien.[1]) An eine völlige Vertreibung der alten Einwohner ist natürlich nicht zu denken.[2]) Einige mochten auswandern, die Mehrzahl blieb zurück, wurde aber auf dem platten Lande zu wohnen genöthigt, und die Stadt von den Doriern und denen, auf deren Treue diese am meisten bauen konnten, in Besitz genommen. Dasselbe geschah denn auch anderswo, und wenn eine Stadt wie Pherä an der Küste des vormaligen Messeniens von einem römischen Schriftsteller eine Colonie der Lakedämonier genannt wird,[3]) so ist das ebenso zu verstehn. Pherä gehörte nämlich zu denjenigen messenischen Städten, deren Bewohner nicht, wie die Mehrzahl der übrigen, zu Heloten gemacht worden, sondern in das Periökenverhältnifs getreten waren.[4]) In gleichem Sinne werden die Kytherier vom Thukydides bald Periöken bald Colonisten der Lakedämonier genannt und als Dorier bezeichnet.[5]) Es ist beides wahr: die Kytherier, vorher Achäer, ebenso wie die Bevölkerung des gegenüber liegenden Festlandes, waren durch die Eroberung von den Spartanern in die Zahl ihrer Periöken eingereiht und zugleich durch hingesandte Colonisten mehr und mehr dorisirt worden, obgleich diese Dorisirung auch wohl schon früher von Argos aus, unter dessen Herrschaft die Insel vorher gestanden hatte, begonnen war. Nicht anders war es mit

---

1) Pausan. III, 22. 5.
2) Vgl. die verständige Bemerkung von Clavier, Hist. des prem. temps de la Grèce, II p. 99.
3) Corn. Nep. Con. c. 1 vgl. mit Xenoph. Hell. IV, S, 7.
4) Pausan. III, 3, 4.   5) Thucyd. VII, 57 u. IV, 53.

den Kynuriern, einem ursprünglich ionischen, aber durch die argivische und dann durch die spartanische Herrschaft dörisirten Völkchen.¹) Und derselbe Procefs der Dorisirung ist denn auch noch früher in Lakonien selbst mit den achäischen Bewohnern vorgegangen, als sie abhängige Periöken geworden und Colonisten von Sparta aus unter ihnen angesiedelt waren, weshalb denn auch Herodot den achäischen Stamm im Peloponnes nur auf die Nordküste allein beschränkt, die übrigen ehemals von ihnen besetzten Landschaften aber, also auch Lakonien, von Doriern bewohnt werden läfst, obgleich eigentlich nur der herrschende Theil der Bevölkerung dieser Landschaften wirklich dorischen Stammes war, der jedoch die andern sich zu assimiliren vermocht hatte. Was nun aber das staatsrechtliche Verhältnifs dieser Periöken zu den herrschenden Spartanern betrifft, so ist es schwer zu glauben, dafs es für alle ohne Ausnahme ganz ein und dasselbe gewesen sei. Sie waren zu verschiedenen Zeiten und gewifs auch auf verschiedene Weise, die einen nach langem und heftigem Widerstande, die andern ohne schwere Kämpfe zur Unterwerfung gebracht; sie gehörten verschiedenen Stämmen an: die meisten waren freilich achäisch, aber die Kynurier ionisch, die Bewohner von Belbina, von Skiros, also ohne Zweifel auch die von Aigys, arkadisch:²) und von einigen wissen wir, dafs sie wenigstens hinsichtlich des Kriegsdienstes, den sie zu leisten hatten, von den übrigen verschieden gestellt gewesen seien. Die Skiriten nämlich bildeten beim Heere ein besonderes Corps leichter Infanterie, welches vorzugsweise zum Vorpostendienst im Lager, zum Avant- und Arrieregardendienst auf dem Marsche gebraucht wurde, und in der Schlacht seine bestimmte Stelle auf dem linken Flügel hatte.³) So läfst sich denn wohl annehmen, dafs auch Andern die Art und das Mafs ihrer Leistungen verschieden bestimmt gewesen sei, je nachdem die Spartaner bei ihrer Unterwerfung ihnen billigere oder härtere Bedingungen zuzugestehen für angemessen gehalten, und dafs es also manche Abstufungen unter ihnen gegeben habe. Wir sind aber darüber nicht näher unterrichtet. Am ungünstigsten schildert Isokrates ihr Verhältnifs, wenn er sagt,⁴) sie seien geknechtet nicht weniger als die Sklaven, es sei ihnen von ihrem

---

1) Herodot. VIII, 73: *ἐκδεδωρίευνται*.
2) Pausan. VIII, 35. 5. Steph. Byz. s. v. *Σκῖρος*.
3) Xenoph. de republ. Lac. 12, 3 mit Haase's Anmk. p. 235.
4) Panathen. §. 178 ff.

Lande nur der schlechteste Theil und nur so wenig gelassen worden, dafs sie kaum davon leben könnten, während die Sieger das meiste und beste für sich genommen hätten; ihre Städte verdienten gar nicht Städte zu heifsen, sondern hätten weniger zu bedeuten als die Demen in Attika; sie genössen keines der Rechte freier Männer, hätten aber dagegen die Mühen und Gefahren im Kriege vorzugsweise zu tragen; endlich, was das ärgste, den Ephoren in Sparta sei die Macht gegeben, soviele von ihnen als sie wollten ohne Urtheil und Recht zu tödten. Dafs hierin vieles gehässig übertrieben sei, springt in die Augen. Wie hätten die Spartaner einer so unterdrückten und geknechteten Classe die Waffen anvertrauen dürfen? Und doch wissen wir, dafs die Periöken in ihren Heeren nicht blofs als Leichtbewaffnete, sondern auch, gleich ihnen selbst, als Hopliten dienten, und dafs sie den spartanischen Hopliten nicht nur gleich an Zahl, sondern oft auch überlegen waren, ja die Hauptstärke des Heeres bildeten, während der Spartiaten nur einige wenige dabei waren. Aber weder im Kriege hören wir von Untreue und feindseliger Gesinnung der Periöken, noch bei andern Gelegenheiten. Als nach dem zerstörenden Erdbeben im J. 464 die Heloten, namentlich die messenischen, sich in Masse gegen die Spartaner erhoben, blieben die Periökenstädte, bis auf zwei in Messenien belegene, ihnen treu,[1]) und dieselbe Treue bewiesen sie ihnen auch später, bis nach der Schlacht bei Leuktra, wo allerdings viele, doch keinesweges alle, oder auch nur die meisten, zu den Thebanern abfielen.[2]) So schlimm also, wie Isokrates es schildert, kann ihr Verhältnifs nicht gewesen sein, wenn man auch annimmt, dafs jene Treue nicht sowohl aus Zufriedenheit mit ihrer Lage und aus Zuneigung zu ihren Gebietern zu erklären sei, als aus der Schwierigkeit, sich zu einer gemeinschaftlichen Unternehmung gegen die wohlorganisirte und alle Bewegungen der Unterthanen sorgfältig bewachende Regierung zu vereinigen. Denn dafs es an Unzufriedenheit unter den Periöken nicht gefehlt habe, geht schon aus den Worten des Kinadon bei Xenophon hervor,[3]) da er sie neben den Heloten und Neodamoden als solche nennt, auf deren Beistand er bei seinen Umsturzplanen mit Sicherheit rechnen könne; weil sie vom bittersten Hafs gegen die Spartaner erfüllt seien. Diese Unzufriedenheit ist aber auch ohne besondern Druck schon allein aus dem Unterthanenverhältnifs zu erklären, das sie von

---

1) Thucyd. I, 101. 2) Xenoph. Hell. VI, 5, 25. 32. VII, 2, 2.
3) Hellen. III, 3, 6.

aller Theilnahme an der Regierung und Verwaltung des Gesammtstaates ausschlofs, und aus dem Neide, den die allerdings ihnen gegenüber unendlich bevorrechteten Spartaner ihnen erregen mufsten. Denn das läfst sich mit voller Gewifsheit behaupten:[1]) die Periöken waren nicht blofs von allen obrigkeitlichen Stellen des spartanischen Staates, sondern auch von den Volksversammlungen desselben ausgeschlossen, und hatten den Beschlüssen und Befehlen der Spartaner lediglich zu gehorchen. In ihren Communalangelegenheiten mochten sie sich einer gewissen Selbständigkeit erfreuen, die einen mehr, die andern weniger; dafs aber überall die unter den Unterworfenen angesiedelten spartanischen Colonisten einen bevorrechteten Stand gebildet haben müssen, ist nicht zu bezweifeln. Aus diesem mochten denn auch die Communalbeamten gewählt werden. Die Oberaufsicht aber wurde natürlich von Sparta ausgeübt, und zu diesem Zwecke, sowie überhaupt zur Handhabung des Regiments gewisse Beamte von dort aus hingesandt. Von Kythera wissen wir dies gewifs: der dorthin gesandte Beamte führte den Titel Kytherodikes:[2]) von den andern Periöken ist es nicht ausdrücklich bezeugt, doch findet sich bei einem alten Grammatiker[3]) die Angabe, es habe zwanzig Harmosten bei den Lakedämoniern gegeben. Dafs dabei nicht an die aus den Geschichtschreibern bekannten Harmosten zu denken sei, welche die Spartaner nach ihrem Siege im peloponnesischen Kriege in den unterworfenen auswärtigen Städten anstellten, ist klar, und wenn man also jene Angabe von zwanzig Harmosten nicht als eine lediglich aus der Luft gegriffene ansehen will, wozu doch kein triftiger Grund vorhanden ist, so liegt es sehr nahe, an eine Eintheilung des Periökenlandes in zwanzig Bezirke zu denken, deren jedem ein Harmostes als Vogt vorgesetzt gewesen sei. Und zur Unterstützung dieser Vermuthung könnte vielleicht auch Folgendes dienen. Wir haben oben (S. 203) gesehen, dafs vormals Lakonien in fünf Gebiete, mit Ausnahme des spartanischen, getheilt gewesen sein soll: ebensoviele werden uns in Messenien genannt,[4]) zusammen also zehn: und diese alte Eintheilung kann dann sehr wohl auch die Anzahl der Harmosten bestimmt haben, so dafs aus jedem jener früheren Gebiete jetzt zwei Bezirke gemacht und zwei Harmosten ihnen vorgesetzt wurden. Man hat dagegen freilich eingewandt, dafs nach Isokrates die Gerichtsbarkeit über die Periöken von den Beamten der

---

1) Vgl. Müller, Dor. II S. 24 f.   2) Thucyd. IV, 53.
3) Schol. Pindar. Ol. VI, 154.   4) Ephor. bei Strab. VIII p. 361.

Hauptstadt Sparta selbst unmittelbar ausgeübt worden sein müsse, weil nämlich dieser sagt, die Ephoren hätten Macht gehabt, jeden Periöken ohne Urtheil und Recht zu tödten. Aber dieser Einwand ist so schwach, dafs er kaum ernstlich gemeint sein kann. Denn eben jenes ohne Urtheil und Recht zeigt ja, dafs hier gar nicht von einer eigentlichen Gerichtsbarkeit, von Ausübung des richterlichen Amtes und Rechtspflege die Rede sei, sondern von staatspolizeilichen Mafsregeln, zu welchen die Ephoren gegen die Periöken befugt gewesen seien.

Von den Leistungen der Periöken wissen wir nur soviel, dafs sie theils in Kriegsdienst theils in gewissen Abgaben bestanden haben. Ueber die Gröfse und Beschaffenheit dieser letztern werden wir nicht belehrt: sie werden aber wohl schwerlich dieselben für alle gewesen sein. Nach dem ersten messenischen Kriege, als die Messenier zwar zu Unterthanen, aber noch nicht zu Heloten gemacht worden waren, ward ihnen auferlegt, die Hälfte ihres Ertrages an Sparta abzugeben,[1]) und so mögen wir annehmen, dafs ebendies auch den weniger begünstigten Periöken auferlegt gewesen sei, während andere eine mäfsigere Abgabe zu entrichten hatten. Im Kriege dienten sie, wie schon oben bemerkt ist, nicht blofs als Leichtbewaffnete, sondern auch als Hopliten, und auch hierin mag wohl eine Verschiedenheit zwischen den einzelnen stattgefunden haben. Schon im ersten messenischen Kriege kämpften Periöken im spartanischen Heere.[2]) In der Schlacht bei Plataä fochten neben fünftausend spartanischen Hopliten ebensoviele der Periöken, und aufserdem noch etwa fünftausend von ihnen als Leichtbewaffnete.[3]) Leonidas hatte bei Thermopylä siebenhundert Periöken und nur dreihundert Spartaner.[4]) In der Schlacht bei Leuktra waren nur siebenhundert Spartaner, und doch war Kleombrotos mit vier Moren ausgezogen,[5]) die zum wenigsten zweitausend Mann enthalten mufsten; also können die übrigen nur Periöken und etwa Neodamoden gewesen sein. Dafs die Periöken nicht blofs als Gemeine dienten, sondern auch die unteren Befehlshaberstellen bei ihren Heerabtheilungen bekleideten, kann keinem Zweifel unterliegen. Selbst als Befehlshaber einer Flotte, zwar keiner spartanischen, aber doch einer bundesgenossischen, finden wir im peloponnesischen Kriege einen Periöken.[6])

---

1) Tyrtaeus bei Pausan. IV, 14, 3. 2) Pausan. IV, 8, 1 u. 11, 1.
3) Herodot. IX, 11. 28. 29. 4) Diodor. XI, 4.
5) Xenoph. Hellen. VI, 1, 1 u. 4, 15. 6) Thucyd. VIII, 22.

Die friedlichen Beschäftigungen der Periöken bestanden aufser dem Ackerbau in dem Betrieb der mancherlei Handwerke und Gewerbe, mit denen sich zu befassen den spartanischen Herren als unverträglich mit ihrer Stellung vorkam und selbst gesetzlich untersagt war.[1]) Manche lakonische Fabrikate waren auch im Auslande wegen ihrer Güte beliebt, wie Trinkbecher, Wagen, Waffen, Schuhzeug, Mäntel u. dgl., und auch in den höheren Künsten der Toreutik und Erzgiefserei thaten sich manche unter ihnen so hervor, dafs die Kunstgeschichte ihre Namen erhalten hat. Denn dafs Chartas, Syadras, Dontas und andere Künstler dieser Art nicht Spartaner, wie Pausanias sie nennt, sondern nur Periöken gewesen sein können, ist von selbst klar.[2]) Auch der Handel mit dem Auslande, um fremde Waaren, deren man nicht entbehren konnte, einzukaufen, einheimische abzusetzen, lag nothwendig nur in ihren Händen. Von Kythera, der von Periöken bewohnten Insel, lesen wir,[3]) dafs sich hier libysche und ägyptische Handelsfahrzeuge eingefunden haben, und die lakonischen Seestädte trieben auch selbst Schiffahrt, und nur durch sie konnte Sparta in den Stand gesetzt werden, Flotten zum Seekriege auszurüsten. Den Ackerbau betrieben die Periöken wohl meistentheils persönlich oder, wenn durch Sklaven, doch nicht durch Heloten. Denn dafs auf den ihnen überlassenen Gütern solche gesessen haben, ist sehr unwahrscheinlich, mit Ausnahme derer, die den von Sparta in die Periökenstädte ausgesandten Colonisten angewiesen waren: diese mufsten freilich Heloten haben. Aufserdem gab es deren auch nothwendig in denjenigen Theilen der Periökenbezirke, welche nicht an Privatbesitzer vergeben waren, sondern dem Staate unmittelbar zugehörten. Dafs die den Periöken gelassenen Güter nur klein gewesen seien, haben wir oben den Isokrates klagen gehört: kleiner als die spartanischen waren sie gewifs; ob aber überall gleich, wie angegeben wird, müssen wir dahingestellt sein lassen.

c) *Die Spartiaten.*

Die regierende, Heloten und Periöken beherrschende Bürgerschaft führte ihren unterscheidenden Namen, Spartaner, oder nach der griechischen Form Spartiatā, von der Haupt-

---

1) Plutarch. Lycurg. c. 4. Aelian. V. H. VI, 6.
2) Vgl. Müller Dor. II S. 28. 29. u. Feuerbach Schr. II S. 165f.
3) Thucyd. IV, 53.

stadt Sparta, im oberen Eurotasthale etwa zwanzig Stadien oder eine halbe Meile nördlich von Amyklä. Es war aber Sparta von andern griechischen Städten merkwürdig verschieden dadurch, dafs es nicht, wie diese, zusammengebaut und von einer Ringmauer umschlossen war, sondern aus mehreren nahe bei einander liegenden Ortschaften oder Komen bestand,[1]) deren fünf gewesen zu sein scheinen, obgleich wir nur vier mit Sicherheit zu nennen vermögen, nämlich Pitana, Mesoa, Limnä oder Limnäon und Kynosura.[2]) Die fünfte war wohl das eigentlich sogenannte Sparta, dessen Name, als der ältesten und von den Doriern gleich anfangs besetzten Ortschaft, nachher auch als Gesammtbenennung für alle zusammen diente.[3]) Spartiaten werden die herrschenden Bürger des lakonischen Staates immer genannt, wo es auf genaue Bezeichnung ankommt, während der Name Lakedämonier ihnen mit den Periöken gemein ist, der freilich von den Schriftstellern oft genug auch da gebraucht wird, wo eigentlich nur jene zu verstehen sind, so oft nämlich für den Kundigen kein Mifsverständnifs aus dieser allgemeineren Benennung entstehen kann, welche übrigens auch in ihrer allgemeinen Bedeutung doch nur die Periöken mitumfafst, die Heloten aber ausschliefst. Es bestanden aber die Spartiaten, wenigstens der weit überwiegenden Mehrzahl nach, aus den Nachkommen jener Dorier, welche einst das Land erobert hatten. Ob die Anführer derselben, die Herakliden, wirklich, wie die Sage will, achäischen Stammes gewesen seien, darf hier unerörtert bleiben: ich finde indessen keinen Grund, den allgemeinen Volksglauben, zu dem auch der König Kleomenes I. sich einst ausdrücklich bekannte,[4]) schlechthin zu verwerfen. Aber auch manche andere undorische Bestandtheile wurden in früherer Zeit hinzugemischt. Kadmeische Aegiden sollen sich den Doriern auf ihrem Zuge angeschlossen und ihnen bei der Bezwingung der Achäer geholfen haben.[5]) Der heraklidische Anführer Aristodemus war mit einer

---

1) Thucyd. I, 10.
2) Pausan. III, 16, 6. VII, 20, 4. Strab. VIII, 364.
3) So erklärt sich, wie dieselbe Ortschaft Limnä theils ein προάστειον, theils ein μέρος τῆς Σπάρτης heifsen konnte (Strab. p. 363 u. 364); jenes, wenn Sparta im engern, dieses, wenn es, wie gewöhnlich, im weitern Sinne genommen ward.
4) Als er auf der Burg von Athen in das Heiligthum der Göttin gehen wollte, verwehrte es ihm die Priesterin; denn es sei nicht erlaubt, dafs ein Dorier jenes betrete. Aber, antwortete er, ich bin kein Dorier, sondern ein Achäer. Herodot. V, 72.
5) Pindar. Isthm. VI, 12 (VII, 18).

Frau dieses kadmeischen Geschlechts vermählt, und der Bruder dieser Frau, Theras, soll selbst als Vormund der unmündigen Söhne, Eurysthenes und Prokles, die Regierung geführt haben.[1]) Im ersten messenischen Kriege stand neben den Königen Polydoros und Theopompos ein Aegide, Euryleon, als dritter Anführer an der Spitze des Heeres,[2]) und ein Heiligthum des Kadmos, des mythischen Ahnherrn dieses Geschlechtes, befand sich in Sparta selbst.[3]) Von dem Geschlechte der Talthybiaden, welchem das Heroldsamt im spartanischen Staate erblich zugehörte, ist wohl mit Gewißheit anzunehmen, daß es den Spartiaten zugezählt worden sei, obgleich es sich von dem Herolde der Pelopiden, Talthybios, ableitete,[4]) also achäischen Stammes war. Ueberhaupt aber wird uns ausdrücklich und glaubhaft bezeugt, daß in den früheren Zeiten die Spartiaten nicht wenig Fremde aus den lakonischen Orten, also Achäer, unter sich aufgenommen haben,[5]) und es läßt sich auch wohl begreifen, daß sie, wenn unter denen, mit welchen sie um die Herrschaft des Landes zu kämpfen hatten, einige unter der Bedingung gleicher Berechtigung sich an sie anzuschließen bereit waren, ein solches Mittel sich zu verstärken und ihre Gegner zu schwächen nicht verschmäht haben. Erst nachdem sie sich in der Herrschaft festgesetzt und ihre Macht consolidirt hatten, trat strengere Abschließung ein, und Aufnahme unter die Bürgerschaft, welche der gesammten übrigen Bevölkerung gegenüber einen hochbevorrechteten Herrenstand bildete, trat so selten ein, daß Herodot die zur Zeit des zweiten persischen Krieges erfolgte Einbürgerung zweier Eleer für das einzige bekannte Beispiel dieser Art erklärt.[6]) Daß die Spartiaten nach Herodot's Zeit freigebiger mit Ertheilung ihres Bürgerrechtes geworden sein sollten, wird sich schwerlich Jemand einbilden. Von den Neodamoden haben wir oben gesehen, daß sie nicht Bürger geworden seien; die Mothakes, welche bisweilen Bürger wurden, waren legitimirte Söhne spartanischer Herren, und wurden gewiß nur dann aufgenommen, wenn sie sich nicht nur durch ihre Führung der Ehre würdig erwiesen

---

1) Herodot. IV, 147. Pausan. IV, 3, 3.   2) Pausan. IV, 7, 3.
3) Ebend. III, 15, 6.   4) Herodot. VII, 134.
5) Ephor. bei Strab. VIII p. 364. 366. Aristot. Polit. II, 6, 12. Durch die Ausdrücke ξένοι und ἐπήλυδες bei Strabo wird sich schwerlich Jemand verleiten lassen, lieber an Ausländer als an undorische Landeseinwohner zu denken.
6) Herod. IX, 35. Plato jedoch Legg. I p. 629 A. und Plutarch, Apophth. Lac. tom. VIII p. 230 Hutt. (II p. 156 Tauchn.) lassen auch den Tyrtaeus unter die Bürgerschaft aufgenommen sein.

hatten, sondern auch mit einer genügenden Ausstattung versehen werden konnten. Dasselbe mochte auch bisweilen mit Fremden geschehn, die als Kinder von ihren Vätern nach Sparta geschickt waren, um an der dortigen Erziehung theilzunehmen, was in den Zeiten, wo die Zucht in andern Städten verfallen war, nicht gar selten vorgekommen zu sein scheint;[1]) aber es geschah dann auch wohl nur solchen, die sich als tüchtig und würdig erwiesen hatten, und war für diejenigen, die nicht Mittel fanden, sich in Sparta ansäfsig zu machen und Grundbesitz zu erwerben, nur eine Ehrenbezeugung, durch die sie zur Ausübung der wichtigsten bürgerlichen Rechte gewifs nicht befähigt wurden. Was ein späterer namenloser Schreiber sagt, jeder Fremde, selbst Scythen, Triballer, Paphlagonier, wenn sie sich der spartanischen Zucht unterzogen, seien Lakonen geworden, womit er offenbar Bürger meint,[2]) ist zu abgeschmackt, um widerlegt zu werden.

Ob nun aber jene in der früheren Zeit zahlreich aufgenommenen Fremden auch einer der drei bei sämmtlichen Doriern nachweisbaren Phylen der Hylleis, Dymanes und Pamphyloi[3]) einverleibt, oder ob eine oder mehrere Phylen neben diesen gebildet worden seien, ist eine Frage, auf die sich bei dem Mangel an bestimmten Nachrichten keine zuversichtliche Antwort geben läfst. Der Name der dritten dieser Phylen bezeichnet Leute von allerlei Volksstämmen, und berechtigt zu der Vermutbung, dafs in diese Phyle alle die Fremden aufgenommen worden seien, die sich den Doriern angeschlossen hatten, und es läfst sich annehmen, dafs Aufnahmen unter die Pamphylen auch während des Heraklidenzuges und nach demselben noch stattgefunden haben. Darauf mag auch die Sage deuten, dafs Pamphylos, der Epony-

---

1) S. Haase zu Xenoph. de rep. Laced. p. 187. Solche zur Erziehung nach Sparta geschickte junge Leute sind die sog. τρόφιμοι bei Xenoph. Hellen. V, 3, 9. Grofs war ihre Zahl gewifs nicht, und sie mit den Mothakes zu verwechseln oder gar, mit Manso, für eine eigene Classe von Bürgern zu halten, ist ganz verkehrt. Dafs Xenophon ihrer a. a. O. unter den Begleitern des Agesipolis auf seinem Feldzuge nach Asien ausdrücklich erwähnt hat, ist wohl daraus zu erklären, dafs seine eigenen Söhne auch darunter waren, (Diog. L. II, 54,) und darf uns nicht verleiten, sie uns besonders zahlreich zu denken.
2) S. den angebl. Brief des Heraklit bei Boissonade zu Eunap. p. 425 (oder Westermann in dem Progr. Leipz. 1857 p. 14.). Etwas gemäfsigter heifst es in den sog. plutarchischen Institt. Lacon. no. 22: Einige sagen, dafs auch Fremde, die sich der lykurgischen Zucht unterzögen, nach dem Willen des Gesetzgebers am Bürgerrecht haben theilnehmen sollen. Richtiger wird es heifsen: nur wenn sie u. s. w.
3) Vgl. oben S. 139 u. Müller, Dor. II, 75.

mos dieser Phyle, noch nach der Eroberung von Epidauros gelebt und die Orsobia, eine Tochter des Deiphontes, des Eidams des Temenos, geheirathet habe.[1]) Aber solche Einverleibung in Eine Phyle, die dadurch aufser Verhältnifs zu den beiden übrigen anwachsen mufste, konnte nicht dauernd sein, mag man sich nun die Phylen als gleich oder ungleich an Rechten denken. Denn im ersten Falle würde sie ein ihrer gröfseren Anzahl entsprechendes gröfseres Mafs von Rechten in Anspruch genommen haben, im zweiten aber noch viel weniger mit Minderberechtigung zufrieden gewesen sein. Dafs im spartanischen Staate ein Unterschied an Rechten zwischen den Phylen stattgefunden habe, kann mit Bestimmtheit geleugnet werden: dafs aber mit der ursprünglichen Eintheilung in drei Phylen eine Veränderung vorgenommen sein müsse, scheint sich aus den Worten einer angeblich lykurgischen Rhetra zu ergeben,[2]) welche vorschreibt, dafs der Stiftung der Gerusia und der Anordnung regelmäfsiger Volksversammlungen eine Eintheilung des Volkes in Phylen und Oben vorangehen sollte, wobei schwerlich weder an eine jedesmal zum Behuf der Wahl und Abstimmung zu beobachtende schon vorhandene Eintheilung[3]), noch auch an blofse Verstärkung der vorhandenen Phylen und Oben durch Aufnahme von bisher noch nicht darin begriffenen Leuten gedacht werden kann, sondern nur an eine jetzt eben erst zu machende Phylen- und Obeneinrichtung. Diese konnte immerhin die drei vorhandenen Geschlechterstämme bestehen lassen, aber neben ihnen eine andere topische Phyleneintheilung einführen, wie in Rom neben den drei Romulischen Tribus der Ramnes Tities und Luceres die Servianischen Localtribus eingeführt worden sind. Darüber läfst sich, wie nun einmal unsere Quellen sind, unmöglich etwas Gewisses ermitteln. Auch über die Oben, oder Unterabtheilungen der Phylen, sind wir in Ungewifsheit. Nach jener Rhetra hat man dreifsig annehmen zu müssen geglaubt, von denen dann, je nachdem man drei oder fünf Phylen annimmt, entweder

---

1) Pausan. II, 28, 8. Da Pamphylos ein Sohn des Aegimios gewesen sein soll (Apollod. II, 8, 3, 5), so müfste er viel über hundert Jahre alt gewesen sein, als er die Orsobia heirathete. Aber es ist klar, er heifst deswegen Sohn des Aegimios, weil der Stamm der Pamphylen schon vor der Heraklidenwanderung vorhanden war; seine Ehe mit der Orsobia aber deutet auf irgend ein Verhältnifs dieses Stammes zu dem, welchem Deiphontes angehörte, worüber jetzt Vermuthungen vorzutragen nicht der Ort ist.
2) Bei Plutarch. Lycurg. c. 6.
3) Dies ist Müller's Meinung, Dor. II S. 79. 80.

zehn oder sechs auf jede Phyle kommen würden; aber die Zahl dreifsig bezieht sich in jener Rhetra wahrscheinlich gar nicht auf die Oben, sondern auf die nachher genannte Gerusia.[1]) Wir müssen uns also damit begnügen, zu sagen dafs die Oben kleinere Theile der Phylen waren und dafs der Name eigentlich soviel als einen abgesonderten Bezirk bedeutet, woraus sich dann schliefsen läfst, dafs jede der so benannten Volksabtheilungen, folglich auch jede Phyle, einen kleineren oder gröfseren Bezirk der Stadt und ihrer nächsten Umgegend inne gehabt habe.

Isokrates[2]) läfst einen Lobredner der Spartaner sagen, es seien ihrer bei der Eroberung des Landes nicht mehr als zweitausend gewesen, worunter natürlich nur die Zahl der streitbaren Männer verstanden ist. Wanderten nun die Dorier, woran nicht zu zweifeln ist, mit Weib und Kind ein, so würde die Gesammtzahl sich etwa auf zehntausend stellen. Aber wie wenig ist auf die Aussagen des Rhetors namentlich in jenem wirklich etwas kindischen Product seines mehr als neunzigjährigen Alters zu geben! Ist seine Zahl nicht ganz willkürlich ersonnen, so mag man annehmen, dafs ihr eine alte Ueberlieferung zu Grunde liege, wonach der eigentlichen Spartiaten, d. h. derer, die Sparta selbst inne hatten, einst nicht mehr gewesen seien. Wir haben aber schon oben bemerkt, dafs die Dorier auch in andern Städten Lakoniens als Colonisten angesiedelt waren. Auch die übrigen bei andern Schriftstellern vorkommenden Zahlenangaben sind immer nur von jenen eigentlichen Spartiaten zu verstehen. Mehr als zehntausend sollen dieser nie gewesen sein:[3]) zur Zeit der lykurgischen Gesetzgebung, also in der ersten Hälfte des neunten Jahrhunderts betrug, nach den glaubwürdigeren Angaben, ihre Zahl viertausend und fünfhundert oder sechstausend, und etwa anderthalb Jahrhunderte später neuntausend.[4]) Damals, nach Beendigung des ersten messenischen Krieges, fand auch die letzte allgemeine Landassignation statt, wodurch sämmtliche Spartiaten mit Grundstücken von gleicher Gröfse ausgestattet wurden: und

---

1) Vgl. besonders Grote II p. 480 und Urlichs im N. Rhein. Mus. VI (1847) S. 216. Göttling, Vermischte Aufs. I S. 328 wollte die Zahl ganz streichen.
2) Panathen. §. 255. Metropulos S. 44 hält sich überzeugt, dafs bei Is. nicht δισχιλίων, sondern δ' χιλίων d. h. τετράκις χιλ. gelesen werden müsse.
3) Arist. Polit. II, 6, 12.
4) Plutarch. Lycurg. c. 8. Die Zahlangaben als dem wirklichen Bestande genau entsprechend anzunehmen wird keiner leicht geneigt sein: es sind eben nur runde Zahlen gesetzt.

solche Ausstattung wurde durch das Princip des spartanischen Staates nothwendig geboten. Die Bürger sollten durch den Ertrag eines von Heloten für sie bestellten Gutes der eigenen Arbeit für ihren Unterhalt überhoben und im Stande sein, allein ihren höheren bürgerlichen Pflichten zu leben, und es sollten die Güter für alle gleich sein, damit der Unterschied zwischen Armen und Reichen, als eine Quelle von Unzufriedenheit und Uneinigkeit, möglichst vermieden würde. Nach diesem Princip war denn auch schon gleich nach der ersten Besitznahme das damals eroberte Land assignirt worden:[1]) späterhin, als bei vermehrter Bürgerzahl die Gleichheit der Besitzungen gestört, viele arm, einige reich geworden waren, hatte man dem Uebel durch eine neue durchgreifende Agrargesetzgebung abgeholfen, indem man, mit Benutzung der inzwischen hinzugekommenen Eroberungen, alles Land wieder in gleiche Theile an die damals vorhandenen viertausend und fünfhundert oder sechstausend Spartiaten vertheilte:[2]) und endlich als zur Zeit des ersten messenischen Krieges die Zahl der Spartiaten wieder um ein Bedeutendes vermehrt, die Gleichheit des Besitzthums also nothwendig gestört war, erfolgte unter dem Könige Polydoros die letzte allgemeine Ackervertheilung, wozu ohne Zweifel das durch die Unterwerfung Messeniens gewonnene Land die Möglichkeit gewährte. Es wurden damals, der Zahl der Spartiaten entsprechend, neuntausend gleiche Loose gemacht und vertheilt. Auch das Periökenland soll zu dieser Zeit in dreifsigtausend Loose getheilt sein, eine Angabe, die uns wenigstens belehren kann, wie man sich das damalige Zahlenverhältnifs zwischen ihnen und den Spartiaten gedacht habe: eine Gleichheit des Besitzthums auch bei ihnen durchzuführen konnte aber schwerlich beabsichtigt sein. Nach den Zeiten des Polydoros kamen Landassignationen an die Bürger, wenn überhaupt, so doch nur vereinzelt und in geringer Zahl vor, wenn der Staat es zweckmäfsig fand, einen Theil der in seinem unmittelbaren Besitz verbliebenen Ländereien zur Ausstattung armer Bürger zu verwenden. Wie grofs die einzelnen Landloose gewesen, ist unmöglich anzugeben:[3]) wir

---

1) Platon. Legg. III p. 684.
2) Diese zweite Theilung ist die dem Lykurg zugeschriebene, die also nicht als eine unerhörte Neuerung anzusehen ist, sondern nur als Wiederherstellung des dem Staatsprincip angemessenen Zustandes.
3) Sehr unsichere Vermuthungen darüber geben Müller, Dor. II S. 41 und Hildebrand, Jahrb. f. Nationalökonom. XII S. 14. Vgl. auch Büchsenschütz S. 48.

müssen uns begnügen zu sagen, dafs sie hinreichen mufsten, einen für den anständigen Unterhalt des Besitzers genügenden Ertrag zu gewähren, und die auf ihnen lebenden Heloten, deren etwa sieben Familien auf jedem sein mochten, zu ernähren. Sie lagen, soviel als möglich, in dem mittleren Theile des Landes, in dem auch die Hauptstadt selbst belegen war, d. h. in dem Thale des Eurotas von Pellene und Sellasia an bis zu seiner Ausmündung in den lakonischen Busen, und dann, wie es scheint, an der Westküste dieses Busens bis zum Vorgebirge Malea,[1]) bildeten aber natürlich kein zusammenhängendes Gebiet, da in eben diesem Landestheile mehrere Periökenstädte, zum Theil ganz nahe bei Sparta belegen waren. Aber nicht wenige Spartiatengüter müssen auch aufserhalb dieses Theiles, namentlich in Messenien, gewesen sein, was aber auch gar kein Uebelstand war, da die Spartiaten nur in der Stadt wohnten, nicht auf ihren Gütern, von denen sie blofs den Ertrag zu beziehen hatten. Auch Eigenthümer derselben waren sie nicht, da ihnen durchaus kein freies Dispositionsrecht darüber zustand: sie durften sie weder theilen, noch verkaufen, noch verschenken, noch testamentarisch darüber verfügen:[2]) das Eigenthum verblieb dem Staate, von dem die Besitzer damit nur gleichsam belehnt waren, und es ist wohl nicht zu bezweifeln, dafs, wenn etwa ein Haus gänzlich ausstarb, das Gut an den Staat zurückgefallen sei. Nothwendig aber mufste Sorge dafür getragen werden, dafs die Zahl der Häuser möglichst erhalten, und die Gleichheit des Besitzthums der einzelnen Häuser bewahrt würde, obgleich wir über die Mittel, wodurch man dies zu erreichen gesucht, in unseren Quellen keine Belehrung finden, und deswegen nur Vermuthungen aufstellen könnten, mit denen am Ende wenig geholfen ist. Soviel läfst sich wohl mit Gewifsheit behaupten, dafs für die Fortpflanzung kinderloser Häuser durch Adoption von Söhnen aus verwandten mit mehreren Kindern gesegneten Häusern gesorgt worden, und Erbtöchter an unversorgte Männer gegeben seien, die dadurch zum Besitz eines Gutes gelangten. Wo solche Versorgung nicht möglich war, da mochten in früheren Zeiten Assignationen in dem noch unvertheilten Lande oder auch Colonienaussendungen aushelfen; wenn

---

1) Dies läfst sich aus der Anordnung des Königs Agis III (Plut. Ag. c. 8) schliefsen, von der mit Wahrscheinlichkeit anzunehmen ist, dafs sie den vormaligen Zustand habe erneuern sollen. So meint auch Müller, Dor. II S. 43.
2) Heraclid. Pont. c. 2. Plutarch. Agid. c. 5. Instit. Lacon. no. 22.

aber dergleichen nicht ausführbar war. — was namentlich in späteren Zeiten immer weniger der Fall sein mufste, — da blieb nichts anders übrig, als dafs mehrere Brüder zusammen in Einem Hause sich behalfen so gut sie konnten, und von dem Ertrage des Gutes und etwanigen sonstigen Vermögens lebten. Als eigentlicher Hausherr (ἑστιοπάμων) galt dann der Erstgeborene, der seine Brüder unterhielt, und, wenn er heirathete, auch wohl die Frau mit ihnen theilte.[1]) Ob dies ausdrückliche gesetzliche Vorschrift oder nur Sitte und Herkommen gewesen sei, ist um so weniger zu entscheiden, je unsicherer überhaupt in einem Staate, der keine geschriebenen Gesetze hatte, die Grenze zwischen Gesetz und Herkommen sein mufste. Und so wurden denn auch wohl die zur Erhaltung der Gleichheit abzweckenden Mafsregeln, wie Adoption und Verheirathung von Erbtöchtern mit Erblosen und ähnliche, nicht zu jeder Zeit mit gleicher Consequenz angewandt, namentlich aber hören wir gar nichts davon, dafs Anfall mehrerer Güter an Einen Besitzer, z. B. des Gutes eines kinderlos verstorbenen Bruders an den schon selbst mit einem Gute versehenen Bruder, verboten gewesen sei. Ein solcher Fall mufste in Kriegszeiten öfters vorkommen: man mochte es geschehen lassen in der Erwartung, dafs in dem also mit mehreren Gütern versehenen Hause sich später auch wohl mehrere Erben finden würden, zwischen denen getheilt werden könnte. Soviel aber ist gewifs: die alten Schriftsteller reden von einer schon früh eingerissenen grofsen Ungleichheit der Güter und von frühen Versuchen, die gestörte Gleichheit durch Gesetze wiederherzustellen; und dafs wirklich die Gesetzgebung in Sparta weit weniger als anderswo Grund gehabt habe, vor Eingriffen in den Besitzstand der Bürger durch Agrargesetze Scheu zu tragen, wird man wohl einräumen, wenn man sich erinnert, dafs hier die Besitzer in der That eigentlich nur Nutzniefser der Güter waren, das Eigenthum aber immer dem Staate verblieb, der daher auch das Recht nicht aufgeben konnte, die durch Sorglosigkeit oder sonstige Verhältnisse eingerissene Ungleichheit, sobald sie dem Staatswohl Gefahr drohte, wieder aufzuheben. Dies hatte zuerst Lykurg gethan; aber schon im nächsten Jahrhundert nach Lykurg soll ein Orakel die Spartaner vor dem Streben nach Reichthum gewarnt haben,[2]) das heifst

---

1) Polyb. Excerpt. Vatican. XII, 6. p. 819 ed. Hultsch.
2) Plutarch. Inst. Lacon. no. 41. Vgl. dens. im Agis c. 9 u. meine Anmk. p. 123.

wohl namentlich vor der Anhäufung vieler Güter in Einer Hand, da an andere Reichthumsquellen kaum zu denken ist, und das Bedürfnifs. Land zur Vertheilung zu gewinnen, also wohl um unversorgte Bürger damit ausstatten zu können, wird als Mitursache des Krieges gegen Messenien angegeben,[1]) dessen Erfolg dann auch wirklich die Mittel zur Abhülfe jenes Bedürfnisses gewährte. Nach diesem hören wir wenigstens lange Zeit hindurch nichts, was auf bedenkliche Störungen der Gleichheit und dadurch hervorgerufene Gesetzgebungsmafsregeln deutete. Aber sobald es anfängt in der Geschichte etwas heller zu werden, das ist sobald wir Thukydides' und Xenophons Berichte über Sparta haben, finden wir auch Andeutungen genug, aus denen hervorgeht, dafs die Vermögensungleichheit bei den Spartanern kaum weniger grofs als anderswo gewesen sei. Und dafs im gewöhnlichen Laufe der Dinge die Gleichheit, wenn sie nicht von Zeit zu Zeit durch aufserordentliche Mittel hergestellt wurde, immer mehr und mehr verschwinden mufste, ist klar. Kriege, in denen Besitzer von Gütern umkamen, ohne Söhne zu hinterlassen, oder Ereignisse wie das grofse Erdbeben im J. 464, welches eine Menge von spartanischen Jünglingen erschlug, mufsten das Aussterben mancher Häuser zur Folge haben, deren Güter dann, wenn die Staatsgewalt nicht anderweitig darüber verfügte, an Seitenverwandte fielen, die dadurch bereichert wurden, während andere, denen dergleichen Unfälle kein Erbe zugewandt hatten, arm blieben und wenn sie mehrere Söhne hatten, diese in der Regel noch ärmer hinterliefsen. Oder es fielen die Güter an Erbtöchter, die, wenn über ihre Verheirathung nicht der Staat sondern die Verwandten verfügten, viel öfter begüterten als unbegüterten Männern zu Theil wurden. Dazu kam, dafs seit dem peloponnesischen Kriege sich Einzelne eben durch den Krieg grofsen Reichthum aufser ihren Gütern erwarben, und das alte Gesetz, welches Gold und Silber zu besitzen den Bürgern untersagt hatte, anfangs umgangen, dann stillschweigend aufgehoben wurde, worauf wir unten zurückkommen werden. Endlich aber erreichte die Ungleichheit den höchsten Grad, als ein gewisser Epitadeus das Gesetz durchsetzte, welches jedem gestattete, über sein Gut entweder durch eine Schenkung unter Lebenden oder durch ein Testament frei zu verfügen, wovon die Folge war, dafs die Aermeren sich leicht bestimmen liefsen, ihr Gut für einen lockenden Preis an Reiche zu überlassen und es so ihren

---

2) Id. Apophthegm. Lac. unter Polydor. no. 2.

Kindern zu entziehen, die dann, wenn der Kaufpreis verzehrt war, nichts mehr besafsen.¹) Verkauf des Gutes war freilich auch durch das Gesetz des Epitadeus nicht erlaubt; es springt aber in die Augen, wie leicht ein wirklicher Verkauf unter der Form einer Schenkung oder einer testamentarischen Verfügung versteckt werden konnte.²)

Sobald nun einmal eine bedeutende Ungleichheit des Vermögens unter den Spartiaten eingerissen war, so mufste dies die Wirkung haben, dafs auch in ihrem Staatsleben ein gewisses oligarchisches Wesen im Widerspruch mit dem ursprünglichen Gleichheitsprincip sich geltend machte. Der Form nach freilich wurde dieses Gleichheitsprincip immer festgehalten: die Gesetze kannten keinen Unterschied zwischen Reichen und Armen, sie unterwarfen beide derselben Zucht, schrieben beiden dieselbe Lebensweise vor und gewährten beiden dieselben Rechte: es sollte überall ohne Rücksicht auf das Vermögen ein Jeder nur nach seinem persönlichen Werthe geschätzt werden, und zu allen Ehren und Aemtern im Staate gelangen können, deren er sich würdig erwiese, kurz es sollte eine wahrhaft aristokratische Gleichheit stattfinden.³) In diesem Sinne wurden denn auch alle spartanischen Bürger als Homöen d. h. als Gleichberechtigte bezeichnet,⁴) das Volk der Spartiaten ist ein Volk von Homöen. Aber in der Wirklichkeit verschaffte denn doch der Reichthum seinen Besitzern ein Ansehen und ein Gewicht, welches dem Aermeren abging, und so sehr auch in gewissen Aeufserlichkeiten, in der Erziehung der Kinder, in den gemeinsamen Mahlzeiten, in der Kleidertracht und ähnlichen Dingen der Schein der Gleichheit beobachtet werden mochte, so hielten doch die Reichen sich für besser als die Armen, gelangten leichter zu ansehnlichen Aemtern, und waren auch in der That, seitdem Bildung und Kenntnisse des übrigen Griechenlands auch in Sparta, wenn nicht öffentliche Anerkennung, doch bei Privaten Eingang gefunden hatten, die Kenntnifsreicheren und Gebildeteren,⁵) während den Aermeren, so tüchtige Spartiaten sie auch sein mochten,

---

1) Plutarch. Ag. c. 5.
2) Dies deutet auch Aristoteles schon an, Polit. II, 6, 10.
3) Darum sagt Isocrates Panath. §. 178 mit Recht: παρὰ σφίσιν αὐτοῖς ἰσονομίαν κατέστησαν τοιαύτην, οἵανπερ χρὴ τοὺς μέλλοντας ἅπαντα τὸν χρόνον ὁμονοήσειν. Vgl. auch Arist. Polit. IV, 7, 5.
4) Vgl. Xenoph. de republ. Lac. 10, 7. Isocr. Areopag. §. 61.
5) Οἱ καλοὶ κἀγαθοί heifsen sie bei Arist. Polit. II, 6, 15. οἱ γνώριμοι V, 6, 7.

doch eher das Prädicat von rohen als von gebildeten Leuten gebührte. Dem Rechte nach also bildeten alle Spartiaten, Arme und Reiche, Rohe und Gebildete, eine gleich berechtigte Bürgerschaft, einen Demos von Homöen, und diese Bürgerschaft, dieser ganze Homöendemos, stellt sich den Unterthanen, Periöken und Heloten gegenüber, als ein bevorrechtigter herrschender Adelstand dar; aber in sich selbst zerfällt dieser adliche Demos der Homöen wieder in zwei Classen, die Minderzahl der Reichen, Angesehenen, Gebildeten, die gewissermafsen eine Art von Nobilität behaupten, und die Mehrzahl der Aermeren, Ungebildeten, die, wenn auch gesetzlich jenen gleich, doch in der Wirklichkeit ihnen ungleich sind, und als ein Demos oder grofser Haufe ihnen gegenüber bezeichnet werden können. Diese Bedeutung des spartanischen Demos mufs man festhalten, um manche später zu besprechende Stücke des Staatswesens richtig zu verstehen. Darum mag es noch einmal gesagt werden: der Demos der Spartiaten im weiteren Sinne begreift die gleichberechtigte Gesammtheit der spartanischen Bürgerschaft oder der Homöen ohne Unterschied von Armen und Reichen; im engeren Sinne dagegen ist der Demos der Spartiaten der grofse Haufe der Homöen, welcher, weil er weniger Vermögen besitzt und weniger gebildet ist, von seinen reicheren und gebildeteren Standesgenossen für geringer angesehen wird und weniger gilt, obgleich er dem Gesetz nach durchaus ihres Gleichen ist, und dem unterthänigen Volke der Periöken und Heloten gegenüber sich selbst immer als ein Adelstand von vornehmer und zur Herrschaft über sie berufener Gattung fühlt.

Es fand sich aber im spartanischen Staate auch eine Classe von Leuten, die, obgleich Spartiaten von Geburt, dennoch nicht zu dem gleichberechtigten Demos der Homöen gehörten, und zwar deswegen nicht gehörten, weil sie den Bedingungen, an welche die Gesetze die Gleichberechtigung knüpften, nicht Genüge leisteten. Diese Bedingungen waren zweierlei: erstens unverbrüchliche Befolgung der spartanischen Agoge, d. h. der Anordnungen, welche theils für die Erziehung der Jugend theils für die Lebensweise der Erwachsenen vom Lykurg vorgeschrieben waren. Wer diesen nachlebte, sagt Xenophon,[1]) der genofs alle Rechte des Vollbürgerthums in ihrem ganzen Umfange, mochte er schwach an Körper oder stark, arm an Gütern oder reich sein; wer sich aber ihnen entzog, der galt für unwürdig ferner

---
1) De republ. Lac. 10, 7.

den Homöen beigezählt zu werden.¹) Es traf ihn also eine Art von Atimie oder *capitis deminutio*, er verlor den spartiatischen Bürgeradel und gehörte zu einer niedrigeren Classe. Die zweite Bedingung lernen wir aus Aristoteles kennen.²) Jeder Bürger mufste einen gewissen Beitrag zu den gemeinschaftlichen Mahlzeiten entrichten, worüber später das Nähere: wer diesen Beitrag nicht entrichtete, etwa aus grofser Armuth nicht zu entrichten im Stande war, der ging ebenfalls des Vollbürgerthums, also des Homöenrechtes verlustig. Es ist aber wohl anzunehmen, dafs die Anzahl derer, die aus einem jener beiden Gründe von den Homöen ausgeschlossen waren, in den guten Zeiten des Staates nur höchst gering gewesen sei. Denn ein solcher Grad von Verarmung, dafs einer den mäfsigen Beitrag zu den gemeinschaftlichen Mahlzeiten zu zahlen aufser Stande gewesen wäre, trat erst später nach dem Gesetze des Epitadeus ein;³) früher mochten allerdings manche zwar so arm sein, dafs es ihnen schwer fiel, jenen Beitrag zu entrichten: sie standen deswegen im Nachtheil gegen die Reichen, für die er eine Kleinigkeit war,⁴) wie ja immer eine nominell gleiche Besteurung den Armen stärker als den Reichen drückt; aber sie unterliefsen doch die Entrichtung gewifs um so weniger, weil sie in ihr das einzige Mittel hatten, sich die unschätzbaren Rechte des Vollbürgerthums und die Möglichkeit, zu Ehre und Ansehn zu gelangen, zu bewahren. Und aus demselben Grunde werden wir auch die Uebertretung der Agoge und die deswegen erfolgte Ausschliefsung aus den Homöen nur für eine selten vorkommende Ausnahme anzusehen geneigt sein. — Wie nun aber die Stellung solcher Ausgeschlossenen gewesen sei, darüber giebt es keine tauglichen Zeugnisse: denn die Angabe des rhetorisirenden Moralisten Teles,⁵) sie seien unter die Heloten versetzt worden, wird Niemand für ein solches gelten lassen wollen, und wenn jenes wirklich der Fall gewesen wäre, so würde Xenophon es schwer-

---
1) So ist es zu verstehen, wenn der Ephorus Eteokles, bei Plutarch. Apophth. Lac. *Διάφορ.* 51, die Forderung des Antipater, ihm funfzig spartanische Knaben als Geisseln zu geben, mit der Erklärung ablehnte: παῖδας μὲν οὐ δώσειν, ἵνα μὴ ἀπαίδευτοι γένωνται, τῆς πατρίου ἀγωγῆς ἀτακτήσαντες· οὐδὲ πολῖται γὰρ ἂν εἴησαν.
2) Polit. II, 6, 21.
3) Das versichert ausdrücklich Plutarch Ag. c. 5, wohl nach Phylarch.
4) Vgl. Aristot. a. a. O., der deswegen auch diese Beitragspflicht weniger demokratisch nennt. Zu seiner Zeit, nach dem Gesetz des Epitadeus, hatte denn auch die Armuth wohl schon sehr zugenommen.
5) Bei Joannes Stob. Floril. t. 40, 8 (II p. 85 Gaisf.).

lich verschwiegen und sich mit der einfachen Angabe begnügt haben, sie seien nicht mehr für Homöen geachtet worden. Sie verloren also wohl nur das Vollbürgerthum, die πολιτεία im vollen Sinne des Wortes, d. h. die Theilnahme an der Regierung und Verwaltung des Staates, und das Wahlrecht, nicht blofs das passive sondern auch das active, für öffentliche Aemter; aber auf die privatrechtlichen Verhältnisse des Vermögens und Personenrechtes hatte diese Ausschliefsung keinen Einflufs, ging auch nicht auf ihre Kinder über, insofern diese den gesetzlichen Bedingungen des Homöenthums genügten.

Einer Classe von minderberechtigten Angehörigen des spartanischen Staates unter dem Namen ὑπομείονες geschieht an einer einzigen Stelle in Xenophon's griechischer Geschichte beiläufig Erwähnung, [1]) und zwar werden sie dort neben Heloten, Neodamoden und Periöken als solche genannt, die mit der Spartiatenherrschaft unzufrieden seien, und auf deren Sympathie also bei einem Unternehmen zum Umsturz derselben man mit Sicherheit rechnen dürfe. Der Name ὑπομείονες besagt weiter nichts als Geringere oder Minderberechtigte, und da diese Geringeren nun offenbar sowohl von den drei neben ihnen genannten Classen als von den Spartiaten verschieden sind, so liegt nichts näher, als an eine Mittelclasse zu denken, die weder alle Rechte des spartiatischen Bürgerthums befafs, noch ganz in demselben Unterthänigkeitsverhältnisse stand, wie Heloten oder Neodamoden oder Periöken. Eine aus eingebürgerten Neodamoden, Mothaken und Fremden erwachsene Classe von minderberechtigten Bürgern oder gleichsam Halbbürgern, wie Einige angenommen haben, läfst sich durchaus nicht nachweisen; und doch würden wir, wenn es eine solche wirklich gegeben hätte, schwerlich so ganz ohne irgend eine Andeutung darüber sein. Die aus dem Homöenstande wegen ihres unzureichenden Vermögens oder wegen Nichtbefolgung der Agoge ausgestofsenen Spartiaten konnten allerdings wohl ὑπομείονες heifsen, und es läfst sich nichts dagegen sagen, wenn einer zunächst an diese denkt. Ihrer waren aber zu Xenophon's Zeit wohl kaum so viele, dafs sie als eine beachtenswerthe Partei neben Heloten, Neodamoden und Periöken hätten ins Gewicht fallen können, und gesetzt man gebe auch zu, dafs sie, wenn gleich wenige, doch aus andern Gründen hätten beachtenswerth sein können, so glaube ich doch dafs es eine zwischen den Spartiaten und den

---

1) Xenoph. Hell. III, 3, 6.

Unterthanen stehende Mittelclasse auch wohl noch anderswo gegeben haben müsse, nämlich in den Periökenstädten. Wenn es richtig ist, was ich oben aus einigen Zeugnissen gefolgert habe, dafs die Dorier bei der allmähligen Unterwerfung des Landes von Sparta aus eine Anzahl der Ihrigen als Colonisten und Besatzung in die Städte der Unterworfenen geschickt haben,[1]) so ist es wohl augenscheinlich, dafs diese hinsichtlich der Regierung des Gesammtstaates weder den in der Hauptstadt zurückgebliebenen Bürgern, oder den eigentlichen Spartiaten, gleich stehn, noch auch ganz in dasselbe Verhältnifs wie die unterworfenen Periöken versetzt werden konnten. Die Bedingungen des Vollbürgerthums, Theilnahme an den gemeinschaftlichen Mahlzeiten, Auferziehung und Leben nach den Vorschriften der Agoge, konnten ja nur in Sparta selbst vollständig erfüllt werden, und wenn auch die Zucht in den Periökenstädten in manchen Stücken einen ähnlichen Charakter wie in Sparta trug,[2]) so war sie doch nicht dieselbe: es war nicht die Zucht der Homöen.[3]) Ebenso die Rechte des Vollbürgerthums, Verwaltung von Staatsämtern, Theilnahme an den Bürgerversammlungen, möglicher Weise ein Platz in der Gerusia, konnten nur in Sparta von den dort ansäfsigen Spartiaten genossen und ausgeübt werden. Hiervon also waren jene ausgesandten Colonisten und ihre Nachkommen nothwendig ausgeschlossen. Aber ganz den unterworfenen Periöken gleichgestellt konnten sie doch auch nicht werden. Sie nahmen gewifs in ihren Städten eine bevorrechtete Stellung ein, hatten gröfsere Güter, mehr Gewalt in den Communalangelegenheiten, und entbehrten auch wohl kaum der Epigamie mit ihren spartiatischen Stammesgenossen, wovon die Periöken gewifs ausgeschlossen waren. Vielleicht hatten sie selbst das Recht, zu allgemeinen Volksversammlungen in Sparta, wenn sie wollten, sich einzufinden, was freilich wenig bedeutete und von den entfernter wohnenden kaum benutzt werden konnte.[4]) — Ich stelle dies alles natürlich nur als wahrscheinlich hin: beweisen, mit ausdrücklichen Zeugnissen belegen kann ich es nicht, aber es scheint sich doch aus der Natur der Sache gewissermafsen von selbst zu ergeben.

---

1) S. S. 213 f.   2) Vgl. Plat. Legg. I p. 637 B.
3) Vgl. Sosibius bei Athenae. XV p. 674, wo οἱ ἀπὸ τῆς χώρας und οἱ ἐκ τῆς ἀγωγῆς παῖδες einander entgegengestellt werden. Eine δημοτικὴ ἀγωγή nennt Polybius XXV, 8 in einer freilich auf sehr späte Zeit bezüglichen Erzählung.
4) Vgl. Aristot. Polit. VI, 2, 8.

d) *Die lykurgische Gesetzgebung.*

Die Ordnung des spartanischen Staates wird von den Alten gröfstentheils[1]) einem alten Gesetzgeber, dem Lykurgus, zugeschrieben, über dessen Person und Zeitalter aber so wenig mit Sicherheit bekannt war, und so viele einander widersprechende Sagen umliefen, dafs Manche nicht einen sondern zwei Lykurge annehmen zu müssen geglaubt, Andere aber sogar seine Existenz in Zweifel gezogen haben. Indessen sprechen doch überwiegende Gründe für die Ansicht, dafs Lykurg keineswegs eine nur fingirte Person sei, sondern dafs wirklich ein alter Gesetzgeber dieses Namens einst in Sparta gelebt und sich um die Ordnung des Gemeinwesens so ausgezeichnete Verdienste erworben habe, dafs man späterhin auf ihn alles oder das Meiste der Einrichtungen übertrug, die zu verschiedenen Zeiten, theils vor ihm theils nach ihm, aufgekommen waren, und von denen manche vielmehr alter Sitte als ausdrücklicher Gesetzgebung ihren Ursprung verdankten. Seine Lebenszeit fiel, nach den Berechnungen der angesehensten alten Chronologen, in die erste Hälfte des neunten Jahrhunderts v. Chr., und obgleich wir für die Richtigkeit dieser Berechnungen durchaus nicht einstehen können, so giebt es doch auch keine entscheidende Gründe sie zu verwerfen, und wir mögen uns also jetzt dabei beruhigen. Damals nun soll, nach der am meisten gangbaren Erzählung, Lykurgus aus herakliaischem Geschlechte, jüngerer Sohn eines Königs aus dem Prokliden- oder Eurypontidenhause, den Einige Prytanis, Andere Eunomus nannten, als Vormund seines unmündigen Brudersohnes Charilaus oder Charillus die Regierung geführt, dann, nachdem sein Mündel selbst den Thron bestiegen hatte, längere Zeit im Auslande auf Reisen zugebracht haben, die Einige ihn selbst bis nach Aegypten, ja bis nach Indien hin ausdehnen liefsen, endlich aber auf den Wunsch des Volkes zurückgekehrt sein, um die Verfassung des damals an Uneinigkeit und Verwirrung krankenden Gemeinwesens zu ordnen. Als Ursachen dieser Verwirrung werden angegeben theils die Unzufriedenheit mit dem Charilaus, der tyrannisch, d. h. mit Ueberschreitung der herkömmlichen Schranken der königlichen Gewalt regiert habe,[2]) theils die Un-

---

1) Nicht von Allen. Hellanikus z. B. soll des Lykurg gar nicht gedacht und die spartanische Verfassung auf die ersten Könige Eurysthenes und Prokles zurückgeführt haben. Strab. VIII p. 366.
2) So Aristot. Polit. V, 10, 3 und der von Ar. nicht verschiedene

gleichheit der Besitzthümer, da der größte Theil des Volkes arm war, die Minderzahl der Reichen aber durch Uebermuth und Unterdrückung Neid und Mißvergnügen erregte. Zu seinem Geschäfte als Gesetzgeber und Ordner des Staates ward Lykurg ausdrücklich durch den Spruch des delphischen Orakels autorisirt, und damit seinen Satzungen eine göttliche Sanction gegeben, wie denn auch von Manchen dieselben geradezu als vom Apollon selbst herrührend betrachtet, dem Lykurgus aber, als einem Vertrauten der Gottheit, von den Nachkommen heroische Ehren erwiesen wurden. Die lykurgischen Satzungen werden Rhetren ($\dot{\rho}\tilde{\eta}\tau\rho\alpha\iota$, $\dot{\rho}\tilde{\alpha}\tau\rho\alpha\iota$, $F\rho\dot{\alpha}\tau\rho\alpha\iota$) genannt, wohl nicht, wie Einige gemeint haben, um sie als Götteraussprüche zu bezeichnen, sondern weil dieser Name ganz allgemein von jeder in bestimmter Form ausgesprochenen Festsetzung, wie das lateinische *lex*, gebraucht wurde.[1]) Indessen ist in jüngster Zeit von Einigen die Vermuthung aufgestellt worden, der Name bedeute eigentlich einen Vertrag, und die lykurgischen Rhetren hießen deswegen so, weil sie die Bestimmungen enthielten, über welche durch Lykurgs Vermittelung die Könige und das Volk sich vertragsmäßig geeinigt hätten.[2]) Daß eine derartige Gesetzgebung unmöglich ohne Verständigung und Vertrag zwischen den verschiedenen Parteien habe zu Stande kommen können, versteht sich freilich wohl von selbst; auch ist in der Plutarchischen Biographie von Verhandlungen mit den Angesehensten, von Rücksichten, die der Gesetzgeber auf die seinen Absichten nicht zusagende Stimmung der Bürger habe nehmen müssen, ja auch von schwer unterdrücktem Widerstande gegen eine seiner wichtigsten Anordnungen die Rede;[3]) im Allgemeinen jedoch wird von den Alten die lykurgische Gesetzgebung als eine unter göttlicher durch das Delphische Orakel ausgesprochener Auctorität eingeführte angesehn[4]) und auch der Name $\dot{\rho}\acute{\eta}\tau\rho\alpha$ als Götter-

---

angebl. Heraklid. Pont. c. 2, womit freilich die Angabe bei Plutarch Lycurg. c. 5., über den Charakter des Charilaus nicht recht zu stimmen scheint.

1) So heifst z. B. die Bill, welche der König Agis III. an die Gerusia bringt, $\dot{\rho}\dot{\eta}\tau\rho\alpha$, Plut. Ag. c. 8, u. ebenso das Gesetz des Epitadeus, ebend. c. 5. — Ueber *lex* vgl. Ernesti Clav. Cic. im Index legum zu Anfang.
2) Die Meinung beruft sich auch darauf, daß bei Homer, Od. XIII, 393, der ältesten Stelle, wo $\dot{\rho}\dot{\eta}\tau\rho\eta$ vorkommt, ein Vertrag, eine Wette, damit bezeichnet wird, wie in einer alten Urkunde, Corp. Inscr. I no. 11, ein Vertrag zwischen Elis und Heräa $F\rho\dot{\alpha}\tau\rho\alpha$ genannt wird.
3) Plut. Lyc. c. 5. 9. 11.
4) Plato Legg. I init. und was Ast dazu anführt.

ausspruch gefafst.¹) Eine der Rhetren ist uns in einer Form überliefert,²) die ganz das Gepräge einer getreuen Wiederholung der ursprünglichen Form trägt: sie besteht aus wenigen Worten und lautet wie eine vom Orakel ausgesprochene Weisung. Wäre ihre Authenticität zweifellos, so würde sich auch annehmen lassen, dafs sie, und so denn auch andere aufser ihr, gleich Anfangs schon schriftlich aufgezeichnet gewesen sei. Indessen dürfte es doch wohl glaublicher sein, dafs erst in einer etwas späteren Zeit, als der Gebrauch der Schrift schon allgemeiner geworden war, man auch in Sparta die Rhetren, die als lykurgische galten, in einer kurzen der Alterthümlichkeit entsprechenden Form aufzuzeichnen nicht unterlassen habe. Zu dem Glauben Einiger, dafs Lykurg doch wenigstens die Verfassungsgesetze aufgeschrieben, und nur die das Privatrecht und die öffentliche Zucht betreffenden Anordnungen der mündlichen Ueberlieferung überlassen habe, giebt es keinen probabeln Grund, und wenn gar das Verbot, schriftliche Gesetze zu haben,³) als Inhalt einer jener geschriebenen Rhetren angesehn, dem Lykurg also eine Vorsichtsmafsregel gegen Mifsbrauch der Schrift zugetraut wird zu einer Zeit, wo die Schreibkunst unter den Griechen noch ganz in der Kindheit, und ein Beispiel schriftlicher Gesetzgebung nirgends vorhanden war, so wird denjenigen, die daran glauben, nicht schwer werden, auch an die Episteln zu glauben, die Lykurg vom Auslande an seine Mitbürger geschrieben haben soll.⁴)

Die Anordnungen, die dem Lykurg zugeschrieben werden, lassen sich auf fünf Hauptpunkte zurückführen. Sie betreffen nämlich erstens die Eintheilung des Volkes in Phylen und Oben, zweitens die Landvertheilung unter die Bürger und Periöken, drittens die Einsetzung der Gerusia, viertens die regelmäfsigen Volksversammlungen, fünftens die Agoge oder die öffentliche Zucht. Des ersten dieser Punkte ist schon oben gedacht,⁵) und dabei bemerkt worden, dafs wir über die Zahl der Phylen und Oben und ihre eigentliche Beschaffenheit nichts Gewisses anzugeben im Stande sind. Ist aber die ebendort vorgetragene Vermuthung richtig, dafs vom Lykurg neue Phylen und Oben gestiftet worden, und dafs der Zweck dabei gewesen sei, die von den Doriern im Laufe der Zeit aufgenommenen Fremden auf angemessene Weise in den auf Phylen- und Obeneintheilung beruhenden Organismus des Staates einzuordnen, so läfst sich auch

---
1) Plut. Lyc. c. 13 extr.   2) Id. ib. c. 6.
3) Id. ib. c. 13.   4) Id. ib. c. 19 u. 29.   5) S. S. 222.

ein Zusammenhang dieser Eintheilung mit der Agrargesetzgebung vermuthen. Die allmählig durch fortschreitende Eroberungen erfolgte Erweiterung des Gebietes und die damit verbundene Aufnahme von Achäern in die Gemeinschaft der Dorier hatte die ursprüngliche Gleichheit der Besitzungen gestört, es waren unter den Siegern manche in den Besitz gröfserer Güter gelangt, als andere, und unter den Neuaufgenommenen war die Gleichheit noch gar nicht eingeführt worden. Daher die Unzufriedenheit der Armen gegen die Reichen, von welcher die Alten reden.[1] Und auch was von dem tyrannischen Verhalten des Königs Charilaus gesagt wird, mag sich auf Versuche beziehen, durch Hülfe der einen Partei die andere zu unterdrücken und zugleich die königliche Macht zu erweitern. Bei dem gänzlichen Mangel an bestimmten Nachrichten sind solche Vermuthungen, die an keiner Unwahrscheinlichkeit leiden, wohl statthaft. Wie aber eine Agrargesetzgebung und dadurch hergestellte wenigstens durchschnittliche Gleichheit des Landbesitzes dem ursprünglichen Princip des dorischen Staates durchaus gemäfs sei, ist ebenfalls schon bemerkt worden.[2] Die Angabe, dafs jetzt schon neuntausend Landloose gemacht seien, ist offenbar weit weniger glaublich, als die andere, nach welcher von Lykurg nicht mehr als viertausend und fünfhundert oder sechstausend gemacht, die Zahl von neuntausend aber erst unter dem Könige Polydorus nach der Besiegung Messeniens, etwa anderthalb Jahrhunderte nach Lykurg, erreicht wurde. Damals soll auch das Periökenland in dreifsigtausend Loose getheilt worden sein, ob gleiche

---

[1] Schon zu Lykurg's Zeit soll das Orakel die Spartaner vor der Begierde nach Reichthum gewarnt haben, obgleich die Meisten die Warnung in eine etwas spätere Zeit, unter Alkamenes und Theopompus verlegen. S. zu Plut. Agis p. 123 f. Liegt jener Angabe etwas Wahres zu Grunde, so kann man annehmen, dafs dem Lykurg das Orakel durch solche Warnung namentlich für seine Agrargesetzgebung förderlich geworden sei.

[2] Gegen die lykurgische Agrargesetzgebung sind in neuerer Zeit theils von einigen deutschen Gelehrten theils besonders von dem Engländer G. Grote in seiner Gesch. von Griechenland, Th. I S. 704 ff. d. deutsch. Uebers., gar viele Bedenken erhoben und die Erzählung davon als eine reine Fiction, ein Traum, wie Gr. meint, späterer Zeiten betrachtet worden. Wie wenig aber alles das beweisen könne, was von Gr. zur Begründung dieser Meinung vorgebracht wird, glaube ich in der Abhandl. de Spartanis Homoeis S. 25 ff. Opusc. ac. I p. 139 dargethan zu haben. Vgl. auch Peter im Philolog. XIII p. 677 ff. Was jüngst von H. Stein, in den Jahrb. f. Phil. u. Paed. Bd. 81 S. 599 ff., gegen die lykurgische Agrargesetzgebung gesagt worden, ist von geringem Gewichte, und gegen den neuesten Anhänger der Groteschen Ansicht ist das Erforderliche von C. Wachsmuth in den Götting. Anz. 1870 no. 46 S. 1809 ff. gesagt worden.

oder nicht, bleibt ungewifs. Als Thatsache mag aber dieser Angabe wohl dies zu Grunde liegen, dafs zu jener Zeit auch die Verhältnisse der Periöken neu geregelt, und dabei eine Art von Katastrirung ihrer Güter vorgenommen sei zum Behufe der davon zu leistenden Abgaben. — Was nun aber die specielleren Anordnungen hinsichtlich der Verfassung des Staates betrifft, so liefs die lykurgische Gesetzgebung das Königthum, wie sie es vorfand, bestehen, regelte aber seine Macht durch den ihm zur Seite gesetzten Rath der Alten oder die Gerusia und die der Volksversammlung zugestandenen freilich sehr beschränkten Befugnisse.

e) *Die Könige.*

Das Königthum war in Sparta an zwei Fürsten vertheilt,[1]) beide heraklidischen Geschlechts, aber aus verschiedenen Häusern, die ihren Ursprung von den Zwillingssöhnen des Aristodemus, Eurysthenes und Prokles ableiteten, aber nicht nach diesen, sondern das eine nach dem Agis, Sohn des Eurysthenes, Agiaden oder Agiden,[2]) das andere nach dem Eurypon, Enkel des Prokles, Eurypontiden genannt wurden. Diese Theilung des Königthums erklärte man später durch die Erzählung, dafs, als man den Erstgebornen der Zwillinge zum Könige zu machen beabsichtigte, die Mutter versichert habe, sie wisse selbst nicht, wer von beiden der Erstgeborne sei: man habe sich deswegen an das delphische Orakel gewandt, und dies habe geantwortet, beide zu Königen zu machen, doch den älteren mehr zu ehren: wer aber der ältere sei, nämlich Eurysthenes, habe man später ausfindig zu machen gewufst,[3]) und darum sei das von ihm abstammende Haus der Agiaden das geehrtere, das der Eurypontiden das geringere. In allen wesentlichen Stücken standen jedoch die Könige aus beiden Häusern einander gleich; aber es fand gewöhnlich wenig Einigkeit unter ihnen statt, und, was besonders auffallend ist, sie scheinen sich nie unter einander verschwägert zu haben,[4])

---

1) Sie hiefsen bei den Spartanern nicht blofs βασιλεῖς, sondern auch βαγοί, Führer, Fürsten, von ἄγω mit dem Digamma, worüber zu vergl. Böckh. Corp. Inscr. I p. 83 und Rofs, Alte lokrische Inschr. p. 20.
2) Agiaden ist die correctere Form, von Agias, woraus Agis nur abgekürzt ist.
3) Herodot. VI, 52, wo man auch die Art und Weise, wie dies angestellt worden sei, nachlesen mag.
4) Vergl. A. Kopstadt, de rer. Lacon. const. Lycurgea (Gryph. 1849) p. 96 u. C. F. Hermann in d. Götting. gel. Anz. 1849 S. 1230.

hatten auch nicht, wie es sonst bei Geschlechtsgenossen zu sein pflegte, einen gemeinsamen, sondern getrennte Begräbnifsplätze in zwei verschiedenen Stadttheilen.¹) Jene Erzählung von den Zwillingen wird Niemand für Geschichte zu nehmen geneigt sein; vielleicht ist sie nicht einmal die ursprüngliche alte Sage, sondern später erdichtet um das getheilte Königthum zu erklären, und hat die echte Gestalt der Sage verdrängt. Es ist schwerlich eine allzukühne Hypothese, wenn wir annehmen, dafs nach dieser die beiden Söhne des Aristodemus nicht Zwillinge, sondern Stiefbrüder waren, der eine von einer Mutter dorischen Stammes, der andere von der Argeia, der Tochter des Autesion, aus dem kadmeischen Geschlechte der Aegiden. Darin lag denn wohl eine Erinnerung, dafs beim Beginn der Eroberung die Aegiden, deren früherer Anwesenheit in Amyklä wir oben gedacht haben,²) sich mit den Herakliden vereinigt und ihnen geholfen haben, das Reich der Pelopiden zu stürzen, unter der Bedingung, das Königthum mit ihnen zu theilen. Auch soll der Aegide Theras, der Schwager des Aristodemus, nach dessen Tode die Regierung als Vormund geführt haben.³) Das Mitkönigthum blieb dem mit den Aegiden verschwägerten Hause auch nachdem das übrige Geschlecht grofsentheils mit den Minyern nach Thera auszuwandern vorgezogen hatte oder genöthigt worden war, sei es dafs es zu mächtig war, um der Ehre beraubt zu werden, sei es dafs man die einmal vorhandene Theilung der königlichen Gewalt als sicherstes Mittel gegen allzugrofse Steigerung derselben beibehielt.

Das Königthum ging durch Erbfolge nicht unbedingt auf den erstgebornen, sondern auf denjenigen Sohn über, der zuerst während der Regierung des Vaters geboren war,⁴) und zwar von einer echtspartanischen Mutter; denn nur mit einer solchen durfte der König sich vermählen; Ehen mit Fremden waren ihm untersagt.⁵) Waren keine Söhne vorhanden, oder die vorhandenen aus irgend einem Grunde unfähig zur königlichen Würde,

---

1) Pausan. III, 12, 7 und 14, 2. — Aus Xenoph. Hell. V, 3, 20 haben Einige mit Unrecht gefolgert, dafs die beiden Könige in Einem Hause zusammen gewohnt haben. Das Richtige über jene Stelle hat Haase zu X. de republ. Lac. p. 253.
2) S. S. 219. 3) Herodot. IV, 147. Pausan. IV, 3, 3.
4) Herodot. VII, 3.
5) Plutarch. Agid. c. 11. „Sie sollten nicht etwa durch Verbindung mit andern Fürstenhäusern zu dynastischer Politik und tyrannischen Gelüsten verleitet werden." Curt. gr. G. I, 158.

wohin z. B. schwere körperliche Gebrechen gehörten,[1]) so folgte der nächste Agnat. Eben derselbe führte auch als Vormund (πρόδικος) die Regierung während der Minderjährigkeit des Thronfolgers,[2]) und weil er alle Functionen des Königthums hatte, wird er von den Schriftstellern sehr häufig auch selbst als König bezeichnet. Streitigkeiten über die Thronfolge entschied die Gerusia und die Volksversammlung; auch finden wir ein Beispiel, wo die Entscheidung des delphischen Orakels eingeholt wurde.[3]) Dafs beide Könige aus demselben Hause waren, kommt nur ein Mal vor, und zwar in den letzten Zeiten der Freiheit, als der Agiade Kleomenes III. seinen Bruder Eukleidas zum Mitregenten annahm. Vorher hatte sein Vater Leonidas, nach Ermordung des Agis aus dem Hause der Eurypontiden, die Regierung allein geführt, wie auch Kleomenes, nach dem Tode des Eukleidas, wieder allein regierte. Nach dem Tode des Kleomenes wurde zwar die Diarchie wieder hergestellt, doch ward nur der eine der beiden Könige, Agesipolis, aus heraklidischem Geschlecht, und zwar aus dem Hause der Agiaden, der andere aber, Lykurgus, mit Uebergehung der noch vorhandenen Glieder des Eurypontidenhauses, aus einer gar nicht einmal heraklidischen Familie ernannt, und von diesem der noch minderjährige Agesipolis auch bald beseitigt. Mit dem Lykurg hört das Königthum auf: die nachherigen Herrscher, Machanidas und Nabis, werden nur als Usurpatoren oder Tyrannen bezeichnet.

Seiner politischen Bedeutung nach war das Königthum in Sparta anfänglich wohl am meisten dem der Heroenzeit ähnlich, wie dies uns von Homer geschildert wird.[4]) Die Könige waren berathende und richtende Häupter des Volkes im Frieden, Anführer des Heeres im Kriege und Vertreter des Staates den Göttern gegenüber. Als solche hatten sie alle Staatsopfer entweder selbst zu verrichten, oder doch zu beaufsichtigen,[5]) bekleideten aber überdies auch zwei specielle Priesterthümer, des Zeus Uranios und des Zeus Lakedaimon. Als Oberpriester be-

---

1) Xenoph. Hell. III, 3, 3. Plut. Ages. c. 3.
2) Plut. Lycurg. c. 3. Pausan. III, 4, 7.
3) Vgl. Pausan. III, 6, 2. Xen. Hell. III, 3, 4. Herod. VI, 66. Paus. III, 4, 4.
4) Vgl. Aristot. Polit. III, 9, 2.
5) Jenes sagt Xenoph. de republ. Lac. 15, 2; die Beschränkung aber ist aus Herodot. VI, 57 gefolgert, wo wir sehen, dafs auch Andere als die Könige eine θυσία δημοτελής anstellten. Doch ist die Lesart dieser Stelle nicht sicher.

kamen sie von allen öffentlichen Opfern, auch die sie nicht selbst verrichteten, eine Gebühr, nämlich die Felle der geschlachteten Opferthiere, und im Kriege auch die Rückenstücke: ferner wurde von allen Würfen der Säue im Lande ein Ferkel für die Könige abgegeben, damit es ihnen nie an Opferthieren fehlen möchte, und von Staatswegen ward ihnen an jedem ersten und siebenten Monatstage ein Opferthier zum Opfer für den Apollon, dem diese beiden Tage geweiht waren, geliefert.[1]) Mit dem priesterlichen Charakter des Königthums hängt es auch zusammen, dafs körperliche Gebrechen dazu unfähig machten; denn die Priester mufsten überall vollkommenen und makellosen Leibes sein.[2]) Den spartanischen Königen aber schien wegen ihrer unbezweifelten Abstammung vom Herakles nicht blofs im eigenen Volke vor Andern der Beruf zur priesterlichen Vertretung der Gesammtheit gegen die Götter zuzukommen, sondern es verlieh ihnen diese auch in den Augen der übrigen Griechen eine gewissermafsen geheiligte Würde, so dafs selbst im Kriege und in der Schlacht nicht leicht ein Feind sich an ihnen vergriff.[3]) Auch die ihnen nach ihrem Tode erwiesenen Ehren deuten auf diese Achtung ihrer heroischen Abstammung. Die Todesbotschaft wurde durch umhergeschickte Reiter im ganzen Lande angesagt: Klageweiber, eherne Becken zusammenschlagend, gingen durch die Stadt, in jedem Hause ward von mindestens zweien der freien Angehörigen desselben, einem Manne und einer Frau, Trauer angelegt: zur Bestattung mufsten sich aus ganz Lakonien aufser den Spartiaten auch eine gewisse Anzahl von den Periöken einfinden, so dafs, mit den ebenfalls sich einfindenden Heloten, viele tausend Menschen zusammenkamen, welche ihre Trauer durch laute Klagen und andere Zeichen ausdrückten. Nach dem Begräbnifs ruhten zehn Tage lang alle öffentlichen Geschäfte.[4]) War der König im Auslande gestorben, so wurde in Sparta ein Bild von ihm bestattet, und dabei dieselben Gebräuche beobachtet, oder es wurde auch der Leichnam, in Honig aufbewahrt, nach Sparta geschafft.[5])

Als Kriegsherren waren, nach Herodots Angabe, die Könige befugt, das Heer zu führen gegen wen sie wollten, und sie darin zu hindern war mit einem Fluche belegt.[6]) Doch ist anzu-

---
1) Herodot. VI, 56. 57. Xenoph. r. L. 15, 5.
2) Ὁλόκληροι καὶ ἀφελεῖς. Etym. M. p. 176, 20.
3) Plutarch. Agid. c. 21.   4) Herodot. VI, 58.
5) Herodot. a. a. O. Xenoph. Hell. V, 3, 19.
6) Herodot. VI, 56.

nehmen, dafs dies höchstens von den frühesten Zeiten zu verstehen sei, und dafs auch damals nicht jedem einzelnen Könige, sondern nur beiden gemeinschaftlich eine solche Macht zugestanden habe, wie denn auch vormals beide gemeinschaftlich das Heer zu führen pflegten, wogegen man es späterhin zweckmäfsig fand, die Anführung jedesmal nur Einem zu überlassen,[1]) und auch diesen mehrfach zu beschränken, worüber unten das Nähere anzugeben sein wird. Den Unterhalt des Königs und seiner Umgebung im Felde gewährte der Staat;[2]) von der Kriegsbeute gebührte ihm ein Antheil, und zwar, wie es scheint, ein Drittel.[3]) — Seitdem aber die Spartaner angefangen, sich in umfassendere Kriegsunternehmungen einzulassen und öfters mehrere Heere in verschiedene Gegenden ausschickten, wurden häufig auch Andere als die Könige zu Anführern bestellt; und als sie auch eine Seemacht hatten, kam es nur Ein Mal ausnahmsweise vor, dafs dem Könige auch der Befehl über die Flotte übertragen wurde.[4]) Die dem Könige zunächst untergeordneten Befehlshaber waren die Polemarchen: zur Besorgung der Verpflegung und anderer administrativer Geschäfte waren ihm drei Commissarien aus den Homöen beigegeben, welche mit den Polemarchen und wohl noch anderen, aber nicht näher anzugebenden Beamten die nächste Umgebung und Tischgenossenschaft des Königs, sowie auch seinen Kriegsrath bildeten.[5]) Im peloponnesischen Kriege veranlafste die Unzufriedenheit mit der Kriegsführung des Königs Agis, dafs ihm ein Rath von zehn Spartiaten beigeordnet wurde, ohne die er nichts unternehmen sollte. Indessen war dies nur eine vorübergehende Mafsregel, keine bleibende Einrichtung.[6])

Die richterliche Function konnten natürlich die Könige nicht allein ausüben, sondern mufsten Gehülfen dazu haben, als welche die Ephoren und andere später zu nennende Beamte anzusehen sind. Speciell zu ihrer Jurisdiction[7]) gehörten aber die Entscheidungen über Verheirathung der Erbtöchter, wenn unter den Verwandten darüber Streit war, und, wie wir unbedenklich hinzusetzen dürfen, über alle anderen das Familien- und Erbrecht betreffenden Rechtshändel, wie denn auch Adoptionen nur vor ihnen vorgenommen werden konnten. Aufserdem, heifst es,

---

1) Id. V, 75. Xenoph. Hell. V, 3, 10.   2) Xenoph. r. L. c. 13, 1.
3) Phylarch. bei Polyb. II, 62, 1.   4) Plutarch. Ages. c. 10.
5) Xenoph. r. L. c. 13. vgl. Haase p. 262.
6) Thucyd. V, 63. Diod. XII, 78. Haase, lucubr. Thucyd. p. 89.
7) Herodot. VI, 57.

richteten sie über die öffentlichen Strafsen, was wohl so zu erklären ist, dafs sie als die Kriegsherren auch am meisten Beruf hatten dafür zu sorgen, dafs die streitbare Macht auf jeden Punkt des Landes, wo es nöthig war, schnell und leicht gelangen konnte, woran sich dann die Jurisdiction über Fälle, welche Erhaltung und Sicherheit der Strafsen betrafen, natürlich anschlofs. Einnahmen von der Rechtspflege bezogen die spartanischen Könige ebensowenig als die homerischen;[1]) dagegen aber genossen sie reiche Einkünfte anderer Art, aufser den schon oben erwähnten, die ihnen als Oberpriester oder als Feldherrn zuflossen. Im Periökenlande waren ihnen beträchtliche Bezirke angewiesen, von denen die Periöken ihnen steuern mufsten:[2]) in der Stadt wohnten sie in einem auf öffentliche Kosten unterhaltenen, freilich nur einfachen und bescheidenen Hause,[3]) gewifs aber jeder in einem besondern, nicht beide in demselben:[4]) ihr Tisch wurde auf Staatskosten versorgt, und zwar mit doppelten Portionen.[5]) Dafs ihr Privatvermögen nicht gering gewesen sein müsse, läfst sich namentlich aus der Gröfse der Geldbufsen schliefsen, die einigen auferlegt wurden. Beim Regierungsantritt erliefs der König den Spartiaten alle Schulden an seinen Vorgänger oder an den Staat, indem er die letzteren wahrscheinlich aus seinem Privatvermögen zahlte.[6]) Es war dies eine Art von Amnestie, wie sie auch heutzutage bei Thronwechseln vorzukommen pflegt.

f) Die Gerusia.

In Ausübung der berathenden und beschliefsenden Gewalt waren die Könige an die Mitwirkung eines Rathes von Geronten gebunden,[7]) dessen Anordnung der lykurgischen Gesetzgebung zugeschrieben wird. Etwas Aehnliches indessen ist ohne Zweifel auch früher schon herkömmlich gewesen. Wie die Könige des heroischen Zeitalters mit den Angesehensten des Herrenstandes, die ebenfalls Geronten hiefsen, Rath pflogen, so werden es auch

---

1) S. ob. S. 35.
2) Xenoph. r. L. c. 15, 3. Plat. Alcib. I p. 123 A. Dafs aber der hier erwähnte φόρος βασιλικός die einzige Abgabe der Periöken gewesen sei, wie Einige gemeint haben, ist nicht wahrscheinlich.
3) Xenoph. Ages. c. 8, 7. Plutarch. Ages. c. 19. Corn. Nep. Ag. c. 7.
4) Vgl. oben S. 239. Anm. 2. Dazu Pausan. III, 3, 7 u. 12, 3.
5) Herodot. VI, 57. Xenoph. r. L. 15, 4. 6) Herodot. VI, 59.
7) Spartanisch γεροντία, auch γερωχία od. γερωΐα. Haase zu Xen. R. L. p. 114.

die spartanischen Könige gethan haben, nur mit dem Unterschiede, dafs, da es keinen bevorrechteten Herrenstand unter den Spartiaten gab, die Auswahl derer, die sie in ihren Rath berufen wollten, mehr von persönlichem Vertrauen oder von andern durch die Verhältnisse bedingten Rücksichten abhing, und eine feststehende Regel hierüber, sowie über das ganze Verhältnifs zwischen den Königen und ihren Rathgebern und Gehülfen, nicht vorhanden war. Eine solche gab erst Lykurg, welcher die Zahl der Geronten auf achtundzwanzig bestimmte, die Wahl der Volksversammlung anheimgab, zur Wählbarkeit ein Alter von mindestens sechzig Jahren forderte, und dem einmal Gewählten die Würde auf Lebenslang gewährte. Ueber den Grund jener Zahl sind in alter und neuer Zeit verschiedene Vermuthungen aufgestellt worden, unter denen wenigstens eine, weil sie sich vielen Beifalls zu erfreuen gehabt hat, hier nicht mit Stillschweigen übergangen werden darf. Da nämlich, mit Hinzurechnung der beiden Könige, die Gerusia aus dreifsig Personen besteht, so hat man gemeint, dafs jede der dreifsig Oben, in welche das Volk getheilt gewesen, durch einen Geronten repräsentirt worden sei.[1]) Allein die Zahl von dreifsig Oben ist durch kein einziges Zeugnifs sicher zu erweisen, und wenn, wie die Anhänger jener Meinung wollen, die Oben, wie sie Unterabtheilungen der Phylen waren, so auch selbst wieder die Geschlechter als Unterabtheilungen in sich begriffen, so wäre es schwer zu glauben, dafs die Könige in der Gerusia zwei Oben repräsentirt hätten, da sie ja als Angehörige Eines Geschlechtes, der Herakliden, galten. Wenigstens also müfste dann die Meinung von dem Zusammenhange zwischen den Oben und Geschlechtern aufgegeben werden, oder man müfste annehmen, dafs die beiden Königshäuser nicht als zwei Häuser Eines Geschlechtes gegolten haben, sondern als zwei verschiedene Geschlechter zwei verschiedenen Oben zugerechnet seien. Aber auch abgesehen hiervon würde es doch in Wahrheit ganz unbegreiflich sein, dafs ein so einfacher und leicht in die Augen fallender Umstand, wie Repräsentation der Oben in der Gerusia, wenn er wirklich stattgefunden hätte, den Alten so ganz und gar habe verborgen bleiben können, dafs sie alle, auch gelehrte Forscher wie Aristoteles nicht ausgenommen, auf ganz andere Erklärungen verfielen.[2]) Und wenn auch dies vielleicht

---

1) Müller, Dor. II, S. 74. Göttling zu Aristot. Polit. S. 468.
2) S. Plutarch. Lycurg. c. 5.

nicht für hinreichend geachtet werden sollte, um die Grundlosigkeit jener angenommenen Repräsentation zu beweisen, so darf doch wenigstens diese selbst auch auf nichts weiter Anspruch machen, als für eine Möglichkeit zu gelten, neben welcher auch andere Möglichkeiten sich denken lassen. Dergleichen Möglichkeiten sind nun aber für die Geschichte von sehr zweifelhaftem Werth.

Den Hergang bei der Wahl eines Geronten beschreibt uns Plutarch folgendermafsen:[1]) Wenn das Volk, d. h. die sämmtlichen stimmberechtigten Spartiaten, versammelt war, so begaben sich einige auserlesene Männer in ein nahegelegenes Gebäude, von wo aus sie den Versammlungsplatz nicht übersehen, wohl aber die Stimmen der Versammelten hören konnten. Darauf schritten die Bewerber um die erledigte Gerontenstelle in einer durch das Loos bestimmten Folge einzeln schweigend durch die Versammlung, welche dann, je nachdem sie dem Einen oder dem Andern mehr oder weniger günstig gestimmt war, ihre Stimmung durch stärkeren oder schwächeren Zuruf zu erkennen gab. Die Eingeschlossenen aber, denen die durchs Loos bestimmte Aufeinanderfolge der Bewerber nicht bekannt war, merkten an, welches Mal der Zuruf am stärksten gewesen sei, und derjenige, dem dieser Zuruf gegolten hatte, ward als der Erwählte des Volkes angesehen. Dieser ging nun, mit einem Kranze geschmückt, zu den Tempeln der Götter, seine Angehörigen und Freunde, und eine zahlreiche Menge aufserdem, begleiteten ihn, auch Frauen, die ihn glücklich priesen und das Lob seiner Trefflichkeit sangen. In den Häusern der Freunde, an denen der Zug vorüberging, waren Tafeln gedeckt, zu denen er einzutreten geladen wurde, mit den Worten: „Hiemit ehrt dich die Stadt."[2]) Dann ging es zu dem gemeinschaftlichen Syssition, wo ihm zwei Portionen vorgesetzt wurden, von denen er nach dem Essen die eine derjenigen unter den anwesenden Frauen seiner Verwandtschaft überreichte, die er am höchsten schätzte, indem er dabei erklärte, wie er mit dem ihm zu Theil gewordenen Ehrenpreise auch sie zu ehren wünsche: worauf diese als hochgeehrt und beneidenswerth von den übrigen Frauen nach Hause begleitet wurde. — Aristoteles[3]) nennt die

---

1) S. Plutarch. Lycurg. c. 26.
2) Vom Agesilaus erzählt Plutarch in seiner Biogr. c. 4, dafs er dem neugewählten Geronten ein Gewand ($\chi\lambda a\tilde{\iota}\nu a$) und ein Rind als $\dot{a}\rho\iota\sigma\tau\varepsilon\tilde{\iota}o\nu$ zu verehren pflegte.
3) Polit. II, 6, 18.

Wahlart der Geronten kindisch; und wenn er, wie sich nicht bezweifeln läfst, die eben beschriebene im Sinne hat, so läfst sich ein solches Urtheil in einer Zeit, wo die Sitten des Volkes längst von ihrer alten Einfachheit und Reinheit entartet waren, wohl begreifen. Denn offenbar war nichts leichter, als die ganze Wahl zu einem blofsen trügerischen Spiel zu machen und das Resultat im voraus zu bestimmen. Solange aber treu und redlich dabei zu Werk gegangen wurde, konnte sie immerhin als ein einfaches Mittel gelten, um die wahre Stimmung des Volkes gegen die Bewerber zu erforschen, und dabei jeden Schein von Parteilichkeit und unzulässiger Einwirkung zu vermeiden. Das Volk erklärte durch seinen lebhaften Zuruf, dafs es den, welchem er galt, für den würdigsten hielte, im Rathe der Könige die wichtigsten Angelegenheiten des Gemeinwesens zu besorgen, und die nacheinander auftretenden Bewerber bestanden gleichsam einen Wettstreit um den höchsten Preis öffentlicher Anerkennung, die in den guten Zeiten nur Tugend und Verdienst erwerben konnten.[1]) In späteren Zeiten freilich, als unter der gesetzlich gleich berechtigten Bürgerschaft der oben besprochene Unterschied zwischen Reichen und Armen, Vornehmeren und Geringeren sich geltend gemacht hatte, und die Homöen sich in eine Minderzahl der Angeseheneren und Gebildeteren (καλοὶ κἀγαθοί), und eine diesen gegenüber als Demos zu betrachtende Mehrzahl der Unangesehenen und Ungebildeten schieden, scheint es dahin gekommen zu sein, dafs einer kleinen Zahl angesehener Familien die Gerontenstellen ausschliefslich zu Theil wurden, was bei der beschriebenen Wahlart sehr leicht zu machen war, und so ist es vielleicht zu erklären, wenn Aristoteles die Wahl der Geronten eine dynasteutische nennt,[2]) welcher Ausdruck eben die oligarchische Beschränkung auf einen Kreis gewisser Familien andeuten mag. — Die Würde war, wie schon gesagt, lebenslänglich, und die Geronten waren, wenigstens ursprünglich, keiner Rechenschaftspflicht unterworfen:[3]) ob nicht in späteren Zeiten auch sie von den allen andern Behörden übergeordneten Ephoren haben zur Verantwortung gezogen werden können, ist mit Sicherheit nicht zu entscheiden. Ihr Geschäft war erstens die Berathung aller wichtigen Staatsangelegenheiten, von denen sie über diejenigen, welche auch der

---

1) In diesem Sinne nennt Demosth. g. Lept. §. 107 u. Aristoteles selbst a. a. O. §. 15 die Gerontenwürde ein ἆθλον ἀρετῆς.
2) Polit. V, 5, 8. Doch vgl. Sauppe epist. crit. (Lips. 1841) S. 148.
3) Ebend. II, 6, 18. 7, 6.

Volksversammlung vorzutragen waren, einen Vorbeschluſs abfaſsten, den das Volk entweder anzunehmen oder zu verwerfen hatte. Zweitens hatten sie die Gerichtsbarkeit über Capitalverbrechen,[1] d. h. solche, die mit dem Tode oder mit Atimie zu bestrafen waren, sowie über die Vergehungen der Könige, in welchem Falle späterhin die Ephoren mit ihnen zusammentraten,[2] die aber auch in ihre anderweitige Gerichtsbarkeit nicht selten eingriffen. — Ueber die Form der Verhandlungen ist uns nichts Näheres bekannt. Den Vorsitz mochten die Könige abwechselnd haben, wie die Consuln in Rom. Einige behaupteten, daſs jeder von ihnen zwei Stimmen geführt habe, was aber Thukydides für einen Irrthum erklärt.[3] Die Wahrheit dürfte sein, daſs bei Stimmengleichheit der Vorsitzende den Ausschlag gab, indem seine Stimme dann für zwei gezählt wurde. War der König selbst der Sitzung beizuwohnen verhindert, so konnte er seine Stimme einem der Geronten übertragen. Daſs die Sitzungen nicht ohne gewisse religiöse Handlungen begonnen seien, darf auch ohne Zeugnisse mit Gewiſsheit vorausgesetzt werden: auch hören wir von Göttern des Rathes (Ζεὺς ἀμβούλιος, Ἀθηνᾶ ἀμβουλία, Διόσκουροι ἀμβούλιοι),[4] an welche die Geronten ihre Gebete richten mochten. Daſs Zeichendeuter oder Opferschauer von ihnen zugezogen worden seien, wird ausdrücklich bezeugt.[5]

g) *Die Volksversammlungen.*

Volksversammlungen gab es sicher auch vor der lykurgischen Gesetzgebung in Sparta ebenso, wie dergleichen in der Heroenzeit vorkommen: Lykurg ordnete sie nicht zuerst an, sondern gab nur genauere Bestimmungen über sie. Dahin gehört namentlich, daſs das Volk regelmäſsig zu gewissen Zeiten berufen werden sollte, und zwar, wie es scheint, monatlich ein Mal, zur Vollmondszeit.[6] Sodann, daſs der Ort der Versamm-

---

1) Xenoph. r. L. 10, 2. Aristot. Polit. III, 1, 7. Plut. Lyc. c. 26.
2) Pausan. III, 5, 3.
3) Thucyd. I, 20 gegen Herodot. VI, 57. — Der Ausdruck προστίθεσθαι μιᾷ ψήφῳ bei Thuc. deutet darauf, daſs die Könige nicht zuerst, sondern zuletzt gestimmt haben, was von dem Vorsitzenden sicher anzunehmen ist.
4) Pausan. III, 13, 4. 5) Cicero de divin. I, 43, 59.
6) Plutarch. Lyc. c. 6 führt die Worte der Rhetra an: ὥρας ἐξ ὥρας ἀπελλάζειν. Daſs die ὥρα, d. h. die bestimmte Zeit, die Vollmondszeit ge-

lung zwischen Babyka und Knakion sein sollte, d. h. nur innerhalb des Bezirkes, welcher die fünf Komen Sparta's umfaſste, und dessen äuſserste Grenzen im Süden und Norden durch ein Paar Bäche unter jenem Namen gebildet wurden.[1]) In späteren Zeiten, ungewiſs seit wann, versammelte sich das Volk in einem an die Agora stoſsenden Gebäude, der sogenannten Skias, welche um Ol. 45 von dem samischen Baumeister Theodoros aufgeführt war; vor Alters aber war der Versammlungsplatz im Freien, ohne allen architektonischen Schmuck, und, anders als in den meisten andern griechischen Staaten, ohne Plätze zum Sitzen, wie auch bei den Römern das Volk in den Comitien nicht saſs, sondern stand. Berechtigt zum Besuch der Versammlungen waren alle Spartiaten, insofern sie nicht ihrer bürgerlichen Ehre verlustig erklärt worden waren, vom dreiſsigsten Lebensjahre ab. Auch die Nachkommen der ehemals von Sparta aus in die Periökenstädte gesandten Colonisten, von denen oben die Rede gewesen ist, obgleich sie nicht mehr Spartiaten im eigentlichen Sinne, oder Homöen waren, entbehrten doch vielleicht nicht ganz des Rechtes, auch die Volksversammlungen zu besuchen, wenigstens gewisse Arten derselben, oder solche, zu denen sie ausdrücklich eingeladen wurden.[2]) Die Berufung zu den Volksversammlungen ging von den Königen, später auch von den Ephoren aus, wenigstens zu den auſserordentlichen: auch wird einmal einer sogenannten kleinen Ekklesia gedacht,[3]) worunter gewiſs nicht, wie Einige gemeint haben, eine nur aus den Geronten, den Ephoren und einigen anderen Beamten bestehende Versammlung zu verstehen ist, dergleichen die Griechen schwerlich Ekklesia nannten, sondern eine Versammlung der gerade in Sparta anwesenden Homöen, vielleicht selbst dieser nicht ohne Ausnahme, sondern nur einiger von ihnen, z. B. der Bejahrteren. Die Gegenstände der Verhandlungen bezeichnete der Vorbe-

---

wesen, sagt der Scholiast zu Thukyd. I, 67. *Ἀπελλάζειν*, von *ἀπελλά*, hängt wohl mit *ἀόλλης* (von *Ϝέλω*) zusammen, indem das *Ϝ* zu *π* verhärtet ist. S. Ahrens, dial. Dor. p. 51. Von demselben Stamm ist *ἀλία*, der sonst bei den Doriern gewöhnliche Name der Volksversammlung, den Herodot. VII, 134 auch von der spartanischen gebraucht.

1) Vgl. Urlichs im N. Rhein. Mus. VI (1847) S. 216 f., wo auch über die von Pausanias III, 12, 8 als Versammlungsort genannte Skias gehandelt ist.
2) Vielleicht bezieht sich darauf der öfters vorkommende Ausdruck οἱ ἔκκλητοι τῶν Λακεδαιμονίων, obgleich sich dieser auch anders erklären läſst.
3) Nur bei Xenoph. Hell. III, 3, 8.

schluſs der Gerusia, welcher entweder schon selbst eine Beschluſsnahme darüber enthielt, die nun dem Volke nur zur Annahme oder zur Verwerfung vorgelegt wurde, oder auch dem Volke die Entscheidung zwischen den in der Versammlung zu machenden Vorschlägen anheimgab. Oefters geschah es wohl auch, daſs in der Volksversammlung bloſs Vorschläge gemacht und debattirt wurden, ohne daſs man schon jetzt förmlich darüber abstimmen lieſs, sondern bloſs zu dem Zwecke, das Volk vorläufig über die Sache zu informiren, oder auch um seine Meinung zu erforschen, worauf dann erst ein Beschluſs von der Gerusia abgefaſst, und in einer folgenden Versammlung ans Volk gebracht wurde.[1]) Anträge an die Versammlung zu richten oder an der Debatte theilzunehmen stand gesetzlich nur den Königen, den Geronten und späterhin den Ephoren zu: Andere bedurften dazu besonderer Bewilligung.[2]) Als Gegenstände, die in der Volksversammlung verhandelt wurden, finden wir bei den Geschichtschreibern theils Wahlen von Beamten und Geronten, theils Entscheidungen über Successionsstreit unter verschiedenen Kronprätendenten, theils Beschlüsse über Krieg, Frieden und Verträge mit auswärtigen Staaten, theils endlich Gesetzgebungsmaſsregeln, ohne daſs wir indessen bestimmt anzugeben im Stande wären, welche von diesen Gegenständen schon von Anfang, welche erst späterhin vor das Volk, oder welche vor die groſse, welche vor die kleinere Versammlung gehört haben.[3]) Was besonders die Gesetzgebung betrifft, so war diese im Spartanischen Staate so entschieden stabil, daſs die Volksversammlung damit viel weniger als irgendwo anders zu thun hatte, und wenn wir von der allmähligen Erweiterung der Befugnisse des Ephorats absehen, die schwerlich ohne desfallsige Volksbeschlüsse erfolgt sein kann, so finden wir bis auf die Zeiten der Könige Agis und Kleomenes keine legislativen Maſsregeln erwähnt, die als vom Volke beschlossen anzusehen wären, mit Ausnahme der Erlaubniſs, Gold und Silber im Staatsschatze zu haben, und des Gesetzes des Epitadeus, wodurch die Unveräuſserlichkeit der Familiengüter aufgehoben

---

1) Vgl. über dies Alles, was sich nicht mit ausdrücklichen Zeugnissen einzeln belegen, sondern nur aus zerstreuten Angaben durch Combination folgern läſst, die Abhandl. de ecclesiis Lacedaem. (Gryph. 1836) p. 20 f. Opusc. ac. I p. 106.
2) Vgl. Hermann, Staatsalt. §. 25, 5.
3) Auch über die Freilassung von Heloten hatte wahrscheinlich die Volksversammlung zu entscheiden, ebenso wie über Ertheilung des Bürgerrechts an Fremde, obgleich uns darüber unsere Quellen nichts sagen.

wurde. — Die Abstimmung des Volkes erfolgte weder durch Täfelchen oder Stimmsteine, noch, wie anderswo gewöhnlich, durch Handaufheben (Cheirotonie), sondern mündlich durch Zuruf; nur wenn sich auf diese Weise die Mehrheit nicht deutlich genug herausstellte, liefs man die Versammelten nach verschiedenen Seiten auseinandertreten.¹) Nach Lykurg's Anordnung stand über die Vorschläge, die von der Gerusia an das Volk gebracht wurden, diesem kein anderes Recht zu, als sie einfach anzunehmen oder zu verwerfen: Aenderungen (oder Amendements) waren nicht zulässig. Später ward von dieser Anordnung abgewichen und auch Amendements oder ganz entgegengesetzte Vorschläge vom Volke angenommen. Diesem traten die Könige Theopompus und Polydorus durch die Verordnung entgegen, dafs in solchem Falle Könige und Gerusia befugt sein sollten, ihren Antrag zurückzuziehen und die ganze Verhandlung aufzuheben,²) wodurch also die Gewalt der Volksversammlung wieder auf das frühere beschränkte Mafs zurückgebracht wurde. Eine Art von Ersatz dafür scheint durch das Ephorat gewährt worden zu sein, über welches wir nun zunächst zu reden haben.

h) *Die Ephoren.*

Beamte unter dem Namen Ephoren gab es in vielen theils dorischen theils anderen Staaten; doch ist uns von diesen eben auch nichts weiter bekannt, als dafs sie dagewesen seien, und der Name, welcher ganz allgemein nur Aufseher bezeichnet, giebt keinen Aufschlufs über ihre politische Stellung und Bedeutung. In Sparta aber ist das Collegium der fünf Ephoren im Laufe der Zeit zu einer so hochstehenden und mächtigen Behörde geworden, dafs keine andere Magistratur in irgend einem andern Freistaate mit ihnen zu vergleichen ist. Ueber ihre erste Einsetzung läfst sich nichts gewisses ermitteln. Neuere Forscher scheinen sie selbst für älter als die lykurgische Verfassung zu halten;³) die Alten sagen theils dafs sie von Lykurg, theils dafs sie geraume Zeit später, von dem Könige Theopompus, eingesetzt seien.⁴) Gewifs ist nur dies, dafs ihre

---

1) Thucyd. I, 87.   2) Vgl. Urlichs a. a. O. S. 231 f.
3) Müller, Dor. II, 112.
4) Vom Lykurg, nach Herodot. I, 65. Xenoph. r. L. 8, 3. angebl. Platon. Brief. no. 8 S. 354 B. Satyrus bei Diog. L. I, 3 p. 45 Hübn. Vom Theopomp, Plat. Legg. III p. 692. Aristot. Polit. V, 9, 1. Plutarch. Lycurg.

Macht sich von geringen Anfängen allmählig zu ihrem nachherigen grofsen Umfange erweitert habe, wovon der Grund einerseits in der Beschaffenheit ihrer ursprünglichen Functionen, die einer solchen Erweiterung fähig waren, andererseits aber auch in ausdrücklichen Concessionen gesucht werden mag, die ihnen von den Königen und der Gerusia gemacht wurden, und zwar, wie es ausdrücklich versichert wird,[1]) Concessionen zu Gunsten der Volksmacht im Gegensatz zu der Macht jener beiden. Nach genauer Prüfung aller vorliegenden Daten stellt sich als wahrscheinliches Ergebnifs Folgendes heraus. Die Ephoren waren ursprünglich von den Königen ernannte Beamte, theils speciell zum Behuf der Rechtspflege in Privatstreitigkeiten, die sie auch späterhin ausübten, theils um stellvertretend andere Functionen der Könige in deren Abwesenheit auf Feldzügen oder bei sonstiger Behinderung zu übernehmen. Zu diesen anderweitigen Functionen gehört nun ohne Zweifel erstens die Beaufsichtigung der gesammten Beamtenschaft: denn wir dürfen wohl annehmen, dafs die Könige, als die obersten Inhaber aller Magistratsgewalt, ursprünglich befugt gewesen seien, die sämmtlichen unteren Beamten sowohl zu ernennen, als auch ihre Amtsführung zu überwachen: zweitens die Aufsicht auf die öffentliche Zucht, wenigstens seitdem dieselbe durch bestimmte Vorschriften geregelt und auf deren Uebertretung Strafe gesetzt war; denn dafs die Könige, denen gewifs doch wohl auch diese Aufsicht ursprünglich zustand, sich zur Ausübung derselben der Unterstützung und Mitwirkung anderer bedienen mufsten, liegt in der Natur der Sache: drittens endlich wohl das Recht, die Gerusia und die Volksversammlung in Abwesenheit der Könige zu berufen, weil ja Fälle eintreten konnten, wo dies unumgänglich nöthig war. Ephoren dieser Art mögen immerhin schon vor Lykurg angenommen werden. Wenn Lykurg etwas über sie anordnete, was aber ganz ungewifs ist, mag es etwa nur die Zahl, die den fünf Komen Spartas entspricht, und die Dauer des Amtes betroffen haben. Die erste Concession, wodurch die Macht der Ephoren aus einer das Königthum unterstützenden

---

c. 7 u. 27. Cleom. c. 10. Dio Chrysost. or. LVI, 6 p. 650 Emper. Cic. de republ. II, 33. de legg. III, 7, 16. Vgl. A. Schaefer, de ephoris comment. (Gryph. 1863) p. 7. H. Stein, die Entwickl. des Spart. Ephor. (Jahresber. des Gymn. in Konitz 1870) S. 4.
  1) Aristot. Pol. II, 3, 10. Plat. Legg. III p. 692 A. Plutarch. Lycurg. c. 7. Sie werden deswegen auch wohl mit den römischen Volkstribunen verglichen. Cic. de rep. II, 33. de legg. III, 7.

und vertretenden zu einer dasselbe beschränkenden wurde, bestand darin, dafs sie ihre beaufsichtigende und contrölirende Wirksamkeit, die sie anfangs nur als Beauftragte der Könige auf die denselben untergeordneten Beamten ausgeübt hatten, fortan selbständig auch über die Könige selbst auszuüben ermächtigt wurden, wodurch ihnen also die Stellung von Aufsehern und Wahrern der Interessen des Gemeinwesens gegen Alle, auch die Könige nicht ausgenommen, angewiesen ward. Diese selbständige Macht scheint ihnen zur Zeit des Königs Theopompus beigelegt worden zu sein, also zu derselben Zeit, als durch die oben erwähnte Verordnung die Macht der Volksversammlung von den Uebergriffen, die damals eingerissen waren, auf ihr ursprüngliches geringeres Mafs zurückgeführt wurde. Es giebt Spuren, welche auf demokratische Regungen in dieser Zeit schliefsen lassen. Denn es scheint, dafs damals eine beträchtliche Zahl ärmerer Bürger im Staate war, und dafs der erste messenische Krieg zum Theil deswegen unternommen wurde, um diese mit Landanweisungen in dem eroberten Gebiete versorgen zu können.[1]) Dafs eine Volksmenge, die zum gröfseren Theil aus Aermeren bestand, demokratisch gesinnt war, und in den Volksversammlungen, wo die Mehrheit entschied, diese Gesinnung auch geltend machte, lag in der Natur der Sache, und wenn das Königthum und die Gerusia ihre alte Macht der Volksversammlung gegenüber wiederhergestellt haben wollten, so mufsten sie sich zu einer Concession verstehn, welche dem Volke Gewähr leisten konnte, dafs diese Macht nicht gegen sein Interesse gemifsbraucht würde. Diese Concession bestand in der den Ephoren beigelegten selbständigen Befugnifs, auch die Könige zu controliren und also nothwendig auch gegen ihre Mafsregeln Einspruch zu thun, und sie auf irgend eine Weise zur Verantwortung zu ziehen. Die Macht des Königthums wurde dadurch allerdings wesentlich vermindert, aber es hörte eben deswegen auch auf, ein Gegenstand der Besorgnifs für das Volk zu sein und als gefährlich für die Freiheit angesehn zu werden. Die Beschränkung des Königthums sicherte also seinen fortdauernden Bestand.[2]) Auffallend ist dabei dies, dafs dennoch die Ephoren auch jetzt noch, wie vorher, von den Königen selbst ernannt wurden, woran zu zweifeln ausdrückliche Zeugnisse

---

1) S. oben S. 227.
2) Dies bemerkt auch Aristot. Polit. V, 9, 1. Vgl. Plut. Lyc. c. 7. Praecept. r. p. ger. c. 20.

uns nicht erlauben:[1] denn es scheint ja dadurch in die Hand der Könige gelegt zu sein, nur solche Ephoren zu ernennen, von denen sie eben keine lästige und beschränkende Controle zu befürchten hatten. Indessen allzuleicht mochte ihnen dies doch nicht werden, selbst wenn ihre Wahl ganz frei war, indem erstens die Ephoren ein Collegium von fünf Personen bildeten, und zweitens jährlich andere zu ernennen waren, so dafs kaum zu besorgen war, es werde immer ein solches Collegium sich zusammensetzen lassen, welches dem Interesse des Königthums mehr als dem des Volkes diente. Auch wissen wir nicht, ob die Könige wirklich ganz freie Wahl hatten, oder nicht vielleicht nur unter gewissen vom Volke vorgeschlagenen wählen mufsten. Und ferner da zwei Könige waren, so ist wohl nicht zu zweifeln, dafs auch bei der Ephorenwahl beide betheiligt gewesen seien, sei es abwechselnd, sei es auf andere Weise: jedenfalls aber konnte in der Theilung des Königthums auch eine Garantie dafür gegeben sein, dafs nicht leicht nur eine einseitige politische Richtung in dem Ephorate Vertretung fand. — Nach den Zeiten des Theopomp finden wir nur zwei dunkle Andeutungen von einer das Ephorat betreffenden Anordnung: die eine, dafs ein gewisser Asteropos die Macht der Magistratur vergröfsert, die andere, dafs Chilon zuerst die Ephoren den Königen an die Seite gesetzt habe.[2] Chilon lebte in dem Zeitalter der sogenannten Sieben Weisen, zu denen er selbst gezählt wird, also zu Ende des siebenten, Anfang des sechsten Jahrhunderts v. Chr.; das Zeitalter des Asteropos ist ungewifs: nach Plutarch lebte er viele Menschenalter nach Theopomp. Worin die Aenderungen des Einen oder des Andern eigentlich bestanden haben, wird nicht gesagt, aber soviel läfst sich doch wohl mit Zuversicht behaupten, dafs je selbständiger und mächtiger die Ephoren dem Königthum gegenüber gestellt wurden, desto weniger diesen auch ein irgend entscheidender Einflufs auf ihre Wahl gelassen werden konnte. Auch bezieht sich das Zeugnifs, welches ihre Wahl den Königen zuschreibt, wahrscheinlich nur auf eine frühere Zeit, vor Chilon und Asteropus, und schon zur Zeit des Kleomenes I. deutet eine, freilich nicht vollkommen sichere Spur darauf, dafs damals auch Leute zum Ephorat gelangten,

---

[1] Plutarch. Apophth. Lacon. tom. II p. 121 Tauchn.
[2] Id. Cleom. c. 10, 3. Diog. L. I, 3. — Ueber den in die Zeit des Chilon fallenden Aufenthalt des Epimenides in Sparta und seinen vermuthlichen Einflufs s. ob. S. 176 und Schaefer S. 15.

welche beiden Königen gleich wenig befreundet waren.[1]) Wie nun aber wirklich ihre Wahl angestellt worden sei, darüber fehlt es an allen Angaben. Eine eigentliche Volkswahl, wie die der Geronten, scheint nicht stattgefunden zu haben, wenn wir auf die Genauigkeit des Ausdrucks bei Aristoteles[2]) bauen dürfen, wo er die Gerontenwürde und das Ephorat in der Weise entgegensetzt, dafs er sagt, zu der einen erwähle das Volk, an dem andern habe es Theil oder es sei ihm zugänglich. Anderswo[3]) nennt er die Ernennungsart kindisch, wie er auch die der Geronten nennt, und Plato[4]) bezeichnet sie als einer Loosung ähnlich oder nahestehend, aber doch nicht als Loosung selbst. Da die Ephoren Vertreter der Volksrechte sein sollten, so ist schwer zu glauben, dafs dem Volke bei ihrer Ernennung gar keine Stimme zugestanden sein sollte, und es ist wenigstens keine geradezu verwerfliche Vermuthung, dafs das Volk zwar nicht die einzelnen Ephoren ernannt, aber doch eine gewisse Anzahl von Personen aus seiner Mitte designirt habe, aus denen dann die fünf nicht durchs Loos, sondern nach gewissen Auspicien ausgehoben wurden.[5])

Um die Macht der Ephoren in ihrem ganzen Umfange zu schildern, erwähnen wir zuvörderst, dafs allmonatlich die Könige von ihnen in Eidespflicht genommen wurden, die Regierung den Gesetzen gemäfs zu führen, wogegen ihnen die Ephoren im Namen des Volkes schworen, unter dieser Bedingung ihnen die Herrschaft unangetastet zu lassen.[6]) Sodann dafs alle neun Jahre die Ephoren in einer heitern mondscheinlosen Nacht sich

---

1) Urlichs im N. Rhein. Mus. VI. (1847) S. 256.   2) Polit. IV, 7, 5.
3) Ebend. II, 6, 15.   4) Legg. III, 11 p. 692.
5) An eine Designation einer Anzahl von Personen denkt auch Göttling, zu Aristot. Polit. p. 468, meint aber, dafs aus diesen die fünf Eph. durchs Loos ausgehoben seien; Urlichs dagegen a. a. O. S. 223 verwirft das Loos, und nimmt statt dessen eine Auspicienbeobachtung an, läfst aber nicht die Candidaten, sondern einige Wähler vom Volke ernennen, die dann nach gewissen Zeichen die neuen Ephoren bestimmten. Vgl. Schaefer p. 15.
— Stein S. 20 läfst durchs Loos eine Wahlcommission gebildet werden, welche eine Anzahl von Candidaten aufstellte, aus denen dann die Ephoren in derselben Art wie die Geronten vom Volke erwählt wurden.
6) Xenoph. r. p. L. 15, 7. Vgl. Nicol. Damasc. in C. Müller. Fr. hist. Gr. III p. 459, welcher die Könige beim Regierungsantritt solchen Eid schwören läfst, ohne der monatlichen Wiederholung desselben und der Ephoren zu gedenken. Doch möchte ich darum jene Angabe nicht mit Cobet, Nov. Lectt. p. 737, für ganz unglaublich halten. Die Eide mochten in jeder der regelmäfsigen monatlichen Volksversammlungen erneuert werden.

auf einen bestimmten Platz begaben, um Himmelszeichen zu erwarten, und wenn dann ein Zeichen — eine Sternschnuppe — sich zeigte, dies als ein Wink der Gottheit gedeutet ward, dafs die Könige in irgend etwas gefehlt hätten, weswegen ihre Macht einstweilen suspendirt und das Orakel zu Delphi oder zu Olympia befragt wurde, nach dessen Ausspruch dann die weitere Entscheidung über sie erfolgte.[1]) Auch von Incubationen der Ephoren im Tempel der Pasiphaa wird uns berichtet.[2]) und es ist klar, dafs sie auch die hier wirklich oder angeblich empfangenen Gesichte als Veranlassung zu Mafsregeln gegen die Könige haben benutzen können. So ward also der durch göttliche Abstammung geheiligten Königswürde eine ebenfalls heilige Auctorität durch die Ephoren entgegengestellt. Diese konnten ferner als Ankläger gegen den König auftreten und auf dessen Bestrafung oder Absetzung antragen. Wenn ein Anderer den König eines Verbrechens bezüchtigte, so mufste er Anzeige davon bei den Ephoren machen: diese stellten eine Untersuchung an, und wiesen, nach dem Ergebnifs derselben, die Anklage entweder zurück,[3]) oder brachten sie an die Gerusia, mit welcher dann sie selbst unter dem Vorsitz des andern Königs zu Gericht safsen.[4]) Sie waren daher befugt ihn vor sich zu laden, und er hatte vor allen andern Bürgern nur dies voraus dafs er erst auf die dritte Ladung zu erscheinen brauchte. Ihm Verweise zu ertheilen, auch wohl Bufsen aufzuerlegen, waren sie aus eigener Macht befugt, und die Unterordnung des Königthums unter das Ephorat ward auch dadurch bezeugt, dafs, während alle Andern vor dem Könige, wenn er erschien, aufstehn mufsten, die Ephoren allein auf ihren Amtsstühlen sitzen blieben.[5]) Dafs alle andern Magistrate ihnen in noch höherem Grade untergeordnet waren, versteht sich von selbst. Sie konnten während ihres Amtsjahres von ihnen suspendirt, verhaftet und, wenn sie sich schwererer Vergehen schuldig gemacht zu haben schienen, auf den Tod angeklagt werden.[6]) Selbst aber Todesstrafe gegen Spartiaten zu erkennen, waren die Ephoren schwerlich befugt: dies konnte nur die Gerusia.

---

1) Plutarch. Agid. c. 11.
2) Id. Cleom. c. 7. Ag. c. 9. 11. Cic. de div. I, 43, 96. Vgl. Urlichs S. 219.
3) Herodot. VI, 82.   4) Pausan. III, 5, 3.
5) Xenoph. r. L. 15, 6. — Agesilaus stand selbst vor den Ephoren auf, auch wenn er in Ausübung seines Amtes auf seinem königlichen Stuhle safs. Plut. Ages. c. 4.
6) Ebend. Hellen. V, 4, 24. u. de rep. L. 8, 4.

Vermöge dieses Rechtes der Oberaufsicht über die Magistrate waren die Ephoren im Stande überall in allen Zweigen der Verwaltung einzuschreiten und was sie dem Gesetz oder dem Interesse des Staates widersprechend fanden abzustellen und zu ahnden, aber es gab ihnen noch nicht die Macht, auch selber Regierungs- und Verwaltungsmafsregeln ins Werk zu setzen: sie waren eine controlirende und hemmende, aber keine treibende und bewegende Macht. Dies wurden sie erst dadurch, dafs sie auch das Recht erlangten, die berathenden und beschliefsenden Versammlungen, d. h. die Gerusia und die Volksversammlung, zu berufen, Anträge an dieselbe zu bringen und die Verhandlungen darüber zu dirigiren. Seit wann ihnen dieses Recht eingeräumt worden sei, können wir nicht nachweisen; in der Zeit aber, aus der uns weniger spärliche Nachrichten zugekommen sind, erscheinen sie so sehr im Besitz desselben, dafs wir keine öffentlichen Verhandlungen und Beschlufsnahmen ohne sie vor sich gehen, vielfältig sogar nur sie allein dabei erwähnt sehen, sei es dafs die Schriftsteller ungenau, was auf Betrieb der Ephoren durch die Gerusia und die Volksversammlung geschah, nur als von jenen geschehen darstellen, sei es dafs in manchen Fällen ihnen Vollmacht ertheilt ward, auch ohne Gerusia und Volksversammlung selbständig zu handeln. Und zwar gilt dies ohne Ausnahme in Beziehung auf alle Arten von Angelegenheiten, welche in den Bereich der berathenden und beschliefsenden Gewalt gehören, so dafs wir die Ephoren als diejenigen bezeichnen können, welche an der Spitze derselben stehen und ihre Organe in Bewegung setzen, oder auch als Vertreter und Bevollmächtigte des Volkes in dessen Namen allein handeln. Namentlich aber scheinen die auf auswärtige Verhältnisse und Kriege bezüglichen Mafsregeln oft vorzugsweise nur ihrem Ermessen überlassen worden zu sein, so dafs sie Aussendung von Truppen verfügen, die Anführer mit Instructionen versehen, ihnen Verhaltungsbefehle zuschicken, sie zurückrufen konnten, auch wenn die Könige selbst die Anführer waren.[1]) Ueberdies begleiteten regelmäfsig zwei von ihnen den König beim Feldzuge, dem Namen nach um die Disciplin zu beaufsichtigen und also jenen in Handhabung derselben zu unterstützen, in der That aber als Aufseher. Der König sollte zwar nicht genöthigt sein, sie bei seinen Beschlüssen um Rath zu fragen, mochte aber

---

1) Vgl. Thuc. I, 131. Xenoph. Ages. c. 1, 36. Hellen. IV, 2, 3. Plut. Ages. c. 15. Apophth. Lac. no. 39. 41 p. 105.

doch wohl schwerlich etwas ohne oder gegen ihren Rath unternehmen, wofür er, wenn es übel ablief, fürchten mufste, zur Verantwortung gezogen zu werden.[1]) Aristoteles' Angabe, die Spartaner hätten aus Mifstrauen den Königen, welche sie in den Krieg aussandten, ihre Gegner beigesellt, bezieht sich offenbar auf diese beiden Ephoren. Es erstrekte sich ferner das Oberaufsichtsrecht der Ephoren auch auf die gesammte öffentliche Zucht und demzufolge auf das Leben jedes Einzelnen im Staate, dessen Bestehen mit Recht nicht allein auf der guten Amtsführung der Beamten, sondern auf dem gebührenden und dem Staatsprincip entsprechenden Verhalten aller seiner Angehörigen zu beruhen schien. Ursprünglich war, wie sich kaum bezweifeln läfst, auch diese Oberaufsicht ein Attribut des Königthums, und die Ephoren waren, wie in andern Stücken, so auch in diesem nur die Beauftragten und Gehülfen der Könige: aber sie wurden hierin, wie in allem andern, späterhin ganz selbständig, und zahlreiche Beispiele zeigen, in welchem Umfange und mit welcher Genauigkeit sie ihre Aufsicht ausgeübt haben. Ein gewisser Naukleidas, Sohn des Polybiades, der durch Trägheit und Wohlleben, und in Folge dessen durch eine in Sparta seltene Wohlbeleibtheit Anstofs gab, wurde deswegen in öffentlicher Versammlung aufs strengste gescholten und mit Ausweisung bedroht, wenn er sich nicht änderte.[2]) Unter der Trägheit ist aber die Unterlassung der körperlichen Uebungen zu verstehen, welche nicht blofs als ein wesentlicher Theil der Jugenderziehung betrieben wurden, sondern auch als unerläfslich für die Männer galten, damit sie nicht untüchtig für den Krieg würden, so dafs ihre Vernachlässigung mit Recht als eine Versäumnifs der bürgerlichen Pflicht geahndet ward.[3]) Die Jungen aber wurden fleifsig, und mindestens alle zehn Tage,[4]) von den Ephoren besichtigt, und wenn entweder ihre Kleidung oder ihre Lagerstätten nicht der vorschriftsmäfsigen Knappheit und Einfachheit entsprachen, oder ihre körperliche Beschaffenheit zu verrathen schien, dafs es an der gehörigen Ausarbeitung und Abhärtung fehlte, so wurden sie dafür gestraft. Auch die engeren Verbindungen zwischen Männern und Jünglingen oder Knaben, von welchen später genauer zu reden sein wird, unterlagen der besonderen Aufsicht der

---

1) Xen. Hell. II, 4, 36. de rep. L. c. 13, 5. Arist. Polit. II, 6, 20.
2) Athenae. XII, 74 p. 550. Aelian. Var. Hist. XIV, 7.
3) Vgl. Schol. Thuc. I, 84.
4) So Aelian. a. a. O. Täglich, nach Agatharchides bei Athen.

Ephoren, und jede Ungebühr ward strenge geahndet.[1]) Der lesbische Musiker Terpander soll gestraft sein, weil er die Saiten der Kithara um eine vermehrt hatte und dadurch von der alten und strengen Einfachheit der Musik abgewichen war; und gleiches soll später auch andern Musikern, die sich in Sparta hören liefsen, widerfahren sein, wie dem Phrynis aus Lesbos und dem Timotheus aus Milet.[2]) Fremde, die auf irgend eine Weise einen üblen Einflufs auf die Zucht und Sitte ausüben zu können schienen, wurden von den Ephoren ausgewiesen.[3]) Der König Agesilaus ward in Strafe genommen, weil er sich allzugeflissentlich populär zu machen schien;[4]) ein gewisser Skiraphidas aber, weil er sich allzugeduldig von Andern beleidigen liefs.[5]) Der König Archidamus bekam einen Verweis, dafs er eine kleine Frau geheirathet hätte, die, wie die Ephoren meinten, nicht Könige sondern nur Königlein würde gebären können;[6]) Anaxandridas mufste, weil seine Frau ihm keine Kinder gebar, noch eine zweite dazu nehmen,[7]) und die Führung der Königinnen stand unter besonders sorgfältiger Aufsicht der Ephoren, damit in das Geschlecht der Herakliden nicht Sprösslinge aus anderem Blute eingeschwärzt werden möchten.[8]) — Noch unbeschränkter als über die Spartiaten war das Oberaufsichtsrecht der Ephoren über die Unterthanen. Die oben besprochene Krypteia wurde jährlich gleich nach ihrem Amtsantritt von ihnen angeordnet,[9]) und gegen die Periöken konnten sie auch ohne förmliches Rechtsverfahren die Todesstrafe aussprechen.[10]) Endlich erwähnen wir noch, dafs auch der Staatsschatz und das Kalenderwesen unter ihrer Aufsicht gestanden zu haben scheint. Dies läfst sich aus der Angabe schliefsen,[11]) dafs einst, unter Agis III., ein Ephorus einen Schaltmonat in ein Jahr, welches ordnungsmäfsig ein Gemeinjahr hätte sein sollen, einschaltete, um widerrechtlich Abgaben für diesen Monat zu erheben, wobei übrigens nur an Abgaben aus den Periökenstädten gedacht werden kann, da die Spartiaten dergleichen regelmäfsig gewifs nicht zahlten, obgleich mitunter aufserordentliche Steuern ihnen

---

1) Aelian. V. H. III, 10.
2) Plutarch. Instit. Lac. no. 17. Apophth. p. 129. Agid. c. 10. Athenae. XIV p. 636. Vgl. Volkmann zu Plutarch. de mus. p. 80.
3) Herodot. III, 148. Max. Tyr. diss. 23.   4) Plutarch. Ages. c. 5.
5) Instit. Lacon. c. 35.   6) Plutarch. Ages. c. 2.
7) Herodot. V, 39. 40.   8) Plat. Alcib. I p. 121 C.
9) Aristot. bei Plutarch. Lykurg. c. 28.   10) Isocr. Panath. §. 181.
11) Plutarch. Agid. c. 16.

auferlegt würden.¹) Auch dafs die Kriegsbeute an sie abgeliefert wird, läfst sie als Aufseher des öffentlichen Schatzes erkennen.²)

Bei so ausgedehnter Wirksamkeit und so grofser Machtfülle dürfen die Ephoren mit Recht als eine fast tyrannische, d. h. unumschränkte Magistratur bezeichnet werden, wie auch wirklich Aristoteles sie bezeichnet;³) es würde aber schwer zu begreifen sein, wie die Spartaner eine solche haben ertragen können, wenn nicht auf irgend eine Weise dafür gesorgt gewesen wäre, dafs sie ihre Macht nicht mifsbrauchten. Dafür war aber in der That gesorgt, theils durch die kurze Dauer des Amtes, theils durch die Theilung der Gewalt unter mehrere Personen. Denn es waren ihrer fünf, sie traten nach einjähriger Amtsverwaltung in den Privatstand zurück, und konnten dann von ihren Nachfolgern zur Verantwortung gezogen und wegen Mifsbrauchs ihrer Gewalt bestraft werden.⁴) Wichtige Mafsregeln konnten ferner nicht anders ins Werk gesetzt werden, als wenn die Mehrheit im Collegio übereinstimmte,⁵) und dafs die Mehrheit sich zum Unrecht vereinigen würde, war wohl nicht leicht zu besorgen, schon deswegen nicht, weil ihnen ja doch die Möglichkeit bevorstand, nach kurzer Zeit zur Verantwortung gezogen zu werden. Auch die Könige, zu deren Beschränkung das Ephorat recht eigentlich bestimmt war, fanden in Fällen, wo es ihnen darauf ankam, ihre Absichten durchzusetzen, wohl Mittel, die erforderliche kleine Mehrheit für sich zu gewinnen, da das Collegium meist aus Leuten geringer Art bestand, die sich imponiren, oder aus Armen, die sich allenfalls erkaufen liefsen.⁶) Denn dafür, dafs nur zuverläsige Leute von bewährter Gesinnung und Tüchtigkeit zum Ephorate gelangten, war durch die Ernennungsart keinesweges gesorgt. Daran freilich, dafs allein den Vollbürgern, d. h. den Spartiaten oder Homöen, das Amt zu-

---

1) Vgl. Müller, Dor. II S. 211.
2) Diodor. XIII, 106. Plutarch. Lysand. c. 16.
3) Polit. II, 6, 14. Vgl. Plato Legg. IV p. 712.
4) Dies zeigen die Beispiele bei Arist. Rhet. III, 18 u. Plutarch. Agid. c. 12.
5) Vgl. Xenoph. Hellen. II, 3, 34 u. 4, 20. — Corn. Nep. Pausan. c. 3, 5 sagt, dafs jeder Ephor befugt gewesen sei, den König zu verhaften: das ist möglich, wenn der Fall dringend schien; aber in der Haft gehalten konnte der König doch gewifs nur dann werden, wenn die Mehrheit der Ephoren sich dafür entschied. Thucyd. I, 131, wo er den von Corn. erwähnten Fall erzählt, nennt nur die Ephoren im Plural.
6) Aristot. Polit. II, 6, 14.

gänglich gewesen sei, ist nicht zu zweifeln; aber wir haben schon oben auseinandergesetzt, dafs auch unter diesen ein grofser Unterschied des Ansehens und des Vermögens stattfand, und dafs die von Aristoteles als Demos oder als Geringe (οἱ τυχόντες) bezeichneten und den Angeseheneren und Gebildeten entgegengesetzten nicht als eine gesetzlich minderberechtigte, den Homöen untergeordnete Classe anzusehen, sondern unter den Homöen selbst zu suchen sind, deren grofse Mehrzahl zu Aristoteles' Zeit aus solchen bestand, denen er das Prädikat καλοὶ κάγαθοί schwerlich zugestehen konnte. Dafs übrigens diese dem Demos der Homöen angehörigen geringen und unbemittelten Leute häufiger als die Angesehenen und Reichen zum Ephorat gelangten, lag in der Natur der Sache, eben weil sie die Mehrzahl ausmachten, dafs aber auch jene andern nicht ausgeschlossen waren, versteht sich von selbst, und liefse sich, wenn es nöthig wäre, auch durch Beispiele erweisen.

Schliefslich bemerken wir noch, dafs die Ephoren ihr Amt mit dem Anfange des lakonischen Jahres um die Zeit der Herbstnachtgleiche antraten, dafs der erste im Collegio der Eponymos des Jahres war, nach welchem also datirt wurde, dafs ihr Amtslokal sich auf dem Markte befand, und dafs sie ein gemeinschaftliches Syssition hatten.[1]) Ferner dafs das Staatssiegel, welches wir wohl nur in ihren Händen denken dürfen, ein Bildnifs des Königs Polydorus aus dem Agidenhause war,[2]) und dass sie bei schriftlichen Erlassen an Befehlshaber im Auslande sich öfters einer Art von Geheimschrift bedienten, indem ein schmaler Riemen von Leder um einen runden Stab gewickelt, so beschrieben und dann wieder abgewickelt wurde, so dafs das Geschriebene nur dann gelesen werden konnte, wenn man den Riemen wieder um einen gleichen Stab wickelte, welcher deswegen dem Befehlshaber mitgegeben ward.[3])

Es werden übrigens auch noch fünf kleinere oder geringere Ephoren erwähnt,[4]) vermuthlich Unterbeamte und Gehülfen jener gröfseren, um sie in ihrem ursprünglichen Geschäfte, der Rechtspflege in Privatstreitigkeiten, zu unterstützen oder zu vertreten.

---

1) Pausan. III, 11, 2. Plut. Cleom. c. 8. Aelian. V. H. II, 15. Schol. Thuc. I, 86 u. die Ausl. zu V, 36.
2) Pausan. III, 11, 8.
3) Plutarch. Lys. c. 19. Gellius N. A. XVII, 9. Schol. Thucyd. I, 131 u. zu Aristoph. Av. 1284. und besonders Ausonius, epist. XXIII, 23.
4) Bei Timaeus, Lex Plat. p. 128, dem einzigen, der ihrer gedenkt.

i) *Andere Beamte.*

Von anderen Beamten geben uns unsere Quellen nur dürftige und unvollständige Notizen. Wir erwähnen zunächst der sogenannten Pythier oder Poitheer[1]) als Gehülfen der Könige in demjenigen Theile ihres Amtes, welcher mit der Religion in Verbindung steht. Zu diesem gehörte namentlich auch der Verkehr mit dem delphischen Gotte, welcher, wie man die Sanction der lykurgischen Verfassung von ihm ableitete, so auch fortwährend in wichtigen Angelegenheiten um Rath angegangen wurde. Diesem Verkehr dienten die Pythier, deren jeder König zwei ernannte, die als Gesandte nach Delphi zu gehen, die Orakel einzuholen und, seitdem diese auch schriftlich aufgezeichnet wurden, sie gemeinschaftlich mit den Königen zu bewahren hatten. Sie gehörten zur nächsten Umgebung der Könige, waren ihre Tischgenossen und wurden als solche, gleich ihnen, auf Staatskosten gespeist.[2]) Auch Zeichenschauer, ungewiß wie viele, waren den Königen zugeordnet, um bei den von ihnen zu verrichtenden Opfern daheim und auf Feldzügen zu assistiren und die Zeichen zu deuten. Wegen der oberpriesterlichen Stellung der Könige dürfen wir ferner die Verwalter der einzelnen Priesterthümer als ihre Unterbeamte betrachten, die wahrscheinlich auch von ihnen bestellt wurden. Es ist indessen überhaupt von Priestern in Sparta wenig die Rede, wenn man nicht etwa den Pyrphoros hieher zieht, von dem wir lesen, daß er beim Auszuge des Heeres Feuer von dem Altar, auf welchem der König dem Zeus Agetor geopfert hatte, mitnahm und dem Heere vorauftrug, und der von Einigen für einen Arespriester gehalten wird.[3]) Außerdem finden wir namentlich nur noch Priesterinnen erwähnt, wie der Artemis Orthia, des Dionysos und der Leukippiden, Phöbe und Hilaïra.[4]) — Als Unterbeamte der Könige im diplomatischen Verkehr mit dem Auslande dienten die sogenannten Proxenoi, in unbestimmter Zahl. Sie wurden von ihnen ernannt, um auswärtigen Gesandten Gastfreundschaft zu erweisen.[5]) — Dem Heer-

---

1) Phot. u. Suid. u. d. W..   2) Herodot. VI, 57.
3) Müller, Dor. II, 240.
4) Pausan. III, 16, 7. 13, 5. 16, 1. — Ueber die auf späteren Inschriften vorkommenden Priester und Priesterinnen s. Böckh, Corp. Inscr. I, p. 610.
5) Dies ist wenigstens die wahrscheinlichste Ansicht über diese nur von Herodot. VI, 57 erwähnten Beamten. S. Meier, de Proxenia p. 4. — Daß aber außer jenen Beamten auch dieser oder jener Spartiat von einem

wesen standen als Unterbefehlshaber der Könige zunächst die
Polemarchen vor, deren, zu Xenophons Zeit wenigstens,
sechs waren,[1]) und denen wieder die Lochagen, die Pentekosteren und die Enomotarchen untergeordnet waren, von
denen später noch zu reden sein wird. Alle diese wurden nicht
blofs wenn Krieg zu führen war, sondern regelmäfsig auch in
Friedenszeiten ernannt. Denn das spartanische Volk bildete
gleichsam ein stehendes Heer, beständig zum Kriege gerüstet
und bereit ins Feld zu rücken, weswegen denn auch die Heeresabtheilungen und die Befehlshaber derselben immer schon im
Voraus bestimmt sein mufsten. Auch wissen wir namentlich
von den Polemarchen, dafs sie daheim die Aufsicht über die
gemeinschaftlichen Mahlzeiten der Bürger zu führen hatten.
Wem übrigens die Ernennung dieser Befehlshaber zugestanden
habe, ob den Königen,[2]) oder der Volksversammlung, oder den
Ephoren, müssen wir dahin gestellt sein lassen. Blofs für den
Krieg aber wurden die Strategen oder die Anführer der nicht
von einem Könige befehligten Heere, ernannt, und zwar von der
Volksversammlung oder den von dieser bevollmächtigten Ephoren.
Dasselbe gilt von den Nauarchen oder Flottenbefehlshabern,
seitdem die Spartaner auch Seekriege führten. Nur ausnahmsweise kam es vor, dafs Flotte und Landheer demselben Befehlshaber, nämlich dem Agesilaus, anvertraut wurde, und Aristoteles[3]) tadelt die unabhängige Gewalt der Nauarchen, wodurch
sie den Königen gleichsam als Nebenkönige zur Seite gestellt
worden seien. Dafs die Dauer des Amtes gesetzlich auf ein
Jahr beschränkt gewesen sei, ist, wenn auch wahrscheinlich,
doch nicht sicher zu erweisen. Wohl aber ist ein Gesetz bezeugt,
dafs Keiner das Amt öfter als einmal bekleiden sollte, was sich
denn freilich leicht dadurch eludiren liefs, dafs man dem nomi-
nellen Nauarchen einen Unterbefehlshaber mit gröfserer Vollmacht beigab. Der Amtsname des Unterbefehlshabers ist Epistoleus[4]). — Der zwanzig Harmosten, als muthmafslicher
Vögte über die Periökenbezirke, ist schon früher gedacht worden.

---

auswärtigen Staate Ehrenhalber zu seinem Proxenos ernannt werden
konnte, versteht sich von selbst. Ein Beispiel der Art giebt eine athenische Inschrift aus Ol. 102, 1 od. 103, 1, bei Rangabé, Ant. Hell. II no.
365. Vgl. A. Schaefer, Demosth. I S. 68, 3.
1) Xenophon erwähnt einmal auch συμφορεῖς τοῦ πολεμάρχου,
Hell. VI, 4, 14, deren Stellung und Bedeutung sich aber nicht erkennen läfst.
2) Wie Müller meint, Dor. II S. 239. 3) Polit. II, 6, 22.
4) Plut. Lys. c. 7. Xenoph. Hell. I, 1, 23. II, 1, 7. IV, 8, 11. V, 1,
5, 6. Jul. Poll. I, 96.

Von städtischen Beamten sind noch zu erwähnen erstens die sogenannten **Empeloren**, die mit den Agoranomen in andern Städten verglichen werden, also die polizeiliche Aufsicht über den Marktverkehr hatten, worauf auch der Name deutet. Die Angabe dafs ihrer fünf gewesen seien, ist apokryphisch.[1]) Zweitens die **Harmosynen**, von denen wir aber nichts weiter hören, als dafs sie die Aufführung der Weiber zu überwachen gehabt haben sollen.[2]) Drittens die **Nomophylakes**, deren Name, Gesetzwächter, ebenfalls auf eine Aufsichtsbehörde deutet, von denen es aber ungewifs bleibt, nicht nur worauf sich ihre Aufsicht eigentlich erstreckt habe, sondern auch ob sie überhaupt der älteren Verfassung angehören, da sie nur bei einem Schriftsteller des zweiten Jahrhunderts nach Chr. Geb. vorkommen.[3]) Dagegen unzweifelhaft ebenso alt als die lykurgische Verfassung war das wichtige Amt des **Pädonomen** oder des Knabenzuchtmeisters, und der ihm zugeordneten **Bideer** oder **Bidyer**, d. h. Aufseher, welchen die specielle Sorge für die gesetzmäfsige Erziehung der Jugend übertragen war.[4]) Von wem und auf welche Art diese und die übrigen oben erwähnten Beamten ernannt worden seien, wissen wir nicht: nur dies allein wird uns angegeben, dafs alle Aemter durch Wahl, nicht durchs Loos besetzt wurden.[5]) Aufser den genannten müssen wir aber noch der **Hippagreten** und der **Agathoërgen** gedenken, die, in gewisser Hinsicht wenigstens, auch als eine Art von Beamten zu betrachten sind. Aus den jungen Leuten nämlich, und zwar, wie es scheint, aus denen, welche entweder dem dreifsigsten Jahre zunächst standen oder dasselbe eben überschritten hatten,[6]) wurden drei von den Ephoren ausgewählt, welche dann wieder aus der Zahl der noch nicht dreifsigjährigen Jünglinge jeder hundert der tüchtigsten aushoben und zwar mit Angabe der Gründe ihrer Auswahl, um dem Verdachte der Parteilichkeit zu entgehen. Die so Ausgehobenen als die erlesenste Blüthe der spartanischen Jugend, führten den Ehrennamen der

---

1) Sie beruht nur auf den ohne Zweifel unechten Fourmontschen Inschriften. Hesych. u. d. W. giebt keine Zahl an.
2) Hesych. u. d. W.
3) Pausan. III, 11, 2. Aufserdem erschienen sie in Inschriften der späteren Zeit.
4) Plutarch. Lyc. c. 17. Xenoph. r. L. c. 2, 2. Pausan. III, 11, 2. Böckh. Corp. Inscr. I p. 89 u. 609.
5) Aristot. Polit. IV, 7, 5. Isocr. Panath. §. 153.
6) So ist wohl bei Xenoph. r. p. L. c. 4, 3 der Ausdruck ἐκ τῶν ἀκμαζόντων αὐτῶν (τῶν ἡβώντων) zu verstehen.

ANDERE BEAMTE.

Hippeis oder Ritter, ihre drei Vorgesetzten aber den der Hippagreten, obgleich sie im Kriege nicht als Reiter sondern als Hopliten dienten. Jener Name mag aus alter Zeit stammen, wo sie wirklich noch zu Pferde gedient hatten.[1]) Von gesetzlichen Vorrechten, durch die sie, aufser der Ehre, vor ihren Altersgenossen ausgezeichnet wären, ist nirgends die Rede; aber wenn sie zusammenhielten und ein geschlossenes Corps bildeten, so mufste ihnen schon dies auch in öffentlichen Angelegenheiten ein gewisses Gewicht geben, und so mögen wir es erklären, wenn ein Schriftsteller von freilich sehr zweifelhafter Auctorität[2]) sie als einen besondern Stand darstellt, der geeignet gewesen sei, einer der bestehenden Staatsgewalten, dem Königthum oder der Gerusia oder den Ephoren, zur Unterstützung gegen Uebergriffe der andern zu dienen. Aus denen nun, die aus dieser erlesenen Schaar ausschieden, d. h. nach zurückgelegtem dreifsigsten Jahre unter die Männer traten, wählten die Ephoren jährlich fünf, die unter dem Namen Agathoërgen zu verschiedenen Aufträgen, Sendungen ins Ausland u. dgl. als eine Art von Agenten gebraucht wurden.[3])

Von subalternen Unterbeamten wissen wir begreiflicher Weise noch weniger zu sagen. Wir wollen aber doch der Staatsherolde erwähnen, deren Amt in dem Geschlechte der Talthybiaden erblich war,[4]) welches, da es sich von dem mythischen Talthybios, dem Herolde der Atriden, ableitete, für ein ursprünglich achäisches, vielleicht in die spartanische Bürgerschaft aufgenommenes zu halten sein wird.[5]) Erblich war auch das Amt der Flötenspieler, die als Musiker bei Festen und beim Heere dienten, und das der Küchenmeister, welche die Bereitung der Speisen und des Getränkes bei den gemeinschaftlichen Mahlzeiten zu besorgen hatten.[6]) Beide gehörten wohl Periöken-

---

1) Bei den Thebanern hiefsen die Mitglieder der sogenannten heiligen Schaar ἡνίοχοι und παραβάται, in Erinnerung an die längst antiquirte Kampfart auf Streitwagen. Diodor. XII, 70. Plutarch. Pelop. c. 18. 19.
2) Der angebliche Archytas bei Joa. Stobae. Flor. 43, 134 (p. 168 Gaisf.), wo sie κόροι heifsen. — Wenn Ephorus bei Strabo X p. 481 von einer ἀρχή τῶν ἱππέων redet, so ist dabei ohne Zweifel nur an die drei Hippagreten zu denken, die als eine ἀρχή oder als ἄρχοντες auch bei Timacus und Hesychius bezeichnet werden.
3) Herodot. I, 67. Suid. u. d. W. Lex. Seguer. p. 209 u. 333.
4) Herodot. VII, 134.
5) Vgl. Müller, Dor. II S. 31, mit dem ich jedoch hinsichtlich des Sperthias und Bulis, die er für Talthybiaden hält, nicht übereinstimme.
6) Herodot. VI, 60.

geschlechtern an, die zwar in Sparta angesiedelt, aber gewifs nicht unter die spartanische Bürgerschaft aufgenommen waren. Es gab drei Heroen als Schutzpatrone der Speisebereitung und Weinmischung, Däton, Matton, Keraon, deren Heiligthümer zu Sparta in der hyakinthischen Strafse standen;¹) ob aber ebensoviele Geschlechter sich in die Geschäfte der Fleischbereitung, des Brotbackens und der Weinmischung getheilt, oder nur verschiedene Personen Eines Geschlechtes die einen dies die andern jenes zu verrichten gehabt haben, mag dahin gestellt bleiben.²)

k) *Die Rechtspflege.*

Nach alter oligarchischer Weise war das Richteramt in Sparta nicht zahlreichen aus der Gesammtheit der Bürgerschaft ausgehobenen Geschwornengerichten überlassen, sondern lediglich theils dem hohen Rathe, der Gerusia, theils den einzelnen Magistraten anvertraut.³) Ueber Privatsachen und leichtere Vergehen richtete der Magistrat, in dessen Verwaltungszweig sie einschlugen, wie z. B. die Empeloren über Händel beim Marktverkehr oder Vergehungen gegen die Marktordnung. Von den Ephoren wissen wir, dafs namentlich alle aus contractlichen Verhältnissen entspringenden Rechtshändel zu ihrer Jurisdiction gehörten, und von den Königen, dafs sie über streitige Familien- und Erbrechte zu entscheiden hatten. Dafs übrigens in Sparta ebensowohl, wie anderswo, Streitigkeiten nicht immer vor die öffentliche Behörde gebracht, sondern oft nur privatim von compromissarischen Schiedsrichtern geschlichtet wurden, würde sich, auch wenn sich zufällig kein Beispiel davon fände, doch wohl von selbst verstehn. In dem einzigen Beispiel, welches vorkommt,⁴) verpflichtet der erwählte Schiedsrichter die Par-

---

1) Athenae. IV, 74 p. 173 extr. u. II, 9 p. 39.
2) Die ὀψοποιοί des Agatharchides bei Athen. XII, 74 p. 550 sind gewifs unter den μαγείροις bei Herodot. VI, 60 mit zu verstehen, und da der letztere nur diese, neben den Herolden und Flötenspielern, als erbliche Inhaber ihres Geschäftes nennt, so sind wenigstens besondere Geschlechter erblicher Bäcker und Weinmischer schwerlich anzunehmen, noch weniger aber ist mit Müller a. a. O. zu folgern, dafs fast alle Gewerbe und Beschäftigungen zu Sparta erblich gewesen seien.
3) Aristot. Polit. II, 6, 4. III, 1, 7.
4) Plutarch. Apophth. Lac. Ἀρχιδάμ. Ζευξίδ. n. 6 p. 124 Tauch. Auch in der Anecdote über Chilon, bei Diog. L. 1, 71 ist wol an ein Schiedsgericht zu denken, nicht an eine Capitalsache, wie Gellius l c. 3 angiebt.

teien eidlich, sich bei seinem Spruche zu beruhigen. Daraus ist zu schliefsen, dafs dies nicht immer der Fall gewesen, sondern oft die Compromisse mit dem Vorbehalt abgeschlossen seien, von dem Spruche des Schiedsrichters noch appelliren zu dürfen, in welchem Falle dann das Geschäft desselben eigentlich nur ein Sühneversuch war. — Die Criminaljurisdiction über schwerere Vergehen hatte die Gerusia, und sie allein war befugt, Todesurtheile über Bürger auszusprechen. Es war Regel, dafs die Geronten ihr Urtheil nur nach mehrtägiger Berathung fällten, aber auch, dass Lossprechung den Angeklagten nicht davor schützte, abermals wegen derselben Sache vor Gericht gezogen zu werden, so dafs also eine *exceptio rei iudicatae* nicht stattfand.[1]) Ueber die Vergehen der Könige safsen mit den Geronten auch die Ephoren zu Gericht.[2]) Von den Formen des Processes, sei es vor den Magistraten sei es vor der Gerusia, erfahren wir durchaus gar nichts, und auch die Frage, ob wegen Verbrechen jeder Bürger als Kläger aufzutreten befugt gewesen sei, wie es in demokratischen Staaten der Fall war, oder ob der Private sich begnügen mufste, das Verbrechen einem Magistrate, etwa den Ephoren, anzuzeigen, und die weitere Verfolgung diesem zu überlassen, können wir nicht beantworten. — Die Volksversammlung übte, soviel wir urtheilen können, gar keine richterliche Gewalt aus, den einen Fall ausgenommen, dafs über das Recht der Thronfolge zwischen mehreren Prätendenten gestritten wurde.[3]) Die Voruntersuchung mufste hier natürlich die Gerusia haben, und das Resultat derselben dem Volke vorlegen; aber dieses mufste doch auch befugt sein, wenn es über das Recht anderer Meinung war, vielmehr seiner Ansicht als dem Gutachten der Gerusia zu folgen, weil sonst die Vorlage an die Volksversammlung eine blofse Formalität gewesen sein würde. Da geschriebene Gesetze in Sparta auch zu der Zeit, als die übrigen Staaten längst solche hatten, nicht vorhanden, vielmehr ausdrücklich verboten waren, so konnten die Richter nicht anders als nach dem Herkommen oder nach ihrem Ermessen entscheiden, was Aristoteles tadelt.[4]) Und allerdings war dabei Ungerechtigkeit und Willkühr wohl möglich, kam indessen in Sparta schwerlich häufiger vor, als in andern Staaten, die sich geschriebener Gesetze erfreuten, die Handhabung derselben aber Volksgerichten überliefsen, die, weil sie Keinem verantwortlich waren, sich auch nicht allzugewissen-

---

1) Plutarch a. a. O. p. 120.   2) S. oben S. 246.
3) Xenoph. Hell. III, 3, 1—4.   4) Polit. II, 6, 16.

haft daran zu binden pflegten. Ein singulärer Fall von Hintansetzung des herkömmlichen Rechtes, der uns berichtet wird, kann uns durch die Art und Weise, wie man sich dabei benahm, wohl als Beweis dienen, dafs dergleichen höchst selten vorkam. Als nämlich in Folge der Niederlage bei Leuktra eine grofse Anzahl von Spartiaten der gesetzlichen schweren Strafe der Feldflüchtigen verfallen war, so gerieth man in grofse Verlegenheit, da man weder so viele Mitbürger nach dem Gesetze zu verurtheilen, noch gegen das Gesetz loszusprechen sich entschliefsen konnte. Man wollte gerne des einen wie des andern überhoben sein, und dazu fand der König Agesilaus das Mittel. Er liefs sich nämlich zum Gesetzgeber mit aufserordentlicher Vollmacht ernennen, und erklärte nun, dafs die bestehenden Gesetze zwar auch für die Zukunft ungeändert bleibten müfsten, dafs man sie aber für dies Mal ruhen, oder, wie es bei Plutarch heifst, einen Tag lang schlafen lassen solle. So unterblieb denn also das Verfahren gegen die Strafbaren ganz, und sie wurden in der That weder nach dem Gesetze verurtheils noch gegen das Gesetz losgesprochen.[1])

Von dem Rechte Sparta's ist Specielleres gar nicht zu sagen; das aber ist klar, dafs in einem Staate, der seine Bürger von Handel, Erwerb und Gewerbsbetrieb grundsätzlich ausschlofs, und den Privatbesitz nach Möglichkeit theils beschränkte theils unveränderlich machte, auch das Privatrecht höchst einfach und an Umfang und Bedeutung weit geringer sein mufste, als das Strafrecht, welches theils als Criminalrecht gegen schwerere Verbrechen und Pflichtverletzungen, theils als Polizeirecht gegen Uebertretungen und Vernachlässigungen der Zucht gerichtet war, der das ganze Leben des Bürgers von der Kindheit an durch alle Altersstufen hindurch unterworfen blieb. Wie aber die Vorschriften dieser Zucht selbst an Wichtigkeit sehr verschieden waren, so verschieden waren auch die Strafen für ihre Uebertretung. Leichtere Verstöfse, dergleichen oft genug vorkommen mufsten, wurden auch leicht geahndet. Es wurde z. B. Einem auferlegt, seinen Tischgenossen bei den Syssitien ein Extragericht zu geben, oder auch Rohr und Stroh für die Pritschen, oder Lorberblätter, die man bei gewissen Speisen gebrauchte, herbeizuschaffen, und ähnliche Kleinigkeiten.[2]) Gröbere Vergehungen wurden strenge, einige selbst mit Atimie, d. h. mit dem Verluste aller bürgerlichen Ehrenrechte bestraft, besonders die Feigheit

---

1) Plutarch. Ages. c. 30.   2) Athenae. IV, 140 f.

im Kriege. Selbst die, welche im peloponnesischen Kriege sich auf der Insel Sphakteria nach hartnäckiger Vertheidigung endlich den Athenern hatten ergeben müssen, wurden, so wenig auch eigentlich Feigheit ihnen Schuld gegeben werden konnte, dennoch nicht blofs für unfähig zu allen Aemtern erklärt, sondern es wurde ihnen sogar das Recht, über ihr Vermögen kaufend oder verkaufend zu disponiren, entzogen.[1]) Indessen diese wurden bald nachher wieder restituirt. Die herkömmliche Strafe der Feigen (oder Tresantes) war aber noch härter. Sie verloren nicht blofs alle bürgerlichen Rechte, wurden von den Syssitien, von den Uebungen und Unterhaltungen der Bürger ausgeschlossen, bei festlichen Chören auf einen schimpflichen Platz gestellt, sondern sie waren auch sonst bei allen Gelegenheiten der allgemeinen Verachtung und Verhöhnungen jeder Art ausgesetzt. Sie mufsten einen aus verschiedenen Lappen zusammengeflickten Rock tragen, ihr Haupthaar auf einer Seite abscheren, Allen, seldst den Jüngeren, aus dem Wege gehen, Niemand redete mit ihnen, Niemand liefs sie Feuer an seinem Feuer anzünden, wenn sie Töchter hatten, durfte Niemand diese heirathen, wenn sie unbeweibt waren, gab ihnen Niemand seine Tochter zur Ehe, und sie wurden obendrein doch als Ehelose noch besonders gestraft.[2]) Denn auch die Ehelosigkeit galt in Sparta für eine Verletzung der bürgerlichen Pflicht, und wurde ebenfalls mit mancher empfindlichen Züchtigung geahndet: namentlich mufste der Hagestolz bisweilen bei strenger Winterkälte fast nackt um den Markt gehn und Spottlieder auf sich selbst absingen.[3]) Und diese Art der Züchtigung, Spottlieder auf sich selbst absingen zu müssen, scheint auch für manche andere Vergehungen üblich gewesen zu sein. — Nächst den Ehrenstrafen werden am häufigsten Geldbufsen erwähnt, namentlich bei Königen und Feldherrn. So wurde Phoebidas wegen der widerrechtlichen Besetzung der Kadmea zu einer Bufse von 100000 Drachmen verurtheilt;[4]) dem König Agis, weil er im Kriege gegen Argos sich pflichtwidrig benommen, sollte dieselbe Bufse auferlegt und überdies sein Haus dem Erdboden gleich gemacht werden, und er entging dieser Strafe nur mit genauer Noth:[5]) Lysanoridas, einer von den Befehlshabern der spartanischen Besatzung in der Kadmea, wurde wegen schlechter

---

1) Thucyd. V, 34.
3) Plutarch. Lycurg. c. 15.
5) Thucyd. V, 63.

2) Xenoph. rep. Lac. c. 9, 5.
4) Plutarch. Pelop. c. 6.

Vertheidigung derselben zu einer Geldbufse verurtheilt, die er nicht zahlen konnte, und deswegen das Land zu meiden genöthigt war.[1]) Ebenso hatte es früher, vierzehn Jahre vor dem Anfang des peloponnesischen Krieges, der König Pleistonax gemacht: er war, weil er in einem Kriege gegen Athen das Heer unverrichteter Sache aus Attika zurückgezogen hatte, zu einer Strafe von 15 Talenten verurtheilt, und hatte sich, weil er diese nicht zahlen konnte, nach Arkadien geflüchtet, wo er neunzehn Jahre lang als Schützling im Heiligthum des Zeus Lykaios lebte, bis ihn endlich die Spartaner, auf Geheifs des delphischen Orakels, zurückriefen und wieder in die Regierung einsetzten.[2]) Der ihm zu dem Kriege gegen Athen beigegebene Rathgeber Kleandridas, den man beschuldigte von Perikles bestochen zu sein, ward, nach Ephoros' Angabe, mit Vermögensconfiscation bestraft, nach Plutarch mied er das Land und ward abwesend zum Tode verurtheilt.[3]) Vielleicht wurden beide Strafen, Vermögensconfiscation und Tod, ihm zuerkannt, und er entzog sich diesem nur durch sein Exil. Auch Lysanoridas und Pleistonax müssen sich durch ihre Flucht einem härteren Schicksal entzogen haben, welches ihnen in Sparta gedroht hätte, wenn sie die ihnen auferlegte Bufse nicht zahlten, und dies war wohl mindestens der höchste Grad der Atimie, vielleicht auch Einkerkerung, vielleicht selbst der Tod. Wenigstens vom Pleistonax sagt Thukydides, dafs er aus Furcht vor den Spartanern sich unter den Schutz des lykäischen Zeus begeben habe, und es läfst sich nicht wohl denken, was er anders gefürchtet haben könnte, als dafs die Spartaner, wenn sie ihn in ihre Gewalt bekämen, und er die Bufse nicht zahlen könnte, noch härter mit ihm verfahren würden. Mit Verbannung und Confiscation des Vermögens soll auch in etwas früherer Zeit ein gewisser Alkippos bestraft sein, dem man Schuld gab, mit Planen zum Umsturz der Verfassung umzugehn,[4]) und ich finde keinen Grund daran zu zweifeln, dafs diese beiden Strafen, wenn auch selten, doch wirklich mitunter vorgekommen seien.[5]) — Gefängnifs läfst sich zwar nur

---

1) Plutarch. Pelop. c. 13.
2) Thucyd. V, 16. Die Summe giebt Ephorus an bei dem Schol. zu Aristoph. Wolken v. 859.
3) Ephorus a. a. O. Plut. Pericl. c. 22.
4) Ps. Plutarch. Narrat. amat. c. 5.
5) Vgl. Athenae. XII p. 550. Aelian. V. H. XIV, 7. — Müller II, S. 220, zweifelt an der Strafe des Exils deswegen, „weil der Staat schwerlich Jemanden gesetzlich zu dem nöthigte, was er, wenn es freiwillig geschah, mit Todesstrafe belegte." Also weil der Staat seine Bürger von Reisen und

als Sicherungsmittel nachweisen, um einen Angeklagten festzuhalten; doch ist es gar nicht unglaublich, dafs es auch als Strafe angewandt worden sei, z. B. gegen solche, die eine Geldbufse, zu der sie verurtheilt waren, nicht zahlten. Körperliche Züchtigungen wurden als Disciplinarstrafe gegen Jüngere häufig genug angewandt, wie schon daraus hervorgeht, dafs dem Pädonomen eine Anzahl von Mastigophoren oder Geifselträgern zugeordnet war;[1]) als Criminalstrafe aber scheinen sie nicht stattgefunden zu haben, ausgenommen zur Verschärfung der Todesstrafe, wie z. B. Kinadon und seine Mitschuldigen vor der Hinrichtung mit gebundenen Händen und den Hals im Halseisen unter Geifselhieben und Stachelung durch die Strafsen der Stadt geführt wurden.[2]) — Die Hinrichtung, die gesetzlich nur zur Nachtzeit stattfinden durfte,[2]) ward entweder im Kerker, in einem dazu bestimmten Lokale, welches Dechas hiefs, durch Strangulation vollzogen,[4]) oder es wurde der Verurtheilte in den sogenannten Kaiadas hinabgestürzt, eine tiefe Schlucht in der Nähe der Stadt. Gewöhnlich indessen scheinen nur die Leichen der Hingerichteten hier hinabgeworfen zu sein.[5])

1) *Die bürgerliche Zucht.*

Die spartanische Agoge oder die Lebensordnung und Zucht, welcher Sparta seine Bürger unterwarf, beruht zwar ohne Zweifel ursprünglich auf einer vorhandenen Grundlage des Nationalcharakters und volksthümlicher Sitte, ist dann aber auf dieser Grundlage absichtlich und planmäfsig ausgebildet und zu einem wohldurchdachten und den besonderen Verhältnissen des spar-

---
langem Aufenthalt im Auslande abhielt, damit sie nicht verdorben würden, deswegen soll er auch solche, die er als verdorbene und gemeinschädliche Subiecte ansah, doch nicht haben entfernen wollen? Von einer freilich nur vorgeblichen Verbannung ist auch bei Herod. 1 c. 68 die Rede. — Die Vermögensconfiscation wird von Meier, de bon. damn. p. 198, aus dem Grunde bezweifelt, weil der Staat ja habe suchen müssen, die Zahl und Gröfse der Güter möglichst unverändert zu erhalten. Aber der Staat konnte ja confiscirte Güter dazu benutzen, solche Bürger, die kein eigenes Gut besafsen, damit auszustatten und so ein Haus zu gründen. — Wenn von demselben p. 199 auch die Erzählung vom Alkippos für apokryphisch gehalten wird, so beruht dies Urtheil lediglich auf dem von dem Erzähler angeführten Motiv der Vermögensconfiscation. Dies Motiv mag immerhin falsch sein; das berechtigt uns aber nicht, das Factum selbst zu verwerfen.
1) Xenoph. r. L. c. 2, 2. 2) Id. Hellen. III, 3, 11.
3) Herodot. IV, 146. 4) Plutarch. Agid. c. 19, 3.
5) Pausan. IV, 8, 3. Thucyd. I, 134.

tanischen Staates angepafsten System von Verhaltungsregeln gestaltet, welche das gesammte Leben des Bürgers von der frühesten Jugend bis in das späteste Alter umfafsten, und ihm keine andere Richtung einzuschlagen, keine andere Bildung zu gewinnen erlaubten, als nur eine solche, wie sie das allgemeine Beste, d. h. das Bestehen des Gemeinwesens in ungeschwächter und seinen Widersachern überlegener Kraft zu fordern schien. Was das Orakel den Spartanern verheifsen haben soll, dafs sie durch Mannhaftigkeit und Eintracht sich das Besitzthum ehrenreicher Freiheit sichern würden,[1]) das hatten auch die Gesetzgeber im Auge, die diese Lebensordnung regelten, und es ist allerdings auch wohl etwas Grofsartiges und Achtunggebietendes in dem Anblick der männerbändigenden Sparta, wie Simonides sich ausdrückt,[2]) wo ein wenig zahlreiches Volk in völliger Hingebung jedes Einzelnen an das Ganze und in unbedingter Unterwerfung der individuellen Neigungen unter die Forderungen des Gemeinwesens eine Energie beweist, die es fähig macht, sich im Besitz der Herrschaft über eine weit gröfsere Zahl von Unterthanen und in anerkannter Ueberlegenheit über alle übrigen Griechenvölker lange Zeit hindurch zu behaupten. Wir begreifen es, wie manche über dieser Grofsartigkeit die Schattenseite des Bildes übersehn und Sparta idealisirend als den Staat gepriesen haben, in welchem mehr als in irgend einem andern die Idee der Aristokratie, d. h. einer Herrschaft der Besten verwirklicht worden sei. Denn zu den Besten bildete allerdings Sparta's Zucht seine Bürger, wenn man sich den Begriff der Besten in einseitiger Beschränkung auf die Tüchtigkeit zur Behauptung der Herrschaft und zur Bekämpfung der Gegner zu nehmen gestattet, aber freilich nicht mehr, wenn man ihn in freie Entwickelung aller edlen menschlichen Anlagen und Kräfte, in allseitige und harmonische sittliche und geistige Ausbildung setzt. Dann wird man vielmehr geneigt sein, dem nüchternen Urtheil des unbestochenen Aristoteles beizupflichten und zu gestehen, dafs die spartanische Zucht die Menschen, statt sie zu veredlen und zur wahren Kalokagathie zu bilden, nur einseitig und roh gemacht habe.[3])

Gleich beim ersten Eintritt in das Dasein verfiel das Kind der Verfügung des Staates. Ob es am Leben erhalten oder aus

---
1) Diodor. Excerpt. Vatic. vol. III p. 2 Dindf.
2) Bei Plutarch. Ages. c. 1.
3) Aristot. Polit. VIII, 3, 3. vgl. VII, 2, 5. 13, 10—15 u. 20.

dem Wege geschafft werden sollte, ward nicht, wie anderswo, der väterlichen Entscheidung überlassen, sondern es bestimmte darüber der Ausspruch einer aus den Aeltesten der Phyle niedergesetzten Commission, welcher das Neugeborne vorgezeigt werden mufste. Befanden sie es schwach, gebrechlich, fehlerhaft gebildet, so befahlen sie es auszusetzen, zu welchem Zweck ein Platz am Taygetus bestimmt war, der deswegen der Aussetzungsplatz (Ἀποθέται) hiefs. Das gesunde und fehlerlose Kind befahlen sie aufzuziehn, und verliehen ihm, wenn es ein nachgeborner Sohn war, auch wohl die Antwartschaft auf den Besitz eines Landlooses,[1]) insofern nämlich ihnen dergleichen zur Verfügung standen, und insofern nicht der Vater im Besitz mehrerer Landloose war, in welche die Söhne sich theilen konnten. Hierauf ward der Knabe bis zum siebenten Jahre dem elterlichen Hause und weiblicher Fürsorge überlassen; doch war auch diese früheste häusliche Pflege und Erziehung schon darauf berechnet, als Vorbereitung für die nachherige öffentliche Zucht zu dienen, und dieser das Kind ohne alle Verweichlichung und Verzärtelung gesund und derb an Seele und Leib entgegenwachsen zu lassen. Die lakonischen Kinderwärterinnen waren auch im Auslande berühmt und gesucht, und reiche Eltern bemühten sich solche für ihre Söhne zu bekommen, wie denn z. B. Alkibiades eine lakonische Amme oder Wärterin Namens Amykla gehabt haben soll.[2]) Mit dem siebenten Jahre ward der Knabe dem elterlichen Hause entnommen und dem Pädonomen, dem Vorsteher der gesammten Jugenderziehung zugeführt, der ihn dann einer bestimmten Abtheilung von Altersgenossen zuwies. Die Abtheilungen hiefsen ἴλαι oder Rotten, deren mehrere wieder eine gröfsere Gesammtheit, eine Schaar, ἀγέλα oder spart. βοῦα, ausmachten. Jeder Ila stand als Oberer ein Ilarch, jeder Bua ein Buagor vor, aus den tüchtigsten der dem Knabenalter entwachsenen Jünglinge, und zwar der Buagor, wie es scheint, durch die Stimmen der Knaben selbst erwählt.[3]) Diese Oberen hatten die Beschäftigungen, Spiele und Uebungen ihrer Untergebenen zu leiten und sie, als Vorturner, zu unterweisen, natürlich unter beständiger Aufsicht des Pädonomen und der Bidyer,

---

1) Plutarch. Lycurg. c. 16. Vgl. Hermann. Antiqu. Lac. p. 188 f. u. 194.
2) Plutarch. a. a. O. Eine andere lakonische Wärterin, die Malicha aus Kythera, lernen wir aus einer in Athen gefundenen Grabschrift kennen: sie hatte die Kinder des Atheners Diogiton, im 4. Jahrh. v. Chr., gewartet. S. Bulletino di corrisp. archeol. 1841 p. 56.
3) Plut. Lyc. c. 17.

die mit ihren Mastigophoren in der Nähe waren, um in vorkommenden Fällen dem jungen Volke die zweckdienlichen Züchtigungen angedeihen zu lassen. Aufserdem aber fehlte es nie an zahlreich anwesenden Männern, welche mit reger Theilnahme dem Treiben der Jungen zusahen, und berechtigt waren, sie zu dieser oder jener Turnübung aufzufordern, diesen oder jenen Wettkampf unter ihnen zu veranlassen, sie zu belehren, zu ermahnen und zu strafen. Die körperlichen Uebungen waren nach den verschiedenen Altersstufen zweckmäfsig vertheilt, worüber sich indessen nichts Genaueres sagen läfst. Gänzlich ausgeschlossen waren aber der Faustkampf und das Pankration, als nur für Athleten, nicht für künftige Krieger passend:[1]) dagegen Laufen, Springen, Ringen, Diskus- und Speerwerfen wurden fleifsig getrieben, und dafs auch Uebungen im Waffenkampfe nicht fehlen konnten, versteht sich von selbst, obgleich die Lehrer der Hoplomachie, die übrigens nicht blofs allerlei zum Theil sehr unnütze Fechterkünste, sondern auch Taktik und sonstige Kriegswissenschaften zu lehren sich herausnahmen, von Sparta ferngehalten wurden.[2]) Dazu kamen dann ferner mancherlei Tänze, unter denen namentlich die Pyrrhicha, ein rascher Tanz in Waffen, beliebt war, zu dem selbst schon fünfjährige Kinder angeleitet sein sollen.[3]) Die ganze Lebensordnung der Jungen aber war auf Kräftigung und Abhärtung des Körpers berechnet. Sie gingen unbeschuht, ohne Kopfbedeckung, leicht und knapp bekleidet, vom zwölften Jahre an selbst im Winter im blofsen einfachen Oberkleide, ohne Untergewand, und mufsten mit Einem Kleide das ganze Jahr hindurch ausreichen. Das Haar trugen sie kurz verschnitten, durften sich selbst nicht baden und salben, einige wenige Tage im Jahre ausgenommen, lagen in ihren Schlafstellen ohne Teppiche und Decken nur auf Heu oder Stroh, und vom funfzehnten Jahre an, wo die Pubertät sich zu entwickeln beginnt, auf Schilf oder Rohr, $\sigma i \delta \eta$, weswegen die Knaben dieses Alters auch $\sigma\iota\delta\varepsilon\tilde{v}\nu\alpha\iota$ hiefsen.[4] Ihre Kost war nicht blofs einfach im höchsten Grade, sondern oft auch so knapp zugemessen, dafs sie zur vollen Sättigung nicht hinreichte, und die Knaben, wenn sie nicht hungern wollten, genöthigt waren, sich Lebensmittel zu stehlen, was denn, wenn sie es geschickt ausführten, als Beweis von Klugheit und Gewandtheit belobt, wenn

---

1) Vgl. Haase zu Xen. r. L. p. 106.   2) Ebend. p. 219.
3) Athenae. XIV p. 631 A.
4) Plut. Lyc. c. 16. Inst. Lac. 5. Phot. Lex. p. 107. vgl. Müller, Dor. II S. 301.

sie sich aber ertappen liefsen, bestraft wurde.¹) Endlich um sie auch gegen körperliche Schmerzen abzuhärten, diente, aufser andern täglich dargebotenen Mitteln, besonders die jährlich angestellte Diamastigosis oder Geifselprobe am Altare der Artemis Orthia oder Orthosia, wo die Jungen bis aufs Blut gepeitscht wurden und es für schimpflich galt, Schmerz zu äufsern oder um Nachlafs zu bitten, derjenige aber, der am längsten standhaft aushielt, als Bomonikas, Sieger am Altar, gepriesen wurde. Es kam aber auch vor, dafs Knaben unter der Geifsel den Geist aufgaben. Eingesetzt übrigens soll der Brauch ursprünglich sein, um der Artemis, welche nach alter Satzung mit Menschenblut gesühnt werden mufste, auf diese Weise einen Ersatz für die vormals gebräuchlichen Menschenopfer zu gewähren, und so ward er denn nun auch als Erziehungsmittel in der angegebenen Weise benutzt, und erhielt sich bis in sehr späte Zeit, als von den sonstigen lykurgischen Einrichtungen wenig mehr übrig war.²) — Dafs solche Erziehungsmethode ihren Zweck, den Körper auszuarbeiten, zu kräftigen und abzuhärten, wohl erreichen mufste, ist allerdings nicht zu leugnen; ob aber Ausbildung der Körperkraft und Abhärtung, soweit es zur Gesundheit und zur kriegerischen Tüchtigkeit nothwendig ist, gerade nur durch so forcirte Mittel zu erreichen gewesen sei, ist eine andere Frage, die wohl eher zu verneinen als zu bejahen sein dürfte. Und die Spartaner selbst hielten es wenigstens nicht für nöthig oder rathsam, auch den künftigen Thronfolger der ganzen Strenge dieser Zucht zu unterwerfen.³)

So angelegentlich und übermäfsig nun die allseitige Entwickelung und höchste Steigerung der körperlichen Tüchtigkeit erstrebt wurde, so eng begrenzt war auf der andern Seite der Kreis der geistigen Bildung. Von wissenschaftlichem Unterricht war freilich zu der Zeit, als die Regeln der spartanischen Agoge festgestellt wurden, auch im übrigen Griechenland noch nirgends etwas vorhanden; aber auch späterhin, als wenigstens die Elementarkenntnisse des Lesens und Schreibens überall einen Gegenstand des Jugendunterrichts bildeten, wurden diese in Sparta nicht in die vorschriftsmäfsige Disciplin aufgenommen, weswegen Isokrates⁴) den Spartanern vorwirft, sie seien soweit in der allerallgemeinsten Bildung zurück, dafs sie nicht einmal die Buch-

---

1) Xenoph. r. L. c. 2, 6. Plut. Lyc. c. 17.
2) Pausan. III, 16, 6. 7. Cic. Tusc. II, 14. Haase ad X. p. 83. und besonders Trieber, Quaestt. Lac. (Berol. 1867) p. 25 ff.
3) Plutarch. Ages. c. 1.   4) Panath. §. 209.

staben lernten. Das ist nun freilich rhetorische Uebertreibung: nur vorschriftsmäfsig lernten sie Lesen und Schreiben nicht, es gab aber natürlich manche, die es privatim lernten, sobald die allgemeinen Verhältnisse diese Kenntnifs wünschenswerth oder vielmehr unentbehrlich machten; aber sie lernten sie dann eben nur aus dieser Rücksicht, nicht als Elemente höherer Geistesbildung.[1]) Dagegen gehörte die Musik zu den Gegenständen der vorschriftsmäfsigen Unterweisung und galt als ein vorzügliches Mittel nicht blos angenehmer Unterhaltung, sondern auch sittlicher Bildung, insofern sie nämlich dem Charakter getreu blieb, welcher vorzugsweise der dorischen Weise eigenthümlich war, die mit der männlichen Würde ihrer Rhythmen und der mafshaltenden Einfachheit ihrer Harmonie auch die Seele zu einer entsprechenden Haltung und Gesinnung stimmen mochte. Neuerungen und Künsteleien wurden deswegen mit Mifstrauen angesehen und oft auf sehr barsche Weise zurückgewiesen.[2]) Die Knaben und Jünglinge wurden nicht nur zum Singen von Liedern angehalten, deren Inhalt dem Geiste des Staates entsprechend war, sondern sie lernten wohl auch selbst die Tonwerkzeuge, Kithara und Flöte, zu gebrauchen.[3]) Bei festlichen Gelegenheiten traten dann auch vielstimmige Chöre der verschiedenen Altersstufen singend gegen einander auf, und von einem solchen Wechselgesange hat sich eine Probe erhalten, die auch hier Platz finden mag. Es waren drei Chöre, der Alten, der jungen Männer, der Knaben: der Chor der Alten sang zuerst:

> Wir waren junge Männer einst voll Muth und Kraft.

Ihm antwortete der Chor der Männer:

> Wir aber sind es, hast du Lust, erprob' es nur.

Worauf dann die Knaben einfielen:

> Wir aber werden künftig noch viel besser sein.[4])

---

1) Dies bezeugt Plutarch. Lycurg. c. 16, dessen Zeugnifs offenbar mehr Glauben verdient, als das von Grote, Th. II S. 777ff. d. Uebers., allzueifrig in Schutz genommene des Isokrates. Vgl. Mure, History of the lang. and litt. IV p. 33.
2) Vgl. ob. S. 257.
3) Für die Flöte, die Einigen besonders anstöfsig gewesen ist, zeugt Chamäleon bei Athenae. IV, 84 p. 184. Vgl. auch Aristot. Polit. VIII, 6, 6. Die Anekdote bei Plutarch., Apophth. Lac. no. 39 ist ohne Beweiskraft. Der Spartaner spricht dort in ähnlichem Sinne wie einst Themistokles. Plut. Them. c. 2.
4) Plutarch. Lyc. c. 21. Instit. Lacon. c. 15.

Von der Verstandesbildung meinten die Spartaner, dafs sie durch das Leben selbst und die im täglichen Verkehr sich darbietenden Gelegenheiten zur Einwirkung auf die Knaben in hinreichendem Mafse gewonnen werden könne, ohne dafs es dazu eigentlichen Unterrichts bedürfte. Deswegen gab es keine Schulen; aber es wurden die Knaben häufig zu den gemeinschaftlichen Mahlzeiten der Männer mitgenommen, damit sie deren Unterhaltungen anhörten, in denen Gegenstände der mannichfaltigsten Art zur Sprache kamen, bald öffentliche Angelegenheiten, löbliche oder tadelnswürdige Thaten im Kriege oder im Frieden, bald heiterer Scherz und witzige Neckereien der Tischgenossen, wozu die Spartaner sehr aufgelegt waren. Hatte doch der Gott des Lachens ebensowohl seinen Altar in Sparta, als der Gott des Gehorsams.[1]) In diese Unterhaltungen wurden denn auch die Jungen selbst hineingezogen, sie mufsten ihre Meinung sagen und wurden dafür gelobt oder zurechtgewiesen, sie mufsten auf verfängliche Fragen oder Neckreden rasch und treffend mit Witz und Geistesgegenwart zu antworten, und dabei sich alles unnützen Geredes zu enthalten, möglichst viel in möglichst wenig Worten zu sagen lernen.[2]) Ueberhaupt aber stand jeder Aeltere zu dem Jüngeren in dem Verhältnifs des Lehrers zum Schüler, des Vorgesetzten zum Untergebenen: er konnte ihn über sein Thun und Treiben zur Rede stellen, zurechtweisen, schelten und selbst strafen, und wenn sich ein Knabe etwa über eine so erhaltene Strafe bei seinem Vater beschwerte, so konnte er gewifs sein, von diesem noch härter dafür gestraft zu werden.[3]) Denn die Kinder sollten nicht sowohl dem Einzelnen als dem Staate angehören, und alle Aelteren von den Jüngeren gleichsam als Väter geachtet werden. Daher war auch die spartanische Jugend, bei aller Kraftentwickelung und bei allem ehrgeizigen Wetteifer unter den Altersgenossen, doch den Aelteren gegenüber bescheiden und ehrerbietig in einem Grade, der die Bewunderung der übrigen Griechen erregte. Sparta bewies, meint ein Lobredner seiner Institutionen, dafs zur Zucht und Sittsamkeit das männliche Geschlecht nicht weniger als das weibliche geeignet sei: denn ein spartanischer Junge war nicht vorlaut, sondern schweigsam wie ein Bild, blickte auf der Strafse nicht frech umher, sondern schlug kaum die Augen auf, ging nicht in fahrlässiger Haltung, sondern gemessenen

---

1) Γέλως und Φόβος. Plut. Lyc. c. 25. Cleom. 9.
2) Plut. Lyc. c. 12 u. 19.
3) Xenoph. r. L. c. 6, 1. 2.

Schrittes, die Arme unter dem Mantel haltend.¹) — Ganz besonders aber ist auch noch des bildenden und erziehenden Einflusses Erwähnung zu thun, den die Spartaner von der engeren persönlichen Verbindung zwischen einem gereiften Mann und einem Jüngeren erwarteten und, wie die unverwerflichsten Zeugnisse aussagen, auch durch die Erfahrung bewährt fanden. Man nennt solche Verbindung auch wohl Knabenliebe, aber sie war etwas Reineres und Besseres, als man sich gewöhnlich unter diesem Namen zu denken pflegt. Mochte immerhin das Wohlgefallen auch an körperlicher Schönheit den Mann bestimmen, sich vorzugsweise diesen oder jenen Knaben oder Jüngling zum Lieblinge zu wählen, so war doch seine Liebe nur darauf bedacht, den Geliebten auch innerlich so gut und schön zu machen, als sein Aeufseres zu versprechen schien, d. h. ihn zu dem zu bilden, was dem Spartaner als das Ideal männlicher Trefflichkeit vorschwebte. Darauf deuten denn auch wohl die für dies Verhältnifs üblichen Benennungen. Der Liebende hiefs $εἰσπνή$-$λας$, etwa soviel als der Begeisternde, weil er die Seele seines Lieblinges mit Liebe zu erfüllen suchte, zwar auch zu sich, aber doch nur insofern, als er sich ihm zum Führer und Vorbild in dem Streben nach aller Trefflichkeit darbot; der Geliebte hiefs $ἀΐτας$, der Hörende, weil er der Stimme seines berathenden und fürsorgenden Freundes Gehör gab.²) Es galt für einen Makel des Jüngeren, wenn ihn kein Mann seiner Liebe werth fand, und es war ein Vorwurf für den Mann, wenn er nicht einen der Jüngeren sich zum Lieblinge erwählte.³) Welcher Mann aber eine solche Verbindung geschlossen hatte, der war dann auch dafür verantwortlich, dafs er seinen Erwählten auf rechten Wegen leitete, und für Vergehungen desselben wurde er selbst als strafbar angesehen.⁴) Wenn sich aber gar Einer die Reinheit des Verhältnisses durch sinnlichen Schmutz zu besudeln unterfing, so galt er für ehrlos, und die allgemeine Verachtung traf ihn in solchem Grade, dafs er sie nicht zu tragen vermochte, und sich lieber den Tod gab oder ins Elend ging.⁵)

Auch für die Mädchen ordnete das Gesetz eine ähnliche gymnastische und musische Erziehung an, wie für die Knaben,⁶) obgleich uns über die Einrichtung derselben nichts Näheres angegeben wird. Wir dürfen aber wohl annehmen, dafs auch hier

---

1) Xenoph. r. L. c. 3, 4.   2) Vgl. zu Plutarch. Cleom. p. 181 ff.
3) Aelian. V. H. III, 10. Cic. bei Serv. ad Verg. Aen. X, 325.
4) Aelian. a. a. O. Plut. Lyc. c. 18.
5) Aelian. III, 12. Plut. Inst. Lac. c. 7.   6) Xenoph. r. L. c. 1, 4.

entsprechende Anordnungen stattfanden, also Eintheilung in Rotten und Schaaren, Altersclassen, bestimmte Stufenfolge der Uebungen, Beaufsichtigung durch den Pädonomen und die Bidyer u. dgl. Dafs die Mädchen im Laufen, Springen, Ringen, Diskus- und Wurfspiefswerfen geübt wurden, wird ausdrücklich bezeugt; auch manche Tanzweisen mufsten sie lernen, weil sie bei festlichen Gelegenheiten als Tänzerinnen im Reigen auftraten, und ebenso Gesang, weil sie Chorlieder zu singen hatten.[1]) Dafs ihre Uebungsplätze von denen der Knaben gesondert waren, und dafs der Zutritt zu ihnen nicht Jedem beliebig freigestanden habe, scheint kaum bezweifelt werden zu dürfen;[2]) aber es gab öffentliche Wettkämpfe und Spiele, wo die Jünglinge den Mädchen, wie die Mädchen den Jünglingen zuschauten, und wir hören dafs Lob und Beifall oder Tadel und Spott bei solchen Gelegenheiten von den Mädchen über die Jünglinge ausgesprochen oder gesungen für diese kein geringer Sporn und Stachel gewesen sei. Den übrigen Griechen, bei denen die Weiber, und besonders die Mädchen, eingezogen und vom Verkehr mit dem andern Geschlechte entfernt gehalten wurden, gab dies alles begreiflicher Weise grofsen Anstofs, und eine derbe und kecke lakonische Dirne, mit einem zarten und blöden athenischen Jüngferchen verglichen, erschien ihnen als ein vollkommen unweibliches Wesen, wobei denn auch die leichtere Kleidung ihren Tadel erfuhr, ein ärmelloser nicht ganz bis auf die Knie herabreichender und dazu unten an den Seiten aufgeschlitzter Chiton,[3]) der vieles, was anderswo sorgfältig verhüllt wurde, den Blicken preisgab, und also wohl geeignet scheinen konnte, die Sinnlichkeit zu erregen. Indessen bei alledem hören wir doch nicht von geschlechtlicher Unzucht unter der spartanischen Jugend, wovon uns die Tadler, wenn dergleichen öfters vorgekommen wäre, gewifs nicht ermangeln würden zu berichten. Was verhüllt und nur theilweise verstohlen erblickt die Phantasie entflammt, das verliert seinen Stachel für den, der es täglich und ungehindert sieht, und so konnten denn auch die spartanischen Jünglinge ihre Schwestern, die Mädchen ihre Brüder in mancherlei Entblöfsungen sehen, ohne dafs defswegen ihr Blut in Wallungen gerieth. Unzüchtig also

---

1) Plut. Lyc. c. 14. Plat. Legg. VIII p. 805 extr.
2) Vgl. Müller, Dor. II S. 314 u. Hermann zu Beckers Charikles II S. 178. Die von Trieber a. a. O. S. 64 dagegen angeführten Stellen möchte ich nicht als vollgültige Zeugnisse annehmen.
3) Daher σχιστός χιτών, und die spartanischen Mädchen φαινομηρίδες. Pollux VII, 54. 55. Plutarch. comp. Lycurg. c. Num. c. 3.

machte die spartanische Erziehungsweise die Mädchen nicht, wohl aber bewirkte sie, was Lykurg gewollt hatte, dafs sie die kräftigsten und zugleich die schönsten von Hellas wurden. Denn die Schönheit des weiblichen Geschlechtes in Sparta ist berühmt,[1]) und bei Aristophanes erregt deswegen die Spartanerin Lampito die neidische Bewunderung der andern Weiber, unter denen sie auftritt.[2]) — Auch Verbindungen übrigens zwischen älteren Frauen und jüngeren Mädchen, ähnlich denen zwischen Männern und Knaben, waren in Sparta nicht ungewöhnlich.[3])

In welchem Lebensalter die Erziehung der Mädchen als abgeschlossen galt, belehren unsere Quellen uns nicht. Die Erziehung der Jünglinge dehnte sich bis zum dreifsigsten Jahre aus, indem sie bis dahin in ihren bestimmten Abtheilungen unter Aufsicht der Bidyer[4]) zu vorschriftsmäfsigen Uebungen angehalten wurden. Mit dem achtzehnten Jahre traten sie aus den Knabenabtheilungen, und hiefsen nun bis zum zwanzigsten $\mu\varepsilon\lambda\lambda\varepsilon i\varrho\varepsilon\nu\varepsilon\varsigma$ (od. $\mu\varepsilon\lambda\lambda i\varrho\alpha\nu\varepsilon\varsigma$), d. h. angehende Jünglinge.[5]) In dieser Zeit scheinen sie auch zum Dienste in der oben besprochenen Krypteia verwandt worden zu sein:[6]) die Verpflichtung zum Dienst in der Linie begann aber mit dem vollendeten zwanzigsten Jahre. Von diesem bis zum dreifsigsten hiefsen sie $\varepsilon i\varrho\varepsilon\nu\varepsilon\varsigma$ ($i\varrho\alpha\nu\varepsilon\varsigma$)[7]) und zwar die jüngeren $\pi\varrho\omega\tau\varepsilon i\varrho\alpha\iota$ ($\pi\varrho\omega\tau i\varrho\alpha\nu\varepsilon\varsigma$), die älteren $\sigma\varphi\alpha\iota\varrho\varepsilon i\varsigma$, vielleicht von $\sigma\varphi\alpha i\varrho\alpha$, Ball, weil unter den von diesem Alter getriebenen Uebungen das Ballspiel, welches in seinen zahlreichen Variationen eine vielfach ausgebildete Gewandtheit forderte, einen bedeutenden Platz einnahm.[8]) Vom dreifsigsten Jahre an zählten sie zu den Männern, und konnten nun erst einen eigenen Hausstand begründen, obgleich es gar nicht ungewöhnlich war, dafs sie auch schon vor diesem

---

1) Vgl. Athenae. XIII, 20 p. 566. Strab. X p. 449.
2) Aristoph. Lysistr. v. 78 ff.   3) Plut. Lyc. c. 18.
4) Pausan. III, 11, 2.
5) Doch scheint dieser Name auch allgemeiner von den dem Jünglingsalter, oder dem 20. Jahre, sich nähernden Knaben gebraucht zu sein, nach Plut. Lyc. c. 17.
6) S. S. 206.
7) Plut. Lyc. c. 17. Der Name soll, nach dem Etym. M. p. 303, 37, eigentlich den Mündigen, schon zum Besuch der Versammlungen, $\varepsilon i\varrho\alpha\iota$ Berechtigten bedeuten, und war wohl allgemein dorisch, weswegen ihn auch die Spartaner den jungen Leuten vom 20. Jahre an gaben, obgleich bei ihnen das Recht, die Versammlungen zu besuchen, erst mit dem 30. Jahre begann. Plut. Lyc. c. 25. Ueber die Formen vgl. Legerlotz in Kuhns Zeitschr. VIII S. 53 und v. Leutsch im Philol. X. S. 431.
8) Phot. p. 140, 21. Pausan. III, 14, 6. Vgl. Müller, Dor. II S. 302.

Alter heiratheten. Aber dies entband sie nicht von der Pflicht, sich in der Abtheilung von Altersgenossen, der sie angehörten, regelmäfsig zum Speisen, zu den vorschriftsmäfsigen Uebungen und zu den gemeinschaftlichen Schlafstellen einzufinden, so dafs sie ihre Frauen nur verstohlen und auf kurze Zeit besuchen konnten.[1]) Sich zu verheirathen verlangte das Gesetz von jedem Bürger, der im Besitz eines Landlooses war, als Erfüllung einer Pflicht gegen den Staat. Jüngere Söhne, die nicht zum Besitz eines eigenen Gutes gelangt waren, sondern mit dem älteren Bruder zusammenlebten und von diesem unterhalten wurden, konnten natürlich nicht so verpflichtet werden, und wir haben gesehen,[2]) dafs solche, wie sie das väterliche Haus mit jenem zusammen bewohnten, so auch wohl die Frau bisweilen mit ihm gemein hatten, bis sich etwa eine Versorgung für sie fand, sei es durch Adoption in ein kinderloses Haus, sei es durch Verheirathung mit einer Erbtochter. Wer es unterliefs zu heirathen, obgleich er dazu im Stande war, der wurde, wie es schon oben gelegentlich erwähnt ist, mit einer Art von Atimie bestraft: er durfte bei Festen, wie den Gymnopädien, nicht Zuschauer sein, er mufste an einem Wintertage auf Befehl der Ephoren im blofsen Unterkleide auf dem Markte herumgehn und auf sich selbst ein Spottlied absingen, in welchem er bekannte mit Recht gestraft zu werden, als ungehorsam gegen die Gesetze,[3]) er hatte keinen Anspruch auf die Achtungserweisungen, die sonst den Aeltern von den Jüngern gebührten: und als einst vor dem Feldherrn Derkyllidas ein Jüngerer von seinem Sitze aufzustehn sich weigerte, mit den Worten: Du hast ja auch keinen gezeugt, der einst vor mir aufstehn wird, so ward dies Benehmen von Allen gelobt.[4]) Auch wer sich zu spät verheirathete ward gestraft, und ebenso wer eine unpassende Ehe einging,[5]) das heifst wahrscheinlich eine solche, bei der es deutlich war, dafs eine dem eigentlichen Zweck der Ehe oder dem bestehenden Rechtsgebrauch widersprechende Rücksicht die Wahl bestimmt habe,

---

1) Plut. Lycurg. c. 15. Apophth. Lac. p. 149, 17. Vgl. Xen. r. L. c. 1, 5.
2) S. S. 226.
3) Noch kann hinzugefügt werden, was Athenaeus XIII, 2 p. 556 aus Klearch angiebt, dafs an einem gewissen Feste die Weiber den Hagestolzen um den Altar herum zogen und schlugen.
4) Plutarch. Lyc. c. 15.
5) Δίκη ὀψιγαμίου und δ. κακογαμίου. Pollux III, 48. VIII, 40. Stobae. Flor. tit. 67, 16.

z. B. wenn Einer ein armes Mädchen aus einem verwandten Hause verschmähte und eine reichere nahm.¹)

Dafs rechtmäfsige Ehen nur zwischen Bürgern und Bürgerinnen stattfanden, ist, nach der Analogie anderer Gesetzgebungen, auch ohne ausdrückliche Zeugnisse als gewifs anzunehmen. Ausdrücklich bezeugt wird es nur von den Angehörigen des Heraklidengeschlechtes, dafs ihnen die Vermählung mit Ausländerinnen untersagt, d. h. dafs eine solche Ehe nicht nur rechtlich ungültig, sondern selbst strafbar war, und die Verheirathung des Königs Leonidas II. (um 242) mit einer Ausländerin ward als ein Grund geltend gemacht, ihn der Regierung zu entsetzen.²) Wer ein Mädchen zur Ehe begehrte, mufste sich zunächst um die Einwilligung des Vaters oder des Verwandten bewerben, unter dessen Gewalt das Mädchen stand.³) Ueber Erbtöchter, wenn streitig war, wer der nächstberechtigte sei sie zu heirathen, entschieden die Könige.⁴) Mitgiften untersagte das Gesetz,⁵) was jedoch später, da Manche zum Besitz grofser Reichthümer gelangt waren, nicht mehr beobachtet wurde; namentlich seitdem das Gesetz des Epitadeus auch über die Landloose freie Disposition gewährte, wurden die Töchter aus Häusern, die sich im Besitz von mehreren Gütern befanden, auch mit solchen ausgesteuert, und da sich reiche Väter auch vorzugsweise reiche Schwiegersöhne wählten, so trug dies nicht wenig dazu bei, dafs sich der Grundbesitz immer mehr in wenigen Häusern anhäufte.⁶) — Wer die Einwilligung, ein Mädchen zum Weibe zu nehmen, von ihrem Gewalthaber erhalten hatte, der bemächtigte sich seiner Braut durch eine Art von gewaltsamer Entführung,⁷) indem er sie aus dem Kreise ihrer Gefährtinnen hinwegtrug und sie in das Haus einer Verwandtin brachte, die als $N \upsilon \mu \varphi \varepsilon \acute{\upsilon} \tau \rho \iota \alpha$ sie in Empfang nahm und in das Brautgemach führte, wo sie

---

1) Plutarch. Lysand. c. 30 extr.   2) Id. Agid. c. 11.
3) Aelian. V. H. VI, 4.   4) S. ob. S. 241.
5) Plutarch. Apophth. Lac. p. 149. Aelian. V. H. VI, 6. Justin. III, 3.
6) Vgl. Aristot. Polit. II, 6, 11. Zu Lysanders Zeit scheinen noch keine Mitgiften gegeben zu sein, wenn der Erzählung des Hermippus bei Athenae. XIII, 2 p. 555 zu trauen ist.
7) Hermippus bei Athenae. a. a. O. gedenkt noch einer andern Sitte: man habe die Mädchen in ein dunkles Gemach mit den Jünglingen zusammen eingeschlossen, und da habe Jeder sich eine herausgegriffen. Das mag mitunter auch wohl vorgekommen sein. Xenophon erwähnt keins von beiden, woraus zu schliefsen, dafs zu seiner Zeit die von Herm. erwähnte Sitte wenigstens nicht allgemein gewesen sein kann. Die Entführung konnte er übergehen, da sie offenbar nur eine Formalität war.

ihr das Haar abschor, ihr ein Männerkleid und Männerschuhe anzog, sie auf das aus Binsen bestehende Lager legte, dann das Licht wegnahm und sie das Weitere erwarten hiefs. Der junge Mann, wenn er, wie gewöhnlich, noch nicht über dreifsig Jahre alt war, konnte nur verstohlen und immer nur auf kurze Zeit zu ihr kommen: so wurde, nach der Absicht des Gesetzgebers, das bei jungen Neuvermählten zu befürchtende Uebermafs im Liebesgenufs vermieden, und es konnte vorkommen, dafs die jungen Gatten schon mehrere Kinder mit einander erzeugt, und sich doch noch gar nicht bei Tage geselm hatten.[1]) Von Opfern und sonstigen religiösen Gebräuchen beim Beginn der Ehe wird nichts ausdrücklich berichtet, woraus indessen keineswegs geschlossen werden darf, dafs dergleichen auch gar nicht stattgefunden haben. Vielmehr würde, wenn im Gegensatz gegen die allgemeine griechische Sitte in Sparta die Ehe jeder religiösen Weihe gänzlich entbehrt hätte, dies gewifs nicht unbemerkt geblieben sein. Aber sehr einfach waren ohne Zweifel diese Religionshandlungen, und alle anderswo mit der feierlichen Heimführung der Braut verbundenen Riten mufsten in Sparta wegfallen. Uebrigens ist allerdings unverkennbar, dafs die Gesetzgebung die Ehe ausschliefslich oder vorzugsweise nur aus dem politischen Gesichtspunkte betrachtete, als ein Mittel, dafs die Häuser erhalten würden und die erforderliche Bürgerzahl nicht ausginge; dies ist aber der spartanischen Gesetzgebung mit allen andern gemein, nur war es hier in vollster Consequenz durchgeführt. Daher war auch die Trennung der Ehe, wenn keine Kinder erzeugt, also ihr Zweck verfehlt wurde, nicht nur leicht, sondern sie wurde selbst geboten. Der König Anaxandridas (um 560) nahm auf das Geheifs der Ephoren zu seiner unfruchtbaren Gattin, weil er sie lieb hatte und sich nicht von ihr scheiden mochte, noch eine zweite Frau, und unterhielt einen zwiefachen Hausstand, da beide Frauen in verschiedenen Häusern wohnten;[2]) und ebenso entschlofs sich, etwa um dieselbe Zeit, der König Ariston, zu seiner ersten unfruchtbaren Gattin noch eine zweite, und da auch diese ihm keine Kinder gebar, selbst noch eine dritte zu nehmen, wobei er jedoch eine der beiden früheren entliefs.[3]) Dies waren indessen Ausnahmen von der sonstigen Sitte, die gestattet wurden um die Rücksicht für die Neigung der Könige mit der Fürsorge für die Fortpflanzung des königlichen Hauses zu vereinigen.

---
1) Plutarch. Lyc. c. 15. vgl. Xenoph. r. L. c. 1, 5.
2) Herodot. V, 39. Pausan. III, 3, 7.   3) Herodot. VI, 61 ff.

Sonst war dem Mann die Ehe nur mit Einer Frau erlaubt; wohl aber duldete die Sitte eine Art von Diandrie oder selbst Polyandrie der Frauen. Denn nicht nur das kam vor, dafs, wie schon oben bemerkt, mehrere Brüder sich mit Einer Frau behalfen, sondern es galt auch nicht für ungeziemend, wenn ein älterer Mann, der sich zu den Werken der Ehe weniger tüchtig fühlte, einen jüngern und kräftigern Freund seine Stelle bei der Frau vertreten liefs, oder wenn ein Mann, dem die Frau eines Freundes besser gefiel als die seinige, jenen vermochte, ihn an seinen ehelichen Rechten theilnehmen zu lassen.[1]) Auch selbst Nichtbürgern seine Frau zu überlassen soll nicht unerlaubt oder schimpflich gewesen sein, wenn es Männer waren, von denen sich erwarten liefs, dafs sie tüchtige Kinder erzeugen würden.[2]) — Ob Herkommen und Sitte die Fälle, wo dergleichen zulässig wäre oder nicht, genau unterschieden haben, wie Einige meinen,[3]) mufs dahingestellt bleiben. Die Angaben der Alten lassen wenigstens nichts davon erkennen, und es wird wohl so ziemlich von der eigenen Denkungsart eines Jeden abgehangen haben, wie lax oder wie streng er in diesem Punkte sein wollte. Wenn uns versichert wird, dafs Ehebruch der Frauen in Sparta selten und unerhört gewesen sei,[4]) so ist darunter offenbar nur solcher Ehebruch zu verstehn, wo die Frau von Jemand zur Untreue ohne Wissen und Willen des Mannes verführt wird; und dafs dergleichen nicht eben vorgekommen sei, ist wohl zu glauben. Die Frau, der Anträge gemacht wurden, fand sich indessen schwerlich dadurch beleidigt, sondern verwies den Liebhaber an ihren Mann, dessen Willen sie zu befolgen habe.[5]) Aber abgesehn von dieser wenig würdigen Behandlung des ehelichen Verhältnisses genossen die Frauen in Sparta höhere Achtung als im übrigen Griechenlande. Die Art ihrer Erziehung stellte sie den Männern näher, sie wurden von Jugend auf gewöhnt, sich auch als Bürgerinnen zu fühlen und an allen öffentlichen Interessen den lebhaftesten Antheil zu nehmen, und viele Beispiele beweisen, wie sie an Muth und Vaterlandsliebe, an Hingebung und Unterordnung aller persönlichen Neigungen und Interessen unter das

---

1) Xenoph. r. L. c. 1, 7. 8. Plutarch. Lyc. c. 15.
2) Nicol. Damasc. in C. Müller. Fragm. hist. gr. III p. 458. Hesych. Phot. Suid. unter Λακωνικὸν τρόπον, wo freilich die Sache mit Uebertreibung dargestellt wird.
3) Müller, Dor. II S. 285.   4) Plutarch. Lyc. c. 15.
5) Vgl. Plutarch. Aophth. mal. Lac. tom. II p. 188 Tauch., wo eine spartanische Frau eine Antwort in diesem Sinne giebt.

Wohl des Gemeinwesens, kurz an echt spartanischem Bürgersinn ihren Männern nicht nachstanden. Dadurch gewannen sie nothwendig auch an Ehre und Achtung bei diesen: ihr Lob oder Tadel galt viel, ihre Stimme wurde auch in solchen Angelegenheiten, die anderswo ganz aufserhalb des Bereiches weiblicher Beurtheilung lagen, nicht gering geachtet, und der Einflufs, den sie auf die Männer ausübten, schien den übrigen Griechen so grofs, dafs sie ihn bisweilen geradezu als Weiberregiment ($\gamma\nu\nu\alpha\iota\kappa o\kappa\varrho\alpha\tau\iota\alpha$) bezeichneten.[1]) In der That aber war das, was sie so nannten, nichts anders als die natürliche Folge der höheren gesellschaftlichen Stellung der Frauen, die zwar weit über das Mafs hinausging, was den andern Griechen als das gebührende erschien, aber gewifs nicht über das, was bei den modernen Völkern des Abendlandes den Frauen eingeräumt wird. Denn wenn auch die Bildung bei uns eine ganz andere ist, als sie bei den Spartanern war, so ist doch sicherlich der Unterschied zwischen beiden Geschlechtern in allen den Stücken, die als die eigentlich wesentlichen Theile der Bildung anzusehn sind, bei uns nicht gröfser als bei jenen, und die Geltung der Frauen in der Gesellschaft sowie der Einflufs, den sie dadurch vielfältig ausüben, würde einem Athener aus der besten Zeit des Staates ohne Zweifel auch als eine Art von Gynäkokratie erscheinen. Sowenig aber bei uns die höhere gesellschaftliche Stellung der Frauen sie ihrem eigentlichsten und naturgemäfsen Beruf, Hausfrauen und Mütter zu sein, entfremdet, ebensowenig war dies in Sparta der Fall. Auch hier fand sich die Frau, sobald sie verheirathet war, zunächst und vor allen Dingen auf ihr Haus angewiesen, worauf schon die Benennung $\mu\varepsilon\sigma o\delta\acute{o}\mu\alpha$ deutet, die, nach Hesychius,[2]) bei den Lakonen der Hausfrau gegeben wurde. Auch Plato sagt, dafs die Spartanerinnen zwar nicht, wie anderswo, gesponnen und gewebt haben, was nur den Sklavinnen überlassen blieb, dafs aber nichts desto weniger ihr Leben ein mit der Fürsorge für die Familie und den Haushalt vielfach beschäftigtes gewesen sei.[3]) Als eine kriegsgefangene Lakonerin gefragt wurde, was sie verstände, so antwortete sie: das Haus gut zu verwalten, und eine andere gab auf dieselbe Frage die Antwort: treu und zuverlässig zu sein.[4]) Die gymnastischen und musikalischen Uebungen traten bei der Hausfrau zurück, wenn sie auch ohne Zweifel

---

1) Plutarch. Lycurg. c. 14. Agid. c. 7. 2) Tom. II p. 579.
3) Plato, Legg. VII, 12 p. 805. 6.
4) Plutarch. Apophth. mul. Lac. p. 188.

an denen ihrer Töchter nicht weniger regen Antheil nahm, als der Mann an denen der Söhne. Der Umgang mit Männern war weniger frei bei den Frauen als bei den Mädchen, und jener Spruch des Perikles,[1]) dafs es der Frau zur gröfsten Ehre gereiche, wenn unter fremden Männern am wenigsten weder im Guten noch im Schlimmen von ihr geredet werde, galt auch in Sparta.[2]) Auch zeigten sich hier die verheiratheten Frauen öffentlich nicht anders als verschleiert, während die Mädchen unverschleiert gingen. Ein Spartaner, der um die Ursache davon gefragt wurde, antwortete: weil die Mädchen einen Mann erst zu suchen, die Frauen aber nur den ihrigen sich zu erhalten haben:[3]) eine Antwort, die wenigstens beweist, wie man das Verhältnifs aufgefafst habe. Sie kann zugleich auch als Beweis dienen, dafs in Sparta mehr als anderswo in Griechenland die Wahl der Gattin von persönlicher Neigung und Wohlgefallen an den Reizen des Mädchens bestimmt wurde, wenn gleich an romantische Liebe im Sinne moderner Verfeinerung, die oft in krankhafte Verzärtelung ausartet, bei den spartanischen Jünglingen nicht eben zu denken ist. Und ebensowenig wird man an ein häusliches Leben in moderner Weise denken, wo das Haus dem Manne in der Regel seine Welt, oder wenigstens das Wichtigste von der Welt ist, und er über der Sorge für das häusliche Leben den Gedanken an das öffentliche vergifst, und zum Theil zu vergessen geflissentlich angehalten wird. In Sparta war der Staat das erste, das Haus das zweite, und hatte nur insofern Werth und Bedeutung, als es auch dem Staate diente.

Dieser Sinn lag auch dem Institute der Syssitien oder der gemeinschaftlichen Männermahle ($\mathit{\dot{a}\nu\delta\varrho\varepsilon\tilde{\iota}\alpha}$)[4]) zu Grunde, wodurch das häusliche Leben mit Frau und Kindern allerdings beeinträchtigt, dafür aber die Bürger gewöhnt wurden, wie Plutarch sich ausdrückt, gleich den Bienen eng mit einander verbunden sich nur als Glieder und Theile der Gesammtheit zu fühlen, und nicht für sich sondern nur für das Ganze leben zu wollen.[5]) Die Theilnahme an diesen Syssitien war unerläfsliche Pflicht eines jeden Spartiaten, sobald er das zwanzigste Jahr zurückgelegt hatte und als Iren der zum Hoplitendienst verpflichteten Mannschaft einverleibt war; und nur diejenigen, welche als Aufseher den

---
1) Thucyd. II, 45.
2) S. die Aussprüche des Arigeus u. des Euboidas bei Plut. Apophth. Lac. p. 122 und 130.
3) Ebend. p. 161.   4) Aristot. Polit. II, 7, 3.
5) Plut. Lyc. c. 25.

Knabenabtheilungen vorgesetzt waren, speisten nicht dort, sondern mit den Knaben ihrer Abtheilung.¹) Auch die Könige aber durften sich von den Syssitien nicht ausschliefsen, und als einst Agis, nach der Rückkehr vom Kriege gegen Athen, begehrte, dafs man ihm seine Portion von der Gemeindemahlzeit ins Haus schicken möchte, weil er dort mit seiner Frau zu speisen wünschte, so ward ihm dies nicht gewährt.²) Es speisten übrigens beide Könige in demselben Speiselokale,³) und ihre Tischgenossen waren dieselben, die auch im Kriege ihre nächste Umgebung ausmachten. Ihr Vorzug vor jedem andern Bürger bestand nur darin, dafs sie doppelte Portionen bekamen, um davon denjenigen mittheilen zu können, welchen sie eine Ehre erweisen wollten. Die Kosten des königlichen Tisches gewährte der Staat;⁴) alle Uebrigen aber mufsten zu den Syssitien einen bestimmten Beitrag entrichten, monatlich einen Medimnus Gerstengraupe oder Mehl, acht Choen Wein, fünf Minen Käse, drittehalb Pfund Feigen und aufserdem eine Kleinigkeit an Geld, im Betrage von ungefähr zehn äginäischen Obolen.⁵) Wer diesen Beitrag zu entrichten sich weigerte, oder aus Armuth aufser Stande dazu war, der wurde aus der Zahl der Homöen, d. h. der Vollbürger ausgestofsen.⁶) Wegzubleiben von den Mahlzeiten war den in der Stadt Anwesenden nur aus gewissen Entschuldigungsgründen gestattet, z B. wenn Einer ein häusliches Opfer feierte, oder sich auf der Jagd verspätet hatte.⁷) Es war aber nicht selten, dafs Manche, ohne Zweifel nach vorher gemachter Anzeige und erhaltenem Urlaub, sich auf längere Zeit von Sparta entfernten und in der Umgegend aufhielten.⁸) Zeitweilige Beaufsichtigung der Heloten auf den Gütern war gewifs nicht überflüssig: aufserdem konnte die Jagd, eine Unterhaltung und Uebung, der die Spartaner sehr ergeben waren und wozu sie durch die Gesetze selbst ermuntert wur-

---

1) Dies ergiebt sich aus Plut. Lyc. c. 17 u. 18; dafs aber die übrigen jungen Männer an den Phiditien theilnahmen, aus c. 15. Vgl. auch Xen. r. L. c. 3, 5.
2) Plut. Lyc. c. 12.
3) So ist das συσκηνεῖν bei Xenoph. Hell. V, 3, 20 mit Haase ad X. r. L. p. 253 zu erklären. Vgl. Plut. Ages. c. 20.
4) Xen. r. L. c. 15, 4.
5) Diesen Werth giebt Dicaearch an, bei Athenaeus IV p. 141 B. Wegen der Naturalien stimmt er nicht ganz mit der im Text aus Plut. Lyc. c. 12 entnommenen Angabe überein; doch ist der Gegenstand zu unbedeutend, um eine genauere Erörterung zu verdienen.
6) Aristot. Polit. II, 6, 21.   7) Plut. Lyc. c. 12.
8) Dies sind die ἐν τοῖς χωρίοις bei Xen. Hell. III, 3, 5.

den,[1]) natürlich nicht immer nur in der Nähe der Stadt betrieben werden, sondern auch in weiterer Entfernung, wo der Taygetus und seine Aeste Wald und Wild in Menge darboten, namentlich Wildschweine, zu deren Jagd die lakonische Hunderace vorzüglich geeignet war. Es wird ausdrücklich bezeugt, daſs die Spartaner auf ihren Gütern Vorrathskammern gehabt haben, namentlich also auch wohl zu dem Zwecke, um, wenn sie sich dort aufhielten, das Nöthige zur Hand zu haben. Ebenso hielten sie dort Pferde und Hunde zu ihrem Gebrauch. Doch galt hinsichtlich dieser Dinge eine Art von Gütergemeinschaft unter ihnen, indem es keinem Spartaner verwehrt war, im Nothfalle sich auch auf dem Gute eines Andern der dort befindlichen Pferde und Hunde zu bedienen, auch die Heloten zum Dienste zu benutzen, und selbst die Vorrathskammern zu öffnen, die er dann nur mit seinem Siegel wieder zu verschlieſsen hatte.[2]) Doch kehren wir zu den Syssitien zurück.

Wie die homerischen Helden, so hatten in früherer Zeit auch die Spartaner bei Tische nicht gelegen, sondern gesessen.[3]) Die aus dem Orient stammende Sitte des Liegens fand erst später, ungewiſs seit wann, auch bei ihnen Eingang, doch lagen sie freilich nicht, wie die andern Griechen, auf Polstern und Teppichen, sondern auf bloſsen hölzernen Pritschen.[4]) Den Namen indessen, Φιδίτια oder Φιδίτια (Sitzungen),[5]) scheinen die Syssitien von der alten Gewohnheit des Sitzens beibehalten zu haben, auch nachdem er nicht mehr paſste, wie es ja bei dergleichen Benennungen häufig der Fall ist. An jedem Tische speisten etwa fünfzehn Personen, bald mehr, bald weniger, und die Aufnahme in eine Tischgenossenschaft geschah durch freie Wahl der Mitglieder mittels Brodkrumen, die, zusammengedrückt oder nicht, je nachdem der Stimmende gegen oder für die Aufnahme war, in ein

---

1) Xen. r. L. c. 4, 6 mit Haase's Anm. p. 112. Liban. 1 p. 230 R.
2) Id. ib. c. 6, 3. 4. Haase p. 137 ff.
3) Varro bei Serv. ad Verg. Aen. VII, 176.
4) Phylarch. bei Athenae. IV, 20 p. 141. Ath. XII, 15 p. 518. Suid. s. v. Λυκοῦργος u. Φιλίτια.
5) Diese Erklärung ist freilich neu, aber hoffentlich nicht schlechter als die früher versuchten, zum Theil sehr thörichten. Von den Lakoniern wurden manche Worte mit dem F gesprochen, die sonst keine Spur davon zeigen, und der Umlaut aus ε in ι findet auch bei ἴζω, ἱδρύω statt. Sprachen die Spartaner Φιδίτια, so konnten die andern Griechen dies leicht für φιδίτια nehmen und in φειδίτια verdrehen. Auch das von Hesych. angef. ψειδώλιον = δίφρος od. σφέλας, ist sicher nichts anders als Φιδώλιον, Φιδώλιον, ἑδώλιον.

von einem Aufwärter umhergetragenes Gefäfs geworfen wurden.¹)
An eine Zusammenordnung nach Stammesabtheilungen oder Districten und Wohnsitzen ist also nicht zu denken: es sollten vielmehr geflissentlich alle verwandtschaftlichen und nachbarlichen Beziehungen und Interessen zurückgedrängt werden, und ganz davon unabhängig Jeder sich denjenigen zum Tischgenossen wählen können, der ihm am meisten zusagte. Deswegen war zur Aufnahme auch Einstimmigkeit aller Wählenden erforderlich. Die aber daheim Tischgenossen, die waren auch im Kriege Zeltgenossen, weswegen auch die Speiselocale mit demselben Namen, wie die Zelte im Lager, σκηναί benannt wurden, und dieselben Polemarchen, welche im Kriege die Heeresabtheilungen befehligten, führten auch daheim die Aufsicht über die Syssitien. Die Kost war, wie sich denken läfst, im höchsten Grade einfach: das alltägliche Hauptgericht bestand in der berühmten schwarzen Blutsuppe, αἱματία oder βαφά, einer Art Schweineschwarzsauer, das Fleisch in dem Blute gekocht, und mit nichts als mit Essig und Salz gewürzt.²) Hiervon wurde Jedem seine bestimmte Portion besonders vorgesetzt: Gerstenbrod dagegen konnte Einer essen nach Belieben, und auch Wein ward in hinreichender Menge verabreicht, um selbst ziemlich starkem Durste zu genügen. Sich zu betrinken aber galt für schimpflich.³) Zum Nachtisch gab es dann Käse, Oliven, Feigen. Doch war es den Tischgenossen nicht verwehrt, auch ein Extragericht zum Besten zu geben, ein Stück Wildpret z. B. oder ein Geflügel oder einen Fisch oder ein Waizenbrod, welche dann nach der ordnungsmäfsigen Mahlzeit als Nachmahl, ἐπαικλον, herumgereicht wurden.⁴) Dergleichen zu geben ward, wie wir oben schon bemerkt haben,⁵) bisweilen als Bufse für leichtere Vergehen auferlegt: Reichere aber, oder solche, die auf der Jagd etwas Gutes erbeutet hatten, thaten es oft freiwillig.⁶) Uebrigens gab es auch in Sparta Festessen, wo von der täglichen Weise der Syssitien abgewichen wurde, nämlich bei Opfermahlzeiten. Solche waren theils öffentliche, an den Festen der Hyakinthien, Karneien, Tithenidien und andern, theils

---

1) Plut. Lyc. c. 12.
2) Plut. praec. sanit. tuend. c. 12.
3) Xen. r. L. c. 5, 7. Plut. Lyc. c. 12 extr. — Aus c. 28 scheint wenigstens soviel zu entnehmen, dafs man den Knaben betrunkene Heloten vorgeführt habe, um ihnen an deren Beispiel zu zeigen, wie die Trunkenheit den Menschen herabwürdigen könne.
4) Athenae. IV, 19 p. 141.   5) S. S. 266.
6) Xenoph. r. L. c. 5, 3. Athen. IV, 19 p. 141.

private, und sie hiefsen χοπίδες, etwa Schlachtschüsseln.[1]) Dafs es indessen auch bei diesen sehr frugal herging, leidet keinen Zweifel, und wenn auch die schwarze Suppe mit einem andern Fleischgericht vertauscht und statt Gerstenbrodes allerlei Backwerk aus Waizen vorgesetzt wurde, so war doch sonst der Unterschied schwerlich sehr bedeutend, und jener Sybarit, welcher erklärte, dafs es ihn nicht wundere, wie die Spartaner im Kriege so muthig dem Tode entgegen gingen, weil ja eine Lebensart wie die ihrige nicht besser als der Tod sei,[2]) hatte von seinem Standpunkt aus wohl Grund genug so zu urtheilen, zumal wenn er dabei nicht blofs an die schlechte Küche der Spartaner, sondern an alle die sonstige Härte ihrer Lebensweise und an die Entbehrung aller andern Genüsse und Bequemlichkeiten dachte, die in Sybaris dem Leben allein erst seinen eigentlichen Werth zu geben schienen, während den Spartaner die Gesetze nöthigten, sich überall nur auf das Nothdürftigste zu beschränken. So war die Kleidung vorschriftsmäfsig dieselbe für den Reichsten wie für den Aermsten, und die schäbigen Tribonen der Spartaner dienten oft genug den übrigen Griechen zum Gegenstand ihrer Spötteleien. Sie selbst aber thaten sich wohl diesen gegenüber etwas darauf zu Gute, und prunkten mit ihren schlechten Kitteln ebensogut, wie Agesilaus mit seiner Frugalität, als er in Aegypten die ihm vorgesetzten leckern Speisen den Heloten zu geben befahl, für sich aber nur die geringsten annahm:[3]) und der Cyniker Diogenes hatte wohl nicht ganz Unrecht, als er zu Olympia rhodische Jünglinge in stattlichen Gewändern und spartanische Herrn in abgetragenen und schmutzigen Kleidern sah, beides für Eitelkeit, nur auf verschiedene Manier, zu erklären.[4]) Es bestand aber die Kleidung des Spartaners in einem mantelartigen Ueberwurf von grobem Tuch und knappem Mafs, ohne Hefteln und Bänder, mit dem sich die Jüngern, vom zwölften Jahre an, als alleiniger Bedeckung zu behelfen verpflichtet waren, und auch die Aelteren oft sich begnügten. Das Unterkleid, ebenfalls von grobem Wollenzeuge, war den heutigen Männerhemden ähnlich, bis gegen die Knie herabreichend, aber ohne Aermel. Die Fufsbe-

---

1) Ath. IV, 16, 17 p. 138 ff.
2) Athenae. IV, 15 p. 138 u. XII, 15 p. 518. Stobae. Flor. tit. 29, 96.
3) Plutarch. Ages. c. 36.
4) Aelian. V. H. IX, 34. Vgl. auch das Urtheil des Aristoteles, Ethic. Nicom. IV c. 13 (al. 7). — Ueber die Einzelheiten der lakonischen Tracht genügt es auf die Stellen bei Meursius, Miscell. Lacon. I c. 15—18 zu verweisen.

kleidung bestand aus einer einfachen Sohle mit schmalem Rande, woran die Riemen befestigt waren, mit denen die Sohle festgebunden ward. Knaben und Jünglinge mufsten barfufs gehen; dasselbe thaten aber auch die Männer oft, und beschuhten sich nur bei festlichen Gelegenheiten oder wenn sie ins Feld zogen. Es galten übrigens die lakonischen Sohlen auch im übrigen Griechenlande für eine sehr zweckmäfsige Fufsbekleidung, und wurden, wenn auch etwas zierlicher, doch mit gleichem Schnitt vielfältig getragen; besonders die amykläischen wurden ausgezeichnet. — Auch den Kopf trug der Spartaner für gewöhnlich unbedeckt, das Haar häufig unverschnitten, nach der Weise der homerischen hauptumhaarten Achäer: dies sollte, nach einem angeblich lykurgischen Ausspruch, den Schönen verschönern, dem Häfslichen aber ein furchtbareres Ansehn geben. Ein Gesetz jedoch, das Haar lang wachsen zu lassen, gab es nicht, sondern es war vielmehr nur eine Erlaubnifs für die Männer, nachdem sie als Knaben und Jünglinge es vorschriftsmäfsig kurz verschnitten hatten tragen müssen. Viele behielten dies aber auch als Männer bei, vielleicht der gröfseren Reinlichkeit wegen.[1]) Für diese, wie für die Abhärtung und Kräftigung des Körpers, dienten auch die kalten Bäder im Eurotas, die ebenfalls zur täglichen Lebensordnung gehörten. Dazu kamen von Zeit zu Zeit trockene Schwitzbäder, wogegen das Baden in warmem Wasser als verweichlichend wenn nicht ausdrücklich verboten, doch wenigstens nicht üblich war. — Wie das Haupthaar oft, so war der Bart immer ungeschoren. Man trug Kinn- und Lippen- oder Schnauzbart: den letzteren zu scheren befahlen die jedesmaligen Ephoren einmal, beim Amtsantritt, entweder, wie Einige meinten, um die Bürger an Gehorsam auch in kleinen Dingen zu mahnen, oder, nach Andern, wegen einer gewissen symbolischen Bedeutung des Schnauzbarts als Zeichen selbständiger Freiheit.[2]) Gedenken wir nun noch des derben Stockes, den alle Männer zu tragen pflegten, und dessen sie sich gelegentlich als Züchtigungsinstrument, nicht blofs gegen die Heloten, sondern auch gegen die Jungen ihres eigenen Standes bedienten,[3]) so können wir uns ein ziemlich deutliches Bild des Spartiaten entwerfen. Dafs mit

---

1) Vgl. Plutarch. Alcib. c. 23, wo das ἐν χρῷ κουριᾶν unter den Dingen aufgeführt wird, wodurch Alkibiades sich den Lakonen ähnlich gemacht habe. Dafs das κομᾶν, wenn auch sehr gewöhnlich, doch nicht geboten, sondern gestattet gewesen, ergiebt sich auch aus Xenoph. r. L. c. 11, 3.
2) Plutarch. Cleom. c. 9. vgl. Müller, Dor. II p. 269.
3) Dionys. Ant. R. XX, 2.

dieser Einfachheit und Schmucklosigkeit doch eine gewisse Würde und Schönheit der Erscheinung sehr wohl verbunden sein konnte, wird Niemand bezweifeln; aber wenn wir auf die Aeufserungen der andern Griechen hören, so traten die Lakonen oft auch ziemlich unschön, struppicht und unsauber auf. Alle kosmetischen Künste und Mittel waren aus Sparta verbannt. Nicht nur Salben, die im übrigen Griechenlande als ein unentbehrliches Erfordernifs galten, um die Haut nach dem Bade einzureiben, durften hier nicht bereitet oder gebraucht werden, sondern auch gefärbte Kleider wurden nicht geduldet,[1]) mit Ausnahme der purpurfarbenen Kriegskleider. Die Friedenskleider waren also nur aus ungefärbter Wolle.

Wie die Tracht so war auch die Wohnung des Spartiaten höchst einfach und schmucklos. Es wird eine Rhetra Lykurgs angeführt,[2]) nach welcher zur Decke und zur Thür keine andern Werkzeuge als Beil und Säge angewandt werden, also alles Holzwerk nur aus roh bearbeiteten Balken und Brettern bestehen sollte, und als einst Leotychides in dem Hause eines ausländischen Gastfreundes sorgfältig zugeschnittenes Gebälk wahrnahm, fragte er mit angenommener Verwunderung, ob denn die Bäume dort eckig wüchsen.[3]) Dieser Einfachheit entsprechend war denn natürlich auch das Hausgeräth: denn, sagt Plutarch, Niemand war wohl so verkehrt und thöricht, in ein solches Haus schöne und zierlich gearbeitete Sitze, purpurne Teppiche, goldenes Geschirr und ähnliche Kostbarkeiten zu bringen. Ja edle Metalle zu besitzen untersagte dem Bürger das Gesetz, und als späterhin im übrigen Griechenlande Gold- und Silbergeld allgemein geworden war, war in Sparta dergleichen zu haben den Bürgern verboten, obgleich freilich der Staat es nicht entbehren konnte, und auch die Könige es ohne Zweifel besafsen. Dafs auch die Periöken, um Handel mit dem Auslande treiben zu können, Gold- und Silbergeld brauchten, ist klar, und die von ihnen entrichteten Abgaben bestanden gewifs nicht blofs in Naturalien oder in Eisengeld. Aber als Hülfsmittel des inländischen Handelsverkehrs war nur Eisengeld üblich, anfangs in Barren, später in rundlichen Stücken, πέλανοι oder Fladen genannt, die bei dem Gewicht eines äginetischen Pfundes doch nur den Werth eines halben Obolus hatten, da man das Eisen absichtlich durch

---

1) Athenae. XV, 34 p. 686 extr.   2) Plutarch. Lyc. c. 13.
3) Plut. a. a. O. u. Apophth. Lac. p. 147. Ebend. p. 103 wird dasselbe vom Agesilaus erzählt.

eine gewisse Zubereitung unbrauchbar zu anderweitiger Verarbeitung gemacht hatte.¹) Dafs für solches Geld keine Gegenstände von Werth aus dem Auslande bezogen werden konnten ist klar; es konnte nur im Lande selbst als Scheidemünze dienen, und auch das nur zur Ausgleichung geringer Differenzen, indem der Handel vorzugsweise im Austausch von Waaren bestand.²) Mit welcher Strenge aber jenes Verbot noch bis in die Zeiten zunächst nach dem peloponnesischen Kriege aufrecht erhalten worden sei, beweist die Thatsache, dafs Thorax, einer der Freunde und Mitbefehlshaber Lysanders, wegen seiner Uebertretung mit dem Tode bestraft wurde.³) Auch ist der Grund des Verbotes leicht zu erkennen: es sollte dienen, mit den Waaren des Auslandes auch den verführerischen Reiz fremder Sitte fern zu halten, und die altspartanische Einfachheit und Genügsamkeit in unverfälschter Reinheit zu bewahren. Dieselbe Absicht liegt auch dem Gesetze zu Grunde, welches jedem Spartiaten, wenigstens jedem, der noch im kriegspflichtigen Alter stand, Reisen ins Ausland ohne specielle Erlaubnifs der Ephoren untersagte.⁴) Aus gleichem Grunde wurden auch zur Zeit des peloponnesischen Krieges, als die Spartaner vielfältig veranlafst waren, in die von ihnen abhängigen Städte Einzelne der Ihrigen als Befehlshaber zu senden, zu solchen Anstellungen nur bejahrtere Männer genommen, und Abweichungen von dieser Regel werden als ungesetzlich getadelt.⁵) Auswanderung war unbedingt verboten; wer dieses Verbot übertrat, den traf, wenn er zurückkehrte, Todesstrafe.⁶) Ausländern ward Ansiedelung in Sparta, als Metöken, nicht gestattet: zeitweiliger Aufenthalt ward ihnen nicht verwehrt, aber sie wurden sorgfältig beaufsichtigt, und ausgewiesen sobald ihre Anwesenheit den Ephoren unräthlich schien. Darin thaten also die Spartaner wohl kaum mehr, als was heutzutage manche unserer Staaten thun, in denen die Fremdenpolizei mit argwöhnischer Sorgfalt gehandhabt wird; den übrigen Griechen aber schienen sie darin zu viel zu thun, und werden deswegen oft gescholten.⁷) Aus manchen Angaben

---

1) Plut. Lyc. c. 9. Lysand. c. 17. Hesych. s. v. πέλανορ.
2) Justin. III, 2. 3) Plut. Lysand. c. 19.
4) Isocr. Busir. §. 18. Harpocrat. in καὶ γὰρ τὸ μηδένα.
5) Thucyd. IV, 132. 6) Plutarch. Agid. c. 11.
7) Vgl. Thucyd. I, 144. II, 39. Schol. Aristoph. Av. 1013. Pac. 622. Mit Recht bemerkt Göttling, ges. Abh. I S. 323, dafs das Wort ξενηλασίαι bei den bessern Schriftstellern nur im Plural vorkommt, eben weil darunter nur von Zeit zu Zeit vorkommende Mafsregeln zu verstehn sind, keine ein für alle Male feststehende Anordnung.

indessen läfst sich ersehen, dafs zu gewissen Zeiten der Besuch von Fremden in Sparta zahlreich genug war, z. B. bei Festfeiern, die mit Kampfspielen verbunden waren, zu denen sich Zuschauer von auswärts in grofser Menge einzufinden pflegten.[1]) Und wenn wir lesen, dafs einmal eine Fremdenausweisung ($\xi \varepsilon \nu \eta \lambda \alpha \sigma i \alpha$) wegen Theurung der Lebensmittel stattgefunden habe,[2]) so deutet auch dies auf eine beträchtliche Anzahl und auf längern Aufenthalt, da gegen wenige nur auf ein Paar Tage sich aufhaltende Fremde eine solche Mafsregel zu ergreifen von keinem sonderlichen Nutzen gewesen sein würde. Von mehreren durch Weisheit und Kunst ausgezeichneten Ausländern ist es bekannt, dafs sie sich längere Zeit in Sparta aufgehalten haben und hoch geehrt worden sind, wie von den Kretern Thaletas und Epimenides, Terpander aus Lesbos, Pherekydes aus Syros, Theognis aus Megara und anderen.[3]) Die Verderber der alten Sitte freilich wurden nicht geduldet, wie die Musiker Phrynis und Timotheus, oder die Sophisten, die durch klügelnde Kritik die Achtung vor dem Bestehenden untergruben, oder durch die Kunst der Rede auch der Lüge den täuschenden Schein der Wahrheit zu geben lehrten.[4]) Dagegen bezeugt Hippias, der als Gesandter seiner Vaterstadt Elis oft in Sparta verkehrte, dafs, wer den Spartanern alte Geschichten über Herkunft und Thaten der Helden, über Städtegründungen und merkwürdige Begebenheiten der Vorzeit erzähle, gerne gehört werde.[5]) Und so waren denn auch die Lieder der alten Epiker ihnen nicht weniger als den andern Griechen bekannt und lieb, ja es wird gesagt, dafs die homerischen Gedichte von Lykurg zuerst aus Ionien nach dem eigentlichen Griechenlande gebracht seien,[6]) und einer der nachhomerischen Epiker, Kinäthon, um die Mitte des achten Jahrhunderts, war zwar kein Spartiate, aber doch ein Lakedämonier. Wie Tyrtäus, aus dem attischen Aphidnä, durch seine politischen und kriegerischen Elegien und andere Gesänge auf die Spartaner gewirkt hat, ist bekannt, und es fehlte auch nicht an einheimischen Dichtern ähnlicher Art, wie uns denn mehrere Namen lakonischer Lyriker überliefert sind;[7]) aber dafs von keinem derselben auch nur das kleinste

---

1) Vgl. Plutarch. Ages. c. 29. Cimon. c. 10. Xenoph. Mem. I, 2, 61.
2) Theopomp. bei dem Schol. zu Aristoph. Av. v. 1013.
3) Plutarch. Agid. c. 10. Vgl. Müller, Dor. II p. 8, 1 u. p. 396.
4) Athenae. XIII p. 611 A.   5) Plat. Hipp. mai. p. 285 D.
6) Plut. Lyc. c. 4. Aelian. V. H. XIII, 14.
7) S. Athenae. XIV, 33 p. 632 F. XV, 22 p. 678 B. Plutarch. Lyc. c. 28. Pausan. III, 17, 3.

Bruchstück auf uns gekommen ist, scheint zu beweisen, dafs ihre Lieder dem feineren Geschmack der übrigen Griechen nicht zugesagt haben müssen. Der einzige, von dem sich einige Fragmente erhalten haben, Alkman, lebte zwar in Sparta, war aber kein Spartaner. Die dramatische Poesie in ihrer höheren Entwickelung fand in Sparta keine Stätte: nicht nur dafs kein tragischer oder komischer Dichter in Lakonien aufstand, — denn das war auch unter den übrigen Griechen, mit Ausnahme der Athener, kaum anders, — sondern auch von Darstellungen dramatischer Werke auf dem Theater zu Sparta findet sich keine Spur.[1]) Man begnügte sich mit den Darstellungen der sogenannten Dikelikten, die wahrscheinlich Leute aus dem niederen Volke ohne kunstmäfsige Ausbildung waren, und wohl nur improvisirte Nachahmungen burlesker Art aus dem Kreise des alltäglichen Lebens zum Besten gaben.[2]) Dagegen wurde, wie schon früher bemerkt, neben der Musik auch die Tanzkunst von den spartanischen Jünglingen und Mädchen fleifsig geübt, und es fehlte nicht an Festen, wo Chöre von beiden Geschlechtern in mimischen oder kriegerischen Tänzen auftraten, und dem Auge das Schauspiel eines lebendigen Kunstwerks in den rhythmischen Bewegungen der kräftigsten, gewandtesten und schönsten Körper darboten. Kunstwerke anderer Art, die auf das Prädikat der Schönheit hätten Anspruch machen dürfen, besafs aber Sparta gewifs sehr wenige, sowohl was Sculptur und Malerei, als was Architektur betrifft. Was wir von Werken dieser Gattungen bei Pausanias erwähnt finden, gehörte fast alles derjenigen Zeit an, wo die Kunst in Griechenland noch nicht zur freien Herrschaft über das Material gelangt und zur Darstellung des Schönen erstarkt war, und dafs die Tempel und öffentlichen Gebäude keinesweges im Verhältnifs zu der Gröfse der Stadt und der Macht des Staates standen, erhellt aus der Art, wie Thukydides davon redet.[3]) Die Blüthenzeit der schönen Kunst fiel in eine Periode, wo die Spartaner sich weit mehr als früher gegen die Entfaltung des geistigen Lebens der griechischen Nation ablehnend und ausschliefsend verhielten, weil sie davon aus der Bahn des Herkömmlichen gerissen zu werden besorgten, in welcher zu beharren für das Bestehen ihres Staates unerläfslich schien. Und so ist es kein Wunder, wenn sie diese Ablehnung und Abwehr alles Fremden zu einem Grade steigerten, der den übrigen Grie-

---

1) Vgl. Plut. Instit. Lac. no. 32. p. 179 Tauchn.
2) Müller, Dor. II S. 344.   3) Thucyd. I, 10.

chen übertrieben und verletzend vorkam, und ihren Unwillen oder ihren Spott erregte. In der That aber ist nicht zu leugnen, dafs Sparta seit den Zeiten der Perserkriege mehr und mehr aus dem Kreise der allgemeinen hellenischen Bildung heraustrat, und in allen Beziehungen hinter der Mehrzahl der übrigen zurückblieb. Nur zwei Stücke waren es, wodurch es noch geraume Zeit einen Vorrang behauptete, sein trefflich organisirtes Kriegswesen, und seine kluge, besonnene und consequente Politik gegen das Ausland.

m) *Die Wehrverfassung.*

Isokrates läfst den spartanischen König Archidamus sagen: „es ist Jedermann offenbar, dafs wir uns vor den übrigen Griechen weder durch die Gröfse unserer Stadt noch durch die Menge unserer Bevölkerung hervorthun, sondern dadurch, dafs wir unsere öffentliche Zucht gleich der eines Heerlagers eingerichtet haben, wo alles gehörig in einander greift und den Befehlen der Vorgesetzten pünktlich Folge geleistet wird,"[1]) und auch Plato in den Gesetzen[2]) spricht über die spartanische Verfassung das Urtheil aus, dafs sie die eines Heerlagers sei, und zwar zur soldatischen Tüchtigkeit ausbilde, aber nicht zu der wahren politischen (d. h. sittlichen und geistigen) Trefflichkeit, in welcher jene Tüchtigkeit auch, und zwar in noch höherem Grade, aber doch nur als ein einzelner Theil des Ganzen enthalten sei. Ein Heerlager kann man Sparta in Wahrheit nennen, und die Spartiaten eine Besatzung, was auch der Ausdruck φρουρά besagt, mit welchem eigentlich und ursprünglich offenbar nichts anders als die gesammte kriegspflichtige Mannschaft bezeichnet wurde, obgleich er dann auch speciell für den jedesmal zum Kriege aufgeboten Heerbann gebraucht wird. Jeder Spartiat bis zum sechzigsten Jahre war ἔμφρουρος d. h. einer Abtheilung dieser Besatzung einverleibt, für die wir auch Landwehr sagen mögen. Denn das war ihre erste und wesentlichste Aufgabe, gerüstet sein zur Vertheidigung theils gegen die Unterthanen im Inlande, die meist nur durch Gewalt im Gehorsam zu halten waren, theils gegen auswärtige Feinde. Das Land selbst aber glich gewissermafsen einer grofsen natürlichen Festung, von Bergen gleich Wällen umgeben, und dem Feinde nur wenige Zugänge darbie-

---

1) Isocr. Archid. §. 61.
2) B. II, 10 p. 666 E. 667 A.

tend,[1]) zu deren Vertheidigung die Besatzung von Sparta, gleichsam der Hauptwache, leicht und schnell gelangen konnte. Landwehren kann man nun zwar die Heere der übrigen Griechen auch nennen; aber es waren Landwehren etwa der unsrigen ähnlich, aus Leuten bestehend, denen zum gröfsten Theil das Waffenwerk nur ein Nebengeschäft, friedliche Gewerbe die Hauptsache waren. Als einst die Bundesgenossen der Spartaner unter Agesilaus' Anführung darüber murrten, dafs sie, so viele an Zahl, den weit weniger zahlreichen Spartanern immerfort Heeresfolge leisten müfsten, liefs der König aus dem gemischt sitzenden Haufen zuerst die Töpfer, dann die Schmiede, dann die Zimmerleute und so fort die übrigen Handwerker aufstehn; und als nun von den Bundesgenossen fast alle aufgestanden waren, von den Spartanern aber kein einziger, sagte er lachend: nun seht ihr, wie viel mehr Soldaten wir gestellt haben, als ihr.[2]) Und Soldaten in diesem Sinne waren, wie unter uns Gottlob nicht allzuviele, so unter den Griechen ganz allein die Spartaner.

Nach Herodot hatte Lykurg zum Behufe des Kriegswesens Enomotien, Triakaden und Syssitien gestiftet,[3]) und dafs die Syssitien sich auch auf die soldatischen Cameradschaften bezogen und deswegen unter Aufsicht der Polemarchen gestanden haben, ist schon oben bemerkt worden. Der Enomotien als Truppenabtheilungen wird auch von Andern oft genug gedacht; die Triakaden aber kommen nur allein bei Herodot vor. Der Name bezeichnet eine Anzahl von dreifsig,[4]) und wenn es richtig ist, was Plutarch sagt, dafs in den Syssitien regelmäfsig etwa funfzehn Personen zusammen gespeist haben, so würden zwei Syssitien oder Tischgenossenschaften eine Triakas gebildet haben und die Enomotien könnten dann als die zunächst gröfsere, etwa zwei Triakaden enthaltende Abtheilung angesehen werden. Aber so finden wir sie wenigstens bei Thukydides und Xenophon nicht. Nach dem letzteren, dessen Zuverlässigkeit nicht in Zweifel gezogen werden kann, zerfiel die streitbare Mannschaft der Spartaner in sechs Moren, d. h., Abtheilungen oder Divisionen, theils Hopliten, theils Reiter. Befehlshaber der Mora, wenigstens insofern sie aus Hopliten bestand, waren: ein Polemarch, zwei Lochagen, acht Pentekosteren, sechzehn Enomotarchen, woraus

---

1) S. Strab. VIII p. 366. 2) Plutarch. Ages. c. 26.
3) Herodot. I, 65.
4) Nicht ein Dreifsigstel, wie Rüstow und Köchly, Gesch. des griech. Kriegswesens S. 38 meinen.

erhellt, dafs die Mora in zwei Lochen, der Lochos in vier Pentekostyen, die Pentekostys in zwei Enomotien zerfallen sein müsse.[1]) Wir finden also statt der herodotischen Triakaden oder Abtheilungen zu dreifsig Mann vielmehr Pentekostyen oder Abtheilungen zu funfzig, und während bei Herodot die Triakaden Unterabtheilungen der Enomotia zu sein scheinen, sind hier vielmehr die Enomotien Unterabtheilungen der Pentekostys. Ob aber jemals Triakaden als Truppenabtheilungen bei den Spartanern üblich gewesen, ist sehr zweifelhaft, da Herodot's Kenntnifs von spartanischen Einrichtungen überhaupt nicht sehr genau zu sein scheint, zumal vom Kriegswesen, was die Spartaner geflissentlich geheim zu halten pflegten.[2]) Aus dem Namen der Pentekostys läfst sich die normalmäfsige Stärke der übrigen Abtheilungen und der ganzen Mora berechnen: die Enomotie mufs fünfundzwanzig,[3]) der Lochos zweihundert, die Mora also vierhundert Mann enthalten haben, und alle sechs Moren geben die Gesammtzahl von zweitausend und vierhundert. So hoch also wird sich zu der Zeit, da die Xenophontische Schrift abgefafst worden ist, d. h. kurz nach der Schlacht bei Leuktra, die Anzahl der zum Hoplitendienst tauglichen Spartiaten etwa belaufen haben. In der Schlacht bei Leuktra enthielt die Enomotia sechsunddreifsig Mann,[4]) was, wenn wir die Mora zu sechzehn Enomotien rechnen, für diese die Zahl von fünfhundert und sechsundsiebzig, oder, wenn die Befehlshaber der verschiedenen Abtheilungen hinzugezählt werden, von sechshundert und zwei

---

1) Die Handschriften des Xenophon, de rep. Lac. c. 11, 4, haben zwar λοχαγοὺς τέσσαρας, und ebenso las auch Johannes v. Stobi, der im Floril. tit. XLIV, 36 diese Stelle excerpirt hat; ich halte es aber mit Em. Müller in d. Jahrb. f. Philol. Bd. 75 S. 99 für unzweifelhaft, dafs die Zahl falsch und aus Verwechselung von δύο mit dem Zahlzeichen δ' entstanden sei. Denn in zwei andern Stellen des Xen., Hell. VII, 4, 20 und 5, 10 (hier freilich mit der Variante δέκα) wird zwölf als die Gesammtzahl der Lochen angegeben, was sie nur dann ist, wenn jede der sechs Moren aus zwei Lochen bestand. Man könnte freilich jene andere Zahl zu retten versuchen durch die Annahme, dafs jeder Lochos von zwei Lochagen befehligt worden sei: dafs das aber sehr unwahrscheinlich ist, springt in die Augen. Ebenso erkennt man leicht, wie nahe in demselben Zusammenhang der Stelle de r. L. die Verwechselung der Zahlen lag.
2) Thucyd. V, 68. Dies hat auch Perikles vorzugsweise im Sinn, wenn er, in der Leichenrede II c. 39, als einen Grund der Xenelasien die Besorgnifs angiebt, dafs die Fremden den Spartanern ablernen möchten, was sie für sich allein zu behalten wünschten.
3) So wird die Zahl auch bei Suidas u. d. W. angegeben.
4) Xenoph. Hell. VI, 4, 12.

giebt; und zu etwa sechshundert wird auch wirklich einmal von Xenophon die Stärke der Mora angegeben.[1]) Aber in der Schlacht bei Leuktra fochten nur etwa siebenhundert Spartiaten, und doch hatte der König Kleombrotus vier Moren unter seinem Befehle:[2]) daraus folgt, dafs die Moren nicht blofs Spartiaten sondern auch Periöken, und zwar in der Mehrzahl, enthalten haben; ob in denselben Unterabtheilungen mit den Spartiaten gemischt, oder in verschiedenen, mufs dahin gestellt bleiben. Aber nicht zu bezweifeln ist es, dafs, was in dieser Schlacht, ebendasselbe auch in andern der Fall gewesen sei, und dafs wir also, wenn wir von Moren lesen, nicht an Spartiaten allein, sondern auch an Periöken zu denken haben. Um so weniger kann es uns wundern, wenn wir auch die Stärke der Mora bald gröfser bald kleiner angegeben finden:[3]) es wurden bald mehr bald weniger theils Spartiaten theils Periöken aufgeboten, und darnach mufste denn auch die Stärke der Unterabtheilungen, vielleicht auch die Anzahl derselben in der Mora verschieden sein. Thukydides giebt an, dafs in der Schlacht bei Mantinea, im 14. J. des pelop. Krieges, der Lochos vier Pentekostyen, die Pentekostys vier, nicht zwei Enomotien enthalten habe; die Enomotia aber scheint aus zweiunddreifsig Mann bestanden zu haben.[4]) Daraus ergiebt sich eine Pentekostys zu hundert achtundzwanzig, ein Lochos zu fünfhundert und zwölf Mann, und wenn auch damals eine Mora aus zwei Lochen bestanden hätte, so würde sie nicht weniger als tausend und vierundzwanzig Mann enthalten haben. Aber Thukydides sagt von der Mora nichts: er nennt keine gröfseren Heeresabtheilungen als den Lochos, dessen Stärke, nach der obigen Berechnung, mehr als das Doppelte eines xenophontischen Lochos beträgt, und die aus zwei solchen Lochen bestehende Mora um hundert und zwölf Mann übertrifft. Da nun überhaupt der Moren von Keinem vor Xenophon gedacht wird, und von diesem zuerst bei einer um das J. 404 fallenden Begebenheit,[5]) so dürfte die Vermuthung erlaubt sein, dafs diese Organisation des Heeres nach Moren auch erst in der Zeit

---

1) Ebend. IV, 5, 12.   2) Ebend. VI, 1, 1 u. 4, 15.
3) Die Angaben schwanken zwischen 900 und 500 (Plutarch. Pelop. c. 17) oder, wenn wir die der Schrift über den Staat v. L. dazu nehmen, 400 Mann.
4) Thucyd. V, 68.
5) Hellen. II, 4, 31. Niebuhr, Vortr. II S. 225 bemerkt, dafs die Moren bei den Späteren den Lochen der Aelteren entsprechen, und Haase zu Xen. p. 204, dafs beide Benennungen öfters verwechselt werden.

des peloponnesischen Krieges eingeführt worden sei, obgleich Xenophon in der Schrift über den Staat von Lakedämon sie für lykurgisch zu halten scheint. Soviel aber ist klar, dafs die hier von ihm beschriebene Mora eine normalmäfsige und blofs aus Spartiaten bestehende darstellt,[1]) wie sie selten oder niemals wirklich ins Feld rückte. Aus welchem Grunde übrigens die Sechszahl der Moren zu erklären sei, ist schwer zu sagen. Dafs sie nicht auf der von Einigen als fortwährend in Sparta bestehend angenommenen Zahl der drei altdorischen Phylen beruhe, so dafs jede Phyle zwei Moren gestellt hätte, läfst sich wohl mit Sicherheit daraus schliefsen, dafs die nächsten Anverwandten, Väter, Söhne und Brüder doch nicht in denselben Moren dienten.[2]) Vielmehr wie die Syssitien oder Tischgenossenschaften sich durch freie Wahl der Mitglieder bildeten, so scheinen sich auch die Enomotien, die kleinsten Abtheilungen der Mora, auf ähnliche Weise durch freie Wahl ihrer Mitglieder gebildet zu haben, die sich dann durch einen Eid mit einander vereinigten und daher ihren Namen führten. Die Verbindung der Enomotien zu Pentekostyen, dieser zu Lochen, und der Lochen zu Moren mochten dann die Könige mit den Polemarchen anordnen, wie es ihnen zweckmäfsig schien.

Dafs die Mannschaft, nicht blofs der Spartiaten, sondern auch der mit ihnen als Hopliten dienenden Periöken, auch im Frieden fleifsig zum Kriege vorbereitet und geschult worden sei, versteht sich von selbst. Taktische Uebungen in gröfseren und kleineren Truppenabtheilungen, Marschiren, Wendungen, Evolutionen aller Art, fanden gewifs nicht weniger als auf unsern Exercirplätzen statt, und setzten die Truppen in den Stand, jede beliebige Bewegung, jede Veränderung der Aufstellung ohne Verwirrung rasch und mit der gröfsten Präcision auszuführen. Der vom Feldherrn ausgehende Befehl durchlief augenblicklich die Reihe der Unterbefehlshaber bis zum Enomotarchen, die Gemei-

---

1) Dies würde klar sein auch wenn man c. 11, 4 nicht τῶν πολιτικῶν, sondern τῶν ὁπλιτικῶν μορῶν läse. Haase hat aber πολιτικῶν sehr gut geschützt.
2) Dies ergiebt sich aus Xen. Hell. IV, 5, 10. — Eine Vermuthung, die ich in den Text aufzunehmen Bedenken trage, mag hier unten Platz finden. Wenn, wie es doch höchst wahrscheinlich ist, Sparta aus fünf Komen bestand, so mag man deswegen fünf Moren für die eigentlichen Spartiaten errichtet, eine sechste aber hinzugefügt haben für die Nachkömmlinge der ehemals von Sparta in die Periökenstädte gesandten Besatzungen oder Coloniesten, die zwar nicht mehr eigentliche Spartiaten, aber doch etwas mehr als die Periöken waren.

nen wufsten jedesmal, was sie zu thun hatten, jeder Vordermann leitete seinen Hintermann richtig, das ganze Heer, sagt Thukydides, bestand gleichsam aus einer Kette von Befehlshabern, einem unter dem andern, und ihr in einander greifendes Zusammenwirken sicherte die rascheste und pünktlichste Ausführung jedes Commando's, sowie es der Feldherr ausgesprochen.[1]) Diese taktische Virtuosität besafs kein anderes griechisches Heer, und rechnet man nun dazu noch jenes soldatische Ehrgefühl, welches von Kindheit an in den Spartanern genährt wurde, und dem es viel schlimmer schien, besiegt zu werden, als auf dem Felde der Ehre das Leben zu opfern, so wird man sich nicht wundern, wie sie so lange Zeit sich den Ruf kriegerischer Ueberlegenheit über die andern Griechen zu wahren gewufst haben.

Viel schlechter jedoch, als mit ihrem Fufsvolk, war es mit ihrer Cavallerie bestellt. Diese Truppengattung ist zwar überhaupt bei den Griechen, mit alleiniger Ausnahme der Thessaler, schon der Beschaffenheit des Landes wegen immer nur von geringerer Bedeutung gewesen; die Spartaner aber scheinen sie ganz besonders vernachlässigt zu haben. In Xenophon's Zeit war die Einrichtung, dafs die Haltung der Pferde und die erforderliche Ausrüstung den Reichen als eine Liturgie auferlegt wurde, zum Reiterdienste aber nur die schwächsten und für den Hoplitendienst am wenigsten tauglichen Leute genommen wurden, die man dann, wenn ein Feldzug zu unternehmen war, auf die Pferde setzte und ausrüstete, ohne dafs sie vorher zu dem Dienste gehörig vorbereitet und eingeübt worden wären.[2]) Sie bestanden gewifs immer bei weitem zum gröfsten Theile aus Periöken, und nur der Befehlshaber, Hipparmostes, war ein Spartiat. Regelmäfsig gehörte zu jeder Mora der Hopliten auch eine Reiterabtheilung: wie stark, wird nicht angegeben; nur der Name οὐλαμός, oder Schwadron, für ein Corps von funfzig Mann ist überliefert,[3]) und es ist möglich, dafs zu jeder Mora zwei solcher Schwadronen gehörten, die ebenfalls eine Mora hiefsen.[4]) Dann würden im Ganzen sechshundert Reiter gewesen sein; aber soviele wurden selten ausgerüstet. Im achten Jahre des peloponnesischen Krieges, als Kythera und Pylos von den Athenern besetzt waren, und man sich zur Vertheidigung aufs sorgfältigste anschickte, brachte man doch nicht mehr als vierhundert

---

1) Thucyd. V, 66. Vgl. Plutarch. Pelop. c. 23.
2) Xenoph. Hellen. VI, 4, 20.   3) Plutarch. Lycurg. c. 23.
4) Xenoph. Hellen. IV, 5, 12.

Reiter auf.¹) und bei dem Heere, welches im J. 394 ausgesandt wurde, um die Scharte von Haliartus auszuwetzen, befanden sich nur etwa sechshundert.²) Eine etwas bessere Cavallerie erlangten die Spartaner nur dadurch, dafs sie fremde Reiter in Sold nahmen.³)

Sollte ein spartanisches Heer ausziehn, so erliefsen die Ephoren das Aufgebot, mit Angabe der Altersclassen, die diesmal einzutreten hatten, z. B. vom zwanzigsten bis zum dreifsigsten oder vierzigsten oder funfzigsten Jahre: denn es versteht sich, dass nicht immer die sämmtliche kriegspflichtige Mannschaft ausziehen konnte, viele mufsten schon deswegen zurückbleiben, um die Stadt selbst nicht wehrlos zu lassen, und die Bejahrteren, vom fünfundfunfzigsten Jahre an, wurden nur im höchsten Nothfall aufgeboten.⁴) Als im achten Jahre des peloponnesischen Krieges Brasidas nach der Chalkidike abging, wurde ihm gar kein spartanisches Corps, sondern nur 700 als Hopliten ausgerüstete Heloten mitgegeben, zu welchen er eine Anzahl von 1000 Söldnern im Peloponnes anwarb; und in den Zeiten nach dem peloponnesischen Kriege wurden zu entfernteren Feldzügen, namentlich nach Asien, nur Periöken, Neodamoden, Mothaken, Heloten und Söldner ausgesandt, von Spartiaten aber nicht mehr als dreifsig dem Feldherrn mitgegeben,⁵) die ihm gleichsam als Legaten, als Adjutanten und Rathgeber dienten, von ihm mit dem Commando über einzelne Heeresabtheilungen, mit Sendungen oder mit sonstigen Geschäften beauftragt werden konnten, und nach Jahresfrist von andern abgelöst wurden.⁶) — Aufser der erforderlichen Mannschaft wurde ferner eine Anzahl von Handwerkern aufgeboten zum Behuf der auf Märschen und im Lager vorkommenden Verrichtungen, und was an Transportmitteln nöthig schien:⁷) diesen ganzen Trofs aber stellten natürlich nur die Periöken oder die Heloten. Bevor das Heer aufbrach, opferte der König in der Stadt dem Zeus Agetor, und wenn die Zeichen günstig waren, so zündete der Pyrphoros an dem Opferaltar das Feuer an, welches er fortan dem Heere voraufzutragen hatte. An der Grenze des Landes ward wiederum geopfert, und zwar dem

---

1) Thucyd. IV, 55.   2) Xenoph. Hellen. IV, 2, 16.
3) Id. Hipparch. c. 9, 4.
4) S. Xenoph. r. L. c. 11, 2 mit Haase's Anm.
5) Id. Hellen. III, 4, 2. V, 3, 8. Plutarch. Lysand. c. 23. Ages. c. 6.
6) Xenoph. Hellen. III, 4, 20. IV, 1, 5. 30. 34. Plutarch. Ages. c. 7. Lysand. c. 23.
7) Xenoph. r. L. c. 11, 2.

Zeus und der Athene, und wenn auch hier die Zeichen günstig waren, von dem Opferfeuer ebenfalls mitgenommen, und so die Grenze überschritten.[1]) In Feindeslande, oder wo sonst ein Angriff zu besorgen war, ward ein leichtbefestigtes Lager aufgeschlagen, und zwar, gegen die Weise der übrigen Griechen, nicht von viereckiger sondern von runder Gestalt. Wälle und Gräben davor anzulegen scheint nicht üblich gewesen zu sein, wie ja auch die Stadt, die ebenfalls eine Art von Heerlager war, solche nicht hatte. Dagegen wurden sorgfältig Wachposten ausgestellt, theils in unmittelbarer Nähe des Lagers, um die Ein- und Ausgänge zu bewachen, theils Vorposten, gewöhnlich Reiter, um die Feinde zu beobachten. Keiner durfte ohne seinen Speer im Lager umhergehn: wer es zur Nachtzeit zu verlassen genöthigt war, den escortirte eine Anzahl von Skiriten. Die Heloten, welche als Schildknappen oder Trofsknechte das Heer begleiteten, mufsten aufserhalb campiren.[2]) Den Kriegern aber waren auch im Lager regelmäfsige Uebungen vorgeschrieben, zweimal täglich, früh Morgens und am Abend, namentlich Märsche theils im Schritt theils im Lauf.[3]) Im übrigen ward von der Strenge der Lebensordnung, der die Spartiaten daheim unterworfen waren, im Felde manches nachgelassen, so dafs das Lagerleben leichter und angenehmer war, als das Leben in der Stadt. Auch ihr Anzug war stattlicher. Statt der ungefärbten Kittel trugen sie purpurfarbene Kriegskleider und prangten mit hellpolirten Waffenstücken; das Haar ward sorgfältiger gescheitelt, und wenn es zum Kampfe gehn sollte, schmückten sie sich mit Kränzen wie zum Feste.[4]) Stand eine Schlacht bevor, so wurde den Göttern geopfert, regelmäfsig schon in der frühesten Morgenstunde,[5]) und unter den Göttern, welchen man opferte, waren auch Eros und die Musen, jener, weil auf dem treuen Zusammenhalten der befreundeten Kämpfer die Sicherheit des Erfolges beruhte,[6]) diese, um die Krieger an die Entschliefsungen und Gedanken zu mahnen, welche daheim durch die Zucht und die Sprüche ihrer Dichter ihnen eingeflöfst waren.[7]) Unmittelbar vor dem Beginn

---

1) Ebend. c. 13, 2. 3. Dafs man grundsätzlich vermieden habe, vor Eintritt des Vollmondes ins Feld zu rücken, ist zwar von mehreren geglaubt worden, aber aus Herodot. VI c. 106 nicht mit Sicherheit zu folgern. Vgl. Bähr u. Stein zu d. Stelle.
2) Ebend. c. 12, 1—4.   3) Ebend. §. 5. 6.
4) Plutarch. Lycurg. c. 22. Aelian. V. H. VI, 6.
5) Xenoph. r. L. c. 13, 3.   6) Athenae. XIII, 12 p. 561 extr.
7) Plutarch. Lycurg. c. 21.

der Schlacht ward aber vom Könige der Artemis Agrotera eine Ziege geopfert, die Oboen spielten dazu eine feierliche Weise, nach dem Kastor benannt, dann ward der Schlachtgesang oder das Embaterion (Marschlied) angestimmt, und so, unter Begleitung von Blase- und Saiteninstrumenten, rückte die Phalanx in geschlossenen Gliedern und tactmäfsigem Gleichschritt[1] auf das Schlachtfeld fast wie zum festlichen Spiele, entschlossen die Ehre der spartanischen Waffen rein und unbefleckt zu behaupten, und voll Zuversicht des Sieges, der ihrer überlegenen Kriegsfertigkeit auch selten entging. Am liebsten war ihnen selbst jedoch der Sieg, der am wenigsten Blut kostete, ja ein durch Klugheit gewonnener Sieg galt ihnen dankenswerther, als ein mit Blut erkaufter; sie opferten nach jenem dem Ares ein Rind, nach diesem nur einen Hahn.[2] Nach dem gewonnenen Siege aber den fliehenden Feind weit zu verfolgen untersagte das Gesetz, weniger wohl aus Grofsmuth als aus Klugheit, weil sich voraussehn liefs, der Feind werde sich um so eher entschliefsen das Feld zu räumen, wenn er voraus wisse, dafs er dann nicht hart verfolgt werden würde,[3] und wohl auch weil bei weiter Verfolgung leicht Unordnung und daraus Gefahr für die Verfolger entstehen konnte. Auch wiederholentlich denselben Feind zu bekriegen soll das Gesetz untersagt haben. Der Feind sollte die Ueberlegenheit der Spartaner fühlen, aber nicht an den Kampf mit ihnen gewöhnt und zu dem Bestreben genöthigt werden, ihnen gleich zu kommen.[4]

Im peloponnesischen Kriege sahen sich die Spartaner genöthigt auch eine bedeutendere Seemacht aufzustellen, als sie bis dahin gehabt hatten. Ganz ohne solche waren sie freilich auch früher nicht gewesen. Zur Schlacht bei Artemisium hatten sie zehn, zur Schlacht bei Salamis sechzehn Schiffe gestellt,[5] und ihr Kriegshafen war zu Gythion, einer Periökenstadt am lakonischen Meerbusen, wo die Schiffe und Werften im J. 454 von dem athenischen Feldherrn Tolmides in Brand gesteckt wur-

---

1) Dies, sagt Thucyd. V, 70, nicht aber Religiosität war der Grund, weswegen beim Anrücken gegen den Feind die Musik aufspielte: οὐ τοῦ θείου χάριν, ἀλλ' ἵνα ὁμαλῶς μετὰ ῥυθμοῦ βαίνοντες προσέλθοιεν καὶ μὴ διασπασθείη αὐτοῖς ἡ τάξις. Man sieht, der nüchtern die Wirklichkeit ins Auge fassende Historiker tritt gelegentlich der idealisirenden Ansicht der spartanischen Institute entgegen, die damals nicht weniger wie heutzutage Manchen besser gefiel. — Von den Saiteninstrumenten s. Trieber p. 15—17.
2) Id. Ages. c. 33. Marcell. c. 22. Inst. Lac. no. 25.
3) Plutarch. Lycurg. c. 22.   4) Id. ib. c. 13. Agesil. c. 26.
5) Herodot. VIII, 1 u. 13.

den.¹) Im peloponnesischen Kriege wagten sie die erste Seeschlacht gegen die Athener im J. 429 bei Naupaktus, mit einer aus ihren und der Bundesgenossen Schiffen bestehenden Flotte unter Anführung des Spartiaten Knemos, wurden aber geschlagen,²) und im J. 413, als sie den Krieg mit grofser Lebhaftigkeit führten, stellten sie zur Bundesflotte doch nicht mehr als fünfundzwanzig Schiffe.³) Nachher beschlossen sie zwar den von Athen abgefallenen Chioten vierzig Schiffe zu Hülfe zu schicken, es wurden aber doch nicht mehr als fünf wirklich von ihnen ausgerüstet.⁴) In welcher Weise übrigens die Ausrüstung beschafft worden sei, wird nirgends angegeben. Es werden zwar Trierarchen als Befehlshaber der einzelnen Trieren erwähnt, und wir lesen einmal,⁵) dafs diese und die Steuermänner ihre Schiffe zu schonen geneigt gewesen; aber daraus den Schlufs zu ziehen, dafs die Trierarchie in Sparta ähnlich wie bei den Athenern eine Liturgie gewesen sei, und der Trierarch das vom Staat ihm zugewiesene Schiff auszurüsten, zu erhalten und dann nach Ablauf seines Dienstes wieder abzuliefern gehabt habe, möchte doch nicht rathsam sein. Gebaut und ausgerüstet wurden sie ohne Zweifel von den Periöken in den Küstenstädten, denen der Staat sie bezahlen, oder Nachlafs anderweitiger Leistungen dafür gewähren mochte. Auch die Seesoldaten wurden gewifs nur aus den Periöken, nicht aus den Spartiaten genommen, die wohl nur die Befehlshaberstellen bekleideten, und vielleicht auch diese nicht ausschliefslich. Die Ruderer aber waren entweder Heloten, oder es wurden Ausländer dazu angeworben.⁶) Den Oberbefehl der Flotte führte der Nauarch, und ihm zunächst stand der Epistoleus, von welchen beiden schon oben die Rede gewesen ist. Diese waren natürlich immer nur Spartiaten. Aufserdem aber wurden einige von diesen den Befehlshabern unter dem Titel von Epibaten beigegeben,⁷) um sie zu berathen und zu unterstützen, ähnlich wie die Dreifsig den Königen.

n) *Hellenische Politik Sparta's.*

Obgleich die Spartaner mit vollem Rechte ein Volk von Kriegern oder ein Soldatenvolk genannt werden mögen, so darf

---

1) Thucyd. I, 108. Diodor. XI, 84. Pausan. I, 27, 6.
2) Thucyd. II, 83. 84.   3) Ebend. VIII, 3.   4) Ebend. VIII, 6.
5) Ebend. IV, 11.   6) Xenoph. Hellen. VII, 1, 12.
7) Thucyd. VIII, 61 mit Bloomf. und Arnold. bei Poppo III, 4. p. 741.

man sie deswegen doch nicht auch ein kriegslustiges Volk nennen; sie zeigen vielmehr in ihrer besten Zeit eine entschieden friedliebende Haltung. Ihre Politik war aristokratisch-conservativ: zufrieden mit dem Besitz des Landes, welches sie erobert, und mit der Stellung, welche sie erlangt hatten, strebten sie nach keiner weiteren Vergrößerung: sie wollten lieber erhalten was ihnen gewiß war, als es um ungewisser Erfolge willen auf's Spiel setzen, ließen sich deswegen ungern in Unternehmungen ein, die möglicher Weise fehlschlagen konnten und luden lieber den Vorwurf zögernder Bedenklichkeit als vorschneller Entschlossenheit auf sich.[1]) Wer sie nicht angriff, ihre Stellung und den Bestand ihres Staates nicht gefährdete, der hatte auch von ihnen nichts zu befürchten, und darum schloß Alles, was in Griechenland gleich ihnen aristokratisch-conservativ gesinnt war, sich voll Vertrauen an sie an. Dem Kampfe, den sie, nachdem sie Lakonien, mit Ausnahme des östlichen Küstenstriches, in ihre Gewalt gebracht hatten, gegen die Messenier unternahmen und bis zur gänzlichen Unterdrückung derselben fortführten, lag gewiß weder bloß das Verlangen, eine erlittene Unbilde zu rächen,[2]) noch auch bloß Eroberungssucht und Vergrößerungslust zu Grunde,[3]) sondern es war zugleich auch wohl ein Principienkampf, unternommen um die Gefahr abzuwehren, welche dem Bestande ihres Staates von dorther drohen mochte. Das Wesen des spartanischen Staates beruhte auf der Unterordnung des größeren Theils der Bevölkerung unter die Herrschaft des kleineren: eine solche Unterordnung aber, ein Verhältniß der besiegten Achäer zu den dorischen Siegern, wie das der Heloten und Perioken in Lakonien zu den Spartiaten, war in Messenien nicht durchgeführt worden. Was wir von Angaben über die frühere Geschichte Messeniens haben, — freilich sehr wenig und in mythische Gestalt gekleidet, aus der wir den geschichtlichen Kern nur durch Coniectur herausschälen können,[4]) — deutet darauf, daß hier Anfangs zwar eine gleiche Herrschaft der Dorier über die frühere

---

1) Vgl. die Charakteristik, welche Thucydides den korinthischen Gesandten in den Mund legt, I, 68. 70 u. 84. und was noch in viel späterer Zeit Livius XLV, 23, 15 die Rhodier sagen läßt. Auch Isocr. de pace c. 32 §. 97.
2) Ephorus bei Strabo VI p. 279 C. Justin. III, 4. Pausan. IV, 4, 2.
3) Pausan. IV, 5, 1.
4) Am beachtenswerthesten sind die aus Ephorus geflossenen Angaben des Nicolaus Damasc. bei C. Müller, Fr. hist. gr. III p. 377, wo in d. Anmk. auch die übrigen Stellen angeführt sind.

Bevölkerung beabsichtigt gewesen sei, wie sie in Lakonien verwirklicht wurde, dafs aber die Achäer, unterstützt durch die benachbarten und befreundeten Arkadier, namentlich von Trapezunt, den dorischen Ansprüchen erfolgreicheren Widerstand geleistet haben, woraus eine Reihe von Kämpfen entstand, in denen wahrscheinlich die Dorier selbst unter sich nicht einig zusammenhielten, sondern einige bereit waren, den Achäern gleiche Berechtigung zuzugestehn, andere dagegen sie nur zu abhängigen Periöken gemacht wissen wollten. An diesen Kämpfen sich zu betheiligen hatte Sparta ein natürliches Interesse, und es darf als sicher angenommen werden, dafs es selbst von denjenigen Theil der Dorier, der die Unterwerfung der Achäer erstrebte, zu Hülfe gerufen worden sei. Die Vermehrung der spartanischen Häuser und Landloose auf neuntausend, unter dem König Polydorus, von den viertausend fünfhundert oder sechstausend, die früher gewesen waren, ist wahrscheinlich nicht blofs durch die in Lakonien selbst angewachsene Zahl der Dorier zu erklären, sondern auch durch Aufnahme messenischer Dorier unter die spartiatische Bürgerschaft. Auch die Kriege der Spartaner mit Tegea und andern benachbarten Arkadiern entsprangen nicht aus blofser Eroberungssucht, sondern hatten vielmehr den Zweck, die Herrschaft im eigenen Lande dadurch zu sichern, dafs sie die Nachbarvölker abschreckten, sie durch Unterstützung der angrenzenden Periöken zu gefährden. Noch weniger kann es als Eroberungssucht betrachtet werden, dafs sie die Argiver aus dem Besitz des naturgemäfs zu Lakonien gehörigen Küstenstriches und der Insel Kythera verdrängten, und ihre hieraus entspringenden und bis kurz vor den Perserkriegen öfters erneuerten Kämpfe mit den Argivern, so heftig sie auch waren, lassen doch sie nicht als den provocirenden Theil erscheinen. Nachdem es ihnen aber gelungen war, ihren eigenen Staat zu consolidiren, und als eine im Innern durch die vollkommene Unterwerfung der Periöken und Heloten, von Aufsen durch die den Nachbarvölkern bewiesene Ueberlegenheit im Kriege unantastbare Macht anerkannt zu werden, so gewannen sie durch die verständige Mäfsigung, mit der sie sich in ihrer auswärtigen Politik benahmen, ebensosehr das Vertrauen der übrigen Griechen, als sie ihnen durch die Festigkeit ihres Gemeinwesens, wogegen das Schwanken und Wogen der Parteien in andern Staaten auffallend genug abstach, Achtung einflöfsten. Es war ganz natürlich, dafs überall die aristokratisch und conservativ gesinnten sich an Sparta anschlossen, welches ihnen behülflich war, sowohl die Tyrannen zu

stürzen als die Ansprüche der Demokratie in Schranken zu
halten, und hieraus ergab sich von selbst eine Bundesgenossenschaft, zunächst der peloponnesischen Staaten, welche Sparta
als ihr leitendes Haupt anerkannte. Diese Bundesgenossenschaft,
und Sparta's Stellung in derselben, die wir später genauer zu
betrachten haben werden, bewirkten es, dafs, als in den Perserkriegen sich der gröfsere Theil der Griechen zur Abwehr der
Gefahr vereinigte, Sparta ohne Widerspruch auch an die Spitze
dieser Vereinigung gestellt, und so allgemein als der erste unter
den griechischen Staaten anerkannt wurde.

o) *Entartung und Verfall.*

Beim Beginn der Perserkriege stand Sparta auf dem Gipfel-
punkt seines Ansehns und seines Einflusses auf das übrige Griechenland, aber sich bleibend darauf zu erhalten, vermochte es
nicht: es wurde, indem es dies versuchte, von den bisherigen
Bahnen, zuerst seiner auswärtigen Politik, dann auch seines
innern Staatswesens abzuweichen verleitet, und so, nach einer
kurzen Periode mehr scheinbarer als wirklicher Machterweite-
rung, bald gänzlicher Ohnmacht und dem tiefsten Verfalle zugeführt. Einmal an die Spitze des gesammten Griechenlands gestellt, wollte es, wenn es auch diese Stellung in ihrer ganzen
Bedeutung beizubehalten verzichtete, doch wenigstens keine
andere Macht so grofs werden lassen, dafs sie ihm gefährlich
werden könnte. Deswegen beobachtete es die rasche Erhebung
Athens mit Mifsvergnügen und Besorgnifs, und zwar um so
mehr, je mehr mit der wachsenden Macht Athens zugleich auch
diejenige politische Richtung in den griechischen Staaten die
Oberhand gewann, die Sparta mit Recht als gefahrdrohend für
sich und sein Bestehen erkannte, die demokratische. Es kam
bald zu feindseligen Conflicten, und wenn auch zweimal der
Friede äufserlich hergestellt wurde, so wuchs doch innerlich die
Spannung und brach endlich, im peloponnesischen Kriege, zum
erbittertsten Kampf aus, der sein Ziel nur in der vollkommenen
Besiegung eines der beiden Gegner finden konnte. Diesem
Kampfe fand sich aber Sparta mit seinen bisher gewohnten Mit-
teln nicht gewachsen, und griff deswegen auch zu solchen, die
ihm früher fern gelegen hatten und dem wahren Wesen und
Charakter seines Staates sich fremd und verderblich erwiesen.
Da der Krieg gegen Athen mit Erfolg nur zur See geführt wer-
den konnte, eine bedeutende Seemacht aber aufzubringen und

zu unterhalten die finanziellen Kräfte Sparta's nicht ausreichten, so ward es genöthigt um Subsidien sich mit Persien zu verbinden, und so in Gemeinschaft mit dem alten Erbfeinde Griechenlands diejenigen als Gegner zu bekämpfen, mit denen und durch deren Waffen vornehmlich es früher gegen eben diesen Erbfeind die Freiheit Griechenlands gerettet hatte; und um die Bundsgenossen Athens durch welche dieses mächtig war, auf seine Seite zu ziehen, ward es genöthigt, ihnen Versprechungen zu machen, die es zu erfüllen weder die Macht noch auch den ernstlichen Willen hatte. Diplomatische Künste, Gewandtheit im Unterhandeln, Geschmeidigkeit im Verkehr mit dem asiatischen Despoten und seinen Satrapen, Unwahrheit und Verstellung mufsten aufgeboten werden, wo mit Gradheit, Offenheit und Treue nichts auszurichten war; und als es endlich gelungen war den verhafsten Gegner niederzuwerfen, so wurden nicht nur die Griechen gar bald inne, wie ganz unähnlich die siegreichen Spartaner dem Bilde seien, welches sie nach ihren Verheifsungen und in Erinnerung an ihr vormaliges Verhalten gegen ihre Verbündeten sich von ihnen gemacht hatten, sondern auch die Perser erfuhren ebensobald, wie wenig Sparta geneigt sei, ihnen die geleistete Hülfe so wie sie es erwarteten zu vergelten. Als sie deswegen es ihrem Interesse gemäfs fanden, diese Hülfe nunmehr den früher bekämpften Gegnern Sparta's zu Gute kommen zu lassen, so bedurfte es nur einer entschiedenen Niederlage der Spartaner, um auch die griechischen Bundsgenossen wieder zum Abfall von ihnen und zum Anschlufs an Athen zu bewegen; und selbst der warme Freund Sparta's, Xenophon, spricht am Schlusse seines nicht lange nach dieser Zeit geschriebenen Büchleins über den spartanischen Staat das Urtheil aus, dafs die Spartaner, anstatt, wie vormals, darnach zu streben, der Vorstandschaft über Griechenland würdig zu sein, jetzt nur darauf ausgingen, sich auf jede Weise die Herrschaft zu verschaffen, und dafs die übrigen Griechen, die sich in früheren Zeiten an sie gewandt hätten, um Beistand gegen Unrecht und Unterdrückung bei ihnen zu finden, jetzt alle sich in dem Bemühen vereinigten, eine Wiederkehr ihrer Obermacht zu verhindern. Und, fügt er hinzu, es ist nicht zu verwundern, dafs es dahin gekommen, da die Spartaner offenbar den Gesetzen, die Lykurg ihnen gegeben, nicht mehr nachleben.[1])

Zu den am meisten in die Augen fallenden Abweichungen

---

1) Xenoph. r. L. c. 14.

von der alten Verfassung gehört namentlich die Einführung des Goldes und Silbers nicht blofs zum Bedarf des Staates, sondern auch als Privatbesitz. Dafs Gold- und Silbergeld im Besitz des Staates auch früher schon gewesen sei, ist bereits oben bemerkt worden, und kann keinem Zweifel unterliegen, da ohne dies Gesandte ins Ausland zu schicken, Truppen in fremdem Lande zu halten, Söldner zu miethen u. dgl. unmöglich gewesen sein würde. Reich versehen war übrigens der Staatsschatz nicht,[1]) und die einzige regelmäfsige Einnahme desselben an Gold und Silber konnte wohl nur aus den Abgaben der Periöken bestehen, von welchen nothwendig angenommen werden mufs, dafs ihnen der Besitz eines im Auslande gültigen Geldes nicht untersagt gewesen sei.[2]) Aus den Abgaben ebenderselben flofs auch wohl den Königen Gold und Silber zu: denn dafs das Verbot solches zu besitzen sich auf diese nicht auch erstreckt haben könne, ergiebt sich theils aus den bedeutenden Geldbufsen, welche dem Pleistonax und dem Agis auferlegt wurden, von denen früher die Rede gewesen ist,[3]) theils daraus dafs dem Pausanias, der zwar nicht selbst König, doch Regent als Vormund des Königs war, von der plataeischen Beute ein Antheil von zehn Talenten zuerkannt ward.[4]) Für die Bürger aber bestand das alte Verbot auch nach dem peloponnesischen Kriege noch, so grofse Summen der siegreiche Ausgang desselben auch dem Staatsschatz zuführte. Denn aufser der Beute und den Contributionen, die Lysander nach Sparta schickte, beliefen sich die den neuen Bundesgenossen auferlegten Tribute auf mehr als tausend Talente jährlich.[5]) Es zeigte sich aber sehr bald, dafs jetzt, wo Feldherrn, Harmosten und Andere soviele Gelegenheit hatten, sich im Auslande zu bereichern, das alte Gesetz sich nicht länger aufrecht halten liefs. An einzelnen Gelegenheiten, zu verbotenem Besitz zu gelangen, hatte es freilich auch schon früher nicht gefehlt, wie z. B. der Perser Megabazus, der im Auftrage des Artaxerxes die Spartaner zum Kriege gegen die den aufständischen Aegyptern beistehenden Athener zu bewegen suchte, bedeutende Summen auf die Bestechung Einzelner verwandt haben soll;[6]) aber die Besitzer

---

1) Thucyd. I, 80. Früher, im siebenten Jahrh., gab es noch gar keinen Staatsschatz, nach der Antwort des K. Anaxander, bei Plut. Apophth. Lac. p. 121 Tauchn.
2) Vgl. Müller, Dor. II S. 208.   3) S. S. 267.
4) Herodot. IX, 81.   5) Plutarch. Lysand. c. 16. Diodor. XIV, 10.
6) Thucyd. I, 109. Beispiele von Bestechung spartanischer Beamten geben noch Herod. VIII. 5. Diod. XIII, 106. Plutarch. Pericl. c. 22. 33.

wagten es dann doch nicht, ihr Geld im Lande selbst zu haben, sondern, wie es nicht unwahrscheinlich ist, daſs der Staat sein Gold und Silber, wenigstens groſsen Theils, nicht in Sparta, sondern auſser Landes, namentlich im Tempel zu Delphi gehabt habe,[1] so deponirten auch die Bürger das ihrige im Auslande, besonders wohl in Arkadien.[2] Weil dies nicht ausdrücklich verboten war, so galt es auch nicht für unerlaubt, und auch die Regierung scheint es nicht so angesehn zu haben. Aber seit Lysanders Zeit, wo die gröſsesten Summen für den Staat nach Sparta selbst geschafft wurden, kam auch das damals noch eingeschärfte Verbot für die Privaten bald in Abnahme, obgleich wir von ausdrücklicher Aufhebung desselben nichts hören.[3] Seit dieser Zeit muſste natürlich die Ungleichheit des Vermögens immer sichtbarer hervortreten und sich geltend machen, und als nun gar das Gesetz des Epitadeus freie Verfügung über die Landloose gewährte,[4] konnte es nicht ausbleiben, daſs auch der Grundbesitz sich immer mehr in wenigen reichen Häusern anhäufte, und die Aermeren immer mehr herunter kamen. Endlich konnte auch der Verlust des gröſsten Theils von Messenien nicht ohne nachtheiligen Einfluſs auf die Vermögensverhältnisse derjenigen Bürger bleiben, die hier ihre Besitzungen gehabt hatten. Damals war übrigens auch schon die Anzahl der Spartiaten in auffallendem Grade vermindert. Statt der neuntausend oder zehntausend, die in den blühenden Zeiten des Staates gewesen waren, gab es schwerlich mehr als zweitausend,[5] und der Grund dieser Verminderung lag gewiſs nicht bloſs in den Menschenverlusten, die die Kriege verursachten, sondern auch in der Verarmung vieler Bürger, die sich scheuten ein Hauswesen zu gründen und Kinder zu erzeugen, denen sie keine standesmäſsige Erziehung geben und kein ausreichendes Erbe hinterlassen konnten. Darum fand man in dieser Zeit es zweckmäſsig, durch Belohnungen zur Kindererzeugung aufzumuntern: wer drei Söhne erzeugt hatte, wurde von der Verpflichtung zum Kriegsdienste, wer vier, von allen öffentlichen Lasten und Leistungen befreit,[6] ganz im Widerspruch mit der früheren Sitte, nach welcher z. B. mit dem Leonidas nach Thermopylä nur solche Männer ausgesandt wurden, die schon Kinder hatten, durch die, wenn sie selbst fielen, doch ihr Haus fortgesetzt

---

1) Posidon. bei Athenae. VI, 24 p. 233.   2) Ebend. a. a. O.
3) Plutarch. Lysand. c. 17.   4) S. ob. S. 227.
5) Vgl. Clinton. Fast. Hell. II p. 407 (415 Kr.).
6) Arist. Polit. II, 6, 13.

werden konnte.¹) Dafs aber dergleichen Mafsregeln dem Uebel nicht abhelfen konnten ist klar. Aristoteles rechnet zu seiner Zeit nur etwa tausend Spartiaten,²) und nicht volle hundert Jahre später gab es nicht mehr als siebenhundert, von welchen etwa hundert mit Landbesitz versehen waren;³) also sechshundert Arme gegen hundert zum Theil übermäfsig Reiche. Mit solcher Ungleichheit des Vermögens konnte denn unmöglich auch die alte lykurgische Lebensordnung noch bestehen. Die Reichen, lesen wir, befolgten sie zwar zum Theil, aber nur zum Schein. Sie besuchten z. B. die Phiditien, aber nachdem sie sich kurze Zeit dort aufgehalten, schmausten sie zu Hause mit orientalischem Luxus.⁴) Die Ephoren, deren Amt es sein sollte, auf die Befolgung der Agoge zu wachen, entbanden sich selbst am meisten von ihren Vorschriften,⁵) und wurden ohne Zweifel, obgleich das Amt Allen ohne Unterschied zugänglich sein sollte, damals nur aus den Reichen genommen. Die Aermeren aber mufsten sich von den Reichen füttern lassen, vielleicht auch sich zu Handarbeiten entschliefsen, oder als Pächter von Grundstücken jener das Feld bauen gleich den Heloten.⁶) — Es ist in der That kaum zu begreifen, wie der Staat überhaupt noch bestehn und die Herrschaft der Spartiaten über die Heloten und Periöken noch behauptet werden konnte. Wir können nur annehmen, dafs theils die Länge der Zeit diese an ihre Unterthänigkeit gewöhnt hatte, theils aber auch ihr Verhältnifs selbst sehr gemildert worden war. Dazu scheint es, dafs die spartanische Oligarchie, was ihr selber an Kraft abging, durch ihr Geld ersetzte, indem sie zu ihrem Schutze eine Anzahl von Miethstruppen unterhielt.⁷) Auch war die Stadt, die früher offen und unbefestigt gewesen, seit dem Ende des dritten Jahrhunderts mit Gräben und Festungswerken umgeben, die zunächst zwar gegen die Angriffe der Könige Demetrius und Pyrrhus errichtet waren,⁸) dann aber auch zur Sicherheit gegen etwanige Angriffe der Unterthanen dienten.

So war der Zustand Sparta's, als der König Agis III. den Plan fafste, den Staat durch Aufnahme neuer Bürger aus der Zahl

---

1) Herodot. VII, 205. 2) Polit. II, 6, 11.
3) Plutarch. Agid. c. 5. 4) Phylarch. bei Athenae. IV, 20 p. 141.
5) Aristot. Polit. II, 6, 16.
6) Plut. Agid. c. 6, 5 mit meiner Anmk. p. 111.
7) Dies erhellt wohl aus Plut. Cleom. c. 7.
8) Plutarch. Pyrrh. c. 29. Pausan. I, 13, 5. VII, 8, 3. Justin. XIV, 5· Liv. XXXIV, 38.

der Periöken und anderer Fremder — wahrscheinlich der Soldtruppen — und durch Wiederherstellung der lykurgischen Verfassung zu regeneriren. Er büfste seinen Versuch mit dem Tode, aber kurz nachher nahm der klügere und entschlossenere Kleomenes III. ihn wieder auf, und setzte ihn auch wirklich durch, indem er theils einige der angesehensten Spartiaten selbst, theils die Miethstruppen dafür zu gewinnen wufste. Er nöthigte diejenigen, welche ihm widerstrebten, das Land zu verlassen; ihrer waren achtzig, also bei weitem der gröfste Theil der damals vorhandenen Reichen und Grundbesitzer. Dann machte er eine neue Vertheilung der Landgüter, ergänzte die Bürgerschaft durch Aufnahme von Periöken und, wie sich nicht zweifeln läfst, von Söldnern, so dafs nun ein Heer von viertausend Hopliten aus ihr aufgestellt werden konnte, führte die Syssitien und die übrigen Stücke der alten Agoge wieder ein, schaffte aber die Ephoren ab, und setzte vielleicht an die Stelle derselben eine neue Magistratur unter dem Namen der Patronomen.[1]) Aber seine Reformen hatten kurzen Bestand. Der Krieg, in den Sparta mit dem Achäischen Bunde gerieth, veranlafste diesen, den Antigonus Doson von Makedonien zum Beistand herbeizurufen, gegen dessen Uebermacht nach nicht unrühmlichem Kampfe Kleomenes in der Entscheidungsschlacht bei Sellasia erlag, und bald darauf in Aegypten, wohin er um Hülfe zu erhalten geflüchtet war, den Tod fand. Wie es in Sparta mit seinen Einrichtungen gehalten worden sei, ist nicht recht klar. Soviel ist gewifs, das abgeschaffte Ephorat wurde wieder hergestellt und die Verbannten zurückgerufen, aber die von Kleomenes aufgenommenen Neubürger scheinen doch nicht wieder ausgestofsen zu sein, und wenn auch, wie wohl nicht zu bezweifeln, die Ackervertheilung widerrufen wurde, so mufste doch auf irgend eine Weise dafür gesorgt werden, dafs jene, insofern sie nicht schon früher Grundbesitz gehabt hatten, wie die eingebürgerten Periöken wohl alle, jetzt nicht ganz ohne solchen blieben. Wie es mit dem Königthum gehalten worden sei und dafs dasselbe bald nachher aufgehört habe, ist schon oben angegeben worden.[2]) In späteren Zeiten finden wir neben den Ephoren doch auch noch Patronomen erwähnt, ohne jedoch irgend etwas über ihre Befugnisse

---

1) Pausan. II, 9, 1, der aber darin ganz gewifs irrt, dafs er die Patronomen an die Stelle der Gerusia treten läfst. Auffallend ist jedoch, dafs Plutarch im L. des Kleomenes der Patronomen gar nicht gedenkt. Vgl. m. Prolegg. zu Plutarch. p. LII u. Droysen, Geschichte d. H. 491.
2) S. S. 239.

und Stellung zu erfahren: was wir wissen, beschränkt sich darauf, dafs sie ein Collegium von sechs Personen mit ebensovielen Gehülfen (συνάρχοντες) bildeten, und dafs der erste des Collegiums die Ehre genofs, Eponymos des Jahres zu sein.[1] — Ueber die Zustände Sparta's in der Zeit, wo Griechenland unter römischer Herrschaft stand, ist wenig bekannt, und dies wenige zusammenzustellen liegt aufserhalb unserer Aufgabe. Nur die Bemerkung mag hier noch Platz finden, dafs einige der alten lykurgischen Einrichtungen sich bis in sehr späte Zeit erhielten, namentlich die Diamastigosis,[2] wozu freilich auch dies beigetragen haben mag, dafs sie als ein Theil des Cultus galt. Das Gebiet Sparta's aber wurde auf das Mittelland beschränkt, die Küsten seiner Herrschaft entzogen, und die Einwohner, Heloten und Periöken, bildeten unter dem Namen Eleutherolakonen ein eigenes Gemeinwesen mit einer Anzahl von Städten, die Augustus später auf vierundzwanzig bestimmte.[3]

2. Der kretische Staat.

Die Einrichtungen des kretischen Staates zeigen in vielen Punkten eine so grofse Aehnlichkeit mit den spartanischen, dafs es nicht zu verwundern ist, wenn den Alten die einen den andern, entweder die spartanischen den kretischen, oder umgekehrt diese jenen nachgebildet zu sein scheinen.[4] Indessen läfst sich diese Aehnlichkeit auch ohne absichtliche Nachahmung aus der gemeinsamen Nationalität erklären, die unter ähnlichen Verhältnissen auch ähnliche Institutionen hervorbringen mufste. Denn auch auf Kreta waren ebenso wie in Lakonien Dorier das herrschende Volk, welches die älteren Einwohner der Insel bezwungen und in ein untergeordnetes Verhältnifs versetzt hatte, und wenn auch den dorischen Einwanderern Kreta's mehr als den Eroberern Lakoniens undorische Bestandtheile zugemischt waren, so überwog doch auch hier das dorische Element und hatte die Kraft, das Fremde sich zu assimiliren. Während aber die Spartaner einen der Ihrigen, den Lykurgus, als den Ordner ihres

---

1) Vgl. Böckh. C. I. I p. 605.
2) Noch Tertullian erwähnt ihrer als zu seiner Zeit üblich. S. Haase zu Xen. r. L. p. 83.
3) Strab. VIII p. 365. Pausan. III, 21, 6.
4) Vgl. Aristot. Polit. II, 7, 1. Ephor. bei Strabo X p. 481. Ps. Plat. Min. p. 318 f. Plutarch. Lycurg. c. 4.

Staatswesens zu nennen wufsten, ward von den Kretern kein dorischer Gesetzgeber genannt, sondern sie führten den Ursprung ihrer Einrichtungen auf einen altkretischen Nationalheros, den Minos, zurück, dessen durchaus mythische Person sie denn auch mit den angeblich frühesten dorischen Einwanderern in eine gewisse verwandtschaftliche Verbindung zu bringen wufsten.[1]) Der Name Minos, der sich aus der griechischen Sprache nicht erklären läfst, gehört ohne Zweifel der früheren ungriechischen Bevölkerung der Insel an, und bezeichnet ein göttliches Wesen, das jedoch in menschlicher Gestalt auf der Erde geweilt, und dem das Volk die Anfänge höherer Gesittung und gesellschaftlicher Einrichtungen zu danken habe.[2]) Ebensowenig als Minos können diejenigen für geschichtliche Personen gelten, die das griechische Epos als seine Nachkommen nennt, und als Könige über die ganze Insel darstellt, wie Idomeneus und Meriones, und ob überhaupt jemals Kreta zu einem Staate unter einem Oberhaupte verbunden gewesen sei, ist eine Frage, welche mit Bestimmtheit zu bejahen oder zu verneinen gleich unmöglich ist. Die Odyssee (XIX, 175 ff.) nennt fünf verschiedene Völker auf Kreta, nämlich Achäer, Eteokreten, Kydonen, Dorier und Pelasger, ohne etwas über ihr Verhältnifs zu einander anzudeuten: Spätere erklärten die Eteokreten und Kydonen für Autochthonen, die andern für Einwanderer, welche den nördlichen und östlichen Theil der Insel besetzt hätten, während jene den südlichen und westlichen behaupteten.[3]) Es ist aber keinem Zweifel unterworfen, dafs auch die Phönicier auf Kreta gesessen und einen grofsen Thel derselben beherrscht haben. In der geschichtlichen Zeit finden wir sie freilich nicht mehr hier, sondern lernen nur eine Anzahl griechischer, und zwar dorischer Staaten kennen, jeden aus einer Stadt mit ihrem Gebiete bestehend, in welchem ohne Zweifel sich auch wieder kleinere, zu der Hauptstadt in einem untergeordneten Verhältnifs stehende Städte befanden. Denn dafs jede Stadt der neunzig- oder hundertstädtigen Insel, wie Homer sie nennt,[4]) auch einen selbständigen Staat gebildet

---

1) Vgl. die Stellen bei Meurs. Cret. p. 124.
2) Eustath. zu Donys. S. 196 Bernh. und über Minos als Phönicischen Gott oder Heros bes. Duncker, Gesch. des Alterth. I S. 302 ff. der zweiten Ausg. Vgl. auch Thirwall I p. 149. 150 d. Uebers., Loebell, Weltgesch. I S. 484. Dafs auf die Person des Minos vieles, was eigentlich phoenicisch ist, übertragen wordensei, dürfte kaum zu leugnen sein.
3) Staphylus bei Strabo X, 4 p. 475.
4) Il. II, 649. Od. XIX, 174. Nach Tzetzes zu Lycophr. v. 1214 hatte Xenion, περὶ Κρήτης, die sämmtlichen 100 Städte namhaft gemacht.

habe, wird man wohl nicht glauben. Als selbständige Staaten lehren uns unsere Quellen etwa siebzehn kennen,[1]) unter denen die bedeutendsten früher Knossos, Gortyn und Kydonia waren, eine Zeitlang Knossos herunter kam, und dagegen Lyktos sich hob, bis nachher auch Knossos wieder stieg, und neben Gortyn der mächtigste von allen wurde, so dafs, wenn sie einig waren, die übrigen sämmtlich sich ihnen unterordneten, wenn sie sich entzweiten, die ganze Insel gespalten war. Die dritte nach ihnen war Kydonia.[2]) Ueberhaupt aber änderten die Verhältnisse sich im Laufe der Zeiten mehrfach.

Die Dorier bemächtigten sich der Oberherrschaft der Insel durch mehrere seit der Heraklidenwanderung theils von Lakonien theils von andern Punkten, wie Argos und Megara, erfolgte Einwanderungen. Was von einer früheren Einwanderung derselben aus Thessalien, fünf Menschenalter vor dem troischen Kriege, angegeben wird, hat die neuere Kritik mit Recht für Fabel erklärt,[3]) obgleich auch die Odyssee schon zur Zeit jenes Krieges Dorier auf Kreta nennt. Dafs alle selbständigen Staaten der Insel dorisch waren, ist nicht zu bezweifeln, die einen mehr, die andern weniger, je nachdem den Einwanderern entweder schon von Hause aus Fremde, namentlich Achäer und Minyer, zugesellt waren, oder in der neuen Heimath ein gröfserer oder geringerer Theil der früheren Einwohner zugemischt wurde.[4]) Aber das dorische Wesen überwog, und die Verfassungen der verschiedenen Staaten waren, um mit Pindar zu reden, nach Hyllischer Richtschnur und nach den Satzungen des Aegimios geordnet, am meisten jedoch und dem spartanischen Staate am ähnlichsten zu Lyktos,[5]) welches auch von Lakonien aus colo-

---

1) Vgl. Hoeck, Kreta II p. 443.
2) Strabo X p. 476. 478. Diodor. V, 78. — Von Städten, die als abhängige Orte im Gebiete einer Hauptstadt zu betrachten sind, lernen wir u. a. kennen Minoa im Gebiete der Lyktier, Cherroneos im Gebiete derselben, Leben, Rhytion, Bena, Boebe im Gebiete von Gortyn, Syia zu Elyros, Kisamos zu Aptera gehörig. S. Strabo p. 475 479. Steph. Byz. u. *Βήνη*, u. *Βοίβη* u. *Σνία*.
3) Vgl. Hoeck II p. 15, welchem Hasselbach, *de insula Thaso* p. 13, Loebell, Weltgesch. I S. 486, Welcker, Episch. Cyk. II S. 44, Thirlwall I S. 154, Grote I S. 412 d. Ueb., Preller, gr. Myth. IIS. 115 beistimmen.
4) Nach einer neueren Ansicht sollen die eingewanderten Dorier nur als ein besonderer Kriegerstand in die altkretischen Staaten aufgenommen und mit Landbesitz und bürgerlichen Rechten versehen sein, ohne dafs jedoch die Herrschaft auf sie übergegangen und also die Staaten eigentlich dorisch geworden wären. Die nähere Ausführung und Begründung ist noch abzuwarten. 5) Aristot. Polit. II, 7, 1. Strab. X p. 481.

nisirt worden war, und von wo aus die Dorier dann weitere Eroberungen machten, z. B. Gortyn, und diese mit Colonisten besetzten,[1]) wie sie es auch in Lakonien thaten, nur mit dem Unterschiede, dafs hier die eroberten und colonisirten Städte abhängig blieben, auf Kreta dagegen selbständig wurden.

Die Hauptzüge des kretischen Staatswesens, wie wir sie namentlich aus den Auszügen kennen lernen, die Strabo und Athenäus aus älteren Schriftstellern gegeben haben, sind folgende.

Wie in Lakonien, so war auch auf Kreta ein grofser Theil der alten Landeseinwohner von den dorischen Siegern in den dienstbaren Stand der leibeigenen Bauern, gleich den Heloten, versetzt worden. Es gab aber ihrer zwei Classen, die eine unter dem Namen der Klaroten oder Aphamioten, die andere unter dem der Mnoiten.[2]) Jene bebauten die im Privatbesitz befindlichen Ländereien, welche κλᾶροι (κλῆροι) und, wie es scheint, ἀφαμίαι heifsen, obgleich dieser Name nicht sicher zu deuten ist. Die Mnoiten dagegen bebauten die Ländereien, welche als Domänen der Staat sich vorbehalten hatte, und die meistens ziemlich bedeutend gewesen sein müssen, da von ihrem Ertrage unter andern die Kosten zu den gemeinschaftlichen Mahlzeiten der Bürger bestritten wurden, ohne dafs diese, wie in Sparta, einen Beitrag dazu zu geben hatten. Unter den verschiedenen Vermuthungen über die Herleitung des Namens[3]) scheint diejenige am beachtenswerthesten, welche ihn als abgekürzt aus Μινωῖται, von Μίνως, ansieht, und der einzige dagegen vorgebrachte Einwand,[4]) dafs eine Unterdrückung des Vokals in der ersten Sylbe wegen der Länge desselben nicht wahrscheinlich sei, ist von keinem sonderlichen Gewichte, indem daraus, dafs die griechischen Dichter das ι in Μίνως als lang behandeln, kein sicherer Schlufs auf die echte einheimische Aussprache des un-

---

1) Vgl. Hoeck II p. 433.
2) Ephorus b. Sosicrates bei Athenae. VI, 84 p. 263 extr. Vgl. Strab. XII, 3 p. 542. XV, 1 p. 701. Steph. Byz. α. Χίος. Pollux III, 83. Etym. M. u. πενέσται. Suid. u. Phot. u. κλαρῶται. Lex. Seguer. p. 292. Hoeck III S. 37.
3) So verkehrt einige den Namen πενέσται für μενέσται genommen, und als die im Lande Zurückgebliebenen gedeutet haben (s. ob. S. 142), ebenso verkehrt hat man auch, z. B. A. Schmidt in d. Zeitschr. f. Geschichtswissensch. I S. 561, μνωῖται von μένω abgeleitet, und gar mit dem mittelalterlichen mansionarius verglichen. — Uebrigens ist das Collectivum für diese Classe μνοία oder μνῳία. Athen. XV, 696 A. Strab. XII, 542. Hesych. u. d. W.
4) Von Lobeck, Patholog. serm. gr. I p. 277.

griechischen Namens zu ziehen ist. Da wir Minoa als Ortsnamen sowohl auf Kreta als auch anderswo finden,[1]) so läfst sich annehmen, dafs jener Volksstamm, welcher den Gott oder Heros Minos verehrte, nach ihm theils die Orte, wo er besonders verehrt wurde, theils auch sich selbst benannt habe, wie von Kadmos die Kadmeia und die Kadmeionen benannt sind. — Das Verhältnifs dieser nur dem Staate, nicht den Einzelnen frohnenden Bauern war offenbar eben deswegen ein besseres, als das der Klaroten oder Aphamioten; aber auch diese scheinen nicht, wie die spartanischen Heloten, zu persönlichen Dienstleistungen gegen ihre in der Stadt wohnenden Herren, sondern blofs zum Landbau verpflichtet gewesen zu sein: denn es wird ausdrücklich bezeugt, dafs die Kreter in den Städten sich gekaufter Sklaven bedient haben.[2]) Im Allgemeinen jedoch werden beide mit den Heloten verglichen, voraus folgt dafs sie zu gewissen Abgaben verpflichtet gewesen, auch wohl zum Kriegsdienste aufgeboten seien, worauf sich die Angabe bezieht, die Kreter hätten waffentragende Knappen unter dem Namen Theraponten aus ihren Sklaven genommen.[3]) Für gewöhnlich indessen war ihnen der Besitz von Waffen und militärische oder gymnastische Uebungen untersagt,[4]) und so rühmt sich der Kreter Hybrias in einem erhaltenen Skolion,[5]) Speer und Schwert und Schild seien sein grofser Schatz, damit pflüge er, damit ernte er, damit keltere er den Rebensaft, dadurch sei er Gebieter des Sklavenvolkes (der Mnoia); wer aber Schwert und Speer und Schild nicht führe, der falle vor ihm auf die Knie und nenne ihn Herr und Gebieter. — Als Bewohner des platten Landes rings um die von den herrschenden Doriern bewohnten Städte konnten übrigens die leibeigenen Bauern auch Periöken heifsen, und werden wirklich mit diesem Namen einmal von Aristoteles bezeichnet,[6]) woraus indessen durchaus nicht gefolgert werden darf, dafs es noch eine andere, den lakonischen Periöken mehr entsprechende Classe von Einwohnern auf Kreta gar nicht gegeben habe. Dieser vor-

---
1) S. Steph. Byz., der Minoa auf Amorgos, Sicilien, Siphnos anführt, ferner dafs auch Gaza so geheifsen, auch ein Ort in Arabien, auch Paros, auch eine Insel unweit Megara. Dazu kommt noch Strabo VIII, 6 p. 368 u. 391. 392 von dem megarischen (Nisäa) und dem lakonischen Minoa. An allen diesen Orten sind ehemalige phönicische Niederlassungen anzunehmen.
2) Callistrat. bei Athenae. VI, 84 p. 263.
3) Eustath. zu Il. I, 321 p. 110, 9 u. zu Dionys. v. 533.
4) Aristot. Polit. II, 2, 12.   5) Bei Athenae. XV, 50 p. 695.
6) Polit. II, 7, 3. 8.

eiligen Schlußfolgerung[1]) widerspricht nicht nur die innere Unwahrscheinlichkeit der Sache, sondern auch das für jeden, der den betreffenden Text genauer ansieht, vollkommen klare und unzweideutige Zeugniß des Sosikrates, welcher den beiden leibeigenen Classen der Staatsknechte und der Privatknechte, oder den Mnoïten und Aphamioten, als eine verschiedene Classe diejenigen entgegenstellt, die er mit einem offenbar an das lakonische Verhältniß erinnernden Namen Periöken nennt.[2]) Zugleich geht aber auch für den Sprachkundigen aus den Worten des Sosikrates deutlich hervor, daß die Kreter selbst diese Classe nicht Periöken, sondern wohl nur mit dem allgemeinen Namen ὑπήκοοι, Unterthanen, benannt haben. Wir irren schwerlich, wenn wir uns das Verhältniß ähnlich denken wie in Thessalien, wo es ebenfalls außer den Penesten, denen die Heloten oder die Mnoïten und Aphamioten gleich stehen, noch Unterthanen gab, die nichts weniger als persönlich unfrei, aber politisch von den Thessalern abhängig waren, wie Perrhäber, Magneten, phthiotische Achäer.[3]) Daß es auf Kreta gar keine anderen Stadtgemeinden gegeben habe, als nur die autonomen dorischen Städte, ist eine ganz unbegründete und meines Erachtens vollkommen unglaubliche Annahme. Es gab auch nichtdorische Städte ohne Autonomie oder ohne politische Selbständigkeit, die von einer oder der andern jener autonomen dorischen Städte abhängig waren,[4]) und die deswegen mit den lakonischen Periöken verglichen werden dürfen, wenn auch die Verhältnisse beider nicht ganz und gar dieselben waren. Denn die lakonischen Periöken waren als dienende Glieder dem Staate selbst einverleibt und bildeten, neben den Heloten, gleichsam die Unterlage des spartanischen Bürgerstandes, wogegen die kretischen nur Dependenzen, nicht Glieder der Staaten waren, unter deren Herrschaft sie standen.

Die herrschende Bürgerschaft war ohne Zweifel, wie überall, so auch in den kretischen Staaten nach Stämmen und Unterabtheilungen derselben gesondert, doch fehlt es uns darüber an

---

1) Zu der sich sowohl der unkritische Meursius, Creta p. 190, als der oft hyperkritische Grote, vol. II p. 484, hat verleiten lassen.
2) Seine Worte lauten bei Athenae. VI p. 264 A: τὴν μὲν κοινὴν δουλείαν οἱ Κρῆτες καλοῦσι μνοίαν, τὴν δὲ ἰδίαν ἀφαμιώτας, τοὺς δὲ περιοίκους ὑπηκόους. Es werden also deutlich genug drei Classen unter drei verschiedenen Namen aufgeführt: a) öffentliche Sklaven. b) Privatsklaven. c) Periöken. Die ersten sind die Μνωῖται, die zweiten heißen ἀφαμιῶται, die dritten heißen ὑπήκοοι.
3) Vgl. ob. S. 142 f.   4) S. oben S. 314 Anm. 2.

näheren Angaben, aufser dafs wir den dorischen Stammesnamen der Hylleis in Kydonia erwähnt finden.¹) Auch gewisse bevorrechtete Geschlechter,²) also einen Geburtsadel, gab es, was wir nur als eine Abweichung von dem echtdorischen Princip der Gleichheit aller Bürger ansehen können, sei es nun dafs diese Abweichung gleich anfangs bei der Colonisation der Insel eintrat, da den Doriern eine beträchtliche Anzahl anderer Stämme zugemischt war, und es sich denken läfst, dafs nicht alle gleich berechtigt wurden, sei es dafs sie erst später entstand, befördert durch die Ungleichheit des Vermögens. Denn von einer gleichen Vertheilung der Landloose auf Kreta hören wir ebensowenig, als von Untheilbarkeit und Unveräufserlichkeit derselben,³) so dafs, auch wenn jene ursprünglich stattgefunden hatte, doch die Vermögensgleichheit hier noch leichter und schneller als in Lakonien gestört werden mufste. Auf einen Standesunterschied deutet auch was wir von der Ritterschaft auf Kreta hören. Denn während in Sparta die sogenannten Ritter aus den Jüngeren jährlich lediglich nach ihrer Trefflichkeit erlesen wurden, aber nicht zu Pferde sondern zu Fufs dienten, waren die kretischen Ritter ein Streitrofs zu halten verbunden, gehörten also der reicheren Classe an, und genossen, wie es scheint, auch gewisse politische Vorrechte.⁴)

An der Spitze der Verwaltung stand als oberste Magistratur ein Collegium von zehn Männern, *Κόσμοι* oder *Κόσμιοι* d. h. Ordner genannt, welche — ob jährlich, ist ungewifs, doch wahrscheinlich, — durch Wahl ernannt wurden, aber aus den bevorrechteten Geschlechtern.⁵) Sie waren die oberste Civil- und Militärbehörde, Anführer des Heeres im Kriege, Vorsitzende des Raths und der Volksversammlungen, ohne Zweifel auch Richter oder Vorsitzende der Gerichte.⁶) Nach dem Obersten des Collegiums, dem Protokosmos, wurde das Jahr benannt. Andere Beamte werden kaum erwähnt; zu bemerken aber ist, dafs bei Herodot in einer etwa zu Anfang des siebenten Jahrhunderts fallenden Geschichte ein König Etearchos zu Axos vorkommt,⁷)

---

1) Bei Hesychius u. d. W. — Die Inschrift im C. I. tom. II p. 400 no. 2554, Vertrag zwischen Latos und Olus, nennt *ἀγέλας*, nicht *φυλάς* oder *δήμους* oder dergleichen als Volksabtheilungen. S. darüber unten.
2) Aristot. Polit. II, 7, 5.
3) Vgl. Aristot. Polit. I. 1. 4. Ephorus bei Strab. X, 480. 482.
4) Ephor. bei Strab. X p. 481. 2, wo sie als eine *ἀρχή* bezeichnet werden. 5) Aristot. Polit. II, 7, 5.
6) Vgl. Antiqu. i. p. Gr. p. 153. 7) Herodot. IV, 154.

ohne dafs sich jedoch erkennen liefse, ob dieser ein blofs priesterlicher Beamter gewesen sei, wie wir solche mit dem Königstitel auch noch in späterer Zeit an vielen Orten finden, oder ob in Axos eine von den übrigen abweichende Verfassung der obersten Magistratur bestanden habe, oder endlich ob Herodot den Namen ungenau für den Protokosmos gebraucht habe. Eine vielleicht dem dritten Jahrh. v. Chr. angehörige Inschrift nennt $\pi\rho\varepsilon\iota\gamma\iota\sigma\tau o\upsilon\varsigma\ \dot{\varepsilon}\pi'\ \varepsilon\dot{\upsilon}\nu o\mu\iota\alpha\varsigma$ d. h. etwa Altermänner der guten Ordnung, welche, wie auch der Zusammenhang zeigt, die Polizei zu handhaben hatten.[1]) Endlich finden wir auch Pädonomen, als Aufseher der Jugenderziehung erwähnt.

Die höchste berathende Behörde war ein Rath der Alten, bald $\beta o\upsilon\lambda\eta$ bald $\gamma\varepsilon\rho o\upsilon\sigma\iota\alpha$ genannt, und von Aristoteles mit der spartanischen Gerusia verglichen, woraus sich schliefsen läfst, dafs er dieselben Functionen und Befugnisse gehabt habe. Auch wird ausdrücklich bezeugt, dafs die Mitglieder ihre Stellen auf Lebenslang bekleideten, dafs sie keiner Verantwortlichkeit unterworfen waren, und nicht nach schriftlichen Gesetzen sondern frei nach bestem Wissen und Gewissen handelten.[2]) Ihre Anzahl erfahren wir nicht, ebensowenig in welchem Lebensalter Einer Geront werden konnte: möglich dafs es damit ebenso wie in Sparta war. Auch über die Art ihrer Ernennung wird nichts berichtet: wir hören blofs, dafs nur gewesene Kosmen in die Gerusia gelangten, woraus denn folgt, dafs auch die Geronten nur aus den bevorrechteten Geschlechtern sein konnten.[3]) — Die Volksversammlung hatte endlich in den kretischen Staaten kein gröfseres Recht als in Sparta, nämlich zu den von der Gerusia an sie gebrachten Anträgen ihre Genehmigung zu geben, oder sie zu verwerfen.[4]) Als eine der schönsten Anordnungen, die Kreta mit Sparta gemein habe, rühmt Plato,[5]) dafs über die bestehenden Gesetze zu klügeln und Veränderungen vorzuschlagen keinem Jüngeren erlaubt, sondern nur die Alten sich über dergleichen mit Altersgenossen zu besprechen und etwanige Vorschläge an die Behörden zu bringen befugt gewesen seien.

Mehr noch als in der Staatsverfassung tritt die Aehnlichkeit zwischen Kreta und Sparta in der öffentlichen Zucht hervor. Es sind dieselben Grundsätze, nur in Sparta strenger durch specielle

---
1) Corp. Inscr. II p. 398. $\Pi\rho\varepsilon\iota\gamma\iota\sigma\tau o\varsigma$ ist = $\pi\rho\dot{\varepsilon}\sigma\beta\iota\sigma\tau o\varsigma$.
2) Aristot. Polit. II, 7, 6.
3) Inschriften nennen auch einen $\beta o\upsilon\lambda\tilde{\eta}\varsigma\ \pi\rho\dot{\eta}\gamma\iota\sigma\tau o\varsigma$ d. h. $\pi\rho\varepsilon\iota\gamma\iota\sigma\tau o\varsigma$, soviel als *princeps senatus*. s. Antiq. p. 153.
4) Ebend. p. 154, 18. 5) Legg. I, 7 p. 634.

Bestimmungen fixirt, und consequenter als in Kreta durchgeführt, wo auch nicht überall ganz gleiche Einrichtungen gewesen zu sein scheinen. Im Allgemeinen aber gilt auch von den kretischen Staaten das Urtheil des Plato,[1]) dafs sie mehr die Zucht eines Heerlagers als einer Stadt hatten. — Während in Sparta die öffentliche Erziehung schon nach vollendetem siebenten Jahre anfing, begann sie auf Kreta erst mit dem siebzehnten. Bis dahin wurden die Knaben im elterlichen Hause gelassen und hiefsen theils σκότιοι, gleichsam Verborgene, theils ἀπάγελοι, weil sie noch nicht in die Agelen oder Abtheilungen eingereiht waren.[2]) Doch wurden auch die Jüngeren schon von ihren Vätern zu den gemeinschaftlichen Männermahlzeiten mitgenommen, wo sie zu den Füfsen derselben auf der Erde safsen und ihre Portionen bekamen. Die älteren afsen für sich zusammen unter der Aufsicht eines Pädonomen, und mufsten zugleich nicht nur sich selbst unter einander, sondern auch die Männer bedienen.[3]) Vom siebzehnten Jahre an traten sie in die Agelen,[4]) wurden aber nicht, wie in Sparta, von den Pädonomen dieser oder jener Abtheilung zugewiesen, sondern vereinigten sich nach eigener Wahl um einen der ausgezeichnetsten und angesehensten Jünglinge, so dafs die Anzahl bald gröfser bald kleiner war.[5]) Führer der Agela pflegte in der Regel der Vater jenes Jünglings zu sein, um den die übrigen sich vereinigt hatten. Er hiefs der Agelatas,[6]) und ordnete, leitete und beaufsichtigte die Spiele und Uebungen, die ebenso wie in Sparta vorzugsweise nur die körperliche Ausbildung zum Zweck hatten. Unter ihnen scheinen die Uebungen im Laufen einen vorzüglichen Platz eingenommen zu haben, weswegen auch die Gymnasien oder Turnplätze bei den Kretern δρόμοι oder Rennbahnen genannt wurden.[7]) Sodann die Kunst des Bogenschiefsens, worin die Kreter sich zu allen Zeiten besonders hervorthaten.[8]) Ferner Tänze, namentlich

---

1) Legg. II, 10 p. 666.
2) Hesych. u. d. W. ἀπάγελοι u. Schol. Eurip. Alcest. 989.
3) Ephor. bei Strab. X p. 483 vgl. mit Dosiades u. Pyrgion bei Athenae. IV, 22 p. 143.
4) Daher ἀγελαστοί, von ἀγελάζω. S. Hesych. u. d. W. Nauck's Aenderung (Aristoph. Byz. p. 95) ist unnöthig: nur der Accent (ἀγελάστοις) war zu ändern.
5) Ephor. bei Strab. a. a. O.
6) Vgl. Heraclid. Pont. c. 3 u. Schneidewin's Aumk. p. 57.
7) Suid. u. d. W. Daher auch ἀπόδρομοι, die Jüngeren noch nicht an diesen Uebungen theilnehmenden. S. die Stellen bei Nauck. Aristoph. Byz. p. 88 f.
8) Ephor. bei Strab. X p. 480. Meurs. Cret. p. 178.

Waffentänze, wie denn auch die Pyrrhiche von Manchen als eine Erfindung der Kreter angesehen wurde.¹) Auch Kriegsspiele kamen vor, indem die Schaaren unter dem Schall von Flöten und Kitharen gegen einander anrückten und sich mit der Faust oder mit Waffen, bisweilen hölzernen bisweilen aber auch eisernen, bekämpften. Oft auch führte der Vorsteher der Agela sie zur Jagd in die Berge und Wälder, um sie auch so zur Gewandtheit und Rüstigkeit und zum Ertragen von Mühseligkeiten und Entbehrungen zu gewöhnen.²) Ihre Kleidung war ein schlechter Tribon, und kein anderer im Winter als im Sommer. Dafs sie auch gemeinschaftliche Schlafstellen hatten ist gewifs; doch scheint es ihnen gestattet gewesen zu sein, mitunter auch anderswo, etwa im elterlichen Hause zu übernachten.³)

Für die geistige Ausbildung wurde auf keine andere Art und mit keinen andern Mitteln gesorgt, als in Sparta. Eigentlichen Unterricht gab es wenig: aufser der nothdürftigen Kenntnifs des Lesens und Schreibens lernten die Knaben nur Musik, d. h. sie wurden angeleitet zum Gesange und zur Begleitung desselben mit der Kithara. Die Gesänge waren meist Lieder zum Preise der Götter oder zur Verherrlichung trefflicher Männer, mit Ermunterungen zur Achtung gegen die Gesetze und zur Uebung derjenigen Tugenden, in welche der Werth des Mannes gesetzt wurde. Die Gesangesweisen waren festbestimmt, an denen nicht geändert werden durfte. Der geehrteste Dichter und Musiker war Thaletas, der etwa in der zweiten Hälfte des siebenten Jahrh. lebte, und dem man nicht nur die Erfindung des kretischen Taktmafses und vieler der einheimischen Päane und anderer Gesänge, sondern auch manche gesetzliche Anordnungen zuschrieb.⁴) Aufser diesem aber wird uns kein anderer in Poesie oder sonstiger Weisheit ausgezeichneter Kreter aus der Zeit genannt, wo solche in andern Theilen Griechenlands in nicht geringer Zahl aufstanden, mit Ausnahme des einen Epimenides, von dem es übrigens sehr wahrscheinlich ist, dafs er nicht dem dorischen Herrenstande, sondern den Periöken angehört habe.⁵) Und zu eben diesen ge-

---

1) Plin. H. N. VII, 56 p. 480 Gr. Nicol. Dam. in C. Müller. Fr. hist. III p. 459.
2) Heraclid. c. 3, 4. Ephor. bei Strab. X p. 480 u. 483.
3) Τὰ πολλά, sagt Heracl. a. a. O., κοιῶνται μετ' ἀλλήλων.
4) Ephor. bei Strab. p. 480. 481, und mehr bei Hoeck III, p. 339ff.
5) Schon die Erzählung, dafs er als Knabe von seinem Vater ausgeschickt sei, um ein verlaufenes Schaf aufzusuchen, Diog. L. I, 109, läfst ihn nicht als Sohn eines dorischen Herrn erscheinen.

hörten ohne Zweifel auch Dipoinos, Skyllis und Andere, deren
Namen als Bildner oder Baukünstler die Kunstgeschichte aufbewahrt hat. Die dorischen Herrn waren nur Bürger und Krieger,
und sollten auch nichts anders sein. Was aber dazu gehörte, um
die Jugend zur bürgerlichen Tüchtigkeit heranzubilden, das erwartete man vom Umgange und Beispiele der Männer. Daher wohnten
auch die Knaben den gemeinschaftlichen Mahlzeiten der Männer
bei, und hörten ihren Unterredungen zu. Aber auch jene Art der
engeren Verbindung zwischen Jünglingen und Männern, die wir
in Sparta gefunden, ward in Kreta aus gleichem Gesichtspunkte
betrachtet. Doch hatte die Sitte hier manches Eigenthümliche.[1])
Das Verhältniß ward in Form einer gewaltsamen Entführung angeknüpft. Der Mann, der sich unter den Knaben einen Liebling
erkoren hatte, kündigte zunächst den Angehörigen und Freunden
desselben seine Absicht an: diese suchten den Knaben auf keine
Weise vor ihm zu verbergen oder von seinen gewohnten Wegen
zurückzuhalten, denn das würde für ehrenrührig erachtet sein entweder für den Knaben, als sei er des Liebenden, oder für den Liebenden, als sei er des Knaben nicht würdig; der Entführung selbst
jedoch setzten sie bald kräftigeren, bald schwächeren und nur
scheinbaren Widerstand entgegen, je nach ihrer Gesinnung gegen
den Liebenden, jeder Widerstand aber mußte aufhören sobald
es dem Entführer gelungen war, mit dem Knaben in seinen Speisesaal zu gelangen. Hier beschenkte er ihn, und nahm ihn mit sich
wohin er wollte, doch immer unter Begleitung derer, welche bei
der Entführung zugegen gewesen waren. Zwei Monate, nicht
länger, wurden nun in geselligem Verkehr und auf gemeinschaftlichen Jagden zugebracht. Nach Ablauf dieser Frist, die wir als
Probezeit bezeichnen mögen, ward der Knabe in die Stadt zurückgebracht und von seinem Liebhaber wiederum beschenkt.
Die herkömmlichen Geschenke waren ein Kriegskleid, ein Rind,
ein Becher; aber es wurden oft noch mehrere hinzugefügt, und
zwar so reiche, daß der Schenkende wegen der Kosten, die sie
ihm verursachten, eine Beisteuer von seinen Freunden in Anspruch nehmen mußte. Das Rind wurde dem Zeus geopfert,
und an dem Opferschmause nahmen die sämmtlichen Freunde,
die den Beiden während jener zwei Monate gefolgt waren, Antheil. Dann ward der Knabe gefragt, ob er mit dem Benehmen
seines Entführers zufrieden sei oder nicht. Er konnte also, wenn
er Beschwerden gegen ihn hatte, diese vorbringen und Genug-

---

1) Ephor. bei Strab. p. 483. 484. Heraclid. c. 3.

thuung verlangen, in welchem Falle natürlich das Verhältnifs aufgelöst wurde. — Uebrigens galt es für eine Schande, wenn ein Knabe von schöner Bildung und angesehenen Eltern keinen Liebhaber fand, weil man dies als ein Zeichen ansah, dafs er sich durch seine Sitten nicht liebenswürdig erwiesen habe; doch soll bei der Wahl der Lieblinge weniger auf körperliche Schönheit, als auf Tüchtigkeit und Sittsamkeit gesehen sein. Diejenigen aber, welche der Liebe eines Mannes würdig gefunden waren, wurden unter den Knaben ausgezeichnet geehrt: sie bekamen in den Gymnasien und bei sonstigen Versammlungen die besten Plätze, und schmückten sich mit den von ihren Liebhabern geschenkten Kleidern. Auch als Erwachsene trugen sie noch ein ausgezeichnetes Kleid und behielten den Namen *Κλεινοί*, d. h. Geehrte, bei. Denn so wurden die Geliebten genannt; der Liebende aber hiefs *φιλήτωρ*. Schon dieser Name, der nicht, wie *ἐραστής*, auf leidenschaftliche Triebe, sondern auf herzliche Zuneigung deutet, und dann die ganze Art und Weise, wie das Verhältnifs in die Oeffentlichkeit trat, scheinen dafür zu bürgen, dafs es ursprünglich kein unsittliches und schmutziges gewesen sein könne, und wenn Aristoteles meint,[1]) dafs die Knabenliebe von der kretischen Gesetzgebung gutgeheifsen sei, um der Uebervölkerung zuvorzukommen, so ist das eben nur eine Meinung, kein Zeugnifs einer geschichtlichen Thatsache. Das aber ist allerdings unleugbar, dafs die Sache sich nicht in ihrer ursprünglichen Reinheit erhielt, sondern entartete, und dafs die Kreter deswegen bei den übrigen Griechen allgemein in schlimmem Rufe standen.[2])

In den Agelen der öffentlichen Zucht unterworfen blieben die Jünglinge wahrscheinlich zehn Jahre lang, also bis zum siebenundzwanzigsten Jahre.[3]) Gleich nach ihrer Entlassung aus denselben gebot ihnen das Gesetz sich zu verheirathen.[4]) Epigamie fand natürlich nur zwischen den Angehörigen des herrschenden Standes statt; zwischen Bürgern verschiedener Städte wurde sie bisweilen durch Verträge stipulirt.[5]) Das neuvermählte Paar lebte eine Zeitlang noch nicht beieinander, sondern die

---

1) Polit. II, 7, 5.
2) Vgl. Plat. Legg. I p. 636. Plutarch. de puer. ed. c. 14 und mehr bei Meier in der Allg. Encykl. III B. 9 S. 161.
3) Sie hiefsen dann *δικάδρςμοι*, nach Hesych. u. d. W., aus dem freilich dies, dafs sie dann der Zucht entlassen seien, nicht deutlich hervorgeht.
4) Ephor. bei Strab. p. 482.
5) Vgl. Corp. Inscr. tom. II no 2556, 3, auch 2554, 66.

junge Frau lebte im elterlichen Hause, bis sie tüchtig schien, einem eigenen Hauswesen vorzustehen. Daraus scheint zu folgen, dafs die Mädchen in der Regel ziemlich jung verheirathet zu werden pflegten; doch mag der Sitte auch dieselbe Absicht zu Grunde liegen, die in Sparta dem jungen Ehemann seine Frau nur verstohlen und auf kurze Zeit zu besuchen gestattete. Mitgiften waren nicht untersagt: die Töchter bekamen die Hälfte eines Sohnestheiles. Dafs übrigens die Ehe auf Kreta ebenso wie in Sparta vorzugsweise nur aus dem politischen Gesichtspunkte betrachtet worden sei, versteht sich von selbst. Wer aber eine Frau zum Ehebruch verleitete, der wurde, wenigstens zu Gortyn, nicht blofs mit einer Geldbufse, bis zu funfzig Stateren, die der Staatscasse verfiel, sondern auch mit Verlust aller bürgerlichen Ehrenrechte bestraft.[1]) Sonst ist über das Verhältnifs des weiblichen Geschlechtes nichts Genaueres bekannt. Eine öffentliche Erziehung der Mädchen, gleich der spartanischen, würde, wenn sie stattgefunden hätte, gewifs nicht unerwähnt geblieben sein. Das Familienleben dürfen wir uns wohl etwas gehaltreicher vorstellen, als in Sparta, weil die Söhne dem elterlichen Hause nicht so früh entzogen wurden. Die Gemeinschaft des Tisches freilich zwischen der Frau und dem Manne sammt den Söhnen fehlte auch hier, da Männer und Knaben in den öffentlichen Syssitien speisten, von denen die Frauen ausgeschlossen waren.[2])

Die Syssitien hiefsen Ἀνδρεῖα d. h. Männermahle, und die Gesellschaften, die zusammen speisten, Hetärien, vielleicht auch Agelen, und es ist sehr möglich, dafs die, welche als Jünglinge in einer Agela vereinigt gewesen waren, auch als Männer bei den Syssitien vereinigt blieben.[3]) Es fanden aber die Syssitien in einem gemeinschaftlichen Locale, natürlich jedoch an mehreren Tischen statt, je nach der Anzahl der Speisenden. Für fremde Gäste waren eigene Plätze reservirt, und in jedem Speiselocale befand sich ein Tisch, den man den Tisch des gastlichen Zeus nannte, zur Rechten des Einganges.[4]) Die Kosten der gemeinschaftlichen Mahlzeiten bestritt, wenn nicht ganz,

---

1) Aelian. V. H. XII, 12. 2) Vgl. Hoeck III S. 123.
3) In dem Vertrage zwischen Latos und Olus, C. I. tom. II no. 2554 v. 32 u. 45 wird angeordnet, dafs die Agelen darauf vereidigt werden sollen, wo offenbar nicht an die der Jünglinge, sondern an Bürgerabtheilungen zu denken ist.
4) Athenae. IV, 22 p. 143.

doch bei weitem zum gröfsten Theil, die Staatskasse. Eine speciell auf Lyktos bezügliche Angabe des Dosiades[1]) ist leider nicht recht deutlich; doch scheint aus ihr Folgendes hervorzugehn. Jeder Bürger lieferte den zehnten Theil seines Fruchtertrages an seine Hetärie, und diese gab den Gesammtbetrag aller dieser Lieferungen an die Staatscasse ab, und zwar an diejenige Abtheilung derselben, aus der die Kosten für die Syssitien zu bestreiten waren. Wir wissen nämlich aus andern Zeugnissen,[2]) dafs die gesammten Staatseinnahmen in zwei Theile geschieden, folglich also auch in zwei Cassen vertheilt wurden, die eine für den Gottesdienst und die Bedürfnisse der Staatsverwaltung, die andere für die Syssitien, oder richtiger für die Beköstigung der Bürger und ihres Hausstandes. Denn an den Syssitien nahmen nur die Männer und die Knaben von einem gewissen Alter Theil, aus jener Casse aber wurden auch die Frauen und Kinder, also die Töchter und die kleineren noch nicht zu den Syssitien mitgenommenen Knaben, aber wohl auch das Hausgesinde gespeist, woraus es sich denn erklären läfst, dafs für jeden Sklaven ein jährlicher Beitrag von einem äginetischen Stater gezahlt werden mufste. Aus allen diesen in die Syssitiencasse fliefsenden Einkünften wurden nun nicht blofs die Kosten der Männermahle bestritten, sondern auch jedem Haushalt ein angemessenes Kostgeld gezahlt zur Unterhaltung der im Hause speisenden Frau, Kinder und Sklaven. Wenn Jeder den zehnten Theil seiner Früchte abgab, so konnte der Betrag freilich für die Reichen ziemlich grofs, für die Armen aber ein so Geringes sein, dafs er bei weitem nicht den kleinsten Theil der Kosten für ihn und die Seinigen deckte, und es konnte daher immer gesagt werden, dafs alle auf gemeinschaftliche Kosten gespeist würden. Dafs aber die einzelnen Hetärien die gesammelten Beiträge ihrer Mitglieder an die Gesammtcasse ablieferten, war deswegen nothwendig, weil in einer Hetärie mehr, in einer andern weniger Reiche oder Arme sein konnten, die Beiträge aber allen Bürgern aller Hetärien gleichmäfsig zu Gute kommen sollten. — Frugalität war bei den Syssitien der Kreter gewifs ebenso wie bei de-

---

1) Bei Athenae. a. a. O. Der Epitomator hat flüchtig excerpirt. Haase, Miscell. phil. in d. Proöm. zum Bresl. Lect.-Catal. 1856/57 will der Dunkelheit durch eine sehr leichte Emendation abhelfen; aber die Erklärung, die er dann giebt, ist mir sehr bedenklich, da sie sich mit der ausdrücklichen Angabe des Dosiades, dafs für die Mahlzeiten der Bürger nur ein οἶκος, das ἀνδρεῖον, gewesen sei, nicht vereinigen läfst.
2) Aristot. Polit. II, 7, 4.

nen der Spartaner vorgeschrieben; doch hören wir über ihre Speiseordnung nichts Specielleres. Nur dies wird angegeben, dafs die Knaben blofs Fleisch, und zwar die Hälfte der Portion eines Erwachsenen, von andern Speisen aber nichts erhielten, und dafs den Waisen namentlich ihre Kost ohne alle würzende Zuthat verabreicht wurde. Zum Trinken ward für alle ein gemeinschaftlicher Krater Weines mit Wasser gemischt hingestellt, aus welchem Jeder seinen Becher füllte. Nach dem Essen ward ein zweiter hingestellt. Die Aelteren durften nach Gefallen trinken, die Jüngeren mufsten mit den ihnen zugetheilten Portionen ausreichen. Man speiste sitzend, nicht liegend. Vor dem Essen ward gebetet und ein Trankopfer ausgegossen; nach dem Essen blieb man noch längere Zeit beisammen, theils öffentliche Angelegenheiten besprechend, theils sich über sonstige Gegenstände unterhaltend, wobei die Jüngeren zuhören, und durch Ermahnungen und Beispiele von ausgezeichneten Männern und rühmlichen Thaten belehrt werden mochten. Trinkgelage aber waren hier ebensowenig als in Sparta erlaubt.[1]) — Die Besorgung der Syssitien, was die Bereitung der Speisen betrifft, war einer Frau übertragen, der mehrere, drei oder vier, Leute geringen Standes als Gehülfen, und zum Dienst in der Küche einige Sklaven beigegeben waren, die, weil sie namentlich das Holz herbeizuschaffen hatten, Kalophoren hiefsen. Die Küchenvorsteherin setzte das Beste der aufgetragenen Speisen denen vor, die durch Tapferkeit oder Klugheit ausgezeichnet waren. Ob sie aber darin ihrem eigenen Urtheil zu folgen hatte, oder der Anweisung, die ihr etwa der Vorsitzende des Syssition gegeben, wird nicht gesagt. Ebensowenig wissen wir, wer den Vorsitz geführt habe, ob ein Magistrat oder ein von der Tischgesellschaft Erwählter. Wir hören nur, dafs der Vorsitzende gewisse Emolumente genossen habe, nämlich aufser der ihm gleich den Uebrigen vorgesetzten Portion noch den Betrag dreier andern, der einen für seine Function als Vorsitzender, der zweiten für das Haus, der dritten für das Geräthe.[2])

---
1) Plat. Min. p. 320 B.
2) Heraklid, Pont. c. 3, 6. Haase in dem Proöm. zum Bresl. Lect.-Cat. 1556/57 liest τῶν συσχήνων für τῶν σκευῶν, und meint, der Vorsitzende habe durch diese Portion etwa einem der Tischgenossen eine Ehre erweisen können, während er die für das Haus (τοῦ οἴκου) bestimmte an seine Familie, die ἀρχικὴ μοῖρα an wen er sonst wollte, schicken mochte. Mit Recht verwirft derselbe den Einfall eines Kritikers, der aus der Angabe des Heraklides folgerte, dafs die Syssitien in Privathäusern gehalten seien.

Die Einrichtung der Gasttische in den Syssitien beweist, dafs Zuspruch von Fremden häufig war, und ebendafür spricht auch, dafs in den Städten besondere Gasthäuser κοιμητήρια oder Schlafstellen genannt, zur Beherbergung derselben bestimmt waren. Es ist indessen wohl anzunehmen, dafs diese Anstalten sich nicht sowohl auf Ausländer, als vielmehr auf die stammverwandten Angehörigen der verschiedenen Staaten bezogen haben, zwischen denen natürlich ein häufiger und lebhafter Verkehr stattfand. Dafs die Dorier auch auf Kreta sich ablehnend gegen alles ausländische Wesen verhielten, ist nicht zu bezweifeln, und wenn auch keine der spartanischen Xenelasie entsprechenden Mafsregeln erwähnt werden, so bestand doch auch dort, wenigstens für die Jüngeren, ein Verbot, ins Ausland zu reisen, damit sie nicht verlernten, wie Plato sagt,[1] was sie daheim gelernt hatten. Vor allzuhäufigen Besuchen von Ausländern in grosser Zahl schützte übrigens schon die insularische Lage. Als aber in ganz Griechenland der Verkehr zur See häufiger wurde, so konnte auch Kreta sich ihm unmöglich verschliefsen, und zwar um so weniger, als manche der nothwendigsten Bedürfnisse auf der Insel entweder gar nicht, oder nicht in genügender Menge vorhanden waren.[2] Die dorischen Herrn trieben freilich selbst weder Handel noch Gewerbe, sondern überliefsen dies ihren Mnoïten oder den undorischen Bewohnern der abhängigen Städte; aber es konnte doch nicht ausbleiben, dafs im Laufe der Zeit auch sie selber mehr und mehr von ihrer alten Strenge und Enthaltsamkeit abliefsen, und durch den Reiz des Gewinnes angelockt sich ebenfalls dem Handel und Seeverkehr hingaben.[3] Dadurch wurde nothwendig der ursprüngliche Unterschied zwischen ihnen und den nichtdorischen Kretern immer mehr vermindert, sie mischten sich unter einander, und das eigenthümlich dorische Wesen ging gröfstentheils verloren, wenn auch die alten Institutionen der Form nach sich lange erhielten. Am meisten soll dies in Lyktos, Gortyn und mehreren andern kleineren Städten der Fall gewesen sein, die an dem regeren Verkehr der andern weniger Antheil nahmen.[4] Sonst sehen wir schon zur Zeit des peloponnesischen Krieges kretische Söldnerhaufen im

---
1) Protag. p. 342 D. — Dafs Lehrer der Rhetorik auf Kreta nicht geduldet worden, sagt Sext. Empir. adv. Math. II, 20, 21.
2) Vgl. Hoeck III p. 422 u. 447.
3) Die gröfste Geldgier und schamlose Gewinnsucht wirft Polyb. VI, 46 den Kretern seiner Zeit vor.
4) Strab. X, 4 p. 481.

Dienste auswärtiger Staaten kämpfen[1]) und die Kreter standen schon damals bei den übrigen Griechen in schlechtem Rufe, als unredlich und unzuverlässig, der Trägheit und dem Bauche fröhnend,[2]) ohne dafs wir zu unterscheiden vermöchten, wieviel davon auf Rechnung der ursprünglich dorischen oder der undorischen Kreter kommen möge. Der Unterschied war höchst wahrscheinlich überall kaum noch bemerkbar. In den Staaten Kreta's aber fanden ebenso häufige und heftige Parteikämpfe statt, als unter den meisten übrigen Griechen, namentlich seitdem mit der im Laufe der Zeit immer gröfser gewordenen Ungleichheit des Vermögens auch ein Unterschied, wenn nicht der gesetzlichen Berechtigung, doch der Ansprüche und des Einflusses zwischen Reichen und Armen eingetreten war. Zu Aristoteles Zeit gelangte die Kosmenwürde oft an ganz verdienstlose Leute,[3]) d. h. an solche, die aufser ihrer Abstammung aus den bevorrechteten Geschlechtern keinen andern Anspruch geltend machen konnten. Es geschah auch nicht selten, dass eine mächtige Partei sich gradezu weigerte, der gesetzmäfsigen Obrigkeit zu gehorchen, ja dafs die Kosmen ganz und gar beseitigt wurden und eine Art von Interregnum, eine sogenannte A k o s m i e eintrat, oder auch dafs das Collegium der Kosmen selbst unter sich uneins wurde, und die eine Partei ihre Gegner entweder mit Gewalt entsetzte, oder auch abzudanken vermochte: denn solche Abdankung war gesetzlich erlaubt.[4]) — Die spätere Verfassung der kretischen Staaten, soviel wir aus den vorhandenen Monumenten erkennen können, trägt unverkennbar einen demokratischen Charakter. Die allgemeine Volksversammlung entscheidet über alle Angelegenheiten, und die Obrigkeiten empfangen von ihr Befehle und handeln nach ihrer Anweisung. Die gegenseitigen Verhältnisse der Staaten zu einander waren zu keiner Zeit fest und geregelt, sondern wechselten zwischen Befreundungen und Befehdungen, wo denn bald diese bald jene Stadt ein Uebergewicht über mehrere oder wenigere der andern erlangte. Nach aufsen hin befleckten die Kreter ihren Ruf durch Seeräuberei, bewahrten aber doch ihre Unabhängigkeit bis in das erste Jahrh. v. Chr., wo sie, wegen ihrer Verbindung mit dem pontischen Mithridat und mit den cilicischen Piraten zu den Römern in ein

---

1) Thucyd. VI, 25. VII, 57.
2) Vgl. Hoeck. p. 456 ff. und Dorville zu Chariton p. 332. Dagegen rühmt Plutarch. Philopoem. c. 7 die Kreter noch zu Philopömens Zeit als σώφρονες καὶ κεκολασμένοι τὴν δίαιταν.
3) Aristot. Polit. II, 7, 5.   4) Ebend. §. 7.

feindseliges Verhältnifs geriethen, welches die Unterwerfung der Insel und ihre Verwandlung in eine römische Provinz zur Folge hatte.

3. Der athenische Staat.

a) *Geschichtlicher Ueberblick.*

Alte Dichter nannten Athen das violenbekränzte, mit unverkennbarer Anspielung auf den ionischen Stamm, zu dem es gehörte, und an den der Name der Viole, die griechisch ἴον heifst, erinnern konnte. Einige haben gemeint, die Athener hätten sich ihres Namens geschämt und Ionier zu heifsen verschmäht:[1]) diese Meinung ist sicherlich ungegründet, aber sie läfst sich wohl erklären. Die Athener hatten alle übrigen Ionier in jeder Beziehung so weit überflügelt, dafs sie in der That kaum noch ihnen zugezählt werden zu dürfen schienen. Wenn wir oben den ionischen Stamm als denjenigen bezeichnet haben, der sich durch vielseitige Begabung, offene Empfänglichkeit und nach allen Richtungen hin rege Thätigkeit vor der zwar gediegenen und kräftigen, aber auch spröden und einseitigen Natur des dorischen Stammes hervorgethan, so sind es unter den Ioniern wieder die Athener, welche uns jenen Stammescharakter nicht allein in reichster und schönster Entwickelung zeigen, sondern auch am längsten sich der Entartung erwehrten, der die übrigen Ionier früh unterlagen. Mit Recht heifst Athen der Schmuck und das Auge von Griechenland, das Hellas in Hellas: Athen vor allen ist gemeint, wenn Griechenland als die Heimath freier und vielseitiger menschlicher Bildung gepriesen wird; ohne Athen würde es so und in solchem Mafse nicht zu preisen sein. Freilich mögen wir uns nicht verhehlen, dafs auch hier den Lichtseiten dunkele Schattenseiten gegenüber stehn, und dafs die Zeit der Blüthe nur kurz, die des Verfalles lang war; aber indem wir die Unvollkommenheit und Vergänglichkeit, das gemeinsame Loos alles Irdischen, bedauern, werden wir um so mehr uns aufgefordert fühlen, an dem Guten und Schönen uns zu erfreuen, wo es und solange es da ist.

aa) Land und Volk.

Das Land, welches die Athener bewohnten, war von geringem

---

1) Herodot. I, 143. V, 69.

Umfang: es enthielt kaum 40 Quadratmeilen.[1]) Auch gehörte es nicht zu den mit Naturgaben reichlich ausgestatteten Ländern. Der leichte sparsam bewässerte Boden, in geringer Tiefe über einer felsigen Unterlage, erzeugte das nothwendigste Lebensbedürfnifs, Getraide, nur spärlich und nicht soviel, als hinreichte um eine zahlreiche Bevölkerung zu nähren. Manche Theile waren vielmehr zur Weide für Ziegen und Schafe als zum Ackerbau geeignet, und die Baumfrüchte, die es in reichlicherem Mafse und besonderer Güte hervorbrachte, namentlich Oliven und Feigen, dienten mehr dem feineren Genufs, als dafs sie das nothwendige Bedürfnifs befriedigten. Für dieses waren also die Athener an das Ausland gewiesen, mit welchem auf dem Seewege zu verkehren die halbinselförmig sich ins Meer erstreckende Gestalt ihres Landes und mehrere Häfen an seiner Küste ihnen erleichterten, und welchem sie, da sie an Naturproducten wenig zum Austausch zu bieten hatten, vielmehr Erzeugnisse des Kunstfleifses zu bieten bedacht sein mufsten. Und wenn diese Natur ihres Landes ohne Zweifel dazu beitrug, sie zur Thätigkeit und Betriebsamkeit anzuspornen, so war die sonstige Beschaffenheit desselben, und das Clima, dessen sie genossen, nicht wenig geeignet, ihrem Leibe Gesundheit und ihrer Seele Heiterkeit und Frische zu gewähren. Denn, wie einer ihrer Dichter sich ausdrückt, weder drückende Hitze noch starre Kälte sandte der Himmel dem Lande, über dem er sich in reinster Klarheit ausbreitete, und indem er die mit Thälern und Bergen von mäfsiger Höhe aber malerischen Formen anmuthig wechselnde Landschaft mit hellem Lichte belebte, auch die Seele des Bewohners weckte und mit heiteren Bildern erfüllte.

Die Bevölkerung von Attika in den blühenden Zeiten des Staates läfst sich etwa auf eine halbe Million berechnen, wovon freilich mehr als zwei Drittel, nämlich wenigstens 365000 Sklaven, und von der übrigen Zahl etwa 45000 angesiedelte Fremde abgerechnet werden müssen, so dafs die freie bürgerliche Bevölkerung nicht über 90000 betrug.[2]) So gering nun auch diese Anzahl ist, so hat doch in der That eine gröfsere Menge freier und zu wahrer staatlicher Einheit verbundener Menschen in keiner andern griechischen Landschaft, auch in denen nicht gelebt,

---

1) Vgl. Böckh, Staatshaush. I S. 47. Clinton, Fast. Hell. II p. 385 rechnet nur 720 engl. = 34 deutsche Quadratm.
2) Böckh a. a. O. S. 54. 55. Andre mehr oder weniger abweichende Schätzungen s. bei Hermann Privatalth. 1, 6. 7. Clinton. Fast. Hell. II p. 74 Krüg. Leake Topogr. v. Ath. von Bait. u. Sauppe S. 464.

welche an Umfang Attika übertrafen. Denn um nicht von solchen zu reden, wo, wie in Lakonien, auch die persönlich freien Bewohner in einem Unterthanenverhältnifs zum Staate standen, nicht gleichberechtigte Glieder desselben waren: anderswo, wie in Böotien, Argolis, Arkadien, gab es mehrere nur locker verbundene und oft mit einander uneinige kleine Staaten, nicht eine Staatseinheit, wie sie in Attika, und zwar schon in sehr früher Zeit zu Stande kam. Hier aber wurde dies ohne Zweifel wesentlich dadurch erleichtert, dafs die Bevölkerung nicht aus einem Gemisch verschiedener zu verschiedenen Zeiten eingewanderter Stämme bestand, die sich entweder unabhängig neben einander behaupteten oder einer den andern unterwürfig machten, sondern dafs sie eine autochthone, d. h. eine solche war, die sich als eine und dieselbe seit unvordenklichen Zeiten im Besitz des Landes befunden hatte, weswegen denn auch die Athener wohl guten Grund hatten, sich dieses Umstandes zu freuen und zu rühmen. Ganz indessen hatte es auch in Attika nicht an Einwanderungen gefehlt. In der frühesten Zeit, als im übrigen Griechenlande die Völker vielfach ihre Wohnsitze wechselten, waren einzelne aus ihrer alten Heimath verdrängte Schaaren auch hieher gezogen,[1]) und Sagen darüber sowie erkennbare Spuren der ursprünglichen Stammesverschiedenheit gab es auch in späterer Zeit.[2]) Aber diese Einwanderungen waren weder so häufig noch so massenhaft, dafs sie von wesentlichem Einflufs auf den Grundstock der Bevölkerung hätten sein können. Selbst die stärkste derselben, die Schaar welche angeblich unter Führung des Xuthus — ein Name, der in Wahrheit wohl keinen andern als den Stammesgott, den pythischen Apollo bezeichnet, — aus dem südlichen Thessalien, dem Sitze des eigentlich hellenischen Volkes, in Attika einwanderte, macht hiervon keine Ausnahme. Sie soll dem attischen Volk Hülfe gegen die Chalkodontiden von Euböa geleistet, und zum Lohn dafür Wohnsitze in dem nördlichen Theile des Landes erhalten haben, wo die sogenannte Tetrapolis oder die vier Städte Marathon, Probalinthus, Trikorythus und Oenoë belegen war: und dafs wirklich hier eine von den übrigen Attikern verschiedene und den Doriern oder den eigentlichen Hellenen näher stehende Bevölkerung gewesen sei, läfst sich auch aus manchen Spuren in der Sage und im Cultus er-

---

1) Thucyd. I, 2.
2) S. die Nachweisungen in den Antiq. i. p. Gr. p. 162, 4. und Curtius I S. 270. 275.

kennen.¹) Aber von einer Unterwerfung des eingebornen Volkes durch diese Einwanderer weifs die Sage nichts, und was Neuere darüber aufgestellt haben, ist nichts weniger als überzeugend. Nur von einer Verschmelzung der Einwanderer mit den Eingeborenen darf man reden, und wenn diese natürlich nicht ohne vielfachen Einflufs bleiben konnte, so ging doch dieser in höherem Grade von den Eingeborenen auf die Einwanderer, als von diesen auf jene aus. Freilich haben schon die Alten, jedoch nur in einer erweislich erst geraume Zeit nach der Heraklidenwanderung erfundenen Fabel, diese Verschmelzung unrichtig aufgefafst, wenn sie den Namen des ionischen Volkes von einem Eponymos Ion ableiten, und diesen zum Sohn des Einwanderers Xuthus mit der eingeborenen Königstochter Kreüsa machen, also das ionische Volk aus der Vermischung der Einwanderer mit den Eingeborenen hervorgehen lassen. Es ist dagegen zu sagen, dafs der ionische Name keinesweges in Attika erst entstanden und von dort aus weiter verbreitet, sondern dafs er einst auch in einem gröfseren Theil sowohl des mittleren Hellas als des Peloponnes vorgekommen und erst späterhin auf Attika und die nach der Heraklidenwanderung colonisirten Inseln und kleinasiatischen Küstenstriche beschränkt worden sei. Eingewandert aus Asien waren die in Attika und anderswo in Hellas in uralter Zeit vorkommenden Ionier natürlich ebenso gewifs, als alle übrigen Griechenstämme: dafs sie aber alle erst später zugewandert seien und nur in den schon vor ihnen von Andern besetzten Landschaften sich als Seefahrer an den Küsten angesiedelt haben, ist mindestens unerweislich. Die Rückwanderung nach Asien aber ward veranlafst durch die Einwanderung einer den Attikern stammverwandten Bevölkerung aus Aegialea, die sich, als sie hier vor den Achäern weichen mufsten, in jenes Land zurückzogen, wo ihre Stammgenossen safsen, und von wo aus auch sie selbst früher, wenn nicht alle, doch ein Theil von ihnen, in Aegialea eingewandert waren. Diese Einwanderung aber in Aegialea war eine Folge der Einwanderung des Xuthus in Attika und der daraus entstandenen Uebervölkerung gewesen, und die aus Attika nach Aegialea Gewanderten waren ein gemischtes Volk aus den ureingebornen Attikern und den mit ihnen ver-

---

1) Dahin gehört besonders der Cult des Herakles zu Marathon, Pausan. I, 32, 4, und dafs sich den Herakliden bei ihrem Zuge in den Peloponnes auch Volk aus der attischen Tetrapolis angeschlossen haben soll. Strab. VIII p. 374. Dazu vgl. Diodor. XII, 45 von Verschonung der Tetrapolis beim Einfall der Peloponnesier im pelop. Kr.

schmolzenen hellenischen Einwanderern, auf die der Mythus den ionischen Namen, den er erst in Attika entstehen läfst, ebenfalls übertragen hat. Als man nun später, in einer Zeit, wo man Ionier nur noch in Attika und den von hier aus colonisirten Küsten und Inseln kannte, einen Eponymos aufzustellen unternahm, so lag es nahe, diesen nach Attika zu setzen, weil von hier aus jene Wanderungen, deren Ergebnifs diese Colonisirung der ionischen Küsten und Inseln war, ihren Anfang genommen hatten. Und weil dieser Anfang, nämlich der Zug von Attika nach Aegialea, durch die hellenische Einwanderung unter Xuthus veranlafst worden war, so wurde deswegen der Eponymos der Ionier auch mit diesem in Verbindung gebracht und zu seinem Sohne gemacht. Aber darum nun den Xuthus selbst und die mit ihm eingewanderte hellenische Schaar zu Ioniern zu machen, von einer ionischen Einwanderung aus Thessalien nach Attika, von einer Unterjochung und durchgreifenden Umbildung der pelasgischen Urbevölkerung durch ionische Sieger zu reden, wie es einige Neuere gethan haben, ist nach meiner Ueberzeugung vollkommen unzulässig. Vielmehr die eigentlichen und echten Ionier Attika's sind eben jene pelasgischen Urbewohner selbst, die sogenannten Kranaer oder Kekropiden, die man, da man sie doch nicht für Dorier ansehn kann, entweder für Aeolier erklären, oder aber sich entschliefsen mufs, sie für einen Zweig des dritten Stammes zu erkennen, für den wir keinen andern Gesammtnamen als den der Ionier haben. Auf die hellenischen Einwanderer des Xuthus, die einem andern Stamme angehörten, ist der Name erst in Folge ihrer Verschmelzung mit jenen übertragen worden.[1]

bb) **Aelteste Verfassung.**

Als diese Einwanderer in Attika Aufnahme fanden und die Tetrapolis besetzten, stand, nach der Sage, das gesammte Land zwar schon unter einem Könige, der in Athen seinen Sitz hatte, aber daneben gab es Könige auch in andern Theilen des Landes, so das jener nur als der Oberkönig über die andern angesehen werden kann; ein Verhältnifs, wie wir es in der frühesten Zeit auch anderswo gefunden haben. Die Zertheilung Attika's in mehrere kleine Fürstenthümer kann keinem Zweifel unterliegen;

---

[1] Die ausführliche Darlegung und Begründung der hier nur in den Hauptzügen gegebenen Ansicht s. in den Animadv. de Ionibus, Opusc. ac. I p. 149—169.

die Zahl und die Verhältnisse derselben mögen gewechselt haben, und lassen sich nicht sicher mehr nachweisen. Die Alten reden theils von zwölf Staaten, welche vor der Vereinigung zu einem einheitlichen Gesammtstaate bestanden haben sollen,[1]) theils von einer Theilung in vier Gebiete, der natürlichen Scheidung des Landes in Diakria, Paralia, Mesogäa und Akte entsprechend.[2]) Man erkennt aber aus ihren widersprechenden Angaben leicht, dafs wir es hier nicht mit geschichtlichen Ueberlieferungen, sondern mit Combinationen zu thun haben, die Jeder auf seine Weise anstellen mochte, und nur die Zertheilung in mehrere kleine Gebiete kann als unzweifelhaft gelten.

Was für Umstände und Verhältnisse wirksam gewesen sein mögen, diese Zertheilung aufzuheben und das gesammte Land und Volk unter die Regierung eines einzigen Fürsten zu vereinigen, ist unmöglich mit einiger Sicherheit nachzuweisen. Wir begnügen uns hier mit der Angabe, dafs die Sage den Theseus als denjenigen nennt, der diese Umgestaltung bewirkt und Athen zum Sitze einer Centralgewalt erhoben habe, von welcher allein das ganze Land regiert wurde, so dafs die bisherigen Theilregierungen seit dieser Zeit aufhörten.[3]) Dafs dies nicht ohne Widerstand und Kampf geschehen sei, mag man aus den Mythen über Theseus herausdeuten: denn er soll selbst von seinen Gegnern genöthigt worden sein das Land zu verlassen, und sich nach der Insel Skyros begeben haben, von wo in späterer Zeit Kimon seine Gebeine nach Athen holte.[4]) Die ihm zugeschriebene Veränderung aber erhielt sich, und Attika stand seitdem bis zu den auf die Heraklidenwanderung zunächst folgenden Zeiten unter einheitlicher Regierung von Königen. Doch ging das Königthum um die Zeit jener Wanderung von dem einheimischen Fürstenhause an ein aus Messenien eingewandertes Geschlecht, die Neliden, über, aus welchem zwei Fürsten, Melanthus und sein Sohn Kodrus, den Thron besafsen, bis nach dem Tode des letzteren das Königthum in seiner bisherigen Gestalt abgeschafft, und statt dessen eine verantwortliche oberste Magistratur eingeführt wurde, die aber einstweilen noch den Neliden, oder, wie sie jetzt genannt wurden, den Kodriden verblieb, und da sie lebenslänglich und erblich war, sich von dem Königthum nur durch grössere Beschränkung der Gewalt und durch die Verantwortlichkeit unter-

---

1) Strabo IX p. 397.   2) Vgl. de comit. Ath. p. 343.
3) Thucyd. II, 15.   Plutarch. Thes. c. 24.
4) Diodor. IV, 62.   Plutarch. Thes. c. 31. 32. 36.

schied, weswegen denn die Inhaber derselben auch ebenso oft noch Könige als Archonten genannt werden.[1]) Dafs auch diese Veränderung schwerlich ohne einige Kämpfe vorgegangen sein könne, ist wohl gewifs, aber Geschichtliches läfst sich darüber nicht angeben. Mit der dem Theseus zugeschriebenen Vereinigung des Volkes zu einem staatlichen Körper müssen wir auch die Gliederung dieses Körpers verbunden denken, d. h. die Anordnung gewisser Volksabtheilungen, die sich bis zum Ende des sechsten Jahrhunderts erhielt und dem Organismus der Verwaltung zur Grundlage diente. Diese Abtheilungen heifsen Phylen, Phratrien und Geschlechter, lauter Bezeichnungen verwandtschaftlicher Verhältnisse, welche deswegen allerdings als ursprünglich jenen Abtheilungen zu Grunde liegend angenommen werden müssen, mit der Einschränkung jedoch, dafs sie nicht allein und ausschliefslich berücksichtigt worden, sondern vielfältig auch locale Verhältnisse bestimmend gewesen sind. Die Geschlechter zunächst waren Vereine, die sich nach einem vermeintlichen gemeinsamen Stammvater nannten und einen gemeinsamen Cultus ihm zu Ehren begingen. Solche Cultusvereine bestanden aus einer Anzahl von Hausständen oder Familien, die auf einem gewissen begrenzten Bezirke neben einander wohnten, und unter denen in der That einige auch durch Verwandtschaft mit einander verbunden, mehrere aber wohl nur aus Gründen der Convenienz und der localen Verhältnisse wegen ihnen zugesellt waren. Die Durchschnittszahl solcher zu einem Geschlechte vereinigten Hausstände soll dreifsig gewesen sein,[2]) eine Angabe, die wir uns gefallen lassen können unter der Voraussetzung, dafs auch ein etwas Mehr oder Weniger in der Wirklichkeit stattgefunden habe. Dreifsig einander benachbarte Geschlechter wurden zu einem grösseren Verein verbunden, welcher Phratria hiefs, und ebenfalls einen gemeinsamen Cultus der als Schutzgötter dieses Vereins betrachteten Gottheiten feierte. Endlich drei benachbarte Phratrien bildeten zusammen eine Phyle oder einen Stamm, und auch der Stamm war durch den Cultus gewisser Gottheiten verbunden. Solcher Stämme waren vier, folglich die Gesammtzahl der Phratrien zwölf, die der Geschlechter dreihundert und

---

1) Pausan. IV, 5, 4, vgl. I, 3, 2. Perizon. zu Aelian. V. H. V, 13 und Duncker, Gesch. d. Alt. III S. 431.
2) Daher heifsen die Geschlechter auch τριακάδες. Pollux VIII, 111. Böckh. C. Inscr. I p. 900.

sechzig: es leuchtet aber ein, dafs diese bestimmten Zahlen nur die Folge einer absichtlichen, zwar auf der Grundlage der natürlichen Verwandtschaft entstandenen, doch diese mehrfach ergänzenden und regelnden Anordnung sein konnten, und dafs solche Anordnung nicht eher möglich war, als bis sich das gesammte Volk zu einem politischen Ganzen vereinigt hatte.

Die Namen der vier Phylen sind: Geleontes, Hopletes, Aegikoreis, Argadeis,[1]) von welchen die drei letzten unverkennbar Appellativa sind, und Bewaffnete oder Krieger, Ziegenhirten und Arbeiter bedeuten. Dafs durch solche Benennung der Phylen eine kastenartige Beschränkung derselben auf bestimmte Berufsarten ausgesprochen sei, ist ebenso unwahrscheinlich, als es auf der andern Seite undenkbar ist, dafs den Phylen bedeutsame Namen ohne alle Rücksicht auf ihre Bedeutung, also rein willkürlich beigelegt sein sollten. Das Wahrscheinlichste ist, dafs jede Phyle nach derjenigen Lebensart und Beschäftigung genannt worden sei, welche die Mehrzahl oder die Vorzüglichsten ihrer Angehörigen betrieben. Gab es also einen Theil von Attika, dessen Bewohner vorzugsweise auf Viehzucht, besonders von Ziegenheerden, angewiesen waren, so nannte man die dort wohnende Phyle eben deswegen die Phyle der Aegikoreis. Ebenso wurde Argadeis diejenige Phyle genannt, deren Bevölkerung wegen der Beschaffenheit des Bezirkes, den sie inne hatte, vorzugsweise aus Arbeitern bestand, und Hopletes diejenige, in welcher die kriegerische, waffentragende Mannschaft vorzugsweise zahlreich war. Man könnte deswegen wohl geneigt sein die Phyle der Hopletes für die hellenischen Einwanderer zu erklären, die einst unter Xuthus für die Attiker gegen die euböischen Chalkodontiden gestritten und dafür die Tetrapolis auf der nach Euböa schauenden Küste zum Wohnsitz erhalten hatten. Die Tetrapolis also, aber aufser ihr offenbar auch noch ein beträchtlicher Theil des angrenzenden Landes[2]) würde jetzt, als man die Volksab-

---

1) Herodot. V, 60. Pollux VIII, 109. auch Eurip. Ion. v. 1596 ff. — Ueber das Wesen dieser vier Phylen, worüber gar sehr verschiedene Ansichten vorgetragen sind, verdient besonders die gründliche Schrift von A. Philippi, Beiträge zu einer Gesch. des attischen Bürgerrechts (Berl. 1870) S. 234—250 verglichen zu werden. Sehr beachtenswerth ist auch die Schrift eines schwedischen Gelehrten, S. F. Hammarstrand, Attikas Författning under Konungadömets tidehvarf. Upsala 1863, die wohl verdiente durch eine Uebersetzung deutschen Lesern zugänglich gemacht zu werden.
2) Vgl. Opusc. ac. I p. 177.

theilungen regulirte, die Phyle der Hopleten genannt sein. Das benachbarte Hochland, mit dem Brilessos und Parnes bis zum Kithäron, ist unbedenklich als der Sitz der eigentlich so genannten Aegikoreis zu betrachten, weil hier die Beschaffenheit des Landes Viehzucht zur Hauptbeschäftigung machte; aber damit ist natürlich nicht gemeint, dafs ausschliesslich und allein nur eigentliche Aegikoreis oder Ziegenhirten hier gewohnt haben: vielmehr der Bezirk hiefs Phyle der Aegikoreis, weil Ziegenhirten hier die zahlreichsten waren, und selbst wenn bei der politischen Organisation und Abgrenzung der Phylendistricte zu jenem Hochlande auch ein Theil des benachbarten Landes geschlagen sein sollte, wo die Viehzucht nicht mehr in gleichem Grade Hauptbeschäftigung war, so konnte dies nicht hindern, dennoch der Phyle als Gesammtheit den Namen Aegikoreis von jenem in ihr begriffenen Theile zu geben. Wenn, wie ich früher angenommen habe, unter den Argadeis nur Feldarbeiter zu verstehen sein sollten, so müfste man sich die nach ihnen benannte Phyle in dem vom Brilessos aus nach Westen und Süden sich hinstreckenden Theil des Landes denken, in dem die drei gröfseren Ebenen, die thriasische, das Pedion oder die Pedias und die Mesogäa lagen, die zum Ackerbau vorzugsweise geeignet waren. Ganz indessen dürften wir ihn doch nicht für sie in Anspruch nehmen, da sich nicht zweifeln läfst, dafs auch die Adelsclasse in dieser Gegend grofsentheils ihre Besitzungen gehabt habe. Denkt man sich dagegen die Argadeis als Gewerbtreibende, wozu denn namentlich Fischer, Seefahrer, Handelsleute und Bergleute zu rechnen, so wird ihnen am wahrscheinlichsten die Paralia angewiesen, wie dies auch mehrere neuere Forscher gethan haben. Der Name Geleontes ist freilich von sehr streitiger Bedeutung, aber unter allen Deutungsversuchen hat doch keiner mehr Wahrscheinlichkeit, als der, welcher ihn für eine Bezeichnung der Adlichen als der Ausgezeichneten und Illustren erklärt.[1]) Der Hauptsitz des Adels war ohne Zweifel die Hauptstadt und ihre Umgegend,[2]) und der Landestheil also, zu dem

---

1) Hiefür entscheiden sich auch Th. Bergk in N. Jahrb. für Phil. LXV S. 401 und H. Weber, etymol. Untersuch. (Halle 1861) S. 40f. Andere Muthmafsungen s. bei Hermann, Staatsalt. §. 94, 6. — Platon, der in seinem fingirten altathenischen Staate gewifs auch an die ionische Stammverfassung dachte, scheint die Geleonten für einen priesterlichen, die Hopleten für einen kriegerischen Adel genommen zu haben. Vgl. Susemihl, genet. Entwick. d. plat. Phil. II S. 480.
2) Εὐπατρίδαι οἱ αὐτὸ τὸ ἄστυ οἰκοῦντες. Etym. M. p. 395, 50.

diese gehörten, bekam daher seinen Namen: er hiefs der
Geleontenbezirk, und alle, die in diesem Bezirke wohnten,
gleichviel ob Adeliche oder Unadeliche, wurden der Phyle der
Geleonten zugezählt.
Jede Phyle zerfiel, wie schon gesagt, in drei Phratrien,
deren im Ganzen also zwölf waren, und dies mag der Grund
sein, weswegen alte Schriftsteller auch zwölf als die Zahl der
Städte annahmen, welche vor Theseus als die Sitze der kleinen
Fürstenthümer bestanden hätten, in die das Land damals getheilt gewesen sei. Denn dafs wirklich eine bestimmte Ueberlieferung über die Anzahl dieser sich erhalten hätte, ist schwer
zu glauben. Die Namen, welche uns bei Strabo[1]) genannt werden, sind: Kekropia (das nachmalige Athen), Eleusis, Aphidna,
Dekeleia, Kephisia, Epakria, Kytheron, Tetrapolis, Thorikos.
Brauron, Sphettos, zu denen, um die Zwölfzahl voll zu machen,
in einigen Handschriften noch Phaleros hinzugesetzt ist. Von
der Tetrapolis ist bekannt, dafs sie die vier Städtchen Marathon,
Probalinthos, Trikorythos und Oenoë enthielt: die benachbarte
weiter südlich belegene Epakria begriff drei Ortschaften in sich,
Plotheia, Semachidae und eine dritte, deren Name unbekannt
ist;[2]) statt des jetzt im Texte des Strabo genannten Phaleros
aber ist höchst wahrscheinlich noch eine zweite Tetrapolis
genannt gewesen, von der sich indessen nicht ermitteln läfst,
aus welchen Ortschaften sie bestanden habe.[3]) Ob nun aber
wirklich die durch diese zwölf Namen bezeichnete Eintheilung
des Landes der Eintheilung in ebensoviele Phratrienbezirke entsprochen habe, das müssen wir, da wir es weder zu beweisen
noch zu widerlegen im Stande sind, lediglich auf sich beruhen
lassen.[4])

Die Geschlechter endlich, deren in jeder Phratrie dreifsig
gewesen sein sollen, was wir dahin gestellt sein lassen, bestanden, wie ausdrücklich versichert wird,[5]) keinesweges blofs aus
wirklich verwandtschaftlich verbundenen Familien, sondern es
waren ihnen auch nichtverwandte zugetheilt. Alle diese Familien

---

1) IX p. 397.   2) Böckh, C. Incr. I p. 123.
3) Vgl. Haase, die athen. Stammverfassung (Abh. d. hist. phil. Gesellsch.
in Breslau Bd. I) S. 68. — Derselbe hat im Etym. M. p. 352 und Suidas s. v.
ἐπακρία χώρα scharfsinnig die Spuren einer andern Darstellung erkannt,
welche vier Staaten annahm, und zwar zwei Tetrapolen, die Epakria und
die Akte mit der Hauptstadt Kekropia. Vgl. auch Philippi S. 259 ff.
4) Vgl. indessen Opusc. ac. I p. 173 f.
5) Pollux VIII, 111. Snid u. γεννῆται.

hatten den Cultus eines eponymen Vorfahren mit einander gemein, waren aber übrigens an Rang und Ansehen sehr ungleich. Einige mochten sich in der That als die wirklichen Nachkommen des Eponymos betrachten, und für die echten und adelichen Geschlechtsgenossen gelten, wogegen andere als Gemeine und Unadeliche ihnen nur zugesellt waren und in einem untergeordneten Verhältnifs zu ihnen standen.[1]) Die Namen mancher Geschlechter deuten auf gewisse Gewerbe oder Verrichtungen, wie *Βουζύγαι, Βουτύποι, Λαιτροί, Κήρυκες, Φρεώρυχοι, Χαλκίδαι*; aber wir dürfen uns dadurch nicht verleiten lassen, sie etwa als eine Art von Innungen anzusehen, welche dieses oder jenes Gewerbe erblich betrieben haben. Vielmehr hiefsen sie so theils zu Ehren mythischer Ahnherrn, denen die Sage irgend eine Wirksamkeit hinsichtlich der Stiftung jener Gewerbe zuschrieb, theils wegen gewisser sacraler Functionen, welche die Häupter des Geschlechtes bei festlichen Culthandlungen zu verrichten hatten,[2]) wodurch sie aber keinesweges zu Gewerbtreibenden oder Handwerkern wurden, sondern vielmehr dem angesehensten Adel angehörten. Der allgemeine Name der Adelichen aber ist Eupatriden,[3]) wogegen die ihnen beigeordneten Unadlichen theils Geomoren theils Demiurgen genannt werden. Der erste dieser beiden Namen bedeutet Landbesitzer, mag aber aufser den Eigenthümern kleiner Grundstücke auch wohl Pächter oder Zinsbauern befafst haben: Demiurgen sind Handarbeiter mancherlei Art, die um Lohn arbeiten.[4]) Beide Classen aber waren politisch ohne Bedeutung, und mochten höchstens mitunter zu Volksversammlungen berufen werden,

---

1) Dafs dies erst durch Solons Gesetzgebung eingeführt sei, vorher aber die Geschlechter und also wohl auch die Phratrien und Phylen blofs die Adlichen enthalten haben, wie einige Neuere annehmen, ist unerweislich.
2) Vgl. Preller, Mythol. I p. 163.
3) Dafs nicht blofs die alten vermeintlich autochthonischen, sondern auch die eingewanderten Adelsgeschlechter Eupatriden waren, ist wohl schon allein daraus klar, dafs gerade das angesehenste Geschlecht, das der Kodriden, zu den eingewanderten gehörte. Vgl. auch Opusc. ac. I p. 235.
4) Sie hiefsen nach Etym. M. p. 395, 54 u. Lex. Seguer. p. 257 auch Epigeomoren, was, wenn darauf zu bauen ist, zeigen mag, dafs sie vorzugsweise ländliche Arbeiter waren. Dionys. A. R. II, 8 nennt nur zwei Stände, Eupatriden und Landvolk. Die bei einigen Alten vorkommende Verwechselung dieser Stände mit den Phratrien ist ein Irrthum, den ich freilich vor 52 Jahren getheilt, seitdem aber längst berichtigt habe, und den ich daher nicht immer noch als meine Ansicht aufgeführt zu sehen wünschte.

wenn es den Herrschern erforderlich schien, ihre Beschlüsse der Menge mitzutheilen oder sich ihrer Stimmung zu vergewissern, wie wir es in den von Homer geschilderten Staaten gefunden haben. Dagegen die Leitung der öffentlichen Angelegenheiten mit dem Könige, als dessen Rathgeber und Gehülfen, die Rechtspflege, die Priesterthümer und Alles, was von amtlicher Verwaltung vorhanden war, kam lediglich den Eupatriden zu.¹) Wir finden aber von Aemtern in dieser frühesten Zeit nichts bezeugt, und können nur vermuthen, dafs es Phylenvorsteher ($\varphi v \lambda o \beta a \sigma \iota \lambda \epsilon \tilde{\iota} \varsigma$), Phratrienvorsteher ($\varphi \varrho a \tau \varrho \iota a \varrho \chi o \iota$) und Geschlechtsvorsteher $\check{a}\varrho \chi o \nu \tau \epsilon \varsigma \tau o \tilde{v} \gamma \acute{\epsilon} \nu o v \varsigma$), wie später, so auch jetzt schon gegeben habe. Ebensowenig wissen wir von der Handhabung der Rechtspflege und der Zusammensetzung der Gerichte; nur dafs den Gerichtshöfen, welche auf dem Areopag und an einigen andern später zu besprechenden Stellen über Blutsachen und ähnliche Verbrechen richteten, ein hohes schon in die Zeiten des Königthums fallendes Alter zugeschrieben wird. Endlich auch die Zusammensetzung des den Königen zur Seite stehenden Rathes der Edlen ist uns gänzlich unbekannt,²) dafs es aber einen solchen Rath gegeben haben müsse, ist gewifs, und nicht unwahrscheinlich, dafs eben dieser auch als Gerichtshof in jenen Blutsachen thätig gewesen sei. Derselbe hohe Rath war es denn auch ohne Zweifel, welchem, als nach Kodrus' Tode das Archontenamt, d. h. ein beschränktes und verantwortliches Königthum eingeführt wurde, das Recht zustand, den Archon zur Verantwortung zu ziehen und seine Regierung zu controliren.

cc) Verfassungsveränderungen vor Solon.

Der erste dieser Archonten war Medon, der Sohn des Kodrus, und die Würde vererbte auf seine Nachkommen, welche Kodriden oder Medontiden genannt werden, etwa 316 Jahre lang, von welchem ganzen Zeitraum übrigens nichts zu berichten ist. Eine am Ende desselben eintretende Veränderung bestand darin, dafs die Dauer des Amtes auf zehn Jahre beschränkt wurde. Doch verblieb es zunächst noch im ausschliefslichen Besitze der

---
1) Plutarch. Thes. c. 25. Dionys. A. R. II, 8.
2) Ein Neuerer läfst ihn aus zwölf, ein Anderer dagegen aus dreihundert und sechzig Personen bestehen, der eine nach der Zahl der Phratrien, der andere nach der Zahl der Geschlechter. Möglich freilich ist beides.

Medontiden, bis einer derselben, Hippomenes, durch seine Grausamkeit, wie es heifst, so grofsen Hafs gegen sich erregte, dafs man ihn des Amtes entsetzte, welches von jetzt an auch nicht mehr allein dem Geschlecht der Medontiden, sondern allen Eupatriden zugänglich ward. Nicht lange nachher ward eine noch bedeutendere Aenderung getroffen, indem man statt des bisherigen Einen Archon ein jährlich wechselndes Collegium von neun Personen einsetzte, welche die Functionen des Amtes unter sich theilten. Der Oberste in dem Collegio führte den Titel Archon vorzugsweise, und nach ihm wurde das Jahr benannt; der zweite hiefs Basileus (König), der dritte Polemarchos (Kriegsbefehlshaber), die sechs übrigen Thesmotheten (Richter). Der erste in der Reihe dieser jährlichen Archonten hiefs Kreon, der Eponymos des Jahres 683 oder 686: sein Vorgänger, der letzte zehnjährige Archon, war Eryxias gewesen.

Diese Veränderungen der obersten Magistratur waren unverkennbar hervorgegangen aus dem Verlangen der Eupatriden nach allgemeinerer Theilnahme an der Gewalt, und sie beweisen also, wie unter diesem Stande ein Streben nach Gleichheit erwacht war, welches Anfangs den Vorrang eines einzelnen Geschlechtes, dann die mehrjährige Handhabung der obersten Gewalt durch Eine Person nicht länger duldete. Die Stellung des geringen Volkes aber wurde durch diese Veränderungen nicht gebessert, sondern eher wohl verschlechtert. Ein bevorrechteter Adelstand hat immer die Tendenz, seine Privatvortheile auf Kosten der unteren Stände zu verfolgen; früher aber konnte die oberste Magistratur, weil sie eine unabhängige Stellung über dem Adel einnahm, eben deswegen auch im Stande sein, sich des Volkes gegen diesen anzunehmen, wogegen sie jetzt, nachdem der Adel sie zu sich heruntergezogen und in seine Gewalt gebracht hatte, auch keine Schranke mehr für ihn war, die ihm verwehrte, die Geringeren zu verletzen und zu unterdrücken. Namentlich die kleinen Besitzer auf dem Lande wurden von den adelichen Herren, deren Nachbaren, zum Theil vielleicht auch Pächter sie waren, gemifshandelt. In einem die Arbeit des Landmannes nur spärlich lohnenden Lande, wie Attika, mufste nicht allzuselten der Fall vorkommen, dafs der minder Begüterte seinen reicheren Nachbar um Vorschuss ansprach, oder der Pächter mit seiner Zahlung im Rückstande blieb. Das Schuldrecht aber war streng: der Gläubiger konnte sich nicht bloss an das Vermögen, sondern, wenn dies nicht ausreichte, auch an die Person des Schuldners halten und ihn zum Sklaven machen. So war nicht nur ein grofser Theil der kleinen Landgüter factisch in die Hände der reichen Adlichen gerathen[1]), und aus den früheren Eigenthümern Zinsbauern (*θῆτες*) geworden, die dem Gläubiger fünf Sechstel des Ertrages abliefern mufsten[2]), sondern es waren auch viele entweder selbst als Sklaven ins Ausland verkauft, oder hatten ihre Kinder statt ihrer in die Sklaverei hingeben müssen: denn das Recht erlaubte auch dies.[3]) Es läfst sich denken, dafs Vorgänge dieser Art, wenn sie oft und in grofsem Umfange vorkamen, die Stimmung des Volkes gegen seine Unterdrücker erbittern mufsten, und diese Erbitterung, die dem Adel nicht verborgen bleiben konnte, vermochte nun diesen, eine Mafsregel zu ergreifen, welche, wie er hoffte, dem Volke genügen und es beruhigen würde. Bisher war das Recht, nach welchem in Streitigkeiten entschieden wurde, nicht in bestimmte Gesetze gefafst, sondern bestand in einem mehr oder weniger unbestimmten Herkommen, welches nothwendig der Willkür des Richters oft grofsen Spielraum liefs: die Richter aber, ausschliefslich dem Adel angehörig, mochten nur allzuoft geneigt sein, das Interesse ihrer Standesgenossen in Streitigkeiten mit Geringeren auf Kosten der Gerechtigkeit und Billigkeit zu berücksichtigen. Gegen solchen Mifsbrauch der richterlichen Gewalt sollte das Volk nun eine Gewähr finden in einer schriftlich abgefafsten Gesetzgebung, welche fortan den Entscheidungen die Norm geben und der Willkür Schranken setzen würde. Der Auftrag, die Gesetze abzufassen, wurde dem Drakon ertheilt, der im Jahre 621 wahrscheinlich das Amt des Archon bekleidete. Ueber die Einzelheiten seiner Gesetzgebung sind wir wenig unterrichtet, und namentlich ganz aufser Stande zu entscheiden, inwiefern seine privatrechtlichen Bestimmungen zweckmäfsig oder nicht gewesen sein mögen, und wie viel oder wie wenig von diesen die spätere solonische Gesetzgebung beibehalten habe.[4]) Die Alten reden nur

---

1) Die Güter selbst waren, wie es scheint, unveräufserlich, und es konnten also auch nicht sie, sondern nur ihr Ertrag verpfändet werden.
2) Einige geben freilich an, sie hätten nur ein Sechstel abgeliefert, fünf Sechstel für sich behalten, in welchem Fall es denn ganz unbegreiflich sein würde, wie diese Abgabe als sehr drückend habe betrachtet werden können. Das Richtige, de comit. Ath. p. 362 vorgetragen, ist jetzt wohl allgemein angenommen. Die *ἐκτημόριοι* und *θῆτες* als zwei verschiedene Classen anzusehn, wie Einige wollen, finde ich keinen Grund. Nicht alle Theten freilich waren Hektemorier, wohl aber gehörten alle Hektemorier zu den Theten.
3) Plut. Solon. c. 13.
4) Nach Plutarch Sol. c. 17 wurden nur die auf die Blutgerichte be-

von dem strafrechtlichen Theile, dem sie einstimmig eine übermäfsige Härte vorwerfen, so dafs selbst geringe Vergehen, wie Entwendung von Feld- oder Gartenfrüchten, mit gleich schwerer Strafe wie Tempelraub und Mord, nämlich mit dem Tode verpönt gewesen sein sollen. — Die Verfassung übrigens und das Verhältnifs der Stände zu einander wurde durch Drakons Gesetzgebung nicht geändert,[1]) denn die Stiftung eines Collegiums von einundfunfzig sogenannten Epheten, welchen die Blutgerichtsbarkeit auf dem Areopag und an den übrigen herkömmlich dazu bestimmten Stätten, statt der früher damit beauftragten Richter, übertragen wurde, kann nicht als eine Verfassungsänderung angesehen werden: auch die Epheten wurden ausschliefslich aus den Eupatriden genommen.[2]) — Die Hoffnung aber, dafs durch diese Gesetzgebung das Volk beruhigt und Ausbrüchen des Mifsvergnügens vorgebeugt werden würde, ging begreiflicher Weise nicht in Erfüllung, und die Stimmung des niederen Volkes gegen den herrschenden Stand war in Athen nicht anders als in vielen anderen griechischen Staaten um diese Zeit, wo es Ehrgeizigen gelang, sie zu benutzen, um durch das unzufriedene Volk die Adelsherrschaft zu stürzen und sich selbst der Regierung zu bemächtigen. Auch in Athen ward ein Versuch dieser Art vom Kylon gemacht, der selbst von eupatridischem Geschlecht und Eidam des megarischen Tyrannen Theagenes war, von dem er auch in seinem Unternehmen unterstützt wurde. Es gelang ihm nun zwar die Akropolis in seine Gewalt zu bringen; aber sein Anhang war doch zu schwach, seine Hülfsmittel zu gering, und die Gegenanstalten des Adels zu kräftig, als dafs er sich wirklich der Herrschaft hätte bemächtigen können. Vielmehr wurde er genöthigt zu capituliren; aber die meisten seiner Anhänger, nach einigen Angaben auch er selbst, wurden trotz der Capitulation von den Siegern ermordet, und selbst an den Altären, wo sie Schutz suchten, nicht verschont.[3]) Indefs statt die Macht des Adels zu stärken, schwächte dieser Sieg sie vielmehr. Denn das Volk, von dem ein grofser Theil ohnehin dem Kylon weniger als seinen Gegnern abgeneigt war, wurde durch diese treulose und heiligenschänderische Ermordung seiner Anhänger um so mehr erbittert, als es darin einen Frevel gegen die Götter er-

---
züglichen Gesetze beibehalten, was wohl nicht allzubuchstäblich zu nehmen ist.
1) Arist. Polit. II, 9, 9. 2) Pollux VIII, 125.
3) Vgl. Herodot. V, 71. Thucyd. I, 126. Plutarch. Sol. c. 12.

blickte, der, wenn er nicht gesühnt würde, nur Unheil auf das Land herabrufen müsste: und diesen Gefühlen des Volkes nachzugeben konnte der Adel sich um so weniger entziehen, als er selbst sie gerecht finden und theilen musste. Es ward deswegen eine Commission von dreihundert Männern aus dem Adel niedergesetzt,[1]) welche über die Frevler Gericht halten sollte. Die schuldig Befundenen, unter ihnen namentlich das Geschlecht der Alkmäoniden, wurden verbannt, und um die Stadt von der Blutschuld zu reinigen, wurde Epimenides aus Kreta berufen, der nicht blofs diesen Auftrag erfüllte und die Opfer und Feiern anordnete, durch die man den Zorn der Götter zu beschwichtigen meinte, sondern überdies auch durch manche weise Rathschläge, denen das Ansehen, welches er als ein den Göttern Vertrauter genofs, um so gröfseres Gewicht gab, die Gemüther vorbereitet haben soll, sich einer Gesetzgebung, wie sie bald nachher von Solon aufgestellt wurde, williger zu fügen.[2])

Bevor wir aber zu Solons Gesetzgebung übergehen, ist noch einiger Angaben zu erwähnen, welche auf die Verfassung, wie sie um diese Zeit war, einiges, wenn auch freilich sehr spärliches Licht werfen. Zuerst hören wir, dafs das Collegium der neun Archonten, welches wir später auf einen engeren Wirkungskreis beschränkt sehen werden, jetzt noch wirklich als oberste Magistratur an der Spitze des Staates gestanden und die meisten öffentlichen Angelegenheiten zu besorgen gehabt habe.[3]) Wir dürfen also nicht zweifeln, dafs sie auch ihren Platz in dem eupatridischen Staatsrathe gehabt haben werden, welcher zuversichtlich anzunehmen ist, obgleich es gar keine ausdrücklichen Zeugnisse über ihn giebt: und so werden wir uns den obersten Archon wohl auch als den Vorsitzenden in diesem Rathe denken müssen. Sodann werden Prytanen der Naukraren erwähnt, und zwar ebenfalls als eine Behörde von bedeutender Wirksamkeit, die namentlich bei den Mafsregeln zur Unterdrückung des kylonischen Complotts thätig gewesen sei.[4]) Naukraren aber hiefsen die Vorstände der Naukrarien oder Verwaltungsbezirke,[5]) in

---
1) Ueber diese Dreihundert läfst sich allerlei vermuthen, und ist allerlei vermuthet worden, was hier, als für die Geschichte werthlos, mit Stillschweigen übergangen werden mufs.
2) Plutarch. a. a. O. Diog. L. I, 110.   3) Thucyd. I, 126.
4) Herodot. V, 71.
5) Pollux VIII, 108. Harpocr. u. Phot. unter ναυκραρία. Schol. Aristoph. Nub. v. 37. Eine Naukrarie Namens Kolias erwähnen Phot. p. 196 Pors. und Lex. Seguer. p. 275: und so hiefs bekanntlich auch ein Küstenstrich und Vorgebirge an der Westküste, unweit von Phaleron.

welche damals das Land getheilt war, und zwar zwölf in jeder Phyle, zusammen also achtundvierzig. Je vier derselben scheinen in einem engern Verbande unter einander gestanden zu haben, und deswegen Trittyen genannt zu sein, weil sie den dritten Theil einer Phyle ausmachten.[1]) Der Name Naukraria bezieht sich auf die jedem dieser Bezirke auferlegte Verpflichtung, ein Kriegsschiff zu stellen, wozu die Reicheren nach Mafsgabe ihres Vermögens beizutragen hatten. Aufserdem stellte jede Naukrarie zwei Reiter zum Heere, alle zusammen also sechsundneunzig; und auch dieser Dienst lag nur den Reicheren ob. Aus diesen waren denn natürlich auch die Vorstände oder die Naukraren erwählt, und zwar, wenn einer Angabe des Hesychius[2]) zu trauen ist, nur Einer für jede Naukrarie. Da aber ihre Prytanen oder Vorsitzende erwähnt werden, so müssen sie ein Collegium gebildet haben, zu dessen Geschäftskreise denn namentlich wohl die auf das Finanz- und Kriegswesen bezüglichen Angelegenheiten gehört haben werden, und in welchem wir unbedenklich auch den neun Archonten einen Platz anzuweisen haben. Das ganze Collegium der Naukraren mag nur in wichtigen Fällen versammelt, die Besorgung der laufenden Angelegenheiten aber den Prytanen überlassen sein, welche, während die übrigen zum Theil aufserhalb der Stadt auf ihren Gütern lebten, permanent in Athen anwesend waren, und dort ihr Versammlungshaus, das Prytaneum, hatten. Seit wann die Naukrarien bestanden haben, ist zwar nicht mit Gewifsheit anzugeben; doch ist es höchst wahrscheinlich, dafs sie nicht lange vor jenen kylonischen Wirren gestiftet seien, da erst um diese Zeit die Kämpfe mit Megara um den Besitz der Insel Salamis den Athenern das Bedürfnifs einer kleinen Kriegsflotte fühlbar gemacht zu haben scheinen. Der ältere Staatsrath wurde natürlich durch dieses neue Naukrarencollegium keinesweges beseitigt, wenn auch einige seiner Geschäfte auf dieses übergingen. Er bestand fortwährend als die oberste berathende Behörde, und übte neben seinen anderen Functionen auch die eines höchsten Gerichtes in allen schweren und wichtigen Fällen, von welchen nur ein Theil, nämlich die Blutsachen, vom Drakon auf die Epheten übertragen war. Sein Sitzungslocal war der Areopag, woher er auch den Namen des areopagitischen Rathes hat, obgleich in eben diesem Local auch die Epheten sich versammelten, in Fällen, über die, nach alter

---

1) Phot. p. 288. Vgl. Philippi S. 241.
2) U. d. W. *Ναύκλαροι, ἀφ' ἑκάστης φυλῆς δώδεκα.*

Satzung, nur hier Gericht gehalten werden durfte. — Als Beamte dieser Periode werden uns erstens Könige genannt, und zwar in einem Zusammenhange, der uns an den zweiten Archon, der ebenfalls König hiefs, schwerlich zu denken erlaubt.[1]) Es scheint dafs die Vorstände der Phylen, $\varphi v \lambda o \beta \alpha \sigma \iota \lambda \varepsilon \tilde{\iota} \varsigma$, gemeint seien: und da von Entscheidungen unter ihrem Vorsitz im Prytaneum die Rede ist, so könnte man auf die Vermuthung geführt werden, dafs sie hier auch mit den Prytanen der Naukraren fungirt haben mögen, insofern nämlich jenes Prytaneum eben das der Prytanen ist. Unwahrscheinlich wenigstens dürfte dies nicht gefunden werden, da ja die Naukrarien Unterabtheilungen der Phylen waren. — Sodann gab es Beamte unter dem Namen $K\omega\lambda\alpha\varkappa\varrho\acute{\varepsilon}\tau\alpha\iota$, von denen uns gesagt wird, dafs sie Schatzmeister oder Cassirer gewesen seien, ohne Zweifel für die Naukrarien. Denn dafs diese ihre Cassen haben mufsten ist klar, und wir erfahren auch dafs aus diesen Cassen die Kolakreten unter andern die Diäten zahlten, welche den nach Delphi oder sonst wohin geschickten Theoren (heiligen Gesandtschaften) zukamen, sowie auch, dafs sie die öffentlichen Speisungen gewisser Behörden aus den Naukrariengeldern zu bestreiten hatten.[2]) Den wunderlichen Namen, Schinkensammler, erklären wir uns mit Wahrscheinlichkeit daraus, dafs sie von den bei gewissen Gelegenheiten geschlachteten Opferthieren die Schinken erhielten, als eine Naturallieferung zum Behufe der von ihnen zu besorgenden Speisungen.

dd) Die Solonische Verfassung.

Durch die Unterdrückung des kylonischen Unternehmens war die Herrschaft des Adels zwar für den Augenblick gerettet, aber nicht auf die Dauer gesichert. Die Stimmung des Volkes, dem schon durch die Verbannung der Alkmäoniden eine Concession gemacht worden war, drängte bald zu mehreren. Es hatte sich eine zahlreiche Partei gebildet, die eine gänzliche Beseitigung der bisherigen Adelsvorrechte forderte, und diese Partei bestand namentlich aus dem ärmsten und am meisten gedrückten Theile des Volkes, den Bewohnern der sogenannten Diakria, oder des nördlichen gebirgigen Striches, weshalb man sie auch die Diakrier nannte. Eine andere Partei, die mit mäfsi-

---
1) Plutarch. Sol. c. 19, in dem dort angeführten Solonischen Amnestiegesetz.
2) Schol. Aristoph. Av. v. 1549. (1541). vgl. Harpocr. unter $\dot{\alpha}\pi o\delta\acute{\varepsilon}\varkappa\tau\alpha\iota$.

geren Zugeständnissen zufrieden war, bestand vorzugsweise aus den Bewohnern der sogenannten Paralia, oder des Küstenstriches, der sich bis nach Sunium hinunterstreckt. Die dritte, an Zahl offenbar schwächste Partei, bildeten die Adlichen, die, weil ihre Güter gröfstentheils in dem Pedion lagen, deswegen Pediäer genannt wurden.[1]) Es kam endlich zu einem Compromifs, indem man sich vereinigte, den Solon, einen Mann, der wegen seiner bewährten Einsicht und Gesinnung das Vertrauen aller Parteien genofs, an die Spitze des Staates zu stellen, mit der Vollmacht, durch eine zweckmäfsige Gesetzgebung den Uebelständen abzuhelfen und den Frieden herzustellen.[2]) Mit solcher Vollmacht versehen übernahm Solon die Würde des Archon im Jahre 594, also siebenundzwanzig Jahre nach der Gesetzgebung des Drakon, und die erste Mafsregel, die er ergriff, um den Frieden zwischen den Parteien möglich zu machen, war die Befreiung des niederen Volkes von dem Drucke, unter dem es bisher gelitten hatte. Es gab dazu kein anderes Mittel, als ein gewaltsam durchgreifendes: die Verschuldeten mufsten von den Verpflichtungen losgesprochen werden, in Folge deren ihr Besitzthum und selbst ihre Person den Gläubigern verfallen waren: deswegen erklärte Solon alle bisherigen Schuldverbindlichkeiten dieser Art für aufgehoben. Wenigstens ist dies die wahrscheinlichste Ansicht über seine sogenannte Seisachtheia, obgleich Andere sie anders verstanden haben.[3]) Er selbst aber rühmt sich

---

1) Plutarch. Sol. c. 13.
2) Nach Plutarch. Sol. c. 16 bekam er diese Vollmacht erst später, wohl erst nach Ablauf seines Archontenjahres. Vgl. c. 19 in. So meint auch Duncker IV S. 178.
3) Plutarch. a. a. O. c. 15. Heraclid. Pont. c. 1. Dionys. A. R. V, 65. Diog. L. I, 54. Dio Chrysost. or. 31, 69. Vgl. Hüllmann. Griech. Denkwürdigk. S. 12 ff. Curtius I³ S. 300. Dafs in dem bei Demosth. in Timocr. §. 149 eingerückten Heliasteneide, an dessen Echtheit heutzutage wohl Niemand mehr glaubt, ausdrücklich beschworen wird, nicht in Schuldenerlass ($\chi\rho\epsilon\tilde{\omega}\nu$ $\dot{\alpha}\pi o\chi o\pi\dot{\alpha}\varsigma$) willigen zu wollen, möchte ich nicht, mit Wachsmuth, Alterthumskunde I S. 472, als einen Grund ansehn, dem Solon diese Mafsregel abzusprechen. — Die Aenderung des Münzfufses, wonach 100 neue Drachmen = 72½ alten, kam allerdings den Schuldnern auch zu Gute, indem sie ihre Schulden um mehr als 27 pr. Ct. verringerte; aber die Seisachtheia blos hierauf zu beschränken scheint unzulässig. Was Plutarch. Sol. c. 15 über einige Freunde des Solon erzählt, kann wahr sein, wenn es sich auch nicht ganz so verhielt als Plutarch angicbt. Sie besafsen die mit geliehenem Gelde erkauften Güter zwar nicht ganz schuldenfrei, aber sie verkürzten doch ihre Gläubiger um die Differenz zwischen dem alten und dem neuen Gelde.

in vorhandenen Bruchstücken seiner Gedichte[1]) von den verschuldeten Grundstücken die Pfandsäulen, wodurch sie als solche bezeichnet wurden, entfernt, und Vielen, die entweder um der Schuldknechtschaft zu entgehen ins Ausland entwichen oder wirklich von ihren Gläubigern verkauft waren, die Rückkehr ins Vaterland gewährt zu haben, den letzteren offenbar dadurch, dafs er durch den Schuldenerlafs den Ihrigen die Mittel verschaffte, sie loszukaufen. Um aber die Wiederkehr ähnlicher Zustände unmöglich zu machen, ordnete er an, dafs in Zukunft Verpfändung der Person des Schuldners nicht mehr stattfinden solle. Auch eine Amnestie gewährte er für alle diejenigen, welche von den Gerichten zu Geldbufsen an den Staat oder zum Verlust der bürgerlichen Rechte verurtheilt waren, mit alleiniger Ausnahme der Mörder und der Theilnehmer an dem Versuch eine Tyrannis zu gründen; doch wurde diese Amnestie nicht schon zugleich mit der Seisachtheia, sondern erst etwas später erlassen.[2]) Zunächst aber ging Solon an die Umgestaltung der Verfassung, durch welche die bisherige ausschliefsliche Berechtigung des Adels beseitigt und eine Theilnahme an den staatsbürgerlichen Rechten auch den Unadlichen gewährt werden sollte, jedoch nicht unterschiedslos, sondern in einer zweckmäfsig nach dem Besitzthum bemessenen Abstufung. Zu diesem Zweck ordnete er vier Vermögensclassen an: die erste begriff diejenigen in sich, welche von ihrem Landbesitz mindestens 500 Medimnen Getraide, oder Metreten Weins oder Oels gewannen:[3]) diese Classe hiefs deswegen die der Pentakosio-

---

1) Bei Plutarch. a. a. O. u. Aristid. II p. 536 Dindf.
2) Nach Plutarch's Darstellung, die sich auch wohl durch innere Wahrscheinlichkeit empfiehlt, war die Seisachtheia Solons erste Mafsregel, das Amnestiegesetz aber ward erst mit den Verfassungsgesetzen erlassen, und stand auf dem dreizehnten ἄξων. So nämlich, ἄξονες, wurden die hölzernen Tafeln genannt, auf welche die Gesetze geschrieben waren. Der Name ist daraus zu erklären, dafs es drei oder vierseitige Prismen waren, die sich um eine Achse drehen liefsen, so dafs man nach Gefallen die eine oder die andere Seite des Prisma nach vorne bringen konnte. Sie hingen übrigens in starken hölzernen Rahmen, und befanden sich bis zum perikleischen Zeitalter auf der Akropolis, von wo sie damals auf die Agora geschafft und neben dem Rathhause aufgestellt wurden. Ein anderer Name für sie ist κύρβεις: die Frage, ob beide Namen dieselben, oder der eine diese, der andere jene Gesetztafeln bezeichnet habe, ist zu unwichtig, als dafs ich hier darauf eingehen dürfte.
3) Der Medimnus beträgt etwas weniger als einen Berl. Scheffel, genau 15,025333 Metzen; der Metretes etwas über 33 Berl. Quart, genau 33,506993. — Ueber die Ansätze für die verschiedenen Classen verweise

medimnen. Das Mafs der zweiten Classe war mindestens 300, das der dritten 150 Medimnen oder Metreten. Jene hiefsen **Ritter**, weil ihr Vermögen sie zum Reiterdienst verpflichtete, diese aber **Zeugiten**, weil sie zur Bestellung ihres Ackers eines Gespannes von Zugthieren (Maulthieren) bedurften. Die vierte Classe, welche nach der Mehrzahl der in ihr enthaltenen die Classe der **Theten** d. h. der Lohnarbeiter genannt wurde, befafste die gesammte Menge der Minderbegüterten. Es ist aber klar, dafs, da die drei oberen Classen blofs nach dem Mafse des Landbesitzes bestimmt waren, alle diejenigen, welchen solcher Besitz abging, zur vierten Classe gehören mufsten, auch wenn sie an anderweitigem Vermögen keinesweges arm waren. Freilich gab es solcher damals gewifs nur sehr wenige: die Wohlhabenderen waren in der Regel auch Landbesitzer; aber Einer oder der Andere derselben besafs neben seinem Landbesitz auch wohl Capitalvermögen, und gewann, aufser dem Ertrage seines Gutes, auch Geld durch Geschäfte, wie denn Solon selbst seine Vermögensumstände durch Handelsunternehmungen gebessert haben soll.[1]) Dafs bei der Classenordnung nur der Landbesitz zum Mafsstabe genommen wurde, hatte seinen Grund offenbar in der Ueberzeugung des Gesetzgebers, dafs dieser allein die solideste Basis eines guten Staatsbürgerthums sei, und in der hieraus entspringenden Absicht, dafs möglichst viele Bürger gerade an diesem Besitzthum festhalten sollten, von dem allein ihre gröfsere oder geringere staatsbürgerliche Geltung abhing. Und wie sehr ihm daran gelegen sei, eine zahlreiche Classe von Landbesitzern zu erhalten, zeigte er durch das Gesetz, welches ein bestimmtes Mafs festsetzte, über welches hinaus Niemand Landbesitz haben sollte,[2]) damit nämlich nicht das Land in die Hände weniger Reichen gerathen und so die Zahl der mittleren oder kleinen Besitzer vermindert werden möchte. Nur die staatsbürgerlichen Rechte aber und die Verpflichtung zum Kriegsdienst waren nach den Vermögensclassen abgestuft, nicht die etwa vorkommende Besteuerung: dies darf man nicht aufser Acht lassen, wenn man die solonische Classenordnung richtig beurtheilen will. Eine **regelmäfsige** Besteuerung des Vermögens oder Einkommens nach den Classen fand weder jetzt, noch, wie wir sehen werden, späterhin statt. Die Leistungen aber, die jetzt etwa aus

---

ich auf Böckh Staatsh. I S. 647, und wegen der von Grote dagegen erhobenen Bedenken auf meine Verfassungsgesch. Athens (Leipz. 1854) S. 23.
1) Plut. Sol. c. 2.   2) Aristot. Polit. II, 4, 4.

dem Vermögen zu bestreiten sein mochten, wie z. B. die Beisteuern in den Naukrarien, wurden gewifs nicht nach den Classen, sondern nach einem andern Modus repartirt, worüber es uns indessen an allen Angaben fehlt. Als späterhin wirklich ein Besteuerungsmodus nach den Classen eingeführt wurde, so wurde nun auch bei der Classeneintheilung nicht mehr blofs der Landbesitz, sondern auch das anderweitige Vermögen berücksichtigt, obgleich die auf jenen bezüglichen Benennungen der Classen noch längere Zeit beibehalten wurden. Was aber die Rechte und Pflichten der verschiedenen Classen betrifft, so verlieh Solons Gesetzgebung die Wählbarkeit zu obrigkeitlichen Aemtern nur den drei obern, zu den höchsten Aemtern, wie zu dem der Archonten, nur der ersten Classe. Aus den beiden obern Classen allein wurde auch die Reiterei ausgehoben. Die dritte war nur zum Hoplitendienste verpflichtet, von dem aber, wie sich von selbst versteht, auch die beiden obern nicht ausgeschlossen waren. Die vierte Classe, die der Theten, war von allen obrigkeitlichen Stellen ausgeschlossen, besafs aber das Recht, in den allgemeinen Volksversammlungen, wo theils die Obrigkeiten gewählt, theils andere das Gemeinwesen betreffende Beschlüsse gefafst wurden, mitzustimmen, und ferner zum Beisitz in den grofsen Geschwornengerichten, wenn dergleichen vorkamen, berufen zu werden. Dagegen waren die Theten vom Kriegsdienste als Hopliten befreit: nur als Leichtbewaffnete oder zur Bemannung der Flotte mochten sie aufgeboten werden, und wurden dann wohl auch vom Staate besoldet. Die Uebrigen dienten ohne Sold, sowie auch die obrigkeitlichen Aemter alle unbesoldet waren.

Als oberste berathende Behörde setzte Solon ein Rathscollegium ($\beta ov\lambda\acute{\eta}$) von vierhundert Personen ein, hundert aus jeder der vier Phylen, die aus den obern drei Classen wahrscheinlich durch Wahl, nicht, wie späterhin, durchs Loos ernannt wurden, und jährlich wechselten. Das oben erwähnte Collegium der Naukraren ging jetzt ein, und seine Geschäfte gingen an diesen Rath der Vierhundert über, in welchem, wie nicht zu bezweifeln, auch die neun Archonten jetzt noch safsen. Der Rath war die vorbereitende Behörde für die Verhandlungen der Volksversammlung, an welche nichts gebracht werden konnte, als vermittelst eines Senatsbeschlusses. In welchen Fällen das Volk zu befragen sei, in welchen nicht, blieb gewifs gröfstentheils dem eigenen Ermessen des Rathes überlassen. Nur einige wenige Gegenstände waren durch das Gesetz ausschliefslich der Volksversammlung vorbehalten: was nicht zu diesen gehörte, kam nur ausnahmsweise und wegen besonderer Umstände an sie; in der Regel ward es vom Rathe selbständig abgemacht. — Die Rechtspflege ward den verschiedenen obrigkeitlichen Beamten, vorzugsweise den neun Archonten anvertraut, deren jeder wieder einen besonderen Zweig derselben verwaltete, und die an ihn gebrachten Sachen entweder an einen Richter verwies, oder auch selbständig entschied. Doch stand in beiden Fällen den Unterliegenden die Berufung an ein höheres Gericht frei, welches aus einer größeren Anzahl von Geschwornen gebildet wurde. Die zum Beisitz in diesem Geschwornengerichte Berufenen wurden aus dem gesammten Volke jährlich ausgehoben, ob durchs Loos, oder durch Wahl, müssen wir dahin gestellt sein lassen. Ihre Gesammtheit, deren Zahl in dieser Periode wir nicht kennen, hiefs Heliäa, welches auch der Name eines, und zwar des gröfsten Gerichtslocales war. Es gab übrigens auch Localrichter, welche in den einzelnen Ortschaften über geringere Sachen Recht sprachen. Die Heliasten fungirten in Civilsachen schwerlich anders, denn als Appellationsinstanz, in Criminalsachen aber gewifs öfters als erste und zugleich einzige Instanz. Nur für die im engeren Sinne sogenannte Blutgerichtsbarkeit blieb das Collegium der Epheten bestehen, wiewohl nicht ganz in der von Drakon angeordneten Weise. Denn einen Theil, und zwar gerade den wichtigeren, entzog Solon diesem, und übertrug ihn dem von ihm neu organisirten areopagitischen Rathe, welcher aus einer unbestimmten Anzahl lebenslänglicher Beisitzer bestand, und sich aus den abtretenden Archonten jedes Jahres, die ihr Amt tadellos geführt hatten, ergänzte. Diesen areopagitischen Rath bestellte Solon zugleich als eine Oberaufsichtsbehörde, welche die gesammte Staatsverwaltung, die Amtsführung der Obrigkeiten, die Verhandlungen der Volksversammlung zu überwachen und erforderlichen Falles einzuschreiten, dazu aber ganz allgemein auch die öffentliche Zucht- und Sittenpolizei zu handhaben, und in Folge dessen das Recht hatte, auch die Privaten wegen anstöfsigen Betragens zur Verantwortung zu ziehen.

Dies sind die Grundzüge der Solonischen Verfassung, die wir später, soweit es thunlich ist, im Einzelnen weiter auszuführen, und die Ausbildung und Umbildung, die sie im Lauf der Zeit erfuhr, anzugeben haben werden. Solon selbst rühmt sich, dafs er durch sie dem Volke soviel Antheil an der Regierung gegeben, als zweckmäfsig gewesen, und ihm von der gebührenden Beachtung weder etwas vorenthalten noch etwas darüber hinaus gewährt, aber auch den Reichen und Vornehmen nichts Ungebührliches auferlegt oder zugestanden, sondern ein gerechtes Gleichgewicht zwischen beiden bewirkt habe.[1]) Und ich denke, er hat Recht sich so zu rühmen. Er nennt zwar, was er dem Volke gewährt habe, δήμου κράτος; aber von dem, was wir Demokratie nennen, und was auch die Griechen so nannten, war dies doch weit genug entfernt. Die Gewalt der allgemeinen Volksversammlung war durch den Rath, dem das Recht sie zu berufen und zu leiten zustand, und durch das Oberaufsichtsrecht des Areopag in einer Weise beschränkt, dafs die Gefahr einer Herrschaft des grofsen Haufens nicht zu besorgen war. Das Recht, sich die Obrigkeiten, denen es gehorchen sollte, auch zu wählen, durfte dem Volke unbedenklich anvertraut werden, da es selbst das gröfste Interesse dabei hatte, gut zu wählen, da es ferner nicht unterschiedslos aus der Masse, sondern nur aus der wohlhabenderen, also auch gebildeteren Classe wählen konnte, und da endlich gegen schlechte Wahlen ein Correctiv gegeben war in der Dokimasie oder Prüfung der Gewählten, worüber später das Nähere anzugeben sein wird. Ebensowenig bedenklich konnte es scheinen, dem Volke das Recht zuzugestehn, als Geschworne über Vergehungen theils der Beamten theils der Privaten zu richten, wenn erstens die Geschwornen nicht durch den Zufall des Looses, sondern, wie es wahrscheinlicher ist, durch Wahl ernannt wurden, und zwar nur aus den Männern reiferen Alters, wenigstens über dreifsig Jahre, die überdies durch einen feierlichen Eid an die Pflicht gewissenhafter Prüfung gemahnt wurden, wozu noch kommt, dafs, da die Mühwaltung der Geschworenen unentgeltlich war, der grofse Haufe sich ihrer gewifs gern überhoben sah, und also in der Regel nur Leute aus der gebildeteren Classe als Geschworne fungirten. Die Classenordnung selbst aber entzog dem früher herrschenden Adel zwar sein bisheriges ausschliefsliches Recht,[2]) liefs ihm aber immer noch einen vorzüglichen Antheil an der Staatsgewalt. Denn es ist gewifs, dafs die Besitzer gröfserer Güter, welche den Census der ersten oder zweiten Classe erreichten, alle oder fast alle unter den Eupatriden waren, die unadelichen Gutsbesitzer aber

---

1) Plutarch. Sol. c. 18.
2) Aus den von Plutarch Aristid. c. 1 angeführten Worten des Demetrius von Phaleron, dafs die Archonten bis auf Aristides nur ἐκ τῶν γενῶν τῶν τὰ μέγιστα τιμήματα κεκτημένων genommen seien, hat Niebuhr R. G. I S. 489 geschlossen, dass nur die Eupatriden zum Archontenamt haben gelangen können, nämlich in der ganz unerweislichen Voraussetzung, dafs auch in Athen die Geschlechter nur den Adel enthalten haben.

meistentheils nur der dritten Classe angehörten. Da aber die politischen Rechte nicht mehr an die Geburt, sondern an den Besitz geknüpft waren, so war damit auch jedem der Weg geöffnet, sich, wenn es ihm gelang, sich zur Classe der reicheren Gutsbesitzer zu erheben, dadurch rechtlich den Adelichen gleich zu stellen, wogegen der Adeliche, wenn er verarmte, dem reicheren Unadelichen nachstand, und so das schlimmste Uebel, ein armer und doch bevorrechteter Adel, vermieden wurde. Solons Verfassung war also ebensowenig eine Oligarchie, als sie eine Demokratie war: der einzig passende Name für sie ist Timokratie, und zwar war sie eine solche Timokratie, wie sie am ersten geeignet scheinen durfte, dem Ideal einer Aristokratie sich wenigstens anzunähern. Denn der Census, an welchen Solon die staatsbürgerliche Berechtigung knüpfte, war gerade hoch genug, um den grofsen Haufen, der nothwendig der Mehrzahl nach roh und ungebildet ist, nicht aber um die achtbare Classe der mäfsig Begüterten auszuschliefsen; die Möglichkeit, sich auch zu den höheren Classen emporzuarbeiten, war Keinem abgeschnitten, und Jedem war eine Laufbahn eröffnet, auf der er, wenn er sich die Achtung und das Vertrauen seiner Mitbürger gewann, zu den höchsten Ehren gelangen konnte. Eine Verfassung, die dies den Bürgern gewährte, mufste unfehlbar die Wirkung haben, auch den Eifer zu wecken, und den Trieb, sich im Dienste des Gemeinwesens hervorzuthun, erhöhen: und wer sich diesem entzog und lediglich sein Privatinteresse verfolgte, der mochte immerhin für einen guten Mann gelten, auf die Ehre aber, auch für einen Bürger wie er sein sollte zu gelten, konnte er keinen Anspruch machen. Und wie sehr Solon eine solche egoistische Zurückziehung von der Theilnahme an den öffentlichen Angelegenheiten mifsbilligte, erhellt auch aus dem Gesetze, dafs, wer bei inneren Zwistigkeiten, namentlich wenn die Parteien in Waffen gegen einander standen, parteilos zu bleiben beharrte, der staatsbürgerlichen Ehrenrechte verlustig gehen sollte.[1]) Im übrigen legte Solon der individuellen Freiheit der Bürger, und der Ausbildung und Entwickelung ihrer Kräfte und Fähigkeiten nach allen Richtungen hin keine beengenden Fesseln an. Nur Unsittlichkeiten, die ein öffentliches Aergernifs gaben, waren der Rüge und Ahndung des Areopag unterworfen: sonst mochte Jeder thun und treiben, wozu er Beruf und Neigung in

---

[1] Plutarch. Sol. c. 20 u. Gellius II, 12, wo die genauere Bestimmung nach Aristoteles angegeben wird.

sich fühlte. Auch die untergeordneten Thätigkeiten erwerbsmäfsiger Betriebsamkeit wurden nicht als unehrenhaft angesehn, geschweige dafs sie den Bürgern untersagt gewesen wären, und die höchsten und freiesten Entfaltungen künstlerischen und wissenschaftlichen Strebens wurden nicht engherzig beargwohnt, sondern fanden in Athen die lebhafteste Anerkennung und Theilnahme. Beständiges Fortschreiten in der Ausbildung, das war Solons eigenes Leben, wie er selbst es von sich aussagt:[1]) und fortschreiten müsse und werde, das wufste er, auch sein Volk. Deswegen sah er auch ein, dafs seine Gesetze, so wie er sie gegeben, nicht für alle Zeiten den Bedürfnissen und dem Bildungszustande des Volkes entsprechen, sondern dafs Abänderungen nöthig sein würden, und er trug im Voraus Sorge dafür, dafs dergleichen Abänderungen auf regelmäfsige Weise möglich, aber auch dafs vorschnelle und unzweckmäfsige Neuerungen verhütet werden möchten, durch die Anordnung der Nomothesie, die wir später zu schildern haben werden. Die spartanischen Gesetze waren darauf berechnet, den Staat für alle Zeiten in der Gestalt festzuhalten, die dem Gesetzgeber als die beste erschien, und diese Gestalt war eine einseitige, ungerechte, auf Gewalt und Unterdrückung beruhende. Es konnte Einer ein trefflicher Bürger Sparta's, und doch von wahrhaft menschlicher Trefflichkeit weit entfernt sein: in Athen war die Vereinigung menschlicher und bürgerlicher Tugend in höherem Grade als in irgend einem andern griechischen Staate möglich; und das war die Frucht der Gesetzgebung Solons.

ee) Entwickelung der Demokratie.

Dafs Solons Verfassung nicht sofort, nachdem sie gegeben war, auch schon ihre Wirkung vollständig äufsern konnte, versteht sich von selbst.[2]) Die extremen Parteien waren in ihren Ansprüchen nicht befriedigt: sie hatten mehr verlangt, als Solon ihnen gewährt hatte, die Kämpfe brachen wieder aus, und verschafften einem klugen und kühnen Parteiführer, dem Pisistratus, Gelegenheit, sich der Tyrannis, die früher Kylon erfolglos

---

1) Γηράσχω δ' αἰεὶ πολλὰ διδασκόμενος. Plut. Sol. c. 31.
2) Nichts kann ungerechter sein als Hegels Urtheil, Gesch. d. Phil. I S. 181: „Eine Verfassung, die dem Pisistratus gestattete sich sogleich zum Tyrannen aufzuwerfen, welche so wenig kraftvoll, in sich organisch war, dafs sie ihrem Umsturz nicht begegnen konnte, setzt einen innern Mangel voraus."

erstrebt hatte, wirklich zu bemächtigen, und sich, nachdem er sie mehrmals verloren und wiedergewonnen hatte, nicht nur selbst bis zu seinem Tode in ihr zu behaupten, sondern auch sie seinen Söhnen zu hinterlassen: Ereignisse, die zu erzählen hier nicht der Ort ist. Uebrigens wurden die Formen der Solonischen Verfassung von Pisistratus und seinen Söhnen bewahrt, soweit sich dies mit ihrer Herrschaft vertrug, und insofern kann man sagen, dafs die Tyrannis dem Bestande derselben förderlicher gewesen sei, als wenn die Kämpfe der Parteien fortgewährt und bald die eine bald die andere die Oberhand gewonnen hätte. Als aber nach dem Sturze der Pisistratiden die Kämpfe aufs neue ausbrachen, und der Adel unter der Führung des Isagoras eine Zeitlang den Sieg gewann, da lief in der That das Volk Gefahr, die Freiheit, die Solon ihm zugedacht hatte, zu verlieren, wenn es nicht dem Klisthenes gelungen wäre, jene Adelspartei zu besiegen. Um aber den Erfolg des Sieges zu sichern, dem Adel die Mittel, durch die er immer noch mächtig war, zu entziehen, und dagegen das Volk zu verstärken, traf er mehrere Einrichtungen, durch welche die Solonische Verfassung wesentlich modificirt und ihr ein etwas mehr demokratischer Charakter gegeben wurde. Fürs erste vermehrte er die Zahl des Volkes durch Einbürgerung vieler in Attika ansäfsiger Nichtbürger oder Metöken, zu welcher Classe auch die Freigelassenen gehörten.[1]) Sodann schaffte er die bisherige Eintheilung des Volkes in vier Phylen zwar nicht eigentlich ab,[2]) nahm ihr aber ihre frühere Bedeutung, indem er eine neue auf ganz andern Grundlagen basirte Eintheilung in zehn Volksabtheilungen einführte, die ebenfalls Phylen hiefsen, und deren jede wieder in fünf Naukrarien und in doppelt soviele kleinere Verwaltungsbezirke zerfiel, die mit einem allerdings schon ältern aber in diesem Sinne neuen Namen Demen genannt wurden. Das Nähere über diese Eintheilung mufs für eine spätere Darstellung verspart werden: für jetzt genügt die Bemerkung, dafs diese Neuerung theils freilich wohl darin ihren Grund hatte, dafs eine Einreihung der vielen neuaufgenommenen Bürger in die alten Abtheilungen nicht thunlich schien, theils aber gewifs auch darin, dafs durch den mit jener neuen Eintheilung verbundenen neuen Organismus der Verwaltung der Adel des Einflusses, den er bisher in den ländlichen Districten geübt, und der in alt-

---

1) Aristot. Polit. III, 1, 10.
2) Es bestanden wenigstens die vier Phylobasileis auch noch späterhin. S. Meier in Att. Proc. S. 116 u. de gent. att. p. 7 not. 22.

gewohnten Gefühlen der Anhänglichkeit und Unterordnung eine Stütze gehabt hatte, beraubt werden, und das Volk sich selbständiger und freier zu bewegen lernen sollte. Im Zusammenhange mit der Vermehrung der Phylen stand aber die Vermehrung des Rathes von Vierhundert auf Fünfhundert, Funfzig aus jeder Phyle, und vielleicht auch eine Vermehrung der gleichmäfsig aus den Phylen ausgehobenen Heliasten, jedoch schwerlich schon jetzt in so grofser Zahl, als später, wo ihrer nicht weniger als sechstausend waren. Auch das Beamtenwesen mag in Folge der vermehrten Phylenzahl einige Veränderungen erfahren haben, da wir viele Collegien von zehn Personen, den Phylen entsprechend, kennen lernen, obgleich sich freilich nichts Gewisses darüber ermitteln läfst, welche derselben schon jetzt, welche erst später gestiftet sein mögen. Von grofser Wichtigkeit ist aber eine andere dem Klisthenes zuzuschreibende Mafsregel, nämlich die Besetzung mehrerer und zwar bedeutender Aemter, namentlich des Collegiums der neun Archonten, nicht mehr, wie bisher, durch Volkswahl, sondern durch das Loos. Manche haben es freilich ganz unglaublich gefunden,[1]) dafs eine solche Besetzungsart, die ihnen nur der absolutesten Demokratie angemessen scheint, schon von Klisthenes eingeführt sein sollte; wir haben indessen schon früher bemerkt,[2]) dafs die Anordnung des Looses nicht immer als Beweis demokratischer Schrankenlosigkeit angesehen werden dürfe, sondern dafs man dazu auch gegriffen habe als einem Mittel, um die bei Volkswahlen nur allzuleicht vorkommenden Intriguen oder Parteikämpfe zu vermeiden. Und gerade in dieser Zeit, da Klisthenes das Loos einführte, war ja Athen von den heftigsten Parteikämpfen bewegt worden, denen durch Wahlumtriebe in den Volksversammlungen neue Nahrung zu geben wohl gefährlich scheinen konnte. Sodann aber ist nicht zu vergessen, dafs die Loosung nicht unter einer ohne Unterschied aus allen Classen auftretenden Anzahl von Bewerbern stattfand, sondern dafs nur Bürger der drei oberen, und um die Archontenstellen nur Bürger der ersten Classe, also nur Wohlhabende und Gebildete, als Bewerber zugelassen wurden. Ja es könnte Einer deswegen versucht werden, die Anordnung des Klisthenes sogar als eine antidemokratische zu betrachten, indem sie dem Volke das Recht nahm, zu dem Amte, welches nur einer bevorrechteten

---

1) Z. B. Grote, dessen Scheingründe ich widerlegt zu haben glaube in der Verfassungsgesch. Ath. S. 68 ff.
2) S. S. 189 u. 156.

Classe zugänglich war, wenigstens nur Männer seines Vertrauens
zu erheben, und es statt dessen auf den Zufall des Looses ankommen liefs, ob nicht auch Leute, die das Volk nimmer erwählt
haben würde, zu dem Amte gelangten. Aber gewifs war dies in
den Augen des Klisthenes das kleinere Uebel, und wurde durch
die Beseitigung der in dieser Zeit vor allem zu fürchtenden
Parteiumtriebe mehr als aufgewogen. Sicherlich gab es auch
Mittel, um ungeeignete Bewerber auszuschliefsen, sowie es erweislich Mittel gab, dergleichen Leute, wenn das Loos ihnen
günstig gewesen war, doch noch zu beseitigen. Späterhin freilich,
als die Bewerbung Jedem aus dem Volke freistand, gelangten oft
sehr untergeordnete Personen in das Collegium der Archonten;
aber in den Zeiten zunächst nach Klisthenes finden wir unter
ihnen die bedeutendsten Männer, einen Themistokles, Aristides,
Xanthippus, was keinesweges beweist, dafs damals noch Volkswahl, nicht Loos stattgefunden,[1]) sondern nur, dafs auch die
Angesehensten es nicht verschmäht haben, sich zum Loose zu
melden, was sie späterhin, als das Amt für Jeden ohne Unterschied erreichbar geworden war, unterliefsen. Und es ist auch
wohl unbedenklich anzunehmen, dafs nun dasselbe, eben weil
Jedermann dazu gelangen konnte, in seinen Functionen mehr
und mehr beschränkt worden sei, wogegen früher die Archonten an der Spitze der Regierung standen und die Leitung
der wichtigsten Angelegenheiten ihnen anvertraut war.[2]) — Endlich ist auch noch des Ostracismus Erwähnung zu thun, dessen
Einführung in Athen ebenfalls zu Klisthenes' Mafsregeln gehört,
über dessen Wesen und Bedeutung aber wir nur auf das zu verweisen brauchen, was früher darüber gesagt worden ist.[3])

Nicht lange nach diesen Reformen des Klisthenes traten die
Perserkriege ein, in denen das athenische Volk glänzend bewies,
welche Tüchtigkeit der Gesinnung, welcher Muth zu edlen Ent-
schlüssen und welche Kraft zu männlichen Thaten ihm beiwohne.
Der Sieg bei Marathon, den Athen fast allein gewann, — denn
nur tausend Platäer fochten neben neun- oder zehntausend Athe-

---

1) Wie Niebuhr meinte, Vorles. üb. alte Gesch. II S. 28. Was namentlich den Aristides betrifft, so ist Plutarch Ar. c. I zu der Annahme geneigt,
dafs er aufserordentlich ohne Loos gewählt sei, woraus wenigstens erhellt,
dafs auch Plut. an der Loosung als Regel nicht gezweifelt habe. Ueber die
Auctorität des Isocrates habe ich in der Verfassungsgesch. v. Ath. S. 74 das
Nöthige gesagt. Wer sie dennoch für gewichtig hält, mit dem ist freilich
nicht zu streiten. Vgl. auch Curtius gr. Gesch. I. Anh. S. 637.
2) S. oben S. 344. 3) S. S. 193f.

nern, — und der Sieg bei Salamis, zu dem es die übrigen Griechen beinahe wider ihren Willen nöthigte, befreite Griechenland von der Gefahr, unter die Botmäfsigkeit orientalischer Barbarei und Despotie zu verfallen, und erwarb den Athenern den gerechtesten Anspruch auf den Ruhm, welchen Pindar ihnen zusprach, die stützende Säule von Hellas zu sein. Und dieser Ruhm gebührte nicht blofs dem unverzagten Muthe und den klugen Rathschlüssen der Führer, er gebührte dem Volke, welches jenen Muth zu theilen und jene Rathschlüsse zu vollführen fähig war, und in dem Volke nicht blofs den höhergestellten und begüterten, sondern in gleichem Mafse den niederen und ärmeren Bürgern. Deswegen achtete auch Aristides, der Staatsmann, den seine Mitbürger vorzugsweise den Gerechten nannten, es für gerecht, dafs fortan die Schranken aufgehoben würden, welche die ärmeren Bürger von den Staatsämtern ausschlossen.[1]) Nicht als ob er gemeint hätte, Jeder ohne Unterschied sei dazu berufen und tüchtig, sondern weil er bedachte, dafs die wirklich tüchtigen, deren es doch auch in der untersten Classe gab, es als eine verletzende Kränkung empfinden mufsten, nur deswegen ausgeschlossen zu sein, weil sie nicht den Census der höheren Classen besäfsen. Ueberdies müssen wir uns erinnern, dafs die Bürger der vierten Classe keinesweges alle zu den ärmeren gehörten. Es gab unter ihnen auch Wohlhabende, die nur nicht so viel Landbesitz hatten, als der Census der drei oberen Classen erforderte. Und gerade diese Art des Wohlstandes war in Athen seit Solons Zeit bedeutend gewachsen: Handel und Gewerbe waren in rascher Entwickelung begriffen und gewannen nicht geringere Wichtigkeit als der Landbau. Dazu aber kam noch, dafs der Krieg, indem Attika wiederholentlich von den Schaaren der Perser verheert wurde, den Landbesitzern besonders verderblich gewesen war.[2]) Manche unter ihnen waren verarmt und aufser Stande, ihre niedergebrannten Höfe wieder aufzubauen, ihre zer-

---

1) Plutarch. Aristid. c. 22: γράφει ψήφισμα, κοινὴν εἶναι τὴν πολιτείαν καὶ τοὺς ἄρχοντας ἐξ Ἀθηναίων πάντων αἱρεῖσθαι. Wegen des Ausdruckes αἱρεῖσθαι, den Grote als Beweis für seine Meinung mifsbraucht, verweise ich, aufser dem in der Verfassungsgesch. Ath. S. 75. gesagten noch auf Isocr. Areop. §. 38. Plutarch. Demetr. c. 46. Pausan. 1, 15, 4, wo ebenfalls αἱρεῖσθαι in allgemeiner Bedeutung steht, nicht in der engeren, der Loosung entgegengesetzten. — Uebrigens blieben, wie wir später sehen werden, gewisse Aemter fortwährend nur den Pentakosiomedimnen zugänglich.
2) Plutarch. Aristid. c. 13.

störten Wirthschaften wieder einzurichten, und mufsten sich daher entschliefsen, sich eines Besitzthums zu entäufsern, das sie doch nicht mehr zu nutzen vermochten. Auch diese traten nothwendig in die vierte Classe: aber nun zu dem unverschuldeten Verlust ihres Gutes auch noch die Schmälerung ihrer politischen Rechte hinzuzufügen, würde so viel gewesen sein, als sie wegen der Opfer, die sie dem Vaterlande gebracht hatten, obendrein noch zu bestrafen. Dies ohne Zweifel waren die Gründe, die den Aristides bei seinem Gesetze leiteten, welches wir mithin als ein gerechtes anzuerkennen, nicht als ein demokratisches zu schelten haben. Auch war die Gefahr, dafs nun die Aemter vorzugsweise den Aermeren zufallen würden, damals noch schwerlich zu besorgen. Die Aermeren zogen es gewifs vor, ihre eigenen Geschäfte zu betreiben, von denen ihr Unterhalt abhing, statt sich Amtsgeschäfte aufzuladen, für die sie nicht bezahlt wurden, und das Gesetz des Aristides hatte wesentlich keine andere Wirkung, als die frühere einseitige Bevorzugung der ländlichen Grundbesitzer aufzuheben und auch den Gewerbetreibenden und Capitalisten ohne Landbesitz den Zutritt zu den Aemtern zu gewähren,[1]) wodurch keinesweges eine totale Revolution in dem bisherigen politischen System bewirkt und schon absolute Demokratie ins Leben gerufen werden mufste. Weit mehr demokratisch aber waren die Mafsregeln, welche nach Aristides Tode von anderen Staatsmännern ausgingen, um den Rath, die Volksversammlung und die Gerichte in gröfserem Mafse als bisher mit Leuten auch aus der untersten Classe anzufüllen. Solange für die Functionen im Rathe oder in den Gerichten und für den Besuch der Volksversammlungen nichts bezahlt wurde, hielten die Aermeren sich meistens gerne davon fern;[2]) als aber für den Aufwand an Zeit und Mühe eine, wenn auch nur sehr mäfsige Entschädigung gegeben wurde, entzogen sie sich jenen Functionen weniger. Die Einführung dieser Entschädigungen oder, wie die Athener sie nannten, Besoldungen fällt in die Zeit der perikleischen Staatsverwaltung, und ist zum Theil durch ihn selbst, zum Theil wenigstens in Uebereinstimmung mit seiner Politik erfolgt,

---

1) Dafs es nicht blofs Arme, sondern auch Wohlhabende ohne Landbesitz gegeben, ist an sich nicht zu bezweifeln und mag auch von Aristophanes bezeugt werden, Ecclesiaz. v. 632 Inv. Doch sehen wir aus Dionys. v. Hal. üb. Lysias c. 32, dafs in der Zeit zunächst nach dem peloponnesischen Kriege nur etwa der vierte Theil der Bürger ohne Landbesitz war.
2) Aristoph. Eccles. v. 183.

die allerdings das demokratische Element im Staate zu verstärken suchte, zwar nicht als Zweck, aber als Mittel. Seit den Perserkriegen war Athen in Wahrheit der erste Staat in Griechenland, und stand an der Spitze einer zahlreichen Bundesgenossenschaft, gröfser an Umfang und Macht als die Bundesgenossenschaft der Spartaner. In dieser Stellung sich zu behaupten, den Mifsgünstigen zu begegnen, die Abgeneigten festzuhalten, mufste es alle seine Kräfte anstrengen und den Kampf nicht scheuen. Aber gerade unter den wohlhabenderen Classen war die Bereitwilligkeit zu solchen Anstrengungen und Kämpfen weniger zu finden: sie wollten Ruhe und Frieden, und waren um diesen Preis auch zu manchen Concessionen an die Gegner geneigt, wogegen die Aermeren weit leichter auf die Absichten des Perikles eingingen, die Macht des Staates zu behaupten oder zu erweitern, wobei für sie selbst nur Gewinn, nicht Verlust zu erwarten war. Deswegen war es dem Perikles darum zu thun, ihrer eine gröfsere Anzahl in die Versammlungen zu bringen, von denen die Entscheidung über öffentliche Mafsregeln abhing, und dies war der Grund, weshalb die Besoldungen eingeführt wurden, die übrigens anfangs nur sehr mäfsig waren, für den Besuch der Volksversammlungen und die Function in den Gerichten nicht mehr als ein Obol, bis spätere Demagogen nach Perikles sie auf das dreifache erhöhten.[1]) So lange übrigens dieser an der Spitze des Staates stand, lenkte er das Volk nach seinem Willen,[2]) und es ist gleich ehrenvoll für ihn, dafs er es zu lenken verstand, als für das Volk, dafs es sich von ihm lenken liefs. Selbst die Spenden, die er aufser jenen Besoldungen einführte, die sogenannten Theorika, um derentwillen er so viel gescholten worden ist, möchte ich nicht so unbedingt verdammen. Die Athener waren zu Perikles Zeiten gewissermafsen mit einem stehenden Heere zu vergleichen, da sie stets gerüstet und bereit sein mufsten, zu kämpfen, wenn es galt, ihre Symmachie, sei es gegen die Perser, sei es gegen sonstige Gegner zu vertheidigen. Die Bundesgenossen gaben Geld, stellten auch wohl Mannschaft; aber die Hauptsache, die meiste Arbeit des Krieges, lag doch immer den

---

1) S. Böckh Staatsh. I S. 320 u. 328. Wenn auch der Ekklesiastensold auf den Antrag des Kallistratus eingeführt wurde, so geschah dies doch gewifs im Einverständnifs mit Perikles. Ueber jenen vgl. Schaefer, Demosth. u. s. Zeit I S. 10. Was sich zur Rechtfertigung des Richtersoldes sagen läfst, findet man bei Curtius II[3] S. 201.
2) Thucydides II, 65 sagt von seiner Staatsverwaltung: $\dot{\varepsilon}\gamma\dot{\iota}\gamma\nu\varepsilon\tau o$ $\lambda\dot{o}$-$\gamma\omega$ $\mu\dot{\varepsilon}\nu$ $\delta\eta\mu o\kappa\rho\alpha\tau\dot{\iota}\alpha$, $\ddot{\varepsilon}\rho\gamma\omega$ $\delta\dot{\varepsilon}$ $\dot{\upsilon}\pi\dot{o}$ $\tau o\tilde{\upsilon}$ $\pi\rho\dot{\omega}\tau o\upsilon$ $\dot{\alpha}\nu\delta\rho\dot{o}\varsigma$ $\dot{\alpha}\rho\chi\dot{\eta}$.

Athenern ob. War es denn so unbillig, dafs ihnen dafür nicht blofs dann, wenn sie wirklich Krieg führten, Sold gezahlt ward, sondern dafs ihnen auch in Friedenszeiten aus den eigentlich freilich nur zur Kriegsführung bestimmten Geldern einiges vor den Bundesgenossen voraus zu Gute kam? Und wie wenig war dies am Ende in Vergleich mit den Summen, welche heutzutage die Besoldung der stehenden Heere in Friedenszeiten kostet. Aufserdem mochte aber bei der Einführung der Theoriken auch noch die Absicht sein, die Armen weniger von dem Einflufs abhängig zu machen, den sich die Reichen, wie Kimon, durch ihre Freigebigkeit zu verschaffen wufsten.[1]) Und endlich wollen wir auch nicht unbemerkt lassen, dafs von jenem Gelde wenigstens ein Theil wieder in die Staatscasse zurückflofs, indem der Theaterpächter, an den die Zuschauer das Eintrittsgeld zahlten, dem Staate dagegen eine Pacht zu zahlen hatte.[2])

Eine andere demokratische Mafsregel dieser Zeit, zwar nicht vom Perikles selbst, aber doch von einem Staatsmann derselben Richtung, dem Ephialtes, ausgegangen, war die Verminderung der Gewalt des Areopag, dem sein bisheriges Oberaufsichtsrecht über die gesammte Staatsverwaltung entzogen und nur die Blutgerichtsbarkeit gelassen wurde.[3]) Wir wissen aber in der That allzuwenig über jenes Oberaufsichtsrecht, und namentlich über die Mittel, die dem Areopag zu Gebote standen, es wirksam auszuüben, als dafs wir über die Abschaffung desselben ein ganz sicheres Urtheil aussprechen könnten. Das aber ist wohl mit Gewifsheit anzunehmen, dafs der Areopag zum gröfsten Theil der conservativen und ruheliebenden Partei angehörte, und die Absichten des Perikles und der Seinigen oft genug zu hintertreiben suchte, und dafs dies der Grund war, ihn zu schwächen. Statt seiner aber wurde zur Beaufsichtigung und Controle des Rathes, der Volksversammlung und der Magistrate eine neue Behörde eingesetzt, ein Collegium von sieben Nomophylakes oder Gesetzwächtern, von deren Wirksamkeit indessen die Geschichte schweigt. Nicht zu leugnen aber ist, dafs durch die Beseitigung des Areopag als Oberaufsichtsbehörde auch über die öffentliche Zucht das Volk einer aristokratischen Schranke entledigt wurde, die man wohl als heilsam und nothwendig be-

---

1) So meint auch Plutarch, Pericl. c. 9. vgl. Cim. c. 10.
2) Böckh, Staatsh. I S. 309.
3) Philochor. in dem rhet. Wörterb. im Anh. zum Photius p. 674 Pors. p. XXVf. Meier. oder bei C. Müller, fr. histor. I p. 407.

trachten, und deswegen ihre Beseitigung beklagen durfte, wie es z. B. Aeschylus in den Eumeniden thut.

f) Entartung und Verfall.

Die also entfesselte Demokratie mochte eine Zeitlang gesund bleiben und dem Gemeinwesen frommen; auf die Dauer war dies nicht möglich. Schon der Umstand, dafs Athen seit den Perserkriegen fast ausschliefslich ein Seestaat geworden war, dafs seine Kriegsmacht in der Flotte bestand, Schifffahrt, Handel und die damit zusammenhängenden Gewerbe eine Hauptnahrungsquelle der Einwohner wurden, führte die Gefahr einer leichten Entartung herbei.[1]) Denn er füllte die Stadt mit einer zahlreichen Bevölkerung niederer Classe, die in den allgemeinen Volksversammlungen immer die überwiegende Mehrzahl ausmachte und die Entscheidung über die wichtigsten Angelegenheiten in Händen hatte, da nur nach Köpfen, nicht nach den Classen gestimmt wurde. Perikles hatte durch die Macht seiner Persönlichkeit auch diese Menge nach seinem Willen zu lenken gewufst; aber als er todt war, vermochte keiner der nachfolgenden Staatsmänner ihn zu ersetzen. Die, welche jetzt Demagogen hiefsen, waren nicht sowohl Führer des Volks, als Ehrgeizige, die sich wetteifernd um die Volksgunst bewarben, und die in diesem Wetteifer einander durch demokratische Mafsregeln überboten. Zu diesen gehört die Vervielfältigung der durch Perikles eingeführten Theorikenspenden, die Erhöhung des Lohnes für die Volksversammlungen und für die Gerichtssitzungen, die sykophantischen Vexationen der Reichen, die man dem souveränen Volke verdächtig machte und ihre Verurtheilung bewirkte, damit durch Vermögensconfiscationen oder grofse Geldbufsen die Staatscasse bereichert und so die Mittel für Spenden und Besoldungen vermehrt würden.[2]) So entstand in Athen ebenso wie in allen anderen Staaten, wo die Demokratie das Uebergewicht erlangte, eine feindselige Spaltung zwischen oligarchisch und demokratisch Gesinnten: auf jener Seite die Minderzahl der Begüterten und Gebildeten, die mit Unwillen sich der Herrschaft des grofsen Haufens unterworfen sahen, auf der andern Seite

---

1) Vgl. Arist. Polit. V, 2, 12.
2) Vgl. z. B. Lys. g. Epikrat. §. 1 u. g. Nikomach. §. 22. Aristoph. Equ. 1370. Isocrat. v. Frieden §. 130. Die Erhöhung des Richtersoldes auf drei Obolen ist wahrscheinlich Kleons Werk. S. Böckh I S. 323.

das geringe Volk, das zum gröfseren Theile natürlich aus Rohen und Ungebildeten bestand, und oft Leuten ohne Verdienst und Würdigkeit sein Vertrauen schenkte. Dennoch bewiesen die Athener im peloponnesischen Kriege wohl, dafs sie noch nicht erschlafft, dafs sie noch kräftiger Entschlüsse und heldenmüthiger Anstrengungen fähig waren, und wie Aristophanes in den Rittern seinen kindisch gewordenen und von dem paphlagonischen Knechte gegängelten Demos am Ende sich verjüngen und die Tüchtigkeit der guten marathonischen Zeit wiedergewinnen läfst, so mochten wohl Manche sich wirklich mit der Hoffnung schmeicheln, dafs, wenn nur die schrankenlose Demokratie und das Unwesen der Demagogie beseitigt würde, Athen wieder werden könnte, was es früher gewesen war. — In der letzten Hälfte des peloponnesischen Krieges, als das auf Sicilien erlittene Unglück und der Abfall vieler Bundesgenossen den Staat in die gröfste Gefahr versetzten, und die äufserste Anstrengung aller Kräfte aufgeboten werden mufste, um zu retten, was noch zu retten war, erscheinen uns die kriegerischen Leistungen des Volkes wahrhaft bewundernswürdig. Aber auch sein politisches Verhalten verdient einige Anerkennung. Es gab den Rathschlägen derer Gehör, welche eine Umwandelung der bisherigen allzudemokratischen Verfassung in ein mehr oligarchisches oder aristokratisches Regiment für nothwendig erklärten: und wenn hieran freilich auch die Erwartung, dafs unter dieser Bedingung, und nur unter ihr, die Hülfe der Perser zu erlangen sei, von der allein man sich Rettung versprach, und die Hoffnung, dafs die Verfassungsänderung nicht dauernd sein werde, den gröfsten Antheil hatte, und wenn auch die Durchführung dieser Aenderung durch die geschickt vorbereiteten und auf Einschüchterung des Volkes berechneten Mafsregeln der oligarchischen Partei wesentlich erleichtert wurde, immer wird man doch zugestehen müssen, dafs einiger Antheil wenigstens auch dem gesunden Sinne des Volkes selbst zuzuschreiben sei, und dafs ohne diesen eine solche Veränderung so leicht und so ohne gewaltsame Bewegungen schwerlich würde haben durchgeführt werden können.[1]) Es war aber freilich nur ein Theil des Volkes, der sich diese Umwandelung gefallen liefs; ein anderer Theil, und zwar gerade die rüstigsten und kräftigsten Männer, das Heer, welches sich damals zu Samos befand, hielt an der Demokratie fest und traute

---

1) *Αὐτὸς ὁ δῆμος ἐπεθύμησε τῆς ὀλιγαρχίας*, sagt Isocr. v. Frieden §. 108.

den Verheifsungen der Oligarchen nicht. Auch zeigte es sich bald, dafs diese, was sie verheifsen hatten, zu erfüllen weder im Stande noch Willens waren. Sie hatten das Volk beruhigt mit der Zusicherung, dafs ihm die Theilnahme an der Staatsgewalt keinesweges ganz entzogen, sondern dafs Volksversammlungen aus fünftausend der Wohlhabenderen, die sich selbst als Hopliten zu bewaffnen vermögend genug wären, berufen werden sollten; aber dies geschah nicht: vielmehr ein von ihnen eingesetzter Rath von vierhundert Mitgliedern entschied selbständig und allein über alle Angelegenheiten. Sie hatten einen baldigen und billigen Frieden mit den Feinden in Aussicht gestellt, aber sie vermochten ihn nicht zu erlangen, und zeigten sich nun bereit, selbst auf schimpfliche Bedingungen sich zu vertragen, ja sich den Feinden zu unterwerfen, wenn sie nur die Gewalt über ihre Mitbürger in Händen behielten. Damit waren aber selbst mehrere von denen, die Anfangs die Umwälzung befördert hatten und Mitglieder der Regierung geworden waren, nicht einverstanden, und das übrige Volk erhob sich, entschlossen diese Oligarchie nicht länger zu ertragen. So wurde sie denn nach etwa viermonatlicher Dauer noch leichter gestürzt, als sie errichtet worden war. Doch ward nicht gleich die frühere Demokratie wiederhergestellt, sondern vielmehr eine derartige Verfassung beschlossen, wie jene sie verheifsen, aber nicht gegeben hatten. Die Hauptpunkte waren: es sollte fortan eine Versammlung von fünftausend der Wohlhabenderen die Gewalt haben, welche in der Demokratie die allgemeine Volksversammlung aller Bürger ohne Unterschied gehabt hatte, und es sollte keine Art von Bezahlung weder für die Volksversammlung, noch für den Rath oder für die Gerichte stattfinden, was selbst mit einem feierlichen Fluche belegt wurde. Aufserdem wurden noch manche andere gute Anordnungen getroffen, über die uns indessen Thukydides, welchem allein wir die Erzählung dieser Vorgänge verdanken, nicht specieller unterrichtet, sondern sich mit der allgemeinen Angabe begnügt, dafs Athen sich in Folge dieser Reformen seit langer Zeit zuerst einer wohlgeordneten und gedeihlichen Verfassung zu erfreuen gehabt habe.[1]) Auch das läfst sich nicht mit voller Gewifsheit entscheiden, wie lange diese Verfassung sich erhalten habe. Eingeführt wurde sie gleich nach dem Sturz der Vierhundert, im Sommer des Jahres 411, und scheint spätestens bis zu der siegreichen Rückkehr des Alkibiades, im Frühlinge des Jahres 407,

---

1) Thucyd. VIII, 97.

wenigstens im Wesentlichen beobachtet zu sein, dann aber gänzlich wieder der früheren Demokratie Platz gemacht zu haben. Nach der unglücklichen Schlacht bei Aegospotamoi gewann aber die oligarchische Partei wieder die Oberhand, und als Athen selbst vom Lysander eingenommen war, wurde aus ihrer Mitte ein Collegium von dreifsig Männern eingesetzt, mit dem Auftrage, die ganze Verfassung und Gesetzgebung gründlich umzugestalten und bis dahin als höchste Regierungsbehörde zu fungiren. Diese Dreifsig, gestützt durch die Macht der Lakedämonier, von denen sie auch ein Corps zur Besatzung der Stadt erhielten,[1]) setzten Rath und Beamte nach Belieben ein, räumten aus dem Wege wer ihrer Partei verdächtig war, entwaffneten das Volk bis auf dreitausend Leute, die sie sich ergeben wufsten, und denen allein der Aufenthalt in der Stadt erlaubt ward,[2]) und verübten gegen die Uebrigen ohne Mafs und Schonung jede Art von Gewaltthätigkeiten, durch Hinrichtungen, Vermögensconfiscationen, Verbannungen. Diese heillose Regierung dauerte acht Monate; da gelang es einer Schaar von Flüchtigen und Verbannten, sie zu stürzen und, begünstigt durch den spartanischen König Pausanias, dem Staate die Freiheit, sich selbst nach eigenen Gesetzen zu regieren, wiederzugewinnen. Die ebenso kluge als edelmüthige Mafsregel einer allgemeinen Amnestie für Alle, mit alleiniger Ausnahme der Dreifsig und einiger weniger Anderer, diente dazu, die Eintracht schnell herzustellen: die alten Gesetze wurden revidirt und mit den zweckmäfsig erscheinenden Modificationen wieder in Kraft gesetzt. So bekamen die Athener ihre geliebte Demokratie wieder zurück, und es wurde die gesammte Bürgerschaft durch einen feierlichen Eid zu ihrer Erhaltung verpflichtet, Jeder, der sie zu stürzen versuchte oder sich an solchem Versuch betheiligte, wurde als ein Feind des Vaterlandes für vogelfrei, ihn zu tödten nicht blofs für straflos sondern für Bürgerpflicht erklärt.[3]) Der Antrag des Phormisius, das Staatsbürgerthum von ländlichem wenn auch nur geringem Besitz abhängig zu machen, wurde als ein oligarchisches Attentat zurückgewiesen, obgleich er wesentlich dem Geiste der Solonischen Verfassung entsprach, und auch jetzt nicht mehr als beinahe 5000, also höchstens ein Viertel oder Fünftel des Demos davon betroffen sein würden.[4]) Als

---

1) Xenoph. Hell. II, 3, 14. 15.   2) Ebend. II, 4, 1.
3) S. Andoc. de myst. §. 96. Lykurg g. Leocr. §. 125.
4) Dionys. über Lysias c. 32. 33. Lys. or. 34. Vgl. d. Verfassungsgesch. v. Ath. S. 93 f.

ein Versuch, dem Mifsbrauch der Demokratie einigermafsen zu wehren, darf es betrachtet werden, dafs dem Areopag die Stellung als Oberaufsichtsbehörde, die ihm Solon angewiesen, Ephialtes aber entzogen hatte, jetzt zurückgegeben wurde,[1]) wogegen denn ohne Zweifel die statt seiner eingesetzte Behörde der Nomophylakes einging:[2]) dafs aber der Areopag in der ihm zurückgegebenen Stellung sich auch wirklich als ein kräftiger Zügel gegen demokratische Ausschreitungen zu erweisen vermocht habe, davon sind uns wenigstens keine Beispiele bekannt, und es kommt uns auch nicht sehr wahrscheinlich vor. Das Volk war nicht mehr darnach geartet, sich durch irgend eine aristokratische Schranke in dem Vollgenufs seiner Freiheit hindern zu lassen. Die Menge, durch zahlreiche Einbürgerungen vermehrt,[3]) that was ihr gefiel, oder wozu sie von den Demagogen bestimmt wurde, die sich ihr Vertrauen zu gewinnen verstanden hatten, und dies in der Regel mehr zur Befriedigung ihres Ehrgeizes oder Eigennutzes mifsbrauchten, als dafs sie redlich das allgemeine Beste zu fördern gesucht hätten. Die Zahl der durch Vermögen oder Geburt Ausgezeichneten war zu gering, um Widerstand auch nur versuchen zu können,[4]) und wurde durch sykophantische Vexationen und durch schwere Leistungen, die ihre Mittel erschöpften, noch mehr heruntergebracht. Als nach einigen Jahren aber auch die auswärtigen Verhältnisse Athens sich wieder günstiger gestalteten, die Uebermacht Sparta's durch den Sieg des Konon bei Knidos im J. 394, gebrochen, die verlorene Meeresherrschaft wiedergewonnen und die alte Symmachie gröfstentheils wiederhergestellt worden war, da blühte das demokratische Regiment nicht nur mit allen seinen Uebelständen wieder auf, sondern es wurde jetzt noch schlechter als vorher, weil das Volk von seiner früher bewiesenen Tüchtigkeit und Thatkraft mehr und mehr nachgelassen hatte, und, statt selbst die Waffen zu führen, es vorzog daheim zu bleiben und sich durch Diäten für Gerichte und Volksversammlungen[5]) oder durch Theoriken füttern, und

---

1) S. das Gesetz des Tisamenos bei Andoc. de myst. §. 83.
2) Dafs späterhin der Phalereer Demetrius sie wieder einführte, werden wir unten sehen.
3) Xenoph. Hell. I, 6, 24. Diod. XIII, 97. Aristoph. Ran. 33 u. 705.
4) Vgl. Isocr. de pace §. 88.
5) Ob sogleich bei Wiederherstellung der Demokratie auch diese Diäten wieder eingeführt seien, ist nicht gewifs und nicht wahrscheinlich. Bald nachher indessen wurden sie, und zwar das Ekklesiastikon nicht ohne Erhöhung auf 3 Ob. durch Agyschius, wieder gezahlt. S. Böckh I S. 323.

durch Feste und Schauspiele ergötzen, seine Kriege aber durch gemiethete Söldnerschaaren führen zu lassen, so gut es eben ging. Nur selten und vorübergehend vermochten patriotische Männer es zu eigenem kräftigen Handeln zu erwecken, und der letzte Kampf, zu dem es sich ermannte, die Schlacht bei Chäronea machte durch ihren unglücklichen Ausgang der Macht und Gröfse Athens auf immer ein Ende.

b) *Specielle Darstellung des athenischen Staates.*

Was wir aus unseren Quellen an speciellerer Kunde über die einzelnen Stücke der athenischen Verfassung gewinnen können, betrifft bei weitem zum gröfsten Theil nur den Zeitraum, in welchem die durch Solon begründete, durch Klisthenes gesicherte Volksfreiheit sich zur vollen Demokratie entwickelte und dann bald zur Ochlokratie entartete. Ueber die früheren Zeiten ist wenig mit Sicherheit zu ermitteln, und auch in der bezeichneten Periode läfst sich über manche Punkte entweder gar keine, oder wenigstens keine bestimmte Antwort geben, und dem Zweifel oder der Möglichkeit verschiedener Ansichten ist vielfältig Raum gelassen. Indessen sind diese Punkte meistens doch nur von untergeordneter Wichtigkeit, und eine Darstellung, deren Aufgabe es ist, nur das Wesentliche und wirklich Wissenswürdige zu geben, hat keinen Vorwurf zu befürchten, wenn sie solche Punkte entweder ganz mit Stillschweigen übergeht, oder nur einfach hinstellt, was sich dem Verfasser als das Wahrscheinlichste herausgestellt hat, ohne sich auf ausführliche Erörterungen oder gar auf Widerlegung anderer Ansichten einzulassen.

Die Verfassung Athens, auch als sie am meisten demokratisch war, blieb dennoch immer ebensogut, wie alle anderen Demokratien des Alterthums, nur eine Art von Oligarchie, indem das souveräne Volk auch hier nur eine kleine Minderzahl ausmachte, der eine grofse Mehrzahl von Solchen gegenüber stand, welche die Verfassung von jedem Antheil an der Staatsgewalt gänzlich ausschlofs. Diese Mehrzahl bestand aus den Sklaven und den Schutzverwandten, von welchen beiden Classen, da sie gleichsam die Unterlage des regierenden Bürgerthums bilden, wir zuerst zu reden haben.

aa) Der Sklavenstand.

Die Anzahl der Sklaven in Attika belief sich, wie schon oben bemerkt ist, in den blühenden Zeiten des Staates auf ungefähr 365000, und verhielt sich also zu der bürgerlichen Bevölkerung, wenn diese zu 9000 angenommen wird, wie 4 zu 1. Eine Classe von leibeigenen an die Scholle gebundenen Sklaven, den Heloten oder Penesten ähnlich, hat es in Attika niemals gegeben, weil hier nie Unterjochung einer früheren Bevölkerung durch eingedrungene Eroberer stattgefunden hat, und der Knechtung des armen und verschuldeten Volkes durch die reichen adlichen Gläubiger war zur rechten Zeit und auf immer durch Solons Gesetzgebung Einhalt gethan. Die attischen Sklaven waren also ihrem Ursprung nach Kaufsklaven, aus der Fremde eingeführt; ausnahmsweise konnte es vielleicht vorkommen, dafs auch Griechen durch Kriegsgefangenschaft in fortdauernde Sklaverei geriethen, aber in der Regel wurden sie ausgewechselt oder um Lösegeld freigegeben,[1]) und nur Barbaren mochte man als Sklaven behalten. Die Märkte, welche Kaufsklaven lieferten, waren vornehmlich auf Delos, Chios und zu Byzantion, und die Länder, aus welchen diese Märkte versorgt wurden, waren besonders die kleinasiatischen Provinzen Lydien, Phrygien, Mysien, Paphlagonien, Kappadocien, ferner Thracien und die übrigen nördlichen, unter der Gesammtbenennung von Skythien begriffenen Gegenden.[2]) Doch hatte auch Athen selbst seinen Sklavenmarkt,[3]) wo entweder aus dem Auslande eingeführte Sklaven von Sklavenhändlern feilgeboten wurden, oder auch die Bürger solche Sklaven, deren sie sich entäufsern wollten, zum Verkauf stellten. Und ebendort mochten auch diejenigen verkauft werden, welche zur Strafe von Staatswegen in Sklaverei verurtheilt waren, eine Strafe die, wie wir unten sehen werden, für gewisse Vergehen der Metöken und Freigelassenen stattfand. Ein sehr beträchtlicher, und vielleicht der beträchtlichste Theil der Sklaven bestand aber aus solchen, die in Attika selbst von Sklavinnen geboren waren. Denn es geschah häufig genug, dafs die Herren ihren Sklaven eine Art von ehelichem Zusammenleben gestatteten,[4])

---
1) Vgl. Antiqu. i. p. Gr. p. 369.
2) Vgl. L. Schiller, die Lehre des Aristot. v. d. Sklaverei (Erlang. 1847) p. 25.
3) Becker, Charikles III S. 15.
4) Xenoph. Oecon. c. 9. 5. Aristot. Oecon. I, 5.

und nicht selten auch, dafs ein Herr selbst mit einer Sklavin Kinder erzeugte, die dann natürlich dem Stande der Mutter folgten. Solche im Hause geborene Sklaven heifsen οἰκογενεῖς, οἰκοτραφεῖς, οἰκότριβες, Sklavinnen auch σηκίδες.¹) Es gab wohl schwerlich irgend ein so armes Bürgerhaus in Athen, welches ganz ohne Sklaven gewesen wäre, reiche Leute aber besafsen ihrer bisweilen mehrere Hunderte, die dann natürlich nicht alle im Hause gehalten werden konnten, sondern aufser demselben, theils einzeln theils in Fabriken vereinigt, irgend ein Gewerbe betrieben, theils auf dem Lande die Feldarbeit verrichteten, theils auf den Handelsschiffen als Ruderer und Matrosen dienten, theils endlich in den Bergwerken arbeiteten. Der letzteren namentlich war eine grofse Menge: Nikias allein besafs ihrer Tausend,²) und Xenophon meint, dafs viele Myriaden in den Bergwerken beschäftigt werden könnten.³) Die einzeln arbeitenden Handwerkssklaven entrichteten dem Herrn eine bestimmte Abgabe von ihrem Verdienste, und erhielten von dem Uebrigen sich selbst.⁴) Die Fabriksklaven arbeiteten unter Leitung eines Aufsehers (ἐπίτροπος), der entweder auch ein Sklave oder ein Freigelassener war, und dem Herrn den Gewinn der Arbeit berechnete und ablieferte.⁵) Manche Besitzer vermietheten ihre Sklaven zu verschiedenen Arbeiten an Andere, die deren bedurften, und auch die mit unsern Eckenstehern zu vergleichenden Tagelöhner, die auf öffentlichen Plätzen, namentlich in dem städtischen Kolonos ausstanden und auf Arbeit warteten, gehörten wohl meist dem Sklavenstande an.⁶) Ferner wurde nicht nur der Kleinhandel und das Gewerbe der Schenken und Garküchen häufig durch Sklaven betrieben, sondern auch die Geldwechsler und Grofshändler liefsen oft ihre Geschäfte durch Sklaven besorgen.⁷) Endlich im Hause dienten die Sklaven zu allen den Verrichtungen, zu welchen heutzutage gemiethetes Hausgesinde dient, von den niedrigsten und nothwendigsten an bis zu denen des Luxus und der Ueppigkeit.

Bei dieser Mannichfaltigkeit und Verschiedenheit der Verrichtungen mufste natürlich auch der Zustand der Sklaven ein

---

1) Athenae. VI, 83 p. 263. Pollux III, 76.   2) Id. VI, 103 p. 272.
3) Xenoph. de redit. c. 4, 25.
4) Id. rep. Ath. I, 17. Andoc. myster. §. 38. Aeschin. in Timarch. §. 97.
5) Demosth. g. Aphob. I §. 9. Aeschin. a. a. O.
6) Athenae. XIV, 10 p. 619. Pollux VII, 130.
7) Demosth. pr. Phorm. §. 48. Vgl. Att. Proc. S. 559.

sehr verschiedener sein. Die Sklaven in einem reichen Hause standen sich bei geringer Arbeit und guter Kost besser als die Sklaven des Armen, und diejenigen, die zu Geschäften gebraucht wurden, welche Geschicklichkeit erforderten und Vertrauen voraussetzten, wurden anders behandelt, als die nur zu geringen Diensten brauchbaren, oder als die Feldarbeiter und Bergwerkssklaven. Im Allgemeinen aber standen die Athener in dem Rufe, wie in andern Rücksichten, so auch in der Behandlung ihrer Sklaven vor den andern Griechen sich durch gröfsere Humanität auszuzeichnen, und ihnen mehr Freiheit zu gestatten, als anderswo gewöhnlich war, so dafs Demosthenes meint, die Sklaven genössen in Athen mehr Freiheit zu reden, was sie wollten, als in manchen Staaten die Bürger.[1]) Ein neugekaufter Haussklave wurde beim Eintritt an den Hausaltar geführt und von dem Hausherrn oder der Frau wurden Früchte, wie Feigen, Datteln, Nüsse, auch Backwerk und kleine Münzen über ihn ausgeschüttet, zur guten Vorbedeutung für das künftige Verhältnifs.[2]) Auch die Gesetzgebung nahm sich ihrer an und schützte sie gegen allzugrofse Willkür und Härte. Am Leben durfte kein Sklave gestraft werden ohne gerichtliche Verurtheilung,[3]) und wegen grausamer Behandlung stand ihm das Hülfsmittel zu Gebote, sich in ein Heiligthum, namentlich in den Theseustempel zu flüchten, und darauf anzutragen, dafs sein Herr genöthigt werde, ihn an einen andern zu veräufsern.[4]) Wegen Mifshandlungen gegen einen fremden Sklaven verübt stand dem Herrn desselben selbst eine Criminalklage, $\gamma\varrho\alpha\varphi\dot{\eta}$ $\ddot{v}\beta\varrho\varepsilon\omega\varsigma$, zu, und der Schuldigbefundene konnte zu schwerer Geldbufse verurtheilt werden.[5])

Häufig wurden die Sklaven auch zum Kriegsdienste genommen, namentlich auf der Flotte, wozu man denn vorzugsweise die für sich wohnenden, d. h. nicht im Hause ihrer Herrn dienenden, wählte.[6]) Meist dienten sie als Ruderer und Matrosen,

---

1) Id. Phil. III §. 3. vgl. Xenoph. de rep. Ath. c. 1, 10, wo freilich absichtlich nicht die Humanität, sondern andere Rücksichten als Ursache hervorgehoben werden.
2) $\varkappa\alpha\tau\alpha\chi\acute{v}\sigma\mu\alpha\tau\alpha$. Schol. Aristoph. Plut. v. 768 u. die Ausleg.
3) Lycurg. g. Leocr. §. 65. Herald. Animadv. in Salm. p. 287.
4) Vgl. Att. Proc. p. 403 ff.
5) Ebend. p. 321 ff u. Becker, Charikles III S. 30.
6) Dies sind wohl die $\chi\omega\varrho\grave{\iota}\varsigma$ $o\grave{\iota}\varkappa o\tilde{v}\nu\tau\varepsilon\varsigma$ bei Demosth. Philipp. I §. 36; doch auch Freigelassene heifsen so, wenigstens eine Classe derselben, worüber im Einzelnen nichts näheres bekannt ist. Vgl. Böckh I S. 365 u. Büchsenschütz, Jahrb. f. Phil. Bd. 95 S. 20 f.

oft aber auch als Seesoldaten, und wegen guter Dienste wurde ihnen auch wohl die Freiheit gewährt, wofür dann wahrscheinlich der Staat ihre Herrn entschädigte.¹) Die, welche in der Schlacht bei den Arginusen gefochten hatten, wurden sogar in die Bürgerschaft, wiewohl mit beschränktem Rechte, als Platäer, aufgenommen, worüber unten das Nähere. Eine gesetzlich vorgeschriebene von der Tracht der Bürger verschiedene Sklavenkleidung gab es nicht: die Sklaven waren von den niederen Bürgern äufserlich nicht zu unterscheiden,²) und in reichen Häusern wahrscheinlich oft besser bekleidet als jene. Nur langes Haar zu tragen war ihnen nicht erlaubt;³) aber das trugen auch von den Bürgern nur wenige. Ihre Namen waren meist aus der Heimath entlehnt, aus der sie stammten, oft aber auch von denen der Freien nicht unterschieden. Nur gewisse Namen, wie Harmodios und Aristogeiton, sollten den Sklaven nicht beigelegt werden.⁴) Auch die Gymnasien oder Uebungsplätze der Freien zu benutzen war ihnen untersagt;⁵) ebenso durften sie nicht in die Volksversammlungen kommen,⁶) konnten auch vor Gericht nicht als Partei erscheinen, sondern mufsten von ihren Herrn vertreten werden, konnten endlich auch nicht als Zeugen auftreten, ausgenommen gegen einen wegen Mordes Angeklagten: in allen andern Fällen wurde ihnen ihre Aussage, wenn sie als Beweismittel dienen sollte, durch peinliche Befragung abgenommen.⁷) Dagegen war ihnen der Zutritt zu den Tempeln und Heiligthümern und die Theilnahme an öffentlichen gottesdienstlichen Feiern nicht verwehrt,⁸) und die häuslichen Gottesdienste, die sie mit ihren Herrn gemeinschaftlich begingen, konnten wohl dazu beitragen, auch dem Verhältnifs zwischen beiden einen freundlicheren Charakter zu geben, was freilich nur auf die im Hause der Herrn selbst dienenden und nicht allzuzahlreichen Sklaven Anwendung leidet, nicht auf die grofsen Sklavenschaaren, die immer mit Mifstrauen betrachtet

---

1) Vgl. Rangabé Ant. Hell. II p. 643.
2) Xenoph. de r. A. c. 1, 10.
3) Aristoph. Vögel v. 911 mit den Ausl.
4) Gellius N. A. IX, 2. Nach Polemon bei Athenae. XIII, 51 p. 587 sollten auch Sklavinnen nicht nach Götterfesten benannt werden, z. B. Nemeas, Pythias u. dgl., worauf jedoch nicht allzustreng gehalten wurde. Vgl. Preller zu Polem. p. 38.
5) Aeschin. g. Timarch. §. 138. Plutarch. Solon. c. 34.
6) Aristoph. Thesmoph. v. 300. Plut. Phoc. c. 34.
7) Vgl. Att. Proc. S. 557 f. u. 667, 32.
8) Rede g. Neära §. 85. Vgl. Lobeck, Aglaoph. p. 19.

wurden und nur durch Furcht gezügelt werden konnten, weswegen man namentlich auch vermied, dafs nicht allzuviele Sklaven aus demselben Lande beisammen wären.[1]) Freilassungen waren nicht selten, und gutgesinnte Herren, die ihren Sklaven den Besitz eines Peculiums gestatteten, gewährten ihnen oft auch das Recht, sich für eine bestimmte Summe loskaufen zu können.[2]) Als Freigelassene gingen sie in das Verhältnifs der Schutzverwandten über, der frühere Herr blieb ihr Patron, und hatte auf gewisse Leistungen von ihnen Anspruch zu machen, über welche bei der Freilassung die näheren Bedingungen festgesetzt sein mochten.[3]) Wer sich diesen Leistungen entzog, oder sonst die ihm gegen seinen Patron obliegenden Pflichten verletzte, konnte deswegen belangt werden ($δίκη$ $ἀποστασίου$), und ward, wenn er verurtheilt wurde, entweder seinem Freilasser wieder als Sklave zugesprochen, oder auch von Staatswegen verkauft, der Preis aber jenem ausgezahlt. Ward dagegen die Klage ungegründet befunden, so wurde der Freigelassene von allen ferneren Verpflichtungen gegen seinen Patron losgesprochen, und trat also ganz in das Verhältnifs der freigebornen Schutzverwandten.[4]) Besondere rechtliche Formen der Freilassung, wie bei den Römern, und dadurch bedingte Verschiedenheit in dem Stande der Freigelassenen finden wir nicht. Am häufigsten waren Freilassungen durch letztwillige Verfügungen; bei Lebzeiten des Herrn pflegten sie öffentlich bekannt gemacht zu werden, entweder im Theater, oder in der Volksversammlung, oder vor einem Gerichte.[5])

Auch der athenische Staat besafs seine Sklaven. Solche waren zuvörderst die sogenannten Skythen oder Bogenschützen, ein Corps anfangs von dreihundert, dann von sechshundert oder selbst von zwölfhundert Mann,[6]) die nach einem gewissen Speusinus, der zuerst, ungewifs in welcher Zeit, die Errichtung dieses Corps bewirkt hatte, auch Speusinier genannt wurden. Sie dienten als Gensdarmen oder Polizeisoldaten, und hatten ihr

---

1) Arist. Polit. VII, 9, 9. Oecon. 1, 5.
2) Dio Chrysost. or. XV p. 241. Petit. Legg. Att. p. 259.
3) Dafs den kinderlos verstorbenen Freigelassenen sein Patron beerbte, erhellt aus Isaeus or. 4 §. 9.
4) Vgl. Att. Proc. S. 473.
5) Isae. fr. pr. Eumath. §. 2. Aeschin. g. Ktesiph. §. 41. — Eine Art von Freilassung per mensam scheint angedeutet durch eine Stelle des Kom. Aristophon bei Athenae. XI p. 472 C.
6) S. Böckh Staatsh. 1 S. 292.

Wachthaus anfangs auf dem Markte, später auf dem Areopag. Auch im Kriege wurden sie gebraucht: und das neben ihnen erwähnte Corps von Hippotoxoten oder berittenen Bogenschützen, zweihundert Mann stark, bestand ohne Zweifel ebenfalls aus Staatssklaven.[1]) Ferner waren die niederen Diener der öffentlichen Beamten, Rechnungsführer, Schreiber, Ausrufer, Büttel, Gefangenwärter, Nachrichter u. dgl. meistentheils, die letztern immer, öffentliche Sklaven: ebenso auch die Arbeiter in der Münze.[2]) Andere Arbeitsklaven aber zum fabrikmäfsigen Betriebe hielt der Staat nicht. Xenophon[3]) schlägt als eine zweckmäfsige Finanzmafsregel vor, dafs der Staat Bergwerkssklaven ankaufe, um sie an die Grubenbesitzer zu vermiethen; aber ausgeführt ist dieser Vorschlag nie, ebensowenig wie der eines gewissen sonst unbekannten Diophantus, dafs der Staat zur Beschaffung aller Handwerksarbeiten für öffentliche Zwecke Sklaven verwenden sollte.[4]) — Der Zustand der Staatssklaven war natürlich viel freier als der der Privatsklaven, schon deswegen, weil kein Einzelner ihr Herr war. Viele von ihnen hatten ihren eigenen Haushalt, also Besitzthum, worüber sie ohne Zweifel ganz frei verfügen konnten, und abgesehen von den Diensten, zu denen sie verwendet wurden, standen sie wohl so ziemlich auf gleichem Fufse mit den Schutzverwandten.

bb) Die Schutzverwandten.

Schutzverwandte oder Metöken sind freie in Attika ansässige Nichtbürger, deren Anzahl in den blühenden Zeiten des Staates sich auf 45000, also etwa auf die Hälfte der Bürger belaufen mochte. Die vielen Vorzüge Athens vor allen andern griechischen Städten machten den Aufenthalt dort für Manche wünschenswürdiger als das Leben in der Heimath,[5]) ganz besonders aber wurden durch die günstige Lage der Stadt für den Handel und die reiche Gelegenheit zum Gewerbebetrieb und Absatz viele, nicht blofs Griechen sondern auch Barbaren angelockt, dort sich entweder bleibend niederzulassen oder auf längere Zeit ihren

---

1) S. Böckh Staatsh. I S. 366.
2) Schol. Aristoph. Vesp. v. 1007 (1001). Vgl. Antiquitt. i. p. Gr. p. 186 sq.
3) De redit. c. 4, 17 ff.   4) Arist. Polit. II, 4, 13. Vgl. Böckh I S. 65.
5) Vgl. die Verse des Lysippus in Dicaearch. vit. Gr. bei Müller. Fr. histor. gr. II p. 255.

Wohnsitz zu nehmen. Xenophon[1]) nennt Lyder, Phrygier, Syrer und Phönicier unter ihnen: und der Staat erkannte den Vortheil, der ihm aus solchem Zuwachs einer betriebsamen Bevölkerung erwachsen konnte, zu gut, um ihnen die Aufnahme zu versagen. Vielmehr stand Athen in dem Rufe, vor andern griechischen Städten sich gegen Fremde freundlich zu erweisen und ihnen den Aufenthalt leicht zu machen, obgleich freilich auch hier das den Griechen im Allgemeinen eigene Princip der Geringachtung gegen Fremde sich nicht ganz verleugnen konnte. Grundeigenthum in Attika durften sie nicht erwerben, und Ehen zwischen ihnen und den Bürgern waren gesetzlich nicht erlaubt. Sie waren verpflichtet, sich unter den Bürgern einen Prostates oder Patron zu erwählen, der gleichsam als Vermittler zwischen ihnen und dem Staate zu betrachten ist, und ohne dessen Mitwirkung sie namentlich keine Rechtshändel bei den athenischen Gerichten anhängig machen konnten, obwohl sie in der weiteren Führung der einmal anhängig gemachten Sache selbständig waren.[2]) Dafs sie dem Prostates für den Beistand, den er ihnen leistete, auch zu gewissen Gegenleistungen verpflichtet waren, dürfen wir wohl annehmen, obgleich sich darüber in unsern Quellen nichts findet. Wer keinen Prostates hatte, gegen den fand eine Criminalklage ($\gamma\varrho\alpha\varphi\dot{\eta}\ \dot{\alpha}\pi\varrho o\sigma\tau\alpha\sigma\acute{\iota}ov$) statt, und der Schuldigbefundene wurde als Sklave verkauft.[3]) Dieselbe Strafe traf den, der das gesetzliche Schutzgeld ($\tau\dot{o}\ \mu\epsilon\tau o\acute{\iota}\varkappa\iota ov$) nicht erlegte, welches für den Mann jährlich zwölf Drachmen, für Frauen, die für sich lebten, d. h. nicht im Hause eines Ehemannes oder Sohnes, die Hälfte betrug, wozu noch ein Triobolon Schreibgebühr kam, für den Schreiber der Behörde.[4]) Aufserdem waren sie, wenn sie Handel auf dem Markte trieben, einer Steuer unterworfen, wovon die Bürger frei waren.[5]) Sie wurden überdies zu den aufserordentlichen Kriegssteuern ($\epsilon\dot{\iota}\varsigma\varphi o\varrho\alpha\tilde{\iota}\varsigma$), die in Kriegszeiten nicht selten ausgeschrieben wurden, ebenfalls herangezogen, hatten auch gewisse Liturgien zu tragen, von denen uns jedoch nichts Genaueres bekannt ist. Bei öffentlichen Festen,

---

1) De redit. c. 2, 3. Vgl. c. 3, 1. 2 u. 5, 3. 4.
2) Vgl. Att. Proc. S. 561 u. 572.   3) Ebend. S. 315 ff.
4) Pollux III, 55. Böckh I S. 446. Die nach Diodor XI, 43 vom Themistokles den Metöken gewährte Atelie war ohne Zweifel nur eine zeitweilige für die bei der Befestigung der Stadt im Perserkriege dienenden Arbeiter. S. Curtius II S. 105 u. 734.
5) Schaefer, Demosth. u. s. Zeit I S. 124.

die mit Processionen gefeiert wurden, lag ihnen die Pflicht ob, dafs eine Anzahl von ihnen, theils Sonnenschirme, theils Krüge und Wannen tragend,[1]) den Zug begleiten mufste. Endlich waren sie auch zum Kriegsdienste verpflichtet, sowohl auf der Flotte als beim Landheere, und zwar auch als Hopliten. Nur zur Reiterei wurden sie nicht genommen.[2])

Schutzgenossen, die sich um den Staat verdient gemacht hatten, wurden durch Befreiung vom Schutzgelde und von der Verpflichtung, sich einen Prostates zu wählen, belohnt, und durften auch Grundeigenthum in Attika erwerben. Ihre Leistungen waren dieselben, wie die der Bürger, weswegen sie auch Isoteleis hiefsen. Von allen Rechten des activen Staatsbürgerthums waren sie aber gleichwohl ausgeschlossen.[3]) Die Verleihung dieser Isotelie erfolgte nur durch Volksbeschlufs. Zur Aufnahme der Schutzverwandten bedurfte es natürlich der Genehmigung einer öffentlichen Behörde. Näheres ist aber darüber nicht bekannt: denn die Vermuthung Einiger, dafs der Areopag darüber zu entscheiden gehabt habe, beruht auf gar keinem sicheren Grunde.[4])

cc) Die Bürgerschaft.

Unter den Bürgern haben wir zuvörderst die Eingebürgerten oder Neubürger ($\delta\eta\mu o\pi o i\eta \tau o\iota$) und die Altbürger zu unterscheiden. Nach Solons Gesetzen sollte die Ertheilung des Bürgerrechtes an Fremde nur dann stattfinden, wenn sich Einer nicht nur ausgezeichnete Verdienste um den Staat erworben, sondern auch bleibend in Attika niedergelassen hätte.[5]) Doch von dieser letztern Bedingung wurde häufig abgewichen, und das Bürgerrecht auch an Auswärtige verliehen, die man dadurch zu ehren gedachte. Und für eine Ehre mochte es gelten, als Athen in seiner guten Zeit noch sparsam damit war; später ward es durch

---

1) $\Sigma\kappa\iota\alpha\delta\eta\varphi\acute{o}\varrho o\iota$, $\upsilon\delta\varrho\iota\alpha\varphi\acute{o}\varrho o\iota$, $\sigma\kappa\alpha\varphi\eta\varphi\acute{o}\varrho o\iota$. Harpocr. unt. $\sigma\kappa\alpha\varphi\eta\varphi$. Pollux III, 55.
2) Xenoph. de redit. c. 2, 2 u. 5. Hipparchic. c. 9, 6.
3) S. Böckh Staatsh. 1 S. 697.
4) Sie beruht blos auf einer Stelle in Sophokl. Oedip. Kolon. v. 948, die aber nur besagt, dafs der Areopag keinen $\mathring{\alpha}\nu\alpha\gamma\nu o\varsigma$ im Lande dulde.
5) Plutarch. Sol. c. 24. R. g. Neära §. 89. Was Dio Chrysost. or. XV p. 239 angiebt, dafs die $\varphi\acute{v}\sigma\varepsilon\iota$ $\delta o\tilde{\iota}\lambda o\iota$ d. h. geborne Sklaven, nicht sollten Bürger werden können, findet sich anderweitig nicht bestätigt.

Verschwendung werthlos.¹) Namentlich aber wurden Einbürgerungen von Metöken, theils freigebornen theils freigelassenen, in grofser Zahl öfters aus politischen Gründen vorgenommen, um den Demos zu verstärken, wie z. B. schon vom Klisthenes.²) Als eine wohlverdiente Belohnung aber ist die Einbürgerung der Sklaven anzusehn, die den Sieg bei den Arginusen hatten erfechten helfen,³) und früher noch die der Plataeer, der treuen Bundesgenossen Athens, denen dadurch, nach der Zerstörung ihrer Stadt durch die Thebaner und Peloponnesier im fünften J. des peloponnesischen Krieges, eine neue Heimath gewährt wurde.⁴) Es ward seitdem der Ausdruck Plataeer auch in uneigentlichem Sinne angewandt, um das Recht der Eingebürgerten zu bezeichnen,⁵) welches in einigen Stücken geringer als das der Altbürger war. Sie wurden zwar den Phylen und Demen, auch wohl, wenigstens in späterer Zeit, den Phratrien einverleibt,⁶) nicht aber den Geschlechtern, und entbehrten also der Fähigkeit zu allen mit der Gentilität verbundenen Aemtern, die freilich, mit Ausnahme des Archontenamtes, nur sacraler Art waren. Die Verleihung des Bürgerrechtes hing allein von der Volksversammlung ab, und zwar mufste über einen dieserhalb gestellten Antrag in zwei Versammlungen verhandelt werden, in der ersten nur darüber, ob er überhaupt in Erwägung zu ziehen sei, in der folgenden über seine definitive Genehmigung oder Verwerfung. Zur Genehmigung war aber Einstimmigkeit von wenigstens sechstausend Stimmenden erforderlich; und auch dann gab es noch ein Rechtsmittel, den Beschlufs anzufechten.⁷)

Unter den Altbürgern gab es, seitdem durch das Gesetz des Aristides der Zutritt zu den Staatsämtern allen Classen eröffnet war, in staatsrechtlicher Hinsicht keinen Unterschied mehr, doch in privatrechtlicher Beziehung standen die aufserehelich gebornen Kinder hinter den in rechtsgültiger Ehe gebornen zurück. Eine rechtsgültige Ehe fand aber nur zwischen Bürgern und Bürgerinnen statt, ausgenommen wenn durch eine besondere

---

1) Isocr. de pace c. 50. Demosth. in Aristocr. §. 199.
2) S. ob. S. 355.
3) Hellanic. bei dem Schol. zu Aristoph. Fröschen v. 706.
4) Vgl. den Volksbeschlufs in der Rede g. Neära §. 104. Vgl. Att. Proc. S. 686.
5) Aristoph. Frösche v. 706.
6) S. die Beispiele bei Meier Comment. epigr. II p. 103. Näheres bei Philippi S. 107—118.
7) Vgl. R. g. Neära §. 89. 90.

Vergünstigung auch Fremden das Recht der Verheirathung, die Epigamie, mit bürgerlichen Personen gewährt war, was öfters Einzelnen, bisweilen auch Gemeinden zu Theil wurde. Aufserdem aber gehörte dazu ein förmlicher Ehevertrag,[1]) ohne welchen das Zusammenleben auch bürgerlicher, also zur Ehe mit einander berechtigter Personen nur als Concubinat galt.[2]) Verbotene Verwandtschaftsgrade gab es nicht, mit Ausnahme der Ascendenten und Descendenten und der vollbürtigen Geschwister; Stiefgeschwister von demselben Vater aber von verschiedenen Müttern konnten einander heirathen,[3]) und überhaupt wurden Ehen zwischen nahen Anverwandten häufig geschlossen um das Vermögen der Familien zusammenzuhalten. Besonders hinsichtlich der Erbtöchter verordnete das Gesetz, dafs der nächste Verwandte berechtigt sei, sie zu heirathen, und mit ihnen also auch das Erbe zu empfangen,[4]) wofür er denn aber, wenn nicht durch ein ausdrückliches Gesetz, doch durch Sitte und Herkommen verpflichtet war, sobald ihm mehrere Söhne geboren waren, einen derselben zum Erben des ihm durch die Frau zugebrachten Vermögens einzusetzen, damit so das Haus des mütterlichen Grofsvaters wiederhergestellt und fortgesetzt werden möchte.[5]) Denn dafs kein einmal bestehendes Haus unterginge, ward nicht nur aus politischen, sondern auch aus religiösen Gründen für wünschenswerth erachtet, weil nämlich jedes Haus seinen häuslichen Gottesdienst hatte, dessen die Götter nicht verlustig gehen durften. Aus demselben Grunde pflegte auch wer keine Kinder oder nur Töchter hatte, sich einen Sohn zu adoptiren, und im letzteren Falle dem Adoptirten zugleich eine seiner Töchter zur Ehe zu geben, die dann ihrem Manne das Haupterbe zubrachte, während die Schwestern mit Mitgiften ab-

---

1) Ἐγγύησις durch den Vater oder sonstigen Verwandten, in dessen Gewalt die Braut war. Vgl. Att. Proc. S. 409.
2) Daher heifsen die ehelichen Kinder oder γνήσιοι oft ἐξ ἀστῆς καὶ ἐγγυητῆς, z. B. Isae. or. 8 §. 19. Demosth. in Eubul. §. 54.
3) Demosth. in Eubul. §. 21. Plut. Themist. c. 42. Corn. Nep. Cim. c. 1. Vgl. Antiqu. i. p. Gr. p. 193 not. 4.
4) Vgl. Att. Proc. S. 469. Die Erbtochter (ἐπίκληρος) heifst ἐπίδικος, wenn die Verwandten ihre Ansprüche gerichtlich verfolgen (ἐπιδικάζεσθαι), was auch dann statthaft war, wenn die Erbtochter, bevor ihr das Erbe zugefallen, schon an einen Andern verheirathet war. Isae. or. 3 § 64. or. 10 §. 19. Auch schieden sich verheirathete Männer von ihren Frauen, um eine Erbtochter heirathen zu können. Dem. in Eubul. §. 41.
5) Isae. or. 3 §. 73. Dem. in Macart. §. 12.

gefunden wurden.¹) Vor Solon war bei dergleichen Adoptionen, ebenso wie bei letztwilligen Verfügungen über die Erbschaft, die Wahl des Adoptirenden und Testirenden auf den Kreis der Verwandtschaft beschränkt gewesen: Solon gewährte freie Wahl,²) obgleich die Sitte fortwährend an jener Beschränkung festhielt. Nur die in rechtsgültigen Ehen gebornen oder rechtmäfsig adoptirten Kinder genossen alle verwandtschaftlichen Rechte, die unter dem Namen der $\dot{\alpha}\gamma\chi\iota\sigma\tau\epsilon\dot{\iota}\alpha$ begriffen werden, und sich alle auf das Intestaterbrecht beziehen, welches in seinen einzelnen Bestimmungen zu verfolgen hier um so weniger unsere Absicht sein kann, als über manche Punkte desselben wegen der Dürftigkeit unserer Quellen grofse Dunkelheit herrscht.³) Es genügt im Allgemeinen zu bemerken, dafs sich die $\dot{\alpha}\gamma\chi\iota\sigma\tau\epsilon\dot{\iota}\alpha$, oder der Kreis der erbberechtigten Verwandtschaft, bis auf die Vetterskinder ($\dot{\alpha}\nu\epsilon\psi\iota\alpha\delta o\tilde{\iota}$, $\dot{\alpha}\nu\epsilon\psi\iota o\tilde{\upsilon}\ \pi\alpha\tilde{\iota}\delta\epsilon\varsigma$) des Erblassers erstreckte, innerhalb dieses Kreises aber die Agnaten den Cognaten vorgingen, so dafs die letzteren immer nur in Ermangelung jener berechtigt waren.

Unter den nicht ehelich Gebornen unterscheiden wir zunächst solche, die zwar einen bürgerlichen Vater, aber eine fremde nicht mit Epigamie begabte Mutter, und solche, die zwar auch eine Bürgerin, aber eine mit dem Vater nicht in rechtsgültiger Verbindung lebende, zur Mutter hatten. Die letzteren galten wohl jederzeit als Bürger,⁴) und entbehrten nicht der öffentlichen, sondern nur der verwandtschaftlichen Rechte oder der $\dot{\alpha}\gamma\chi\iota\sigma\tau\epsilon\dot{\iota}\alpha$. Die ersteren sollen früher ebenfalls das Bürgerrecht gehabt haben, bis ein Gesetz des Perikles es ihnen absprach, etwa um das J. 460;⁵) und zwar soll dies Gesetz rückwirkende Kraft gehabt haben und in Folge desselben nicht viel weniger als fünftausend Bürger ausgestofsen sein. Es ist aber durch neuere

---

1) Isae. or. 3 §. 42 mit den Anm. p. 250. Wer aber eigene eheliche Söhne hatte, durfte keinen dazu adoptiren. Isae. or. 10 §. 9. Mehr s. Ant. i. p. Gr. p. 193. 4. Dafs nur ein Bürger adoptirt werden durfte, versteht sich von selbst.
2) Plutarch. Sol. c. 21. Vgl. Demosth. Lept. §. 102.
3) Vgl. C. de Boer, Ueber das attische Intestaterbrecht. Hamb. 1836 und meine Recens. in d. Hall. ALZ. 1840 Erg. Bl. no. 65—69. Dazu die von Hermann Privatalt. §. 63, 3 angeführten.
4) Dagegen sind freilich von Philippi S. 61 Einwendungen gemacht, die mir indessen nicht von solchem Gewichte zu sein scheinen, dafs ich die obige bisher allgemein getheilte Ansicht zurücknehmen könnte.
5) Plutarch. Pericl. c. 37 u. üb. d. Zeit Bergk in N. Jahrb. f. Phil. LXV S. 384.

Untersuchungen höchst wahrscheinlich gemacht worden, dafs Perikles nur ein solonisches im Laufe der Zeit vernachlässigtes Gesetz, welches dergleichen von nichtbürgerlichen Müttern Geborne vom Bürgerrecht ausschlofs, wiederhergestellt habe.[1]) Aber bald nachher wurde es wiederum vernachlässigt, und deswegen im Jahre 403, nach dem Sturze der Dreifsig, von Aristophon erneuert, jedoch jetzt schonender als früher, indem keinem von einer nichtbürgerlichen Mutter Gebornen das Bürgerrecht, was er einmal hatte, entzogen, sondern nur für die Zukunft die von solchen Müttern nach dem Archon Euklides (d. h. nach dem Jahre 403), Gebornen ausgeschlossen wurden, was denn auch noch im demosthenischen Zeitalter beobachtet ward.[2]) Uebrigens konnten die aufserehelich gebornen Kinder beider Arten, deren gemeinschaftlicher Name νόθοι ist, durch eine Legitimation in die Rechte der ehelich geborenen eingesetzt werden. Doch zur Legitimation solcher, die eine nichtbürgerliche Mutter hatten, war die Genehmigung des Volkes erforderlich;[3]) zur Legitimation der andern, deren Mutter eine Bürgerin war, genügte die Zustimmung der Verwandten, die aber wohl nur unter der Bedingung erlangt wurde, dafs der Legitimirte nur einen bestimmten Theil des väterlichen Vermögens erhalten sollte.[4]) Die nicht legitimirten hatten natürlich gar keinen Anspruch auf die väterliche Erbschaft; doch pflegte ihnen ein Legat ausgesetzt zu werden, welches indessen nicht über 1000 Drachmen betragen durfte.[5]) Welches aber der Zustand derer gewesen, die zwar eine bürgerliche Mutter, aber einen fremden nicht mit Epigamie begabten Vater hatten, darüber geben uns unsere Quellen keine Auskunft. Der Fall kam gewifs höchst selten vor. Wir müssen annehmen, dafs solche Kinder dem Stande des Vaters folgten, also Nichtbürger waren.[6]) Ob aber, wenn eine Bürgerin sich

---

1) S. Westermann, Beitr. zur Gesch. des att. Bürgerrechts, in d. Berichten üb. d. Verhdl. d. K. Sächs. Ges. d. W. 1849 S. 200. Die Bedenken, die sich gegen W.'s Ansicht allerdings erheben lassen, dürften doch zu beseitigen sein.
2) Athenae. XIII, 38 p. 577. Isae. or. 8 §. 43. Demosth. in Eubul. §. 30. vgl. A. Schäfer, Demosth. I S. 123 f., welcher zeigt, dafs diese Milderung ein Amendement des Nikomenes zu dem Gesetz des Aristophon war.
3) Plut. Pericl. c. 37.
4) Isae. or. 6 §. 22 sqq. und meinen Commentar S. 336.
5) Harpocr. unt. νοθεία.
6) Dafür läfst sich auch Aristot. Polit. III, 4, 3. anführen. Vgl. Philippi S. 64.

mit einem Sklaven eingelassen hatte, ihre Kinder auch Sklaven wurden, lassen wir dahin gestellt.

In den Vollgenufs der staatsbürgerlichen Rechte trat der junge Bürger erst nach zurückgelegtem dreifsigsten Jahre, indem er vor diesem Alter weder zu öffentlichen Aemtern, noch in den Rath, noch zu Richterstellen wählbar war. Der Besuch der allgemeinen Volksversammlungen jedoch und das Mitstimmen, ja selbst das Reden in denselben war ihm schon vom zwanzigsten Jahre an durch kein Gesetz ausdrücklich untersagt, wenn gleich bescheidene und vernünftige junge Leute sich dessen von selbst enthielten. Die privatrechtliche Mündigkeit aber begann gesetzlich schon im achtzehnten Jahre.[1]) Vor der Mündigkeitserklärung wurden indessen die jungen Leute einer Prüfung unterzogen,[2]) die sich theils auf ihre körperliche Reife bezog, um zu ermitteln, ob sie zu den in diesem Alter ihnen obliegenden militärischen Diensten tauglich seien, theils aber, bei den Waisen und den Söhnen von Erbtöchtern, wohl auch auf die Fähigkeit, ihr Vermögen selbst zu verwalten,[3]) theils endlich auch noch einen Nachweis ihrer echtbürgerlichen Abkunft verlangen mochte. Die den ersten und dritten Punkt betreffende Prüfung wurde in einer Versammlung der Demoten oder Gaugenossen und zwar, wie es scheint, von den Aelteren, und namentlich von solchen, die zu den Heliasten gehörten,[4]) vorgenommen; über den zweiten Punkt mochte sie von der Phratria angestellt werden. Die Geprüften wurden sodann in das Verzeichnifs der Gaugenossen eingeschrieben, darauf dem im Theater versammelten Volke vorgestellt, mit einem Schilde und Speer bewaffnet, und so zum Heiligthum der Agraulos am Fufse des Burgfelsens geführt, wo sie durch einen feierlichen Eid sich zum Dienste und zur Vertheidigung des Vaterlandes verpflichteten. Der Eid lautete, nach einer freilich nicht authentischen Ueberlieferung, etwa so:[5]) „Ich schwöre diese Waffen nicht zu schänden und meinen Nebenmann im

---

1) Dies Alter bezeichnet der Ausdruck ἐπὶ διετὲς ἡβῆσαι. Vgl. de comit. Ath. p. 76 ff. u. Schäfer, Demosth. III, 2 S. 35.
2) Vgl. Antiqu. i. p. Gr. p. 198, 13. Schäfer a. a. O. p. 21.
3) Isae. or. 8 §. 31. or. 10 §. 12. Demosth. in Steph. 2 §. 20. Vgl. Philippi S. 103. 4. Auch nach altgermanischem Recht mufs der Vater dem Sohne bei seiner Grofsjährigkeit das mütterliche Erbe herausgeben. Eichhorn, Deutsche Staats- und Rechtsgesch. §. 63.
4) Aristoph. Vesp. v. 578.
5) Pollux VIII, 105 und mit kleinen Abweichungen Jo. Stobae. Flor. tit. 43 (41) no. 48 tom. II p. 110 Gaisf. Bedenken gegen die Echtheit s. bei

Treffen nicht zu verlassen. Ich will kämpfen für die
Heiligthümer und für das Gemeingut sowohl allein
als in Gemeinschaft mit Andern. Ich will das Vaterland nicht gemindert hinterlassen, sondern zu
Wasser und zu Lande so grofs, wie ich es überkommen. Ich will hören auf die, welche jedesmal zu entscheiden haben, und den bestehenden Gesetzen, und
welche ferner das Volk verordnen wird, gehorsam
sein. Und so Einer die Gesetze aufhebt oder ihnen
nicht gehorcht, will ich das nicht zulassen, sondern
sie vertheidigen, allein und mit Andern. Und ich
will die vaterländischen Götter und Heiligthümer
ehren. Zeugen seien die Götter, Agraulos, Enyalios,
Ares, Zeus, Thallo, Auxo, Hegemone." Solchen, deren
Väter im Kampfe gefallen waren, wurde nicht blofs Schild und
Speer, sondern eine vollständige Rüstung gegeben.[1]) Nach jener
Vereidigung wurden die jungen Bürger im Lande zum Dienste
als Peripolen verwandt, d. h. es wurden Abtheilungen von ihnen
in verschiedenen Theilen von Attika in die sogenannten Peripo-
lien oder Wachthäuser postirt, von wo aus sie in der Gegend
umher zu patrouilliren und als Sicherheitswache zu dienen hatten.[2]) Nach dem zwanzigsten Jahre begann die Verpflichtung
zum Kriegsdienst auch aufser Landes.

Den ungeschmälerten Besitz der dem Bürger verfassungs-
mäfsig zustehenden Rechte bezeichnet der Ausdruck $\epsilon\pi\iota\tau\iota\mu\iota\alpha$,
den wir durch Ehrenhaftigkeit übersetzen mögen, obgleich
der entgegengesetzte, $\dot\alpha\tau\iota\mu\iota\alpha$, keineswegs immer demjenigen,
was wir Ehrlosigkeit nennen, entspricht. Es gab vielmehr
verschiedene Abstufungen der Atimie, je nachdem Einem entweder nur einzelne bestimmte staatsbürgerliche Rechte entzogen
wurden, oder alle ohne Ausnahme, und dies wieder entweder
für einstweilen, oder auf immer. Eine specielle nur in Entziehung einzelner Rechte bestehende Atimie traf z. B. denjenigen,
der eine von ihm angestellte öffentliche Klage fallen liefs, oder
bei der Abstimmung der Richter nicht wenigstens den fünften

Cobet, Nov. Lectt. p. 223. Vgl. auch v. Leutsch im Philol. XII p. 279. Es
fehlt namentlich die charakteristische Stelle, ὅροις χρήσεσθαι τῆς Ἀττι-
κῆς πυροῖς, κριθαῖς, ἀμπέλοις, ἐλάαις, deren Plutarch. Alcib. c. 15 u.
Cicero de republ. III, 9 gedenken.
1) Aeschin. in Ctes. §. 154.
2) Harpocr. unt. περίπολοι.

Theil der Stimmen für sich hatte: er verlor nämlich dann das Recht, in Zukunft ähnliche Klagen anstellen zu dürfen. Wer dreimal wegen gesetzwidriger Anträge an das Volk von den Gerichten in Folge der sogenannten γραφὴ παρανόμων verurtheilt worden war, ging fortan des Rechtes, Anträge zu stellen, verlustig. Anderen wurde das Recht, Rathsglieder zu werden oder Staatsämter zu bekleiden, entzogen. Andere durften den Markt nicht betreten, Andere diesen oder jenen Theil des athenischen oder bundesgenossischen Gebietes nicht besuchen, wie dies u. a. im peloponnesischen Kriege Manchen von denen untersagt war, die unter der Herrschaft der Vierhundert sich compromittirt hatten.[1]) Die gänzliche Entziehung aller staatsbürgerlichen Rechte aber schloſs nicht bloſs von jeder Theilnahme an irgend welcher politischen Thätigkeit, sondern auch vom Besuche des Marktes und der öffentlichen Heiligthümer aus, und nahm den Betheiligten selbst die Befugniſs, wegen persönlicher Angelegenheiten als Kläger vor Gericht aufzutreten.[2]) Diese Art von Atimie ward theils als Strafe wegen gewisser Vergehungen und Pflichtverletzungen verhängt, die wir späterhin kennen lernen werden, theils traf sie die Staatsschuldner, welche ihre Schuld nicht innerhalb der gesetzlichen Frist abgetragen hatten, und war dann zugleich mit einer Verdoppelung der zu zahlenden Schuld verbunden.[3]) Sie dauerte indeſs nicht länger, als bis die Schuld getilgt war: war dies geschehen, so hörte sie auf, wogegen sie auf denen, die zur Strafe wegen Vergehungen oder Pflichtverletzungen mit ihr belegt waren, bleibend haftete, ja bisweilen nicht bloſs auf die Schuldigen beschränkt, sondern auch auf ihre Kinder ausgedehnt wurde.[4])

dd) Volksabtheilungen und Genossenschaften.

Der Staat ist ein Verein nicht von atomistisch vereinzelten Individuen, sondern von gröſseren oder kleineren Körperschaften und Verbindungen, die zum Theil von blos privatrechtlicher, zum Theil aber von staatsrechtlicher Bedeutung sind, indem sie

---

1) Andocid. de myster. §. 76, wo diese mit partieller Atimie belegten ἄτιμοι κατὰ προστάξεις heiſsen.
2) Lys. g. Andoc. §. 24. Aeschin. g. Timarch. §. 21. Dem. Mid. §. 87.
3) Andocid. a. a. O. Vgl. unten den Abschn. üb. den Staatshaushalt.
4) Vgl. Demosth. g. Aristocr. §. 62. g. Mid. §. 113. Ps. Plut. Leb. der 10 Redner p. 834. Böckh in d. Monatsber. d. Ak. d. W. 1853 S. 110.

dem Organismus der Regierung und Verwaltung zur Grundlage dienen. Auch das Haus und die Familie ist eine solche kleinere Körperschaft, und wird, insofern der Staat sie in den Bereich seiner Wirksamkeit zieht, später in Betracht zu ziehen sein. Jetzt aber erwähnen wir zunächst einiger Corporationen, welche in einem alten, angeblich solonischen Gesetze, aufgeführt werden,[1]) und welchen das Recht zugesprochen wird, dafs Verabredungen und Festsetzungen unter ihnen Gültigkeit haben sollen, insofern sie nicht mit den Staatsgesetzen in Widerspruch stehen. Solche sind erstens die Handelscompagnien, d. h. Vereine zu gemeinschaftlichen Handelsgeschäften, deren es ohne Zweifel viele gab;[2]) sodann Vereine zur Kaperei, dergleichen sich wohl in Kriegszeiten zu bilden pflegten, um auf gemeinschaftliche Kosten ein Kaperschiff auszurüsten und feindliche Schiffe aufzubringen.[3]) Ferner Vereine mehrerer Familien zum gemeinschaftlichen Besitze und Gebrauch eines Begräbnifsplatzes, welche Art von Vereinen wohl nur unter verwandten Familien stattfand.[4]) Das Gesetz nennt ferner Tischgenossenschaften, über die sich am wenigsten etwas gewisses sagen läfst. Es scheint, dafs sich öfters Männer, die entweder keine eigene Wirthschaft hatten, Junggesellen oder Wittwer, oder die lieber in Männergesellschaft als zu Hause mit ihren Frauen speisen mochten, zu Tischgenossenschaften verbunden haben, wie z. B. nach einer Angabe bei Platon,[5]) Lysimachus, der Sohn des Aristides, und Melesias, der Sohn des Thukydides, Mitglieder einer solchen waren, an der auch ihre im Jünglingsalter stehenden Söhne theilnahmen: und es ist möglich, dafs an eine solche Gesellschaft auch in jenem Gesetze zu denken sei. Besser unterrichtet sind wir über die ebenfalls dort erwähnten Thiasoi. Dieser Name nämlich bezeichnet Vereine, die sich irgend eine Gottheit zu ihrem besondern Schutzpatron erwählt hatten, dem zu Ehren sie zu gewissen Zeiten Opfer und festliche Schmausereien anstellten, aufserdem

---

1) Dig. XLVII, 22 (de colleg. et corp.) fr. 4. Die Lesart dieses Gesetzes ist an mehreren Stellen sehr unsicher; ich habe mich begnügt, nur die nicht politischen Corporationen herauszuheben, über die kein Zweifel stattfinden kann.
2) In dem Gesetze: *εἰς ἐμπορίαν οἰχόμενοι*. Vgl. Harpocr. unt. *κοινωνικῶν: κοινωνίαν ἐμπορίας συνθέμενοι*.
3) In dem Gesetze: *ἐπὶ λείαν οἰχόμενοι*. Vgl. darüber Antiqu. i. p. Gr. p. 368 n. 8.
4) Vgl. Demosth. g. Macart. §. 79. g. Eubul. §. 67: *οἷς ἤρία ταὐτά*.
5) Lach. p. 179 B.

aber gar mannichfaltige Zwecke verfolgten, theils gemeinschaftliche Geschäfte, theils auch wohl nur gesellige Vergnügungen und lustiges Zusammenleben. Sie waren aber förmlich organisirt, hatten ihre Vorsteher, Geschäftsführer, Seckelmeister u. dgl. und nannten sich mit verschiedenen Namen theils nach ihren göttlichen Schutzpatronen, theils auch nach den Tagen, die sie festlich zu feiern pflegten, wie Numeniasten, die den Neumondstag, Eikadisten, die den zwanzigsten des Monats feierten.[1]) An diese schliefsen wir die in jenem Gesetze nicht genannten Eranoi an, welcher Name ebenfalls Gesellschaften bezeichnet, die sich theils zu gemeinschaftlichen Belustigungen und Schmausereien, theils aber auch zu gegenseitiger Unterstützung vereinigten, so dafs, wenn ein Mitglied in Geldverlegenheit gerieth und der Beihülfe bedurfte, die übrigen zusammenschossen und ihm das Erforderliche vorstreckten, was er aber, wenn seine Umstände sich gebessert hatten, zu erstatten verpflichtet war. Auch diese Gesellschaften hatten eine förmliche Organisation, es werden ihre Vorsteher (Archieranisten und Prostatä) Schreiber, Seckelmeister und Syndiken oder Rechtsanwalte erwähnt, und sie waren gesetzlich dadurch begünstigt, dafs für Rechtshändel, die aus dem Eranistenverhältnifs entsprangen, ein schnelleres gerichtliches Verfahren angeordnet war, und die Processe in Monatsfrist abgeurtheilt werden mufsten.[2]) — Ein gemeinschaftlicher Name für alle dergleichen Vereine ist Hetärie.[3]) Doch wird gewöhnlich dieser Name in besonderem Sinne von politischen Clubs gebraucht, die nicht, gleich jenen, vom Staat anerkannte und berechtigte Gesellschaften waren, sondern höchstens geduldete, oft aber auch geheime Gesellschaften, um gewisse Interessen im Staate zu verfolgen, welche denn bald grösseren, bald geringeren Umfangs sein konnten, bisweilen auf Aenderung der Verfassung, auf Herrschaft der Partei ausgingen, bisweilen nur auf gegenseitige Förderung bei Amtsbewerbungen oder in Rechtshändeln,[4]) wobei sie in der Wahl der Mittel meist nicht sehr gewissenhaft zu sein pflegten, und auch falsche Zeugnisse, Bestechungen u. dgl. nicht verschmähten.[5])

---

1) S. Antiq. i. p. Gr. p. 305, 4.
2) Att. Proc. S. 541 ff.
3) Gai. in Dig. XLVII, 22, 3, 1: Sodales sunt, qui eiusdem collegii sunt, quam Graeci ἑταιρίαν vocant.
4) Daher συνωμοσίαι ἐπὶ δίκαις καὶ ἀρχαῖς. Thucyd. VIII, 54.
5) Vgl. Demosth. in Mid. §. 139. in Zenoth. §. 10. in Pantaen. §. 39. in Boeot. de dot. §. 18. in Boeot. de nom. §. 9.

Die Phratrien, deren ebenfalls in dem Solonischen Gesetz gedacht wird, haben wir oben als Unterabtheilungen der vier alten ionischen Phylen, drei in jeder, zusammen also zwölf, kennen gelernt. Nur von einer Phratria erfahren wir den Namen, und dieser lautet gentilitisch, *Ἀχνιάδαι*,[1]) woraus indessen keinesweges folgt, dafs alle auf ähnliche Weise benannt seien. Wenn auch einige den Namen von vorragenden Geschlechtern trugen, so konnten immerhin andere nach den Ortschaften heifsen, die in ihnen die bedeutendsten waren, wie wir es gleich bei den Demen finden werden. Klisthenes, als er seine neuen Phylen einrichtete, liefs die Phratrien, wie sie waren, unangetastet bestehen, so dafs sie ganz von jenen unabhängig, nicht Unterabtheilungen von ihnen waren, und dafs die Angehörigen einer und derselben Phratrie verschiedenen Phylen angehören konnten. Dafs er für die vielen von ihm aufgenommenen Neubürger auch neue Phratrien gebildet habe, ist entschieden falsch, höchst wahrscheinlich aber ist es, dafs er sie den bestehenden Phratrien einverleibte, welche übrigens seit dieser Zeit vielmehr als kirchliche denn als politische Körperschaften anzusehen sind. Für jetzt haben wir von ihnen nur zu bemerken, dafs durch die Einschreibung der Kinder in die Verzeichnisse der Phratrien eine Art von Controle über ihre legitime Geburt ausgeübt wurde, derjenigen vergleichbar, welche heutzutage durch Einschreibung in die Kirchenbücher ausgeübt wird.[2]) Die Einschreibung wurde regelmäfsig am dritten Tage des Apaturienfestes der sogenannten *ἡμέρα κουρεῶτις*, vorgenommen, doch ausnahmsweise auch bei andern Gelegenheiten, wo die Phratrien sich versammelten.[3]) Der Vater stellte hier das Kind der Versammlung vor, gab die eidliche Versicherung, dafs es von ihm in rechtsgültiger Ehe erzeugt sei, brachte dabei der Gottheit der Phratrie ein Opfer dar und bewirthete die Phratoren mit einem Opferschmause. Die Einschreibung geschah durch den Vorsteher der Phratrie, den Phratriarchen, und das Verzeichnifs hiefs *τό κοινόν* oder *τό φρατορικόν γραμματεῖον*. Auch Adoptivkinder wurden auf ähnliche Art in die Phratrie des Adoptivvaters eingeführt und in das Verzeichnifs eingetragen. Ebenso führten neuvermählte Ehe-

---

1) C. Inscr. I no. 469.
2) Mit dem Unterschiede freilich, dafs diese auch die unehelichen Kinder verzeichnen, mit Bezeichnung derselben als solcher, wogegen in die Phratrienverzeichnisse nur die legitimen aufgenommen wurden.
3) Vgl. Isae. or. 7 §. 15.

männer ihre Frauen in die Phratrie ein, stellten ein Opfer an und gaben einen Opferschmaus,[1]) und vielleicht wurden auch die Jünglinge nicht mündig gesprochen, ohne vorher den Phratrien vorgestellt[2]) und nöthigen Falls einer gewissen Prüfung unterworfen zu sein, die sich bei den Söhnen von Erbtöchtern, denen das mütterliche Vermögen auszuhändigen war, oder bei Waisen, die jetzt der Vormundschaft zu entlassen waren, wohl besonders auf die erforderliche Fähigkeit zu selbständiger Vermögensverwaltung bezogen haben wird.

Die Geschlechter, Unterabtheilungen der Phratrien, deren jede dreifsig derselben enthalten haben soll, blieben durch Klisthenes Verfassung gänzlich unberührt, und es wurden die Neueingebürgerten nicht in sie aufgenommen, da dies nicht ohne vielfache Verletzung sacraler und privatrechtlicher Verhältnisse würde haben geschehen können. Denn nicht wenige Geschlechter waren in erblichem Besitze gewisser Priesterthümer, auch konnte, in Ermangelung näherer Verwandten, bisweilen ein Intestaterbrecht der Geschlechtsgenossen eintreten. Deswegen wurden auch späterhin die Eingebürgerten wohl bisweilen in eine Phratrie aufgenommen, niemals aber in ein Geschlecht, in welches ihre Nachkommen nicht anders als in Folge von Adoption durch einen Geschlechtsgenossen gelangen konnten, z. B. vom mütterlichen Grofsvater, wenn ihr Vater mit einer Frau altbürgerlicher Herkunft vermählt war, und auch dann ohne Zweifel nur mit Bewilligung der übrigen Geschlechtsgenossen. Die Einschreibung in das Geschlechtsverzeichnifs geschah gleichzeitig mit der Einschreibung in die Phratrie, durch den Vorsteher des Geschlechtes.[3]) Jedes Geschlecht hatte, aufser der allen gemeinsamen Verehrung des Ζεὺς ἑρκεῖος und des Ἀπόλλων πατρῷος, seinen besonderen Cultus dieser oder jener Gottheit, und zum Behufe desselben Priester, Heiligthümer, auch wohl Grundstücke und eine Casse unter Verwaltung eines Seckelmeisters. Ferner werden auch Leschen oder Versammlungshäuser der Geschlechter erwähnt.[4]) Unter den aufserhalb der

---

1) Isae. or. 3 §. 76 u. d. Comment. p. 263.
2) Pollux VIII, 105. Schäfer Demosth. III, 2 p. 21. Die Sache ist jedoch sehr unklar. Vgl. auch Antiquitt. i. p. Gr. p. 208, 20.
3) Isae. or. 7 §. 15. — Der Vorsteher des Geschlechts heifst ἄρχων τοῦ γένους, in einem Verzeichnifs des Geschlechts der Amynandridä (s. Rofs, die Demen von Attika, S. 24), in welchem auch ein ἱερεὺς Κέκροπος und ein ταμίας genannt wird.
4) Procl. zu Hesiod. O. et D. v. 492.

alten echtattischen Geschlechter stehenden Neubürgern und Nachkommen von Neubürgern, deren Zahl nicht gering gewesen sein mufs, bildeten sich aber nothwendig ebenfalls gewisse Vereine, die den Geschlechtern analog waren. Da jedes Haus seine Privatsacra hatte, so war es natürlich, dafs mehrere verwandte, von demselben Vorfahren abstammende Häuser auch dieselben Privatsacra hatten, und dies begründete also eine religiöse Gemeinschaft zwischen ihnen und verband sie zu Cultgenossenschaften, die, wenn auch von geringerem Umfang als die Geschlechter, doch nicht wesentlich verschieden von ihnen waren. Die Angehörigen solcher jüngeren Cultgenossenschaften hiefsen indessen nicht Genneten ($\gamma\varepsilon\nu\nu\tilde{\eta}\tau\alpha\iota$), welcher Name ausschliefslich jenen altattischen Geschlechtern eigen blieb; sie nannten sich nur mit dem allgemeinen Namen Orgeonen, der freilich aufser diesen auch noch andere Cultgenossenschaften bezeichnete. Dafs sie, gleich den Geschlechtern, alle den $Z\varepsilon\dot{v}\varsigma\ \dot{\varepsilon}\varrho\varkappa\varepsilon\tilde{\iota}o\varsigma$ verehrten, versteht sich von selbst; aber auch den Cult des Appollon als $\pi\alpha\tau\varrho\tilde\omega o\varsigma$ ihnen zu verwehren gab es keinen Grund: der Gott wurde in der That auch ihr $\pi\alpha\tau\varrho\tilde\omega o\varsigma$ dadurch, dafs seine Verehrung von dem zuerst eingebürgerten Stammvater auf die im Lauf der Zeit von diesem abstammenden Familien vererbt ward. In diese Cultgenossenschaften wurden denn auch die Kinder der dazu gehörigen Familien auf ähnliche Weise eingeführt und in die Verzeichnisse eingetragen, wie die der Geschlechtsgenossen in das Geschlecht eingeführt wurden.[1])

Als Klisthenes aus den oben[2]) angedeuteten Gründen eine neue, von der bisherigen verschiedene Eintheilung des Volkes zweckmäfsig fand, theilte er das gesammte Land in hundert Verwaltungsbezirke,[3]) von denen wiederum je zehn zu einem gröfseren Ganzen verbunden wurden. Diese letzteren nannte er Phylen, mit einem freilich für eine nur auf Oertlichkeit, nicht auf Abstammung basirte Eintheilung nicht eigentlich passenden, aber doch auch anderswo ähnlich gebrauchten Namen; die kleineren Bezirke hiefsen $\delta\tilde\eta\mu o\iota$, und die einzelnen Demen wurden theils nach den kleinen Städten oder Flecken, theils nach ausgezeichneten Geschlechtern benannt, deren Güter in ihnen belegen

---
1) Isae. or. 2 §. 14 mit dem Comm. p. 208 sq. Verfassungsgesch. v. Ath. S. 67 u. Philippi S. 205 ff.
2) S. S. 355.
3) Die Zahl, von der richtig verstandenen Stelle Herod. V, 69 bezeugt, ist von einigen Neueren in Zweifel gezogen, doch ohne triftige Gründe.

waren.¹) Diese Benennungen, wie den Namen δῆμοι selbst, hat Klisthenes nicht erdacht, sondern vorgefunden: es gab Bezirke, Städte und Flecken mit ihrer Umgegend, die sich Demen nannten, lange vor ihm, und diese Demen hatten natürlich jeder auch seinen besonderen Namen. Was Klisthenes neuerte, war nur die bestimmte Zahl von hundert, zu welchem Zwecke denn freilich einige Modificationen der früheren Verhältnisse nothwendig waren, kleinere Ortschaften zusammengelegt, auch wohl von gröfseren Bezirken ein Theil abgenommen und zu einem andern geschlagen werden mufste, damit alle unter einander, wenn auch nicht gleich, doch wenigstens nicht allzuungleich würden. Dergleichen Veränderungen konnten aber auch ohne alle Verletzung bestehender Rechte geschehen. Denn die jetzt gestifteten Demen als Verwaltungsbezirke, mit Rechten und Befugnissen, wie sie nun ausgestattet wurden, waren etwas Neues, was die früheren Ortschaften und Bezirke in solcher Art nicht gehabt hatten, und wenn es etwa religiöse Vereinigungen zwischen den Angehörigen eines Bezirkes gab, die jetzt zu verschiedenen Demen geschlagen wurden, so wurden diese durch Klisthenes' Einrichtung durchaus nicht aufgehoben, sondern blieben nach wie vor bestehen. Uebrigens ward die Anzahl der Demen in der Folge vermehrt, indem Ortschaften, die früher mit andern zu einem Demos verbunden waren, später bei vermehrter Bevölkerung zu eigenen Demen gemacht wurden,²) hier und da auch wohl ganz neue Ortschaften entstanden und die Theilung eines Bezirks in zwei Demen veranlafsten,³) wobei denn auch wohl Versetzung eines Demos aus einer Phyle in eine andere vorkam, da man gewifs darauf Bedacht nahm, die Phylen unter einander an Bevölkerung möglichst gleich zu erhalten, weil, wie wir sehen werden, manche Rechte, bei Aemterbesetzungen, und Pflichten, bei Liturgien, unter dieselben gleichmäfsig vertheilt waren. Die Zahl der Demen stieg zuletzt bis

---

1) Beispiele von Ortsnamen mögen sein Marathon, Oenoe, Besa, Lamptra, Eleusis, von Geschlechtsnamen Butadae, Thymaetadae, Cothocidae, Perithoedae, Semachidae. Zu beachten ist, was ich Antiqu. p. 201, 5 bemerkt habe, dafs die nach Geschlechtern benannten Demen vorzugsweise in dem Theil des Landes liegen, welcher oben S. 331 der Phyle der Geleonten zugewiesen ist, wo also die meisten und bedeutendsten Adelsfamilien lebten.
2) Wie es z. B. mit Brauron der Fall gewesen zu sein scheint, welches früher zum Demos Philaïdae gehörte. S. Westerm. ad Plut. Sol. c. 10.
3) Vgl. Rofs, Demen c. 3.

auf hundert und vierundsiebzig;[1]) doch erinnerte an die ursprüngliche Anzahl fortwärend der Name der hundert Heroen, mit dem man die Eponymen der Demen bezeichnete.[2]) Eine andere im Lauf der Zeit sich ergebende Veränderung war diese, dafs, während bei der ersten Einrichtung des Klisthenas Jeder dem Demos angehörte, in dem er entweder selbst wohnte oder wenigstens begütert war, späterhin, da die Söhne dem Demos des Vaters angehörig blieben, öfters der Fall eintrat, dafs Jemand zu einem Demos gerechnet ward, in dem er weder wohnte noch begütert war.[3]) Von Versetzung aus einem Demos in einen andern finden sich keine Beispiele, als nur in Folge einer Adoption, indem der Adoptivsohn nothwendig aus dem Demos, dem er durch die Geburt angehörte, in den seines Adoptivvaters überging.[4]) Zur vollständigen officiellen Benennung eines Bürgers gehörte, neben der Angabe des Vaters, auch die des Demos, z. B. Demostehenes, Sohn des Demosthenes, aus Päania.[5])

Die Demen, wie alle derartigen Vereine in den griechischen Staaten, obgleich wesentlich zu politischen, also nach heutiger Ausdrucksweise zu weltlichen Zwecken eingerichtet, bildeten doch zugleich auch gottesdienstliche oder kirchliche Vereine, weil den Griechen ein religiöses Band bei jeder Art von Vereinen Bedürfnifs war und unentbehrlich schien. Jeder Demos verehrte ein übermenschliches Wesen, irgend einen alten Heros, als Eponymos, der gleichsam als Schutzpatron, als ein Vermittler zwischen seinen Verehrern und den Göttern angesehen werden mochte.[6]) Aufser diesen Culten der Eponymen, deren manche wohl erst durch Klisthenes und nach ihm eingesetzt sind, gab es aber auch manche andere altherkömmliche Gottesdienste theils der einzelnen Demen, theils mehrerer gemeinschaftlich, und zwar letztere auch zwischen solchen Demen, die von Klisthenes bei der Phylenordnung getrennt und zu verschiedenen Phylen geschlagen waren,[7]) zum deutlichen Beweise, wie durch

---

1) Strabo IX, I p. 396.   2) Herodian. π. μονήρ. λέξ. p. 17. 8.
3) Vgl. de comitt. Ath. p. 366.   4) Demosth. g. Leochar. §. 21. 34 ff.
5) Bei einigen Demen ist die Adverbialform üblich, wie Κολωνῆϑεν, nicht Κολωναῖος, bei andern die Praeposition, wie ἐξ Οἴου, und bei Frauen wird der Demos nur so angegeben. Vgl. Franz. Elem. epigr. p. 339.
6) Die Angaben über die einzelnen sind gesammelt von H. Sauppe, de demis urbanis. Prog. des Gymn. zu Weimar 1846.
7) Z. B. die drei Demen Semachidae, Plotheeis und ein dritter unbekannter hatten einen gemeinsamen Cult, und doch gehörte der erstgenannte zur Antiochis, der zweite zur Aegaeis. Ebenso die Demen Phaleros, Pi-

ihn die bestehenden Religionsinstitute unangetastet geblieben sind. Es gab deswegen in den Demen auch Priester zur Besorgung ihres Cultus, und diese wurden, zum Theil wenigstens, in einer Weise ernannt, die Wahl und Loos vereinigte, indem die Demoten eine gewisse Anzahl von Candidaten durch Wahl ernannten, aus welchen dann einer durch das Loos ausgehoben wurde.[1]) Unter den Verwaltungsbeamten war der oberste der Demarch, wahrscheinlich durch Wahl, nicht durchs Loos ernannt. Aufserdem werden Cassen- und Rechnungsbeamte erwähnt, Seckelmeister ($\tau\alpha\mu\iota\alpha\iota$), Controleure ($\dot{\alpha}\nu\tau\iota\gamma\rho\alpha\varphi\epsilon\tilde{\iota}\varsigma$), und Revisoren ($\epsilon\ddot{v}\vartheta\upsilon\nu\iota$).[2]) Die Demen besafsen nämlich aufser den zum Cultus dienenden Gebäuden und Ländereien auch solche, die zum gemeinen Bedürfnifs dienten. Diese wurden verpachtet, und das Pachtgeld flofs in die Gemeindecasse. Ferner wurden Grundsteuern von Gütern erhoben, die der Angehörige eines andern Demos in ihrem Bezirke befafs ($\dot{\epsilon}\gamma\varkappa\tau\eta\tau\iota\varkappa\acute{o}\nu$), endlich auch Vermögens- oder Einkommensteuern zur Bestreitung der Bedürfnisse, sei es des Cultus, sei es der sonstigen Verwaltung. Zur Berathung der gemeinen Angelegenheiten, Wahl der Beamten und ähnlichen Geschäften mufsten natürlich öfters Versammlungen der Demoten gehalten werden, die mit dem altherkömmlichen Namen $\dot{\alpha}\gamma o \rho\alpha\iota$, nicht, wie die allgemeinen Volksversammlungen, $\dot{\epsilon}\varkappa\varkappa\lambda\eta\sigma\iota\alpha\iota$ genannt wurden. Von allgemeinerem Interesse aber für den Gesammtstaat sind namentlich zweierlei Versammlungen, erstens diejenigen, in welchen die Aufnahme der jungen Bürger erfolgte, zweitens diejenigen, in welchen die Bürgerlisten revidirt wurden. Die Aufnahme der jungen Bürger fand, wie oben angegeben, im achtzehnten Jahre statt, und zwar, wie es scheint, in derselben Versammlung, in welcher auch die Beamten gewählt wurden.[3]) Die Neuaufgenommenen, wenn ihre Berechtigung hinlänglich erwiesen war, wurden in ein Verzeichnifs geschrieben, welches der Demarch führte, und welches das $\lambda\eta\xi\iota\alpha\rho\chi\iota\varkappa\acute{o}\nu\ \gamma\rho\alpha\mu\mu\alpha\tau\epsilon\tilde{\iota}o\nu$ hiefs, an-

---

raceus, Thymaetadae, Xypete hatten ein gemeinsames Heraklesheiligthum, und doch gehörte der erste zur Aeantis, der zweite und dritte zur Hippothontis, der vierte zur Kekropis. S. Böckh, Corp. Inscr. I, p. 122 sq.
 1) Demosth. g. Eubulid. §. 46.   2) S. Antiquitt. i. p. Gr. p. 204.
 3) Vgl. zu Isae. p. 369. Ueber die Zeit dieser Wahlversammlungen läfst sich nichts bestimmtes angeben. Vgl. Opusc. ac. 1 p. 289 ff u. Schäfer, Demosth. III, 2 p. 28. Die noch jüngst wiederholte Meinung, dafs bei Demosth. g. Leoch §. 39 u. Isae. VII, 28 nicht von Wahlversammlungen der Demen sondern des ganzen Volkes die Rede sei, ist entschieden falsch.

geblich weil von dieser Zeit an die jungen Leute zum Antritt der ihnen zufallenden Erbschaft (λῆξις τοῦ κλήρου) befugt waren. Zur activen Theilnahme an den Versammlungen aber war eine zweite Einschreibung in ein anderes Verzeichnifs, den πίναξ ἐκκλησιαστικός,[1]) erforderlich, welche wahrscheinlich erst nach Ablauf der zwei Jahre, in welchen der Peripolendienst zu leisten war, vorgenommen wurde, und den Eingeschriebenen wohl nicht blofs berechtigte, sondern auch verpflichtete, den Versammlungen beizuwohnen. Die Revision der Bürgerlisten wurde zu unbestimmten Zeiten auf besondere Veranlassungen vorgenommen, wenn etwa ein Verdacht obwaltete, dafs mehrere mit Unrecht eingeschrieben worden seien. Es wurden alsdann die Namen aus dem Verzeichnifs einzeln verlesen, und bei jedem gefragt, ob etwas dawider einzuwenden sei. Ueber vorgebrachte Einwendungen wurden natürlich auch Verhandlungen gepflogen, Beweise für und wider beigebracht, so dafs die Sache gar nicht in einer Versammlung abgemacht werden konnte, sondern die Demoten mehrmals zusammenkommen mufsten.[2]) Kam es endlich zur Abstimmung, und fiel diese für den Betheiligten ungünstig aus, so hatte dies, falls er sich dabei beruhigte, weiter keine üble Folge für ihn, als dafs er ausgestrichen wurde und also fortan nicht mehr als Bürger galt. Wenn er aber sich dem Beschlufs der Demoten nicht fügte, und es auf ein processualisches Verfahren vor einem heliastischen Gerichte ankommen liefs, was ihm freistand, so ward er, wenn er hier unterlag, zur Strafe auch der Freiheit beraubt und von Staatswegen als Sklave verkauft. — Uebrigens waren die Versammlungsorte der Demen immer in dem Hauptorte ihres Bezirkes, und in der Hauptstadt nur dann, wenn auch ein Theil von dieser zu dem Bezirke eines Demos gehörte, was, bei der immer weiteren Ausdehnung derselben, mit mehreren der angrenzenden Demen der Fall war.[3])

Die Phylen des Klisthenes waren, wie gesagt, Verbände von je zehn Demen. Nach welchem Princip er die einzelnen Demen zu dieser oder jener Phyle geschlagen habe, ist nicht deutlich zu erkennen: gewifs ist nur dies, dafs keinesweges immer die

---

1) Demosth. in Leoch. §. 35. 2) Demosth. g. Eubulid. §. 9 ff.
3) Die sogenannten städtischen Demen, Kerameis, Melite, Diomea, Kollytos, Kydathenaion, Skambonidä. S. Sauppe's o. a. Abh. u. Leake, Topogr. Ath. üb. v. Baiter u. Sauppe p. 315. Auch Meier in d. Hall. A. L. Z. 1846 S. 1082.

benachbarten Demen verbunden waren; denn viele der zu einer und derselben Phyle gehörigen lagen weit auseinander, und waren durch andere zu andern Phylen gehörige getrennt.[1]) Klisthenes scheint hiedurch auch verhüten gewollt zu haben, dafs nicht locale und particuläre Interessen in den Berathungen der Phylen das Uebergewicht über die allgemeinen Landesinteressen gewinnen möchten. Ihre Namen bekamen die Phylen von alten Landesheroen: sie hiefsen Erechtheïs, Aegeïs, Pandionis, Leontis, Akamantis, Oeneïs, Kekropis, Hippothontis, Aeantis, Antiochis, und dies war die herkömmliche Ordnung der Aufeinanderfolge, die jedoch auf die Rechte oder Leistungen der Phylen von keinem nachweisbaren Einflufs war, da sie für diese vielmehr jährlich durch das Loos bestimmt wurde.[2]) Die Statuen jener zehn Heroen, der Eponymen, standen in Athen auf dem Markte, und es pflegten alle schriftlichen zur öffentlichen Bekanntmachung bestimmten Erlasse bei ihnen ausgehängt zu werden. Jede Phyle weihte ihrem Eponymos einen religiösen Cultus; es gab Heiligthümer desselben mit dazu gehörigen Ländereien ($\tau\epsilon\mu\acute{\epsilon}\nu\eta$) und Priester.[3]) Als Beamte der Phylen finden wir namentlich nur Vorsteher ($\dot{\epsilon}\pi\iota\mu\epsilon\lambda\eta\tau\alpha\acute{\iota}$), und Seckelmeister ($\tau\alpha\mu\acute{\iota}\alpha\iota$) zur Verwaltung der Casse, in welche die Einkünfte aus den etwa der Phyle gehörigen Grundstücken oder aus Abgaben der Angehörigen flossen.[4]) — Die Versammlungen der Phylen heifsen, wie die der Demen, $\dot{\alpha}\gamma o\varrho\alpha\acute{\iota}$, wurden aber immer in der Stadt (Athen) gehalten,[5]) weil, bei dem Mangel räumlichen Zusammenhanges der Phyle, kein anderer Ort als gemeinsamer Mittelpunkt ihrer Angehörigen gelten konnte. In diesen Versammlungen wurden aber nicht blofs die besonderen Angelegenheiten der Phyle verhandelt, sondern sie hatten auch mit Angelegenheiten des Gesammtstaates zu thun.[6]) Sie wurden z. B. beauftragt, aus ihrer Mitte Beamte zur Besorgung der öffentlichen Bauten, wie der Stadtmauern, der Festungswerke und Gräben, der Strafsen, der Kriegsschiffe zu ernennen: sie stellten die Liturgen, d. h. diejenigen, welche bei

---

1) Vgl. Antiqu. i. p. Gr. p. 201. 2 u. Grote, Gesch. v. Gr. II. S. 430 d. Ueb.
2) Vgl. Böckh. Corp. Inscr. I p. 153. 234. 299.
3) Böckh. C. J. I p. 175. Köhler im Hermes V p. 339.
4) Ebend. p. 142 no. 104, 9. Rangabé A. H. II p. 174 no. 476.
5) Sauppe a. a. O. p. 20. Meier in d. H. A. L. Z. 1846 Dec. S. 1088.
6) Vgl. de comit. Ath. p. 374. Böckh. Staatsh. I. S. 598. 619.

den Festen des Staates, die mit scenischen oder gymnischen Spielen oder mit öffentlichen Mahlzeiten verbunden waren, die hierzu erforderlichen Anstalten treffen und grofsentheils auch die Kosten dafür bestreiten mufsten. Ob aber die Rathsglieder, deren aus jeder Phyle funfzig waren, in ihren Versammlungen erlost worden seien, oder anderswo, ist ungewifs: von den Magistratscollegien aber, deren mehrere aus zehn Mitgliedern, einem aus jeder Phyle, bestanden, wissen wir, dafs ihre Ernennung nicht in den Phylenversammlungen erfolgte.

Wir haben oben[1]) erwähnt, dafs die vier alten vorklisthenischen Phylen in kleine Verwaltungsbezirke getheilt waren, welche Naukrarien hiefsen und deren in jeder Phyle zwölf, zusammen also achtundvierzig waren. Diese Eintheilung behielt auch Klisthenes im Wesentlichen bei, setzte sie aber mit seiner neuen Phylenordnung dadurch in Verbindung, dafs er funfzig Naukrarien, fünf für jede Phyle, machte,[2]) und, was freilich nirgends bezeugt wird, aber doch kaum bezweifelt werden zu können scheint, je zwei Demen zu einer Naukrarie verband. Die Bedeutung der Naukrarien blieb natürlich nicht dieselbe, wie sie früher gewesen war, und wir hören namentlich, dafs die Geschäfte, welche den Naukraren obgelegen, jetzt an die Demarchen übergegangen seien.[3]) Da nun diese die gesammte finanzielle und polizeiliche Administration ihrer Bezirke in Händen hatten, so folgt, dafs die Naukraren mit derartigen Geschäften nichts mehr zu thun gehabt haben, sondern dafs sich ihre Function nur noch auf die Leistungen für den Staat, und zwar namentlich für die Flotte, (vielleicht auch noch für die Reiterei) beziehen konnte, wie denn auch wirklich sie selbst uns als Trierarchen, die Naukrarien aber als etwas den Symmorien Analoges bezeichnet werden.[4]) Wie lange sie noch bestanden haben mögen, ist nicht zu ermitteln; gewifs aber nicht länger, als bis auf Themistokles' Betrieb die Flotte weit über das frühere Mafs vermehrt wurde. Seit dieser Zeit wurden die Kosten des Schiffsbaues aus der Staatscasse bestritten, es wurde eine eigene Casse dafür unter einem Schatzmeister gebildet, und der Bau durch zehn von den Phylen ernannte Trieropöen unter Aufsicht des Rathes besorgt.

---

1) S. S. 345.   2) Phot. unt. ναυκραρία aus Klidemus.
3) Harpocr. unt. δήμαρχος u. ναυκραρικά. Schol. Aristoph. Nub. v. 37. Phot. unt. ναυκρ. Pollux VIII, 108.
4) Phot. a. a. O. Lex. Seguer. p. 283.

Ob Klisthenes auch Trittyen gemacht habe, ist zweifelhaft. Früher soll dieser Name eine Verbindung von je vier Naukrarien bezeichnet haben, so dafs in jeder der alten Phylen drei Trittyen waren, was auch der Name andeutet. Diese Trittyen hörten natürlich jetzt auf. In späterer Zeit finden wir Trittyen wieder als Drittel der klisthenischen Phylen erwähnt,[1]) ohne dafs jedoch mehr über sie zu erkennen wäre, als dafs diese Eintheilung sich namentlich auf das Seewesen und den Kriegsdienst bezogen haben müsse.

cc) Der Rath der Fünfhundert.

Die Darstellung des alle bisher besprochenen kleineren Vereine als untergeordnete Theile in sich begreifenden Gesammtstaates beginnen wir am schicklichsten mit dem, was Aristoteles[2]) τὸ κύριον τῆς πολιτείας nennt, d. h. mit der souveränen Gewalt. Diese besitzt in der Demokratie nur das gesammte Volk, und übt sie in allgemeinen Volksversammlungen aus. Da es aber unmöglich ist, dafs solche Versammlungen alle Regierungs- und Verwaltungsangelegenheiten im Einzelnen selbst besorgen, so mufs das meiste gewissen Behörden überlassen werden, die es im Namen und Auftrage des souveränen Volkes verwalten, und diesem für ihre Verwaltung verantwortlich sind. Für die Volksversammlung selbst aber ist eine Behörde erforderlich, welche die Gegenstände, die sich dazu eignen, von der Gesammtheit berathen und entschieden zu werden, zu ihrer Berathung vorbereite, und dafür sorge, dafs die Berathung selbst in der gehörigen und durch die Gesetze vorgeschriebenen Form vor sich gehe. Eine solche vorbereitende Behörde war der Rath der Fünfhundert: er war aber nicht blos dies, sondern auch eine sehr bedeutende Verwaltungsbehörde, welcher gewisse Arten von Gegenständen, die sich für eine zahlreiche Volksversammlung

---

1) Demosth. de symmor. §. 23. Aeschin. in Ctes. §. 30. Vgl. Plat. Republ. V p. 475, wo Trittyarchen als untergeordnete Befehlshaber unter den Strategen genannt werden. Dann kommen Trittyarchen in Inschriften aus Ol. 120, 2 u. 121, 2 vor· Rangabe A. H. II no. 443 v. 44 u. 2298 v. 31. Eine andere Inschrift aus früherer Zeit (ebend. no. 448) nennt eine Ἐπακρέων τριττύς, wobei es ungewifs bleibt, ob die Epakrier eine Trittys bildeten, oder ob die Trittys eine Abtheilung der Epakrier war. Doch ist jenes mir wahrscheinlicher. Vgl. Rofs, Demen S. 8 u. Haase, Stammverf. S. 70.
2) Polit. III, 5, 1.

nicht eignen, zur selbständigen Besorgung überlassen waren, jedoch, wie sich von selbst versteht, nicht ohne Verantwortlichkeit gegen das Volk.

Die Anzahl, Fünfhundert, hängt mit der klisthenischen Phylenordnung zusammen. Früher hatte der Rath aus Vierhundert Personen bestanden, ohne Zweifel wohl hundert aus jeder Phyle. Die Mitglieder, Buleutä, wurden durchs Loos, und zwar mit Bohnen, ernannt, welche Wahlart indessen gewifs nicht früher eingeführt worden ist, als die Losung der Magistrate, die, wie oben gezeigt worden, mit gröfster Wahrscheinlichkeit dem Klisthenes zugeschrieben wird. Wählbar waren nur die Bürger der drei oberen Classen; erst nachdem Aristides die Magistraturen, mit wenigen Ausnahmen, allen Classen ohne Unterschied zugänglich gemacht hatte, konnten auch die Theten in den Rath gelangen. Seitdem war zur Wählbarkeit, aufser der Epitimie, nichts weiter als das gesetzmäfsige Alter von mindestens dreifsig Jahren erforderlich.[1]) Solange aber die Rathsstellen unbesoldet waren, schlossen natürlich die Aermeren sich gerne von selbst aus. Die Besoldung, eine Drachme täglich,[2]) ist wahrscheinlich zu derselben Zeit eingeführt worden, als auch die Volksversammlungen und die Gerichte Sold erhielten, d h. im perikleischen Zeitalter. Die gegen das Ende des peloponnesischen Krieges eine Zeitlang bestehende Oligarchie, oder Mäfsigung der absoluten Demokratie, schaffte, wie andere Besoldungen, so auch die des Rathes ab;[3]) späterhin wurde sie wiederhergestellt, obgleich sich der Zeitpunkt nicht bestimmt angeben läfst. Die Rathsstellen waren, wie die der meisten Beamten, einjährig; doch konnten sie von einer und derselben Person mehrmals, obwohl schwerlich unmittelbar nach einander bekleidet werden,[4]) was auch bei den Beamtenstellen nicht erlaubt war. Bei der Losung wurden für jede Stelle zwei Personen ausgehoben, und zwar die zweite als Ersatzmann für den Fall, dafs die erste einzutreten verhindert würde.[5]) Solche Verhinderung konnte sich ergeben in Folge der nach der Losung zu bestehenden Prüfung (δοκιμασία) vor dem alten Rathe, wobei es Jedem freistand, seine Einwendungen gegen die Würdigkeit des Erlosten zu erheben, die, wenn sie

---

1) Xenoph. Mem. I, 2, 35. Dafs auch Neubürger in den Rath gelangen konnten, beweist das Beispiel Apollodors. S. R. g. Neära p. 1346.
2) Hesych. 1 p. 750 unt. βουλῆς λαχεῖν.
3) Thucyd. VIII, 97.   4) Vgl. Böhneke, Forschungen S. 48.
5) Harpocr. unt. ἐπιλαχών.

gegründet befunden wurden, diesen vom Eintritt ausschlossen.[1]) Die Gesichtspunkte, nach welchen die Würdigkeit oder Unwürdigkeit beurtheilt wurde, waren wesentlich dieselben, die auch bei der Dokimasie der Beamten zur Anwendung kamen, weswegen wir uns begnügen, auf das später über diese zu sagende zu verweisen. Beim Antritt leisteten die Buleuten einen Eid, der sehr speciell war und sich auf alle verschiedenen Pflichten und Functionen des Rathes bezog.[2]) Ihr Amtszeichen, wenn sie als Collegium vereinigt waren, bestand in einem Myrtenkranz. Bei öffentlichen Versammlungen, sowohl festlichen, wie bei Schauspielen im Theater, als bei geschäftlichen, hatten sie ihren besonderen Ehrenplatz. Während ihres Amtsjahres waren sie vom Kriegsdienste frei. Wurde ein Buleute eines Vergehens beschuldigt, so konnte das Collegium ihn vorläufig removiren. Dies geschah durch die sogenannte ἐκφυλλοφορία, weil dabei mit Oelblättern statt mit Täfelchen oder Steinchen abgestimmt wurde. Ueber den Removirten fand dann aber noch eine genauere Untersuchung statt, nach der er, wenn sie ein günstiges Resultat ergab, wieder aufgenommen wurde, im entgegengesetzten Falle aber auch noch anderweitig zur Strafe gezogen werden konnte.[3]) Nach abgelaufenem Amtsjahre pflegte im demosthenischen Zeitalter dem Collegio als Zeichen der Zufriedenheit des Volkes mit seiner Amtsführung eine goldene Krone decretirt zu werden, die dann, sammt dem Decret, in einem Heiligtbum als Weihgeschenk aufbewahrt wurde. War das Volk nicht zufrieden, so ward natürlich die Krone versagt, und die Gesetze bestimmten namentlich einzelne Fälle, wo sie versagt werden sollte, z. B. wenn der Rath die ihm obliegende Pflicht, für Erbauung neuer Kriegsschiffe zu sorgen, unerfüllt gelassen hatte.[4]) Wegen anderweitiger Pflichtverletzungen konnten wenigstens die Einzelnen, von denen sie begangen oder veranlafst waren, zur Verantwortung gezogen und bestraft werden, wenn auch das Collegium im Ganzen deswegen nicht in Anspruch genommen werden konnte.[5])

Insofern der Rath die vorbereitende Behörde für die Volks-

---

1) Lys. g. Philon. p. 890. g. Euand. p. 794. f. Mantith. p. 570 f.
2) Antiqu. p. 212, 12.   3) Vgl. de comit. Ath. p. 230.
4) Demosth. g. Androt. p. 595, 596.
5) Was Aeschines g. Ctesiph. p. 412 sagt: τὴν βουλὴν τοὺς πεντακοσίους ὑπεύθυνον πεποίηκεν ὁ νομοθέτης, ist wohl nicht anders als auf die angegebene Weise zu verstehen. Von Klagen gegen Einzelne vgl. Demosth. g. Androt. p. 605 §. 39.

versammlung war, hatte er über Alles, was an diese gebracht werden sollte, vorher zu berathen und einen Vorbeschluſs (*προβούλευμα*) abzufassen, worüber im nächsten Abschnitt genauer zu reden sein wird. Hier haben wir es nur mit den Gegenständen zu thun, die ihm zu eigener selbständiger Verwaltung überlassen waren. Diese aber gehören namentlich dem Finanzwesen und dem damit zusammenhängenden Theile des Kriegswesens an. Die Verpachtung öffentlicher Einkünfte, Verdingung öffentlicher Arbeiten, Verkauf confiscirter Güter u. dgl. geschahen unter Aufsicht des Rathes von den damit beauftragten Poleten, und bedurften, um gültig zu sein, seiner Bestätigung;[1] er war berechtigt, die Pächter oder ihre Bürgen und die Einnehmer öffentlicher Gelder, wenn sie nicht zur gehörigen Zeit zahlten, in Haft zu nehmen.[2] Die Zahlungen der Einnehmer an die verschiedenen Cassen erfolgten im Rathhause und auf Anweisung des Rathes.[3] Die Schatzmeister der Athene und die der übrigen Götter standen unter Aufsicht des Rathes, und übernahmen von ihren Vorgängern, überlieferten an ihre Nachfolger die unter ihrer Verwahrung befindlichen Gelder und Kostbarkeiten nach dem darüber aufgenommenen Inventarium in seiner Gegenwart.[4] Für gewisse specielle mit seiner Stellung verbundene Ausgaben, z. B. die von den Prytanen von Amtswegen anzustellenden Opfer, hatte er eine besondere Casse unter einem von den Prytanen aus ihrer Mitte erwählten Schatzmeister.[5] Die etatsmäfsigen Ausgaben aus den andern öffentlichen Cassen standen unter seiner Controle und erfolgten auf seine Anweisung. Er hatte dafür zu sorgen, dafs jährlich eine bestimmte Anzahl neuer Kriegsschiffe erbaut wurde, und zu diesem Zweck die Contracte mit den Trierenbauern abzuschliefsen.[6] Ueberhaupt stand die Flotte und was dazu gehörte unter seiner besonderen Aufsicht; er hatte dafür zu sorgen, dafs es an den nöthigen Geräthen und sonstigen Erfordernissen nicht fehlte,[7] und in Kriegszeiten zur raschen Ausrüstung mitzuwirken, wie er denn auch den Trierarchen, die sich dabei am eifrigsten erwiesen hatten, die dafür bestimmte Belohnung, einen Kranz, zuerkannte.[8] Die Reiterei ferner, die auch in Friedenszeiten zusammengehalten und geübt wurde,

---

1) Vgl. Andoc. de myster. §. 134. Böckh, Staatsh. I S. 204 f.
2) Böckh S. 457.   3) Ebend. S. 215.   4) Ebend. S. 220 f.
5) Ebend. I. S. 232. Rangabé A. H. II no. 468. 1175. 2297.
6) Ebend. S. 351.   7) Böckh. Seeurk. S. 59. 63.
8) Vgl. die demosthenische Rede über den trierarch. Kranz S. 1228 ff.

stand unter seiner besonderen Aufsicht: er hatte sie von Zeit zu Zeit zu inspiciren und die für sie bestimmten Zahlungen anzuweisen.[1]) Endlich scheinen auch bei der Aushebung der Mannschaften zum Kriege, welche in den einzelnen Demen vorgenommen wurden, Commissarien des Rathes gemeinschaftlich mit den Demarchen thätig gewesen zu sein.[2])

Von anderweitigen Geschäften des Rathes erwähnen wir besonders, dafs vor ihm die neun Archonten, nachdem sie erlöst waren, eine Prüfung zu bestehen hatten, von welcher unten das nähere anzugeben sein wird. Sodann, dafs er in manchen Fällen auch als Gerichtshof fungirte, wenn gegen Vergehungen, bei welchen aus irgend welchem Grunde der gewöhnliche Rechtsgang nicht stattfand, eine Denunciation oder eine Anklage bei ihm angebracht wurde. Doch konnte er nur in leichteren Fällen selbständig eine Verurtheilung aussprechen, da eine Strafbefugnifs sich nicht über 500 Drachmen hinaus erstreckte: schwerere Fälle mufste er entweder an ein heliastisches Gericht oder auch an die Volksversammlung verweisen. Oefters aber wurde ihm sowohl in solchen Sachen, als auch in andern Angelegenheiten, die eigentlich aufserhalb seiner Competenz lagen, Vollmacht vom Volke ertheilt, um selbständig darüber zu beschliefsen.[3]) Beschlüsse des Rathes, die der Genehmigung des Volkes bedurften, heifsen $\pi\varrho o\beta o\upsilon\lambda\varepsilon\acute{\upsilon}\mu\alpha\tau\alpha$: dergleichen konnten aber nur von demselben Rathe, der sie abgefafst hatte, an die Volksversammlung gebracht werden, und wurden also mit dem Ablauf des Amtsjahres ungültig, so dafs es, wenn die Angelegenheit, die sie betrafen, nicht liegen bleiben sollte, eines neuen Antrages darüber bei dem nachfolgenden Rathe und eines neuen Probbuleuma bedurfte. Andere Rathsbeschlüsse, die nicht zur Classe der Probuleumata gehörten, konnten sich nur auf die Verwaltungszweige beziehen, die zur Competenz des Rathes gehörten, und betrafen meistens Verwaltungsmafsregeln, die alsbald zur Ausführung zu bringen waren. Kamen sie aber nicht in dem Amtsjahre des Rathes zur Ausführung, so wurden auch sie mit dem Ablauf desselben ungültig,[4]) insofern nicht der neue Rath sie sich aneignete und wiederholte.

Zur Wahrnehmung seiner Geschäfte hielt der Rath täglich, mit Ausnahme der Feste und Feiertage, Sitzungen in seinem

---

1) Böckh, Staatsh. I S. 352.
2) Demosth. g. Polycl. S. 1208.
3) Vgl. de comit. Ath. p. 95.
4) Demosth. in Aristocr. p. 651.

am Markte belegenen Versammlungslocale, dem Rathhause (βουλευτήριον). Nur ausnahmsweise versammelte er sich auch in andern Localen, wie z. B. auf der Akropolis, im Piräeus, und gewisser Gegenstände wegen auch im Eleusinion oder dem Tempel der eleusinischen Demeter, nicht dem in Eleusis, sondern dem in Athen selbst belegenen.[1]) In dem gewöhnlichen Sitzungslocale waren, wie es scheint, die Plätze numerirt, und der Rathseid verpflichtete die Mitglieder, nur auf ihren angewiesenen Plätzen zu sitzen.[2]) Ferner waren Schranken vorhanden, um die anwesenden nicht zum Rathe gehörigen Personen in schicklicher Entfernung zu halten.[3]) Bisweilen wurden sie auch gänzlich aus dem Locale verwiesen, wenn die Verhandlungen geheim sein sollten; in der Regel aber waren sie öffentlich.[4]) In der Nähe befand sich eine Anzahl der Polizeisoldaten, der sogenannten Skythen oder Toxoten um erforderlichen Falles ihre Dienste zu leisten.[5]) Eine vollzählige Versammlung aller Fünfhundert kam wohl selten zusammen: wie grofs aber die Anzahl der Versammelten sein mufste, um beschlufsfähig zu sein, wird nirgends angegeben. Dagegen mufste stets wenigstens eine der Sectionen des Rathes sich vollzählig versammeln, und zwar nach einer bestimmten Reihenfolge. Es theilte sich nämlich das ganze Collegium nach den Phylen in zehn Sectionen zu funfzig Personen, und diese fungirten in einer zu Anfang des Jahres durch das Loos bestimmten Reihenfolge. Die Mitglieder der jedesmal fungirenden Section heifsen Prytanen, d. i. Erste oder Vorsitzende, weil sie in den Plenarsitzungen des Raths wie in den Volksversammlungen den Vorsitz hatten. Die Zeit ihrer Function heifst eine Prytanie, und betrug in gewöhnlichen Jahren 35 oder 36, in Schaltjahren 38 oder 39 Tage. Die Athener hatten nämlich ein gebundenes Mondjahr von zwölf Monaten zu abwechselnd 29 und 30 Tagen, zusammen also 354, welches sie durch periodische Einschaltungen eines dreizehnten Monates zu 30 Tagen mit dem Sonnenjahre in Uebereinstimmung erhielten. Die Monate hiefsen Hekatombäon, Metageitnion, Boëdromion, Pyanepsion, Mämakterion, Poseideon, Gamelion,

---

1) S. Antiqu. i. p. Gr. p. 215, 1. Plut. Phoc. c. 32. Böckh, Urkund. S. 171.
2) Κατεθούμαι ἐν τῷ γράμματι. Philoch. bei dem Schol. zu Aristoph. Plut. v. 973, nach welchem dies erst unter dem Archon Glaukippos, 410 v. Chr. angeordnet wurde.
3) Aristoph. Ritter v. 647 Inv.   4) Antiquitt. p. 216, 3.
5) Aristoph. Ritter v. 671.

Anthesterion, Elaphebolion, Munychion, Thargelion, Skirophorion: der Schaltmonat wurde zwischen Poseideon und Gamelion eingeschoben, und hiefs zweiter Poseideon. Die bei der Theilung durch Zehn sowohl im Gemeinjahr als im Schaltjahr übrigbleibenden vier Tage wurden den einzelnen Prytanien durchs Loos zugelegt, so dafs, wie gesagt, einige 35 oder 39, andere aber 39 Tage fungirten.[1]) Das Local, in dem sie sich versammelten, wird zwar bisweilen auch Prytaneum genannt, hiefs aber eigentlich Tholos, und darf mit dem älteren eigentlichen Prytaneum nicht verwechselt werden. Es lag in der Nähe des Rathhauses, so dafs die Prytanen sich ohne Unbequemlichkeit zu den Plenarsitzungen dorthin begeben konnten. Vor und nach denselben aber waren sie den ganzen Tag über in der Tholos anwesend, und speisten hier auch an gemeinschaftlicher Tafel auf Staatskosten. Aus der Zahl der Prytanen wurde täglich ein Dirigent oder Epistates durchs Loos ernannt, der in den Versammlungen sowohl des Rathes als des Volkes den Vorsitz führte, und der auch die Schlüssel zur Burg und zum Staatsarchiv sowie das Staatssiegel in Verwahrung hatte. Was einige spätere Schriftsteller von geringer Auctorität angeben, es seien aus den Prytanen je zehn Proedren auf sieben Tage erlost, und aus diesen dann der Epistates, das findet in zuverlässigeren Quellen keine Bestätigung. Wohl aber finden wir, dafs in der späteren Zeit, einige Jahrzehnde nach dem Archon Eukleides,[2]) der Epistates der Prytanen aus jeder der neun übrigen Phylen oder Sectionen des Raths einen Proedros, zusammen also neun, erlost habe, von welchem dann einer als Vorsitzender sowohl in den Plenarsitzungen des Rathes als in der Volksversammlung fungirte und ebenfalls Epistates hiefs, so dafs jenem andern Epistates nur der Vorsitz unter den Prytanen, und die Verwahrung der erwähnten Schlüssel und des Staatssiegels verblieben.

Die jedesmalige Tagesordnung für die vom Rathe zu verhandelnden Geschäfte ward durch ein Programm bestimmt, und, wenn auswärtige Angelegenheiten, namentlich wegen Gesandtschaften oder Staatsboten zu verhandeln waren, so gingen diese allen andern vor.[3]) Wenn Private etwas beim Rathe anzu-

---

1) Vgl. Antiquitt. p. 218, 12. Einige zweifelhafte Punkte sind zu unwichtig, um hier erwähnt zu werden.
2) Nach Meier, de epistat. Ath., vor dem Halleschen Verz. der Sommervorles. 1855, p. V, trat diese Aenderung zwischen Ol. 100, 3 und 102, 4 ein.
3) Demosth. de fals. leg. p. 399 §. 185.

bringen hatten, so mufsten sie sich deswegen vorher melden und um Gehör bitten, was schriftlich zu geschehen pflegte.[1]) Die Abstimmung geschah durch Cheirotonie, wenn aber der Rath als Gerichtshof fungirte, durch Stimmsteine, also verdeckt; und, wenn über Remotion eines Mitgliedes gestimmt wurde, durch Oelblätter. Mehrere der Rathsglieder fungirten als Sekretäre, und zwar finden wir erstens einen, der für jede Prytanie durchs Loos aus den Prytanen ernannt wurde, und der alle Erlasse des Rathes auszufertigen hatte, weswegen er in den Dekreten neben dem Präsidenten und dem Antragsteller genannt zu werden pflegte. Auch der Name des Schreibers der ersten Prytanie wurde zur genaueren Bezeichnung des Jahres dem Namen des Archon hinzugefügt.[2]) Ein zweiter Schreiber wurde vom Rathe durch Cheirotonie erwählt, und zwar ohne Zweifel nicht für die Dauer nur einer Prytanie, sondern für das ganze Jahr. Ihm scheint namentlich die Aufsicht über das Archiv des Rathes obgelegen zu haben.[3]) Ein dritter war besonders für die Verhandlungen in der Volksversammlung bestimmt, wo er die dabei erforderlichen Schriftstücke vorzulesen hatte,[4]) Dafs er aufser diesen dreien auch noch mehrere untergeordnete Schreiber, die nicht Mitglieder, sondern nur Subalterne des Rathes waren, gegeben habe, ist nicht zu bezweifeln, Genaueres läfst sich aber über sie nicht angeben. Auch hinsichtlich der drei oben erwähnten mag im Laufe der Zeit einiges geändert sein, was genauer zu verfolgen kaum der Mühe werth scheint. Von grofser Bedeutung aber war das Amt des Gegenschreibers, $\dot{\alpha}\nu\tau\iota\gamma\rho\alpha\varphi\epsilon\acute{\nu}\varsigma$, welcher etwa als Buchhalter oder Controleur des Rathes bezeichnet werden mag, und alle die Geldverwaltung betreffenden Verhandlungen zu controliren hatte. Er wurde durch Wahl, später durchs Loos ernannt, und, wie nicht zu bezweifeln scheint, ebenfalls aus der Zahl der Rathsglieder.[5])

Noch mag hier bemerkt werden, dafs an den Sitzungstagen des Rathes ein Zeichen, wahrscheinlich eine Fahne, auf dem

---

1) $\pi\rho\acute{o}\sigma o\delta o\nu$ $\gamma\rho\acute{\alpha}\psi\epsilon\sigma\vartheta\alpha\iota$ oder $\dot{\alpha}\pi o\gamma\rho\acute{\alpha}\psi\epsilon\sigma\vartheta\alpha\iota$. S. Hemsterh. zu Lucian tom. I p. 219 Bip.
2) Böckh, Staatsh. I S. 255. Vgl. auch Epigr. chron. Stud. 2 S. 38ff u. Köhler im Hermes V S. 334 f. 3) Böckh, Staatsh. I S. 259.
4) Ebend. S. 259. Dieser Schreiber dürfte jedoch nicht zu den Mitgliedern des Rathes zu zählen sein, da er, wie Pollux VIII, 98 sagt, vom Volke erwählt wurde.
5) Ebend. S. 262. Ob wirklich der $\dot{\alpha}\nu\tau\iota\gamma\rho$. $\tau\tilde{\eta}\varsigma$ $\delta\iota o\iota\kappa\acute{\eta}\sigma\epsilon\omega\varsigma$ von dem $\dot{\alpha}\nu\tau\iota\gamma\rho$. $\tau\tilde{\eta}\varsigma$ $\beta o\upsilon\lambda\tilde{\eta}\varsigma$ verschieden sei, wie es Harpocrat. unt. $\dot{\alpha}\nu\tau\iota\gamma\rho$. und Pollux a. a. O. angeben, lasse ich dahin gestellt sein.

Rathhause aufgesteckt, und wenn die Sitzung beginnen sollte, die Mitglieder durch einen Herold zum Eintreten aufgefordert, dann aber die Fahne abgenommen wurde.[1]) Wer später kam, scheint seines Sitzes für diesen Tag, oder wenigstsens seines Soldes verlustig gegangen zu sein. Die Verhandlungen begannen nicht ohne ein an die Götter des Rathes gerichtetes Gebet;[2]) auch befand sich ein Altar der Hestia im Sitzungslokale.[3]) Feierliche Opfer wurden beim Antritt des Amtes und bei dessen Niederlegung dargebracht, $εἰσιτήρια$ und $ἐξιτήρια$.[4]) Aufserdem wurden theils am Jahresschlufs, theils auch zu andern Zeiten, für das Wohl des Staates von den Prytanen dem Zeus Soter und andern Göttern Opfer angestellt, und über dieselben dem Volke Bericht erstattet.[5]) Dafs zu den Kosten für dergleichen Opfer sowie für andere vom Rath zu machende Ausgaben eine besondere Casse unter einem Schatzmeister des Rathes bestanden habe, ist schon oben bemerkt worden.[6])

f) Die Volksversammlung.

Allgemeine Volksversammlungen, in welchen die Gesammtheit der Bürger ihre souveräne Gewalt selbst und unmittelbar ausübte, waren in früherer Zeit lange nicht so häufig als später. Das Volk war zufrieden, die allerwichtigsten, das Interesse des Gemeinwesens im Grofsen und Ganzen am unmittelbarsten berührenden Mafsregeln seiner eigenen Entschliefsung vorbehalten zu wissen, und überliefs die specielleren Angelegenheiten dem Rathe oder den Beamten um so zuversichtlicher, weil es sich durch die Controle des Areopag und durch die Verantwortlichkeit, der alle Beamten unterworfen waren, vor Mifsbrauch der anvertrauten Gewalt hinlänglich gesichert achtete. Ob die solonische Gesetzgebung gewisse zu bestimmten Zeiten regelmäfsig wiederkehrende Volksversammlungen angeordnet habe, wissen wir nicht. Wahrscheinlich aber ist es, dafs dergleichen wohl nur zum Zweck der Beamtenwahlen und etwa der soge-

---

1) Andoc. de myster. §. 36. vgl. de comit. p. 149 ff.
2) $Ζεὺς\ βουλαῖος,\ Ἀθηνᾶ\ βουλαία$. Antiphon. üb. d. Choreuten §. 45. $Ἑστία\ βουλαία$. Harp. unt. $Βουλ.\ Ἄρτεμις\ βουλαία$. C. Inscr. 112, 8. 113, 15. Vgl. Philolog. XXIII p. 216.
3) Xenoph. Hell. II, 3, 52 u. d. v. Schneider angef.
4) Suid. unt. $εἰσιτήρια$.
5) Vgl. de comit p. 305 sq. Corp. Inscr. I p. 155.
6) Böckh, Staatsh. I S. 232.

nannten Epicheirotonie der Beamten und der Gesetze stattfanden, wegen anderer Angelegenheiten aber das Volk berufen wurde, so oft es erforderlich schien. In den Zeiten, über die wir genauer unterrichtet sind,[1]) gab es anfangs eine regelmäfsige Versammlung in jeder Prytanie, also jährlich zehn, diese hiefsen κύριαι ἐκκλησίαι. Allmählig stieg die Zahl derselben auf vier in jeder Prytanie, die als νόμιμοι ἐκκλησίαι wahrscheinlich an vorausbestimmten Tagen gehalten wurden, obgleich wir diese Tage in den einzelnen Prytanien nicht mit Sicherheit zu ermitteln im Stande sind. Der Name κυρία ἐκκλησία blieb aber lange Zeit hindurch der ersten regelmäfsigen Versammlung in jeder Prytanie eigen, bis er späterhin auch auf die drei übrigen übertragen wurde. Aufserordentliche Versammlungen hiefsen σύγκλητοι oder κατάκλητοι ἐκκλησίαι, auch καταχλησίαι, weil zu ihnen das Volk durch umher gesandte Boten aus dem Umlande zur Stadt berufen werden mufste, was bei den regelmäfsigen Versammlungen nicht zu geschehen brauchte, weil der Tag derselben ohnehin Jedem bekannt war. Wir finden aber, dafs das Volk selbst bisweilen die Berufung einer aufserordentlichen Versammlung zur Berathung über gewisse Angelegenheiten im Voraus befohlen habe.[2]) Der Versammlungsplatz soll in früheren Zeiten der Markt gewesen sein; in der geschichtlichen Zeit kam das Volk hier nur des Ostracismus wegen zusammen, sonst aber in der sogenannten Pnyx, über deren Lage, die in der neuesten Zeit Gegenstand grofsen Streites geworden ist,[3]) aus den Andeutungen der Alten sich wenigstens soviel mit Gewifsheit zu ergeben scheint, dafs sie dem Markte ziemlich nahe, und dafs unter den vom Markte auslaufenden Strafsen eine gewesen sei, die nur in die Pnyx mündete.[4]) Seitdem das stehende Theater gebaut war, versammelte das Volk sich wegen gewisser bestimmter Gegenstände[5]) auch in diesem; späterhin, jedoch erst nach der demosthenischen Zeit, wurden die Volks-

---

1) Wegen des Folgenden brauche ich nur auf das Buch de comit. Ath. zu verweisen, S. 29 ff.
2) Aeschin. de f. leg. p. 241. 243. 281 in Ctesiph. p. 457. 8.
3) Die Alten erklären den Namen zum Theil παρὰ τὴν τῶν λίθων πυκνότητα, was sie gewifs nicht würden gethan haben, wenn nicht die Substructionen, durch welche der Platz geebnet war, sie auf jene Ableitung geführt hätten. Ueber die Lage der Pnyx mag es genügen, auf Curtius Att. Stud. I S. 23 – 46 zu verweisen.
4) Vgl. Aristoph. Ach. v. 21. 22.
5) Demosth. g. Mid. p. 517. Aeschin. de f. leg. p. 241. Die Erbauung des Theaters fällt in den Anfang des 5. Jahrh. v. Chr.

versammlungen im Theater immer häufiger, und die Pnyx wurde herkömmlich nur noch zu Wahlversammlungen, und auch zu diesen nicht immer, benutzt.[1]) Aufserordentliche Versammlungen wurden aus besonderen Gründen bisweilen auch an andern Orten gehalten, z. B. im Piräeus, in dem dort befindlichen Theater, oder in Kolonos, einem dem Poseidon geheiligten Platze etwa zehn Stadien weit von Athen.[2]) Die Berufung der Versammlung lag den Prytanen ob, und bestand, bei den regelmäfsigen Versammlungen, wohl nur darin, dafs sie fünf, oder nach unserer Art zu zählen, vier Tage vorher ein Programm erliefsen, in welchem auch die Gegenstände, die zur Verhandlung kommen sollten, angezeigt wurden.[3]) Zu aufserordentlichen Versammlungen mufste natürlich das Volk besonders eingeladen werden. Dergleichen zu berufen waren auch die Strategen berechtigt, d. h. sie konnten die Prytanen dazu veranlassen, wenn sie wichtige zu ihrem Geschäftskreise gehörige Gegenstände ans Volk zu bringen hatten. Am Versammlungstage selbst wurde zum Zeichen eine Fahne aufgesteckt,[4]) beim Beginn der Verhandlungen aber wahrscheinlich wieder weggenommen. Ja um die Menge, die oft allzulange auf dem in der Nähe der Pnyx belegenen Marktplatz zu verweilen pflegte, rechtzeitig in die Versammlung zu nöthigen, verfiel man zu Aristophanes' Zeit auf folgendes Mittel. Man schickte eine Anzahl der Polizeisoldaten, der sogenannten Toxoten, unter Anführung eines oder einiger Lexiarchen auf den Markt, und liefs sie den ganzen Umkreis desselben mit einem rothgefärbten Seile umspannen, so dafs nur die Strafse frei blieb, welche auf die Pnyx führte, in die sie so das Volk hinein trieben. Die Lexiarchen, sechs an der Zahl, mit dreifsig Gehülfen, standen auch am Eingange des Versammlungsplatzes, theils um das Eindringen Unberechtigter zu verhüten, theils auch um die zu spät Kommenden zu strafen. Die Strafe bestand aber ohne Zweifel nur darin, dafs ihnen die Marke (das σύμβολον) nicht eingehändigt wurde, dessen Vorzeigung zur Erhebung des Ekklesiastensoldes nothwendig war, so dafs

---

1) Pollux VIII, 133. Hesych. unt. *Πνύξ*. Athenae. IV, 51 p. 387. Im demosthenischen Zeitalter ist aber die Pnyx noch der regelmäfsige Versammlungsort.
2) Lys. g. Agorat. p. 464. Thucyd. VIII, 67 u. 93. Demosth. d. f. l. p. 360 §. 60.
3) S. de comit. p. 58. Vgl. *ἀπροβούλευτα καὶ ἀπρόγραψα*, von Gegenständen, über die kein Probuleuma abgefafst, und die im Programm nicht angekündigt sind, Hyperid. bei Pollux VI, 141.
4) Suid. unt. σημεῖον.

sie, auch wenn sie wirklich noch der Versammlung beiwohnten, doch des Soldes dafür verlustig gingen.[1]) Um aber Unberufene zurückweisen zu können, mufsten die Lexiarchen befugt sein, von jedem ihnen nicht persönlich bekannten irgend eine Art Legitimation zu fordern, obgleich wir nicht sagen können, worin diese bestanden haben möge. Doch legt uns schon der Name Lexiarchen die Vermuthung nahe, dafs dabei die sogenannten lexiarchischen Verzeichnisse benutzt worden seien, welche, wie wir oben gesehen haben, für jeden Demos von dem Demarchen geführt wurden, und von welchen die Lexiarchen Abschriften in Händen haben mufsten. In diesen Verzeichnissen hatte nun ohne Zweifel jeder Bürger eine gewisse Nummer, die er kannte, und durch deren Angabe er sich legitimiren konnte. Wer aber die Marke bekam, und nachher doch der Versammlung nicht beiwohnte, der konnte, wie es scheint, dafür zur Strafe gezogen werden.[2]) Sollten die Verhandlungen beginnen, so wurden die Eingänge des Platzes durch eine Art von Schranken ($\gamma\acute{\epsilon}\rho\rho\alpha$) gesperrt, und blieben solange geschlossen, bis der Theil der Verhandlungen, zu dem man Fremde nicht zuzulassen für gut fand, beendet war.[3])

Den Beginn der Verhandlungen eröffnete ein religiöser Akt.[4]) Es wurden Ferkel, als Reinigungsopfer, unter dem Vortritt eines priesterlichen Beamten, des sogenannten $\pi\epsilon\rho\iota\sigma\tau\acute{\iota}\alpha\rho\chi\sigma\varsigma$, umher getragen und mit dem Blute derselben der Platz besprengt. Dann folgte ein Rauchopfer und ein feierliches Gebet, welches ein Herold dem vorlesenden Staatsschreiber nachsprach. Nun erst hielt der Vorsitzende seinen Vortrag, um zunächst dem Volke die zur Berathung stehenden Gegenstände mitzutheilen. Den Vorsitz führte in früherer Zeit der Epistates der Prytanen, später der Epistates der neun Proedren, von denen oben die Rede gewesen ist: wenigstens war es dieser, welcher das Volk zur Abstimmung rief, was uns wohl berechtigt, ihn auch überhaupt als Vorsitzenden zu denken.[5]) Doch mochten auch andere

---

1) Dies erhellt aus Aristoph. Eccl. v. 377.
2) So fasse ich die Angabe des Pollux VIII, 104: $\tau o\grave{\upsilon}\varsigma\ \mu\grave{\eta}\ \dot{\epsilon}\varkappa\varkappa\lambda\eta\sigma\iota\acute{\alpha}\zeta o\nu\tau\alpha\varsigma\ \dot{\epsilon}\zeta\eta\mu\acute{\iota}o\upsilon\nu$. Die vorgeschlagene Aenderung $\tau o\grave{\upsilon}\varsigma\ \mu\grave{\eta}\ \dot{\epsilon}\xi\acute{o}\nu\ \dot{\epsilon}\varkappa\varkappa\lambda\eta\sigma\iota\acute{\alpha}\zeta o\nu\tau\alpha\varsigma$ ist deswegen unwahrscheinlich, weil dies Vergehen schwerlich den Lexiarchen zu bestrafen überlassen ward, sondern vor die Gerichte gehörte.
3) Harpocrat. unter $\gamma\acute{\epsilon}\rho\rho\alpha$. 4) De comit. p. 91. G.
5) Auch wird den Proedren ausdrücklich das $\chi\rho\eta\mu\alpha\tau\acute{\iota}\zeta\epsilon\iota\nu$ beigelegt, z. B. Aesch. g. Timarch. p. 48. Demosth. g. Mid. p. 517, 10.

Beamte als Jener den Vortrag halten, wenn die Berathung einen speciell zu ihrem Geschäftskreise gehörigen Gegenstand betraf. War vom Rathe ein Probuleuma abgefafst, so wurde dies vorgelesen, und nun die Vorfrage gestellt, ob das Volk damit einverstanden sei, oder die Sache noch fernerer Berathung unterzogen wissen wolle.[1]) War dies letztere der Fall, oder war überhaupt vom Rathe kein eigener Beschlufs über den Gegenstand gefafst, sondern in dem Probuleuma nichts anderes darüber ausgesprochen, als eben nur dies, dafs er dem Volke vorzulegen sei,[2]) so erliefs der Vorsitzende die Aufforderung, wer das Wort darüber verlange, solle sich melden.[3]) In früherer Zeit erging diese Aufforderung zuerst an die Aelteren, über funfzig Jahre, und dann erst an die Jüngeren. Später beobachtete man aber dies nicht mehr. Das Wort konnte jeder Bürger fordern, insofern ihm nicht das Recht dazu wegen gewisser Vergehungen durch die Gesetze abgesprochen war. Trat ein solcher dennoch auf, so gab es verschiedene Mittel, ihn zur Strafe zu ziehen, die nicht blofs der Vorsitzende, sondern jeder Bürger gegen ihn in Anwendung bringen konnte, über die wir uns aber jetzt begnügen müssen auf den Abschnitt vom Gerichtswesen zu verweisen. Wegen allzu jugendlichen Alters aber wurde Niemand, der überhaupt nur zum Besuch der Volksversammlung alt genug war, vom Reden ausgeschlossen, und wir hören, dafs selbst Milchbärte, die kaum zwanzig Jahre alt waren, sich herausgenommen haben, als Redner aufzutreten.[4]) Wer das Wort hatte, bestieg die Rednerbühne, und setzte einen Myrtenkranz auf, gleichsam zum Zeichen, dafs er jetzt eine öffentliche Function ausübe, wie dasselbe Zeichen auch die Rathsherrn und die Beamten, wenn sie in Function waren, trugen. Den Redenden zu unterbrechen war Keinem als dem Vorsitzenden gesetzlich erlaubt. Aber Keiner sollte über einen andern als den jetzt zur Verhandlung gestellten Gegenstand reden, und Keiner mehr als einmal über denselben. Uebertretungen zu verhindern und überhaupt Ungebühr und Ordnungswidrigkeiten zu ahnden lag den Vorsitzenden ob, die deswegen auch dem Redenden das Wort

---

1) Die Abstimmung des Volkes über diese Vorfrage heifst προχειροτονία.
2) Ein Beispiel der Art kann man bei Demosth. pr. coron. p. 285 finden. Auch bei Aristoph. Thesm. v. 383 enthält das Probuleuma der Weiberversammlung keinen Beschlufs, sondern nur die Angabe des Gegenstandes.
3) De comit. p. 103 ff.   4) Xenoph. Mem. III, 6, 1.

entziehen, ihn durch die Polizeisoldaten von der Rednerbühne und selbst aus der Versammlung fortschaffen, ferner Geldstrafen bis zum Belauf von funfzig Drachmen auferlegen, oder, wenn die Ungebühr schwererer Strafe werth schien, deswegen beim Rathe und der nächsten Volksversammlung einen Antrag stellen konnten, und sich selbst verantwortlich machten, wenn sie diese Pflicht versäumten. Im demosthenischen Zeitalter fand man es nöthig, zur wirksameren Handhabung der gebührenden Ordnung noch besonders einer Anzahl von Bürgern, aus einer jedesmal durchs Loos bestimmten Phyle, in der Nähe der Rednerbühne ihren Platz anzuweisen.[1]) — Jeder, der zum Reden berechtigt war, war auch berechtigt einen Antrag zu stellen: denn dafs dazu auch Grundbesitz in Attika und gesetzmäfsige Verheirathung erforderlich gewesen sei, ist ganz unerweislich.[2]) Der Antrag konnte sich an das Probuleuma anschliefsen und nur Ergänzungen dazu oder Modificationen vorschlagen;[3]) er konnte aber auch dem Probuleuma entgegengesetzt sein. Gesetzlich durfte aber nur über die Sachen ein Antrag gemacht werden, über welche vorher im Rathe verhandelt und ein Probuleuma vorgelegt worden war.[4]) Ueber andere Sachen konnte der Antrag nur dahin gehen, dafs der Rath aufgefordert würde, sie zu berathen und ein Probuleuma darüber abzufassen, welches demnächst der Volksversammlung vorzulegen sei.[5]) — Jeder Antrag wurde schriftlich formulirt, und entweder schon aufgezeichnet von dem Antragsteller in die Versammlung mitgebracht, oder in derselben erst aufgesetzt, wozu er sich der Hülfe des Schreibers bedienen konnte.[6]) Durch diesen wurde er dann den vorsitzenden Prytanen oder Proedren übergeben, die ihn, wenn kein gesetzliches Hindernifs dagegen zu sein schien, dem Volke vorlesen liefsen, um es dann darüber abstimmen zu lassen.[7]) Es ist aber mit Zuversicht anzunehmen, dafs vor Perikles auch dem Areopag

---

1) Aeschin. g. Timarch. p. 57. g. Ktesiph. p. 387. Nach Schäfer, Demosth. II S. 291, war es eine Phyle des Rathes.
2) Die Angabe des Dinarch, g. Demosth. §. 71, aus der man dies gefolgert hat, bezieht sich meines Erachtens nur auf solche, die vom Volke mit besonderen Geschäften, wie Gesandtschaften, Staatsanwaltschaften u. dgl. betraut zu werden Anspruch machten.
3) Vgl. z. B. Corp. Inscr. no. 84. 92. 106.   4) De comit. p. 98 ff.
5) Ein Paar Beispiele der Art s. im Hermes V S. 13—15.
6) Daher heifst der Antragsteller auch συγγραφεύς. Vgl. Opusc. ac. IV p. 172.
7) Dies heifst ἐπιψηφίζειν, auch wenn die Abstimmung durch Cheirotonie erfolgte, wogegen der genauere Ausdruck ἐπιχειροτονίαν διδόναι

das Recht zugestanden habe, die Anträge zu prüfen, und wenn sie sie gesetzwidrig fanden, die Abstimmung darüber zu hindern. In Perikles' Zeit wurde dies Recht dem Areopag entzogen und den Nomophylaken übertragen; nach Euklides scheint es jenem zurückgegeben zu sein.[1]) Wie es aber bei dieser Prüfung der Anträge gehalten wurde, ob über die Zulässigkeit oder Unzulässigkeit der Abstimmung die zur Prüfung Berufenen einstimmig sein mufsten, oder ob Stimmenmehrheit entschied, können wir nicht sagen. Das aber ist gewifs, dafs der Epistates gesetzlich berechtigt war, auch ganz allein die Abstimmung zu verweigern.[2]) Es versteht sich aber von selbst, dafs er für Mifsbrauch dieses Rechtes verantwortlich war, ebenso wie dafür, wenn er die Abstimmung widergesetzlich zugelassen, oder über einen und denselben Antrag zweimal hatte abstimmen lassen.[3]) Einspruch gegen die Abstimmung zu erheben stand aber auch jedem stimmberechtigten Bürger zu, wenn er erklärte, dafs er den Antrag als widergesetzlich, durch die sogenannte $\gamma\rho\alpha\varphi\acute{\eta}$ $\pi\alpha\rho\alpha\nu\acute{o}\mu\omega\nu$, vor Gericht verfolgen wolle: eine Erklärung, die eidlich abgegeben wurde, und nach welcher die Abstimmung nothwendig ausgesetzt werden mufste, weswegen jene Erklärung auch, wie jeder andere dilatorische Eid, $\acute{v}\pi\omega\mu o\sigma\acute{\iota}\alpha$ genannt wird. Die gleiche Erklärung konnte aber auch dann noch abgegeben werden, wenn über den Antrag schon abgestimmt war und das Volk ihn genehmigt hatte. Sie hatte dann die Wirkung, dafs die Gültigkeit des Beschlusses bis zur richterlichen Entscheidung suspendirt blieb.[4]) Endlich, der Antragsteller selbst konnte seinen Antrag, bevor er zur Abstimmung gebracht wurde, zurücknehmen, wenn er sich etwa durch die Debatte von der Unzweckmäfsigkeit desselben überzeugt hatte.[5]) — Die Form der Abstimmung war in den meisten Fällen Cheirotonie, d. h. Aufheben der Hände: geheime Abstimmung durch Stimmsteine fand nur dann statt, wenn es sich um Verurtheilung oder Lossprechung eines Angeklagten, um Erlafs einer verwirkten Strafe oder Geldschuld an den Staat, um Ertheilung des Bürgerrechts an Fremde, endlich um Verwei-

---

ist. Ebend. p. 121. Ebenso wird auch bisweilen $\psi\eta\varphi\acute{\iota}\zeta\epsilon\sigma\vartheta\alpha\iota$ gesagt, wo es eigentlich $\chi\epsilon\iota\rho o\tau o\nu\epsilon\widetilde{\iota}\nu$ heifsen müfste, und die Beschlüsse heifsen immer $\psi\eta\varphi\acute{\iota}\sigma\mu\alpha\tau\alpha$.
1) Vgl. ob. S. 361 u. 366.   2) De comit. p. 119.
3) Ebend. p. 120. 125f. Vgl. auch Plat. Apolog. p. 32B. Xenoph. Mem. I, 1, 14 und das Psephisma über Brea in d. Ber. d. Ges. d. Wiss. zu Leipzig, Bd. 5 S. 37.
4) De comit. p. 159 ff.   5) Vgl. Plutarch. Arist. c. 3.

sung eines Bürgers aus dem Staat durch den Ostracismus handelte, also nur in Fällen, die das persönliche Interesse Einzelner betrafen: und zur Gültigkeit der Abstimmung in diesen Fällen war eine Uebereinstimmung von wenigstens sechstausend Stimmenden erforderlich.[1]) Ueber die Procedur bei dieser Abstimmungsart sind wir nur in Betreff des Ostracismus genauer unterrichtet, wir dürfen aber wohl annehmen, dafs sie auch in andern Fällen wesentlich ebenso war, nämlich dafs ein Gehege[2]) mit zehn Eingängen für die zehn Phylen errichtet ward, in welches die Stimmenden eintraten und jeder seinen Stimmstein bei dem für seine Phyle bestimmten Eingange in das zu diesem Zweck hingestellte Gefäfs legte, wobei natürlich gewisse dazu bestellte Beamte die Aufsicht führten und nach vollendeter Abstimmung die Steine auseinander zählten. — Das Resultat der Abstimmung, mochte sie nun auf diese oder auf jene Weise erfolgt sein, wurde von dem Epistates verkündigt,[3]) und über den Beschlufs des Volkes eine Urkunde aufgesetzt, um im Staatsarchiv niedergelegt zu werden, welches sich im Heiligthum der Göttermutter (ἐν τῷ μητρῴῳ) in der Nähe des Rathhauses befand. Häufig wurde der Beschlufs auch auf Tafeln von Stein oder Erz eingegraben und an öffentlichen Orten aufgestellt. Waren alle Verhandlungen beendigt, so hiefs der Vorsitzende durch den Herold das Volk auseinandergehen; bisweilen, wenn die Verhandlungen nicht hatten zu Ende geführt werden können, beschied er es auf den nächsten oder einen der nächstfolgenden Tage wieder. Vor dem Schlufs der Verhandlungen mufste das Volk entlassen werden, wenn eine sogenannte διοσημία, ein Zeichen vom Himmel eintrat, wohin z. B. Gewitter und Regenschauer gehörten.[4]).

Es mag den Lesern nicht unwillkommen sein, auch die officielle Form kennen zu lernen, in welcher die Beschlüsse abgefafst zu werden pflegten. Diese war freilich nicht immer ganz dieselbe, doch lassen sich, wenn wir von unwesentlichen Verschiedenheiten absehen, zwei constante Hauptformen unterscheiden, eine ältere, aus der Zeit, wo der Epistates der Prytanen das Volk abstimmen liefs, und eine jüngere, wo dies Geschäft einem der neun Proedren übertragen war. Ein Beispiel jener älteren

---

1) Vgl. Böckh, Staatsh. I S. 325 und m. Verfassungsg. Ath. S. 80. 81.
2) Wahrscheinlich ist ein solches Gehege in der Rede g. Neära p. 1375 zu verstehn, wo von dem Verfahren bei Ertheilung des Bürgerrechts an Fremde die Rede ist.
3) Ἀναγορεύειν τὰς χειροτονίας. Aeschin. g. Ctesiph. p. 385.
4) De comit. p. 147. 148.

Form ist folgendes: *Ἔδοξεν τῇ βουλῇ καὶ τῷ δήμῳ, Κεκροπὶς ἐπρυτάνευε, Μνησίθεος ἐγραμμάτευε, Εὐπείθης ἐπεστάτει, Καλλίας εἶπεν,* worauf denn der Beschlufs selbst in der von *εἶπεν* abhängigen Structur des Infinitiv folgt, *ἀποδοῦναι τοῖς θεοῖς τὰ χρήματα τὰ ὀφειλόμενα.* Bisweilen findet sich auch noch eine genauere Zeitbestimmung voraufgeschickt, z. B. *Ἐπὶ τοῦ δεῖνα ἄρχοντος καὶ ἐπὶ τῆς βουλῆς ᾗ πρῶτος ὁ δεῖνα ἐγραμμάτευε,* wo die letzten Worte den oben besprochenen Schreiber der ersten Prytanie bezeichnen. Die jüngere Form ist diese: *Ἐπὶ Νικοδώρου ἄρχοντος, ἐπὶ τῆς Κεκροπίδος ἕκτης πρυτανείας, Γαμηλιῶνος ἑνδεκάτῃ, ἕκτῃ καὶ εἰκοστῇ τῆς πρυτανείας, ἐκκλησία· τῶν προέδρων ἐπεψήφισεν Ἀριστοκράτης ̓. Ἀριστοδήμου Οἰναῖος καὶ συμπρόεδροι, Θρασυκλῆς Ναυσιστράτου Θριάσιος εἶπεν.*[1])

Von den Gegenständen, über welche das Volk in seinen Versammlungen zu beschliefsen Macht hatte, läfst sich im Allgemeinen nur sagen, dafs sie von der allermannichfaltigsten Art waren, und dafs eigentlich Alles dazu gehörte, was für die Interessen des Gemeinwesens von hinlänglicher Bedeutung schien, um dem souveränen Volke vorgetragen zu werden. Dessen aber war in der Zeit der absoluten Demokratie gar vieles, und die Demagogen fanden ihre Rechnung dabei, die Wirksamkeit der Volksversammlungen möglichst weit auszudehnen, und den Grundsatz geltend zu machen, dafs das Volk im vollsten Umfange des Wortes Herr über Alles sei und thun könne, was ihm beliebe;[2]) Verständige aber klagten, dafs nun der Staat vielmehr nach Psephismen, d. h. nach dem jedesmaligen Belieben des souveränen Volks, als nach den Gesetzen verwaltet würde, und dafs die Psephismen nur allzuoft mit den Gesetzen in Widerspruch ständen.

Es wird angegeben,[3]) dafs für eine jede der vier regelmäfsigen Volksversammlungen einer Prytanie gewisse Classen von Gegenständen bestimmt gewesen seien, z. B. für die erste Versammlung die sogenannte Epicheirotonie über die Beamten,

---

1) Vgl. Antiqu. i. p. Gr. p. 225, und mehr Beispiele bei Franz, Elem. epigr. gr. p. 319 ff. u. Böckh Staatsh. II S. 50.
2) R. g. Neära S. 1375. Xenoph. Hell. 1, 7, 12.
3) Pollux VIII, 95, dessen Aufzählung indessen nicht für vollständig gelten kann. Wir lesen z. B bei Harpocration und in dem Lex. rhet. hinter der Englischen Ausgabe des Photius p. 672, dafs auch über den Schutz des Landes (*περὶ φυλακῆς τῆς χώρας*) in der ersten Versammlung verhandelt wurde.

die Anklagen wegen Staatsverbrechen, die Bekanntmachung der confiscirten Güter und der bei den Gerichten angemeldeten Erbansprüche, für die zweite die Bittgesuche an das Volk und Anträge auf Begnadigungen, für die dritte die Verhandlungen mit auswärtigen Staaten, für die vierte endlich religiöse und öffentliche Angelegenheiten insgemein. Für die gegenwärtige Darstellung aber ist es zweckmäfsig, die Gegenstände nicht in dieser Ordnung, sondern nach ihren Gattungen zu betrachten, und zwar zuerst die Legislation, sodann die Wahlen der Beamten und die Beurtheilung ihrer Amtsführung, dann die richterlichen Entscheidungen und den Ostracismus, und endlich die sonstigen Regierungs- und Verwaltungsmafsregeln in auswärtigen und einheimischen Angelegenheiten.

Die Legislation wurde nach der noch im demosthenischen Zeitalter zu Recht bestehenden, aber freilich oft übertretenen Anordnung nicht eigentlich von der Volksversammlung selbst ausgeübt, sondern nur nach vorhergehender Anfrage beim Volk und erfolgter Genehmigung desselben von einer zu diesem Zweck niedergesetzten Gesetzgebungscommission, den sogenannten Nomotheten. Das Verfahren war folgendes.[1]) In der ersten Volksversammlung des Jahres ward dem Volke die Frage vorgelegt, ob es Anträge auf Abänderungen und Ergänzungen der bestehenden Gesetze zulassen wolle oder nicht, und es versteht sich von selbst, dafs es dabei an Debatten nicht fehlen konnte, indem Einige aus Gründen der Nützlichkeit oder Nothwendigkeit die Zulassung solcher Anträge empfahlen, andere sie widerriethen. Erklärte das Volk sich für die Zulassung, — was schwerlich jedesmal der Fall war, — so war damit noch weiter nichts entschieden, als dafs es denen, welche dergleichen Anträge zu machen beabsichtigten, nunmehr gestattet wurde, dieselben förmlich anzubringen. Zu diesem Zwecke mufsten sie dieselben zuvörderst auf dem Markte bei den Statuen der zehn Eponymen öffentlich ausstellen, damit Jedermann Kenntnifs davon nehmen könnte. Nachdem dies geschehen, wurde in der dritten regelmäfsigen Volksversammlung über die Ernennung der Gesetzgebungscommission oder der Nomotheten verhandelt. Diese wurden aus der Zahl der Heliasten des Jahres genommen, waren also vereidigte Männer über dreifsig Jahre. Näheres über die Art und Weise ihrer Ernennung, ob durch Loosung oder

---

1) Vgl. de comit. p. 248 ff. Verfassungsgesch. Ath. S. 53 ff. u. Animadv. de nomothetis Ath. Gryph. 1854. Opusc. ac. I p. 247—259.

durch Wahl, wird nicht angegeben, sondern nur, dafs das Volk über ihre Anzahl, über die Zeit, für welche sie zu ernennen seien, je nach der Menge und Beschaffenheit der vorgebrachten Gesetzgebungsanträge, und über die ihnen zu zahlende Besoldung, aus welchen Fonds sie zu nehmen sei, zu entscheiden gehabt habe. Bevor die Nomotheten ernannt waren, und bis sie ihre Sitzungen begannen, wurden die vorgebrachten Gesetzanträge, obgleich sie schon durch die Ausstellung bei den Eponymen der Kenntnifsnahme eines Jeden zugänglich gemacht waren, dennoch aufserdem noch in jeder inzwischen stattfindenden Volksversammlung vorgelesen, damit sie um so sicherer allgemein bekannt würden. Vor den Nomotheten aber wurde die Verhandlung ganz in processualischer Form geführt. Die Antragsteller, welche alte Gesetze abgeschafft, geändert, neue statt ihrer eingeführt wissen wollten, traten gleichsam als Ankläger derselben, diejenigen, welche sie ungeändert beibehalten wissen wollten, traten als Vertheidiger auf, und damit es ja nicht an gehöriger Vertheidigung des Bestehenden, Abwehr der Neuerungen fehlen möchte, war vom Volke eine Anzahl von Synegoren oder öffentlichen Anwalten der bestehenden Gesetze gewählt worden, denen sich aber auch wohl Andere freiwillig anschliefsen mochten. Den Vorsitz in der Nomothetencommission sollen, nach einer angeblichen alten Urkunde,[1]) die Proedren geführt haben, was, wenn damit die für jede Rathssitzung oder Volksversammlung erloosten neun Rathsmitglieder gemeint sind, schwer zu glauben ist. Viel wahrscheinlicher ist es, dafs die Thesmotheten, wie in den Processen über eine γραφὴ παρανόμων, so auch hier die Vorsitzenden waren. Die Anzahl der Nomotheten war nicht immer dieselbe, sondern richtete sich nach der Zahl oder Wichtigkeit der vor ihnen zu verhandelnden Gesetze; es werden tausend oder tausend und einer erwähnt.[2]) Nach der erwähnten Urkunde stimmten sie, wie die Volksversammlung, durch Cheirotonie, nicht, wie die Gerichte, mit Stimmsteinen; doch verdient auch dies keinen Glauben. Gegen ein von ihnen genehmigtes Gesetz konnte, ebenso wie gegen die von der Volksversammlung gefafsten Beschlüsse, eine γραφὴ παρανόμων erhoben werden, besonders, aber wohl nicht ausschliefslich, dann, wenn die vorgeschriebene Form des Verfah-

---

1) In der R. g. Timocrates p. 710. Vgl. auch p. 723.
2) Pollux VIII, 101. Urkunde bei Demosth. g. Timocr. p. 708.

rens nicht genau beobachtet worden war.[1] — Die Anordnung dieses Verfahrens schreiben die Alten dem Solon zu, was indessen Niemand so verstehen wird, als ob alle einzelnen Bestimmungen von ihm herrührten. Diese gehören zum Theil ganz offenbar einer späteren Zeit an, was, um anderes zu übergehen, schon allein die Erwähnung der Eponymen beweisen kann, da es diese zu Solons Zeit noch nicht gab. Aber das Wesentliche der Einrichtung dem Solon abzusprechen, giebt es gar keinen vernünftigen Grund.[2] Das Wesentliche besteht aber darin, dafs die Gesetzgebung nicht sowohl der allgemeinen Volksversammlung überlassen, als vielmehr einem engeren Ausschufs gereifter und eidlich verpflichteter Männer anvertraut, jener aber nicht mehr eingeräumt wurde, als nur darüber zu entscheiden, ob überhaupt Gesetzanträge sollten gemacht werden dürfen, oder nicht: fernor, dafs die Erlaubnifs, solche Anträge zu stellen, nicht zu jeder beliebigen Zeit, sondern nur einmal im Jahre nachgesucht werden durfte, und dafs auf alle Weise für die möglichst allgemeine Publicität der Anträge gesorgt war, damit Jedermann sie prüfen könnte, und die Erlaubnifs, sie einzubringen, nicht ohne reifliche Erwägung ertheilt würde: endlich in den Verordnungen, dafs vor den Nomotheten selbst die Anträge, welche das Volk einzubringen erlaubte, nichtsdestoweniger von Staatswegen durch ausdrücklich dazu erwählte Anwälte bekämpft und die bestehenden Gesetze gegen Neuerungen in Schutz genommen würden, dafs kein bestehendes Gesetz schlechthin abrogirt werden sollte, ohne durch ein neues für besser erkanntes ersetzt zu werden, und kein neues eingeführt, ohne dafs das ihm entgegenstehende alte ausdrücklich abrogirt würde.[3] Alle diese Anordnungen dürfen wir unbedenklich als solonische ansehen: sie legen Zeugnifs ab für die Weisheit des Gesetzgebers, des weisesten Mannes seiner Zeit, der, da er voraussah, Aenderungen der Gesetze würden nicht ausbleiben können, nun auch dafür sorgte, dafs dergleichen nicht leichtsinnig, nicht ohne die allseitigste, sorgfältigste Prüfung vorgenommen, und weder Lücken noch Widersprüche in der Gesetzgebung durch sie bewirkt werden möchten.

---

1) Hieher gehört der Fall, auf den sich die demosthenische Rede g. Timocrates bezieht.
2) Vgl. d. Verfassungsgesch. S. 53—60. — Wenn auch aus Plut. Sol. c. 25 mit Recht gefolgert werden kann, dafs Plut. von dieser Solonischen Anordnung nicht gewufst habe, so kann doch das schwerlich als ein vernünftiger Grund dagegen gelten.
3) Demosth. g. Leptin. p. 485. g. Timocrat. p. 711.

Aber je mehr im Laufe der Zeit die Demokratie erstarkte, desto weniger war das souveräne Volk geneigt, sich streng an diese Anordnungen zu binden. Es rifs der Mifsbrauch ein, Gesetzanträge nicht weniger wie jede andere Art von Rogationen, zu jeder beliebigen Zeit ans Volk zu bringen, und ohne die vorschriftsmäfsige Verhandlung vor einer Nomothetencommission von der Volksversammlung selbst über sie entscheiden zu lassen, und so entstand denn eine grofse Menge von allerlei neuen Gesetzen, wie sie jedesmal den Interessen der Volksführer zusagten, und es kamen solche Verwirrungen und Widersprüche in die Gesetzgebung, dafs man sich mehrmals, um wieder Ordnung und Uebereinstimmung herzustellen, genöthigt sah, aufserordentliche Commissionen zu ernennen, die aber, wie Demosthenes sagt,[1]) mit ihrem Geschäft gar nicht fertig werden konnten. Auch die Thesmotheten, als diejenigen Beamten, die am vielfältigsten mit der Handhabung der Gesetze zu thun hatten, wurden angewiesen, die Inconvenienzen und Widersprüche, die sie während ihrer Amtsführung in den Gesetzen wahrnahmen, anzumerken und dem Volke darüber Bericht abzustatten, wahrscheinlich gegen das Ende des Amtsjahres, wo denn dieser Bericht bei den Statuen der Eponymen öffentlich ausgestellt wurde,[2]) und Veranlassung zu Verbesserungsvorschlägen geben konnte, die zu Anfang des nächsten Jahres in der oben beschriebenen Weise zunächst in der Volksversammlung und dann, mit deren Genehmigung, vor den Nomotheten zur Verhandlung kamen.

Was die Beamtenwahlen betrifft, so gehörten seit der Zeit, da die meisten Stellen durchs Loos besetzt wurden, nur noch einige wenige vor die Volksversammlung, namentlich die Wahl der Kriegsbefehlshaber, des obersten Finanzbeamten und seines Controleurs, und weniger anderer; die im folgenden Capitel vorkommen werden. Die Wahlversammlungen ($\dot{\alpha}\varrho\chi\alpha\iota\varrho\epsilon\sigma\iota\alpha\iota$) konnten unmöglich, wie ein untergeordneter Grammatiker angiebt, erst in den letzten Tagen des Jahres gehalten werden, sondern mufsten nothwendig geraume Zeit vorher stattfinden,[3]) damit die Gewählten vor ihrem Amtsantritt der gesetzlichen Prüfung unterzogen werden könnten, über welche das Nähere ebenfalls im folgenden Capitel angegeben werden wird. Die Leitung der

---

1) R. g. Leptin. a. a. O. Vgl. de comit. p. 269.
2) Aeschin. g. Ctesiph. p. 430.
3) Vgl. Köhler in d. Monatsber. der Ak. d. W. 1866 S. 343, der sie in die erste Ekklesia der neunten Prytanie setzt.

Wahlversammlungen soll bei den Wahlen der Kriegsbefehlshaber den neun Archonten obgelegen haben;[1]) bei den andern also wahrscheinlich den Prytanen oder den Proedren. Diese hatten also dem Volke die Namen der Candidaten zu nennen, die sich entweder gemeldet hatten, oder auch ohne Meldung auf die Candidatenliste gesetzt waren. Auch mochte es wohl vorkommen, dafs erst in der Versammlung selbst die Candidaten sich meldeten oder von Andern vorgeschlagen wurden.[2]) Plato giebt für seinen Musterstaat das Gesetz, dafs bei den Feldherrnwahlen zuerst eine Anzahl Candidaten von einer Behörde, die er Nomophylakes nennt, aus der sämmtlichen zum Kriegsdienst verpflichteten Mannschaft vorgeschlagen werde, dabei aber Jeder in der Versammlung das Recht haben solle, statt eines der so Vorgeschlagenen einen Andern als würdiger zu bezeichnen, und zwar eidlich. Hierüber soll dann abgestimmt werden, und wenn sich die Mehrheit der Stimmen für diesen letzteren erklärt, so soll sein Name statt des Anderen auf die Wahlliste gesetzt, und schliefslich dann aus dieser Liste die erforderliche Zahl gewählt werden.[3]) Es ist möglich, dafs etwas Aehnliches auch in Athen stattgefunden habe; aber es ist gewifs, dafs wenigstens unsere Quellen uns nichts davon verrathen. Der Wahlmodus war immer Cheirotonie, nicht Abstimmung durch Täfelchen oder Stimmsteine. Dafs es an Wahlumtrieben, an allerlei erlaubten und unerlaubten Mitteln, um Stimmen zu gewinnen, in Athen ebensowenig als in irgend einem andern Staate, wo Volkswahlen stattfanden, gefehlt haben werde, versteht sich von selbst. Gegen Bestechungen gab es strenge Gesetze: sowohl die Bestechenden als die Bestochenen waren einer Criminalklage ausgesetzt, die bei jenen $\gamma\varrho\alpha\varphi\dot{\eta}$ $\delta\varepsilon\kappa\alpha\sigma\mu o\tilde{v}$, bei diesen $\gamma\varrho\alpha\varphi\dot{\eta}$ $\delta\dot{\omega}\varrho\omega\nu$ oder $\delta\omega\varrho o\delta o\kappa\acute{\iota}\alpha\varsigma$ hiefs, und den Verurtheilten traf, je nach der Beschaffenheit des Falles, eine mehr oder weniger schwere Strafe, Geldbufse, Vermögensconfiscation, mitunter selbst Todesstrafe.[4]) Wer ohne sich beworben zu haben zu einem Amte gewählt ward, dem stand es frei dasselbe abzulehnen, wenn er triftige Gründe vorzubringen hatte, deren Wahrheit er durch einen Eid bekräftigen mufste.[5])

Ueber die Amtsführung der Beamten übte, aufser den andern zu diesem Zweck bestellten Behörden, auch das Volk selbst

---

1) Pollux. VIII, 67.   2) Vgl. de comit. p. 328.
3) Plat. de legg. VI p. 755.   4) S. Att. Proc. 351 f.
5) $\dot{\varepsilon}\xi\omega\mu o\sigma\acute{\iota}\alpha$. Pollux VIII, 55. vgl. Ast zu Theophr. c. 24 p. 211.

eine Art von Controle aus. Es wurde nämlich in der ersten Volksversammlung jeder Prytanie von den Archonten die Frage an das Volk gestellt, ob es mit der Führung der Beamten zufrieden sei oder nicht.[1]) Auf diese Frage konnte Jeder, der eine Beschwerde gegen einen Beamten hatte, diese vorbringen, (was προβάλλεσθαι, προβολή hiefs,) und das Volk, wenn es sie begründet genug achtete, suspendirte den Angeschuldigten einstweilen, damit der Gegner ihn gerichtlich verfolgen könnte, oder es entsetzte ihn auch ganz seines Amtes (ἀποχειροτονεῖν), worauf denn natürlich auch eine weitere gerichtliche Verfolgung stattfinden konnte. Das ganze Verfahren in der Volksversammlung heifst die Epicheirotonie über die Beamten.

Auch gegen Private wurden bisweilen Beschwerden an die Volksversammlung gebracht, (die ebenso, wie die gegen Beamte, προβολαί heifsen,) nicht zu dem Zweck, eine eigentliche richterliche Entscheidung zu erlangen, sondern nur das Volk zu der Erklärung zu veranlassen, dafs es die Beschwerde gegründet und deswegen eine gerichtliche Verfolgung des Angeschuldigten gerechtfertigt finde. Diesen Weg pflegte man namentlich dann einzuschlagen, wenn man es mit einem angesehenen, einflufsreichen und mächtigen Gegner zu thun hatte, um die Stimmung des Volkes vorläufig zu erproben, indem man, wenn diese sich gegen den Gegner aussprach, um so eher hoffen konnte, dafs auch die Richter, die ja ebenfalls Leute aus dem Volke waren, nicht günstiger gegen ihn gestimmt sein, sondern jenem Präjudiz Rechnung tragen würden. Sodann aber versteht es sich von selbst, dafs man vorzugsweise nur solche Beschwerden an das Volk brachte, bei denen es sich nicht lediglich um eine persönliche Kränkung des Klägers, sondern um eine solche Rechtsverletzung handelte, die auch das allgemeine Interesse näher berührte, wovon als einzelne Beispiele Sykophantie, Unterschleif, Verletzung der Bergwerksordnung erwähnt werden.[2]) Das bekannteste und interessanteste Beispiel aber ist das des Demosthenes, der als Chorege seiner Phyle von Midias im Theater vor der zuschauenden Versammlung thätlich gemifshandelt war, und nun die Probole anstellte nicht sowohl wegen der seiner Person, sondern wegen der seiner Function zugefügten Verletzung, die zugleich als eine Verletzung der Heiligkeit des Festes und als eine Beleidigung der feiernden Versammlung anzusehen war. —

---

1) Pollux VIII, 95. Harpocr. unt. κυρία ἐκκλησία. De comit. p. 231.
2) S. de comit. p. 232 f. Att. Proc. S. 273. 4.

Wer eine Probole ans Volk bringen wollte, mufste sich ordnungsmäfsig deshalb an die Prytanen wenden, damit diese die Sache in der Volksversammlung vortrügen. Dann ward wohl beiden Parteien das Wort gegeben, um die Anschuldigung dem Volke auseinanderzusetzen und um ihr zu widersprechen, ohne dafs jedoch an ein eigentliches Beweisverfahren dabei zu denken wäre. Hierauf wurde das Volk aufgefordert, seine Ansicht über die Sache durch Cheirotonie, nicht förmliche Abstimmung, zu erkennen zu geben. Erklärte es, dafs ihm die Beschwerde nicht gegründet schiene, so gab der Kläger ohne Zweifel die weitere gerichtliche Verfolgung der Sache von selbst auf, obgleich sich gewifs nicht annehmen läfst, dafs er gesetzlich genöthigt gewesen sei, sie aufzugeben. Erklärte aber das Volk sich für den Kläger günstig, so konnte er nun mit desto gröfserer Hoffnung auf Erfolg die gerichtliche Verfolgung seiner Sache unternehmen: verpflichtet aber war er dazu keinesweges, und ebensowenig waren, wenn er es that, die Richter irgendwie durch jenes Präiudicium des Volkes gebunden, weil sich immer doch die Möglichkeit denken liefs, dafs das Volk sich getäuscht haben könnte. Deswegen hatte das gerichtliche Verfahren ganz seinen gewöhnlichen Gang. Der Procefs wurde ordnungsmäfsig von der competenten Behörde instruirt, dann vor den Richtern verhandelt, die nach Anhörung beider Parteien und der von ihnen vorgebrachten Beweise und Gegenbeweise den Ausspruch lediglich nach ihrer jetzt gewonnenen Ueberzeugung zu thun hatten. Es konnte also wohl vorkommen, dafs sie gegen das Präiudiz des Volkes entschieden und den Angeklagten lossprachen, weil sie die Beschuldigung entweder nicht hinlänglich erwiesen oder die That nicht strafbar fanden. Es geschah deswegen nicht selten, dafs Einer trotz des für ihn günstigen Ausfalls der beim Volke angebrachten Probole sich doch nachher den ungewissen Chancen eines förmlichen gerichtlichen Processes auszusetzen Bedenken trug, und sich mit der Art von Makel begnügte, die durch die Erklärung des Volkes dem Gegner zugefügt war, oder auch wohl privatim sich mit diesem abfand, wie es Demosthenes mit Midias gethan haben soll.[1])

Eine gewisse Aehnlichkeit mit der Probole hatte auch die in der Volksversammlung ausgesprochene, bisweilen selbst eidlich bekräftigte[2]) Erklärung, eine Criminalklage gegen Jemand

---

1) Die ausführliche Begründung der obigen Darstellung s. im Philologus, II S. 593.   2) Demosth. g. Timoth. p. 1204.

anstellen zu wollen. Solche Erklärung heifst *ἐπαγγελία*, und wurde öfters besonders gegen Redner und Staatsmänner vor der Volksversammlung ausgesprochen, um jene dadurch als unwürdig des öffentlichen Vertrauens zu bezeichnen und wenigstens in Mifscredit zu bringen. Wer solche Erklärung eidlich abgegeben hatte, der war natürlich auch verpflichtet, seine Verheifsung zu erfüllen, und konnte, wenn er diefs unterliefs, selbst durch eine Criminalklage zur Strafe gezogen werden, als ein Betrüger des Volkes. Ob aber eine nicht eidlich abgegebene Erklärung dieselbe Verpflichtung auferlegte, vermögen wir um so weniger zu entscheiden, als es uns unbekannt ist, welche Wirkung dieselbe hinsichtlich dessen hatte, gegen den sie gerichtet war. Wenn freilich, wie vermuthet worden ist,[1]) ein Redner, den Jemand mit einer Anklage wegen solcher Verbrechen bedrohte, die, wenn sie erwiesen wurden, die Atimie zur Folge hatten, nun um dieser Drohung willen, sobald sie öffentlich, durch eine Epangelie, ausgesprochen war, genöthigt sein sollte, sich bis zur ausgemachten Sache der Rednerbühne zu enthalten, dann müfste allerdings auch angenommen werden, dafs die Anklage nothwendig ohne Aufschub wirklich habe angebracht und die Entscheidung in kürzester Frist habe ermöglicht werden müssen. Aber jene Vermuthung ist höchst unwahrscheinlich: sie läfst den Angeschuldigten eines Rechtes beraubt werden, also eine Strafe erleiden, bevor seine Schuld erwiesen ist, auf die blofse Verheifsung hin, dafs sie demnächst erwiesen werden solle. Das Wahrscheinlichere ist vielmehr dies, dafs eine solche Epangelie keine andere Wirkung, bisweilen auch wohl keinen andern Zweck hatte, als den Angeschuldigten möglicher Weise dem Volke verdächtig zu machen und Mifstrauen gegen ihn zu erregen, und dafs der, welcher sie aussprach, ohne sich zugleich durch einen Eid zu binden, allerdings wohl die moralische, keinesweges aber eine juristische Verpflichtung auf sich genommen habe, die angedrohte Klage nun auch wirklich anzustellen. Wegen einer leichtsinnig und nur in calumniöser Absicht ausgesprochenen Epangelie mochte er dann von dem, der sich durch sie in seiner Ehre gekränkt fand, durch eine Injurienklage (*δίκη κακηγορίας*) in Anspruch genommen werden können.

Eine richterliche Thätigkeit übte die Volksversammlung nur ausnahmsweise aus, wenn Klagen oder Anzeigen wegen solcher Vergehungen bei ihr angebracht wurden, welche in dem gewöhn-

---

1) Att. Proc. S. 213.

lichen und ordnungsmäfsigen Rechtswege zu verfolgen aus irgend welchem Grunde nicht thunlich war.[1]) Dergleichen Klagen oder Anzeigen mufsten regelmäfsig zuerst bei dem Rathe der Fünfhundert angebracht werden, und gelangten von diesem an die Volksversammlung nur in dem Falle, wenn das Vergehen wichtiger und schwerer war, als dafs der Rath allein darüber zu richten competent gewesen wäre, da sich sein Strafrecht nicht über das Mafs von 500 Drachmen hinaus erstreckte. Auch die Thesmotheten mochten Sachen solcher Art, die sich für das ordnungsmäfsige Procefsverfahren nicht eigneten, wenn sie bei ihnen angebracht waren, dem Rathe oder der Volksversammlung vorlegen.[2]) Die Anzeige konnte entweder von Jemand gemacht werden, der selbst auch als Kläger den Angeschuldigten zu verfolgen befugt und erbötig war, und hiefs dann $εἰσαγγελία$, oder von Jemand, der jenes nicht konnte, z. B. von einem Fremden, einem Sklaven, einem Mitschuldigen, oder auch nicht wollte, und hiefs dann $μήνυσις$. In beiden Fällen übernahm das Volk entweder selbst die Untersuchung, so dafs Klage und Vertheidigung in der Volksversammlung geführt und endlich von dieser das Urtheil gesprochen wurde, oder, — und das war das Gewöhnlichere, — das Volk, nachdem es sich vorläufig von der Sache informirt und die Eisangelie zuläfsig gefunden hatte, verwies sie an ein heliastisches Gericht, und bestimmte dabei zugleich, nach welchen Gesetzen sie beurtheilt, und welche Strafe den Angeklagten, wenn er schuldig befunden würde, treffen sollte. Aufserdem aber ernannte es auch eine Anzahl von Staatsanwalten ($συνήγοροι$), welche die Klage vor Gericht im Namen des Volkes entweder allein zu führen, oder, wenn der Anzeiger zugleich auch Kläger war, diesen zu unterstützen hatten. — Oefters geschah es auch, dafs das Volk wegen Verbrechen, die zu seiner Kunde gelangt waren, entweder besondere Commissarien ($ζητηταί$) ernannte, um genauere Untersuchungen darüber anzustellen, oder auch die Areopagiten oder den Rath der Fünfhundert mit dieser Untersuchung beauftragte. Die so Beauftragten hatten zunächst nur die Schuldigen zu ermitteln; das weitere gerichtliche Verfahren gegen diese fand dann entweder, nach vorheriger Anzeige beim Volke, in der von diesem zu bestimmenden Weise statt, oder es war auch darüber schon

---

1) De comit. p. 180 ff. u. p. 219.
2) Jul. Pollux VIII, 57. Schol. zu Aesch. g. Timarch. p. 722. De comit. p. 209.

im Voraus die eventuelle Bestimmung getroffen worden. Ward dem Rath der Fünfhundert die Untersuchung übertragen, so wurde bisweilen dieser auch zur Aburtelung bevollmächtigt.¹) Als eine Art von richterlicher Entscheidung, wiewohl nur sehr uneigentlich, läfst sich auch der Ostracismus betrachten, über dessen Wesen und Bedeutung wir hier nicht zu wiederholen brauchen, was in einem früheren Abschnitte darüber gesagt worden ist.²) Auch dafs seine Einführung in Athen von Klisthenes herrühre, ist schon bemerkt worden. Das Verfahren aber war dieses: Jährlich in der sechsten oder siebenten Prytanie³) wurde die Anfrage an das Volk gerichtet, ob es den Ostracismus angestellt wissen wollte, oder nicht, wo denn natürlich Redner auftraten, und dafür oder dawider sprechen konnten. Jenes konnten sie nicht anders thun, als indem sie einzelne Personen als solche bezeichneten, von denen der Freiheit Gefahr, dem Gemeinwesen Verwirrung und Schaden drohte, wogegen denn auf der andern Seite den also Bezeichneten, und wer sonst wollte, freistehn mufste, die Gefahr abzuleugnen, die Besorgnifs als ungegründet darzustellen. Entschied sich das Volk für die Anstellung des Ostracismus, so wurde ein Tag anberaumt, an welchem er vorzunehmen sei. An diesem Tage versammelte sich dann das Volk auf dem Markte, wo ein Gehege errichtet war, mit zehn verschiedenen Eingängen, also auch wohl eben so vielen Abtheilungen für die einzelnen Phylen. Jeder stimmberechtigte Bürger schrieb den Namen desjenigen, den er aus dem Staate entfernt wissen wollte, auf eine Scherbe (ὄστρακον), und zwar ganz nach eigenem Ermessen, ohne dabei auf gewisse vorher bezeichnete Personen beschränkt zu sein. Die Scherben wurden an einem jener zehn Eingänge den dort aufgestellten Beamten, den Prytanen und den neun Archonten, eingehändigt, und wenn die Abstimmung vollendet war, auseinander gezählt. Wessen Name sich auf mindestens sechstausend Scherben aufgeschrieben fand,⁴) der mufste spätestens nach zehn Tagen, welche Frist ihm zur Ordnung seiner Angelegenheiten gestattet wurde, das Land verlassen. Es ereignete sich

---

1) De comit. p. 221. 224.
2) S. S. 192f.
3) Die sechste Prytanie nennt das Lex. rhet. hinter der Engl. Ausg. des Phot. p. 672, 12, nach Aristoteles, und zwar in der κυρία ἐκκλησία: dagegen heifst es ebend. S. 675 u. Schol. Aristoph. Equ. 852, aus Philochorus, nur πρὸ τῆς η΄. πρυτανείας.
4) S. Verfassungsgesch. S. 60.

wohl, dafs sich das Volk selbst durch das Resultat der Abstimmung überrascht fand. Als einst dem Nikias und Alkibiades die Gefahr drohte, dafs einer von ihnen beiden verwiesen werden würde, so vereinigten sie sich mit einander dahin, dafs jeder ihrer zahlreichen Anhänger den Namen eines dritten, eines gewissen Hyperbolus, eines übelberüchtigten aber untergeordneten Menschen, an den vorher Niemand gedacht hatte, aufschreiben sollte. So kamen denn mehr als sechstausend Scherben mit diesem Namen zum Vorschein, und den Hyperbolus traf das Loos, was jene beiden von sich abgewandt hatten, ihm gewissermafsen eine unverdiente Ehre, dem Volke aber und dem Institute des Ostracismus ein Spott und Schimpf, weswegen man denn auch von dieser Zeit an ganz davon abstand, da man deutlich sah, wie leicht sein Zweck eludirt werden könne.[1]) Und auch vorher hat es schwerlich sowenig an Elusionen als an Mifsbrauch gefehlt. Dafs aber, als das Institut noch bestand, oftmals viele Jahre verstrichen, in denen es nicht zur Anwendung kam, versteht sich von selbst: denn es war eben nur selten und ausnahmsweise Veranlassung dazu vorhanden. Dafs aber nicht dennoch alljährlich zu einer bestimmten Zeit eine Anfrage deshalb ans Volk gestellt worden sei, haben wir keinen Grund zu bezweifeln. Den durch den Ostracismus Verwiesenen traf kein anderes Uebel, als dafs er das Land auf einige Jahre meiden mufste: sein Vermögen blieb unangetastet, und wenn er nach Ablauf der gesetzlichen Zeit zurückkehrte, trat er wieder in alle seine Rechte ein. Die Zeit der Verweisung war anfangs zehn Jahre; später wurde sie auf die Hälfte herabgesetzt, und nicht selten wurde dem Verbannten die Rückkehr auch nach kürzerer Frist durch einen Volksbeschlufs gestattet, wozu es natürlich eines dieserhalb gestellten Antrages bedurfte. Ein solcher Antrag durfte aber nicht anders gestellt werden, als nachdem zuvor die Erlaubnifs dazu nachgesucht und erlangt worden war, ebenso wie dies bei allen derartigen Anträgen geschehen mufste, die auf Erlafs irgend einer gerichtlich zuerkannten Strafe, sei es Verbannung, oder Ehrlosigkeit, oder Geldbufse, oder auf Erlafs von Schulden an die Staatscasse beim Volke angebracht werden sollten. Und wenn die Bewilligung, solche Anträge anzubringen, ertheilt ward, so war doch erforder-

---

1) Plutarch. Nic. c. 11. Alcib. c. 13. Diodor. XI, 87. Vgl. oben S. 194, wo auch von demjenigen gesprochen ist, was als Ersatz dafür dienen konnte.

lich, dafs in der Volksversammlung, in der er demnächst wirklich angebracht und zur Abstimmung gestellt wurde, eine Anzahl von sechstausend Stimmen für ihn entschied.[1])

Von der grofsen Menge der übrigen Gegenstände, über welche die Volksversammlung als höchste Instanz zu entscheiden hatte, erwähnen wir nur die bedeutendsten: zunächst die Verhältnisse zu auswärtigen Staaten, Kriegserklärungen, Friedensschlüsse, Bündnisse und andere Verträge. War ein Krieg beschlossen,[2]) so wurde über die erforderlichen Rüstungen in der Volksversammlung verhandelt, die Stärke des Heeres, die Anzahl der aufzubietenden Bürger, Metöken, bisweilen auch Sklaven und fremder Söldner, sowie die Menge der auszurüstenden Schiffe bestimmt, die Anführer ernannt, die erforderlichen Geldmittel angewiesen. Ueber die Kriegführung sandten die Feldherrn an das Volk Bericht ein, und erbaten sich Verstärkungen oder Verhaltungsbefehle.[3]) Ueber die zur Landesvertheidigung erforderlichen Mafsregeln soll ordnungsmäfsig in der ersten Volksversammlung jeder Prytanie berathen worden sein,[4]) und wie sehr ins Detail die Verfügungen des Volkes über die Flotte gingen, erhellt daraus, dafs selbst über einzelne unbrauchbar gewordene Schiffe an dasselbe berichtet und von ihm darüber verfügt wurde.[5]) Nicht weniger wurden alle auf die auswärtige Politik bezüglichen Verhandlungen auch speciellerer Art von der Volksversammlung in ihren Bereich gezogen. Sie ernannte die Gesandtschaften, ertheilte ihnen ihre Instructionen und wies ihnen Reisegelder an; und die Gesandten statteten nach der Rückkehr ihren Bericht, nachdem sie ihn zuvor dem Rathe vorgetragen hatten, vor dem versammelten Volke ab. Ebenso wurden die Gesandtschaften auswärtiger Staaten vorläufig vom Rathe, dann aber von der Volksversammlung gehört, und was ihnen zu antworten sei, hier berathen und beschlossen; ja selbst die herkömmlichen Artigkeiten, die man ihnen erwies, Ehrenplatz im Theater, Bewirthung im Prytaneum, waren Gegenstände eines Volksbeschlusses. Dafs ebenso über die Bedingungen, unter welchen

---

1) Demosth. g. Timocr. p. 715. R. g. Neära p. 1375. Vgl. die Verfassungsgesch. Ath. S. 81.
2) Das Gesetz, *ἐν τρισὶν ἡμέραις περὶ πολέμου βουλεύεσθαι νόμος ἐκέλευεν*, Hermog. ap. Walz. III, 48. vgl. IV, 707, gehört nur den Rhetorenschulen an.
3) S. de comit. p. 282.
4) S. oben S. 410f. Vgl. Böckh. Staatsh. 1 S. 398 u. Urkund. S. 467.
5) S. d. Inschr. bei Böckh, Urkund. S. 403.

mit Feinden Frieden zu schliefsen, und über jede Art von Verträgen mit auswärtigen Staaten nur die Volksversammlung zu entscheiden hatte, ist von selbst klar, wie denn auch das Volk diejenigen ernannte, welche sie in seinem Namen zu beschwören und die Eide des andern paciscirenden Staates entgegenzunehmen hatten.[1]) In Kriegszeiten ferner wurde vom Volke die Ermächtigung zur Kaperei gegen feindliche Schiffe ertheilt, und selbst eine Art von Prisengericht, wenn Streit entstand, ob ein Schiff mit Recht oder mit Unrecht gekapert sei, von der Volksversammlung gehalten.[2]) War ein feindlicher Staat besiegt und zur Unterwerfung genöthigt, so entschied das Volk, wie mit ihm verfahren werden sollte. Desgleichen bestimmte es die Verhältnisse der Leistungen der unterthänigen Bundesgenossen, und wenn auch die Tribute im Einzelnen zu ordnen nicht Sache des Volks, sondern der von ihm beauftragten Commissionen war, so bedurften doch deren Anordnungen ohne Zweifel der Bestätigung durch die Volksversammlung, und Anträge der Bundesgenossen auf Minderung oder Erlafs konnten nur von dieser bewilligt werden.[3]) Wie nun dies eine das Finanzwesen berührende Mafsregel war, so stand auch über anderweitige finanzielle Mafsregeln jeder Art der Volksversammlung die höchste Entscheidung zu. Es ist anzunehmen, dafs über die regelmäfsigen Einnahmen und Ausgaben des Staates jährlich ein Etat von dem obersten Finanzbeamten, dem Schatzmeister der Verwaltung, entworfen und dem Rathe und der Volksversammlung zur Genehmigung vorgelegt worden sei. Um aber das Volk fortwährend in Kenntnifs von dem Zustande seiner Finanzen zu erhalten, war angeordnet, dafs in jeder Phrytanie der Gegenschreiber (Controleur) der Verwaltung eine Uebersicht der Einnahmen und, wie wir wohl hinzusetzen dürfen, auch der Ausgaben, anfertigen und vorlegen solle.[4]) Aufserordentliche Ausgaben, die nicht schon im Etat standen, konnte natürlich nur das Volk beschliefsen, z. B. für die Kriegführung oder für öffentliche Bauten, und wir finden, dafs über die letzteren mitunter auch das Volk selbst sich von denen, die sie ausgeführt hatten, Bericht habe erstatten lassen.[5]) Reichten die vorhandenen Geldmittel nicht aus, so mufste über die Mafsregeln, das Mangelnde zu beschaffen, an das Volk be-

---
1) De comit. p. 262—284. 2) Demosth. g. Timokr. p. 703 §. 12.
3) De comit. p. 285.
4) Aeschin. g. Ctesiph. p. 417.
5) Valer. Max. VIII, 12 extern. 2. Vgl. Cic. de or. I, 14. Plut. praec. r. p. ger. c. 5.

richtet und von diesem entschieden werden. Dahin gehören Anleihen aus den Tempelcassen, die öfters vorkamen, und über deren Zurückzahlung ein noch vorhandener Volksbeschluſs handelt;[1] ferner Ausschreibung aufserordentlicher Steuern (εἰσφοραί), die in Kriegszeiten öfters vorkamen, und Aufforderung zu freiwilligen Beiträgen (ἐπιδόσεις), worüber in einem der folgenden Capitel mehr zu sagen sein wird. Einmal, in den letzten Jahren des peloponnesischen Krieges, griff man auch zu dem Auskunftsmittel, schlechteres Geld zu prägen, theils Goldmünzen, mit Kupfer gemischt, theils Kupfermünzen, die weniger werth waren, als sie gelten sollten, und daher auch bald wieder verrufen und aus dem Verkehr gezogen wurden.[2] Daſs diese und ähnliche Maſsregeln nur vom Volke verfügt werden konnten, versteht sich von selbst. Aber auch alle sonstigen das Münzwesen, die Maaſse, die Gewichte betreffenden Anordnungen unterlagen seiner Genehmigung, ebenso die Zollgesetze, die Einfuhr- und Ausfuhrverbote und dergleichen, wobei übrigens man sich zu erinnern hat, daſs immer der Rath die vorbereitende und vorberathende Behörde war, dessen Vorschläge das Volk annehmen oder verwerfen, aber freilich auch, wenn irgend ein Redner etwas anderes vorschlug, wesentlich modificiren konnte. — Auch auf das Religionswesen und den Cultus erstreckte sich die souveräne Volksgewalt,[3] indem weder über Einführung neuer Gottesdienste noch über neue Festfeiern, sei es ständige sei es einmalige, von einer andern Behörde entschieden werden konnte, als entweder von der Volksversammlung selbst, oder von der von ihr beauftragten Nomothetencommission in der oben beschriebenen Weise. Denn ohne Zweifel gehören die meisten der bezeichneten Gegenstände vielmehr in das Gebiet der Gesetzgebung als in das der Volksbeschlüsse; aber wir wissen, wie auch bei jener das Volk betheiligt war, und wie oft, was eigentlich in das eine Gebiet gehörte, doch in das andere hinübergezogen wurde. Ferner wurden mehrere mit der Besorgung des Cultus beschäftigte Beamte vom Volke gewählt, über welche unten das Nähere, und bei der feierlichen Bestattung der gefallenen Krieger ernannte das Volk theils den Redner, welcher die Leichenrede zu halten hatte, theils eine Anzahl von Angehörigen der Gefallenen zur Besorgung des Leichenmahls,[4] und wies natürlich auch die Kosten dazu an. Endlich mögen noch die Ehrenbezeugungen

---

1) Böckh, Staatsh. II S. 50. 2) Böckh, Staatsh. I. S. 769. 70.
3) De comit. p. 297 ff.   4) Demosth. f. d. Krone §. 288.

und Belohnungen erwähnt werden, welche die Volksversammlung entweder Bürgern oder Fremden, die sich um den Staat verdient gemacht hatten, zuerkannte, wie Speisung im Prytaneum, Bürgerkronen und Ehrendekrete, Bildsäulen, Freiheit von Liturgien, Ertheilung des Bürgerrechts oder der Isotelie an Fremde, und dergleichen mehr, was hier einzeln aufzuführen weder nöthig noch möglich ist.

gg) Die Beamten.

Einem Staate von der Gröfse und in der Stellung Athens war zur Besorgung seiner mannichfaltigen und vielverzweigten Verwaltung ein zahlreiches Beamtenpersonal unentbehrlich; aufserdem aber liegt es im Wesen der Demokratie, die öffentlichen Aemter auch über das Unentbehrliche hinaus zu vermehren, theils damit eine desto gröfsere Anzahl von Bürgern dazu gelangen könne, theils damit die jedem Amte beiwohnende Gewalt durch die Theilung unter mehrere beschränkter werde. Die gegenwärtige Darstellung mufs sich begnügen, nur die wichtigsten Aemter vorzuführen, von denen auch allein etwas genauere Kunde aus unseren Quellen zu gewinnen ist; eine grofse Anzahl unwichtigerer, von denen sich hier und da Andeutungen finden, über die aber nur Muthmafsungen möglich sind, werden zweckmäfsig entweder ganz übergangen, oder wenigstens nur kurz berührt werden. Vorauszuschicken sind aber einige allgemeine Bemerkungen über das athenische Beamtenwesen überhaupt, und zwar zunächst über den mitunter erwähnten Unterschied zwischen den Beamten als eigentlichen Obrigkeiten oder Magistraten ($\mathring{\alpha}\varrho\chi o\nu\tau\varepsilon\varsigma$), als Geschäftsführern oder Curatoren ($\mathring{\varepsilon}\pi\iota\mu\varepsilon\lambda\eta\tau\alpha\iota$), und als Unterbeamten oder Dienern ($\mathring{\upsilon}\pi\eta\varrho\acute{\varepsilon}\tau\alpha\iota$).[1]) Obrigkeiten im eigentlichen Sinne des Wortes sind solche, denen ein gewisser Zweig der öffentlichen Geschäfte zu selbständiger Verwaltung anvertraut ist, natürlich innerhalb der durch die Gesetze gezogenen Schranken und unter Verantwortlichkeit gegen die souveräne Gewalt, und die deswegen befugt sind, innerhalb ihres Geschäftskreises Befehle an die Privaten zu erlassen, Ungehorsam zu bestrafen, Streitigkeiten zu entscheiden oder in Fällen, wo sie selbst nicht entscheiden können oder wollen, die Bestellung eines Gerichtes zu veranlassen und den Vorsitz darin zu führen. Curatoren sind solche, die nur zur Ausführung eines einzelnen

---

1) Vgl. de comit. p. 307 ff. u. Antiqu. i. p. Gr. p. 235 f.

speciellen Geschäftes ernannt werden, sei dies nun ein aufserordentliches, wie öffentliche Bauten, oder ein regelmäfsig zu bestimmten Zeiten wiederkehrendes, wie die Besorgung gewisser Festfeiern, und die also hierzu ebenfalls mit einer selbständigen, nur durch die Gesetze oder die ihnen etwa ertheilte Instruction beschränkten Gewalt versehen sind. Ob ihnen ein Recht zu Befehlen, zu Strafen, zu Entscheidungen über Streitigkeiten oder zur Vorstandschaft eines Gerichtes zukomme, mufs natürlich von der Beschaffenheit des ihnen aufgetragenen Geschäftes abhängen. In Athen, hören wir, waren alle Curatoren, die auf länger als dreifsig Tage beauftragt waren, in vorkommenden Fällen auch ein Gericht bestellen zu lassen und demselben vorzusitzen berechtigt.[1] Dergleichen Fälle konnten aber doch nothwendig wohl nur die innerhalb ihres Geschäftskreises etwa vorkommenden Streitigkeiten sein, und in solchen werden sie denn auch wohl selbst eine Entscheidung zu erlassen befugt, und nur wenn die Betheiligten sich dabei nicht beruhigten, gehalten gewesen sein, die Sache an ein Gericht zu bringen, in dem sie dann den Vorsitz zu führen hatten. Endlich Unterbeamte sind solche, welche nur als Gehülfen und Diener einer ihnen vorgesetzten Behörde deren Aufträge zu vollführen, aber nichts selbständig zu verwalten haben. Uebrigens werden im gewöhnlichen Sprachgebrauch die Ausdrücke zu Athen ebensowenig als anderswo den angegebenen Begriffsbestimmungen gemäfs genau unterschieden. Wir sehen vielmehr, dafs $\dot{\alpha}\varrho\chi\acute{\eta}$ und $\ddot{\alpha}\varrho\chi\epsilon\iota\nu$ nicht selten auch von solchen öffentlichen Thätigkeiten gesagt wird, die gar nicht unter den eigentlichen Begriff der Verwaltung fallen, wie z. B. die der Gerichtshöfe, oder die selbst nur zur Classe der Dienstleistungen gehören, wie die der Schreiber und Herolde,[2] so dafs jene Unterscheidung der Benennungen wohl theoretisch aufgestellt werden darf, praktisch aber ohne Bedeutung ist, und uns nichts helfen kann, um sicher zu erkennen, ob eine Behörde wirklich zu der einen oder der andern Gattung gehöre. Als feststehenden Unterschied aber zwischen Magistraten auf der einen, und Dienern auf der andern Seite dürfen wir angeben, dafs nur die letzteren für ihre Arbeit bezahlt wurden, die ersteren aber umsonst dienten,[3] was bei den Curatoren zwar meistentheils auch, jedoch nicht ohne Ausnahme der Fall war, indem einige zu dieser

---

[1] Aeschin. g. Ctesiph. p. 400 ff.
[2] Arist. Polit. IV, 12, 2. 3. Aristoph. Vesp. 585. 617. Vgl. Hudtwalcker v. d. Diaeteten p. 32 und Antiqu. i. p. Gr. p. 235.
[3] Böckh, Staatsh. I S. 338.

Classe zu rechnende, wie z. B. die Staatsanwalte, für ihre Mühwaltung einen Sold erhielten. Im Allgemeinen aber wurden auch diese Geschäfte, gleich den obrigkeitlichen Aemtern, als eine Bürgerpflicht angesehen, für deren Erfüllung man hinreichend durch die damit verbundene Ehre belohnt sei. Dafs übrigens die Aemter und Geschäfte dennoch Gelegenheit genug bieten konnten, auch für den Privatvortheil zu sorgen, ohne geradezu die Gesetze zu verletzen und sich strafbar zu machen, ist keinem Zweifel unterworfen.[1])

Dafs sehr viele Beamtenstellen zu Athen durch das Loos besetzt wurden, und dafs die erste Einführung des Looses mit Wahrscheinlichkeit dem Klisthenes zuzuschreiben sei, haben wir schon oben bemerkt. Seitdem zerfallen die Beamten in zwei Classen, Erlooste und Gewählte, und die letzteren wieder in solche, die entweder in der allgemeinen Volksversammlung, oder im Auftrage derselben in den Versammlungen der einzelnen Phylen gewählt werden, wohin namentlich die Curatoren gehören, denen die Besorgung öffentlicher Bauten übertragen wird. Die Loosung, wenn nicht aller, doch wenigstens fast aller Beamten, ward von den Thesmotheten vorgenommen, und zwar im Tempel des Theseus.[2]) Sie geschah in der Art, dafs zwei Gefäfse hingestellt und in eines derselben eine Anzahl weifser und farbiger Bohnen, in das andere die Täfelchen mit den Namen der Bewerber hineingethan wurden: denn dafs nur über solche, nicht über beliebige andere geloost wurde, ist gewifs.[3]) Dann wurde gleichzeitig ein Täfelchen und eine Bohne herausgenommen: wessen Name mit einer weifsen Bohne herauskam, der erhielt das Amt, die anderen fielen durch. Ueber die Wahlen in der allgemeinen Volksversammlung haben wir schon im vorigen Capitel gesprochen, und angegeben, dafs sie durch Cheirotonie, nicht durch Täfelchen geschah: derselbige Wahlmodus fand denn auch in den Phylenversammlungen statt, wenn diese im Auftrage des Volkes einen Beamten zu ernennen hatten. Die Gewählten heifsen ohne Unterschied $\chi\epsilon\iota\varrho o\tau o\nu\eta\tau o\iota$ und $\alpha\iota\varrho\epsilon\tau o\iota$, obgleich der letztere Ausdruck, nach Aeschines,[4]) vorzugsweise für die in den Phylen Gewählten üblich gewesen zu sein scheint.

Alle, sei es durch Cheirotonie, sei es durchs Loos ernannte

---
1) Vgl. Isocr. Areop. c. 9 §. 24. 25.
2) Aeschin. g. Ctesiph. p. 399. Vgl. Antiqu. i. p. Gr. p. 237, 9.
3) Das erhellt aus Lys. g. Andok. §. 4. g. Philon §. 35. Isocr. üb. d. Umtausch §. 150.
4) Aesch. g. Ctesiph. p. 398 f. Dageg. Verfassungsgesch. v. Ath. S. 75.

Beamte mufsten sich, bevor sie ihr Amt antraten, einer *δοκιμασία*, d. h. einer Prüfung ihrer Würdigkeit unterwerfen, und es konnte also leicht geschehen, dafs sie, wenn sie in dieser Prüfung nicht bestanden, zurücktreten mufsten. Für diesen Fall sorgte man bei der Losung gleich im Voraus dadurch, dafs man für jedes Amt auch einen Ersatzmann auslooste:[1]) ward aber ein durch Cheirotonie Erwählter in der Prüfung verworfen, so mufste eine Nachwahl veranstaltet werden. Bei der Prüfung kam es übrigens nicht auf die etwa zur Verwaltung des Amtes erforderlichen besonderen Kenntnisse und Fähigkeiten, sondern nur auf die echtbürgerliche Abkunft und auf den untadelichen Wandel des Geprüften an. Denn diejenigen Aemter, zu denen eine besondere, nicht bei jedem guten Bürger schon von selbst vorauszusetzende Qualification erforderlich schien, wurden durch Cheirotonie besetzt, und man setzte wohl voraus, dafs das Volk nur solche Männer wählen würde, von deren Tüchtigkeit und Würdigkeit es überzeugt wäre. Dafs in der Wirklichkeit dies nicht immer der Fall war, und dafs es auch in Athen ebensowohl als anderswo nicht an Mitteln fehlte, die Wahl des Volkes auf unwürdige und untüchtige Bewerber zu lenken, versteht sich von selbst.[2]) Indessen konnte doch auch in solchem Falle die Dokimasie dienen, schlechte Wahlen zu corrigiren; auch ist nicht zu zweifeln, dafs wegen Bestechung der Wähler die *γρ. δεκασμοῦ* angestellt werden konnte.[3]) Uebrigens fehlt es nicht an Beispielen, dafs vom Volke Männer, von deren Werth es überzeugt war, zu Aemtern erwählt wurden, um die sie sich gar nicht selbst beworben hatten.[4]) Diesen stand es denn natürlich auch frei, die Wahl abzulehnen; doch mufsten sie ihre Ablehnung durch triftige und eidlich zu bekräftigende Gründe motiviren.[5]) — Für die andern, durch das Loos besetzten, Aemter traute aber das souveräne Volk gern Jedem aus seiner Mitte, der sich zur Loosung meldete, auch allenfalls die erforderliche Befähigung zu, und mochte darin in der That weniger Unrecht haben, als es auf den ersten Blick scheint. Denn bei der Oeffentlichkeit der ganzen

---

1) Harpocrat. unt. *ἐπιλαχών*.
2) S. de comit. p. 326. Antiquitt. p. 230, wo auch über die Ausdrücke *σπουδάρχης* (oder *σπουδαρχίας*), *σπουδαρχιᾶν, ἀρχαιρεσιάζειν, παραγέλλειν*.
3) Meist wird der *γρ. δεκασμοῦ* nur in Beziehung auf die Bestechung der Gerichte erwähnt; doch dafs sie auch wegen Bestechung der Volksversammlung erhoben werden konnte, ist wohl an sich nicht zu bezweifeln.
4) Plutarch. Phoc. c. 8.   5) *Ἐξωμοσία*. De comit. p. 329.

Staatsverwaltung und bei der allgemeinen Betheiligung an ihr war einige Geschäftskenntnifs und Geschick natürlich in Athen weit allgemeiner verbreitet, als dies in monarchischen oder oligarchischen Staaten möglich war, und bei der strengen Controle der Amtsführung, bei der Gefahr, die Jeder lief, theils während derselben bei der oben besprochenen Epicheirotonie, theils nach Ablauf des Amtsjahres bei der Rechenschaftsabnahme zur Verantwortung gezogen zu werden, unternahm es wohl nicht leicht Einer, sich um ein Amt zu bewerben, zu dessen Führung er sich nicht befähigt fühlte. Zu Aemtern ferner, die mit bedeutender Geldverwaltung verbunden waren, konnten ohne Zweifel auch nur Bewerber aus der obersten Vermögensclasse sich melden, deren Vermögen dem Staate ein Unterpfand ihrer treuen Verwaltung gab. Endlich stand es wohl allen Beamten frei, sich mit tüchtigen Beiständen zu versehen, die ihnen mit ihrer Kenntnifs und Erfahrung aushelfen konnten, wo sie dessen bedurften. Deswegen also beschränkte sich die Prüfung auf die beiden oben bezeichneten Punkte, echtbürgerliche Abkunft und Unsträflichkeit des Wandels. Die neun Archonten z. B., obgleich sie vorzugsweise mit der Rechtspflege zu thun hatten, wurden doch nicht über ihre Rechtskenntnisse examinirt, sondern die Fragen, die ihnen vorgelegt wurden, lauteten, nach einer wohl aus Aristoteles geflossenen Angabe des Julius Pollux:[1]) Ob sie echtathenischer Abkunft von väterlicher und mütterlicher Seite und im dritten Grade wären, welchem Demos sie angehörten, ob sie den Apollon Patroos und den Zeus Herkeios verehrten, ob sie die kindlichen Pflichten gegen ihre Eltern erfüllten, ob sie die gesetzmäfsigen Kriegsdienste gethan, ob sie das erforderliche Vermögen besäfsen, und, wie wir hinzufügen können, ob sie davon die erforderlichen Leistungen erfüllt hätten.[2]) Aehnliche Fragen mufsten auch den andern Beamten gestellt werden, zum Theil auch wohl noch speciellere, z. B. den Strategen, ob sie in gesetzmäfsiger Ehe lebten und Grundbesitz in Attika hätten,[3]) wogegen das Erfordernifs echtbürgerlicher Abkunft im dritten Grade bei vielen, und späterhin selbst bei den neun Archonten wegfiel, als auch Söhne von Neubürgern zu dem Amte gelangen konnten.[4]) Ebenso konnte,

---

1) VIII, 85. Pollux sagt Θεσμοθετῶν ἀνάκρισις, da jener Name oft auch alle neun Archonten bezeichnet.
2) Εἰ τὰ τέλη τελεῖ. Dinarch. in Arist. §. 17. Böckh. Staatsh. I S. 660.
3) Dinarch. g. Demosth. p. 51. §. 71.
4) R. g. Neära p. 1376 u. 1380. — Dafs auch diese den Cult des Z. ἑρκεῖος u. Ἀπόλλ. πατρῷος nicht entbehrten, ist oben S. 387 bemerkt.

seitdem Aristides das Archontenamt und die meisten andern den Bürgern aller Classen zugänglich gemacht hatte, die Frage nach dem Vermögen nur noch bei einigen wenigen Finanzbeamten vorkommen: wobei wir indessen bemerken wollen, dafs, obgleich gesetzlich der Zutritt zu Aemtern auch den Theten freistand, in der Wirklichkeit diese doch selten dazu gewählt wurden, oder auch nur sich zur Loosung meldeten, aus Gründen, die von selbst klar sind. Auch wird es als Anmafsung gerügt, wenn ein Armer sich um Stellen bewirbt, welche herkömmlich nur von Leuten der vermögenderen Classen bekleidet zu werden pflegen.[1]) Dafs für die obrigkeitlichen Aemter auch ein gesetzliches Alter von mindestens dreifsig Jahren erforderlich gewesen sei, wird zwar nirgends ausdrücklich bezeugt, läfst sich aber nach der Analogie des gesetzlichen Heliasten- und Buleutenalters nicht füglich bezweifeln,[2]) wenn gleich bei solchen Aemtern, die durch Cheirotonie besetzt wurden, das Volk sich daran nicht binden mochte und bisweilen auch ganz wohl that, wenn es sich nicht daran band.[3]) — Von andern gesetzlichen Bedingungen erwähnen wir namentlich noch,[4]) dafs Niemand, der dem Staate schuldig war, ein Amt bekleiden konnte, ebenso Niemand, der noch Rechenschaft wegen eines früher verwalteten Amtes abzulegen hatte: ferner, dafs es nicht erlaubt war, zwei Aemter zugleich, oder dasselbe Amt wiederholentlich zu bekleiden, obgleich von diesen beiden Bestimmungen wohl manchmal Ausnahmen vorkommen mochten, namentlich aber die Strategie sehr häufig denselben Männern wiederholentlich übertragen wurde.[5]) Endlich wurde die Fähigkeit, ein Amt zu bekleiden, durch grobe Vergehungen verwirkt, wenn z. B. Einer die kindlichen Pflichten gegen seine Eltern nicht erfüllt, wenn er sich zu unnatürlicher Lust preisgegeben, wenn er sein Vermögen durchgebracht, sich im Kriege der Feigheit schuldig gemacht, den Schild weggeworfen hatte u. dgl. mehr: auch ein politisches Verhalten, welches auf eine der bestehenden Verfassung abgeneigte Gesinnung

Sie konnten sich zwar nicht *Ἀπόλλωνος πατρῴου καὶ Διὸς ἑρκείου γεννήτας* nennen, wie die Altbürger (Dem. g. Eubul. p. 1319), aber doch *ὀργεῶνας* dieser beiden Götter.
1) Isae. or. 7 §. 39. Vgl. Antiqu. i. p. Gr. p. 238, 4.
2) Vgl. Att. Proc. S. 204.
3) Justin. VI, 5, vom Iphicrates, der schon im zwanzigsten Jahr zum Feldherrn gewählt sein soll.
4) Vgl. Antiqu. p. 239, 12—15.
5) Plut. Pericl. c. 16. Phoc. c. 8 u. 19. Vgl. Bergk d. reliqu. com. Att. p. 13.

deutete, wurde öfters als Ausschliefsungsgrund geltend gemacht.¹)
Körperliche Gebrechen schlossen ohne Zweifel wenigstens von
solchen Aemtern aus, welche, wie das der Archonten, mit religiösen Verrichtungen verbunden waren.²)
Das Verfahren bei der Dokimasie, wenigstens bei derjenigen
der neun Archonten, war dieses,³) dafs den Designirten in der
Versammlung des Rathes der Fünfhundert zunächst die gesetzlichen Fragen vorgelegt wurden, auf die sie zu antworten und
die etwa erforderlichen Beweise beizubringen hatten. Dabei stand
es jedem Rathsmitgliede frei, gegen die Antworten Einwendungen
zu erheben, oder aus anderweitigen Gründen die Zurückweisung
des Geprüften zu beantragen; ja es scheint, als ob in dem Buleuteneide ausdrücklich die Verpflichtung enthalten gewesen sei,
wenn man triftige Gründe gegen die Würdigkeit eines Geprüften
vorzubringen habe, diese nicht zu verschweigen. Da ferner
diese Prüfungen öffentlich waren, so ist nicht zu bezweifeln, dafs
auch jedem andern dabei anwesenden Bürger das Recht, Einwendungen zu machen, nicht weniger als den Rathsmitgliedern
zugestanden habe. Fand der Rath diese Einwendungen begründet, so wies er den Geprüften zurück, der indessen von diesem
Ausspruch an die Entscheidung eines Gerichtshofes appelliren
konnte, wo denn, unter dem Vorsitz der Thesmotheten, die
Sache abermals, und zwar ganz in processualischer Form, zur
Verhandlung kam. Aber auch wenn der Rath zu Gunsten des
Geprüften entschieden hatte, mufste es den Gegnern desselben,
die diese Entscheidung nicht für gerechtfertigt hielten, freistehn,
auf eine weitere gerichtliche Verhandlung zu dringen. Dies heifst
δοκιμασίαν ἐπαγγέλλειν.⁴) Bei andern Beamten als den neun
Archonten wird einer Prüfung vor dem Rathe nicht erwähnt,
und es ist nicht zu bezweifeln, dafs ihre Prüfung vor einer andern Behörde vorgenommen sei, nämlich vor einem heliastischen
Gerichte. Im Uebrigen mufste das Verfahren dasselbe sein. Dafs
aber die neun Archonten vor dem Rathe geprüft wurden,
schreibt sich wohl aus der Zeit her, wo sie selbst noch Sitz und
Stimme im Rathe hatten, worüber wir oben unsere Vermuthung
vorgetragen haben.⁵) Wer in der Dokimasie zurückgewiesen

---

1) Vgl. Lys. g. Agorat. §. 10. 2) Lys. pr. invalido §. 13.
3) Att. Proc. S. 203.
4) Pollux VIII, 44. Dafs solche ἐπαγγελία keinesweges blofs in der
Volksversammlung stattfinden konnte, ist von selbst klar, und auch schon
de com. p. 242, 37 bemerkt worden.
5) S. S. 344 u. 350.

war, den konnten, aufser dafs er des Amtes verlustig ging, noch andere Strafen treffen, je nachdem die Gründe, um derentwillen er zurückgewiesen war, es mit sich brachten.

Wie vor dem Antritt des Amtes die Prüfung, so war nach Niederlegung desselben die Rechenschaftsablegung für alle ohne Ausnahme angeordnet.[1]) Diejenigen Beamten, welche öffentliche Gelder in Händen gehabt hatten, mufsten darüber eine specificirte Rechnung mit den erforderlichen Belegen bei der Oberrevisionsbehörde einreichen, $\lambda\acute{o}\gamma o\nu$ $\varkappa\alpha\grave{\imath}$ $\varepsilon\mathring{v}\vartheta\acute{v}\nu\alpha\varsigma$ $\grave{\varepsilon}\gamma\gamma\varrho\acute{\alpha}\varphi\varepsilon\iota\nu$ oder $\mathring{\alpha}\pi o\varphi\acute{\varepsilon}\varrho\varepsilon\iota\nu$. Diese Behörde waren die Logisten, ein Collegium, welches früher aus dreifsig Personen bestand,[2]) später auf zehn reducirt wurde, denen aber ein anderes Collegium, die Euthynen, ebenfalls zehn Personen, mit zwanzig Beisitzern oder Hülfsarbeitern zur Seite stand. Die Beisitzer wurden wohl von den Euthynen nach eigener Wahl angenommen; diese selbst aber, ebenso wie die Logisten, wurden früher durch Cheirotonie, später durchs Loos ernannt, je einer aus jeder Phyle. Zugeordnet aber waren ihnen aufserdem noch zehn ebenfalls durchs Loos erwählte Synegoren oder Staatsanwalte, deren Bestimmung wir sogleich kennen lernen werden. An die Logisten, als die Hauptbehörde, mufste die Rechnung eingereicht werden: diese übergaben sie zur Revision an die Euthynen, welche sie in ihren einzelnen Posten zu prüfen, die Rechnungspflichtigen nöthigen Falls zu vernehmen und zur Vervollständigung ihrer Angaben und Belege anzuhalten, kurz sich alle zur Beurtheilung erforderliche Aufklärung zu verschaffen hatten. Befanden sie alles richtig, so gaben sie die Rechnung mit dieser Erklärung an die Logisten zurück, die dann die Decharge darüber ertheilten. Im entgegengesetzten Falle zeigten sie den Logisten die gefundenen Unrichtigkeiten zur weiteren Veranlassung an, und diese brachten die Sache an einen Gerichtshof, in dem sie selbst den Vorsitz führten, die oben erwähnten Synegoren aber als Ankläger im Namen des Staates auftraten, und das ganze Verfahren in der regelmäfsigen Procefsform vor sich ging. Solche Beamte, die mit keiner Geldverwaltung zu thun gehabt hatten, gaben bei den Logisten blofs die Erklärung ab, nichts eingenommen oder verausgabt zu haben.[3]) Anderweitige Jahresberichte über die Amtsführung einzureichen, war, soviel wir urtheilen können, nicht

---
1) S. Att. Proc. S. 216 ff.
2) Böckh, Staatsh. I S. 266 fl. II S. 52 u. 583.
3) Antiquit. p. 240, 2 u. Böckh, Staatsh. I. S. 265.

üblich. Doch der Verantwortlichkeit für ihre während der Amtsführung begangenen Handlungen waren sie ebensowenig wie die andern überhoben. Vielmehr hatten die Logisten innerhalb dreifsig Tagen nach der abgelaufenen Amtszeit eine öffentliche Aufforderung zu erlassen, dafs, wer eine Klage gegen einen der abgetretenen Beamten anzubringen habe, sich deswegen bei ihnen melden möge. Diese mufsten deswegen während dieser Zeit stets des Anklägers gewärtig sein, und wenn sich ein solcher fand, so ward ein processualisches Verfahren von den Logisten eingeleitet, und die Sache schliefslich einem heliastischen Gerichte, in dem sie den Vorsitz führten, zur Entscheidung vorgelegt. — Dafs indessen auch während des Amtsjahres gegen jeden Beamten bei der in jeder Prytanie stattfindenden Epicheirotonie eine Klage vermittelst der Probole erhoben werden konnte, haben wir oben gesehen. Aufserdem aber hören wir von einer in jeder Prytanie einzureichenden Rechenschaft;[1]) eine Angabe, die wohl nicht auf alle Beamte ohne Ausnahme, sondern nur auf diejenigen zu beziehen ist, welche öffentliche Gelder in Händen hatten. An wen diese Rechenschaft eingereicht worden sei, wird nicht gesagt: wahrscheinlich aber wohl an den Gegenschreiber oder Controleur der Verwaltung, von dem wir wissen, dafs er in jeder Prytanie eine Uebersicht der Einnahmen und Ausgaben anzufertigen und vorzulegen gehabt habe, wozu er nur durch die von den geldverwaltenden Beamten an ihn gelangten Notizen in den Stand gesetzt werden konnte. Dafs er, wenn er hiebei irgend einen Anstofs fand, den Beamten darüber um Aufklärung angebn und eine genauere Untersuchung veranlassen konnte, ist wohl nicht zu bezweifeln, obgleich wir darüber nichts in unsern Quellen finden.

Den abgehenden Beamten untersagte das Gesetz, sich vor abgelegter Rechenschaft aus dem Lande zu entfernen, oder von ihrem Vermögen irgend etwas auf irgend eine Weise zu veräufsern, oder testamentarisch darüber zu verfügen, oder durch Adoption in ein anderes Haus überzutreten. Auch durfte ihnen, bevor sie Rechenschaft abgelegt hatten, keine Belohnung von Staatswegen zuerkannt und kein anderes Amt übertragen werden.[2])

Die ständigen Behörden hatten jede ihr eigenes Amtslocal

---

1) Lys. g. Nicomach. p. 842. Vgl. meine Abhandlung de reddendis magistr. gest. rationibus ap. Athen. Gryph. 1855. Opusc. ac. I p. 293 ff.
2) Aeschin. g. Ctesiph. p. 413 sq.

($ἀρχεῖον$), in dem sie ihre Geschäfte verwalteten. Die Collegien, — und die meisten Behörden waren collegialisch zusammengesetzt, — theilten natürlich die Geschäfte unter sich, insofern diese nicht gemeinschaftlich verwaltet werden konnten: wo sie aber gemeinschaftlich handelten, stand Einer (als Prytanis) an der Spitze.[1]) Sachverständige Beistände und Gehülfen zuzuziehen war wohl keiner Behörde verboten, einigen selbst ausdrücklich durch das Gesetz gestattet oder vorgeschrieben.[2]) Gehülfen dieser letzteren Art hatten denn auch selbst einen amtlichen Charakter, waren einer Dokimasie unterworfen und rechenschaftspflichtig, während die Hülfsleistungen der ersteren blofs eine Privatangelegenheit zwischen ihnen und den Beamten blieben. Viele, wenn nicht alle Beamten und die ihnen zugeordneten Gehülfen und Unterbeamten speisten auf öffentliche Kosten, theils im Prytaneum, theils in ihren Amtslocalen.[3]) Amtsinsignien kommen nicht vor, ausgenommen der Myrtenkranz, welchen die fungirenden Beamten tragen,[4]) ebenso wie die Rathsglieder, wenn sie in Function waren, und die Redner in der Volksversammlung, wenn sie auf der Bühne standen. Nur der zweite Archon, der Basileus, scheint eine besondere Amtstracht gehabt zu haben: wenigstens wird ein Gewand, Kretikon, und eine Art von Schuhen ($βασιλίδες$) erwähnt, die ihm eigen gewesen sei.[5]) — Von einem beim Antritt des Amtes abzulegenden Amtseide ist zwar nur bei den neun Archonten und den Strategen ausdrücklich die Rede;[6]) doch darf man deswegen schwerlich bezweifeln, dafs nicht auch die übrigen obrigkeitlichen Beamten einen solchen abgelegt haben. Auch traten sie wohl ihr Amt nicht ohne einen religiösen Act an, nämlich ein sogenanntes Antrittsopfer ($εἰσιτήρια$), da wir finden, dafs selbst diejenigen, welchen eine Gesandtschaft übertragen war, ein solches zu verrichten pflegten.[7])

---

1) S. Att. Proc. S. 120.
2) Harpocr. uot. $πάρεδρος$. Pollux VIII, 92. Vgl. Böckh, Staatsh. I S. 246. 268. 271.
3) Demosth. de fals. leg. p. 400. Plutarch. Symposiac. VII, 9 S. 382 Taucho. Vgl. Meier, de vita Lycurg. p. XCIX.
4) Antiqu. p. 242, 9. Vgl. v. Leutsch im Philol. I p. 477.
5) Pollux VII, 77. 85.
6) Pollux VIII, 86. Plat. Phädr. p. 235 D. Lys. pr. veter. p. 331. Plut. Pericl. c. 30. Dinarch. in Philocl. §. 2.
7) Demosth. de f. leg. p. 400, 24. Vgl. Lex. Seguer. p. 187, 22. Hierauf mögen sich auch die $ἀπαρχαί$ der Magistrate beziehn (Meier. Comm. epigr. I p. 39).

Dafs die Obrigkeiten es nicht allzuleicht gehabt haben, dem Publikum gegenüber ihre Auctorität zu behaupten, läfst sich bei dem athenischen Volkscharakter und bei dem demokratischen Geiste der Verfassung wohl begreifen, und wird uns auch ausdrücklich bezeugt.[1]) Jene Subordination gegen die Vorgesetzten, die als ein hervorstechender Zug der Spartaner hervorgehoben zu werden pflegt, war den athenischen Bürgern fremd, und wenn auch die Beamten das Recht hatten, den Ungehorsamen Strafen aufzuerlegen, so stand doch dem, der sich dadurch beschwert glaubte, Appellation an ein Gericht zu.[2]) Indessen mochte man sich zu dieser wohl nur in seltenen Fällen und bei offenbarer Ungerechtigkeit entschliefsen. Denn bei dem, trotz einzelner Beispiele des Gegentheils, im Allgemeinen doch anzuerkennenden verständigen und gesetzmäfsigen Sinn der Mehrzahl waren die Heliasten gewifs immer mehr geneigt, das Ansehen der Obrigkeiten zu stützen, als es zu schwächen. Beleidigungen der fungirenden Behörden, auch nur durch Verbalinjurien, waren selbst gesetzlich durch Atimie verpönt.[3])

Nach diesen allgemeinen Bemerkungen wenden wir uns nun zur Betrachtung der einzelnen Beamten, und räumen unter diesen den ersten Platz den Archonten ein, als denjenigen, deren Amt, soweit wir urtheilen können, nicht nur das älteste, sondern in früheren Zeiten auch das bedeutendste von allen war. Sie konnten zwar seit Aristides aus allen Censusclassen erloost werden, jedoch scheinen dabei die Phylen berücksichtigt zu sein, und zwar so, dafs nach der jährlich durch das Loos bestimmten Ordnung aus jeder der neun ersten Phylen einer der Archonten, aus der letzten also für diesmal keiner erloost wurde.[4]) Der oberste des Collegiums hiefs Archon vorzugsweise, bisweilen, bei Späteren, auch Archon eponymos,[5]) weil sein Name zur Bezeichnung des bürgerlichen Jahres diente, der zweite Basileus, weil auf ihn vorzugsweise die priesterlichen Functionen des Königthums übergegangen waren, der dritte Polemarchos, weil er besonders mit dem Kriegswesen beauftragt war, die

---

1) Χαλεπαὶ γὰρ αἱ ὑμέτεραι φύσεις ἄρξαι, sagt der an das Volk gerichtete Brief des Nicias, bei Thucyd. VII, 14. Vgl. Xenoph. Mem. 5, 16 Oecon. c. 21, 4.
2) Antiquitt. i. p. Gr. p. 242, 5—7.
3) Demosth. g. Mid. p. 524. Vgl. Att. Proc. S. 483.
4) Vgl. H. Sauppe, de creatione arch. Ath. Gotting. 1864, welcher mit Grund vermuthet, dafs diese für die Zeit der 12 Phylen erweisliche Einrichtung auch in der früheren Zeit bestanden habe.
5) Z. B. C. Inscr. no. 281, 11. 353, 11.

sechs übrigen Thesmotheten, welcher Name indessen bisweilen auch dem ganzen Collegium beigelegt wird,[1]) und nicht mit Unrecht. Denn er bezeichnet sie als solche, die durch ihren Ausspruch das Recht festzustellen haben, und pafst also eigentlich auf alle richterliche Beamte, die, was in jedem zu ihrer Entscheidung gestellten Falle das Recht sei, durch ihr Urtheil aussprachen. Das Rechtsprechen war aber offenbar auch schon in den früheren Zeiten die am meisten hervortretende Function der neun Archonten, wenn gleich keinesweges ihre einzige, da sie, nach Thukydides, noch zur Zeit der kylonischen Händel die meisten öffentlichen Angelegenheiten zu verwalten hatten, und erst allmählig, besonders seitdem das Amt allen Classen, ohne Unterschied des Vermögens, zugänglich geworden war, hörte ihre Theilnahme an der obersten Leitung des Gemeinwesens auf, und sie wurden auf die Jurisdiction und einige andere Geschäfte von geringerer Bedeutung beschränkt. Auch in der Jurisdiction aber war vom Solon ihre Macht dadurch vermindert worden, dafs er eine Appellation von ihren Entscheidungen an ein heliastisches Gericht gestattete, dergleichen früher nicht gewesen war.[2]) In Folge dessen kam es aber allmählig dahin, dafs die Archonten sich der eigenen Entscheidung in Rechtshändeln fast ganz enthielten, und wenn Klagen an sie gebracht wurden, die Sache entweder an Diäteten oder auch an einen heliastischen Gerichtshof verwiesen, in welchem letzteren Falle ihnen jedoch die Instruction des Processes und der Vorsitz im Gerichte oblag. — Die Jurisdiction des Archon[3]) bezog sich vorzugsweise auf alle das Familien- und Erbrecht betreffenden Streitigkeiten der Bürger, die des Königs (Basileus) auf das Sacralrecht in seinem ganzen Umfange, wozu auch die sogenannten δίκαι φονικαί, d. h. die Klagen wegen Mord und einiger verwandten Verbrechen gehören, insofern diese nach altherkömmlichen Satzungen von dem Areopag und den Epheten zu richten waren, wovon jedoch in späterer Zeit Ausnahmen vorkamen. Der Polemarch hatte die Jurisdiction über die Fremden, und zwar nicht blofs in allen das Familien- und Erbrecht, sondern überhaupt in allen das Fremdenrecht betreffenden Sachen. Die sechs Thesmotheten endlich waren die

---

1) Vgl. die in den Philolog. Blättern I S. 102 beigebrachten Stellen u. Böckh. C. Inscr. I p. 440.
2) Plutarch. Sol. c. 18. Suid. unt. ἄρχων. Lex. Seguer. p. 449. Vgl. die Verfassungsgesch. Athens S. 39 f.
3) Ueber alles Folgende genügt es im Allgemeinen auf Pollux VIII, 86—91 und auf den attischen Procefs S. 41 ff. zu verweisen.

competente Behörde in allen anderen Sachen jeder Art, insofern dieselben nicht in den speciellen Verwaltungskreis dieses oder jenes Beamten einschlugen, da, wie wir schon oben bemerkt, alle Verwaltungsbeamten auch zugleich eine gewisse Jurisdiction hatten, und manche Verwaltungszweige, wie z. B. die Polizei, in der That auch solcher gar nicht füglich entbehren konnten. — Die Locale, in welchen die Archonten ihre Jurisdiction ausübten, waren, mit Ausnahme des für den Polemarchen bestimmten, ohne Zweifel alle am Markte belegen, und zwar das des ersten Archon bei den Statuen der zehn Eponymen, das des Königs neben dem sogenannten Bukolion, einem weiter nicht bekannten Gebäude, in der Nähe des Prytaneums, oder auch in der sogenannten Königshalle, das der Thesmotheten in dem nach ihnen sogenannten Thesmothesion, in welchem auch die Tafel auf Staatskosten für sie und die ihnen beigegebenen Unterbeamten, vermuthlich aber auch für das gesammte Collegium der neun Archonten angerichtet wurde.[1]) Der Polemarch hatte sein Amtslocal aufserhalb der Mauern, aber doch ganz nahe bei der Stadt, neben dem Lykeion, einem dem Apollon geweihten und wegen des dort befindlichen Gymnasiums vielgenannten Heiligthume. Vor Solon, versichert uns ein freilich sehr apokryphisches Zeugnifs,[2]) war es den neun Archonten nicht gestattet, gemeinschaftlich zu Gericht zu sitzen: aber das thaten sie auch in den uns bekannteren Zeiten nicht, und es mufs jener Angabe irgend ein Mifsverständnifs zu Grunde liegen. Ein collegialisches Verfahren in gewissen Geschäften ist ihnen vor Solon gewifs nicht verwehrt gewesen, sondern hat wohl eher noch häufiger stattgefunden als später, wo sich nur wenig dergleichen nachweisen läfst. Als Angelegenheiten, die dem Collegium gemeinschaftlich zukamen, werden folgende angegeben: Sie sollen über Verbannte, die sich an Orten betreffen liefsen, deren Betretung ihnen verboten war, die Todesstrafe verhängt haben, was wir zwar nicht als unrichtig verwerfen wollen, wovon sich indessen kein unzweifelhaftes Beispiel findet.[3]) Sodann hatten sie gemeinschaftlich die jährliche Loosung der Richter, d. h. derjenigen zu besorgen, welche in dem Jahre als Heliasten zu fungiren bestimmt waren, und ebenso die Wahl der Athlotheten oder Kampfrichter für die Panathenäen. Ferner hatten sie die obenbesprochene Epicheirotonie über die

---

1) Vgl. Plutarch. Sympos. VII, 9.
2) Suid. unt. ἄρχων. Lex. Seguer. p. 449. Vgl. Diog. L. I, 58.
3) Vgl. Att. Proc. S. 41 u. 63.

Beamten in der ersten Volksversammlung jeder Prytanie zu besorgen und die erforderliche Frage an das Volk zu stellen, und in den Wahlversammlungen der Strategen, Taxiarchen, Hipparchen und Phylarchen das Wahlgeschäft zu dirigiren. Für alle dergleichen Geschäfte aber bedurfte es offenbar keiner eigentlichen collegialischen Berathung, sondern nur einer einfachen Verständigung über die Theilung der Arbeiten unter die einzelnen. Aufserdem sollen sie in gewissen Rechtshändeln gemeinschaftlich die Jurisdiction und Vorstandschaft des Gerichtes gehabt haben, nämlich in den Processen gegen die in der Epicheirotonie suspendirten oder abgesetzten Beamten, wobei es denn freilich schwer zu sagen ist, wie man sich diese Gemeinschaftlichkeit zu denken habe, ob so, dafs sie alle neun dabei thätig waren, oder, was wahrscheinlicher ist, dafs bald dieser bald jener aus dem Collegium das Geschäft übernahm, wie es die jedesmaligen Umstände oder die Beschaffenheit der Sache mit sich brachten. — Von den sacralen Functionen, welche die drei obersten Archonten zu verrichten hatten, wird an einem anderen Orte ausführlicher die Rede sein müssen. Hier genügt es zu bemerken, dafs dem ersten Archon die Sorge für die Feier der Dionysien, d. h. der städtischen oder grofsen, und der Thargelien, in Gemeinschaft mit den dazu bestellten Epimeleten oblag, womit denn auch die Jurisdiction in den hierauf bezüglichen Rechtshändeln verbunden war: dem König die Sorge für die Feier der Mysterien, der Lenäen und sämmtlicher gymnischen Kampfspiele, ebenfalls mit der hierauf bezüglichen Jurisdiction: dem Polemarchen die Besorgung der Opfer der Artemis Agrotera und des Enyalios, der Todtenopfer des Harmodios und Aristogeiton, und der öffentlichen Begräbnifsfeier der im Kriege Gefallenen. Zur Zeit des ersten persischen Krieges theilte er noch die Anführung des Heeres mit den zehn Feldherrn, safs mit ihnen im Kriegsrathe, und hatte in der Schlacht die Anführung des rechten Flügels; was als Beleg für die oben aufgestellte Vermuthung dienen kann, dafs überhaupt die Beschränkung der Archonten auf einen engeren Geschäftskreis statt ihrer früheren ausgedehnteren Wirksamkeit erst nach Solon allmählig eingetreten sei, und am meisten dann wohl nach dem Gesetze des Aristides.

Die drei oberen Archonten wurden in ihren Geschäften jeder von zwei Beisitzern unterstützt, die sie nach eigener Wahl sich zugesellten, die aber ebenso wie sie selbst einer Dokimasie unterworfen wurden, und nach Ablauf des Amtes zur Rechenschaft gezogen, auch während desselben entfernt werden konnten. Die

Thesmotheten hatten solche Beisitzer nicht; bedienten sie sich des Rathes und Beistandes Anderer, so war dies lediglich ein Privatverhältnifs und für Alles, was geschah, waren sie allein verantwortlich. In ihrem Amtseide gelobten die Archonten, die Gesetze getreulich zu beobachten und unbestechlich zu sein, im Uebertretungsfall aber eine goldene Bildsäule von gleicher Gröfse wie sie selbst zu Delphi, zu Olympia und in Athen zu weihen.[1]) Dabei ist schwerlich an eine vergoldete zu denken, wie Einige gemeint haben, sondern es ist eine alterthümliche Form, um eine unerschwingliche Bufse zu bezeichnen, deren Nichterlegung nothwendig Atimie zur Folge haben mufste.[2]) Nach Ablauf ihres Amtes traten die Archonten, wenn sie ihre Rechenschaft abgelegt und sich tadellos erwiesen hatten, als Mitglieder in den areopagitischen Rath ein.

Eine zweite vorzugsweise mit der Rechtspflege beschäftigte Behörde war das Collegium der Eilfmänner. Es bestand eigentlich nur aus zehn Personen, die durchs Loos ernannt wurden, man zählte aber als Eilften den Schreiber dazu,[3]) der, wenn auch nicht wirklich Mitglied des Collegiums, doch an den Geschäften einen sehr wesentlichen Antheil gehabt zu haben scheint, und dem ohne Zweifel noch ein oder mehrere geringere Schreiber untergeordnet waren. Die Eilfmänner hatten zunächst das Gefängnifs[4]) unter ihrer Aufsicht: ihnen wurden daher die zu Verhaftenden übergeben, und sie besorgten auch durch ihre Untergebenen die Vollziehung der Todesstrafen, die in der Regel nicht öffentlich, sondern im Gefängnifs vollzogen wurden. Wenn es daher von irgend welchen andern Beamten heifst, dafs sie Verbrecher dem Nachrichter übergeben haben, so ist dabei gewifs immer hinzuzudenken, dafs der Verbrecher den Eilfmännern überantwortet, und von diesen dann der unter ihrem Befehl stehende Nachrichter mit der Vollziehung der Strafe beauftragt worden sei. Ferner hatten sie eine Jurisdiction über solche Ver-

---

1) Plat. Phaedr. p. 235 D. Plut. Sol. c. 25. Pollux VIII, 86. Suid. χρυσῆ εἰκών.
2) Man kann dabei an die Antwort des Spartaners auf die Frage nach der Strafe des Ehebrechers in Sparta erinnert werden, dafs er einen Stier geben müsse, der von jenseits her den Taygetos überragend aus dem Eurotas trinke. Plut. Lyc. c. 15. Eine andere etwas gesuchte Erklärung trägt Bergk vor im N. Rh. Mus. XIII. S. 448.
3) Pollux VIII, 102. Vgl. Antiqu. p. 245, 2.
4) Oder die Gefängnisse: denn es mögen deren wohl mehrere in Athen gewesen sein. Vgl. Att. Proc. S. 73 u. Ullrich, üb. die Eilfmänner S. 231.

brecher gegen Leben und Eigenthum,[1]) auf deren Verbrechen gesetzlich Gefängnifs oder Todesstrafe stand, wenn dieselben auf der That selbst betroffen waren. Waren diese eingeständig, so dafs es keiner weitern Untersuchung bedurfte, so verfügten sie sofort die Bestrafung; im entgegengesetzten Falle veranstalteten sie eine gerichtliche Untersuchung, bei der sie die Instruction des Processes hatten und nachher den Vorsitz führten. An sie ferner wurde die Anzeige gegen solche gebracht, die beschuldigt wurden, von confiscirten Gütern etwas zu unterschlagen und zu verheimlichen, und auch hier hatten sie den Procefs zu instruiren und dem Gerichte vorzustehn. Dafs dabei nicht blofs, wie Einige gemeint haben, an die Güter der zum Tode Verurtheilten zu denken sei, ist durch eine alte Urkunde erwiesen, sowie auch, dafs die Eilfmänner Verzeichnisse der confiscirten Güter in Händen hatten, und dafs der Schreiber die abgelieferten Stücke in diesen Verzeichnissen anmerkte und ausstrich.[2])

Hierauf mögen die Polizeibeamten folgen, von denen zunächst die Astynomen zu erwähnen sind, zehn nach der Zahl der Phylen durchs Loos ernannt, fünf für die Stadt und fünf für den Piräeus.[3]) Ihnen lag Alles ob, was in den Bereich der Strafsenpolizei gehört, z. B. die Reinigung der Strafsen, weshalb denn auch die Koprologen oder Gassenkehrer unter ihrer Disposition standen, die Fürsorge für Sitte und Anstand auf den Strafsen, weswegen die dem öffentlichen Vergnügen dienenden Personen, wie Musikanten und Musikantinnen, Possenreifser und dergleichen ihrer Aufsicht besonders unterworfen waren, und überhaupt Alles, was sich Anstöfsiges und Unerlaubtes dort sehen liefs, von ihnen gerügt und gestraft wurde. Endlich dürfen wir auch die Baupolizei als einen Theil ihrer Amtsthätigkeit ansehn, da die Meinung, dafs es dem Areopag obgelegen habe, dieselbe zu handhaben und z. B. zu verhindern, dafs die Strafsen nicht durch die Gebäude verengert oder sonst gesperrt würden, als irrig erwiesen ist.[3]) Dafs sie in Rechtshändeln, die in den Bereich ihres Geschäftskreises fielen, auch die Jurisdiction hatten, braucht kaum noch besonders bemerkt zu werden. — Für den Strafsenbau aber, d. h. sowohl für die Pflasterung der Strafsen

---

4) Dergleichen werden speciell κακοῖργοι genannt. S. Att. Proc. S. 228. 3.
1) Böckh, Urkund. S. 535.
2) Harpocrat. unt. ἀστυνόμοι. Vgl. Böckh, Staatsh. 1 S. 285. Att. Proc. S. 94 f. Antiqu. p. 246 f.
3) S. Schneidewin zu Heraclid. Pont. p. 42.

in der Stadt als für den Wegebau aufserhalb derselben, gab es eine eigene und, wie es scheint, ständige Behörde, ὁδοποιοί, über die wir aber weiter nichts angegeben finden, als dafs ihre Function im demosthenischen Zeitalter einmal einer andern Behörde, den unten zu besprechenden Theorikenvorstehern, übertragen worden sei.[1]) Ebenso wissen wir auch von den Aufsehern über die Wasserleitungen (ἐπιστάται τῶν ὑδάτων) kaum mehr als dafs sie dagewesen seien. Bei der Armuth Athens an süfsem Wasser waren Wasserleitungen und Wasserbehälter ein sehr wesentliches Bedürfnifs[2],) und die Aufsicht darüber ein nicht unbedeutendes Amt, welches auch Themistokles einmal bekleidete, und es wird erzählt, dafs dieser Viele, die das Wasser widerrechtlich den öffentlichen Wasserleitungen entzogen und auf ihre Grundstücke geleitet hatten, in Strafe genommen und von den Strafgeldern ein ehernes Bild eines wassertragenden Mädchens, zwei Ellen hoch, als Weihgeschenk aufgestellt habe.[3]) Solons Gesetze verordneten, dafs Niemand aus einem öffentlichen Brunnen Wasser schöpfen solle, der mehr als vier Stadien weit von seinem Hause entfernt wäre; wenn aber innerhalb dieser Entfernung kein öffentlicher Brunnen wäre, so solle er auf seinem eigenen Grundstücke nach Wasser graben, und wenn er keines finde, das Recht haben, aus dem Brunnen des Nachbars sich Wasser zu holen, doch nicht mehr als täglich zweimal sechs Choen.[4]) Wir dürfen annehmen, dafs die Wahrnehmung dieses Gesetzes und die Jurisdiction in Streitigkeiten wegen seiner Uebertretung zur Competenz des genannten Amtes gehört haben. Die anderswo erwähnten κρηνοφύλακες oder κρήναρχοι waren vielleicht nur Unterbeamte.[5]) — Zur Handhabung der Marktpolizei waren zehn ebenfalls durchs Loos erwählte Agoranomen bestellt, fünf für die Stadt und fünf für den Piräeus.[6]) Unter ihrer speciellen Aufsicht stand der Kleinhandel: wer sich damit beschäftigte, mufste sich bei ihnen melden und wenn er nicht Bürger war, an sie die gesetzliche Abgabe für die Erlaubnifs dazu entrichten. Sie beaufsichtigten die Beschaffenheit der Waaren, nahmen verdorbene weg und vernichteten sie, prüften Mafse und Gewichte, und schlichteten Streitigkeiten zwischen Käufern und Verkäufern entweder selbst

---

1) Aeschin. g. Ctesiph. p. 419.
2) Vgl. Leake, Topogr. v. Ath. übers. von Baiter u. Sauppe S. 384 ff.
3) Plutarch. Themist. c. 31.   4) Id. Sol. c. 23.
5) Phot. u Hesych. u. d. W. Vgl. Böckh, Staatsh. I S. 265.
6) Harpocr. u. d. W. Att. Proc. S. 91. Antiqu. p. 247.

auf der Stelle, oder, wenn ein förmliches Procefsverfahren nöthig war, hatten sie dabei die Vorstandschaft des Gerichtes. — Für die Richtigkeit der Mafse und Gewichte gab es aber auch noch eine andere Behörde, etwa ein Aichungsamt, unter dem Namen Metronomen, deren gleichfalls fünf in der Stadt und fünf im Piräeus gewesen zu sein scheinen.[1]) Auch Prometreten (Kornmesser) werden erwähnt, welche das zu Markt gebrachte Getraide und andere Samenfrüchte zumafsen und dafür bezahlt wurden. Sie waren vielleicht verpflichtete Unterbeamte der Metronomen, mit geaichten Mafsen versehen, und man bediente sich ihrer der gröfseren Sicherheit wegen. Der Getraidehandel selbst aber, der für Attika von ganz besonderer Wichtigkeit war, stand unter Aufsicht der Sitophylakes, wahrscheinlich zehn in der Stadt und fünf im Piräeus,[2]) bei welchen alles eingführte Getraide angegeben werden mufste, und die dem Kornwucher und der Aufkäuferei zu steuern, auch darauf zu sehen hatten, dafs Mehl und Brod nach richtigem Gewicht und der festgesetzten Taxe gemäfs verkauft wurden. — Endlich zur Aufsicht über den Seehandel waren die Vorsteher des Emporiums (ἐπιμεληταὶ τοῦ ἐμπορίου) verordnet, zehn durchs Loos erwählte Beamte, welche auf die Befolgung der bestehenden Zoll- und Handelsgesetze zu wachen und Uebertretungen zu ahnden hatten, weswegen Anzeigen und Klagen dieserhalb bei ihnen angebracht, von ihnen untersucht und nöthigenfalls an das Gericht gebracht wurden, in welchem sie dann den Vorsitz führten.[3])

Unter den zur Finanzverwaltung gehörigen Beamten erwähnen wir zunächst der Poleten, zehn an der Zahl, ohne Zweifel, gleich den übrigen Collegien derselben Anzahl, aus jeder Phyle einer, und zwar durchs Loos erwählt. Sie hatten die Verpachtung der öffentlichen Gefälle im Auftrage und unter Aufsicht des Rathes, den Verkauf der sogenannten δημιόπρατα, d. h. der confiscirten Güter, sowie den Verkauf der zur Strafe in die Sklaverei verurtheilten Personen zu besorgen, wobei dem Vorsitzenden oder Prytanis die etwa erforderliche Gewährleistung oblag.[4]) Auch hatten sie die Jurisdiction in den Pro-

---

1) Böckh, Staatsh. I S. 70.
2) Ebend. S. 119.
3) Att. Proc. S. 86f. Eine Inschrift, nach Ol. 123, in C. Inscr. no. 124 erwähnt auch einen ἐπιμελ. ἐπὶ τὸν λιμένα: ob verschieden von den ἐπ. τοῦ ἐμπ., ist nicht klar. Vgl. Meier, Comm. epigr. p. 51.
4) Pollux VIII, 99.

cessen gegen die Schutzverwandten, die wegen Nichtzahlung des Schutzgeldes belangt wurden.¹) — Sodann die Praktores, von ungewisser Zahl, durchs Loos gewählt, welche die von Behörden oder Gerichten zuerkannten Geldstrafen einzuziehn und abzuliefern hatten, weshalb die zu solchen Strafen Verurtheilten bei ihnen angezeigt und eingeschrieben, und nach erfolgter Zahlung gelöscht wurden.²) Zu ähnlichem Zweck, nämlich um rückständige Zahlungen, sei es von Einzelnen sei es von den Städten der tributpflichtigen Bundsgenossen, zu ermitteln und einzutreiben, wurden bisweilen aufserordentliche Commissionen unter dem Namen $\zeta\eta\tau\eta\tau\alpha i$, $\dot{\varepsilon}\pi\iota\gamma\rho\alpha\varphi\varepsilon\tilde{\iota}\varsigma$, $\sigma\nu\lambda\lambda o\gamma\varepsilon\tilde{\iota}\varsigma$, $\dot{\varepsilon}\varkappa\lambda o\gamma\varepsilon\tilde{\iota}\varsigma$ ernannt.³) Eine Controlbehörde aber zur Entgegennahme aller von diesen und andern Beamten erhobenen Gelder waren die sogenannten Apodekten (Generaleinnehmer), zehn durchs Loos ernannte.⁴) Sie hatten Verzeichnisse über alle dem Staate aus den verschiedenen Quellen zukommenden Einnahmen zu führen, nahmen die eingezahlten Gelder in Gegenwart des Rathes in Empfang, löschten die gezahlten Posten in den Verzeichnissen, und überwiesen die Gelder an die Casse wohin sie gehörten. Die Einsetzung dieser Apodekten wird dem Klisthenes zugeschrieben, vor welchem die Kolakreten solche Generaleinnehmer gewesen sein sollen. Die Kolakreten bestanden zwar auch noch nach Klisthenes, hatten aber, soweit sich erkennen läfst,⁵) nichts weiter als die Verwaltung der Casse, aus welcher theils die öffentlichen Speisungen im Prytaneum und wohl auch die in der Tholos und wo sonst Beamte auf Staatskosten speisten, theils die Soldzahlungen an die Heliasten bestritten wurden, und in welche die Einnahmen aus den Gerichtsgeldern, aber wahrscheinlich auch noch aus andern Quellen flossen. Auch das Amt der Schatzmeister der Göttin dürfen wir als eine Stiftung der klisthenischen Zeit ansehen, und die Function derselben scheint früher ebenfalls den Kolakreten anvertraut gewesen zu sein.⁶) Es war aber die Aufsicht nicht blofs über den Schatz der

---

1) Böckh, Staatsh. I S, 209 f. Meier de bon. damn. p. 41.
2) S. Att. Proc. S. 98.
3) Böckh, Staatsh. I S. 211 ff. u. II, 127 f. Auch die sogenannten ποϱισταί waren wohl nur aufserordentlich ernannte Commissarien mit dem Auftrage, für Herbeischaffung von Geldmitteln zu sorgen. Vgl. ebend. I. S. 225.
4) Ebend. S. 214.   5) Ebend. S. 239.
6) So läfst sich vielleicht erklären, was Pollux VIII, 97 von den ταμίαις τῆς θεοῦ sagt: ἐκαλοῦντο δ' οὗτοι κωλακρέται, was denn freilich verkehrt ausgedrückt wäre.

Athene, sondern auch über den mit diesem zusammen in der Hinterzelle des Parthenon aufbewahrten und gleichsam unter den Schutz der Göttin gestellten Staatsschatz.[1]) Die Schatzmeister der Göttin bildeten ein Collegium von zehn Personen, einer aus jeder Phyle, aber nur aus der obersten Vermögensclasse, jährlich durchs Loos ernannt. Neben diesen gab es seit der Mitte der sechsundachzigsten Olympiade, (v. Chr. 435), ein aus fünf Personen bestehendes[2]) und aus der obersten Vermögensclasse erloostes Collegium von Schatzmeistern der andern Götter, da man es zweckmäfsig gefunden, die verschiedenen Tempelschätze nicht mehr, wie bisher, in den einzelnen Tempeln von besondern Schatzmeistern, sondern alle vereinigt auf der Burg, und zwar ebenfalls in der Nachzelle des Parthenon, von einer einzigen Behörde verwalten zu lassen. Die Einrichtung, dafs ein und dasselbe Collegium von zehn Personen den Schatz der Athene und die der andern Götter zusammen verwaltete, war nur von kurzer Dauer. — Ganz verschieden aber von diesen Schatzmeistern ist der Verwalter der Staatseinkünfte oder der Vorsteher der Finanzen ($\dot{\epsilon}\pi\iota\mu\epsilon\lambda\eta\tau\dot{\eta}\varsigma$ oder $\tau\alpha\mu\dot{\iota}\alpha\varsigma\ \tau\tilde{\eta}\varsigma\ \varkappa o\iota\nu\tilde{\eta}\varsigma\ \pi\varrho o\sigma\acute{o}\delta o\upsilon,\ \acute{o}\ \dot{\epsilon}\pi\grave{\iota}\ \tau\tilde{\eta}\ \delta\iota o\iota\varkappa\acute{\eta}\sigma\epsilon\iota$),[3]) welcher nicht, wie jene, durchs Loos, sondern durch Cheirotonie, und nicht auf ein Jahr, sondern auf eine Pentaeteris, d. h. auf einen vierjährigen Zeitraum erwählt wurde. Unter seiner Verwaltung stand die Hauptcasse, in welche alle von den Apodekten eingenommenen und zu Ausgaben für die Verwaltung bestimmten Gelder abgeliefert und von ihm an die Cassen der einzelnen Behörden oder Curatoren für ihre etatsmäfsigen Ausgaben vertheilt wurden, wo es dann von den jeder dieser Cassen vorstehenden Cassirern verwahrt und verrechnet wurde.[4]) Ebenso leistete er aus der Hauptcasse die vom Volke verfügten Zahlungen zu aufserordentlichen Ausgaben, und mufste natürlich über alle Einnahmen und ordentlichen oder aufserordentlichen Ausgaben der Hauptcasse genaue Rechnung führen. Dazu aber scheint er auch eine allgemeine Oberaufsicht über alle diejenigen gehabt zu haben, welche Staatsgelder einzunehmen oder zu verausgaben hatten, und unter allen Finanzbeamten der einzige gewesen zu sein, welcher die vollständige Uebersicht über die Einnahmen und Ausgaben be-

---

1) Böckh, Staatsh. I S. 220 ff.
2) Ueber die Zeit und Zahl s. Kirchhoff in d. Abh. d. Berl. Ak. d. W. v. 1864. S. 5 ff.
3) Böckh, S. 222 ff. Vgl. Meier, de vita Lycurgi p. X.
4) Vgl. Böckh, Seeurkund. S. 54. 58. 169. Antiquit. i. p. Gr. p. 250, 13.

safs und deswegen im Stande war, in allen Finanzangelegenheiten die genaueste Auskunft zu geben und den Etat für den gesammten Staatshaushalt zu entwerfen, so dafs er als eine Art von Finanzminister des athenischen Staates betrachtet werden kann. Zu seiner Controle aber war der sogenannte Gegenschreiber der Verwaltung bestimmt, von welchem wir oben gesehen haben, dafs er in jeder Prytanie eine Uebersicht der Einnahmen und Ausgaben zusammengestellt, und deswegen auch wohl eine gewisse Controle über die sämmtlichen geldverwaltenden Beamten ausgeübt habe.[1]) Im demosthenischen Zeitalter wurde diese Controle, und aufserdem noch eine Menge von andern Geschäften, dem Vorsteher der Theorikencasse übertragen, von welchem schicklicher im folgenden Capitel zu reden sein wird. Hier genügt es zu bemerken, dafs diese Uebertragung nur vorübergehend gewesen sei.[2]) Auch ein Kriegszahlmeister, $\tau\alpha\mu\acute{\iota}\alpha\varsigma$ $\tau\tilde{\omega}\nu$ $\sigma\tau\rho\alpha\tau\iota\omega\tau\iota\varkappa\tilde{\omega}\nu$, wird erwähnt, der wol nur in Kriegszeiten angestellt wurde.[3])

Auffallend ist es, dafs wir in unsern Quellen keine Behörde erwähnt finden, welche das Münzwesen zu besorgen hatte. Nur der Name der Münzstätte, $\tau\grave{o}$ $\mathring{\alpha}\rho\gamma\upsilon\rho o\varkappa o\pi\varepsilon\widetilde{\iota}o\nu$, wird uns genannt,[4]) und es scheint, dafs diese bei der Kapelle eines unter dem Namen $\Sigma\tau\varepsilon\varphi\alpha\nu\eta\varphi\acute{o}\rho o\varsigma$ erwähnten Heros gewesen sei[5]) wie zu Rom die Münze beim Tempel der Juno Moneta war. In dieser Kapelle wurden aber auch die Mustermafse und Mustergewichte aufbewahrt, nach welchen die im Handel gebrauchten Mafse und Gewichte normirt sein mufsten, und worüber den oben erwähnten Metronomen die Aufsicht zustand.[6]) Es ist deswegen nicht unwahrscheinlich, dafs eben diesen auch die Besorgung des Münzgeschäftes obgelegen habe.[7]) Die Arbeiter in der Münze waren öffentliche Sklaven.[8])

---

1) S. S. 433.
2) Aeschin. g. Ctesiph. p. 416.
3) Böckh, Staatsh. I S. 246. Meier, comm. epigr. p. 61.
4) Harpocrat. u. d. W. Schol. Aristoph. Vesp. 1042 (1001).
5) Nach Boulé u. Kumanudes im Philistor I S. 52 ist dies Theseus. — Curtius, in den Monatsber. d. Berl. Ak. d. W. 1869 S. 465 trägt die Ansicht vor, dafs das Münzen ursprünglich von den Tempeln, spec. dem der Aphrod. Urania, betrieben und erst später vom Staate übernommen sei.
6) Böckh, Staatsh. II. S. 362. Vgl. N. Rhein. Mus. XXI S. 370 ff.
7) Sie hätten also das $\nu \acute{o}\mu\iota\sigma\mu\alpha$ zu besorgen gehabt, welcher Name ebensowohl von dem gesetzlichen Münzfufs als von den gesetzlichen Mafsen gilt. S. z. B. Aristoph. Thesm. v. 351.
8) Andocid. bei dem Schol. zu Aristoph. Vesp. v. 1001 (1042).

Wir wenden uns nun zu den Beamten des Kriegswesens. Unter diesen war in älteren Zeiten der Polemarch, der dritte in dem Collegium der neun Archonten, der vornehmste gewesen; später hatte er nur noch friedliche und richterliche Functionen, und an der Spitze des Kriegswesens stand allein das Collegium der zehn Strategen,[1]) welche jährlich durch Cheirotonie erwählt wurden; ob einer aus jeder Phyle, oder ohne Unterschied aus allen, ist streitig, doch hat das erstere mehr Wahrscheinlichkeit.[2]) In der früheren Zeit waren sie sämmtlich, ihrem Titel entsprechend, Heerführer im Kriege: sie führten noch im ersten persischen Kriege täglich wechselnd den Oberbefehl und hielten gemeinschaftlich Kriegsrath, an welchem, wie schon oben bemerkt wurde, der Polemarch Antheil nahm, dem auch die Anführung des rechten Flügels in der Schlacht zukam. Späterhin aber hörte nicht nur dies auf, sondern es wurden auch die Strategen selten sämmtlich in den Krieg ausgesandt, vielmehr gewöhnlich nur einige, zwei oder drei oder soviel jedesmal zweckmäfsig schien, von denen dann entweder Einer den Oberbefehl hatte, oder alle gleich standen, oder auch der eine hier der andere dort Krieg führte. Nicht selten geschah es auch, dafs zur Anführung eines Heeres bewährte Krieger, die gar nicht zum Collegium der zehn Strategen gehörten, aufserordentlich erwählt wurden, und zwar nicht gerade auf ein Jahr, sondern auf unbestimmte Zeit, und als späterhin die Athener ihre Kriege grofsentheils durch fremde Söldner führen liefsen, nahmen sie häufig genug auch fremde Feldherrn, die Anführer solcher Söldnerschaaren, in Dienst.[3]) Aber auch in früheren Zeiten kam es bisweilen vor, dafs die Anführung eines aus athenischen Truppen und aus Contingenten der Bundesgenossen bestehenden Heeres Fremden, d. h. solchen Männern aus bundesgenossischen Staaten anvertraut wurde, zu denen man besonderes Vertrauen hatte.[4]) Zur Zeit des Demosthenes wurde in der Regel nur Einer aus dem Collegium ins Feld geschickt: die übrigen blieben zu Hause, und hatten, wie der Redner sagt, wenig anderes zu thun, als bei festlichen Processionen zu paradiren.[5]) Indessen gab es doch auch im Lande manche

---

1) S. Att. Proc. S. 105 ff.
2) Plutarch. Cim. c. 8. Wegen der abweichenden Angabe des Pollux VIII, 87 vgl. Antiqu. p. 251, 1 u. Böckh, Corp. Inscr. p. 294 u. 906.
3) Vgl. Antiquit. p. 252, 5.
4) Vgl. Plat. Ion. p. 541. Athenae. VI p. 506. Aelian. V. H. XIV, 5.
5) Demosth. Phil. I p. 47.

theils militärische, theils administrative und richterliche Functionen für sie, wie Besetzung dieses oder jenes Platzes zum Schutz gegen feindliche Angriffe,[1]) Besorgung der Kriegssteuern und der Trierarchie, und was sonst zur Ausrüstung gehörte, Aushebung der Mannschaft und Jurisdiction über alle auf die Kriegssteuer und Trierarchie bezüglichen Rechtshändel, sowie über sämmtliche Militärvergehen, welche nicht vom Feldherrn selbst beim Heere schon bestraft waren, z. B. über verweigerten Kriegsdienst ($\gamma\varrho$. $\dot{\alpha}\sigma\tau\varrho\alpha\tau\varepsilon\dot{\iota}\alpha\varsigma$), über Feigheit ($\gamma\varrho$. $\delta\varepsilon\iota\lambda\dot{\iota}\alpha\varsigma$), über Verlassen des angewiesenen Postens ($\gamma\varrho$. $\lambda\iota\pi\sigma\tau\alpha\xi\dot{\iota}o\upsilon$), Verlassen des Schiffs oder der Flotte vor dem Seetreffen ($\gamma\varrho$. $\lambda\iota\pi\sigma\nu\alpha\upsilon\tau\dot{\iota}o\upsilon$ und $\dot{\alpha}\nu\alpha\upsilon\mu\alpha\chi\dot{\iota}o\upsilon$), und dergleichen mehr.[2]) Ihr gemeinsames Amtshaus hiefs das Strategion, wo sie auch zusammen auf Staatskosten speisten. In Angelegenheiten ihres Geschäftskreises hatten sie auch das Recht, die Volksversammlung zu berufen, d. h. ohne Zweifel wohl die Prytanen zu ihrer Berufung zu veranlassen, und zu der Zeit, als Perikles an der Spitze des Staates stand, scheint ihnen, wenigstens wenn Feinde im Lande waren, das Recht zugestanden zu haben, zu bestimmen, ob überhaupt Volksversammlungen gehalten werden sollten oder nicht.[3]) Das Amt der Strategen galt übrigens wegen des grofsen Einflusses, den es den damit bekleideten besonders in Rücksicht auf die persönlichen und Vermögensleistungen der Bürger gewährte, immer für das vornehmste von allen, um welches sich auch die angesehensten Männer bewarben.[4]) Dafs gesetzlich Keiner dazu gelangen sollte, der nicht in gesetzmäfsiger Ehe verheirathet und mit Landbesitz in Attika angesessen war, haben wir schon oben bemerkt. Durch die letztere Bestimmung waren offenbar die Theten ausgeschlossen.

Zur Unterstützung der Strategen in ihren militärischen, administrativen und richterlichen Functionen dienten die zehn Taxiarchen, d. h. Befehlshaber der zehn $\tau\dot{\alpha}\xi\varepsilon\iota\varsigma$ oder Bataillone,

---

1) Vgl. Antiqu. p. 252, 7. Wegen des dort erwähnten Xenoph. Hell. I, 7, 2 ist aber zu bemerken, dafs jetzt für τῆς Λεκελείας richtiger τῆς διωβελίας gelesen wird. Wegen des angeblichen στρ. ἐπὶ τῆς διοικήσεως in den apokryphischen Urkunden bei Demosth. f. d. Kranz §. 38 u. 115 vgl. Meier, vit. Lycurg. p. XI, u. Schäfer, Demosth. II S. 47.
2) S. Att. Proc. S. 107f.
3) Thucyd. II, 22. Vgl. de comit. p. 61f.
4) Vgl. Aristoph. Plut. v. 192. Pac. 446. Aesch. g. Timarch. p. 54, und die Klagen des Eupolis bei Stobae. Flor. 43, 9 und Athen. X p. 425, dafs doch so oft schlechte und geringe Leute zu dem Amte gelangten.

in welche das Landheer den Phylen entsprechend getheilt war. Auch sie wurden durch Cheirotonie, einer aus jeder Phyle, ernannt.[1]) Im Kriege wurden sie, wenigstens bisweilen, auch in den Kriegsrath berufen, und zwar, wie es scheint, nicht blofs die des athenischen Bürgerheeres, sondern auch die der bundsgenossischen Contingente.[2]) Daheim aber wurde besonders die Aushebung und Eintheilung der Mannschaft durch sie besorgt, wobei zunächst für die Linientruppen das Verzeichnifs der dienstpflichtigen Leute (ὁ κατάλογος) in jeder Phyle und jedem Demos zu Grunde gelegt wurde, welches sie und die Demarchen in Gemeinschaft mit einigen vom Rathe abgeordneten Commissarien anzufertigen hatten, und welches bei den Statuen der Eponymen zu Jedermanns Kunde öffentlich ausgestellt ward.[3]) Verpflichtet zum Dienst in der Linie oder als Hopliten waren nach Solons Gesetzen nur die Bürger der drei oberen Classen; die Theten waren davon frei und wurden nur ausnahmsweise aufgeboten. Sie heifsen deswegen ἔξω τοῦ καταλόγου. Doch kam diese Ausnahme in den späteren Zeiten, wo lange und grofse Kriege zu führen waren, häufig genug vor, und die Theten fochten jetzt nicht mehr blofs als Leichtbewaffnete, sondern auch als Hopliten, namentlich aber auf der Flotte als Seesoldaten, wo sie denn natürlich vom Staate mit der erforderlichen Rüstung versehen und besoldet werden mufsten. Auch die Ruderer bestanden grofsentheils aus Bürgern dieser Classe, obgleich dazu auch Nichtbürger, wie Metöken oder gemiethete Leute aus der Fremde genommen wurden.[4]) Bei der regelmäfsigen Aushebung nach dem Katalogos oder der Musterrolle wurde durch Volksbeschlufs zunächt bestimmt, welche Altersclasse jedesmal ausgehoben werden sollte: der Ausdruck dafür ist: bis zu dem wievielsten Jahre ἀφ᾽ ἥβης.[5]) Jede Altersclasse war in der Musterrolle, dem Katalogos, unter dem Namen des Archon Eponymos, unter dem sie das dienstpflichtige Alter erreicht hatte, zusammengestellt, weswegen die Kriegsdienste, zu denen Einer in Gemäfsheit seiner ordnungsmäfsigen Verpflichtung nach dem Katalogos berufen ward, auch als στρατεῖαι ἐν τοῖς ἐπωνύμοις bezeichnet wer-

---

1) Pollux VIII, 87. Demosth. Phil. I p. 47.
2) Thucyd. VII, 60.
3) Pollux VIII, 115. Aristoph. Pac. v. 1171. 1179 Inv. und mehr in d. Antiqu. p. 254, 24.
4) Vgl. Antiqu. 253, p. 12—16 u. Thucyd. I, 121.
5) Demosth. Olynth. III p. 29.

den.¹) Der Altersclassen waren zweiundvierzig, vom achtzehnten bis zum sechzigsten Jahre; die beiden ersten Classen, vom achtzehnten bis zum zwanzigsten, waren regelmäfsig nur zum Dienst im Lande als περίπολοι verpflichtet, und erst vom zwanzigsten Jahre an begann die Verpflichtung zum Dienste aufser Landes. Es versteht sich aber von selbst, dafs nicht immer die sämmtliche Mannschaft der jedesmal durch Volksbeschlufs berufenen Altersclassen aufgeboten zu werden brauchte, sondern nur soviele, als das jedesmalige Bedürfnifs forderte, und dafs dabei eine gewisse Abwechselung unter den Dienstpflichtigen stattfand,²) obgleich wir über die dabei befolgte Regel nichts anzugeben im Stande sind. Vielleicht aber bezieht sich hierauf der Ausdruck τὰ μέρη, welcher die jedesmal zum Dienst verpflichteten oder zur Vacanz berechtigten Abtheilungen jeder Altersclasse bezeichnen mag. Bisweilen, wenn das Bedürfnifs es forderte, wurden aber auch von der eigentlich zur Vacanz berechtigten Mannschaft aus allen Abtheilungen, ohne Rücksicht auf die Eponymen oder die Altersclassen, soviel als nöthig waren, aufgeboten, und solche aufserordentliche Dienste werden deswegen als στρατεῖαι ἐν τοῖς μέρεσι den στρατείαις ἐν τοῖς ἐπωνύμοις entgegengesetzt.³) Es geschah dies wohl nur, wenn gelegentliche aufserordentliche Expeditionen vorzunehmen waren, zu denen man die ordnungsmäfsig ausgehobene und dem eigentlichen Heere einverleibte Mannschaft nicht verwenden wollte oder konnte. Befreiung vom Kriegsdienste genossen, aufser den wegen körperlicher Gebrechen Unfähigen, die Mitglieder des Rathes,⁴) und was wir wohl ohne ausdrückliche Zeugnisse annehmen dürfen, die Beamten, deren Anwesenheit auf ihrem Posten unentbehrlich war: ferner die Zollpächter, damit sie nicht von der Besorgung ihrer Geschäfte abgehalten würden,⁵) und diejenigen, welche als Choreuten bei festlichen Gelegenheiten aufzutreten hatten. Doch scheinen diese, wenn sie zur Zahl der diesmal Dienstpflichtigen gehörten, einer besonderen Dispensation bedurft zu haben.⁶) Eben solcher bedurften auch wohl die Seehandeltreibenden, pflegten sie aber

---

1) Harpocrat. unt. ἐπώνυμοι u. στρατεῖαι ἐν τ. ἐπων.
2) ἐκ διαδοχῆς, heifst es bei Aeschines de f. leg. p. 331. Vgl. Schäfer, Demosth. I S. 212, 2.
3) Aeschin. a. a. O. — Das oben Vorgetragene ist freilich nur Vermuthung, aber wenigstens doch nicht unwahrscheinlich.
4) Lycurg. g. Leocr. p. 164.   5) R. g. Neära p. 1353.
6) Demosth. g. Mid. p. 519.

wahrscheinlich meistens ohne Schwierigkeit zu erhalten.¹) Ein allgemeines Aufgebot aller Waffenfähigen erging nur in dringenden Nothfällen.²)

Die nach der Musterrolle ausgehobene Mannschaft zerfiel nach den Phylen in zehn Bataillone, welche τάξεις, bisweilen auch selbst φυλαί genannt werden. Zu Anfang des peloponnesischen Krieges betrug die Gesammtzahl der zum Hoplitendienst fähigen Mannschaft 13000 Mann,³) worunter wahrscheinlich nur die Bürger im dienstpflichtigen Alter, d. h. vom zwanzigsten bis sechzigsten Jahre zu verstehen sind, mit Ausschlufs der Jüngeren und Aelteren und der Metöken, die zu Besatzungen der festen Plätze im Lande und zur Vertheidigung der Stadt gebraucht wurden. Demnach würde eine jede Phyle durchschnittlich 1300 Mann gestellt haben. Es versteht sich von selbst, dafs dies als das höchste der möglicher Weise aufzubringenden Mannschaft anzusehen ist, und dafs in der Regel viel weniger gestellt wurden. Die Bataillone zerfielen wieder in Lochen oder Compagnien, und diese in kleinere Abtheilungen zu zehn und zu fünf Mann, Dekaden und Pentaden, unter Anführern, welche Lochagen, Dekadarchen und Pentadarchen heifsen.⁴) Die Anzahl der Lochen und ihre Stärke richtete sich natürlich nach der Gröfse der jedesmaligen Aushebung, und war also nicht immer dieselbe. In der Regel dienten wohl die Angehörigen derselben Phyle und desselben Demos auch in denselben Heeresabtheilungen zusammen;⁵) doch finden sich auch Ausnahmen davon, über deren Veranlassung und Beschaffenheit sich nichts Bestimmtes ermitteln läfst.⁶) Dafs die oben angegebene herkömmliche Aufeinanderfolge der Phylen auch bei der Aufstellung des Heeres in Schlachtordnung mafsgebend gewesen sei, wie Einige gemeint haben, ist ganz unerweislich.⁷)

Den Befehl über die Reiterei führten zwei Hipparchen und

---

1) Vgl. Böckh, Staatsh. I S. 122.
2) Thucyd. IV, 90.
3) Thucyd. II, 13. Vgl. Clinton, Fast. Hell. p. 389 extr. und Böckh, Staatsh. I S. 363.
4) Vgl. Antiqu. p. 254, 25—27.
5) Isae. or. 2 §. 42 u. d. Comment. p. 221.
6) Z. B. Socrates, aus Alopeke, also aus der Antiochischen Phyle, und Alkibiades aus Skambonidä, zur Leontischen Phyle (Diog. L. II, 16. Plut. Alcib. c. 22) dienten zusammen in derselben Abtheilung. Plut. Sympos. p. 219 E. Plutarch c. 7.
7) Vgl. Böckh, Vorrede zum Index lect. aest. 1816 S. 6.

ihnen untergeordnet zehn Phylarchen, durch Cheirotonie aus den beiden obersten Vermögensclassen, und die Phylarchen auch nach den Phylen erwählt Die Reiterei betrug seit dem perikleischen Zeitalter tausend Mann; aufserdem hatten die Athener noch zweihundert berittene Bogenschützen, die aber gekaufte Staatssklaven waren,[1]) also hier nicht weiter in Betracht kommen. Jede Phyle stellte hundert Reiter, die in zehn Dekaden, zwanzig Pentaden unter ebensovielen Dekadarchen und Pentadarchen zerfielen.[2]) Die Gesammtheit aber ward in zwei grofse Abtheilungen zu fünfhundert Mann getheilt, deren jede von einem der Hipparchen befehligt wurde, und die auch im Frieden zusammengehalten und fleifsig im Dienste und namentlich im Manoeuvriren gegen einander geübt wurden. Die Verpflichtung zum Reiterdienste lag nur den Bürgern der ersten und zweiten Vermögensclasse ob, deren letztere auch davon ihren Namen führte, und läfst sich füglich als eine Art von Liturgie betrachten, wie sie denn auch häufig mit den andern unter jenem Namen eigentlich verstandenen Leistungen zusammengestellt zu werden pflegt. Die Aushebung der jedesmal zum Dient Verpflichteten wurde von den Hipparchen vorgenommen: es konnte aber, wer sich nicht für verpflichtet achtete, dagegen remonstriren und auf eine gerichtliche Entscheidung antragen. Dafs der Rath der Fünfhundert eine specielle Aufsicht über die Reiter geführt und darauf gesehen habe, dafs ihr Corps vollzählig und in gutem Stande sei, ist schon oben bemerkt worden. Sie wurden übrigens nicht blofs im Kriege gebraucht, sondern auch im Frieden bei festlichen Feiern zu Processionen, bei denen sie zu paradiren hatten, vielfach in Anspruch genommen. Aus einer vor Kurzem erst aufgefundenen Rede des Hyperides erfahren wir, dafs die Athener jährlich einen Hipparchen nach der in ihrem Besitz befindlichen und mit attischen Kleruchen besetzten Insel Lemnos geschickt haben:[3]) ob als Befehlshaber, oder zu welchem andern Zwecke, ist nicht zu erkennen.

Seitdem Athens Kriegsmacht vorzugsweise auf seiner Flotte beruhte, bedurfte es auch einer besondern Sorge für Alles, was

---

1) S. S. 373. Wenn die Gesammtzahl der Reiterei zu 1200 angegeben wird, wie bei Andoc. de pac. §. 7 u. Aeschin. d. f. l. §. 174, so sind zu den 1000 bürgerlichen diese 200 zugerechnet. Böckh. Staatsh. I S. 368.
2) Xenoph. Hipparch. c. 2, 2 f. u. 4, 9.
3) Hyperid. or. pr. Lycophr. p. 29, 12 d. Ausg. v. Schneidew. — Sendung eines Hipparchen nach Lemnos erwähnt freilich auch Demosth. Philipp. I p. 47.

zur Ausrüstung und Erhaltung dieser erforderlich war. Dem Rath lag es ob, dafür zu sorgen, dafs jährlich eine gewisse Anzahl von Kriegsschiffen erbaut würde, zu welchem Zweck er die Ernennung von Trieropöen veranlassen mufste, welche übrigens die einzelnen Phylen, jede einen, zu wählen hatten.[1]) Die erbauten Schiffe aber und alles zu ihrer Ausrüstung nöthige Geräth befanden sich in den Docks oder Werften unter Aufsicht einer besondern Behörde, der sogenannten Epimeleten der Neorien, zehn Personen, einer aus jeder Phyle; ob durch Cheirotonie oder durchs Loos ernannt, ist ungewifs.[2]) Von diesen also bekamen die Trierarchen die Schiffe und was an Geräth der Staat zu liefern hatte, an sie mufsten sie dies wieder abliefern, sie hatten diejenigen, welche ihrer Pflicht nicht genügten, zur Verantwortung zu ziehen, und in Streitigkeiten der Trierarchen über die von Einem an den Andern zu übergebenden Geräthe hatten sie die Instruction des Processes und die Vorstandschaft des Gerichtes.[3]) Ein aufserordentlicher Beamter aber ist der $\dot{\epsilon}\pi\iota\sigma\iota\dot{\alpha}\tau\eta\varsigma\ \iota o\tilde{v}\ \nu\alpha\upsilon\tau\iota\kappa o\tilde{v}$, ein Commissarius um den Zustand der Flotte zu untersuchen und die etwa erforderlichen Mafsregeln vorzuschlagen.[4]) Den Befehl über die Flotte führten, ebenso wie über das Landheer, die ordentlichen oder aufserordentlich ernannten Strategen, bald einer, bald mehrere gemeinschaftlich. Auf jedem einzelnen Schiffe wurden die Soldaten (Epibatä) von ihren besonderen Führern befehligt, der Vorgesetze der Ruderer und Matrosen war aber der Trierarch, der die Ausrüstung des Schiffes als Liturgie zu besorgen gehabt hatte. Nauarchen scheinen amtlich nur die Befehlshaber der sogenannten heiligen Trieren genannt worden zu sein,[5]) von denen schicklicher im folgenden Capitel geredet werden wird.

Für die öffentlichen Bauten ernannte, wenigstens wenn sie von gröfserer Bedeutung waren, der Staat einen Architekten, ohne Zweifel einen Sachverständigen, der mit den Baucommissarien oder Epistaten, unter Auctorität der Poleten und des

---

1) Aeschin. g. Ctesiph. p. 425.
2) Vgl. Böckh, Urkund. S. 51.
3) Ebend. S. 56.
4) Ebend. S. 62. — Für eine aufserordentliche Behörde dürfen wir auch wohl die $\dot{\alpha}\pi o\sigma\tau o\lambda\epsilon\tilde{\iota}\varsigma$ halten, welche in Kriegszeiten, zehn an Zahl, ernannt wurden, um für die schnellere Ausrüstung der Flotte zu sorgen, und welchen ausnahmsweise auch eine Jurisdiction über die Trierarchen, wie sonst den Epimeleten der Neorien, übertragen wurde. S. die Stellen im Att. Proc. S. 112. 113.
5) Nach Herbst, die Schlacht bei den Arginusen (Hamb. 1855) S. 30.

Finanzaufsehers (τοῦ ἐπὶ τῇ διοικήσει) die Arbeit an Unternehmer verdung, sie beaufsichtigte und, wenn sie vollendet war, prüfte und abnahm,[1]) Auch die Bauunternehmer werden Architekten genannt, und denselben Namen führt öfters auch der Pächter des Theaters, welcher, seitdem Eintrittsgeld bezahlt wurde, dieses zu erheben, dafür aber auch das Theater im Stande zu erhalten hatte.[2])

Auch Getraidemagazine waren erforderlich theils um die Flotte, wenn eine ausgerüstet wurde, zu verproviantiren, theils für den Bedarf der öffentlichen Speisungen im Prytaneum und anderen Localen, wo Beamte auf Staatskosten speisten, theils endlich zur unentgeltlichen Vertheilung oder zum wohlfeileren Verkauf an die Bürger zur Zeit einer Theuerung.[3]) Es gab deswegen eine eigene Behörde, unter dem Namen σιτῶναι (Getraidekäufer), wahrscheinlich zehn, nach der Zahl der Phylen, mit einem Schreiber,[4]) die den Ankauf von Getraidevorräthen zu besorgen hatten, und dazu gewisse, entweder aus dem Staatsschatz oder auch aus freiwilligen Beiträgen fliefsende Gelder (τὰ σιτωνικά) angewiesen bekamen. — Ein ähnliches Amt ist das der βοῶναι (Rindviehkäufer), die das für die Staatsopfer und die öffentlichen Speisungen erforderliche Schlachtvieh einzukaufen hatten, wozu sie das Geld aus der Staatscasse erhielten, dagegen aber das aus dem Verkauf der Felle der geschlachteten Thiere gelöste Geld zurückzuzahlen hatten. Sie wurden durch Cheirotonie erwählt: wieviel aber ihrer gewesen seien, ist ungewifs.[5]) Mit ihnen zusammen werden nicht selten die ἱεροποιοί (Opferbesorger) genannt, theils für die einzelnen Gottheiten und deren Tempel mit den Provisoren (ἐπιστάταις) derselben bestimmte, theils für die Staatsopfer jährlich zehn durchs Loos ernannte, theils für einzelne Festfeiern erwählte, unter denen namentlich die der Semnen oder der Eumeniden erwähnt werden.[6])

Von den Priestern zu reden mufs einem andern Orte vor-

---

1) Böckh, Staatsh. I S. 286. 2) Ebend. S. 308.
3) Ebend. S. 123. 124.
4) Vgl. Meier, Comment. epigr. II p. 62 und Th. Bergk in d. Zeitschr. f. d. AW. 1853 S. 275.
5) Nur Ein Mal in einer Inschrift kommt ein βοώνης im Singular vor, welchen Böckh, Staatsh. II S. 139 wohl mit Recht für einen aufserordentlich gewählten hält. Ueber das Amt vgl. dens. I S. 303, und über das Hautgeld (τὸ δερματικόν) besonders die beiden Inschriften Beil. VIII u. VIII b. Th. II S. 119 ff.
6) Böckh, Staatsh. I S. 302.

behalten bleiben, da diese, so sehr auch das Religionswesen mit dem Staate zusammenhängt, doch nicht als Regierungs- und Verwaltungsbeamte anzusehen sind. Hier mag nur kurz erwähnt werden,[1]) dafs einige Priesterämter in erblichem Besitz gewisser Geschlechter waren, andere von jedem Bürger echtattischen Blutes bekleidet werden konnten. Zu allen gehörte körperliche Makellosigkeit und bürgerliche Unbescholtenheit, weswegen die Bewerber einer Dokimasie unterworfen wurden. Streitigkeiten über die Berechtigung zum Amte zwischen den verschiedenen Mitgliedern priesterlicher Geschlechter gehörten zur Jurisdiction des Archon Basileus, der, wie es scheint, ohne Zuziehung eines heliastischen Gerichtes, allein mit seinen Beisitzern darüber zu entscheiden hatte.[2]) Die Besetzung der Priesterämter geschah entweder durch Volkswahl oder durchs Loos, natürlich nur unter den Berechtigten, theils auch so, dafs eine gewisse Anzahl von Bewerbern durch Wahl designirt, und unter diesen dann geloost wurde. Einige waren lebenslänglich, andere jährlich, oder auch auf längere oder kürzere Zeiten. Im Allgemeinen galten die priesterlichen Functionen nicht für unvereinbar mit weltlichen, so dafs von den Priestern auch Kriegsdienste geleistet und Beamtenstellen bekleidet wurden. Auch waren mit mehreren Staatsämtern religiöse Functionen verbunden. Der Basileus z. B. hatte, aufser der Oberaufsicht und Jurisdiction über die Priester und Alles, was in den Bereich des Religionsrechtes gehört, nicht nur selbst die Feier hochheiliger Feste, wie der Mysterien, der Lenäen zu besorgen, sondern auch seine Gattin, die Basilissa, verrichtete in Gemeinschaft mit den Priesterinnen dem Dionysos geheime Opfer. Dafs auch der Archon und der Polemarch ähnliche Functionen hatten, ist schon oben bemerkt worden. Ebenso lagen den Strategen gewisse Opfer ob, für den Hermes Hegemonios, die Friedensgöttin, den Ammon. Was aber die eigentlichen Priesterämter betrifft, so waren diese vor den Staatsämtern dadurch bevorzugt, dafs sie, wenn auch keine Besoldungen, doch allerlei Emolumente abwarfen, wohin namentlich die Gebühren gehören, die den Priestern von den Opfern zukamen, welche in den Tempeln, in denen sie fungirten, dargebracht wurden:[3]) und wir hören deswegen, dafs diese Aemter ein Gegenstand eifriger Bewerbungen gewesen seien.[4]) Wegen ihrer Betheiligung bei der Beaufsichtigung und Verwaltung der Güter

---

1) Vgl. Antiquit. p. 258.   2) Pollux VIII, 90: αὐτὸς δικάζει.
3) Böckh. Staatsh. II p. 121.   4) Demosth. Prooem. p. 1461, 5.

und Einkünfte der Tempel waren die Priester, gleich allen andern Beamten, rechenschaftspflichtig.[1] — Das Auguralwesen, Weissagung aus Opfern, Himmelserscheinungen, Vögelflug und andern bedeutsamen Zeichen, ward zwar auch in Athen keinesweges verschmäht, doch dafs dazu eigene Beamte, wie in Rom, angestellt gewesen, davon findet sich keine Spur, obgleich Wahrsager sowohl beim Heere in Begleitung der Feldherrn zur Zeichendeutung bei den Opfern oft genug erwähnt werden, als auch daheim die Behörden sich ihrer bedienten.[2] Einen amtlichen Charakter haben nur die sogenannten Exegeten, ein Collegium von drei Personen, an die man sich um Belehrung in allen das Religionsrecht betreffenden Fragen, auch wohl um Deutung von Diosemien, d. h. von Himmelserscheinungen und andern schicksalsverkündenden Zeichen wenden konnte. Ueber ihre Ernennungsart ist nichts bekannt: ob dabei das delphische Orakel eine Mitwirkung gehabt, wie Einige aus der von Plato für seinen Musterstaat getroffenen Anordnung geschlossen haben, müssen wir dahin gestellt sein lassen. Ebenso ist es nicht mit Sicherheit zu entscheiden, ob der an einigen Stellen erwähnte Exeget aus dem Geschlechte der Eumolpiden zu diesem Collegium gehört, oder ob sein Amt sich blofs auf die eleusinischen Mysterien und deren Satzungen bezogen habe.[3] Jene drei aber wurden, wenn auch nicht aus bestimmten einzelnen Geschlechtern, so doch ohne Zweifel nur aus den Eupatriden gewählt.[4]

Aus der zahlreichen Classe der Unterbeamten oder Diener werden am häufigsten die Schreiber erwähnt, ohne dafs jedoch viel aus diesen Erwähnungen zu lernen wäre. Es gab schwerlich irgend eine öffentliche Behörde in Athen, der nicht auch ein oder mehrere Schreiber beigegeben gewesen wären, aber nicht alle diese Schreiber standen zu ihren Behörden in demselben Verhältnisse. Einige erscheinen vielmehr als Gehülfen oder mit einer speciellen Function beauftragte Collegen, denn als blofs untergeordnete Diener, wie z. B. die oben aufgeführten Schreiber und Gegenschreiber im Rathe der Fünfhundert, die ohne Zweifel selbst Buleuten wären, und neben denen noch andere untergeordnete Schreiber anzunehmen sind, die durch Cheirotonie vom Volke zu diesem Dienst bestellt, in der Tholos gespeist, ohne Zweifel aber auch aufserdem noch besoldet wurden, und, wie es scheint, nicht wie die Rathsglieder, jährlich wechselten,

---

1) Aeschin. g. Ctesiph. p. 405—6. 2) Vgl. Antiquit. p. 261, 36.
3) Ebend. no. 34. 35.   4) Böckh, Corp. Inscr. I p. 513.

sondern mehrere Jahre nach einander im Dienste blieben,[1]) bis sie etwa abgesetzt wurden oder freiwillig abtraten. Auch der Schreiber der Eilfmänner, weil er als Eilfter in dem eigentlich nur aus zehn Personen bestehenden Collegium mitgezählt wird, scheint mehr die Stellung eines Collegen als eines Dieners gehabt zu haben. Ueber seine Ernennungsart wird nichts angegeben; wir dürfen aber vermuthen, dafs das Collegium selbst ihn durch eigene Wahl sich zugesellt habe, dafs er aber einer Dokimasie unterworfen worden sei. So sollen auch die neun Archonten sich selbst einen Schreiber zugewählt haben, der dann im Dikasterion geprüft wurde:[2]) wenn diese Angabe nicht vielmehr so zu verstehen ist, dafs jeder der drei oberen Archonten, wie zwei Beisitzer, so auch einen Schreiber zu seiner Unterstützung angenommen habe. Natürlich mufsten aber auch die Thesmotheten nicht blofs einen sondern mehrere Schreiber zu ihrer Disposition haben. Die Schreiber der untergeordneten Gattung werden häufig auch nur Unterschreiber ($\dot{v}\pi o\gamma\rho a\mu\mu a\tau\varepsilon\tilde{\iota}\varsigma$) genannt,[3]) und nur Bürger der ärmeren Classe gaben sich zu diesem Dienste her, weil sie dafür bezahlt wurden, und zwar, wie sich von selbst versteht, nicht von den Beamten, welchen sie dienten, sondern vom Staate. Dafs auch Staatssklaven zu Schreibern gemacht seien, ist nicht wahrscheinlich; wohl aber mochte man sie bisweilen als Rechnungsführer und Controleure den Beamten, welche Geld zu verwalten hatten, beigesellen. Denn zu solchen Geschäften konnten Sklaven sogar besser als Freie zu passen scheinen, weil man sie im Fall einer Untersuchung durch die Folter befragen konnte, was gegen Freie nicht anwendbar war, und weil man die auf solche Weise gewonnenen Aussagen für die zuverlässigsten hielt.[4])

Nächst den Schreibern kommen am häufigsten die Herolde vor, deren ebenfalls einer oder mehrere den verschiedenen Beamten und Behörden zum Dienste beigegeben waren. Wir finden Herolde des Areopag, Herolde des Rathes, Herolde der Archonten, der Eilfmänner, der Logisten u. a. m.:[5]) Herolde berufen die

---

1) Demosth. de f. leg. p. 419 u. 442. Doch vgl. auch Böckh, Staatsh. I S. 263 Anmk.
2) Pollux VIII, 92.
3) Antiph. üb. d. Choreut. §. 35 u. 49. Lys. g. Nicom. p. 864. Demosth. de coron. p. 314. de f. leg. p. 403 u. p. 419.
4) Vgl. Böckh, Staatsh. I S. 252.
5) Vgl. Antiquit. p. 261 no. 2 u. dazu Demosth. g. Aristog. I S. 787, 17. Aeschin. g. Ctesiph. p. 415.

Rathsherrn in das Rathhaus und nehmen die Signalfahne ab,[1]) Herolde berufen die Volksversammlungen, sprechen die feierliche Gebetsformel vor Eröffnung der Verhandlungen, fordern auf Befehl der Prytanen die Redner auf, das Wort zu verlangen, gebieten Ruhe, verkündigen was zu verkündigen ist,[2]) Herolde bescheiden im Auftrage der rechtsprechenden Behörden die Parteien, sich zum Anbringen von Klagen, zu den Verhörsterminen, zu den Gerichtstagen einzufinden,[3]) Herolde rufen aus, wenn Etwas zu verkaufen ist,[4]) sei es von Behörden, sei es von Privaten, kurz sie fungiren als öffentliche Ausrufer in jeder Weise. Je nach Verschiedenheit der Behörden, denen sie dienten, und der Verrichtungen, zu denen sie gebraucht wurden, war natürlich auch ihr Amt mehr oder weniger angesehn; im Allgemeinen aber ein solches, zu welchem nur arme und geringe Leute sich hergaben.[5]) Sie mögen von den Behörden selbst, denen sie dienten, angenommen worden sein, doch scheint man sie auch einer Dokimasie unterworfen zu haben, die sich denn namentlich auch auf die Tüchtigkeit ihrer Stimme bezogen haben wird.[6]) Gleich den Schreibern wurden auch sie mit den Behörden, welchen sie dienten, auf Staatskosten gespeist, und ohne Zweifel außerdem noch besoldet, und Private, die durch einen Herold Etwas ausrufen ließen, mußten ihn natürlich dafür bezahlen.[7]) — Andere untergeordnete Diener sind die παραστάται, ein Name ebenso allgemeiner Bedeutung, wie *apparitores* oder *statores*, die θυρωροί oder Thürsteher, wohl auch die ἀκροφύλακες oder πυλωροί der Akropolis,[8]) der ἐφύδωρ, welcher bei den Gerichtssitzungen der Klepsydra zu warten hat, die βασανισταί oder Folterknechte,[9]) obgleich der Name nicht bloß diese bezeichnet, sondern auch die zur Leitung und Beaufsichtigung der peinlichen Befragung der Sklaven bestimmten Personen, die von den dabei interessirten Parteien aus der Zahl ihrer unbetheiligten Freunde gewählt zu werden pflegten.[10]) Jene anderen waren wohl immer öffentliche Sklaven,[11]) ebenso wie die

---

1) Andocid. de myst. §. 36.
2) Aeschin. g. Timarch. p. 58. g. Ctesiph. p. 541. Demosth. f. d. Kr. p. 292. 319. g. Aristocr. p. 653.   3) Aesch. g. Ctesiph. p. 415.
4) Demosth. de cor. trier. p. 1234. Pollux VIII, 103.
5) Demosth. g. Leochar. p. 1081. Vgl. Pollux VI. 128. Theophr. char. c. 6.
6) Demosth. de f. leg. p. 449, 26.   7) Vgl. Harpocrat. ant. κηρύκεια.
8) Inschr. bei Rofs, Demen v. Attika S. 35.
9) Antiquit. p. 262 no. 4. 5.   10) Att. Proc. S. 681.
11) Lex. Seguer. p. 234.

Thürsteher, Gefängnifswärter und der Nachrichter, welcher vorzugsweise ὁ δήμιος genannt wird.[1]) Von dem Ephydor aber wird gesagt,[2]) dafs er durchs Loos ernannt sei: sein Dienst war also ein Aemtchen, um welches auch arme Bürger sich zu bewerben nicht verschmähten.

hh) Das Finanzwesen.

Unter den verschiedenen Zweigen der Staatsverwaltung, für welche die im vorigen Capitel besprochenen Beamten eingesetzt waren, verlangt besonders das Finanzwesen wegen seiner grofsen Wichtigkeit noch eine etwas genauer eingehende Betrachtung, zu der uns Böckhs epochemachendes Werk ein zuverlässiges und ausreichendes Hülfsmittel darbietet. Da wir die oberste Finanzgewalt und die mit der Verwaltung im Einzelnen beauftragten Beamten schon, soweit es unser Zweck forderte, aufgeführt haben, so bleiben uns für das gegenwärtige Capitel nur noch die finanziellen Bedürfnisse des Staates, d. h. die verschiedenen Arten von Ausgaben, welche zu bestreiten waren, und die Mittel, mit denen sie bestritten wurden, zu betrachten. Bevor wir aber dazu schreiten, ist es nothwendig, Einiges über das Geldwesen und über die Preise der Dinge vorauszuschicken, um die Leser in den Stand zu setzen, sowohl die vorkommenden Benennungen der Münzen und Summen auf die ihnen entsprechenden unter uns gangbaren Ausdrücke reduciren, als auch die Werthe solcher Summen richtiger beurtheilen zu können.

Als Courant hatten die Athener nur Silbergeld, und zwar von sehr reinem Silber, mit keinem oder nur höchst geringem Zusatz von Kupfer oder Blei, weswegen auch das attische Geld sehr geschätzt war und überall mit Vortheil umgesetzt wurde.[3]) Auf Falschmünzerei stand die Todesstrafe.[4]) Die am häufigsten vorkommende Münze ist die Drachme, im Werth von etwas über sechs guten Groschen (7¾ Sgr.), also wenig über ¼ Thlr. pr. Crt.[5]) Gröfsere Silberstücke, vielfache der Drachme, wurden bis zum Oktadrachmon ausgeprägt, am häufigsten Tetradrachmen, auch Silberstatere genannt, die also etwa unsern Thalerstücken gleich

---

1) Auch δημόκοινος, Poll. VIII, 71, wogegen δημόσιοι auch solche Unterbeamte heifsen, die nicht Sklaven sind.
2) Pollux VIII, 113.
3) Vgl. Böckh, Staatsh. I S. 17—19.
4) Demosth. g. Lept. §. 167. g. Timokr. §. 212.
5) Nach Hultsch, Metrologie. Berl. 1862.

kamen. Hundert Drachmen betragen eine Mine, d. h. ein attisches Pfund Silber, etwas über 29 Loth Pr., also als Bezeichnung einer Geldsumme etwa sechsundzwanzig Thaler. Sechzig Minen heifsen ein Talent, welches mithin etwa fünfzehnhundertsiebzig Thaler beträgt. Kleinere Theile der Drachme sind der Obolus oder $\frac{1}{6}$, und das Hemiobolion oder $\frac{1}{12}$: beide wurden ebenfalls in Silber ausgeprägt, nur einmal im peloponnesischen Kriege, nämlich Ol. 93, 3 (v. Chr. 406) prägte man sie auch in Kupfer, und zwar wahrscheinlich nicht zum wahren Werthe, weshalb diese Kupfermünze auch bald wieder verrufen wurde.[1]) Dagegen die noch kleineren Theile der Drachme, nämlich der Chalkûs oder $\frac{1}{8}$, und das Lepton oder $\frac{1}{16}$ des Obolus waren immer von Kupfer. Von Goldmünzen hatte der Goldstater oder Chrysûs zwei Drachmen Gewicht, und galt gleich zwanzig Silberdrachmen, also etwas über fünf Thaler. Doch prägte Athen selbst keine Goldmünzen, aufser einmal um Ol. 93, 2, und zwar stark mit Kupfer gemischt;[2]) sonst cursirte ausländisches Gold, namentlich persische Dareiken zu dem angegebenen Werthe, woneben jedoch auch andere geringere Goldmünzen vorkamen, namentlich Phokaïsche Statere.[3])

Die Preise der Dinge, also der Werth des Geldes, wechselten natürlich zu verschiedenen Zeiten ebenso wie bei uns: je mehr Geld allmählich in Umlauf kam, desto mehr mufste der Werth desselben fallen, so dafs man in einer späteren Zeit für dasselbe Geld weit weniger Waaren kaufen konnte, als früher. Einige Beispiele aus verschiedenen Zeiten mögen zur Veranschaulichung dienen. Zu Solons Zeit soll ein Stück Rindvieh zu fünf Drachmen (1 Thlr. 9 Sgr.), ein Schaf zu einer Drachme, ein Medimnus, d. h. beinahe ein Berliner Scheffel Gerste ebenfalls zu einer Drachme geschätzt sein,[4]) wogegen zu Demosthenes' Zeit, also etwa zweihundert Jahre später, der Medimnus Gerste selbst bis zu sechs Drachmen (etwas über 1½ Thlr.) stieg, was aber freilich als ein ungewöhnlich hoher Preis angegeben wird.[5]) Zu Sokrates' Zeit, also etwa hundert Jahre früher, kostete ein Medimnus Gerstengrütze zwei Drachmen.[6]) Ein Medimnus Weizen kostete zu Demosthenes' Zeiten, wenn die Preise billig waren, fünf Drachmen;[7]) früher, zu Aristophanes' Zeit, nur drei Drach-

---

1) S. oben S. 424.   2) Ebend.
3) Böckh, Staatsh. I S. 35. Vgl. Metrolog. Untersuch. S. 135.
4) Plutarch. Sol. c. 23. Böckh, Staatsh. I S. 104.
5) Demosth. g. Phaenipp. p. 1048. Böckh, Staatsh. I S. 133.
6) Id. ib. S. 131.   7) Demosth. g. Phorm. p. 918.

men.¹) Der Wein, wie er in Attika selbst von inländischem Gewächs gekeltert wurde, galt zu Demosthenes' Zeit etwa vier Drachmen der Metretes,²) d. h. ein Gefäfs von etwas über vierunddreifsig Berl. Quart, war also ausnehmend wohlfeil, wie überhaupt die Weinpreise im Alterthum verhältnifsmäfsig niedrig waren, weil das Erzeugnifs der Weinländer nicht in so weiten Kreisen Absatz fand, wie heutzutage. Ein Rind, wie man es als Opfer den Göttern darbrachte, also ein auserlesenes fehlerloses Thier galt um Ol. 101, 3 (v. Chr. 374) etwa siebzig bis siebenundsiebzig Drachmen (18 bis 20 Thlr.).³) Ein gewöhnliches Arbeitspferd rechnet Isäus (um 390 v. Chr.) zu drei Minen oder beinahe 80 Thlr.;⁴) edlere Rosse, wie man sie zum Kriege oder Wettrennen hielt, wurden zu Aristophanes' Zeit wohl auf zwölf Minen (über 310 Thlr.) geschätzt.⁵) Nicht weniger verschieden waren die Preise der Sklaven. Ein Bergwerksarbeiter wird in Demosthenes' Zeitalter zu hundert und funfzig Drachmen (etwa 39 Thlr.) geschätzt.⁶) Denselben Preis dürfen wir also auch wohl für andere zu geringeren Arbeiten, z. B. zum Ackerbau gebrauchte annehmen. Handwerksklaven standen natürlich höher im Preise, je nach dem Ertrage, den ihre Arbeit abwarf, und die Preise der dem Luxus der Reichen dienenden steigerten sich aufs mannichfaltigste.⁷) Nicht weniger mannichfaltig sind die Preise der Grundstücke. Von den ländlichen läfst sich nur soviel sagen, dafs ein Plethron Ackerlandes zur Zeit des Lysias, kurz nach dem peloponnesischen Kriege, etwa funfzig Drachmen (13 Thlr.) gelten mochte.⁸) Das Plethron beträgt aber etwas über 66 Quadratruthen. Die Angaben über die Preise der Häuser in der Stadt sind sehr verschieden. Isäus redet sogar von einem kleinen Hause, das nicht mehr als drei Minen (80 Thlr.) werth gewesen. Demosthenes rechnet ein Haus unbemittelter Leute zu vierzig Minen (1048 Thlr.); andere kommen vor zu zwanzig Minen, und ein Miethshaus, also ein geräumiges, worin mehrere Familien wohnten, zu hundert Minen (2600 Thlr.).⁹) Endlich über die Kleidung finden sich ein Paar Angaben aus der Zeit des Sokrates. Eine Exomis, d. h. ein Chiton oder Unterkleid, welches nur die linke Schulter bedeckte, die rechte frei liefs, die gewöhnliche Tracht der arbeitenden Classe, Sklaven und Freier,

---

1) Aristoph. Eccles. v. 543. Böckh, Staatsh. I. S. 132.
2) Id. ib. S. 137 f.   3) Ebend. S. 105.
4) Isaeus, or. 5. §. 43.   5) Aristoph. Wolk. v. 20 u. 1226.
6) Böckh, Staatsh. I S. 96.   7) Ebend. S. 99.
8) Ebend. S. 69.   9) Ebend. S. 94 ff.

ist, nach Sokrates, zu zehn Drachmen (2⅔ Thlr.) zu haben.¹) Bei Aristophanes²) verlangt ein Jüngling von einer alten Liebhaberin, die ihn unterhält, zu einem Oberkleide zwanzig Drachmen (5 Thlr.), zu Schuhen aber acht Drachmen (2⅓ Thlr.), was unverhältnifsmäfsig viel ist, auch wenn man noch so elegante Prachtschuhe denkt, da der spätere Lucian ein Paar Weiberschuhe nur zu zwei Drachmen rechnet.³) Ein gewöhnliches Oberkleid, wie es Leute des Mittelstandes trugen, scheint vier Stateren Silbers, also sechzehn Drachmen (4⅙ Thlr.) werth gewesen zu sein,⁴) und eine Chlamys, wie die Epheben sie trugen, zwölf Drachmen (3 Thlr. 4 Sgr.).⁵) — Aus solchen zerstreuten Angaben, zumal von verschiedenen Zeiten und nicht immer ganz sicher, läfst sich nun freilich kein anderes als nur das allgemeine Urtheil gewinnen, dafs das Geld in den bekannteren Zeiten, vom peloponnesischen Kriege bis zum Ende des demosthenischen Zeitalters, zwar höheren Werth gehabt habe, als zu unserer Zeit, dafs indessen die Vorstellung, als sei es ungefähr zehnmal mehr werth gewesen, entschieden unrichtig sei.⁶) Indessen lebte man allerdings doch damals in Athen viel wohlfeiler, als wir jetzt, weil man eine Menge von Bedürfnissen, die uns das Leben vertheuern, nicht hatte, und wer sich auf das Nothwendigste beschränkte, konnte mit wenigem auskommen. Die geringeren Fische namentlich, welche frisch und gesalzen eine Hauptnahrung der Mehrzahl ausmachten, waren ausnehmend wohlfeil, die Kleidung ebenfalls nicht theuer, und es läfst sich annehmen, dafs in Sokrates' Zeitalter eine Familie von vier Personen mit neunzig bis hundert Thalern jährlich die unentbehrlichsten Bedürfnisse an Nahrung und Kleidung habe bestreiten können.⁷) Wer aber besser leben wollte, der brauchte natürlich viel mehr.

Zur richtigen Beurtheilung der Geldverhältnisse ist aber auch erforderlich, dafs man die Rentabilität der in Geschäften angelegten Capitalien kenne. Dafs diese im Alterthum unweit gröfser gewesen sei, als in unserer Zeit, ergiebt sich schon aus der Höhe des Zinsfufses. Der gewöhnliche war zwölf bis achtzehn vom Hundert, so dafs also das gleiche Capital seinem Be-

---

1) Plutarch. de tranq. an. c. 10. 2) Im Plutos v. 983. 4 Inv.
3) Lucian. dial. meretr. 7 u. 14 tom. VIII p. 226 u. 264 Bip.
4) Aristoph. Eccles. v. 436 Inv. Vgl. Böckh. Staatsh. I S. 148.
5) Pollux IX, 58. Böckh. a. a. O.
6) Vgl. Rodbertus, d. Sachwerth des Geldes im Alterth., in Hildebrands Jahrb. f. Nationalökonomie J. VIII, Heft 5.
7) Böckh, Staatsh. I S. 157.

sitzer dreimal bis viermal mehr abwarf, als bei uns, wenn wir den Zinsfufs zu vier Procent annehmen. Es kommen auch geringere Zinsen zu zehn Procent, aber auch höhere bis zu sechsunddreifsig Procent vor, und zwar namentlich bei der sogenannten Bodmerei, der *τόκος ναυτικός*.[1]) Gesetzliche Bestimmungen über den Zinsfufs gab es nicht; aber es ist klar, dafs Niemand Geld zu so hohen Zinsen geborgt haben würde, wenn das Geschäft, wozu er es gebrauchte, ihm nicht soviel abgeworfen hätte, dafs er dabei bestehen konnte. Am wenigsten rentirten ländliche Grundstücke. Nach Isäus trug ein Gütchen, welches hundert und funfzig Minen werth war, zwölf Minen Pacht, also nur acht Procent.[2]) Dagegen findet sich die Angabe, dafs das Gesammtvermögen eines Unmündigen, welches nach athenischem Gesetz von den Vormündern im Ganzen verpachtet wurde, dadurch innerhalb sechs Jahren von viertehalb Talenten auf sechs Talente gestiegen, also beinahe verdoppelt sei. Es mufste also jährlich fünfundzwanzig Minen, d. h. mehr als eilf Procent abwerfen.[3]) Aus Allem geht hervor, wie ungleich höher damals die Capitalien rentirten, als heutzutage.

Die Ausgaben des Staates, zu deren Betrachtung wir jetzt übergehen, sind theils ordentliche in jedem Jahre zu bestreitende, theils aufserordentliche, durch besondere Bedürfnisse, namentlich durch den Krieg veranlafste. Unter jenen erwähnen wir zuerst der Ausgabe für die zahlreiche Beamtenschaft und deren Diener, eine Ausgabe, die trotz dem, dafs die Beamten gröfstentheils ohne Sold dienten, dennoch nicht unbeträchtlich gewesen sein kann, da der Staat die Kosten der Speisungen, von welchen oben gesprochen ist, zu tragen, die Diener aber, wie Schreiber, Herolde u. dgl., wozu wir auch die skythischen Polizeisoldaten und andere öffentliche Sklaven rechnen müssen, zu unterhalten und ihnen also nicht blofs Kost sondern auch Sold zu geben hatte. Besoldet ferner wurden auch manche mit speciellen Geschäftsführungen Beauftragte, wie die Redner, welche als Synegoren oder Staatsanwalte in öffentlichen Processen zu fungiren hatten, und deren Sold zu Aristophanes' Zeit eine Drachme für den Tag gewesen zu sein scheint;[4]) ebenso die Gesandten, welche Tagegelder von einer bis zwei Drachmen erhielten,[5]) und die Com-

---
1) Ebend. Staatsh. I S. 181 ff. 2) Isae. or. 11. §. 43.
3) Demosth. g. Aphob. I p. 831. Böckh, Staatsh. I S. 200.
4) Aristoph. Vesp. v. 689.
5) Aristoph. Ach. v. 66. Vgl. Demosth. de f. leg. p. 390, wo die Kosten einer aus zehn Personen bestehenden Gesandtschaft, die nicht ganz dritte-

missarien, welche bisweilen in die Städte der Bundesgenossen geschickt wurden, um dort die Interessen des Staates wahrzunehmen.[1]) Das Gesetz verbot übrigens, dafs Niemand Sold für zwei Anstellungen zugleich beziehen sollte,[2]) offenbar damit solcher Vortheil immer möglichst Vielen zu Gute käme. Auch öffentliche Aerzte, zum Theil Ausländer, wurden vom Staat in Sold genommen, und ihr Sold war bisweilen bedeutend genug, wie z. B. Demokedes aus Kroton für ein Jahr, das er sich in Athen aufhielt, hundert Minen bekommen haben soll,[3]) und dies mehrere Jahrzehnde vor dem ersten persischen Kriege, also zu einer Zeit, wo das Geld vielleicht zweimal soviel werth war, als hundert Jahre später. So wurden ohne Zweifel auch noch manche Andere, die mit ihrer Kunst dem Gemeinwesen dienten, dafür besoldet, worüber es uns jedoch an speciellen Angaben fehlt, geschweige dafs wir im Stande sein sollten, auch nur annähernd zu bestimmen, wie hoch etwa die Summe solcher Besoldungen sich jährlich belaufen haben möge. Eher dürfen wir dies bei dem Solde des Rathes, der Volksversammlung und der Gerichte versuchen. Der Sold eines Rathsherrn betrug täglich, d. h. so oft Sitzungen gehalten wurden, eine Drachme. Rechnen wir nun etwa dreihundert Sitzungstage und etwa vierhundert Anwesende, — denn dafs nicht alle Fünfhundert sich immer regelmäfsig einfanden, ist gewifs, — so kommen wir auf zwanzig Talente jährlich. Der Ekklesiastensold betrug, wie früher angegeben, zur Zeit der gesteigerten Demokratie drei Obolen, und wenn wir auch nur die vierzig regelmäfsigen Versammlungen, und in jeder etwa sechstausend Empfänger rechnen, so kommen wir auch auf zwanzig Talente. Es fanden zwar ohne Zweifel wohl mehr als jene vierzig Versammlungen statt, dagegen aber belief sich die Zahl der Versammelten häufig wohl auf viel weniger als sechstausend und wir dürfen wohl annehmen, dafs unter diesen sich manche Wohlhabendere befunden haben werden, die es für anständiger hielten, auf das Triobolum zu verzichten, da wir eine

---

halb Monate abwesend gewesen, rund auf 1000 Dr. angegeben werden. Schäfer, Demosth. II S. 226. 236.
1) Aristoph. Av. v. 1023f. Harpocr. unt. *ἐπίσκοπος*. Böckh, Staatsh. I S. 534.
2) Demosth. g. Timocr. p. 739. *διχόθεν μισθοφορεῖν*.
3) Herodot. III, 131. Im Allgemeinen über die öffentlichen Aerzte Aristoph. Acharn. v. 1043 mit dem Schol. Plat. Polit. p. 259 A. Schneider zu Arist. Polit. p. 108. u. Hermann zu Beckers Charikl. III S. 49, welcher mit Recht leugnet, dafs zur Ausübung der Heilkunde überall eine Concession von Staatswegen erforderlich gewesen sei.

Anspielung auf solche **Ekklesiasten ohne Diäten** auch bei dem Komiker Antiphanes finden.[1] — Die Summe des Richtersoldes rechnet Aristophanes[2]) zu hundert und fünfzig Talenten, offenbar die höchstmögliche Summe, indem er sämmtliche sechstausend Heliasten und dreihundert Gerichtstage rechnet. Aber wenn auch wirklich der Gerichtstage so viele gewesen sein sollten, so saßsen doch keinesweges immer auch alle sechstausend Heliasten zu Gericht, und wir müssen also nothwendig Einiges von jener Summe abziehen. Hundert Talente indessen dürfen wir unbedenklich annehmen.

Aufser diesen Besoldungen, die als eine Entschädigung für die auf Gerichte, Volksversammlungen und Rathssitzungen verwandte Zeit und Mühe dienen sollten, bekamen die Bürger seit Perikles die sogenannten Theorika,[3] anfangs nur an den Festen, wo Schauspiele im Theater stattfanden, indem dies an einen Pächter, Theatrones oder Architekton, verpachtet war, der es im Stande halten mufste, und dafür befugt war, ein Eintrittsgeld von den Zuschauern zu erheben, welches für die gewöhnlichen Plätze zwei Obolen betrug, weshalb denn, um den Aermeren den Besuch des Theaters nicht zu verleiden, die Einrichtung getroffen wurde, ihnen das Geld dazu aus der Staatscasse zu zahlen; späterhin aber auch bei andern Festen, damit sie sich einen guten Tag machen könnten. Was sich etwa zur Entschuldigung dieser Spenden sagen liefse, haben wir schon an einer andern Stelle auseinandergesetzt:[4] wie bedeutend aber die Ausgabe gewesen sei, läfst sich unter andern aus einer erhaltenen Urkunde ersehen,[5] nach welcher Ol. 92, 3 (v. Chr. 410), also zur Zeit des peloponnesischen Krieges, aus dem Schatz der Athene an die Hellenotamien in der dritten Prytanie zwei Talente, in der vierten acht Talente und 1355 Drachmen, in der fünften vier Talente und 2200 Dr., und in der siebenten zwei Talente und 1232 Dr., also in vier Prytanien, oder in nicht vollen fünf Monaten, zusammen sechzehn Talente, siebenundvierzig Minen und siebenundachtzig Dr., d. h. über 25000 Thlr. zur Theorikenvertheilung gezahlt worden sind. Da das Geld an die Hellenotamien gezahlt

---

1) Bei Athenae. VI, 52 p. 217, wo der Ausdruck ἐκκλησιαστὴς οἰκόσιτος erklärt wird durch ὁ μὴ μισθοῦ ἀλλὰ προῖκα τῇ πόλει ὑπηρετῶν. Die Verzichtleistung auf Diäten zu verbieten, wie es die moderne Demokratie aus sehr erklärlichem Grunde gethan, ist den Alten wohl nicht in den Sinn gekommen.
2) In den Wespen v. 660.   3) Vgl. Böckh, Staatsh. I S. 306 ff.
4) S. S. 353.   5) Corp. Inscr. no. 147.

ist, d. h. an die Schatzmeister der Bundescasse, wovon nachher, so darf angenommen werden, dafs es nur zur Ergänzung dessen gedient habe, was diese aus ihrer Casse zu zahlen hatten, und dafs also die Gesammtsumme der während jener Zeit gezahlten Theoriken sich bedeutend höher belaufen haben möge. Dafs aber die Theoriken aus dieser Casse, die ihrer ursprünglichen Bestimmung nach nur als Kriegscasse dienen sollte, gezahlt wurden, erklärt sich daraus, dafs, wie ich früher bemerkt habe, diese Spende als eine Art von Vergeltung dafür angesehen werden sollte, dafs die Athener die Last der Kriege vorzugsweise vor ihren Bundsgenossen zu tragen hatten. Den Gesammtbetrag der Summen aber, welche die Theoriken fordern mochten, zu berechnen, ist kaum möglich, und wir mögen uns mit der Angabe begnügen, dafs Böckh sie auf jährlich fünfundzwanzig bis dreifsig Talente veranschlagt hat.¹) Gegen das Ende des peloponnesischen Krieges, als die absolute Demokratie auf eine Zeitlang abgeschafft wurde, hörten auch diese Spenden ebenso wie die früher besprochenen Besoldungen der Volksversammlung u. s. w. auf: sie wurden aber nach Wiederherstellung der Demokratie auch bald wieder eingeführt, und es wurden eigene Schatzmeister für die dazu bestimmte Casse eingesetzt. Dieser waren wahrscheinlich zehn, durch Cheirotonie erwählt, und sie waren eine Zeitlang sogar die obersten Finanzbeamten des Staates, und hatten, aufser ihrem eigentlichen Geschäftskreise, auch noch die Controle der öffentlichen Einkünfte, statt des Antigrapheus, die Empfangnahme der an den Staat gezahlten Gelder, statt der Apodekten, und die Besorgung der öffentlichen Bauten, welche Cumulation der Functionen indessen nach einigen Jahren wieder aufgehoben wurde.²) Dafs übrigens in der Zeit, wo die Athener selten mehr selbst in den Krieg zogen, die Theorikenspende auf keine Weise gerechtfertigt werden konnte, ist nicht zu leugnen, zumal wenn man hört, dafs das Volk in seiner Begierde darnach soweit ging, zu beschliefsen, dafs alle Ueberschüsse der Staatseinnahmen allein der Theorikencasse zufliefsen sollten, ja dafs eine Zeit lang der Antrag, sie der Kriegscasse zuzuweisen, selbst mit Todesstrafe bedroht wurde,³) und wenn man erwägt, dafs die Gelegenheiten, diese Spende zu vertheilen, immer mehr vervielfältigt

---

1) S. 315, aber mit dem Zusatz, dafs sie auch schon in guten, d. h. noch weniger entarteten Zeiten leicht das Doppelte und Dreifache betragen haben mögen.
2) Aeschin. g. Ctesiph. p. 417 f. Böckh, Staatsh. I S. 251. Schaefer, Demosth. I S. 177. 181 f.   3) S. Schaefer, Demosth. I S. 185.

wurden, und dazu noch häufig öffentliche Speisungen des Volkes kamen, die ebenfalls aus der Theorikencasse zu bestreiten waren. Die Vertheilung der Theoriken geschah übrigens in den einzelnen Demen, und zu Demosthenes' Zeit nahmen nicht blofs ärmere, sondern auch wohlhabende Leute das Geld.[1])

Löblich dagegen ist eine andere Art von Spenden, die Unterstützung armer zur Arbeit unfähiger Bürger. Schon Solon, nach Andern Pisistratus,[2]) soll diese Einrichtung getroffen haben, zunächst für diejenigen, welche durch Verletzungen im Kriege arbeitsunfähig geworden waren: später ward sie auf alle Arbeitsunfähige ausgedehnt, die weniger als drei Minen im Vermögen hatten, also wirklich arm waren. Die Spende betrug nach Umständen einen bis zwei oder drei Obolen täglich.[3]) Wer sie erhalten sollte, ward durch Volksbeschlufs bestimmt, die Auszahlung besorgte der Rath prytanienweise. Doch mufste sich jeder Empfänger einer Prüfung unterwerfen, d. h. über seine Berechtigung ausweisen. Wer dies versäumte, ging für dies Mal der Zahlung verlustig. Es konnte aber bei jener Prüfung auch Einer gegen ihn auftreten und seine Berechtigung anfechten, worüber denn bisweilen ein förmliches gerichtliches Verfahren eingeleitet werden mufste. Die Summe, die zu diesen Unterstützungen jährlich verwendet wurde, mögen wir mit Böckh auf fünf bis zehn Talente veranschlagen. Andere Anstalten zur Armenunterstützung, Armenhäuser und drgl., gab es nicht, und Athen bedurfte ihrer auch nicht so, wie die neueren Staaten, die unter ihren sogenannten Bürgern ein zahlreiches Proletariat haben, welches ohne dergleichen verhungern müfste, statt dessen in Athen die Sklaven waren, die von ihren Herrn ernährt wurden, und bei denen Uebervölkerung, diese Hauptursache der Armennoth, leicht verhütet werden konnte, da die Fortpflanzung der Sklaven unter Controle der Herrn stand, und da, wer mehr Sklaven hatte, als er zu ernähren vermochte, sich ihrer durch Verkauf entledigen konnte. — Als eine Art von Armenunterstützung lassen sich freilich auch die Theoriken, wie die Gerichts- und Volksversammlungsbesoldungen betrachten, insofern sie eine Beihülfe für die Aermeren waren. Wie aber jene Unvermögenden vom Staate Unterstützung bekamen, so wurden auch die Kinder der im Kriege Gefallenen bis zu ihrer Mündigkeit vom

---

1) Demosth. in Leoch. p. 1091.
2) Plutarch. Sol. c. 31. Schol. zu Aesch. tom. III p. 738 R. Harpocr. unt. *ἀδύνατοι*. Böckh, Staatsh. I S. 342 ff.
3) Philoch. bei Harpocr. unt. *ἀδύνατοι*. Müller fr. hist. I no. 67. 68.

Staate unterhalten, und dann bei ihrer Wehrhaftmachung mit einer Panoplia d. h. einer vollständigen Hoplitenrüstung beschenkt.¹) — Endlich mag hier auch noch der Getraidespenden gedacht werden, die freilich nur ausnahmsweise vorkamen, wenn in Zeiten der Theurung dem Volk das Getraide aus den öffentlichen Magazinen entweder umsonst oder zu einem niedrigeren Preise verabfolgt wurde.²)

Eine nicht unbeträchtliche stehende Ausgabe verursachte auch in Friedenszeiten das Kriegswesen. Erstens die Reiter, die auch im Frieden zusammengehalten und geübt wurden, bekamen theils bei ihrem Eintritt in den Dienst ein Equipirungsgeld, die sogenannte κατάστασις, theils während desselben einen Zuschufs zur Unterhaltung ihrer Rosse. Wie viel jedes betragen habe, lehren uns unsere Quellen nicht: wir müssen uns also mit der Angabe des Xenophon begnügen, welcher die Kosten für die Reiterei auf beinahe vierzig Talente jährlich anschlägt.³) Die Hippotoxoten oder berittenen Bogenschützen sind unter den Reitern, von denen Xenophon redet, nicht mitbegriffen. Ihrer waren zweihundert, und sie waren Staatssklaven, ebenso wie die Bogenschützen zu Fufs, aber sie wurden auch im Kriege gebraucht,⁴) und ihre und ihrer Pferde Unterhaltung bildet einen Ausgabeposten, den wir auf etwa funfzehn Talente anschlagen mögen. Sodann wurden mehrere Schiffe auch in Friedenszeiten beständig ausgerüstet und bemannt unterhalten, theils um zu Theorien, theils um zu anderen Sendungen gebraucht zu werden. Ihrer waren in dem Zeitraum, der der eigentliche Gegenstand unserer Darstellung ist, drei, das Delische, das Salaminische und das Paralische,⁵) das erste so genannt, weil es zu der delischen Theorie gebraucht wurde, das zweite weil es mit Salaminiern, das dritte weil es mit Leuten aus der Paralia, d. h. dem Küstenstrich dieses Namens, bemannt war. Später finden wir noch die Namen Ammonis, Antigonis, Demetrias, Ptolemais, von denen es jedoch nicht klar ist, ob sie lauter neue, zu jenen hinzugefügte Schiffe bezeichnen, oder ob man jene nur umgetauft habe: doch ist von der Ammonis jedenfalls das erstere anzuneh-

---

1) S. Böckh, Staatsh. I S. 346.   2) Ebend. S. 124.
3) Xenoph. Hipparch. c. 1, 19. Vgl. Sauppe im Philol. XV S. 69 ff., welcher Bakes Meinung, dafs die κατάστασις nur unter den Dreifsig gezahlt sei, mit Recht zurückweist. Bakes Einreden dagegen, in Verslagen en Medeel. V, 45. 306 sind schwerlich von Erheblichkeit.
4) Vgl. Böckh a. a. O. S. 368.
5) Id. Urkund. S. 76. 78. Meier, Comm. epigr. I p. 43.

men. Diese hiefs so wegen der Theorien zum Zeus Ammon, und ihre früheste Erwähnung gehört in die Zeit Alexanders des Grossen. Gewifs aber ist, dafs die Mannschaft jedes dieser Schiffe mit vier Obolen täglich besoldet wurde, und dafs zu dieser und den sonstigen für sie nöthigen Ausgaben eine besondere Casse für jedes unter der Verwaltung eines ταμίας stand. Rechnen wir nun die Mannschaft eines Schiffes zu zweihundert Mann, so beläuft sich die Summe für den Sold auf jährlich beinahe sieben Talente für jedes Schiff.[1]) Uebrigens wurden diese Schiffe auch in Seeschlachten, gleich den eigentlichen Kriegsschiffen, gebraucht. Ihre Befehlshaber scheinen den Titel Nauarchen geführt zu haben.[2]) Die eigentliche Kriegsflotte, deren geringe Anfänge dem solonischen Zeitalter anzugehören scheinen, deren Gröfse von den Zeiten des zweiten persischen Krieges an datirt, wurde nach dieser Zeit jährlich um eine gewisse Anzahl von Trieren vermehrt; ob die Zahl, die Themistokles vorgeschlagen hatte, nämlich jährlich zwanzig,[3]) immer beibehalten sei, ist freilich nicht zu ermitteln. Zu den Schiffen gehörte aber auch mancherlei Geräth, um sie auszurüsten, welches in den Neorien des Staates in Bereitschaft gehalten werden mufste. Ebenso mufste der Staat einen Waffenvorrath im Zeughause, der ὁπλοθήκη, für das Bedürfnifs des Krieges bereit halten, um diejenigen, die sich nicht auf eigene Kosten bewaffnen konnten, wie Theten und Sklaven, wenn sie aufgeboten wurden, damit auszurüsten, und wir haben noch einen Volksbeschlufs zu Ehren des Redners Lykurgus,[4]) eines Zeitgenossen des Demosthenes, worin diesem nachgerühmt wird, dafs er viele Rüstungen und funfzigtausend Geschützwaffen auf die Burg geschafft habe.

Eben dieser Volksbeschlufs nennt noch mehrere andere Vorräthe und bedeutende Bauten, wie die Schiffswerfte, das dionysische Theater, das panathenäische Stadion, das lykeische Gymnasion, als vom Lykurg theils ausgebaut theils neu angelegt: und dergleichen theils Neubauten, theils Unterhaltung schon vorhandener Werke mufsten natürlich alljährlich mehr oder weniger vorkommen, wie z. B. Mauern und Festungswerke, Gräben, Wasserleitungen und Brunnen, Hallen, Amtslocale, Gerichtslocale und dergleichen, und einen nicht unbeträchtlichen Aufwand verursachen, dessen Betrag berechnen zu wollen wir uns freilich

---
1) Vgl. Böckh, Staatsh. I S. 339 f.
2) Nach Herbst, die Schlacht bei den Arginusen, S. 30.
3) Plut. Themist. c. 4. Diodor. XI, 43.
4) Bei Ps. Plut. vitt. X orat. p. 852 C.

nicht in den Sinn kommen lassen dürfen. Wie grofs aber die Summen gewesen seien, die für die Verschönerung der Stadt mit Prachtgebäuden und Kunstwerken verausgabt wurden, mag man etwanig daraus abnehmen, dafs allein die Propyläen der Akropolis, welche in fünf Jahren, unter Perikles, gebaut wurden, zweitausend und zwölf Talente, d. i. über drei Millionen Thaler kosteten,[1]) und dafs das bei der Statue der Stadtgöttin angebrachte Gold, welches abgenommen werden konnte, vierzig Talente an Gewicht betrug.[2])

Wie aber die Athener um die Bilder und Tempel ihrer Götter stattlich herzustellen und zu schmücken nicht sparsam waren, ebensowenig waren sie dies bei der Feier der Feste, die ihnen zu Ehren begangen wurden. Man rühmte sie als die gottesfürchtigsten unter allen Hellenen, weil sie wohl doppelt so viele Feste feierten als irgend ein anderer Staat,[3]) und, können wir hinzusetzen, weil kein anderer Staat seine Verehrung und Dankbarkeit gegen die Götter in so glänzenden und kostbaren Festen an den Tag legte. Denn dafs hiebei nicht blofs Prachtliebe und Schaulust, sondern auch jene edleren Motive wirkten, darf schwerlich in Abrede gestellt werden. Wer wahrhaft dankbar für empfangene Wohlthaten ist, der liebt es, dem Wohlthäter auch zu zeigen, wie er sich des Empfangenen freue und es geniefse, und die Griechen waren der Ueberzeugung, dafs ihre menschlich fühlenden Götter, die Geber aller guten Gaben, auch selbst eine Freude daran hätten, wenn ihre Schützlinge sich vor ihnen im frohen Genufs und Gebrauch dessen, was sie ihnen verdankten, darstellten. Dies ist der Sinn, welcher ihren fröhlichen und glänzenden Festfeiern zu Grunde liegt. Die auf Staatskosten gefeierten Feste ($ἱερὰ\ δημοτελῆ$), die uns hier allein angehn, waren theils altherkömmliche ($πάτρια$), in frühester Zeit schon eingesetzte, theils späterhin angeordnete ($ἐπίθετοι\ ἑορταί$), jene aus leicht begreiflichen Gründen im Allgemeinen weniger kostbar und glänzend als diese. Einige waren stehende, andere aufserordentliche, bei besonderen Veranlassungen gefeierte: bei manchen kamen zu den Opferhandlungen noch Festaufzüge, Spiele mancher Art, theils scenische theils gymnische, bei manchen auch öffentliche Volksspeisungen hinzu. Um einen ungefähren Begriff von dem Aufwande zu geben, den die Feste verursachten, mag hier nur des einen Umstandes erwähnt werden,

---

1) Böckh, Staatsh. I S. 283.   2) Thucyd. II, 13.
3) (Xenoph.) Staat v. Athen c. 3, 9.

dafs nach einer Inschrift aus Ol. 111, 3 (v. Chr. 334)[1]) das sogenannte Dermatikon oder Hautgeld, d. h. das aus dem Verkauf der Häute der geschlachteten Opferthiere gelöste Geld, in sieben Monaten die Summe von 5148⅔ Drachmen, also etwas über 1300 Thlr. betrug. Bei der Jahresfeier des Sieges bei Marathon wurden der Artemis Agrotera fünfhundert junge Ziegen geopfert. Zu den Panathenäen, wie uns eine Inschrift aus Ol. 92, 3 (v. Chr. 410) lehrt,[2]) wurden aus dem Schatz der Athene an die Opferbesorger ($\iota\varepsilon\rho o\pi o\iota o\iota$) für eine Hekatombe 5114 Drachmen gezahlt, an die Athlotheten aber, welche die Festspiele zu besorgen hatten, fünf Talente und tausend Drachmen, was wir nur als einen kleinen Theil des ganzen Festaufwandes anzusehen haben. Demosthenes sagt einmal,[3]) dafs die Athener auf die Panathenäen und Dionysien mehr Geld als auf irgend eine Kriegsrüstung verwendeten, was uns eben nicht als eine grofse Uebertreibung vorkommen kann, wenn wir uns an die Pracht der Schauspiele, die Ausstattung der Bühne und der Chöre, die Bezahlung der Dichter und Schauspieler, die Belohnung der Sieger erinnern, und dabei bedenken, dafs damit bei weitem nicht Alles, was zur Feier gehörte, abgemacht war. Von Preisen mag nur beispielsweise erwähnt werden,[4]) dafs, nach einer Inschrift, der goldene Siegeskranz eines Kitharöden fünfundachtzig Drachmen wog, dessen Werth wir etwa auf tausend Silberdrachmen, also 250 Thlr., anschlagen mögen, dafs anderswo Preise von 2500, von 1200, von 600, von 400, von 300 Dr. vorkommen, und dafs, nach einer Anordnung des Redners Lykurgus, beim Fest des Poseidon im Piräeus der kyklische Chor, welcher den Sieg gewann, wenigstens zehn Minen, der zweite acht, der dritte sechs erhielt. — Aber nicht blofs die einheimischen Festfeiern kosteten jährlich grofse Summen, sondern auch auswärtige, welche von Staatswegen durch Theorien oder Festgesandtschaften beschickt wurden, wie z. B. die Delische Panegyris, die Olympischen, Pythischen, Isthmischen, Nemeischen Spiele und manche andere. Die Kosten solcher Theorien wurden zwar zum Theil von den Abgesandten selbst getragen, weswegen die Archetheorie zu den Liturgien gezählt wird, von welchen wir bald reden werden; aber einen Zuschufs gab auch der Staat, und eine Inschrift[5]) belehrt uns, dafs die Archetheoren zur Delischen Panegyris ein Talent

---
1) Corp. Inscr. no. 157. Vgl. Böckh, Staatsh. I S. 297.
2) C. I. no. 147. Böckh, Staatsh. II S. 6.   3) Phil. I p. 50.
4) S. Böckh, Staatsh. I S. 299f.
5) Corp. Inscr. no. 158. Böckh, Staatsh. II S. 95.

bekommen haben. Dies wurde freilich aus der unter Verwaltung athenischer Amphiktyonen stehenden Delischen Tempelcasse gezahlt, aber es kann doch als Beweis dienen, dafs die Archetheoren nicht alles aus eigenen Mitteln zu bestreiten hatten. Um nichts zu übergehen, wollen wir auch noch der Ehrengeschenke erwähnen, welche der Staat gelegentlich zu ertheilen pflegte, und welche allmählig anfingen, zu den stehenden Ausgaben zu gehören. So war es im demosthenischen Zeitalter herkömmlich, dafs dem Rath der Fünfhundert bei seinem Abgange als Zeichen der Zufriedenheit mit seiner Amtsführung eine goldene Krone decretirt wurde.[1]) Auch sonst kommen goldene Kronen in diesem Zeitalter als Belohnungen wohlverdienter Bürger oft genug vor, wogegen man in besseren Zeiten sich mit Olivenkränzen begnügt hatte, wie solchen Perikles, und zwar er zuerst, empfangen haben soll.[2]) Der Werth solcher Goldkronen betrug wohl meist zwischen fünfhundert bis tausend Drachmen Silbers; doch gab es auch geringere.[3]) Wenn Jemandem diese Belohnung zuerkannt war, so wurde dies nicht nur durch den Herold öffentlich im Theater oder in der Pnyx verkündigt,[4]) sondern oft auch das Decret darüber auf Stein geschrieben und an öffentlichen Orten aufgestellt. — Bildsäulen zu Ehren verdienstvoller Männer kamen in den guten Zeiten noch viel seltener vor, und bis auf den Konon, welcher durch den Sieg bei Knidos über die Spartaner und Herstellung der niedergerissenen Mauern Athens den Grund zur Wiederaufrichtung des Staates gelegt und die Ehre der Bildsäule wohl verdient hatte, mögen solche nur den Tyrannenmördern Harmodius und Aristogiton errichtet worden sein.[5]) Das spätere Athen verschwendete auch diese Ehrenbezeugung. Eine mäfsigere Belohnung war die Speisung an der Staatstafel im Prytaneum, welche verdienten Bürgern bisweilen auf Lebenslang bewilligt wurde, wie aus der Geschichte des Sokrates wohl allgemein bekannt ist. Auch Geldgeschenke kamen mitunter vor, wie z. B. Lysimachus, der Sohn des Aristides, es den Verdiensten seines Vaters zu danken hatte, dafs ihm ein Capital von hundert Minen und einiges Land geschenkt, und aufserdem eine Pension von vier Drachmen täglich gezahlt wurde.[6])

---

1) S. ob. S. 396. 2) Valer. Max. II, 6, 5.
3) S. Böckh, Staatsh. I S. 41. 4) S. de comit. p. 335.
5) Demosth. Leptin. § 70. — Die Statue des Solon, deren Pausan. I, 16, 1 und Aelian. V. H. VIII, 16 erwähnen, war ohne Zweifel erst später errichtet. Vgl. Westerm. de publ. Ath. hon. p. 15 u. Bergk, Jahrb. f. Philol. LXV. S. 395. 6) Böckh, Staatsh. I S. 349.

Dafs sich über den Gesammtbetrag der regelmäfsigen jährlichen Ausgaben keine nur einigermafsen sichere Berechnung anstellen läfst, werden sich die Leser, wenn sie die zusammengestellten Angaben überblicken, von selbst sagen. Böckh schlägt ihn auf wenigstens vierhundert Talente an; wenn aber grofse Bauten, aufserordentliche Geldvertheilungen und bedeutender Aufwand für Feste hinzugekommen, so möchte er sich leicht auf tausend Talente haben belaufen können.[1]) Bei dieser Vermuthung wollen wir uns denn auch beruhigen. — Von den aufserordentlichen Ausgaben aber, die durch Kriege verursacht wurden, können wir nur mit dem spartanischen Könige sagen: οὐ τεταγμένα σιτεῖται ὁ πόλεμος: der Krieg verzehrt kein bestimmtes Quantum, es kommt Alles auf die Gröfse der Heere und Flotten und auf die Dauer des Krieges an. Die Heere, obgleich sich die Bürger, mit Ausnahme der Theten, selbst bewaffneten, mufsten doch, wenn die Feldzüge nicht ganz kurz sein sollten, nothwendig besoldet werden, und wurden es auch wirklich seit der Zeit des Perikles.[2]) Der gemeine Fufssoldat erhielt in der Regel zwei Obolen Sold und ebensoviel Verpflegungsgeld (σιτηρέσιον) täglich, der Lochagos wahrscheinlich das Doppelte, der Strategos das Vierfache, was freilich mit den Besoldungsverhältnissen bei den heutigen Armeen in grellem Contrast steht, sich aber aus dem demokratischen Gleichheitsprincip leicht erklärt. Auch fehlte es im Kriege den Anführern nicht an Gelegenheit, sich nebenher Vortheile zu verschaffen und selbst zu bereichern. Es giebt aber auch Beispiele höherer Besoldung, wie zu Anfang des peloponnesischen Krieges bei der Belagerung von Potidäa jeder Hoplit täglich zwei Drachmen bekam, eine für sich, die andere für seinen Diener. Die Schiffsmannschaft, Seesoldaten und Ruderer, bekamen bald vier Obolen, bald eine Drachme, wonach sich, wenn man zweihundert Mann für eine Triere rechnet, der monatliche Sold auf viertausend Drachmen bis zu einem Talente stellt.[1]) Eine Flotte von hundert Schiffen mufste also blofs an Löhnung monatlich etwa hundert Talente kosten. Perikles bekriegte nicht lange vor dem peloponnesischen Kriege die Insel Samos mit einer Flotte von sechzig Schiffen, zu denen später noch vierzig athenische, fünf-

---

1) Böckh, Staatsh. I S. 355.
2) Ebend. S. 377 ff.
3) So rechnet Thucyd. VI, 8 sechzig Talente als monatlichen Sold für sechzig Schiffe.

undzwanzig aus Chios und Lesbos, und nachher noch wieder sechzig athenische, dreifsig aus den genannten beiden Inseln hinzukamen: der Krieg dauerte neun Monate, und soll tausend oder zwölfhundert Talente gekostet haben.¹) Bei der Belagerung von Potidäa, wo, wie gesagt, jeder Hoplit eine Drachme für sich und ebensoviel für seinen Diener bekam, mufsten, wenn wir blofs diesen Sold in Anschlag bringen, da das Heer sich auf sechstausend Mann belief, die Belagerung aber siebenundzwanzig Monate währte, allein für den Sold achthundert und zehn Talente verausgabt werden. Die Gesammtkosten dieser Belagerung giebt Thukydides auf zweitausend Talente an.²)

Wir wenden uns jetzt zur Betrachtung der Einkünfte des Staats, wo uns mehr bestimmte Angaben zu Statten kommen. Nach der Behauptung, die Aristophanes in einem Ol. 89, 3 (vor Chr. 422) aufgeführten Stücke einer Person in den Mund legt,³) betrugen sie damals noch an zweitausend Talente, und sehr viel geringer sind sie in der blühenden Zeit Athens gewifs nicht gewesen, da allein die Tribute der Bundsgenossen, wie wir bald sehen werden, ungefähr drei Fünftel dieser Summe ausmachten. In Friedenszeiten überstiegen also die Einkünfte die Ausgaben bei weitem, und es konnte ein beträchtlicher Schatz gesammelt werden, wie denn auch zu Anfang des peloponnesischen Krieges, trotz der Ausgaben, die die Bauten des Perikles und die Belagerung von Potidäa verursacht hatten, dennoch ein Vorrath von sechstausend Talenten vorhanden war, ungerechnet die vielen Kostbarkeiten, die sich in den Tempeln, auf der Burg und anderswo vorfanden, die Thukydides⁴) auf fünfhundert Talente anschlägt, und die vierzig Talente Goldes an der Bildsäule der Athene, welche im Nothfall abgenommen werden konnten. Jener Vorrath wurde nun freilich im Kriege bald verbraucht; doch sollen in der nächsten Zeit nach dem Frieden des Nikias wieder siebentausend Talente angesammelt sein,⁵) die dann der Krieg, besonders der Feldzug nach Sicilien, wieder verzehrte. Nach dieser Zeit wird keines gesammelten Schatzes mehr erwähnt, und nach dem Unglück in Sicilien, und gar nach der Niederlage bei Aegospotamoi stand es mit den Finanzen Athens sehr

---

1) Thucyd. I, 116. 117 u. Isocr. de permut. § 111. Diodor XII, 28. Corn. Nep. Timoth. c. 1.
2) Thucyd. II, 70.   3) In den Wespen v. 660.
4) B. II c. 13.
5) Nach Andocid. de pac. p. 93, dem Aeschin. d. fals. leg. p. 337 folgt. Vgl. Böckh, Staatsh. I S. 587.

schlecht, bis sie sich allmählig mit der wiederhergestellten Macht des Staates auch wieder hoben, so dafs unter Lykurgs Verwaltung die Einkünfte auf zwölfhundert Talente gestiegen sein sollen.[1])

Wie die Ausgaben, so müssen auch die Einnahmen in ordentliche und aufserordentliche getheilt werden. Die ordentlichen Einnahmen zerfallen in fünf Arten. Zur ersten zählen wir die Einnahmen von Grundstücken, die dem Staate gehörten, und an Einzelne entweder in Zeitpacht oder in Erbpacht gegeben waren. Unter diesen waren vor allen die lauriotischen Silberbergwerke wichtig,[2]) die sich im südlichen Theil des Landes von Thorikos bis Anaphlystos hin erstreckten, und deren Ergiebigkeit von Xenophon höchlich gerühmt wird,[3]) obgleich die Folgezeit diesen Ruhm nicht bewährt hat. Denn als Strabo schrieb, hatte man ihre Bearbeitung schon aufgegeben, und begnügte sich nur den früher herausgeschafften Berg und die Schlacken zu durchsuchen, in denen man noch einiges Silber fand, weil das Schmelzverfahren in älterer Zeit mangelhaft betrieben war.[4]) Die Bergwerke waren in Erbpacht an Private überlassen, die für jeden neuanzubauenden Theil ein Kaufgeld, und von dem Ertrage ein Vierundzwanzigstel oder 4⅙ Procent als Abgabe zu entrichten hatten. Der Ertrag dieser Abgabe wurde in früheren Zeiten unter die Bürger vertheilt, bis Themistokles es bewirkte, dafs dies abgeschafft und das Geld für die Flotte verwendet wurde. Ueber die Höhe des Ertrages fehlt es aber sowohl für diese als für die spätere Zeit an bestimmten Angaben.[5]) Von andern Grundstücken, die der Staat verpachtete, werden namentlich Häuser erwähnt,[6]) und von der Verpachtung des

---

1) Lebensbeschr. d. Zehn Redn. p. 842 E. Vgl. Schäfer, Demosth. III, 2 S. 102 f.
2) Ueber diese vgl. die erschöpfende Abhandlung Böckhs in den Abh. d. Berl. Ak. d.W. v. J. 1815 u. Staatsh. I S. 420 ff.
3) Xenoph. de redit. c. 4.
4) Strab. IX, 1 p. 399.
5) Dafs bei Herodot VII, 144, wo er von der Mafsregel des Themistokles redet, von jährlicher Vertheilung die Rede sei, scheint nicht bezweifelt werden zu dürfen, wenn auch die Summe des damals zur Vertheilung disponiblen Geldes, wovon 10 Dr. auf jeden Bürger gekommen sein sollen, und die sich auf etwa 40 Talente belaufen würde, zu grofs ist um als regelmäfsiger Jahresertrag angesehen werden zu können. Möglich dafs gerade damals aufserordentliche Umstände, wie Kaufgelder für neueröffnete Gruben, zu dem gewöhnlichen Ertrage hinzugekommen waren. Vgl. Curtius II S. 30 u. 730.
6) Xenoph. de redit. c. 4, 19.

Theaters ist schon oben die Rede gewesen. Auch Andeutungen verpachteten Landes und eines dafür gezahlten Zehnten finden sich,[1]) und ebenso hören wir, dafs nach der Eroberung von Chalkis auf Euböa, kurz vor den Perserkriegen, die dortigen öffentlichen Ländereien verpachtet worden sind.[2]) Endlich gab es in Attika heilige Oelbäume (*μορίαι*), deren Ertrag verpachtet war.[3]) Indessen flofs diese Pacht wohl nicht in den Staatsschatz, sondern in den Tempelschatz der Athene, der diese Bäume heilig waren, ebenso wie die Pachten von Tempelländereien (*τεμένη*) in die Cassen der Götter flossen, denen diese gehörten. Was aber von Staatswegen verpachtet wurde, dessen Verpachtung hatten, wie oben angegeben, die Poleten unter Aufsicht und Auctorität des Rathes zu besorgen.

Eine zweite Gattung von Einnahmen sind die Kopf- und Gewerbsteuern, welche aber nicht von den Bürgern, sondern nur von den Schutzverwandten gezahlt wurden. Die Bürger waren keiner direkten Besteuerung unterworfen, ausgenommen dafs für die Sklaven, die einer hielt, jährlich ein geringes Kopfgeld von drei Obolen entrichtet zu sein scheint.[4]) Freistaaten haben gegen direkte Besteuerung eine sehr erklärliche Abneigung, und greifen nur in Nothfällen dazu. Von der Kopfsteuer der Schutzverwandten ist schon oben angegeben, dafs sie zwölf Drachmen jährlich für den Familienvater, sechs Drachmen für Frauen, die für sich wohnten, und aufserdem von denjenigen Schutzverwandten, die zum Stande der Freigelassenen gehörten, noch drei Obolen betragen habe, welche als ein Ersatz für die durch ihre Freilassung ausgefallene Sklavensteuer anzusehen sind. Bei einer Anzahl von etwa zehntausend zahlungspflichtigen Schutzverwandten und dreihundert fünfundsechzigtausend Sklaven läfst sich der Gesammtbetrag dieser Steuern auf etwa funfzig Talente veranschlagen. Von Gewerbsteuern wissen wir nur, dafs erstens die Schutzverwandten, welche Handel auf dem Markte trieben, dafür eine Steuer zahlten von welcher die Bürger frei waren, und zweitens dafs Personen, die ihren Körper zur Wollust feilboten, eine Abgabe *πορνικὸν τέλος*, zu entrichten hatten.[5]) Erniedrigten sich Personen bürgerlichen Standes zu

---

1) Böckh, Staatsh. I S. 415. II. S. 52.
2) Aelian. V. H. VI, 1. Böckh, Staatsh. I S, 416.
3) Vgl. Markland zu Lys. p. 269 R. u. Böckh. a. a. O.
4) Böckh ebend. S. 448.
5) Ebend. S. 450.

solchem Gewerbe, so mufsten auch sie die Steuer dafür zahlen; sie hörten aber dann auch eigentlich auf, Bürger zu sein, sie waren ehrlos, also bürgerlich todt.

Die dritte Gattung von Einnahmen bilden die Ein- und Ausfuhrzölle, die Marktzölle und die etwa sonst von verkauften Gegenständen zu entrichtenden Abgaben. Was zunächst diese letzteren betrifft, so finden wir eine Andeutung, dafs von den verkauften Grundstücken ein Hundertstel des Kaufpreises zu entrichten gewesen sei:[1] und so mochte auch bei andern verkauften Gegenständen eine ähnliche Abgabe gezahlt werden, worüber uns jedoch unsere Quellen keine sichere Belehrung gewähren.[2] Die Marktzölle von den zum kleinen Verkehr feilgebotenen Waaren wurden theils an den Thoren theils auf dem Verkaufsplatze selbst erlegt, und waren von verschiedenem Betrage nach der Verschiedenheit der Waaren.[3] Die Ein- und Ausfuhrzölle betrugen ein Funfzigstel vom Werthe der aus- und eingeführten Waaren,[4] und waren natürlich bei dem vorzugsweise zur See betriebenen Handel am bedeutendsten im Piräeus, wogegen der Landhandel von geringerem Belange war. Auch für die Benutzung des Hafens und der zur Aufnahme der Waaren dienenden Gebäude ward eine Abgabe ($\ell\lambda\lambda\iota\mu\acute{e}\nu\iota o\nu$) entrichtet, über deren Gröfse sich nichts Bestimmtes angeben läfst.[5] — Der jährliche Ertrag des Funfzigsten oder der Ein- und Ausfuhrzölle läfst sich nach einer freilich nicht ganz klaren Andeutung des Redners Andokides für die Zeit zunächst nach dem peloponnesischen Kriege zu etwa sechsunddreifsig Talenten annehmen.[6] In besseren Zeiten mufste er sich natürlich höher belaufen.

Alle diese Steuern und Zölle erhob der Staat nicht selbst durch seine Beamten, sondern sie wurden verpachtet oder, wie die Griechen sich ausdrückten, verkauft.[7] Denn in der That besteht ja das Wesen des Geschäftes darin, dafs der Ertrag der

---

1) Ebend. S. 440 u. II, 347. 48. Vgl. auch Theophr. bei Stobae. Flor. t. 44, 22 p. 280 (201 Gaisf.).
2) Bei den πολλαῖς ἑκατοσταῖς des Aristophanes, Vesp. v. 656, ist wohl namentlich an dergleichen Kaufsteuern zu denken. Sie scheinen den allgemeinen Namen ἐπώνια geführt zu haben. Lex. Seguer. p. 255. Vgl. Böckh, Staatsh. II S. 439 u. Kirchhoff, Monatsber. d. Berl. Ak. d. W. 1865. S. 543.
3) Böckh, I S. 448.
4) Ebend. S. 425 f.
5) Ebend. S. 431. 2.
6) Andoc. de myst. p. 65. Böckh a. a. O. S. 427 ff.
7) Ebend. S. 451 ff.

Steuern oder Zölle einer gewissen Periode Eigenthum des Pächters (τελώνης) wird, wofür er dem Staate die bedungene Summe zahlt, und möglicher Weise Vortheil haben, mitunter aber auch Schaden leiden kann. Kleinere Pachtungen dieser Art unternahmen Einzelne, und erhoben dann auch wohl selber die Zahlungen von den dazu Verpflichteten, etwa wie bei uns die Einnehmer der Chausséegelder meist auch die Pächter der Hebestellen selbst sind. Zu gröfseren Geschäften, die ein bedeutendes Capital erforderten, verbanden sich Gesellschaften, von denen Einer als ἀρχώνης oder τελωνάρχης an der Spitze stand und den Pachtcontract mit dem Staate abschlofs. Dabei mufsten Bürgen gestellt werden, die wohl in der Regel Mitglieder der Gesellschaft selbst waren. Zur Erhebung der Abgaben wurde natürlich eine Anzahl von Unterbeamten gebraucht, die nach den verschiedenen Zöllen, die sie erhoben, verschieden benannt werden, πεντηκοστολόγοι, εἰκοστολόγοι, δεκατηλόγοι, ἐλλιμενισταί: sie mochten gemiethete Leute oder Sklaven der Zollpächter, öfters aber auch wohl geringere Theilnehmer der Gesellschaft selbst sein. Dafs die Uebelstände, die mit diesem Verpachtungssystem nothwendig verbunden sind, auch zu Athen nicht fehlten, davon giebt es Zeugnisse genug. Den Zollpächtern waren grofse Rechte gegen die Zahlungspflichtigen eingeräumt, und die Visitationen und andere dergleichen Plackereien wurden natürlich um so nachsichtsloser von ihnen ausgeübt, als dabei ihr persönliches Interesse, nicht, wie dort, wo Staatsdiener den Zoll erheben, blofser Amtseifer wirkte, der sich allenfalls durch ein mäfsiges Douceur abkühlen läfst. Und dafs die Griechen zu Schleichhandel und Zolldefraudationen mindestens ebensoviel Neigung und Talent hatten, als irgend ein anderes Volk, glaubt man auch wohl ohne Zeugnisse. Auch hören wir von einem Ankerplatz an der attischen Küste, aufserhalb der Zollgrenze des Emporiums, dem sogenannten Diebeshafen (φωρῶν λιμήν), den die Defraudanten zu benutzen pflegten. Der Staat, dem es natürlich daran gelegen sein mufste, dafs die Zollpächter im Stande waren, ihre Verpflichtungen gegen ihn zu erfüllen, unterstützte sie deswegen durch strenge Gesetze gegen Defraudationen, und gewährte ihnen aufserdem Freiheit vom Kriegsdienste, damit sie in ihrem Geschäfte nicht gehindert würden. Dagegen aber verfuhr er auch gegen sie, wenn sie ihre Verpflichtungen nicht erfüllten und die Zahlungen nicht zur bestimmten Zeit leisteten, mit nachsichtsloser Strenge. Die Zahlungen mufsten in bestimmten Fristen auf dem Rathhause geleistet werden, ein Theil wahrscheinlich gleich beim Antritt der Pachtung als Vorschufs (προκαταβολή), das Uebrige später. Wer die Zahlungstermine nicht einhielt, der verfiel als Staatsschuldner in Atimie, und konnte unter Umständen, wenn der Rath es zweckmäfsig fand, ins Gefängnifs gesetzt werden. Zahlte er aber bis zur neunten Prytanie nicht, so ward seine Schuld verdoppelt,[1]) und der Staat zog, um sich schadlos zu halten, das Vermögen des Schuldners ein. Das gleiche Verfahren fand gegen die Bürgen statt, wenn sie ihrer übernommenen Verpflichtung nicht genügten, und die Atimie ging auch auf die Kinder der Schuldner über, bis die Schuld getilgt war.

Die vierte Classe der ordentlichen Staatseinnahmen sind die Gerichts- und Strafgelder, von welchen das Nähere im folgenden Capitel zu sagen sein wird. Hier bemerken wir vorläufig nur, dafs sowohl bei Privatprocessen als auch bei öffentlichen Rechtshändeln, mit wenigen Ausnahmen, gewisse Gerichtsgebühren erlegt werden mufsten, welche der Staatscasse zuflossen, und dafs ebenso in beiden Arten von Processen von dem unterliegenden Kläger, wenn er nicht wenigstens den fünften Theil der Stimmen für sich gehabt hatte, eine gewisse Bufse an den Staat zu entrichten war. Zu diesen durch die Procefsordnung vorgeschriebenen Gebühren und Bufsen kamen nun aber sehr häufig noch die durch den Spruch der Gerichte zuerkannten Geldstrafen, die in der Mehrzahl der öffentlichen Processe den Verurtheilten trafen, und oft höchst bedeutend waren, selbst Summen von funfzig, ja von hundert Talenten, bisweilen auch Confiscation des ganzen Vermögens.[2]) Kamen nun dergleichen Strafen auch Jahr für Jahr ziemlich regelmäfsig vor, — und es wird den Gerichten öfters Schuld gegeben, dafs sie zu solchen Strafurtheilen im Interesse der Staatscasse nur allzuleicht geneigt gewesen seien, — so ist doch eine Berechnung, wieviel sie etwa durchschnittlich betragen haben mögen, nicht thunlich. Aber auch jene durch die Procefsordnung herbeigeführten Gerichtsgelder und Bufsen mufsten nicht wenig eintragen, zumal seitdem die Bundesgenossen genöthigt waren, ihre Processe vor den athenischen Gerichten zu führen, was etwa um die Mitte des fünften Jahrhunderts einge-

---

1) Dies gehört unter die Kategorie der προσκαταβλήματα oder Zuschlagzahlungen, die überhaupt demjenigen auferlegt wurden, der, was er dem Staat oder den Tempelcassen zu zahlen hatte, nicht rechtzeitig entrichtete, und die sich, wenn die Zahlung einer Tempelcasse gebührte, selbst auf das Zehnfache steigerten. S. Schäfer, Demosth. I S. 342.
2) Böckh, Staatsh. I S. 404 ff.

führt zu sein scheint, und bis zum Verluste der Meeresherrschaft durch den peloponnesischen Krieg fortdauerte, später aber, als die Athener jene allmählig wiedergewannen, wahrscheinlich nicht wieder eingeführt worden ist. Wie beträchtlich aber die Einnahme, die dem Staate dadurch erwuchs, gewesen sein müsse, mag man daraus abnehmen, dafs Alkibiades[1]) unter den Nachtheilen, welche den Athenern durch die spartanische Besetzung von Dekeleia verursacht würden, namentlich auch den Verlust der Gerichtsgelder anführt, weil nämlich, wenn Feinde im Lande waren, die Gerichte zu feiern pflegten.

Endlich die bei weitem gröfste Einnahme gewährten die Tribute der Bundesgenossen, welche, besonders seitdem um Ol. 79, 4 (v. Chr. 461), die Bundescasse von Delos nach Athen verlegt war, die Athener ganz als ihr Eigenthum betrachteten, und, wie Perikles mit Recht sagen konnte,[2]) wohl auch befugt waren so zu betrachten, insofern sie nämlich für das Geld, welches die Bundesgenossen zahlten, die Last der Kriege gegen die Barbaren auf sich genommen hatten. Die Summe der Tribute, die anfangs 460 Talente betragen hatte, belief sich gegen den Anfang des peloponnesischen Krieges gewöhnlich auf 600, stieg aber weiterhin bis auf 1300 Talente, welche Steigerung theils durch das Hinzukommen neuer Bundesgenossen, theils aber auch durch höhere Ansätze bewirkt wurde.[3]) Denn die Zahlungen wurden von Zeit zu Zeit, und zwar gewöhnlich alle fünf Jahre, neu regulirt, und für die einzelnen Staaten bald ermäfsigt, bald erhöht, wobei Parteilichkeit und Gunst in der Regel mehr als gerechte Gründe obwalteten, und den Bundesgenossen um so mehr Ursache zur Beschwerde gegeben wurde, als nicht das Bedürfnifs der Kriegführung und der gemeinsamen Interessen, sondern lediglich das besondere Interesse Athens dabei ins Auge gefafst zu werden pflegte. Wir lernen aus mehreren Inschriften die Eintheilung der sämmtlichen tributpflichtigen Bundesgenossen nach Provinzen (Karien, Ionien, Inseln, Hellespont, Thracien), und die Ansätze für viele einzelne Staaten kennen, welche indessen hier anzuführen nicht zweckmäfsig scheint. Nur dies mag noch bemerkt werden, dafs ein Theil der Tribute, und zwar eine Mine vom Talent, also $\frac{1}{60}$, als $\dot{\alpha}\pi\alpha\varrho\chi\dot{\eta}$ in den Schatz der Stadtgöttin flofs,[4]) und dafs die Zeit der Einzahlung regelmäfsig

---
1) Bei Thucyd. VI, 91.   2) Plut. Pericl. c. 12.
3) Vgl. Böckh, Staatsh. II S. 626.
4) Ebend. S. 621 und dazu Köhler in d. Monatsber. d. Berl. Ak. d. W. 1865 S. 214.

im Frühling war, wenn die grofsen Dionysien gefeiert wurden. Lieferten die Bundesgenossen ihre Zahlungen nicht zur gehörigen Zeit ein, so wurden dieselben oft durch ausgesandte Commissarien, *ἐκλογεῖς*, bisweilen selbst mit Gewalt durch Executionstruppen, *ἀργυρολόγοι*, eingetrieben.[1]) Eine Zeitlang, etwa seit Ol. 91, 2 (v. Chr. 415), erhoben aber die Athener statt des Tributes den Zwanzigsten von der Ausfuhr und Einfuhr zur See in allen unterwürfigen Bundesstaaten, weil ihnen dies einträglicher, vielleicht auch weniger drückend als die direkte Besteuerung zu sein schien, indessen kamen sie bald wieder auf den Tribut zurück.[2]) Dagegen wurde um Ol. 92, 2 (v. Chr. 411) im Bosporus bei Byzanz eine Besteuerung aller in und aus dem schwarzen Meere fahrenden Schiffe von einem Zehnten eingeführt, welche natürlich nicht blofs die Bundesgenossen, sondern auch Andere traf, und solange dauerte, als die Athener diese Meerenge in ihrer Gewalt hatten.[3]) Nach dem unglücklichen Ausgange des peloponnesischen Krieges verloren sie, wie die Tribute der Bundesgenossen, so auch diese Einnahme; aber gleichwie, als ihre Macht sich wieder erhob, die Tribute, obgleich unter dem milderen Namen von Beisteuern (*συντάξεις*), wiederhergestellt wurden,[4]) so ward auch der Zoll zu Byzanz wieder hergestellt. Ueber die Summe, welche in dieser Zeit die Tribute eingebracht haben, fehlt es an allen Angaben. In der früheren Periode hatte die aus den Tributen gebildete Casse unter der Verwaltung von zehn Hellenotamien gestanden, welche jährlich, und zwar, wie es scheint, durchs Loos, gewifs aber nur aus der obersten Vermögensclasse gewählt wurden. In der spätern Periode wurden sie nicht wieder hergestellt; es ist aber nicht mit Sicherheit anzugeben, welche andere Behörde nun an ihre Stelle getreten sei.[5]) Nur soviel ist klar, dafs die Tribute ihrer ur-

1) Böckh, Staatsh. I, 211. 243. II, 582.   2) Ebend. I, 441. II, 589.
3) Ebend. — Grote, Gr. Gesch. Th. IV. S. 406 d. Ueb., glaubt aus Herodot. VI, 5 folgern zu dürfen, dafs dieser Sundzoll schon lange vorher erhoben worden sei, als noch die Perser das Uebergewicht hatten; aber wer die Stelle nachliest, wird finden, dafs dort von keinem Zoll, sondern nur von aufgebrachten Schiffen die Rede sei. Noch wunderlicher aber ist es, wenn der Artikel *τὴν δεκάτην* bei Xenoph. Hell. I, 1, 22 als ein Beweis angesehen wird, dafs dieser Zoll dort etwas schon vorher Bestandenes gewesen sei.
4) Ueber diese vgl. die Angaben bei Schäfer, Demosth. I S. 28.
5) Dafs die Kriegszahlmeister, *ταμίαι τῶν στρατιωτικῶν*, die in der nacheuklidischen Zeit, jedoch nur selten, erwähnt werden, eine aufserordentliche, nur in Kriegszeiten angestellte Behörde gewesen zu sein scheinen, ist schon oben S. 445 bemerkt.

sprünglichen Bestimmung, die Kriegscasse zu bilden, bald wieder entfremdet und zu andern Zwecken, namentlich zu den Theoriken, verwendet wurden, wo sie also dem Vorsteher der Theorikencasse anheim fallen mufsten. Waren auch die ordentlichen Einkünfte des athenischen Staates grofs genug, um in Friedenszeiten nicht nur die Bedürfnisse der Verwaltung reichlich zu befriedigen, sondern auch einen beträchtlichen Ueberschufs zu gewähren, so trat in Folge langwieriger und kostspieliger Kriege oder anderer ungünstiger Verhältnisse doch oft genug Erschöpfung der Staatscasse und die Nothwendigkeit ein, sich nach aufserordentlichen Hülfsmitteln umzusehen. Solche waren erstens Anleihen, theils im Staate selbst, theils im Auslande. Doch von dieser letztern Art finden sich kaum einzelne Beispiele, und auch von Anleihen im Inlande bei Privaten wissen wir kein sicheres Beispiel anzuführen.[1]) Desto häufiger entlehnte man Geld aus den Tempelschätzen, namentlich aus dem der Stadtgöttin, welches dann aber baldmöglichst zu erstatten religiöse Pflicht war.[2]) Oefters auch ergriff man das Hülfsmittel, die Bürger und Schutzverwandten zu freiwilligen Beiträgen, $\dot{\epsilon}\pi\iota\delta\acute{o}\sigma\epsilon\iota\varsigma$, aufzufordern. Die Aufforderung erging in der Volksversammlung: wer beisteuern wollte, sei es Geld, sei es Schiffe oder Waffen, meldete sich entweder hier oder im Rathe,[3]) und liefs seinen Namen und was er geben wollte in eine Liste eintragen, wodurch er denn natürlich zur Leistung des Versprochenen verpflichtet wurde. Wer seiner Verpflichtung nicht nachkam, dessen Name wurde durch Anschlag bei den Eponymen öffentlich bekannt gemacht, und es konnten ohne Zweifel auch Zwangsmafsregeln gegen ihn angewandt werden, worüber uns jedoch unsere Quellen nicht näher unterrichten. — Einzelne singuläre Finanzmafsregeln, die beispielshalber erwähnt werden mögen, waren die schon oben erwähnte Münzverschlechterung gegen das Ende des peloponnesischen Krieges,[4]) die von Iphikrates vorgeschlagene Steuer auf obere Stockwerke, die über die Strafse hervorragten, und auf Hausthüren, die sich nach der Strafse zu öffneten,[5]), und das von einem gewissen Pythokles vorgeschlagene Monopol des Staates auf Blei, von dem wir jedoch nicht wissen, ob es wirklich zur Ausführung gekommen sei.[6]) — Aber eine, in früheren

---

1) Vgl. Böckh, Staatsh. I S. 766. 2) Ebend. S. 581 ff.
3) Demosth. Mid. p. 566 §. 161. Isae. or. 5 §. 37. Vgl. de comit. p. 292 u. Meier. comm. epigr. II p. 58. 4) S. S. 424.
5) Böckh, Staatsh. I S. 776. 6) Ebend. S. 46 u. 74.

Zeiten höchst selten, späterhin, seit dem peloponnesischen Kriege, häufig in Anwendung gebrachte Mafsregel war die Ausschreibung einer Vermögens- oder richtiger wohl einer Einkommensteuer, εἰσφορά. So lange die Solonische Classeneintheilung bestand, wenn auch mit von Zeit zu Zeit geänderten Censussätzen der Classen, wurde diese auch bei der Besteuerung zu Grunde gelegt, obgleich sie ursprünglich nicht eigentlich zu diesem Zweck eingeführt worden war. Ein Grammatiker[1]) giebt an, die Pentakosiomedimnen hätten ein Talent, die Ritter dreifsig Minen, oder ein halbes Talent, die Zeugiten zehn Minen oder den sechsten Theil eines Talentes gesteuert, und Einige haben diese räthselhafte Angabe so zu deuten versucht,[2]) dafs dabei ein Gesammtbetrag der erforderten Steuer von hundert Minen zu Grunde liege, von welchem Gesammtbetrage sechzig Procent, oder ein Talent, auf die Pentakosiomedimnen, dreifsig Procent, oder ein halbes Talent, auf die Ritter, und der Rest, zehn Procent oder zehn Minen, auf die Zeugiten gefallen sei, und jede Classe dann den auf sie fallenden Antheil unter ihre Mitglieder repartirt habe. Eine solche Vertheilung würde aber nur unter der Voraussetzung annehmbar sein, dafs auch das Gesammtvermögen der Pentakosiomedimnen sich zu dem Gesammtvermögen der übrigen Classen wie die Steuertheile, also wie sechzig zu vierzig verhalten habe, oder, was dasselbe ist, dafs von dem gesammten steuerbaren Vermögen drei Fünftel in den Händen der Pentakosiomedimnen gewesen seien: eine Voraussetzung, die jeder Kundige unstatthaft finden wird. Das Richtige ist ohne Zweifel von Böckh erkannt worden,[3]) welcher annimmt, dafs zum Zweck der Besteuerung das Vermögen in jeder Classe zu dem Zwölffachen des Einkommens berechnet sei, also bei den Pentakosiomedimnen, die einen Reinertrag von mindestens 500 Medimnen oder Metreten hatten, auf zwölfmal fünfhundert d. h. sechstausend Medimnen oder Metreten oder auf 6000 Drachmen (d. h. ein Talent), da ein Medimnus oder Metretes zu einer Drachme geschätzt ward; bei den Rittern, mit einem Minimum von dreihundert Medimnen, auf zwölfmal dreihundert, d. h. auf 3600 Drachmen, endlich bei den Zeugiten, mit einem Minimum von hundert und funfzig Medimnen, auf zwölfmal hundert und funfzig, d. h. auf 1800 Drachmen. Aber nicht bei allen Classen

---
1) Pollux VIII, 130.
2) Hüllmann, Griech. Denkwürdigk. S. 52.
3) Staatsh. I S. 653 ff. Einige von Telfy, Corp. iur. att. p. 531—535, vorgetragene Bedenken zu prüfen ist hier nicht der Ort.

wurde das Ganze solcher Gestalt nach dem Einkommen berechnete Vermögen auch bei der Besteuerung in Anschlag gebracht, sondern dies geschah nur bei den Pentakosiomedimnen; bei den beiden andern Classen wurden nur aliquote Theile in Anspruch genommen, und zwar bei den Rittern fünf Sechstel, also 3000 Drachmen (oder $\frac{1}{2}$ Talent) statt 3600 Drachmen, bei den Zeugiten fünf Neuntel, also 1000 Drachmen (oder 10 Minen) statt 1800 Drachmen. Dies zur Besteuerung herangezogene Vermögen jeder Classe heifst ihr τίμημα, oder, wie es Böckh übersetzt, ihr Steuercapital, und dies ist es, was wir bei jener oben angeführten Angabe des Grammatikers zu verstehen haben. Wurde nun z. B. eine Steuer von $\frac{1}{50}$ ausgeschrieben, so hatte der Pentakosiomedimne von einem Talente (= 6000 Drachmen) den Funfzigsten zu zahlen, also 120 Drachmen, der Ritter aber nur von einem halben Talente, also 60 Drachmen, und der Zeugite nur von 10 Minen, also 20 Drachmen; wobei denn leicht für diejenigen, die über das Minimum ihrer Classe besafsen, das Mehr, das sie zu zahlen hatten, in entsprechender Weise berechnet werden konnte. Die Theten waren ohne Zweifel im Ganzen arm, und deswegen steuerfrei; solange aber alle, die keinen Landbesitz, oder keinen so grofsen hatten, dafs der Ertrag desselben den Census einer der drei oberen Classen erreichte, zu den Theten gezählt wurden, so mufste es doch auch Wohlhabende unter ihnen geben, und mancher Angehörige dieser Classe mochte durch Handelsgeschäfte oder Gewerbsbetrieb mehr gewinnen, als der Ertrag eines Gutes der dritten oder zweiten Classe abwarf. Solche Wohlhabende, deren Zahl sich im Lauf der Zeit immer vermehren mufste, je mehr Handel und Gewerbe aufblühten, konnten unmöglich gleich den übrigen Theten steuerfrei bleiben, wenn sie auch hinsichtlich ihrer sonstigen politischen Stellung nicht von ihnen unterschieden waren. Wie sie aber herangezogen seien, können wir um so weniger sagen, da wir nicht einmal darüber im Klaren sind, ob überhaupt eine Besteuerung nach jenem solonischen Classensystem schon zu der Zeit stattgefunden habe, wo noch blofs Landbesitzer in den drei oberen Classen waren. Als aber jene Besteuerungsart erweislich stattfand, ward höchst wahrscheinlich auch mit dem Classensystem eine Aenderung vorgenommen. Die alten Benennungen dauerten zwar noch fort,[1]) aber die Ausschliefsung derer, die

---

1) Pentakosiomedimnen z. B. nennt noch eine Inschrift aus der Zeit kurz nach Euklides, bei Rangabé A. H. no. 2323, 12.

keinen Landbesitz hatten, von den oberen Classen hörte auf: auch der Capitalist, der Kaufmann, der Fabrikbesitzer, wenn sein Einkommen dem des Pentakosiomedimnen, des Ritters oder des Zeugiten gleichkam, gehörte zu einer dieser drei Classen und genofs ihre Rechte, wie er ihre Steuern trug. — Die erste Eisphora, von der wir Kunde haben, wurde Ol. 88, 1 (v. Chr. 428) ausgeschrieben;[1]) ob sie die erste überhaupt, oder nur die erste im peloponnesischen Kriege gewesen sei, ist nicht ganz klar. Es bestand aber dieser Besteuerungsmodus bis Ol. 100, 3 (v. Chr. 378) unter dem Archon Nausinikus, wo ein anderer Modus eingeführt wurde, über den wir indessen so gut als gar nicht unterrichtet sind. Nur zwei darauf bezügliche Angaben giebt es, die eine, aus welcher wir lernen, dafs bei der höchsten Vermögensclasse das $τίμημα$ ein Fünftel des Vermögens betragen habe,[2]) die andere, dafs das $τίμημα$ des ganzen Landes auf 6000, oder genauer auf 5750 Talente veranschlagt worden sei.[3]) Es ist möglich, dafs auch hier das $τίμημα$ einen aliquoten Theil des Vermögens bedeute, wie, nach der obigen Darstellung, bei der früheren Besteuerungsart. So hat es Böckh verstanden, und hiernach denn auch die Steuercapitale ($τιμήματα$) der übrigen Classen muthmafslich zu bestimmen unternommen. Die 5750 Talente würden also die Gesammtsumme aller Steuercapitale, oder aller besteuerten Vermögensquoten im ganzen Lande sein. Es ist aber auch nicht unmöglich, dafs $τίμημα$ jetzt etwas anderes bedeutete, nämlich den Ertrag, den ein Vermögen abwirft, oder von dem wenigstens angenommen wird, dafs es ihn abwerfe, und nach welchem es besteuert wird. Wenn also das $τίμημα$ eines Vermögens von funfzehn Talenten, welches damals der Census der ersten Classe war, zu drei Talenten angegeben wird, so würde dies bedeuten, dafs der Ertrag eines solchen Vermögens so hoch veranschlagt worden sei, und dies dürfte nicht für unglaublich zu achten sein, da sich, nach dem was wir oben über die Rentabilität der Capitalien gesehen haben,[4]) eine Nutzung zu zwanzig Procent wohl annehmen liefs. Geringeres Vermögen wurde ohne Zweifel auch mit einem geringer bemessenen $τίμημα$ angesetzt, z. B. nur zu zehn oder zu

---

1) Thucyd. III, 19.
2) Demosth. g. Aphob. I p. 815, 10. II p. 836, 25. g. deus. weg. falsch. Zeugn. p. 862, 7, und über diese Stellen Böckh, Staatsh. I S. 667 ff.
3) Polyb. II, 62.
4) S. S. 461 f. — Der Ausdruck des Polybius, $τὸ τίμημα τῆς ἀξίας$, läfst sich füglich deuten als die Schätzung der Steuerfähigkeit.

fünf Procent, und die 5750 Talente würden nun die Gesammtsumme aller dieser Procente sein, welche als der steuerbare Theil des gesammten Einkommens der Steuerpflichtigen berechnet waren.[1])

Etwas besser unterrichtet sind wir über eine andere in derselben Zeit zum Behuf der Besteuerung getroffene Einrichtung, die sogenannten Symmorien oder Steuervereine. Es wurde nämlich aus jeder der zehn Phylen ein Ausschufs von hundert und zwanzig der Reichsten ausgehoben, und diese in zwei Symmorien zu sechzig Personen getheilt, so dafs die Gesammtzahl der Symmorien zwanzig und die der in ihnen begriffenen Personen zwölfhundert betrug. Aus jeder Symmorie wurden dann wieder funfzehn der Reichsten ausgehoben, so dafs deren aus allen zwanzig Symmorien zusammen Dreihundert waren. Diese dreihundert waren verpflichtet, bei einer Steuerausschreibung den Vorschufs für Alle zu leisten, den ihnen dann nachher die übrigen Mitglieder der Symmorien zu ersetzen hatten. Doch steuerten keinesweges die in den Symmorien befindlichen allein, sondern auch die übrigen Bürger alle, soviele nicht wegen Armuth oder in Folge besonderer Bewilligung steuerfrei waren, und es waren daher auch alle einer oder der andern Symmorie zugetheilt, obgleich nicht eigentlich als Mitglieder (Symmoriten) in ihr begriffen, und den eigentlichen Symmoriten kam es zu, einen Jeden nach seinem Vermögen heranzuziehen.[2]) Diese Einrichtung hatte offenbar den Zweck, die Steuererhebung zu beschleunigen, konnte aber freilich leicht gemifsbraucht werden, indem die Symmoriten die Last urbillig vertheilten, und von sich auf die ärmeren nicht in den Symmorien Begriffenen wälzten. Zur Besorgung der Geschäfte hatte jede Symmorie ihre Vorsteher ($\dot{\eta}\gamma\varepsilon\mu\acute{o}\nu\varepsilon\varsigma$), Curatoren ($\dot{\varepsilon}\pi\iota\mu\varepsilon\lambda\eta\tau\alpha\acute{\iota}$) und Repartitoren ($\delta\iota\alpha\gamma\varrho\alpha\varphi\varepsilon\tilde{\iota}\varsigma$ oder $\dot{\varepsilon}\pi\iota\gamma\varrho\alpha\varphi\varepsilon\tilde{\iota}\varsigma$). Die obrigkeitliche Behörde, unter deren Aufsicht diese Einrichtung stand, waren die Strategen, weil die Steuer nur zum Zweck der Kriegführung ausgeschrieben wurde. Sie hatten also auch die Jurisdiction in Streitigkeiten, die wegen der Besteuerung zwischen den Verpflichteten entstan-

---

1) Eine andere von Böckh abweichende Ansicht über das $\tau\ell\mu\eta\mu\alpha$ sucht Bake geltend zu machen, schol. hypomn. IV p. 137; welche dies aber eigentlich sei, bin ich nicht im Stande zu sagen, da ich Hn. B. nicht verstanden habe, und es mir vielmehr vorgekommen ist, als wisse er selbst nicht, was er wolle.
2) Vgl. Antiqu. i. p. Gr. p. 323, 16, womit auch Böckhs jetzige Darstellung, Staatsh. I S. 688, übereinstimmt.

den, z. B. wegen des den Dreihundert zu erstattenden Vorschusses, oder wenn Jemand über das rechte Mafs belastet zu sein meinte, oder behauptete, dafs nicht Er sondern statt seiner ein Anderer hätte herangezogen werden müssen, in welchem Falle auch das Erbieten eines Vermögensumtausches stattfand, worüber unten bei der Trierarchie, wo dies ebenfalls stattfand, mehr zu sagen sein wird. Uebrigens wurden auch die Schutzverwandten zu diesen Kriegssteuern herangezogen, und waren deswegen ebenfalls in Symmorien getheilt: Näheres jedoch ist uns darüber nicht bekannt.[1])

Aber nicht blofs durch Besteuerung seiner Angehörigen half der Staat seinen finanziellen Bedürfnissen ab, sondern auch durch mancherlei andere Leistungen, die er von ihnen forderte, und durch die ihm zwar nicht, wie durch jene, eine Einnahme erwuchs, aber doch eine Ausgabe erspart wurde. Solche Leistungen heifsen Liturgien[2]) und sind theils ordentliche oder enkyklische, die alljährlich auch in Friedenszeiten nach einer gewissen Ordnung eintraten und alle in Beziehung zum Cultus und zu Festfeiern standen,[3]) theils aufserordentliche für das Bedürfnifs des Krieges. Unter jenen ist die bedeutendste die sogenannte Choregie, d. h. die Stellung eines Chors zu musischen Agonen, an Festen, die mit Aufführung von scenischen Darstellungen, Tragödien, Satyrdramen, Komödien, mit Festgesängen oder Dithyramben, oder mit tonkünstlerischen Leistungen von Kitharöden, Aulöden, oder mit Tänzen wie von Pyrrhichisten und dergleichen gefeiert wurden. Dem Liturgen (Choregen) lag es ob, das erforderliche Personal zu den Chören zusammenzubringen und solche, die nicht umsonst aufzutreten verpflichtet waren, auch zu bezahlen, ferner sie unterrichten und einüben zu lassen, sie während dieser Zeit zu beköstigen, zur Aufführung sie mit dem passenden Anzuge und Schmuck zu versehen,[4]) lauter Dinge, die ihm nicht blofs Mühe und Beschwerde, sondern bei stattlichen und zahlreichen Chören auch grofsen Aufwand verursachten. Wir lesen z. B. dafs in zwei Choregien für Tragödien eine Summe von 5000 Drachmen, für eine einzige tragische Choregie

---

1) Vgl. Böckh, Staatsh. I S. 695 ff., der es wahrscheinlich findet, dafs die Schutzverwandten durchschnittlich ein τίμημα von 16 Procent zu versteuern gehabt haben.
2) D. h. eigentlich Leistungen für das Volk, von λεῖτον und ἔργον. Denn λεῖτος (λεῖτος, λίτος) von λεώς (λαός) ist = δημόσιος.
3) Demosth. Leptin. §. 125.
4) S. Böckh, Staatsh. I S. 600 ff.

3000 Dr., dagegen für einen kyklischen oder dithyrambischen Chor nur 300 Dr., für einen aus Knaben bestehenden Pyrrhichistenchor 700 Dr., für einen komischen Chor 1600 Dr. aufgewandt seien, und wenn auch die Choregen entweder aus lebhaftem Interesse für die Sache oder aus Ehrgeiz und Streben nach Volksgunst oft mehr thaten, als gerade nothwendig war, so war doch auch an und für sich diese Liturgie immer eine nichts weniger als wohlfeile Leistung, der sich die meisten gerne überhoben sahen, weswegen es im demosthenischen Zeitalter, als der Wohlstand im Allgemeinen abgenommen hatte, öfters schwer hielt, die zu den Festen erforderliche Anzahl von Choregen zu finden, so dafs der Staat selbst die Choregie übernehmen mufste, und aus gleichem Grunde manche Chöre auch wohl ganz eingestellt wurden, wie es von dem der Komödie bekannt ist.

Eine ähnliche, obwohl weniger schwere Liturgie war die Gymnasiarchie für diejenigen Feste, die mit gymnischen Agonen begangen wurden.[1]) Der Gymnasiarch mufste, wie es scheint, diejenigen, welche als Kämpfer auftreten wollten, in den Gymnasien einüben lassen, sie während der Uebungszeit beköstigen, und bei den Spielen selbst die erforderliche Einrichtung und Ausschmückung des Kampfplatzes beschaffen. Bei einigen Festen fanden auch Wettläufe zu Fufs und zu Pferde mit brennenden Fackeln statt, und die Bestreitung der dazu erforderlichen Kosten ist ebenfalls eine der Gymnasiarchie verwandte Liturgie, welche Lampadarchie genannt wird. Nach einer Angabe des Lysias hatte Jemand für die Gymnasiarchie an den Prometheen, einem der mit Fackellauf gefeierten Feste, 1200 Drachmen aufgewandt. — Eine andere Liturgie war ferner die Archetheorie oder die Anführung einer Festgesandtschaft (Theoria), dergleichen der Staat zu mehreren auswärtigen Festen absandte, und deren Kosten zum Theil freilich aus der Staatscasse bestritten wurden, zum Theil aber auch von dem Archetheoros getragen werden mufsten, und wenn dieser es sich angelegen sein liefs, den Staat würdig zu repräsentiren, oft bedeutend genug sein mochten.[2]) Aufser diesen gab es noch manche andere weniger bekannte liturgische Leistungen, wie die Arrhephorie, von der wir weiter nichts zu sagen wissen, als dafs sie sich auf die Procession bezog, welche im Skirophorion der Athene zu Ehren angestellt wurde, und wobei die sogenannten Arrhephoren, vier Mädchen aus den edelsten Geschlechtern, die auch bei der Anfertigung

---

1) Ebend. S. 609 ff. 2) Ebend. S. 300 f.

des heiligen Peplos betheiligt waren, zu fungiren hatten; ferner eine Art von trierarchischer Liturgie bei den festlichen Wettfahrten und Scheingefechten der Schiffe, und so wohl noch diese und jene andere. Auch innerhalb der einzelnen Phylen und Demen fanden Liturgien statt, und zwar theils Speisung der Phyleten oder der Demoten bei festlichen Gelegenheiten (ἑστιάσεις), theils Choregie und Gymnasiarchie bei den in den Demen gefeierten Festspielen.[1])

Zu den Liturgien, wenigstens zu denen, die für den ganzen Staat zu leisten waren, verpflichtete das Gesetz nur die Wohlhabenderen, deren Vermögen über drei Talente betrug, und auch diese nicht, wenn ihr Vermögen in einem Bergwerksantheil bestand, weil sie dann ohnehin dem Staat zu steuern hatten.[2]) Manche genossen Freiheit von Liturgien vermöge besonderer Vergünstigung, Andere von Amtswegen, wie die Archonten während ihrer Amtsdauer. Sodann waren unverheirathete Erbtöchter davon befreit, und Waisen bis zum ersten Jahre nach erlangter Volljährigkeit. Niemand ferner war verpflichtet gleichzeitig mehr als eine Liturgie, oder zwei Liturgien in zwei unmittelbar aufeinander folgenden Jahren zu leisten,[3]) und über die Reihenfolge, in welcher die Verpflichteten herangezogen werden sollten, gab es natürlich gewisse gesetzliche Bestimmungen, deren Anwendung auf jeden einzelnen Fall jedoch eine besondere Erwägung forderte, weswegen in den Phylen — denn diese hatten in der Regel jede einen Liturgen zu stellen — darüber berathen und abgestimmt werden mußte. Wer sich bei der Entscheidung derselben nicht beruhigte, sondern einen Andern statt seiner verpflichtet erachtete, der konnte, ebenso wie bei der Eisphora und der Trierarchie, auf einen Vermögensumtausch antragen, woraus dann öfters ein Prozeßverfahren entstand, in welchem wohl der Magistrat, zu dessen Geschäftskreis die Besorgung des betreffenden Festes gehörte, die Jurisdiction hatte.

Wichtiger aber und kostspieliger als alle diese ordentlichen oder enkyklischen Liturgien war die außerordentliche Liturgie der Trierarchie, d. h. die Ausrüstung eines Kriegsschiffes: denn der Name ward, seitdem die Athener nicht mehr bloß Trieren, sondern auch Tetreren, Penteren und Triakontoren hatten, auch in Beziehung auf diese gebraucht.[4]) Vor den Perserkriegen war

---
1) Ebend. S. 616 und meine Anmk. zu Isaeus p. 221. 265. 387.
2) Ebend. S. 422.
3) Vgl. Antiqu. i. p. Gr. p. 329 no. 16—19.
4) Böckh, Urkund. S. 167.

die Anzahl der Kriegsschiffe sehr gering: jede der achtundvierzig oder, seit Klisthenes, funfzig Naukrarien hatte ein Schiff auszurüsten;[1]) in welcher Weise dabei verfahren worden sei, wissen wir nicht. Als die Flotte vermehrt und Athen vorzugsweise Seemacht geworden war, bestanden die Naukrarien nicht mehr. Themistokles, als er seine Mitbürger beredete, die bisher übliche Vertheilung des Ertrages der lauriotischen Silberbergwerke abzustellen und das Geld auf die Flotte zu verwenden, soll zugleich die Anordnung getroffen haben, dafs hundert der Reichsten ausgehoben wurden, und dann jeder ein Talent bekam, und dafür eine Triere liefern mufste.[2]) Später designirten die Strategen diejenigen, welche jedesmal Trierarchie zu leisten hatten, wobei natürlich eine gewisse Regel und Reihenfolge beobachtet werden mufste, über die wir aber nichts Näheres anzugeben wissen. Nur die Reichsten waren verpflichtet: ein trierarchisches Vermögen wird oft gesagt für ein bedeutendes; wieviel aber dazu gehört habe, wird nirgends angegeben. Wenn, wie es in dem Büchlein vom athenischen Staate heifst,[3]) jährlich vierhundert Trierarchen zu ernennen waren, so ist wohl auf jedes Schiff ein Trierarch gerechnet. Es kamen aber auch Syntrierarchien vor, d. h. es wurde die Liturgie für ein Schiff von zweien gemeinschaftlich bestritten, wovon das früheste nachweisbare Beispiel in Ol. 92, 2 (v. Chr. 411) gehört.[4]) Der Staat lieferte das Schiff, d. h. Rumpf und Mast, die Trierarchen hatten das erforderliche Geräthe zu beschaffen, die etwa nöthigen Ausbesserungen zu besorgen und das Schiffsvolk zu stellen. Den Sold für dieses zahlte der Staat, und gab späterhin auch das Geräthe, wovon indessen manche Trierarchen keinen Gebrauch machten, sondern es aus eigenen Mitteln beschafften, um sich patriotisch zu beweisen, wogegen Andere sich die Last so leicht als möglich zu machen suchten, und die Leistung, statt sie selbst zu besorgen, an Stellvertreter in Verdung gaben, die dann natürlich möglichst wenig leisteten.[5]) Da in der bisherigen Weise die erforderlichen Rüstungen theils schlecht theils spät zu Stande kamen, biswei-

---

1) So hatten auch in dem Kriege gegen Aegina, kurz vor dem ersten Perserkriege, die Athener nur 50 Schiffe, zu denen sie sich zwanzig von den Korinthern liehen. Herod. VI, 89.
2) Polyaen. I, 30, 5 p. 64 Maasv.
3) Ps. Xen. de republ. Ath. c. 3 §. 4. Vgl. über die Zahl der Schiffe Strab. IX p. 395.
4) Böckh, Staatsh. I S. 710.
5) Ebend. S. 717.

len auch ganz versäumt wurden, so wurde um Ol. 105, 3 (v. Chr. 358) die für die Eisphora früher eingeführte Symmorienverfassung auch für die Trierarchie beliebt, so dafs entweder dieselben Symmorien für beide Zwecke dienten, oder die Symmorien der Trierarchie wenigstens ganz denen der Eisphora analog gebildet waren. Mir ist das erstere wahrscheinlicher,[1]) wobei es sich aber von selbst versteht, dafs die Last nur auf die in den Symmorien selbst befindlichen Reichen fiel, und die für die Eisphora ihnen zugetheilten Aermeren verschont blieben. Jeder Symmoria wurde eine gewisse Zahl von Schiffen zugewiesen, die dann die Mitglieder wieder unter sich vertheilten, so dafs bald mehrere bald wenigere für ein Schiff zusammenschiefsen mufsten. Die so Zusammenschiefsenden hiefsen $συντελεῖς$. Aber auch bei dieser Einrichtung wufsten es die dreihundert Reichsten, die an der Spitze der Symmorien standen, dahin zu bringen, dafs sie die Last gröfstentheils von sich ab auf die übrigen wälzten. Da schlug endlich Demosthenes ein anderes Verfahren vor, wodurch die Trierarchie zu einer fixen und genau katastrirten Abgabe wurde. Die Leistung nach Symmorien wurde abgeschafft, statt dessen angeordnet, dafs Alle, mit Ausnahme der Aermeren, nach Verhältnifs ihres Vermögens die Kosten tragen sollten, und zwar in dem Mafse, dafs je zehn Talente zur Ausrüstung eines Schiffes verpflichteten. Wer also zehn Talente besafs, leistete die Trierarchie für ein Schiff, wer zwanzig, für zwei u. s. w.; die aber weniger besafsen, wurden mit Andern zusammengestellt, bis das Vermögen der Zusammengestellten die Summe von zehn Talenten erreichte, und jeder Einzelne hatte nach seinem Vermögen beizusteuern.[2]) Die Zeit der Leistung dauerte, wie es auch früher gewesen war, ein Jahr; wer sie so lange getragen, der hatte im nächsten, bisweilen auch in den zwei nächsten Jahren auf Befreiung Anspruch, wenn auch Manche keinen Gebrauch hiervon machten.[3]) Die jährlichen Kosten für ein Schiff beliefen sich durchschnittlich auf vierzig Minen bis zu einem Talent. Nach abgelegter Leistung mufste der Trierarch, der das Schiff ausgerüstet und geführt hatte, vor den Logisten Rechenschaft ablegen, was nicht befremden darf, da er das vom

---

1) Vgl. Ant. i. p. Gr. p. 327 und dazu Sauppe ep. crit. ad. G. Hermann. p. 130. Vömel in d. Zeitschr. f. d. AW. 1852 p. 38. Bake, schol. hypomn. IV p. 156. Westermann zu Demosth. Olynth. II §. 29. Dagegen Böckh, Staatsh. I S. 727. 681 und Urk. S. 178.
2) Böckh. Staatsh. I S. 727 ff.
3) Ebend. S. 702. Vgl. Urk. S. 171.

Staate ihm anvertraute Schiff und Geräthe in gutem Stande wieder abzuliefern verpflichtet war, überdies auch Gelder aus der Staatscasse in die Hände bekam, sei es zur Besoldung der Mannschaft, sei es zu andern Bedürfnissen.[1]) Die Behörde, an die er das Schiff und die Geräthe abzuliefern hatte, waren die Epimeleten der Neorien, die ihn, wenn er dies nicht that, vor Gericht zogen.[2]) Der Trierarch war ferner verpflichtet, solange auf dem Schiffe zu bleiben, bis sein designirter Nachfolger ihn ablöste: kam dieser nicht zur gesetzlichen Zeit, so konnte ihn jener wegen des ihm daraus erwachsenden Schadens durch eine Klage, $\delta i \varkappa \eta$ $\tau o \tilde{v}$ $\dot{\epsilon} \pi \iota \tau \varrho \iota \eta \varrho \alpha \varrho \chi \eta \mu \alpha \tau o \varsigma$, belangen.[3]) Meinte Einer, dafs die Leistung nicht ihm, sondern vielmehr einem Andern aufzuerlegen sei, so konnte er diesen zu einem Vermögensumtausch ($\dot{\alpha} \nu \tau i \delta o \sigma \iota \varsigma$) auffordern, wie es auch bei andern Liturgien der Fall war.[4]) Es stand ihm nun frei, sofort auf das Vermögen des Andern Beschlag zu legen und sein Haus zu versiegeln, wogegen umgekehrt auch diesem dasselbe Recht gegen den Auffordernden zustand. Binnen drei Tagen übergaben sich beide ein Inventarium ihres Vermögens, dessen Richtigkeit sie eidlich zu versichern hatten. Bestand nun doch der Eine auf dem Umtausch, der Andere auf seiner Weigerung, so kam die Sache zur gerichtlichen Verhandlung unter Leitung der Strategen, (d. h. bei der Trierarchie; bei andern Liturgien, anderer Magistrate,) und die Richter hatten zu entscheiden, ob der Provocirte gehalten sei, entweder die Liturgie zu übernehmen, oder sein Vermögen mit dem Provocirenden umzutauschen, oder aber ob dieser die Leistung zu übernehmen und also von seiner Forderung an den Andern abzustehen habe. Zum wirklichen Umtausche kam es aber offenbar selten oder nie, weil der Provocirte, wenn ihm von den Richtern die Alternative gestellt war, entweder die Liturgie zu übernehmen oder sein Vermögen mit dem des Provocirenden zu vertauschen, gewifs lieber zu dem ersteren sich entschlofs. Aber bis zur richterlichen Entscheidung liefsen es Viele kommen.

Ueberblicken wir nun am Schlufs noch einmal alle diese den Wohlhabenden auferlegten Leistungen, so kann es allerdings so scheinen, als habe der Verfasser der kleinen Schrift über den Staat von Athen nicht Unrecht, wenn er sagt, der Demos habe es darauf angelegt, die Reichen durch diesen Aufwand, der ja bei

---

1) Ebend. S. 706.
3) Att. Proc. S. 551.
2) Vgl. Urkund. S. 491 u. 534.
4) Böckh, Staatsh. I S. 749 ff.

den enkyklischen Liturgien überdies meist nur ihm und seinem Vergnügen zu Gute kam, arm zu machen und herunterzubringen. Bei vorurtheilsloser Erwägung jedoch dürfte die Sache in etwas anderem Lichte erscheinen. Das ist allerdings nicht zu leugnen, dafs, wenn die Liturgien nicht nach Recht und Billigkeit unter die Verpflichteten vertheilt wurden, Einzelne dadurch sehr gedrückt werden konnten und wirklich gedrückt wurden; und auch das ist gewifs, dafs Manche aus Eitelkeit oder um sich beliebt zu machen sich über ihre Kräfte anstrengten und ihr Vermögen zusetzten. Aber das waren doch wohl nur Ausnahmen von der Regel. Bei einer gerechten Vertheilung, wie die Gesetze sie vorschrieben, und bei einer vernünftigen Beschränkung auf das gesetzlich Erforderliche, ohne Knauserei sowohl als ohne unnöthigen Ueberflufs, ward der Aufwand nicht gröfser, als er, ohne die Substanz des Vermögens anzugreifen, von den Einkünften der Wohlhabenden bestritten werden konnte. Wir müssen nur nicht vergessen, dafs der Ertrag der Capitalien im Alterthum ungleich gröfser war, als in unserer Zeit; dafs bei der Sklaverei der Verdienst des Capitalisten in demselben Verhältnifs gröfser ausfiel, als der Antheil des Arbeiters geringer war; dafs, wie wir gesehen haben, ein gut benutztes Capital sich in wenigen Jahren verdoppeln konnte: und wir werden gestehen müssen, dafs jede Summe, die für Liturgien aufgewandt wurde, im Verhältnifs zu dem Vermögen des Leistenden nicht halb so bedeutend gewesen sei, als die gleiche Summe bei gleichem Vermögen heutzutage sein würde.

ii) Das Gerichtswesen.

Die Organisation des Gerichtswesens, wie Solon es ordnete, wird nicht mit Unrecht von alten Politikern[1]) als ein Haupthebel betrachtet, durch welchen die Demokratie im Laufe der Zeit weit über das von jenem beabsichtigte Mafs hinaus zu der Höhe gesteigert worden sei, auf der wir sie seit dem perikleischen Zeitalter sehen. Sie haben dabei die von Solon angeordneten heliastischen oder Volksgerichte im Sinne, die wegen des unbegrenzten Umfanges ihrer Competenz allerdings allmählig dahin gelangten, als höchste Instanz über alle Angelegenheiten, sei es der Administration sei es der Legislation, zu entscheiden, so dafs selbst das Hoheitsrecht der Volksversammlung durch sie wesent-

---

1) Aristot. Polit. II, 9, 2. 3. Plutarch. Sol. c. 18.

lich beschränkt wurde. Es gab aber aufser diesen heliastischen Gerichten auch noch andere, zum Theil gewifs zum Theil wahrscheinlich älter als Solon, von eingeschränkterer Competenz, und es ist zweckmäfsig, bevor wir jene betrachten, vorher von diesen zu reden.

Der Blutbann oder die Jurisdiction über Mord und Todtschlag und ähnliche Verbrechen, wozu namentlich die Brandstiftung gehört, wurde seit unvordenklichen Zeiten an fünf verschiedenen Gerichtsstätten gehandhabt, deren Bestimmung für die einzelnen Arten der dort zu verhandelnden Sachen durch mythische Erzählungen[1]) motivirt wird, die wenigstens das hohe Alter dieser Anordnungen verrathen. Diese fünf Gerichtsstätten befanden sich auf dem Areopag, einem Hügel im Nordwesten der Akropolis, beim Palladium, einem im südöstlichen Theile der Stadt belegenen Heiligthum, beim Delphinium, einem Heiligthum des delphinischen Apollon in derselben Gegend, beim Prytaneum, dem alten Staatsheerde im Nordosten der Akropolis, endlich zu Phreatto oder Phreattys, im Piräeus an der Hafenbucht Zea. Drakon setzte ein Collegium von einundfunfzig aus den vornehmsten Eupatriden erwählten Beisitzern ein, um unter dem Vorsitze des zweiten Archon, des Basileus, die Rechtspflege in diesen fünf Localen auszuüben, d. h. je nach Verschiedenheit der Sachen bald in diesem, bald in jenem. Welche Richter in der früheren Zeit hier fungirt haben, ist unbekannt, gewifs aber, dafs der Basileus, als oberster Religionsverweser, auch damals schon die Vorstandschaft gehabt habe, weil alle Sachen, welche an jenen Gerichtsstätten zu verhandeln waren, als in Beziehung zur Religion stehend angesehen wurden. Einige haben gemeint, vor Drakon habe der Basileus allein Recht gesprochen, die Epheten aber seien eingesetzt worden, damit von jenem an sie appellirt werden könnte, und sie glauben, dafs dies auch durch den Namen, welcher Appellationsrichter bedeute, erwiesen werde.[2]) Aber nicht nur diese Bedeutung des Namens scheint mir unerweislich, sondern auch das ist schwer zu glauben, dafs Sachen von solcher

---

1) Die Nachweisungen darüber findet man bei Matthiae, de iudic. Ath. in den Miscell. philol. II p. 149 ff. Was namentlich den Areopag betrifft, so ist Aeschylus der erste, welcher den Gerichtshof auf diesem erst bei Gelegenheit des Rechtshandels über Orestes einsetzen läfst, während die sonstige Sage ihn weit älter macht. Nur dies habe ich gegen Rubino behauptet, nicht aber, was Hermann, Staatsalt. §. 105 not. 6 mich behaupten läfst, dafs Aeschylus zuerst den Orest hereingemischt habe.
2) Pollux VIII, 125. Vgl. Att. Proc. S. 16 u. Antiquit. p. 171, 5.

Wichtigkeit dem Urtheil eines einzigen Richters überlassen gewesen sein sollten, da wir schon in den homerischen Gedichten auch über weniger wichtige Sachen eine Versammlung von Mehreren richten sehen.[1]) Beisitzer also hat gewifs der Basileus auch schon vor Drakon gehabt, und höchst wahrscheinlich waren dies dieselbigen, welche auch in andern Angelegenheiten als hoher Rath auf dem Areopag sich versammelten, entweder alle oder ein Ausschufs aus ihnen, und Drakons Neuerung bestand nur darin, dafs er ein eigenes Collegium speciell für diese Gerichte einsetzte. Epheten oder Anweiser (des Rechtes) wurden sie wohl deswegen genannt, weil sie Anweisung zu geben hatten, wie in jedem Falle gegen den Angeklagten oder Verurtheilten zu verfahren sei.[2]) Solon liefs das Collegium bestehen, entzog ihm aber den wichtigsten Theil seiner Competenz, indem er die Jurisdiction über vorsätzlichen Mord, über Tödtung durch Gift, über bösliche mit der Absicht zu tödten zugefügte Verwundung und über Brandstiftung dem von ihm umgestalteten areopagitischen Rathe übertrug, so dafs jenem nur die minder wichtigen Sachen verblieben, die wir später kennen lernen werden.

Was das Verfahren vor diesen Gerichten betrifft, so belehren uns unsere Quellen, dafs, wenn ein irgendwie verübter Mord zu verfolgen war, das Gesetz die Anverwandten des Ermordeten hiezu berufen habe, und zwar so, dafs zunächst die Blutsverwandten, bis zu den Vetterskindern einschliefslich, die Verfolgung anzustellen, entferntere Verwandte aber, wie Schwiegerväter, Schwiegersöhne, Schwäger und selbst Angehörige derselben Phratrie, sie dabei zu unterstützen hatten.[3]) Wegen Ermordung eines Freigelassenen oder Dienstmannes war der Patron, wegen Ermordung eines Sklaven der Herr zur Verfolgung befugt, aber nicht verpflichtet.[4]) War der Herr selbst der Mörder des Sklaven, so gab es allerdings auch wohl Mittel, ihn deswegen zur Verantwortung zu ziehen, da die Gesetze den Herrn keinesweges das Recht über Leben und Tod ihrer Sklaven zugestanden,[5]) aber vor den Areopag oder die Epheten gehörte ein solcher Fall nicht. Diese waren vielmehr speciell nur zu dem Zwecke angeordnet, um den zur Blutrache berufenen Personen einen gesetz-

---

1) Vgl. S. 29.
2) Vgl. was ob. S. 436 f. über den Namen der Thesmotheten gesagt ist.
3) Demosth. g. Euerg. p. 1161, 10. Gesetz in d. R. g. Macart. p. 1068, 29. Antiquit. i. p. Gr. p. 289, 4.
4) S. Antiquit. p. 259, 6. 5) S. ob. S. 370.

lichen Weg zu gewähren, auf dem sie ihrer religiösen Pflicht ohne Gewaltthätigkeit und Selbsthülfe genügen könnten: aber das attische Recht gewährte aufserdem auch noch andere Mittel, einen Mörder zur Strafe zu ziehen, die von jedem vollberechtigten Bürger, nicht blofs von den Angehörigen des Ermordeten, in Anwendung gebracht werden konnten.[1])
Nach der religiösen Ansicht des Alterthums galt der Mörder für unrein, es lag auf ihm der Zorn nicht nur der Seele des Ermordeten, der nach Rache verlangte, sondern auch der Götter, denen der Mord ein Gräuel war, und es wurden durch den Mörder zugleich auch alle diejenigen verunreinigt und jenem Zorn unterworfen, die ihn ungestraft unter sich duldeten und mit ihm verkehrten.[2]) Deswegen begann der Verfolgende sein Verfahren mit einer feierlichen Denuntiation ($\pi\rho\acute{o}\rho\rho\eta\sigma\iota\varsigma$), welche dem Mörder gebot, sich aller öffentlichen Plätze, Versammlungen und Heiligthümer zu enthalten. Diese Denuntiation erfolgte zuerst bei der Bestattung am Grabe des Ermordeten, obschon der Mörder in der Regel nicht dabei anwesend war, sodann auf dem Markte, wobei denn zugleich der Mörder vor Gericht beschieden wurde, und endlich wurde sie von dem Basileus ausgesprochen, wenn die Klage bei ihm angebracht und angenommen war.[3]) Darauf folgte die Instruction des Processes oder die Voruntersuchung, $\dot{\alpha}\nu\acute{\alpha}\kappa\rho\iota\sigma\iota\varsigma$, hier auch $\pi\rho o\delta\iota\kappa\alpha\sigma\acute{\iota}\alpha$ genannt, wobei der Basileus namentlich auch zu ermitteln hatte, ob die Klage wirklich vor dasjenige Gericht gehöre, vor welches der Kläger sie gebracht wissen wollte, oder vor ein anderes.[4]) Es konnte sich nämlich herausstellen, dafs der von diesem als absichtlich bezeichnete Mord in der That ein unvorsätzlicher gewesen sei, in welchem Falle er nicht vor den Areopag sondern vor das Gericht beim Palladium gehörte, oder dafs der Mord ein gesetzlich strafloser gewesen sei, in welchem Falle er vor das Gericht beim Delphinium gehörte. Zu dieser Voruntersuchung waren gesetzlich drei Termine in drei auf einander folgenden Monaten bestimmt, so dafs die Sache erst im vierten Monate zur Aburtelung gelangen konnte, und da ebenfalls das Gesetz bestimmte, dafs die Sache unter demselben Basileus, bei dem sie anhängig gemacht war, auch entschieden werden sollte, so konnten Klagen dieser Art in den drei letzten Monaten des Jahres gar nicht an-

---

1) Vgl. d. Att. Proc. über die Apagoge, Endeixis und Eisangelie gegen Mörder, S. 230 ff. 244. 263.
2) Vgl. zu Aeschyl. Eumen. S. 69 und dazu IV. Mos. c. 35, 33.
3) Antiquit. p. 289 f. 4) Ebend. p. 291.

genommen, sondern mufsten bis zum nächsten Jahre verschoben werden.¹) Die Verhandlungen wurden übrigens nicht in dem am Markte belegenen Amtslocale des Basileus vorgenommen, welches der Angeklagte in Gemäfsheit der oben erwähnten Denuntiation nicht betreten durfte, sondern in den vom Markte entfernter belegenen Localen, wohin sie der Beschaffenheit der Sache nach gehörten, und zwar, wie es scheint, nicht vom Basileus allein, sondern im Beisein der Richter, die nachher darüber zu sprechen hatten. Alle diese Locale waren unbedacht, damit Kläger und Richter wenigstens nicht unter demselben Dache mit dem Mörder verweilten,²) und der Basileus nahm dabei den Kranz, das Insigne seines Amtes, vom Haupte.³) Die Parteien standen auf besonderen Bühnen: im Areopag waren dies unbehauene Steine, und der des Klägers hiefs der Stein der ἀναίδεια d. h. der Stein der Unversöhntheit (nicht der Schamlosigkeit), der des Beklagten der Stein der ὕβρις d. h. des Frevelmuthes.⁴) Beide Parteien wurden durch einen höchst feierlichen Eid verpflichtet, indem sie an die Opferstücke der zu diesem Zweck mit besondern Ceremonien geschlachteten Thiere, eines Ebers, Widders und Stieres, herantraten und sie berührten. In dem Eide des Klägers wurde, aufser der Ueberzeugung von der Wahrheit der Anklage, auch der Verwandtschaftsgrad beschworen, in welchem er zu dem Ermordeten stand.⁵) Nicht weniger feierlich waren die Zeugeneide. Jede Partei mufste ihre Sache selbst führen: Anwälte für sich auftreten zu lassen war nicht erlaubt, ebensowenig als etwas vorzubringen, was nicht zur Sache gehörte. Die Schlufsverhandlung dauerte drei Tage, und nachdem an jedem der beiden ersten der Kläger gesprochen und der Angeklagte sich vertheidigt hatte, erfolgte am dritten der Urtheilsspruch. Doch war es dem Angeklagten erlaubt, nach der ersten Verhandlung sich der Verurtheilung zu entziehen, indem er das Land mied.⁶) Er selbst wurde dann nicht weiter verfolgt, sein Vermögen aber wurde eingezogen. Kam es zur Abstimmung, so wurde bei gleicher Stimmenzahl auf beiden

---

1) Att. Proc. S. 579 not. 17.
2) Antiph. üb. Herodes Erm. p. 709.   3) Pollux VIII, 90.
4) Die richtige Deutung wird Forchhammer verdankt. S. dessen Vorr. zum Index schol. der Kieler Univ. Winter 1843/44.
5) Hierüber und über die weiter folgenden Einzelheiten begnüge ich mich ein für alle Male auf die Antiquit. zu verweisen, p. 291 ff.
6) Nur dem auf Elternmord angeklagten war dies nicht gestattet. S. Pollux VIII, 117 und dazu Meier, de bon. damn. p. 18.

Seiten der Angeklagte freigesprochen. Ward er verurtheilt, so
traf ihn, wenn er eines absichtlichen Mordes für schuldig befunden
war, die Todesstrafe, bei deren Vollziehung der Kläger
gegenwärtig sein konnte, und sein Vermögen ward eingezogen:
war sein Verbrechen bösliche Verwundung, die aber nicht den
Tod zur Folge gehabt hatte, so ward er verbannt und sein Vermögen
ebenfalls eingezogen.

Die beschriebene Form des Verfahrens ist die vor dem
Areopag stattfindende, von welcher sich das Verfahren vor den
ephetischen Gerichten beim Delphinium und beim Palladium
wohl in keinem wesentlichen Punkte unterschied. Vor das erstere
dieser beiden gehörten die Fälle, wo der Angeklagte zwar eingestand,
einen Menschen getödtet zu haben, diese Tödtung aber
als eine gesetzlich straflose oder erlaubte vertheidigte. Erlaubt
war die Tödtung eines Ehebrechers, den einer bei der
Mutter, oder Schwester, oder Tochter, oder Gattin oder auch
nur bei seiner nicht ehelich vermählten Beischläferin freien
Standes, mit der er Kinder freien Standes erzielte, auf der That
ertappte; straflos war Tödtung aus Nothwehr gegen Angreifer
und Räuber, die sich zur Wehr setzten, und absichtslose Tödtung
eines Gegners in Kampfspielen oder eines Kameraden im
Kriege.[1]) Vor das Gericht beim Palladium gehörten die sonstigen
Fälle unvorsätzlichen Todtschlages, sowie auch Tödtung
eines Sklaven oder Nichtbürgers.[2]) Derselbe Gerichtshof entschied
über die Klage wegen $βούλευσις$, d. h. wenn Einer beschuldigt
wurde, einen Mord zwar nicht selbst, aber durch andere
von ihm Angestiftete verübt oder doch bezweckt zu haben.[3])
Die Strafe der Buleusis war Verbannung und Vermögensconfiscation:
unvorsätzlicher Todtschlag wurde durch Verweisung aus
dem Lande gebüfst, die indessen nicht immerwährend, sondern
auf einen gewissen, nicht genauer anzugebenden Zeitraum beschränkt
war, nach dessen Ablauf der Todtschläger von den Angehörigen
des Getödteten Verzeihung zu erwirken hatte.[4]) Wie

---
1) Demosth. g. Aristocr. p. 637. 639.
2) Nach dem Schol. zu Aesch. de f. leg. §. 87.
3) Dafs die $βούλευσις$ vor das Palladium gehörte, sagt Harpokration
mit Berufung auf Isäus und Aristoteles, bemerkt aber dabei, dafs nach Dinarch
sie vor den Areopag gehört habe. Man kann beide Angaben etwa
so vereinigen, dafs man annimmt, wenn der Anschlag gelungen, sei der
Areopag, im andern Falle das Palladium die competente Behörde gewesen.
Eine andere Vermuthung trägt Sauppe vor, Or. Att. II p. 235.
4) Demosth. g. Aristocr. p. 644. Dafs der Name $ἀπενιαυτισμός$
nicht gerade auf einjährige Frist deute, hat Hermann mit Recht erinnert.

die Tödtung eines Sklaven gebüfst sei, darüber geben uns unsere Quellen keine Belehrung. Auf Tödtung eines Fremden soll Verbannung gesetzt gewesen sein.[1]) Endlich, wessen That in die Kategorie der gesetzlich erlaubten oder straflosen Tödtung gehörte, den traf keine Art von Bufse, sondern er bedurfte nur einer gewissen religiösen Reinigung.[2])

Die vor den Gerichtshof in Phreatto gehörigen Fälle kamen offenbar nur selten oder nie in der Wirklichkeit vor. Es sollte nämlich hier alsdann Recht gesprochen werden, wenn Jemand, der wegen unvorsätzlichen Todtschlages das Land hatte meiden müssen, vor dem gesetzlichen Termin seiner Rückkehr eines andern und zwar absichtlichen Mordes angeklagt wurde. Ein solcher durfte den Boden des Landes nicht betreten: daher verordnete das Gesetz, er solle auf einem Schiffe so nahe an die Gerichtsstätte heranfahren, dafs er hören und gehört werden könnte. — Endlich beim Prytaneum wurde nicht sowohl ein wirkliches Gericht gehalten, als vielmehr eine religiöse Ceremonie vorgenommen. Erstens, wenn ein Mord begangen, der Thäter aber unbekannt war, so wurde die gesetzliche Strafe feierlich über ihn ausgesprochen: zweitens, wenn nur die Werkzeuge des Mordes, nicht der Mörder selbst zur Hand waren, so wurden jene nach dem Ausspruch der Epheten von den Phylobasileis oder den Vorstehern der vier altionischen Phylen aufser Landes geschafft.[3]) Dasselbe geschah mit solchen Dingen, die zufällig den Tod Jemandes verursacht hatten. Auch Thiere, durch die Jemand getödtet war, wurden hier zum Tode verurtheilt und aufser Landes geschafft.

Im demosthenischen Zeitalter scheint übrigens das Collegium der Epheten aus den Gerichtshöfen beim Palladium und beim Delphinium verdrängt und die hieher gehörigen Sachen den Heliasten überlassen zu sein,[4]) so dafs jenen nur die religiösen Functionen beim Prytaneum und etwa die vor das Gericht in Phreatto gehörigen Fälle übrig blieben. Aufserdem aber blieb ihnen die Cognition in dem Falle, wenn Jemand einen ausgetretenen Mörder, der sich des Besuches aller ihm untersagten Orte

---

1) Lex. Seguer. p. 176. Es kam aber jedenfalls wohl auf die Beschaffenheit des Falles an.
2) Vgl. Plat. Legg. IX p. 865.
3) Pollux VIII, 111 u. 120. Vgl. oben S. 355.
4) Dies ist von dem Gerichtshof beim Palladium aus Isocr. g. Callimach. §. 52—54 und aus der R. g. Neära p. 1348 klar, und von dem G. beim Delphinium wenigstens höchst wahrscheinlich.

enthielt, dennoch entweder selbst getödtet oder durch Andere hatte tödten lassen, und dies Verfahren wurde dann als Mord oder als Buleusis bestraft. Sodann lag es den Epheten ob, in Fällen unvorsätzlichen Mordes, wo die religiöse Sühne und Aussöhnung des Mörders zu bewirken war, in Ermangelung von Verwandten, die zunächst dabei betheiligt waren, aus der Zahl der Phratoren des Getödteten zehn der Vornehmsten auszuwählen und durch sie die Sühne und Aussöhnung zu bewirken.[1]) Uebrigens durfte solche Sühne dann, wenn der unvorsätzliche Mörder die gesetzliche Zeit hindurch das Land gemieden hatte, gewifs nicht verweigert werden; sie konnte aber mit Bewilligung der Anverwandten auch vorher erfolgen und dadurch dem Mörder die Nothwendigkeit, das Land zu meiden, abgekürzt oder ganz erspart werden und es wurde wohl öfters von den Anverwandten gegen Zahlung eines gewissen Bufsgeldes die gerichtliche Verfolgung des Mörders unterlassen.[2]) Den absichtlichen Mörder aber durften die Anverwandten nur dann unverfolgt lassen, wenn der Ermordete selbst vor seinem Tode jenem verziehen hatte, in welchem Falle nur die religiöse Sühne erforderlich war[3].) Ohne jene Bedingung aber die Verfolgung zu unterlassen, galt als Impietät ($\dot{\alpha}\sigma\acute{\epsilon}\beta\epsilon\iota\alpha$), und der gesetzlich zur Blutrache verpflichtete Verwandte konnte deswegen von Jedem angeklagt, und vom Gericht mit einer arbiträren Strafe belegt werden.[4])

Soviel von den Blutgerichten im engeren Sinne, deren altherkömmliche Institutionen unverkennbar einen religiösen Charakter tragen. Wir wenden uns nun zunächst zu den ausschliefslich für Privatstreitigkeiten bestimmten Gerichten. Solche waren zuvörderst die öffentlichen Schiedsrichter oder Diäteten, deren Stiftung von Neueren wohl mit Unrecht erst in die Zeiten des Redners Lysias verlegt worden ist.[5]) Sie waren höchst wahr-

---

1) Gesetz bei Demosth. g. Macart. p. 1069. Vgl. Antiquit. p. 298, 11.
2) Die Bufse heifst τὰ ὑποφόνια, s. Harpocr. u. d. W. u. Lex. Seguer. p. 313.
3) Demosth. g. Pantaen. p. 983, 20. Antiph. üb. den Choreuten p. 764.
4) Antiquit. p. 297 not. 8. 9.
5) Vgl. d. Verfassungsgesch. Ath. S. 44 ff. Ueber die Etymologie des Namens s. Döderlein, Oeffentl. Reden (Frkf. u. Erl. 1860) S. 327, nach welchem der Stamm derselbe ist, wie von ἐξαίνυσϑαι und dem homerischen ἔξαιτος = ἐξαίρετος, also δίαιτα eigentl. Auseinandernahme, Auseinandersetzung, διαιτητής der Auseinandersetzende. Die andere bekannte Bedeutung von δίαιτα ist Tageseintheilung, Tagesordnung, Lebensweise, die sich ebenfalls ungezwungen aus der Grundbedeutung ableiten läfst.

scheinlich von weit höherem Alter. Der Magistrat, bei welchem Klagen angebracht wurden, konnte unmöglich alle Sachen allein untersuchen und schlichten, wenn er auch dazu befugt war: er verwies deswegen die meisten an Diäteten, wie in Rom der Magistrat sie an einen *index* oder *arbiter* verwies. Zu diesem Zwecke wurde in der Periode, von der wir nähere Kunde haben, jährlich eine gewisse Anzahl von Bürgern höheren Alters, über fünfzig oder, was vielleicht richtiger, über sechzig Jahre, ernannt, um in vorkommenden Fällen als Diäteten zu fungiren. Wahrscheinlich wurden sie nach den Phylen ernannt, und zwar in der Zeit, wo die meisten Aemter erloost wurden, ebenfalls durchs Loos; ob auch schon früher ebenso, lassen wir dahingestellt sein. Von ihrer Anzahl wissen wir weiter Nichts, als dafs nach einer Inschrift[1]) um Ol. 113, 4 (v. Chr. 325) ihrer wenigstens hundert und vier waren. Schwerlich aber war dies ihre Gesammtzahl,[2]) und wenn, wie doch wohl anzunehmen ist, aus jeder Phyle gleichviel erloost wurden, so müssen ihrer mindestens hundert und sechzig gewesen sein, da jene Inschrift aus einer Phyle, der Kekropis, sechszehn Diäteten nennt (aus allen andern weniger, aus der Pandionis nur drei): es ist aber wohl möglich, dafs ihrer noch mehrere waren. Die Ausgehobenen leisteten ohne Zweifel einen Amtseid, wie wir dies von den Heliasten sehen werden. Für ihre Mühwaltung wurden sie durch die Gebühren entschädigt, welche die von der Behörde an sie verwiesenen Parteien zu zahlen hatten, nämlich der Kläger beim Anbringen der Klage, der Beklagte bei seiner Entgegnung, jeder eine Drachme, und ebensoviel bei jedem Fristgesuch derjenige, der es einlegte. Die Gebühr hiefs παράστασις. In jeder Sache richtete nur Ein Diätet: dafs dieser immer aus der Phyle des Beklagten habe sein müssen, ist unerweislich, aber wahrscheinlich ist es, dafs die Gesammtheit der Diäteten in gewisse Abtheilungen getheilt war, deren jede speciell für die eine oder die andere Phyle bestimmt war, selbst aber aus Angehörigen verschiedener Phylen bestand,[3]) und dafs nun der Magistrat in jedem einzelnen Falle

---

1) Bei Rofs, Demen v. Att. S. 22, Rangabé A. H. no. 1163. und Westermann, üb. d. öffentl. Schiedsrichter in Ath., in d. Berichten d. Sächs. Gesellsch. d. Wiss. I S. 439.
2) Die Inschr. nennt nur diejenigen Diäteten, die in jenem Jahre wirklich fungirt hatten, und wegen ihrer Amtsführung mit einem Kranze belohnt waren. Dafs aber nicht alle Diäteten des Jahres auch wirklich zur Ausübung ihrer Thätigkeit berufen wurden, ist sehr erklärlich.
3) Vergl. Philolog. I S. 730.

einen Diäteten aus der für die Phyle des Beklagten bestimmten Abtheilung entweder den Parteien zu wählen überliefs oder auch ihnen durchs Loos zuwies. In den Zeiten, über die wir aus den Rednern am genauesten unterrichtet sind, stand es den Parteien frei, mit Uebergehung der Diäteten sogleich die Ueberweisung ihrer Sache an ein heliastisches Gericht zu verlangen, was früherhin nicht gestattet gewesen zu sein scheint, oder wenigstens nicht gewöhnlich war. Die Lokale, in welchen die Diäteten safsen, waren für jede Abtheilung bestimmt, theils in den heliastischen Gerichtslocalen, wenn diese frei waren, theils in diesem oder jenem Tempel[1]) oder wo sonst ein schicklicher Platz war. Sie hatten, wie der *iudex* in Rom, die ganze Untersuchung der Sache allein zu führen, waren also Instruenten und Richter zugleich. Ihren Spruch händigten sie am Schlufs der Verhandlung dem Magistrate ein, der die Sache an sie verwiesen hatte: dieser unterzeichnete und publicirte ihn, wodurch er rechtskräftig wurde, wenn nicht die Parteien dagegen appellirten. Denn dies stand ihnen frei: nur eine Gebühr, $\pi\alpha\rho\alpha\beta\delta\lambda\iota o\nu$ oder $\pi\alpha\rho\alpha\beta\delta\lambda o\nu$, war dabei zu zahlen, über deren Betrag wir aber nichts erfahren.[2]) Wegen Vergehen in ihrer Amtsführung konnten die Diäteten nach Ablauf des Jahres gleich andern Beamten bei den Logisten zur Verantwortung gezogen, sie konnten aber auch während des Jahres durch eine Eisangelie belangt werden. — Unterschieden von diesen öffentlichen Diäteten sind die compromissarischen Schiedsrichter, welche ebenfalls Diäteten heifsen, aber von den Parteien durch gegenseitige Uebereinkunft beliebig erwählt werden, und deren Competenz lediglich von der Beschaffenheit des Compromisses abhängt. In der Regel, und in dem Zeitalter der Redner wohl immer, verpflichteten sich die Parteien durch das Compromifs, sich dem Spruch des Schiedsrichters zu unterwerfen, so dafs davon nicht appellirt werden konnte. Früher mag das nicht immer der Fall gewesen sein, so dafs dann die Thätigkeit des Diäteten oft nur eine Art von Sühneversuch blieb.

Zur Bequemlichkeit der auf dem Lande und in den Demen wohnenden Bevölkerung war ferner eine Anzahl von Gaurichtern ($\kappa\alpha\tau\dot{\alpha}\ \delta\acute{\eta}\mu o\nu\varsigma\ \delta\iota\kappa\alpha\sigma\tau\alpha\acute{\iota}$) eingesetzt, die von Ort zu Ort umher wanderten und Bagatellsachen bis zum Belaufe von 10 Drachmen, sowie Klagen wegen Injurien und Gewaltthätigkeiten von geringer Wichtigkeit aburtheilten. Es waren ihrer früherhin dreifsig

---
1) Demosth. g. Euerg. p. 1142. Pollux VIII, 126.
2) Pollux VIII, 63.

gewesen; später. nach Euklides, vermehrte man sie auf vierzig. Sie wurden durchs Loos, früher vielleicht durch Wahl ernannt.[1]) Ob sie als Collegium gemeinschaftlich, oder in gewisse Abtheilungen getheilt ihre Jurisdiction ausgeübt haben, wird nicht gesagt. Das letztere ist wohl das Wahrscheinlichere, sowie auch anzunehmen, dafs gewisse Orte in jedem Theil des Landes für ihre Sitzungen bestimmt waren, und die Zeit, wo sie in jedem derselben Gericht halten würden, vorher bekannt gemacht ward. Wann dies Collegium der Gaurichter gestiftet sei, erfahren wir nicht. Vielleicht vom Solon,[2]) was jedoch nicht so zu verstehen, als ob vor ihm in den Demen gar nicht Recht gesprochen, sondern die Parteien genöthigt gewesen seien, wegen jedes kleinen Rechtshandels in die Stadt zu gehen. Das Gegentheil ist vielmehr mit Gewifsheit anzunehmen, wenn sich auch über die Beschaffenheit dieser Jurisdiction weiter nichts sagen läfst.

Endlich sind hier noch die Nautodiken oder Handelsrichter zu erwähnen,[3]) von denen wir aber nur soviel wissen, dafs sie eine richterliche Behörde in Streitigkeiten der ἔμποροι d. h. der Seehandeltreibenden, und in Processen gegen Fremde, die sich das Bürgerrecht anmafsten, gewesen seien. Jene entschieden sie selbst, diese instruirten sie und brachten sie an die heliastischen Richter. Die Verbindung beider Arten von Sachen läfst sich vielleicht daraus erklären, dafs unter den Seehandelnden namentlich viele sich widerrechtlich das Bürgerrecht anmafsen mochten. Die Zahl und Wahlart der Nautodiken ist unbekannt. Im demosthenischen Zeitalter bestanden sie nicht mehr, und jene beiden Arten von Sachen gehörten damals zur Jurisdiction der Thesmotheten.

Alle diese Richter waren nur in Privatsachen competent;[4]) ihnen gegenüber stehen die von Solon angeordneten Heliasten, mit einer auf Sachen jeder Art ohne Ausnahme sich erstreckenden Competenz, und zwar in Privatsachen höchst wahrscheinlich

---

1) Für das Loos zeugt Demosthenes g. Timocr. p. 735, 13 und Lex. Seguer. p. 306, 15; für die Cheirotonie Lex. Seguer. p. 310, 21 u. Hesych. unt. τριάκοντα.
2) In der Angabe des Schol. zu Aristoph. Wolk. v. 37, Solon habe Demarchen eingesetzt, ἵνα οἱ κατὰ δῆμον διδῶσι καὶ λαμβάνωσι τὰ δίκαια παρ' ἀλλήλων, scheinen Demarchen und Gaurichter verwechselt zu sein, wie auch Meier annimmt Hall. ALZ. 1844 p. 1306.
3) S. Att. Proc. S. 83 ff. Verfassungsgesch. S. 47.
4) Denn in den Processen wegen angemafsten Bürgerrechts, die allerdings zu den öffentlichen Sachen gehören, waren die Nautodiken nicht Richter, sondern nur Instruenten.

ursprünglich nur als Richter zweiter Instanz, wenn von dem Spruch jener andern oder von der vom Magistrat allein gefällten Sentenz appellirt wurde, in öffentlichen Sachen aber auch als Richter erster und einziger Instanz. Der Name kommt von ἡλιαία, welches Wort, wie ἀγορά, sowohl die Versammlung als den Platz der Versammlung bedeutet: in Athen hiefs dasjenige Local so, wo die gröfste Anzahl dieser Richter, und in einigen Fällen ihre Gesammtheit[1]) zu Gericht safs, und welches wahrscheinlich an den Marktplatz stiefs. Dafs es jemals auch zu allgemeinen Volksversammlungen oder Ekklesien gedient habe, ist unerweislich. Wie grofs die Anzahl der Heliasten nach Solons Anordnung gewesen und wie sie ernannt worden seien, wissen wir nicht. Zur Zeit der entwickelten Demokratie, wo auch die Processe der unterwürfigen Bundesgenossen vor die athenischen Gerichte gezogen wurden,[2]) waren ihrer sechstausend, aus jeder Phyle sechshundert, durchs Loos ausgehoben. Allzugering wird die Zahl auch vorher nicht gewesen sein, und Abtheilungen der Gesammtheit in Sectionen, wie wir sie später finden, sind unbedenklich auch für die frühere Zeit anzunehmen. Die Loosung ward jährlich von den neun Archonten im Ardettos,[3]) einem aufserhalb der Stadtmauer belegenen Platze, vorgenommen, und die Erloosten wurden durch einen Eid verpflichtet, dessen uns überlieferte Formel[4]) aber nicht allein deutliche Spuren einer späteren Zeit als der solonischen an sich trägt, sondern überall von zweifelhafter Authenticität ist. Die Gesammtzahl der Sechstausend ward darauf in zehn Sectionen zu fünfhundert eingetheilt, so dafs Tausend übrig blieben, um nöthigen Falls als Ersatzmänner zur Ausfüllung von Lücken in den Sectionen zu dienen. Die Sectionen hiefsen Dikasterien, ebenso wie die Gerichtslocale, und es waren in jeder Section Angehörige aller Phylen unter einander gemischt. Jeder Heliast bekam als Zeichen seines Amtes ein bronzenes Täfelchen mit seinem Namen und der Nummer oder dem Buchstaben der Section, zu der er gehörte, (also von A bis K,) und dazu mit dem Gorgonium als Staatswappen. Sooft nun Gerichte zu halten waren, fanden sich

---

1) Andocid. de myst. p. 9 §. 17 erwähnt sechstausend Richter in einer γρ. παρανόμων.
2) S. S. 478.
3) Wenigstens in der früheren Zeit: später nicht mehr hier, wie Harpocr. unt. Ἀρδηττός aus Theophrast angiebt, ohne jedoch dabei zu bemerken, welcher andere Platz nun dazu gewählt sei.
4) Bei Demosth. g. Timocr. p. 746 eingelegt. Vgl. Att. Proc. S. 128.

die Heliasten auf dem Markte ein, und es wurde hier über die Gerichtshöfe, in welchen jede Section an dem Tage zu sitzen hatte, von den Thesmotheten das Loos gezogen. Doch safsen nicht immer und für jeden Rechtshandel ganze Sectionen, sondern bald nur Theile einer Section, bald aber auch mehrere Sectionen vereinigt, je nach der Wichtigkeit der Sachen, es wurde aber darauf gesehen, dafs die Zahl immer eine ungerade sei, um Gleichheit der Stimmen zu vermeiden, und wenn wir daher z. B. zweihundert oder zweitausend Richter angegeben finden, so ist anzunehmen, dafs nur die runden Zahlen gesetzt seien, statt zweihundert und eines, oder zweitausend und eines.[1]) Ueber gewisse Arten von Sachen konnten nur Heliasten einer bestimmten Kategorie zu Gericht sitzen, z. B. über Verletzungen der Mysterien nur Eingeweihte, über Militärvergehen nur Dienstcameraden des Angeklagten. Nach dieser am Gerichtstage vorgenommenen Loosung bekam jeder Richter der Section einen Stab mit der Farbe und der Nummer des Gerichtslocals, in welchem er zu sitzen hatte, und beim Eintritt in dieses eine Marke, gegen deren Vorzeigung ihm nach beendigter Sitzung der Sold aus der Kasse der Kolakreten ausbezahlt wurde.[2]) Dafs die Richter nicht vor jeder Sitzung aufs Neue vereidigt worden seien, ist mit Zuversicht anzunehmen;[3]) es genügte der gleich Anfangs bei der Loosung geleistete Eid. Noch bemerken wir, dafs das gesetzliche Heliastenalter mindestens dreifsig Jahre war, und dafs, soviel sich erkennen läfst, die Heliasten nur aus solchen, die sich freiwillig dazu meldeten, ausgeloost wurden; obgleich wir nicht behaupten wollen, dafs, wenn etwa die Anzahl dieser nicht grofs genug war, nicht auch Andere hinzugenommen seien. Indessen meldeten sich, seitdem die Besoldung eingeführt war, wohl niemals allzuwenige.[4])

Die Gerichtslocale der Heliasten lagen theils, und zwar wohl die Mehrzahl, am Markte, theils aber auch in andern Theilen der Stadt.[5]) Dafs ihrer nicht mehr als zehn gewesen seien, ist wahr-

---

1) Die hiergegen von Lablache vorgebrachten Einreden sind von O. Benndorf zurückgewiesen in d. Götting. Anz. 1870 S. 276. Vgl. Fragm. lex. rhet. p. XXII ed. Meier. Lex. Seguer. p. 262, 12. Pollux VIII, 48. Demosth. g. Timocr. p. 702, 25 und Att. Proc. S. 139, wo die sämmtlichen vorkommenden Zahlen angeführt sind.
2) Vgl. S. 443.
3) Gegen d. Att. Proc. S. 135 Anm. 20. vgl. besonders Westermann. Comm. de iuris iurandi form. Lips. (1859) pars. I p. 6. 10.
4) Vgl. d. Verfassungsgesch. Ath. S. 86 f.
5) S. Antiquit. p. 268 f. Dafs auch im Piräeus im δεῖγμα Gericht ge-

scheinlich eine irrige Angabe, veranlafst durch die Verwechselung der Richtersectionen mit den Gerichtslocalen, weil der Name Dikasterion beiden gemein war. Aufser der oben erwähnten Heliäa werden noch folgende genannt: das Parabyston, in welchem die Eilfmänner den Vorsitz führten, und welches diesen Namen von seiner Lage in einem abgelegenen Stadttheile bekommen haben soll, das Dikasterion des Metichos oder Metiochos und das des Kalleas ($\tau\grave{o}$ $K\acute{a}\lambda\lambda\epsilon\iota ov$), vielleicht nach den Erbauern genannt, das Grüne ($B\alpha\tau\varrho\alpha\chi\iota o\tilde{v}v$) und das Rothe ($\Phi o\iota v\iota\varkappa\iota o\tilde{v}v$), das Mittlere ($M\acute{\epsilon}\sigma ov$), das Gröfsere ($M\epsilon\tilde{\iota}\zeta ov$), das Neue ($K\alpha\iota v\acute{o}v$), das Dreieckige ($T\varrho\acute{\iota}\gamma\omega v ov$), das Dikasterion beim Heiligthum des Lykos, vielleicht in der Nähe des Lyceums aufserhalb der Stadt. Dikasterien an den Mauern und Dikasterien in der Strafse der Hermoglyphen werden erwähnt ohne weitere Namensbezeichnung.[1]) Dafs auch beim Palladium und beim Delphinium im Zeitalter der Redner die Heliasten zu Gericht gesessen, haben wir schon oben bemerkt. Auch das Odeum, ein von Perikles erbautes und eigentlich zu musikalischen Aufführungen bestimmtes Gebäude, wurde zu heliastischen Gerichtssitzungen benutzt, und so vielleicht noch andere Locale, von denen sich nichts erwähnt findet.

Dafs die Competenz der heliastischen Gerichte sich auf alle Arten von Rechtshändeln ohne Ausnahme erstreckte, dafs sie aber in Privatsachen anfangs wohl in der Regel nur Appellationsinstanz, in öffentlichen Sachen dagegen erste und einzige Instanz gewesen, ist schon erwähnt worden. Im Laufe der Zeit indessen geschah es immer häufiger, dafs auch Privatsachen gleich in erster Instanz an sie gelangten, theils weil es den Parteien frei gestellt wurde, ob sie ihren Rechtshandel an Diäteten gebracht wissen wollten oder nicht, theils weil auch die Magistrate von dem ihnen allerdings gesetzlich zustehenden Rechte eigener Entscheidung desto seltener Gebrauch machten, je mehr sie voraussehen konnten, dafs doch davon appellirt werden würde. Hinsichtlich der öffentlichen Sachen aber ist zu erwägen, dafs, abgesehen von den vor dem Areopag und den Epheten anhängig gemachten Criminalklagen, die eigentlich gar nicht zu den öffentlichen Sachen gezählt werden können,[2]) auch sonst in früheren Zeiten der Areopag vermöge des ihm damals noch ungeschmälert

---

halten sei, ist aus Aristoph. Equitt. v. 977 nicht mit Sicherheit zu schliefsen. S. Opusc. ac. I p. 228.
1) Aristoph. Vesp. v. 1110. Plutarch. de gen. Socr. c. 10.
2) Denn zum Begriff einer solchen gehört, dafs jeder ehrenhafte Bür-

zustehenden Oberaufsichtsrechtes befugt war. Verbrechen mancher Art, sei es in Folge einer bei ihm angebrachten Anzeige oder Anklage, oder auch *ex officio* vor sein Forum zu ziehen und darüber abzuurtheilen, so dafs auch hier nicht ausschliefslich die heliastischen Gerichte thätig waren, an die schwerlich von dem Ausspruch des Areopag appellirt werden konnte. Nur erst später, als dem Areopag jenes Recht entzogen war, gelangten nothwendig alle öffentlichen Klagen an die Heliasten, mit alleiniger Ausnahme solcher, die in aufserordentlichen Fällen beim Rath der Fünfhundert oder bei der Volksversammlung angebracht wurden, und worüber diese selbst entschieden. Dafs aber auch diese häufig an die Heliasten verwiesen zu werden pflegten, haben wir oben gesehn.[1]

Der Begriff öffentlicher Sachen hat übrigens im attischen Rechte einen sehr weiten Umfang, so dafs Manches, was anderswo als eine Privatsache behandelt wird, darunter fallen kann. Während z. B. das römische Recht Realinjurien und Diebstahl als *delicta privata* behandelt, erlaubt das attische Recht sie nicht blofs als solche, sondern auch als öffentliche Verbrechen zu behandeln, insofern dadurch nicht blofs ein Einzelner verletzt wird, sondern zugleich die Gesammtheit sich durch die in diesem Einzelnen gekränkte Bürgerehre oder die angetastete Sicherheit des Eigenthums verletzt achtet. Eine Aufzählung aller der Verbrechen oder Vergehungen, welche das attische Recht als öffentliche Sachen betrachtete, ist nicht wohl thunlich, und auch nicht nöthig. Ich darf mich begnügen, die verschiedenen Ausdrücke anzugeben, welche für öffentliche Klagen gebräuchlich sind, und theils auf der Verschiedenheit der Verbrechen, theils auf gewissen Eigenthümlichkeiten des Verfahrens beruhen.[2] Zunächst Phasis wird die Klage gegen Solche genannt, welche entweder durch Uebertretung der Zoll- und Handelsgesetze oder der Bergwerksordnung oder durch widerrechtliche Besitznahme öffentlichen Eigenthumes die pecuniären Interessen des Staates, oder durch Ausrodung der heiligen Oelbäume, die der Stadtgöttin zugehörten, zugleich auch die Religion, oder endlich als Vormünder durch unredliche Verwaltung des Vermögens ihrer Mündel das dem specielleren Schutze des Staates empfohlene Interesse der sich selbst zu schützen unfähigen verletzt hatten. Apographe,

---

ger als Kläger auftreten kann, während vor jenen Gerichten nur die Verletzten selbst oder die Anverwandten des Getödteten klagen konnten.
1) S. S. 398 u. 419.
2) Wegen des Folgenden genügt es auf den Att. Proc. zu verweisen, S. 197 ff.

eigentlich ein schriftliches Verzeichnifs von confiscirten oder gesetzlich der Confiscation anheimgestellten Gütern, dann aber auch die damit verbundene Anklage gegen diejenigen, die dergleichen in Besitz hatten und dem Staate vorenthielten. Endeixis, Anzeige namentlich gegen Solche gerichtet, welche durch das Gesetz oder in Folge eines richterlichen Erkenntnisses von der Ausübung gewisser Rechte, z. B. dem Reden in der Volksversammlung, oder von dem Besuche gewisser Orte ausgeschlossen waren, wenn sie dennoch jene Rechte ausübten oder jene Orte besuchten. Dahin gehören unter Andern die mit Atimie behafteten, sei es dafs diese schon durch richterliches Erkenntnifs über sie ausgesprochen war oder dafs der Kläger erst jetzt den Beweis, dafs sie diese Strafe gesetzlich verwirkt hätten, zu führen unternahm, oder die mit Blutschuld behafteten, die auf diesem Wege von Jedem, auch den nicht zur Verfolgung vor den Blutgerichten verpflichteten oder berechtigten, belangt und vor ein heliastisches Gericht unter dem Vorsitz der Eilfmänner gezogen werden konnten. Apagoge heifst das Verfahren gegen Verbrecher, die auf der That ergriffen und sofort der competenten Behörde zugeführt wurden, von der sie dann entweder zur Haft gebracht oder Bürgen zu stellen genöthigt werden konnten; ward aber die Behörde selbst an den Ort, wo ein solcher Verbrecher sich aufhielt, hingeführt, so hiefs dies Ephegesis. — Eisangelia heifst vorzugsweise die beim Rathe oder bei der Volksversammlung angebrachte Klage wegen eines die Interessen des Staates verletzenden Verbrechens, gegen welches obwaltender Verhältnisse wegen der gewöhnliche ordentliche Rechtsgang nicht anwendbar schien: doch wird dieser Name auch in besonderer Bedeutung von den Klagen wegen schlechter Behandlung der verheiratheten Erbtöchter gegen ihre Männer, der Mündel gegen ihre Vormünder, und von der Klage gegen öffentliche Diäteten wegen Pflichtverletzung gebraucht. Wir können noch Euthyne und Dokimasia hinzufügen;[1]) obgleich beide Namen nicht sowohl die Handlung des Klägers, als vielmehr das durch die Klage veranlafste gerichtliche Verfahren bedeuten, und zwar Euthyne gegen rechenschaftspflichtige Beamte wegen Verletzung ihrer Amtspflicht, Dokimasia gegen Solche, die zu Aemtern gewählt sind, oder als Redner eine poli-

---

[1]) Mit Pollux VIII, 41. Warum die von demselben auch genannte Probole hier übergangen worden, wird aus dem oben S. 416 über sie gesagten klar sein. Das ebenfalls von ihm genannte ἀνδρολήψιον (oder ἀνδροληψία) gehört gar nicht in die Darstellung des athenischen Gerichtswesens, sondern in die der völkerrechtlichen Verhältnisse.

tische Wirksamkeit ausüben, wozu ihnen die gesetzlichen Erfordernisse und die Würdigkeit abgehen. Der allgemeinste Name der öffentlichen Klagen aber ist γραφή oder Schriftklage, womit theils alle unter den aufgeführten speciellen Benennungen nicht begriffene, theils auch manche von diesen bezeichnet werden.

Es kann schon aus dieser Aufzählung erhellen, wie die Competenz der Heliasten sich nicht blofs auf die von Privaten sei es gegen Private sei es gegen den Staat verübten Verbrechen bezog, sondern wie auch die Beamten, ihre Würdigkeit zum Amte und ihre in der Verwaltung desselben begangenen Gesetzwidrigkeiten und Uebertretungen der Beurtheilung der Gerichte unterlagen, so dafs die Administration gewissermafsen von ihnen controlirt wurde, und an eine sogenannte administrative Justiz, wo die Administration eigentlich von sich selbst, die unteren Beamten von den oberen, controlirt wird, in Athen nicht zu denken ist. Aber auch die souveräne Volksversammlung erscheint den Gerichten gegenüber nicht vollkommen souverän, sondern ihre Beschlüsse können durch Berufung auf diese hintertrieben und cassirt werden. Wir haben oben schon von der sogenannten γραφή παρανόμων und ihrer Ankündigung durch eine Hypomosie geredet,[1]) wodurch in der Volksversammlung theils die Abstimmung über einen Vorschlag gehindert, theils aber auch die Gültigkeit eines schon durch Stimmenmehrheit gefafsten Beschlusses bis zur Entscheidung des Gerichtes suspendirt wurde. Die Anklage ward gegen den Antragsteller persönlich gerichtet, und dieser verfiel, wenn das Gericht gegen ihn entschied, in eine bald leichtere bald schwerere Strafe. Selbst wenn die Klage einen vom Volke schon genehmigten Antrag betraf, haftete der Antragsteller noch ein Jahr lang dafür und ward erst nach Ablauf dieser Frist von persönlicher Verantwortlichkeit frei, wobei aber immer der Beschlufs selbst noch von den Richtern cassirt werden konnte. Die γραφή παρανόμων war also einerseits ein Mittel, leichtsinnige oder unredliche Staatsmänner von Anträgen, die den Gesetzen oder den Interessen des Staates nicht gemäfs waren, abzuschrecken oder dafür zu strafen, andererseits aber auch die Uebereilungen der vielköpfigen Volksversammlung unschädlich zu machen, indem ihre Beschlüsse der besonnenen Erwägung einer weniger grofsen Anzahl von Männern reifen Alters, die überdies durch ihren Eid zu gewissenhafter Prüfung besonders verpflichtet waren, unter-

---

1) S. S. 408.

worfen wurde. Solon, dem diese Anordnung abzusprechen[1]) gar kein triftiger Grund vorhanden ist, erscheint hiebei durch dasselbe Motiv der Vorsicht bestimmt, welches ihn auch die eigentliche Gesetzgebung (die Nomothesie) der Volksversammlung zu entziehen und einer Nomotheten-Commission zu übertragen veranlaſste, die aus Heliasten gebildet und also nicht wesentlich von einem heliastischen Gerichtshofe verschieden war. Die Heliasten sind gleichsam als ein engerer Ausschuſs des souveränen Volkes zu betrachten, bestimmt die Rechte und Interessen des Gemeinwesens nicht nur in solchen Fällen, wo jenes selbst in seiner Gesammtheit zu handeln nicht im Stande ist, sondern auch gegen dessen eigene Uebereilungen und Täuschungen zu wahren. Solange die Zahl der Heliasten nicht allzugroſs war, und keine Besoldung die Gerichtshöfe mit Leuten aus der niederen und ungebildeten Classe überfüllte, entsprachen sie ohne Zweifel auch den Absichten Solons, und waren eher ein Zügel als ein Hebel der Demokratie: als aber jährlich sechstausend, und diese vorzugsweise aus den geringeren Leuten ausgeloost wurden, änderte sich nothwendig auch der Charakter der Gerichte, und es ging in ihnen nicht viel anders her, als in den allgemeinen Volksversammlungen, woran uns die vielfachen und von den glaubwürdigsten Zeugen vorgebrachten Klagen über parteiische und ungerechte Entscheidungen, zu denen sich die Richter durch demagogische Redner haben verleiten lassen, nicht zu zweifeln erlauben. Daſs sie wissentlich und absichtlich Unrecht gethan haben soll damit keinesweges behauptet werden; aber es war nicht schwer sie irre zu leiten, ihre Leidenschaften aufzuregen, ihr Urtheil zu verwirren, zumal da in gar manchen Fällen keine bestimmte gesetzliche Form vorhanden war, die ihnen zur sichern und unzweideutigen Richtschnur ihrer Entscheidungen hätte dienen können, sondern sie auf ihr eigenes Ermessen und Gewissen verwiesen waren: ein Mangel des attischen Rechtswesens, der unter günstigen Bedingungen allerdings zum Vortheil ausschlagen konnte, indem er die Gefahr, daſs das buchstäbliche Recht mehr als das wahre und wirkliche zur Geltung käme, in vielen Fällen beseitigte, der aber, wenn jene Bedingungen fehlten, auch ebenso leicht dem Unrecht zum Siege über das wahre Recht behülflich werden konnte.

---

[1] Wie es von Grote geschehen ist, der die γρ. παρανόμων erst zu Perikles' Zeit eingeführt werden läſst vol. V p. 503 oder Th. III S. 290 d. Uebers.

Die öffentlichen Klagen, mag nun ihr Gegenstand eine den Staat selbst unmittelbar, oder eine zunächst einen Privaten, und den Staat nur mittelbar treffende Verletzung sein, haben alle dies mit einander gemein, dafs jeder ehrenhafte und selbständige Bürger sie anzustellen befugt ist.[1]) Es kann z. B., wenn irgend ein Uebermüthiger einen Schwachen und Geringen gemifshandelt hat, und dieser selbst den Kampf gegen ihn zu unternehmen nicht wagt, ein Dritter persönlich ganz unbetheiligter für ihn auftreten und jenen vor Gericht ziehen, ebenso wie, wenn irgend ein Beamter seine Pflicht verletzt und die zur Aufsicht über die Führung der Beamten bestellten Behörden das Vergehen ungeahndet lassen, jeder Privatmann die Untersuchung beantragen, oder wenn in der Volksversammlung eine schlechte Mafsregel vorgeschlagen oder durchgegangen ist, Jeder, der sich getraut, den Beweis ihrer Schlechtigkeit zu führen, durch Anstellung einer Klage ($\gamma\varrho.\ \pi\alpha\varrho\alpha\nu\acute{o}\mu\omega\nu$) dagegen Einspruch thun kann. Zweitens haben alle öffentlichen Klagen dies mit einander gemein, dafs sie pönale sind, und dafs die Strafe, in die der Verurtheilte verfällt, nicht dem Kläger sondern dem Staate gebüfst wird, auch dann, wenn der Kläger wegen einer ihm zunächst persönlich zugefügten Verletzung geklagt hat. Nur in einigen bestimmten Fällen gewährt das Gesetz auch dem Kläger einen Gewinn durch die von dem Verurtheilten zu zahlende Bufse, z. B. bei der Phasis und der Apographe, da bei beiden ihm ein Antheil zufällt.[2]) Drittens gilt bei den öffentlichen Klagen als Regel, dafs der Kläger, wenn er entweder die angestellte Klage fallen läfst, oder wenn bei dem Urtheilsspruch nicht wenigstens der fünfte Theil der Stimmen für ihn ist, in eine Bufse von tausend Drachmen[3] und überdies in eine beschränkte Atimie verfällt, nämlich des Rechtes, in Zukunft ähnliche Klagen anstellen zu dürfen, verlustig geht: eine Bestimmung, deren Zweck, von allzuleichtfertiger Anstellung solcher Klagen abzuschrecken, in die Augen springt.[4])

---

1) Das Nähere über die Personen, welche klagen und welche verklagt werden konnten s. im Att. Proc. S. 555 ff. und über die Unterscheidung von $\gamma\varrho\alpha\varphi\acute{\eta}\ \acute{\iota}\delta\acute{\iota}\alpha$ u. $\gamma\varrho.\ \delta\eta\mu o\sigma\acute{\iota}\alpha$ S. 63.
2) Ebend. S. 165. Antiquit. i. p. Gr. p. 270.
3) Ueber die 500 Dr. bei Demosth. de cor. p. 261, 20 s. die richtige Erklärung in d. Antiquit. p. 271 not. 7.
4) Ausnahmen von jener Regel bei der Eisangelie wegen schlechter Behandlung der Eltern, Waisen und Erbtöchter, sowie bei der Eisangelie wegen öffentlicher aufserordentlicher Verbrechen s. im Att. Proc. S. 735.

Die Privatklagen, bei denen es sich darum handelt, entweder Genugthuung für eine erlittene Rechtsverletzung oder Feststellung eines streitigen Rechtes zu erwirken, sind diesem gemäfs theils pönale, theils nicht pönale. Jene heifsen δίκαι κατά τινος, diese δίκαι πρός τινα,[1]) unter welchen wiederum die διαδικασίαι eine Unterabtheilung bilden, bei denen es sich um die Erlangung einer von Mehreren beanspruchten Sache, oder um die Uebernahme einer Verpflichtung handelt, die Einer von sich ab auf einen Andern zu wälzen sucht.[2]) Alle haben dies mit einander gemein, dafs sie nur von dem Betheiligten angestellt werden können, insofern nämlich dieser selbständig und fähig ist, vor Gericht aufzutreten, und dafs, wenn der Beklagte zu einer Bufse verurtheilt wird, diese dem Kläger zufällt. Beide Arten von Klagen aber, die öffentlichen wie die Privatklagen, sind theils schätzbare (ἀγῶνες τιμητοί), theils unschätzbare (ἀγῶνες ἀτίμητοι). Zu den letzteren gehören alle diejenigen, wo die Strafe des Verurtheilten gesetzlich bestimmt ist, zu den ersteren die, wo es eines besonderen Strafantrages nach der Schwere des Vergehens oder nach der Gröfse des erlittenen Schadens bedarf.[3])

Der Procefsgang ist im Allgemeinen bei öffentlichen und Privatklagen nicht wesentlich verschieden. Bevor die Klage angebracht wurde, mufste in der Regel eine Aufforderung an den Gegner gerichtet werden, sich an einem bestimmten Tage vor der competenten Behörde zu stellen. Diese Vorladung mufste von dem Kläger an einem öffentlichen Orte und im Beisein von Zeugen (Ladungszeugen, κλητῆρες) erlassen werden,[4]) damit, wenn der Beklagte ihr nicht Folge leistete, vor der Behörde die geschehene Ladung bezeugt und auf Contumazirung des Ausbleibenden angetragen werden könnte. Bürgschaft für das Erscheinen vor der Behörde zu stellen waren nur die Fremden, nicht aber die Bürger verpflichtet, und ebensowenig konnten diese genöthigt werden, sogleich mit vor die Behörde zu kom-

---

1) Ebend. S. 167.   2) Att. Proc. S. 367.
3) Ebend. S. 171 ff.
4) Ebend. S. 576 ff. — Bei Aristophanes in den Vögeln v. 1422 ist der κλητὴρ νησιωτικός offenbar der sykophantische Ankläger selbst, welcher ein Gewerbe daraus macht, die Bundesgenossen mit Klagen zu chikaniren. Vergl. v. 1425. 31. 52. 57. 60. Dagegen v. 147, wo das Salaminische Staatsschiff den κλητὴρ bringt, haben wir an einen Staatsboten zu denken, der eben in Folge einer Eisangelie den abwesenden Angeschuldigten im Namen des Staats vorladet. Vgl. Att. Proc. S. 590.

men, mit Ausnahme der Fälle, wo die sogenannte Apagoge stattfand.[1]) Ohne Vorladung des Gegners wurde die Klage bei der Endeixis angebracht, indem es hier Sache der Behörde war, sich des Angeklagten durch Verhaftung zu sichern oder Bürgschaft von ihm zu fordern, ferner bei der Eisangelie an den Rath oder die Volksversammlung, wo ebenfalls der Angeklagte entweder verhaftet oder zur Bürgschaftsstellung genöthigt werden konnte, endlich bei der Dokimasie oder der Euthyne gegen Beamte, indem diese zu der für ihre Prüfung oder Rechenschaftsablegung bestimmten Zeit sich ohnehin einfinden und des Klägers gewärtig sein mufsten. — Bei der Behörde wurde die Klage schriftlich eingereicht: die Klageschrift heifst in Privatsachen gewöhnlich $\lambda\tilde{\eta}\xi\iota\varsigma$,[2]) und wenn die Klage eine persönliche, nicht eine dingliche ist, $\ddot{\epsilon}\gamma\varkappa\lambda\eta\mu\alpha$: in öffentlichen Sachen theils ebenso, theils $\gamma\varrho\alpha\varphi\acute{\eta}$, auch $\varphi\acute{\alpha}\sigma\iota\varsigma$, $\ddot{\epsilon}\nu\delta\epsilon\iota\xi\iota\varsigma$, $\dot{\alpha}\pi\alpha\gamma\omega\gamma\acute{\eta}$, $\epsilon\dot{\iota}\sigma\alpha\gamma\gamma\epsilon\lambda\acute{\iota}\alpha$, je nach den verschiedenen Formen des Verfahrens. Sie wurde, wenn sie angenommen war, entweder ganz oder wenigstens im Auszuge, von dem Schreiber der Behörde auf eine Tafel geschrieben und bei dem Amtslocale öffentlich ausgehängt, damit Jeder, der etwa bei der Sache interessirt sein mochte, Kunde davon erhalten könnte. Ob sie aber anzunehmen oder zurückzuweisen sei, darüber mufste die Behörde zunächst entscheiden. Zurückzuweisen war sie namentlich dann, wenn der Beklagte nicht erschienen und seine Vorladung nicht durch die Ladungszeugen erwiesen war; aber aufserdem auch noch aus manchen andern Gründen, die wir indessen hier nicht besprechen wollen, weil sie uns zu sehr ins Detail einzugehen nöthigen würden.[3]) War die Klage angenommen, so wurde ein Termin anberaumt, an welchem die Instruction ($\dot{\alpha}\nu\acute{\alpha}\varkappa\varrho\iota\sigma\iota\varsigma$) des Processes beginnen sollte. Hier waren zunächst beide Parteien zu vereidigen, der Kläger auf seine Klage, der Beklagte auf seine Entgegnung. Die beiderseitigen Eide bezeichnet der Name $\dot{\alpha}\nu\tau\omega\mu o\sigma\acute{\iota}\alpha$, mit welchem dann aber auch die beiderseitigen Schriftstücke benannt werden, deren eigentlicher Name $\dot{\alpha}\nu\tau\iota\gamma\varrho\alpha\varphi\acute{\eta}$ ist, den wir nicht blos für die Gegenschrift des Beklagten, sondern auch von dem Klagelibell gebraucht finden.[4]) Ferner waren von beiden, oder einer von beiden Parteien, die Gerichtsgebühren zu erlegen.

---
1) Att. Proc. S. 580 ff.
2) Ueber den Grund der Benennung s. ebend. S. 596.
3) Ebend. S. 599—602.
4) Ebend. S. 628 f. wo aber das über $\dot{\alpha}\nu\tau\iota\gamma$. gesagte zu berichtigen ist, nach Plat. Apolog. c. 15, auch wohl Hyperid. pr. Euxenipp. p. 4, 11 Schneidew.

Diese waren in Privatsachen, wenn es sich um einen Gegenstand von mehr als hundert Drachmen handelte, (mit Ausnahme der Klage wegen Realinjurien, *d. αἰκίας*) die sogenannten Prytanien, welche in Sachen unter tausend Drachmen drei Drachmen, in gröfseren Sachen dreifsig Drachmen betrugen. Sie wurden von beiden Parteien erlegt, mufsten aber nach Entscheidung des Processes dem obsiegenden Theile vom Gegner erstattet werden. Bei öffentlichen Klagen wurden Prytanien vom Beklagten gar nicht, vom Kläger nur in den Fällen erlegt, wo ihm, wenn er obsiegte, ein persönlicher Gewinn, nämlich ein Theil der vom Verurtheilten zu zahlenden Bufse zufiel, wie bei der Phasis und der Apographe. In anderen Fällen erlegte der Kläger nur eine geringe Summe, vielleicht nicht mehr als eine Drachme, welche *παράστασις* hiefs, und bei einer Eisangelie auch diese nicht. Bei Erbschaftsprocessen, wenn man eine bereits einem Andern zugesprochene Erbschaft beanspruchte oder eine von Mehreren beanspruchte für sich allein in Anspruch nahm, ward der zehnte Theil, bei Streitigkeiten gegen den Fiscus über confiscirte Güter der fünfte Theil des Beanspruchten niedergelegt, und hiefs *παρακαταβολή*, welche ohne Zweifel dem Kläger, wenn er obsiegte, zurückgegeben wurde, wenn er aber unterlag, dem obsiegenden Theile zufiel.

Bei der Instruction des Processes brachten nun beide Parteien alles bei, was erforderlich scheinen mochte, um entweder die Gesetzmäfsigkeit ihrer Forderungen und Weigerungen oder die Wahrheit der von ihnen behaupteten Thatsachen zu beweisen, also Gesetzstellen, Documente, Zeugnisse, Sklavenaussagen. Was die Zeugnisse betrifft, so waren sie theils *μαρτυρίαι*, welche von den selbst anwesenden Zeugen vor der Behörde abgegeben und schriftlich aufgesetzt wurden, theils *ἐκμαρτυρίαι*, oder Aussagen, die Abwesende vor Zeugen abgelegt hatten, und die ebenfalls schriftlich zu den Acten gebracht wurden. Die Sklavenaussagen galten als Beweismittel nur dann, wenn sie den Sklaven durch peinliche Befragung (*βάσανος*) abgenommen waren, wozu die Partei, der es um die Aussage zu thun war, entweder ihre eigenen Sklaven anbot, oder die Gegenpartei aufforderte die ihrigen herzugeben. Beides hiefs *πρόκλησις εἰς βάσανον*, Provocation zur peinlichen Befragung. Der Provocirte war zwar nicht genöthigt die Provocation anzunehmen, aber er hatte, wenn er sie ablehnte, die Argumentation zu fürchten, welche der Gegner hieraus ziehen konnte, indem er es als Beweis benutzte, dafs jener Ursache gehabt habe, die Aussage der Sklaven zu fürchten. Vorgenommen wurde die peinliche Befragung in der Regel in Gegenwart beider Parteien mit Zuziehung beiderseitiger Freunde, welche dieselbe zu leiten und die Aussagen aufzuschreiben hatten, damit sie, durch ihr Zeugnifs beglaubigt, zu den Acten gebracht werden könnten. Man legte auf dies Beweismittel einen grofsen Werth und hielt es im allgemeinen für glaubwürdiger als die Zeugenaussagen der Freien, was denn freilich erkennen läfst, dafs man von der Treue und Redlichkeit dieser nicht eben eine hohe Meinung hegte, obgleich sie ihre Aussagen, in der Regel wenigstens, eidlich ablegten.[1]) — Endlich sind zu den Beweismitteln auch noch die Eide zu rechnen, zu denen sich die Parteien entweder selbst erboten, oder die sie der Gegenpartei zuschoben. Wurde das Erbieten oder die Aufforderung (beides heifst $\pi\varrho\acute{o}\varkappa\lambda\eta\sigma\iota\varsigma$) angenommen, so wurde der Eid vor der Behörde abgelegt und schriftlich aufgesetzt, um zu den Acten gebracht und zur gehörigen Zeit den Richtern vorgelegt zu werden. Aber auch wenn der Eid abgelehnt wurde, setzte man über die Provocation ein Instrument auf, um vor Gericht eben aus der Ablehnung des Eides ein Argument gegen den Gegner ziehen zu können. — Alle diese Actenstücke wurden von der instruirenden Behörde gesammelt und in einer versiegelten Kapsel aufbewahrt, welche nach geschlossener Instruction am Gerichtstage in das Gerichtslocal gebracht ward, damit hier bei den Verhandlungen der erforderliche Gebrauch von den Actenstücken gemacht würde. Für gewisse Arten von Rechtshändeln, nämlich wegen Forderungen aus einem Eranos[2]) ($\delta\acute{\iota}\varkappa\alpha\iota$ $\grave{\varepsilon}\varrho\alpha\nu\iota\varkappa\alpha\acute{\iota}$), Handelsprocessen ($\delta$. $\grave{\varepsilon}\mu\pi o\varrho\iota\varkappa\alpha\acute{\iota}$), Bergwerkssachen ($\delta$. $\mu\varepsilon\tau\alpha\lambda\lambda\iota\varkappa\alpha\acute{\iota}$) und Processen wegen einer Mitgift (δ. $\pi\varrho o\iota\varkappa\acute{o}\varsigma$) war im demosthenischen Zeitalter gesetzlich angeordnet, dafs die Instruction beschleunigt und die Sache innerhalb Monatsfrist abgeurtheilt würde, weswegen diese auch $\delta\acute{\iota}\varkappa\alpha\iota$ $\check{\varepsilon}\mu\mu\eta\nu o\iota$ hiefsen. Andere Sachen wurden oft weit länger, bisweilen Jahre lang hingezogen.[3]) Die Handelsprocesse konnten

---

1) Was ich im Att. Proc. S. 675. 6. annahm, dafs in der Regel die Zeugen keinen Eid geleistet, möchte ich jetzt nicht mehr vertreten Die dafür angeführte dritte Rede g. Aphobus ist eine sehr verdächtige Auctorität, worüber ich mich begnüge auf Schäfer, Demosth. III, 2 S. 82—89 zu verweisen, und hinsichtlich der Stelle aus Isäus g. Euphil. §. 10 läfst sich denken, dafs das von dem Sprecher angebotene Zeugnifs nicht angenommen, also auch nicht abgelegt worden sei.
2) S. S. 354.
3) Att. Proc. S. 694. 5. Dafs jene Anordnung erst dem Demosthenischen Zeitalter angehöre, ergiebt sich aus der R. üb. Halonnes. p. 79 §. 12,

übrigens nur in den Wintermonaten, vom Boedromion bis zum Munychion angestellt werden, weil in den Sommermonaten, wo die Schiffahrt im lebhaftesten Gange war, die Betheiligten nicht durch Processe von ihrem Geschäftsbetriebe abgehalten werden sollten.[1])

Am Gerichtstage oder dem Spruchtermin ($\dot{\eta}$ $\varkappa v \varrho i \alpha$) begab sich die Behörde in das für die jedesmalige Sache bestimmte Gerichtslocal, wo sich die von den Thesmotheten ihr zugelosten Richter ebenfalls einfanden, und liefs dann die Parteien vorfordern. Blieb der Kläger aus, so ward es angesehen, als habe er die Klage aufgegeben, blieb der Beklagte aus, so ward er *in contumaciam* verurtheilt, beides natürlich nur in dem Falle, wenn das Ausbleiben nicht durch genügende Gründe entschuldigt ward: denn wenn dies geschah, so mufste auf Anberaumung eines andern Termins angetragen werden. Den Verhandlungen vor Gericht ging wahrscheinlich ein religiöser Act, wenigstens ein Rauchopfer und ein vom Herold zu sprechendes Gebet voraus.[2]) Dann wurde die Klage und die Gegenschrift vom Schreiber vorgelesen, und hierauf die Parteien zu reden aufgefordert. Das Gesetz verlangte, dafs Jeder seine Sache persönlich führte, weswegen diejenigen, welche nicht selbst der Rede mächtig genug waren, sich von Andern, die aus der Beredtsamkeit ein Gewerbe machten, eine Rede ausarbeiten liefsen, die sie dann auswendig lernten und vor Gericht vortrugen. Doch war es erlaubt auch Beistände mitzubringen und ebenfalls für sich reden zu lassen, weshalb denn öfters die Parteien sich begnügten, selbst nur einen kurzen und einleitenden Vortrag zu halten, die Hauptrede aber ihren Beiständen überliefsen. In Privatsachen, vielleicht in den meisten, folgte auf die erste Actio (Rede und Gegenrede) noch eine zweite, in öffentlichen dagegen fand nur eine statt. Die Zeit zu den Reden wurde nach der Klepsydra zugemessen.[3]) Die als Beweismittel dienenden Schriftstücke, auf welche die

---

wenigstens hinsichtlich der δ. *ἐμπορικαί*. Zu Xenophons Zeit bestand sie noch nicht, wie aus d. Schr. π. *προσόδων* c. 3, 3 erhellt. Und so läfst sich dasselbe auch von den übrigen annehmen.

1) Demosth. g. Apatur. S. 900, 3. Vgl. Lys. XVII §. 5 p. 593.
2) Att. Proc. S. 706.
3) Dafs es auch Processe gegeben, wo dies nicht geschah, ist gewifs; welche aber, aufser der γρ. *κακώσεως*, ist nicht bekannt. S. Att. Proc. S. 714. — Die Klepsydra mag Appuleius beschreiben, Met. III, 3: vasculum quoddam in vicem coli graciliter fistulatum, per quod infusa aqua guttatim defluit. — Ueber die einmalige und zweimalige Actio s. Schol. zu Demosth. in Androt. zu Anf., S. 104 d. Ausg. v. Baitt. u. Sauppe.

Rede Bezug nahm, wurden bei den betreffenden Stellen vom Schreiber vorgelesen: auch die Zeugen, deren Zeugnisse verlesen wurden, pflegten persönlich anwesend zu sein, um dieselben entweder ausdrücklich oder stillschweigend anzuerkennen. Wer ein von ihm verlangtes Zeugnifs in der Anakrisis nicht abgelegt hatte, wurde jetzt aufgefordert, es entweder abzulegen oder abzuschwören, d. h. eidlich zu versichern, dafs er es nicht ablegen könne, und wenn er dieser Aufforderung nicht nachkam, konnte er in Strafe genommen und auch durch Klagen auf Schadenersatz belangt werden.[1]) — Den Redenden durfte der Gegner nicht unterbrechen, die Richter aber waren befugt ihm ins Wort zu fallen, wenn er ungebührende Dinge vorzubringen schien, oder wenn sie über irgend einen Punkt genauere Auskunft verlangten. Ja es geschah bisweilen, dafs sie Einen gar nicht ausreden, selbst dafs sie ihn gar nicht zu Worte kommen liefsen, sondern ihn ungehört verdammten, ohne dafs, wie es scheint, ein solches Urtheil durch ein Rechtsmittel angefochten werden konnte, obgleich der Richtereid ausdrücklich die Verpflichtung ausssprach, beiden Parteien gleiches Gehör zu geben.[2]) Die Reden selbst aber waren häufig genug weniger darauf berechnet, die Richter über die Sache, um die es sich handelte, gründlich und wahrhaft zu unterrichten, als sie günstig oder ungünstig zu stimmen, weswegen, wenn es zweckmäfsig schien, auch Täuschungen und Entstellungen der Wahrheit nicht verschmäht wurden, und Vieles vorgebracht ward, was nicht eigentlich zur Sache gehörte, aber der Partei in den Augen der Richter zum Vortheil, dem Gegner zum Nachtheil gereichen konnte. Auch an Bitten um Schonung und Mitleid liefs man es nicht fehlen, und Fürbitter wurden mitgebracht, Weiber, Kinder, hülflose Eltern, oder befreundete Personen von Gunst und Ansehen, um durch sie auf die Richter zu wirken. — Die Abstimmung geschah verdeckt, theils mit verschieden gefärbten Steinchen, auch Bohnen oder Muscheln, theils mit Kügelchen, durchlöcherten, zur Verurtheilung, ganzen, zur Lossprechung. Bei Stimmengleichheit galt der Beklagte für losgesprochen. Der Ankläger, wenn er nicht wenigstens den fünften Theil der Stimmen für sich hatte, verfiel bei Privatprocessen meistens in die Strafe der Epobelie, d. h. des sechsten Theils der Summe, um die es sich

---

1) Δίκη βλάβης und δίκη λιπομαρτυρίου. letztere in dem Falle, dafs das Zeugnifs vorher zugesagt worden war. Att. Pr. S. 672.
2) Ebend. S. 718.

handelte,[1]) bei öffentlichen Processen aber in eine Bufse von tausend Drachmen,[2]) womit zugleich der Verlust des Rechtes verbunden war, in Zukunft ähnliche Klagen anzustellen. War der Rechtshandel ein schätzbarer, so mufste nach der Verurtheilung des Beklagten noch eine zweite Abstimmung über die Strafe folgen. Diese war vom Kläger schon gleich in der Klageschrift beantragt, der Beklagte konnte aber einen Gegenantrag machen, und die Richter wählten zwischen beiden. Auch Zusatzstrafen, namentlich Gefängnifs, konnten in gewissen Fällen zuerkannt werden, wenn einer der Richter darauf antrug. Ob aber diese auch anderweitig von dem Strafantrag des Klägers oder dem Gegenantrage des Beklagten abweichen und etwa eine mittlere Strafe zuerkennen konnten, ist streitig.[8]) Den Ausspruch der Richter publicirte der vorsitzende Magistrat und hob die Versammlung auf. Vertagung kam nur ausnahmsweise vor, wenn z. B. ein Himmelszeichen ($\delta\iota o\sigma\eta\mu\acute{\iota}\alpha$) die Verhandlungen unterbrach.

Die Strafen in Criminalsachen waren Tod, Verbannung, Gefängnifs, Verlust der Freiheit, Atimie oder Verlust der bürgerlichen Rechte, Vermögensconfiscation und Geldbufsen. Die Todesstrafe ward gewöhnlich im Gefängnifs vollzogen, durch die den Eilfmännern untergeordneten Nachrichter: ihre mildeste Form war der Schierlingstrank; bisweilen aber wurde sie noch durch Folterung verschärft.[4]) Die Leichen schwerer Verbrecher wurden in das Barathron oder das Orygma geworfen, oder unbegraben über die Grenze geschafft.[5]) Dem Verbannten ward ein Termin bestimmt, innerhalb dessen er das Land zu meiden hatte, und er konnte, wenn er sich nach Ablauf desselben noch dort betreffen liefs, mit dem Tode bestraft werden. Uebrigens war mit der Verbannung immer auch Vermögensconfiscation verbunden. Vom Gefängnifs als Strafe für sich allein kommt kein sicheres Beispiel vor, wohl aber als Strafschärfung[6]) oder

---

1) D. i. also von jeder Drachme ein Obol; daher der Name.
2) Bei der Phasis auch in die Epobelie. Att. Pr. S. 732.
3) Im Att. Proc. S. 725 ist die Frage bejaht, und auch Böckh, Staatsh. I S. 490, stimmt dafür; die Meisten sind entgegengesetzter Meinung, auch Grote Th. II S. 607. 8.
4) Att. Proc. S. 685 Anm. 91.
5) Xenoph. Hell. I, 7, 20. Hyperid. f. Lyk. c. 16. f. Euxen. c. 31. Vgl. Meier, de bon. damn. Ueber das Barathron und das Orygma s. Rofs, Theseion p. 44. Curtius, Att. Stud. 1, 8.
6) Z. B. wegen Diebstahls. Demosth. g. Timocr. S. 736, 11. C. F. Hermanns Meinung vom Gefängnifs als Strafe für sich, Staatsalt. §. 139, 9,

als Zwangsmittel, um Staatsschuldner zur Zahlung zu nöthigen, oder endlich als Mittel, sich eines Angeklagten bis zum Urtheilsspruch zu versichern. Verlust der Freiheit ward als Strafe nur über Nichtbürger wegen Anmaſsung des Bürgerrechtes verhängt, und die Verurtheilten wurden den Poleten übergeben, um als Sklaven verkauft zu werden. Der mit Atimie Bestrafte war, wenn er sich der Ausübung der ihm untersagten Rechte nicht enthielt, der Endeixis oder Apagoge unterworfen, und konnte in Folge derselben mit schwereren Strafen, selbst mit der Todesstrafe belegt werden. Die Strafe der Vermögensconfiscation wurde in der Art vollzogen, daſs durch den Demarchen des Gaues, zu dem der Verurtheilte gehörte, oder auch durch Andere damit Beauftragte ein Verzeichniſs der Güter angefertigt wurde, nach welchem dann die Poleten den Verkauf derselben zu besorgen hatten. Doch wurde häufig ein Theil des Vermögens den Kindern des Verurtheilten gelassen.[1]) Geldstrafen wurden, je nachdem sie der Staatscasse oder den Tempelcassen verfielen, von den Praktoren oder von den Schatzmeistern der Tempelcassen eingezogen, und der Verurtheilte war bis zur Zahlung mit Atimie belegt, verfiel überdies, wenn er bis zum bestimmten Termin nicht zahlte, in die Strafe des Doppelten; und wenn er auch nun nicht zahlte, ward zur Vermögensconfiscation geschritten. Reichte der Erlös des Vermögens zur Tilgung der Schuld nicht hin, so verblieb er als Staatsschuldner in der Atimie, und nach ihm auch seine Nachkommen, bis die Schuld entweder getilgt oder erlassen war. Blieb aber beim Verkauf des Vermögens ein Ueberschuſs, so wurde ihm dieser zurückgezahlt. — In Privatprocessen gewährte das attische Recht dem obsiegenden Theil je nach Verschiedenheit der Sachen verschiedene Mittel, um den Gegner zur Erfüllung dessen, wozu er ihm verurtheilt war, zu nöthigen.[2]) Er konnte ihn, wenn er ihm nicht zum bestimmten Termin gerecht geworden war, auspfänden oder auch sich seiner Liegenschaften durch Besitzergreifung bemächtigen, und wenn

---

wird durch d. von ihm angef. Lysias g. Agor. durchaus nicht gerechtfertigt, wie auch Westermann, quaesst. Lys. I (Lips. 1860) p. 19 bemerkt. Demosth. g. Timokr. p. 744 ist an Haft als Sicherungsmittel gegen Entrinnen oder an Zwangsmittel zur Zahlung zu denken. Nur bei Plato, Apol. p. 372 wird zuerst δεσμός für sich allein, und darauf erst Geldstrafe mit Haft bis zur Zahlung genannt. Auch in seinem Musterstaate, Legg. IX p. 664 E. 880 B. C. X p. 908 werden manche Vergehen durch Gefängniſs bestraft.
1) Demosth. g. Aphob. I p. 834. g. Nicostr. p. 1255.
2) Att. Proc. S. 747 ff.

er bei dem einen oder dem andern Widerstand erfuhr, oder auch wenn er sich darauf nicht einlassen mochte, eine Executionsklage (δ, ἐξούλης) gegen ihn anstellen, die zur Folge hatte, dafs der Verurtheilte nun zugleich, und zwar mit derselben Summe, zu welcher er dem Kläger verurtheilt war, Staatsschuldner, und folglich, bis er zahlte, mit Atimie belegt wurde. Nichtbürger, und in Handelsprocessen auch Bürger, konnten bis zur Zahlung in Haft gebracht oder Bürgen zu stellen genöthigt werden.

Appellationen von dem Ausspruch eines heliastischen Gerichtes fanden nicht statt, wohl aber gab es gewisse Rechtsmittel, um ein erschlichenes ungerechtes Urtheil zu rescindiren.[1]) Wer wegen Ausbleibens sachfällig geworden war, konnte, wenn er behauptete, dafs die motivirte Entschuldigung seines Ausbleibens entweder ohne seine Schuld unterblieben oder mit Unrecht verworfen worden sei, auf Restitution antragen (τὴν ἐρήμην ἀντιλαχεῖν). Wer gar nicht vorgeladen zu sein behauptete, dem stand eine Klage gegen die angeblichen Ladungszeugen (γρ. ψευδοκλητείας) zu. Wer durch Hülfe falscher Zeugnisse sachfällig geworden zu sein behauptete, der konnte die falschen Zeugen durch eine δίκη ψευδομαρτυριῶν belangen. Die γρ. ψευδοκλητείας hatte für den darin Obsiegenden natürlich die Rescission des erschlichenen Urtheils zur Folge; er konnte aber auch seinen früheren Gegner auf Schadenersatz belangen, durch eine δ. κακοτεχνιῶν, oder eine Criminalklage wegen Sykophantie (γρ. συκοφαντίας) gegen ihn anstellen, in Folge deren der Unterliegende von Staatswegen bald schwerer bald leichter bestraft wurde, da diese Klage zu den schätzbaren gehörte. Auch die δ. ψευδομαρτυριῶν hatte für den Obsiegenden, aufser der Bufse, zu der ihm die falschen Zeugen verurtheilt wurden, entweder Rescission des Urtheils zur Folge, oder sie begründete wenigstens gleichfalls eine δ. κακοτεχνιῶν gegen den früheren Gegner.

Wenden wir uns von diesen Einzelheiten zur Betrachtung des Gerichtswesens im Ganzen zurück, so können wir zunächst nur wiederholen, was wir schon zu Anfang dieses Abschnittes angedeutet haben, dafs in Athen die Gerichte, d. h. namentlich die vor allen in Betracht kommenden heliastischen, mit vollem Rechte als der vorzüglichste Hebel der Demokratie, als der günstigste Boden für ihre Entwickelung und Steigerung zu bezeichnen sei. Die Solonische Verfassung hatte dem aristokratischen

---

1) Att. Proc. S. 753.

Areopag die Oberaufsicht über die gesammte Staatsverwaltung, über die Amtsführung der Obrigkeiten, über die Verhandlungen der Volksversammlung anbefohlen; seitdem der Areopag durch Ephialtes dieser Befugnifs beraubt war, ging sie im Wesentlichen an die Heliastengerichte über. Denn diese waren es, denen die Dokimasie und Euthyne der Beamten oblag, sie hatten über deren Vergehen und Mifsbrauch der Amtsgewalt zu richten, sie hatten über die Gültigkeit der in der Volksversammlung gefafsten Beschlüsse zu entscheiden, so oft sie von Jemand durch eine Hypomosie angefochten wurden, in ihren Händen lag die Annahme oder Verwerfung von Gesetzen, da ja die Nomothetenversammlungen wesentlich nichts anders als heliastische Dikasterien waren. Hatte auch Solon schon eine ähnliche Form für die Nomothesie angeordnet, auch vielleicht schon die $\gamma\rho.\ \pi\alpha\rho\alpha\nu\acute{o}\mu\omega\nu$ und die Dokimasie und Euthyne der Beamten der Heliäa zugewiesen, so war doch der Charakter der heliastischen Gerichte nothwendig damals, als noch keine Besoldung die Leute der untersten Classe dazu berief, ein wesentlich verschiedener von dem der späteren Zeit, seit die Anfangs zwar geringen bald aber von Demagogen erhöhten Diäten immer mehrere gerade von derjenigen Klasse dazu einluden, bei der sich am wenigsten von der aristokratischen, d. h. der conservativen Gesinnung, der Besonnenheit und Einsicht voraussetzen liefs, ohne welche eine gedeihliche Handhabung öffentlicher Angelegenheiten nicht möglich ist. So günstig wir auch über die Athener im Allgemeinen urtheilen, so sehr wir auch den athenischen Demos hoch über alle andern stellen mögen, immer war es doch ein Demos, den Künsten schlechter Demagogen zugänglich, leicht zu täuschen, leicht zu erregen, und mehr der Stimme der Leidenschaft als der besonnenen Erwägung zu folgen geneigt, was ja wohl die Geschichte auch den wärmsten Freund Athens einzugestehen nöthigt. Wie sich nun ein geringer Mann aus diesem Demos als Heliast fühlen und gehaben mochte, davon hat uns Aristophanes in den Wespen eine freilich carikirte Schilderung gegeben, die er aber doch sicherlich nicht würde haben geben können, wenn sich nicht die Hauptzüge dazu auch in der Wirklichkeit vorgefunden hätten. Sein Philokleon, der Heliast, ist ein roher und ungebildeter Gesell, selbstzufrieden und stolz in dem Gefühl der Macht, die in seine und seiner Genossen Hände gegeben ist: vor ihm, rühmt er, und vor seinem Stimmstein müfsen alle, so reich oder vornehm sie sein mögen, sich demüthigen, es giebt nichts im Grofsen und im Kleinen, worüber er nicht vorkommenden Falls endgültig zu entscheiden hätte, und er allein im Staate ist Keinem verantwortlich und kann von Keinem zur Rechenschaft gezogen werden. Es läfst sich wohl denken, dafs für Manchen diese richterliche Machtfülle einen grofsen Reiz haben mochte, und dafs man sich leidenschaftlich zu einer Stellung drängte, in der man ihrer theilhaftig würde. Aufserdem war für nicht wenige auch der Sold eine sehr erwünschte Zugabe, wie es auch der Heliastenchor bei Aristophanes mit klaren Worten ausspricht.[1]) Wir müssen uns diesen vorstellen als bestehend aus Leuten, die, weil sie zu anderem Erwerb wenig Fähigkeit oder Gelegenheit hatten, das Triobolum, wofür sie nur einige Stunden zu sitzen und dann ein Steinchen in das Stimmgefäfs zu werfen brauchten, sich zu verdienen beeiferten; und zwar waren dies namentlich bejahrtere und deswegen weniger arbeitsfähige Leute, die sich zu diesem leichten Verdienste drängten, wie denn auch Aristophanes seinen Chor lediglich aus solchen bestehen läfst. Wie schon gesagt, Aristophanes giebt uns ein Caricaturbild: ein guter Caricaturmaler aber mag wohl die Züge seiner Bilder übertreiben; rein aus der Luft greifen darf er sie nicht.

Derselbe Aristophanes führt uns in einem andern Stücke einen Alten vor, der, als ihm auf der Landkarte Athen gezeigt wird, sich höchlich wundert keine Richter dort sitzen zu sehen,[2]) als ob gerade dies Richterwesen das nothwendig zum Charakter der Stadt gehörige Merkmal sei. Der Grund dieser so hervorragenden Richterthätigkeit lag aber keinesweges in einer besonderen Procefssucht der Athener, die in dieser Hinsicht schwerlich sich vor den andern Griechen hervorthaten, sondern theils in der grofsen Menge von Fällen, die in Folge der Verfassung zur Cognition der Gerichte kommen mufsten, theils aber in dem Umstande, dafs zu Aristophanes' Zeit die Bundesgenossen der Athener ihre Processe, wenn auch nicht alle, so doch die bedeutenderen und wichtigeren, vor den athenischen Gerichten zu führen hatten. Damals, könnte man ohne allzugrofse Uebertreibung sagen,[3]) „glich die ganze Stadt einem grofsen Gerichtshofe": mit Tagesanbruch machten täglich einige tausend Menschen sich auf, um in den verschiedenen Localen einige Stunden als Richter abzusitzen um dann mit ihrem Triobolum nach Hause zu gehn. — Die Sitzungen wurden von den Thesmotheten durch Anschlag bekannt gemacht:[4]) sie fanden aber sicherlich Tag für

---

1) Wespen v. 300 ff.   2) Wolken v. 208.
3) Mit Curtius, gr. Gesch. II S. 201.   4) Pollux VIII, 87.

Tag statt, so oft nicht Festfeiern und andere religiöse Hindernisse, oder auch Volksversammlungen, mit denen natürlich die Gerichtssitzungen nicht zusammen fallen konnten, es unmöglich machten. Bisweilen traten aber auch Gerichtsstillstände ein, namentlich in Kriegszeiten. Hatten die Feinde das Land überzogen, war etwa die Stadt selbst bedroht, so mochten alle Processe ausgesetzt werden; unter weniger gefährlichen Umständen cessirten wohl nur die Privatprocesse, und in unbedeutenden und auswärtigen Kriegen wurde die Thätigkeit der Gerichte gar nicht unterbrochen.[1]) Aber es kam auch wohl vor, dafs in schlechten Zeiten die Gerichte ausgesetzt werden mufsten, weil kein Geld vorhanden war um die Richter zu besolden.[2])

kk) Der Areopag als Oberaufsichtsbehörde.

Isokrates in einer idealisirenden Schilderung der athenischen Zustände, wie sie gewesen seien, solange Solons Verfassung noch unverfälscht bestand, meint die Ursache, dafs damals Alles soviel besser bestellt gewesen als in der Gegenwart, namentlich in zwei Umständen zu finden, erstens darin, dafs damals die Aemter noch nicht durch das Loos, sondern durch Wahl besetzt, und deswegen nur denjenigen zu Theil wurden, die ihren Mitbürgern als tüchtig und würdig erschienen, und zweitens in dem Einflusse des Areopag, welcher nicht blofs die Verwaltung der Beamten, sondern auch die Führung der Privaten streng überwachte, und Verstöfse gegen die gute Sitte mit Ermahnungen Drohungen und Strafen rügte.[3]) Und nicht weniger wird der Segen, den der Staat dem Areopag verdanke, von dem weisesten der Dichter, vom Aeschylus gepriesen, da, wo er die Göttin selbst, die er als Stifterin desselben darstellt, ihrem Volke zurufen läfst:[4])

>Hier wird heil'ge Scheu
>des Volks, und ihr verschwistert Furcht dem frevlen Thun
>abwehrend steuern, wie am Tage so bei Nacht. — —
>Solang ihr nun gebührend ehrt solch' Heiligthum,
>sollt Schirm des Landes und des Staates sichern Hort
>ihr daran haben, wie der Menschen Keiner sonst,
>nicht bei den Skythen, nicht in Pelops' Landen hat.
>Den hohen Rath, stets unbestechlich und gerecht,
>Ehrwürdig, strengen Sinnes und für andrer Schlaf
>Wachsam verordn' ich also zu des Landes Hut.

---

1) Att. Proc. S. 154.
2) Ein Beispiel davon ist bei Demosth. g. Boeot. über d. Namen S. 999.
3) Isocr. Areopagit. c. 14—18.   4) Eumen. v. 660 ff.

Die hohe Stellung und umfassende Gewalt des Areopag fällt nun aber in diejenige Periode der athenischen Geschichte, über die nur spärliche und unvollständige Nachrichten auf uns gekommen sind, nämlich in die Zeiten vor Perikles,[1]) und es fehlt uns gänzlich an bestimmten Angaben über das Verhältnifs des Areopag zum Rath der Fünfhundert und zur Volksversammlung, über die Art und Weise, wie er die Beamten beaufsichtigt und zur Verantwortung gezogen, und über die Abgrenzung seiner richterlichen Competenz gegen die der heliastischen Gerichte. Was uns aus Androtion und Philochorus berichtet wird,[2]) die Areopagiten hätten fast über alle Vergehen und Gesetzübertretungen gerichtet, ist zu allgemein, und läfst uns in Ungewifsheit darüber, was denn nun nicht vor sie, sondern vor die Heliasten gehört habe. Denn dafs auch diese schon in der früheren Zeit der noch unverfälschten solonischen Verfassung eine sehr ausgedehnte Competenz gehabt, dafs namentlich auch die Amtsvergehen der Magistrate vor ihr Forum gehört haben, läfst sich kaum bezweifeln.[3]) Wenn wir die Vermuthung aufstellen, der Unterschied möge namentlich darin bestanden haben, dafs die Heliasten nur auf eine förmliche Anklage richteten, nachdem die Sache vom Kläger bei der Behörde angebracht und von dieser die Voruntersuchung geführt war, der Areopag dagegen keine Anklage zu erwarten brauchte, sondern *ex officio* aus eigener Kunde oder auf eine einfache Anzeige einschreiten, die Untersuchung vornehmen und ein Urtheil fällen konnte, mit andern Worten, dafs vor den heliastischen Gerichten nur der Anklageprocefs stattgefunden, das Verfahren des Areopag aber ein inquisitorisches gewesen sei, so können wir diese Vermuthung zwar nicht durch ausdrückliche Angaben und bestimmte Zeugnisse unterstützen, wir glauben indessen, dafs sie darum nicht weniger wahrscheinlich sei. Ebenso wird dem Areopag auch wohl bei der Dokimasie und der Euthyne der Beamten eine ge-

---

1) Nach Plutarch. Themist. c. 10 schaffte im zweiten Pers. Kriege der Areopag die für die Bemannung der Flotte erforderlichen Geldmittel herbei: auf welche Weise sagt er nicht. Nach Aristot. Pol. V, 3, 5 stand der Ar. damals in hohem Ansehn und bewirkte eine kräftige aristokratische Staatsverwaltung: weiteres erfahren wir auch von diesem nicht.
2) Maxim. prooem. zu Dionys. Areop. vol. II p. 34 Antverp., auch in C. Müller Fragm. hist. gr. I p. 387.
3) Vgl. Aristot. Polit. II, 9, besonders §. 4, wo τὸ τὰς ἀρχὰς αἱρεῖσθαι καὶ εὐθύνειν als dasjenige bezeichnet wird, was Solon dem Volke gar nicht habe vorenthalten können.

wisse Betheiligung zugesprochen werden dürfen, wenn auch jene nicht von ihm selbst vorgenommen wurden, sondern er nur berufen war, die im Rath der Fünfhundert oder bei den Heliasten zu prüfenden oder zur Rechenschaft zu ziehenden Beamten als unwürdig oder strafbar zu bezeichnen. Hinsichtlich seines Verhältnisses zum Rath und zur Volksversammlung aber läfst uns ein altes und zuverlässiges Zeugnifs[1]) nicht daran zweifeln, dafs ihm ebenso wie späterhin den Nomophylakes das Recht zugestanden habe, sein Veto einzulegen, wenn ihm eine Mafsregel nachtheilig oder gesetzwidrig schien, und dadurch entweder zu verhindern, dafs sie zur Abstimmung gebracht wurde, oder, wenn dies schon geschehen war, die Vollziehung zu hintertreiben, sei es vielleicht auch nur durch eine $\gamma\varrho.\ \pi\alpha\varrho\alpha\nu\acute{o}\mu\omega\nu$, die er durch eins seiner Mitglieder dagegen erhob. Dafs übrigens die Macht des Areopag immer etwas Prekäres gehabt habe, dafs ihm keine Zwangsmittel zu Gebote gestanden haben, um etwas gegen den Willen des Rathes, der Volksversammlung oder der Heliasten dennoch durchzusetzen oder zu verhindern, ist wohl gewifs; aber ebenso gewifs ist es auch, dafs die Achtung, die das Volk allgemein gegen ihn hegte, grofs genug war, um den Mangel an anderweitigen Machtmitteln zu ersetzen. Noch in der spätern Zeit, als die Sitten und die Gefühle des Volkes gar weit von jenen früheren abgewichen waren, treten uns Beweise der hohen Verehrung gegen den Areopag zahlreich und unzweideutig entgegen: wieviel gröfser dürfen wir sie also in jener früheren Zeit voraussetzen, bevor noch der „ungemischte Wein der Demokratie" das Volk berauscht hatte. Und im Areopag selbst hatte sich von jenen früheren Zeiten her fortwährend ein Geist der Sittenstrenge, eine würdige Haltung des Lebens, eine gewissenhafte Beobachtung des Rechtes und der Pflichten gegen Götter und Menschen fortgepflanzt, was, wie uns Isokrates versichert,[2]) die Kraft hatte, selbst die weniger Guten, wenn sie zu Mitgliedern dieses Collegiums wurden, umzustimmen und zu bessern. Der Areopag war ein aristokratisches Collegium, und er war dies durch die Organisation, die Solon ihm gegeben, im wahreren Sinne geworden, als er es früher gewesen sein kann. Denn der vorsolonische hohe Rath, der vom Areopag den Namen trug,[3]) war ein eupatridisches Collegium, und als solches wohl mehr

---

1) Philochorus in dem Fr. lex. rhet. hinter dem Photius von Porson p. 674, und bei C. Müller a. a. O. p. 407.
2) Isocr. Areopag. c. 15 §. 38.   3) S. ob. S. 340 u. 345 f.

geeignet, die Interessen seines Standes, als die des Staates zu
vertreten. Solon setzte das Collegium, welches er vorfand, wohl
schwerlich ab, aber er ordnete an, dafs es in Zukunft sich nur
aus Solchen ergänzen sollte, die in einem der neun Archonten-
ämter sich tadellos bewährt hätten. Zum Archontenamte konnten damals nur Männer aus den oberen Classen, also nur solche
gelangen, die Bildung genug und soviel Freiheit von Sorgen um
den Erwerb besafsen, um sich ganz den öffentlichen Angelegenheiten widmen zu können, und da die Aemter durch Wahl besetzt wurden, so liefs sich erwarten, dafs das Volk Keinen wählen würde, von dessen Tüchtigkeit und Würdigkeit es nicht die
Ueberzeugung hätte. Die nach Verwaltung des Amtes abzule-
gende Rechenschaft konnte dann zeigen, ob der Gewählte dem
Vertrauen seiner Wähler entsprochen habe, oder nicht: und es
fragt sich noch, ob zum Eintritt in den Areopag dies allein schon
genügt habe, dafs Einer bei der Rechenschaftsablegung unsträf-
lich befunden war, und ob nicht der Areopag dennoch befugt
gewesen sei, auch einen solchen, wenn triftige Bedenken gegen
seine Würdigkeit obwalteten, auszuschliefsen, was, wenn auch
nicht ausdrücklich bezeugt, doch wenigstens sehr wahrscheinlich ist.[1]) Indessen wie dem auch sein möge, der Areopag war
immer ein Collegium geprüfter und bewährter Männer, und da
der Eintritt nur in schon gereiftem Alter möglich war, die Mitglieder aber ihre Stellen lebenslänglich besafsen, so mufste nothwendig immer eine beträchtliche Anzahl von Bejahrten, selbst
von Hochbejahrten unter ihnen sein, und auch dies mufste dazu
beitragen, die Würde des Collegiums, sowohl die innerliche als
die äufsere, zu bewahren und zu heben. Dazu ist endlich auch
die nahe Beziehung nicht aufser Acht zu lassen, in welcher der
Areopag zur Religion, und zwar zu einer solchen Partie der Religion stand, welche vor andern geeignet war, auch einen sittlich
wohlthätigen Einflufs zu üben, was sich freilich nicht von allen
Partien derselben sagen läfst. Die Areopagiten waren gewissermafsen Diener derjenigen Gottheiten, welche vorzugsweise die
Semnen d. i. die Ehrwürdigen heifsen, weil sie lediglich und
allein nur den Beruf haben, die Achtung vor dem ewigen Rechte,
die Beobachtung der geheiligten Pflichten unter den Menschen
zu wahren, den Frevler als zürnende Erinyen zu bestrafen, den

---

1) Vgl. Bergman zu Isocr. Areop. p. 128. Auf eine Dokimasie deutet
namentlich das von Athenae. XIII, 21 p. 566 aus Hyperides berichtete Beispiel, τοὺς Ἀρεοπαγίτας ἀριστήσαντά τινα ἐν καπηλείῳ κωλῦσαι ἀνιέναι
εἰς Ἀρ. πάγον, d. h. sie nahmen ihn nicht unter sich auf.

Guten als wohlwollende Eumeniden zu schirmen, wie dies ihr Wesen vom Aeschylus in derselben Tragödie, in welcher er die Stiftung des Areopag feiert, so trefflich dargestellt wird. Das Heiligthum der Eumeniden lag unmittelbar am Areopag, die Areopagiten hatten die Sorge für ihren Cult und ernannten deswegen auch die Hieropöen für die ihnen darzubringenden Opfer,[1]) und ihr richterliches Amt, wo sie recht eigentlich als die Diener dieser Ehrwürdigen zu fungiren hatten, mufste wohl auch in ihrer Seele jene fromme Scheu lebendig erhalten, welche, wie Aeschylus sagt, dem Menschen zum Heil gereicht, und sie daran mahnen, wie nur Reinheit des Herzens sich des Segens der Götter versichert halten dürfe. Aufserdem waren den Areopagiten uralte Satzungen und Heiligthümer anvertraut, auf welchen ein geheimnifsvolles Dunkel ruhte, und an welche man das Heil des Staates geknüpft glaubte,[2]) und sie endlich waren vorzugsweise dazu bestellt, auf die Heilighaltung der Staatsreligion zu achten und Verletzungen derselben zu ahnden: kurz Alles vereinigte sich, um vor allen andern in ihnen jene Frömmigkeit lebendig zu erhalten, welche auch das Heidenthum, trotz seiner Verirrungen, dennoch wohl kannte.

Was sich Einzelnes über die Wirksamkeit des Areopag sagen läfst, bezieht sich meist nur auf die Zeiten nach Euklides,[3]) wo er, wenn nicht ganz, doch grofsentheils in seine frühere Stellung als Oberaufsichtsbehörde wieder eingesetzt war, soweit sich dies durch den Buchstaben des Gesetzes, aber bei gänzlich veränderter Gesinnung des einmal an schrankenlose Demokratie gewöhnten Volkes thun liefs. Die Gründe, weswegen Perikles und seine Partei zweckmäfsig gefunden hatten, den Areopag seiner früheren politischen Befugnisse zu entkleiden, und ihm nur die mit religiösen Satzungen verbundene Blutgerichtsbarkeit zu lassen, haben wir oben angedeutet.[4]) Die damals eingesetzten Nomophylakes, welche im Rathe und in der Volksversammlung darauf wachen sollten, dafs nichts Gesetzwidriges und dem Staate Nachtheiliges geschähe, haben in der Geschichte nicht die ge-

---

1) Vgl. Müller zu Aeschyl. Eum. S. 179.
2) Dinarch. g. Demosth. §. 9, (wo doch wohl τὰς ἀποῤῥήτους διαθή-κας, nicht ἀποθήκας, zu lesen sein wird,) mit Mätzners Anmk. p. 93. 94.
3) Kurz vorher, zu Ende des peloponnesischen Krieges, als Athen belagert wurde, soll sich der Areopag um die Rettung des Staates bemüht haben, nach Lys. g. Eratosth. p. 428 §. 69. Was es damit für eine Bewandtnifs gehabt, wird nicht angegeben; auf Muthmafsungen will ich mich nicht einlassen. 4) S. S. 361.

ringste Spur ihrer Wirksamkeit hinterlassen; ebensowenig aber hören wir in der nacheuklidischen Zeit von einer entsprechenden Wirksamkeit des Areopag. Von der Aufsicht desselben über die Verwaltung der Beamten kommt ein vereinzeltes Beispiel vor,[1]) wobei wir zugleich erfahren, dafs sein Strafrecht ein beschränktes gewesen sei, weswegen er in schwereren Fällen nichts anders thun konnte, als dafs er die Sache dem Volke oder den Volksgerichten anzeigte und etwa eine Anklage veranlafste. Auch gegen Nichtbeamte stellte der Areopag oft Untersuchungen an, theils aus eigener Bewegung, wenn er von einem Vergehen Kunde erhalten hatte,[2]) theils im Auftrage des Volkes,[3]) und stattete dann über das Ergebnifs Bericht ab, ernannte im ersteren Falle auch wohl selbst aus seiner Mitte Ankläger, um den Schuldigbefundenen, wenn er selbst ihn gebührend zu strafen nicht die Macht hatte, vor Gericht zu verfolgen,[4]) wogegen im zweiten Falle das Volk die Ankläger bestellte.[5]) Es scheint übrigens, als habe der Areopag eine ihm aufgetragene Untersuchung auch ablehnen können.[6]) — Von der Sittenpolizei und dem Rechte, Jemand wegen anstöfsigen Lebens zur Verantwortung zu ziehen und zu bestrafen, finden wir einige Beispiele noch aus späterer Zeit;[7]) es gehört aber hieher namentlich auch die Competenz des Areopag bei der $\gamma \varrho$. $\mathring{\alpha}\varrho\gamma\mathit{i}\alpha\varsigma$, oder der Klage, durch welche Jemand belangt wurde, der ohne im Besitz eines Vermögens zu sein, von dem er leben konnte, sich dennoch, statt einen ehrlichen Erwerb durch Arbeit zu suchen, lieber müfsig herumtrieb.[8]) Ebenso gehört hieher seine Competenz bei Klagen gegen diejenigen, welche ihr ererbtes Vermögen durchgebracht hatten ($\gamma \varrho$. $\tau o\tilde{v}$ $\varkappa\alpha\tau\epsilon\delta\eta$-$\delta o\varkappa\acute{\epsilon}v\alpha\iota$ $\tau\grave{\alpha}$ $\pi\alpha\tau\varrho\tilde{\omega}\alpha$),[9]) und seine Aufsicht über die Befolgung der Aufwandsgesetze in Gemeinschaft mit den Gynäkonomen, welche aber erst zur Zeit des Demetrius von Phaleron eingesetzt wurden.[10]) — Isokrates rühmt ferner die Fürsorge des Areopag für die rechte Erziehung der Jugend; aber er stellt diese Wirksamkeit nur als eine vormalige dar, deren Wiederherstellung zu wünschen sei, und in der That giebt es in dem Zeitraum zwi-

---

1) R. g. Neära p. 1372.
2) Vgl. Cic. de divin. I, 25, 54. Dahin mag das Verfahren gegen Antiphon gehören, worüber Demosth. f. d. Krone S. 271 redet.
3) Dinarch. g. Demosth. §. 50. 4) Demosth. f. d. Krone a. a. O.
5) Dinarch. a. a. O. §. 51 u. 58. 6) Ebend. §. 10. 11.
7) Athenae. IV. 64 u. 65 p. 167 E. 168 A.
8) S. Att. Proc. S. 298 f. 9) Ebend. S. 299.
10) S. unten Abschn. mm.

schen Perikles und dem Tode des Isokrates keine Spur derselben.[1]) Dagegen eine Fürsorge für die Reinheit und Unverletzlichkeit der Staatsreligion übte der Areopag auch in jenem Zeitraum, wiewohl nicht er allein. Dafs die Entscheidung über Aufnahme oder Verwerfung neuer Culte ihm zugestanden, wie einige gemeint haben, ist unerweislich.[2]) Vergehen dieser Art konnten, wenigstens in einzelnen Fällen, unter dem Begriff der Asebie, d. h. der Verletzung der Pflichten gegen die Götter der Staatsreligion, befafst werden; und dafs Klagen oder Anzeigen wegen Asebie beim Areopag angebracht werden konnten, ist nicht zu bezweifeln, obgleich nicht wenige Beispiele zeigen, dafs auch die heliastischen Gerichte über Asebie gerichtet haben, und es uns an jeder sichern Kunde darüber fehlt, wie die Competenz beider abgegränzt gewesen sei.[3]) Als Asebie galt auch die Ausrodung der heiligen, als der Athene zugehörig betrachteten Oelbäume, und war von den Gesetzen mit Verbannung und Vermögensconfiscation verpönt. Dafs die Klage wegen dieses Verbrechens vor den Areopag gehörte, ist gewifs,[4]) und von demselben wurden auch die Aufseher bestellt, welche über jene Bäume zu wachen hatten.

So wenig bedeutend nun auch nach allem diesem der Einflufs erscheint, welchen der Areopag in den Zeiten, die uns genauer bekannt sind, auf die Staatsangelegenheiten ausübte, so galt er doch in der öffentlichen Meinung immer als ein hochehrwürdiges Collegium. Das Volk wollte sich freilich in seiner demokratischen Freiheit nicht von ihm beschränken lassen, aber es erwies ihm doch Achtung und Vertrauen. Untersuchungen gegen Verbrecher, die man recht gründlich und gewissenhaft geführt wissen wollte, wurden ihm aufgetragen,[5]) obgleich freilich das Endurtheil den Volksgerichten vorbehalten blieb, und es sich

---

1) Denn was der Verfasser des Dialogs Axiochus c. 8 von der Aufsicht des Ar. über die Epheben sagt, kann nicht als ein gültiges Zeugnifs für diese Zeit angenommen werden.
2) Aus Harpocrat. unt. ἐπιθέτους ἑορτάς hat man, und ich selbst früher, geschlossen, dafs, wer einen neuen nicht gesetzlich anerkannten Cult beging, vor dem Areopag habe angeklagt werden können. Dafs aber die Stelle des Harp. dies nicht beweise, habe ich gezeigt in den Opusc. ac. III p. 439 not. 22.
3) Vgl. Att. Proc. S. 305. Böttiger, Opusc. ed. Sillig p. 69. Hermann, de theoria Deliaca (Götting. 1846) p. 12.
4) Vgl. d. R. d. Lysias üb. d. Oelbaum.
5) Besonders vielleicht solche, bei denen man die Oeffentlichkeit ausgeschlossen sehen wollte, wie L. Schmidt vermuthet, im N. Rhein. Mus. 15. (1860) S. 227.

auch wohl ereignete, dafs, wer vom Areopag schuldig befunden war, nachher doch von jenen losgesprochen wurde.¹) Auch allerlei andere Geschäfte wurden ihm anvertraut und Gutachten von ihm eingeholt, mitunter über Gegenstände, die mit seiner eigentlichen Bestimmung in keinem ersichtlichen Zusammenhange standen.²) Bisweilen wurde er auch mit aufserordentlicher Vollmacht bekleidet, nach seinem alleinigen Ermessen zu verfahren, obgleich das, was ein Redner der demosthenischen Zeit behauptet,³) das Volk habe ihm oftmals den Staat und die Demokratie in die Hände gegeben, nur eine rhetorische Phrase sein mag.⁴). — Uebrigens war der Areopag, insofern er etwa mit Geldverwaltung zu thun gehabt hatte, gleich allen andern Behörden verpflichtet, darüber bei den Logisten Rechenschaft abzulegen.⁵) Dafs jeder einzelne Areopagit wegen Vergehungen zur Verantwortung gezogen werden konnte, versteht sich von selbst, und wie der Rath der Fünfhundert das Recht hatte, unwürdige Mitglieder auszustofsen, so stand natürlich auch dem Areopag ein gleiches Recht gegen seine Mitglieder zu. Doch scheint es, dafs die Ausgestofsenen durch den Spruch eines heliastischen Gerichtes wieder haben restituirt werden können.⁶).

11) Bürgerliche Zucht und Lebensweise.

Der Redner Demostratus⁷) urtheilte, dafs als Staatsbürger die Spartaner, als Einzelne aber die Athener besser wären, und dies Urtheil war wohl nicht unrichtig. So ganz wie zu Sparta ging zu Athen der Mensch nicht in den Bürger auf, aber dafür konnte er sich freier und menschlicher entwickeln als es in Sparta möglich war. Er konnte sich freilich auch vielfach verirren; aber,

---

1) Dinarch. g. Demosth. §. 54.
2) Z. B. über gewisse Bauten in der Stadt, Aesch. g. Timarch. p. 104, und über Tributzahlungen der Bundesgenossen. C. Inscr. I. p. 114. über Prüfung und Bestätigung oder Cassirung von Beamtenwahlen. Demosth. f. d. Krone S. 271 §. 134. Plutarch. Phoc. c. 16.
3) Dinarch. a. a. O. §. 9.
4) Nach der Schlacht bei Chäronea wurden Mehrere, die das Vaterland in der Gefahr verlassen hatten, später vom Areopag mit dem Tode bestraft. Lycurg. g. Leocr. §. 52. Aeschin. g. Ctesiph. p. 643. Es ist aber nicht klar, ob der Areopag hier aus eigener Macht, oder in Folge aufserordentlicher Bevollmächtigung gehandelt habe.
5) Aeschin. a. a. O. p. 108. 6) Dinarch. a. a. O. §. 56. 57.
7) Bei Plutarch. Ages. c. 15. Redner nenne ich den Demostratus, weil ich ihn für denselben halte, der von Plutarch auch Alcib. c. 18 u. Nic. c. 12 erwähnt wird. Er war ein Zeitgenosse dieser beiden.

wie der Spartaner Megillus bei Plato[1]) bezeugt, welche unter den Athenern gut waren, die waren es in ausgezeichnetem Mafse, da sie es ohne Zwang waren, aus eigener Natur und göttlicher Gabe, nicht durch äufserlich aufgenöthigte Zucht. Eine öffentliche Disciplin, wie in Sparta, eine durch strenge Vorschriften von der frühesten Jugend an geregelte Staatserziehung gab es in Athen nicht, am allerwenigsten seit der Zeit, wo dem Areopag sein Beruf, den er früher gehabt haben soll, die Erziehung zu überwachen, abgenommen war; und es war nur die herkömmliche herrschende Sitte und die Macht der öffentlichen Meinung, welche die Zucht der Jugend wie die Führung der Erwachsenen bestimmte und regelte. Perikles[2]) rühmt es von Athen, dafs es der individuellen Neigung eines Jeden keine beengenden Fesseln anlege, sondern ihm gestatte zu leben wie es ihm gefalle, ohne argwöhnische Beaufsichtigung und harte Zuchtmittel, statt deren die Achtung vor dem Gesetz, der Gehorsam gegen die Obrigkeiten und ein sittliches Gefühl herrsche, welches dem Uebertreter auch des ungeschriebenen aber darum nicht weniger als bindend anerkannten Rechtes mit allgemeiner Verachtung drohe, die mehr als jede andere Strafe gefürchtet werde. In wiefern solches Lob den Athenern der damaligen Zeit noch mit voller Wahrheit gebührt habe, mag man vielleicht bezweifeln. Perikles wollte in jener Rede seinen Mitbürgern mehr einen Spiegel vorhalten, wie sie sein sollten und wie ihre Väter auch gewesen waren, als dafs er sie ganz so wie sie waren geschildert hätte; und so werden auch seine Zuhörer ihn wohl verstanden haben. Aber so zahlreich wir uns auch die Abweichungen von jenem Ideale in der Wirklichkeit denken mögen, die Hauptzüge waren doch wohl noch erkennbar, und die Athener jener Zeit für ein schlecht gesittetes Volk zu halten haben wir kein Recht. — Unsere Aufgabe ist nun, was sich unter den Begriff solcher durch Sitte und Herkommen gebildeten und theils nur dem Urtheil der öffentlichen Meinung, theils aber auch der Aufsicht des Staates unterliegenden Zucht befassen läfst, insofern es nicht lediglich dem häuslichen und Privatleben angehört, zu schildern, wobei wir denn soviel als möglich die im Laufe der Zeit hervortretenden Veränderungen bemerklich zu machen bemüht sein werden. Wir beginnen mit der Kinderzucht.

---

1) Legg. I p. 642 C.
2) In der Leichenrede, die ihn Thucydides zu Ende des ersten Jahres des peloponnesischen Krieges halten läfst, B. II c. 37.

Die Macht des Vaters über ein neugebornes Kind war in Athen, wie fast überall im Alterthum,[1]) durch die Gesetze wenig beschränkt. Es stand ihm frei, das Kind, das er nicht auferziehen wollte, wenn auch nicht zu tödten,[2]) so doch auszusetzen, und dafs dies wenigstens in den Zeiten, deren Sitten die neuere Komödie schilderte, nicht so gar selten geschehen sei, erkennt man aus den römischen Nachbildungen dieser, die man um so weniger in Verdacht haben darf, römische Sitte in die griechischen Stücke hineingetragen zu haben, weil zum Theil die Aussetzung in dem Plane der Handlung ein wesentliches Moment für die endliche Entwickelung abgiebt.[3]) Ueberdies haben wir auch Zeugnisse von Griechen selbst, dafs namentlich Töchter, selbst von begüterten Vätern, ausgesetzt wurden,[4]) und wenn auch von Wohldenkenden dergleichen entschieden gemifsbilligt wurde, so war doch offenbar das allgemeine Urtheil des Volkes dagegen sehr nachsichtig. Die Aussetzung geschah übrigens wohl meistentheils so, dafs man sich darauf verlassen konnte, das Kind würde nicht umkommen, sondern von Jemand gefunden werden, der es an sich nähme und auferzöge: und gewöhnlich gab man auch wohl dem ausgesetzten Kinde gewisse Kennzeichen[5]) mit, die es unter günstigern Umständen möglich machen sollten, dafs es von den Eltern wiedergefunden würde. Ein Kind, das man einmal angefangen hatte aufzuerziehen späterhin zu tödten, war nicht erlaubt.[6]) Vor Solon hatte der Vater das Recht, seine Kinder zu verpfänden oder zu verkaufen, was aber durch Solons Gesetze untersagt ward, mit alleiniger Ausnahme unverheiratheter Töchter, die sich aufserehelich mit einem Manne vergangen hatten.[7]) Verstofsung und Enterbung scheint dem

---

1) Vgl. S. 113. Beiläufig mag bemerkt werden, dafs bei Aristot. Polit. VII, 14, 10 zu schreiben ist: περὶ δὲ ἀποθέσεως καὶ τροφῆς τῶν γιγνομένων ἔστω νόμος μηδὲν πεπηρωμένον τρέφειν, διὰ δὲ πλῆθος τέκνων, (ἐὰν ἡ τάξις τῶν ἐθῶν κωλύῃ μηδὲν ἀποτίθεσθαι τῶν γιγνομένων,) ὡρίσθαι γε δεῖ τῆς τεκνοποιΐας τὸ πλῆθος (für ὡρίσται γὰρ δή).
2) Doch scheint selbst dies nicht unerhört gewesen zu sein, nach Terent. Heaut. IV, 1, 22.
3) Wie in dem eben genannten Stücke des Terentius.
4) S. das Fragment des Komikers Posidippus bei Stob. Flor. t. 77, 7. Meineke, Fragm. com. Gr. t. IV p. 516. Die Bedenken, die von Einigen gegen mich erhoben sind, scheinen mir mehr auf humanen Gefühlen als auf kritischen Gründen zu beruhen.
5) Γνωρίσματα. Vgl. Beckers Charikles I S. 342 der zweiten Ausg.
6) Vgl. Antiquit. i. p. Gr. p. 331 not. 2.
7) Plutarch. Sol. c. 13 u. 23.

Vater zugestanden zu haben; aber obgleich wir nicht wissen, durch welche gesetzliche Bestimmungen er hierin beschränkt gewesen sei, so ist doch wohl als gewifs anzunehmen, dafs es nicht willkürlich habe geschehen können. Wir wissen aber, dafs die Verstofsung öffentlich durch den Herold bekannt gemacht werden mufste, wodurch sie also auch unter die Controle der öffentlichen Meinung gestellt wurde.[1]) — Für die angemessene Erziehung der Kinder sorgten die Gesetze wenigstens insofern, als sie im Allgemeinen befahlen, dafs Jeder seinen Sohn in Musik und Gymnastik unterrichten lassen solle.[2]) Speciellere Bestimmungen über die Schulpflichtigkeit zu geben hielt Solon schwerlich für nöthig, sondern vertraute dem elterlichen Pflichtgefühl und der eigenen Vernunft eines Jeden. Dafs, wo wirklich einmal Versäumnifs der Pflicht stattfand, früher der Areopag habe einschreiten können, dürfen wir nach Isokrates' Angaben[3]) wohl unbedenklich annehmen, und ebenso ist es wohl nicht zu bezweifeln, dafs im Interesse vaterloser Kinder gegen die Vormünder, wenn diese ihre Pflicht in dieser Beziehung versäumten, eine $\gamma\rho$. $\varkappa\alpha\varkappa\omega\sigma\varepsilon\omega\varsigma$ habe angestellt werden können, oder dafs auch ohne diese der Archon einzuschreiten befugt gewesen sei, dem ja überhaupt die Fürsorge für Waisen und Wittwen anbefohlen war.[4]) Ferner hielt das Gesetz die Eltern, die ihren Kindern nicht ein Vermögen hinterlassen konnten, durch dessen Ertrag ihre Existenz gesichert war, dazu an, sie irgend ein nährendes Gewerbe lernen zu lassen, indem es, falls sie dies unterliefsen, sie jedes Rechtes, ihrerseits im Alter von den Kindern Unterstützung zu verlangen, verlustig erklärte.[5]) Dieselbe Strafe traf sie, wenn sie gar ihre Kinder Andern zur Befriedigung der Lust preisgegeben hatten;[6]) es ist aber gewifs, dafs sie deswegen auch anderweitig durch eine öffentliche Klage zur Strafe gezogen werden konnten.[7])

Unter der Musik, in welcher das Gesetz die Söhne zu unterweisen befahl, ist bekanntlich alles dasjenige begriffen, was zur geistigen Ausbildung gehört. Dies beschränkte sich bei den Aermeren natürlich auf die nothwendigen Elemente, Lesen, Schreiben und Rechnen,[8]) welche der Grammatikus oder Grammatistes

---

1) Ἀποκήρυξις. Att. Proc. S. 432. Vgl. Philippi in d. Götting. gel. Anz. 1867 S. 781.
2) Plat. Criton p. 50 D. 3) Areopagit. c. 17 §. 43 ff.
4) Gesetz bei Demosth. g. Macart. p. 1076.
5) Plut. Sol. c. 22. 6) Aeschin. g. Timarch. p. 40.
7) Att. Proc. S. 334 f.
8) Vgl. Becker, Charikl. II S. 31 f.

lehrte. Oeffentlich angestellte Lehrer gab es in Athen sowenig, als in den meisten andern griechischen Staaten, und es bedurfte ihrer auch nicht, da es ohnehin nicht an Leuten fehlte, die sich zu diesem Geschäfte erboten, und je nachdem sie dem Publikum Vertrauen einflöfsten benutzt und von den Eltern ihrer Schüler bezahlt wurden. Dieser erste Unterricht begann gewöhnlich im siebenten Jahre, und bestand, nachdem die ersten Elemente der Buchstabenkenntnifs durch Vorschreiben des Lehrers, Nachschreiben der Knaben beigebracht waren, in Leseübungen, zu denen vorzugsweise die Dichter, und unter diesen diejenigen gebraucht wurden, von denen man einen erspriefslichen Einflufs auf die Bildung des Geistes und Gemüthes der Jugend erwartete, zu welchem Zweck es auch schon in früher Zeit Sammlungen passender Stellen aus Homer, Hesiod, Theognis, Phokylides und Anderen gab,[1]) die man die Knaben, da sie selbst dergleichen Bücher selten besafsen, abschreiben, auswendig lernen und hersagen liefs. Dafs daran sich mannigfaltige Belehrung, auch solche, die speciell grammatisch oder sprachwissenschaftlich war, anschliefsen konnte, ist klar; aber die Anfänge solcher Lehre sind ziemlich spät, — nicht vor dem sokratischen Zeitalter, — und blieben von den geringen Schulen sicherlich lange Zeit entfernt.

Etwas später als dieser grammatistische Unterricht begann der musikalische im engeren Sinne des Wortes, d. h. der Unterricht in der Tonkunst, in welcher, wie wir schon früher gesehen haben,[2]) die Griechen nicht blofs eine angenehme Unterhaltung in müfsigen Stunden, sondern ein wesentliches Bildungsmittel sahen, vom entschiedensten Einflufs auf das Gemüth und die Gesinnung. Das Leben des Menschen, sagt Plato,[3]) bedarf der Eurhythmie und der harmonischen Stimmung seines Innern, und deswegen müssen die Jungen mit den Liedern der guten Dichter bekannt gemacht werden, und lernen sie zur Kithar zu singen, dafs sie dadurch an rechtes Mafs nnd Wohlordnung gewöhnt und zum entsprechenden Verhalten in Worten und Werken gebildet werden. Es ward also durch diesen musikalischen Unterricht zugleich die Bekanntschaft mit den besten Werken der lyrischen Poesie vermittelt, und die Fertigkeit im Gebrauch der Tonwerkzeuge ward lediglich zu dem Zweck geübt, jene, ihrer

---

1) Vgl. Plat. Legg. VII, 15 p. 273. Galen. de Hippocr. et Plat. Dogm. III, 4 tom. V p. 315 Kühn. Jamblich. vit. Pythag. s. 111 u. 164. Antiquit. i. p. Gr. p. 332, 13. Opusc. IV p. 27.
2) Oben S. 116.   3) Protag. p. 326 B.

Bestimmung gemäfs, mit der passenden musikalischen Begleitung vortragen zu können. Daher war auch das Instrument, welches die Knaben spielen lernten, vorzugsweise die zur Begleitung des Gesanges geeignete Lyra.[1]) Die Flöte zu blasen galt, angeblich seit Alkibiades und auf dessen Veranlassung, für unpassend,[2]) und es legten sich darauf wohl nur solche, die Musiker von Profession werden wollten; deren aber fanden sich schwerlich viele unter den künftigen Bürgern des Staates, denen sich die Aussicht auf eine ehrenvollere Laufbahn öffnete. Die Kunst als Profession zu treiben, nicht um seiner selbst und seiner eigenen Ausbildung willen, sondern um Andere für Bezahlung damit zu ergötzen, das erklärt Aristoteles[3]) für unwürdig eines freien Mannes, und nur den Miethlingsnaturen angemessen. Mochten auch musikalische Virtuosen in grofser Gunst beim Publikum stehn und reich belohnt werden, so galten sie trotz dem doch nur für Leute untergeordneter Art, und die Musiker, die wirklich allgemeine Achtung und Ehre genossen, verdankten diese nicht dem Virtuosenthum, sondern vielmehr ihrer wissenschaftlichen Behandlung der Musik, deren Principien und Gesetze zu erforschen und zu begreifen ein Theil der Philosophie ist, und mit den höchsten Problemen derselben zusammenhängt. Als allgemeines Bildungsmittel aber ward die Musik eben nur ihrer ethischen Wirkung wegen hoch gehalten, und deswegen wurden, solange man jene Eurhythmie, die besonnene und mafshaltende Fassung der Seele als die Grundlage aller Tugend schätzte, auch nur solche Tonweisen für den Jugendunterricht geeignet befunden, welche hierzu förderlich zu sein schienen, und überdies auch diese nur in Verbindnng mit den Worten des Liedes, dem als entsprechende beseelende Begleitung sich anzuschliefsen in der That auch ihre wahre und ursprüngliche Bestimmung war, wogegen eine wortlose Musik, ein blofses Spiel mit Tönen, sich erst später vordrängte, als man nur auf Ohrenkitzel und mannigfaltige, aber unklare und verworrene Gefühlserregungen ausging. Diese Entartung der Musik war aber schon zu Aristophanes' Zeiten in Athen eingedrungen, und auch die Dichter fröhnten dem Geschmack des Publikums, indem sie Texte für solche Rhythmen und Tonweisen componirten.[4])

Der gymnastische Unterricht begann, wie es scheint, ziem-

---
1) Vgl. Hermann zu Beckers Charikles II S. 38.
2) Plutarch. Alcib. c. 2. Gellius XV, 17. Vgl. auch Arist. Pol. VIII, 6, 5.
3) Polit. VIII, 7, 1.
4) Plutarch. de mus. c. 30. Vgl. Plut. Legg. II p. 669. 670.

lich gleichzeitig mit dem musischen, und galt als ein nicht minder wesentlicher Theil der Erziehung. Man hatte dabei nicht blofs das Bedürfnifs im Auge, den Körper zu den Arbeiten und Anstrengungen tüchtig zu machen, die der Beruf des Mannes im Frieden oder im Kriege fordern würde, sondern auch an und für sich schien es, dafs der Leib nicht minder Anspruch hätte, zu aller Vollkommenheit und Schönheit, deren er fähig sei, ausgebildet zu werden, als die Seele, zumal auch diese in einem vernachlässigten Körper nicht leicht zur vollen Gesundheit gedeihe. und die wahre Kalokagathie nur in der harmonischen Ausbildung der beiden Seiten des menschlichen Wesens bestände. Die Schulen für die körperliche Ausbildung waren die Palästren, deren es eine nicht unbedeutende Anzahl in Athen gab, die zum Theil wenigstens auf öffentliche Kosten erbaut waren,[1]) um die erforderliche Gelegenheit zu solchen gymnastischen Uebungen zu bieten, wofür die Gymnasien, deren nur drei waren, nicht ausreichten, und auch nicht eigentlich bestimmt waren. Es werden einige der Palästren nach Personen genannt, wie Taureas, Sibyrtios, Hippokrates, von denen es ungewifs ist, ob sie etwa die Erbauer oder Veranlasser des Baues, oder ob sie die in ihnen unterrichtenden Turnlehrer (Pädotriben) gewesen seien. Oeffentlich angestellte Lehrer aber für diese Uebungen gab es sicher ebensowenig, als öffentliche Lehrer der Grammatik und Musik. Die Pädotriben waren Privatlehrer, die sich den Eltern zur Unterweisung ihrer Kinder anboten, und wenn ihnen eine Anzahl anvertraut ward, die vorher nur kunstlos und gleichsam naturalistisch betriebenen Uebungen, bei welchen Aeltere den Jüngeren Anleitung gaben und die Väter oder Pädagogen der Knaben die Aufsicht führen mochten, kunstmäfsig und methodisch regelten. Dafs in Athen, wie alle andern Künste, so auch diese gymnastische in vorzüglichem Grade ausgebildet gewesen sei, mag Pindars Spruch beweisen:[2]) „von Athen müsse der Lehrer kommen für gymnastische Wettkämpfer oder Athleten"; obgleich freilich die eigentliche Athletik nicht in den Kreis des allgemeinen zur edlen körperlichen Ausbildung gehörigen Jugendunterrichtes gehörte. Denn jene ging mehr auf einseitige Virtuosität

---

1) (Xenoph.) de republ. Ath. c. 2, 10.
2) Nem. V, 49 (89). Die Erfindung der Palästrik ward dem Theseus oder seinem Lehrer Phorbas zugeschrieben. Pausan. I, 39, 3. Schol. Pind. a. a. O. Es scheint aber auch ausländische Pädotriben in Athen gegeben zu haben, wie wir bei Diog. L. III, 4 einen Ariston aus Argos finden, dessen Palästra Plato besucht hat.

in dieser oder jener Art von agonistischen Leistungen, als auf harmonische, die Gesundheit, Rüstigkeit und Schönheit im Ganzen fördernde Entwickelung, ja sie wirkte zum Theil selbst entgegengesetzt, sie machte den Körper zu andern als jenen einseitig betriebenen Fertigkeiten unbrauchbar, gefährdete auch die geistige Bildung durch die ausschliefslich auf den Leib gewendete Sorgfalt, und setzte ein handwerksmäfsiges Treiben an die Stelle einer edlen Kraftübung. Deswegen hielten die Verständigen wenig von ihr,[1]) und dafs auch der athenische Gesetzgeber nicht allzugünstig über sie geurtheilt habe, geht daraus hervor, dafs er die Belohnungen, mit welchen man sonst die athletischen Sieger in den Festspielen zu ehren gewohnt war, auf ein geringeres Mafs beschränkt hat.[2]) Was also die Pädotriben in den Palästren lehrten oder lehren sollten, war nicht Athletik, und ging nicht über das für Jedermann dienliche und zweckmäfsige Mafs der Körperbildung hinaus: eine verständige und anspruchslose Turnkunst, eine Anweisung für die Uebungen und Pflege des Körpers, nach den Regeln, die aus Erfahrung abgezogen waren; obgleich allerdings manche sich auch weiter verthun und athletisches Wesen hereinziehen mochten. Der Pädotribik wird die Gymnastik bisweilen entgegengesetzt als das Allgemeine dem Besonderen, das Höhere dem Niederen: die Gymnastik, das wissenschaftlich begründete und allseitig ausgebildete System der Pflege, Stärkung und Uebung der Körperkräfte, die Pädotribik, die speciell auf den Jugendunterricht bezügliche Partie, zu welcher es keiner grofsen theoretischen Kenntnifs, sondern nur einer tüchtigen Empirie bedarf.[3]) Daher galt der Name eines Gymnasten für vornehmer als der eines Pädotriben, etwa wie heutzutage der Name eines Pädagogen bessern Klang hat als der eines Schulmeisters, und namentlich liefsen sich diejenigen, welche die Uebungen der Erwachsenen oder gar der zu agonistischen Leistungen sich vorbereitenden Jünglinge leiteten, nicht Pädotriben sondern Gymnasten nennen, obgleich weder die Palästren ausschliefslich nur von Knaben, noch die Gymnasien ausschliefslich nur von Erwachsenen besucht wurden.

Es sollten aber die Gymnasien ihrer eigentlichen Bestimmung nach nicht sowohl zum Unterricht der Anfänger, als zur

---
1) Vgl. Beckers Charikles II S. 163 f. 2) Diog. L. I, 55.
3) Vgl. Haase in d. Allg. Encykl. III, 9 S. 191. 2. — Isokrates, vom Umtausch §. 181, nennt freilich die Gymnastik einen Theil der Pädotribik; aber wie dies zu verstehen sei, hat C. F. Hermann richtig bemerkt in d. Götting. Anz. 1844 S. 71.

Uebung und Vervollkommnung der schon in den Palästren vorbereiteten Jünglinge dienen: umfassende Anlagen mit Räumen und Gelegenheiten zu jeder Art gymnastischen Treibens, woran, wenigstens in späterer Zeit, auch Palästren sich anschlossen. Athen hatte in seiner blühenden Periode drei solcher Gymnasien, die Akademie, das Lykeion und das Kynosarges, die alle drei aufserhalb der Stadt belegen waren. Die Akademie, nach einem alten Heros Akademos benannt, war etwa sechs bis acht Stadien, d. h. höchstens $\frac{1}{5}$ Meile, nordwestlich von der Stadt, und begriff einen von Hippias, dem Sohne des Pisistratus, mit einer Mauer umgebenen, von Kimon mit Wasserleitungen, Spaziergängen, Hainen und Gartenanlagen verschönerten Bezirk mit vielen Altären und Capellen von Göttern und Heroen.[1]) Das Lykeion, oder genauer das Gymnasium beim Lykeion, d. h. bei dem Heiligthum des Apollon Lykeios, im Osten der Stadt, am Ilissus, war von Pisistratus, Perikles und später von dem Redner Lykurgus in ähnlicher Weise wie die Akademie ausgestattet.[2]) Das Kynosarges endlich, in der Nähe des vorigen, hiefs so von einem Heiligthum des Herakles, von dem die Sage erzählte, dafs in der Vorzeit, als diesem dort zuerst geopfert worden, ein weifser Hund ($\kappa\acute{v}\omega\nu\ \acute{\alpha}\varrho\gamma\acute{o}\varsigma$) einen Theil des Opfers geraubt habe.[3]) In früherer Zeit sollen die unebenbürtigen, d. h. die mit einer nichtbürgerlichen Mutter erzeugten Jünglinge nur in diesem Gymnasium ihre Uebungen haben anstellen dürfen; doch ward darauf schon seit Themistokles nicht mehr gehalten.[4]) Späterhin kamen noch hinzu ein Gymnasium des Ptolemäus, in der Nähe des Theseustempels, welches die Athener der Munificenz eines ägyptischen Königs, wahrscheinlich des Ptolemäus Philadelphus, etwa um 275 v. Chr., verdankten,[5]) und das sogenannte Diogenische, vielleicht nach seinem Stifter benannt, über den wir aber nichts angegeben finden.[6]) Auch ein Gymnasium des Hermes und ein Gymnasium des Hadrian werden erwähnt.[7]) Solche Vermehrung konnte willkommen sein zu einer Zeit, wo in Athen lernbegierige Jünglinge aus Italien und andern Theilen des römischen Reichs in grofser Zahl zusammenströmten, die, wenn sie auch vorzugsweise nur der

---

1) Vgl. Leake. Topogr. v. Ath. S. 144.   2) Ebend. S. 97 u. 201.
3) Ebend. S. 96. Eine andere Erklärung des Namens trägt Göttling vor, Ges. Abhandl. II S. 166.   4) Plutarch. Themist, c. 1.
5) Leake, Topogr. v. Ath. S. 88.   6) Vgl. E. Curtius in d. Nachrichten üb. d. G. A. Univers. 1860 no. 28. S. 337. und Stark in d. Heidelb. Jahrb. 1870 S. 644.   7) Pausan, 1, 2, 4 u. 18, 9.

rhetorischen und philosophischen Studien wegen kamen, doch auch die körperlichen Uebungen nicht vernachlässigten, wozu ihnen die Gymnasien Gelegenheit boten.[1]) Früher hatten jene drei genügt, um namentlich den jüngeren Bürgern, in den beiden letzten Jahren vor ihrer Wehrhaftmachung und Einschreibung in das lexiarchische Verzeichnifs, Gelegenheit zu geben, sich durch eifriger betriebene gymnastische Uebungen zu den militärischen Diensten vorzubereiten, zu denen sie bald in Anspruch genommen werden sollten. Denn dies war ohne Zweifel der Hauptzweck der Gymnasien, obgleich sie allerdings keineswegs ausschliefslich nur von solchen Jünglingen, sondern vielfältig auch von Jüngeren und Aelteren benutzt wurden: und auch ihre Benutzung zu jenem Zweck scheint nicht sowohl ausdrücklich durch die Gesetze vorgeschrieben, als durch Sitte und Herkommen eingeführt worden zu sein, weil sie eben sachgemäfs war.

Ueberhaupt enthielten die auf die Jugenderziehung bezüglichen Gesetze keine speciellen Vorschriften darüber, was und wie gelernt und geübt werden sollte, sondern nur Anordnungen, um Anstand und Sitte in den Schulen und Uebungsplätzen zu wahren, Unsittlichkeit und Verführung abzuwehren. Zwar pflegten auch die Eltern ihren Söhnen Pädagogen zuzugesellen, die sie in die Schule begleiteten, wieder nach Hause führten, und überhaupt unter beständiger Aufsicht hielten; aber man nahm dazu Sklaven, und zwar meist nur solche Sklaven, die zu andern Diensten wenig brauchbar waren, so dafs für die Zucht und Sitte der Kinder durch solche Aufsicht nicht am besten gesorgt war.[2]) Die Gesetze enthielten Bestimmungen über die Anzahl der Knaben, welche in eine Schule aufgenommen werden durfte, offenbar wohl damit nicht durch Ueberfüllung die Zucht erschwert würde, und über die Zeit, wann die Schulen zu öffnen und zu schliefsen seien, nämlich nicht vor Sonnenaufgang und nicht nach Sonnenuntergang; sie verlangten, dafs der Lehrer ein Mann von reifem Alter, über vierzig Jahre, sein sollte, sie verboten Erwachsenen, mit Ausnahme der Söhne oder Brüder oder Schwiegersöhne des Lehrers, die Knabenschulen zu besuchen oder sich bei den Schulfesten der Hermäen oder Museien unter die Knaben zu mischen; aber diese Anordnungen, die zum

---

1) Vgl. Böckh, de ephebia, Progr. v. 1819, abgedr. in Seebod. Archiv f. Phil. 1828 H. 3 S. 75ff.
2) Vgl. Plat. Alcib. I p. 122 B. Legg. III p. 700. Stobae. Flor. 43, 95 und Excerpt. Flor. in Gaisf. Ausg. tom IV p. 49.

Theil nicht einmal ganz sicher bezeugt sind,[1]) geriethen bald in Vergessenheit.[2]) Eine den Pädonomen zu Sparta und in mehreren anderen Staaten entsprechende Behörde, die speciell die Erziehung zu überwachen gehabt hätte, finden wir in Athen nicht, und was der Areopag in dieser Beziehung früher gewirkt haben mochte, wirkte er später, auch nachdem ihm ein Theil seines alten Oberaufsichtsrechts zurückgegeben war, nicht mehr, wie aus den Klagen des Isokrates erhellt. Eine Anzahl von Beamten, deren Benennungen eine Aufsicht auf Zucht und Sitte der Jugend in Schulen und Gymnasien andeuten, wie Sophronisten, Kosmeten, Hypokosmeten u. s. w. gehören sämmtlich einer späteren Periode an, und keiner dieser Namen kommt früher als Ol. 115 (v. Chr. 317) vor.[3]) Die Anstellung solcher Beamten in der späteren Zeit erklärt sich leicht aus demselben Umstande, dem wir oben das Bedürfnifs einer Vermehrung der Gymnasien zugeschrieben haben: Athen, dessen Demokratie damals ziemlich zahm geworden war, wurde der Studien wegen von zahlreichen Jünglingen aus dem Auslande besucht, deren Eltern wohl Bedenken getragen haben würden, sie dorthin zu schicken, wenn nicht auch für gute Zucht gesorgt gewesen wäre. Aus den früheren Zeiten finden wir Epimeleten der Epheben in einer um Ol. 114, 1 (v. Chr. 324) gehaltenen Rede des Dinarch erwähnt;[4]) und diese müssen allerdings, nach der Art wie sie dort erwähnt werden, eine Aufsicht über die jungen Leute geführt haben; aber wir wissen nichts Näheres über sie. Wir finden ferner einen Epimeleten und einen Epistates des Lykeion, einen Epistates der Akademie,[5]) und dürfen dergleichen auch für die anderen Gymnasien vermuthen; aber es ist möglich, dafs sich ihre Aufsicht blofs auf die Anlagen und Gebäude sammt den darin befindlichen Sachen als Staatseigenthum bezogen habe. Solange indessen der Volksgeist im Allgemeinen die alte sittliche

---

1) Sie sind aus den in die Rede des Aeschin. g. Timarch. §. 8 ff. eingerückten Gesetzstellen, deren Authenticität nicht sicher ist.
2) Vgl. z. B. Plat. Lys. p. 206 D. Charm. init. Theophr. Char. c. 7. Xenoph. Symp. c. 4, 27.
3) Corp. Inscr. no. 214. Die hier erwähnten Sophronisten sind aber offenbar auch gar nicht Aufseher über die Knaben, sondern Leute, die zur Handhabung der Polizei bei Festversammlungen der Demoten ernannt sind. Bei Demosth. de f. leg. p. 433 ist wohl gar nicht an einen Beamten zu denken, und der Ps. Aeschines im Axiochus kann für die frühere Zeit nichts beweisen. 4) Gegen Philocl. §. 15.
5) Hyperid. Fragm. d. R. g. Demosth. §. 20. C. Inscr. no. 466 Hesych. uut. ἀρχέλας.

Reinheit und Tüchtigkeit bewahrte, wurden auch besondere Behörden zur Beaufsichtigung der Jugend schwerlich vermifst: die herrschende Sitte bewirkte ohnehin, dafs die Zügel guter Zucht kräftig gehandhabt und die Jugend zu aller Sittsamkeit und Ehrbarkeit gewöhnt und nachdrücklich auch mit strengen Strafen angehalten wurde, wie es Aristophanes in den Wolken v. 961 fl. beschreibt. Aber schon zu seiner Zeit war es anders geworden, und wenn auch seine Schilderung vom Verfall der alten Zucht übertrieben sein mag, so geht doch soviel mit Gewifsheit daraus hervor, dafs damals die Beispiele frecher Sittenlosigkeit und Ausgelassenheit unter den athenischen Knaben und Jünglingen schon häufig genug gewesen sein müssen. Besonders aber werden die Palästren und Gymnasien nicht blofs von Aristophanes, sondern auch von Andern, als gefährlich für die Sittlichkeit in einer Beziehung dargestellt, nämlich in Beziehung auf die Knabenliebe.[1]) Dafs der Anblick jugendlich schöner Gestalten, entblöfst von jeder Hülle, in den mannichfaltigsten Stellungen und Bewegungen, nicht blofs ein ästhetisches Wohlgefallen, sondern auch unreine Begierden erregen konnte, und in sinnlichen Naturen erregen mufste, ist aufser allem Zweifel. Es wäre allerdings frevelhaft zu leugnen, dafs es auch in Athen eine reinere Knabenliebe gegeben habe, ebensogut als in Sparta: wie hätten sonst Männer wie Sokrates, Plato und ähnliche so von ihr reden können, als sie reden? wie hätte man in den Gymnasien selbst die Statuen des Eros weihen dürfen?[2]) Aber auch diese edlere Knabenliebe war doch mit einer sinnlichen Beimischung, mit einem Wohlgefallen an körperlichen Reizen verbunden, und es gehörte eine sittliche Kraft dazu, die nicht bei allzuvielen vorausgesetzt werden darf, um die zarte Grenze zwischen dem Reinen und dem Unreinen nicht zu überschreiten. Dafs das Gefühl vielfältig den Charakter einer Leidenschaft annahm, wie nur immer die Liebe zwischen verschiedenen Geschlechtern ihn annehmen kann, beweisen zahlreiche Beispiele, und die Leidenschaft, so geistig auch ihr Anfang gewesen sein mag, entzündet doch naturgemäfs am Ende auch die Sinne. Das allgemeine Urtheil war in den Zeiten, über die wir genauere Kunde haben, gegen solche Verirrung der Leidenschaft sehr nachsichtig: es fand selbst darin, dafs einer in der Umarmung eines geliebten Knaben seine Sinnlichkeit befriedigte, nichts

---
1) Vgl. Meier in d. Allg. Encykl. III, 9, 167. Der ganze Artikel über die Päderastie ist von M. mit so erschöpfender Gründlichkeit behandelt, dafs ich mich wegen alles Folgenden nur auf ihn zu beziehen brauche.
2) Vgl. Athenae. XIII, 12 p. 561. Cicero bei Lactant. I. D. 1, 20, 14.

Strafbares, wenn wir auch gerne glauben, dafs es bis zu jener gröbsten Art von Befriedigung, auf welche Ausdrücke wie εὐρύπρωκτος und καταπύγων deuten, nicht allzuhäufig gekommen sei. Die Sache ist auch ohne dies schon arg genug. Wenn es aber wahr ist, was der Redner Aeschines versichert, dafs der Staat selbst eine Steuer von Lustknaben erhoben habe, die sich für Geld preisgaben, so hat das Laster einen Grad erreicht, vor dem uns schaudert, und der Staat, der es duldete, eine Schmach auf sich geladen, für die es keine Entschuldigung giebt. — Wenden wir uns von diesem unerfreulichen Bilde zu besseren Zügen zurück.

Der eigentliche Jugendunterricht war mit dem sechzehnten, oder, wenn man die zweijährigen Uebungen in den Gymnasien mitrechnet, mit dem achtzehnten Jahre abgeschlossen, wo der Jüngling wehrhaft gemacht wurde, und als angehender Bürger seine Militärpflicht zuerst als Peripolos zu leisten begann.[1]) Dafs die Aermeren ihre Kinder aber schon lange vor dem sechzehnten Jahre aus der Schule nahmen, und sie, zufrieden mit den nothwendigen Elementarkenntnissen, Lesen, Schreiben, Rechnen, und einiger gymnastischer Bildung, wozu namentlich auch die Schwimmkunst gerechnet zu sein scheint,[2]) irgend ein nährendes Gewerbe lernen liefsen, versteht sich von selbst. Bei den Wohlhabenderen aber, die nach höherer Ausbildung strebten, dauerte das Lernen viel länger, und begann in manchen Dingen erst im Jünglingsalter. Zu dem Kreise der allgemeinen Bildung, oder der ἐγκύκλιος παιδεία, der sich auf Kenntnifs und Verständnifs der Dichter, auf einige Fertigkeit in der Musik und auf Gymnastik beschränkte, kam im sokratischen Zeitalter noch gar manches hinzu. Wir finden die Hoplomachie als besondern Unterrichtsgegenstand erwähnt,[3]) d. h. eine gründlichere Anweisung im Gebrauch der Waffen, als sie die gewöhnlichen militärischen Uebungen gewähren konnten; es wurde auch taktische und strategische Wissenschaft gelehrt für diejenigen, die sich vorzugsweise der Kriegslaufbahn widmen wollten.[4]) Die Zeichenkunst begann von Manchen als ein wesentliches Bildungs-

---

1) S. oben S. 381.
2) Daher das Sprichwort, μήτε νεῖν μήτε γράμματα, ἐπὶ τῶν ἀμαθῶν. Diogenian. VI, 56 mit den Anf. d. Herausg.
3) Plat. Lach. p. 182 und Haase zu Xenoph. de rep. Lac. p. 219, auch Cron, Einleit. z. Lach. S. 10 u. Winckelm. Prolegg. zum Euthydem. p. XVIII ff.
4) Plat. Euthydem. p. 273. Xenoph. Mem. III, 1.

mittel betrachtet zu werden, um den Sinn für Form und das Urtheil über die Kunstwerke zu schärfen.[1] Dem künftigen Staatsmann bot der Rhetor seine Belehrung an, und alle verschiedenen Fächer des Wissens, soweit sie damals ausgebildet waren, wurden von den sogenannten Sophisten gelehrt, die da verhiefsen ihre Schüler das Wesen und die Beschaffenheit der Dinge erkennen zu lassen, und sie zur richtigen Einsicht wie zur zweckmäfsigen Anwendung derselben im Leben anzuleiten. Es waren unter diesen Sophisten sehr achtungswürdige Leute, und einer unter ihnen, Prodikus von Keos, ist selbst als ein Vorläufer des Sokrates bezeichnet worden;[2] aber es gab auch Charlatane unter ihnen, die mit einem falschen Schein von Wissenschaft die Leute täuschten: und im Allgemeinen mufste die Tendenz der Sophistik, alle menschlichen und göttlichen Dinge vor das Forum des prüfenden Verstandes zu ziehen, und Jedes nur insofern gelten zu lassen, als es in dieser Prüfung bestände, nothwendig die Achtung vor den überlieferten Gegenständen des Glaubens und des Gehorsams in Religion und Staat in desto höherem Grade schwächen, jemehr einerseits viele dieser Gegenstände in der That keine allzuscharfe Prüfung aushalten konnten, andererseits aber auch die Prüfenden sich der nothwendigen Schranken der Erkenntnifs nicht bewufst genug waren, und dem Verstande mehr zutrauten, als wozu er fähig ist. Gewifs war die Sophistik eine nothwendige Entwickelungsstufe in dem geistigen Leben des Volkes: ihre Verirrungen dürfen uns über ihre Verdienste nicht blind machen; aber ebenso gewifs ist es auch, dafs der Verfall der Religiosität und Sittlichkeit nicht freilich durch sie allein verursacht, — denn sie war eben auch nur ein Kind ihrer Zeit, — aber doch durch sie gefördert worden ist. Die Schulen der namhafteren Sophisten erfreuten sich eines grofsen Zulaufes, namentlich von jüngeren Leuten, während Aeltere und Freunde des Alten bedenklich den Kopf schüttelten,[3] und ihre Vorträge wurden reich bezahlt,[4] so dafs Manche sich ein bedeutendes Vermögen erwarben, und wenn auch die Bezahlung für Lehre an sich nicht zu schelten ist, so

---

1) Aristot. Polit. VIII, 2, 3.
2) Von Welcker, im Rhein. Mus. 1833 u. Kl. Schr. II S. 393, wogegen indessen M. Schanz, Beitr. zur vorsokr. Philos. I S. 43 Einspruch thut.
3) Vgl. die vortreffliche Schilderung des Anytus in meines Freundes Köchly akad. Vortr. u. Reden S. 262 ff.
4) Ueber die bedeutenden Honorare, bis zu 100 Minen für einen vollständigen Lehrcursus, s. Böckh, Staatsh. I S. 171.

trat doch bei Vielen auch die Gewinnsucht gar zu grell hervor, und verleitete sie oft genug mehr nach Zulauf und Beifall als nach der Wahrheit zu streben. Die Erziehung und Bildung des weiblichen Geschlechts war in noch weit höherem Grade als die des männlichen nur der Sitte und dem Herkommen überlassen, und allein Sache des Hauses und der Familie, ohne durch gesetzliche Vorschriften geregelt zu werden. Mädchenschulen, in welche die Bürger ihre Töchter hätten schicken können, gab es nicht:[1]) was diese zu lernen hatten, das lernten sie im Hause von den Müttern oder den Wärterinnen, und dies beschränkte sich in der Regel nur auf die weiblichen Arbeiten des Spinnens, Webens, Nähens u. dgl. Dafs indessen auch anderweitige Kenntnisse nicht ausgeschlossen waren, dafs wenigstens in den bessern Häusern die Töchter auch Lesen und Schreiben lernten, ist gewifs,[2]) und dafs ihnen die im Volksglauben herrschenden Ansichten über die Götter und die Religionspflichten und die allgemeinen Regeln sittlichen und gebührenden Verhaltens, zwar nicht durch Katechismen und Kinderschriften oder Unterweisung in besonderen Lehrstunden, aber durch häufige gelegentliche Mittheilungen beigebracht werden mufsten, versteht sich auch ohne Zeugnisse ganz von selbst, so beschränkt auch freilich dergleichen Mittheilungen im Vergleich mit dem waren, was die Knaben und Jünglinge lernten, und so wenig von den Fortschritten der Bildung und Aufklärung zu ihnen drang. Das Leben der Töchter war auf das elterliche Haus und auf den häuslichen Verkehr mit den weiblichen Verwandten und Freundinnen beschränkt. In den Häusern bildete das Frauenzimmer einen abgesonderten Theil, entweder im oberen Stock oder im Hinterhause,[3]) und ward von Männern, namentlich von Fremden, nicht leicht betreten. Auf der Strafse und an öffentlichen Orten erschienen selbst die verheiratheten Frauen, wenn sie nicht ganz der geringsten Classe angehörten, nicht ohne Begleitung eines Dieners oder einer Dienerin;[4]) zahlreiche aus beiden Geschlechtern gemischte Versammlungen fanden nur bei Götterfesten statt, und auch hier waren meistens wohl die Frauen von den Männern abgesondert, obgleich dies nicht immer der Fall war, so dafs Annäherungen zwischen Männern und Weibern dort am leichtesten möglich waren, und wir bei den Komikern

---
1) Vgl. Becker. Charikl. II S. 41.
2) Vgl. z. B. Demosth. g. Spud. p. 1030 u. 1034.
3) Vgl. Becker, Charikl. II S. 84.
4) Vgl. Theophr. Char. c. 22 mit d. Anmk. v. Casaub. bei Ast p. 197.

selbst von Schwängerungen lesen, die bei Gelegenheit der nächtlichen Mysterienfeiern vorgekommen seien.¹) Der Besuch der Schauspiele aller Art war den Weibern durch kein Gesetz untersagt; es hing lediglich von den Männern ab, ob sie ihre Angehörigen hingehen lassen wollten oder nicht, und dafs kein verständiger Mann die unter seiner Gewalt stehenden Frauen in die Komödie habe gehen lassen, können wir mit ebenso grofser Zuversicht behaupten, als dafs bei der Tragödie das Gegentheil stattgefunden.²) — Da übrigens die Mädchen schon früh, selbst schon im funfzehnten Jahre verheirathet zu werden pflegten, so lag ihre weitere Bildung gröfstentheils in den Händen des Gatten, und der xenophontische Ischomachus kann uns als ein Beispiel dienen, wie ein verständiger und wohlgesinnter Mann das junge Wesen zu einer guten Hausfrau zu machen bemüht gewesen sei.³) Ischomachus erzählt dem Sokrates, wie er seine Frau als ein noch nicht funfzehnjähriges Mädchen geheirathet habe, deren Kenntnisse nicht über die weiblichen Arbeiten des Spinnens und Webens und der Verfertigung von Kleidungsstücken hinausgegangen seien, und die von allen andern Dingen möglichst wenig gesehen oder gehört habe. Dafür aber sei sie auch unverdorben, mäfsig und züchtig und von gutem Willen gewesen, so dafs sie die Belehrungen und Anweisungen, die er ihr gab, bereitwillig aufnahm und eifrig befolgte. Es ist ein nicht zu übersehender Zug, wie Ischomachus diese Anleitung mit einer religiösen Handlung beginnt. Er betet und opfert mit seiner jungen Frau gemeinschaftlich zu den Göttern, dafs sie ihren Segen dazu geben mögen, und macht sie dann allmählig, nachdem sie erst die mädchenhafte Schüchternheit gegen ihn überwunden, mit allen einzelnen Pflichten und Obliegenheiten einer guten Hausfrau, und mit der Art und Weise ihrer Erfüllung bekannt. Dies alles hier zu wiederholen ist unnöthig, aber was für eine Stellung er ihr verheifst, wenn sie seine Hoffnungen erfülle, darf nicht verschwiegen werden. Sie werde, sagt er ihr, dann im Hause sogar mehr gelten als er selbst: Er werde beinahe ihr Diener werden, und sie habe nicht zu besorgen, dafs sie ihm im vorgerückten Alter weniger werth sein werde, sondern auch als alte Frau werde sie, je mehr sie ihm eine treue Gehülfin und den Kindern

---

1) Plaut. Aulul. IV, 10, 64. Terent. Adelph. u. Hecyra. Vgl. Cic. de legg. II, 14 §. 36.
2) Vgl. Antiquit. i. p. Gr. p. 341, 9. Becker, Charikl. III S. 128 ff. Stallbaum, ad Plat. Legg. II, 658 D.
3) Xenoph. Oeconom. c. 7.

eine treue Hüterin sei, desto höher auch vom ganzen Hause in Ehren gehalten werden. Ischomachus galt unter seinen Mitbürgern allgemein als ein echter Kalokagathos, und so werden wir denn auch wohl die Frau, wie er sie darstellt, als das Vorbild einer echten athenischen Hausfrau anzusehen haben. Vorbilder werden nun freilich in Athen ebensowenig als bei uns in der Wirklichkeit immer erreicht sein; aber dafs es nicht in vielen athenischen Häusern wenigstens annäherungsweise so bestellt gewesen sei, als im Hause des Ischomachus, haben wir doch keinen Grund zu leugnen. Man kann allerdings gar Manches in dem Leben einer solchen athenischen Hausfrau vermissen. Sie hat keine unterhaltende und belehrende Lectüre, sie treibt keine schönen Künste, es giebt für sie keine gesellschaftlichen Zirkel von Herrn und Damen mit geistreicher Conversation über Litteratur und Kunst oder Zeitereignisse: Dinge, von denen die Frauen auszuschliefsen uns Neueren als Barbarei und Verkennung der Würde und Rechte der Frauen erscheint. Und das ist gewifs: in der Art wie bei uns, wurde das weibliche Geschlecht in Athen nicht geehrt. Selbst der Liebende sah in der Geliebten keine solche Vollkommenheiten, wie sie die moderne Romantik zu preisen weifs, das Natürliche und Sinnliche machte sich vorzugsweise geltend, und das allgemeine Urtheil erklärte die Weiber für ein untergeordnetes Geschlecht, nicht am Körper allein, sondern an geistigen und sittlichen Anlagen dem Manne nachstehend, schwach, verführbar, der Beaufsichtigung und Leitung bedürftig, und der Theilnahme an den höheren Interessen, in denen das Leben des Mannes sich bewegte, wenig fähig. Es kann sein, dafs hierin den Weibern Unrecht gethan sei: uns wenigstens erscheint dies so, denn wir nehmen das Mafs der Beurtheilung von den Weibern wie wir sie kennen oder zu kennen glauben. Aber die Natur der Menschen ist nicht dieselbe unter jedem Himmelsstrich und bei jedem Volke: und sollte es denn wirklich eine allzu starke Zumuthung an unsere Bescheidenheit sein, wenn man uns ersuchte, wenigstens die Möglichkeit einzuräumen, dafs die Griechen ihre Weiber, und was an ihnen sei und wozu sie fähig seien, besser zu beurtheilen im Stande gewesen, als wir?

Bei der gesellschaftlichen Absonderung der beiden Geschlechter und bei der geringeren Achtung, in welcher die Weiber standen, ist es nicht zu verwundern, dafs auch bei Schliefsung der Ehe andere Motive obwalteten, als dasjenige, was Manche heutzutage als das allein berechtigte anzusehen geneigt sind, nämlich die gegenseitige Liebe des jungen Paares, auf die

Gefahr hin, dafs bald nachher nüchterne Enttäuschung und Reue eintreten möge. Rechtmäfsige Ehen konnten überhaupt nur unter Personen bürgerlichen Standes, unter Bürgern und Fremden aber nur ausnahmsweise geschlossen werden, wenn nämlich letzteren ausdrücklich Epigamie ertheilt war. War dies nicht der Fall, so konnte die Verbindung eines Bürgers mit einer Nichtbürgerin nur als Concubinat gelten, und die Kinder aus solcher Verbindung waren νόϑοι. Dafs eine Bürgertochter einem in Athen ansässigen Fremden zur Ehe gegeben wurde, konnte nur dann vorkommen, wenn dieser sich als Bürger ausgab, wodurch er sich dann aber der gesetzlich die Anmafsung des Bürgerrechts treffenden Strafe aussetzte, als Sklave verkauft zu werden. Häufiger mochte es vorkommen, dafs ein nichtbürgerliches Frauenzimmer für ein bürgerliches ausgegeben und an einen Bürger verheirathet wurde. Auch diese verfiel der Strafe, verkauft zu werden.[1]

Dafs von Liebesverhältnissen zwischen jungen Männern und häuslich erzogenen Bürgertöchtern in Athen kaum jemals die Rede sein konnte, ist aus dem, was oben über die Abgeschlossenheit der Mädchen gesagt ist, von selbst klar. Es blieb also den Eltern überlassen, für ihre Kinder die Wahl zu treffen, wie sie es am zweckmäfsigsten für die Begründung eines guten Hausstandes hielten.[2] Dann wurden die Ehepacten aufgesetzt und über die Mitgift die erforderlichen Verabredungen getroffen. Eine vaterlose Erbtochter war der nächste erbberechtigte Verwandte zu heirathen berechtigt,[3] oder, wenn es eine Arme war, die er nicht heirathen mochte, nach einem gesetzlich bestimmten Mafse auszusteuern verpflichtet.[4] Die geschlossene Ehe ward von dem Mann seinen Phratoren förmlich angezeigt, und dabei ein Opfer und Schmaus gegeben, und die Unterlassung dieser Formalität begründete Zweifel gegen die Rechtmäfsigkeit der Ehe.[5] Aber auch die Vermählung selbst ging nicht ohne religiöse Handlungen vor sich:[6] denn die Athener waren wohl eingedenk, dafs der Mensch, wie zu allem Andern, so auch zu der Ehe des göttlichen Segens bedürftig sei. Die Mitgift wurde nicht

---
1) R. g. Neära p. 1350 §. 16.
2) Vgl. Beckers Charikles III S. 284 ff.   3) Vgl. ob. S. 377.
4) Harpocr. unt. ϑῆτες. Phot. unt. ϑῆσσαι und das freilich nicht authentische Gesetz bei Demosth. g. Makart. p. 1067. Ut ne quid turpe civis in se admitteret propter egestatem, wird Terent. Phorm. III, 2, 68 als Grund des Gesetzes angegeben.
5) Vgl. m. Anm. zu Isae. p. 263.   6) Becker, Charikl. III S. 298 ff.

Eigenthum des Mannes, sondern er hatte nur den Niefsbrauch derselben, weswegen denn auch Sicherheit dafür bestellt werden mufste auf den Fall, dafs bei Trennung der Ehe die Mitgift der Frau oder ihren Angehörigen zurückzugeben war.[1]) Neben der Mitgift brachte aber die Frau auch mancherlei Aussteuer ins Haus, welche ihr persönliches Eigenthum war. Sie hatte jedoch auch darüber kein ganz freies Dispositionsrecht, indem die Gesetze anordneten, dafs keine Frau gültige Rechtsgeschäfte über den Werth eines Medimnus Gerste hinaus vornehmen könne. Sie stand also in dieser Hinsicht den Unmündigen gleich, die ebenfalls zu solchen Rechtsgeschäften unfähig waren.[2]) Und wie wenig man den Weibern getraut habe, läfst sich auch daraus erkennen, dafs selbst Dispositionen der Männer, Vermächtnisse und Schenkungen, gesetzlich als ungültig angefochten werden konnten, wenn sich erweisen liefs, dafs jene dazu durch Ueberredung von Frauen verleitet worden seien.[3]) — Starb der Mann vor der Frau, so kehrte diese, wenn keine Kinder vorhanden waren, mit ihrer Mitgift zu ihren väterlichen Verwandten zurück; waren Kinder da, so konnte sie bei diesen im Hause des Mannes bleiben.[4]) Das Vermögen, mütterliches wie väterliches, fiel an die Söhne sobald sie mündig waren, und wurde bis dahin von den Vormündern verwaltet. War beim Tode des Vaters einer von den Söhnen schon mündig, so trat er gegen seine jüngeren Geschwister an die Stelle des Vaters und führte also über sie die Vormundschaft.[5]) Söhne von Erbtöchtern konnten auf Ausantwortung des mütterlichen Vermögens auch schon bei Lebzeiten des Vaters Anspruch machen.[6]) Wir finden auch dafs der Mann, der eine Frau mit Kindern hinterliefs, eine testamentarische Verfügung über die Wiederverheirathung jener getroffen und ihr einen Mann bestimmt habe;[7]) inwiefern aber solche Bestimmung für eine Frau wirklich bindend gewesen sei, müssen

---

1) S. Att. Proc. S. 417 ff.
2) Isae. or. 10 §. 10 u. d. Anmk. p. 439.
3) Plutarch. Sol. c. 21. Demosth. g. Steph. II p. 1133. g. Olymp. p. 1183.   4) Att. Proc. S. 420.
5) Lys. g. Theomnest. p. 346 §. 4. 5.   6) S. oben S. 380 Anm. 3.
7) Demosth. g. Aphob. I p. 814. g. Steph. I p. 1110 §. 28 für Phorm. p. 945 §. 8. — Die von dem Sprecher der zweiten R. g. Steph. §. 15 behauptete Beschränkung des Rechts der Eingebürgerten nicht nur in dieser Hinsicht, sondern überhaupt zu testiren, ist gar nicht glaublich, und Meier hat gewifs Recht, wenn er dem Sprecher eine Verdrehung zuschreibt, indem er, was von ποιητοῖς (Adoptirten) galt, auf die δημοποίητοι, die oft auch einfach ποιητοί heifsen, anwandte.

wir dahin gestellt sein lassen. Trennung der Ehe durch Scheidung, entweder mit Einverständnifs beider Theile oder auch blofs nach dem Willen des Mannes, erfolgte ohne gerichtliche Dazwischenkunft, nur mufste die Mitgift zurückgezahlt werden.[1]) Hatte aber die Frau durch ihr Betragen einen gesetzlichen Grund zur Scheidung gegeben, z. B. durch Ehebruch, so war ihre Mitgift verwirkt. Die Frau konnte sich vom Manne ohne dessen Einwilligung nicht anders als durch richterlichen Spruch scheiden, und mufste deswegen einen schriftlichen Antrag an den Archon überreichen, in welchem die Scheidungsgründe angegeben waren, worüber dann dieser oder das Gericht zu entscheiden hatte. Den Erbtöchtern glaubte der Staat einen besondern Schutz schuldig zu sein, weil sie in Gemäfsheit des oben angegebenen Rechtes der Verwandten in der That meist nur als eine Zugabe, mitunter wohl als eine sehr unwillkommene Zugabe, von ihren Männern geheirathet wurden. Deswegen stand es Jedem zu, wegen schlechter Behandlung der Erbtöchter auch gegen ihre Ehemänner eine öffentliche Klage, $\gamma\varrho$. $\varkappa\alpha\varkappa\omega\sigma\varepsilon\omega\varsigma$, anzustellen und nach Beschaffenheit der Sache auf eine härtere oder leichtere Bestrafung anzutragen.[2]) Selbst über die Leistung der ehelichen Pflicht, wenigstens dreimal monatlich, enthielten die Gesetze eine Bestimmung,[3]) die wir übrigens nicht blofs aus einer Fürsorge für das natürliche Bedürfnifs der Frau ableiten mögen, sondern vielmehr daraus, dafs die Fortpflanzung des Hauses durch Kinder dem Staate aus politischen und religiösen Gründen am Herzen lag, nämlich damit nicht die Zahl der Häuser gemindert, und den Göttern nicht die von jedem Hause ihnen gebührenden Sacra gekürzt würden.[4]) Soweit ging freilich die Gesetzgebung in Athen nicht, dafs sie den Bürgern die Eingehung der Ehe als Zwangspflicht auferlegte und die Ehelosigkeit mit Strafen bedrohte, wie in Sparta;[5]) aber aus eben jenen politischen und religiösen Gründen ist es zu erklären, dafs die Gesetze der Erbtochter, deren Mann zur Erfüllung der ehelichen Pflicht unfähig war, gestatteten einen Stellvertreter, jedoch nur aus dem Kreise der Verwandten, zuzulassen, ohne deswegen des Ehebruchs bezüchtigt zu werden. Sonst berechtigte nicht nur

---

1) Att. Proc. S. 413 ff.
2) Ebend. S. 259.   3) Plutarch. Sol. c. 20.
4) Vgl. Plat. Legg. VI. p. 773 E: $\pi\alpha\tilde{\iota}\delta\alpha\varsigma\,\pi\alpha\iota\delta\omega\nu\,\varkappa\alpha\tau\alpha\lambda\varepsilon\iota\pi o\nu\tau\alpha\,\dot{\alpha}\varepsilon\iota$ $\tau\tilde{\omega}\,\vartheta\varepsilon\tilde{\omega}\,\dot{\upsilon}\pi\eta\varrho\varepsilon\tau\alpha\varsigma\,\dot{\alpha}\nu\vartheta'\,\alpha\dot{\upsilon}\tau o\tilde{\upsilon}\,\pi\alpha\varrho\alpha\delta\iota\delta\acute{o}\nu\alpha\iota$.
5) Dafs es keine $\delta\iota\varkappa\eta\,\dot{\alpha}\gamma\alpha\mu\iota o\upsilon$ in Athen gegeben, ist gewifs. S. Att. Proc. S. 287 u. Bekker, Charikl. III S. 282.

sondern verpflichtete der Ehebruch der Frau den Mann, sich von ihr zu scheiden. Die Ehebrecherin traf überdies Ehrlosigkeit: sie durfte nicht die öffentlichen Heiligthümer besuchen, nicht öffentlich mit dem gewöhnlichen Frauenschmuck erscheinen, und lief, wenn sie es that, Gefahr, dafs Jeder ihr den Schmuck abreifsen und sie beschimpfen konnte; ja auch den Mann, der mit der Ehebrecherin verheirathet blieb, traf Atimie.[1]) Den ertappten Ehebrecher konnte der Mann selbst tödten, oder ihn mifshandeln, ihn fesseln, ihn zur Zahlung eines Bufsgeldes nöthigen; er konnte aber auch sich mit einer gerichtlichen Verfolgung begnügen. Welche Strafe dann den schuldig befundenen Ehebrecher getroffen habe, wissen wir nicht: war die Klage ($\gamma\varrho$. $\mu o\iota\chi\varepsilon i\alpha\varsigma$) eine schätzbare, und wurde das Verbrechen mit einer Geldstrafe gebüfst, so fiel diese dem Staate, nicht dem Kläger zu: dies folgt aus dem Wesen der öffentlichen Klagen, zu denen die $\gamma\varrho$. $\mu o\iota\chi\varepsilon i\alpha\varsigma$ gehört. — Der Frau, deren Mann sich des Ehebruchs schuldig machte, stand kein anderes Mittel dagegen zu Gebote, als eine Scheidungsklage, und auch diese ohne Zweifel nur in besonders schweren und ihre Rechte als Hausfrau gröblich verletzenden Fällen, z. B. wenn jener eine Hetäre ins Haus nahm, oder ein Kebsweib neben der Frau hatte.[2]) Sonstige gelegentliche Vergehungen verheiratheter Männer, wie Besuche einer Hetäre oder eines Freudenhauses und dgl., mifsbilligte zwar die Sitte, aber die Gesetze verpönten sie nicht. Verkehr unverheiratheter Männer mit Hetären galt mehr für thöricht und gefährlich, als für unsittlich; ja Solon selbst soll öffentliche Häuser angeordnet haben, damit die unbefriedigte Begierde nicht zu schlimmeren Ausschweifungen und Verbrechen verleitete.[3]) Das Gewerbe derer aber, die dergleichen Häuser hielten, galt nichts desto weniger für ein durchaus ehrloses. Die Mädchen, wohl ohne Ausnahme Sklavinnen, galten, je nachdem sie waren, für verächtlich oder bedauernswerth oder liebenswürdig, und die neuere Komödie behandelt öfters die Liebe eines Jünglings zu solchem Mädchen, das in die Gewalt eines *leno* gerathen, und dann, glücklicher Weise noch rein, aus ihr befreit wird. Die im engeren Sinne sogenannten Hetären, d. h. Frauen, die frei auf

---

1) Att. Proc. S. 329. Lelyveld de infamia p. 171.
2) Andoc. g. Alcib. §. 14. Hermann zu Beckers Charikles III S. 279.
3) Athen. XIII p. 569 D. Harpocr. unt. $\pi\acute{\alpha}\nu\delta\eta\mu o\varsigma$ $Ἀ\varphi\varrho o\delta\acute{\iota}\tau\eta$. Hermann zu Beckers Charikl. II S. 56. Vgl. den Ausspruch des h. Augustinus, de ord. II, 5, 12: Aufer meretrices de rebus humanis: turbaveris omnia libidinibus.

eigene Hand lebend den Männern ihre Gunst verkauften, haben sich zum Theil durch Geist und Bildung ausgezeichnet, und die bessern unter ihnen gingen wohl meist als *maitresses* oder *femmes entretenues* eine engere Verbindung mit einem bevorzugten Liebhaber ein, auf so lange als es beiden Theilen convenirte. Sie waren aber ohne Ausnahme aus der Classe der Fremden oder der Freigelassenen. Dafs eine athenische Bürgertochter Hetäre gewesen, ist ohne Beispiel. Wohl aber kam es vor, obgleich gewifs höchst selten, dafs eine Bürgerin mit einem Manne zusammenlebte, dem sie nicht eigentlich rechtmäfsige Ehegattin war. Ueber solches Verhältnifs (Concubinat) wurde dann aber auch ein förmlicher Vertrag geschlossen, und dem Mädchen ein Bestimmtes stipulirt, wodurch ihre Existenz für die Zukunft gesichert wurde,[1]) und die Kinder aus solchem Concubinate hatten zwar, als νόθοι, keine Erbrechte an das väterliche Vermögen, aber sie galten doch als Bürger. Wenn aber ein Bürger seine Tochter zur Unzucht preisgab, so stand darauf Todesstrafe:[2]) trieb die Tochter Unzucht wider den Willen ihres Vaters, so konnte dieser sie als Sklavin verkaufen.[3]) Gewaltsame Stupration nicht blofs von Bürgerinnen, sondern auch von Fremden und Unfreien, ward theils mit dem Tode, theils mit Geldbufsen bestraft.[4]) Wer sich Andern zur Befriedigung unnatürlicher Lust preisgab, verwirkte seine bürgerliche Ehre, und konnte, wenn er dennoch von den ihm versagten Rechten Gebrauch machte, z. B. ein öffentliches Amt, auch das allergeringste, bekleidete, oder sich in der Volksversammlung sehen liefs, oder gar als Redner auftrat, von Jedem, durch Endeixis, belangt, und, wenn er schuldig befunden wurde, mit den schwersten Strafen belegt werden.[5])

Dieses Recht übrigens, welches die Verfassung jedem ehrenhaften Bürger gab, einen andern wegen dieser oder sonstiger gegen die Sittlichkeit verstofsenden Handlungen gerichtlich zu belangen und zur Strafe zu ziehen, war, seitdem dem Areopag seine frühere sittenrichterliche Gewalt entzogen worden, in der That noch das einzige gesetzliche Mittel, um grobe Unsittlichkeit, die sich über das öffentliche Urtheil hinwegsetzte oder vor ihm zu verbergen wufste, wenigstens einigermafsen zu zügeln: obgleich allerdings anzuerkennen ist, dafs es einerseits gegen solche, die es wirklich verdient hätten, nur ausnahmsweise in Anwen-

---

1) Isae. or. 3 §. 39.   2) Att. Proc. S. 333.
3) Plutarch. Sol. c. 23.   4) Att. Proc. S. 322 f.
5) Nach dem angeblichen Gesetz bei Aeschin. g. Timarch. p. 47 selbst mit der Todesstrafe. Doch vgl. ebend. p. 184.

dung gebracht, andererseits aber auch oft von Sykophanten gemifsbraucht wurde, um wirklich Unschuldige durch verläumderische Anklagen zu schrecken. Zur Bezeichnung des sittlichen Gesichtspunktes, unter welchem die Gesetzgebung die Führung der Bürger betrachtete, ist es von Interesse, besonders diejenigen Vergehungen ins Auge zu fassen, welche sie mit der Atimie bedrohte und dadurch eben andeutete, dafs, wer sich jener schuldig macht, auch nicht mehr werth sei, die Ehre des Bürgerthums und die damit verbundenen Rechte zu besitzen. Solche Vergehungen waren: [1] Verletzung der kindlichen Pflichten gegen die Eltern, z. B. Mifshandlung derselben, Verweigerung der Unterstützung, wenn sie ihrer bedurften und man sie zu gewähren im Stande war, Versäumnifs gebührender Bestattung der gestorbenen; ferner Vergeudung des Vermögens durch lüderlichen Lebenswandel, geschäftsloses Umhertreiben ohne Mittel zum ehrlichen Unterhalt, Diebstahl, Veruntreuung anvertrauten Gutes, Bestechung von Beamten und Richtern, sowohl ausgeübte als angenommene, falsches Zeugnifs vor Gericht, Verweigerung des pflichtmäfsigen Kriegsdienstes, feiges Verlassen des angewiesenen Postens im Kriege, Ausreifserei und Wegwerfen des Schildes, Beleidigung der Obrigkeiten in ihrem Amte: Vergehungen, von denen einige gleich beim ersten Male, andere wenigstens im zweiten Wiederholungsfalle Atimie zur Folge hatten. Man sieht, dafs die Gesetze strenge genug waren, und dafs es nicht an ihnen, sondern an dem Mangel einer consequenten, kräftigen und unparteiischen Handhabung ihrer Anordnungen lag, wenn dergleichen der Sittlichkeit und guten Zucht widersprechende Handlungen dennoch oft ungestraft blieben. Solche Handhabung war aber um so schwieriger, je leichter das Anklagerecht gemifsbraucht werden konnte, und dadurch Mifstrauen gegen solche Anklagen überhaupt erzeugt wurde; je leichter ferner die Volksgerichte zu täuschen waren; endlich je laxer überhaupt die öffentliche Moral wurde zu einer Zeit, wo man die Freiheit darin setzte, in seinen Handlungen möglichst wenig durch die Gesetze beschränkt zu werden. Die Freiheit, die man für sich selbst begehrte, mufste man wohl auch andern gönnen. — Von Manchen ist wohl die alte Komödie als eine Art von Surrogat für die Sittenpolizei betrachtet worden und schon Horaz hat sie in bekann-

---

[1] Vgl. Antiquit. i. p. Gr. p. 345. Auch an das oben S. 353 erwähnte Gesetz, welches Atimie über die Parteilosen bei innern Kämpfen verhängte, mag hier erinnert werden, wenn es auch wohl nicht streng zur Anwendung kommen mochte.

ten Versen von dieser Seite dargestellt. Aber wer die vorhandenen Stücke mit unbefangenem Auge betrachtet, der wird nicht umhin können, ihre sittenpolizeiliche Wirkung sehr gering anzuschlagen, da ihre Geifsel ebensooft den Unschuldigen als den Schuldigen traf, und sie dem Urtheil der Menge, nach deren Beifall sie strebte, ebensooft folgte, als sie es aufzuklären und zu berichtigen bemüht war, und da sie überhaupt wegen der ganzen Art und Weise, wie sie dem Geschmack des grofsen Haufens fröhnte, keinen besonderen Anspruch auf Achtung machen konnte, so witzig und kunstreich sie auch übrigens sein, und so oft sie auch das Recht auf ihrer Seite haben mochte. Wenn auch die Angabe, dafs ein Gesetz den Areopagiten ausdrücklich untersagt habe, Komödien zu schreiben, erdichtet sein mag:[1] das wenigstens ist gewifs, dafs der Ernst und die Würde ihrer Stellung es ihnen von selbst untersagen mufste; wogegen ein anderes Gesetz, welches die zügellose persönliche Verspottung in der Komödie verbot, wenn überhaupt, so doch nur wenige Jahre hindurch bestand.[2] Dieselben Dionysosfeste aber, wo das athenische Volk sich an den Darstellungen der Komödie ergötzte, boten ihm auch ein Schauspiel ganz entgegengesetzter Art in der Tragödie dar, und wenn wir den sittlichen Einflufs jener nicht hoch anzuschlagen vermögen, so darf dagegen diese wohl als geeignet betrachtet werden, belehrend und veredelnd auf Einsicht und Gesinnung empfänglicher Zuhörer zu wirken. Die Komödie gab carikirte Gestalten des gemeinen Lebens, die im besten Falle nur die Wirkung haben konnten, Thorheiten oder Schlechtigkeiten lächerlich oder verächtlich zu machen: die Tragödie dagegen stellte idealisirte Bilder der strebenden, ringenden, kämpfenden Menschheit dar, wie sie im Conflicte mit äufseren Hindernissen, Unglück und Gefahren, bald von sittlicher Kraft und hülfreichen Göttern unterstützt, wenn auch nicht äufserlich siegreich, doch innerlich unbesiegt sich behauptet, bald von Irrthum und Leidenschaft bethört die Folgen ihrer Verschuldungen büfst, wie eine höhere Macht über allem Treiben der Sterblichen waltet und nach unwandelbaren Gesetzen Jegliches zum gebührenden Ausgange wendet. Dies gilt wenigstens von der Tragödie im Allgemeinen, wenn auch nicht von jeder einzelnen in gleichem Mafse; die Alten selbst bezeichnen sie deswegen als eine Quelle, aus welcher man-

---

1) Vgl. Meier in der Hall. Allg. L. Z. 1827 no. 122 S. 135.
2) Ebend. S. 136. Bergk in Schmidt Zeitschr. f. Gesch. Wiss. II S. 193. Hertzberg, Alkibiad. S. 171 u. 214. Grote Th. IV S. 562 d. Uebers.

nichfaltige Belehrung und Stärkung, Vorbild und Warnung, Trost und Zuversicht geschöpft werden könne: und was wir von den Werken der tragischen Poesie übrig haben, ist auch wohl geeignet, dies Urtheil zu bestätigen. Wir dürfen freilich annehmen, dafs nur Stücke der besseren Art sich erhalten haben, und dafs unter den verlorenen, wenn auch manches Vortreffliche, doch auch nicht wenig Mittelmäfsiges und Untergeordnetes, und Solches gewesen sein werde, dem Plato[1]) den Vorwurf macht, lediglich darauf auszugehn, dem Zuschauer zu schmeicheln und zu gefallen, nicht ihn zu erheben und zu veredeln. Ein anderes Bedenken, welches theils Plato theils Andere gegen die Tragödie erheben, betrifft das, was ihr mit dem Epos und der chorischen Gattung der Lyrik gemein ist, die Wahl ihrer Gegenstände aus der Mythologie, wobei sie denn nicht umhin kann, auch die Götter vielfältig in einer Weise darzustellen, die sich mit reineren Begriffen vom göttlichen Wesen nicht verträgt. Dies Bedenken ist offenbar nicht unbegründet. Die mythologischen Vorstellungen von den Göttern waren zum gröfsten Theil wenig geeignet, wohlthätig auf die Sittlichkeit zu wirken, und die Dichter, die sich ihrer bedienten, mufsten nothwendig oft genug in den Fall kommen, während sie auf der einen Seite die göttliche Weisheit und Gerechtigkeit priesen und Ehrfurcht vor der Gottheit einschärften, doch auf der andern Seite die einzelnen göttlichen Personen als sehr ungöttlich erscheinen zu lassen. An ein göttliches Wesen zu glauben, welches als oberste Macht über den Dingen walte, wenngleich es in keinem einzelnen Gotte zu eigentlich persönlicher Existenz gelangt sei, während man zugleich die persönlichen Götter, denen der Cultus des Staates galt, oft so wenig wahrhaft göttlichen Wesens theilhaftig sah, das war wohl einzelnen vorragenden Geistern, aber sicherlich nicht der Menge möglich, und so reich auch ein Dichter an guten Lehren über Sittlichkeit und Frömmigkeit sein, so ausdrücklich er selbst, wie Euripides mehrmals thut, die unwürdigen Götterfabeln tadeln und als unwahr verwerfen mochte, die Wirkung dieser Fabeln aufzuheben, einer reineren Religionsansicht zur Herrschaft zu verhelfen vermochten sie nicht, auch diejenigen nicht, die wie Aeschylus weit entfernt, gleich dem Euripides, das Dasein der Volksgötter selbst zweifelhaft zu machen, wirklich den Glauben an sie festhielten, aber in einer Weise, wie es sich mit einer würdigeren Vorstellung vom göttlichen Wesen vertragen mochte.

---

1) Gorg. p. 502 B. C.

Aeschylus, indem er den Volksglauben theilt, erhebt sich doch zugleich über ihn, er stellt sich ihm nicht, wie Euripides, kritisirend und verneinend gegenüber, sondern geht in seine Vorstellungsformen ein, aber er adelt sie durch den Sinn, in dem er sie auffafst oder den er in sie hineinträgt. Aber wie sollte die Wirkung eines solchen Dichters, — des einzigen in seiner Art unter den Griechen, — grofs und allgemein haben sein können, da, um ihn nur zu verstehen, ein dem seinigen verwandter Sinn erfordert wird, der unter seinen Zeitgenossen schwerlich in gröfserem Mafse vorhanden war, als er es heutzutage unter denen zu sein pflegt, die sich zu seinen Auslegern aufwerfen. — Wir dürfen uns deswegen die Wirkung der Tragödie in sittlicher und religiöser Hinsicht nicht eben allzugrofs vorstellen, so grofs ohne Zweifel auch ihre ästhetische Wirkung war. Den Sinn des Volkes für das künstlerisch Schöne in Composition und Sprache, in Form und Darstellung mufsten solche Werke, wie sie ihm auf der Bühne vorgeführt wurden, in ebenso hohem Grade wecken und schärfen, als nur irgend ein anderes der Kunstwerke, mit denen, besonders seit dem perikleischen Zeitalter, es sich umgeben sah, Werke der Architektur, der Malerei, der Sculptur, deren unerreichte Vollkommenheit auch in ihren trümmerhaften Ueberresten noch jetzt unsere Bewunderung erregt, und die einst den empfänglichen Geist des Volkes durch das Wohlgefallen an Mafs, Harmonie und Adel der Form bildeten und erhoben. Perikles, in der schon zu Anfang dieses Capitels erwähnten Rede,[1]) rühmt an den Athenern ihre Liebe zur Schönheit, gepaart mit Einfachheit und Frugalität im Leben: und diesen Ruhm bestätigen auch viele andere Zeugnisse.[2]) Kein Volk war empfänglicher für die feineren und edleren Freuden, die die Kunst gewährt, und weniger geneigt, seine Befriedigung in den gröberen Genüssen zu suchen, die dem Barbaren als die eigentliche Würze des Lebens gelten; und selbst in den Zeiten, wo die sittliche Haltung der Athener vielfachem Tadel unterliegt, erscheinen sie jedenfalls doch als das am feinsten gebildete, das geschmackvollste und geistreichste Volk, von welchem die Geschichte des Alterthums nicht nur, sondern aller Zeiten zu melden weifs.

---

1) Thuc. II, 40.
2) Vgl. Athenae. IV, 14 p. 132. X, 11 p. 417. Lucian. Nigr. c. 13 ff. Böckh, Staatsh. I S. 142. Eustath. zur Il. p. 1279, 40 erwähnt Altäre der Ἀγέλεια und der Αἰδώς auf der Burg neben dem Tempel der Stadtgöttin, mit Berufung auf Pausanias, der aber nur des Altars der Αἰδώς gedenkt, I, 17, 1.

Was sonst noch die Rede des Perikles an ihnen rühmt,[1]) dafs vor dem Gesetze Alle gleich seien und die Schätzung des Einzelnen nicht von Stand und Reichthum, sondern nur von persönlicher Tüchtigkeit und Würdigkeit abhänge, das ist eben die wahre Idee der vernünftigen, oder, wie Isokrates sagt,[2]) der mit Aristokratie gemischten Demokratie, und diese Demokratie hat auch Herodot im Sinne, wenn er Athen als Beweis anführt, wie die Freiheit eine treffliche Sache sei, da die Athener, nachdem sie der Tyrannis entledigt und ein freies Volk geworden, gar bald auch sich zum ersten Range unter den Griechen aufgeschwungen hätten.[3]) Aber freilich diese aristokratische Haltung der Demokratie war, wie überall, so auch in Athen, nicht von Dauer. Sie begründete die Macht und Gröfse des Staates, aber eben diese Macht und Gröfse trugen dazu bei, sie zu verderben, indem das Volk verleitet wurde sich zu überheben, und als Führern nicht mehr den Besten, sondern denen zu folgen, die den schlechteren Neigungen und Begierden der Menge am meisten zu schmeicheln verstanden. Perikles' Zeitalter ist gleichsam die Grenzmark zwischen dem alten „violenumkränzten, ruhmwürdigen Athen, der Stütze von Hellas",[4]) und zwischen dem späteren, in welchem, wie Isokrates klagt,[5]) nur allzuoft die Demokratie in Zuchtlosigkeit, die Freiheit in Gesetzlosigkeit, die Gleichheit vor dem Gesetz in rücksichtslose Frechheit gesetzt wurde. Jenes alte Athen mochte bei Perikles selbst und ähnlich gesinnten Staatsmännern den Glauben nähren, dafs es auch die unbeschränkte Demokratie ohne Mifsbrauch und Schaden ertragen würde, und solange er selbst an der Spitze stand, ward auch dieser Glaube nicht getäuscht: das Volk, so frei es war, folgte seiner Leitung, das Verhältnifs war, wie Thukydides es ausspricht,[6]) dem Namen nach Demokratie, in der That Regierung des ersten Mannes. Als aber dieser erste Mann nicht mehr da war, und als kein Anderer aufstand, der ihn hätte ersetzen können, da erwies sich auch in Athen die Demokratie als eine gefährliche Gabe, die damit aufhört, die Tugenden, durch die allein sie getragen werden kann, zu schwächen und zu untergraben. Die Uebel der Demokratie sind schon früher sowohl im Allgemeinen als in specieller Beziehung auf Athen von uns betrachtet worden, so dafs es jetzt nicht nöthig ist bei ihrer Schilderung zu verweilen. Es ist wahr, die

---

1) Thuc. II, 37.   2) Panathen. §. 153. vgl. 131.
3) Herodot. V, 78.   4) Pindar. fr. 46.
5) Areopag §. 20.   6) II, 65.

Athener zeigen sich auch in diesen Zeiten, die nicht ihre besten waren, nicht so ausgeartet, dafs nicht manche Züge des angestammten Adels der Volksnatur noch sichtbar wären; es fehlte auch jetzt noch nicht an achtungswürdigen Charakteren, an erfreulichen Zügen, an löblichen Thaten, wie kein anderes Volk bei gleicher Verfassung sie aufweisen kann; und im Vergleich zu den Handlungen der Oligarchen, bei ihrer vorübergehend gelungenen Reaction, erscheint uns die Volkspartei bei weitem als die bessere, und wir stellen uns der Oligarchie gegenüber gerne auf die Seite des Demos. Aber dennoch können wir uns nicht verhehlen, dafs eine etwas weniger schrankenlose Demokratie auch diesem Demos heilsamer gewesen sein würde, wenn sie noch möglich gewesen wäre. Aber sie war eben nicht mehr möglich, und die Versuche wohlgesinnter Männer, einige Schranken herzustellen, blieben entweder wirkungslos, wie die Wiederherstellung des Areopag als Oberaufsichtsbehörde, oder kamen gar nicht zur Ausführung, wie der Vorschlag des Phormisius, der Landbesitz zur Bedingung des Vollbürgerthums machen wollte. Dieser Vorschlag würde übrigens, wie Dionysius angiebt,[1]) nur etwa den vierten Theil der Bürger des Vollbürgerrechts beraubt haben; aber dieser Theil bestand gerade aus denjenigen, welche in der Stadt selbst und im Piräeus die Mehrzahl der bürgerlichen Bevölkerung ausmachten, Gewerbetreibenden, Handwerkern und Seefahrern, ohne welche der Wohlstand und die Seemacht des Staates nicht bestehen konnte, und die in den Volksversammlungen, den aus den Demen weit weniger zahlreich sich einfindenden Landbesitzern gegenüber, die überwiegende Mehrzahl auszumachen pflegten; und so war es natürlich, dafs der Vorschlag des Phormisius fallen mufste. Diese städtische Bevölkerung, der eigentliche Heerd der Demokratie, war übrigens weit weniger reinen attischen Blutes, als die in den Demen der Landschaft wohnende. Von ihr gilt, was der Verfasser der Schrift über den athenischen Staat sagt,[2]) dafs man Sprache und Sitten aus allerlei Volk gemischt bei den Athenern antreffe, und sie ist es, die ein anderer alter Schriftsteller[3]) als schwatzhaft, unredlich, sykophantisch, ausländischem Wesen geneigt schildert, während er dem Volke der Landschaft nachrühmt, dafs es den alten ehrenhaften Charakter der Einfachheit, des Edelmuthes, der Treue und Zuver-

---

1) Ueber Lysias c. 32.
2) (Xenoph.) de rep. Ath. c. 2, 8. Vgl. Cic. Brut. §. 258.
3) Der sogenannte Dicaearch, Leben Griechenl. S. 22 Buttm.

lässigkeit reiner bewahrt habe. Jene war aber auch meist aus unattischen Bestandtheilen, aus freigelassenen Sklaven und eingebürgerten Fremden, in deren Händen Handel und Gewerbe vorzugsweise lagen, zusammengeflossen.

Dieser Gewerbs- und Handelsbetrieb fordert aber jetzt noch eine etwas nähere Betrachtung. — Attika war zu ihm ebensosehr durch die Beschaffenheit des Landes getrieben, als durch seine Lage trefflich geeignet. Es ist eine Halbinsel mit hafenreichen Küsten, zum Seeverkehr bei allen Winden wohlgelegen; es kann aber auch von der Landseite her leicht Zufuhr bekommen. Es liegt in der Nähe produktenreicher Länder mit gebildeten Bewohnern, mit denen ein Austausch gegenseitiger Bedürfnisse zu beiderseitigem Vortheil stattfinden konnte: es bedurfte aber eines solchen Austausches um so mehr, weil der eigene Boden die nothwendigsten Bedürfnisse nicht in dem Mafse erzeugte, um einer zahlreichen Bevölkerung zu genügen. Zu diesen nothwendigsten Bedürfnissen gehört namentlich das Getraide. Ohne reiche Zufuhr desselben vom Auslande konnte Attika nicht bestehen, etwa ein Drittel des Bedarfs mufste eingeführt werden. Die Gegenden, aus denen es bezogen wurde, waren besonders die Küsten des schwarzen Meeres, vorzüglich die Krim, der thrakische Chersones, Aegypten, Libyen, Syrien, Sicilien;[1]) und um der erforderlichen Zufuhr sicherer zu sein hatte man mancherlei die Freiheit des Handels beschränkende Gesetze zweckmäfsig befunden. Dahin gehört, dafs kein athenischer Handelsmann, Bürger oder Schutzverwandter, Getraide anderswohin als nach Attika führen, kein Capitalist Geld auf ein Schiff ausleihen sollte, welches Getraide anderswohin als nach Athen zu bringen bestimmt war, endlich dafs jedes Schiff, welches mit Getraide in das attische Emporium einlief, mindestens zwei Drittel davon in Athen zum Verkauf stellen sollte.[2]) Um dem Kornwucher zu steuern verordnete das Gesetz, dafs kein Privatmann mehr als funfzig Phormen (Körbe, ein Mafs, welches etwa einem Medimnus gleich geschätzt werden kann,) aufkaufen, und nicht über einen Obolus theurer verkaufen dürfe, als er es eingekauft hatte.[3]) Von der Behörde der Sitophylakes, die den Getraidehandel zu überwachen hatte, ist schon oben die Rede gewesen. Uebertretungen dieser Gesetze wurden mit schweren Strafen, bisweilen selbst mit

---
1) Vgl. Böckh, Staatsh. I S. 110 ff. Hüllmann, Handelsgesch. d. Griech. S. 146.
2) S. Böckh, Staatsh. I S. 120. 79. 116.
3) Ebend. S. 116 ff.

der Todesstrafe geahndet. — Nächst dem Getraide war Bauholz, namentlich zu den Schiffen, der wichtigste Einfuhrartikel. Es wurde vorzugsweise aus Macedonien und Thracien bezogen. Ebendaher auch Pech und Häute.[1]) Eisen und Kupfer lieferten verschiedene Inseln des ägäischen Meeres, namentlich Cypern und das benachbarte Euböa. Feine Wollenwaaren, besonders Teppiche, kamen aus Milet und weiter aus Phrygien. Feine Weine — da Attika selbst nur geringe Sorten erzeugte[2]) — bezog man theils von den Inseln, besonders aus Chios und Lesbos, demnächst aus Thasos, Lemnos, Cypern, Rhodus, Kreta, Kos, Ikaria, theils aus Mende und Skione auf der thracischen Halbinsel.[3]) Gesalzene Fische, eine Hauptnahrung der Aermeren, kamen aus dem Pontus. Und so wurde noch eine Menge von andern Gegenständen, welche einzeln aufzuzählen weder nöthig noch möglich ist, aus den verschiedensten Gegenden eingeführt, und Athen, wie Perikles rühmt,[4]) ward in Folge dieses lebhaften Handelsverkehrs ein Sammelplatz, wo alles zusammenströmte, was von wünschenswürdigen und nützlichen Dingen das Ausland erzeugte, so dafs das Fremde dort nicht schwieriger als das Einheimische zu erlangen war.

Diesen mannichfaltigen Einfuhrartikeln gegenüber hatte Attika von eigenen Landesprodukten nur wenig zum Austausch zu bieten. Das bedeutendste war Oel, mit welchem auch Plato Handel nach Aegypten getrieben haben soll:[5]) denn das attische Oel war von ausgezeichneter Güte, und die Oelbäume, das Geschenk der Landesgöttin, standen unter besonderem Schutze des Staates. Es war keinem gestattet Oelbäume auf seinem Grundstücke auszuroden, als nur zu bestimmten Zwecken und nicht über eine bestimmte Zahl; abhauen, so dafs die Wurzel blieb und einen neuen Stamm treiben konnte, durfte man sie, jedoch auch wohl gewifs nicht nach Willkür, und aufserdem gab es heilige Oelbäume, welche durchaus geschont, und deren Oel nicht anders als zu gottesdienstlichen Zwecken verwandt wurde.[6]) — Ein zweites berühmtes Produkt waren die attischen Feigen, welche

---

1) Böckh, Staatsh. I S. 141 u. 67.
2) Aus Aristoph. Fried. v. 1162 erhellt, dafs man auch Reben von auswärts, z. B. Lemnische, nach Attika verpflanzte.
3) Hüllmann, Handelsgesch. S. 16 u. 153.
4) Thucyd. II, 38. Vgl. (Xenoph.) de rep. Ath. c. 2, 7. Isocr. Paneg. §. 42.
5) Plutarch. Sol. c. 2.
6) Gesetz bei Demosth. g. Macart. p. 1074.

selbst auf die Tafel des Königs von Persien kamen.¹) Sodann Honig, der am Hymettus, wegen des dort wachsenden Thymians, von besonderer Güte, und im Auslande beliebt war. Auch der Thymian selbst mochte in den Handel kommen, als ein beliebtes Gewürz, welches nirgends so gut als in Attika gedieh.²) Man würzte selbst das Salz mit Thymian.³) Attisches Salz aber ist mehr im figürlichen als im eigentlichen Sinne berühmt und bildete keinen Handelsartikel. Auch die Wolle der attischen Schafe, die gerühmt wird,⁴) wurde wohl nur im Inlande selbst verarbeitet. Zur Färberei diente Kokkos, (die Scharlachbeere,) die ebenfalls unter den Produkten Attika's namentlich hervorgehoben wird.⁵) Die See gewährte Fische, unter denen besonders die Schollen von Eleusis, die Sardellen von Phaleron, die Seebarben von Aexonä erwähnt werden,⁶) aber schwerlich einen Ausfuhrartikel abgaben. Von den Bergen Attika's ferner lieferten nicht nur das Pentelikon und der Hymettus trefflichen Marmor zu Gebäuden und Sculpturen, sondern in der Umgegend von Laurium waren nicht unergiebige Silberbergwerke, über deren Benutzung schon oben geredet ist, und die theils dem Staate eine nicht unbedeutende Einnahme gewährten, theils den Erbpächtern eine Quelle des Wohlstandes wurden. Ueber die Art, wie die Marmorbrüche benutzt wurden, fehlt es uns an Nachrichten. Noch mag hier auch des Berggelbs gedacht werden, dessen die alten Maler sich bedienten, und welches ebenfalls in besonderer Güte aus Attika kam.⁷) — Ganz vorzüglich aber bildeten Erzeugnisse des Kunstfleifses die Ausfuhrartikel des attischen Handels.⁸) Die Arbeiten der Waffenschmiede und sonstige Metallarbeiten, goldene und silberne Geräthe und Schmucksachen, Thongefäfse von geschmackvoller Form und mit Figuren geziert, Kleidungsstücke und Webereien, Hausrath aller Art, und, in der Zeit einer schon regeren litterarischen Betriebsamkeit, auch Bücher wurden von hier aus in alle Theile der gebildeten Welt verführt. Auch ein Büchermarkt war in Athen zu finden, wo man nicht blofs Litteraturwerke, sondern auch Staatsschriften kaufen konnte.⁹) Die

---

1) Athenae. XIV, 19 p. 652. 2) Hüllmann, Handelsgesch. S. 23.
3) Becker, Charikl. II S. 265.
4) Athenae. VI, 60 p. 219. XII, 157 p. 540.
5) Plin. H. N. XXIV, 14.
6) Aristoph. Vögel v. 76. Pollux VI, 63. Athenae. VII p. 285.
7) Plin. XXXIII, 56.   8) Wolf zu Demosth. Leptin. p. 252.
9) Vgl. Aristoph. Vögel v. 1289. Becker, Charikl. II S. 113 ff. Bendixen, de primis qui Athenis extit. bibliopolis. Husum. 1845. Dazu Sengebusch,

Vorzüglichkeit der athenischen Manufacturwaaren ist wohl zum
grofsen Theil auch aus dem Umstande zu erklären, dafs die Arbeiter nicht blofs Sklaven, sondern auch freie Leute und selbst
Bürger waren. Sklavenarbeit ist in der Regel schlecht; an feinere
Geschicklichkeit und Erfindsamkeit ist bei ihr kaum zu denken.
Nur bei den freien Arbeitern belebt das Interesse den Eifer, und
wenn der Herr selbst mit den Sklaven zusammen arbeitet, geräth auch die Sklavenarbeit besser. So erklärt es sich wohl auch,
dafs wir keine Klagen über Beeinträchtigung der bürgerlichen
Arbeiter durch die blofs von Sklaven betriebenen Fabriken hören.
Die Fabrikarbeiten waren schlechter als die Arbeiten der Freien,
und machten daher diesen keine sonderlich gefährliche Concurrenz. Auch von zunftmäfsiger Gebundenheit des Handwerkerstandes finden sich durchaus keine irgend sicheren Spuren.[1]) —
Neben dieser Gewerbsthätigkeit aber war ein lebhafter und ausgebreiteter Schifffahrtsbetrieb, durch den nicht blofs einheimische
Waaren ins Ausland verführt, oder ausländische zum inländischen Bedürfnifs herbeigeschafft, sondern auch Zwischenhandel
zwischen auswärtigen Ländern vermittelt wurde: ein Geschäft,
bei dem sich die athenischen Bürger, nicht blofs die Schutzverwandten, zahlreich betheiligten, sei es als Schiffer, sei es als Kaufleute, sei es als Rheder. Unter den Schiffern verstehen wir
solche, die ein Schiff führen, entweder ein fremdes, für Lohn,
oder ein eigenes, das sie an Andere zum Transport von Waaren
vermiethen, und deren untergeordnete Gehülfen wohl meistentheils Sklaven waren. Gewöhnlich aber waren Schiffseigenthümer und Kaufleute dieselben Personen: das Schiff gehörte Einem
oder auch Mehreren gemeinschaftlich, die es befrachteten, und
von denen Einer selbst mitfuhr, um den Verkauf und Einkauf im
Auslande zu besorgen. Denn bei der Beschaffenheit der Handelsverhältnisse im Alterthum war dies nothwendig, da es keinen
Consignations- und Commissionshandel und keine Wechsel gab,
und man also Verkauf, Einkauf, Zahlungen persönlich betreiben
mufste. Unter den Rhedern endlich sind solche zu verstehen,
welche dem Kaufmann das erforderliche Geld darleihen, wofür
ihnen entweder das Schiff oder die Ladung oder Beides als Pfand
verschrieben wird.[2]) Da sie die Gefahr des möglichen Verlustes
trugen, so liehen sie nur zu hohen Zinsen ($\tau \acute{o} \varkappa o \varsigma \ \nu \alpha \upsilon \tau \iota \varkappa \acute{o} \varsigma$),

---

Diss. Homer. p. 194. Polle in Jahrb. f. Philol. 1868 S. 772. u. Büchsenschütz S. 572.
1) Vgl. Frohberger, de opificum ap. Gr. cond. (Grim. 1866) p. 26.
2) Hüllmann, Handelsgesch. S. 165 ff.

und Zwanzig bis Dreifsig Procent waren nicht ungewöhnlich, namentlich wenn das Geld nicht blofs für die Hinfahrt ($\dot{\varepsilon}\tau\varepsilon\varrho\acute{o}\pi\lambda o\iota\nu$), sondern auch für die Rückfahrt ($\dot{\alpha}\mu\varphi o\tau\varepsilon\varrho\acute{o}\pi\lambda o\iota\nu$) geliehen wurde. Die Contracte über solche Darlehen (Bodmereiverträge) enthielten der gröfseren Sicherheit wegen möglichst genaue Bestimmungen über die Orte, wohin das Schiff dirigirt werden sollte, und wenn das Darlehen auch für die Rückfahrt gegeben war, über die mitzubringende Ladung und ihren Werth. War das Darlehn nur für die Hinfahrt, so mufste es bei der Ankunft des Schiffes an seinem Bestimmungsorte zurückgezahlt werden, und wenn der Darleiher dort nicht etwa eine Commandite oder einen Geschäftsfreund hatte, der es für ihn in Empfang nehmen konnte, so reiste er auch selbst mit, und konnte dann möglicher Weise mit dem zurückgezahlten Gelde gleich wieder ein neues Geschäft machen. Die Höhe der Zinsen beweist aber nicht blofs die Gefahr des Geschäftes, sondern auch den grofsen Profit, den der Kaufmann im günstigen Falle machte, und ohne den er solche Zinsen zu zahlen nicht im Stande gewesen sein würde. Zur genauen Erfüllung des Contractes nöthigte ihn, aufser der gewöhnlich stipulirten Conventionalstrafe, auch die Strenge der Handelsgesetze, welche den Schuldner, der dem Gläubiger betrüglicher Weise das Pfand entzog, selbst mit Todesstrafe, den Säumigen mit Gefängnifs bedrohten, und dem Gläubiger gestatteten, sich nicht blofs an die Hypothek sondern an das gesammte Vermögen des Schuldners zu halten.[1]) Die Processe über Handelssachen genossen den Vorzug, dafs sie in Monatsfrist abgeurtelt werden mufsten, und fanden nur in den Wintermonaten statt, wenn die Schiffahrt ruhte, damit die Kaufleute nicht vom Betriebe ihres Gewerbes abgehalten würden.[2]) Aufserdem wurden diese begünstigt durch eine zwar nicht unbedingte, aber doch leicht gewährte Freiheit vom Kriegsdienst.[3]) Dafs aber der Handelsstand, so sehr man auch seine Nützlichkeit anerkannte, sonderlich geehrt worden sei, darf man nicht glauben. Unsere Quellen, ganz besonders die gerichtlichen Reden, zeigen uns, dafs Treue und Redlichkeit nicht eben allzuhäufig bei ihm gefunden worden sei, und dafs Wenige den Verführungen, die das Geschäft mit sich bringt, widerstanden haben. — Wegen ihrer Wichtigkeit für den Handel und Geldverkehr mufs hier auch der Trapeziten gedacht werden, d. h. der Banquiers, welche Geldgeschäfte im Grofsen betrieben,[4]) und

---

1) S. Böckh, Staatsh. I. S. 184—189.
2) Demosth. g. Apatur. p. 900, 3.   3) S. ob. S. 449 f.
4) Diejenigen, welche im Kleinen das Geschäft des Geldwechselns

zwar nicht blofs mit eigenem, sondern mit fremdem Gelde, indem sie Capitalien gegen mäfsige Zinsen aufnahmen und sie anderweitig zu gröfseren Zinsen wieder verliehen. Capitalisten, die sich mit der eigenen Verwaltung ihres Geldes nicht befassen wollten oder konnten, gaben es gerne einem Trapeziten, in dessen Redlichkeit sie Vertrauen setzten, gegen mäfsige Zinsen hin. Dieser konnte dann mit dem ihm anvertrauten Gelde Geschäfte zu eigenem Gewinne machen, während jene den Vortheil hatten, ihr Geld in jedem Augenblick, wo sie dessen bedurften, wieder erhalten zu können. Auch Zahlungen, die man zu machen hatte, wurden am bequemsten auf diese Weise vermittelt, dafs man die Summe im Buch des Trapeziten von dem eigenen Guthaben abschreiben, und demjenigen, an den man zu zahlen hatte, zuschreiben liefs; und indem der gröfste Theil des Geldverkehrs durch Trapeziten besorgt wurde, und sie als Geschäftsleute galten, auf deren Pünktlichkeit und Sorgfalt man sich verlassen könnte, so wurden ihnen auch Deposita, sei es Geld, sei es Documente, in Verwahrung gegeben und Rechtsgeschäfte vor ihnen als Zeugen abgeschlossen. Wir hören allerdings auch manche Klagen über Unredlichkeit und Wucher der Trapeziten, im Ganzen aber waren sie wohl nicht schlimmer, als die Natur des Geschäftes es mit sich brachte, welches für die Erleichterung des Geldverkehrs von wesentlichem Nutzen, oder vielmehr ganz unentbehrlich war.[1]) Soviel sich übrigens erkennen läfst, wurde dies Geschäft in Athen nicht von Bürgern, sondern nur von Schutzverwandten getrieben, von denen aber mehrere, die sich Anerkennung und Gunst erworben hatten, nachher das Bürgerrecht erhielten. — Schutzverwandte waren es auch gröfstentheils, die den Kleinhandel auf dem Markte oder sonst in Buden und Läden betrieben, und dafür eine Gewerbesteuer zahlten, wovon die Bürger, wenn sie sich mit demselben Gewerbe befafsten, frei waren. Dafs der Kleinhandel für ein gemeines und schmutziges Geschäft galt, ist bekannt genug, und die Alten, die es so ansahen, werden dazu wohl durch ihre Erfahrung berechtigt gewe-

---

gegen Aufgeld betrieben, hiefsen ἀργυραμοιβοί oder κολλυβισταί. Vgl. Pollux VII, 170. Ueber die Trapeziten vgl. Hüllmann, Handelsgesch. S. 165ff. Böckh, Staatsh. I S. 177. Büchsenschütz S. 500ff.

[1]) Eine Urkunde aus späterer Zeit, vielleicht erst nach Ol. 152, im C. Inscr. no. 123 und Böckh, Staatsh. II S. 356, erwähnt einer δημοσία τράπεζα, von der es nicht klar ist, ob es eine Staatsbank sei, oder ein Wechselcomptoir, mit dem der Staat amtlich oder vertragsmäfsig in Abrechnung und finanzieller Geschäftsverbindung stand, wie Hermann meint, zu Beckers Charikl. II S. 157. Vgl. auch Büchsenschütz S. 506.

sen sein. Man sollte sie deswegen nicht der Ungerechtigkeit beschuldigen, sondern zufrieden sein sich zu freuen, dafs es heutzutage nicht so ist. Dafs das Geschäft, wie es nothwendig und unentbehrlich ist, so auch ohne Unredlichkeit betrieben werden könne, wufsten die Alten ebensogut als wir; sonst würde eine verständige Gesetzgebung es den Bürgern ganz untersagt haben. Das hat aber die athenische Gesetzgebung nicht gethan, sondern selbst eine Injurienklage gegen denjenigen gestattet, der einem Bürger oder einer Bürgerin den Betrieb des Kleinhandels auf dem Markte zum Vorwurf machte.[1]) Also auch Bürgerinnen der ärmeren Classe befafsten sich mit diesem Gewerbe,[2]) und es sollte ihnen dasselbe nicht zur Unehre gereichen, natürlich insofern sie sich dabei nicht auf unehrenhafte Weise betrugen. Auf dem Markte scheint ein besonderer Platz, der Frauenmarkt ($\gamma \upsilon \nu \alpha \iota$-$\varkappa \varepsilon \iota \alpha$ $\dot{\alpha} \gamma o \varrho \dot{\alpha}$), bestimmt gewesen zu sein, wo die Händlerinnen mit ihren Waaren ausstanden.[3]) — Wenn indessen der Kleinhandel nur von einer geringen Zahl von Bürgern betrieben wurde, so war dagegen die Zahl derer, die sich von einem Handwerk ernährten, um so gröfser. Sokrates, wie Xenophon erzählt,[4]) sprach einem jungen Manne, der sich scheute, als Redner in der Volksversammlung aufzutreten, dadurch Muth ein, dafs er ihn erinnerte, wie die Versammlung ja doch meist nur aus ungebildeten Leuten bestehe, vor deren Urtheil er sich nicht zu scheuen habe. „Vor den Tuchscheerern", sagt er, „oder vor den Schustern, oder vor den Zimmerleuten, oder vor den Schmieden, oder vor den Handelsleuten, oder vor denen die auf dem Markte verkaufen und darauf ausgehn, was sie wohlfeil eingekauft, theuer wieder an den Mann zu bringen, wirst du dich wohl nicht fürchten. Aus lauter solchen Leuten besteht aber die Volksversammlung." Solon, lesen wir bei Plutarch,[5]) gab auch den Handwerkern die gebührende Ehre, das heifst er schlofs die Handwerker nicht von der Theilnahme an den wesentlichsten Rechten des Bürgerthums aus, wie es in oligarchischen Staaten der Fall war. Er wollte vielmehr, dafs die Aermeren auch zu solchem Erwerbe angehalten würden, und übertrug deswegen dem Areopag die Befugnifs, darauf zu sehen, wovon Jeder sich nährte, und ordnete die Klage des Müfsigganges gegen Arme an, die sich geschäftslos herumtrieben. Und in diesem Sinn läfst auch Thu-

---
1) Demosth. g. Eubulid. p. 1308.
2) Die Mutter des Euripides war eine Gemüsehändlerin.
3) Vgl. Beckers Charikl. II S. 151 f.
4) Memorab. III, 7, 6.   5) Solon. c. 22.

kydides[1]) den Perikles sagen, dafs in Athen nicht die Armuth, sondern das vielmehr für schimpflich geachtet werde, ihr nicht durch Arbeit zu entgehen. Aber weiter erstreckte sich doch die dem Arbeiterstande gebührende Ehre in der Schätzung auch der verständigsten alten Politiker nicht. Das Handwerk, dies war ihr allgemeines Urtheil, thue sowohl der körperlichen als der geistigen und moralischen Tüchtigkeit des Mannes Abbruch, und die kleinliche Sorge um den Erwerb vertrage sich nicht gut mit einer Bildung und Gesinnung, wie sie zur eigentlich staatsbürgerlichen Thätigkeit, zur Berathung über die wichtigsten Angelegenheiten des Gemeinwesens, zur einsichtigen und uneigennützigen Verwaltung der öffentlichen Aemter erforderlich sei. Und man wird ihnen darin wohl beistimmen können, ohne den Vorwurf oligarchischer Geringschätzung einer nützlichen und in ihrer Art durchaus ehrenwerthen Classe von Leuten befürchten zu dürfen. In den regierenden Volksversammlungen Athens aber fand sich, seitdem der Sold eingeführt war, regelmäfsig die in der Stadt und im Piräeus angehäufte Arbeiterclasse am zahlreichsten ein, während die auf dem Lande und in den Demen wohnenden Grundbesitzer sie spärlicher besuchten, und es ist kein Wunder, wenn die Beschlüsse solcher Volksversammlungen gar häufig einen beträchtlichen Mangel an Einsicht und Patriotismus, an Sinn und Gefühl für die wahre Würde und Ehre des Staates, desto häufiger aber Kurzsichtigkeit, Leichtsinn und Gleichgültigkeit verriethen. Man darf nur die Geschichte des Demosthenes und seines staatsmännischen Lebens verfolgen, um sich zu überzeugen, wie es damals mit jener souveränen Volksversammlung beschaffen war. Meist predigte er tauben Ohren, oder wenn man einmal auf ihn hörte, wurde doch der Erfolg seiner Rathschläge durch halbe und ungenügende Mafsregeln vereitelt. Endlich als die Gefahr so nah und so dringend war, dafs Niemand mehr die Augen dagegen verschliefsen konnte, gelang es ihm, das Volk zu einem männlichen Entschlufs, zum entscheidenden Kampfe für Freiheit und Ehre aufzurufen.

mm) Spätere Verhältnisse bis auf die Römerherrschaft.

Jener Kampf, zu dem die Athener sich auf Demosthenes' Ruf entschlossen, endigte zwar nicht glücklich, aber er sparte dem Staate, der einst der erste an Macht und Ehre gewesen,

---

1) II c. 40.

wenigstens die Schmach, sich feige und widerstandslos dem Mächtigern gebeugt zu haben. Demosthenes durfte sagen:[1] auch wenn der unglückliche Ausgang vorherzusehen gewesen wäre, dennoch hätten die Athener nicht anstehn dürfen seinen Rath zu befolgen: denn sie hätten gethan was edlen Männern geziemte, der Ausgang aber sei vom Schicksal über sie verhängt worden. Uebrigens waren die Folgen der Niederlage bei Chäronea, Dank der klugen Mäfsigung des Siegers, nicht so arg, als sie hätten sein können. Philipp bewies sich gegen die Athener weniger feindselig, als gegen ihre Kampfgenossen, seine früheren Freunde, die Thebaner: er sprach ihnen den Besitz von Oropus zu, welcher oft ein Gegenstand des Streites zwischen ihnen und den Thebanern gewesen war, und liefs ihnen auch die von attischen Kleruchen besetzte Insel Samos:[2] freilich nur einen kärglichen Ueberrest der einst so weit verbreiteten Meeresherrschaft. Im Innern des Staates ward nichts geändert: die Formen der Verfassung und Verwaltung blieben wie sie gewesen waren. Dagegen aber mufsten die Athener sich dazu verstehen, der Verbindung der übrigen griechischen Staaten unter Philipps Hegemonie zu dem beabsichtigten Kriege gegen Persien beizutreten, und sich verpflichten, ihr Contingent an Schiffen und Mannschaft zu stellen. Als nach Philipps Tode Manche den günstigen Augenblick gekommen glaubten, sich der makedonischen Uebermacht zu entledigen, ermunterte auch Demosthenes die Athener, gemeinschaftlich mit den Thebanern, wie vor wenigen Jahren bei Chäronea, den Kampf zu wagen; aber Theben unterlag bevor das athenische Hülfsheer sich in Bewegung gesetzt, und die Athener hatten die Rache Alexanders zu fürchten, der sich indessen begnügte sie in Furcht gesetzt zu haben, und übrigens in den Verhältnissen nichts änderte. Selbst auf der Auslieferung der ihm feindseligen Staatsmänner, des Demosthenes, Lykurgus und Anderer, bestand er nicht. Er sah ohne Zweifel ein, dafs bei der gegenwärtigen Stimmung Athens diese ihm nicht gefährlich werden könnten, da nicht blofs Demagogen wie Demades, dem sein persönliches Interesse allein galt, sondern auch Ehrenmänner wie Phokion, der weder die äufseren Mittel noch die moralische Kraft des Volkes einem Kampfe für die Freiheit mehr gewachsen glaubte, für die Erhaltung der Ruhe zu bürgen schienen. Auch

---
[1] R. f. d. Krone p. 204.
[2] Vgl. Antiqu. i. p. Gr. p. 355, 2. Auch für das Folgende darf ich meist nur auf die dort weiterhin angeführten Belegstellen verweisen.

blieb Athen ruhig solange Alexander lebte. Nach seinem Tode weckten noch einmal Demosthenes und ihm Gleichgesinnte die Erinnerungen früherer Zeiten, und die Athener unternahmen den Kampf gegen Antipater mit um so gröfserer Hoffnung, da es ihnen gelungen war, auch von den übrigen Griechen wenigstens einen grofsen Theil zum Aufstande gegen die Makedonier zu bewegen. Auch waren die ersten Erfolge günstig; da aber in der entscheidenden Schlacht bei Krannon in Thessalien die Makedonier siegten, verloren die Verbündeten den Muth und baten um Frieden, und so sah auch Athen sich genöthigt dasselbe zu thun. Antipater gewährte den Frieden nur unter harten Bedingungen: Auslieferung der Redner, welche den Krieg angestiftet, — unter ihnen Demosthenes, welcher flüchtend zu Kalauria sich der Gewalt des Siegers durch Gift entzog, — Aufnahme einer makedonischen Besatzung in Munychia, Zahlung einer bedeutenden Geldsumme, und Umwandelung der bisherigen Demokratie in eine timokratische Verfassung, welche einen Census von wenigstens zwanzig Minen zur Bedingung des Vollbürgerthums machte. Es fanden sich nur Neuntausend, die soviel besafsen: den übrigen, etwa Zwölftausend, wurde Auswanderung nach Thracien angeboten, wo ihnen Land angewiesen werden sollte, und Manche machten von dem Anerbieten Gebrauch. Die so geänderte Verfassung bestand solange Antipater an der Spitze der makedonischen Regierung stand. Nach seinem Tode, als zwischen seinem Sohne Kassander und dem die Vormundschaft für den schwachsinnigen König Philippus Arrhidäus führenden Polysperchon Streit um die Herrschaft ausbrach, und der letztere, um seine Partei zu verstärken, den griechischen Städten die Freiheit verhiefs und allen Verbannten die Rückkehr gewährte, erhob die zügellose Demokratie auf kurze Zeit wiederum ihr Haupt. Sie wurde aber bald wieder durch Kassander unterdrückt, und abermals Timokratie angeordnet, mit dem Minimum des Census von tausend Drachmen, worunter wahrscheinlich nicht das ganze Vermögen, sondern nur das $\tau i\mu\eta\mu\alpha$ (das Steuercapital oder das Einkommen) zu verstehen ist.[1]) An die Spitze des Staats wurde Demetrius von Phaleron gestellt, wahrscheinlich unter dem Titel eines Epimeleten oder Epistates, mit den ausgedehntesten Befugnissen gesetzgeberischer und executiver Gewalt, natürlich aber dem makedonischen Gewalthaber verantwortlich, der durch

---

1) Vgl. Th. Bergk in d. Jahrb. f. Philol. u. Pädag. Bd. LXV Hft. 4 S. 399.

das Besatzungscorps in der Munychia das Volk in Gehorsam hielt. Demetrius ist von den Alten auf sehr verschiedene Weise beurtheilt worden, je nachdem sie mehr die ersten Zeiten seiner Verwaltung und die von ihm getroffenen Einrichtungen, oder sein späteres Verhalten ins Auge gefafst haben. Was uns von seinen Einrichtungen überliefert worden ist, beweist unverkennbar, wie er Gesetzmäfsigkeit, Ordnung und gute Zucht im öffentlichen und im Privatleben herzustellen beabsichtigt habe. Er wird als dritter Gesetzgeber Athens nach Drakon und Solon bezeichnet,[1]) weil seine gesetzgeberische Thätigkeit in der That nicht gering war. Wir bemerken besonders die Einsetzung der Nomophylakes, einer Behörde, wie sie schon im perikleischen Zeitalter, nachdem der Areopag sein Oberaufsichtsrecht verloren hatte, zur Verhütung gesetzwidriger Handlungen im Rath und in der Volksversammlung angeordnet, aber bald wieder eingegangen war. Eine solche Behörde konnte auch jetzt, obgleich durch den erforderlichen Census von tausend Drachmen der grofse Haufe vom Regiment ausgeschlossen war, nicht überflüssig scheinen, und es war gewifs zweckmäfsiger, sie aus einigen wenigen Personen zusammenzusetzen, als etwa dem Areopag die Handhabung der Gesetze, wie sie ihm nach dem Sturze der Dreifsig wieder übertragen war, auch jetzt aufs Neue anzubefehlen, da die Erfahrung wohl gezeigt haben konnte, dafs dieser dazu nicht recht mehr geeignet sei. Näheres aber über die Nomophylakes des Demetrius, ihre Zahl, ihre Ernennungsart und die Ausdehnung ihrer Befugnisse wird uns nicht berichtet: nur dafs sich ihre Oberaufsicht nicht blofs auf die Verhandlungen im Rath und in der Volksversammlung, sondern auch auf die Amtsführung der Magistrate erstreckt habe, ist mit Gewifsheit anzunehmen. Gegen Regellosigkeiten im Privatleben erliefs Demetrius Aufwandsgesetze, und bestellte zur Handhabung derselben die Behörde der Gynäkonomen,[2]) welche, wie schon der Name zeigt, vorzüglich das Leben und die Sitten der Weiber zu beaufsichtigen, aber auch bei Gastereien, Hochzeitsschmäusen und dergleichen, in Gemeinschaft mit den Areopagiten darauf zu sehen hatten, dafs die Zahl der Gäste und der sonstige Aufwand das gesetzliche Mafs nicht überschritte. Auch ein Gesetz, welches die Schulen

---

1) Bei Georg. Syncell. Chronogr. g. 273. 63. Von einer ἀναγραφὴ νόμων, doch erst nach dem Sturz des Demetrius, zeugt eine Inschrift. S. Meier, Comm. epigr. no. 2. Rangabé II p. 103. Vgl. Bergk. in d. Zeitschr. f. d. A. W. 1853. S. 273.
2) Vgl. Böckh, üb. d. Plan d. Atthis des Philoch. S. 23 f.

der Sophisten unter die Aufsicht des Staates stellte, und verordnete, dafs dergleichen nur nach eingeholter Bewilligung des Rathes und Volkes sollten eröffnet werden können, gehört wahrscheinlich in die ersten Jahre der Verwaltung des Demetrius.[1]) Man erkennt in allen diesen Anordnungen die gleiche Tendenz, der öffentlichen Zucht und Sitte aufzuhelfen, und wenn dem Demetrius der Vorwurf gemacht worden ist, dafs er doch nur einen todten Mechanismus statt eines lebendigen Staatslebens, wie es ehemals gewesen, eingeführt habe, so scheint dieser Vorwurf vorauszusetzen, dafs ihm auch wohl ein Mehreres möglich, dafs er im Stande gewesen sein würde, den Staat umzuschaffen. Billiger ist es zu sagen, dafs Demetrius that was er allein thun konnte. Auch hinsichtlich des materiellen Wohlstandes mufs sich Athen unter ihm nicht schlecht befunden haben. Die Bevölkerung belief sich im achten Jahre seiner Verwaltung, Ol. 117, 4, v. Chr. 309, auf 21000 Bürger, 10000 Schutzverwandte, 400000 Sklaven, was auf eine Gesammtzahl von etwa 555000 Seelen deutet, die Staatseinkünfte stiegen auf die Summe von 1200 Talenten, und es wird bezeugt, dafs er vieles zur Stiftung nützlicher Anstalten verwendet habe. Aber leider blieb er sich nicht gleich. Die Macht, die er in Händen hatte, die Schmeichler, die sich an ihn drängten, die Verlockungen zu den Schlechtigkeiten wie sie damals an der Tagesordnung waren, verdarben ihn, und bewiesen, dafs es ihm, bei aller theoretischen Bildung, doch an wahrhaft sittlicher Kraft und Gediegenheit des Charakters fehlte. Aus dem frugalen Gelehrten, der er früher gewesen war, wurde bald ein ausschweifender Wüstling, der die Gesetze, die er selbst gegeben hatte, schamlos übertrat, und die Einkünfte des Staates, anstatt sie zum gemeinen Besten zu verwenden, grofstentheils für seine Lüste verschwendete, und daher am Ende den allgemeinen Unwillen in desto gröfserem Mafse auf sich lud, als er früher übermäfsig geehrt worden war. Seine Verwaltung dauerte übrigens zehn Jahre, und die Verfassung des Staats unter ihm wird bald als Tyrannis bezeichnet, weil ein Einzelner, nur durch die makedonische Macht getragen, an der Spitze der gesammten Regierung stand, bald als Demokratie, weil die Formen noch die einer, wenn auch timokratisch temperirten, Volksherrschaft waren, bald endlich als Oligarchie, weil natürlich, trotz jener demokratischen Formen, doch zu Aemtern und Einflufs nur die kleine Zahl derer gelangte, die dem Regenten genehm

---

1) Vgl. Schmidt, de Theophrasto rhetore, Hal. 1839, p. 9. 10.

waren. Auch er selbst bekleidete einmal des Amt des Archon, Ol. 117, 4, dem zweiten vor seinem Sturze, als schon längst jene Umwandelung zum Schlechten mit ihm vorgegangen war, weshalb man nachher sein Amtsjahr das Jahr der Anomie, d. h. der Gesetzlosigkeit nannte. Gestürzt aber wurde er in Folge des von Antigonus gegen Kassander im Jahre 307 unternommenen Krieges, als der Sohn des Antigonus, Demetrius der Poliorket, mit seiner Flotte sich des Piräeus bemächtigte und die von den Makedoniern besetzte Munychia belagerte. Der Phalereer capitulirte und erhielt freien Abzug, die Munychia wurde erstürmt, und der Poliorket zog als Sieger in die Stadt ein, die ihn als Befreier, wie er sich angekündigt hatte, mit dem ausschweifendsten Jubel begrüfste, und sich in Ehrenbezeugungen und Schmeicheleien überbot, welche einzeln zu erzählen widerwärtig ist. Ich begnüge mich nur zweier damals beliebter Einrichtungen zu erwähnen, weil sie einigen Zusammenhang mit der Verfassung haben. Erstens nämlich wurde die bisherige Zahl der Phylen um zwei vermehrt, so dafs fortan ihrer zwölf waren: die beiden neuen wurden, nach den Namen des Befreiers und seines Vaters, Antigonis und Demetrias genannt, und ihnen der Platz vor den zehn alten Phylen gegeben. Damit war natürlich auch eine neue Vertheilung der Demen verbunden, deren Zahl damals ohne Zweifel schon bedeutend über die anfängliche Normalzahl, zehn in jeder Phyle, hinausging; sodann eine Vermehrung des Rathes von Fünfhundert auf Sechshundert, und Anordnung von zwölf einmonatlichen Prytanien statt der früheren zehn zu fünfunddreifsig oder sechsunddreifsig Tagen, und wahrscheinlich auch eine Vermehrung mancher Beamtencollegien der vermehrten Phylenzahl gemäfs. Die zweite zu Ehren der Befreier getroffene Einrichtung ist die Einsetzung göttlicher Ehren für sie als rettende Götter, und Ernennung eines jährlich durch Cheirotonie zu wählenden Priesters derselben, was denn freilich nach wenigen Jahren, als die Stimmung der Athener gegen Demetrius umgeschlagen war, auch wieder abgestellt wurde.[1])

Demetrius ward bald durch die Kriegsereignisse genöthigt Athen zu verlassen; sein Gegner, Kassander, drang mit seinem Heere in Griechenland vor bis nach Attika, und belagerte die Stadt, die sich indessen hielt, bis der zurückkehrende Demetrius

---

1) Die Angabe Plutarchs, Demetr. c. 10, dafs der Priester der Soteren an die Stelle des ersten Archon getreten und demgemäfs auch Eponymos des Jahres geworden sei, beruht auf einem Irrthum, wie Kirchhoff im Hermes II S. 161—173 überzeugend nachgewiesen hat.

(im Jahre 302) ihn zum Rückzuge nöthigte. Noch ärger als vorher überboten sich jetzt die Athener in den mafslosesten und niedrigsten Schmeicheleien gegen ihren Befreier, so dafs man sich nicht wundern darf, wenn dieser sich solchen Menschen gegenüber alles mögliche für erlaubt hielt, und seiner sinnlichen Natur ungehemmt folgend sich allen Ausschweifungen mit einer Rücksichtslosigkeit ergab, die ihm nothwendig am Ende die Stimmung jener Menschen selbst, die ihn durch ihre Schmeicheleien gleichsam berauscht hatten, entfremden mufste. Als ihn späterhin der Krieg nach Asien zum Antigonus rief, und beide hier die schwere Niederlage bei Ipsus erlitten, sagten die Athener sich von ihm los, und erklärten, als er mit seinen Schiffen sich ihren Küsten näherte, sie hätten beschlossen, fortan keinen der Könige mehr bei sich aufzunehmen. Wenn sie aber sich mit der Hoffnung schmeichelten, nun wirklich auch im Stande zu sein, ihre Freiheit zu behaupten, sahen sie sich gar bald enttäuscht, und während sie nur dem zwischen den Königen wechselnden Kriegsglück es zu verdanken hatten, dafs sie einige Jahre hindurch keinem von diesen zur Beute wurden, geriethen sie unter die Zwingherrschaft eines ihrer eigenen Mitbürger, eines gewissen Lachares, der, ungewifs durch welche Mittel, wahrscheinlich aber nicht ohne Unterstützung von makedonischer Seite, sich zum Tyrannen aufwarf. Er wird unter die schlimmsten gezählt, deren Andenken die Geschichte gebrandmarkt hat. Seine Tyrannis machte die Athener geneigter, sich dem Demetrius zuzuwenden, als dieser wieder mit einer Flotte und einem Landheer anrückte. Der Piräeus ergab sich ihm ohne Kampf; in der Stadt leistete Lachares hartnäckigen Widerstand, wurde aber endlich genöthigt sein Heil in der Flucht zu suchen, und das Volk öffnete dem Demetrius die Thore, der sich grofsmüthiger zeigte, als man erwartet hatte. Er begnügte sich, in den Piräeus und die Munychia, später auch in das Museum, einen Hügel innerhalb der Stadt selbst, eine Besatzung zu legen, um sich vor künftigem Abfall zu sichern, übte aber weiter keine Härte, legte keine Strafe auf, liefs die Verfassung bestehen wie sie war, besetzte die Aemter mit Leuten, die dem Volke am willkommensten waren, und schenkte endlich selbst, da man grofsen Mangel an Lebensmitteln litt, hunderttausend Medimnen Getraide. In dieser Abhängigkeit von dem mildgesinnten Herrscher blieb Athen eine Reihe von Jahren, bis Demetrius, den sein wechselvolles Schicksal bald nachher auf den Thron von Makedonien erhoben hatte, diesen an den Epiroten Pyrrhus verlor. Dies machte den Athenern Muth gegen ihn aufzustehn: die Besatzungen des Museums, des Piräeus und der Munychia wurden genöthigt zu capituliren, und das Volk erfreute sich nun wieder einer prekären Freiheit, wie sie unter den damaligen Verhältnissen allein möglich war. Von den inneren Zuständen in dieser Zeit ist wenig zu berichten: nur das hören wir, dafs Demochares, ein Schwestersohn des Demosthenes, unter den damaligen Staatsmännern der angesehenste gewesen sei, und sich seines grofsen Oheims nicht unwürdig bewiesen habe. In den nächsten Jahren aber sahen die Athener sich wieder durch Antigonus, den Sohn des Demetrius, genöthigt, eine Besatzung in das Museum aufzunehmen. Auch Salamis sowie die Munychia und der Piräeus wurden von Truppen des Antigonus besetzt, und die Befehlshaber dieser sind es wohl, die uns als Tyrannen dieser Orte genannt werden, Hierokles, Glaukus, Lykinus. Die Besatzung der Munychia wurde später (im Jahre 255) zurückgezogen: wie abhängig aber Athen sich von dem makedonischen Könige fühlte, beweist hinlänglich der Umstand, dafs es die Versuche des Aratus gegen die Makedonier nicht nur nicht unterstützte, sondern selbst auf die falsche Nachricht, dafs Aratus gefallen sei, ein Freudenfest anstellte und sich bekränzte. Erst nach dem Tode des zweiten Demetrius, im Jahre 229, der einen unmündigen Nachfolger hinterliefs, hielten sie die Umstände für günstig genug, um den Versuch der Befreiung zu unternehmen, und wandten sich deswegen an den Aratus, dem es auch wirklich gelang, den Befehlshaber der makedonischen Besatzung, der sich vielleicht nicht stark genug fühlen mochte, es auf einen Kampf ankommen zu lassen, vielleicht auch durch Geld bestochen wurde, zum Abzuge zu bewegen. Seit dieser Zeit behielt Athen seine Freiheit, soweit damals ein griechischer Staat frei sein konnte, und suchte sich diese Freiheit durch eine strenge Neutralität zu bewahren, indem es weder dem achäischen noch dem ätolischen Bunde beitrat, und gegen neue Unterjochung durch die Makedonier sich unter die schützende Freundschaft der ägyptischen Könige stellte. Damals wurden auch die Namen der beiden neuen unter dem Poliorketen.Demetrius errichteten Phylen, die bis dahin noch beibehalten waren, mit anderen vertauscht, und zwar bekam die Demetrias den Namen Ptolemais nach dem Ptolemäus Philadelphus, etwa um 266, die Antigonis aber hiefs fortan die neue Erechtheis, bis zum J. 200, wo sie den Namen Attalis bekam,[1]) zu Ehren des Königs

---

[1]) Die dunkle und von Verschiedenen auf verschiedene Weise behan-

Attalus von Pergamus, als dieser, der Bundesgenosse der Römer gegen den makedonischen König Philippus, selbst nach Athen gekommen war. Seit dieser Zeit hielten die Athener sich treu zu Rom, und dies war in der That auch das Beste, was sie thun konnten. Sie begriffen, dafs die Zeit der politischen Bedeutung für sie wie für das übrige Griechenland vorüber sei, und statt ferner in den Welthändeln eine eigene Rolle spielen zu wollen, wie die Achäer oder die Aetolier, begnügten sie sich, ihre inneren Angelegenheiten ersprießlich zu verwalten, worin die Römer ihnen nicht hinderlich, sondern eher förderlich waren. Die damals in Rom erwachende Neigung für griechische Wissenschaft und Kunst machte, dafs die Sympathien aller gebildeten Römer vorzugsweise Athen galten, wo alle diese Wissenschaft und Kunst entweder entstanden war oder geblüht hatte, und wo sie auch jetzt noch in der Weise gepflegt wurde, wie es in dieser nicht mehr zum Produciren, sondern nur zum Bewahren und Geniefsen geeigneten Lebensperiode noch möglich war. Athen blieb lange Zeit hindurch die Schule, in welcher die Jugend der römischen Welt ihre philosophische und rhetorische Bildung suchte, und die Stadt that Alles, um sich als ein geeigneter Sitz der Studien, als schicklicher Sammelplatz einer zahlreichen studirenden Jugend zu behaupten. Aber damit ist auch ihre Bedeutung vollständig erschöpft, und eine specielle Betrachtung ihrer Verfassung und Verwaltung würde kein allgemeines Interesse mehr erwecken, auch wenn es möglich wäre, mehr als einzelne und zerstreute Notizen darüber zu geben.

---

delte Frage nach den Namenwechseln der neuen Phylen genauer zu besprechen ist hier ganz unthunlich. Ich darf mich begnügen auf Dittenberger im Hermes II S. 287 f. zu verweisen.

ANHANG.

Zu S. 97. Ein Kritiker hat mir vorgeworfen, dafs ich die griechischen Verhältnisse zu sehr aus dem Standpunkte des modernen Staates beurtheilt habe; gleich darauf aber mich getadelt, dafs ich nach Plato und Aristoteles den Mafsstab des idealen Staates an die griechischen Verfassungen lege. Damit scheint er mir den ersten Vorwurf selbst zurückzunehmen; denn dafs der Mafsstab des idealen Staates und der Standpunkt des modernen Staates wesentlich übereinstimmen, kann doch wohl seine Meinung nicht sein. Ich denke der Vorwurf des modernen Standpunktes ist hier, wie sonst häufig, nur eine wohlfeile Redensart, deren sich Recensenten bedienen, wenn sie in Ermangelung besserer Gründe sich doch den Schein des Besserwissens geben wollen.

Zu S. 235. Nach einer von H. Peter im N. Rhein. Mus. XXII (1867) S. 65 vorgetragenen Coniectur soll die angebliche Rhetra $\mu\dot{\eta}$ $\chi\varrho\tilde{\eta}\sigma\vartheta\alpha\iota$ $\nu\acute{o}\mu o\iota\varsigma$ $\dot{\epsilon}\gamma\gamma\varrho\acute{\alpha}\varphi o\iota\varsigma$ blofs einem Schreibfehler ihre Entstehung verdanken, und in der Wirklichkeit vielmehr das Gegentheil, $\mu\dot{\eta}$ $\chi\varrho\tilde{\eta}\sigma\vartheta\alpha\iota$ $\nu\acute{o}\mu o\iota\varsigma$ $\dot{\alpha}\gamma\varrho\acute{\alpha}\varphi o\iota\varsigma$ verordnet worden sein, nämlich zu einer Zeit, als sich gegen die blos mündliche Ueberlieferung des Rechtes, welches im Besitz einer mächtigen Minderheit von dieser nach Gefallen gehandhabt wurde, eine Opposition erhob und das Verlangen stellte, dafs durch schriftliche Aufzeichnung des Rechtes jener Willkür ein Ziel gesetzt würde. Die Möglichkeit einer solchen Opposition ist allerdings wohl denkbar; sehr wenig glaublich aber ist es, dafs Plutarch, oder der Autor, dem er folgte, nichts davon gewufst haben sollte: denn sonst hätte ihm die Entdeckung des Schreibfehlers unmöglich entgehen können. — Uebrigens wenn Plutarch hier (c. 13) und anderswo (Ages. c. 26. de esu carn. II, 2) $\tau\grave{\alpha}\varsigma$ $\kappa\alpha\lambda o\upsilon\mu\acute{\epsilon}\nu\alpha\varsigma$ $\tau\varrho\epsilon\tilde{\iota}\varsigma$ $\dot{\varrho}\dot{\eta}\tau\varrho\alpha\varsigma$ nennt, so ist unmöglich zu glauben, dafs man überhaupt nur von drei lykurgischen Rhetren gewufst habe, sondern es ist anzunehmen, dafs sich die Bezeichnung auf irgend ein bekanntes schriftstellerisches Product beziehe, in welchem drei Rhetren behandelt waren.

Zu S. 237. Die Abstammung beider spartanischer Königshäuser vom Herakles galt bei den Spartanern selbst und bei allen übrigen Griechen, soviel wir darüber hören können, als völlig unzweifelhaft, und ebensowenig wurde daran gezweifelt, dafs der Ahn dieses heraklidischen Geschlechtes Hyllos sei, der Sohn des Herakles, nach welchem auch eine der drei alten dorischen Phylen den Namen Ὑλλεῖς führte, und welcher nach der Sage von dem dorischen Könige Aigimios an Kindesstatt angenommen sein sollte.

Der Sinn dieser Sage kann wohl kein anderer sein, als dafs einst ein Stamm dieses Namens, dessen Führer sich heraklidischer Abstammung rühmte, sich mit den Doriern vereinigt habe; und wenn nun die späteren Führer der Dorier sämmtlich für Herakliden angesehen wurden, so kann damit wohl nichts anders gemeint sein, als dafs sie alle aus jenem mit den Doriern des Aigimios vereinigten Stamme der Hylleer, dessen Häupter für Herakliden galten, angehört haben, dieser Stamm also an die Spitze der Dorier getreten sei. Auf welche Weise dies geschehen sein möge, ist freilich nicht anzugeben; was vom Tode der beiden Söhne des Aigimios gesagt wird (Apollod. II, 8, 3, 5), ist selbstverständlich ohne Werth; aber unglaublich ist doch eine solche Erhebung des zugewanderten Hylleerstammes über die alten Dorier und ihre Verschmelzung mit ihnen keinesweges zu nennen, zumal wenn zwischen beiden keine wesentliche Stammesverschiedenheiten stattfanden. Was es nun aber mit dem Heraklidenthum der Hylleischen Führer eigentlich für eine Bewandtnifs habe, ist mit Sicherheit unmöglich zu ermitteln; nur soviel ist unbedenklich anzunehmen, dafs sie als Nachkömmlinge eines alten Heros angesehen seien, auf welchen der Name Herakles übertragen worden, und den man dann für nicht verschieden von dem sagenberühmten Sohn des Zeus und der Alkmene hielt. Immerhin mögen wir diese Vermischung zweier ursprünglich gewifs verschiedener mythischer Personen verwerflich finden; dafs sie wirklich vorgegangen sei, bleibt nichts desto weniger gewifs, und ebenso gewifs ist es, dafs auch die Spartaner ihre Könige, und diese Könige selber sich als Nachkömmlinge jenes berühmten Herakles angesehen haben, welcher seiner menschlichen Herkunft nach dem achäischen Stamme angehörte. In diesem Sinne haben denn auch frühere Forscher die oben S. 219 Anm. 4 angeführte Antwort des Königs Kleomenes gedeutet, dafs er nämlich sich einen Achäer genannt habe als Nachkömmling des achäischen Herakles. Die neuere Kritik hat aber diese Antwort anders gedeutet und dem Kleomenes eine mit dem allgemeinen Glauben des Alterthums in Widerspruch stehende, aber richtige Einsicht in das wahre Sachverhältnifs zugeschrieben, die man jetzt wiedergewonnen zu haben glaubt. Nämlich die oben S. 203. 4 nach Anleitung der Alten gegebene Darstellung der dorischen Eroberung und der dadurch herbeigeführten Zustände in Lakonien wird als unzulässig verworfen, und dafür eine andere vorgetragen, deren wesentlicher Inhalt folgender ist. Zur Zeit der dorischen Einwanderung, also wohl auch in Folge dieser, wurde das bisher über Lakonien herrschende Pelopidengeschlecht gestürzt, und die von diesem abhängig gewesenen Vasallen wurden nicht den dorischen Fürsten untergeordnet, sondern selbstständige Herrscher, schlossen aber mit den eingewanderten Doriern Verträge, räumten ihnen Landbesitz ein und erhielten dafür Anerkennung ihrer Fürstenrechte und Unterstützung von ihnen. Unter sich aber waren diese Fürsten keinesweges einig; sie befehdeten sich vielmehr vielfältig unter einander, bis es endlich zweien derselben gelang, sich über alle übrigen zu erheben. Diese beiden trafen dann eine friedliche Vereinbarung unter sich, in Folge welcher sie die Dorier aus ihrer bisherigen Zerstreuung sammelten und als Militärcolonie neu organisirten, mit neuer Gliederung, neuer Zählung und neuer Landanweisung. So ist es gekommen, dafs von jetzt an zwei Fürstenhäuser an der Spitze des vereinigten Staates standen, die beide weder von dorischer noch von hylleischer oder heraklidischer Abkunft waren, sondern aus den altachäischen schon vor der dorischen Wanderung in Lakonien herrschenden Fürstengeschlechtern stammten. — Dafs ein solcher

Verlauf der Dinge sich wohl als möglich denken lasse, wird Niemand in
Abrede stellen; nur das dürfte sich bezweifeln lassen, ob nicht auch die
bisher geltende und auf den Angaben der Alten gegründete Ansicht ebenso
möglich sei, und ob wirklich überwiegende Gründe uns nöthigen, ihr jene
andere vorzuziehn. Wir sind freilich bei Behandlung der griechischen Geschichte, namentlich so früher Zeiten, sehr oft versucht oder genöthigt uns
der lückenhaften oder unglaublichen Ueberlieferung gegenüber theils skeptisch theils combinatorisch zu verhalten und die Lücken durch Vermuthungen auszufüllen, und eine Geschichtschreibung, die darauf ausgeht, ein
lebendiges und anschauliches Bild zu geben, kann gar nicht umhin, auch
etwas Dichtung zu Hülfe zu nehmen. Ob aber in dem vorliegenden Falle
die Dichtung geboten gewesen sei, möchte ich mir zu bezweifeln erlauben.

Etwas weniger entfernt sich von der Ueberlieferung die Ansicht eines
andern scharfsinnigen und gründlichen Forschers, indem er wenigstens das
eine der beiden Königshäuser, das der Eurypontiden, als ein heraklidisches
und mit den erobernden Doriern ins Land gekommenes gelten läfst, und
nur das andere, das der Agiden, für ein vordorisches angesehen wissen
will, welches schon vor der dorischen Eroberung im Lande geherrscht und
sich dann später mit jenem zur gemeinschaftlichen Regierung verbunden
habe. Als Hauptstütze dieser Ansicht dient eine bisher ziemlich unbeachtet
gebliebene Stelle Polyän's, 1, 10, wo eines Krieges der Herakliden Prokles
und Temenos gegen die Eurysthiden, welche Sparta besafsen, gedacht wird.
Dafs unter den Eurysthiden keine andern als die Eurystheniden zu verstehen seien, wird man wohl kaum in Abrede stellen dürfen. Demnach
mufs man also auch annehmen, dafs ein Eurysthenidisches Fürstenhaus,
d. h. das Haus, welches herkömmlich vielmehr den Namen der Agiden führt,
bereits zur Zeit der dorischen Einwanderung in Sparta geherrscht habe
und von den Doriern bekriegt sei. Dies könne natürlich nur als ein altachäisches betrachtet werden, und hieraus erkläre sich denn auch, wie der
diesem Hause angehörige König Kleomenes sich einen Achäer genannt habe.
Dafs er dabei nicht, wie man bisher angenommen, an Abstammung von dem
achäischen Heros gedacht haben könne, werde schon deswegen wahrscheinlich, weil ja die Hylleer, die sich von Hyllos, dem Heraklessohne, ableiteten, eine dorische Phyle gewesen, was sich theils aus Pindar ergebe,
welcher Pyth. V, 68 die Dorier ἀλκάεντας Ἡρακλέος ἐκγόνους Αἰγιμίου
τε nenne, theils aus Tyrtäos, welcher die gesammten Spartaner als Ἡρακλῆος γένος anrede. Denn hieraus erhelle, dafs man zu Tyrtäos Zeit die
heraklidischen Herrscher nicht vom dorischen Volke unterschieden, vielmehr sie ebenfalls dem dorischen Stamme zugerechnet habe, und dafs also
auch der König Kloomenes, wenn er kein Dorier, sondern ein Achäer zu
sein behauptete, dabei nur an eine nicht heraklidische sondern altachäische
Herkunft des Agidenhauses habe denken können. — Wir sehen also, auch
hier wird dem Kleomenes eine Ansicht oder Einsicht in die Abstammung
seines Hauses zugeschrieben, welche mit der erweislich sonst allgemein
angenommenen in Widerspruch steht. Auch der Bruder des Kleomenes,
Dorieus, mufs sich dieser allgemein angenommenen Ansicht angeschlossen,
also nicht an seiner heraklidischen Herkunft gezweifelt haben, wenn er,
nach Herodot. V, 43, seine Ansprüche auf einen Besitz in Sicilien hierauf
gründete, wie denn auch das Delphische Orakel nicht blofs diesem einen
ermunternden Bescheid gab, sondern auch späterhin einen aus eben diesem
Agiden- oder Eurysthenidenhause stammenden König Pleistonax ausdrücklich als Διὸς υἱοῦ ἡμιθέου σπέρμα bezeichnete. Thucyd. V, 16. Deswegen

möchte denn auch gegen die dem Kleomenes zugeschriebene angeblich richtigere Einsicht einiger Zweifel erhoben werden dürfen. Auch die angeführte Stelle Pindars kann ich nicht als beweisend für diese Ansicht oder Einsicht gelten lassen: sie kann vielmehr eher als Beweis gelten, daſs auch er die Herakliden von den Nachkommen des Aigimios habe unterscheiden, also sie als Nichtdorier bezeichnen wollen, wie anderswo, Pyth. I, 62, Παμφύλου καὶ μὰν Ἡρακλειδᾶν ἔκγονοι unterschieden werden. Auch darin, daſs Tyrtäus, indem er die Spartaner zur Tapferkeit ermuntert, sie Ἡρακλῆος γένος nennt, liegt keinesweges, daſs er sie alle für eines und desselben Stammes gehalten und also keinen Unterschied zwischen heraklidischen und nicht heraklidischen sondern dorischen Spartiaten anerkannt habe, sondern es liegt nur dies darin, daſs er die Spartaner ein dem Herakles angehöriges Geschlecht nennt, weil ihre Fürsten heraklidischen Blutes waren; und das durfte er als Dichter doch wohl thun mit demselben Rechte, wie z. B. Oedipus beim Sophokles die Thebaner als Κάδμου τοῦ πάλαι νέα τροφή anredet, bei Aeschylus das thebanische Heer στρατός Καδμογενής heiſst, und vielfältig die Athener Erechthiden oder Theseiden genannt werden.

Ueber die Stelle Polyän's, die Hauptstütze der neuen Ansicht, will ich zunächst nur erwähnen, wie sich frühere Forscher zu ihr verhalten haben. Manso, Spart. I, 2 S. 169, meint, daſs Ὀρεστίδαις, nicht Εὐρυσθείδαις, gelesen werden müsse, leuchte von selbst ein; Clinton, Fast. Hell. I p. 333 erinnert an die beständigen Streitigkeiten, die, nach Herod. VI, 52 extr., zwischen den beiden Brüdern Prokles und Eurysthenes stattgefunden haben sollen, und denkt also, daſs der von Polyän erwähnte Vorfall bei einem solchen Streite, in welchem Temenos dem Prokles gegen den Eurysthenes beigestanden, sich ereignet habe. Müller endlich erwähnt der Stelle nur beiläufig in einer Anmerkung, Dor. I S. 58, mit den Worten: „Nur Polyän I, 10 nennt Eurystheiden in Sparta zur Zeit der Einwanderung," wobei er denn unter den Eurystheiden ohne Zweifel an Nachkommen des Persidischen Herrschers von Mykene gedacht hat, dem einst auch Lakonien unterworfen gewesen. Ich meines Theils will mich mit der Bemerkung begnügen, daſs man dem Polyän, einem der geistlosesten und stümperhaftesten Compilatoren, die es giebt, schwerlich Unrecht thut, wenn man ihm irgend ein Miſsverständniſs oder eine Confusion zutraut, zumal bei einer Erzählung wie die vorliegende, wobei es ihm lediglich auf die Notiz ankam, woher es gekommen, daſs die Spartaner sich bei ihren Angriffen im Kriege der Flötenmusik bedienten. Wenigstens dürfte es nicht unerlaubt sein, lieber an irgend eine Dummheit des Compilators zu glauben, als daran, daſs gerade ihm durch einen besonderen Glücksfall eine Quelle zugänglich gewesen, in welcher sich eine von allen andern Berichten abweichende, aber allein richtige Darstellung der bei der Eroberung Lakoniens stattfindenden Verhältnisse befunden habe. — Vielleicht aber giebt es doch noch eine andere Spur einer mit der herkömmlichen Ansicht in Widerspruch stehenden Darstellung. Die Eusebische Chronik nennt ja einen König Eurystheus in Lakonien schon vor der heraklidischen Einwanderung, und läſst dann erst mehrere Jahre später Sparta vom Eurystheus und Prokles in Besitz nehmen. Ob diese Spur aber wirklich als eine zuverlässige anzusehen sei, dürfte sich doch auch wohl noch bezweifeln lassen. Möglich ist es doch auch, daſs wir hier nur verschiedene chronologische Angaben über die Anfänge der Lakonischen Geschichte und den Heraklidenzug unkritisch zusammengestellt vor uns haben; und wenn ich mich noch nicht habe entschliefsen können, um dieser Chronik oder um Polyän's willen die sonst allgemein herrschende Ansicht entschieden als verwerflich zu betrachten, so hoffe ich wenigstens darum nicht allzusehr gescholten zu werden. — Dafs aber die beiden Königshäuser nicht nach den angeblichen Zwillingsbrüdern Eurysthenes und Prokles, den Söhnen des Herakliden Aristodemos, genannt wurden, sondern nach Agis und Eurypon, darf schwerlich als ein Beweis dafür geltend gemacht werden, dafs im Alterthum selbst ihre heraklidische Abkunft nicht als zweifellos anerkannt gewesen sei. Wahrscheinlich geschah es deswegen, weil die beglaubigten oder als beglaubigt geltenden Verzeichnisse der Könige nicht höher als bis zu Agis und Eurypon hinaufreichten, deren Regierung in den Anfang des 11. Jahrhunderts fiel, zwischen diesen aber und den ersten Königen Eurysthenes und Prokles eine Lücke war, gröfser oder kleiner, je nachdem man die Heraklidenwanderung früher oder später ansetzte. Denn dafs hierüber die Chronologen sehr verschiedener Ansicht waren, ist bekannt.

S. 246 Anm. 3. Ob die Stelle Herodot's richtig verstanden gar nicht die von Thucydides als irrig gerügte Behauptung enthalte, wie Einige meinen, unter ihnen auch Curtius I S. 614 n. 16, kann hier füglich unerörtert gelassen werden. Wenn aber Curtius S. 167 die Vermuthung vorträgt, dafs niemals nur einer der beiden Könige in der Gerusia gesessen, sondern immer beide entweder anwesend oder abwesend gewesen seien, so kommt mir das sehr unwahrscheinlich vor. Es würde daraus folgen, dafs sooft einer der Könige etwa als Heerführer abwesend war, während der ganzen Zeit seiner Abwesenheit, die oft ziemlich lange dauern konnte, der andere von der Theilnahme an den Sitzungen der Gerusia ausgeschlossen gewesen sei.

S. 256. Dafs sich für ein anlautendes Digamma in dem Wortstamme, zu welchem ich $\varphi\iota\delta\iota\tau\iota\alpha$ oder $\varphi\epsilon\delta\iota\tau\iota\alpha$ ziehe — denn für $\varphi\epsilon\delta\iota\tau\iota\alpha$ spricht $\dot{\alpha}\varphi\epsilon\dot{\iota}\delta\iota\tau o \varsigma$ bei Hesych. — keine anderweitigen ausdrücklichen Beweise beibringen lassen, weifs ich sehr wohl; indessen halte ich es darum keineswegs für eine allzukühne und geradezu verwerfliche Vermuthung, dafs in dieser oder jener localen Mundart auch Wörter dieses Stammes digammirt gewesen seien. Auch der Stamm $\dot{\epsilon}\delta$ ($\ddot{\iota}\delta\omega$, $\ddot{\iota}\sigma\vartheta\omega$, $\dot{\iota}\sigma\vartheta\iota\omega$), von welchem Andere $\varphi\epsilon\delta\iota\tau\iota\alpha$ ableiten, welche Ableitung Hermann Staatsalth. §. 28, 1 feststehend nennt, zeigt ja, nach Curt. Etym. S. 511 sonst keine Spur des labialen Anlautes. Wenn aber nach dem Etym. M. p. 195, 53 die Hermionenser eine Bildsäule ($\ddot{\alpha}\gamma\alpha\lambda\mu\alpha$) auch $\beta\epsilon\ddot{\upsilon}\delta o \varsigma$ nannten, so wird man doch wohl kaum umhin können mit Welcker, Syllog. epigr. p. 3 und Müller, Dor. II S. 503 hierin ein digammirtes $\ddot{\epsilon}\delta o \varsigma$ zu erkennen: und wie sich $\varphi\epsilon\iota\delta\dot{\omega}\lambda\iota o \nu$ $\delta\dot{\iota}\varphi\rho o \varsigma$ bei Hesychius besser erklären lasse, als wenn man es für eine ähnliche Corruption aus $F\epsilon\delta\dot{\omega}\lambda\iota o \nu$ oder $F\iota\delta\dot{\omega}\lambda\iota o \nu$ ansieht, wie die von $\varphi\epsilon\iota\delta\iota\tau\iota\alpha$ aus $F\epsilon\delta\iota\tau\iota\alpha$ oder $F\iota\delta\iota\tau\iota\alpha$, bin ich begierig zu erfahren. Ein wahrscheinlich jugendlicher Beurtheiler meines Buches in Zarncke's litt. Centralblatt ist durch die leicht begreifliche Verdrehung $\varphi\epsilon\iota\delta\iota\tau\iota\alpha$ für $\varphi\iota\delta\iota\tau\iota\alpha$ zu dem Trugschlufs verleitet worden, dafs die erste Sylbe in $\varphi\iota\delta\iota\tau\iota\alpha$ nothwendig lang gewesen sein müsse. Dafs das nicht so sei, hätte er freilich schon früher wissen können, mag es aber nun von Cobet Nov. Lectt. p. 728 lernen. Uebrigens mögen auch Formen wie $\beta\alpha\gamma\dot{o}\varsigma$ f. $\dot{\alpha}\gamma\dot{o}\varsigma$, $\beta o \rho\vartheta\alpha\gamma\dot{o}\rho\alpha\varsigma$ f. $\dot{o}\rho\vartheta\alpha\gamma\dot{o}\rho\alpha\varsigma$, $F\dot{\iota}\xi$ f. $\ddot{\epsilon}\xi$ als Beispiele gelten, dafs Volksmundarten ein Vau in Wörtern sprachen, die anderswo keine Spur davon zeigen. — Bei Hesychius findet sich auch $\sigma\varphi\dot{\epsilon}\zeta o \mu\alpha\iota$ mit der Erklärung $\dot{\epsilon}\pi\iota\kappa\alpha\vartheta\dot{\epsilon}\zeta o \mu\alpha\iota$. Möglich dafs es nichts anders als $\ddot{\epsilon}\zeta o \mu\alpha\iota$ sei, wo sich dann $\ddot{\epsilon}\zeta o \mu\alpha\iota$ und $\sigma\varphi\dot{\epsilon}\zeta o \mu\alpha\iota$ ähnlich

verhalten würden, wie ξ zu σφ῾, ἔχυρος zu svacura, ἡδύς zu svada, ἵδρως zu svit, ὕπνο zu svapna, auch ἔξ zu σφέξ, worüber vgl. Stier in KZ. X S. 238.
— Der hochverehrte Meister auf dem Gebiete vergleichender Sprachforschung, A. Pott, hält es für wahrscheinlich, dafs ψιδίτιον aus ἐψιδίτιον entstanden sei. Ich möchte vermuthen, dafs ihn nur die Abneigung gegen Mifsbrauch des Digamma zu dieser Annahme veranlafst habe, und dafs er seinerseits auch wohl eines Mifsbrauches der Aphäresen bezichtigt werden dürfte. Vgl. Curtius Etym. S. 35.
Gegen die freie Wahl der Tischgenossen hat H. Peter im N. Rhein. Mus. XXII S. 65 das Bedenken geäufsert, es habe so geschehen können, dafs Einer von gar keiner Tischgenossenschaft gewählt, und somit aufser Stand gesetzt worden sei, dem Gesetz, welches jedem Bürger die Theilnahme an den Syssitien zur Pflicht machte, zu genügen. Dies Bedenken dürfte wohl ungegründet sein. Wer sich so allgemein gehafst oder verächtlich gemacht hatte, dafs alle Tischgenossenschaften ihm die Aufnahme verweigerten, der hatte dies ohne Zweifel durch Verschuldungen verdient, die ihn auch anderweitig strafbar machten und aus der Zahl der Homöen ausschlossen, also unter die Hypomeiones verwiesen. Auch hat Curtius Gr. Gesch. I S. 615 jenes Bedenken als unbegründet zurückgewiesen.
Zu S. 297. Metropulos, Untersuch. üb. d. Schlacht bei Mantinea (Götting. 1858) S. 17 hat aus Thuc. V, 66, 3, wo die Polemarchen als die Vorgesetzten der Lochagen erscheinen, auf eine gröfsere die Lochen unter sich begreifende Heeresabtheilung unter dem Commando eines Polemarchen geschlossen, welches eben keine andere als die Mora gewesen sei. „Wenn die Rede von Polemarchen ist," sagt er, „so ist sie auch von Moren, und umgekehrt." Er mag vielleicht Recht haben: auch spricht die Gleichzahl der Moren und der Polemarchen dafür.
S. 309 Anm. 2. Es mag hier einer zu Tegea gefundenen Urkunde auf einer Broncetafel, wahrscheinlich aus der ersten Hälfte des 5. Jahrh. v. Chr., erwähnt werden, welche von Kirchhoff in den Monatsberichten der Berl. Ak. d. W. 1870 Jan. S. 51 gelehrt behandelt ist. Die Urkunde betrifft eine zu Tegea im Tempel der Athene Alea deponirte Geldsumme, und der Deponirende ist allem Anschein nach kein Tegeate, sondern höchst wahrscheinlich ein Spartaner. — Dafs Lysander im Tempel zu Delphi ein Depositum von 1 Talent und 52 Minen, dazu 11 Stateren, gehabt habe, berichtet Plutarch Lys. c. 18 nach dem Zeugnisse eines Delphers.
Zu S. 312. Suidas unt. Δικαίαρχος: οὗτος ἔγραψε τὴν πολιτείαν Σπαρτιατῶν. καὶ νόμος ἐτέθη ἐν Λακεδαίμονι καθ᾽ ἕκαστον ἔτος ἀναγινώσκεσθαι τὸν λόγον εἰς τὸ τῶν ἐφόρων ἀρχεῖον, τοὺς δὲ τὴν ἡβητικὴν ἔχοντας ἡλικίαν ἀκροᾶσθαι, καὶ τοῦτο ἐκράτησε μέχρι πολλοῦ. Anderswo kommt, meines Wissens, nichts von solcher Anordnung vor; für ganz unglaublich dürfte sie indessen nicht zu halten sein, wenn sich auch die Zeit, in der sie getroffen sein möge, nicht errathen läfst. Man könnte sie mit der auch nur aus Cicero's Zeugnifs, orat. c. 44, 151, bekannten Anordnung zu Athen vergleichen, wo die im Platonischen Menexenos enthaltene Leichenrede an der jährlichen Epitaphienfeier vorgelesen wurde.
Zu S. 331. Dafs die Autochthonie vernünftiger Weise nur in dem angegebenen Sinne verstanden werden könne, und dafs es darum sehr wohl möglich sei, dafs Völkerschaften ganz verschiedenen Stammes in Griechenland sich mit gleichem Rechte als Autochthonen betrachten konnten, springt ja wohl so sehr von selbst in die Augen, dafs es unnöthig ist ein Wort darüber zu verlieren. Und dennoch hat ein unberufener Beurtheiler

gegen das Ionierthum der für Autochthonen geltenden Altathener als ein Hauptargument angeführt, daſs ja auch die Arkadier, die doch erweislich keine Ionier gewesen, sich Autochthonen genannt hätten, woraus denn folgen soll, daſs auch die Altathener, weil Autochthonen, nicht Ionier hätten sein können. Auch den Namen Pelasger hat Einer gegen das Ionierthum der Altathener geltend machen wollen. Wahrscheinlich muſs der Mann sich einbilden, über den Werth und die geschichtliche Geltung dieses Namens etwas mehr zu wissen, als uns Anderen zu wissen vergönnt ist.

Wie wenig aber das Ionierthum der Altathener unvereinbar mit ihrer angeblichen Autochthonie sei, darüber erlaube ich mir noch Einiges hinzuzufügen. Ein Hauptargument derjenigen, welche die Altathener erst späterhin zu Ioniern geworden sein lassen, besteht darin, daſs dieselben, nach den Zeugnissen der Alten selbst, den Namen Ionier nicht von jeher geführt, sondern erst späterhin angenommen haben, woraus man denn die Folgerung gezogen hat, daſs ein Volk dieses Namens einst in Attika eingedrungen sei und ein solches Uebergewicht über die früheren Bewohner gewonnen habe, daſs diese ihre alte Nationalität verloren und selbst in Ionier umgewandelt seien. Einige glaubten die Einwanderer, durch welche diese Umwandelung bewirkt worden, in der Schaar zu erkennen, welche einst unter Xuthus Führung nach Attika gekommen, zumal da sie fanden, daſs auch der angebliche Eponymus des ionischen Stammes ein Sohn des Xuthus genannt worden. Wie über diesen angeblichen Eponymus zu urtheilen sei, darüber habe ich meine Ansicht theils kürzer oben S. 332 f. theils ausführlicher in der auch dort angeführten Abhandlung de Ionibus dargelegt, und ich glaube nicht, daſs noch jetzt Jemand an eine Ionisirung der Attiker durch Xuthus zu denken geneigt sei. Dagegen aber sind Viele geneigt, diese Ionisirung dem Aegeus oder Theseus zuzuschreiben, d. h. den Einwanderungen, die unter diesen beiden Namen personificirt sind. Diese Einwanderungen müssen, der Sage nach, theils von den Inseln des ägäischen Meeres aus erfolgt sein, namentlich von Skyros aus, einem Hauptorte des Poseidoncultes, woher Aegeus gekommen sein soll, theils von Argolis, speciell von Trözen aus, woher Theseus kam, den man dem Aegeus zum Sohn gab, der aber in der That Poseidons Sohn war, von menschlicher Seite aber durch seine Mutter Aethra dem Geschlecht der Pelopiden angehörte. (Eurip. Heracl. v. 207.) Daſs durch diese Einwanderer der bedeutendste Einfluſs auf die Verhältnisse in Attika ausgeübt, eine Zeitlang selbst ein neues Königshaus statt der alten einheimischen Erechthiden zur Herrschaft gelangt sei, ist nicht zu bezweifeln. Ionier werden sie freilich von den Alten nicht genannt; indessen ist doch wohl an sich nichts wahrscheinlicher, als daſs sie eben diesem Stamme angehörten, der in der geschichtlichen Zeit unter diesem Namen den andern beiden Hauptstämmen entgegengesetzt wird, und, soviel sich erkennen läſst, schon in frühester Vorzeit auf den Küsten von Kleinasien und den Inseln des ägäischen Meeres saſs, ja auf dessen Vorhandensein in Argolis vielleicht auch die Benennung Ἴασον Ἄργος zu deuten scheinen könnte, von welchem die Alten sagen, daſs darunter der Peloponnes zu verstehen sei. Dieser zweite Name wird bekanntlich vom Pelops, einem aus Kleinasien gekommenen Einwanderer, abgeleitet, und wenn in Kleinasien der ionische Stamm vorzugsweise ansäſsig war, so dürfen wir auch den Pelops diesem Stamme zurechnen, und somit würde denn Theseus, als Sprößling der Pelopidin Aethra, auch Ionier heiſsen dürfen.

Jedenfalls aber kann, wer ihn und den Aegeus für Ionier erklärt, damit nichts anders sagen wollen, als dafs beide nicht zu einem der Stämme gehörten, welche als äolische oder dorische dem ionischen entgegengesetzt werden. Was nun den Namen Ionier betrifft, so ist allgemein bekannt, dafs die Orientalen diesen in einer sehr unbestimmten und weitschichtigen Bedeutung gebraucht, und ihn als Collectivnamen verschiedenen Nationalitäten ohne genauere Unterscheidung beigelegt haben, und es ist auch wohl nicht zu bezweifeln, dafs er nicht griechischen sondern orientalischen Ursprungs sei. Wenn er bei den Griechen zum unterscheidenden Namen eines ihrer Hauptstämme geworden ist, so erklären wir uns dies am natürlichsten durch die Annahme, dafs, weil die an der Küste Kleinasiens den Orientalen benachbarten Griechen von diesen so genannt wurden,[1]) sie auch selbst sich diese Benennung angeeignet haben. Dafs aber Griechen seit unvordenklicher Zeit, und wenigstens lange vor Neleus und Androkles, dort gewohnt haben, ist jetzt wohl allgemein anerkannt. Ebenfalls ist es keinem Zweifel unterworfen, dafs das europäische Hellas seine Bevölkerung von Kleinasien aus erhalten habe. Dies konnte auf zweierlei Wegen geschehen: entweder zur See, über die Inseln des ägäischen Meeres, oder auf dem weiteren Wege über den Hellespont oder den Bosporus durch Thracien und Macedonien, und es ist wohl zu vermuthen, dafs die Einwanderung auf jenem Seewege wenigstens nicht später, sondern eher wohl früher als die auf dem andern erfolgt sei. Zu den auf diesem weiteren Wege Eingewanderten dürften die unter dem Namen der Aeolier und Dorier begriffenen Stämme zu rechnen sein; jene auf dem Seewege Eingewanderten sind es, für die der Name, den sie in Asien geführt hatten, auch späterhin als unterscheidender Stammesname galt. Vereinzelte, freilich nicht ganz zweifellose Spuren dieses Namens in Griechenland vor der geschichtlichen Zeit dürften sich wohl erkennen lassen. In der geschichtlichen Zeit wurden auf dem Festlande nur die Athener noch als Ionier bezeichnet. Dafs aber dieses ihr Ionierthum erst von der ägäischen oder theseischen Einwanderung herrühren sollte, sehe ich durchaus keinen Grund anzunehmen. Ionier waren diese Einwanderer gewifs; aber sie fanden in Attika eine Bevölkerung vor, die ebenfalls weder dorisch noch äolisch, sondern ionisch war. Dafs zwischen den verschiedenen Zweigen des ionischen Stammes in Folge ihrer verschiedenen Wohnsitze und sonstiger Lebensbedingungen auch manche Verschiedenheiten in Lebensweise, Sitte und Cultus sich haben ergeben müssen, versteht sich von selbst. Die ägäischen und theseischen Ionier waren ein Seevolk und der Meergott Poseidon der Hauptgott ihres Cultes; das Leben der altattischen Ionier hatte sich dem Seewesen abgewandt und einen agrarischen Charakter angenommen, demgemäfs auch die Gottheiten, die sie vorzugsweise verehrten, desselben Charakters waren. Ja auch noch nach Aegeus und Theseus bis zu den Zeiten der Perserkriege war ihr Seewesen von keiner Bedeutung. Zur Annahme einer radicalen Umwandelung der Altattiker durch Einwanderer, wodurch sie aus Nichtioniern zu Ioniern geworden, giebt es durchaus keine Berechtigung.

Zu S. 356. Dafs die Loosung bei der Archontenwahl vom Klisthenes eingeführt sei, haben mit mir auch Andere, wie Sauppe, de creat. arch. att. p. 4. Curtius I[3] S. 355 u. 627, Droysen, zur Uebers. des Aeschyl. 3. Ausg. S. 532, angenommen. Bestritten ist es von Duncker IV S. 475. Dieser

---

1) Vielleicht von den Lydern, wie A. Weber meint, in Zeitschr. f. vergl. Sprachk. V S. 222.

meint, es folge aus der Natur der Sache, dafs die Loosung nicht früher habe eingeführt werden können, als bis alle Schatzungsclassen wählbar geworden, d. h. bis auf das Gesetz des Aristides. Vorher, solange das Archontenamt nur Pentakosiomedimnen zugänglich war, würde die Einführung des Looses eine aristokratische, d. h. die Adelsherrschaft begünstigende Mafsregel gewesen sein, weil die Mehrzahl der Pentakosiomedimnen dem Adel angehörte, und Klisthenes, wenn er die Adelsherrschaft einschränken wollte, habe daher keinen Grund gehabt, statt der Wahl, die dem Volke doch die Möglichkeit gewährte, die oligarchisch gesinnten auszuschliefsen, das Loos einzuführen, bei dem diese Möglichkeit nicht stattfand, sondern eher das Gegentheil, weil die allein berechtigten Pentakosiomedimnen ja gröfstentheils der Adelsherrschaft zugethan, der Volksfreiheit abgeneigt gewesen seien. Ich denke, hier ist nur soviel zuzugeben, dafs die Mehrzahl der Pentakosiomedimnen aus Adlichen bestand; dafs aber diese alle als Anhänger einer oligarchischen Bevorrechtung anzusehen gewesen seien, scheint mir eine unerweisliche Behauptung. Ich möchte es vielmehr als eine erfreuliche und den Athenern zur Ehre gereichende Thatsache ansehen, dafs sich in dieser Periode ihrer Geschichte gar keine Beweise von oligarchischen Bestrebungen der Eupatriden oder von Mifstrauen und Hafs der Gemeine gegen den Adel finden. — Duncker meint ferner, erst nachdem der Zugang zum Archontat allen Schatzungsclassen geöffnet war, konnten den adlichen Pentakosiomedimnen auch reiche Kaufleute und Rheder, die sonst der unteren von allen Aemtern ausgeschlossenen Klasse angehört hatten, als Bewerber gegenüber treten, und jetzt konnte dem Adel die Einführung des Looses statt der Wahl selbst erwünscht sein, weil er dann nicht zu fürchten hatte, dafs lauter Demokraten, d. h. Gegner des Adels, durch die Wahl des Volkes zum Archontat gelangten. Deswegen, sagt er, ist es evident, dafs das Loos nicht schon von Klisthenes eingeführt sei. Evident indessen dürfte nichts anders sein, als dafs D. von der Bündigkeit seiner Argumentation sehr fest überzeugt sei. Zur Unterstützung beruft er sich auch noch auf das grofse Ansehen, welches, nach Aristot. Pol. V, 3, 4, der Areopag während des Perserkrieges genossen: denn es sei unwahrscheinlich, dafs eine durch den Zufall des Looses zusammengesetzte Behörde eine solche Stellung behaupten gekonnt habe. Man sieht, er ist der Meinung, dafs jeder gewesene Archon ohne Weiteres auch Areopagit geworden sei, was sich denn doch wohl nicht so verhalten möchte. S. oben S. 511. u. den dort angef. Bergm. u. Athenae. XVI, 21 p. 566.

Zu S. 365. Gegen die Ansicht, dafs die Dreifsig auch den Areopag beseitigt haben, (Curtius III S. 13) dürften sich wohl einige Zweifel erheben lassen. Die ordnungsmäfsige Competenz des Areopag erstreckte sich ja keinesweges auf die ganze „peinliche Gerichtsbarkeit", sondern beschränkte sich auf die speciell sogenannten δίκαι φονικαί, in denen das Verfahren durch religiöse Satzungen vorgeschrieben war, welche anzutasten die Dreifsig um so weniger Grund haben konnten, als die Fälle, in welchen es zur Anwendung kommen mufste, selten und meist wohl ohne eigentlich politische Bedeutung waren. Dafs in der vielbesprochenen Stelle des Lysias, I, 30, ἀποδίδοται (od. ἀποδίδοται) nichts für Zurückgabe einer vorher entzogenen Jurisdiction beweise, weifs C. so gut als ich. Dafs die Rede no. XII nicht vor dem Areopag sondern vor einem heliastischen Gerichtshof gehalten sei, ist klar; aber daraus mit Rauchenstein (Philolog. X p. 607) zu schliefsen, dafs damals, als sie gehalten wurde, dem Areopag die ihm entzogene Gerichtsbarkeit noch nicht wieder zurückgegeben sei, möchte doch wohl nicht zulässig sein, solange man nicht beweisen kann, daſs die in jener Rede behandelte Sache eine solche sei, die eigentlich zu der besonderen Competenz des Areopag gehört haben würde. Wird man das aber können?

Zu S. 380. Anm. 1. Daſs zur Bezeichnung des 18. Jahres nicht ἐπὶ διετὲς ἡβᾶν, wie in den früheren Ausg. geschrieben, sondern ἐπὶ διετὲς ἡβῆσαι der richtige Ausdruck sei, ist wohl einleuchtend. Vgl. Opusc. ac. IV p. 129. In einer von Harpocration unt. ἐπὶ διετές angeführten Stelle des Hyperides steht zwar κυρίους εἶναι — τοὺς παῖδας ἐπειδὰν ἐπὶ διετὲς ἡβῶσιν: daſs es aber ἡβήσωσιν heiſsen müsse, zeigt schon das Lemma des Harpocr., wie auch die übrigen Grammatiker den Aorist haben. Vgl. noch Isae. VIII, 31. X, 12. fr. in Lysibium bei Suid. unt. τέως, in Bait. et Saupp. Oratt. II p. 238. Demosth. in Steph. II p. 1135 §. 20. Das dort §. 24 angef. Gesetz hat zwar πρὶν ἐπὶ διετὲς ἡβᾶν: aber bei Demosthenes selbst steht unmittelbar vorher πρὶν ἡβῆσαι.

Zu S. 381. Preller, Gr. Myth. I² S. 254, will Enyalios in dem Eide der Epheben nur als Epitheton zu Ares angesehen wissen. Derselben Meinung sind auch andere, und entschieden zu widerlegen ist sie nicht. Daſs indessen die Athener wenigstens zu Aristophanes' Zeit zwischen Enyalios und Ares unterschieden haben, dürfte sich doch aus der Stelle Εἰρ. v. 457 wohl schlieſsen lassen.

Zu S. 392. Es kann allerdings befremden, daſs nicht auch Theseus unter die Eponymen aufgenommen ist, und Einige haben sich dies so erklären zu können geglaubt, daſs sie annahmen, Theseus habe in den Augen der damaligen Staatsordner für einen Usurpator gegolten und sei deswegen jener Ehre nicht würdig geachtet. Man konnte sich für diese Ansicht auch auf die Angabe bei Plutarch. Thes. c. 35 berufen, daſs Theseus von den Athenern vertrieben und sogar ein Fluch über ihn ausgesprochen sei, wovon das sogenannte Ἱρητήριον zu Gargettos zeuge. Indessen da man doch dem Sohn des Usurpators, dem Akamas, einen Platz unter den Eponymen gegönnt hat, so scheint mir jene Coniectur nicht allzusicher zu sein, und ich möchte mich mit der bescheideneren Vermuthung begnügen, daſs, da Theseus als Stifter des Gesammtstaates galt, es nicht angemessen erschienen sei, eine einzelne Phyle nach ihm zu benennen.

Zu S. 414. Zu den Maſsregeln, die man traf, um die zahlreichen Widersprüche und Verwirrungen in den Gesetzen beseitigen zu können, gehört auch die bisweilen angeordnete ἀναγραφή, die wir als eine Art von Codificirung betrachten könnten. Von einer solchen unter dem Phalereer Demetrius wird später die Rede sein. Jetzt mag es erlaubt sein, diejenige etwas genauer zu betrachten, von welcher die Rede gegen Nikomachos, unter den Lysiacis uo. XXX, handelt. Dem Nikomachos war, wie der Redner berichtet, bereits einige Jahre vor dem Ende des Peloponnesischen Krieges der Auftrag ertheilt worden, die Solonischen Gesetze aufzuschreiben, was, wenn es buchstäblich zu nehmen ist, wohl nur bedeuten kann, er sollte die alten echten von Solon herrührenden Gesetze von den später hinzugekommenen ausscheiden und zusammenstellen. Dazu war ihm eine Frist von vier Monaten gesetzt worden; er wurde aber in dieser Zeit nicht damit fertig, sondern verschleppte die Arbeit sechs Jahre lang, bis die Unglücksfälle, denen Athen unterlag, ihn unterbrachen und er selbst sich veranlaſst fand, aus der Stadt zu entfliehen. Wenn ihm sein Auftrag sechs Jahre vor der Eroberung Athens ertheilt wurde, so fällt dies in die

Zeit zunächst nach dem Sturze der Herrschaft der Vierhundert, und wir erfahren von Thukydides, dafs damals eine Nomothetencommission ernannt worden sei: *νομοθέτας*, sagt er VIII, 97, *καὶ τἆλλα ἐψηφίσαντο ἐς τὴν πολιτείαν*, ohne nähere Angabe über ihre Zusammensetzung und ihre Aufgabe. Wattenbach, de Quadringentor. fact. (Berol. 1842) S. 64 sagt: Ad leges Solonis probandas et ordinandas *νομοθέται* electi sunt, qui intra quattuor menses negotium absolverent; sed Nicomachus per totos sex annos in magistratu mansit. Er mufs also den Nikomachus mit der Nomothetencommission für identisch, vielleicht für ihren Präsidenten gehalten haben, was denn keiner Widerlegung bedarf. Nicht zur Nomothesie war Nikomachus berufen, sondern nur zur Aufzeichnung von bereits vorhandenen, und zwar, wenn die Worte unseres Redners buchstäblich zu verstehen sind, Solonischen Gesetzen, wogegen die Nomotheten wohl den Beruf hatten, nach dem Sturze der Vierhundert die Verfassung zu reorganisiren und die dazu erforderlichen Gesetze, wie z. B. über Abschaffung der Diäten des Rathes und der Volksversammlung, der Besoldung der Beamten, die Beschränkung der Zahl der stimmberechtigten Bürger und ähnliche die Verfassung und den Organismus der Regierung betreffenden Anordnungen zu sanctioniren. Dafs man in dieser Zeit auch eine vollständige und übersichtliche Sammlung sämmtlicher bisher vorhandener Gesetze nöthig fand, um mit Sicherheit sich darüber entscheiden zu können, welche derselben abzuschaffen, welche beizubehalten seien, ist natürlich. Diese Sammlung und Verzeichnung war das Geschäft der *ἀναγραφή*: die Entscheidung aber über Abschaffung oder Beibehaltung stand nicht den mit der *ἀναγραφή* beauftragten Schreibern, sondern den Nomotheten zu. Es hat sich aus dieser Zeit eine freilich fragmentarische Urkunde, ein Volksbeschlufs aus Ol. 92, 4 vor Chr. 409/8 erhalten, welche zuletzt von U. Köhler im Hermes Bd. II herausgegeben und commentirt ist. Auf den Antrag eines Mannes, wahrscheinlich Athenophanes, wird verfügt, dafs die *ἀναγραφεῖς τῶν νόμων* das Drakonische Gesetz über Mord, welches ihnen der Prytanienschreiber des Rathes zu übergeben habe, auf eine steinerne Säule aufschreiben und vor der Königshalle aufstellen sollen. Es gab also ohne Zweifel im Archiv des Rathes authentische Exemplare alter Gesetze; es gab, als dieser Volksbeschlufs gefafst wurde, Schreiber (*ἀναγραφεῖς*), deren Aufgabe darin bestand, die ihnen übergebenen Gesetze auf Stein zu übertragen oder unter ihrer Aufsicht von Steinmetzen übertragen zu lassen. Da unsere Urkunde ein Volksbeschlufs ist, so ist an eine Nomothetencommission, wie sie bald nach dem Sturz der Vierhundert niedergesetzt war, jetzt nicht zu denken. Wir müssen annehmen, dafs diese nicht mehr in Thätigkeit war. Der Volksbeschlufs bezeichnet nur ein bestimmtes Gesetz, welches an die Anagrapheis zu übergeben und von diesen auf eine Steintafel zu übertragen sei; dafs aber über alle einzelnen Gesetze eine derartige specielle Verordnung vom Volke zu erlassen gewesen sei, ist kaum zu glauben. Gewifs waren die Anagrapheis nur im Allgemeinen angewiesen, die vorhandenen Gesetze in zuverlässiger und beglaubigter Gestalt zu sammeln und aufzuschreiben. Welche derselben zu antiquiren, welche beizubehalten seien, darüber hatten nicht sie zu entscheiden, sondern nur die Nomotheten, sei es aufserordentlich ernannte, sei es eine nach dem oben S. 411 geschilderten Verfahren ordnungsmäfsig niedergesetzte Commission. Dafs zu den in unserer Urkunde erwähnten Anagrapheis Nikomachos gehört habe, ist unbedenklich anzunehmen, da er ja seine ihm etwa im J. 411 ertheilte Aufgabe noch nicht gelöst hatte. Es ist aber auch nicht zu bezweifeln, dafs er mehrere Collegen gehabt habe, unter welche die Arbeit nach gewissen Rubriken vertheilt werden mochte. Natürlich wählte man zu dem Geschäft vorzugsweise gesetzkundige Leute aus der Zahl der Schreiber, die den verschiedenen obrigkeitlichen Beamten dienten und dabei Gelegenheit hatten sich eine genauere Kenntnifs des vorhandenen schwer übersichtlichen Gesetzmaterials zu erwerben. Ein solcher war denn auch Nikomachus, der möglicher Weise an der Spitze dieser Leute stand. Wenn ihm für seine Arbeit, wie die Rede angiebt, nur eine viermonatliche Frist gegeben war, und er in dieser Zeit nicht damit fertig werden konnte, so mag die Arbeit auch wohl mühsamer und schwieriger gewesen sein, als man sich vorgestellt hatte. Dafs er sechs Jahre darüber zubrachte, mag immerhin seine Schuld gewesen sein; soviel scheint aber doch klar, dafs man seinen Auftrag nicht zurückgezogen, ihn nicht abgesetzt, also dafs man wohl die lange Verzögerung der Arbeit als verzeihlich angesehen habe. Und wenn wir nun sehen, dafs nach dem Sturze der Dreifsig dem Nikomachus wiederum die $\dot{\alpha}\nu\alpha\gamma\rho\alpha\varphi\dot{\eta}$ der Gesetze aufgetragen wurde, so dürfen wir daraus wohl den Schlufs ziehen, dafs sein früheres Verhalten doch nicht von der Art gewesen sei, um ihn des Vertrauens unwürdig erscheinen zu lassen. Es wurde auch damals ebenso wie nach dem Sturze der Vierhundert eine Nomothetencommission ernannt, über welche wir in der R. des Andokides über die Mysterien §. 82—85 eine freilich etwas verworrene und nicht sicher zu deutende Angabe finden, und einige Neuere haben sich verleiten lassen, auch in dieser Commission dem Nikomachus einen Platz als Mitglied einzuräumen. Einen Grund dafür vermag ich nicht zu finden: denn wenn wir §. 2 lesen $\alpha \dot{v} \tau \dot{o} \nu \; \nu o\mu o\vartheta\dot{\epsilon}\tau\eta\nu \; \varkappa\alpha\tau\dot{\epsilon}\sigma\tau\eta\sigma\epsilon\nu$, und §. 27 $\dot{\alpha}\nu\tau\dot{\iota} \; \mu\dot{\epsilon}\nu \; \delta o\dot{v}\lambda o v \; \pi o\lambda\dot{\iota}\tau\eta\varsigma \; \gamma\epsilon\gamma\dot{\epsilon}\nu\eta\tau\alpha\iota, \; \dot{\alpha}\nu\tau\dot{\iota} \; \delta\dot{\epsilon} \; \dot{v}\pi o\gamma\rho\alpha\mu\mu\alpha\tau\dot{\epsilon}\omega\varsigma \; \nu o\mu o\vartheta\dot{\epsilon}\tau\eta\varsigma$, so sehen wir ja wohl deutlich genug, dafs ihm vorgeworfen werde, er habe sich durch sein Verhalten etwas angemafst, was ihm gar nicht zugekommen sei. Der Beruf, zu dem er angestellt war, bestand blos in der $\dot{\alpha}\nu\alpha\gamma\rho\alpha\varphi\dot{\eta}$, er wufste sich aber dabei widerrechtlich so zu stellen, dafs er sich thatsächlich in vielen Fällen gleichsam zum Nomotheten machte. Und wenn mitunter sein Beruf als $\dot{\alpha}\rho\chi\dot{\eta}$ bezeichnet wird, so wissen wir ja, in wie weitem und uneigentlichem Sinn dieser Ausdruck gebraucht zu werden pflegt, worüber oben S. 426 geredet ist. — Uebrigens will ich nicht verhehlen, dafs mir diese Rede gegen Nikomachus sehr bedenklich erscheint. Dionysius in seiner Charakteristik des Lysias c. 18 hat auf ihn den Spruch angewandt $\check{\iota}\sigma\varkappa\epsilon \; \psi\epsilon\dot{v}\delta\epsilon\alpha \; \pi o\lambda\lambda\dot{\alpha} \; \lambda\dot{\epsilon}\gamma\omega\nu \; \dot{\epsilon}\tau\dot{v}\mu o\iota\sigma\iota\nu \; \dot{o}\mu o\tilde{\iota}\alpha$: was wir aber in dieser Rede lesen, sind Dinge, die grofsentheils nicht $\dot{\epsilon}\tau\dot{v}\mu o\iota\sigma\iota\nu \; \dot{o}\mu o\tilde{\iota}\alpha$, sondern sehr unwahrscheinlich, ja unglaublich sind. Ich bin der Meinung, dafs diese Rede auch gar nicht vor Gericht gehalten worden oder gehalten zu werden bestimmt gewesen ist, da ihr die wesentlichsten dazu gehörigen Erfordernisse in hohem Grade fehlen; sie scheint mir nur ein von einem Feinde des Nikomachus herausgegebenes Libell in Form einer gerichtlichen Rede zu sein. Ob Lysias für sich selbst oder im Dienst eines Andern sie abgefafst habe, lasse ich dahin gestellt. Wir wissen aber, aus Harpokration unter $\dot{\epsilon}\pi\iota\beta o\lambda\dot{\eta}$, dafs schon alte Kritiker gegen die Echtheit Zweifel erhoben haben, die sich denn wohl nicht blos auf Sprache und Form, sondern auch auf den Inhalt bezogen haben werden. Vielleicht veranlassen meine Bedenken einen Jüngeren, etwa den trefflichen H. Frohberger, die Sache einer genaueren Erörterung zu unterwerfen.

Zu S. 431. Duncker, IV S. 207 meint, dafs die Concurrenz des Rathes bei der Dokimasie der Archonten neben der vor den Heliasten zu bestehenden eine spätere Einrichtung sein müsse, weil sie das Uebergewicht des Rathes den Archonten gegenüber voraussetze, welches die Solonischen Institutionen und das Solonische Zeitalter nicht kannte. Ich gestehe, daſs mir dieses Argument von geringem Gewicht zu sein scheint. Gesetzt die Dokimasie zeuge von einem Uebergewicht der prüfenden Behörde, so waren ja doch die vor dem Rath geprüften nicht schon Archonten, sondern nur erst durch die Wahl des Volkes zum Archontat designirte Candidaten. Auch sehe ich nicht ein, weshalb, wenn Solon die Prüfung lediglich der Heliäa überwiesen hat, man späterhin noch eine Concurrenz des Rathes angeordnet haben sollte, zumal da das Resultat der Prüfung im Rathe, welche der vor den Heliasten zu bestehenden vorausging, durch diese letztere auch ganz wirkungslos gemacht werden konnte, wenn der vom Rathe gebilligte nachher von den Heliasten verworfen wurde. Wahrscheinlicher dürfte es sein, daſs ursprünglich die Dokimasie nur Sache des Rathes gewesen und erst später den Heliasten zugewiesen sei, wo denn die übrigen Beamten ihre Prüfung allein vor diesen zu bestehen hatten, und nur bei den Archonten und deren Paredren die zwiefache, zuerst nach altem Herkommen, im Rathe, dann aber auch vor den Heliasten stattfand. Für diese zwiefache Dokimasie der Archonten und ihrer Paredren haben wir ausdrückliche Zeugnisse, bei Demosthenes g. Leptines p. 484 §. 90 und Pollux VIII, 92: wegen der andern Beamten giebt es solche nicht. — Unter den vorhandenen Reden sind drei auf Dokimasie bezügliche im Rathe gehalten, die Rede des Lysias g. Euander (XXVI), der zum Archon erloost war, die R. g. Philon (XXXI). der in den Rath erloost war, und d. R. f. Mantitheus (XVI), den ebenfalls — obgleich dies nicht ganz klar ist, — das Loos zum Rathsherrn berufen hatte. Eine vierte Rede, für einen Ungenannten (XXV) ist nach Meiers (Att. Proc. S. 208) sehr wahrscheinlicher Vermuthung ebenfalls in einer Dokimasie, aber nicht vor dem Rathe sondern vor Heliasten gehalten.

Zu S. 435 Anm. 4. Telfy in seinem Corp. iur. Att. p. 471 findet es wahrscheinlich, daſs aus der zehnten Phyle ein Schreiber erloost worden sei zur Dienstleistung bei den von dem Collegio gemeinschaftlich wahrzunehmenden Geschäften. Bei den Alten kommt hiervon nichts vor, und die Scholien zu Aristoph. Vesp. 774 und Plut. 277 reden zwar von einem Schreiber des Collegiums, aber sagen nichts von der Art seiner Ernennung.

Zu S. 437 Anm. 1. Vgl. jetzt noch die Abh. v. R. Schöll, die Speisung im Prytaneion zu Athen, Hermes Bd. VI S. 20. — Was das Amtslocal des Polemarchen neben dem Lykeion betrifft, so hat Fr. Lenormant, Recherches archéologiques à Eleusis (Paris 1862) aufmerksam darauf gemacht, daſs Apollon, dem das hier befindliche Heiligthum geweiht war, als der Hauptgott der unter Xuthos Namen bezeichneten Einwanderer anzusehen sei, aus welchen vorzugsweise die Phyle der Hopleten bestanden zu haben scheint. S. ob. S. 336. So wird denn das Kriegswesen auch späterhin als unter besonderer Obhut des Gottes der Hopleten stehend betrachtet, und deswegen dem Polemarchen sein Local neben einem Heiligthum desselben angewiesen sein.

Zu S. 471. Ein Bruchstück eines Volksbeschlusses, etwa aus der Mitte der achtziger Olympiaden, die Speisung im Prytaneum und die zu derselben Berechtigten betreffend, früher von Pittakis und von Rangabé veröffentlicht, ist jüngst von R. Schöll in der o. a. Abhandlung, Hermes VI, neu herausgegeben, und dabei dieser ganze Gegenstand, dessen Detail nicht zur

Aufgabe der gegenwärtigen Arbeit gehört, mit erschöpfender Gründlichkeit behandelt worden.

Zu S. 486. Aus der sog. trapezitischen Rede des Isokrates ist zu schliefsen, dafs nicht blofs solche Fremde, die bleibend in Athen ansäfsig waren, sondern auch solche, die sich nur auf eine Zeitlang dort aufhielten, wenigstens wenn sie dort Capitalien hatten und Geschäfte trieben, zur εἰσφορά angezogen wurden. Wir lesen dort von dem Sohne eines bosporanischen Grofsen, der theils κατ' ἐμπορίαν, theils κατὰ θεωρίαν (c. 3 §. 4) nach Athen gekommen, aber gewifs nicht Metöke geworden war, da er sich selbst noch als οἰκῶν ἐν τῷ Πόντῳ bezeichnet (c. 28 §. 56). Dafs er aber zur εἰσφορὰ angezogen, sagt er c. 21 §. 41, und zwar scheint er sich selbst eingeschätzt zu haben (ἐμαυτῷ ἐπεγραψάμην εἰσφορὰν μεγίστην), was natürlich wohl nicht ohne Einvernehmen mit den vom Staat bestellten ἐπιγραφεῖς geschah.

Zu S. 488. Die Trierarchie zu den aufserordentlichen Liturgien zu rechnen ist man wohl berechtigt, wenn auch, wie Curtius, II³ S. 742 bemerkt, alljährlich Trierarchen gewählt wurden. Denn die gewählten wurden doch nicht auch alljährlich zur Leistung herangezogen, sondern nur nach Mafsgabe des jedesmaligen Bedürfnisses, also namentlich in Kriegszeiten, oder auch um den Handelsfahrzeugen als Convoi zum Schutz zu dienen, wenn die Seefahrt durch Piraten gefährdet war. Die Ernennung hatte also nur die Bedeutung, dafs die Ernannten sich bereit halten mufsten, auf die an sie ergangene Aufforderung ihr Schiff fertig zu machen um damit in See zu gehen. In Friedenszeiten konnte manches Jahr vergehen, in welchem entweder gar keine oder nur einige wenige der ernannten Trierarchen zur Erfüllung ihrer Leistung herangezogen wurden. Die Verpflichtung war aber nicht auf das Kalenderjahr beschränkt, sondern währte fort, bis es zur wirklichen Leistung kam, und dauerte dann ein Jahr lang. Vgl. Böckh Urkund. S. 167. 171 ff. — Von den ordentlichen oder enkyklischen Liturgien, welche alle sich auf Festfeiern bezogen, unterschied sich die Trierarchie auch dadurch, dafs von ihr keine Befreiung (ἀτέλεια) stattfand, ebensowenig wie von der εἰσφορά. Demosth. Lept. §. 18. 26. 27.

Zu S. 494. Dafs der Name Epheten nicht Appellationsrichter bedeute, wie früher Einige sich wunderbarer Weise eingebildet haben, darf jetzt wohl als allgemein anerkannt gelten, wie es denn auch noch kürzlich von U. Köhler, im Hermes II S. 32 anerkannt ist. Nicht weniger verwunderlich aber ist die Meinung, dafs der Name aus ἐφεδέται, was Beisitzer bedeuten soll, corrumpirt sei. (S. Philolog. XI p. 383. Pott in KZ VI, 36.) Die von mir gegebene Uebersetzung Anweiser, der auch Duncker IV S. 152 zustimmt, ist einfach und argemessen. Von ἐφιέναι oder ἐφίεσθαι in dem Sinn von anweisen kommt ja auch ἐφετμή, und bei Aeschylus Pers. v. 80 bedeutet ἐφέτης den Befehlshaber. Das Verfahren vor den Blutgerichten war durch religiöse Satzungen vorgeschrieben, zu deren genauer Beobachtung die Parteien durch die Epheten angewiesen wurden.

Zu S. 507. Aus dem Philologischen Anzeiger v. 1870 S. 141 habe ich Kunde von einer Abhandlung, Herm. Hager, Quaestiones Hyperideae. Lips. 1870, in welcher erwiesen sein soll, dafs die Eisangelie nur wegen bestimmter im νόμος εἰσαγγελτικὸς namhaft gemachter Verbrechen statthaft gewesen sei. Die Abhandlung selbst habe ich nicht gesehen, glaube aber kaum, dafs jene Ansicht sich wirklich beweisen lasse. Wenn auch allerdings im νόμος εἰσαγγελτικὸς einige Verbrechen ausdrücklich bezeichnet waren, so folgt daraus keinesweges, dafs die Eisangelie lediglich nur auf diese beschränkt, nicht auch in andern Fällen ähnlicher Beschaffenheit zulässig gewesen sei. In Hyperides R. f. Euxenippus geht der Sprecher darauf aus, den vorliegenden Fall als gar nicht zu einer Eisangelie geeignet darzustellen, und ohne Zweifel war oft eine Sache so angethan, dafs es auf besondere Verhältnisse und Umstände ankam, ob sie in gewöhnlicher regelmäfsiger Weise, oder aufserordentlich durch eine Eisangelie zu verfolgen sei. Vgl. A. Schaefers Rec. über Comparetti's Ausg. des Hyperides, Jahrb. f. Philol. 1861 (B. 83) S. 611.

Zu S. 513. Der Name πρυτανεῖα für diese Gerichtsgebühren ist wohl daraus zu erklären, dafs dieselben ursprünglich in die Casse flossen, aus welcher die Mahlzeiten im Prytaneum bestritten wurden, und welche unter der Verwaltung der Kolakreten stand. S. ob. S. 443.

Zu S. 516. Die Meinung, dafs die verdeckte Abstimmung erst nach Eukides eingeführt sei, ist unerweislich. S. Opusc. ac. I p. 260 A.

Zu S. 532. Schon sehr viele haben auf die allerdings auffallende Verschiedenheit aufmerksam gemacht zwischen der Stellung der Weiber in der geschichtlichen Zeit und in der früheren, die uns die homerischen Gedichte schildern. Hier wirbt der Freier mit Geschenken um die Braut, und gewinnt sie also gleichsam zu erkaufen; in der geschichtlichen Zeit mufs umgekehrt der Vater die Tochter mit einer angemessenen Aussteuer und Mitgift versehen, sonst läuft er Gefahr, dafs sich kein Freier zu ihr finde. Nitzsch zur Odyssee, Th. l S. 51, äufsert die Vermuthung, dafs der Gebrauch, die Töchter auszustatten, wahrscheinlich in Zeiten und Gegenden entstanden sei, wo die Männerzahl die der Frauen nicht überwog, d. h. also in Zeiten und Gegenden, wo es, wegen der nicht übergrofsen Zahl von Männern dem Vater darum zu thun sein mufste, einen Abnehmer für seine Tochter durch eine Mitgift anzulocken. Wenn dies richtig wäre, so würde aus dem entgegengesetzten Gebrauch der homerischen Zeit geschlossen werden müssen, dafs damals die Zahl der Männer die der Frauen beträchtlich überwogen habe, und dafs man daher eine Frau wie eine seltnere Waare nicht habe erlangen können, ohne einen Preis dafür zu zahlen. Dafs aber das Zahlverhältnifs zwischen beiden Geschlechtern damals wirklich ein anderes gewesen sei als späterhin, haben wir gar keinen Grund anzunehmen. Die Sitte, sich die Gattin durch ἕδνα gleichsam zu erkaufen, stammte wohl aus der ältesten patriarchalischen Zeit, wo die Töchter als Gehülfinnen des Hausstandes dem Vater ein werthvoller Besitz waren, dessen er sich nicht ohne Entschädigung entäufsern mochte. Sie erhielt sich am längsten namentlich in fürstlichen und vornehmen Häusern, mit denen sich zu verschwägern ehrenhaft und vortheilhaft schien. — Wenn uns ferner die Stellung der Frauen bei Homer freier und selbständiger erscheint, als in den späteren Zeiten, so ist dabei erstens nicht zu übersehen, dafs die Schilderungen des Dichters uns nur die Verhältnisse fürstlicher und vornehmer Häuser darstellen, von den niederen oder mittleren Classen des Volkes wenig erkennen lassen, und zweitens dafs auch die Vorstellungen, die man sich gewöhnlich von der untergeordneten und unwürdigen Stellung der Weiber in der geschichtlichen Zeit zu machen pflegt, von einseitiger Uebertreibung nicht freizusprechen sind. Freilich der Unterschied zwischen beiden Geschlechtern mufste um so stärker hervortreten, je mehr das Leben des Mannes von solchen Interessen und Thätigkeiten erfüllt wurde, an denen die Frauen sich naturgemäfs wenig oder gar nicht betheiligen konnten; dafs aber diesen daneben doch immer eine Sphäre des Sorgens und Wirkens vorbehalten blieb, in der sie sich würdig fühlen und der

Achtung der Männer gewifs sein konnten, wird Niemand in Abrede stellen, der nicht absichtlich die Augen dagegen verschliefst. Und was die Mitgiften betrifft, so ist man sicherlich nicht berechtigt, sie blos als ein Mittel anzusehen, dessen man bedurft habe um sich der Töchter zu entledigen und ihnen Gatten zu verschaffen, die sie sonst nicht gefunden haben würden, sondern die Sitte ist entsprungen aus dem Gefühl, dafs es ein Unrecht sei, die Töchter gegen die Söhne so gering zu achten, dafs ihnen diesen gegenüber gar kein Anspruch auf einen Theil des elterlichen Vermögens zukommen sollte. Die Bedingungen aber, unter welchen die Mitgift gegeben wurde, waren von solcher Art, dafs sie auch dazu dienen konnten, das Verhältnifs der Frau ihrem Manne gegenüber zu sichern. Der Mann wurde nicht Eigenthümer sondern nur Nutzniefser der Mitgift, und sein eigenes Interesse mufste ihn nöthigen, die Frau so zu behandeln, dafs sie sich in der Ehe mit ihm nicht unglücklich fühlte und Grund zur Scheidung fand, weil er ja dann den Genufs der Mitgift verlor; wie wir denn auch bei Isaeus III, 36 ausdrücklich bezeugt finden, dafs die Scheidung durch die Rücksicht auf die Mitgift erschwert wurde. Auch könnte, wer darauf ausginge, Zeugnisse und Beispiele genug aufbringen, wie Frauen, die dem Manne eine erkleckliche Mitgift zugebracht hatten, dadurch im Alterthum ganz ebenso wie heutzutage ihrem Manne gegenüber nicht blos eine selbständige, sondern auch eine herrische Stellung zu behaupten gewufst haben. Dazu will ich aber auch noch auf die hohe Achtung aufmerksam machen, in welcher die Frauen als Mütter standen, wovon ein deutliches Zeugnifs der alte Strepsiades in Aristophanes' Wolken giebt. Er hat sich zwar von seinem sophistisch geschulten Sohne überreden lassen, dafs es nicht unerlaubt sein könne, wenn mitunter auch der Vater vom Sohne mit Schlägen gezüchtigt werde; als aber nun der Sohn das gleiche Recht auch hinsichtlich der Mutter behauptet, ist er ganz empört über solche Behauptung und findet sie ganz und gar verbrecherisch und verabscheuungswerth. Die Theorie über die Verschiedenheit des Verhältnisses des Vaters und der Mutter zu den Kindern, die Aeschylus in den Eumeniden dem Apollon in den Mund legt, mag bei Männern der Wissenschaft als richtig gegolten haben; der volksthümlichen Ansicht entsprechend war sie gewifs nicht.

Zu S. 551. Das oben S. 353 erwähnte Gesetz Solons, welches die Parteilosen in bürgerlichen Kämpfen mit Atimie bedrohte, ist gewifs bei Wiederherstellung der Demokratie nach dem Sturz der Dreifsig nicht erneuert worden. Dies läfst sich aus Lysias R. g. Philon schliefsen, in welcher diesem seine Parteilosigkeit in dem vorhergegangenen Bürgerkriege zwar aufs Heftigste vorgeworfen, der dadurch verwirkten Strafe der Atimie aber mit keiner Sylbe gedacht wird. Uebrigens hätte, wenn gleich das alte Gesetz antiquirt war, der Kläger doch immer darauf Bezug nehmen und es benutzen können, um die schlechte Gesinnung des Philon desto greller ins Licht zu stellen, besonders §. 27, wo eine Erwähnung des Solonischen Gesetzes so nahe lag. Man darf sich mit Recht wundern, dafs der Redner dies unterlassen, und Halbertsma, der in seiner Abh. de magistr. probat ap. Ath. (Daventr. 1841) §. 7 p. 41, die Rede dem Lysias abspricht, hätte auch diese Unterlassung als ein Argument für seine Ansicht gebrauchen können.

REGISTER.

Abanten 88.
Abstimmung 197, in Sparta 249, in Athen 409. 516.
Abtreibung der Leibesfrucht 113.
Abzeichen der Könige 36. der Beamten 434.
Achäer 7. 91. 180.
Achaia 124. 132.
Achniaden 385.
Ackerbau 72.
Ackergesetze Lykurgs 235.
Adel 24. 133.
Ἀδέσποτοι 213.
Adoptionen 162. 241. 377.
Aegiden 201. 219. 238.
Aegikoreis 336.
Aegina 180.
Aeolier 90.
Aeolische Colonien 126.
Aerzte, öffentliche 463.
Aesymneten 166.
Agamemnon 22.
Ἀγαμίου δίκη 279. 548.
Agathoergen 263.
Ἀγχιστεία 378.
Ἀγέλαι 271. 320. 324.
Ἀγελαστοί 320.
Agiaden 237.
Agis III. 310.
Ἀγορὰ γυναικεία 563.
Ἀγοραί 390. 392.
Agoranomen 148. 441.
Ἀγὼν τιμητός u. ἀτίμητος 511.
Agrargesetzgeb. Lykurgs 235.
Agronomen 148.
Aigialeis 138.
Aigikoreis 336.
Αἰδώς, Altar der 554.
Aischrionia 140.
Αἴτας 277.

Akademie 537.
Akosmie in Kreta 329.
Ἀκρόπολις 131.
Akte in Attica 334. 339.
Aletes 123.
Alenaden 126.
Alkinoos 26.
Alkippos 268.
Alkmäoniden 344.
Ἀλιταίβοια 71.
Ammonis 467.
Amnamones 147.
Amnestie in Athen 365.
Ἀμπίτταρες 209.
Ἄμπυξ 78.
Amtsdauer 155. 189.
Amtseide 434. 439.
Amtsinsignien 434.
Amtslokale 434.
Amykla 271.
Amyklae 203.
Ἀναγορεύειν τὰς χειροτονίας 409.
Ἀναιδείας λίθος 496.
Ἀνάκρισις 429. 495. 512.
Anaxilas 128. 172.
Andreas von Sikyon 170.
Ἀνδρεῖα 284. 324.
Ἀνευιαδοῖ 378.
Ankläger, Hunde des Volks 194.
Ἀντίδοσις 491.
Antigonis 467.
Ἀντιγραφεὺς der Demen 390. des Rathes 401. τῆς διοικήσεως 445.
Ἀτιλαχεῖν τὴν ἐρήμην 519.
Antipater 566.
Anträge in der Volksversammt. 187.
Aöden 58.
Ἀπάγελοι 320.
Apagoge 507.

Ἀπαρχαί der Magistrate 434. von den Tributen 479.
Ἀπάρχεσθαι 64.
Ἀπελλά 246.
Ἀπενιαυτισμός 498.
Aphamioten 315.
Ἀψέλεια 554.
Ἀψέται 212.
Aphrodite Urania 11.
Apodekten 443.
Ἀπόδρομοι 320.
Apographe 506.
Ἀποκήρυξις 532.
Apollon πατρῷος 386.
Ἀποστασίου δίκη 372.
Ἀποστολεῖς 452.
Ἀποθέται 271.
Appellation 519.
Ἀπροβούλευτα 404.
Ἀπροστασίου γραφή 374.
Arbeiterclasse 110.
Ἀρχαιρεσίαι 414.
Ἀρχεῖον 434.
Architekton 452.
Architheorie 457.
Ἄρχων 425. μεσίδιος 169.
Ἀρχώνης 477.
Archonten in Athen 335. 344. 435.
Ardettos 503.
Areopag 340. 351. 522 ff.
Argadeis 336.
Argeia 204.
Ἀργίας γραφή 527.
Ἀργυράμοιβοι 562.
Ἀργυροκοπεῖον 445.
Ἀργυρολόγοι 480.
Aristides 358.
Aristodemus v. Arkadien 125. v. Kyme 171. v. Sparta 202.
Aristokrates 124.
Aristokratie 107.
Ἄριστον 81.
Aristonymos 179.
Aristophon 379.
Aristoteles 96.
Arkadien 124. 133.
Arkas 124.
Arkesilas 128.
Armenunterstützungen 466.
Artemis ὀρθία 273. βουλαία 402.
Artynen 150. 153.
Asebie 528.

Askra 125.
Ἄστυ 71.
Astynomen 149. 440.
Astypalaea 140.
Athene ἀμβουλία 246. βουλαία 402.
Athletik 535 f.
Ἀτίμητος ἀγών 511.
Atimie 381. 551.
Aufwandsgesetze 527. 567.
Auguralwesen in Athen 455.
Ausgaben des Staats z. Ath. 472.
Aushebung zum Kriegsdienst 449.
Autesion 204.
Autochthonie der Ath. 331.
Ἄξονες 349.

Babyka 247.
Bakchiaden 123. 163.
Βανά 13.
Banausos 110.
Βαφά 287.
Barbaren 112.
Βαρβαρόφωνοι 2. 89.
Βασανισταί 457.
Βάσανος 513.
Βασιλεύς 30. 435.
Basiliden 127.
Βασιλίδες 434.
Bastarde 56. vgl. Νόθοι.
Βατραχιοῦν 505.
Beamte 105. 147.
Beamtenwahl zu Athen 414.
Begräbniss bei Homer 86.
Beisassen 42. vgl. Metöken.
Beisitzer der Archonten 438.
Benna 140.
Berathende Gewalt 104.
Bergwerksklaven 373.
Besoldungen 157. 359. 395. 462.
Bidyer 262.
Bildsäulen z. Ehren 477.
Blutgerichte 493.
Blutrache 495.
Blutsühne 49.
Böotien 132.
Bogenschützen in Athen 372.
Bomonikas 273.
Boreis 139.
Βοῦα 271.
Βουλή, βουληγύροι 25.
Βούλευσις 497.
Βοῶναι 453.

Brasideer 210.
Brauron 398.
Büchermarkt 559.
Buchstabenschrift 17.
Bürger 109.
Bürgerversammlungen 148.
Bukolion 437.
Byzantischer Sundzoll 480.

Cavallerie der Spartaner 299.
Χαλκός 84.
Charilaus 233.
Charondas 166. 191.
Cheirotonie 408.
Chilon 252.
Chios 127.
Χιτών σχιστός 277.
Χλαίνα 77.
Choregie 486.
Χωρὶς οἰκοῦντες 370.
Classen, Solonische 348.
Clubs, politische 384.
Collegien der Beamten 434.
Concubinat 550.
Connubium 163.
Criminalgerichte 158.

Daeton 264.
Danaus 14.
Debatten in der Volksvers. 197.
Dechas 269.
Dekaden der Truppen 450.
Dekadarchen 450.
Dekadarchien 198.
Δεκάδρομοι 323.
Δεκασμοῦ γραφή 415.
Δεκατηλόγοι 477.
Delisches Schiff 467.
Delphi 69. 126.
Delphinium, Gerichtshof 497.
Demagogen 186.
Demarchen 390.
Demetrias 467.
Demetrius der Phalereer 566. der Poliorket 569.
Δημιόπρατα 442.
Δῆμιος 458.
Demiurgen 37. 45. 339. Magistrate 153 f.
Demochares 571.
Δῆμοι 131.
Demokratie 106.

Δημόκοινος 458.
Δημοποίητοι 377.
Δῆμος 24. 71.
Demostratus 529.
Demuchen 155.
Δήμου προστάται 184.
Δεσποσιοναῦται 209.
Deukalion 3.
Diadem 36.
Diaeteten 499.
Diakria, Diakrier 334. 346.
Diamastigosis 273. 312.
Diandrie 226. 292.
Δικασπόλοι 29.
Δικασταὶ κατὰ δήμους 501.
Dikasterien, Richtersectionen 503.
Δίκαι ἔμμηνοι 514. κατά τινος u. πρός τινα 511.
Dikelikten 293.
Διογενεῖς 24.
Diogenisches Gymnasium 537.
Διοικήσει, ὁ ἐπὶ τῇ 441.
Diokles 189.
Dionysius 200.
Diophantus 373.
Διοσημία 409.
Διόσκουροι ἀμβούλιοι 246.
Δμῶες 43.
Dodona 69.
Dokimasie 507. des Rathes 395. der Beamten 428. 585.
Dontas 219.
Dorier 7. 90. Colonien 128. in Kreta 314.
Dorieus v. Rhodos 182.
Dorisirung des Peloponnes 213.
Δόρυ, Scepter 37.
Δώρων γραφή 415.
Dorophoren 144.
Δόρπον 81.
Δωτῖναι 35.
Δοῦλος 43.
Drakon 169.
Dreifsig, die zu Athen 365.
Δρόμοι in Kreta 320.
Dymanes 138. 221.
Δυναστεία 107.

Ἐγγύησις 377.
Ἔγκλημα 512.
Ἔγκτησις 109.
Ἐγκτητικόν 390.

Ἐγκύκλιος παιδεία 541.
Ehe 52. 280. 323. 546.
Ehebruch 282. 323. 549.
Ehegesetze 279. 324. 376.
Ehelosigkeit 267. 279.
Ehescheidung 281.
Ehrengeschenke 471.
Eid der Epheben in Athen 380. des Rathes 396. der Richter 504.
Eideshelfer 30.
Eikadisten 384.
Εἰκοστολόγοι 477.
Eilfmänner 439.
Einbürgerung 375.
Einkommensteuer 482.
Einkünfte des ath. Staates 473. der Beamten 157.
Εἴρενες 278.
Εἰσαγγελία 419. 507.
Eisen bei Homer 84.
Εἰσιτήρια 434.
Εἰσπνήλας 276.
Εἰσφορά 424. 482.
Ἐκκλησίαι 402.
Ἐκκλητοι τῶν Λακεδαιμονίων 247.
Ἐκλογεῖς 443. 480.
Ἐκμαρτυρία 513.
Ἐκφυλλοφορία 396. 401.
Elektron 78.
Eleutherolakonen 312.
Elis 124. 183.
Ἑλλιμενισταί 477.
Embaterion 302.
Empedokles 179.
Empeloren 262.
Ἔμφρουρος 294.
Emporienvorsteher 442.
Ἐμπορικαὶ δίκαι 503.
Ἔνδειξις 507.
Enomotien, Enomotarchen 261. 295.
Enterbung 532.
Ἑορτή 61.
Ἐπαγγελία 418.
Ἐπαικλον 287.
Epakria 338. 394.
Epeunakten 211.
Ephebeneid 380.
Ephegesis 507.
Ephesus 127.
Epheten 343. 351. 493. 498.
Ephialtes 361.
Ephoren 154. 249.

Ephydor 437.
Epibaten 303. 452.
Ἐπιγραψεῖς 443.
Ἐπιχειροτονίαν διδόναι 407.
Epicheirotonie üb. die Beamten 416.
Epidamiurgen 153.
Ἐπιδικάζεσθαι, ἐπίδικος 377.
Ἐπιδόσεις 424. 461.
Epigamie 109. auf Kreta 323.
Epigeomoren 339.
Ἐπίκληροι 377.
Ἐπιμεληταί 425. τῶν νεωρίων 452. der Epheben 539. des Lykeion ib.
Ἐπιμελητὴς τῆς κοινῆς προσόδου 444.
Epimenides 176. 321. 344.
Ἐπιψηφίζειν 407.
Epirus 126.
Epistates des Rathes 400. τοῦ ναυτικοῦ 452. τῶν ὑδάτων 441. der Tempel 453. der Gymnasien 539.
Ἐπιστολεύς 261. 303.
Epitadeus 227.
Ἐπιτιμία 381.
Ἐπιτριηραρχήματος δίκη 491.
Epobelie 516.
Ἐπώνια 476.
Eponymen der Demen 389.
Ἐρανικαὶ δίκαι 514.
Eranistenvereine 384.
Ἔρανος bei Homer 81.
Erbtöchter 377.
Ἐρήμην ἀντιλαχεῖν 521.
Ἔριθοι 44.
Erziehung 57. 114. in Sparta 270. in Athen 532 ff.
Ἐρυχτῆρες 209.
Erythrae 127.
Eryxias 341.
Eteokreten 313.
Eteokleis zu Orchomenus 139.
Eumelus 175.
Eupatriden 135. 339.
Euphron 200.
Eurypontiden 237.
Eurysakes 134.
Eurysthenes 237.
Euthyne 507. der Demen 390.
Euthynen 432.
Exegeten 455.
Ἐξιτήρια 402.
Ἐξούλης δίκη 519.

Fabriksklaven 369.
Federvieh b. Homer 72.
Feldbau 72.
Feste bei Homer 61.
Festaufwand in Athen 469.
Φιδίτια 287.
Φιλήτωρ 323.
Fischfang 73.
Flötenspieler in Sparta 263. in Athen 534.
Flotte Athens 452. 468.
Φωρῶν λιμήν 477.
Frauen in Sparta 282. in Athen 543 ff.
Freigelassene bei Homer 43. in Sparta 209. in Athen 372.
Freilassong 116.
Fremde in Sparta 291.
Freudenhäuser 549.
Futterkräuter bei Homer 73.

Gamoroi 139.
Gaurichter 501.
Gebete bei Homer 66.
Gefängnifs 269. 439. 517.
Gegenschreiber der Verwaltung 445.
Geld in Sparta 290. 308.
Geldwesen Athens 458.
Geleontes 336.
Gelon 172.
Γέλως in Sparta 275.
Gemüse bei Homer 73.
Γεννῆται 387.
Geomoren 136. 339.
Γέρας 35.
Gerichtsgebühren 513.
Gerichtslocale 505.
Gerichte im heroischen Zeitalter 29. in der Oligarchie 158. in der Demokratie 191.
Geronten bei Homer 25. in Sparta 243.
Geronthrae 213.
Γέρρα 405.
Gerusia 146. 242. 319.
Gesandte 422. 462.
Geschlechter 335. 338. 386.
Geschwornengerichte 158.
Gesetzgebende Gewalt 104.
Getraidehandel 557.
Getraidemagazine 453.
Getraidespenden 467.
Gewalten, drei politische 104.

Gewerbesteuern 475.
Gleiche, ὅμοιοι 137.
Gold bei Homer 75.
Gortyn 314.
Γραφή 508. γρ. παρανόμων 408. τοῦ κατεδηδοκέναι τὰ πατρῷα 527.
Grammatisten 532.
Grundeigenthum 102. unveräusserlich 161.
Gütergemeinschaft in Sparta 286.
Gymnasiarchen 114.
Gymnasiarchie 487.
Gymnasien 114.
Gymnasten 536.
Gymnastik 114.
Gymnesier 143.
Γυναικοκρατία 283.
Gynäkonomen 161. 567.

Haartracht der Spartaner 289.
Haarweihe 66.
Hagestolze in Sparta 279.
Ἁλματία 287.
Αἵρεσθαι 358.
Αἱρεταὶ ἀρχαί 428.
Ἁλία 247.
Halikarnassos 128.
Handel 74. 557.
Handelscompagnien 383.
Handelsgesetze 557. 561.
Handwerker 46. 76. 560. 563.
Handwerksklaven 369.
Harmosten 216. 261.
Harmosynen 262.
Häuser 78. 460.
Ἡβᾶν ἐπὶ διετές 380.
Ἕδνα 52.
Heerden bei Homer 71.
Heeresfolge im heroischen Zeitalter 31.
Heerwesen von Athen 450.
Heilige Trieren 467.
Ἑκτημόριοι 342.
Heliaea 351.
Heliasten 411.
Helike 132.
Hellenen 6.
Hellenotamien 460.
Helos 204.
Ἡνίοχοι in Theben 263.
Ἑορτή 62.

Herakliden im Peloponnes 123.
Hermäen 538.
Herolde 37. 263. 456.
Ἥρως bei Homer 24.
Ἑστία βουλαία 402.
Ἑστίασις 488.
Ἑστιοπάμων 226.
Hetären 550.
Hetärien 196. 324. 384.
Ἱερὰ δημοτελῆ 469.
Hiereis 139.
Ἱερεύειν 32.
Hierodulen 144.
Hieromnemones 149. 155.
Hieron 172.
Ἱεροποιοί 453.
Hieroskopie 69.
Hippagreten 262.
Hipparchen 450.
Hipparmosten 299.
Ἱππεῖς in Sparta 263.
Hippoboten 136.
Hippodamus 101.
Hippokles 127.
Hippokrates 172.
Hippomenes 341.
Hippotoxoten 373. 467.
Ὁδοποιοί 441.
Homöen 137. in Sparta 228.
Hopletes 336.
Hoplomachie 541.
Hundert Heroen 389.
Ὕβρεως λίθος 496. γραφή 370.
Ὑδριαφόροι 375.
Hyksos 10.
Hylleis 138. 221. 318.
Hyloren 148.
Hymenäen 55.
Ὑπερῷον 80.
Ὑπήκοοι in Kreta 317.
Ὑπηρέται 425.
Hypomeionos 231.
Ὑποφόνια 499.
Ὑπωμοσία 409.
Ὑπογραμματεῖς 456.
Hypokosmeten 539.
Hyrnethia 139.

Jagd bei Homer 73.
Ialysos 128.
Idomeneus 313.
Ἴλαι in Sparta 271.

Ion 332.
Ionier 7. 11. 127. 132. 332.
Iphikrates 481.
Iphitus 124.
Ἴρανες 278.
Isagoras 355.
Isegorie 184.
Isonomie 184.
Isotelen 375.
Isotimie 184.
Ἴστωρ 52.
Italiotische Colonien 128.

Kabiren 11.
Kadmus 12. in Sparta 220.
Kaiadas 269.
Καινόν, Gerichtshof 505.
Κακογαμίου δίκη 279.
Κακοτεχνιῶν δίκη 519.
Κακώσεως γραφή 532. 548.
Κάλλειον 505.
Kalophoren 326.
Καλύπτρη 78.
Kaperberechtigung 423.
Kapereivereine 383.
Kaphisias 139.
Karer 2. 89.
Kassander 566.
Κασσίτερος 83.
Κατακλησίαι 403.
Κατάλογος, Musterrolle 448.
Κατάστασις der Ritter 467.
Katonakophoren 143.
Katoptae 154.
Kebsweiber 54.
Kekrops 14.
Keraon 264.
Killikyrier 144.
Kinadon 207. 215.
Kinderaussetzung 113. 162. 531.
Kinderzucht 56. 271. 320. 532 ff.
Kirche und Staat 118.
Klagen v. γραφή u. δίκη.
Klaroten 315.
Kleandridas 268.
Kleandros 172.
Kleidung im Heroenalter 76. der Spartaner 288.
Kleinhandel 562.
Κλεινοί 323.
Kleomenes III von Sparta 169. 311.

Klepsydra 515.
Κλητῆρες 511.
Klisthenes von Sikyon 138. von Athen 355. 387.
Klubs 196. 384.
Knabenliebe 113. 276. 322.
Knossos 314.
Kodrus, Kodriden 127. 334.
Königthum 23. 122 ff.
Königstitel 151.
Κοιμητήρια 327.
Κοινὸν γραμματεῖον 395.
Kolakreten 346. 443.
Kolias 344.
Κολλυβισταί 562.
Kolonos 369.
Κῶμαι 133.
Komödie 551.
Kopfsteuern 475.
Κοντίδες 289.
Korinth 198.
Κόροι 263.
Korynephoren 143.
Kosmen 153. 318.
Kosmeten 114. 539.
Kosmopolis 153.
Κουρεῶτις ἡμέρα 385.
Κουριδίη ἄλοχος 53.
Κρήδεμνον 77.
Κρηναρχοι u. *κρηνοφύλακες* 441.
Kreon 341.
Kreta 132.
Κρητικόν 434.
Kretische Söldner 327.
Krongut 34.
Kryptie 206.
Küchenmeister in Sparta 263.
Kunstwerke in Sparta 293.
Kydonen 313.
Kyklopen 9.
Kylon 343.
Kynosarges 537.
Kynurier 214. 305.
Kypselus 164.
Κύρβεις 249.
Kyrene 128.
Κυρία 515.
Κύριον τῆς πολιτείας 394.
Kythera 213. 305.
Kytherodiken 216.
Kyzikos 139.

Labdakiden 125.
Lachares 570.
Lager der Griechen vor Troia 83.
Laias 124.
Lampadarchie 457.
Landbesitz 102. 191.
Lauriotische Bergwerke 474.
Legislation in der Volksversamml. zu Athen 411.
Legitimation der *νόθοι* 379.
Lehrer, öffentliche 533.
Leibeigene nicht im Heroenalter 42.
Leleger 2.
Lesbos 181.
Leschen 78. 101. 386.
Leukippiden 260.
Lexiarchen 404.
Ληξιαρχικὸν γραμματεῖον 390.
Λῆξις 512.
Limnae 219.
Linos 60.
Λιπομαρτυρίου δίκη 516.
Liturgien 486.
Lochagen 261. 295. 450.
Logisten 432.
Λόγον καὶ εὐθύνας ἐγγράψειν 432.
Lokrer 125.
Loosung zu Aemtern 156. 189. 356. des Rathes 395. der Beamten 427. der Richter 503.
Lygdamis 171.
Lykaon 124.
Lykeion 537.
Lyktos 314. 325.
Lykurgus 233.
Lysanoridas 267.

Mädchenerziehung in Sparta 276. in Athen 543.
Magistrate 189.
Maſs- u. Gewichtsystem 19.
Malicha 271.
Malier 139.
Μάντεις 67.
Mantinea 182.
Marschlieder der Spartaner 302.
Martialos 145.
Μαρτυρία 513.
Matton 264.
Medon, Medontiden 340.
Megara 125. 180. 192.
Megaron 80.

38*

Μείλια 53.
Μείζων, Gerichtshof 505.
Melanchrus 167.
Melanthus 130. 334.
Μελλείρενες 278.
Meltas 123.
Menedemus 179.
Μήνυσις 419.
Meriones 313.
Mesoa 219.
Μεσούομα 283.
Mesogaea 334.
Μέσον 505.
Messenien 124. 202. 304.
Μετανάστης 42.
Μήτε νεῖν μήτε γράμματα 541.
Metöken 373.
Metronomen 442.
Μητρῷον 409.
Miethstruppen der Spartaner 310.
Milet 127.
Minoa 315.
Minos 12. 313.
Minyer in Lakonien 204.
Mitgiften 53. 280. 546.
Mitylene 161.
Μνᾶ 19.
Moemones 149.
Muoïten 315.
Μοιχείας γραφή 549.
Monarchie 106.
Monate 399.
Moren 295. 578.
Μορίαι 475.
Mothakes 211.
Müudigkeit 380.
Münzarbeiter 373.
Münzen 458.
Muscien 539.
Museoopfer 301.
Musik 116. 274.
Mykene 131.
Myrtenkränze der Beamten 434. der Redner 406.
Mytilene 181.

Nauarchen in Sparta 261. in Athen 468.
Naukraren 345. 393.
Nausinikos 484.
Nautodiken 502.
Neliden 127. 334.
Neodamoden 209.
Nikomenes 379.
Νόμοι und πολιτεία 105.
Nomophylakes 147. 154. 262. 361. 567.
Nomotheten 412.
Νοθεία 379.
Νόθοι 56. 379.
Numeniasten 384.

Obae 222. 243.
Oberkönige 33.
Ochlokratie 108. 186.
Oelbäume, heilige 528.
Ὄγκα 13.
Ogyges 124.
Οἰκέται, οἰκῆες 43.
Οἰκογενεῖς, οἰκοτραφεῖς, οἰκότριβες 369.
Οἰωνιστής, οἰωνοπόλος 68.
Oinopes 139.
Oktaden 139.
Ὀλαί, οὐλαί, οὐλοχύται 64.
Oligarchie 106. 199.
Ὀνειροπόλος 68.
Onomakritus 16. 176.
Opfer 32. 61.
Opfergerste 64.
Opferschau 68.
Ὀψιγαμίου δίκη 279.
Orakel bei Homer. 68.
Orchomenos 132. 183.
Orgeonen 387.
Orneaten, 142.
Orpheus 16.
Orthagoras 170.
Ostracismus 193. 357. 420.
Οὐλαμός 299.
Οὐσία φανερά 191.
Oxylus 124.

Paean 60.
Paedagogen 538.
Paederastie s. Knabenliebe.
Paedonomen 114. 262. 319.
Paedotriben 535.
Palästra 535.
Palladium, Gerichtslocal 497.
Παμβασιλεία 106.
Pamphyloi 138. 221.
Panätios 172.
Pantaleon 124.

Παραβάται 263.
Parabyston 504.
Πυραχαταβολή 513.
Paralier d. Malier 139. in Attika 334. 347.
Paralos, Triere 467.
Παρανύμων γραφή 408. 412. 505.
Parasiten 158.
Παράστασις 500. 513.
Παραστάται 457.
Πάρεδροι 439.
Parmenides 179.
Parteiungen 120.
Parthenier 212.
Pasiphae 254.
Pediäer 347.
Πέδιλα 77.
Πέλανοι 290.
Pelasger 3.
Pelopiden 123.
Pelops 22.
Penesten 142. 315.
Pentadarchen 450.
Pentakosiomedimnen 348.
Pentekosteres 261. 295.
Πεντηκοστολόγοι 477.
Penthiliden 126.
Periander 173.
Perikles 360.
Periöken 141. 317.
Περίπολοι 381. 449.
Περίσταρχος 405.
Petalismus 193.
Phaeaken 26.
Φαινομηρίδες 277.
Phalaris 172.
Phaleas 113.
Φάρος 77.
Φάσις 506.
Pheidon 18. 161. 169.
Φήμη 68.
Pherae 213.
Pherekydes 18.
Phiditien 286.
Φιλήτωρ 323.
Philipp von Makedonien 565.
Philolaus. 161.
Philonomus 203.
Phlius 182.
Phoenicier 10.
Φοινικιοῦν 505.
Phokis 125.

Phormion 179.
Phormisius 556.
Phratrien 41. 141. 335. 385.
Phreatto 499.
Phrynis 257.
Φόβος in Sparta 275.
Φρουρά 294.
Phylen 41.
Phylobasileis 340. 346. 498.
Πίναξ ἐκκλησιαστικός 391.
Pisa 124.
Pisistratus von Orchomenos 125. von Athen 171. 354.
Pitana 219.
Pittakus 167.
Platäa 132.
Platäer 376.
Plato 120.
Plutokratie 108.
Pnyx 403.
Poitheer 260.
Polemarchen 241. 261. 435.
Poleten 443.
Πολιτεία 105. 108.
Politische Thätigkeiten 104.
Politophylakes 154.
Polyandrie 282.
Polydorus 224. 259.
Polykrates 171.
Πορισταί 443.
Praktores 443.
Πρείγιστοι ἐπ' εὐκοσμίᾳ 319. τῆς βουλῆς 319.
Preise der Dinge 459.
Priester 39. 260. 454.
Priesterliches Königthum 33.
Prisengericht 423.
Probole 416.
Probulen 147. 154.
Probuleuma 397. 398.
Προδικασία 495.
Πρόδικος 239.
Prodikus der Sophist 542.
Proedren des Rathes 400.
Programm der Volksversammlung 404. des Rathes 400.
Προκαταβολή 478.
Πρόκλησις εἰς βάσανον 513.
Prokles 237.
Prometreten 442.
Πρόρρησις bei Blutgerichten 495.
Προσκατάβλημα 478.

Πρόσοδον γράφεσθαι 401.
Προστάτης τοῦ δήμου 184. der Schutzverwandten 374.
Protagoras 179.
Πρωτεῖραι 278.
Protokosmos 318.
Provocation, gerichtliche bei Homer 51.
Πρόξενοι in Sparta 268.
Prüfung der Beamten 189. 428.
Prytanen 127. 150. in Athen 341. 399. 434.
Prytaneum 400. 498. Speisung darin 471.
Ψηφίζεσθαι 407.
Psephismenform 410.
Ψευδοκλητείας γραφή 519.
Ψευδομαρτυριῶν δίκη 519.
Ptolemais, Triere 467.
Ptolemaisches Gymnasium 537.
Purpur 36.
Πυλωροί 457.
Πύργοι zu Teos 140.
Pyrphoros 260. 300.
Pyrrhicha 272.
Pythagoras 177.
Pythier 260.
Pythokles 481.

Rath der Vierhundert 350. 364.
Rathscollegien 146. 189.
Räubereien 46.
Rechenschaftsablegung 432.
Rechtsmittel 519.
Rechtspflege 158. in Sparta 264.
Reiseverbot in Sparta 291.
Reiterei der Spartaner 299. der Athener 451.
Religion 118.
Rhegion 128.
Rhetoren 117. 542.
Rhetra 234. die drei 573.
Rhodus 128. 182.
Richter von auswärts berufen 159.
Richtereid 504.
Richterliche Gewalt 104.

Sacrale Functionen der Archonten 454.
Salaminia, Triere 467.
Samos 127. 181.
Sänger 59.

Scepter 36.
Schattenreich bei Homer 69.
Schatzmeister 397. 443.
Schauspielbesuch der Frauen 544.
Schesia 140.
Schiedsrichter in Sparta 264. in Athen 500.
Schiffscatalog 23.
Schlachten vor Troia 83.
Schlachtmusik der Spartaner 302.
Schreiber 401. 455.
Schreibkunst 17.
Schriftklage 509.
Schuldenerlafs 192. 347.
Schuldrecht in Athen 341.
Schulen 114. 533.
Schulfeste 538.
Schulgesetze 538.
Schutzgeld 374.
Seefahrt bei Homer 74.
Seemacht der Spartaner 302. der Athener 452.
Seeraub bei Homer 46.
Seisachtheia 347.
Σηκίδες 369.
Selloi 69.
Σῆμα 68.
Σημεῖον vor der Volksversammlung 404.
Σιδεῦναι 272.
Sikyon 182.
Sintier 89.
Σιτηρέσιον 472.
Sitonae 453.
Sitophylakes 442.
Sittenpolizei 160.
Sittenrichterliche Gewalt 118.
Σκαψηφόροι 375.
Σκῆναι, Speiselocale in Sparta 287.
Σκιαδηφόροι 375.
Skias in Sparta 247.
Skiriten 214.
Sklaven 42. 111. 115. 368.
Sklavenhandel 368.
Sklaverei 112.
Skopaden 126.
Σκοτιοι 320.
Skytala 259.
Skytalismus 199.
Skythen in Athen 372.
Söldnerscharen 200.
Söldner der Spartaner 310.

Sold der Volksversamml. 188. in
Athen 359.404. desRathes395.der
Richter 500. 501. der Truppen 472.
Sophisten 117. 542.
Sophronisten 114. 539.
Sparta, die Stadt 219.
Speisung der Beamten 157. 434.
Spenden ans Volk 464.
Speusinier 372.
Σφαιρεῖς 279.
Staat und Kirche 118.
Staatliche Thätigkeiten 104.
Staatsanleihen 481.
Staatsarchiv 409.
Staatsherolde in Sparta 263.
Staatsschatz in Sparta 309. in Athen 473.
Staatssiegel in Sp. 259.
Staatszweck 97.
Staedte bei Homer 70. in Lakonien 212.
Stammbäume 134.
Stammesunterschiede der Griechen 90.
Stephanephoren 155.
Stephanephoros,Heros in Athen 445.
Steuerclassen 484.
Steuern 475.
Stimmrecht in Volksversammlungen 187.
Strafen 517.
Strafsen in den Städten 101.
Strategen in Sparta 261. in Athen 446.
Στρατεῖαι ἐν τοῖς ἐπωνύμοις, ἐν τοῖς μέρεσι 448.
Sundzoll bei Byzantion 480.
Syadras 218.
Σύγκλητοι ἐκκλησίαι 403.
Sykophanten 194.
Συλλογεῖς 443.
Syloson 171.
Σύμβολον 404.
Symmorien zu Teos 140. in Athen 485. 490.
Συμφορεῖς τοῦ πολεμάρχου 261.
Synarchien 150.
Σύνεδροι 147.
Synegoren 412. 419. 432.
Συντάξεις 480.
Syrie 42.
Σισκηνεῖν 285.

Syssitien inSparta 284. in Kreta 324.

Tagos 126.
Talthybiaden 220. 263.
Ταμίαι der Demen 390. vgl. Schatzmeister.
Tanz 58.
Τάξεις 450.
Tegea 182.
Τελώνης 477.
Telys 171.
Τέμενος 34. 39.
Temenus der Herakliden 123.
Tempel 39.
Teos 140.
Τέρας 67.
Terpander 257.
Tetrapolis in Attika 339.
Thaletas 176. 321.
Thalysien 62.
Theagenes von Megara 170.
Theaterpächter, Theatrones 464.
Theben 125. 183.
Θέμιστες, Abgaben 35.
Theopompus, K. v. Sparta 249.
Θεοπρόπος 67.
Theoren 154.
Theorika 360. 464.
Thera 128.
Theras 220. 238.
Theraponten 38. 144. 316.
Theseus 334.
Thesmophylakes 154.
Thesmothesion 437.
Thesmotheten 341. 414. 436.
Tespiae 125. 183.
Thessaler 6.
Thessalien 126. 183.
Thessalikten 143.
Theten 44. 349.
Thiasos 383.
Θοίνη 82.
Tholos 400.
Θόωκος 28.
Thraker 16.
Thurii 192.
Thymätes 130.
Θύεα, θυήεις 65.
Θυσκόοι 68.
Τίμημα, Steuercapital 483.
Timokratie 108.
Timoleon 200.

Timophanes 200.
Timotheus 257.
Timuchen 148. 154.
Tisamenos 203. 366.
Tischgenossenschaften 383.
Τιθήνη 57.
Todtenbestattung 86.
Todtenorakel 69.
Todtschlag bei Homer 48.
Trachinier 139.
Tragödie 552.
Trankopfer 62.
Trapeziten 561 f.
Tresantes 267.
Triakas 295. 335.
Tribute der athen. Bundesgenossen 479.
Trierarchie in Sparta 303. in Athen 488.
Τρίγωνον 505.
Trittyen 345. 394.
Troischer Krieg 20.
Τρόφιμοι in Sparta 221.
Τροφός 57.
Tynnondas 167.
Tyrannen 169. 200.
Tyrrhener 5.

Uebervölkerung verhindert 113.
Unterbeamte 455.
Unterkönige 35.
Unterricht der Jugend 57. 114. in Sparta 272. in Athen 532.
Unterwelt bei Homer 69.

Väterliche Gewalt 531.
Verantwortlichkeit der Beamten 156.
Vereine zu gemeinschaftl. Geschäften 383.
Vermögensclassen 348. 482.
Vermögenssteuer 482.

Vermögensumtausch 488. 491.
Viehstand bei Homer 72.
Vierhundert, die in Athen 364.
Volksberedsamkeit 194.
Volksversammlungen im Heroenalter 26. in der Demokratie 188.

Wahlen der Beamten 156. 414.
Waffenrüstung 83.
Wasserleitungen 101. in Attika 441.
Weiber bei Homer 55. in Sparta 282. in Athen 543.
Weihgeschenke 66.
Weinbau 72.
Weinpreis 460.
Weissagung bei Homer 66.
Wette 52.
Wohlgeborne, εὐγενεῖς 137.
Wohnungen bei Homer 78. in Sparta 290.

Ξενηλασίαι 292.
Xuthus 6. 331.

Zaleukus 18. 166.
Zaubermittel 45.
Zea 493.
Zeichendeuter 246. 260.
Zeichenkunst 541.
Zenon 179.
Ζητηταί 419. 443.
Zeughaus 468.
Zeugiten 349.
Zeus ἀμβούλιος 246. βουλαῖος 402. ἑρκεῖος 64. 387. λακεδαίμων 239. οὐράνιος 239.
Zinsbauern in Attika 342.
Zinsfuss 461.
Zölle 476.
Zollpächter 477.
Zwölf Städte in Attika 338.

Verlag der Weidmannschen Buchhandlung (J. Reimer) in Berlin.

Druck von W. Pormetter in Berlin, Neue Grünstrasse 30.